微观经济理论

基本原理与扩展

MICROECONOMIC THEORY
BASIC PRINCIPLES AND EXTENSIONS 11E

经济学精选教材译丛

U0869346

〔美〕克里斯托弗·斯奈德（Christopher Snyder）
沃尔特·尼科尔森（Walter Nicholson） 著

杨筠 李锐 译　　宁向东 校

第11版

北京大学出版社
PEKING UNIVERSITY PRESS

著作权合同登记号　图字:01－2014－4171
图书在版编目(CIP)数据

微观经济理论:基本原理与扩展:第11版/(美)斯奈德(Snyder,C.),(美)尼科尔森(Nicholson,W.)著;杨筠,李锐译.—北京:北京大学出版社,2015.8
(经济学精选教材译丛)
ISBN 978－7－301－26252－8

Ⅰ.①微…　Ⅱ.①斯…②尼…③杨…④李…　Ⅲ.①微观经济学—教材　Ⅳ.①F016

中国版本图书馆CIP数据核字(2015)第201554号

Christopher Snyder, Walter Nicholson
Microeconomic Theory: Basic Principles and Extensions, 11th edition

书　　名　微观经济理论:基本原理与扩展(第11版)
著作责任者　〔美〕克里斯托弗·斯奈德(Christopher Snyder)　〔美〕沃尔特·尼科尔森(Walter Nicholson)　著
杨　筠　李　锐　译　宁向东　校
责 任 编 辑　马　霄
标 准 书 号　ISBN 978－7－301－26252－8
出 版 发 行　北京大学出版社
地　　址　北京市海淀区成府路205号　100871
网　　址　http://www.pup.cn
电 子 信 箱　em@pup.cn　　QQ:552063295
新 浪 微 博　@北京大学出版社　@北京大学出版社经管图书
电　　话　邮购部62752015　发行部62750672　编辑部62752926
印 刷 者　河北滦县鑫华书刊印刷厂
经 销 者　新华书店
787毫米×1092毫米　16开本　43印张　1122千字
2015年8月第1版　2022年8月第9次印刷
印　　数　40501—44000册
定　　价　119.00元

出版者序

作为一家致力于出版和传承经典、与国际接轨的大学出版社，北京大学出版社历来重视国际经典教材，尤其是经管类经典教材的引进和出版。自2003年起，我们与圣智、培生、麦格劳-希尔、约翰-威利等国际著名教育出版机构合作，精选并引进了一大批经济管理类的国际优秀教材。其中，很多图书已经改版多次，得到了广大读者的认可和好评，成为国内市面上的经典。例如，我们引进的世界上最流行的经济学教科书——曼昆的《经济学原理》，已经成为国内最受欢迎、使用面最广的经济学经典教材。

呈现在您面前的这套"引进版精选教材"，是主要面向国内经济管理类各专业本科生、研究生的教材系列。经过多年的沉淀和累积、吐故和纳新，本丛书在各方面正逐步趋于完善：在学科范围上，扩展为"经济学精选教材""金融学精选教材""国际商务精选教材""管理学精选教材""会计学精选教材""营销学精选教材""人力资源管理精选教材"七个子系列；在课程类型上，基本涵盖了经管类各专业的主修课程，并延伸到不少国内缺乏教材的前沿和分支领域；即便针对同一门课程，也有多本教材入选，或难易程度不同，或理论和实践各有侧重，从而为师生提供了更多的选择。同时，我们在出版形式上也进行了一些探索和创新。例如，为了满足国内双语教学的需要，我们改变了影印版图书之前的单纯影印形式，而是在此基础上，由资深授课教师根据该课程的重点，添加重要术语和重要结论的中文注释，使之成为双语注释版。此次，我们更新了丛书的封面和开本，将其以全新的面貌呈现给广大读者。希望这些内容和形式上的改进，能够为教师授课和学生学习提供便利。

在本丛书的出版过程中，我们得到了国际教育出版机构同行们在版权方面的协助和教辅材料方面的支持。国内诸多著名高校的专家学者、一线教师，更是在繁重的教学和科研任务之余，为我们承担了图书的推荐、评审和翻译工作；正是每一位推荐者、评审者的国际化视野和专业眼光，帮助我们书海拾慧，汇集了各学科的前沿和经典；正是每一位译者的全心投入和细致校译，保证了经典内容的准确传达和最佳呈现。此外，来自广大读者的反馈既是对我们莫大的肯定和鼓舞,也总能让我们找到提升的空间。本丛书凝聚了上述各方的心血和智慧,在此,谨对他们的热忱帮助和卓越贡献深表谢意!

"千淘万漉虽辛苦,吹尽狂沙始到金。"在图书市场竞争日趋激烈的今天,北京大学出版社始终秉承"教材优先,学术为本"的宗旨,把精品教材的建设作为一项长期的事业。尽管其中会有探索,有坚持,有舍弃,但我们深信,经典必将长远传承,并历久弥新。我们的事业也需要您的热情参与!在此,诚邀各位专家学者和一线教师为我们推荐优秀的经济管理图书(em@pup.cn),并期待来自广大读者的批评和建议。您的需要始终是我们为之努力的目标方向,您的支持是激励我们不断前行的动力源泉!让我们共同引进经典,传播智慧,为提升中国经济管理教育的国际化水平作出贡献!

北京大学出版社
经济与管理图书事业部

代译者序

摆在大家面前的这本书，是《微观经济理论：基本原理与扩展》(第11版)的中译本。作为一本中高级的微观经济学教科书，本书非常有特色，在美国的高年级本科生和研究生教学中很有影响力，也被很多教授选用。

我第一次读到原版是在20年前，那时我在美国进修学习，该书附录中有关经典文献的介绍，以及因程度较深而被放到扩展部分的内容，让我受益良多。这部分内容对于理解更为深刻的微观经济学理论有很大帮助。

我是本书第6版的译者之一，那一版的翻译距现在也已过了16年。朱宝宪老师那时还健在，他是那一版翻译工作的组织者和审校者。尼科尔森的这本书，在技术处理上比较经典，很有特色。朱宝宪老师以非常严肃的态度组织翻译了这本书的第6版，将其介绍给中国的众多学生和读者，让很多人受益匪浅。后来，朱宝宪老师英年早逝，令人遗憾。

不过，令朱宝宪老师欣慰的是，当北京大学出版社准备出版本书第9版的时候，他的儿子朱幼为勇敢地接受了翻译的任务。我依稀记得朱幼为被选入清华附中的“龙班”，以及后来考入清华大学经济管理学院时，朱宝宪老师兴奋与自豪的神情。子承父业，是一桩美谈，可以借此告慰朱宝宪老师。在幼为的母亲吴洪老师(也是第6版的译者之一)的帮助下，幼为和他的两位同学一起完成了第9版的翻译工作。我在进行审校的时候，感觉译稿的质量很好，深深为朱幼为的成绩感到骄傲。

2012年，北京大学出版社准备翻译出版这本教材的第11版，再次找到了我。由于这一版增加了一位作者，在内容体系上变化也较大，我与朱幼为商量看他是否还有时间和精力来完成新版的翻译工作。权衡再三，朱幼为决定不再接手这项工作。对此，我非常理解，作为一个在美国名校经济系学习的博士生，特别是进入论文研究阶段，其压力之大是不允许分神的。在这种情况下，我请杨筠和李锐来担任本书第11版的译者。他们是清华大学经济管理学院的博士生，都在我的要求下学习过一年的高级微观经济学课程，并长期担任我所开设的管理经济学课程的助教，负责习题的讲解，我希望他们能够大胆并认真地完成这项工作。事实证明，这个选择是正确的，他们足够努力，译稿都很出色。

在斯奈德参与写作之前，尼科尔森独著的这本《微观经济理论：基本原理与扩展》就已经是一本经典的教科书了，它具有非常鲜明的特点。按照我的理解，尼科尔森教授代表了一批学者，他的书也代表了这批学者对于现代经济学和经济学教育方式的理解。尼科尔森坚守着经典经济学的理论结构和思考方式，使用稍有难度的数理方式来表述微观经济学的基本理念，介于中级和高级之间。这对于训练经济学专业的学生用数学语言来表达经济学观念，进而有逻辑地处理和分析经济学问题非常有好处。

不过,尽管我非常喜欢这本书,但也会常常感到不满足。具体来说,就是我感觉这本书对于经济学的一些新进展讨论得不够。尼科尔森独著的版本虽然也讨论了博弈论、信息经济学等内容,笔力也还算深刻,但总体上属于轻描淡写,让人不是很过瘾。第11版与斯奈德合作,在这些方面多有完善,我浏览了一下目录就有眼前一亮的感觉。也正因为如此,我对这本书未来的版本充满了期待,甚至奢望自己能够有时间亲自翻译一次。

关于年轻读者如何阅读这本书,我只有一个建议,就是希望大家有耐心和恒心。书中有较多的数学推导,但实际上并不难,只要具备一些微积分和初等概率的知识,就足以看得懂,只是需要耐心和恒心。这些推导过程繁复枯燥,容易使人却步,耐心和恒心是战胜困难的有力武器。如果读者想学到经济分析的本领,这种严密推导的训练就必不可少,这是一个“坐冷板凳”的过程。只有经历了这个过程,才能培养出解析问题、提高定性分析与定量分析相结合的能力。

本书适合经济学、管理学等相关专业的高年级本科生和研究生使用,特别是那些准备出国留学的学生。当然,其他方面的人士,也可以通过阅读这本书,了解现代微观经济学,理解经济学家为什么会用数学手段来交流思想,用数学语言来描述逻辑和分析经济问题,这也是有益的。

宁向东
2015 年 8 月
于清华大学经济管理学院

献给 Maura

献给 Beth，Sarah，David，Sophia，Abby，Nate 和 Christopher

前 言

在成功地合作完成《微观经济理论:基本原理与扩展》(第 10 版)之后,我们又合作完成了第 11 版。我们继续以自己的方式来介绍微观经济学。尽管在本书的各个章节中都有一些重要的改动,我们仍然保留了之前版本的那些成功要素。本书的基本目标是让读者对经济模型建立直觉,同时为读者提供学习过程中所需的数学工具。在这本教材中还加入了很多代入具体数值的案例、较为高深的练习题和对经验实证问题的扩展讨论,这些内容能够辅助读者学习微观经济学模型,并且向读者展示微观经济学理论是如何应用的。微观经济学领域还在不断地涌现出令人兴奋的新进展,我们希望这版教材能够尽可能地囊括这些进展。

第 11 版的新变化

我们对每一章都做了全新的审视,保证各个章节能够清晰地、与时俱进地介绍与各个专题相关的内容。主要的修订如下:

- 对引言部分与数学相关的许多主题进行了修订,使其更加贴近近期经济学文献中常见的数学方法。
- 不确定性和博弈论被拆分开,各成一个独立的章节。这样做不仅可以把选择和需求部分的内容缩减到一个更容易教学的范围,还可以突出策略和不确定性的独特本质。
- 对不确定性(第 7 章)一章做了较大的修订。扩展了实物期权和信息价值。对财务经济学和投资组合问题的应用做了一定的精简并放入了扩展部分(参看本书结尾的内容)。
- 对博弈论(第 8 章)的内容进行了重要的改动和简化,虽然章节的篇幅大大缩短了,不过并不影响本章的严谨性。
- 第 9 章的正文中新增了对企业边界和企业目标问题(企业理论)有关文献的一个现代的处理,并在扩展部分中做了阐释(参看本书结尾的内容)。
- 对一般均衡模型(第 13 章)做了全面的修订。最明显的一处在于我们在这一章为读者提供了向量概念的基本介绍。
- 在对劳动力市场的讨论中,我们加入了很多全新的专题,主要是关于人力资本和工作搜寻相关的问题。
- 对行为经济学部分的内容做了扩展,扩展的范围穿插在整个章节中。其中还加入了一些与行为经济学相关的习题。
- 运用博弈论工具严谨地分析了公共品问题(第 19 章)。

• 新增了大量练习题。

配套内容

本版教材配有全新修订的辅导材料:

• 由作者编写的《习题解答及题库》(*Solutions Manual and Test Bank*),包括书中所有问题的讲解和解答,并加入了新增的习题。

• PPT 讲义。该 PPT 文档提供了每一章的内容框架,可作教学使用。

致谢

首先,我们要感谢圣智(Cengage)出版公司的团队。特别感谢苏珊·斯玛特(Susan Smart),她的组织能力和说服技巧再一次帮助了我们。Cenveo 出版服务公司的编辑精心整理了我们凌乱的手稿。负责文字编辑的 Juli Cook 成功地使全书既简洁又易于阅读。Cliff Kallemeyn 在保证本书顺利出版的过程中也做出了贡献,我们很欣赏他整理文字编辑和页面排版的方式。Devanand Srinivasan 实际指导了本书的页面排版,帮助我们处理了大量复杂方程的排版问题。

我们还要感谢阿姆斯特学院和达特茅斯学院的同事和学生,他们对新版的修订提出了很多有益的见解。本书的最忠诚的使用者,尽管已经阅读本书多年,依然再次认真地通读并提出了很多有待改进的地方。在过去的几年中,阿姆斯特学院的学生 Mark Bruni, Eric Budish, Adrian Dillon, David Macoy, Tatyana Mamut, Anoop Menon, Katie Merrill, Jordan Milev, Doug Norton 和 Jeff Rodman 以及达特茅斯学院的学生 Wills Begor 和 Glynnis Kearny 为本版教材的修订付出了大量心血。

在这里,沃尔特要特别感谢他的妻子 Susan 在微观经济学教材的编写过程中所提供的支持,她既为丈夫的成功而高兴,又怀疑是不是还有必要这样做。沃尔特的孩子们 Kate, David, Tory 和 Paul 完全没有微观经济学的知识,不过他们也都过着快乐又有创造力的生活。现在,新的一代 Beth, Sarah, David, Sophia, Abby, Nate 和 Christopher 正在慢慢长大,至少沃尔特可以期待他们有更旺盛的求知欲。这些教材还静静地躺在书架上,等待着孩子们好奇时翻阅。

克里斯托弗也要向他的家人致谢——他的妻子 Maura Doyle 和三个女儿 Clare, Tess 和 Meg——感谢她们在修订过程中的种种包容。Maura 在达特茅斯学院教授微观经济学时使用的就是这本教材,她对如何用这本教材具有丰富的经验,她的意见和建议对本书的修订有很大的帮助。

也许我们最需要感谢的人是使用这本教材授课的教师们,我们用相近的理念教授微观经济学课程。在过去的几年中,不少教师和学生向我们提了很多有益的建议,在此我们对提出建议的师生表示感谢。最后,如果各位师生对这版教材有意见,欢迎向我们发送邮件(Christopher. M. Snyder @ dartmouth. edu 或者 wenicholson@ amherst. edu)。

克里斯托弗·斯奈德　汉诺威新罕布什尔州
沃尔特·尼科尔森　麻省,阿默斯特
2011 年 7 月

目录
contents

第1篇 引言

第2篇 选择与需求

第5篇 竞争性市场

第6篇 市场势力

第1篇

引言

第 1 篇有两章内容。第 1 章分析了经济学家建立经济行为模型的一般方法。第 2 章回顾了用以建模的数学工具,这些重要的数学工具将在以后的每一章中反复用到。

第1章 经济模型

本书的主要目的就是向大家介绍一些经济学中最重要的模型，经济学家通过这些模型来解释现实中的消费者和厂商的行为。这些模型是经济学所有研究领域的核心，所以有必要首先弄清楚这类模型需要满足什么样的条件，以及构建模型的基本框架是什么。本章的目的就是通过对一些基本概念问题的概述来回答以上问题，这些基本概念决定了经济学家研究问题的基本方法。

1.1 理论模型

现代经济是一个很复杂的实体。成千上万的厂商从事无数商品的生产，不计其数的人从事各种职业，并决定购买哪些商品。以花生为例，人们必须适时收获花生，并且用船运到加工厂制成花生酱、花生油、脆花生和许多其他花生食品。然后，加工厂还必须确保它们的商品能够适量地运到成千上万的零售点，以便满足消费者的需求。

要想描述这些花生产品市场的所有细节特征是不可能的，所以经济学家的办法是对十分复杂的现实世界进行抽象，以建立能抓住其"本质"的合理而简单的模型。就像街道地图虽然没有标明每一栋住宅或每一片草地的具体位置，但它仍然是很有用的。同样，花生市场的经济模型也很有用，尽管它没有记录下花生经济的每一处细节。在本书中，我们将研究那些得到最广泛应用的经济模型。我们将看到，虽然我们对复杂的现实世界做了大量的抽象，这些模型仍然能够捕捉到所有经济行为的许多共同的本质特征。

在自然科学与社会科学中人们都广泛运用着模型。在物理学中，"完全"真空或者"理想"气体是容许科学家用简化方法研究真实世界的一个抽象模型；在化学中，原子或者分子的概念也是物质结构的很简单的模型；建筑学家使用图样来设计建筑物；电视修理工利用电路图来寻找问题所在。经济学家的模型也具有同样的功能，这些模型表明个人决策、厂商行为以及个人与厂商相互作用建立市场的方式。

1.2 经济模型的验证

当然,并非所有的模型都是令人满意的。比如,由托勒密(Ptolemy)建立的地心说最终被否定了,因为它不能准确地解释行星围绕太阳的运动。科学检验的一个重要目的就是从"好"的模型中找出那些"坏"的模型。用于验证经济模型的一般方法有两种:(1) 直接法,即检验作为模型基础的基本假设是否成立;(2) 间接法,即看所抽象出的模型对现实预测的有效性。为了说明这两种方法的本质区别,我们简要地检验一个在本书后面的章节中多次用到的模型——追求利润最大化的厂商模型。

1.2.1 利润最大化模型

追求利润最大化的厂商模型显然是对现实的一种简化。它不考虑企业经理人员的个人动机,也不考虑他们之间的冲突。模型假设利润是厂商唯一的目标,其他可能的目标,如取得权力或声誉,都被认为是不重要的。这个简单模型还假设厂商拥有完全的成本及销售市场情况的信息,因而可以做出使其利润最大化的决策。当然,真实世界中的大多数厂商并不能很轻易地得到这些信息。不过,模型的这些缺陷并不算很严重,任何模型都不能完全准确地描述现实。真正的问题是这个简单的模型能否令人满意。

1.2.2 对假设的检验

对厂商利润最大化模型进行的一个检验是研究它的基本假设:厂商真的是寻求利润最大化吗?一些经济学家曾经采用寄调查问卷给企业高级管理人员的方式来检验这一假设,请他们说明他们追求的目标是什么。反馈的结果是各种各样的。经理们经常提到利润之外的目标或者说他们只能在有限的信息下"尽其所能"地增加利润。但是,大多数被调查者也承认对利润有很大的"兴趣",并认为利润最大化是一个恰当的目标。因此,通过检验模型的假设而检验利润最大化模型本身,所得出的结论是不确定的。

1.2.3 对预测的检验

一些经济学家否认模型可以用调查假设的"真实性"来进行检验,其中最著名的是米尔顿·弗里德曼(Milton Friedman)。[①] 他们认为,所有的理论模型都是建立在"非现实"的假设之上的,都要求对现实做一定的抽象,这是理论化的必然结果。他们得出的结论是:检验模型有效性的唯一方法是看它是否能够解释和预测现实中的事件。当经济模型面对经济本身的数据时,它才能得到最终的检验。

弗里德曼提供了这一原则的重要说明。他问道,人们应该用什么样的理论来解释专业台球手的击球呢?经典物理学的速度、动量以及角度的定律都是合适的理论模型。台球手在比赛时,

---

① 见 M. Friedman, *Essays in Positive Economics* (Chicago: University of Chicago Press, 1953), Chap. 1. 关于同样强调"实际"假设重要性的论述,见 H. A. Simon, "Rational Decision Making in Business Organizations," *American Economic Review* 69, no. 4 (September 1979): 493—513.

好像就是按照这些定律行动的。但是如果我们问他们是否懂得台球运动背后的物理原理时,毫无疑问大多数人会说不懂。然而,弗里德曼论述道,物理定律提供了非常精确的预测,因而应当作为职业选手如何击球的恰当的理论模型。

因此,利润最大化模型可以这样检验:假设厂商就是按利润最大化行动,看看由此能否预测现实世界中厂商的行为(见本章稍后的例 1.1)。如果预测与现实相符,我们就可以接受利润最大化的假设;如果不符,就拒绝相信它。因此,检验理论的最终标准是它预测现实世界事件的能力。

1.2.4 经验分析的重要性

本书是关于理论模型的构建的,但是这些模型终归是为了解决现实问题。尽管在这本本来就挺厚的书上再附加一大堆实例显得没什么必要②,我还是在很多章的末尾附上了扩展材料,希望能够作为书中的理论和理论方法应用于实践经验的桥梁。

1.3 经济模型的一般特征

当然,目前常用的经济模型的种类是十分繁多的。所用假设和提供细节的程度主要随所研究的问题而变化。譬如,用于解释全美国经济活动的模型显然要比解释亚利桑那州草莓价格的模型庞大和复杂得多。然而,尽管存在着这种多样性,实际上所有的经济模型都包含三个共同的要素:(1)"其他条件不变"的假设;(2)经济决策者寻求某项最优化的假设;(3)准确区分"实证性"和"规范性"的问题。因为我们在全书中都要使用这些要素,所以在一开始就简要地说明它们背后所隐含的基本原理是大有裨益的。

1.3.1 其他条件不变假设

与绝大多数科学一样,经济学中的模型也总是试图寻找相对简单的关系。例如,一个小麦市场的模型,可以用较少数目的变量,如农场工人的工资、降水量、消费者收入来解释小麦的价格。这种在模型变量上的简化,使得对小麦定价的研究可以在一个简单的环境中进行,从而使我们可以了解每种因素是如何发挥影响的。尽管每个研究者都认识到,许多"外部"的因素(小麦病虫害的存在、肥料或拖拉机价格的变动、消费者对面包态度的变化)都会影响小麦的价格,但是在考虑模型本身时,其他因素都被认为是不变的,这就是其他条件不变假设的意义。经济学家并非假设其他因素不影响价格,而是假设在研究价格时那些因素不变,认识这点是非常重要的。这样我们就可以在简化的情形下仅仅研究一部分影响因素。其他条件不变假设在所有经济模型中都得到了应用。

使用这一假设确实给用现实世界的数据对经济模型进行实证检验带来了一些困难。在其他科学中,这类问题可能不会这么严重,因为研究者可以采用控制实验的方法。例如,检验重力模型的物理学家不会到帝国大厦上扔一个物体来做这个实验。这样做的实验将会受到太多的外界作

---

② 如果你愿意参考一本有大量案例的中级经济学教材,可以参阅 W. Nicholson and C. Snyder, *Intermediate Microeconomics and Its Application*, 11th ed. (Mason, OH: Thomson/Southwestern, 2010).

用力（气流、空气中的尘埃、温度变化等）的干扰，因而无法精确地检验其理论。物理学家可以在实验室里进行实验，通过局部真空，使大多数其他作用力得以控制或被消除。这样，理论可以在简单情形下得到检验，而不必考虑现实世界中影响落体的其他作用力。

除去一些明显的例外情况，经济学家无法用可控的实验来检验他们的模型。事实上，当经济学家在检验理论时，往往不得不依赖各种统计学的方法来控制其他力量的影响。虽然原则上这些统计学方法和其他科学家所用的控制实验的方法同样有效，但实际上，这些统计学方法会产生很多棘手的问题。因此，在经济学中，“其他条件不变”这个假设的局限性和准确含义，比实验室研究更容易引起争论。

1.3.2　经济模型的结构

本书中的大多数经济模型都有一个数学化的结构。经济模型强调的是要素之间的关系，而这些要素会影响到家庭和企业的决策，以及这些决策的结果。经济学家习惯用不同的名字来称呼这两类要素（即用数学术语——变量来命名）。不受到决策者控制的变量称为外生变量。这类变量是作为输入的信息加入到经济模型中的。例如，在消费者理论中，我们经常把消费者视为价格接受者。商品价格是在消费行为理论外部决定的，我们只想研究消费者如何调整自身的行为以适应商品的价格。而消费者的最终决策（例如，一个消费者购买每一种商品的数量）是内生变量。这一类变量是在模型内部确定的。图1.1列示了两者的区别。尽管经济学家提出的模型看似很复杂，但这些模型的基本结构都是一样的。而在开始学习经济学模型时，一个有效的办法就是把模型套入上述框架中。

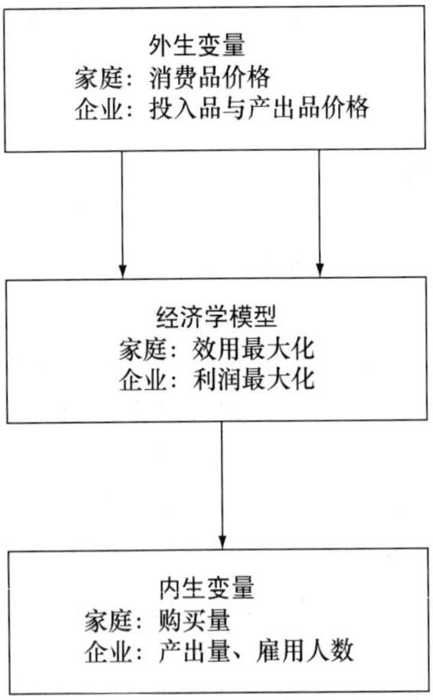

图1.1　一个典型微观经济学模型的结构

外生变量是输入经济模型的要素，模型输出（结果）则是内生变量。

在我们探索过各式各样的经济模型后，相信读者能够更清晰地了解内生变量和外生变量的区别。仅仅强调外生变量在模型外确定而内生变量在模型内确定可能会使读者感到疑惑。所以在后面的内容中我们会反复讲解这两种变量。两者的区别也能够帮助读者理解经济模型中的其他条件不变假设。在大多数情况下,我们都希望能够研究模型的结果随某个外生变量变化的改变。有时,一个外生变量的变化甚至会导致模型的所有计算结果都发生变化。举个例子,我们在后面的章节中会学习到,单独一种商品价格的改变会使得每一种商品的购买量都发生变化。而经济学家建立模型正是为了考察所有这类反应。再来看其他条件不变假设,这一假设其实就是说只改变一个外生变量而保持其他外生变量不变。假如我们想研究汽油价格的变化对于家庭消费的影响,我们只会改变汽油的价格,而不会改变其他商品的价格(在某些情况下,我们也不改变个体的收入情况)。保持其他商品价格不变的意思就是在其他条件不变的假设下研究汽油价格上升对家庭的影响。

1.3.3　最优化假设

许多经济模型的基础假设是经济人理性地追求某种目标。在我们考察厂商利润最大化这一概念之前,先简要地讨论一下这条假设。例1.1将展示经济模型在检验预期中的作用。本书中将会出现一些其他例子,包括消费者福利(效用)最大化、厂商成本最小化以及政府监管机构使公共福利最大化等。虽然如我们将看到的那样,所有这些假设(以及与最优化相关的许多其他假设)都还存在争议,但是它们都作为发展经济模型的起点而被广泛认可了。这种认可是基于以下两个原因:第一,最优化假设在获得准确、可解的模型方面效果非常明显。这主要是因为这类模型容易用数学极值问题来刻画。没有这个假设,数学上处理起来就非常困难。我们将在第2章讨论这样的问题连同它们背后的逻辑。第二,它们具有明显的实证有效性。我们的一些应用表明,这些模型在解释现实问题时相当有效。因此,最优化模型已经在现代经济理论中占据了极为重要的位置。

例1.1　利润最大化

利润最大化这个模型很好地展现了最优化假设的意义,它所预期的经济参与者的行为也较容易被实证检验。假设某企业可以在市场上以 p 的价格出售全部产品,生产多少就能卖掉多少。它的生产总成本 C 是产量 q 的函数。那么,它的利润 π 就是

$$\pi = pq - C(q) \tag{1.1}$$

使利润最大化,就是求一个合适的 q 使得 π 得到最大值。这在微积分里是个简单的问题,对(1.1)式两端求导数,让导数值等于0,就得到了一阶条件下的极大值

$$\frac{d\pi}{dq} = p - C'(q) = 0 \quad 或 \quad p = C'(q). \tag{1.2}$$

就是说,要找到利润最大化的产量(设为 q^*),就是要找到一个产量水平,使得其价格等于边际成本,记为 $C'(q)$。读者在经济学原理的课程上应该已经很熟悉这个结果了。注意,求导时价格被认为是个常数,因为此时该企业被视为价格接受者。也就是说,价格在这个模型中是外生变量。

(1.2)式只是一阶条件下得出的极值。通过求二阶导数,我们可以检验它是不是模型中假设的那个极大值。如果该点确为极大值,必有

$$\frac{d^2\pi}{dq^2} = -C''(q) < 0 \quad 或 \quad C''(q^*) > 0. \tag{1.3}$$

即如果该点确实是利润最大化的点,那么边际成本必须是递增的。

现在,这个模型就可以用来"预测"企业对价格变化做出的反应。我们对(1.2)式关于价格变

量 p 求导数,并假设企业根据利润最大化的原则调整产量水平 q

$$\frac{\mathrm{d}[p - C'(q^*) = 0]}{\mathrm{d}p} = 1 - C''(q^*) \cdot \frac{\mathrm{d}q^*}{\mathrm{d}p} = 0. \tag{1.4}$$

移项得

$$\frac{\mathrm{d}q^*}{\mathrm{d}p} = \frac{1}{C''(q^*)} > 0. \tag{1.5}$$

这里又用到了如果 q^* 是利润最大化时的产量水平,那么边际成本递增的事实。这样,我们根据最优化假设推出了一个可以被事实检测的假设:如果其他条件不变,则当价格上涨时,一个作为价格接受者的企业会增加产量。就是说,如果发现了企业对价格上涨的反应是减少产量,那么我们的模型就一定有问题。

这个模型虽然简单却很有意义,它反映了我们这本书研究问题的方法。具体来说,就是对建立的模型关于某些变量求导数,再通过判断一些项的正负号来研究它的经济学意义的做法。注意这个模型中只有一个内生变量 q,即厂商选择生产的产量。模型中还有一个外生变量 p,即产品的价格,对厂商而言这个变量是给定的。我们的模型对外生变量 p 如何影响厂商的产量决策 q 做出了具体预测。

请回答:在更一般的情况下,价格接受者这个假设不再成立,也就是说价格是一个随产量变化的函数。此时这个模型需要做怎样的调整?也就是说,当价格接受者这个假设被摒弃时,模型将怎样运作?

1.3.4 实证与规范的区分

大多数经济模型的最后一个共同特征是试图仔细区分出"实证"问题与"规范"问题。到现在我们主要涉及的是实证经济理论。这些"科学"的理论把现实世界作为一个客观存在来研究,并试图解释所观察到的经济现象。实证经济学试图确定经济中的资源事实上是如何配置的;而规范性的经济理论则在*应当*做什么的问题上持有一定的道德观点,研究资源*应该*如何配置。在规范分析的前提下,对于资源应如何配置,经济学家有许多不同的观点。例如,一个从事实证分析的经济学家可以考察美国的医疗行业是如何定价的,还可以衡量在医疗中投入更多资源的成本和效益。但是当经济学家宣称更多的资源*应当*投入到医疗保健中时,他就已经进入了规范分析的范畴。

一些经济学家相信,只有实证的经济分析才是正确的。他们认为,就像物理学那样,"科学的"经济学本身应当仅仅描述(如果可能还有预测)现实世界的事件。对"应该如何"的道德标准等问题的研究不应纳入经济学范畴内。然而,另一些经济学家则认为,在经济问题中过于强调实证与规范的区别并不合适,因为这些问题必然涉及研究者关于伦理、道德和公平的个人观点。按照他们的说法,在这种情况下寻求科学的"客观答案"是不可能的。尽管在实证与规范的区分这个问题上还有一些争议,但在本书中,我们将主要强调实证的分析,而把规范的问题留给读者自己思考。

1.4 价值的经济理论的发展

虽然经济活动是社会活动的中心环节,但令人奇怪的是,直到相当"近"的近代,人类都没有对这种活动进行过详细的研究。经济现象至多被当成人类行为的一个基本方面,并没有得到任何特别的注意。即使有的话,人们也总是从个人得到某种收益的视角来研究经济活动,比如罗马的商人们只关心自己从交易中所获得的利润。直到18世纪以前,没有在任何深度上进行过这类活动的基本性质的研究。[③] 由于本书的内容是关于现代经济理论的,而不是关于经济思想史的,因此我们关于经济理论发展的讨论将比较简略。我们这里只考察历史情境中的一种经济研究领域,这就是价值理论(theory of value)。

1.4.1 早期关于价值的经济思想

价值论涉及的自然是商品"价值"的决定。这一研究课题是现代微观经济理论的核心,并且与如何配置稀缺资源这一经济学核心问题紧密相关。这一问题的逻辑起点是价值一词的定义。但是这一术语的意义在整个学说发展的过程中是不一致的。今天,我们认为"价值"与商品的"价格"是同义的。[④] 然而,早期的经济哲学家在商品的市场价格和它的价值之间做了一个区分。"价值"一词那时被认为与"重要性""本质"或者有时与"神圣"同义。由于"价格"和"价值"是独立的概念,它们可以区分,并且大多数早期的经济讨论都集中于区分时产生的分歧上。例如,圣·托马斯·奎奈(St. Thomas Aquinas)相信价值是上天决定的,而价格是人设定的,商品价格很可能与其价值不同。收取超过物品价值的价格的人会被指控犯有收取"不恰当"价格的罪责。例如,奎奈认为"正当的"利率应当是0。任何收取资金使用费的贷款人都是在牟取不正当的利润,因此应当被教堂人员所指控——而且有时确实被指控了。

1.4.2 现代经济学的建立

在18世纪下半叶,哲学家们开始用更加科学的方法研究经济问题。亚当·斯密(Adam Smith)(1723—1790)在1776年发表了具有历史意义的《国富论》(*The Wealth of Nations*),这被认为是现代经济学的开端。在其内容广泛、无所不包的著作中,斯密以有序、系统的方式建立了市场机制的理论基础。斯密与其直接继承人,如大卫·李嘉图(David Ricardo)(1772—1823)继续将价值与价格加以区分。例如,斯密认为商品的价值意味着"使用价值",而价格则体现了它的"交换价值"。两个概念间的区别可以用著名的水和钻石的悖论来说明。水显然有巨大的使用价值,但只有极小的交换价值(价格很低);钻石实际上使用价值很小,但是有巨大的交换价值。这一为早期经济学家所争论的悖论来源于这样的观察,即一些非常"有用"的物品具有很低的价格,而一些并非不可或缺的物品却具有极高的价格。

---

③ 关于早期经济思想的详细论述,参见经典著作 J. A. Schumpeter, *History of Economic Analysis* (Oxford University Press, 1954), pt. II, chaps. 1—3.

④ 当考虑"外部性"时这并不完全正确,此时物品对私人的价值和对社会的价值之间存在差别(参见第19章)。

1.4.3 交换价值的劳动论

斯密和李嘉图都未能令人满意地解释水和钻石的悖论。使用价值的概念留给了哲学家去争论,而经济学家将注意力转向了解释交换价值的决定因素(即解释相对价格)上。一个显而易见的解释是商品的交换价值是由生产它们的成本所决定的。生产成本主要受劳动力成本影响,至少在斯密和李嘉图时代是如此,因此这就非常接近于建立劳动价值论了。例如,斯密所举的一个例子,如果捉一头鹿花费的劳动时间是捉一只狸猫的两倍,那么一头鹿应该交换两只狸猫。换句话说,一头鹿的价格应该是一只狸猫的价格的两倍。同样的,钻石相对昂贵是因为生产它们需要投入大量劳动。

对于学过供求理论的学生来说,斯密和李嘉图的解释一定是不完备的。难道他们没有认识到需求对价格的影响吗?事实上,他们确实看到了价格的迅速升降,并且将这些变化归结于需求的移动。然而,他们认为这些变化都是反常的,仅仅使市场价格暂时偏离劳动价值。他们没能真正解决使用价值的悖论,除了作为决定交换价值的一个短期因素,他们不愿更多地考虑需求,而是坚持认为长期的交换价值仅仅由生产的劳动成本所决定。

1.4.4 边际主义革命

在19世纪50—80年代期间,经济学家们逐渐认识到,要取代劳动价值论,必须解决使用价值悖论。在19世纪70年代,几位经济学家提出,决定商品交换价值的不是它的总体效用,而是消费最后一个单位的效用。例如,水当然非常有用,它是生命所必需的。但是,因为水相对较丰富,每增加一品脱的水消费(其他条件不变)对人们具有相对较低的价值。“边际主义者”重新定义了使用价值:决定使用价值的不再是整体效用,而是边际效用——*每多消费一个单位商品的效用*。边际需求的概念与斯密和李嘉图的生产成本分析形成了对比,共同推导出一个完整的价格决定图形。[⑤]

1.4.5 马歇尔对供给与需求的综合

英国经济学家阿尔弗雷德·马歇尔(Alfred Marshall)(1842—1924)在其1890年出版的《经济学原理》一书中对这些边际原理给予了最清楚的表述。马歇尔说明了需求与供给共同作用决定价格的过程。正如马歇尔所说,就如同你们不能说出剪刀的哪一个刀刃剪了东西一样,你们也不能说出到底是需求还是供给单独决定了价格。这一分析可用图1.2中所示的著名的马歇尔交点来说明。图中横轴表示每时期购买商品的数量,纵轴表示价格。*DD*曲线表示在各种可能的价格下,各时期商品的需求量,它的斜率为负,反映了边际原理,即当购买数量增加时,人们愿意为最后购买的一单位商品付出的钱越来越少。正是最后这一单位的价值确定了所有被购买单位的价格。曲线*SS*表示当产量增加时,(边际)生产成本是如何增加的。它反映了当总产出增加时,每多生产一件商品所增加的成本。换句话说,向上倾斜的*SS*曲线反映了边际成本的增加,而向下倾斜的

---

⑤ 李嘉图在其地租讨论中最早论述了边际概念,这是边际分析重要的第一步。李嘉图的理论结论是:当人们需要增加谷物的产量时,就要开始使用较贫瘠的土地,这导致了谷物价格上升。李嘉图明显地认识到这就是与价格有关的边际成本,即多生产一单位的成本。注意李嘉图在讨论土地生产率递减时显然假定了其他投入不变;他也用到了其他条件不变假设。

DD 曲线反映了边际价值的减少。两条曲线相交于(q^*,p^*),这是一个均衡点,在这一点上买卖双方对交易的数量和价格都感到满意。如果一条曲线移动,均衡点将改变到新的位置。交易的价格和数量由供给和需求共同决定。

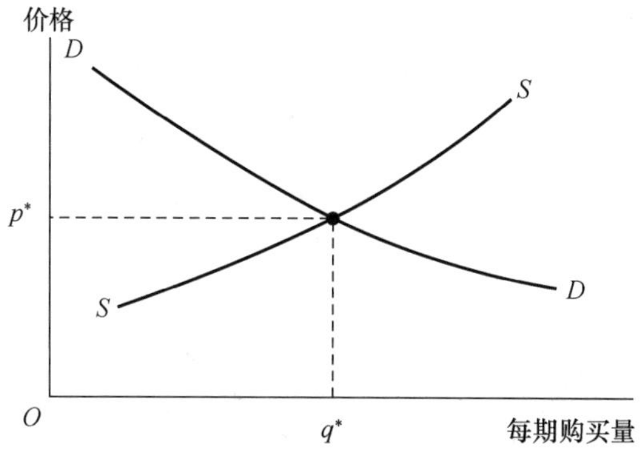

图 1.2 马歇尔的供求曲线

马歇尔的供给与需求相互作用的理论决定了市场上交易的均衡价格(p^*)与均衡数量(q^*)。他得出的结论是,需求与供给都不能单独决定价格,或者说,成本与效用亦不能单独决定购买者的交换价值。

例 1.2 供求均衡

尽管图形在某些情况下足以说明问题,但为了使观点更清晰准确,经济学家还是常常使用代数来表示他们的模型。在下面这个简单的例子中,假定我们要研究花生市场,以历史数据的统计分析为基础,我们得出花生的每周需求量(q,以蒲式耳为单位)取决于花生的价格(p,每蒲式耳所需的美元),符合下列方程:

$$需求量 = q_D = 1\,000 - 100p \tag{1.6}$$

由于对 q_D 的这个方程仅包含单个独立变量 p,我们实际上已经假定影响花生需求量的其他因素不变。(1.6)式表示,如果其他因素无变化,以每蒲式耳 5 美元的价格,人们会购买 500 蒲式耳花生;而当价格为每蒲式耳 4 美元时,人们会购买 600 蒲式耳。p 的系数为负,这反映了边际原理,即低价会导致人们购买更多的花生。

为完成这一简单的定价模型,假设花生供给量也取决于价格:

$$供给量 = q_S = -125 + 125p \tag{1.7}$$

这里价格的系数为正也反映出边际原理,即价格提高会导致供给的增加(正如我们在例 1.1 中看到的),这主要是因为价格提高可以使厂商在增加产量以致增加边际生产成本时不会产生亏损。

均衡价格的决定。因此,(1.6)式和(1.7)式构成了花生市场的价格决定模型。使需求量与供给量相等,就可以确定均衡价格:

$$q_D = q_S \tag{1.8}$$

或

$$1\,000 - 100p = -125 + 125p \tag{1.9}$$

或

$$225p = 1\,125 \tag{1.10}$$

因此

$$p^* = 5 \tag{1.11}$$

即在每蒲式耳5美元时,这一市场处于均衡状态,这时人们购买500蒲式耳花生,而这正是花生生产者所愿意提供的数量。该均衡如图1.3中曲线D和S相交之处。

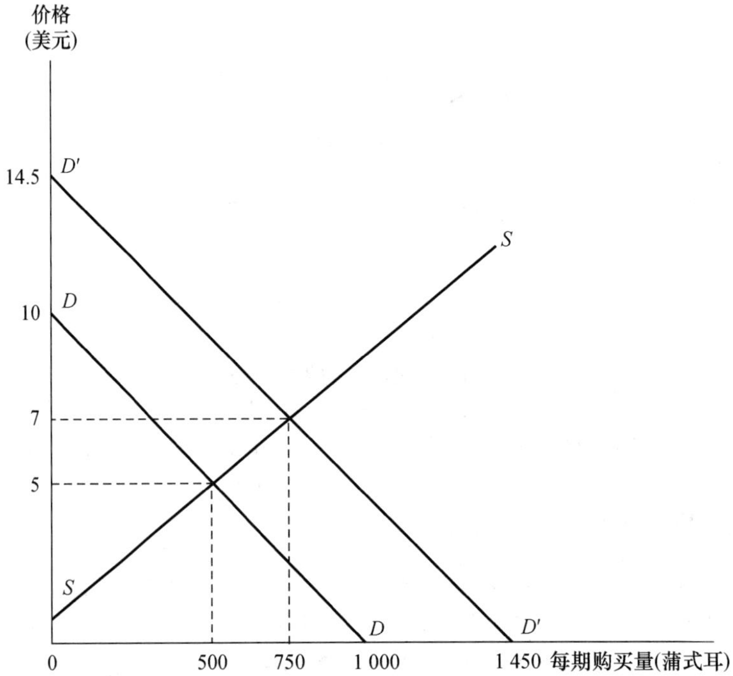

图1.3 均衡的改变

原始的均衡点是由开始的供求曲线相交点确定的($p^*=5, q^*=500$),当需求增加到$q_D=1\,450-100p$时,均衡点移动到$p^*=7, q^*=750$。

一个更一般化的模型。为了讲清楚如何运用供求模型,让我们用更一般的符号来表示它。设供给量和需求量分别为

$$q_D = a + bp \quad 以及 \quad q_S = c + dp \tag{1.12}$$

其中a和c是常数,调整它们可以上下平移曲线;b(小于0)和d(大于0)表示需求方和供给方对价格的敏感度。达到市场均衡时,我们就有

$$q_D = q_S \quad 或 \quad a + bp = c + dp \tag{1.13}$$

所以,均衡价格就是⑥

$$p^* = \frac{a-c}{d-b} \tag{1.14}$$

在我们的例子中,$a=1\,000, b=-100, c=-125, d=125$;因此,

$$p^* = \frac{1\,000+125}{125+100} = \frac{1\,125}{225} = 5 \tag{1.15}$$

---

⑥ (1.14)式有时被称为供求结构模型(1.12)式和(1.13)式的简化形式。从中可以看出,价格只和a、c这两个描述供求水平的外生变量以及b、d这两个描述生产者、消费者行为的参数有关。类似地,我们可以推出均衡数量的简化形式。

有了这个一般化的公式,我们就可以研究当需求曲线或供给曲线移动时,价格将如何变化。例如,对(1.14)式求导数有

$$\frac{dp^*}{da} = \frac{1}{d-b} > 0,$$

$$\frac{dp^*}{dc} = \frac{-1}{d-b} < 0. \tag{1.16}$$

也就是说,需求的增加(a 增加)使均衡价格提高,供给的增加(c 增加)使均衡价格下降。这正是从图形分析上得出的结论。从图 1.3 中可以看到,当需求等式中的常数 a 从 1 000 提高到 1 450 时,均衡价格 p^* 涨到了 7[=(1 450 + 125)/225]。

请回答:你如何使用(1.16)式预测外生的常数 a 每增加 1 单位如何影响内生变量 p^*? 当常数 a 从 1 000 增加到 1 450 时,这一等式能正确地预测 p^* 的增加量吗?

1.4.6　悖论的解决

马歇尔的模型解决了水和钻石的悖论。价格既反映了需求者对商品边际价值的估计,又反映了生产这种商品的边际成本。根据这种观点,悖论就可以消除。水的价格低廉是因为它具有很低的边际价值和边际生产成本。与此相反,钻石价格昂贵是因为它具有很高的边际价值(因为它们相对稀少)和很高的边际生产成本。这种供给和需求的基本模型会在本书后面的分析中反复出现。

1.4.7　一般均衡模型

虽然马歇尔模型是个极为有用的工具,但作为一个*局部均衡模型*,它只能反映一个时间上一种商品的市场情况。对有些问题来说,这样可以简化问题并得出有意义的结论,但对于其他一些更全局性的问题,这种窄化的视角会阻碍我们去发现市场间的某些重要的关系。为了回答更一般化的问题,必须有一个关于整个经济的模型来反映各市场和经济主体间的相互关系。法国经济学家列昂·瓦尔拉斯(Leon Walras)(1831—1910)建立了这一分析的主要体系,并形成了这类问题研究方法的现代基础。他用多个方程联立求解的方法来描述整个经济体,建立了理解一般均衡中相互关系的基础。瓦尔拉斯认识到,要想处理整个经济的问题,就不能孤立地研究单一的市场,而是需要建立起能反映某一个市场的变化对其他市场所带来的影响的模型。

例如,假设花生的需求增加,就会导致花生的价格上涨。马歇尔的供求分析可以从供给需求曲线的形状来分析价格上涨的幅度。而一般均衡分析则不仅观察这一市场,而且还观察它对其他市场的影响。花生价格的上升使花生酱的生产成本增加,从而影响花生酱的供给。同样,花生价格的上升对种植花生的农场主来说,可能意味着更高的土地价格,这可能将进一步影响他们所要购买的所有商品的需求曲线。于是,汽车、家具以及赴欧洲旅游的需求曲线都将向外移动,这将导致这些商品提供者的收入的增加。结果,最初对花生的需求的增加最终会扩散到整个经济中去。一般均衡分析试图建立这样一种模型,它使我们可以在简化的条件下研究这些影响。本书的第 13 章描述了一些这样的模型。

1.4.8 生产可能性边界

这里,我们用读者可能在经济学原理课程上见过的另一种图形——生产可能性边界(production possibility frontier),来简单说明一般均衡模型。这种图形表示的是一个经济在某个时期(如一周)内用可得到的资源生产的两种商品的各种数量的组合。因为生产可能性边界涉及两种商品,而不是马歇尔模型中的一种商品,所以它被用作一般均衡模型的基础。

图 1.4 显示了两种商品(食品与服装)的生产可能性边界,它是用经济中的资源能够生产出的商品组合来表示这些商品的供给。例如,在这张图表示的生产水平下,我们可以选择生产 10 磅食品与 3 单位服装,也可以选择生产 4 磅食品与 12 单位服装,或者其他的食品与服装的产出组合。生产可能性边界代表了全部组合的集合。因为经济中的资源有限,所以我们无法生产出边界以外的食品与服装组合。生产可能性边界提醒我们这样一个基本的经济事实:资源是稀缺的,不可能使每件商品的产出都达到我们想要的数量。

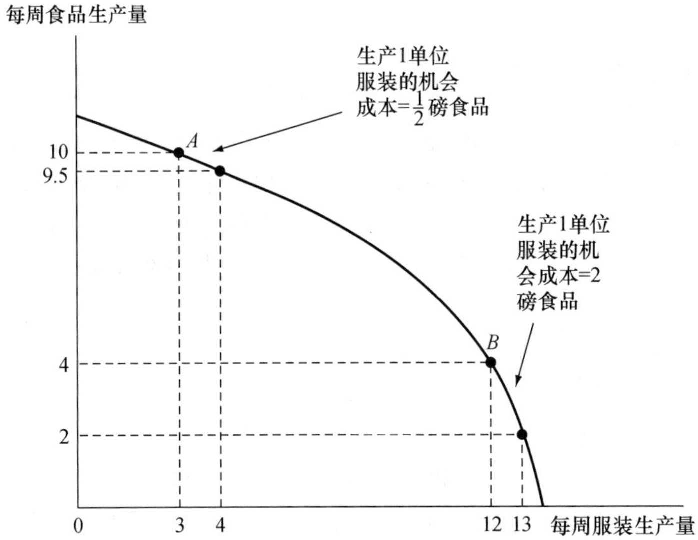

图 1.4 生产可能性边界

生产可能性边界显示了一定数量的稀缺资源可以生产的两种商品的不同组合。它也显示了减少一种商品的生产数量以多生产一单位另一种商品的机会成本,图中 *A*、*B* 两点多生产一单位服装的机会成本(即为此减少的食品产出)是不同的。

这种稀缺性意味着我们必须对每种商品的生产数量做出选择。图 1.4 表明每一种选择都有相应的成本。例如,如果 *A* 点表示生产 10 磅食品与 3 单位服装,在此点,多生产 1 单位服装将"减少"1/2 磅食品,即增加 1 单位服装的产出意味着减少 1/2 磅食品的产出。经济学家称在 *A* 点 1 单位服装的机会成本是 1/2 磅食品;如果在生产 4 磅食品与 12 单位服装的 *B* 点,多生产 1 单位服装将减少 2 磅食品,即增加 1 单位服装的机会成本是 2 磅食品。因为在 *B* 点生产的服装比在 *A* 点更多,李嘉图与马歇尔关于成本递增的观点均认为:在 *B* 点,每增产 1 单位服装的机会成本比 *A* 点高。图 1.4 表达的正是这一效应。

生产可能性边界告诉我们两个一般均衡的结论,这在马歇尔的单个市场供求模型中是得不到的。第一个结论是:多生产一种商品意味着少生产另一种商品,因为资源是稀缺的。经济学家经常(可能是过于频繁地)用“没有免费的午餐”来解释每个经济行为都是有机会成本的。第二个结论是:这些机会成本取决于每种商品生产的数量。这一边界就像两种商品的供给曲线,它用第二种商品减少的数量来表示第一种商品产出增加的机会成本。因此,生产可能性边界是同时研究多市场的特别有用的工具。

例 1.3 生产可能性边界与经济无效率

一般均衡模型是评价不同的经济配置效率的有效工具。我们将在第 13 章学习到,一般均衡模型可以用来评价各种政策,例如贸易安排、税收结构和环境法规。在下面这个简单的例子中,我们会用最基础的模型来研究效率。

假设一个经济里生产两种商品(x 和 y),并且劳动力是唯一的投入。商品 x 的生产函数是 $x=l_x^{0.5}$(l_x是投入到生产 x 中的劳动力数量),y 的生产函数是 $y=2l_y^{0.5}$。总的可用的劳动力服从约束条件 $l_x+l_y\leqslant 200$。我们可以很容易地建立这个经济的生产可能性边界:

$$l_x + l_y = x^2 + 0.25y^2 \leqslant 200 \tag{1.17}$$

其中等号成立意味着这个经济已经尽最大可能生产商品(这也是把它称为“边界”的原因)。(1.17)式画出图形来应该是一个四分之一椭圆——它的凹性是由于每种商品的生产函数都具有边际产出递减的性质。

机会成本。假设这个经济一直处在可能性边界上,商品 y 对于商品 x 的机会成本可以在求解 y 时得到:

$$y^2 = 800 - 4x^2 \quad 或 \quad y = \sqrt{800 - 4x^2} = [800 - 4x^2]^{0.5} \tag{1.18}$$

然后对 x 求导,有:

$$\frac{\mathrm{d}y}{\mathrm{d}x} = 0.5(800 - 4x^2)^{-0.5}(-8x) = \frac{-4x}{y} \tag{1.19}$$

举一个例子,假设平均分配劳动力用于生产两种商品,那么 $x=10, y=20, \mathrm{d}y/\mathrm{d}x=-4\times 10/20=-2$。如果使用这种分配方法,则增加一个单位 x 的产出会导致 y 的产出减少 2 个单位。该结论可以用一个略微不同的劳动力分配方式加以验证,比如 $l_x=101, l_y=99$。那么 $x=10.05, y=19.9$。这种分配变化的结果就是:

$$\frac{\Delta y}{\Delta x} = \frac{(19.9 - 20)}{(10.05 - 10)} = \frac{-0.1}{0.05} = -2$$

与微积分求解的结果相同。

凹性。(1.19)式清楚地说明了生产可能性边界是凹的。随着 x 产出的增加和 y 产出的减少,生产可能性边界的斜率越来越陡(负的越来越大)。例如,如果劳动力的分配方式是 $l_x=144, l_y=56$,那么产出就是 $x=12, y\approx 15$,同时 $\mathrm{d}y/\mathrm{d}x=-4\times 12/15=-3.2$。随着 x 产出的增加,多生产一个单位 x 导致的机会成本从 2 单位 y 增加到 3.2 个单位 y。

无效率。如果一个经济在其生产可能性边界内部运行,那么这个经济就是无效率的。向外移动到生产可能性边界上可以增加两种商品的产出,本书会深入探索造成无效率的原因。而这通常是某些市场失灵造成的。为了阐述市场失灵造成无效率的原因,我们假设这个经济中劳动力市场运作出现了问题,有 20 个工人永久性地失业了。则现在生产可能性边界变为:

$$x^2 + 0.25y^2 = 180 \tag{1.20}$$

我们之前讨论过的产出组合再也不可能达到。例如,如果 $x=10$,那么 y 现在的产出为 $y\approx17.9$。劳动力市场的失效导致 y 的产出下降了 2.1 个单位。相反,如果 180 单位劳动力平均投入到两种商品的生产中,就有 $x\approx9.5$,$y\approx19$,无效率体现在了两种商品的生产上——两者的产量可以在劳动力市场的无效率问题得以解决后提高。

请回答:如何单独使用 x 衡量劳动力市场失灵的成本?如何单独使用 y 衡量这一成本?当劳动力平均分配于生产两种商品时,为了用一个单独的数字衡量由此造成的市场失灵的效率成本,你还需要知道什么?

1.4.9 福利经济学

除了用于研究经济如何运作的实证问题外,一般均衡分析的工具还可以用来研究各种经济安排的福利状况的规范化问题。虽然这些问题是 18、19 世纪伟大的经济学家(斯密、李嘉图、马克思、马歇尔等人)研究的重点,但最重要的进展是在 20 世纪初由英国经济学家弗朗西斯·埃奇沃思(Francis Y. Edgeworth)(1848—1926)和意大利经济学家维尔弗雷多·帕累托(Vilfredo Pareto)(1848—1923)取得的。他们提出了"经济效率"(economic efficiency)概念的准确定义,并给出了市场达到这一目标的条件。通过明确资源配置与资源定价的关系,他们对斯密提出的思想,即有效市场是一只"看不见的手"可以有效配置资源的思想提供了支持。本书将在后面的某些章节里集中讨论这些福利问题。

1.5 新近的发展

经济学研究在第二次世界大战后得到迅速发展。本书的主要目的之一就是对这些研究的主要内容做一总结。通过说明经济学家如何建模来解释日益复杂的经济活动,笔者希望读者更好地认识已有工具的力量和尚未解决的问题。

1.5.1 经济模型的数学基础

二战后微观经济理论的一个重要进展是阐明了个人与厂商的基础假设。这一进展的重要标志是保罗·萨缪尔森(Paul Samuelson)在 1947 年发表的《经济分析基础》。萨缪尔森是第一个获得诺贝尔经济学奖的美国人,他在书中提出了很多行为最优化模型。[7] 萨缪尔森认为,将行为模型建立在精确定义的数学条件上很重要,因为这样才可以运用数学里的各种最优化手段。他的这种方法影响深远,使得数学成为现代经济学的一部分。在本书第 2 章,我们将讲解一些广泛应用的数学概念。

1.5.2 研究市场的新工具

现代经济学的另一个重要进展是一系列研究市场均衡的新工具,其中大多被纳入本书后面的

⑦ Paul A. Samuelson, *Foundations of Economic Analysis*(Cambridge, Mass.: Harvard University Press, 1947).

章节。它们包括刻画单一市场价格的模型,如比上述简单的供求模型更复杂的垄断市场定价模型,以及在寡头市场中根据博弈论建立起来的厂商间的战略合作伙伴关系;也包括那些同时分析多个市场的一般均衡模型。我们将看到,通过这些新工具可以将市场运作刻画得更加真实而全面。

1.5.3 不确定性与信息经济学

二战后的第三个重要理论进展是在经济模型中引入了不确定性和不完全信息。用于不确定情况下行为研究的基本假设最初是在 20 世纪 40 年代与博弈论一起建立起来的。以后的发展表明这些思想可以怎样用来解释个人厌恶风险的原因,以及人们如何收集信息以减少所面临的不确定性。本书中,不确定性和信息的问题也会出现在部分章节的分析中。

1.5.4 计算机与经验分析

二战后经济学进展的最后一个应当被提及的方面,即大量运用计算机分析经济数据。因为计算机已经能够处理更多的信息并进行更复杂的数学计算,这大大地提高了经济学家验证他们的理论的能力。较之于以前的经济学家不得不局限于对现实世界数据的简单的表格或图形分析,现在的经济学家可以用大量先进方法和微观经济数据对他们的模型进行检验。对这些技术与技术局限性的考察已超出本书的范围,不过,本书所附的扩展材料为读者提供了一些这方面的应用,以便大家参阅。

小结

本章介绍了一些经济学家研究资源配置方法的背景知识。这里讨论的许多内容读者应该并不陌生。与以前相比,对于相同的基本经济学问题的研究现在我们需要更加复杂的工具。本书的目的(更高级的经济学书籍更是如此)就是为您提供这样的工具。作为全书的开始,本章帮助你回忆以下知识点:

- 经济学研究稀缺资源如何配置,经济学家试图建立简单的模型来帮助人们理解这个过程。许多这样的模型是建立在数学的基础上的,因为数学提供了说明这些模型以及研究其结果的精确方法。
- 最经常被使用的模型是供求模型,它最初是在 19 世纪下半叶由阿尔弗雷德 · 马歇尔完整地建立起来的。此模型显示了可观察的价格可被用来表示由厂商发生的生产成本与需求者愿意付出的价格之间的平衡。
- 马歇尔的均衡模型仅仅是“局部”的,即它只考虑了一个时间下的一个市场。当需要同时考虑多市场时,我们需要建立起分析一般均衡的工具。
- 检验经济模型的有效性也许是经济学家面临的最困难的问题。有时,可由模型是否建立在“合理”的假设上来评估。但更多的时候是根据模型是否能很好地解释现实生活中的经济问题来评判的。

推荐阅读材料

方法论方面的文献

Blaug, Mark, and John Pencavel. *The Methodology of Economics: Or How Economists Explain*, 2nd ed. Cambridge: Cambridge University Press, 1992.

该书是关于经济学方法的一个经典研究的修订和扩展版本,将与哲学方面的更多一般性问题的讨论联系起来。

Boland, Lawrence E. "A Critique of Friedman's Critics." *Journal of Economic Literature* (June 1979): 503—522.

这是一篇对经济学实证方法及假设的经验检验的作用的总结性文章。

Friedman, Milton, "The Methodology of Positive Economics." In *Essays in Positive Economics*, pp. 3—43. Chicago: University of Chicago Press, 1953.

该文的主要内容为弗里德曼精彩观点的基本阐述。

Harrod, Roy F. "Scope and Method in Economics." *Economic Journal* 48 (1938): 383—412.

该文对经济模型应该扮演什么角色做了经典论述。

Hausman, David M., and Michael S. Mcpherson. *Economic Analysis, Moral Philosophy, and Public Policy*, 2nd ed. Carnbridge, UK: Cambridge University Press, 2006.

作者强调了关于考虑伦理学中的问题可以促进经济分析的观念。

McCloskey, Donald N. *If You're So Smart: The Narrative of Economic Expertise*. Chicago: University of Chicago Press, 1990.

这本书讨论了"经济学既是科学又是艺术"这个观点。对此话题更多的讨论可参见 *The Journal of Economic Literature*, June 1995.

Sen, Amartya. *On Ethics and Economics*. Oxford, UK: Blackwell Reprints, 1989.

作者试图在经济学和伦理学研究中架起一道桥梁。本书是关于这个话题的一个经典研究的重印版。

经济史的原始资料

Edgeworth, F. Y. *Mathematical Psychis*. London: Kegan Paul, 1881.

该文是对福利经济学的最初研究,其中包括经济有效性与合同曲线的基本概念。

Marshall, A. *Principles of Economics*. 8th ed. London: Macmillan & Co., 1920.

该书是对新古典主义的完整综合,是一本长时间使用的流行教材,书中有详细的数学附录。

Marx, K. *Capital*. New York: Modern Library, 1906.

该书带来了劳动价值论的全面进展,"转型问题"的讨论提供了一般均衡分析的(也许现在看来是错误的)起点,并提出了对产权私有制基础的质疑。

Ricardo, D. *Principles of Political Economy and Taxation*. London: J. M. Dent & Sons, 1911.

该书是一本分析性很强并且很紧凑的著作,是一本关于政策问题特别是有关贸易问题的详尽分析的开创性著作。书中首次讨论了边际主义的基本概念。

Smith, A. *The Wealth of Nations*. New York: Modern Library, 1937.

该书是第一本伟大的经济学著作,很长并且详尽,斯密对各种经济事件做了首次评论。这一版每页边上的注释对阅读颇有帮助。

Walras, L. *Elements of Pure Economics*. Translated by W. Jaffe. Homewood, IL: Richard D. Irwin, 1954.

该书标志着一般均衡理论的产生,是一本相当有难度的读物。

经济史的二手资料

Backhouse, Roger E. *The Ordinary Business of Life: The History of Economics from the Ancient World to the 21st Century*. Princeton, NJ: Princeton University Press, 2002.

作为对经济史的研究,本书丝毫不带个人崇拜色彩。它对古代经济思想的论述十分精辟,但对近代经济学中数学和计量经济学的应用讲得很有限。

Blaug, Mark. *Economic Theory in Retrospect*, 5th ed. Cambridge, UK: Cambridge University Press, 1997.

该书强调分析问题,每一章都有精彩的"读者导引"。

Heilbroner, Robert L. *The Worldly Philosophers*, 7th ed. New York: Simon and Schuster, 1999.

这是一本奇妙又易读的一流经济学家传记,在一些章节中,对空想社会主义者与索斯滕·韦伯伦给予了高度的评价。

Keynes, John M. *Essays in Biography*. New York: W. W. Norton, 1963.

本书刊登了许多著名人士(吉诺依德·乔治、温斯顿·丘吉尔、里昂·特诺茨基)和一些经济学家(马尔萨斯、马歇尔、埃奇沃思、拉姆齐与杰文斯)的文章,显示了凯恩斯作为作家的天赋。

Schumpeter, J. A. *History of Economic Analysis*. New York: Oxford University Press, 1954.

该书采用了百科全书式的处理方式,其中包括所有著名和很多不太著名的经济学家。还简洁地总结了社会科学其他分支的最新发展。

第 2 章　微观经济学中的数学工具

微观经济学模型是使用大量的数学方法建立起来的。本章将会向读者简要介绍一些在本书中出现的重要数学工具，其中最为重要的一部分就是如何使用数学方法求解最优化问题。在模型中，我们经常假设经济人会试图最大化或最小化目标函数，因此，我们将多次碰到这一类问题的求解过程(大多数会使用微积分)。

在详细讨论如何使用微积分求解最优化问题之后，我们将简要讨论以下四个问题：首先，我们来看经济学中几类特殊的函数形式。了解这些函数的性质有助于读者解答问题。其次，简要总结积分的相关知识。尽管本书中积分的使用会远远少于微分，但在一些情况下我们仍需要使用积分，例如，在有些经济理论中需要计算面积，有些要将跨期的产出加总，而有时则要将不同个体的产出加总。同时，积分还有一个特殊的应用，即求解连续多期产出总和的最大化问题。再次，我们会集中讨论动态最优化问题的求解方法。最后，本章还会简要总结数理统计的知识，这在我们学习不确定性情形下的经济行为时将会十分有益。

2.1　一元函数最大值问题

我们从最简单的例子说起：假设某企业的经理希望通过出售特定数量的一种商品以使利润最大化①，并假设企业所获得的利润(π)仅取决于出售商品的数量(q)。它的数学表达为：

$$\pi = f(q) \tag{2.1}$$

图 2.1 显示了一种 π 与 q 之间的可能关系。很清楚，为了获得最大利润 π^*，企业应实现产量 q^*。如果能精确地绘出图 2.1 这样的函数图，那么拿尺子量一下就可以得出数量关系了。

① 在这一章我们主要讨论最大化问题，但研究最小化问题的方法是完全一样的，因为最大化 $f(x)$ 等价于最小化 $-f(x)$。

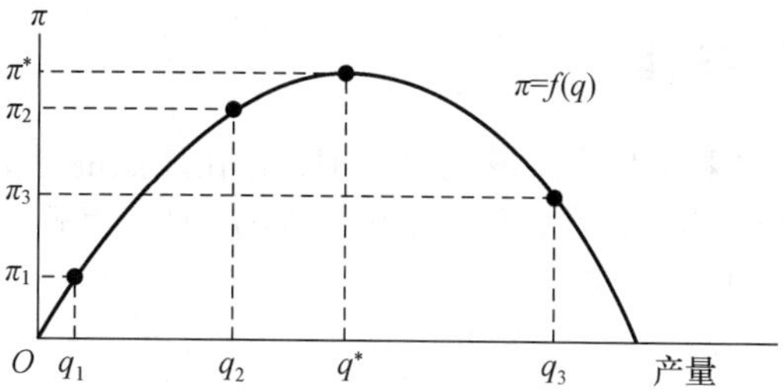

图 2.1　产量与利润之间的假设关系

如果企业希望使利润最大化，则产量应为 q^*。注意在 $q=q^*$ 处，$\frac{\mathrm{d}\pi}{\mathrm{d}q}=0$。

然而，一般来说，企业是得不到这样准确的图示的。所以，生产者会通过调整 q 找到利润最大化的点。比如，从 q_1 开始，销售所得的利润是 π_1；然后把 q 增加到 q_2，则利润增加到 π_2。π 随 q 增加而单调增加的数学表达为

$$\frac{\pi_2-\pi_1}{q_2-q_1}>0 \quad \text{或} \quad \frac{\Delta\pi}{\Delta q}>0 \tag{2.2}$$

其中记号Δ用来表示 π 或者 q 的增量。只要$\frac{\Delta\pi}{\Delta q}$为正，利润就增加，企业将继续增加产出，一直增加到 q^*。然而，产出增加到$\frac{\Delta\pi}{\Delta q}$为负时，再扩大生产就是错误的了。

2.1.1　导数

读者应该已经了解，q 的变化量非常小时，$\frac{\Delta\pi}{\Delta q}$这一比值的极限叫作函数 $\pi=f(q)$ 的导数，记为$\frac{\mathrm{d}\pi}{\mathrm{d}q}$或$\frac{\mathrm{d}f}{\mathrm{d}q}$或$f'(q)$。函数在点 q_1 的导数正式定义为

$$\frac{\mathrm{d}\pi}{\mathrm{d}q}=\frac{\mathrm{d}f}{\mathrm{d}q}=\lim_{h\to 0}\frac{f(q_1+h)-f(q_1)}{h} \tag{2.3}$$

这个比率的值显然取决于 q_1。同时，需要注意函数的导数并非一定存在，函数也可能在某些点上不可导。而在本书中学习到的大多数函数在其定义域内都是可以求微分的。

2.1.2　某一点的导数值

下面给出一个常见的符号：有时我们只关心给定的一点的导数值，例如，导数在点 $q=q_1$ 的值记为

$$\left.\frac{\mathrm{d}\pi}{\mathrm{d}q}\right|_{q=q_1} \tag{2.4}$$

有时，则要研究所有可能的 q 值的$\frac{\mathrm{d}\pi}{\mathrm{d}q}$的值。

在图 2.1 的例子中，$\left.\frac{\mathrm{d}\pi}{\mathrm{d}q}\right|_{q=q_1}>0$，而$\left.\frac{\mathrm{d}\pi}{\mathrm{d}q}\right|_{q=q_3}<0$。$\frac{\mathrm{d}\pi}{\mathrm{d}q}$在 q^* 的值是什么？它应该是 0，因为当 $q<q^*$ 时值为正，而 $q>q^*$ 时值为负。导数的几何意义是曲线的斜率，在 q^* 的左边斜率为正且在 q^* 的右边斜率为负，在点 q^*，$f(q)$ 的斜率是 0。

2.1.3 最大化的一阶条件

显然,对于一元函数, 如果在某一点取到最大值, 它在该点的导数(如果存在)必为零。因此, 如果生产者能够根据现实世界的数据估计出函数$f(q)$, 理论上就一定能够找到使得 $\mathrm{d}f/\mathrm{d}q=0$ 的点。在这一最优点(比如说 q^*), 有

$$\left.\frac{\mathrm{d}f}{\mathrm{d}q}\right|_{q=q^*}=0 \tag{2.5}$$

2.1.4 二阶条件

然而, 没一点怀疑精神的生产者可能被这一简单的条件欺骗。例如, 假设函数如图 2.2(a)或者图 2.2(b)所示。如果利润函数如图 2.2(a),由 $\mathrm{d}\pi/\mathrm{d}q=0$, 生产者将选择点 q_a^*。事实上,这个点是利润最小化的点,而不是利润最大化的点。类似的,如果利润函数如图 2.2(b), 生产者将选择点 q_b^*,尽管此时产生的利润大于任何小于 q_b^* 产出的利润,但是它小于任何大于 q_b^* 产出的利润。以上这些情况表明了一个数学事实,即 $\mathrm{d}\pi/\mathrm{d}q=0$ 是最大化的必要条件而不是充分条件。为了确保所选择的点确实是最大化的点,还必须满足一个附加条件。

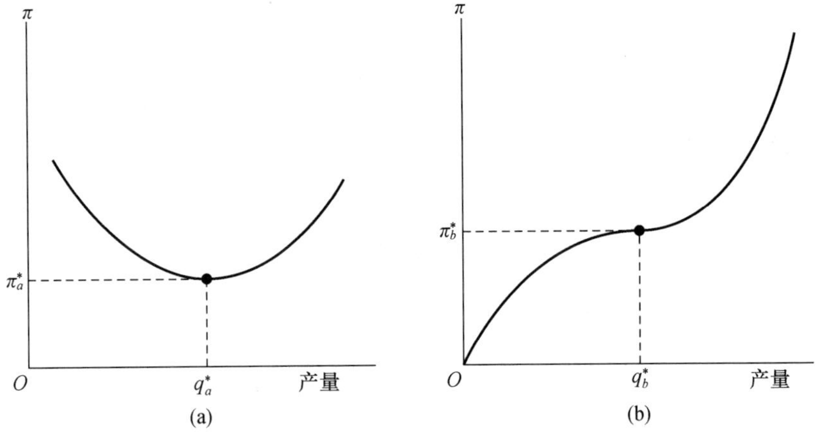

图 2.2 如果一阶导数规则运用不当则会导致错误结果的两个利润函数

在(a)中运用一阶条件将导致选择 q_a^*,事实上这个点是利润最小化的点。类似的,在(b)中产出水平 q_b^* 满足一阶条件,但是这个点产生的利润小于任何大于 q_b^* 的产出的利润。可见导数等于0的点是得到最大值的必要条件但不是充分条件。

直观地看,这个附加条件很清楚,即当产出比 q^* 大一点或者小一点时,利润都小于产出为 q^* 时的利润。如果这个条件不满足,生产者就可以找到比 q^* 更好的点。在数学上,这意味着对于 $q<q^*$,$\mathrm{d}\pi/\mathrm{d}q$ 必大于0;对于 $q>q^*$,$\mathrm{d}\pi/\mathrm{d}q$ 必小于0。因此,在点 q^*,$\mathrm{d}\pi/\mathrm{d}q$ 必递减,或者说,$\mathrm{d}\pi/\mathrm{d}q$ 的导数在 q^* 点必为负。

2.1.5 二阶导数

导数的导数称为二阶导数,记为$\frac{\mathrm{d}^2\pi}{\mathrm{d}q^2}$或$\frac{\mathrm{d}^2 f}{\mathrm{d}q^2}$或 $f''(q)$。所以 q^* 表示(局部)最大值点的附加条件是:

$$\left.\frac{d^2\pi}{dq^2}\right|_{q=q^*} = f''(q)\,|_{q=q^*} < 0 \tag{2.6}$$

其中 $q=q^*$ 表示二阶导数在点 q^* 的值。

因此,尽管(2.5)式($d\pi/dq=0$)是最大化的必要条件,但是只有它与(2.6)式$\left(\frac{d^2\pi}{dq^2}<0\right)$组合在一起才能确保该点是函数的局部极大值点。因此(2.5)式和(2.6)式共同决定了最大化的充分条件。当然,企业经理很可能根据市场信息做一系列试验,而不是根据数学推理(就像弗里德曼的打台球的类比)来确定 q^*。在本书中,我们对怎样找到这样的点并无兴趣,我们研究的是该点的性质以及当条件变化时这个点怎样变化。数学推导对于回答这类问题是很有帮助的。

2.1.6　求导法则

这里介绍几个常见的求导法则,这些法则在本书中将多次出现。

1. 若 a 是常数,则$\frac{da}{dx}=0$。
2. 若 a 是常数,则$\frac{d[af(x)]}{dx}=af'(x)$。
3. 若 a 是常数,则$\frac{dx^a}{dx}=ax^{a-1}$。
4. $\frac{d\ln x}{dx}=\frac{1}{x}$,其中 ln 是以自然对数 e(=2.71828……)为底的对数记号。
5. 对于任意常数 a,有

$$\frac{da^x}{dx} = a^x\ln a,\text{这个规则的特例是 } de^x/dx = e^x\text{。}$$

现在假设 $f(x)$ 和 $g(x)$ 是 x 的函数且 $f'(x)$ 和 $g'(x)$ 存在,则有:

6. $\frac{d[f(x)+g(x)]}{dx}=f'(x)+g'(x)$
7. $\frac{d[f(x)\cdot g(x)]}{dx}=f(x)g'(x)+f'(x)g(x)$
8. 若 $g(x)\neq 0$,则$\frac{d\left(\frac{f(x)}{g(x)}\right)}{dx}=\frac{f'(x)g(x)-f(x)g'(x)}{[g(x)]^2}$。

最后,如果 $y=f(x)$,$x=g(z)$ 并且 $f'(x)$ 与 $g'(z)$ 存在,则有:

9. $\frac{dy}{dz}=\frac{dy}{dx}\cdot\frac{dx}{dz}=\frac{df}{dx}\cdot\frac{dg}{dz}$

这个重要的结果叫作链式法则(chain rule),它提供了一个研究自变量 z 如何通过中间变量 x 影响因变量 y 的方法。这里举几个应用这条法则的例子:

10. $\frac{de^{ax}}{dx}=\frac{de^{ax}}{d(ax)}\cdot\frac{d(ax)}{dx}=e^{ax}\cdot a=ae^{ax}$
11. $\frac{d[\ln(ax)]}{dx}=\frac{d[\ln(ax)]}{d(ax)}\cdot\frac{d(ax)}{dx}=\frac{1}{ax}\cdot a=\frac{1}{x}$
12. $\frac{d[\ln(x^2)]}{dx}=\frac{d[\ln(x^2)]}{d(x^2)}\cdot\frac{d(x^2)}{dx}=\frac{1}{x^2}\cdot 2x=\frac{2}{x}$

例 2.1 利润最大化

假设利润(π)与生产数量(q)之间的关系是

$$\pi(q) = 1\,000q - 5q^2 \tag{2.7}$$

该函数的图形是一条抛物线，类似图 2.1。可以通过求导得到利润最大化的 q 值

$$\frac{d\pi}{dq} = 1\,000 - 10q = 0 \tag{2.8}$$

则

$$q^* = 100 \tag{2.9}$$

在 $q=100$ 时，(2.7)式显示利润是 50 000，这是最大可能的利润。例如，如果厂商选择生产 $q=50$，利润是 37 500；在 $q=200$ 时，利润为 0。

利润函数在 $q=100$ 时的二阶导数是 -10(见(2.8)式)，因此证明 $q=100$ 是全局最大值点。可以看到，利润增加率总是递减的，直到 $q=100$ 这个增加率还是正的，但是超过这个点就变成负的了。在此例中，$q=100$ 是函数唯一局部极大值点。然而，对于更复杂的函数，可能存在多个极大值点。

请回答：假设厂商的产出(q)仅取决于雇用的劳动力(l)，劳动与产量的关系为 $q=2\sqrt{l}$，并假设每单位劳动力需要支付工资 10 美元，每单位产品可以卖 50 美元，则利润 π 关于 l 的函数是 $\pi(l)=100\sqrt{l}-10l$，那么使利润最大化的劳动力雇用量是多少？最大的利润是多少？

2.2 多元函数

与经济问题有关的函数很少会只包含一个变量，经济人的利益目标与多个变量以及这些变量的权衡取舍有关。例如，消费者的效用取决于消费的每种商品的量，对于厂商的生产函数，生产的数量取决于投入生产过程的劳动、资本与土地的量。这种变量(y)取决于一系列其他变量($x_1, x_2, \cdots, x_n$)的情况可以表示为

$$y = f(x_1, x_2, \cdots, x_n) \tag{2.10}$$

2.2.1 偏导数

我们对 y 达到最大值的点，以及为了达到该点各变量之间的权衡取舍感兴趣。另外，用图形来刻画经济人调整各个变量以达到最大值的方法很直观，但对于多变量函数，导数还没有很好地被定义。就像爬山那样，路途有多险峻取决于选择的路径，函数的斜率(或者导数)也取决于所考虑的方向。通常我们只考虑单一自变量变化、其他变量不变时的方向(类似爬山时仅仅测量南北或者东西方向的坡度)。这些方向的斜率叫作偏导数。相对于 x_1 的偏导数记为$\frac{\partial y}{\partial x_1}$或$\frac{\partial f}{\partial x_1}$或 f_{x_1} 或 f_1。很明显，在计算这个变量的偏导数时其他变量保持不变。还应该强调此偏导数的值取决于 x_1 的值和(预先给定的)$x_2, \cdots, x_n$ 的值。

偏导数的正式定义是

$$\left.\frac{\partial f}{\partial x_1}\right|_{\bar{x}_2,\cdots,\bar{x}_n} = \lim_{h\to 0}\frac{f(x_1+h,\bar{x}_2,\cdots,\bar{x}_n)-f(x_1,\bar{x}_2,\cdots,\bar{x}_n)}{h} \tag{2.11}$$

式中 $x_2,\cdots,x_n$ 取预先给定的常数值 $\bar{x}_2,\cdots,\bar{x}_n$，只研究 x_1 变化的效应。同样，可用这一方式计算出关于其他变量($x_2,\cdots,x_n$)的偏导数。

2.2.2　偏导数的计算

偏导数是很容易计算的，只要把 $x_2,\cdots,x_n$ 都视为常数(其实就是偏导数的定义)求导就行了。请看以下例子。

1. 如果 $y=f(x_1,x_2)=ax_1^2+bx_1x_2+cx_2^2$，则有$\frac{\partial f}{\partial x_1}=f_1=2ax_1+bx_2$ 和$\frac{\partial f}{\partial x_2}=f_2=bx_1+2cx_2$。

注意$\frac{\partial f}{\partial x_1}$本身仍是一个关于 x_1 和 x_2的二元函数，因此它的值和 x_1,x_2都有关，也和 a,b,c 这些参数有关。

2. 如果 $y=f(x_1,x_2)=\mathrm{e}^{ax_1+bx_2}$，则有$\frac{\partial f}{\partial x_1}=f_1=a\mathrm{e}^{ax_1+bx_2}$和$\frac{\partial f}{\partial x_2}=f_2=b\mathrm{e}^{ax_1+bx_2}$。

3. 如果 $y=f(x_1,x_2)=a\ln x_1+b\ln x_2$，则有$\frac{\partial f}{\partial x_1}=f_1=\frac{a}{x_1}$和$\frac{\partial f}{\partial x_2}=f_2=\frac{b}{x_2}$。

注意，求 x_1 的偏导数$\frac{\partial f}{\partial x_1}$时将 x_2 看成一个常数，从而偏导数中没有 $b\ln x_2$ 项，因为当 x_1 变化时，$b\ln x_2$ 项不发生变化。与我们前面举的例子不同，在这种情况下，该函数关于 x_1 的变化率是独立于 x_2 的。而在一般情况下，x_1 的变化对 y 的影响是与 x_2 有关的。

2.2.3　偏导数与其他条件不变的假设

在第1章中，我们介绍过经济学家在他们的模型中使用其他条件不变的假设，让其他影响结果的变量为常数，从而研究简化情形下特殊的相互关系。偏导数是表示这种关系的准确的数学形式，即它们显示了在其他影响为常量时一个变量对结果的效应，这正是经济学家所需要的。例如，马歇尔需求曲线显示了在其他变量为常数时，价格(p)与需求量(q)之间的关系。利用偏导数，我们可以用曲线的斜率$\partial q/\partial p$ 来表示其他条件不变的假设。当其他因素不变时，价格与数量负相关的需求定律对应数学命题"$\partial q/\partial p<0$"。而只要我们用了偏导数，就等价于使用了其他条件不变的假设。

2.2.4　偏导数与计量单位

在数学中，我们对变量用什么单位计量关心得比较少。但是在经济学中，每一个变量都有现实世界中的经济含义，因此它们的计量单位就很重要。偏导数取什么计量单位往往能反映我们研究的是什么样的经济问题。比如，用 q 表示美国某年全年的汽油消费量(单位是10亿加仑)，p 表示每加仑汽油多少美元，那么$\partial q/\partial p$ 就表示价格每变动一美元，全年消费量变动多少个10亿加仑。显然偏导数的值和变量所取的单位是有关的，把 q 的单位换成100万加仑，导数值就扩大1 000倍；把 p 的单位换成美分，导数值就缩小100倍。

偏导数和度量单位相关的特点给经济学家平添不少麻烦。只研究某些变量的符号还好办，一旦涉及具体数量,数量的大小就和研究人员当时选取的单位有关。这样,要想在全世界各种不同的计量单位体制下做比较就非常困难。为此,经济学家在定量研究中引入了一种与单位无关的计算方法。

2.2.5 弹性的通用定义

几乎在经济学家感兴趣的所有变量关系中都会引入"弹性"这个概念。弹性反映的是一个变量的变化比例对另一个变量的变化比例的影响,所以在计算时单位被约掉了。例如,假设 x 是函数 y 的一个变量(y 可以是多元函数),那么 y 关于 x 的弹性(记为 $e_{y,x}$)定义为

$$e_{y,x} = \frac{\frac{\Delta y}{y}}{\frac{\Delta x}{x}} = \frac{\Delta y}{\Delta x} \cdot \frac{x}{y} = \frac{\mathrm{d}y(x)}{\mathrm{d}x} \cdot \frac{x}{y} \tag{2.12}$$

如果变量 y 还依赖于除 x 以外的其他变量(这是更常见的情形)。则(2.12)式中的导数将由偏导数替代。注意,不管 x 和 y 取什么单位,它们都会被约掉,因此结果会是一个没有单位的数字。经济学家用弹性可以在不同的国家、不同的商品之间进行比较。想必你已经熟知在经济学初级课程中学习过的需求弹性和供给弹性。读完本书,你会遇到更多这样的概念。

例 2.2 弹性及其函数形式

从(2.12)式可以看出弹性是针对函数上某一特定的点而言的,同一函数在不同点的弹性一般是不同的。为了讲清这一点,我们看一个简单的例子,即 y 是 x 的线性函数

$$y = a + bx + \text{其他项}$$

这样,有

$$e_{y,x} = \frac{\mathrm{d}y}{\mathrm{d}x} \cdot \frac{x}{y} = b \cdot \frac{x}{y} = b \cdot \frac{x}{a + bx + \cdots} \tag{2.13}$$

显然 $e_{y,x}$ 不是常数。所以对于线性函数,一定要说清弹性是哪一点的弹性。

如果 y 是 x 的指数函数,即

$$y = ax^b$$

则弹性就是常数,和取点无关

$$e_{y,x} = \frac{\mathrm{d}y}{\mathrm{d}x} \cdot \frac{x}{y} = abx^{b-1} \cdot \frac{x}{ax^b} = b$$

也可以对函数两边取对数

$$\ln y = \ln a + b\ln x$$

就有

$$e_{y,x} = b = \frac{\mathrm{d}\ln y}{\mathrm{d}\ln x} \tag{2.14}$$

就是说,弹性是对数项 $\ln y$ 对 $\ln x$ 的导数。对很多的有指数形式的函数来说,先取对数再计算大概是最方便的做法。

请回答:还有没有别的形式的函数,像指数函数一样,至少在某一区间上具有弹性恒定不变的特点?

2.2.6 二阶偏导数

类似单个变量的函数的二阶导数,偏导数的偏导数称为二阶偏导数。可写成$\frac{\partial(\partial f/\partial x_i)}{\partial x_i}$或者更简单地,有

$$\frac{\partial^2 f}{\partial x_j \partial x_i} = f_{ij} \tag{2.15}$$

对于上面的例子,有:

1. $y = f(x_1, x_2) = ax_1^2 + bx_1x_2 + cx_2^2$
   $f_{11} = 2a$
   $f_{12} = b$
   $f_{21} = b$
   $f_{22} = 2c$
2. $y = f(x_1, x_2) = e^{ax_1 + bx_2}$
   $f_{11} = a^2 e^{ax_1 + bx_2}$
   $f_{12} = abe^{ax_1 + bx_2}$
   $f_{21} = abe^{ax_1 + bx_2}$
   $f_{22} = b^2 e^{ax_1 + bx_2}$
3. $y = a\ln x_1 + b\ln x_2$
   $f_{11} = -ax_1^{-2}$
   $f_{12} = 0$
   $f_{21} = 0$
   $f_{22} = -bx_2^{-2}$

2.2.7 杨氏定理

这些例子说明在一般情况下(两个混合偏导数都连续),可以证明二阶偏导数与计算次序无关,即对于任意一对变量 x_i 和 x_j

$$f_{ij} = f_{ji} \tag{2.16}$$

这个结论有时被称为“杨氏定理”(Young's theorem)。对于这个定理的直观解释,我们可以回到爬山的类比上。爬山时,旅行者爬行的高度取决于爬行的方向和距离,而不取决于路程的次序。也就是说,只要旅行者从一个位置出发,他爬行的高度与实际路径无关。例如,他向北走一英里,然后向东走一英里或者以相反的次序先向东走一英里,然后向北走一英里,无论哪一种情形,爬行的高度都是相同的,因为这两种情形下旅行者都是从一个特定位置到另一个位置。以后的章节中,我们会经常使用这个结论,因为它为证明经济模型对行为的一些预测提供了方便。②

2.2.8 二阶偏导数的用途

二阶偏导数在本书的很多模型中占有重要地位,其中最重要的大概是关于某一变量自身的二

② 杨氏定理保证了函数的二阶偏导数形成的矩阵是对称矩阵,这种对称性反映了很多经济规律的本质,关于矩阵概念在经济学中的应用可参见扩展章节。

阶导数 f_{ii},它反映了 x_i 对 y 的边际影响率(marginal influence) $\left|\text{即}\frac{\partial y}{\partial x_i}\right|$随 x_i 变化的情况。f_{ii} 为负就是常说的“边际影响率递减”的数学表达。类似的,交叉导数项 f_{ij} 刻画了 x_i 的边际影响率随 x_j 变化的趋势,它的符号可正可负。杨氏定理告诉我们一般来说这种交叉影响是对称的。更数学化的讲法是,二阶导数刻画了函数图形的凹凸性质。稍后我们会看到,这对于判定某点是否为极值非常重要。同时,二阶偏导对于确定经济理论中一些导数的符号也有重要的作用。

2.2.9　多元函数求导的链式法则

如果函数中存在中间变量,那么在计算偏导时会显得比较复杂。正如我们将会看到的,在很多经济问题中,很难准确说明复杂函数的求导方法。这一节中的几个简单例子将会对找到复杂函数的求导思路提供帮助。在之前的一元函数求导中,我们已经介绍过链式法则,这里会将其推广到多元函数中。举一个具体的例子,假设函数中的因变量 y 由三个自变量确定,$y=f(x_1,x_2,x_3)$,而每一个自变量 x 又是单一变量 a 的函数。故函数可以写为 $y=f[x_1(a),x_2(a),x_3(a)]$。现在我们可以使用链式法则研究 a 的变化对于 y 的影响:

$$\frac{\mathrm{d}y}{\mathrm{d}a}=\frac{\partial f}{\partial x_1}\cdot\frac{\mathrm{d}x_1}{\mathrm{d}a}+\frac{\partial f}{\partial x_2}\cdot\frac{\mathrm{d}x_2}{\mathrm{d}a}+\frac{\partial f}{\partial x_3}\cdot\frac{\mathrm{d}x_3}{\mathrm{d}a}\tag{2.17}$$

总之,a 的变化会影响每一个 x,而 x 的变化又会最终影响到 y 值。当然,这一表达式中的某些项可能为 0。如果出现这种情况,则说明其中某一个 x 不受 a 的影响,或者 y 不受其中某一个 x 的影响(如果是后者,那么这一个 x 就不应该出现在函数中)。多元函数的链式法则说明 a 可以通过多条路径影响 y 的取值。[3] 而在经济模型中我们希望把所有的路径都考虑进去。

例 2.3　链式法则的使用

举一个简单的例子(这个例子可能比较无聊),假设一个比萨狂人每周要消费三个种类的比萨,用 x_1,x_2,x_3 表示。第一种是最简单的奶酪比萨,每块的价格是 p。第二种比萨多加了两份辅料,价格为 $2p$。第三种是家庭特制型比萨,加了五个辅料,价格为 $3p$。为了保证每天能吃到不同的比萨,这个比萨狂人决定一周在每种比萨上各消费 30 美元。在这里我们期望了解价格 p 的变化如何影响比萨的总消费量。注意到,在这一问题中只存在 p 这一个外生变量,由比萨店确定比萨的价格;而模型中每个比萨的购买量(以及总购买量)则是内生变量。

由于比萨狂人已经给定了购买比萨的预算,比萨的购买量由价格 p 唯一确定。特别的,$x_1=30/p$,$x_2=30/2p$,$x_3=30/3p$。比萨的购买量可以表示为:

$$y=f[x_1(p),x_2(p),x_3(p)]=x_1(p)+x_2(p)+x_3(p)\tag{2.18}$$

运用链式法则可得:

$$\frac{\mathrm{d}y}{\mathrm{d}p}=f_1\cdot\frac{\mathrm{d}x_1}{\mathrm{d}p}+f_2\cdot\frac{\mathrm{d}x_2}{\mathrm{d}p}+f_3\cdot\frac{\mathrm{d}x_3}{\mathrm{d}p}=-30p^{-2}-15p^{-2}-10p^{-2}=-55p^{-2}\tag{2.19}$$

我们可以使用具体数字来解释上式的意义。假设初始的 $p=5$,在这一价格下比萨的购买量为 11。(2.19)式意味着,价格增加 1 美元会导致比萨的购买量下降 2.2 块(=55/25),不过这一变化

③　如果(2.17)式中的 x 是几个变量的函数,式中的导数就应当改为偏导数,这意味着链式法则表示的是当其他变量不变时,单独一个变量变化所带来的影响。

对于微积分来说显得太大了，微积分要求价格的变化量趋近于零。故而，我们假设价格的变化为 5 美分，由(2.19)式可知，价格增加 5 美分会使比萨的购买量下降 0.11 块($=0.05\times55/25$)。如果直接计算价格为 5.05 美元时比萨的购买量，可得 $x_1=5.94$，$x_2=2.97$，$x_3=1.98$。所以，总的购买量为 10.89——和价格变化前相比，购买量减少了 0.11 块，与(2.19)式的结果相同。

请回答：这个问题的求解还有一种更为简单的方法，即把总购买量写成价格 p 的函数。使用这种方法证明上述结论，并说明为什么这种简单的方法并不总是适用的。

链式法则还有一个特殊的例子。假设 $x_3(a)=a$，即变量 a 直接出现在表达式 $y=f[x_1(a),x_2(a),a]$ 中。在这种情况下，a 对 y 的边际效应可以写为④：

$$\frac{\mathrm{d}y}{\mathrm{d}a}=\frac{\partial f}{\partial x_1}\cdot\frac{\mathrm{d}x_1}{\mathrm{d}a}+\frac{\partial f}{\partial x_2}\cdot\frac{\mathrm{d}x_2}{\mathrm{d}a}+\frac{\partial f}{\partial a} \tag{2.20}$$

从这个表达式中可以看出，a 对 y 的影响可以分解为两种不同的效应：(1) 直接效应(记为 f_a)；(2) 间接效应，即 a 通过 x 对 y 产生影响。在很多经济问题中，区分这两种效应能得出一些重要的结果。

2.2.10　隐函数

如果一个函数的函数值为常数，那么自变量之间就会存在隐含关系。即自变量不能任意取值，它们的取值必须保证函数值为固定的常数。考察变量之间的隐含关系为经济模型的分析提供了另一种工具。

隐函数最重要的作用就是分析经济学模型中各变量之间内在的替代作用。下面我们来看一个简单的例子。假设存在函数 $y=f(x_1,x_2)$。如果 y 值为常数，那么自变量 x_1，x_2 之间就存在隐含关系。这一隐含关系就要求自变量的变化量之间需要满足一定的条件，以确保函数值为定值。事实上，在一般情况下⑤(其中最重要的条件是 $f_2\neq0$)，如果 y 值为常数，就可以演算出 x_1 与 x_2 之间的函数关系 $x_2=g(x_1)$。尽管有时函数 g 的计算很困难，但函数 g 的微分却与原函数 f 的偏微分之间存在一种特殊关系。下面进行具体的推导，首先假设原函数值为常数(特别地，假设函数值为 0)，函数可以写为：

$$y=0=f(x_1,x_2)=f[x_1,g(x_1)] \tag{2.21}$$

等号左右分别使用链式法则对 x_1 求导：

$$0=f_1+f_2\cdot\frac{\mathrm{d}g(x_1)}{\mathrm{d}x_1} \tag{2.22}$$

整理上式可得：

$$\frac{\mathrm{d}g(x_1)}{\mathrm{d}x_1}=\frac{\mathrm{d}x_2}{\mathrm{d}x_1}=-\frac{f_1}{f_2} \tag{2.23}$$

---

④　(2.20)式中的表达式有时被称为函数 f 的总微分或全微分，尽管这个用法在应用数学的不同领域不太一致。

⑤　对于隐函数定理的详细讨论以及如何应用于多变量的情形，参见 Carl P. Simon and Lawrence Blume, *Mathematics for Economists* (New York: W. W. Norton, 1994)，第 15 章。

由上式可知⑥，使用原函数 f 的偏微分可以推导出 x_1 和 x_2 之间的替代效应。下面这个例子可说明在特定情况下，上述关系式可使得计算更为简便。

例 2.4 再论生产可能性边界

在例 1.3 中，我们已经考察了两种商品的生产可能性边界，有

$$x^2 + 0.25y^2 = 200 \tag{2.24}$$

由于这一函数值为常数，我们可以使用隐函数方法分析变量之间的关系

$$\frac{dy}{dx} = \frac{-f_x}{f_y} = \frac{-2x}{0.5y} = \frac{-4x}{y} \tag{2.25}$$

这和前面的结果完全一样，而使用的方法更为简单。

问题：为什么 x 和 y 之间的替代效应只取决于 x 和 y 的比值，而与常数 200 反映的“劳动力规模”无关？

2.3 多元函数的最值问题

我们现在可以利用偏导数讨论多元函数的最大化问题。回忆一下一元函数求极值的做法有助于我们理解这个问题：在只有一个变量的情况下，我们可以对 x 做一个很小的变化，即变化 dx，并观察 y 的变化（dy）。这个变化由下式给出

$$dy = f'(x)dx \tag{2.26}$$

（2.26）式的等号说明了 y 的变化等于 x 的变化乘以函数的斜率。这个公式等价于初等代数线性方程中的点斜式。与以前一样，对于 x 围绕最优点的微小改变，最大化的必要条件是 $dy=0$。否则，x 的适当变化会使 y 增加。因为在（2.26）式中 dx 不一定等于 0，$dy=0$ 一定意味着在期望的点上 $f'(x)=0$。这样，我们用微分的形式又一次得到取得最值的一阶条件。

运用这种方法我们可以考察经济人必须进行的对多个变量大小的选择决策。假设经济人希望得到使 $y=f(x_1,x_2,\cdots,x_n)$ 的值最大化的一组 x_i。经济人可以考虑仅仅改变 x 的一个分量，例如 x_1，而其他变量为常数。由 x_1 的变化导出 y 变化（即 dy）的公式

$$dy = \frac{\partial f}{\partial x_1}dx_1 = f_1 dx_1 \tag{2.27}$$

这说明 y 的变化等于 x_1 的变化乘以函数在 x_1 方向上的斜率。再次运用爬山的比喻，说明攀登者向北爬行的高度等于向北的距离乘以山向北的倾斜度。

---

⑥ 另一种证明方法是利用 f 的全微分方程 $dy=f_1dx_1+f_2dx_2$。令 $dy=0$，再加以整理就能得到相同的结果（假设两边同时除以 dx_1 在数学上是可行的）。

2.3.1　最大值的一阶条件

函数f的(局部)极大值点需要满足以下条件:在这一点上,向任意方向做任意微小的改动都不会使函数值增大。即对所有自变量进行(2.27)式的处理,当且仅当y对所有自变量的偏微分都为0时(注意到,(2.27)式中dx_1这一项可以为正也可以为负),这一点才有可能是极大值点。我们可以得出求解(局部)极大值点的一个必要条件

$$f_1 = f_2 = \cdots = f_n = 0 \tag{2.28}$$

使(2.28)式成立的点叫函数的**临界点(critical point)**。满足这一条件的点并不一定是极大值点,还需要满足二阶条件(二阶条件将在后面的章节中讨论)。不过,在大多数的经济模型中,二阶条件都能够满足,因此,利用(2.28)式就可以得到极大值。

(2.28)式描述的"一阶"条件有一个重要的经济学解释。当函数达到极大值时,所有自变量的值将会达到某个点,使得函数的边际值为0。也就是说,如果在某一点上f_1为正值,那么这一点就不是真的极值点,因为根据(2.27)式,x_1增大(保持其他变量不变)会导致函数f值增大。

例2.5　求解最大值

假定y是x_1和x_2的函数,有

$$y = -(x_1 - 1)^2 - (x_2 - 2)^2 + 10 \tag{2.29}$$

或者

$$y = -x_1^2 + 2x_1 - x_2^2 + 4x_2 + 5$$

例如,y表示某个人的健康情况(测度指标从0到10),而x_1与x_2是两种保健药的每日剂量。我们希望找到x_1与x_2的值使得y尽可能地大。取y相对于x_1和x_2的偏导数,应用(2.28)式给出的必要条件导出

$$\frac{\partial y}{\partial x_1} = -2x_1 + 2 = 0,\quad \frac{\partial y}{\partial x_2} = -2x_2 + 4 = 0 \tag{2.30}$$

即有

$$x_1^* = 1,\quad x_2^* = 2$$

因此$x_1=1, x_2=2$是函数的临界点。在这些点上,$y=10$是可能得到的最好的健康状况。经验证明这是y可能取到的最大值。例如,如果$x_1=x_2=0$,则$y=5$,或者如果$x_1=x_2=1$,则$y=9$。如果x_1与x_2的值分别大于1和2,则y会递减。因为(2.29)式中的负的二次项变大。因此,应用必要条件找到的点实际上是局部(与整体)最大的点。[7]

请回答:假设y取一固定值(例如5)。x_1与x_2之间看上去是一种什么关系?$y=7$呢?或者$y=10$呢?(这些图形是函数的等高线,更多的细节参见后面的章节。亦可参见问题2.1。)

2.3.2　二阶条件

然而,(2.28)式的条件不能保证最大化。仍然用爬山的比喻来解释这一点:(几乎)所有的山

⑦　更准确地说,$x_1=1, x_2=2$处是全局最大值,因为函数是凹函数。更详细的分析见本章后面的讨论。

顶都是平的，但不是每一个平的点都是山顶。需要二阶条件来确保运用（2.28）式得到的点是局部最大的。直观地说，对于局部最大化，x 远离临界点的任何一个很小的变化，y 都将随之递减。与单变量的情形一样，f 的二阶偏导数刻画了其这方面的性质。为了验证这一点，我们需要使用函数的二阶偏导数。第一个条件（很容易从单变量情形中得出）就是每个自变量的自身二阶偏导数（f_{ii}）必须为负。如果我们仅仅关注一个方向的变化，那么真的极大值必定使得该点附近的函数斜率的变化趋势由正（向上）到0（平）再到负（向下）。这就是二阶导数 $f_{ii}<0$ 的意义。不幸的是，需要计算所有的二阶偏导数才能够保证向任意方向移动都会使函数值 f 减小。随后，本章将讨论一个二元变量的例子，而更一般的例子则需要使用矩阵代数的知识（参见本书最后的扩展部分）。不过，在经济学理论中，自身的二阶偏导数为负通常是最重要的条件。

2.4 包络定理

隐函数理论中一个重要的结论是**包络定理（envelope theorem）**，这一定理在本书许多地方都将被用到。它研究的是当函数中某一参数变化时，最优值如何变化。因为我们研究的许多经济问题会涉及参数变化的影响（例如商品市场价格的变化对个人购买的影响），这是我们经常要进行的一类计算，有了包络定理这类计算会简化很多。

2.4.1 具体例子

通过举例来理解包络定理是最简单的方法。假设 y 是单一变量（x）与参数（a）的函数：

$$y=-x^2+ax \tag{2.31}$$

对于参数的不同值 a，这个方程表示一簇反向抛物线。若 a 取特定值，（2.32）式仅是 x 的函数，并且可计算出使得 y 最大化的 x 值。例如，如果 $a=1$，$x^*=1/2$，对应这一 x 与 a 的值，$y=1/4$（最大值）。类似地，如果 $a=2$，$x^*=1$，则 $y^*=1$。因此参数 a 的值增加1，y 的最大值增加3/4。在表2.1中，a 在0与6之间取整数值，由此计算 x 的最大值和相应的目标函数 y 的值。注意当 a 增加时，y 的最大值也增加。由图2.3可见，a 与 y^* 之间的关系是二次的。现在我们希望计算当参数 a 变化时 y^* 的变化情况。

表2.1 在 $y=-x^2+ax$ 中，a 变化时带来的 y 与 x 的最大值的变化情况

a 值	x^* 值	y^* 值
0	0	0
1	1/2	1/4
2	1	1
3	3/2	9/4
4	2	4
5	5/2	25/4
6	3	9

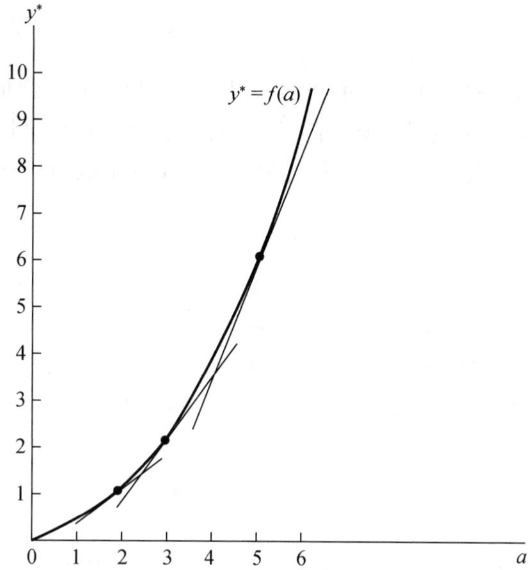

图 2.3　包络定理的说明

包络定理表明 y^*（y 的最大值）与参数 a 之间的关系可以通过把对应的 x 的最优取值带入目标函数并计算 $\partial y/\partial a$ 来获得。

2.4.2　麻烦的直接法

包络定理表明我们有两个等价的计算方法。第一，我们可以直接计算图 2.3 中方程的斜率。为此，我们首先对于任意 a 的值求解（2.31）式中 x 的最优值

$$\frac{\mathrm{d}y}{\mathrm{d}x} = -2x + a = 0$$

从而

$$x^* = \frac{a}{2}$$

将 x 的这个值代入（2.31）式，有

$$\begin{aligned} y^* &= -(x^*)^2 + a(x^*) \\ &= -\left(\frac{a}{2}\right)^2 + a\left(\frac{a}{2}\right) \\ &= -\frac{a^2}{4} + \frac{a^2}{2} = \frac{a^2}{4} \end{aligned} \tag{2.32}$$

这就是图 2.3 所显示的关系。由以前的方程很容易看出

$$\frac{\mathrm{d}y^*}{\mathrm{d}a} = \frac{2a}{4} = \frac{a}{2} \tag{2.33}$$

例如，当 $a=2$ 时，$\mathrm{d}y^*/\mathrm{d}a=1$。即当 $a=2$ 时，a 每增加 1，y^* 也增加 1。$a=6$ 时，a 的微小变化将导致 y^* 三倍于此的变化。表 2.1 说明了这个结果。

2.4.3 包络捷径

上述做法颇为麻烦,对于每一个 a 的值我们不得不先求出 x 的最优值,并将 x^* 的这个值代入方程求解 y。在更复杂的函数下这是很麻烦的,因为它要求反复最大化目标函数。包络理论提供了一条捷径:对于 a 的微小变化可以在 x 的最优值点上令 x 为常数,对目标函数直接计算$\partial y/\partial a$ 得出。

按上述方式计算有

$$\frac{\mathrm{d}y^*}{\mathrm{d}a} = \frac{\partial y}{\partial a}\bigg|_{x=x^*(a)} = \frac{\partial(-x^2 + ax)}{\partial a}\bigg|_{x=x^*(a)} = x^*(a) \tag{2.34}$$

脚标 $x = x^*(a)$ 提醒我们在包络定理中运用偏导数必须得在 x 的某个值上,这个值正是对于特定参数值 a 时 x 的最优取值。我们已经在(2.32)式中证明了,对于 a 的任意值,$x^*(a) = a/2$.将其带入(2.34)式,有

$$\frac{\mathrm{d}y^*}{\mathrm{d}a} = x^*(a) = \frac{a}{2} \tag{2.35}$$

这恰好与之前得到的结论相同。图 2.3 说明了为什么两种方法得出了同样的结果。对于 $a=2$,方程(2.31)给出的线性关系是曲线 y^* 的斜率。图中曲线的斜率表示给定 x 不变时$\partial y/\partial a$ 的值。再将 $x = x^*$ 带入,自然有 $y = y^*$,也就是我们要求的。

这个结论很有普遍性,本书常常会用其简化计算。综上所述,包络定理就是考察函数 $y = f(x)$ 的最优值 y^* 关于参数 a 的关系时,可以固定所有的自变量不变,再求 y 关于 a 的偏导数,最后将 x^* 带入偏导数的表达式中求出,即

$$\frac{\mathrm{d}y^*}{\mathrm{d}a} = \frac{\partial y}{\partial a}\{x = x^*(a)\} \tag{2.36}$$

强调一下,我们要的是$\partial y/\partial a$ 这个偏导函数在 $x = x^*$ 的值。

2.4.4 多变量情形

对于 y 是多变量函数的情形,包络定理仍然成立。假设 y 取决于一组 $x(x_1,\cdots,x_n)$ 与特殊参数 a

$$y = f(x_1,\cdots,x_n,a) \tag{2.37}$$

求 y 的最优值要解 n 个一阶方程

$$\frac{\partial y}{\partial x_i} = 0 \quad (i = 1,\cdots,n) \tag{2.38}$$

在这个过程中会得出这些 $x(x_1^*,x_2^*,\cdots,x_n^*)$ 的最优值,它们显然依赖于参数 a。假设方程满足二阶条件,应用隐函数定理我们能够求出每一个 x_i^* 作为参数 a 的显函数。

$$\begin{aligned} x_1^* &= x_1^*(a) \\ x_2^* &= x_2^*(a) \\ &\vdots \\ x_n^* &= x_n^*(a) \end{aligned} \tag{2.39}$$

将这些函数代入原来的目标函数(方程(2.37))得出一个表达式,y 的最优值(y^*)取决于对 x 有

直接与间接影响的参数 a。

$$y^{*}=f[x_1^{*}(a),x_2^{*}(a),\cdots,x_n^{*}(a),a]$$

对这个关系式关于 a 求微分得

$$\frac{\mathrm{d}y^{*}}{\mathrm{d}a}=\frac{\partial f}{\partial x_1}\cdot\frac{\mathrm{d}x_1}{\mathrm{d}a}+\frac{\partial f}{\partial x_2}\cdot\frac{\mathrm{d}x_2}{\mathrm{d}a}+\cdots+\frac{\partial f}{\partial x_n}\cdot\frac{\mathrm{d}x_n}{\mathrm{d}a}+\frac{\partial f}{\partial a} \tag{2.40}$$

但是,由于(2.35)式的一阶条件,如果 x 是它们的最优值,除最后一项外的其他各项都是0。因此,我们再次获得包络结果

$$\frac{\mathrm{d}y^{*}}{\mathrm{d}a}=\frac{\partial f}{\partial a} \tag{2.41}$$

由于假设所有 x 已调整为最优值,由参数变化所导致 y 的最优值的变化能够直接通过对原函数求偏导得到。

例2.6　包络定理:再论健康状况

早在例2.5中,我们就考察了健康状况函数的极大值

$$y=-(x_1-1)^2-(x_2-2)^2+10 \tag{2.42}$$

得到

$$\begin{aligned}x_1^{*}&=1\\x_2^{*}&=2\end{aligned} \tag{2.43}$$

和

$$y^{*}=10$$

假设现在我们用任意参数 a 替代(2.42)式中的常数10。这里 a 代表一个人可能有的最好健康状况的测度,但是显然这个值因人而异。因此

$$y=f(x_1,x_2,a)=-(x_1-1)^2-(x_2-2)^2+a \tag{2.44}$$

这里,x_1 与 x_2 的最优值不依赖于 a(它们总是 $x_1^{*}=1,x_2^{*}=2$),因此在最优值我们有

$$y^{*}=a \tag{2.45}$$

和

$$\frac{\mathrm{d}y^{*}}{\mathrm{d}a}=1 \tag{2.46}$$

假如选择最优的 x_1 与 x_2,具有"自然健康状况"的人们拥有更高的 y^{*} 值。但是由于(2.44)式,因此有

$$\frac{\mathrm{d}y^{*}}{\mathrm{d}a}=\frac{\partial f}{\partial a}=1 \tag{2.47}$$

这正是包络定理的结果。假设正确选择 x_1 与 x_2 的剂量,参数 a 的增加导致最优值 y^{*} 增加相同的量。

请回答:假设我们替代(2.42)式中 x_1 的最优剂量,即由参数 b 来代替1,请用文字与数学解释为什么此时 $\partial y^{*}/\partial b$ 必为零。

2.5 有约束条件的最大化问题

到现在为止我们一直研究的是求解无约束条件的 x 的函数的最大值。然而在多数经济问题中 x 并不是可以任意取值的,例如在很多情况下要求 x 为正。生产者决定产量以使收益最大化时,负的产量就是没有意义的。在其他例子中,x 可能会受到不同的经济约束。例如,考虑消费者选择何种物品消费时,他不能想要多少就买多少,而是要受购买力的约束,即受预算约束限制。这样的约束可能降低函数的最大值。因为我们不能在所有 x 中任意选择,y 也可能达不到最大值。如果无论有或没有提出约束,我们都能够得到相同水平的 y,约束条件就称为"没有约束力"的约束条件。

2.5.1 拉格朗日乘数法

在有约束条件的情况下求解最大化问题的一种方法是**拉格朗日乘数法(lagrange multiplier method)**。这种方法有着灵活的数学形式,并且这种形式被证明具有有效的经济学解释。[⑧] 在上一节我们讨论了局部最大化的必要条件。证明了在最优点 f 的所有偏导数都等于0。所以,对于 n 个未知数有 n 个方程($f_i=0, i=1,\cdots,n$)。一般地,这些方程能够解出最优的一组 x。当自变量有约束条件时,至少有一个附加方程(约束条件)没有附加变量,因此有多余的方程。拉格朗日乘数法引进一个附加变量(拉格朗日乘数),不仅有助于顺利解决问题(因为现在对于 $n+1$ 个未知数有 $n+1$ 个方程),而且在不同的经济问题中本身具有经济学含义,可以说明一些问题。

2.5.2 正式的表达式

更具体的,假设我们希望求解 $x_1, x_2, \cdots, x_n$ 的值,以便最大化下式:

$$y = f(x_1, x_2, \cdots, x_n) \tag{2.48}$$

其中部分自变量是有限制的,但可以将约束条件一般性的记为:

$$g(x_1, x_2, \cdots, x_n) = 0 \tag{2.49}$$

其中函数[⑨] g 表示所有 x 满足的关系。

2.5.3 一阶条件

我们从以下表达式开始对拉格朗日乘数法的分析:

$$\mathscr{L} = f(x_1, x_2, \cdots, x_n) + \lambda g(x_1, x_2, \cdots, x_n), \tag{2.50}$$

式中 λ 是附加变量,叫作拉格朗日乘数。以后我们将解释这个新变量的经济学意义。现在,我们首先注意当约束条件成立时 $\mathscr{L}$ 与 f 具有相同的值[因为 $g(x_1, x_2, \cdots, x_n)=0$]。从而让所有的 x 满足约束条件,求解 f 的最大值的问题与求解 $\mathscr{L}$ 的极值点问题完全等价。让我们把 λ 也当成一个

---

⑧ 详细的表达式,参见 A. K. Dixit, *Optimization in Economic Theory*, 2nd ed. (Oxford: Oxford University Press, 1990),第2章。

⑨ 我们前面已经说明,任何关于 $x_1, x_2, \cdots, x_n$ 的函数都能写成隐函数形式。比如约束条件 $x_1+x_2=10$ 可以写成 $10-x_1-x_2=0$。后面我们在处理约束条件问题时都将写为隐函数形式,并且我们涉及的约束条件多半都是线性的。

x 之外的变量。根据(2.50)式,极值点的一阶条件为

$$\begin{aligned}
\frac{\partial \mathscr{L}}{\partial x_1} &= f_1 + \lambda g_1 = 0 \\
\frac{\partial \mathscr{L}}{\partial x_2} &= f_2 + \lambda g_2 = 0 \\
&\vdots \\
\frac{\partial \mathscr{L}}{\partial x_n} &= f_n + \lambda g_n = 0 \\
\frac{\partial \mathscr{L}}{\partial \lambda} &= g(x_1, x_2, \cdots, x_n) = 0
\end{aligned} \tag{2.51}$$

因此(2.51)式是函数 $\mathscr{L}$ 的极值点满足的条件。注意,对于 $n+1$ 个未知数有 $n+1$ 个方程(每一个 x 对应一个方程,最后一个方程对应 λ)。一般的,方程能够解出 $x_1, x_2, \cdots, x_n$ 和 λ 的值。此解满足两个性质:(1) x 服从约束条件,因为(2.51)式的最后一个方程就是约束条件;(2) 所有这些服从约束条件的 x 也满足(2.51)式使得 $\mathscr{L}$(与 f)尽可能大。因此拉格朗日乘数法向我们提供了前文提出的具有约束条件的最大化问题的一个求解方法。[10]

(2.51)式的解与没有约束条件情况下(见(2.28)式)的解不一样。除了所有的 x 的边际贡献是 0 以外,(2.51)式还必须满足约束条件。只有约束条件无效(下面我们将要看到,此时 $\lambda=0$),具有约束条件的问题与没有约束条件的问题(和它们的解)才都是一样的。也就是说,条件极值满足的条件更强。这种加强的条件一般是有经济意义的。

2.5.4　拉格朗日乘数的解释

到现在为止,我们仅把拉格朗日乘数(λ)作为数学"技巧"来求解我们的问题。事实上,这一变量还有重要的经济意义,这表现在我们对本书中许多论点的分析中。为了说明其经济含义,我们把(2.51)式的前 n 个方程写成

$$\frac{f_1}{-g_1} = \frac{f_2}{-g_2} = \cdots = \frac{f_n}{-g_n} = \lambda \tag{2.52}$$

换句话说,在最大化点,对于每一 x_i,f_i 比 g_i 的比率相同。但是(2.52)式的分子是每一 x 对函数 f 的边际贡献。它们说明多于一单位的 x_i 对于我们寻求最大化的函数(即 f)有**边际收益(marginal benefit)**。

对(2.52)式的进一步解释将留到实际应用中碰到时再完成。这里我们要讲的是所谓的"边际成本"。(2.52)式中的 g 反映了多获取一点 x 需要承担的预算负担。比如说,假设在 x_1, x_2 两种商品上的花费是给定的,设为 F。这样,预算约束就是 $p_1x_1+p_2x_2=F$(p_i 是每单位商品的成本),它可以写成隐函数形式

$$g(x_1, x_2) = F - p_1x_1 - p_2x_2 = 0 \tag{2.53}$$

这时有

$$-g_i = p_i \tag{2.54}$$

---

⑩　严格地说,这只是可行域内部的局部极大值的必要条件。有的经济学问题中最大值在约束条件的边界上达到,这时我们必须调整条件以考虑到此种情况。比如,如果要求所有自变量非负,(2.51)式就不一定成立。不等式约束一节将详细讨论这个问题。

可见 $-g_i$ 确实反映了 x_i 的边际成本。事实上,以后碰到的每个最优化问题对(2.52)式分母的解释基本都是这样的。

2.5.5 作为成本—收益比的拉格朗日乘数

现在我们给出(2.52)式的直观解释。它们表示对于任意 x,在得到 x 的最优选择时,增加 x_i 的边际收益与增加 x_i 的边际成本的比率是相同的。这个结论显而易见。假设"成本—收益比率"在 x_1 时比在 x_2 时高,此时我们可以稍微增加 x_1 以实现最大化。这可以通过增加 x_1 的投入,同时相应减少足够的 x_2 以保持 g(约束条件)不变来说明。因此增加 x_1 的边际成本应该等于使用较少的 x_2 的成本减少额。但是,因为 x_1 的成本—收益比率比 x_2 的大,增加使用 x_1 的收益增加额大于减少使用 x_2 的收益减少额。因为 x_1 提供了更多的"刺激",增加 x_1 且适当减少 x_2 可以增加 y。如果仅当边际收益—边际成本比率对于所有的 x 都相等时达到局部最大值,这时 x 的任意小变化都不能增大目标函数。这个结论是微观经济学中最优行为理论的基础。

拉格朗日乘数(λ)还能按照下面的讨论来解释。λ 是对于所有 x 的成本—收益的共同比率。即对于所有 x_i,

$$\lambda = \frac{x_i \text{ 的边际收益}}{x_i \text{ 的边际成本}} \tag{2.55}$$

如果约束条件稍微放松,增加的预算用来购买任何一个 x 的结果是相同的,因为在边际状况,每一个 x 都有相同的收益对成本的比率。拉格朗日乘数提供了稍微放松约束条件将对 y 的值产生的所有影响的测度。事实上 λ 是约束条件的"影子价格"。较大的 λ 表示约束条件放松,y 增加得多,因为每一个 x 有了一个更高的成本—收益比率。相反,较小的 λ 表示放松约束条件没有太多改变。如果约束条件根本没有限制,则 λ 为0,这表示约束条件没有限制 y 的值。在此情况下,求解具有约束条件的 y 的最大值等价于求解没有约束条件的最大值。此时约束条件的影子价格是0。利用本章后面所描述的包络定理也可以表明 λ 的经济含义。[11]

2.5.6 对偶

以下讨论表明具有目标约束的函数最大化问题与约束的取值问题之间有很明显的关系。它反映的是所谓的数学的**"对偶"**原理:任何约束最大化问题对偶于关注原始("最初")约束条件的约束**最小化问题(minimization)**。例如,经济学家假设个人在预算约束条件下寻求效用最大化,这是关于消费者的初始问题。消费者的最小化问题是达到给定效用水平所需的支出最小化。类似地,厂商的初始问题是生产给定水平的产出投入总成本最小化,因此,其对偶问题是给定投入成本,使产出最大化的问题。在以后的章节中将讨论很多这类问题。每个这类问题都表明,总是有两种方法去考虑约束条件下最优化的问题,有时正面的分析就能够解决问题;有时,采用相反的办法,即考虑其对偶问题可能更好。不论采取何种方法,结果一般是一致的(但也有例外),所以选择哪种方法主要考虑是否方便。

---

⑪ 本节讨论的是单一约束条件的情况,对于多个约束条件,只要引入多个拉格朗日乘数即可,求解的过程是类似的。

例 2.7　约束条件下的最大化:三论健康状况

我们再次回到健康最大化问题上来(也许你已经觉得有点烦了)。和以前一样,个人目标是最大化下式

$$y = -x_1^2 + 2x_1 - x_2^2 + 4x_2 + 5$$

但是现在假设 x_1 与 x_2 的选择要受他每天只能承受一剂药的限制,即

$$x_1 + x_2 = 1 \tag{2.56}$$

或者

$$1 - x_1 - x_2 = 0.$$

注意,因为可接受剂量的约束使原来的最优点($x_1 = 1, x_2 = 2$)达不到了,我们必须另求其他值。为此我们首先写出拉格朗日表达式

$$\mathscr{L} = -x_1^2 + 2x_1 - x_2^2 + 4x_2 + 5 + \lambda(1 - x_1 - x_2) \tag{2.57}$$

对 x_1、x_2 与 λ 微分得到下面有约束的最大值的必要条件

$$\begin{aligned}\frac{\partial \mathscr{L}}{\partial x_1} &= -2x_1 + 2 - \lambda = 0\\ \frac{\partial \mathscr{L}}{\partial x_2} &= -2x_2 + 4 - \lambda = 0\\ \frac{\partial \mathscr{L}}{\partial \lambda} &= 1 - x_1 - x_2 = 0\end{aligned} \tag{2.58}$$

解出 x_1、x_2 与 λ 的最优值,利用前两个方程得到

$$-2x_1 + 2 = \lambda = -2x_2 + 4$$

或者

$$x_1 = x_2 - 1 \tag{2.59}$$

将 x_1 的值代入约束条件得到解

$$\begin{aligned}x_2 &= 1\\ x_1 &= 0\end{aligned} \tag{2.60}$$

因此,如果这个人仅能承受一剂药,则他应该吃第二种。使用两个方程中的一个很容易得出我们的解

$$\lambda = 2 \tag{2.61}$$

这就是具有约束条件的最大化问题的解。如果 $x_1 = 0, x_2 = 1$,则 y 取值为 8。对 x_1 与 x_2 的和为 1 这个限制使健康状况 y 的最大值从 10 降到 8。

请回答:假设这个人每天可以承受两剂药。你认为 y 会增加吗?每天可以承受的药超过三剂对 y 会有影响吗?

例 2.8　最优篱笆与有约束的最大化

假设一个农场主有长度为 P 的篱笆,想围一块面积最大的长方形。农场主将选择什么样的形状呢?这是一个具有约束条件的最大化问题。为了解决这个问题,设 x 是长方形一边的长度且 y 是另一边的长度。现在的问题变成通过选择 x 和 y 使得所围面积(面积 $A = xy$)最大化,其约束条

件是参数被固定在 $P=2x+2y$。

写出拉格朗日表达式,有

$$\mathscr{L} = x \cdot y + \lambda(P - 2x - 2y) \tag{2.62}$$

其中 λ 是未知的拉格朗日乘数。最大化的一阶条件是

$$\begin{aligned}\frac{\partial \mathscr{L}}{\partial x} &= y - 2\lambda = 0 \\ \frac{\partial \mathscr{L}}{\partial y} &= x - 2\lambda = 0 \\ \frac{\partial \mathscr{L}}{\partial \lambda} &= P - 2x - 2y = 0\end{aligned} \tag{2.63}$$

(2.63)式的三个方程同时解出 x、y 与 λ。前两个方程可得出:$y/2=x/2=\lambda$,x 必等于 y(若是面积则平方即可)。这还意味着可以选出 x 与 y 使得对于这两个变量的边际收益与边际成本之比相同。增加一单位 x 的收益(对于面积)由 y 给出(面积增加 1 单位 y),边际成本(参数项)是 2(x 边的长度增加一个单位使这个参数减少 2)。最大化条件说明这个比率与每一变量的比率都相等。

因为我们已经证明 $x=y$,利用约束条件则有

$$x = y = \frac{P}{4} \tag{2.64}$$

因为 $y=2\lambda$,有

$$\lambda = \frac{P}{8} \tag{2.65}$$

拉格朗日乘数的解释。如果农场主对于增加 1 码篱笆所围面积的增加数量感兴趣,拉格朗日乘数认为该增加量可以等于周长的 1/8。用具体的数据来说明则更清楚。假设土地周长为 400 码,如果是"最优化"的设计,则这块土地应为边长为 100 码($P/4$)的正方形,所围面积是 10 000 平方码。现在假设周长(即篱笆长度)增加一码,(2.65)式"预测"总面积增加约 50($P/8$)平方码。事实确实如此,说明如下:因为现在周长为 401 码,正方形的每一边是 401/4 码,因此土地总面积是 $(401/4)^2$,通过计算可得知 10 050.06 平方码,从而与拉格朗日乘数法(预测)得出的增加 50 码的结果非常近似。与在所有约束条件下的最大化问题一样,拉格朗日乘数法提供了约束条件隐含值的有效信息。

对偶 这个约束条件下的最大化问题的对偶问题是:对于面积给定的矩形土地,农场主希望以最小长度的篱笆围住它。从数学上来说,这个问题是最小化

$$P = 2x + 2y \tag{2.66}$$

约束条件是

$$A = x \cdot y \tag{2.67}$$

建立拉格朗日表达式

$$\mathscr{L}^D = 2x + 2y + \lambda^D(A - x \cdot y) \tag{2.68}$$

(其中 D 表示对偶的概念)导致下面最小化的一阶条件

$$\begin{aligned}\frac{\partial \mathscr{L}^D}{\partial x} &= 2 - \lambda^D \cdot y = 0 \\ \frac{\partial \mathscr{L}^D}{\partial y} &= 2 - \lambda^D \cdot x = 0\end{aligned}$$

$$\frac{\partial \mathscr{L}^D}{\partial \lambda^D} = A - x \cdot y = 0 \tag{2.69}$$

与前面一样，求解这些方程得到

$$x = y = \sqrt{A} \tag{2.70}$$

同样，如果篱笆长度最小，则土地为正方形。在此问题中，拉格朗日乘数的值是

$$\lambda^D = \frac{2}{y} = \frac{2}{x} = \frac{2}{\sqrt{A}} \tag{2.71}$$

与前面一样，拉格朗日乘数法说明目标（篱笆长度最短）和约束条件（所围土地面积）的关系。如果土地是 10 000 平方码，和以前一样，所需篱笆长度是 400 码。增加 1 平方码的土地，要求篱笆增加 0.02 码（$2/\sqrt{A} = 2/100$）。读者可以用计算器来证实这个结果——边长为 100.005 码的篱笆所围面积为 10 001 平方码。正如大多数对偶问题一样，对偶的拉格朗日乘数的值是原问题拉格朗日乘数的倒数。尽管它们在某种意义上具备不同形式，但是反映的内容相同。

请回答：这里暗含了一个约束条件：农场主的土地是长方形的。如果不提这个约束条件，土地面积最大的形状是什么形状？你是如何证明这一点的？

2.6　有约束条件的最大化问题中的包络定理

我们以前讨论的没有约束条件的最大化问题中的包络定理在有约束条件的最大化问题中有重要应用。这里我们提供的仅是定理的简单形式。在以后的章节中我们将说明它的应用。

假设我们求解以下函数的最大化

$$y = f(x_1, \cdots, x_n; a) \tag{2.72}$$

其变量服从如下约束条件

$$g(x_1, \cdots, x_n; a) = 0 \tag{2.73}$$

这里我们很清楚函数 f 与 g 对参数 a 的依赖性。跟以前的方法一样，求解这个问题的一种方法是建立拉格朗日表达式

$$\mathscr{L} = f(x_1, \cdots, x_n; a) + \lambda g(x_1, \cdots, x_n; a) \tag{2.74}$$

求解最优值 $x_1^*, \cdots, x_n^*$ 的一阶条件（见（2.51）式）。它可以表示为

$$\frac{dy^*}{da} = \frac{\partial \mathscr{L}}{\partial a}(x_1^*, \cdots, x_n^*; a) \tag{2.75}$$

即当参数 a 的改变（与所有重新计算的 x 的最优值）导致 y 的最优值的改变可由对拉格朗日表达式（即（2.74）式）求偏导数，再将极值点的数据带入得到。因此，拉格朗日表达式在计算有约束条件的问题和没有约束条件的问题时，包络定理起到了相同的作用。作为简单的练习，读者可以证明这个结果在处理例 2.7 的长方形土地篱笆问题时成立。[12] 习题 2.12 为约束条件下的包络定理

---

[12] 该问题中我们关注的变量是周长 P。将取得最大值时的 x, y 的表达式带入土地面积的表达式（A），得到 $dA/dP = P/8$。对拉格朗日表达式（（2.62）式）求微分，得到 $\partial \mathscr{L}/\partial P = \lambda$，在极值点，$dA/dP = \partial \mathscr{L}/\partial P = \lambda = P/8$。这样，从包络定理的角度也能看出拉格朗日乘数在某种意义上表现了约束条件的重要度。

提供了初步证明。

2.7 不等式形式的约束条件

在某些经济问题中,约束条件不一定是等式。比如,一个人的预算约束只要求他在一定时期内消费不能超过他的收入,但并不排除他可以存下一些不消费。在多变量的问题中也有类似的问题,比如某些经济变量必须是非负的。下面我们来看这样的问题如何用拉格朗日乘数法处理。尽管这样的问题遇见的不多,但通过数学的刻画我们可以看清其中的一些基本原理是如何与我们的经济学直觉相一致的。

2.7.1 两个变量的情况

为了避免变量太多看不清楚,我们先讨论只含两个变量的情况,再将其推广。假设我们要使 $y=f(x_1,x_2)$ 最大化,且自变量满足以下三个不等式约束条件:

$$\begin{aligned} g(x_1,x_2) &\geqslant 0 \\ x_1 &\geqslant 0 \\ x_2 &\geqslant 0 \end{aligned} \tag{2.76}$$

因此,这些不等式约束条件就概括了以下两种可能性:消费总量不必严格等于收入总量(一个人无须将其收入都花掉);消费量不能为负(在大多数经济中)。

2.7.2 松弛变量法(slack variable)

一种处理的方法是引入三个新变量(a,b,c)将(2.76)式转化成等式。用平方即可保证不等式恒成立。这样,原约束条件变为:

$$\begin{aligned} g(x_1,x_2)-a^2 &= 0 \\ x_1-b^2 &= 0 \\ x_2-c^2 &= 0 \end{aligned} \tag{2.77}$$

这两组约束条件是完全等价的。而且通过观察参数 a,b,c,我们能看到这类问题的一些共性。

2.7.3 用拉格朗日乘数法求解

转化成等式约束后,我们可以用拉格朗日法求解该问题。因为这里有三个约束条件,故需引入三个拉格朗日乘子 $\lambda_1,\lambda_2,\lambda_3$。表达式为:

$$\mathscr{L}=f(x_1,x_2)+\lambda_1[g(x_1,x_2)-a^2]+\lambda_2(x_1-b^2)+\lambda_3(x_2-c^2) \tag{2.78}$$

要使这八个变量($x_1,x_2,a,b,c,\lambda_1,\lambda_2,\lambda_3$)的函数取得极值,就要满足以下八个一阶条件:

$$\frac{\partial\mathscr{L}}{\partial x_1}=f_1+\lambda_1 g_1+\lambda_2=0$$

$$\frac{\partial\mathscr{L}}{\partial x_2}=f_2+\lambda_1 g_2+\lambda_3=0$$

$$\frac{\partial\mathscr{L}}{\partial a}=-2a\lambda_1=0$$

$$
\begin{aligned}
&\frac{\partial \mathscr{L}}{\partial b} = -2b\lambda_2 = 0 \\
&\frac{\partial \mathscr{L}}{\partial c} = -2c\lambda_3 = 0 \\
&\frac{\partial \mathscr{L}}{\partial \lambda_1} = g(x_1, x_2) - a^2 = 0 \\
&\frac{\partial \mathscr{L}}{\partial \lambda_2} = x_1 - b^2 = 0 \\
&\frac{\partial \mathscr{L}}{\partial \lambda_3} = x_2 - c^2 = 0
\end{aligned} \tag{2.79}
$$

这和我们之前的单一等式约束条件的情况很相似((2.51)式)。比如,最后三个只是重复约束条件,以保证约束条件得到满足。前两式和之前求解最大值的式子也差不多,如果 $\lambda_2=0, \lambda_3=0$,它们就完全一样了,但是这里多出来的拉格朗日乘子恰好说明不等式中的等号不一定成立。

2.7.4 松弛互补性(complementary slackness)

含有 a,b,c 的三式反映了不等式约束条件极值问题最重要的性质。比如,(2.79)式的第三行表明 λ_1 和 a 必有一个为0。⑬ 当 $a=0$ 时,约束条件 $g(x_1,x_2)\geq 0$ 等号成立。λ_1 反映了该条件对目标函数 f 的相对重要程度。要是 $a\neq 0$ 而 $\lambda_1=0$,则表示该约束条件允许的松弛程度对目标函数没有任何意义。具体到消费者的例子上,这句话的意思就是如果消费者选择不把收入全部花掉,那么即使再多赚一些也不会增加他消费的效用。

在选择消费多少 x_1,x_2 上也有类似的关系。比如,(2.79)式的第四个方程要求 b 或 λ_2 为0。如果 $\lambda_2=0$,说明极值点处有 $x_1>0$,第一个方程化为 $f_1+\lambda_1 g_1=0$,即对 x_1 的决策与 λ_1 满足成本—收益比率关系。如果是 $b=0$ 而 $\lambda_2>0$,即 $x_1=0$,则说明最优选择中不应包含 x_1,因为从 $f_1+\lambda_1 g_1<0$ 中可知对 x_1 的边际成本—收益比值为负。对于 x_2,情况是完全对称的。

这个结论[有时被称为库恩—塔克条件(Kuhn-Tucker conditions)]表明不等式约束条件和等式约束条件在某些方面有所不同。但有时通过观察确定某些等号成立的条件,并把它直接当作等式约束条件也能得出正确的结论。事实上,这才是本书后面主要用到的方法。⑭

2.8 二阶条件及凹凸性

至此我们已经知道了一个函数要在某点达到最大值必须满足的一阶必要条件。本书中大部分情况也只需考虑一阶条件,正如我们将看到的,大多数经济问题中的函数都满足最大化所需的二阶条件。这是因为这些函数的凹凸性质足以保证最优化的条件。这一节我们简单分析一下凹凸条件的一般处理方法以及它们与二阶条件的关系,并解释其凹凸性的经济学含义。

---

⑬ 我们这里不考虑两者都为0的特殊情况。

⑭ 当微积分的方法不能用时(可能是某个问题中的某个函数不可微),情况就会复杂得多,详见 Avinask K. Dixit, *Optimization in Economic Theory*, 2nd ed. (Oxford: Oxford University Press, 1990)。

2.8.1 单变量函数

我们首先考虑具有单一变量 x 的目标函数

$$y = f(x) \tag{2.80}$$

此函数在某点达到最大值的必要条件为:在点 x,

$$\frac{\mathrm{d}y}{\mathrm{d}x} = f'(x) = 0 \tag{2.81}$$

我们也知道,如果(2.81)式给出的必要条件不加鉴别地应用,选出的点可能不是极大值点。为了确保此点确实为极大值点,需验证远离此点时 y 递减。我们已知(根据(2.81)式),对于 x 的微小变化,y 的值不变,我们需验证 y 是否在"驻点"之前上升而之后下降。我们已导出 y 的变化($\mathrm{d}y$)的表达式,由全微分给出:

$$\mathrm{d}y = f'(x)\mathrm{d}x \tag{2.82}$$

此时要求当 x 微小增加时,$\mathrm{d}y$ 减少。(2.82)式的微分为

$$\mathrm{d}(\mathrm{d}y) = \mathrm{d}^2y = \frac{\mathrm{d}[f'(x)\mathrm{d}x]}{\mathrm{d}x}\cdot\mathrm{d}x = f''(x)\mathrm{d}x\cdot\mathrm{d}x = f''(x)\mathrm{d}x^2 \tag{2.83}$$

但由

$$\mathrm{d}^2y < 0$$

可得出

$$f''(x)\mathrm{d}x^2 < 0 \tag{2.84}$$

而且既然 $\mathrm{d}x^2$ 必然为正(任何平方均为正),可得

$$f''(x) < 0 \tag{2.85}$$

这就是所求的二阶条件。它要求函数在极值点是"凹"的(上凸的),请对比图 2.1 和图 2.2 的图形,类似的对凹凸性的要求这一节还会出现。

例 2.9 再谈利润最大化

在例 2.1 中,我们考虑求解函数

$$\pi = 1\,000q - 5q^2 \tag{2.86}$$

的最大值问题。最大值的一阶条件要求

$$\frac{\mathrm{d}\pi}{\mathrm{d}q} = 1\,000 - 10q = 0 \tag{2.87}$$

即有

$$q^* = 100 \tag{2.88}$$

函数的二阶导数为

$$\frac{\mathrm{d}^2\pi}{\mathrm{d}q^2} = -10 < 0 \tag{2.89}$$

因此,$q^* = 100$ 满足局部最大值的充分条件。

请回答:此时的二阶导数并不只在最大值点为负,而是总是负的。对最值点来说这意味着什么?二阶导数为常数又意味着什么?

2.8.2　二元函数

这里我们考虑第二种情况,即具有两个独立变量的函数

$$y = f(x_1, x_2) \tag{2.90}$$

我们已经知道这样的函数达到最大值的必要条件是函数对 x_1 与 x_2 的偏导数都是0,即

$$\begin{aligned} \frac{\partial y}{\partial x_1} &= f_1 = 0 \\ \frac{\partial y}{\partial x_2} &= f_2 = 0 \end{aligned} \tag{2.91}$$

满足(2.91)式的点为函数的“扁平”点(flat spot)($dy=0$ 的点),可能是函数的极大值点。为确保此点是一局部最大值点,必然有由临界点向各个方向移动时 y 均递减。直观地看,就是只有确保不管向哪个方向走都是下坡路,才能说这点是“山顶”。

2.8.3　直观的讨论

之前我们描述了为何单一变量情形的简单一般化说明了对于局部最大值,二阶自偏导数(f_{11} 与 f_{22})必须是负的。在爬山的类比中,如果只考虑东西方向或者南北方向,在经过山顶时山峰的斜率一定递减,斜率一定由正变为负。如果初始点并不是单纯地沿着 x_1 或者 x_2 的方向移动,而是两个变量一起变化的情形(如从东北方向到西南方向移动),则复杂性明显增加。此时单纯的二阶偏导数不能提供关于临界点附近斜率变化的全部信息。只有加上交叉偏导数的条件($f_{12}=f_{21}$)才能保证由临界点向任何方向移动时 dy 都递减。正如我们将见到的那样,这些条件等价于要求函数的二阶偏导数足够大以平衡任何可能的交叉偏导数的“异常”情形。直观地说,如果山峰南北方向与东西方向都很陡,那么可以用其他方向的相对小的坡度就可以被补偿以保证其总体仍是下坡。

2.8.4　正式的分析

现在我们对上述观点给出一个正式的表达。我们希望看到的是这些条件由二阶偏导数来表示,从而使得过临界点向任何方向移动时 d^2y 均为负。首先,函数的全微分为

$$dy = f_1 dx_1 + f_2 dx_2 \tag{2.92}$$

dy 的微分是

$$d^2y = (f_{11}dx_1 + f_{12}dx_2)dx_1 + (f_{21}dx_1 + f_{22}dx_2)dx_2 \tag{2.93}$$

或者

$$d^2y = f_{11}dx_1^2 + f_{12}dx_2dx_1 + f_{21}dx_1dx_2 + f_{22}dx_2^2 \tag{2.94}$$

由杨氏定理,有 $f_{12}=f_{21}$,整理得

$$d^2y = f_{11}dx_1^2 + 2f_{12}dx_1dx_2 + f_{22}dx_2^2 \tag{2.95}$$

如果对 x 的任何变化(即任取 dx_1 与 dx_2)(2.95)式恒为负,显然 f_{11} 与 f_{22} 均为负。例如,取 $dx_2=0$,则

$$d^2y = f_{11}dx_1^2 \tag{2.96}$$

$d^2y<0$ 意味着

$$f_{11}<0 \tag{2.97}$$

同样,由 $dx_1=0$,得到 f_{22} 为负。若 dx_1 和 dx_2 均不为零,我们必须考虑交叉二阶偏导数 f_{12} 来确定是否 d^2y 恒为负。应用简单的代数知识可知此时要求的条件是[15]

$$f_{11}f_{22}-f_{12}^2>0 \tag{2.98}$$

2.8.5 凹函数

直观来看,(2.98)式要求二阶自偏导数(f_{11} 和 f_{22})绝对值必须足够大以超过交叉偏导数。满足这样条件的函数称为**凹函数(concave function)**。这样的函数图形在三维空间中很像倒置的茶杯(见例2.11)。通过这个类比,你也可以看出扁平点确实是极大值点,因为每个方向都是下坡。更一般地说,凹函数具有函数曲面在任何一点的切平面之下这一性质,而极大值点的水平切平面是这种性质的一个特例。

例2.10 二阶条件:健康案例的最终讨论

在例2.5中,我们考虑健康状况的函数是

$$y=f(x_1,x_2)=-x_1^2+2x_1-x_2^2+4x_2+5 \tag{2.99}$$

最大值的一阶条件为

$$\begin{aligned} f_1&=-2x_1+2=0\\ f_2&=-2x_2+4=0 \end{aligned} \tag{2.100}$$

即有

$$\begin{aligned} x_1^*&=1\\ x_2^*&=2 \end{aligned} \tag{2.101}$$

(2.99)式的二阶偏导数是

$$\begin{aligned} f_{11}&=-2\\ f_{22}&=-2\\ f_{12}&=0 \end{aligned} \tag{2.102}$$

这些偏导数显然符合(2.97)式和(2.98)式,因此满足局部最大值的充要条件。[16]

请回答:描述健康状况凹函数的形状并说明为什么只有一个整体最大值点?

---

⑮ 证明方法是在(2.95)式上加一个$(f_{12}dx_2)^2/f_{11}$再减一个$(f_{12}dx_2)^2/f_{11}$,做恒等变形。但这种方法只适用于该特殊情况。一般的证法是将(2.95)式写成矩阵的形式,在利用$X^T=[dx_1 \quad dx_2]$的二次型证明。(2.97)式和(2.98)式的作用是保证海塞矩阵$\begin{bmatrix} f_{11} & f_{12}\\ f_{21} & f_{22}\end{bmatrix}$负定。(2.98)式保证了其行列式为正。详见扩展部分的讨论。

⑯ 注意(2.102)式,它使函数在整个定义域上满足极值的二阶条件,故函数是凹的。但对于一般的函数来说不一定有这个条件,我们实际上只要求二阶条件在极值点上得到满足。

2.8.6　约束下的最大化问题

作为最后一种情形，我们考虑函数

$$y = f(x_1, x_2) \tag{2.103}$$

在线性约束条件

$$c - b_1x_1 - b_2x_2 = 0 \tag{2.104}$$

下求 y 最大值的问题（其中 c、b_1、b_2 是常数）。这种问题在本书中经常遇到，是前面讨论过的作为约束条件下最大值问题的一种特例。我们已经知道为得出最大值问题的一阶条件，首先需要建立拉格朗日表达式

$$\mathscr{L} = f(x_1, x_2) + \lambda(c - b_1x_1 - b_2x_2) \tag{2.105}$$

此式关于 x_1、x_2 和 λ 的偏导数满足

$$\begin{aligned} f_1 - \lambda b_1 &= 0 \\ f_2 - \lambda b_2 &= 0 \\ c - b_1x_1 - b_2x_2 &= 0 \end{aligned} \tag{2.106}$$

一般来说这样的方程组总可以解出使 f 最大化的 x_1、x_2 与 λ。为了确保以这种方式得到的点是局部最大值点，我们仍需要利用二阶全微分考察一下离开临界点时的移动情况

$$d^2y = f_{11}dx_1^2 + 2f_{12}dx_1dx_2 + f_{22}dx_2^2 \tag{2.107}$$

这里，并不是 x 的所有变化都是可行的。只有继续满足约束条件的 x_1 与 x_2 的值是有效的选择。为了考察这种变化，我们需要计算约束条件的全微分

$$-b_1dx_1 - b_2dx_2 = 0 \tag{2.108}$$

即

$$dx_2 = -\frac{b_1}{b_2}dx_1 \tag{2.109}$$

(2.109)式显示了考虑远离临界点时，x_1 与 x_2 可以允许的相对变化。进一步研究这个问题，我们需要使用一阶条件。这意味着从前两个方程导出

$$\frac{f_1}{f_2} = \frac{b_1}{b_2} \tag{2.110}$$

与(2.109)式结合，有

$$dx_2 = -\frac{f_1}{f_2}dx_1 \tag{2.111}$$

在我们将 dx_2 的值代入(2.107)式并说明 d^2y 为负成立的条件为

$$\begin{aligned} d^2y &= f_{11}dx_1^2 + 2f_{12}dx_1\left(-\frac{f_1}{f_2}dx_1\right) + f_{22}\left(-\frac{f_1}{f_2}dx_1\right)^2 \\ &= f_{11}dx_1^2 - 2f_{12}\frac{f_1}{f_2}dx_1^2 + f_{22}\frac{f_1^2}{f_2^2}dx_1^2 \end{aligned} \tag{2.112}$$

合并同类项提出公分母，有

$$d^2y = (f_{11}f_2^2 - 2f_{12}f_1f_2 + f_{22}f_1^2)\frac{dx_1^2}{f_2^2} \tag{2.113}$$

因此,对于 $d^2y<0$,一定有

$$f_{11}f_2^2 - 2f_{12}f_1f_2 + f_{22}f_1^2 < 0 \tag{2.114}$$

2.8.7 拟凹函数

虽然(2.114)式看起来有些复杂,但它确实具有很重要的意义。它定义了一类被称为**拟凹函数**(quasi-concave functions)的函数。拟凹函数具有这样的性质:对任意给定常数 c,当函数值 $f(x_1,x_2)>c$ 时,其定义域[即(x_1,x_2)]必为凸集(凸集的定义是,任意两点的连线被完全包含在集合内)。

这种函数在微观经济学中有广泛的应用,在第3章我们会很细致地分析拟凹性,并赋予它一个相对简单的经济学意义。习题2.9和2.10分别列举了两个常用的拟凹函数,例2.11分析了凹函数和拟凹函数的差异。

例 2.11 凹函数和拟凹函数

可以用下面的函数来说明凹函数和拟凹函数的区别。[17]

$$y=f(x_1,x_2)=(x_1\cdot x_2)^k \tag{2.115}$$

其中 $x_1,x_2,k>0$。

不管 k 取多少,函数都是拟凹的。我们可以看它的"等高线",取定 $y=c$,就有

$$y=c=(x_1x_2)^k \quad 或者 \quad x_1x_2=c^{1/k}=c' \tag{2.116}$$

这就是标准的双曲线了,显然使得 $y>c$ 的点集是双曲线的边界,所以必为凸集。

用(2.114)式可以从数学上证明它的拟凹性。尽管这里的代数运算有点烦琐,但花点工夫弄懂它还是值得的。(2.114)式中各个导数值如下

$$\begin{aligned} f_1 &= kx_1^{k-1}x_2^k \\ f_2 &= kx_1^kx_2^{k-1} \\ f_{11} &= k(k-1)x_1^{k-2}x_2^k \\ f_{22} &= k(k-1)x_1^kx_2^{k-2} \\ f_{12} &= k^2x_1^{k-1}x_2^{k-1} \end{aligned} \tag{2.117}$$

因此,有

$$\begin{aligned} f_{11}f_2^2 - 2f_{12}f_1f_2 + f_{22}f_1^2 &= k^3(k-1)x_1^{3k-2}x_2^{3k-2} - 2k^4x_1^{3k-2}x_2^{3k-2} + k^3(k-1)x_1^{3k-2}x_2^{3k-2} \\ &= 2k^3x_1^{3k-2}x_2^{3k-2}(-1) \end{aligned} \tag{2.118}$$

该值显然是负的,所以它一定是拟凹的。

而该函数的凹性取决于 k 的大小。如果 $k<0.5$,则函数就是凹的;反之,如果 $k>0.5$,函数就是凸的。直观地看,在直线 $x_1=x_2$ 上,

$$y=(x_1^2)^k=x_1^{2k} \tag{2.119}$$

下面证明这个结论:利用(2.117)式中的偏导数,凹性的判别条件是

$$f_{11}f_{22}-f_{12}^2=k^2(k-1)^2x_1^{2k-2}x_2^{2k-2}-k^4x_1^{2k-2}x_2^{2k-2}$$

---

[17] 这个函数是柯布—道格拉斯函数的一个特例,关于柯布—道格拉斯函数详见习题2.10和扩展章节。

$$= x_1^{2k-2} x_2^{2k-2} [k^2(k-1)^2 - k^4]$$

$$= x_1^{2k-1} x_2^{2k-1} [k^2(-2k+1)] \tag{2.120}$$

上式为正(即函数为凹函数)的条件是

$$(-2k+1) > 0 \quad 即 \quad k < 0.5$$

否则,当 $k>0.5$,函数为凸函数。

作图表示法。图2.4是当 k 取三个特定值(0.2,0.5,1)时的三维图形。注意这三个图形的等高线都是双曲线,是凸函数,即对给定的 y,x_1 关于 x_2 的函数图形很相似。这表明了该函数的拟凹性。三个图形的差别在于其凹凸性,即随着 x 的变化,y 的改变速度的变化趋势。图2.4(a)里($k=0.2$),随着 x 增大,y 的增加速度减缓,造成一个像倒扣着的茶杯一样向上鼓的图形,所以是凹的。当 $k=0.5$ 时,当两个自变量相等且一同变化时,y 的变化是线性的,可以认为是凹函数和凸函数的分界线。而当 $k=1$ 时,像图2.4(c)那样,同时增加两个自变量会让 y 增加得越来越快,从函数的"山脊"的走向能看出这已经是凸函数了。

仔细看图2.4(a),你可能会发现凹函数必然是拟凹的。习题2.8就是证明此结论。从这个例子也能看出,它的逆命题是错误的——拟凹函数不一定是凹的。本书中碰见的大部分函数正是这样,具有拟凹性但未必是凹的。

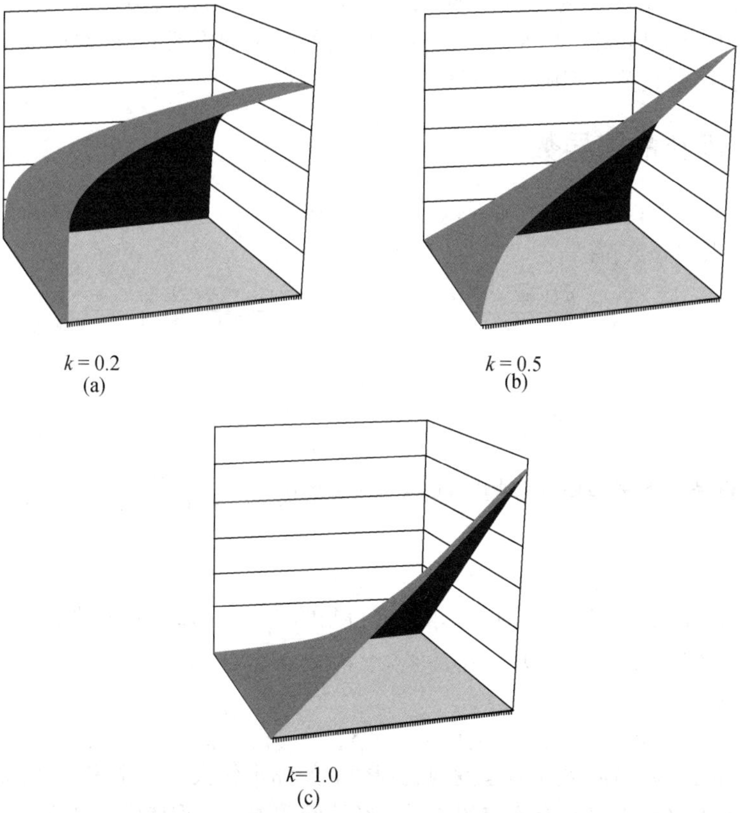

图2.4　凹函数和拟凹函数

如图所示,三个函数都是拟凹的,因为对于固定的 $y=c$,它们的水平曲线是凹的。但只有 $k=0.2$ 时函数才是严格凹的。当 $k=1.0$ 时,函数显然不是凹的,因为函数曲面不在其切平面之下。

请回答:当 x_1,x_2 满足线性约束条件时,图2.4(a)和2.4(c)都有最大值,但没有约束条件时,就只有图2.4(a)才有最大值。请解释原因。

2.9 齐次函数

很多从经济学问题中引出的函数本身就具有一些数学上的特殊性质。其中一类重要的性质是当其所有(或者大部分)自变量同时按相同比例变动时,函数值的变化规律。这个问题的背景是:考虑所有商品价格同时上涨10%,需求如何变化;或者把工厂所有投入的生产要素加倍,产量增加多少;等等,研究这类问题自然要用到齐次函数的概念。特别地,对于一个多元函数 $f(x_1,x_2,\cdots,x_n)$,如果对于任意正数 t,满足

$$f(tx_1,tx_2,\cdots,tx_n) = t^k f(x_1,x_2,\cdots,x_n) \tag{2.121}$$

则称其为 k 次齐次函数。

最重要的齐次函数是 $k=1$ 和 $k=0$ 两类。如果函数是一次齐次的,那么所有的自变量加倍后,函数值也加倍;如果函数是零次齐次的,那么所有自变量都加倍,函数值不变。还有的方程只关于其自变量的某个子集齐次,即某几个自变量加倍而其余的不变时,函数值加倍。但一般我们提到的齐次性,指的都是关于其所有自变量的齐次性。

2.9.1 齐次函数的偏导数

一个 k 次齐次可微函数的各个偏导数是 $k-1$ 次齐次的。用齐次性的定义就能证明。对2.121式关于 x_1 求偏导数,有

$$\frac{\partial f(tx_1,\cdots,tx_n)}{\partial x_1}\cdot t = t^k \frac{\partial f(x_1,\cdots,x_n)}{\partial x_1}$$

或者

$$f_1(tx_1,\cdots,tx_n) = t^{k-1} f_1(x_1,\cdots,x_n) \tag{2.122}$$

可见 f_1 是满足 $k-1$ 次齐次的定义的。由于边际的概念在经济学中的应用非常广泛,这个性质就很有意义,它使得某些因素的边际影响的性质可以直接由原来的函数推导出来。

2.9.2 欧拉定理

齐次函数另一个重要性质是对因子 t 求偏导得到的。令(2.121)式的两边对 t 求偏导得

$$kt^{k-1}f_1(x_1,\cdots,x_n) = x_1 f_1(tx_1,\cdots,tx_n) + \cdots + x_n f_n(tx_1,\cdots,tx_n)$$

令 $t=1$,方程变为

$$kf(x_1,\cdots,x_n) = x_1 f_1(x_1,\cdots,x_n) + \cdots + x_n f_n(x_1,\cdots,x_n) \tag{2.123}$$

这就是齐次函数的欧拉定理(欧拉就是发现无理数 e 的那个伟大的数学家)。它说明了对于齐次函数,其函数值与其各个偏导数有确定的关系。经济问题中一些重要的关系正是基于这个定理而发现的。

2.9.3 位似函数

齐次函数经过任意的单调映射得到的函数叫作位似函数(homothetic function)。[18] 从定义可知,位似函数保持了原函数自变量到函数值对应的序关系。即对于函数f,如果一组自变量对应的函数值大于另一组,那么经过单调映射后前者的函数值仍大于后者。但是由于单调映射有很多可能的形式,原齐次函数的很多性质是不能保持的。比如,函数$f(x_1,x_2)=x_1x_2$。显然它是二次齐次的,自变量都加倍后函数值增为原来的4倍。但是f经过“加1”的单调变换变成F[即$F(f)=f+1=x_1x_2+1$]后,就不再是齐次函数。所以,除了少数特例外,一般的位似函数没有原函数的齐次性。但是位似函数有个很好的性质,即函数各个自变量之间的隐含替代关系(implicit trade-off)只取决于自变量之间的比例,而不取决于它们的绝对值。我们用一个含两个变量的隐函数说明:$y=f(x_1,x_2)$。根据(2.23)式,为保证函数值不变,自变量间的隐含替代关系必须满足

$$\frac{\mathrm{d}x_2}{\mathrm{d}x_1}=-\frac{f_1}{f_2}$$

如果f是k次齐次函数,则其偏导数是$k-1$次齐次函数。替代关系为

$$\frac{\mathrm{d}x_2}{\mathrm{d}x_1}=-\frac{t^{k-1}f_1(tx_1,tx_2)}{t^{k-1}f_2(tx_1,tx_2)}=-\frac{f_1(tx_1,tx_2)}{f_2(tx_1,tx_2)} \tag{2.124}$$

现在令$t=1/x_2$,则(2.124)式变为

$$\frac{\mathrm{d}x_2}{\mathrm{d}x_1}=-\frac{f_1(x_1/x_2,1)}{f_2(x_1/x_2,1)} \tag{2.125}$$

可见替代关系只由相对比例决定。现在假设f经过单调映射变为$F(F'>0)$。那么对于F,x_1和x_2的替代关系为

$$\frac{\mathrm{d}x_2}{\mathrm{d}x_1}=-\frac{F'f_1(x_1/x_2,1)}{F'f_2(x_1/x_2,1)}=-\frac{f_1(x_1/x_2,1)}{f_2(x_1/x_2,1)} \tag{2.126}$$

这样我们就证明了位似函数保持替代关系不变,且替代关系只与相对比值有关。有了这条性质,我们在本书许多地方的理论分析就只需考虑各个自变量之间的比例,所以可以在二维的平面图上进行,方便很多。

例2.12 基数性质和序数性质

在经济问题中,有时需要定量地确定变量的大小,比如研究生产函数时,需要确切地算出再多雇用1个工人能多得到多少产出。这称为生产函数的“基数性质”。而有时,只需要确定不同点函数的大小关系。比如在效用理论中,我们假定人们能够对消费不同的商品组合按偏好排序,并选择排序最靠前的一个,但是对每种商品组合的确切的“效用”数值并不唯一。由单调映射的定义可知,单调映射保持函数的序数性质不变。但一般来说,单调映射并不能保证函数的基数性质不变。

我们用例2.11中的函数来说明它们的差别。对于不同的参数k,考虑单调映射作用于函数

$$f(x_1,x_2)=(x_1\cdot x_2)^k \tag{2.127}$$

我们刚才证明了拟凹性(是一种序数性质)对一切k成立,而当求解在某线性约束条件下最大(或

---

[18] 由于恒同映射也是单调映射,齐次函数也都是位似函数。

最小)值点在哪里的问题时,用何种单调映射结果都一样。然而,只有当 k 满足一定条件时,(2.127) 式才表示凹函数(是一种基数性质),并且对于一般的单调映射,凹性不一定能保持。

下面我们再以(2.127)式为例说明齐次函数和位似函数的区别。两个自变量以同比例增加,有

$$f(tx_1,tx_2) = t^{2k}x_1x_2 = t^{2k}f(x_1,x_2) \tag{2.128}$$

即齐次函数的次数由 k 决定,从而对一般的单调映射不能保证齐次次数不变。但(2.127)式是位似函数,因为

$$\frac{\mathrm{d}x_2}{\mathrm{d}x_1} = -\frac{f_1}{f_2} = -\frac{kx_1^{k-1}x_2^k}{kx_1^kx_2^{k-1}} = -\frac{x_2}{x_1} \tag{2.129}$$

即 x_1 和 x_2 之间的替代关系只由比例决定,与 k 无关,所以位似性是序数性质。我们后面会看到,这个性质为作图分析提供了非常大的帮助。

请回答:考虑这样的单调映射 $f(x_1,x_2,k) = x_1x_2 + k$($k$ 为任意常数),对于不同的 k,讨论刚才讨论过的性质。

2.10 积分

积分是学习微观经济学的另一重要工具。积分主要用于计算各类经济产出的面积,同时,积分也被用于加总多期或者多人的经济产出。下面将会对积分进行简要的介绍,如果读者想了解更完整的背景知识,可以阅读本章最后的参考文献。

2.10.1 不定积分

规范地说,积分是微分的逆运算。在计算函数 $f(x)$ 的积分时,只需要找到一个函数,使得这个函数的导数是 $f(x)$ 即可。我们称函数 $F(x)$ 为不定积分,$F(x)$ 有这样一个性质:

$$\frac{\mathrm{d}F(x)}{\mathrm{d}x} = F'(x) = f(x) \tag{2.130}$$

如果这个函数 $F(x)$ 存在,则记为

$$F(x) = \int f(x)\,\mathrm{d}x \tag{2.131}$$

我们将在之后详细说明为何要使用这个奇怪的记号。首先,来看几个例子,如果 $f(x) = x$,那么,

$$F(x) = \int f(x)\,\mathrm{d}x = \int x\,\mathrm{d}x = \frac{x^2}{2} + C \tag{2.132}$$

其中,C 是任意的“积分常数”,常数的导数为零。可以通过对上述函数求导验证其是否是正确的积分函数。

$$F'(x) = \frac{\mathrm{d}(x^2/2 + C)}{\mathrm{d}x} = x + 0 = x \tag{2.133}$$

2.10.2 不定积分的计算

对于不同的函数 $f(x)$,计算不定积分的难度也不同,某些函数的不定积分计算十分困难和令

人头疼，某些函数的不定积分甚至不存在。这里，我们会介绍三种不定积分的计算方法，不过，需要注意的是，这些方法并不能解决所有的问题。

1. 试猜法

求解积分（不定积分）最普遍的方法就是逆推哪个函数的微分是 $f(x)$，以下是几个简单的例子：

$$
\begin{aligned}
F(x) &= \int x^2 \mathrm{d}x = \frac{x^3}{3} + C \\
F(x) &= \int x^n \mathrm{d}x = \frac{x^{n+1}}{n+1} + C \\
F(x) &= \int (ax^2 + bx + c)\mathrm{d}x = \frac{ax^3}{3} + \frac{bx^2}{2} + cx + C \\
F(x) &= \int \mathrm{e}^x \mathrm{d}x = \mathrm{e}^x + C \\
F(x) &= \int a^x \mathrm{d}x = \frac{a^x}{\ln a} + C \\
F(x) &= \int \left(\frac{1}{x}\right)\mathrm{d}x = \ln(|x|) + C \\
F(x) &= \int (\ln x)\mathrm{d}x = x\ln x - x + C
\end{aligned}
\tag{2.134}
$$

通过对上述函数微分可知，上述函数都服从 $F'(x)=f(x)$ 这一性质。注意到上述例子中都存在一个积分常数，这是由于常数的微分等于零。(2.134)式中的方程（或者其中几个式子的组合）对于本书的学习已经足够了。不过，在直觉失效时，还可以使用以下两种方法。

2. 换元法

对函数进行适当的换元有时能够很大程度简化积分的难度。例如，计算 $2x/(1+x^2)$ 的积分时，其积分结果并不是显而易见的。不过，只要我们假设 $y=1+x^2$，那么 $\mathrm{d}y=2x\mathrm{d}x$，同时：

$$
\int \frac{2x}{1+x^2}\mathrm{d}x = \int \frac{1}{y}\mathrm{d}y = \ln(|y|) = \ln(|1+x^2|) \tag{2.135}
$$

这一方法的关键在于将原方程中的某一项归为 y，并将另一项归为 $\mathrm{d}y$。读者如果想熟练掌握换元法，就得做大量的练习题。

3. 分部积分法

这一积分方法是利用了微分的一个性质：对任意两个函数 u 和 v，$\mathrm{d}uv=u\mathrm{d}v+v\mathrm{d}u$。对上式积分可得：

$$
\int \mathrm{d}uv = uv = \int u\mathrm{d}v + \int v\mathrm{d}u \quad \text{或者} \quad \int u\mathrm{d}v = uv - \int v\mathrm{d}u. \tag{2.136}
$$

这种积分方法的策略就是将对方程左侧未知积分的求解，转化为对方程右侧两个已知表达式的计算。例如，求解 $x\mathrm{e}^x$ 的积分，同样的，直接对其积分也不能很容易地得出结果。不过，我们定义 $u=x$（就有 $\mathrm{d}u=\mathrm{d}x$），同时 $\mathrm{d}v=\mathrm{e}^x\mathrm{d}x$（即 $v=\mathrm{e}^x$）。原积分可转化为：

$$
\int x\mathrm{e}^x\mathrm{d}x = \int u\mathrm{d}v = uv - \int v\mathrm{d}u = x\mathrm{e}^x - \int \mathrm{e}^x\mathrm{d}x = (x-1)\mathrm{e}^x + C \tag{2.137}
$$

同样的，读者只有通过练习才能熟练掌握如何恰当定义 u 和 v。

2.10.3 定积分

刚才我们学习了不定积分的相关知识,不定积分确定了一个函数积分的一般函数形式,与此不同的是,定积分则是指特定定义域内函数下方图形的面积,如图 2.5 所示。我们意图求解函数 $f(x)$ 下方,从 $x=a$ 到 $x=b$ 之间区域的面积。求解上述面积的一种方法就是将此区间划分为细条 $x(\Delta x)$,而后再将图中所示的长方形面积相加,即:

$$f(x)\ \text{下方的面积} \approx \sum_i f(x_i)\Delta x_i \tag{2.138}$$

其中,$f(x)$ 可以近似表示定义域中包含特定 x 值的长方形的高。通过对上式中的 Δx 求极限,可以得到待求面积的精确值,表示为:

$$f(x)\ \text{下方的面积} = \int_{x=a}^{x=b} f(x)\,\mathrm{d}x \tag{2.139}$$

这就解释了奇怪的积分符号的由来——积分符号其实是一个变形的 S,也就是求和(sum)的意思。正如我们将看到的,积分是求解某段区域内连续函数值加总的一种常用方法。

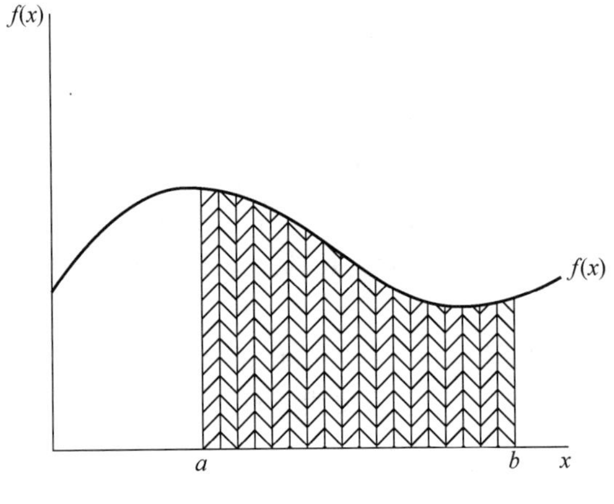

图 2.5 定积分的定义是函数图形下方区域的面积

定积分被定义为用于测量曲线下方矩形面积的加总,如图中所示。每个矩形的面积是 $f(x)\mathrm{d}x$。

2.10.4 微积分基本定理

如果已知函数 $f(x)$ 的不定积分 $F(x)$,那么求(2.139)式中的定积分的值就很简单。此时我们有:

$$f(x)\ \text{下方的面积} = \int_{x=a}^{x=b} f(x)\,\mathrm{d}x = F(b) - F(a) \tag{2.140}$$

即在计算定积分时,我们需要做的是求解 $f(x)$ 的不定积分,再用积分函数的上限值减去其下限值。这一结果将微积分的两个基础工具——微分和积分直接联系在一起,因此有时也被称为微积分基本定理,在例 2.13 中,我们将看到上述结果不仅仅能够计算面积,还有一些更普遍的作用。微积分基本定理可以用来阐释经济学中一个很基础的概念——“存量”和“流量”的区别。

例 2.13　存量和流量

使用定积分能够有效地对任意连续的跨期流量函数求和。例如,假设一个国家的净人口增长(出生率减死亡率)可以近似表示为函数 $f(t)$。即净人口增长率以每年 2% 的比率增加——第 0 年的新增人口为 1 000 人,第一年的新增人口为 1 020 人,第二年的新增人口为 1 041 人,以此类推。假设我们想知道 50 年内总的新增人口数量,如果不使用积分,计算会相当烦琐。而使用微积分基本定理,计算将得到简化。

$$\text{人口增量} = \int_{t=0}^{t=50} f(t)\,\mathrm{d}t = \int_{t=0}^{t=50} 1\,000\mathrm{e}^{0.02t}\mathrm{d}t = F(t)\Big|_0^{50}$$

$$= \frac{1\,000\mathrm{e}^{0.02t}}{0.02}\Big|_0^{50} = \frac{1\,000\mathrm{e}}{0.02} - 50\,000 = 85\,914 \tag{2.141}$$

其中,$|_a^b$ 表示 $F(b)-F(a)$。故在 50 年内总人口增长数约为 86 000。注意到在微积分基本定理中包含了"流量"的概念即净人口增长数量(在这个例子中以一年作为计数单位),和"存量"的概念即总人口数量(测度一个特定时间点的数量,没有时间维度上的变化)。同时也注意到计算结果 86 000 同样是指 0—50 年的总人口增量。如果想了解某一时间点的实际总人口,则需要将人口增量加上第 0 年的初始人口数量。而初始人口数量在一个特定问题中会是一个常数。

现在考虑一个更有经济学内含的应用。假设一个工厂的总成本由 $C(q)=0.1q^2+500$ 表示(其中 q 为一段时间内的产量)。$0.1q^2$ 代表可变成本(成本随产出变化而变化),常数 500 代表固定成本。生产这种产品的边际成本可以通过对成本函数求微分得到($MC=\mathrm{d}C(q)/\mathrm{d}q=0.2q$),所以边际成本随产出的增加而增加,固定成本则在微分中被消去。当 $q=100$ 时,总成本是多少呢?一种方法是直接使用总成本函数:$C(100)=0.1(100)^2+500=1\,500$。另一种方法则是对边际成本函数进行积分运算,积分区间是从 0 到 100:

$$\text{可变成本} = \int_{q=0}^{q=100} 0.2q\,\mathrm{d}q = 0.1q^2\Big|_0^{100} = 1\,000-0 = 1\,000 \tag{2.142}$$

注意还需要加上 500 的固定成本(即这个问题中的积分常数)才是最终的总成本。当然使用积分求解总成本比直接使用成本函数求解要麻烦得多。不过,这种方法告诉我们可以使用积分计算边际成本函数下方的面积来求解两个产出水平之间的总的可变成本——这个结论在某些图形应用中会有帮助。

请回答:如何计算产出水平由 100 扩大为 110 时的总可变成本?请解释为何计算中没有包括固定成本。

2.10.5　定积分的微分运算

通常,在计算积分的最大值时,我们希望对定积分进行微分运算。尽管有时进行这样的微分操作会相当复杂,但是下面的一些规律能够帮助简化运算。

1. 对积分变量求微分

这是一个很诡辩不过也十分重要的问题。定积分是一个常数,故它的微分值为零,即:

$$\frac{\mathrm{d}\int_a^b f(x)\,\mathrm{d}x}{\mathrm{d}x} = 0 \tag{2.143}$$

求和运算在写下定积分符号的时候就已经完成了。故无论积分变量是 x 还是 t,或者是其他的变量,这个定积分值都不会变化(不过还需要参见规律3)。

2. 对积分上限求微分

改变积分上限无疑会改变定积分的值。此时,我们需要区分积分上限变量(这里是 x)和积分变量(这里是 t)。其微分结果是微积分基本定理的一个简单应用。例如:

$$\frac{\mathrm{d}\int_a^x f(t)\,\mathrm{d}t}{\mathrm{d}x} = \frac{\mathrm{d}[F(x) - F(a)]}{\mathrm{d}x} = f(x) - 0 = f(x) \tag{2.144}$$

其中 $F(x)$ 是 $f(x)$ 的不定积分。读者可以参见图2.5来理解为何上述结论是合理的——我们研究的是定积分的值如何随着积分上限 x 的微小变化而发生变化。显然,定积分的变化量就是 $f(x)$ 的高度(注意到这个值最终取决于 x 的特定取值)。

如果积分上限是 x 的函数,那么可以使用链式法则求解:

$$\frac{\mathrm{d}\int_a^{g(x)} f(t)\,\mathrm{d}t}{\mathrm{d}x} = \frac{\mathrm{d}[F(g(x)) - F(a)]}{\mathrm{d}x} = \frac{\mathrm{d}[F(g(x))]}{\mathrm{d}x} = f\frac{\mathrm{d}g(x)}{\mathrm{d}x} = f(g(x))g'(x) \tag{2.145}$$

同样的,最后的微分值取决于 x 的取值。

最后需要注意,如果是对积分下限求微分,只要改变表达式前的正负号就可以了:

$$\frac{\mathrm{d}\int_{g(x)}^{b} f(t)\,\mathrm{d}t}{\mathrm{d}x} = \frac{\mathrm{d}[F(b) - F(g(x))]}{\mathrm{d}x} = -\frac{\mathrm{d}F(g(x))}{\mathrm{d}x} = -f(g(x))g'(x) \tag{2.146}$$

3. 对非积分变量求微分

在某些情况下我们要对多元函数求积分。这就导致运算过程中有多个积分,如果对整个积分进行微分运算,通常会显得比较复杂。不过,需要指出的是,这里存在一种简单的情况。假设存在一个二元函数 $f(x,y)$,同时,对其中的变量 x 进行积分运算。这一积分值显然会与变量 y 的取值有关,故我们希望了解 y 值变化时积分值随之变化的情况。在这种情况下,就可以通过"将微分移入积分符号内"得到结果,即:

$$\frac{\mathrm{d}\int_a^b f(x,y)\,\mathrm{d}x}{\mathrm{d}y} = \int_a^b f_y(x,y)\,\mathrm{d}x \tag{2.147}$$

这个表达式告诉我们,可以首先求解 $f(x,y)$ 对 y 的偏微分,而后再进行积分运算。当然,最后的运算结果取值依然有可能与 y 的取值有关,但这种表达方式能够比原始表达式产生更多的经济学意义。读者可以通过完成习题2.8找到更多运用定积分的例子。

2.11 动态最优化

微观经济学中的一些最优化问题可能会包含多个时期。[19] 我们希望找到一个变量或者一个

---

⑲ 这一部分我们都将动态最优问题当成跨期问题处理。在其他情形中,我们也可以运用相同的方法求解最优化问题。在多个公司和个人的问题中,若当事者的选择会影响到其他人,就可以运用这种方法。该部分内容只会应用于本书少数几个地方,在这里仅供读者参考。

变量集合的最优时间路径,使得某些目标能够达到最优化。例如,个人希望能够在生命周期中选择合适的消费方式来实现效用最大化;公司也希望找到合适的产出和投入模式使得未来利润的现值最大化。这一类问题的难点在于当期的决策会影响到下一期的结果。所以在选择最优路径的时候需要明确考虑到这些相互关系。如果当期的决策对之后的时期没有影响,那么也就不存在“动态”的问题——个体只需要独立地在每一期做出最优化决策,而不需要考虑对之后的影响。不过在这里,我们希望明确地考虑动态问题对于决策的影响。

2.11.1　最优控制问题

数学家和经济学家发展出了很多解决动态优化问题的方法。在本章最后的参考文献部分提供了这些方法的详细介绍。这里我们把注意力集中在一种方法上——最优控制问题,这种方法与之前讨论过的最优问题的解决方法有很多相似之处。这一类问题的分析框架相对简单。假设一个决策者希望在时间区间$[t_0, t_1]$内找到变量 $x(t)$ 的最优的时间路径。x 随 t 的变化由下述微分方程表示:

$$\frac{\mathrm{d}x(t)}{\mathrm{d}t} = g[x(t), c(t), t] \tag{2.148}$$

其中,变量 $c(t)$ 被用于“控制”$x(t)$ 的变化。在每一个时期,决策者都能够得到 $f[x(t), c(t), t]$ 的收益,同时他的目标是最大化 $\int_{t_0}^{t_1} f[x(t), c(t), t]\mathrm{d}t$。通常,这个问题会受到变量 x 的“端点”的约束:$x(t_0) = x_0, x(t_1) = x_1$。

注意到这个问题是“动态的”。任何关于当期 x 变化的决策不仅仅会影响到之后的 x 的取值,还会影响未来的产出函数 f 的取值。现在的问题是如何保证 $x(t)$ 处于最优路径上。

经济直觉能够帮助我们解决这个问题。假设我们仅仅关注在每个特定的时间点选择合适的 x 和 c 使得函数 f 能够取到最大值。这种“缺乏远见”的方法有两个难点。首先,我们并不能够真正自由地在任意时间点选择“x”的取值。相反,x 的取值会由其初始值 x_0 和其历史上的变化(由(2.148)式确定)决定。其次,这种“缺乏远见“的方法忽略了动态问题的本质,即没有考虑当期决策对未来的影响。我们需要使用一些方法来反映当期决策的动态影响,即需要考虑未来的影响,以修正 x 的取值(价格)。这种隐含价格与本章之前学到的拉格朗日乘数有诸多相似之处,故而将这个隐含价格记为 $\lambda(t)$。显然,x 的重要性会随着时间变化,故 λ 也是时间的函数。

2.11.2　极大值原理

现在我们来看在单一时间点上决策者的决策问题。他(她)不仅仅关注目标函数 $f[x(t), c(t), t]$ 的现值,同样也关注 $x(t)$ 值的隐性变化。$x(t)$ 的现值由 $\lambda(t)x(t)$ 给出,这个值的即时变化率由下式给出:

$$\frac{\mathrm{d}[\lambda(t)x(t)]}{\mathrm{d}t} = \lambda(t)\frac{\mathrm{d}x(t)}{\mathrm{d}t} + x(t)\frac{\mathrm{d}\lambda(t)}{\mathrm{d}t} \tag{2.149}$$

同时,在任意时间 t,决策者整体关注的[20]函数为:

---

⑳　我们将现值的表达式记为 H,表示其与规范动态最优理论使用的哈密尔顿表达式相似。不过,通常哈密尔顿表达式没有(2.150)式中的最后一项。

$$H = f[x(t), c(t), t] + \lambda(t) g[x(t), c(t), t] + x(t)\frac{d\lambda(t)}{dt} \tag{2.150}$$

这个综合值代表了当前收益和 x 值的即时变化。现在我们来求解 $x(t)$ 和 $c(t)$ 使得上述表达式达到最优化所需要满足的条件。[21]

$$\frac{\partial H}{\partial c} = f_c + \lambda g_c = 0 \quad 或者 \quad f_c = -\lambda g_c$$

$$\frac{\partial H}{\partial x} = f_x + \lambda g_x + \frac{d\lambda(t)}{dt} = 0 \quad 或者 \quad f_x + \lambda g_x = -\frac{d\lambda(t)}{dt} \tag{2.151}$$

这就是动态问题的两个最优化条件。这两个条件也经常被称为极大值原理。这种最优控制问题的求解方法最早是由俄罗斯的数学家 L. S. Pontryagin 和他的同事在 20 世纪 60 年代早期提出的。

尽管读者可以通过阅读之后的经济学应用进一步理解极大值原理的逻辑,我们还是要做一个简要的总结,以便读者深入理解。第一个条件告诉我们的是,在边际处,方程 f 中 c 这一项所带来的收益需要能够平衡该项所引起的 x 变化所带来的损失,即现在的收益要与未来的损失相等。

第二个条件则与最优时间路径 $x(t)$ 所具有的特征相关。这意味着,在边际处,通过增加当期 x 所获得的净收益(净收益的增加既包括通过函数 f 获得的增量,也包括通过自身变化获得的增量)必须要和 x 的隐性价值的变化平衡,即通过当期增加 x 获得的净现值的增加要与 x 的未来价值的减少相等。

例 2.14 固定供给的分配

这个简单的例子能够清楚地阐述极大值原理。假设一个人从一个富有的叔叔那里继承了 1 000 瓶葡萄酒,他想在未来的 20 年内喝完这些酒,那么他应该如何安排才能够使效用最大化呢?

假设这个人的效用函数为 $u[c(t)] = \ln c(t)$。那么喝酒获得的收益是边际递减的($u' > 0$, $u'' < 0$)。个人的目标是最大化下式:

$$\int_0^{20} u[c(t)]dt = \int_0^{20} \ln c(t) dt \tag{2.152}$$

设在时间点 t 剩余的酒的瓶数是 $x(t)$。这个序列的约束条件是 $x(0) = 1\,000$, $x(20) = 0$。同时函数 $x(t)$ 满足微分方程[22]:

$$\frac{dx(t)}{dt} = -c(t) \tag{2.153}$$

即,即时的消费数量等于酒存量的减少量。现值的哈密尔顿算符表达式为:

$$H = \ln c(t) + \lambda[-c(t)] + x(t)\frac{d\lambda}{dt} \tag{2.154}$$

极大值的一阶条件为:

---

[21] 注意 x 在此处并非一个真正的选择变量——它的值由历史决定。对 x 求偏导等于询问这样一个问题:"如果 $x(t)$ 是最优的,那么它具有什么特点?"

[22] 微分方程的这个简单形式(这里 dx/dt 仅依赖于控制变量 c)意味着这个问题与用"变分法"求解动态最优问题一样。在这个例子中,将 dx/dt 带入函数 f,再运用最大化的一阶条件,可以得到一个合并后的简单方程 $f_x = df_{dx/dt}/dt$,即所谓的欧拉方程。在第 17 章中,我们会遇到许多欧拉方程。

$$\frac{\partial H}{\partial c}=\frac{1}{c}-\lambda=0$$

$$\frac{\partial H}{\partial x}=\frac{\mathrm{d}\lambda}{\mathrm{d}x}=0 \tag{2.155}$$

其中第二个条件要求 λ(酒的隐性价值)为常数。这就给了我们一个直觉上的提示:由于多消费一瓶酒总会减少葡萄酒的存量,任意的使不同时期葡萄酒价值不同的解都会产生个人激励以改变自身行为,在酒便宜时多喝酒而在酒贵时少喝酒。把第二个极值条件和第一个极值条件结合起来,可以得出 $c(t)$ 本身也应为常数。假设 $c(t)=k$,则任意时期剩余的酒的数量为 $x(t)=1\,000-kt$。如果 $k=50$,则这个系统能够满足端点约束 $x(0)=1\,000$,$x(20)=0$。当然,在这个例子中,你也许会猜想,最优的计划应当是在20年中每年消费50瓶酒,因为边际效用递减意味着个人在任何时期都没有激励多喝酒。最大化原理证实了这个猜想。

更复杂的效用函数。现在我们引入一个更复杂的效用函数,这会带来更有趣的结果。假设在任意时间 t,消费酒所得到的效用为:

$$u[c(t)]=\begin{cases}[c(t)]^{\gamma}/\gamma & 如果\ \gamma\neq 0,\lambda<1\\ \ln c(t) & 如果\ \gamma=0\end{cases} \tag{2.156}$$

同时假设消费者未来消费的折扣率为 δ。个人的目标是最大化下式:

$$\int_0^{20}u[c(t)]\mathrm{d}t=\int_0^{20}\mathrm{e}^{-\delta t}\frac{[c(t)]^{\gamma}}{\gamma}\mathrm{d}t \tag{2.157}$$

并且要服从下列约束条件:

$$\frac{\mathrm{d}x(t)}{\mathrm{d}t}=-c(t)$$

$$x(0)=1\,000 \tag{2.158}$$

$$x(20)=0$$

建立现值的哈密尔顿算符表达式:

$$H=\mathrm{e}^{-\delta t}\frac{[c(t)]^{\gamma}}{\gamma}+\lambda(-c)+x(t)\frac{\mathrm{d}\lambda(t)}{\mathrm{d}t} \tag{2.159}$$

同时,极大值原理要求:

$$\frac{\partial H}{\partial c}=\mathrm{e}^{-\delta t}[c(t)]^{\gamma-1}-\lambda=0$$

$$\frac{\partial H}{\partial x}=0+0+\frac{\mathrm{d}\lambda}{\mathrm{d}t}=0 \tag{2.160}$$

因此,我们可以得出结论,酒存量(λ)的隐性价值为常数(记为常数 k)。并且

$$\mathrm{e}^{-\delta t}[c(t)]^{\gamma-1}=k\quad 或者\quad c(t)=k^{1/(\gamma-1)}\mathrm{e}^{\delta t/(\gamma-1)} \tag{2.161}$$

所以,最优的葡萄酒消费量会随时间递减,这是由于在消费者心中,未来的消费带来的效用会打折扣。例如,假设 $\delta=0.1$,同时 $\gamma=-1$(这个假设是有道理的,具体原因会在之后的章节中详细阐述),那么:

$$c(t)=k^{-0.5}\mathrm{e}^{-0.05t} \tag{2.162}$$

现在,我们需要找到满足端点条件的 k 值。我们希望

$$\int_0^{20}c(t)\mathrm{d}t=\int_0^{20}k^{-0.5}\mathrm{e}^{-0.05t}\mathrm{d}t=-20k^{-0.5}\mathrm{e}^{-0.05t}\Big|_0^{20}$$

$$=-20k^{-0.5}(\mathrm{e}^{-1}-1)=12.64k^{-0.5}=1\,000 \tag{2.163}$$

最后,我们有最优消费计划:

$$c(t) \approx 79e^{-0.05t} \tag{2.164}$$

这个消费计划要求在开始时消费大量的葡萄酒,同时消费量以每年5%的比率递减。由于消费量是连续递减的,就需要使用积分计算在特定年份(x)葡萄酒的消费量:

$$\text{年份力的消费量} \approx \int_{x-1}^{x} c(t)\,dt = \int_{x-1}^{x} 79e^{-0.05t}\,dt = -1\,580e^{-0.05t}\Big|_{x-1}^{x}$$

$$= 1\,580[e^{-0.05(x-1)} - e^{-0.05x}] \tag{2.165}$$

如果 $x=1$,则第一年的葡萄酒消费量约为77瓶。消费量平稳地减少,到了第20年,消费量约为30瓶。

请回答:第一个例子其实是第二个例子的一种特殊情况,即 $\delta=\gamma=0$。请分别解释这两个变量如何影响葡萄酒的最优消费路径,并凭直觉解释你的结论(关于跨期最优消费的更多内容,参见第17章)。

2.12 数理统计

近年来,微观经济学理论越来越关注与不确定性和不完全信息相关的课题。而想要读懂大量这方面的文献,就需要学习数理统计的知识。因此,这一部分的目的就是总结一些统计学原理,以便读者在碰到相关内容时能够从容应对。

2.12.1 随机变量和概率密度函数

随机变量(用数值形式表示)描述的是在一次试验中可能出现的结果。例如,我们抛一枚硬币,并观察硬币落地时是正面向上还是反面向上。如果引入一个随机变量 x,我们就能为这个变量可能出现的结果赋值:

$$x = \begin{cases} 1 & \text{如果正面向上} \\ 0 & \text{如果反面向上} \end{cases}$$

注意到,在抛硬币之前,x 的取值可以是1,也可以是0。只有在不确定性消除之后(例如,抛完硬币后),我们才能够确切地知道 x 的取值是多少。[23]

2.12.2 离散的和连续的随机变量

一次随机试验的结果既可能有有限种可能,也有可能是一个连续的可能性集合。例如,记录掷骰子数字的随机变量只有6种结果。如果有两个骰子,我们可以记录骰子向上一面数字的总和(那么就有12种结果,其中的一些结果比别的结果发生的可能性更高),我们也可以分别记录两个骰子的数字(那么就有36种结果,这些结果出现的可能性相同)。上面都是离散随机变量的例子。

相反,连续随机变量可以取一个给定实数区间内的任意值。例如,我们可以把明天室外的温度

---

[23] 有时为区别随机变量和(非随机)代数变量,我们也用 $\tilde{x}$ 表示随机变量。这种记法在具体问题时区别随机变量和非随机变量很有用,我们会在一些情况下用到它。但在没有歧义的时候,我们也不会使用这种特殊的记法。

视为一个连续随机变量(这里需要假设能够十分精确地测量室外温度),随机变量的范围从 -50℃ 到 50℃。当然,有些温度几乎不可能出现,但在理论上,这一区间内的任意温度都能够被精确测量到。与此类似,我们同样可以把明天特定股票指数变动的百分比视为连续随机变量——范围在 -100% 到 1000% 之间。当然,在 0% 附近的变化出现的可能性比那些极端值要高得多。

2.12.3　概率密度函数

对任意的随机变量,它的概率密度函数(PDF)能够体现其每一个特定结果出现的概率。对于离散随机变量来说,定义这样的函数没有太大难度。对于抛硬币这个例子,它的 PDF(记为 $f(x)$)可以写成:

$$\begin{aligned} f(x=1) &= 0.5 \\ f(x=0) &= 0.5 \end{aligned} \tag{2.166}$$

对于掷一个骰子的例子,它的 PDF 可以写成:

$$\begin{aligned} f(x=1) &= 1/6 \\ f(x=2) &= 1/6 \\ f(x=3) &= 1/6 \\ f(x=4) &= 1/6 \\ f(x=5) &= 1/6 \\ f(x=6) &= 1/6 \end{aligned} \tag{2.167}$$

注意到,在这两个例子中,PDF 所指定的概率值的和为 1.0。这是由于在定义中已经指明,在一次随机试验中必然只会有一个结果发生。更一般的,如果我们把离散随机变量的每一个结果赋值为 $x_i, i=1,\cdots,n$,就有:

$$\sum_{i=1}^{n} f(x_i) = 1 \tag{2.168}$$

对于连续随机变量,我们必须小心地定义 PDF 的概念。由于随机变量取的是连续值,如果一个特定的结果(例如,温度为 25.53470℃)发生的概率为非零常数,那么概率的总和就会无穷大。所以,对于连续变量的 PDF 函数,其性质与离散随机变量的 PDF 函数不同,$f(x)\mathrm{d}x$ 被定义为结果 x 出现的概率,其中 $f(x)$ 为 x 点的函数值,$\mathrm{d}x$ 为一个趋近无穷小的区间。使用这个约定,下面阐述了随机试验的概率总和为 1.0 这一性质:

$$\int_{-\infty}^{+\infty} f(x)\,\mathrm{d}x = 1.0 \tag{2.169}$$

2.12.4　一些重要的概率密度函数

任意概率密度函数都要满足 $f(x) \geqslant 0$,同时函数值求和(或者积分)为 1.0。当然,问题的关键就是需要能够找到一个能够反映现实生活中随机试验的函数。这里我们介绍四个有用的函数。这些函数的函数图形如图 2.6 所示。

1. 二项分布

这是一个最基础的离散分布。通常 x 只能取两个值 1 和 0。二项分布的 PDF 是:

$$\begin{aligned} f(x=1) &= p, \\ f(x=0) &= 1-p \end{aligned} \tag{2.170}$$

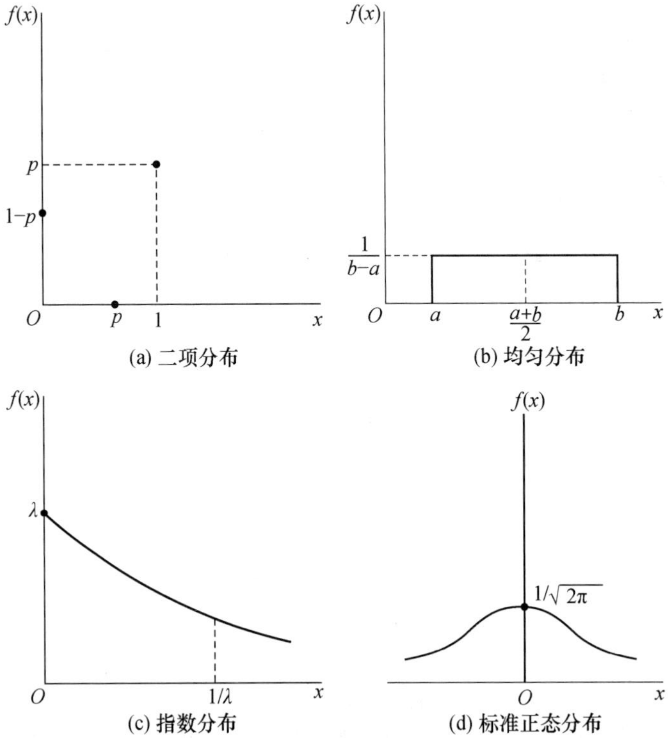

图 2.6　四个常见的概率密度函数

这四个概率密度函数的随机变量被广泛应用。每张图都表明了概率密度函数的期望值。

其中 $0<p<1$。

抛硬币的例子显然是二项分布的一种特殊情况,其 $p=0.5$。

2. 均匀分布

均匀分布则是最简单的连续分布。均匀分布假设在定义域内任意 x 值出现的概率都相等,即

$$\begin{aligned} f(x) &= \frac{1}{b-a} \quad \text{如果} \quad a \leqslant x \leqslant b \\ f(x) &= 0 \quad \text{如果} \quad x<a \quad \text{或者} \quad x>b \end{aligned} \tag{2.171}$$

注意,这里概率密度函数的积分同样等于 1.0:

$$\int_{-\infty}^{+\infty} f(x)\,\mathrm{d}x = \int_a^b \frac{1}{b-a}\mathrm{d}x = \left.\frac{x}{b-a}\right|_a^b = \frac{b}{b-a} - \frac{a}{b-a} = \frac{b-a}{b-a} = 1.0 \tag{2.172}$$

3. 指数分布

指数分布也是一种连续分布,其概率随 x 的增加而指数式地平稳减小。

$$f(x) = \begin{cases} \lambda \mathrm{e}^{-\lambda x} & \text{如果} \quad x>0, \\ 0 & \text{如果} \quad x \leqslant 0, \end{cases} \tag{2.173}$$

其中 λ 是一个正的常数。同样的,很容易就能看出函数的积分等于 1.0:

$$\int_{-\infty}^{+\infty} f(x)\,\mathrm{d}x = \int_0^{\infty} \lambda \mathrm{e}^{-\lambda x}\mathrm{d}x = -\left.\mathrm{e}^{-\lambda x}\right|_0^{\infty} = 0-(-1) = 1.0 \tag{2.174}$$

4. 标准正态分布

标准正态分布(也称为高斯分布),是数理统计中最重要的分布类型。它的重要性主要是基

于中心极限定理,中心极限定理阐述的是随着随机变量数量的增加,任何独立同分布的随机变量和的分布将逐渐趋近正态分布。由于样本均值可以被视为独立随机变量的和,根据中心极限定理,任意样本均值都服从正态分布,而与抽样总体的分布无关。所以,只要一个随机变量可以被视为某种均值,那么就能合理地假设它服从正态分布。

正态分布 PDF 的数学表达式为:

$$f(x) = \frac{1}{\sqrt{2\pi}}e^{-x^2/2} \tag{2.175}$$

并且,x 的定义域是全体实数。尽管这个函数看上去有些复杂,但它的一些性质却十分简洁。首先,这个函数关于 y 轴对称(由于存在 x^2 项),是一个偶函数;其次,当 x 取值很大或很小时,函数值趋于0;再次,正态分布的密度函数在 $x=0$ 点取得最大值,最大值为 $1/\sqrt{2\pi}\approx 0.4$;最后,这个函数的函数图形的形状类似"钟形"——这个形状会贯穿整个统计学的学习。对标准正态分布的密度函数积分是十分巧妙的(在极坐标系下会很简单)。函数中包含常数 $1/\sqrt{2\pi}$ 是为了保证函数的积分等于1.0。

2.12.5　期望

一个随机变量的期望是指这个随机变量预期能够取到的平均值。[24] 期望也是概率密度函数的"重心"。对于一个离散随机变量,随机变量可以取值 $x_1,x_2,\cdots,x_n$,那么,它的期望值是:

$$E(x) = \sum_{i=1}^{n} x_i f(x_i) \tag{2.176}$$

即每一种结果乘上该结果出现的概率,并将所得到的数值相加。而对于连续随机变量,则用积分运算代替(2.176)式中的求和运算:

$$E(x) = \int_{-\infty}^{+\infty} xf(x)\,dx \tag{2.177}$$

在这个积分中,每一个 x 值与该值对应的概率相乘。

而根据期望的定义可以推导出一个随机变量的任意函数变化的期望值(记为 $g(x)$)。例如,对于连续随机变量:

$$E[g(x)] = \int_{-\infty}^{+\infty} g(x)f(x)\,dx \tag{2.178}$$

举一个特殊的例子,考虑线性函数 $y=ax+b$。那么有:

$$\begin{aligned} E(y) = E(ax+b) &= \int_{-\infty}^{+\infty}(ax+b)f(x)\,dx \\ &= a\int_{-\infty}^{+\infty} xf(x)\,dx + b\int_{-\infty}^{+\infty} f(x)\,dx = aE(x)+b \end{aligned} \tag{2.179}$$

有时可以使用累积分布函数来表述期望。累积分布函数(CDF)定义为:

$$F(x) = \int_{-\infty}^{x} f(t)\,dt \tag{2.180}$$

累积分布函数的意义是随机变量 t 小于或者等于数值 x 的概率。使用这种表示方法,x 的期望可以写为:

---

[24] 随机变量的期望值有时也被称为那个变量的平均值。这点很容易使随机变量的期望值和样本的算术平均值产生混淆。

$$E(x) = \int_{-\infty}^{+\infty} x \mathrm{d}F(x) \tag{2.181}$$

根据微积分基本定理,(2.181)式和(2.177)式等价。

例 2.15 一些随机变量的期望

前面介绍的四种分布的期望比较容易计算。图2.6已经标记出了这些分布的期望值。

1. 二项分布

对于二项分布,

$$E(x) = 1 \cdot f(x=1) + 0 \cdot f(x=0) = 1 \cdot p + 0 \cdot (1-p) = p \tag{2.182}$$

考虑抛硬币这个例子($p=0.5$),由上式可知,其期望值为 $E(x)=p=0.5$,与我们的直觉一致。

2. 均匀分布

上面所说的二项分布是离散分布,之后的三个分布则是连续分布。均匀分布的期望为:

$$E(x) = \int_a^b \frac{x}{b-a}\mathrm{d}x = \frac{x^2}{2(b-a)}\Bigg|_a^b = \frac{b^2}{2(b-a)} - \frac{a^2}{2(b-a)} = \frac{b+a}{2} \tag{2.183}$$

读者可能已经猜到这个结果——均匀分布的期望值是 a 和 b 的中点。

3. 指数分布

指数分布的密度函数是减函数,其期望为:

$$E(x) = \int_0^{\infty} x\lambda \mathrm{e}^{-\lambda x}\mathrm{d}x = -x\mathrm{e}^{-\lambda x} - \frac{1}{\lambda}\mathrm{e}^{-\lambda x}\Bigg|_0^{\infty} = \frac{1}{\lambda} \tag{2.184}$$

这个积分使用了本章之前介绍过的分部积分法((2.137)式)。注意到,概率密度函数递减得越快,x 的期望值越小。举个例子,如果 $\lambda=0.5$,则期望 $E(x)=2$,而如果 $\lambda=0.05$,则期望 $E(x)=20$。

4. 标准正态分布

正态分布的PDF关于 y 轴对称,所以它的期望值应该等于0。证明这个猜测需要使用换元法,令 $u=x^2/2(\mathrm{d}u=x\mathrm{d}x)$:

$$\int_{-\infty}^{+\infty} \frac{1}{\sqrt{2\pi}} x\mathrm{e}^{-x^2/2}\mathrm{d}x = \frac{1}{\sqrt{2\pi}}\int_{-\infty}^{+\infty}\mathrm{e}^{-u}\mathrm{d}u = \frac{1}{\sqrt{2\pi}}\left[-\mathrm{e}^{-x^2/2}\right]\Bigg|_{-\infty}^{+\infty} = \frac{1}{\sqrt{2\pi}}[0-0] = 0 \tag{2.185}$$

当然,其他非标准正态分布的期望都可以使用线性变化求得(使用(2.179)式)。

请回答:可以预测出随机变量线性变化的期望——如果 $y=ax+b$,那么 $E(y)=aE(x)+b$。对于这个变化(记为 $h(x)$),有 $E[h(x)]=h[E(x)]$。如果变换的函数不是线性函数,而是任意的凹函数(记为 $g(x)$),$g'>0$,$g''<0$,那么 $E[g(x)]$ 与 $g[E(x)]$ 有何异同?

提示:解决这个问题需要使用 Jensen 不等式,这一不等式将会在第7章中详细介绍,读者也可以参看习题2.14。

2.12.6 方差和标准差

随机变量的期望反映了随机变量的集中趋势。而随机变量的方差(记为 σ_x^2 或者 $\mathrm{Var}(x)$)则反映随机变量的分散程度。具体的,方差被定义为一个随机变量与其期望值“偏差平方的期望”。

$$\mathrm{Var}(x) = \sigma_x^2 = E[(x-E(x))^2] = \int_{-\infty}^{+\infty}(x-E(x))^2 f(x)\mathrm{d}x \tag{2.186}$$

方差有代表性地衡量了随机变量与中心值的偏差的平方,尽管有些不够精确。在计算中,我们对变量与期望的偏差做了平方运算,这是由于偏差值可能为正也可能为负,通过平方可以将所有偏差对分散程度的影响计算在内。在上述计算完成后,可以对计算结果做平方的逆运算,使得计量单位与原始的随机变量的计量单位相同。方差的平方根定义为标准差,表示为 $\sigma_x(=\sqrt{\sigma_x^2})$。这一表达式的名称正好反映了它的意义:$\sigma_x$ 的确是随机变量与其期望值特有的(“标准的”)偏差。

当对一个随机变量做线性变化后,可以很容易地推导出变换后的方差和标准差。假定 $y = ax+b$,那么

$$\sigma_y^2 = \int_{-\infty}^{+\infty}[ax+b-E(ax+b)]^2 f(x)\mathrm{d}x = \int_{-\infty}^{+\infty}a^2[x-E(x)]^2 f(x)\mathrm{d}x = a^2\sigma_x^2 \quad (2.187)$$

故对随机变量加上一个常数不会改变其方差值,而随机变量乘上一个常数则会使其方差变为原来的常数平方倍。因此,如果随机变量乘上一个常数,其标准差为原来随机变量标准差的常数倍:$\sigma_{ax} = a\sigma_x$。

例 2.16　简单随机变量的方差和标准差

了解四种基本随机分布的方差和标准差能够帮助我们学习经济学知识。

1. 二项分布

计算二项分布时需要使用方差定义的离散形式:

$$\begin{aligned}\sigma_x^2 &= \sum_{i=1}^{n}(x_i - E(x))^2 f(x_i) = (1-p)^2\cdot p + (0-p)^2(1-p)\\ &= (1-p)(p-p^2+p^2) = p(1-p)\end{aligned} \quad (2.188)$$

因此标准差 $\sigma_x = \sqrt{p(1-p)}$。这个结果给了我们一个提示,当 $p=0.5$ 时,二项分布的方差和标准差取得最大值,方差 $\sigma_x^2=0.25$,标准差 $\sigma_x=0.5$。$p(1-p)$ 的函数图形是一个相对较平的抛物线,p 值在 $p=0.5$ 附近的微小变化不会在很大程度上改变方差值的大小。

2. 均匀分布

在计算均匀分布的方差后,我们发现了一个有趣的结果:

$$\begin{aligned}\sigma_x^2 &= \int_a^b\left(x-\frac{a+b}{2}\right)^2\frac{1}{b-a}\mathrm{d}x = \left(x-\frac{a+b}{2}\right)^3\cdot\frac{1}{3(b-a)}\bigg|_a^b\\ &= \frac{1}{3(b-a)}\left[\frac{(b-a)^3}{8}-\frac{(a-b)^3}{8}\right] = \frac{(b-a)^2}{12}\end{aligned} \quad (2.189)$$

数字 12 很少在数学的应用中出现,此处是除计量橘子和甜甜圈的数量之外鲜有的几个地方之一。

3. 指数分布

求解指数分布的方差的过程相对复杂,这里就不列出求解过程。不过,幸运的是结果很简单。对于指数分布,其方差 $\sigma_x^2=1/\lambda^2$,标准差 $\sigma_x=1/\lambda$。指数分布的均值和方差相等,故而指数分布被称为“单参数分布”。

4. 标准正态分布

对于标准正态分布,求解方差的积分过程也很烦琐。不过与指数分布一样,得到的结果很简单。标准正态分布的方差和标准差相等,$\sigma_x^2=\sigma_x=1$。标准正态分布曲线下方的面积可以很容易地计算出来,读者可以在任何统计学教材中找到标准正态分布表。标准正态分布的 PDF 有两个

很有用的数值需要读者记住:

$$\int_{-1}^{+1} f(x)\,\mathrm{d}x \approx 0.68, \quad \int_{-2}^{+2} f(x)\,\mathrm{d}x \approx 0.95 \tag{2.190}$$

即正态分布的随机变量取值在期望附近 ±1 个标准差之间的概率接近三分之二,而在 ±2 个标准差之间的概率近似为95%,故而我们认为正态分布的随机变量的取值在大多数情况下都落在 ±2 个标准差之间。

正态分布的标准化。如果随机变量 x 服从标准正态分布,那么它的期望值等于0,标准差等于1。然而,可以通过简单的线性变换使得变换后的随机变量得到任意想要的期望值(μ)和标准差(σ)。考虑线性变化 $y=\sigma x+\mu$。则:

$$E(y) = \sigma E(x) + \mu = \mu \quad \text{同时} \quad \mathrm{Var}(y) = \sigma_y^2 = \sigma^2 \mathrm{Var}(x) = \sigma^2 \tag{2.191}$$

这个过程的逆运算用于标准化任意正态分布 $y(y \sim N(\mu,\sigma))$,令 $z=(y-\mu)/\sigma$,则 z 服从标准正态分布。举个例子,SAT 的得分服从正态分布,期望为 500 分,标准差为 100 分($y \sim N(500, 100)$)。那么 $z=(y-500)/100$ 服从标准正态分布。根据2.190 式可知,约68%的考生得分在400分和600分之间,约95%的考生得分在300分到700分之间。

请回答:假设随机变量 x 在定义域[0,12]内服从均匀分布。那么 x 的均值和标准差是多少?x 处在均值附近 ±1 个标准差范围内的概率是多少? 在 ±2 个标准差范围内的概率是多少? 解释上面的结果为什么与标准正态分布的结果不同。

2.12.7 协方差

在一些经济学问题中会出现两个或者两个以上的随机变量。例如,一个投资者需要考虑如何在几种资产中配置自己的财富,各个资产的回报都可以视为随机变量。尽管期望方差这些概念能够直观地反映随机变量的性质,不过为了能够完整地分析问题,还需要考虑随机变量之间的相互影响关系。而协方差这个概念就是用来计量随机变量之间的关系。在提出协方差的定义之前,还需要向读者介绍一些背景知识。

假设存在两个连续随机变量 x 和 y。这两个随机变量的联合密度分布函数用 $f(x,y)$ 表示。这个密度函数的性质是,在一个很小的区域($\mathrm{d}x\mathrm{d}y$)中的结果发生的概率是 $f(x,y)\,\mathrm{d}x\mathrm{d}y$。同时,作为一个密度函数,这一 PDF 需要满足下列条件:

$$f(x,y) \geqslant 0 \quad \text{同时} \quad \int_{-\infty}^{+\infty}\int_{-\infty}^{+\infty} f(x,y)\,\mathrm{d}x\mathrm{d}y = 1 \tag{2.192}$$

通过把其他的变量"积分掉",可以求得单一随机变量的参数,例如期望和方差:

$$E(x) = \int_{-\infty}^{+\infty}\int_{-\infty}^{+\infty} x f(x,y)\,\mathrm{d}y\mathrm{d}x$$

$$\mathrm{Var}(x) = \int_{-\infty}^{+\infty}\int_{-\infty}^{+\infty} [x - E(x)]^2 f(x,y)\,\mathrm{d}y\mathrm{d}x \tag{2.193}$$

通过上述方法求解随机变量 x 的参数需要把其他变量(这里是 y)积分掉,这是因为需要把 y 可能出现的所有结果都考虑到,这样才能完全反映 x 的分布情况。

下面来介绍协方差,x 和 y 的协方差衡量的是两个随机变量之间相关的方向。x 和 y 的协方差用 $\mathrm{Cov}(x,y)$ 表示,其数学定义式为:

$$\mathrm{Cov}(x,y) = \int_{-\infty}^{+\infty}\int_{-\infty}^{+\infty}[x - E(x)][y - E(y)]f(x,y)\mathrm{d}x\mathrm{d}y \tag{2.194}$$

两个随机变量的协方差可以为正,可以为负,也可以为零。如果 x 大于 $E(x)$ 同时 y 也大于 $E(y)$ 的概率更大(或者 x 小于 $E(x)$ 同时 y 也小于 $E(y)$ 出现得更频繁),那么协方差就会是正值。在这种情况下,x 和 y 趋于向同一个方向移动。相反,如果 x 出现大值时 y 趋向于出现小值(反之亦然),那么协方差就会为负。

如果随机变量 x 任意特定值的概率都不会受到随机变量 y 的影响(反之亦然),我们就称这两个随机变量独立。[25] 用数学语言描述的话,两个随机变量独立就要求两者的联合概率密度函数具有下面的性质:$f(x,y)=g(x)h(y)$,即联合概率密度函数能够写成两个随机变量单独的概率密度函数的乘积。同时,如果 x 和 y 是独立的,那么两者的协方差为0。

$$\begin{aligned}\mathrm{Cov}(x,y) &= \int_{-\infty}^{+\infty}\int_{-\infty}^{+\infty}[x - E(x)][y - E(y)]g(x)h(y)\mathrm{d}x\mathrm{d}y \\ &= \int_{-\infty}^{+\infty}[x - E(x)]g(x)\mathrm{d}x \cdot \int_{-\infty}^{+\infty}[y - E(y)]h(y)\mathrm{d}y = 0 \cdot 0 = 0\end{aligned} \tag{2.195}$$

然而,这个命题的逆命题并不一定成立。协方差为0并不是两个随机变量独立的充分条件。

最后,协方差这一概念对于我们计算随机变量的和或者差的方差十分重要。尽管我们知道两个随机变量和的期望等于期望的和:

$$\begin{aligned}E(x+y) &= \int_{-\infty}^{+\infty}\int_{-\infty}^{+\infty}(x+y)f(x,y)\mathrm{d}x\mathrm{d}y \\ &= \int_{-\infty}^{+\infty}xf(x,y)\mathrm{d}y\mathrm{d}x + \int_{-\infty}^{+\infty}yf(x,y)\mathrm{d}x\mathrm{d}y = E(x) + E(y)\end{aligned} \tag{2.196}$$

两个随机变量和的方差就显得相对复杂一些。使用之前的定义可得:

$$\begin{aligned}\mathrm{Var}(x+y) &= \int_{-\infty}^{+\infty}\int_{-\infty}^{+\infty}[(x+y) - E(x+y)]^2 f(x,y)\mathrm{d}x\mathrm{d}y \\ &= \int_{-\infty}^{+\infty}\int_{-\infty}^{+\infty}[x - E(x) + y - E(y)]^2 f(x,y)\mathrm{d}x\mathrm{d}y \\ &= \int_{-\infty}^{+\infty}\int_{-\infty}^{+\infty}[x - E(x)]^2 + [y - E(y)]^2 + 2[x - E(x)][y - E(y)]f(x,y)\mathrm{d}x\mathrm{d}y \\ &= \mathrm{Var}(x) + \mathrm{Var}(y) + 2\mathrm{Cov}(x,y)\end{aligned} \tag{2.197}$$

所以,如果两个随机变量 x 和 y 是独立的,则 $\mathrm{Var}(x+y)=\mathrm{Var}(x)+\mathrm{Var}(y)$。如果协方差为正,那么两个随机变量和的方差大于方差的和;反之,如果协方差为负值,那么和的方差小于方差的和。读者可以通过回答习题2.14—2.16了解统计学在经济学理论中的更多更详尽的应用。

小结

尽管本章讲述了一些非常困难的内容,但是本书毕竟不是一本数学书。本章的目的是把本书以后的章节为建立经济模型而需要的各种工具集中在一起。因此,这一章的材料作

[25] 规范的定义需要用到条件概率。给定事件 A 已经发生,事件 B 发生的条件概率(记为 $P(B\mid A)$)定义为 $P(B\mid A)=P(A \text{和} B)/P(A)$;如果 $P(B\mid A)=P(B)$,则 A 和 B 独立,此时 $P(A \text{和} B)=P(A)\cdot P(B)$。

为参考资料是很有用的。

我们在此再强调一下本章的数学工具分析的经济学内容。

- 数学为经济学家建立模型提供了便捷有效的方法。使用数学工具可以在一种简化的状态下研究各种经济学假设的含义。
- 函数导数的数学概念在经济模型中得到了广泛应用,因为经济学家通常对一个变量的微小变化对另一个变量的边际影响感兴趣。在这方面,偏导数特别有用,因为当所有其他变量假设为常数时它们就反映了这种影响。
- 在假设经济人理性地寻求某些目标的经济模型中,关于最优化的数学是重要的工具。在没有约束的情况下,一阶条件表明对经济目标有贡献的活动应扩张到进一步扩张的边际贡献为0的时候。用数学术语来说就是,最优化的一阶条件要求所有偏导数都是0。
- 大多数经济最优化问题都涉及经济人做出选择的约束条件。在此情况下,最大化的一阶条件意味着每一活动应停留在这样一个水平上,使得所有实际开展的活动的边际成本与活动的边际收益之比是相同的。这个共同的边际收益—边际成本比率还等于拉格朗日乘数,它常常用来帮助求解约束条件下的最优化问题。拉格朗日乘数还可以作为约束条件下的隐含值(或影子价格)的解释。
- 对于说明最优化问题中的选择对参数(例如市场价格)的依赖性,隐函数定理是很有用的数学工具。在考察参数(价格)变化时最优选择如何变化的时候,则可能用到包络定理。
- 有时最优化问题涉及的约束条件是不等式。这时会出现所谓的“松弛互补性”现象,即要么不等式约束需取到等号才能实现最优化,拉格朗日乘数不为0;要么不等号成立,拉格朗日乘数为0。从这里的分析也能看出,拉格朗日乘数是刻画约束条件的“重要度”的一个参数。
- 一阶条件只是局部极值的必要条件,要确保其为极值,需要检验是否满足相关的二阶条件。
- 两类函数在经济建模中应用甚为广泛。拟凹函数(函数曲面的等高线包围的区域是凸集)在约束条件为线性的前提下满足局部极值的二阶条件。位似函数的重要性质是自变量的替代关系只由相对比值决定。
- 在经济学中积分运算经常被用于计算函数图形下方的面积或者对多期结果求和。对积分结果求导的技巧有助于读者学习最优行为理论。
- 很多经济学问题都具有动态特征,当期的决策会影响下一期的决策和产出。解决动态优化问题可以直接使用拉格朗日方法。
- 在学习不确定性和信息经济学理论时需要使用数理统计的知识。最基础的概念就是随机变量和概率密度函数。描述分布的参数,例如期望和方差也在很多经济学模型中起到重要作用。

练习题

2.1

已知 $U(x,y)=4x^2+3y^2$。

a. 计算$\dfrac{\partial U}{\partial x},\dfrac{\partial U}{\partial y}$。

b. 当 $x=1,y=2$ 时,求这两个偏导数的值。

c. 写出 U 的全微分。

d. 当 $dU=0$ 时,计算 dy/dx,即保持 U 不变,y 和 x 的替代关系如何?

e. 说明当 $x=1,y=2$ 时,$U=16$。

f. 当 $x=1,y=2$ 时,x,y 要以怎样的比例

微小变化才能保持 $U=16$ 不变？

g. $U=16$ 的等高线是什么图形？它各点的斜率是多少？

2.2

假设某企业的总收入只由产量决定，且关系式为 $R=70q-q^2$，总成本也只由 q 决定，

$$C = q^2 + 30q + 100$$

a. 要使利润 $(R-C)$ 最大化，产量应为多少？最大利润是多少？

b. 说明 a 问题的答案满足极值的二阶条件。

c. 结果满足"边际收益 = 边际成本"原则吗？请解释。

2.3

设 $f(x,y)=xy$，在 $x+y=1$ 的约束条件下分别用带入消元法和拉格朗日乘数法求最大值。

2.4

上一题的对偶问题是给定 $xy=0.25$，求 $x+y$ 的最小值。用拉格朗日乘数法求解。比较这两题中算出的拉格朗日乘数的大小，并解释其关系。

2.5

垂直向上抛球，t 秒后高度为 $f(t)=-0.5gt^2+40t$（其中 g 是重力加速度）。

a. 达到最高点时 t 为多少？将其写成 g 的函数。

b. 用上一问的结果解释当 g 发生改变时，最高点高度如何变化。

c. 用包络定理求解 b 问题。

d. 在地球上 $g=32$*，但在不同的地方略有不同。如果两地 g 相差 0.1，球能达到的最大高度大约差多少？

2.6

为了建造一艘油轮，我们把一块长 $3x$，宽 x 的铁皮四角各剪去一块边长为 t 的正方形，再折起来，就形成了无盖油轮的结构。

a. 证明油箱的体积 $V=t(x-2t)(3x-2t)=3tx^2-8t^2x+4t^3$。

b. 对于给定的 x，为了使油箱容积最大，t 应该取多少？

c. 把 V 视为 x 的函数，V 是否有最大值？

d. 如果造船厂只有 1 000 000 平方英尺的铁皮，即 t，x 满足约束条件 $3x^2-4t^2=1\,000\,000$。现在求解 V 的最大值。此时的结果和 b，c 两个问题有什么区别？

2.7

考虑条件极值问题，使 y 最大化，其中

$$y = x_1 + 5\ln x_2$$

x_1，x_2 满足约束条件 $k-x_1-x_2=0$，k 为任意常数。

a. 当 $k=10$ 时，求解该条件极值问题。

b. 证明 $k=4$ 时，$x_1=-1$。

c. 如果要求自变量必须非负，$k=4$ 时的最优解是多少？

d. 当 $k=20$ 时，求解之，并与问题 a 的结果做比较，你得出什么结论？

（注：这个问题涉及的函数称为"准线性函数"，在消费者行为理论中我们还会用到。）

2.8

假定一个企业的边际成本函数是 $MC(q)=q+1$。

a. 这个企业的总成本函数是什么？解释为什么总成本函数只取决于一个代表了固定成本的积分常数。

---

* 这里单位是英尺/秒^2——译者注

b. 在之前的经济学课程中已经学习到,在企业做出定价决策(p)时,产量 q 和价格 p 要满足关系 $p=MC(q)$。如果企业依照这个利润最大化规律进行决策,那么在 $p=15$ 时,企业的产量是多少?假设企业在这个价格时不赚不赔,那么企业的固定成本是多少?

c. 如果价格上涨到 20,企业将获得多少利润?

d. 请证明,如果继续假设企业依据利润最大化规律做决策,那么企业的利润能够写成价格 p 的一元函数。

e. 求解价格从 $p=15$ 上涨到 $p=20$ 后利润的增量有两种计算方法:(1) 直接使用 d 中的函数求解;(2) 对逆边际成本函数 $[MC^{-1}(p)=p-1]$ 积分,积分下限为 $p=15$,积分上限为 $p=20$。请分别使用这两种方法计算利润增量,并使用包络定理在直观上解释结果。

分析问题

2.9 凹函数和拟凹函数

通过比较两者的定义来证明凹函数必为拟凹函数(2.114 式和 2.98 式),你能从直观上解释你的证明吗?它的逆命题是否正确,即拟凹函数是否是凹函数?如果不正确,请举出一例。

2.10 柯布—道格拉斯函数

你即将碰到一个经济学中特别重要的函数:柯布—道格拉斯函数:

$$y=(x_1)^{\alpha}(x_2)^{\beta}, \text{其中 } 0<\alpha,\beta<1$$

a. 用定义的"原始"做法证明它是拟凹函数。

b. 用 $y=c$ 的等高线围成的区域是凸集的办法证明它是拟凹函数。

c. 证明当 $\alpha+\beta>1$ 时该函数不是凹函数(这也说明拟凹函数不一定是凹的)。

注:柯布—道格拉斯函数在扩展章节中有介绍。

2.11 幂函数

另一种常见的函数是"幂函数":

$y=x^{\delta}$,其中 $0\leq\delta\leq1$(有时我们也会考察 δ 小于 0 的情形,在这类情况下我们使用 $y=x^{\delta}/\delta$ 的形式以保证微分表达式有适当的符号)

a. 证明函数是凹函数(自然也是拟凹函数)。注意只有当 $\delta<1$ 时函数才是严格凹的。

b. 证明多元幂函数 $y=f(x_1,x_2)=(x_1)^{\delta}+(x_2)^{\delta}$ 也是凹的(也是拟凹的)。这里由于交叉偏导数 $f_{12}=f_{21}=0$,凹性很明显。解释为什么交叉偏导数为零?

c. 用 b 中描述的单调映射可以给函数附加上"规模效应"。

$$g(x_1,x_2)=y^{\gamma}=[(x_1)^{\delta}+(x_2)^{\delta}]^{\gamma} \quad \gamma>0$$

函数 g 是否具有凹性?是否具有拟凹性?

2.12 在有约束的优化问题中证明包络定理

由于在本书中经常会在有约束的优化问题中使用包络定理,通过在下面这个简单的例子中证明该定理可能会帮助读者多一些直观上的理解。假设我们要最大化一个二元函数,同时这个函数还与参数 a 有关 $f(x_1,x_2,a)$。这个最大化问题中的约束条件为 $g(x_1,x_2,a)=0$。

a. 写出求解这个问题的拉格朗日表达式,并写出其一阶条件。

b. 将包含 x 的两个一阶条件相加。

c. 将 b 中的求和式对 a 求导数。这一结果将告诉我们随着 a 的变化,x 必须要改变相对应的量,才能使一阶条件成立。

d. 我们已经从本章中学到,这个问题中的目标函数和约束条件可以写成 a 的函数:$f[x_1(a),x_2(a),a]$,$g[x_1(a),x_2(a),a]=0$。将第一个函数对 a 求导数。这一结果表明的是在 x 取最优值时目标函数值随 a 值变化的情况。求导结果中必须要有两项,一项中含有 x,另一项为单独的 $\partial f/\partial a$。

e. 将 d 中第二个等式,即约束条件对 a 求导。结果中有一项含有 x,另一项只含有 $\partial g/$

∂a。

f. 把 e 中的结果乘上 λ(拉格朗日乘数),并且运用 c 中的一阶条件,将这两个结果带入 d 的微分式中。应该可以得到:

$$\frac{\mathrm{d}f[x_1(a),x_2(a),a]}{\mathrm{d}a} = \frac{\partial f}{\partial a} + \lambda \frac{\partial g}{\partial a}$$

这个等式就是在 x 取到最优值时,拉格朗日表达式的偏微分。这也就证明了包络定理。请在直觉上解释这一证明为何能够保证 x 被调整到最优值。

g. 回过头来看例 2.8,请解释如何在篱笆周长这个例子中运用包络定理,即篱笆周长 P 的变化如何影响篱笆包围的面积?并使用包络定理说明,在这个例子中拉格朗日乘数如何施加约束。

2.13　泰勒逼近

泰勒定理说的是任意函数在任意光滑点附近都可以用一系列原函数及微分的线性组合近似表示。下面我们看一下泰勒定理在一元函数和二元函数中的运用。

a. 任意连续和可导的一元函数 $f(x)$,在 a 点附近可以用下列等式逼近:$f(x)=f(a)+f'(a)(x-a)+0.5f''(a)(x-a)^2+$ 有关的 f''', f'''',…

仅用前三项逼近就称为二次泰勒逼近。对(2.85)式中的凹函数使用二次泰勒逼近可以说明,任何凹函数要么正好在 a 点的切线上,要么在 a 点的切线下方。

b. 任意二元函数 $f(x,y)$ 在点 (a,b) 处的二次泰勒逼近为:

$$\begin{aligned} f(x,y) = & f(a,b)+f_1(a,b)(x-a) \\ & +f_2(a,b)(y-b) \\ & +0.5[f_{11}(a,b)(x-a)^2 \\ & +2f_{12}(a,b)(x-a)(y-b) \\ & +f_{22}(y-b)^2] \end{aligned}$$

同样的,使用上述逼近可以说明,任意的凹函数(由(2.98)式定义)要么正好在点 (a,b) 的切线上,要么在点 (a,b) 的切线下方。

2.14　了解更多关于期望的知识

由于期望这个概念在经济学理论中有很重要的作用,我们将会在这里进一步总结这个统计学概念的性质。贯穿这个问题,我们都假设 x 是一个连续随机变量,概率密度函数为 $f(x)$。

a. (Jensen 不等式)假设 $g(x)$ 是一个凹函数。证明 $E[g(x)]\leqslant g[E(x)]$。提示:在点 $E(x)$ 处作函数 $g(x)$ 的切线。这个切线的性质是,对所有的 x 和 $c+dE(x)=g[E(x)]$ 都有 $c+\mathrm{d}x\geqslant g(x)$,其中 c 和 d 是常数。

b. 用 a 中的方法证明如果 $g(x)$ 是凸函数,那么有 $E[g(x)]\geqslant g[E(x)]$。

c. 假设 x 只能取非负值,即 $0\leqslant x\leqslant\infty$,使用分步积分法证明:

$$E(x) = \int_0^\infty [1-F(x)]\mathrm{d}x$$

其中,$F(x)$ 是 x 的累积分布函数 $[F(x) = \int_0^x f(t)\mathrm{d}t]$。

d. (马尔科夫不等式)证明,如果 x 只能取正值,则下面的不等式成立:

$$P(x\geqslant t)\leqslant\frac{E(x)}{t}$$

提示:$E(x) = \int_0^\infty xf(x)\mathrm{d}x = \int_0^t xf(x)\mathrm{d}x + \int_t^\infty xf(x)\mathrm{d}x$

e. 考虑概率密度函数 $f(x)=2x^{-3}$,其中 $x\geqslant 1$。

1. 证明上述函数确实是一个概率密度函数。

2. 求出其累积分布函数 $F(x)$。

3. 使用 c 中的结果计算其期望。

4. 证明这个函数满足马尔科夫不等式。

f. 在一些经济学问题中会用到条件期望这个概念。我们把在某些事件发生的条件下,x 的期望表示为 $E(x|A)$。计算条件期望需要知道在事件 A 发生的条件下 x 的概率密度函数(用 $f(x|A)$ 表示)。定义了上述表达

式,可以得到 $E(x|A)=\int_{-\infty}^{+\infty}xf(x|A)\mathrm{d}x$。下面我们用一个例子来说明这些关系。

令 $f(x)=\frac{x^2}{3}$,其中 $-1\leqslant x\leqslant 2$

1. 证明上述函数是一个概率密度函数。
2. 计算期望 $E(x)$
3. 计算 $-1\leqslant x\leqslant 0$ 的概率
4. 考虑事件 $0\leqslant x\leqslant 2$,并记为事件 A。求解 $f(x|A)$。
5. 计算 $E(x|A)$。
6. 在直觉上解释你的计算结果。

2.15 了解更多关于方差的知识

从随机变量方差的定义式出发,可以推导出一些结论。

a. 证明 $\mathrm{Var}(x)=E(x^2)-[E(x)]^2$。

b. 使用马尔科夫不等式(练习题2.14d)证明下面的不等式成立,其中 x 为非负数。

$$P[(x-\mu_x)\geqslant k]\leqslant\frac{\sigma_x^2}{k^2}$$

这一结果告诉我们一个随机变量偏离期望的程度是有限制的。令 $k=h\sigma$,上述结果可以转化为:

$$P[(x-\mu_x)\geqslant h\sigma]\leqslant\frac{1}{h^2}$$

举个例子,一个随机变量偏离期望超过两个标准差的概率永远小于0.25,这个结果也被称为切比雪夫不等式。

c. (2.197)式说明,如果两个(或两个以上)的随机变量是独立的,那么它们的和的方差等于方差的和。把这一结果推广到 n 个随机变量,每个随机变量的期望和方差都是 μ 和 σ^2。这 n 个随机变量的和的期望为 $n\mu$,方差为 $n\sigma^2$。这 n 个随机变量的均值的期望为 μ,方差为 σ^2/n。这有时被称为大数定理:随着随机变量个数的增加,其均值的方差会逐渐收敛到0。

d. 利用c的结果证明,如果 x_1 和 x_2 是两个同期望、同方差的独立随机变量。这两个随机变量的加权平均值 $X=kx_1+(1-k)x_2$ $(0\leqslant k\leqslant 1)$ 的方差在 $k=0.5$ 时取到最小值,那么合理设置 k 的取值能够使 X 的方差减少多少?

e. 如果d中的两个随机变量方差不相等,最后的结果会发生怎样的变化?

2.16 了解更多关于协方差的知识

这里介绍一些与随机变量 x_1 和 x_2 的协方差有关的关系式。

a. 证明 $\mathrm{Cov}(x_1,x_2)=E(x_1x_2)-E(x_1)E(x_2)$,上述关系的一个重要应用就是,当 $\mathrm{Cov}(x_1,x_2)=0$ 时,$E(x_1x_2)=E(x_1)E(x_2)$,即随机变量乘积的期望等于这两个随机变量期望的乘积。

b. 证明 $\mathrm{Var}(ax_1+bx_2)=a^2\mathrm{Var}(x_1)+b^2\mathrm{Var}(x_2)+2ab\mathrm{Cov}(x_1,x_2)$。

c. 在练习题2.15d中,我们计算了 $X=kx_1+(1-k)x_2$ $(0\leqslant k\leqslant 1)$ 的方差。如果 $\mathrm{Cov}(x_1,x_2)\neq 0$,上面的结论——当 $k=0.5$ 时,X 的方差最小,是否还成立?

d. 两个随机变量的相关系数定义为:

$$\mathrm{Corr}(x_1,x_2)=\frac{\mathrm{Cov}(x_1,x_2)}{\sqrt{\mathrm{Var}(x_1)\mathrm{Var}(x_2)}}$$

分别从数学上和直观上解释为什么 $-1\leqslant\mathrm{Corr}(x_1,x_2)\leqslant 1$。

e. 假设随机变量 y 是 x 的线性变换 $y=\alpha+\beta x$。证明:

$$\beta=\frac{\mathrm{Cov}(y,x)}{\mathrm{Var}(x)}$$

这里,β 也被称为 y 关于 x 的回归系数。如果使用真实数据,上述表达式也被称为最小二乘(OLS)回归系数。

推荐阅读材料

Dadkhan, Kamran. *Foundations of Mathematical and Computational Economics*. Mason, OH: Thomson/South Western, 2007

这本书介绍了很多微积分技巧,并且讲解了如何使用流行的软件,例如 Matlab 和 Excel 解决数学问题。

Dixit, A. K. *Optimization in Economic Theory*, 2nd ed. New York: Oxford University Press, 1990.

一本全面而现代化地讲解最优化方法的书,用到了相对高级的分析方法。

Hoy, Micheal, John Livernois, Chris McKenna, Ray Rees, and Thanasis Stengos. *Mathematics for Economists*, 2nd ed. Cambridge, MA: MIT Press, 2011.

本书详尽地介绍了微观经济学课程中使用到的数学方法。本书的优点在于列举了很多成熟的微观经济学案例。

Luenberger, David G. *Microeconomic Theory*. New York: McGraw Hill, Inc., 1995.

这是一本高级微观经济学教材。其五个附录简要介绍了一些有用的数学知识。

Mas-Colell, Andreu, Michael D. Whinston, and Jerry R. Green. *Microeconomic Theory*. New York: Oxford University Press, 1995.

这本书算得上是经济数学方法的百科全书,其附录的数学部分用到了分析学的高级方法。

Samuelson, Paul A. *Foundations of Economic Analysis*. Cambridge, MA: Harvard University Press, 1947. Mathematical Appendix A.

这是一个基本文献,数学附录 A 给出了处理最大值的充分必要条件的高级方法。

Silberberg, E., and W. Suen. *The Structure of Economics: A Mathematical Analysis*. 3rd ed. Boston: Irwin/McGraw-Hill, 2001

该书是一部数学经济学教科书,书中强调可观察的经济预测理论,并大量使用了包络定理。

Simon, Carl P., and Lawrence Blume. *Mathematics for Economists*. New York: W. W. Norton, 1994.

这本书非常实用,和经济学相关的数学基本都有所涉及。书中使用的方法相对高级一些,其中微分方程和基本点集拓扑两部分内容尤其出众。

Sydsaeter, K., A. Strom, and P. Berck. *Economists' Mathematical Manual*, 4th ed. Berlin, Germany Springer-Verlag, 2005.

一本不可替代的数学工具书,有 35 章,基本涵盖所有经济学要用到的数学工具。不过论述太简练,不适合作为首次接触相关概念的初学者使用。

Taylor, Angus E., and W. Robert Mann. *Advanced Calculus*, 3rd ed. New York: John Wiley, 1983, pp. 183—195.

这是一部综合性的微积分教科书,对拉格朗日方法进行了很好的讨论。

Thomas, George B., and Ross L. Finney. *Calculus and Analytic Geometry*, 8th ed. Reading, MA: Addison-Wesley, 1992.

一部微积分学基础教科书,书中很好地应用了微分方法。

第2篇

选择与需求

在第2篇中，我们将考察选择的经济理论。考察的目的之一是规范地发展需求这一概念，以便我们在本书后面研究市场时运用这个概念。这部分的一个更一般性的目的是阐明经济学家用于解释个人在各种情况下如何做出选择的方法。

第2篇以经济学家模型化个人偏好的方法开始，与之相对应的规范术语是"效用"。第3章说明经济学家如何用数学的方式概念化效用，由此我们可以研究个人自愿完成的种种交换。

在第4章中，我们使用效用的概念来阐释选择理论。这一章的基础假设是：人们在面临收入有限时，会做出经济选择，以获得尽可能大的效用。第4章运用数学和直观的分析表明这个假设提供了有关经济行为的一些见解。

第5章和第6章将使用效用最大化的模型来讨论个人如何对环境的改变做出反应。第5章主要分析消费者对单个商品价格变化的反应，并引出需求曲线的概念；第6章将继续进行这类分析，通过分析我们能够理解不同商品之间的需求关系。

第 3 章　偏好与效用

在这一章里我们将看到经济学家表征个人偏好的方法。本章从一个相当抽象的概念“偏好关系”(preference relation)开始,继而介绍经济学家在研究个人选择时的主要工具——效用函数。我们会看到这个函数的某些一般特征,以及特定效用函数的几个简单例子,在本书中我们会多次遇到这些例子。

3.1　理性选择公理

个人选择分析的一种方式是设定一组基本假定或公理,用来表征什么是“理性”(rational)的行为。我们从“**偏好**”(**preference**)这个概念出发:当某一个人表示“A 优于 B”时,这意味着,在考虑了所有情况后,他感觉在 A 的情况下比在 B 的情况下更好。我们假定这种偏好关系有如下三个基本性质:

Ⅰ. **完备性(completeness)**:如果 A 和 B 是任意两种情况,个人总能准确表达下列三种可能性之一:(1) A 优于 B;(2) B 优于 A;(3) A 和 B 具有同样的吸引力。

于是我们假定人们不会优柔寡断:他们完全了解任何两个备选情况,并且总能判定自己对这两个备选情况的喜爱程度。这个假定也排除了个人同时觉得 A 优于 B 和 B 优于 A 的可能性。

Ⅱ. **传递性(transitivity)**:如果个人表示“A 优于 B”,以及“B 优于 C”,那么他也一定会认为“A 优于 C”。

这个假定说明个人的选择是内在一致的。这个假设可以通过经验研究得以验证。通常情况下,经验研究总结出个人的选择确实具有传递性,但当个人不能完全了解自己的选择所带来的后果时,这个结论必须加以修正。因为在大多数情况下,我们会假设个人完全了解自己的选择(关于不确定性的讨论请见第 7 章或其他资料),所以传递性仍然是对偏好的恰当假定。

Ⅲ. **连续性(continuity)**:如果个人表示“A 优于 B”,那么充分接近 A 的情况也一定优于 B。

当要分析个人对于收入和价格发生相对较小变化的反应时,我们就需要这个较为技术性的假定,目的是排除一些不连续的刃形偏好,这些偏好会对选择理论的数学发展造成问题。连续性假定似乎不会对那些现实世界中的重要经济行为造成缺失(习题 3.14 给我们提供了一些反例)。

3.2 效用

给定完备性假设、传递性假设和连续性假设,人们可以规范地将所有可能的情况按照偏好程度由小到大进行排列。① 经济学家称这种排序为“效用”,这个词是19世纪的理论政治家杰里米·本瑟姆(Jeremy Bentham)提出的。② 我们沿袭本瑟姆的说法,认为人们更喜欢的情况所提供的效用比较为不喜欢的情况提供的效用多。也就是说,如果一个人在A和B两种情况中偏好A,那么我们就可以说A的效用$U(A)$比B的效用$U(B)$大。

3.2.1 度量效用方式的不唯一性

我们可以赋予这些效用排序具体数值,但是这些数值并不唯一。只要能准确表达原本的偏好序,我们就可以任意给定一组数值来表示同样的选择次序。我们认为$U(A)=5, U(B)=4$和$U(A)=1\,000\,000, U(B)=0.5$没有区别,因为这两种表述都表示A优于B。在技术术语上,效用仅仅被定义为一个保持固定偏好序的(“单调的”)映射。③ 任何一组准确反映个人偏好序的数值都可以做到。因此,诸如“A比B好多少?”的问题是没有意义的,因为这个问题没有唯一解。在标度为1—10的基础上询问一个人的“快乐”程度与在标度为7—1 000 000的基础上询问的效果是一样的。一个人说他第一天的快乐程度是6,第二天是7,这只能说明这个人第二天更快乐,而无论他用的标度范围是什么。如同用星的数目多寡来表示酒店、电影院等级排列一样,效用的排序只是用来记录人们对商品束的相对喜爱程度。

效用赋值的不唯一性意味着在不同人之间比较效用是不可能的。如果一个人表示一份牛排晚餐的效用为“5”,而另一个人表示同样的一份晚餐的效用为“100”,我们也不能判断哪个人对这份晚餐的评价更高,因为他们可能使用了不同的标度范围。同样的,对不同的人而言,我们也无从得知当情况A变为情况B后,谁的效用变化更大。尽管如此,经济学家通过考察人们自愿做出什么选择,仍然能够就效用排序做一番文章。

3.2.2 其他条件不变假定

因为效用涉及人们总体的满意程度,所以效用的度量会受到多种因素的影响。一个人的效用不仅受他所消费的实物商品的影响,他内心的态度、来自同阶层的心理压力、个人经历以及所处的一般文化环境也都会影响到他的效用。虽然经济学家对考察所有这些影响很有兴趣,但在通常情况下,还是有必要把视线聚焦在一个较小的领域上。因此,通常的做法是令影响行为的其他因素保持不变,集中精力只分析那些可计量的选项(例如,购买食品与房屋的相对数量、每周工作的小

---

① 对这些性质以及它们与用效用函数表示偏好程度的关系的详细讨论参见 Andreu Mas-Colell, Michael D. Whinston, and Jerry R. Green, *Microeconomic Theory* (New York: Oxford University Press, 1995)。

② J. Bentham, *Introduction to the Principles of Morals and Legislation* (London: Hafner, 1848).

③ 我们可以用数学的方法来表达这一思想,如果假定$F'(U)>0$,任何数值的效用等级(U)可以通过函数F转变为另一组数字,函数F所提供的$F(U)$保持了原效用的顺序。例如,$F(U)=U^2$转变为$F(U)=\ln U$,偏好序并不变。在教材与习题中,我们可能会发现,为了便于对某些特别的偏好序进行分析,这种转变是需要的。

时数,或在特别的税种间的投票选择)。这种其他条件不变(即其他因素均相同)假定被用在所有效用最大化选择的经济分析中,目的是使选择分析形式简单,易于处理。

3.2.3 消费商品的效用

一个关于其他条件不变假定的重要例子是,考虑个人在单一时点上,在 n 种消费品 $x_1,x_2,\cdots,x_n$ 中的选择问题。我们需要假设个人对这些商品的偏好序可以用下列效用函数形式来表示

$$\text{效用} = U(x_1,x_2,\cdots,x_n;\text{其他事物}) \tag{3.1}$$

这里 x 表示可选择商品的数量,“其他事物”表示消费者的福利还来自其他许多方面,在我们的分析中它们是保持不变的。

(3.1)式常常简写为

$$\text{效用} = U(x_1,x_2,\cdots,x_n) \tag{3.2}$$

当仅考虑两种商品时,(3.2)式可写为

$$\text{效用} = U(x,y) \tag{3.2'}$$

显然,在这里除了效用函数涉及的两种商品外,所有的东西(也就是说,分析结构以外的东西)都保持不变。在分析的每一步都提及其他条件不变的假定一定很乏味,但我们应该注意其他条件不变的假定一直在起作用。

3.2.4 效用函数的参数

我们用效用函数来表示个人对一些特定参数(argument)函数的偏好序,在最常见的情况下,效用函数((3.2)式)用来表示在某一时点,个人对可购买的特定商品束的偏好序。有些情况下我们会在效用函数中使用另外一些参数,我们最好能在一开始就理清这些情况。例如,讨论个人从真实财富(W)中获得的效用可能很有用。我们使用表达式

$$\text{效用} = U(W) \tag{3.3}$$

除非这个人是个罕见的吝啬鬼,否则财富本身并不能给他带来直接效用。只有将财富用于购买消费品,它才会带来效用。所以,(3.3)式意味着财富带来的效用,实质上是源于个人将其用于购买效用尽可能大的消费品。

我们在以后的章节中会用到另外两个参数。在第16章,我们将讨论个人的劳动—闲暇选择,因此也将考虑闲暇在效用函数中的作用,我们会使用到形如

$$\text{效用} = U(c,h) \tag{3.4}$$

的效用函数。其中 c 表示消费,h 表示在一段给定时间内的非工作时间(即闲暇)。

第17章中,我们将讨论在不同时段内个人的消费决策问题。我们会使用以下形式的效用函数

$$\text{效用} = U(c_1,c_2) \tag{3.5}$$

c_1 表示在现时段的消费,c_2 表示在下一时段的消费。通过改变效用函数中的参数,我们可以用种种简洁的形式集中精力讨论个人在特定方面的选择。

我们从下面的定义出发,考察个人的行为。

定义

效用 个人的偏好可以用形如

$$U(x_1,x_2,\cdots,x_n) \tag{3.6}$$

的函数形式来表示,这里 $x_1,x_2,\cdots,x_n$ 分别代表了个人在某一个时期消费的 n 种商品的数量。这个函数只有在保序变换(order-preserving transformation)时是唯一的。

3.2.5 经济品

在以上定义中,我们把"商品"作为变量,也就是说,无论 x_i 代表的数量有多少,我们都认为在某一个时段内,人们总认为较多的 x_i 比较少的 x_i 好。同时我们也认为,无论是像一个热狗那样的简单消费品,还是像财富和闲暇那样复杂的组合,这一假定都成立。我们在图 3.1 中用两种商品的效用函数图形表示这一假定。由图可见,所有处于阴影区域的商品组合都比组合(x^*y^*)要好,这是因为在阴影区域的消费组合中至少有一种商品的数量更多。根据我们对"商品"的定义,在阴影区域的商品组合的偏好等级更高。同理,在标示为"更差"区域中的商品组合显然劣于组合(x^*y^*),因为至少有一种商品的数量少于原来的组合。用问号标示的两个区域中的商品组合的排序与消费组合(x^*y^*)的排序较难进行比较,因为它的一种商品数量较多但另一种却较少。它们之间的比较将涉及两种商品的替代问题。

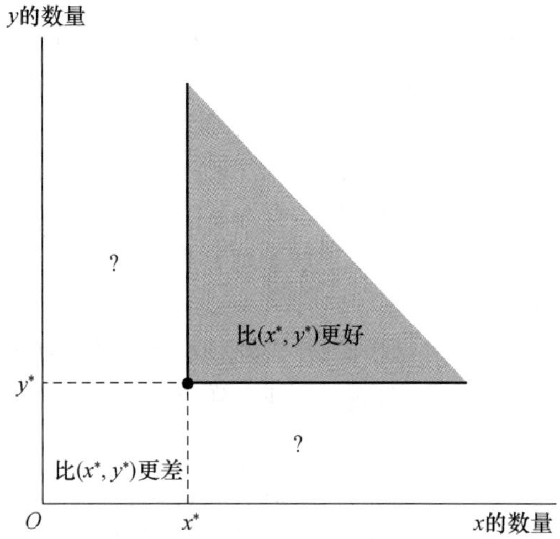

图 3.1 多消费一种商品优于少消费这种商品

图中阴影区域表示的是那些排序优于消费组合(x^*y^*)的组合。在其他条件不变时,个人偏好更多的商品。用"?"标示的区域中的消费组合的福利改变则不明确,因为它们的一种商品增多但另一种减少了。

3.3 交易与替代

大部分经济活动都涉及个人之间的自愿交易。当有人进行购买行为(比如面包)时,他就自愿为获得更有价值的东西(面包)而放弃了另一些东西(钱)。为了考察这种自愿交易,我们需要提出一个规范的方法来表明交易在效用函数中的作用。我们首先用图表陈述这个问题,接着用数学工具进行更规范的讨论。

3.3.1 无差异曲线和边际替代率

我们可以用*无差异曲线*来讨论个人自愿的消费活动。在图3.2中,曲线 U_1 代表对于个人来说利益相当的所有 x 和 y 的组合(注意:所有关于效用函数的其他参数都是常量)。比如,消费组合(x_1,y_1)和(x_2,y_2)对个人来说是一样的。*无差异曲线*表示个人偏好顺序相同的所有消费组合。

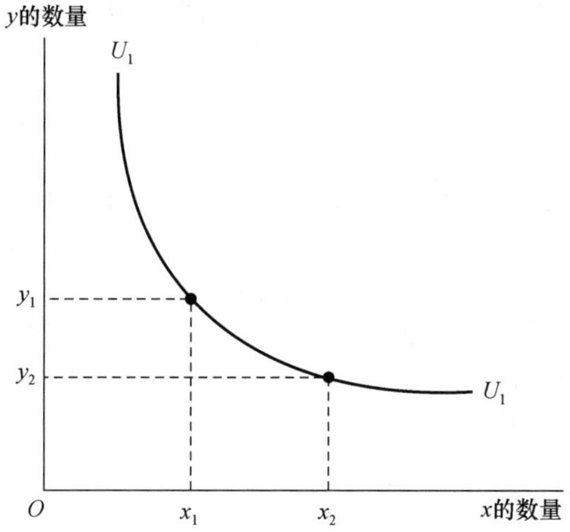

图3.2 一条单一的无差异曲线

曲线 U_1 表示所有能使个人得到相同效用的(x, y)组合。曲线的斜率表示个人愿意以 x 交换 y 的程度。曲线的斜率(或者更为恰当的,斜率的负值)被称为*边际替代率*。在这里我们假定边际替代率递减。

定义

无差异曲线 无差异曲线(或多维坐标系中的无差异曲面)表示一组对于个人来说无差异的消费集合。也就是说,这些组合都能带来相同水平的效用。

在图3.2中,曲线的斜率为负,表示如果减少所得到的 y,需要得到一定量的 x 才能获得相同的效用。当 x 增大时,曲线的斜率也增大(从负无穷增大到趋近于零)。这样,我们通过图形就可以知道:沿 x 轴正方向,人们以 x 换取 y 的意愿越来越小。用数学的语言来说,就是随着 x 的增加,曲线斜率越来越小。因此,我们又可以引出边际替代率的定义。

定义

边际替代率 无差异曲线上某一点的斜率的负值,被称为这一点的边际替代率。用公式表示为:

$$\mathrm{MRS} = -\left.\frac{\mathrm{d}y}{\mathrm{d}x}\right|_{U=U_1} \tag{3.7}$$

式中右下角记号表示在 U_1 曲线上各点的斜率值。

曲线 U_1 和曲线上的 MRS 值告诉我们某个人在自愿交易时将怎样购买商品。如在 (x_1, y_1) 点,他有很多的 y,那么他就愿意以适量的 y 来换取一些 x。在这种情况下,曲线显得非常陡峭。这就像某人有好多汉堡包(y),但缺饮料(x)喝,他就很愿意用几个汉堡包(比如 5 个)来换 1 瓶饮料。

在 (x_2, y_2) 处,无差异曲线平缓一些。这时,这个人有相当多的饮料,而只愿以很少的汉堡包(比如 1 个)来换 1 瓶饮料。因此,从 (x_1, y_1) 到 (x_2, y_2),MRS 值减少了。U_1 曲线斜率的改变表示个人所能获得的 x 与 y 的组合将直接影响到他购买商品的方式。

3.3.2 无差异曲线图

在图 3.2 中,只有一条无差异曲线。但实际上,在 $x-y$ 坐标系中,密集地排列着无数条这样的曲线。每条曲线对应着不同的效用水平。因为 x 物品和 y 物品的组合代表着一个效用水平,所以在坐标系中的每一点必有一条曲线穿过。无差异曲线与地图上的等高线很类似,只不过它代表的是效用的"高度"。图 3.3 给出了多条无差异曲线,用同样的方法可以画出无数条这样的曲线。当我们顺着箭头方向移动时,曲线所代表的效用增加,也就是说曲线 U_1 的效用水平低于曲线 U_2

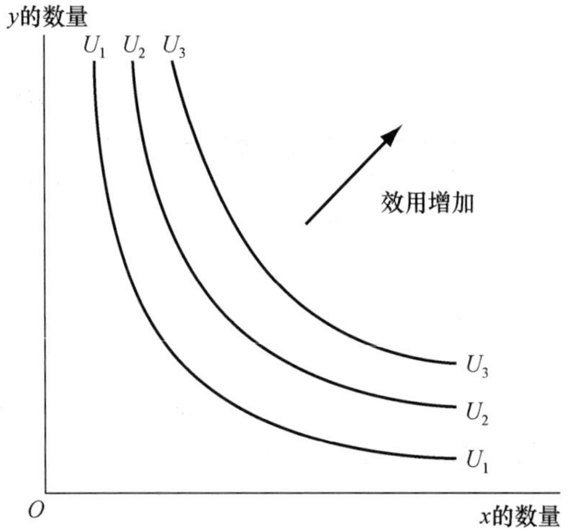

图 3.3 在 $x-y$ 坐标系中有无限条无差异曲线

在 $x-y$ 坐标系里,每个点必有一条无差异曲线穿过,每条曲线对应不同的效用水平。随图中箭头的方向(x 与 y 轴正方向的平分线),曲线所对应的效用水平递增。

的效用水平,而曲线 U_2 的效用水平又低于曲线 U_3 的效用水平。这是因为在图 3.1 中我们假定:多消费一种商品优于少消费这种商品。在前面的讨论中也提到,因为对这些效用水平的赋值方法并不唯一,所以这些曲线只是表明了位于 U_3 上的组合优于位于 U_2 上的组合,而 U_2 上的组合又优于 U_1 上的组合。

3.3.3 无差异曲线及其传递性

我们来看一道关于偏好一致性与偏好效用函数的思考题:对于同一个人,任何两条无差异曲线会相交吗?假设可以相交,那么就可以得到图3.4,我们希望知道这是否违反了理性人假设。运用地图类比法,很快我们就可以发现在 E 点似乎有错误:那里的"高度"既和 U_1 相同,又和 U_2 相同。但在地图上不可能有一点既是海拔 100 英尺又是海拔 200 英尺。

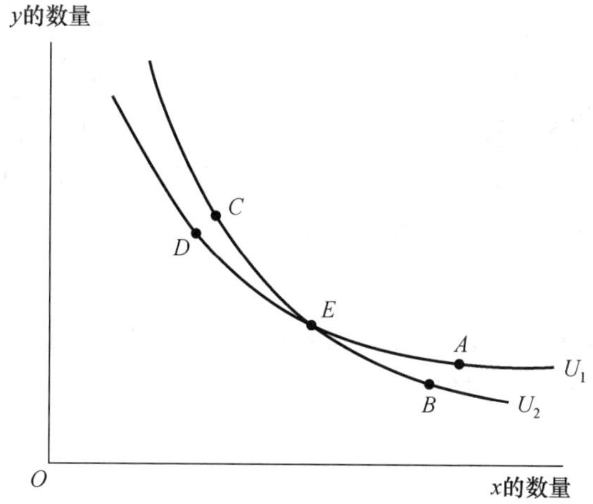

图 3.4 相交的无差异曲线意味着偏好不一致

点 A 和 D 在同一条无差异曲线上,因而对于个人来说,获得的效应相同。但是传递性定理表明 A 优于 D。因此,相交的无差异曲线说明个人的偏好不一致。

为了更正式地证明以上假设不成立,让我们分析 A、B、C、D 所代表的商品的组合。由非饱和性假设(消费越多效用越大)可得:A 比 B 好,C 比 D 好。而 C 与 B 的效用是相同的(它们在同一条无差异曲线上)。那么,由传递性定理可知,A 比 D 好。而这与事实相悖,因为 A 与 D 在同一条无差异曲线上,应该具有同样的效用。因此,无差异曲线不能相交,所有无差异曲线都应该如图 3.3 所示。

3.3.4 无差异曲线的凸性

效用函数与个人偏好之间的联系可以用多种方式表示,比如运用数学中凸集的概念说明边际替代率递减原理。如果集内的任何两点可以用直线相连,直线完全在集内,就可以说,这个点集是凸的。边际替代率递减的假定相当于这样一个假定:优于或相当于特定的(x^*,y^*)组合的所有

(x,y)的组合形成一个凸集。④ 在图3.5(a)中,阴影中的所有组合都优于或无差异于(x^*,y^*)组合。任意两点(譬如(x_1,y_1)与(x_2,y_2))可以由一条位于阴影中的直线连接起来。在图3.5(b)中就不是这样了,连接(x_1,y_1)与(x_2,y_2)的直线通过了阴影以外的区域。因此,在图3.5(b)中通过(x^*,y^*)的无差异曲线并不服从边际替代率递减的假定,因为优于或无差异于(x^*,y^*)的点集不是凸的。

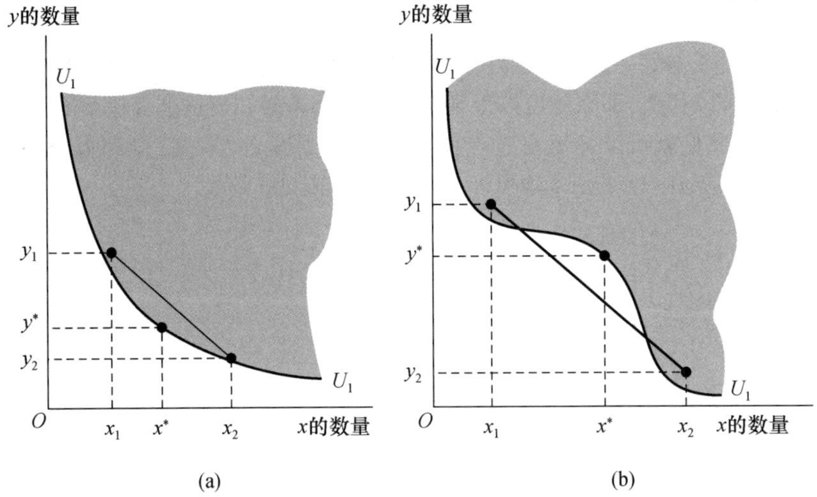

图3.5 无差异曲线性质之一:凸性(边际替代率递减)

在(a)中,无差异曲线呈凸状(连接U_1上任意两点的直线在U_1上方)。在(b)中则有所不同,曲线上并非所有点的MRS都递减。

3.3.5 凸性与消费平衡

运用凸性概念,可以说明个人在消费时倾向于保持某种平衡。假设在(x_1,y_1)和(x_2,y_2)个人所获得的效用相同,那么,如果无差异曲线是严格意义上的凸形曲线,则组合$[(x_1+x_2)/2,(y_1+y_2)/2]$将优于原来的任一组合。⑤ 所以,相对平衡的组合优于一种商品占过大比重的组合,如图3.6所示。由于假定无差异曲线是凸的,连接(x_1,y_1)与(x_2,y_2)的直线上的所有点都优于初始的点,因此中点$[(x_1+x_2)/2,(y_1+y_2)/2]$当然也优于初始的点。的确,如果能使商品达到更平衡的组合,其效用将大于初始点的效用。这也说明,严格凸性等价于边际替代率递减的假定。两个假定都排除了无差异曲线上任意一段是直线的可能性。

④ 此定义与假定效用函数拟凹性是等价的,我们在第2章讨论过这种函数,在接下来的部分还会继续研究它们。有时为了排除无差异曲线呈线性的可能,我们会用到一个术语——*严格拟凹性*。虽然我们通常会做出函数是严格拟凹的假定,但在一些地方我们会阐明无差异曲线中线性部分所带来的复杂因素。

⑤ 在无差异曲线呈线性的情况下,个体的效用将与上述三种组合无差异。

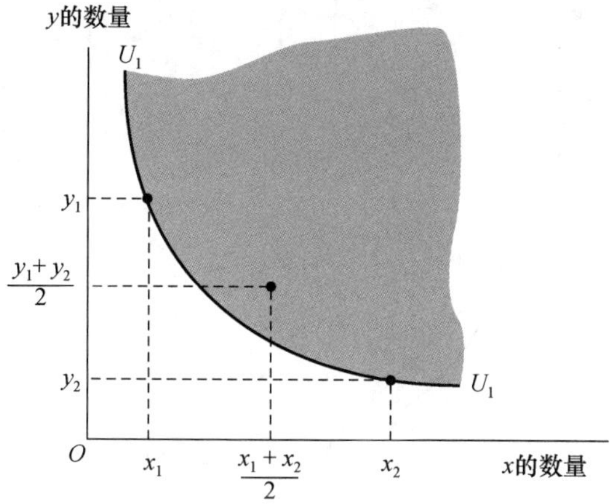

图 3.6 平衡的商品组合优于不平衡的组合

如果无差异曲线是凸的(服从边际替代率递减假定),曲线上任意两点间连线上的点所表示的组合都优于初始组合。由此易得出:平衡组合优于不平衡组合。

例 3.1 效用与边际替代率

假设一个人对汉堡包(y)和软饮料(x)的偏好序可以用下列效用函数来表达

$$效用 = \sqrt{xy} \tag{3.8}$$

此效用函数的无差异曲线就是有相同效用的商品 x 和 y 的组合集。我们假设组合集的效用是10,那么,无差异曲线的等式就是

$$效用 = 10 = \sqrt{xy} \tag{3.9}$$

等号两边同时平方,得

$$100 = xy \tag{3.10}$$

易知函数图形为一矩形双曲线,如图3.7所示。由(3.10)式可得 y 的表达式

$$y = 100/x \tag{3.11}$$

然后,我们运用边际替代率定义式((3.7)式),有

$$\text{MRS} = -\,dy/dx(沿\ U_1) = 100/x^2 \tag{3.12}$$

通过图形我们很清楚地看到,当 x 增大时,MRS 减小。若在无差异曲线的 A 点上个人有许多汉堡包(比如说 $x=5, y=20$),曲线很陡,MRS 很大。

$$\text{MRS}_{(5,20)} = 100/x^2 = 100/25 = 4 \tag{3.13}$$

这里,消费者愿意用4个汉堡包去换取1瓶软饮料;而在 B 点,他只有相当少的汉堡包($x=20, y=5$),曲线平坦,MRS 很小。

$$\text{MRS}_{(20,5)} = 100/x^2 = 100/400 = 0.25 \tag{3.14}$$

现在,他为换取1瓶软饮料仅愿意放弃1/4个汉堡包。需要指出的是,这个例子也能反映无差异曲线 U_1 凸性的情况。点 C 是点 A 与点 B 的中点,在 C 点,这个人有12.5个汉堡包和12.5瓶软饮料。因此,可从下式知道他的效用为

$$效用 = \sqrt{xy} = \sqrt{(12.5)^2} = 12.5 \tag{3.15}$$

在 C 点上的效用显然超过了沿 U_1 的效用(那里的效用是10)。

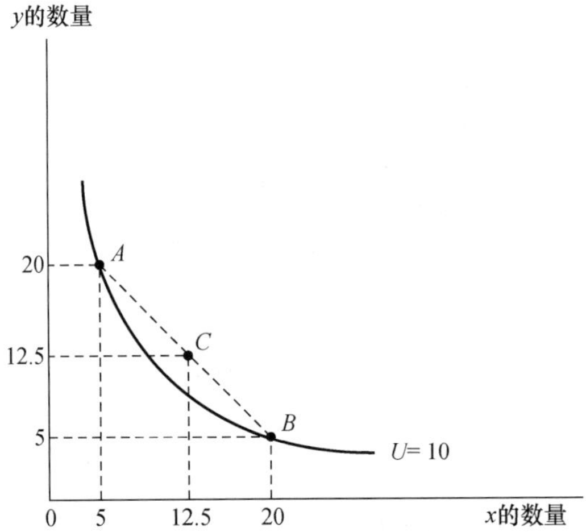

图 3.7　效用 = $\sqrt{xy}$的无差异曲线

这条无差异曲线表示函数 $10 = U = \sqrt{xy}$。在 A 点(5,20)MRS 为 4,这意味着这个人将以 4 单位 y 交换 1 单位 x。在点 B(20,5)MRS 为 0.25,意味着个人用 y 交换 x 的意愿大为减少。

请回答: 从以上的推导中可知,MRS 只取决于消费 x 的数量,这样认为对吗?(3.13)式与(3.14)式隐含的 y 的数量是多少?

3.4 无差异曲线的数学推导

对 MRS 这一概念进行数学推导,有助于我们加深对无差异曲线的形状以及偏好本质的理解,接下来我们对仅涉及两种商品的效用函数进行数学推导。这样我们便可以从数学的角度来分析二维无差异曲线图。在本章的结尾,将讨论涉及更多商品的情况,尽管情况更复杂了,但其分析过程并没有更加复杂。

3.4.1 边际替代率

假设一个人从消费两种商品中获得效用,消费的数量分别为 x 和 y,消费者的效用函数为 $U(x,y)$。k 表示消费者消费商品组合的效用水平,由隐函数 $U(x,y)=k$ 决定。由第 2 章(见(2.23)式)可知,方程 $U(x,y)=k$ 意味着两种商品的替代关系满足:

$$\left.\frac{\mathrm{d}y}{\mathrm{d}x}\right|_{U(x,y)=k} = -\frac{U_x}{U_y} \tag{3.16}$$

也就是说,x 对 y 的交换比例等于 x 的边际效用与 y 的边际效用之比的相反数。假设 x 与 y 的额外消费均会带来正效用,负的交易比率意味着要使效用保持不变,x 的消费量增加将导致 y 的消费量减少。而之前我们把边际替代率定义为这个替代率的相反数(或绝对值),因此有:

$$\text{MRS} = -\left.\frac{\mathrm{d}y}{\mathrm{d}x}\right|_{U(x,y)=k} = \frac{U_x}{U_y} \tag{3.17}$$

这个推导帮助我们进一步理解了为何 MRS 不依赖于效用的具体度量,因为它是两者的度量值之比，效用值在计算时被约掉了。举个例子，假设 x 和 y 分别代表食物和衣服的消费量，一单位额外的食物提供6单位的效用，一单位额外的衣服提供2单位的效用。很明显消费者愿意用3单位衣服（由此损失6单位效用）换取1单位额外食物（由此获得6单位效用）：

$$\text{MRS} = -\frac{\mathrm{d}y}{\mathrm{d}x} = \frac{U_x}{U_y} = \frac{6\text{ 单位效用}/\text{每 }x}{2\text{ 单位效用}/\text{每 }y} = 3\text{ 单位效用}/\text{每 }x \qquad \textbf{(3.18)}$$

请注意效用单位在运算中被消掉了。尽管我们选取的用来度量效用的单位会影响边际效用，但 MRS 与这个单位的选取无关。⑥

3.4.2　无差异曲线的凸性

第1章中，我们描述了经济学家是如何应用边际效用递减假定来解决水和钻石悖论的。水的价格低廉是因为额外一品脱水给人们带来的边际效用很低，因为水的供给量很大（在大多数情况下是这样的），因此它的边际效用很低。当然，在沙漠中，水变得十分稀缺，额外一品脱水带来的边际效用很大，水的价格就会很高。由此，我们可以得出这样的结论：水的边际价值会随着被消费的水量的增加而下降。更规范地说，效用函数的二阶导数（即，$U_{xx} = \partial^2 U/\partial x^2$）应该是负的。

乍一看，商品边际效用递减的假定可用于解释无差异曲线的凸性。人们为获得额外一单位 x 而愿意放弃的 y 的数量随着 x 的增加而减少，这正好和人们不愿意过多地拥有一种商品的现象相符。不幸的是，边际效用递减和 MRS 递减的确切关系非常复杂，即便在两种商品的简单情形下也是如此。正如我们在第2章中的证明，若函数满足拟凹性，则它（从定义上来说）有凸的无差异曲线。然而拟凹性的满足条件是很复杂的，边际效用递减的假定（即二阶偏导数为负）不足以保证函数的拟凹性。⑦ 不过稍后我们将看到，假定效用函数（还有其他许多微观经济学中使用的函数）满足拟凹性是很有必要的，因为这可以避免很多不必要的情形。

例3.2　判断无差异曲线的凸性

通过计算给定效用函数的 MRS，我们可以很便捷地判断无差异曲线的凸性。比起运用拟凹性的定义，尽管不易被推广到涉及两种以上商品的情形，这样的判断仍显得特别简便。现在我们来用（3.17）式判断三个不同的效用函数的凸性（习题3.1提供了更多练习的机会）。

1. $U(x,y) = \sqrt{x \cdot y}$

这个例子只是例3.1的重复。为了简化代数运算，我们对效用函数取对数。因为取对数后偏好序不变，所以待求的 MRS 也不变。故可令

$$U^*(x,y) = \ln[U(x,y)] = 0.5\ln x + 0.5\ln y \qquad \textbf{(3.19)}$$

---

⑥ 更规范的，令 $F[U(x,y)]$ 为 U 的任意一个偏好序不变的映射（即 $F'(U) > 0$），对效用函数进行变换

$$\text{MRS} = \frac{\partial F/\partial x}{\partial F/\partial y} = \frac{F'(U)\cdot U_x}{F'(U)\cdot U_y} = \frac{U_x}{U_y}$$

此即原函数 U 的 MRS。事实上，$F'(U)$ 项的消失表明了 MRS 与度量效用的单位无关。

⑦ 具体的，函数 $U(x,y)$ 为拟凹函数需满足条件（见（2.114）式）

$$U_{xx}U_x^2 - 2U_{xy}U_xU_y + U_{yy}U_y^2 < 0$$

假设 $U_{xx}, U_{yy} < 0$ 并不能保证上式成立，还需要考虑交叉偏导项 U_{xy} 的符号。

应用(3.17)式得

$$\mathrm{MRS}=\frac{\partial U^{*}/\partial x}{\partial U^{*}/\partial y}=\frac{0.5/x}{0.5/y}=\frac{y}{x} \tag{3.20}$$

可以看到,这样比我们先前在例3.1中所用的方法更加简单。⑧ 显然当 x 增加而 y 减少时,MRS减小,所以这条无差异曲线是具有凸性的。

2. $U(x,y)=x+xy+y$

本例中,对效用函数进行变换不会给我们提供便利。应用(3.17)式得

$$\mathrm{MRS}=\frac{\partial U/\partial X}{\partial U/\partial y}=\frac{1+y}{1+x} \tag{3.21}$$

当 x 增加而 y 减少时,MRS减小,所以这条无差异曲线也是具有凸性的。

3. $U(x,y)=\sqrt{x^2+y^2}$

对函数进行一定转换会更加方便,令

$$U^{*}(x,y)=[U(x,y)]^2=x^2+y^2 \tag{3.22}$$

因为这个方程表示的是一个圆,所以我们应该怀疑这个效用函数的无差异曲线会有一些问题。我们应用MRS的定义得出

$$\mathrm{MRS}=\frac{\partial U^{*}/\partial x}{\partial U^{*}/\partial y}=\frac{2x}{2y}=\frac{x}{y} \tag{3.23}$$

很明显,当 x 增加而 y 减少时,MRS **增大**! 因此这条曲线是凹的而不是凸的,显然函数不满足拟凹性。

请回答:如果将 x 和 y 加倍,上述三个例子中的MRS会有变化么?换言之,MRS是否只取决于 x 和 y 的比率,而与购买的绝对规模无关(见例3.3)?

3.5 特定偏好的效用函数

我们不能直接观察到个人对商品组合的偏好序以及与之相对应的效用函数。若想了解人们的偏好,我们就需要观察它们对于收入、价格和其他因素变化的反应。尽管如此,我们还是应该仔细考察几个特定效用函数的表现形式,这样做不仅能够更加深入地了解这些已被观察过的行为,更重要的是理解这些函数的性质对于我们解决问题是很有帮助的。这里考察的是两种商品的四个特定效用函数。这四个函数的无差异曲线图形在图3.8中给出。可以看出,这些图形包括了几种可能的形状,当我们进一步研究到三种或以上商品的情形时,我们可以得到更多的形状,这些将在以后的章节中提及。

---

⑧ 在例3.1中我们看到了 $U=10$ 的无差异曲线,对这条曲线而言,$y=100/x$,所以(3.20)式应写为 $\mathrm{MRS}=100/x^2$。

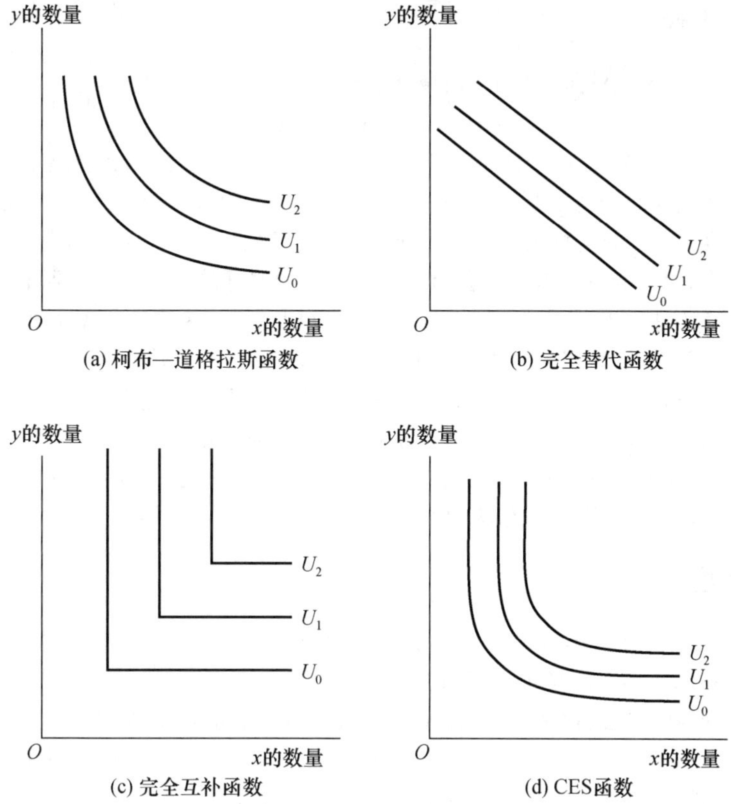

图 3.8　几个效用函数的图形

这四幅无差异曲线图展示了 x 对 y 不同程度的可替代性。完全替代(b)和不可替代(c)为两种极端情况,柯布—道格拉斯函数和不变替代弹性(CES)函数(在这里其可替代性画得较小)则处在这两个极端之间。

3.5.1　柯布—道格拉斯效用函数

图 3.8(a)所示的是一个我们已熟悉的无差异曲线的形状,通常用下面的形式来表示能够产生这种形状的效用函数

$$\text{效用} = U(x,y) = x^{\alpha}y^{\beta} \tag{3.24}$$

其中,α 和 β 为正常数。

在例 3.1 和例 3.2 中,我们研究了当函数中 $\alpha = \beta = 0.5$ 时的特例,(3.24)式所示的一般形式被称为**柯布—道格拉斯效用函数(Cobb-Douglas utility function)**。因为柯布(Cobb)和道格拉斯(Douglas)在研究美国经济中的生产关系时(见第 9 章)使用了这个函数,所以函数便以他们的名字命名。一般说来,α 和 β 的相对大小表示两种商品对个人的相对重要性。因为效用函数在单调映射下是唯一的,所以在很多时候规定 $\alpha + \beta = 1$ 是很方便的,此时的效用函数可写为

$$U(x,y) = x^{\delta}y^{1-\delta} \tag{3.25}$$

其中 $\delta = \alpha/(\alpha + \beta)$,$1 - \delta = \beta/(\alpha + \beta)$。

3.5.2 完全替代

图 3.8(b)的线性无差异曲线是下面的效用函数的图形:

$$效用 = U(x,y) = \alpha x + \beta y \tag{3.26}$$

其中,α 和 β 为正常数。显然,这个函数的无差异曲线是一条直线:函数是线性的,所以对于给定的 $U(x,y)$,它的无差异曲线可以画成一条直线。由于这些无差异函数的线性特征,我们用完全替代这个术语来形容 x 和 y 的这种关系。因为 MRS 在这条无差异曲线上处处相等(等于 α/β 这一常数),所以在完全替代函数中 MRS 不会递减。具有这种偏好的个人为了得到 1 单位 x,愿意放弃相同数量的 y,而不在乎正在消费的 x 有多少。这可以用来描述来自不同品牌但本质上一样的产品之间的关系。举例来说,很多人并不在乎自己在哪里加油,不论埃克森(Exxon)和美孚(Shell)公司的宣传工作做得有多好,一加仑汽油就是一加仑汽油。我完全愿意用 10 加仑埃克森公司的汽油去换 10 加仑美孚公司的汽油,因为对我来说,用哪一种、在哪里加满油都一样。正如我们在下一章将看到的,这种关系意味着我会从价格最低的地方购买汽油。因为我不会经历埃克森对美孚 MRS 递减的过程,所以我用不着在两种汽油之间寻求平衡。

3.5.3 完全互补

图 3.8(c)所示的 L 形无差异曲线所表示的情形与完全替代截然相反。这种偏好适用于"搭配"的商品,比如我们所熟悉的咖啡和奶油、花生酱和果酱、奶酪和熏鲑鱼。图 3.8(c)所示的无差异曲线,表示这些商品消费的比例关系,将按照曲线顶点代表的比例固定。一个偏好 8 盎司咖啡配 1 盎司奶油的人,会选择 16 盎司咖啡配 2 盎司奶油,对他来讲,没有配奶油的咖啡是没有价值的,同样,没有配咖啡的奶油也是没有价值的。只有同时选择两种商品才能增加效用。

L 形无差异曲线的效用函数数学表达如下

$$效用 = U(x,y) = \min(\alpha x, \beta y) \tag{3.27}$$

其中 α 和 β 是两个取正值的参数,min 表示效用由 αx 和 βy 中较小的一个决定。在咖啡—奶油的例子中,用 x 表示咖啡,y 表示奶油,效用函数如下

$$效用 = U(x,y) = \min(x, 8y) \tag{3.28}$$

即 8 盎司咖啡配 1 盎司奶油提供 8 单位的效用,而 16 盎司咖啡配 1 盎司奶油仍然只提供 8 单位的效用,因为 $\min(16,8)=8$。没有配奶油的多余咖啡没有价值,在图上这表示为从顶点沿着无差异曲线的水平部分移动(即 x 增加而 y 不变),效用不变。如果咖啡与奶油都加倍(增加到 16,2),效用才会增加到 16。

更普遍的情况是,如果满足 $\alpha x=\beta y$,则两种商品都不会被过度消费。此时 x 与 y 的消费量具有固定比例

$$y/x = \alpha/\beta \tag{3.29}$$

消费者将在图 3.8(c)中无差异曲线的顶点处进行消费。

3.5.4 CES 效用函数

目前介绍的三种特殊效用函数都是不变替代弹性(constant elasticity of substitution, CES)函数的特例,其一般形式为

$$效用 = U(x,y) = \frac{x^{\delta}}{\delta} + \frac{y^{\delta}}{\delta} \quad (\delta \leq 1, \delta \neq 0) \tag{3.30}$$

$$效用 = U(x,y) = \ln x + \ln y \quad (\delta = 0) \tag{3.31}$$

很明显,(3.30)式中令 $\delta=1$,则得到完全替代效用函数;当 $\delta=0$ 时,我们得到形如(3.31)式的柯布—道格拉斯效用函数。[9] 通过对极限的讨论,也能看出当(3.30)式中 $\delta=-\infty$ 时,我们得到完全互补效用函数。

图 3.8 所示曲线的形状由替代参数 σ 决定,这个函数中的术语"替代弹性"也正源自于此。在 CES 效用函数中,$\sigma=1/(1-\delta)$;在完全替代效用函数中,$\sigma=\infty$;在完全互补效用函数中,$\sigma=0$。[10] 我们可以通过 CES 效用函数分析这些特例和其他介于这些特例之间的情况,因此它在阐释各种经济关系中涉及的替代性程度时很有用。

如果令 $\delta=-1$,我们得到图 3.8(a)中 CES 效用函数的具体形状,即

$$效用 = -x^{-1} - y^{-1} = -\frac{1}{x} - \frac{1}{y} \tag{3.32}$$

这时,$\sigma=\frac{1}{1-\delta}=\frac{1}{2}$,由图可见,这些弯曲的无差异曲线明显处于柯布—道格拉斯效用函数曲线和完全互补效用函数曲线之间。这个效用方程中的负号可能显得比较奇怪,但考虑到 x、y 的边际效用都是正的且递减,负号的出现也就不足为奇了。这说明了为什么(3.30)式中分母必须包含 δ。在(3.32)式的特例中,效用是随着 x 和 y 的增长,从 $-\infty$(此时 $x=y=0$)增长到0。这或许是个奇怪的效用标度,但它完全可以被人们接受。

例 3.3 位似偏好

图 3.8 中描述的全部效用函数都是位似的(见第 2 章),也就是说,这些函数的边际替代率只取决于两种商品的数量之比,而与商品数量的总数无关。这一点在完全替代效用函数(MRS 在每一点都相同)和完全互补效用函数(当 $y/x>\alpha/\beta$ 时,MRS 为无穷大;当 $y/x=\alpha/\beta$ 时,MRS 不确定;当 $y/x<\alpha/\beta$ 时,MRS 为零)上体现得很明显。对于柯布—道格拉斯效用函数,其 MRS 可表示为

$$\mathrm{MRS} = \frac{\partial U/\partial x}{\partial U/\partial y} = \frac{\alpha x^{\alpha-1}y^{\beta}}{\beta x^{\alpha}y^{\beta-1}} = \frac{\alpha}{\beta}\cdot\frac{y}{x} \tag{3.33}$$

显然,MRS 只取决于 y 与 x 之比。请读者自己证明 CES 效用函数也是位似的(见习题 3.12)。

效用函数是位似函数的重要性在于,任何两条无差异曲线都很相似,曲线的斜率只取决于 y 与 x 之比,而与曲线到原点的距离无关,高效用的无差异曲线的形状和低效用的一样。因此,当我们通过观察一条无差异曲线或附近的几条,来研究一个具有位似偏好个人行为时,我们不用担心得到的结果会因效用水平的不同而有显著的改变。

请回答:如何从几何的角度定义一个函数是位似的?具有特定 MRS 的所有点的轨迹在个人无差异曲线图上看起来是怎样的?

---

⑨ CES 函数很容易推广为允许两种商品有不同的权重。人们运用函数是为了考察替代问题,我们通常并不进行这种推广。在 CES 函数的一些应用中,我们也将略去函数的分母,因为它仅构成一个规模因素。但如果 δ 为负,我们则要对分母进行一定限制,以保证效用为正。

⑩ 替代弹性的概念以及它与生产函数的联系在第 9 章中将有详细的讨论。

例 3.4 非位似偏好

尽管图 3.8 中的无差异曲线图表示的全部是位似偏好，但这并不意味着所有的效用函数都是位似的。考虑下面的拟线性效用函数

$$效用 = U(x,y) = x + \ln y \tag{3.34}$$

对于这个函数，商品 y 的边际效用递减，而商品 x 的不变。因此有

$$\text{MRS} = \frac{\partial U/\partial x}{\partial U/\partial y} = \frac{1}{1/y} = y \tag{3.35}$$

MRS 随着选择商品 y 的数量减少而递减，但它对于 x 被消费的数量是独立的。因为 x 具有一个恒定的边际效用，个人为再获得一个单位的 x 而放弃 y 的意愿仅由他已有的 y 的数量决定。与位似偏好的情形相反，这时将 x 和 y 同时加倍，MRS 也增大一倍，而不是不变。

请回答：(3.34)式中，效用函数的无差异曲线的形状是什么样子的？为什么这类图形可以大致描述 y 代表特定商品而 x 代表其他一切商品的情形？

3.6 多种商品的情形

目前我们在商品数为 2 的情形下研究的所有概念，均可推广到任意多个商品的函数的情形，接下来我们将对这些推广进行简短探究。尽管这样的探究不会带来很多新东西，但是正如我们在以后的章节中将要见到的，考虑人们面对多种商品时的偏好问题在应用经济学中是很重要的。

假设效用函数 $U(x_1, x_2, \cdots, x_n)$ 中包含 n 种商品，那么方程

$$U(x_1, x_2, \cdots, x_n) = k \tag{3.36}$$

可定义一个 n 维无差异曲面，该曲面代表了具有相同效用的 n 种商品的组合。尽管很难描绘出这种 n 维无差异曲面，我们仍然可以假设它是凸的，也就是说平衡消费束要比非平衡消费束更受青睐。因此，我们假设多维效用函数也需要满足拟凹性条件。

3.6.1 多种商品的 MRS

运用隐函数定理，我们可以计算出消费者对任意两种商品（比如 x_1 和 x_2）的边际替代率

$$\text{MRS} = -\left.\frac{dx_2}{dx_1}\right|_{U(x_1, x_2, \cdots, x_n) = k} = \frac{U_{x_1}(x_1, x_2, \cdots, x_n)}{U_{x_2}(x_1, x_2, \cdots, x_n)} \tag{3.37}$$

上述表达式体现了在计算 x_1 对 x_2 的边际替代率时的关键点：MRS 不仅取决于 x_1 和 x_2，也取决于其他商品的消费量。例如，在考虑一个人的食物对衣服的边际替代率时，我们不仅要考虑他拥有的食物和消费的数量，也要考虑他拥有多少“房产”。推而广之，我们可以预测任何一种商品的数量改变都会导致(3.37)式中 MRS 的改变，这种“牵一发而动全身”的效应使得我们将简单模型（两种）的结论推广到多商品的复杂模型变得困难。因此，在面临多商品情形时，我们必须警惕对于“其他商品”的数量假定，在后面的章节中会有这种复杂情形出现。虽然多种商品的情形更符合

实际，但是在大多数情况下，两种商品的简单模型足以发现经济学中的重要关系，因此对简单模型的学习和讨论也非常重要。

小结

本章论述了经济学家是如何将物品选择中的个人偏好公式化的。从这些偏好中得出的一些结论将成为以后章节中选择理论分析的中心。

- 如果人们在物品选择中遵循一定的基本行为要求，他们就可以对各种商品的消费组合进行排列，并用一种效用函数表示这种排列。进行选择时，人们的行为遵循效用函数最大化的原则。
- 两种物品的效用函数可表示为无差异曲线图。图中的每条无差异曲线表示给定效用水平下所有的商品组合。
- 无差异曲线斜率的相反数称为边际替代率（MRS）。它表示个人为多得到一单位商品（x）而愿意放弃的另一种商品（y）数量的比率。
- 边际替代率随着 x 被 y 替代而不断下降的假设与个人消费选择平衡的概念是一致的。如果边际替代率不断下降，个人的无差异曲线就是严格凸的，也就是说他的效用函数满足严格拟凹性。
- 个人在两种或更多商品情况下的偏好可能有很多，但通过几个简单的函数我们可以涵盖那些重要的不同点。我们考察了柯布—道格拉斯函数、线性函数（完全替代）、固定比例函数（完全互补）和 CES 函数（前面三种函数都是它的特例）。
- 将两种商品的情形推广到多种商品的数学处理较为简单。我们看到，通过研究人们在多种商品中的选择，对选择理论的理解会进一步加深。但是多种商品情形在数学上并不直观，我们还是主要靠两种商品的情形来建立直观性。

练习题

3.1

画出下列函数的无差异曲线并判断它们是否是凸的（即它们的边际效率是否随 x 递增而递减）。

a. $U(x,y)=3x+y$

b. $U(x,y)=\sqrt{x\cdot y}$

c. $U(x,y)=\sqrt{x}+y$

d. $U(x,y)=\sqrt{x^2-y^2}$

e. $U(x,y)=\frac{xy}{x+y}$

3.2

在本章脚注 7 里我们曾说明，为了使两种商品的效用函数具有严格递减的边际替代率（即曲线呈严格拟凹），必须满足下列条件：

$$U_{xx}U_x^2-2U_{xy}U_xU_y+U_{yy}U_y^2<0$$

利用这一条件检验练习题 3.1 中各效用函数无差异曲线的凸性。写出你在解题过程中发现的边际效用递减和拟凹性之间的关系的种种情况。

3.3

对于下列效用函数:

a. $U(x,y)=xy$

b. $U(x,y)=x^2y^2$

c. $U(x,y)=\ln x+\ln y$

证明它们的边际替代率都是递减的,但显示的边际效用却分别是不变、递增和递减的。你能从中得出什么结论?

3.4

正如我们在图 3.5 中所见,为证明无差异曲线的凸性,一种方法是证明在一条满足 $U=k$ 的无差异曲线上的任意两点 (x_1,y_1) 和 (x_2,y_2),点 $\left(\frac{x_1+x_2}{2},\frac{y_1+y_2}{2}\right)$ 的效用不小于 k。试用这种方法讨论下面三个函数的无差异曲线的凸性,并将你的结果用图形表示出来。

a. $U(x,y)=\min(x,y)$

b. $U(x,y)=\max(x,y)$

c. $U(x,y)=x+y$

3.5

Phillie Phanatic 总是以他独特的方式吃自己带到球场的食物——一英尺长的热狗肠配半块圆面包、1 盎司芥末和 2 盎司酸黄瓜。他的效用是这四种物品的函数,并且其中单一元素的增加是没有价值的。

a. 他的效用函数是哪种类型?

b. 如何通过将他的效用函数视为单一商品的函数来简化问题?这个商品是什么?

c. 假设一英尺长的热狗肠的成本是 1 美元,每个圆面包的成本是 0.50 美元,一盎司芥末的成本是 0.05 美元,一盎司酸黄瓜的成本是 0.15 美元,b 问中的商品的成本是多少?

d. 如果热狗肠的价格上升 50%,b 问中的商品的价格上升的百分比为多少?

e. 如果面包的价格上升 50%,这将会对商品的价格造成什么样的影响?你的答案为什么和 d 问的不同?

f. 如果政府想通过征收 Phillie Phanatic 买的那四种商品的税来获得 1 美元税收,试问政府应该如何分配税额以使他损失的效用最小?

3.6

很多广告词都像是在断言某种人们的偏好,请用不同的效用函数描述下列广告词。

a. 人造黄油和天然的一样棒

b. 一切都因可口可乐变得更好

c. 品客薯片一口停不住

d. 脆脆皮的甜甜圈就是比唐肯的好

e. 米勒酒提醒我们"负责任"地饮酒("不负责任"地饮酒又会是什么样子?)

3.7

a. 考虑某人消费两种商品 x 和 y,当他拥有 6 单位 x 和 5 单位 y 时,他愿意用 3 单位 x 换取 1 单位 y,当他拥有 12 单位 x 和 3 单位 y 时,他愿意用 6 单位 x 换取 2 单位 y。并且消费束(6,5)和(12,3)对他而言没有差异,试问他的效用函数是怎样的?提示:考虑无差异曲线的形状。

b. 考虑某人消费两种商品 x 和 y,在消费束(8,1)处,他愿意用 4 单位 x 换取 1 单位 y,在消费束(4,4)处,他愿意用 1 单位 x 换取 2 单位 y,并且两个消费束于他而言无差异。假设他的效用函数为柯布—道格拉斯函数形式,$U(x,y)=x^\alpha y^\beta$,α 和 β 均为正,试求解 α 和 β。

c. 问题 b 中的信息有多余吗?若要求解出效用函数,至少需要哪些信息?

3.8

考虑下述三种无差异曲线,找出相对应的效用函数(定义 $U(\cdot)=k$)。

a. $z=\dfrac{k^{1/\delta}}{x^{\alpha/\delta}y^{\beta/\delta}}$

b. $y=0.5\sqrt{x^2-4(x^2-k)}-0.5x$

c. $z=\dfrac{\sqrt{y^4-4x(x^2y-k)}}{2x}-\dfrac{y^2}{2x}$

分析问题

3.9 初始禀赋

假设给某人提供效用的商品,其初始数量为 $\bar{x}$ 和 $\bar{y}$。

a. 在此人的无差异曲线图上标出这两个初始数量。

b. 如果此人可以用 x 和别人交换 y,他将会做怎样的交易?不会做怎样的交易?这些交易和此人在点 $(\bar{x},\bar{y})$ 时的 MRS 有何关联?

c. 假设此人在拥有初始数量的商品时已比较快乐,要是交易给他增加的效用小于 k,他根本懒得去做,你怎样在无差异曲线图上标出这一点?

3.10 柯布—道格拉斯效用函数

例 3.3 说明了柯布—道格拉斯效用函数

$$U(x,y) = x^{\alpha}y^{\beta}$$

的边际替代率由下式给定

$$\text{MRS} = \frac{\alpha}{\beta}(y/x)$$

a. 这个结果是否取决于 $\alpha + \beta = 1$?它与选择理论有没有关系?

b. 对于一组商品 $y = x$,其边际替代率是如何取决于 α 和 β 的?为什么 $\alpha > \beta$ 时,MRS >1?请用图示给出你的解释。

c. x_0 与 y_0 为给定的最低生活水平,假设某人的效用仅仅是由超过这一最低水平的 x 与 y 的数量决定的,在这种情况下

$$U(x,y) = (x - x_0)^{\alpha}(y - y_0)^{\beta}$$

这是一个位似函数吗?(更进一步的讨论请参见第4章的扩展部分。)

3.11 独立边际效用

如果效用函数满足:

$$\frac{\partial^2 U}{\partial y\,\partial x} = \frac{\partial^2 U}{\partial x\,\partial y} = 0$$

则称这两种商品具有独立的边际效用,试证明当我们假定每一商品的边际效用为递减时,具有独立边际效用的效用函数都会有递减的边际替代率。举例证明其逆命题是错的。

3.12 CES 效用函数

a. 证明 CES 函数

$$\alpha\frac{x^{\delta}}{\delta} + \beta\frac{y^{\delta}}{\delta}$$

是位似函数。MRS 取决于 y/x 的比率吗?

b. 证明从 a 中得出的结果与 $\delta = 1$(完全替代)和 $\delta = 0$(柯布—道格拉斯函数)相符。

c. 证明对所有 $\delta < 1$ 的值来说,边际替代率都是严格递减的。

d. 证明如果 $x = y$,这个函数的 MRS 仅取决于 α 与 β 的相对大小。

e. 当 $\delta = 0.5$ 和 $\delta = -1$ 时,分别有 $y/x = 9$ 和 $y/x = 1.1$,试计算这一函数的 MRS。当 MRS 在 $x = y$ 附近变动时,它变动的程度如何?你如何从几何图形上给予解释?

3.13 拟线性函数

考虑经济模型中的常用函数 $U(x,y) = x + \ln y$。试证明该函数具有以下这些优良性质:

a. 求出该函数的 MRS,并解读这一结果。

b. 证明函数是拟凹的。

c. 试写出满足这一函数的一条无差异曲线的方程。

d. 比较 x 和 y 的边际效用并试着从效用函数中解读这一结果。当收入增加时,消费者如何在 x 与 y 中进行选择以提升效用?(关于"收入效应"的具体问题将在第 5 章练习题中出现。)

e. 当 x 和 y 的数量增加时,效用如何改变?试举出满足这一效用函数的一些实例。

3.14 偏好关系

偏好的规范研究是用向量来表示的。我们将一组包含 n 种商品的消费束记为 $\mathbf{x} = (x_1, x_2, \cdots, x_n)$,偏好关系用" $>$ "表示,$\mathbf{x}^1 > \mathbf{x}^2$ 表示在消费束 $\mathbf{x}^1$ 和 $\mathbf{x}^2$ 中,消费者更偏好 $\mathbf{x}^1$。若消

费者对两种消费束无差异,则记为 $\boldsymbol{x}^1 \approx \boldsymbol{x}^2$。

对于任意两个消费束,若都有 $\boldsymbol{x}^1 > \boldsymbol{x}^2$,或 $\boldsymbol{x}^2 > \boldsymbol{x}^1$,或 $\boldsymbol{x}^1 \approx \boldsymbol{x}^2$,则偏好关系"$>$"是"完备的";若 $\boldsymbol{x}^1 > \boldsymbol{x}^2$ 和 $\boldsymbol{x}^2 > \boldsymbol{x}^3$ 可推出 $\boldsymbol{x}^1 > \boldsymbol{x}^3$,则偏好是"可传递的";若对于任意消费束 $\boldsymbol{y}$,$\boldsymbol{y} > \boldsymbol{x}$,任何充分地逼近 $\boldsymbol{y}$ 的消费束都比 $\boldsymbol{x}$ 更好,则偏好是"连续的"。

a. 加总式偏好:这个偏好关系假设人们能真实地将苹果和橘子加总起来。具体地说,当且仅当 $\sum_{i=1}^{n} x_i^1 > \sum_{i=1}^{n} x_i^2$ 时,$\boldsymbol{x}^1 > \boldsymbol{x}^2$。当 $\sum_{i=1}^{n} x_i^1 = \sum_{i=1}^{n} x_i^2$ 时,$\boldsymbol{x}^1 \approx \boldsymbol{x}^2$。

b. 字典式偏好:字典式偏好的偏好关系就像字典一样。若 $x_1^1 > x_1^2$,则 $\boldsymbol{x}^1 > \boldsymbol{x}^2$(不管其他 $n-1$ 种商品);若 $x_1^1 = x_1^2$ 并且 $x_2^1 > x_2^2$,那么 $\boldsymbol{x}^1 > \boldsymbol{x}^2$(不管其他 $n-2$ 种商品);以此类推。

c. 餍足偏好:这个偏好关系假设消费束($\boldsymbol{x}^*$)提供了一个"餍足点"。其他消费束的偏好关系根据他们离"餍足点"的远近而定。当且仅当 $|\boldsymbol{x}^1 - \boldsymbol{x}^*| < |\boldsymbol{x}^2 - \boldsymbol{x}^*|$ 时,$\boldsymbol{x}^1 > \boldsymbol{x}^2$,其中 $|\boldsymbol{x}^i - \boldsymbol{x}^*| = \sqrt{(x_1^i - x_1^*)^2 + (x_2^i - x_2^*)^2 + \cdots + (x_n^i - x_n^*)^2}$。

3.15 收益函数

David G. Luenberger 在其 1992 年的论文中介绍了收益函数,他将其定义为一种将某种程度的基数测量纳入效用理论的方法。[11] 作者要求我们制定一个基础的消费束,然后测量该消费束需要重复多少次才能将他的效用水平提高到目标值。假定只有两种商品,目标效用由 $U^*(x,y)$ 给定。再假设基础的消费束为 (x_0, y_0)。则收益函数的价值 $b(U^*)$,就是使得等式 $U(\alpha x_0, \alpha y_0) = U^*$ 成立的 α 的值。

a. 假定效用函数由 $U(x,y) = x^\alpha y^\beta$ 给出。计算 $x_0 = y_0 = 1$ 时的收益函数。

b. 利用 a 中给出的效用函数,计算 $x_0 = 1$,$y_0 = 0$ 的收益函数。解释该结果为何与 a 中的结果不一样。

c. 收益函数也可以在个人拥有两种商品的初始禀赋时定义。如果这些初始禀赋为 $\bar{x}$、$\bar{y}$,则 $b(U^*, \bar{x}, \bar{y})$ 由满足 $U(\bar{x} + \alpha x_0, \bar{y} + \alpha y_0) = U^*$ 的 α 的值给定。在这种情形下,"收益"可正[当 $U(\bar{x},\bar{y}) < U^*$ 时]可负[当 $U(\bar{x},\bar{y}) > U^*$ 时]。画图表示这两种可能性,并解释基础消费束的本质如何影响收益计算。

d. 考虑两种可能的初始禀赋,$\bar{x}_1$,$\bar{y}_1$ 和 $\bar{x}_2$,$\bar{y}_2$。用画图和文字(直观上)两种方法解释为什么 $b\left(U^*, \frac{\bar{x}_1 + \bar{x}_2}{2}, \frac{\bar{y}_1 + \bar{y}_2}{2}\right) < 0.5b(U^*, \bar{x}_1, \bar{y}_1) + 0.5b(U^*, \bar{x}_2, \bar{y}_2)$。注意:这个不等式说明收益函数是初始禀赋的凹函数。

推荐阅读材料

Aleskerov, Fuad, and Bernard Monjardet. *Utility Maximization, Choice, and Preference*. Berlin: Springer-Verlag, 2002.

该书完整地研究了偏好理论,并介绍了各种有限制条件的模型以及基于"情景依赖"的决策模型。

Jehle, G. R, and P. J. Reny. *Advanced Microeconomic Theory*, 2nd ed. Boston: Addison Wesley-Longman, 2001.

该书第 2 章对基本理性定理成立时,效用函数的存在进行了很好的论证。

Kreps, David M. *A Course in Microeconomic Theory*. Princeton, NJ: Princeton University Press, 1990.

该书的第 1 章对偏好理论有较详细的论述,

[11] Luenberger, David G. "Benefit Functions and Duality," *Journal of Mathematical Economics* 21:461—481. 通过改变"收益"的测量方向,此处的模型大大简化了作者在论文中的原始模型。

并对拟凹曲线给出了很好的解释。

Kreps, David M. *Notes on the Theory of Choice*. London: Westview Press, 1988.

该书精彩地论述了偏好理论的基础。其中的绝大多数讨论集中在不确定情形下的效用。

Mas-Colell, Andrea, Michael D. Whinston, and Jerry R. Greem. *Microeconomic Theory*. New York: Oxford University Press, 1995.

该书第2章和第3章给出了偏好关系的详细发展历史,以及它们在效用函数中的意义。

Stigler, G. "The Development of Utility Theory," *Journal of Policital Economy* 59, pts. 1—2 (August/October 1950): 307—327, 373—396.

文章清晰、完整地研究了效用理论的发展史,文中还有一些有趣的观点和扩展。

第4章　效用最大化与选择

在这一章中，我们将考察经济学家用来解释个人行为的基本选择模型。这种模型假定：收入有限的消费者会充分运用他们的购买力来获取最大的效用。也就是说：消费者被假定是在预算约束的条件下寻求效用最大化的。我们以后将会看到，虽然这种模式的应用范围很广泛，但是，它们都是建立在同样的基本数学模型之上的，而且它们都得到了一个共同的基本结论：为了使效用最大化，消费者所选择购买的商品组合的任意两种商品的交换比率（边际替代率 MRS）要等于这两种商品的市场价格之比。市场价格为个人提供了有关机会成本的信息，而这种信息对消费者实际选择商品有着很重要的意义。

效用最大化与快速计算

非经济学家对我们所采用的研究方法有两点不满，因此在正式研究消费选择理论之前，我们有必要先对这两点不满做出解释。第一点不满是：没有人真的会去做那种效用最大化所要求的“快速计算”。根据这个说法，当消费者在超级市场中购买东西时，他只是漫无目的地购买一些市场上现有的商品，并不遵照什么模式来决定购买的品种与数量。经济学家们显然不赞同这个说法。他们对于人们在购买商品时是不加考虑地随意购买这一说法表示怀疑（毕竟每个消费者都受到预算约束的限制），那么，对“快速计算”的抱怨也就没有道理了。再回顾一下第1章弗里德曼的台球手的例子，参加击球的人不会根据物理学定律事先做出快速计算然后打出一球，但这些定律确实能预测击球手的行为。因此，尽管没有人会时刻将装有效用函数程序的计算机带在身边，但是，我们应该能够看到，效用最大化的模型确实预示着人们的消费行为。确切地说，经济学家假设消费者购买商品时**似乎**已经做出了这种计算，所以，那种认为消费者不可能做出“快速计算”的看法是不正确的。不仅如此，当代的经济学家们正在努力寻找与人们做决策时的复杂行为模式相匹配的模型，本书也将涉及一些这样的复杂模型。

利他主义与自私自利

对于我们的消费选择模式，第二点不满是认为这种模式过于自私，他们认为，没有人会如此自私，只以自己为中心。虽然对于个人利益是前进的驱动力这种观点，经济学家比那些空想的思想家更乐于接受(亚当·斯密曾说过"我们并不怀疑每个人都有自私的一面"①),但这种抱怨仍是错误的。效用最大化模型并没有阻止人们从做慈善事业与做好事中获得满足,而这些行为也可以说是产生了效用。实际上,经济学家们已经将效用最大化模型广泛应用到诸如将时间与金钱投入到慈善事业中去,给后代分遗产,乃至献血等方面的分析中。经济学家们提出了这样的疑问:如果从广义上讲,某些行为有损于他们自己的最佳利益,那他们是否还会采取这种行动?因此,我们没必要考虑这些行为是自私的还是无私的。

4.1 初览

我们考察效用最大化的一般结论可以简单说明如下。

最优化原则

效用最大化 消费者为了在一定的收入限制之下得到最大效用,首先必须将这些货币收入全部用来购买商品;其次,这些商品在心理上的替代比率(MRS)与这些商品在市场上的交换比率必须相等。

为了获得最大效用,人们显然要花费掉所有的收入,因为额外的商品可以获得额外的效用(这里不考虑因过分满足而产生厌恶的情况),而且因为这些货币别无他用,所以只要货币还有任何剩余,消费者就得不到最大的效用。把钱扔掉绝不是一个追求效用最大化的行为。

关于替代比率相等的条件我们要多做点解释。由于市场上两种商品的交换比率是由这两种商品的价格比率所决定的,也就是说消费者必须使购买的商品的边际替代率(x 对 y 的)与两种商品的价格之比(p_x/p_y)相等。个人替代率与市场替代率相等,是所有消费者效用最大化问题(以及许多其他最大化问题)的一般性结论,在本书后面的章节中也会反复出现。

数值说明

为了能看到这个结论的直接推理过程,假定上述结论不成立,即个人的边际替代率与商品价格之比不相等,特别地,假定个人的边际替代率为1,也就是说他愿意用1单位的 x 来交换1单位的 y 以保持相同的效用,同时又假定 x 的价格是每单位2美元,y 的价格是每单位1美元。很容易看出,在这样的条件下,消费者可以做得更好,他放弃1单位的 x 可以购买2单位的 y,但是只需要一单位的 y 就可以保持与放弃1单位 x 前相同的效用,而另一单位的 y 就完全是净增加的效用了。因此,在前一种情况下,消费者的货币收入并没有得到最佳的分配。只要 x 和 y 的边际替代率MRS与价格比 p_x/p_y 不相等,就可以用类似的方法来说明收入分配的不合理性。因而,效用最大化的条件必然是这两个值相等。

① Adam Smith, *The Theory of Moral Sentiments* (1759; reprint, New Rochelle, NY: Arlington House, 1969), p.446.

4.2 两种商品的情况:图形分析

上述讨论看似颇有道理,但很难称得上是科学证明。我们必须采用一种严格的方式来证明结论,同时还要说明效用最大化过程的几个重要特征。首先我们利用图解法来分析,之后我们再使用一种更为严格的数学方法。

4.2.1 预算约束

假定某人有 I 美元可用来购买商品 x 与商品 y,设 x 的价格为 p_x,y 的价格为 p_y,则消费者的预算约束为

$$p_x x + p_y y \leqslant I \tag{4.1}$$

也就是说,在上述两种商品上的总消费不能超过 I 美元。这个预算约束条件如图 4.1 所示,消费者只能购买阴影三角形范围内的商品组合,如果 I 美元全部都用来购买 x,那么他能购买到 I/p_x 单位的 x;同理,如果 I 美元都用来购买 y,那么他能购买到 I/p_y 单位的 y。可以明显地看出,预算线的斜率是 $-p_x/p_y$。这个斜率表示市场上商品 y 与商品 x 的交换比率。例如 $p_x=2$,$p_y=1$ 表示 2 单位的 y 可以换得 1 单位的 x。

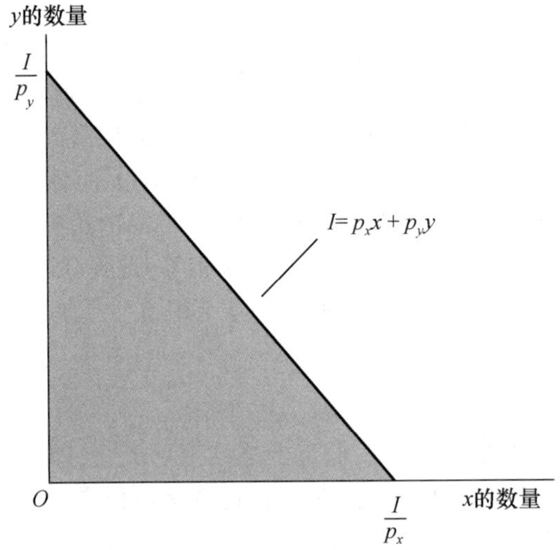

图 4.1 两种商品条件下消费者的预算约束

消费者能购买的商品 x 与商品 y 的各种组合可以用图中的阴影三角形表示。如果像我们通常所假定的,消费者想得到尽可能多的两种商品,那么这个阴影三角形的边界线就是将所有货币都用来买 x 与 y 的限制线,而这条倾斜的边界线的斜率为 $-p_x/p_y$。

4.2.2 最大化的一阶条件

我们可以将预算约束置于无差异曲线图中来说明效用最大化过程。图 4.2 说明了这个步骤。消费者选择 A 点的商品组合是不明智的,因为如果他花费掉剩余的货币,就会达到更高的效用水

平。消费者永远不满足的假设意味着他将花光手中的所有货币来获得最大效用。同样,通过重新分配在两种商品上的货币支出,消费者可以达到比 B 点更高的效用水平,而 D 点是不可能实现的,因为没有那么多的货币去购买 D 点的商品组合。显然,在 C 点可以取得最大的效用。此时购买的商品组合为 x^*, y^*。这是用 I 美元所能购买到的无差异曲线 U_2 上的唯一的商品组合,消费者不可能达到比这更高的效用水平了。C 点是预算约束线与无差异曲线的切点,所以在 C 点

$$\text{预算约束线的斜率} = -\frac{p_x}{p_y} = \text{无差异曲线的斜率} = \left.\frac{\mathrm{d}y}{\mathrm{d}x}\right|_{U=\text{常量}} \tag{4.2}$$

或者

$$\frac{p_x}{p_y} = \left.\frac{-\mathrm{d}y}{\mathrm{d}x}\right|_{U=\text{常量}} = \mathrm{MRS}(x \text{ 对 } y). \tag{4.3}$$

我们直观的结论现在得到了证实:为了获得最大效用,应当花费掉所有的收入,并且 MRS 要等于商品的价格之比。从图 4.2 中可明显地看出,如果这个条件没有得到满足,消费者就可以通过重新分配支出来达到更高的效用水平。

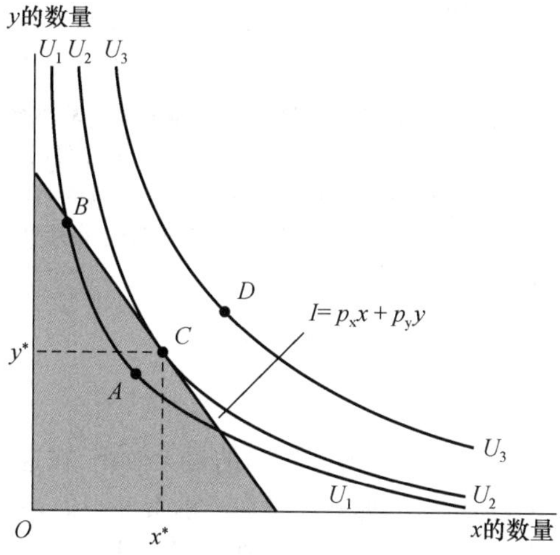

图 4.2　效用最大化的几何解释

C 点代表在给定约束条件下,消费者所能达到的最大效用水平。因此,商品组合(x^*, y^*)是消费者合理分配购买力所能得到的最佳组合,只有在这个商品组合下才可以满足以下两个条件:所有的货币收入都用来购买商品;消费者的边际替代率(MRS)与两种商品在市场上的价格之比(p_x/p_y)相等。

4.2.3　最大化的二阶条件

上述相切原则只是获得最大效用的必要条件,为了说明它并不是充分条件,我们来研究一下图 4.3 中的无差异曲线。显然,这里的切点 C 所代表的效用低于不是切点的 B 所代表的效用。实际上,真正的最大效用应该在另一切点 A 处。有时满足了切点这一要求,却并未达到最大效用,其原因在于图 4.3 中无差异曲线的形状。如果无差异曲线的形状与图 4.2 中的无差异曲线一样,这个问题就不会出现。但我们在前面已经说明了“正常的”无差异曲线的形状是在边际替代率不断递减这一假设下才产生的。因此,如果假设边际替代率递减,那么相切的条件就既是效用最大化

的必要条件,又是它的充分条件。② 如果没有这一假设,那么我们在运用相切原则时就必须小心一些了。

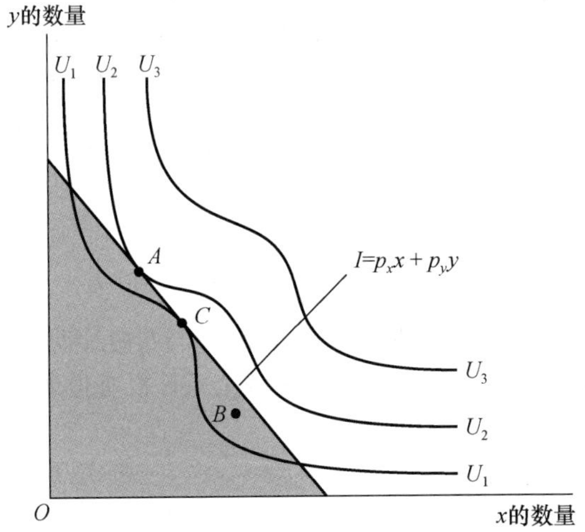

图 4.3　相切条件并不能保证最大效用的无差异曲线举例

如果无差异曲线不满足边际替代率递减的假设,那么并非所有的切点(指 MRS $=p_x/p_y$ 的点)都是能达到效用最大化的点。在本例中,切点 C 的商品组合的效用低于其他许多能用现有货币购买的商品组合点的效用。为了保证效用最大化的必要条件(也即相切条件)同时也是充分条件,我们通常要假定边际替代率是递减的,也就是说,效用函数是严格拟凹的。

4.2.4　角点解

图 4.2 中的效用最大化问题导致了一个“内部”的最大效用,在这个问题中两种商品都被消费了一定的数量。在某些情况下,消费者的偏好使其在不消费其中的某一种商品时才能达到最大效用。如果一个消费者不喜欢汉堡包,那么他就不会在汉堡包上支出一分钱,这种可能性体现在图 4.4 中,此时效用最大化的点在 E 点上,$x=x^*$ 而 $y=0$。这表明预算线上的任何一个消费了某种数量 y 的点所得到的效用都会比 E 点的效用小。但是,应当注意:在 E 点,预算线与无差异曲线 U_2 并不是正好相切。相反,在这个最适宜的点上预算线比无差异曲线 U_2 更平缓,这表明:在这一点上,市场上商品 x 与 y 的交换比率要比消费者心理上的交换比率(MRS)低。在现行的市场价格条件下,消费者更愿意不断地用 y 来换取更多的 x。在这个实际问题中,消费商品 y 的量不可能为负,实际上也就是横轴限制了消费者的这个不断交换的过程。沿横轴,y 的购买量为 0。因此上述分析表明,有必要对获得最大效用的一阶条件做点修改,以适合图 4.4 所示的角点解的情况。在我们对存在 n 种商品的一般情况进行分析之后,我们将使用第 2 章中的数学方法解决这一问题。

② 正如第 2 章和第 3 章中所见,这等价于假定效用函数是拟凹的,此时受约束效用的最大化的必要条件同时又是充分条件。

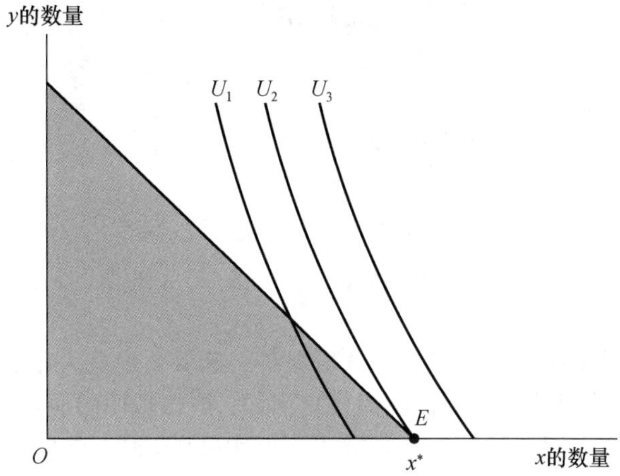

图4.4　效用最大化问题的角点解

在一组表示偏好的无差异曲线中,效用最大的点在 E 点,此时 y 的消费量为0。因而只有将效用最大化的一阶条件略加修改后才能满足这种情况。

4.3　n 种商品的情形

在两种商品条件下通过图解法得到的结论,可以直接推广运用到 n 种商品的情形中。我们能够再次证明,为了获得内部效用的最大化,任何两种商品的边际替代率都必须等于它们的价格之比。然而,为了研究这种更一般的情况,我们最好采用一些数学方法。

4.3.1　一阶条件

当有 n 种商品可供选择的时候,消费者的目标是从 n 种商品中获得最大的效用:

$$效用 = U(x_1, x_2, \cdots, x_n) \tag{4.4}$$

消费者所受到的预算约束为③:

$$I = p_1x_1 + p_2x_2 + \cdots + p_nx_n \tag{4.5}$$

或者

$$I - p_1x_1 - p_2x_2 - \cdots - p_nx_n = 0 \tag{4.6}$$

根据第2章的有关知识,在计算有一定约束条件的函数的最大值时,我们可以建立拉格朗日表达式:

$$\mathscr{L} = U(x_1, x_2, \cdots, x_n) + \lambda(I - p_1x_1 - p_2x_2 - \cdots - p_nx_n) \tag{4.7}$$

分别求 $\mathscr{L}$ 对 $x_1, x_2, \cdots, x_n$ 与 λ 的偏导并令它们为0,就得到了 $n+1$ 个等式,它们就是为达到内部最大效用的必要条件:

$$\frac{\partial \mathscr{L}}{\partial x_1} = \frac{\partial U}{\partial x_1} - \lambda p_1 = 0$$

---

③　这里再一次将预算约束写成等式是由于给定了消费者非满足性的假设,因而消费者必须花掉全部的货币。

$$
\begin{aligned}
\frac{\partial \mathscr{L}}{\partial x_2} &= \frac{\partial U}{\partial x_2} - \lambda p_2 = 0 \\
&\vdots \\
\frac{\partial \mathscr{L}}{\partial x_n} &= \frac{\partial U}{\partial x_n} - \lambda p_n = 0 \\
\frac{\partial \mathscr{L}}{\partial \lambda} &= I - p_1 x_1 - p_2 x_2 - \cdots - p_n x_n = 0
\end{aligned}
\tag{4.8}
$$

根据 $n+1$ 个等式,就能求出达到最佳组合的 $x_1, x_2, \cdots, x_n$ 与 λ 的值(参见例 4. 1 和例 4. 2 可知是可以求出这一组解的)。

(4. 8)式是效用最大化的必要条件而非充分条件。确保效用最大化的二阶条件相对来说比较复杂,需要用到矩阵(参见第 2 章的扩展部分)。然而,严格拟凹的假设(在两种商品的条件下边际替代率递减)就能保证只要满足 4. 8 式,消费者就能得到实际上的最大效用。

4.3.2 一阶条件的含义

4. 8 式所表示的一阶条件还可以通过许多种其他方式来表示。举例来说,对于由 x_i 与 x_j 组成的任何两种商品,我们都能够得到:

$$\frac{\partial U/\partial x_i}{\partial U/\partial x_j} = \frac{p_i}{p_j} \tag{4.9}$$

但是,前面已经证明,两种商品的边际效用之比事实上与它们的边际替代率相等,所以,收入分配的最优条件为:

$$\text{MRS}(x_i \text{ 对 } x_j) = \frac{p_i}{p_j} \tag{4.10}$$

这正好是本章前面用图解法得到的结论。为了获得最大的效用,消费者必须使自己心理上的交易比例与市场上的交易比例相等。

4.3.3 拉格朗日乘数的解释

求解(4. 8)式中的 λ,我们可以得到另一个结论:

$$\lambda = \frac{\partial U/\partial x_1}{p_1} = \frac{\partial U/\partial x_2}{p_2} = \cdots = \frac{\partial U/\partial X_n}{p_n} \tag{4.11}$$

(4. 11)式说明在最大效用点上,支出在每一单位商品上的货币所能得到的边际效用是相等的。因此,每种商品的边际效用与边际成本之比相等。如果不是这样的话,其中就会有一种商品所提供的边际效用大于其他商品所提供的边际效用,那么资金就没有被合理地分配。

我们要再次提醒读者,不要太盲目地相信边际效用。(4. 11)式只是说明:不管购买哪一种商品,每额外花费一美元应该能得到相同的"额外效用",这一额外效用的大小由消费者所受的预算约束条件下的拉格朗日乘数给出(也就是由 λ 给出)。因此,λ 可以被认为是多消费一美元所能得到的边际效用("收入"的边际效用)。

效用最大化的必要条件最终可以写成:对于购买的每一种商品 i,有:

$$p_i = \frac{\partial U/\partial x_i}{\lambda} \tag{4.12}$$

为了解释这个等式,考虑在一定范围内消费者收入的边际效用(λ)为常数的情况。此时消费者购买的每一种商品的价格(p_i)与他从该商品中得到的额外效用成正比。只有在商品提供的边际效用值与消费者必须支付的价格相匹配时,交易才会发生。比如,商品的高价格就只有在它能提供足够多边际效用的情况下才合理。因此,在边际上,一种商品的价格反映出一个人对于再购买一单位这种商品的支付意愿。这是应用福利经济学的一个相当重要的结论,因为支付意愿可以由市场对价格的反应得出。在第5章我们将会看到这个结论是如何用于评价价格变化所带来的福利效应的。在后面的章节中,我们还会应用这个结论来讨论与资源配置效率有关的各种问题。

4.3.4 角点解

(4.8)式所示的一阶条件只有内部最大值,也就是每种商品都要有一定的消费量时才成立。正如第2章所讨论的,如果出现角点解(如图4.4所示),那么这些条件要做一些微小的变动。④此时,(4.8)式变为

$$\frac{\partial \mathscr{L}}{\partial x_i} = \frac{\partial U}{\partial x_i} - \lambda p_i \leqslant 0 \quad (i = 1, \cdots, n) \tag{4.13}$$

如果

$$\frac{\partial \mathscr{L}}{\partial x_i} = \frac{\partial U}{\partial x_i} - \lambda p_i < 0 \tag{4.14}$$

则有

$$x_i = 0 \tag{4.15}$$

为解释这些条件,我们将4.14式重新写成:

$$p_i > \frac{\partial U / \partial x_i}{\lambda} \tag{4.16}$$

因此,当商品价格(p_i)超过它为消费者带来的边际价值时,消费者对它的购买量都将为零($x_i=0$)。除这种情况以外,效用最大化条件与以前所述是一样的。可见数学结论也符合消费者的基本生活常识,即消费者不会购买他们认为不值的商品。虽然这种角点解不会在本书的分析中占主导地位,但我们要记住这种角点解出现的可能性,并且要会解释角点解出现时合理分配收入条件的经济含义。

例4.1 柯布—道格拉斯需求函数

正如我们在第3章所讨论的,柯布—道格拉斯效用函数的表达式为

$$U(x,y) = x^{\alpha} y^{\beta} \tag{4.17}$$

这里为了方便起见⑤,设 $\alpha+\beta=1$。现在对于任意价格(p_x, p_y)与收入(I),我们都能求出效用最大化时的 x 与 y。建立拉格朗日表达式,有

$$\mathscr{L} = x^{\alpha} y^{\beta} + \lambda(I - p_x x - p_y y) \tag{4.18}$$

得到一阶条件

$$\frac{\partial \mathscr{L}}{\partial x} = \alpha x^{\alpha-1} y^{\beta} - \lambda p_x = 0$$

---

④ 这些情形的正规叫法是非线性程序的"库恩—塔克"(Kuhn-Tucker)条件。

⑤ 注意到柯布—道格拉斯效用函数的指数总可以标准化为和为1的形式,因为 $U^{1/(\alpha+\beta)}$ 为一个单调转换。

$$\frac{\partial \mathscr{L}}{\partial y} = \beta x^{\alpha} y^{\beta-1} - \lambda p_y = 0$$
$$\frac{\partial \mathscr{L}}{\partial \lambda} = I - p_x x - p_y y = 0 \tag{4.19}$$

前两个方程移项后求比值，得到

$$\frac{\alpha y}{\beta x} = \frac{P_x}{P_y} \tag{4.20}$$

即

$$P_y y = \frac{\beta}{\alpha} p_x x = \frac{1-\alpha}{\alpha} p_x x \tag{4.21}$$

其中最后一个式子成立是因为 $\alpha+\beta=1$，将(4.21)式的一阶条件代入预算约束，有

$$I = p_x x + p_y y = p_x x + \frac{1-\alpha}{\alpha} p_x x = p_x x\left(1 + \frac{1-\alpha}{\alpha}\right) = \frac{1}{\alpha} p_x x \tag{4.22}$$

解出 x 的值，得到

$$x^* = \frac{\alpha I}{p_x} \tag{4.23}$$

用类似的方法可以求出 y 的值，得到

$$y^* = \frac{\beta I}{p_y} \tag{4.24}$$

这些结论说明，如果一个消费者的效用函数满足(4.17)式，他将会选择用 α 比例的收入购买商品 x（即 $p_x x/I=\alpha$），用 β 比例的收入购买商品 y（$p_y y/I=\beta$）。尽管柯布—道格拉斯函数的这一特性常常使解决简单问题变得非常容易，但这也暗示了在解释实际消费行为时，该函数的能力是十分有限的。随着经济条件的改变，消费者在特定商品上花费的收入份额经常发生很大变化，因此就需要找到一个更一般的函数形式，使得它可以揭示柯布—道格拉斯函数所不能揭示的内涵。例4.2中列举了一些可能性，关于预算份额的一般问题将在本章的扩展部分中更详细地阐释。

数值举例：首先，让我们看一下柯布—道格拉斯函数的一个具体的数值例子。假设 x 的价格为1美元，y 的价格为4美元，总收入为8美元，即 $p_x=1, p_y=4, I=8$。同时假设 $\alpha=\beta=0.5$，即消费者将他的收入平均分配给这两种商品。于是由(4.23)式和(4.24)式得

$$x^* = \alpha I/p_x = 0.5I/p_x = 0.5(8)/1 = 4$$
$$y^* = \beta I/p_y = 0.5I/p_y = 0.5(8)/4 = 1 \tag{4.25}$$

在效用最大化的选择下，

$$\text{效用} = x^{0.5}y^{0.5} = (4)^{0.5}(1)^{0.5} = 2 \tag{4.26}$$

同时注意到，我们可以使用(4.19)式计算与这个收入分配相关的拉格朗日乘数。

$$\lambda = \alpha x^{\alpha-1} y^{\beta}/p_x = 0.5(4)^{-0.5}(1)^{0.5}/1 = 0.25 \tag{4.27}$$

这个值表示当收入发生微小变化时，效用的增加量是收入增加量的1/4。例如，假设这个人的收入增加了1%（变为8.08美元），在这种情况下他会选择 $x=4.04, y=1.01$，效用变为 $4.04^{0.5}\cdot 1.01^{0.5}=2.02$。因此，正如 $\lambda=0.25$ 所示，收入增加0.08美元使效用增加了0.02。

请回答：根据(4.23)式，p_y 的变化是否会影响 x 的需求量？请用数学方法解释。再对效用函数的参数 β 决定了在商品 y 上花费的收入份额这个观点，给出一个直观的解释。

例4.2 不变替代弹性(CES)需求

为了说明花费在各商品上的比例随经济条件改变的情况,我们来看一下关于不变替代弹性函数的三个具体的例子。

情况1:$\delta=0.5$。在这种情况下,效用为

$$U(x,y)=x^{0.5}+y^{0.5} \tag{4.28}$$

建立拉格朗日表达式,有

$$\mathscr{L}=x^{0.5}+y^{0.5}+\lambda(I-p_x x-p_y y) \tag{4.29}$$

得到效用最大化的一阶条件

$$\begin{aligned}\partial\mathscr{L}/\partial x&=0.5x^{-0.5}-\lambda p_x=0\\ \partial\mathscr{L}/\partial y&=0.5y^{-0.5}-\lambda p_y=0\\ \partial\mathscr{L}/\partial\lambda&=I-p_x x-p_y y=0\end{aligned} \tag{4.30}$$

前两个方程移项后求比值,得到

$$(y/x)^{0.5}=p_x/p_y \tag{4.31}$$

将其带入预算约束并整理,得到与效用函数相关的需求函数为

$$x^*=I/p_x[1+(p_x/p_y)] \tag{4.32}$$

$$y^*=I/p_y[1+(p_y/p_x)] \tag{4.33}$$

对价格的反应:注意在这些需求函数中商品x花费的收入份额($p_x x/I=1/[1+(p_x/p_y)]$)不是常数,而是取决于价格的比率(p_x/p_y)。x的相对价格越高,它所花费的收入份额就越小。换言之,x的需求对其价格的反应非常敏感,价格的上升减少了x的总花费。这也可以通过比较(4.32)式与(4.33)式所给出的需求函数表达式中p_x的次数((4.32)式为-2,而(4.33)式为-1)来看出。在第5章当我们详细研究弹性概念的时候,我们还会更加深入地讨论这一结论。

情况2:$\delta=-1$。我们来看一个比柯布—道格拉斯函数更缺乏替代性⑥的需求函数。当$\delta=-1$时,效用函数为

$$U(x,y)=-x^{-1}-y^{-1} \tag{4.34}$$

易得效用最大化的一阶条件为

$$y/x=(p_x/p_y)^{0.5} \tag{4.35}$$

同样,将此条件带入预算约束并整理,得到需求函数为

$$\begin{aligned}x^*&=I/p_x[1+(p_y/p_x)^{0.5}]\\ y^*&=I/p_y[1+(p_x/p_y)^{0.5}]\end{aligned} \tag{4.36}$$

我们也可以从两个角度看出这些需求函数对价格的反应不那么敏感。一方面,现在商品x花费的收入份额($p_x x/I=1/[1+(p_y/p_x)^{0.5}]$)正比于$p_x$的增长。当$x$的价格上升时,消费者只是稍微减少一些$x$的购买量,在它上面的总花费反而增加。这就要求(4.36)式中的需求函数相较于柯布—道格拉斯函数对价格的反应不那么明显,另一方面,这也可以由每种商品价格的次数较小(-0.5)看出。

情况3:$\delta=-\infty$。这种情况很重要,此时x与y必须按照固定的比例消费。例如,假设每单位y要与4单位x共同消费,则表示这种情况的效用函数为

$$U(x,y)=\min(x,4y) \tag{4.37}$$

---

⑥ 对于CES函数$\sigma=1/(1-\delta)$,替代弹性是度量替代性的一种方法。这里$\delta=0.5$意味着$\sigma=2$,$\delta=0$(柯布—道格拉斯的情况)意味着$\sigma=1$,$\delta=-1$意味着$\sigma=0.5$。参见第9章和生产理论有关的对CES函数的讨论。

在这种情况下,消费者为了使效用最大化,只会选择使 $x=4y$ 的商品组合。也就是说,效用最大化使得消费者只会选择L形无差异曲线的顶点。这类无差异曲线无法通过计算找出其最大效用的点。将此条件带入预算约束,得:

$$I = p_x x + p_y y = p_x x + p_y \frac{x}{4} = (p_x + 0.25p_y)x \tag{4.38}$$

于是有:

$$x^* = \frac{I}{p_x + 0.25p_y} \tag{4.39}$$

同理可得:

$$y^* = \frac{I}{4p_x + p_y} \tag{4.40}$$

在这种情况下,由于 x 与 y 必须按照固定的比例消费,消费者在商品 x 上花费的预算份额随 x 的价格的上升而显著增加。例如,如果我们使用例4.1中的数值($p_x=1, p_y=4, I=8$),则由(4.39)式和(4.40)式可以得出 $x^*=4, y^*=1$,且与前例相同,消费者在两种商品上各花费一半的收入。然而如果令 $p_x=2, p_y=4, I=8$,则可得 $x^*=8/3, y^*=2/3$,该消费者在商品 x 上花费了收入的 $2/3\left(=\frac{p_x x}{I}=\frac{2\cdot 8/3}{8}\right)$。代入其他数据可以看出,随着 x 的价格逐渐增加,在商品 x 上花费的收入份额逐渐接近1。[7]

请回答:在这里讨论的不变替代弹性函数中,收入的变化是否影响消费份额?消费份额与该函数的同位特性有着怎样的关系?

4.4 间接效用函数

例4.1和例4.2说明了这样一个原理:对于一个约束条件下的效用最大化问题,通常可以通过一阶条件来求得 $x_1, x_2, \cdots, x_n$ 的最优解。一般情况下,这组解的值取决于所有商品的价格与消费者的收入水平,也就是说,

$$\begin{aligned} x_1^* &= x_1(p_1, p_2, \cdots, p_n, I) \\ x_2^* &= x_2(p_1, p_2, \cdots, p_n, I) \\ &\vdots \\ x_n^* &= x_n(p_1, p_2, \cdots, p_n, I) \end{aligned} \tag{4.41}$$

对于这组反映了每个 x 的值与 p 和 I 依赖关系的需求函数,我们在下一章还要详细讨论,这里要指出的是,从(4.41)式中得到的一组 x 的最优值可以代入最初的效用函数中,得到:

$$\text{最大效用} = U[x_1^*(p_1, \cdots, p_n, I), x_2^*(p_1, \cdots, p_n, I), \cdots, x_n^*(p_1, \cdots, p_n, I)] \tag{4.42}$$

$$= V(p_1, p_2, \cdots, p_n, I) \tag{4.43}$$

换句话说,在预算约束条件下,消费者希望得到最大效用,但是他所能得到的最大效用水平将会间

⑦ CES函数的这些关系将在问题4.9和扩展E4.3中更详细地讨论。

接地取决于所购买商品的价格以及消费者的收入。这种依赖关系通过间接效用函数 V 表示出来。无论是价格还是收入发生变动,消费者所能得到的效用水平都会受到影响。有时,在消费理论或其他许多相关理论中,都可以运用这种间接方法,来研究经济状况的变化所带来的各种后果,比如效用,以及(以后将要论述的)厂商的成本。

4.5　一次总付原则

许多经济学观点都承认,效用水平最终取决于消费者的收入和所购买商品的价格。在这些观点当中,最重要的是所谓的**一次总付原则(lump sum principle)**。这个原则是说,对消费者的一般购买力征税,要比对特定的物品征税更好。一个与之相关的观点是说,对低收入人群的收入补贴,要比花同样数目的钱去补贴某些特定商品更能增加效用。这个结论是效用最大化假设的一个直观的推论——当收入税或收入补贴存在时,消费者可以自由决定如何分配他的最终收入。而另一方面,对特定的商品征税或进行补贴不但降低了消费者的购买力,而且由于引入了人为价格,也扭曲了他们的选择。因此,如果将效率作为评价社会政策的重要标准,则收入税和收入补贴是很好的选择。

图4.5说明了一次总付原则在税收中的应用。初始时,消费者的收入为 I,选择购买的商品组合为 x^*, y^*。当对商品 x 征税时,它的价格上升,于是效用最大化的商品组合变为 x_1, y_1,税收收入为 $t \cdot x_1$(其中 t 为对商品 x 征税的税率)。另一方面,若征收收入税,使预算约束线向内移动至 I',同样也可以征得相同数目的税收收入。[⑧] 但是征收收入税的效用(U_2)要大于只对物品 x 征税的

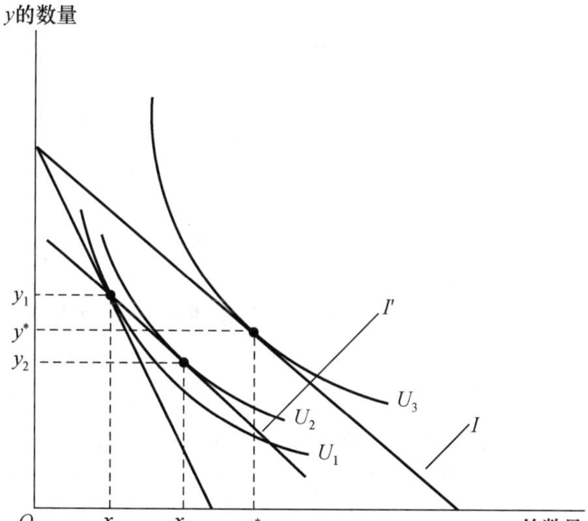

图4.5　税收中的一次总付原则

对商品 x 征税使得效用最大化的选择从(x^*, y^*)点移至(x_1, y_1)点。获得同样多税收收入的收入税将预算约束线移至 I'。征收收入税的效用(U_2)大于只对物品 x 征税的效用(U_1)。

---

⑧　由于 $I=(p_x+t)x_1+p_y y_1$,于是我们有 $I'=I-tx_1=p_x x_1+p_y y_1$,这说明具有相同规模的收入税的预算约束线也经过点 x_1, y_1。

效用(U_1)。这样,我们就说明了收入税的效用负担更小。同理可以得出,收入补贴要比对特定商品的补贴更好。

例 4.3 间接效用和一次总付原则

在这个例子中,我们使用间接效用函数的观点来解释一次总付原则在税收中的应用。首先我们得到前面两个例子中的间接效用函数。

情况 1:柯布—道格拉斯。在例 4.1 中,我们看到了当 $\alpha=\beta=0.5$ 时,柯布—道格拉斯效用函数的最优购买量为:

$$x^*=\frac{I}{2p_x}$$
$$y^*=\frac{I}{2p_y} \tag{4.44}$$

于是在这种情况下,间接效用函数为:

$$V(p_x,p_y,I)=U(x^*,y^*)=(x^*)^{0.5}(y^*)^{0.5}=\frac{I}{2p_x^{0.5}p_y^{0.5}} \tag{4.45}$$

注意,当 $p_x=1,p_y=4,I=8$ 时,有 $V=\frac{8}{2\times1\times2}=2$,这正是我们前面所计算出的效用。

情况 2:固定比例。在例 4.2 的情况 3 中,我们有:

$$x^*=\frac{I}{p_x+0.25p_y}$$
$$y^*=\frac{I}{4p_x+p_y} \tag{4.46}$$

于是在这种情况下,间接效用函数为:

$$\begin{aligned}V(p_x,p_y,I)&=\min(x^*,4y^*)=x^*=\frac{I}{p_x+0.25p_y}\\&=4y^*=\frac{4}{4p_x+p_y}=\frac{I}{p_x+0.25p_y}\end{aligned} \tag{4.47}$$

当 $p_x=1,p_y=4,I=8$ 时,间接效用 $V=4$,这也正是我们前面所计算出的结果。

一次总付原则:首先使用柯布—道格拉斯的情况来说明一次总付原则。假设对商品 x 征收 1 美元的税。(4.45)式说明,在这种情况下,间接效用会由 2 降至 1.41[$=8/(2\times2^{0.5}\times2)$]。由于消费者选择了 $x^*=2$,总的税收收入为 2 美元。而一个有着相同税收收入的收入税会使消费者的净收入减至 6 美元,间接效用变为 1.5[$=6/(2\times1\times2)$]。可见,征收收入税比只对 x 征税要好得多。对商品 x 征税会降低效用,其原因有二:一是它降低了消费者的购买力,二是它减少了消费者选择商品 x 的倾向。而收入税只会产生第一方面的影响,因而更有效率。[9]

固定比例的情况同样支持这一直觉。在此情况下,对商品 x 征收 1 美元的税会使间接效用由 4 降至 8/3[$=8/(2+1)$]。此时,$x^*=8/3$,税收收入为 8/3 美元。而一个税收收入为 8/3 美元的收入税会使消费者的净收入变为 16/3 美元,由此可以得出间接效用 $V=8/3$[$=(16/3)/(1+1)$]。因此这种情况下,征收消费税和征收收入税得到的效用是相同的。之所以一次总付的优势没有体

---

⑨ 这里的讨论假定了收入税没有激励效应——这可能并不是一个好的假设。

现出来，是因为在固定比例的情况下，消费者的偏好过于刚性，消费税并没有扭曲选择。

请回答：这里列举的两种间接效用函数都说明，如果名义收入与所有商品的价格都加倍，效用将保持不变。为什么你会认为这是所有间接效用函数的一个普遍性质？也就是说，为什么间接效用函数是所有价格和收入的零次齐次函数？

4.6　支出最小化

在第2章中，我们曾指出，许多约束条件下最大化问题都存在一个与之相联系的、对偶的约束条件下的最小化问题。对于效用最大化问题，与其相联系的对偶最小化问题是如何分配收入，以便用最少的支出达到给定的效用水平。这个问题与原始的效用最大化问题明显类似，但是约束条件和目标函数都与最大化问题相反。图4.6说明了这一对偶的支出最小化问题。消费者必须达到 U_2 的效用水平，现在这就是问题的约束条件，图中三条"预算约束"线表明了三种可能的支出量（E_1、E_2 与 E_3）。很显然，E_1 的支出水平过低，不能达到 U_2 的效用水平，因而它不能解决这个对偶问题。采用 E_3 的支出，消费者是能够达到 U_2 的效用水平的（在 B 点或 C 点），但这不符合支出最小化的要求。E_2 则显然刚好能提供足够的支出来达到 U_2 的效用水平（在 A 点），这实际上就是这个对偶问题的解。通过比较图4.2与图4.6，可以很明显地看出，效用最大化的方法与对偶的支出最小化的方法能得出相同的解（x^*, y^*），它们仅仅是解决同一问题的两种不同的可供选择的方法。通常支出最小化方法更具实用性，因为支出可以直接观察得到，而效用则不能。

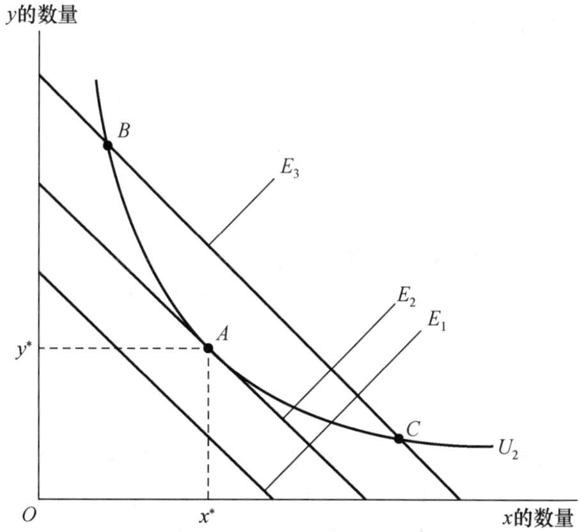

图4.6　对偶的支出最小化问题

效用最大化问题的对偶问题是要用最少的支出达到一个既定的效用水平（U_2），支出水平 E_1 不能达到 U_2 的效用，而 E_3 的支出水平又过多，只有在 E_2 这个支出水平，且消费者购买的组合为（x^*, y^*）时，刚好达到 U_2 效用水平。

一个数学表达

一般地说,消费者对偶的支出最小化问题就是选择 $x_1,x_2,\cdots,x_n$ 以取得下式的最小值

$$\text{总支出} = E = p_1x_1 + p_2x_2 + \cdots + p_nx_n \tag{4.48}$$

约束条件为

$$\text{效用} = \bar{U} = U(x_1,x_2,\cdots,x_n) \tag{4.49}$$

在这个问题中,选择 $x_1,x_2,\cdots,x_n$ 的最优值取决于各种商品的价格($p_1,p_2,\cdots,p_n$)与所要求的效用水平 $\bar{U}$,如果改变其中任意一种商品的价格,或者消费者的效用"目标"发生变化,最优的商品组合就会改变。这种依存关系可以用支出函数来概括。

定义

支出函数 消费者的支出函数表明了在一组特定的商品价格条件下,要达到某一既定的效用水平所必需的最小支出,即

$$\text{最小支出} = E(p_1,p_2,\cdots,p_n,U) \tag{4.50}$$

这个定义说明,支出函数与间接效用函数是互为反函数关系的(比较(4.43)式与(4.50)式)。它们都取决于市场价格,但所受到的约束却不同(一个为收入,另一个为效用)。在下一章我们考察消费者对价格变动的反应时,会发现这种关系是非常有用的。现在,我们来看两个支出函数。

例 4.4 两个支出函数

计算支出函数有两种方法。最直接的方法是直接描述支出最小化问题,并使用拉格朗日法。本章后面的一些练习题要求你这样做。然而这里,我们将采用一种更为简洁的过程,这其中利用了支出函数与间接效用函数的关系。由于这两个函数互为反函数,只要计算出其中一个函数,便可以很轻易地得出另一个。而在例 4.3 中,我们已经计算了两种重要情况下的间接效用函数。由此求出相应的支出函数便是简单的数学问题了。

情况 1:柯布—道格拉斯效用。(4.45)式说明考虑两种商品的间接效用函数时,柯布—道格拉斯的情况为

$$V(p_x,p_y,I) = \frac{I}{2p_x^{0.5}p_y^{0.5}} \tag{4.51}$$

现在,如果我们交换效用(这里我们将其视为一个常数,用 U 表示)和收入(这里我们将其视为支出函数,用 E 表示,其参数由这个问题给出)的角色,便可得到支出函数为

$$E(p_x,p_y,U) = 2p_x^{0.5}p_y^{0.5}U \tag{4.52}$$

对照先前的结果检验,令目标效用 $U=2$,同时仍令 $p_x=1,p_y=4$。在这些参数下,(4.52)式指出需要的最小支出为 8($=2\cdot1^{0.5}\times4^{0.5}\times2$)美元。不出所料,这个对偶的支出最小化问题与原始的效用最大化问题得到了相同的形式。

情况 2:固定比例。对于固定比例的情况,(4.47)式给出了如下间接效用函数

$$V(p_x,p_y,I) = \frac{I}{p_x + 0.25p_y} \quad \textbf{(4.53)}$$

同样,如果我们交换效用和收入的角色,便可迅速得出支出函数为

$$E(p_x,p_y,U) = (p_x + 0.25p_y)U \quad \textbf{(4.54)}$$

再次使用例4.3中假设的值($p_x=1,p_y=4,U=4$)检验结果,可得为了达到目标效用4,需要花费8[=(1+0.25×4)×4]美元。

对价格变化的补偿。这些支出函数可以帮助我们研究消费者是如何补偿价格变化的。特别的,假设商品y的价格由4美元上升至5美元。显然这会降低消费者的效用。于是我们会问,消费者应当补偿多少钱才能弥补这个影响?由于支出函数能够使我们将效用视为常数,它为我们估算补偿金额提供了一个直接的方法。特别的,对于柯布—道格拉斯的情况,为了提供额外的购买力以弥补价格上升带来的影响,支出需要由8美元上升至8.94($=2\times1\times5^{0.5}\times2$)美元。对于固定比例的情况,为了补偿价格的上升,支出需要由8美元上升至9美元。可见,在这两种简单的情况下,补偿的金额基本相同。

然而,这两个例子有一个很大的不同点。对于固定比例的情况,1美元的额外补偿金仅仅让消费者回到了先前的消费组合($x=4,y=1$)。这是使这个死板的消费者将效用恢复至$U=4$的唯一方法。而对于柯布—道格拉斯的情况,额外的补偿金并没有让消费者回到先前的消费组合。相反,效用最大化要求将8.94美元按照$x=4.47,y=0.894$分配。这仍会提供一个$U=2$的效用水平,但是这时消费者节约了在变贵了的商品y上的花费。在下一章,我们将对价格变化的财富效用做更具体的解释。

请回答:该如何对消费者补偿价格的下降?如果商品y的价格由4美元降至3美元,需要进行哪种类型的补偿?

4.7 支出函数的性质

在应用经济学中,支出函数应用广泛,因此我们有必要了解一下这类函数的一些共同性质。这里我们来研究三个性质。这些性质都直接源于这样一个事实:支出函数是基于消费者效用最大化的。

1. 齐次性。例4.4中的两个函数都满足这样的性质:如果所有商品的价格都加倍,则所需的支出也加倍。从技术上来说,这些支出函数是关于所有价格的"一次齐次函数"。[10] 这是支出函数的一个相当普遍的性质。因为消费者的预算约束关于价格呈线性,于是当价格与购买力都成比例增长时,消费者仍然会选择购买与价格上升之前达到效用最大化时相同的商品组合。在第5章我们将会看到,由于这个原因,需求函数是关于收入和所有价格的零次齐次函数。

---

⑩ 正如我们在第2章所描述的,如果$f(tx_1,tx_2,\cdots,tx_n)=t^kf(x_1,x_2,\cdots,x_n)$,函数$f(x_1,x_2,\cdots,x_n)$被称为$k$次齐次函数。在这种情况下,$k=1$。

2. 支出函数关于价格单调不降。这个性质可以用数学表达式简明地表示如下:

$$\text{对于每种商品 } i,\quad \frac{\partial E}{\partial p_i} \geqslant 0 \tag{4.55}$$

这个结论直观上看很明显。因为支出函数确定了达到某一既定效用水平所需的最小支出,所以价格的任何上升都会使这个最小支出增加。更正式地,假设只有一种商品价格上涨,其他商品价格保持不变。令 A 表示价格上升之前的消费束,B 表示价格上升之后的消费束。很明显,消费束 B 在价格上涨之后比价格上涨之前花费更多。这两种情况的唯一变化即其中一种商品的价格上涨了。因此,花费在这一种商品上的支出增加,同时花费在其他商品上的支出不变。然而,我们还知道,在价格上涨之前,A 的支出小于 B,因为 A 代表了支出最小化的消费束。因此,价格上涨之后,消费束 B 的实际支出一定会超过价格上涨之前的 A。同理,价格下降一定不会增加支出(也有可能保持不变)。

3. 支出函数是价格的凹函数。在第 2 章中我们曾讨论过,凹函数永远位于其切线的下方。尽管描述这类函数的数学条件比较复杂,但研究这个概念是如何应用于支出函数还是相对简单的,这里我们考虑只有一个价格变量时的简单情形。图 4.7 显示了只有一个价格变量 p_1 时消费者的支出函数。在初始价格 p_1^* 处,消费者的支出由 $E(p_1^*,\cdots)$ 决定。现在考虑价格比 p_1^* 高或低的情况。如果该消费者继续购买同样的商品组合,则支出会随价格的变化而线性地增加或减少。这在图中表示为伪支出函数 E^{pseudo}。这条直线表示的支出水平允许该消费者可以不管价格 p_1 的变化而购买原始的商品组合。在更实际的情形下,该消费者会根据价格 p_1 的变化来调整他的购买量。这时因为有支出最小化,实际的支出会小于上述伪支出。因此,实际支出函数 E 永远在 E^{pseudo} 下方,于是函数为凹函数。⑪ 在许多应用中,尤其是在与建立指数有关的问题上(参见第 5 章的扩展部分),支出函数的凹性是一个非常有用的性质。

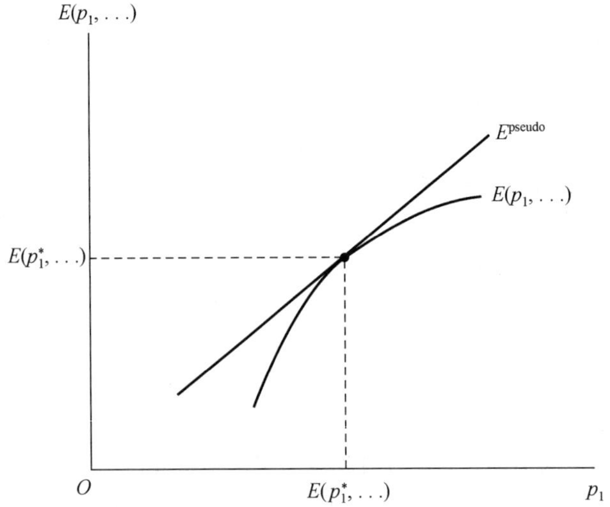

图 4.7　支出函数关于价格为凹函数

在 p_1^* 点消费者的花费为 $E(p_1^*,\cdots)$。如果当 p_1 变化时他继续购买同样的商品组合,则支出由 E^{pseudo} 确定。而实际上,他消费的商品组合会随 p_1 的变化而改变,所以实际的支出会比它小。

---

⑪ 关于凹函数,有一个结论是 $f_{ii} = \partial^2 E/\partial p_i^2 \leqslant 0$。这正是图 4.7 所显示的。

小结

在这一章里,我们考察了在一定预算约束条件下,效用最大化的基本经济模型。尽管我们运用了各种不同方法来处理这个问题,但所有方法都能得到相同的基本结论。

- 为了达到预算约束条件下的最大化,消费者必须花掉手中的所有货币收入,并要选择一个使任何两种商品的边际替代率均等于它们的市场价格之比的商品组合。这个基本的相切保证了消费者在购买每种商品时,必须使这些商品的边际效用与每种商品的价格比相等。这一结论适用于绝大多数有约束条件的最优化问题。
- 相切只是约束条件下最大化的一阶条件。为了确保这个条件也是效用最大化的充分条件,消费者的无差异曲线必须是边际替代率递减的。用规范化术语来说,效用函数必须是严格拟凹的。
- 为满足角点解的情况,相切条件必须做一些修改。此时,某些商品的最优消费量为 0。在这种情况下,这种商品的边际效用与价格之比要小于实际购买商品的边际收益与边际成本的比值。
- 对预算约束下效用最大化程度的结论是:消费者的最优选择是由他所受预算约束的参数隐性决定的。也就是说,这些选择是所有价格及货币收入的隐函数,因而效用也是这些参数的间接函数。
- 预算约束下的效用最大化的对偶问题,是使为达到一定的效用所必须支付的支出最小。尽管这种对偶方法同有预算约束的最大化问题的解法得出的结论相同,但是它的存在使人们加深了对选择理论的认识。尤其值得一提的是,这种方法说明,为达到一定效用目标的货币支出由市场价格来决定。因此,支出函数理论上是可度量的。

练习题

4.1

三年级学生保罗每天在校用午餐,他只喜欢奶油小蛋糕(t)和橘子汁(s),他从中得到的效用为:

$$效用 = U(t,s) = \sqrt{ts}$$

a. 如果每份奶油小蛋糕 0.1 美元,每杯橘子汁 0.25 美元,为使效用最大,保罗应如何将妈妈给他的 1 美元伙食费分配在这两种食品上?

b. 学校为了减少奶油小蛋糕的消费,将其价格提高到每份 0.4 美元,那么为了让保罗得到与 a 相同的效用,妈妈要多给他多少美元的伙食费?

4.2

a. 一位年轻的品酒师欲支出 600 美元建一座小酒窖,他特别喜欢两种酒:一种是 1997 年生产的法国波尔多白葡萄酒(w_F),每瓶为 40 美元;另一种是稍便宜的 2005 年产的加利福尼亚的酒(w_C),每瓶为 8 美元。如果他的效用函数如下式所示,那么他应该在每种酒上花多少钱?

$$U(w_F, w_C) = w_F^{2/3} w_C^{1/3}$$

b. 当品酒师来到酒店时,他发现由于法郎贬值,法国波尔多白葡萄酒(W_F)已经降到每瓶 20 美元,如果加利福尼亚酒依旧是 8 美元一瓶,此时,在价格已变的条件下,为达到最大效用,每种酒的购买量应为多少?

c. 解释为什么这个品酒师在 b 的情况下要比 a 更好。你如何用货币来衡量这个效用的增加?

4.3

a. 在某一个晚上,J. P. 以下列函数的形式享用雪茄(c)与白兰地(b):

$$U(c,b) = 20c - c^2 + 18b - 3b^2$$

那么他这个晚上要抽多少支雪茄,喝多少瓶白兰地才能得到最大效用(假定他不受预算约束)?

b. 后来,J. P. 的医生告诫他:每天喝的白兰地与抽的雪茄加起来不能超出 5 单位,在这一条件约束下,他会喝多少白兰地,抽多少雪茄呢?

4.4

a. Ball 先生享用商品 x 与 y 所得的效用函数为:

$$U(x,y) = \sqrt{x^2 + y^2}$$

如果 $p_x = 3$ 美元,$p_y = 4$ 美元,而他的总收入为 50 美元,求他能获得的最大效用。提示:求 U^2 的最大值要比求 U 的最大值方便得多,但这种方法为什么不影响计算结果呢?

b. 画出 Ball 先生的无差异曲线,并指出无差异曲线与预算线的切点。图形是如何描述 Ball 的行为的?你找到真正的最大值了吗?

4.5

A 先生从马丁尼酒(m)中所获得的效用与马丁尼酒的消耗量成正比:

$$U(m) = m$$

A 先生特别喜欢马丁尼,但他只喜欢喝将杜松子酒(g)与苦艾酒(v)按 2:1 的固定比例混合而成的马丁尼酒,因此,我们可以将 A 先生的效用函数改写为:

$$U(m) = U(g,v) = \min\left(\frac{g}{2}, v\right)$$

a. 画出 A 先生以 g 与 v 为变量的各种效用水平的无差异曲线,请说明无论这两种配料酒的价格如何,A 先生永远不会改变他配制马丁尼酒的方法。

b. 求出 g 与 v 的需求函数。

c. 利用 b 的结论,求出 A 先生的间接效用函数。

d. 试计算 A 先生的支出函数。对于每一种效用水平,将支出表示成杜松子酒的价格 p_g 与苦艾酒的价格 p_v 的函数。

提示:这个问题涉及固定比例的效用函数,因此你不能使用微积分来求解效用最大化的决策。

4.6

假设一个快餐爱好者的效用取决于三种商品:软饮料(x)、汉堡包(y)和冰激凌圣代(z)。根据柯布—道格拉斯效用函数,有

$$U(x,y,z) = x^{0.5}y^{0.5}(1+z)^{0.5}$$

同时假设这些商品的价格为 $p_x = 1$,$p_y = 4$,$p_z = 8$,且该消费者的收入 $I = 8$。

a. 证明当 $z = 0$ 时,效用最大化得到的最优选择与例 4.1 相同。同时证明 $z > 0$(哪怕 z 非常小)时的任何选择都会使效用减少。

b. 你如何解释 $z = 0$ 时达到最优这一事实?

c. 为了购买 z,这个人的收入要有多高?

4.7

图 4.5 所示的一次总付原则不仅可以应用于税收,也可以应用于转移支付。这个问题研究该原则在此政策下的应用。

a. 用与图 4.5 类似的图解释在政府花费相同的情况下,对一个人进行收入补贴比对物品 x 进行补贴提供了更多的效用。

b. 用(4.52)式所示的柯布—道格拉斯支出函数,计算需要多少额外购买力才能将这个人的效用由 $U = 2$ 提升至 $U = 3$。

c. 再次使用(4.52)式,估算为了将这个人的效用由 $U = 2$ 提升至 $U = 3$,需要对商品 x 进行补贴的程度,并和 b 中得到的结果进行

比较。

d. 习题4.10要求你计算的支出函数是与比例4.4的情形更一般化的柯布—道格拉斯效用函数相对应的。当 $\alpha=0.3$（这个数字接近于低收入的人花费在食物上的收入份额）时，再次使用这个支出函数，回答b和c的问题。

e. 如果使用(4.54)式所示的固定比例情况下的支出函数，你应该如何修改对本问题的计算？

4.8

考虑以下两个最简单的效用函数：

1. 固定比例效用函数：$U(x,y)=\min[x,y]$

2. 完全替代效用函数：$U(x,y)=x+y$

a. 分别对以上两个效用函数，计算：

- 对于 x 和 y 的需求函数
- 间接效用函数
- 支出函数

b. 根据a中的计算结果，解释它们为什么会是那样的形式。

4.9

考虑包含两种商品的线性效用函数：$U(x,y)=ax+by$。计算与之对应的支出函数。提示：不同的价格比例会造成支出函数的扭曲。

分析问题

4.10　柯布—道格拉斯效用函数

例4.1中，我们用到了柯布—道格拉斯效用函数 $U(x,y)=x^{\alpha}y^{1-\alpha}$，其中 $0\leqslant\alpha\leqslant1$。这个问题说明了该函数的一些其他属性。

a. 计算柯布—道格拉斯情况下的间接效用函数。

b. 计算这种情况下的支出函数。

c. 明确解释当 x 的价格上升时，为了抵消其影响所需的补偿是如何与指数 α 的大小相关的。

4.11　CES效用函数

一般的CES效用函数可以表示为

$$U(x,y)=\frac{x^{\delta}}{\delta}+\frac{y^{\delta}}{\delta}$$

a. 证明上述函数在约束条件下，效用最大化的一阶条件是消费者按一定比例选择商品，这个比例式为：

$$\frac{x}{y}=\left(\frac{p_x}{p_y}\right)^{\frac{1}{\delta-1}}$$

b. 前面我们在讨论一些问题时已经说过：对于柯布—道格拉斯函数($\delta=0$)，消费者将在 x 与 y 之间平等分配费用，证明a的结论也包含了这种情况。

c. $p_x x/p_y y$ 的值与 δ 的取值有何关系？直观地说出你的结论（如果要对此函数进行更深入的探讨，参见本章扩展E4.3）

d. 推导这种情况下的间接效用函数和支出函数，并运用齐次函数的性质加以检验。

4.12　Stone-Geary效用函数

消费者需要一定量的食品(x)来维持生存，假设这个量为 x_0，一旦购买 x_0 的食品，消费者将从 x_0 与其他商品(y)得到的效用为：

$$U(x,y)=(x-x_0)^{\alpha}y^{\beta}$$

其中 $\alpha+\beta=1$。

a. 证明：如果 $I>p_x x_0$，则为取得最大效用，消费者将会在食品 x 上花费 $\alpha(I-p_x x_0)+p_x x_0$，在商品 y 上花费 $\beta(I-p_x x_0)$。解释这个结论。

b. 在这个问题中，如果收入增加，$p_x x/I$，$p_y y/I$ 的比值将会怎样变化？（有关此函数的进一步讨论请参见本章扩展E4.2。）

4.13　CES间接效用函数和支出函数

现在，我们讨论形式更标准的CES效用函数的间接效用函数和支出函数，函数形式如下：

$$U(x,y)=(x^{\delta}+y^{\delta})^{1/\delta}$$

该函数的替代弹性 $\sigma=1/(1-\delta)$。

a. 证明此函数的间接效用函数为:

$$V = I(p_x^r + p_y^r)^{-1/r}$$

其中 $r = \delta/(\delta - 1) = 1 - \sigma$。

b. 证明 a 中计算出的函数是关于价格和收入的零次齐次函数。

c. 证明此函数是收入的严格递增函数。

d. 证明对于任何价格,该函数都是严格递减的。

e. 证明此种情况下的 CES 效用函数的支出函数为:

$$E = V(p_x^r + p_y^r)^{1/r}$$

f. 证明 e 中计算出的函数是关于商品价格的一次齐次函数。

g. 证明支出函数是关于任何价格的递增函数。

h. 证明函数是任何价格的凹函数。

4.14 利他主义

米歇尔有一个相对高的收入 I, 并且他十分同情生活贫困、收入很低的索菲亚。假设米歇尔的偏好可由以下效用函数表示:

$$U_1(c_1, c_2) = c_1^{1-a} c_2^a$$

此处 c_1、c_2 分别表示米歇尔和索菲亚的消费水平,函数形式和两商品的柯布—道格拉斯效用函数类似。假设米歇尔可以随意支配自己的收入,既可花在自己身上,也可花在索菲亚身上(通过慈善捐赠),并且 1 美元收入可为米歇尔或索菲亚带来 1 单位相等的效用(也就是说,消费的价格 $p_1 = p_2 = 1$)。

a. 说明通过讨论 $a = 0$ 和 $a = 1$ 时的极端情况,指数 a 可用于衡量"利他"程度。当 a 的值为多少时,米歇尔会是一个完美的利他主义者(把别人看作和自己同等重要)?

b. 求解米歇尔的最优化选择,并说明其如何随着 a 的变化而变化。

c. 假设所得税为 t,求解此时米歇尔的最优化选择。在慈善捐款可税前扣除(用于慈善捐款的那部分收入不用缴纳所得税)的情况下,米歇尔的选择会发生怎样的变化?对于利他主义程度高和程度低的两种人,慈善捐款扣除对哪一种人的激励作用更大?

d. 回到没有税收的简单情况下,假设米歇尔的利他主义可由以下效用函数表示:

$$U_1(c_1, U_2) = c_1^{1-a} U_2^a$$

该式和扩展 E3.4 相似,根据定义,米歇尔直接关心索菲亚的效用水平,间接关心索菲亚的消费水平。

1. 若索菲亚的效用函数和米歇尔是对称的,即 $U_2(c_2, U_1) = c_2^{1-a} U_1^a$,计算米歇尔的最优选择,并和 b 中的结果加以对比,米歇尔的利他主义程度是更大还是更小?解释这一结果。

2. 若索菲亚的效用函数为 $U_2(c_2) = c_2$,重新分析上述问题。

推荐阅读材料

Barten, A. P., and Volker Böhm. "Consumer Theory." In K. J. Arrow and M. D. Intriligator, Eds., *Handbook of Mathematical Economics*, Vol. II. Amsterdam: North-Holland, 1982.

该书的第 10 与第 11 单元对本章涉及的许多概念做了简洁的概述。

Deaton, A., and J. Muelbauer. *Economics and Consumer Behavior.* Cambridge: Cambridge University Press, 1980.

该书的 2.5 节对对偶问题做了一个很好的几何分析。

Dixit, A. K. *Optimization in Economic Theory.* Oxford: Oxford University Press, 1990.

该书的第 2 章提供了许多针对柯布—道格拉斯效用函数的拉格朗日分析。

Hicks, J. R. *Value and Capital.* Oxford: Clarendon Press, 1946.

该书的第 2 章与书中的数学附录提供了一

些早期的关于支出函数的重要见解。

Luenberger, D. G. *Microeconomic Theory*. New York: McGraw Hill, 1992.

该书的第4章介绍了个人"收益函数"(见练习题3.15)和更为标准的支出函数之间的一些有趣关系,同时为一些不常见的偏好结构提出了见解。

Mas-Colell, A., M. D. Whinston, and J. R. Green. *Microeconomic Theory*. Oxford: Oxford University Press, 1995.

该书的第3章包含了对效用和支出函数的透彻分析。

Samuelson, Paul A. *Foundations of Economic Analysis*. Cambridge: Harvard University Press, 1947.

该书的第5章与附录A对效用最大化的一阶条件做了简单分析,附录还对二阶条件做了很好的概述。

Silberberg, E., and W. Suen. *The Structure of Economics: A Mathematical Analysis*. 3rd ed. Boston: Irwin/McGraw_Hill, 2001.

该书对消费者理论中的对偶问题做了一个虽然很困难,但十分有用的分析。

Theil, H. *Theory and Measurement of Consumer Demand*. Amsterdam: North-Holland, 1975.

该书对基本的需求理论及其在实证估计中的应用做了很好的概述。

第 5 章　收入效应与替代效应

在这一章中，我们将利用效用最大化模型来研究消费者对某种商品的需求量是如何随商品价格的变化而变化的。通过这一研究，我们可以得到一条消费者对该种商品的需求曲线。在这一过程中，我们要对这种价格反应的特性提出若干见解，并将研究深入到隐藏在大多数需求分析之后的各种假设条件。

5.1　需求函数

正如我们在第 4 章所指出的，原则上有可能通过求解效用最大化的必要条件来得到用全部商品的价格和其收入的函数形式来表达的商品需求 $x_1, x_2, \cdots, x_n$（以及拉格朗日乘数 λ）的最优水平。在数值上，这可以通过以下 n 个需求函数①的形式予以表达：

$$
\begin{aligned}
x_1^* &= x_1(p_1, p_2, \cdots, p_n, I) \\
x_2^* &= x_2(p_1, p_2, \cdots, p_n, I) \\
&\vdots \\
x_n^* &= x_n(p_1, p_2, \cdots, p_n, I)
\end{aligned} \tag{5.1}
$$

如果只有两种商品（x 和 y，这是我们通常遇到的情况），上面的表达可以简化为：

$$
\begin{aligned}
x^* &= x(p_x, p_y, I) \\
y^* &= y(p_x, p_y, I)
\end{aligned} \tag{5.2}
$$

一旦知道了需求函数的形式和各种价格及收入的数值，我们就可以预测消费者对每种商品的购买量。以上表达式强调了价格和收入对于整个过程是外生的，即这些参数是每个消费者所不能控制的。在这种层次的分析上，参数的改变会移动消费者的预算约束使其做出不同的选择。这便是本章和下一章所要研究的核心问题。在本章中，我们将考察任意一种商品对其价格和收入的偏导数 $\partial x/\partial p_x$ 及 $\partial x/\partial I$。在第 6 章中，我们将通过考察对任意两种商品 x 和 y 的形式为 $\partial x/\partial p_y$ 的交叉

---

① （5.1）式中的需求函数有时也称马歇尔需求函数（由阿尔弗雷德 · 马歇尔的名字命名），区别于本章稍后提到的希克斯需求函数（由约翰 · 希克斯的名字命名）。两者的区别在于，马歇尔需求函数中包含收入变量，而希克斯需求函数中包含效用变量。为简便起见，若无特殊说明，本书中需求函数和需求曲线均指马歇尔需求函数和需求曲线。

效应来做深一层的讨论。

齐次性

需求函数的第一条性质几乎不需要数学。如果将所有商品的价格与收入加倍(事实上也可以是任意整数倍),最优化的需求数量将保持不变。加倍只改变了计量单位,而未改变"实际的"商品需求数量。我们可以用几种不同的方法来说明这个结果,其中最简单的方法大概是图解法。回想一下图4.1与图4.2,如果我们将 p_x、p_y 与 I 加倍,那么很清楚,预算约束线不会受到影响。$p_x x+p_y y=I$ 与 $2p_x x+2p_y y=2I$ 的约束条件相同。这一结论可以这样表达为:对任何商品 x_i,在 $t>0$ 时,有

$$x_i^* = x_i(p_1,p_2,\cdots,p_n,I) = x_i(tp_1,tp_2,\cdots,tp_n,tI) \tag{5.3}$$

我们称(5.3)式中的函数是零次齐次的。② 因此,我们已说明,消费者需求函数是所有的价格与收入的零次齐次函数。按相同比例改变所有的商品价格与收入不会影响原有的商品需求数量。这一结果表明,(在理论上)消费者的需求不受"纯"通货膨胀的影响,因为所有商品价格与收入是成比例上升的。当然,如果通货膨胀不是纯粹的(即如果某些商品的价格比另一些商品的价格上升快),情况就有所改变。

例5.1　齐次性

需求的齐次性是效用最大化假设的直接结果。从效用最大化中求出的需求函数是齐次的,反过来,非齐次性的需求函数不能反映效用最大化(除非价格本身进入效用函数,比如虚荣的顾客喜欢用贵的东西标榜自己等情况)。例如,消费者享用食物(x)与住房(y)的效用为

$$\text{效用} = U(x,y) = x^{0.3}y^{0.7} \tag{5.4}$$

使用例4.1中的方法很容易推导出需求函数

$$x^* = \frac{0.3I}{p_x} \tag{5.5}$$

$$y^* = \frac{0.7I}{p_y}$$

这些函数的齐次性是很明显的——价格与收入都加倍时,x^* 与 y^* 不变。

如果CES函数反映了消费者对 x 与 y 的偏好

$$U(x,y) = x^{0.5}+y^{0.5} \tag{5.6}$$

我们在例4.2中已得到需求函数为

$$x^* = \left(\frac{1}{1+p_x/p_y}\right)\cdot\frac{I}{p_x} \tag{5.7}$$

$$y^* = \left(\frac{1}{1+p_y/p_x}\right)\cdot\frac{I}{p_y}$$

同上述情况一样,这两个需求函数也都是零次齐次的——p_x,p_y 与 I 加倍,x^* 与 y^* 不变。

---

② 一般地,如我们在第2章和第4章见到的,如果 $f(tx_1,tx_2,\cdots,tx_n)=t^k f(x_1,x_2,\cdots,x_n)$ 成立,$t>0$,则称函数 $f(x_1,x_2,\cdots,x_n)$ 为 k 次齐次函数。最常见的情况是 $k=0$ 与 $k=1$。如果 f 是零次齐次的,则将所有自变量加倍后 f 值不变。如果 f 是一次齐次的,则将所有自变量加倍后 f 值也加倍。

请回答:此例中商品 x 与 y 的需求函数是否会导致这样的结果:无论 p_x、p_y 与 I 如何变化,消费者都会花光手中所有的收入进行消费?请给出证明。

5.2 收入变化

随着购买力的上升,消费者自然期望能够购买更多的各种商品。图 5.1 说明了这种情况,消费支出从 I_1 增加到 I_2 又增加到 I_3,x 的需求量随之从 x_1 增加到 x_2 又增加到 x_3,同样,y 的需求量也由 y_1 增加到 y_2 又增加到 y_3。注意三条预算线 I_1、I_2、I_3 是平行的,这反映了只有收入变化,而 x 与 y 的相对价格并未改变。由于 p_x/p_y 始终不变,因而实现效用最大化的条件在消费者收入水平提高前与提高后都是一样的,即 MRS 始终不变,所以点(x_3,y_3)与点(x_1,y_1)的 MRS 相等。

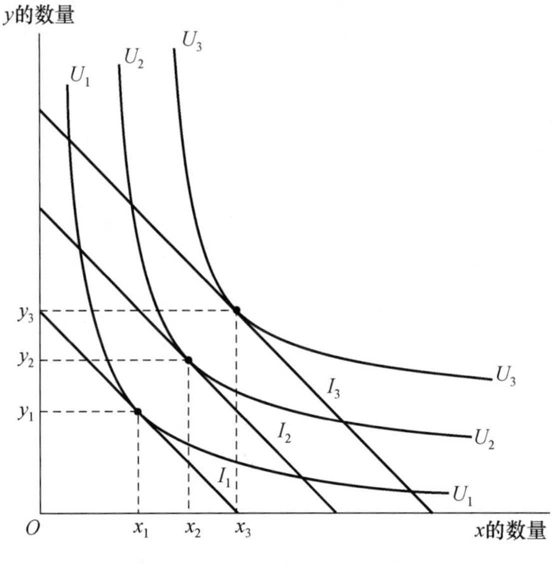

图 5.1 收入增加对 x 与 y 数量选择的影响

当收入从 I_1 增加到 I_2 又增加到 I_3 时,几个依次增高的切点即为 x 与 y 的最优选择(效用最大化)之点,注意到预算约束线是平行移动的,这是因为其斜率($-p_x/p_y$)不变。

正常品与劣等品

随着收入的增加,图 5.1 中的 x 与 y 都随之增加——$\partial x/\partial I$ 与$\partial y/\partial I$ 都大于零,可以认为这是一种正常的情况,在考察收入变化的过程中,具备这种特性的商品被称为*正常品*。

对于有些商品来说,当收入在某些范围内增加时,对这些商品的购买量会减少。如劣等威士忌酒、土豆及旧服装。如果一种商品如 z 的$\partial z/\partial I$ 小于零,我们将其称为*劣等品*,图 5.2 描述了这种情况。收入在图中所示范围内的增加,导致了消费者选择更少的 z,因而 z 为劣等品,注意劣等品的无差异曲线形状并不一定"奇特",图 5.2 中 y 与 z 的曲线仍符合 MRS 递减的假设。我们说 z 是劣等品,是就它与其他商品(这里指 y)的关系而言,并非因为它本身有什么特别之处。因此,我们有下列定义：

定义

劣等品与正常品　在收入变化的某一范围内，如果一种商品 x_i 的 $\partial x_i/\partial I<0$，则这一范围内的 x_i 商品为劣等品。如果 $\partial x_i/\partial I\geq 0$，则这种商品为正常品或"非劣等品"。

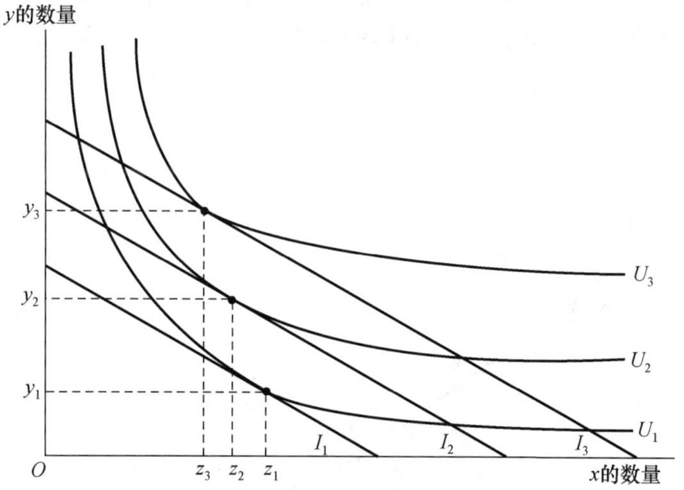

图 5.2　劣等品的无差异曲线图

在本图中，随着收入的增加，对商品 z 的购买量是下降的，因而 z 是劣等品。而 y 是正常品（因为假设仅有两种商品可供消费），y 的购买量是随总支出的增加而增加的。

5.3　一种商品价格的改变

价格变化对商品需求量的影响比收入变化的影响要复杂些。从几何图形上来说，这种复杂性是因为价格变化不仅使预算线的位置改变了，而且使它的斜率也改变了。所以，要达到新的效用最大化，不仅需要移动到新的无差异曲线上，而且需要改变 MRS。因此价格变化时，有两种不同的分析效应在起作用：其一是*替代效应*，即便消费者的无差异曲线不变，为了使 MRS 与新的价格比率相等，消费模式也将会改变；其二是*收入效应*，这是因为价格变化后消费者的"实际" 收入发生变化，消费者必须从原有的无差异曲线移动到新的无差异曲线。我们先从分析这些效应的几何图形开始，然后再过渡到数学分析。

5.3.1　价格下降的几何分析

图 5.3 说明了收入效应与替代效应的关系。消费者最初的效用最大化（花费完所有收入 I）时消费的商品组合为 (x^*, y^*)。最初的预算约束为 $I=p_x^1x+p_yy$。现在假设商品 x 的价格下降到 p_x^2，新的预算约束为图 5.3 中的 $I=p_x^2x+p_yy$。

显然，消费者新的效用最大化的商品组合为 (x^{**}, y^{**})，在这一点上，新预算线与无差异曲线

U_2 相切。移向新组合点的运动可以视为两种效应共同作用的结果。首先,商品的组合选择受到约束,只能沿 U_1 水平的无差异曲线变动,预算线斜率的变化会刺激消费者向 B 点运动。图 5.3 中的虚线与新的预算约束线($I=p_x^2x+p_yy$)斜率相同,但因为我们已假定“实际”收入(即效用)不变,所以这条虚线逐渐与 U_1 相切。如果价格下降又不能提高消费者福利水平的话,那么 x 商品价格下降后的结果必然是从(x^*,y^*)的组合移向 B 点的组合。这种移动就是替代效应的几何说明。从 B 点到最佳组合(x^{**},y^{**})的进一步移动,与前面对收入变化的分析是一样的。由于 x 的价格下降,消费者有了更多的“实际”收入并可达到高于以前的效用水平(U_2)。如果 x 是正常品,消费者会因购买力增加而要求购买更多的 x。这解释了移动的收入效应。总的看来,价格下降导致了对 x 更多的需求。

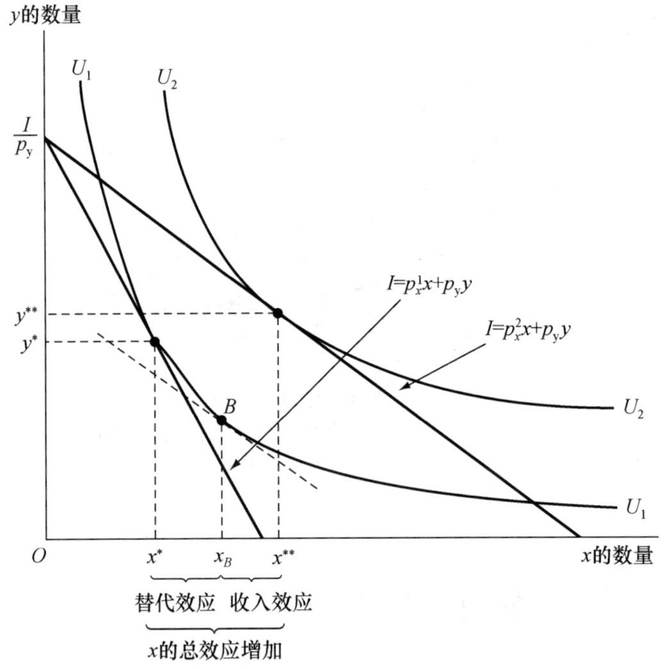

图 5.3 x 商品价格下降时收入效应与替代效应的说明

当 x 的价格从 p_x^1 下降为 p_x^2 时,效用最大化的选择从(x^*,y^*)移动到(x^{**},y^{**})。这个移动可以分解为两种不同的效应:一是替代效应,是沿着最初的无差异曲线向 B 点的移动,在 B 点 MRS 与新的价格之比相等;二是收入效应,指由于实际收入的增加而导致的向更高水平的无差异曲线的移动。当价格下降时,两种效应都增加了对 x 的购买量。请注意 I/p_y 在价格变化的前后均相同。这是因为 p_y 没发生变化,所以 I/p_y 既出现在旧的预算约束线上又出现在新的预算约束线上。

在实际购买时,消费者并非真的先从(x^*,y^*)移到 B 点,再从 B 点移到(x^{**},y^{**}),认识到这一点很重要。我们观察不到 B 点,反映消费者行为的只有两处最佳组合。尽管如此,收入效应与替代效应的概念也是有其分析价值的,因为它说明了价格的改变对 x 需求量的影响是以两种不同的方式发生的。我们将会看到这两种方式的区别为需求理论提供了重要见解。

5.3.2 价格上升的几何分析

如果商品 x 的价格上升,仍可用相同的分析方法。在图 5.4 中,由于商品 x 的价格从 p_x^1 上升

到 p_x^2,则预算线内移。从初始的效用最大化商品组合(x^*, y^*)到新的商品组合(x^{**}, y^{**})的移动可以分解成两种效应。第一,即使消费者仍保持在最初的无差异曲线水平(U_2),也有某种刺激使消费者以 y 替代 x,同时,消费组合沿无差异曲线 U_2 移至 B 点。第二,x 价格的上升降低了消费者的购买力,消费者必须移向更低的效用水平。这种移动也被称为收入效应。请注意,在图 5.4 中,x 价格上升时,收入效应与替代效应的作用方向相同,导致对它的需求量减少。

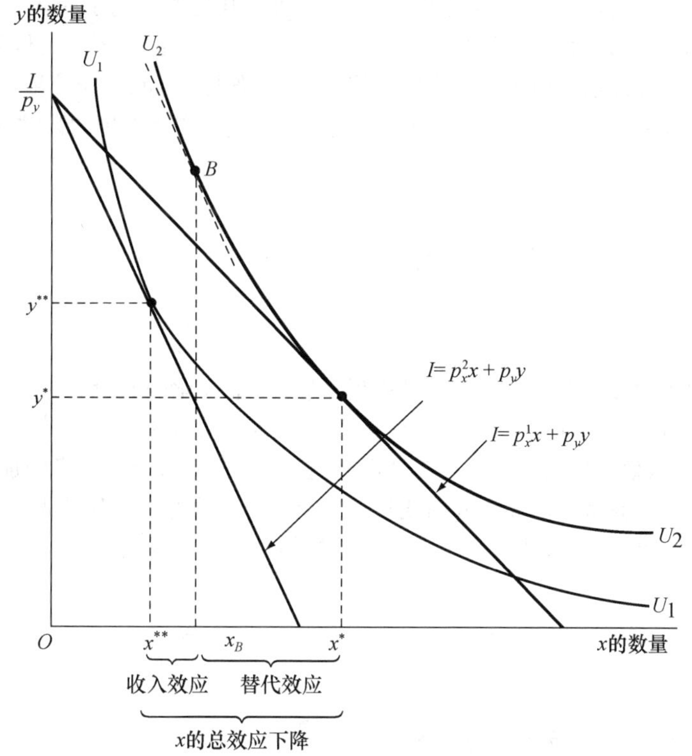

图 5.4　x 价格上升时收入与替代效应的说明

当商品 x 价格上升时,预算约束线内移。从最初的效用最大化的均衡点(x^*, y^*)移向新的均衡点(x^{**}, y^{**}),这一移动可被分成两种效应。沿原来的无差异曲线(U_2)向 B 点的移动是替代效应。而价格上升,将对购买力带来损失,随即会发生向较低水平的无差异曲线的移动,这就是收入效应。在图 5.4 中,x 价格上升后,收入效应与替代效应都导致 x 的需求量减少。点 I/p_y 仍然不受 x 价格变化的影响。

5.3.3　劣等品价格变化的效应

到目前为止,我们已说明了替代效应与收入效应的相互作用。价格下降,二者共同导致商品需求量的增加,而价格上升时二者又共同导致需求量的减少。虽然这种分析在商品是正常品(非劣等品)的情况下是准确的,但在商品是劣等品的情况下,情况就有些复杂了。此时,收入效应与替代效应的作用方向相反,因而价格变化的总效应是不确定的。例如,价格下降时由于替代效应的作用,消费者总是要增加这种商品的消费。但如果这种商品是劣等品,由于价格下降所导致的购买力的增加有可能使消费者减少这种商品的购买。因此,结果就不确定了。替代效应会使劣等品的购买量增加,而同时,(反常的)收入效应又使其购买量减少。与正常品的情形不同,这里不可能精确地预测出价格变化会对消费数量的选择产生怎样的影响。

5.3.4 吉芬之谜

如果价格变化的收入效应非常之大,价格变化与由其导致的需求量的变化就会是同一方向了。相传英国经济学家罗伯特·吉芬(Robert Giffen)观察到这一矛盾的现象,他注意到在19世纪的爱尔兰,当土豆价格上涨时,人们消费更多的土豆。这一特殊的效应可用土豆价格变化时所发生的收入效应的程度来解释。土豆不仅仅是劣等品,而且其消费占用了爱尔兰人收入的很大比例,因而土豆价格的上升大大减少了他们的实际收入。爱尔兰人被迫压缩其他奢侈食品的消费,以购买更多的土豆。即便这个历史事件难以置信,商品价格上升导致其需求量增加的这种可能仍被称为吉芬之谜(Giffen's paradox)。[3] 在后面,我们将给出吉芬之谜发生的数学分析。

5.3.5 小结

我们从几何分析中可以得到以下结论:

最优化原则

替代效应与收入效应 对于一个正常品来说,其效用最大化的假设意味着:商品价格的下降导致购买量的增加,这是因为(1) 替代效应使消费者更多地购买这种商品,消费者的选择沿无差异曲线移动;(2) 收入效应也使消费者更多地购买这种商品,因为价格下降增加了消费者的购买力。所以消费者可向更高水平的无差异曲线移动。当正常品的价格上升时,购买数量因类似的理由而减少。而对劣等品来说,替代效应与收入效应的作用方向相反,我们不能事先对劣等品价格变化的结果做出预测。

5.4 消费者的需求曲线

经济学家常常需要将需求函数用图形表示出来。我们自然地称这些图为需求曲线。了解这些应用广泛的需求曲线和其对应的需求函数的联系可以让我们对最基础的经济学理论有进一步的认识。为方便起见,我们假设只有两种商品,于是 x 的需求函数表示为

$$x^* = x(p_x, p_y, I)$$

从上面的需求函数得到的需求曲线表达当假设 p_y、$\bar{I}$和偏好不变时,x 和 p_x 的关系。得到下面的关系

$$x^* = x(p_x, \bar{p}_y, \bar{I}) \tag{5.8}$$

p_y、I 上面的横杠表示需求函数的这些决定量是不变的,如图5.5所示。图5.5(a)表示随着商品 x 价格的不断下降(y 的价格与收入不变),消费者在使效用最大化时消费商品 x 与 y 的情况。

---

③ 马歇尔认为在分析价格变化时,必须既考虑供给因素又考虑需求因素。而这一研究的主要问题就在于抛弃了马歇尔的这个条件。如果爱尔兰的土豆由于虫害而价格上涨,那么供给应该已经变得较小了,这样怎么可能消费更多的土豆呢?同样,由于爱尔兰有许多土豆种植者,土豆价格上涨本应使他们的真实收入上升。对此的详细探讨及其他有关土豆的有趣见解参见 G. P. Dwyer and C. M. Lindsey,"Robert Giffen and the Irish Potato", *American Economic Review* (March 1984): 188—192.

假设商品 x 的价格从 p_x' 下降到 p_x'' 又下降到 p_x'''，对商品 x 的选择数量则从 x' 增加到 x'' 进而又增加到 x'''。这种假设与我们的一般结论相符，也就是说除了罕见的吉芬物品以外，$\partial x/\partial p_x$ 均是负的。

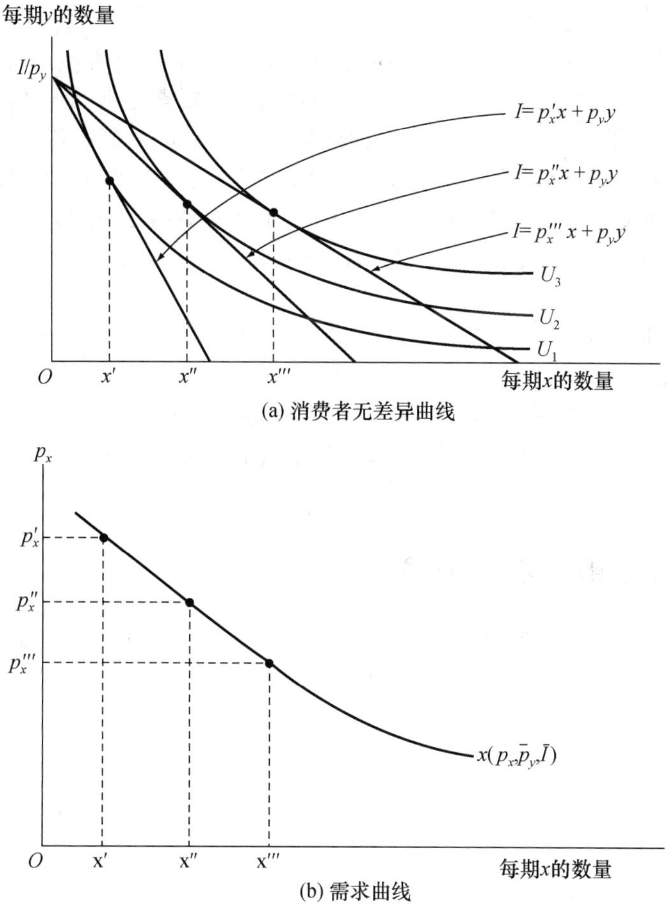

图 5.5　消费者需求曲线

图(a)说明了商品 x 在三种不同的价格水平(p_x'，p_x'' 与 p_x''')下，使消费者效用最大化的商品 x 与 y 的消费组合。图(b)是利用 x 的需求量与其价格 p_x 的关系来做出的 x 的需求曲线，这条曲线是在 p_x 变动时，假设 p_y、I 与消费者偏好三者都保持不变的情况下得到的。

图 5.5(b)中，效用最大化时对商品 x 的选择由需求曲线表示出来了。以 p_x 为纵轴，横轴与图 5.5(a)完全相同。负斜率的需求曲线再次证实了 $\partial x/\partial p_x$ 为负的假设。因此，我们可以对消费者需求曲线做如下定义：

定义

消费者需求曲线　消费者需求曲线是假设在其他条件不变的情况下，表明商品的价格与商品需求量之间关系的曲线。

只有在保持其他条件不变的情况下,图 5.5 中的需求曲线才能保持在固定不变的位置。其中的一个条件改变,需求曲线就会移动到新的位置。

需求曲线的移动

上面的需求曲线是在以下三个基本要素保持不变的条件下得到的:(1) 收入;(2) 其他商品的价格(如 y 的价格 p_y);(3) 消费者偏好。这其中任何一个要素变化,都会使整条需求曲线向新的位置移动。例如,如果 I 增加,需求曲线将外移(假设$\partial x/\partial I>0$,也就是说,此商品在这一收入区间为"正常品")。在每一价格水平下都会有更多的 x 的需求量。如果另一种商品的价格 p_y 改变,曲线将依据 x 与 y 的关系发生内移或外移。下一章我们要对商品之间的关系做详细研究。最后,如果消费者对 x 的偏好发生变化,曲线也将移动。例如,麦当劳突然增加的广告就有可能使汉堡包的需求曲线外移。

以上的讨论已使我们清楚:图 5.5(b)中的需求曲线仅是一个二维的实际需求函数的代表((5.8)式),并且仅在其他条件不变下才能保持稳定。在 p_x 变化时,会发生沿着给定需求曲线的移动,而在收入、其他商品价格或偏好变化时,会发生整条需求曲线的移动。将这两种移动清楚地区别开来是非常重要的。传统上,用"需求增加"表示需求曲线的外移,而用"需求量增加"表示由 p_x 变化引起的沿给定需求曲线的移动。

例 5.2 需求函数与需求曲线

为从给定的需求函数中画出需求曲线,必须假设偏好是稳定不变的,并且知道收入与其他相关商品价格的值。从例 5.1 的第一种情形中我们发现:

$$x=\frac{0.3I}{p_x}$$

与

$$y=\frac{0.7I}{p_y} \tag{5.9}$$

如果偏好不变并且消费者收入为 100 美元,则函数为:

$$x=\frac{30}{p_x},\quad y=\frac{70}{p_y} \tag{5.10}$$

或

$$p_x x=30,\quad p_y y=70$$

很明显,这两种商品的需求曲线都是双曲线。收入增加将使两条需求曲线都发生外移。还要注意的是,在这种情况下,p_y 变化时 x 的需求曲线不发生移动;同理,p_x 变化时 y 的需求曲线不发生移动。

在例 5.1 的第二种情况下,分析更为复杂,对 x 商品,我们知道:

$$x=\left(\frac{1}{1+p_x/p_y}\right)\cdot\frac{I}{p_x} \tag{5.11}$$

为了在以 p_x 与 x 为坐标轴的平面上画出需求曲线,我们必须知道 I 与 p_y 的值。仍假定 $I=100$ 而 $p_y=1$,那么(5.11)式变为:

$$x=\frac{100}{p_x^2+p_x} \tag{5.12}$$

价格与消费量之间仍为双曲线的关系。此时的替代效应比柯布—道格拉斯情况下更大,所以这里的曲线相对平坦一些。从(5.11)式可知:

$$\frac{\partial x}{\partial I}=\left(\frac{1}{1+p_x/p_y}\right)\cdot\frac{1}{p_x}>0 \tag{5.13}$$

以及

$$\frac{\partial x}{\partial p_y}=\frac{I}{(p_x+p_y)^2}>0$$

所以增加 I 或 p_y 将导致商品 x 的需求曲线外移。

请回答:如果此人在每种商品上花费一半的总收入,(5.10)式中的需求函数将如何变化?证明他的需求函数在点 $p_x=1,p_y=1,I=100$ 得到的对 x 的需求量和(5.11)式得到的一样。用数值方法证明 CES 需求函数对 p_x 的变化比柯布—道格拉斯需求函数更加敏感。

5.5 补偿性需求曲线及函数

图5.5中,消费者的效用沿需求曲线而变化,当 p_x 下降时,消费者的效用如图所示不断改善,从 U_1 上升到 U_2 又上升到 U_3。这种情况的发生是由于假设了*名义收入*与其他商品价格都不变,因此,p_x 下降的结果是消费者福利改善,购买力增加。在需求曲线的推导过程中,虽然其他条件不变假设是最常见的方法,但不是唯一的方法。另一种方法是在考察 p_x 变化的影响时使消费者的真实收入(或效用)不变。图5.6对这种方法进行了说明,当 p_x 连续下降时,效用水平保持不变(在 U_2 水平)。为防止 p_x 下降后效用水平上升,就要减少消费者的正常收入。换句话说,价格变化导致购买力改变的效应是"补偿性"的,这样就使消费者保持在 U_2 水平。因此对价格变化的反应仅为替代效应。如果我们研究的是 p_x 上升的情况,收入的补偿效应将是正向的:为使消费者在价格上升后仍保持在无差异曲线 U_2 的效用水平上,消费者收入要有所增加。我们可将这些效应总结如下:

定义

补偿性需求曲线 补偿性需求曲线说明在其他商品价格与效用水平不变的假设条件下,某一商品的价格与其购买量之间的关系。这条曲线只说明替代效应。因由英国经济学家希克斯(John Hicks)引入,补偿性需求曲线也被称为希克斯需求曲线。从数值上来说,这条曲线表示了一个二维补偿性需求函数。

$$x^*=x^c(p_x,p_y,U) \tag{5.14}$$

注意,(5.14)式的补偿性需求曲线和(5.1)式或(5.2)式的非补偿性需求曲线的唯一区别在于是效用还是收入进入函数。在补偿性需求曲线中,效用保持不变,而在非补偿性需求曲线中,则是收入保持不变。

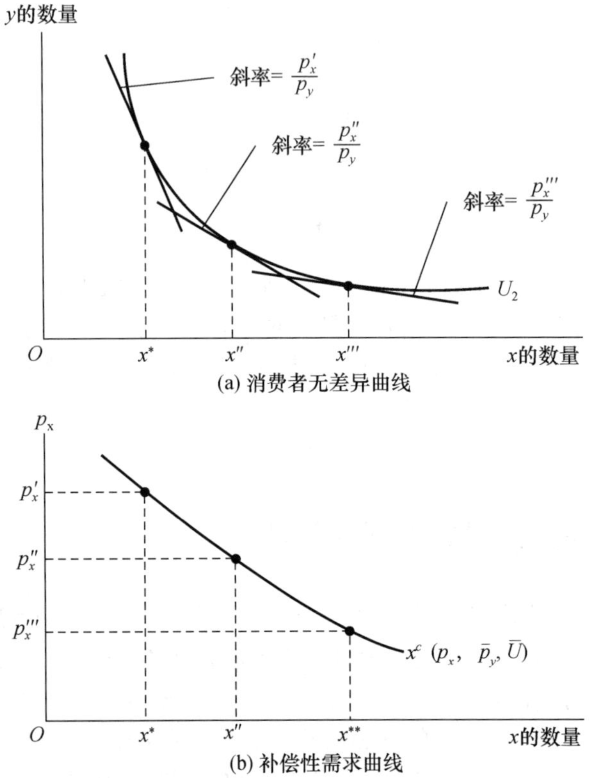

图 5.6 补偿性需求曲线

x^c 曲线为 p_y 与效用不变时,p_x 变化所引起的商品 x 需求量的变化。也就是说,为保持效用不变,消费者的收入是"补偿性"的。因此,x^c 反映的仅是价格变化的替代效应。

5.5.1 谢泼德引理

利用对偶理论中被称为谢泼德引理(根据开创了对偶理论在生产函数和成本函数中的应用的谢泼德(R. W. Shephard)的名字命名,见第 9、10 章)的重要结论,可以很容易地证明补偿性需求函数的很多结果。考虑第 4 章讨论的支出最小化问题,拉格朗日函数表达式为:

$$\mathscr{L} = p_x x + p_y y + \lambda[U(x,y) - \bar{U}] \tag{5.15}$$

该问题的解可求得支出函数 $E(p_x, p_y, U)$。注意到 E 对 p_x 的偏导数等于(5.15)式中 $\mathscr{L}$ 对 p_x 的偏导数,运用包络定理有:

$$\frac{\partial E(p_x, p_y, U)}{\partial p_x} = \frac{\partial \mathscr{L}}{\partial p_x} = x^c(p_x, p_y, U) \tag{5.16}$$

也就是说,一种商品的补偿性需求函数可以通过支出函数对该商品的价格求偏导而获得。从直观上看:第一,支出函数和补偿性需求函数的自变量相同(p_x,p_y 和 U),而偏导数的值往往取决于原始变量是否相同;第二,对于支出最小化问题,任何价格的变化都会在保证效用不变的前提下通过调整购买数量以达到支出最小化;第三,一种商品的价格变化对支出的影响大致上与该种商品的数量成正比,从(5.16)式便可看出。因此,对支出函数求偏导数可得到补偿性需求函数。

在谢泼德引理的诸多结论中,有一个是与补偿性需求曲线的斜率有关的。在第 4 章中我们已经证明了支出函数必须对任意价格满足凹性，也就是$\partial^2 E(p_x,p_y,V)/\partial p_x^2<0$，回到谢泼德引理，这意味着：

$$\frac{\partial^2 E(p_x,p_y,V)}{\partial p_x^2}=\frac{\partial[\partial E(p_x,p_y,V)/\partial p_x]}{\partial p_x}=\frac{\partial x^c(p_x,p_y,V)}{\partial p_x}<0 \tag{5.17}$$

由此可知，补偿性需求曲线斜率必定为负。马歇尔需求曲线中出现的不确定性将不会出现在补偿性需求曲线中，因为此时在马歇尔需求曲线中，替代效应和收入效应同时作用，方向相反，因此作用结果不定。而补偿性需求曲线仅仅包含替代效用，因此斜率必定为负。

5.5.2　补偿性与非补偿性需求曲线的关系

图5.7说明了这两种不同概念的需求曲线的关系。两条曲线在p_x''处相交是由于在这一价格下，消费者的收入刚好能达到U_2的效用水平（比较图5.5和图5.6）。因此x''是两种需求概念下的需求量。在p_x''以下，为不使效用因价格降低而上升，消费者在x^c曲线上有负的收入补偿。因此，假设x为正常品，沿x^c到p_x'''时的需求量比沿非补偿性需求曲线x到p_x'''时的需求量要少。反过来，在p_x''以上（如p_x'），收入补偿性为正，因为消费者此时需要某些帮助才能保持在U_2水平。仍假设x为正常品，沿x^c线到p_x'比沿x线所需的x要多。一般来说，正常品的补偿性需求曲线对价格变化的反应要小于非补偿性需求曲线对价格变化的反应，这是因为后者既反映价格变化的替代效应又反映价格变化的收入效应，而前者仅反映价格变化的替代效应。

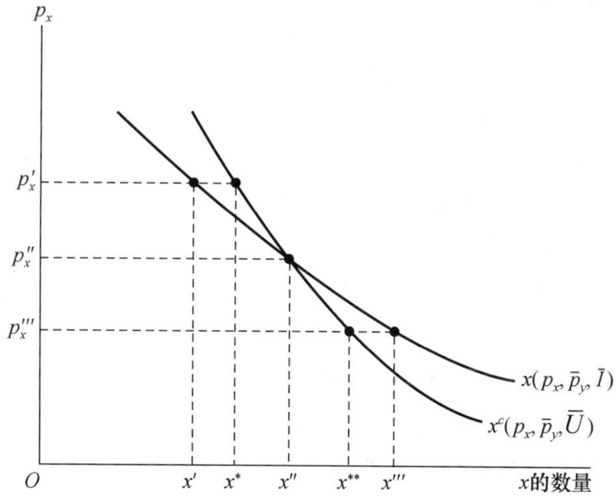

图5.7　补偿性与非补偿性需求曲线的比较

补偿性需求曲线（x^c）与非补偿性需求曲线（x）在p_x''处相交，因为此时在两个概念下，需求量都为x''。在p_x''以上，补偿性需求曲线上的消费者收入是增加的，所以比非补偿性需求曲线上的消费者需要更多的商品x。在p_x''以下，补偿性需求曲线上的消费者收入是减少的，所以比非补偿性需求曲线上的消费者需要的x量要少。因为x曲线既反映替代效应又反映收入效应，所以它比只反映替代效应的x^c曲线更平缓。

在经济分析中究竟是使用补偿性需求曲线还是使用非补偿性需求曲线，这基本上是选择哪一种曲线更方便的问题。因为估算所需的价格与名义收入数据通常容易获得，所以大多数的经验研究使用的是非补偿性需求曲线（即马歇尔需求曲线）。在本书第12章的扩展部分，我们将对这种估算及其在实际政策制定中的应用做一些说明。而出于理论研究的目的,补偿性需求曲线就是更合适的概念,因为它可以保持效用不变,这就使它具有了某些优势。本章后面关于“消费者剩余”的讨论就显示了它的一个优势。

例 5.3 补偿性需求函数

在例 3.1 中,我们曾假设汉堡包(y)与软饮料(x)的效用函数如下:

$$效用 = U(x,y) = x^{0.5}y^{0.5} \tag{5.18}$$

在例 4.1 中,我们计算了这一效用函数的马歇尔需求函数:

$$x(p_x,p_y,I) = \frac{0.5I}{p_x}, \quad y(p_x,p_y,I) = \frac{0.5I}{p_y} \tag{5.19}$$

在例 4.4 中,我们还计算出支出函数 $E(p_x,p_y,U) = 2p_x^{0.5}p_y^{0.5}U$。运用谢泼德引理可计算出补偿性需求函数为:

$$x^c(p_x,p_y,U) = \frac{\partial E(p_x,p_y,U)}{\partial p_x} = p_x^{-0.5}p_y^{0.5}U \tag{5.20}$$

$$y^c(p_x,p_y,U) = \frac{\partial E(p_x,p_y,U)}{\partial p_y} = p_x^{0.5}p_y^{-0.5}U$$

有时我们也用间接效用 V 取代 U,需求函数表达的意义不变,即消费者在保持效用不变的前提下,是如何对价格变化做出反应的。

虽然 p_y 没进入 x 商品的非补偿性需求函数,但它的确在补偿性需求函数中发挥了作用:p_y 提高,使补偿性需求曲线外移。两种需求概念在初始点重合在 $p_x=1, p_y=4, I=8, U=2$ 处。(5.19)式预测在这时 $x=4, y=1$,(5.20)式的情况也相同。但在 $p_x>1$ 或者 $p_x<1$ 时,需求量在这两种概念下就是不一样的了。如果 $p_x=4$,在非补偿性需求函数情况下,$x=1, y=1$,而在补偿性需求函数情况下则为 $x=2, y=2$。价格上升导致了商品 x 的需求量下降,但在补偿性需求函数下商品 x 的需求下降得少,非补偿需求函数下则下降得多,这是因为前者不包括价格上升后的负收入效应。

这个例子清楚地区分了两种需求概念下其他条件不变的差别。在非补偿性需求下,消费支出 $I=2$ 不变时,p_x 由 1 上升到 4,导致效用损失,此时,效用从 2 下降到 1;但在补偿性需求下,效用保持在 $U=2$ 不变。要保持效用不变,消费支出为补偿提价的效应必须上升到 $E=4\times2+4\times2=16$。

请回答:如果效用不变,(5.20)式给定的补偿性需求函数对 p_x 与 p_y 是零次齐次的吗?你是否认为所有的补偿性需求函数都具有这种性质?

5.6 对价格变化反应的数学进展

我们前面在很大程度上是依赖于几何的方法描述消费者对价格变化的反应的,由于数学的方法能提供对问题的更深入的认识,我们现在使用数学分析法。我们的目标是检验偏导数$\partial x/\partial p_x$,即其他条件不变时,某种商品价格的变化对其购买量的影响。接着我们研究一种商品价格的变化是如何影响另一种商品购买量的。

5.6.1　直接法

我们的目标是利用效用最大化的模型来研究 p_x 变化时 x 的需求发生什么变化，即计算 $\partial x/\partial p_x$。解决这一问题的直接方法是利用效用最大化的一阶条件。这 $n+1$ 个等式的导数产生了新的 $n+1$ 个等式，最终可解出我们需要的导数。④ 不幸的是，求解过程相当麻烦，且经济意义不大，因此我们以另一种非直接的方法取而代之。这种方法基于对偶性的概念。两种方法的最终结论相同，但间接法所包含的经济学含义更丰富。

5.6.2　间接法

为使用间接分析法⑤，先假设仅有两种商品（x 与 y）。我们集中研究补偿性需求函数 $x^c(p_x, p_y, U)$。现在要说明的是这一需求函数与普通需求函数 $x(p_x, p_y, I)$ 之间的联系。

根据定义，有

$$x^c(p_x, p_y, U) = x[p_x, p_y, E(p_x, p_y, U)] \tag{5.21}$$

这一结论已在图 5.7 中介绍过，该图表明，当消费者的收入刚好是给定效用水平所必需的数量时，x 的需求量在补偿性与非补偿性需求函数中是相等的。将支出水平代入需求函数 $x(p_x, p_y, I)$ 后就得到了(5.21)式。对(5.21)式的 p_x 求偏导，并注意 p_x 在两处被代入普通的需求函数，因此有

$$\frac{\partial x^c}{\partial p_x} = \frac{\partial x}{\partial p_x} + \frac{\partial x}{\partial E} \cdot \frac{\partial E}{\partial p_x} \tag{5.22}$$

整理后得

$$\frac{\partial x}{\partial p_x} = \frac{\partial x^c}{\partial p_x} - \frac{\partial x}{\partial E} \cdot \frac{\partial E}{\partial p_x} \tag{5.23}$$

5.6.3　替代效应

结果，求得的导数有两项，现逐一考察。第一项含义简单直观，就是补偿性需求曲线的斜率，但表示的是沿着一条无差异曲线的运动，也就是我们前面所说的替代效应。5.23 式右边的第一项即是该效应的数学表示。

5.6.4　收入效应

(5.23)式中的第二项反映了 p_x 变化后，通过必要的支出水平的改变（即购买力的改变）而使 x 的需求量发生的变化。因此这一项是收入效应。(5.23)式中的负号表示这一效应的方向。例如，p_x 提高，为维持既定的效用水平必须增加支出（从数值上来看，就是$\partial E/\partial p_x > 0$）。而实际上名义收入是不变的，这一增加的支出无法得到满足，所以只好减少 x 的需求数量以适应这一支出的短缺。x 减少的程度由$\partial x/\partial E$ 决定。另一方面，如果 p_x 下降，为满足给定效用水平所需的支出也

---

④　有关的例子请参见 Paul A. Samuleson, *Foundations of Economic Analysis* (Cambridge, MA: Harvard University Press, 1947) pp. 101—103.

⑤　以下的论证摘自 Phillip J. Cook,"A 'One Line' Proof of the Slutsky Equation," *American Economic Review* 62 (March 1972): 139.

会减少。x 的下降通常伴随的支出的下降正好等于由收入效应必须加回去的量。这样,收入效应就使得 x 的需求量增加。

5.6.5 斯拉茨基方程

(5.23)式所体现的关系是由俄国经济学家尤金·斯拉茨基(Eugen Slutsky)于 19 世纪后半叶首次提出的。为准确地说明斯拉茨基的结论,需要对公式略加修改。首先,为表示沿同一条无差异曲线的移动,我们把替代效应记为:

$$\text{替代效应} = \frac{\partial x^c}{\partial p_x} = \frac{\partial x}{\partial p_x}\bigg|_{U=\text{常量}} \tag{5.24}$$

而对于收入效应,由于收入与支出在函数 $x(p_x,p_y,I)$ 中是一回事,所以我们有:

$$\text{收入效应} = -\frac{\partial x}{\partial E}\cdot\frac{\partial E}{\partial p_x} = -\frac{\partial x}{\partial I}\cdot\frac{\partial E}{\partial p_x} \tag{5.25}$$

利用谢泼德引理,容易证明 $\partial E/\partial p_x = x^c$。因此收入效用可由下式给出:

$$\text{收入效应} = -x^c\frac{\partial x}{\partial I} \tag{5.26}$$

5.6.6 斯拉茨基方程的最终形式

将(5.24)式和(5.25)式进行整理,可以得到以下结果:

$$\frac{\partial x(p_x,p_y,I)}{\partial p_x} = \text{替代效应} + \text{收入效应} = \frac{\partial x}{\partial p_x}\bigg|_{U=\text{常量}} - x\frac{\partial x}{\partial I} \tag{5.27}$$

这里我们用到了这样一个事实:在效用最大化的点有 $x(p_x,p_y,I) = x^c(p_x,p_y,V)$。

用斯拉茨基方程式比用几何分析法更能准确地定义替代效应与收入效应的方向与程度。首先,只要效用函数满足拟凹性(MRS 递减),支出函数满足凹性,替代效应(补偿需求曲线的斜率)就总是负的。我们将在最后一节以某种不同的方式说明这一结论。

收入效应($-x\,\partial x/\partial I$)的符号取决于 $\partial x/\partial I$ 的符号。如果 x 是正常品,$\partial x/\partial I$ 为正,则整个收入效应同替代效应一样,也为负。因此,对正常品来说,价格与数量的变动方向总是相反的。例如,p_x 下降使真实收入上升,因为 x 是正常品,所以对 x 的购买量增加。同样,如果 p_x 上升,则会减少真实收入,并导致商品 x 的购买量下降。总的来看,这与我们前面用几何分析法得出的结论是相同的,替代效应与收入效应的作用方向相同,并使需求曲线的斜率为负。在劣等品的情形下,$\partial x/\partial I<0$,(5.27)式中的两项有不同的符号,因此,价格变化的总体影响是不能确定的,它取决于两种影响的大小。理论上,第 2 项有可能起主导作用从而产生吉芬之谜($\partial x/\partial p_x>0$)。

例 5.4 斯拉茨基分解式

斯拉茨基最先引入的价格效应的分解可以用我们前面讨论过的柯布—道格拉斯的例子来很好地说明。从例 5.3 中我们得到 x 的马歇尔需求函数与补偿性需求函数分别如下:

$$x(p_x,p_y,I) = \frac{0.5I}{p_x} \tag{5.28}$$

与

$$x^C(p_x,p_y,U) = p_x^{-0.5}p_y^{0.5}U \tag{5.29}$$

通过对(5.28)式求导可以得到马歇尔需求对价格变化的总效应：

$$\frac{\partial x(p_x,p_y,I)}{\partial p_x}=\frac{-0.5I}{p_x^2} \tag{5.30}$$

现在我们希望上式是斯拉茨基所引入的两个效应的和。替代效应可由对补偿性需求函数((5.29)式)求导数得到：

$$替代效应=\frac{\partial x^c(p_x,p_y,U)}{\partial p_x}=-0.5p_x^{-1.5}p_y^{0.5}U \tag{5.31}$$

利用间接效用函数 $V(p_x,p_y,I)=0.5Ip_x^{-0.5}p_y^{-0.5}$ 替代 U，得到：

$$替代效应=-0.5p_x^{-1.5}p_y^{0.5}V=-0.25p_x^{-2}I \tag{5.32}$$

收入效应的计算相对简单，利用(5.27)式的结果我们得到：

$$收入效应=-x\frac{\partial x}{\partial I}=-\left(\frac{0.5I}{p_x}\right)\cdot\frac{0.5}{p_x}=-\frac{0.25I}{p_x^2} \tag{5.33}$$

将(5.30)式与(5.32)式、(5.33)式进行比较，我们确实将需求函数对价格的导数分解为替代效应和收入效应。有趣的是，替代效应和收入效应的大小一样，我们即将在下例中看到，这是柯布—道格拉斯函数的特性之一。

前面的以数值所举的例子也可以说明斯拉茨基分解式。当 x 的价格从 1 上升到 4 时，(非补偿性)需求从 $x=4$ 下降到 $x=1$。但补偿性需求只从 $x=4$ 下降到 $x=2$。这 50% 的下降是替代效应，从 $x=2$ 下降到 $x=1$ 这进一步的 50% 的下降代表了对在马歇尔需求函数中购买力的下降。这种收入效应在使用补偿性需求的概念时并不产生。

请回答：在这个例子中，消费者花费了一半收入在商品 x 上，一半收入在商品 y 上。如果柯布—道格拉斯效用函数的指数不相等，收入效应和替代效应的相对大小如何变化？

5.7 需求弹性

在前面，我们已经通过对需求函数求导数来考察消费者如何对价格和收入的变化做出反应。从分析问题的角度来看，这是个很好的方式，因为微积分的方法可以直接被应用。然而，正如我们在第 2 章指出的，考察导数对经验工作有一点缺陷，即导数的大小直接取决于变量如何测量，这使得跨国跨时商品间的比较变得很困难。基于这个原因，微观经济学大部分经验工作要使用某种弹性。在这部分，我们介绍三种最重要的需求弹性，并研究它们之间的数学联系。为了简化，我们仍只考虑消费者只在两种商品间选择的情形，这样可以很容易地归纳这些概念。

5.7.1 马歇尔需求弹性

常用的需求弹性大多数是从马歇尔需求函数 $x(p_x,p_y,I)$ 中得到的。具体的定义如下：

定义

1. 需求的价格弹性(e_{x,p_x}):衡度需求量改变比例对价格改变比例的反应,数学上

$$e_{x,p_x} = \frac{\Delta x/x}{\Delta p_x/p_x} = \frac{\Delta x}{\Delta p_x} \cdot \frac{p_x}{x} = \frac{\partial x(p_x,p_y,I)}{\partial p_x} \cdot \frac{p_x}{x} \tag{5.34}$$

2. 需求的收入弹性($e_{x,I}$):衡度需求量改变比例对收入改变比例的反应,数学上

$$e_{x,I} = \frac{\Delta x/x}{\Delta I/I} = \frac{\Delta x}{\Delta I} \cdot \frac{I}{x} = \frac{\partial x(p_x,p_y,I)}{\partial I} \cdot \frac{I}{x} \tag{5.35}$$

3. 需求的交叉价格弹性(e_{x,p_y}):衡度商品 x 需求量改变比例对其他商品(y)价格改变比例的反应,数学上

$$e_{x,p_y} = \frac{\Delta x/x}{\Delta p_y/p_y} = \frac{\Delta x}{\Delta p_y} \cdot \frac{p_y}{x} = \frac{\partial x(p_x,p_y,I)}{\partial p_y} \cdot \frac{p_y}{x} \tag{5.36}$$

注意到所有的定义都使用了偏导数,这意味着当考察决定需求的某一因素时,所有其他的因素都被固定为常数。下面,我们将更详细地考察自身需求价格弹性的定义。而在第 6 章我们主要考察需求的交叉价格弹性。

5.7.2 需求价格弹性

(自身的)需求价格弹性很可能是微观经济学中最重要的弹性概念。这不仅是因为它提供了一种简单的方式来总结人们如何对经济中大量商品的价格变化做出反应,而且因为它是生产者如何对需求曲线做出反应的理论中的核心概念。你可能已经在初级经济学课程中知道,需求富有弹性(价格对需求量影响较大)和需求缺乏弹性(价格对需求量影响较小)的情况是有差别的。一个数学上使这些概念复杂的地方是商品对自己价格的需求弹性是负的⑥,除了很少见的吉芬物品的情形,$\partial x/\partial p_x$ 一般是负的。对弹性大小的界限一般定在 -1。如果 $e_{x,p_x} = -1$,x 和 p_x 的改变是同比例的,即价格增加 1% 会导致需求量下降 1%。在这种情形下,我们说需求是单位弹性的。如果 $e_{x,p_x} < -1$,需求改变的比例大于价格改变的比例,我们称需求是富有弹性的。例如,如果 $e_{x,p_x} = -3$,价格每增加 1% 会导致需求下降 3%。最后,如果 $e_{x,p_x} > -1$,则需求是缺乏弹性的,需求量改变的比例小于价格改变的比例。例如,$e_{x,p_x} = -0.3$,价格增加 1% 会导致需求下降 0.3%。在第 12 章中,我们将看到,如何用加总的数据来估计每个消费者对一种商品的需求价格弹性以及这种估计如何被使用在应用微观经济学的问题中。

5.7.3 价格弹性和总花费

需求的价格弹性决定在其他条件不变时,价格的改变如何影响在某种商品上的总花费。这种关系很容易用微积分来表达:

$$\frac{\partial(p_x \cdot x)}{\partial p_x} = p_x \cdot \frac{\partial x}{\partial p_x} + x = x(e_{x,p_x} + 1). \tag{5.37}$$

⑥ 有时经济学家在他们的讨论中用需求价格弹性的绝对值,虽然这在数学上是不正确的,但这样的用法很常见。例如:一项结果为 $e_{x,p_x} = -1.2$ 的研究有时会报告需求价格弹性为 1.2。

上式中导数的符号取决于 e_{x,p_x} 是大于还是小于 -1。如果需求缺乏弹性($0>e_{x,p_x}>-1$),导数就是正的,价格和总花费改变的方向相同。直觉上,如果价格对需求量的影响不大,当价格变化时,需求量相对不变,因而总花费主要反映了价格的变化。这是大多数农产品的情形。天气引起的对某种作物的价格改变和总花费的改变方向相同。在另一方面,如果需求对价格变化的弹性很大($e_{x,p_x}<-1$),那么价格的变化对总花费的影响则是反方向的——价格的上升使总花费下降(因为需求量显著减少),价格的下降使总花费上升(因为需求量显著增加)。对于单位弹性的情形($e_{x,p_x}=-1$),无论价格如何改变,总花费不变。

5.7.4　补偿性价格弹性

由于某些微观经济学研究专注于补偿性需求函数,对这一概念下的弹性定义也很重要。

定义

我们已经知道补偿性需求函数的形式为 $x^c(p_x,p_y,U)$,与马歇尔弹性定义类似,有:

1. 补偿性自身需求价格弹性(e_{x^c,p_x}):衡量了补偿性需求量改变比例对价格改变比例的反应。

$$e_{x^c,p_x}=\frac{\Delta x^c/x^c}{\Delta p_x/p_x}=\frac{\Delta x^c}{\Delta p_x}\cdot\frac{p_x}{x^c}=\frac{\partial x^c(p_x,p_y,U)}{\partial p_x}\cdot\frac{p_x}{x^c}\tag{5.38}$$

2. 补偿性交叉需求价格弹性(e_{x^c,p_y}):衡量了补偿性需求量改变比例对其他商品价格改变比例的反应。

$$e_{x^c,p_y}=\frac{\Delta x^c/x^c}{\Delta p_y/p_y}=\frac{\Delta x^c}{\Delta p_y}\cdot\frac{p_y}{x^c}=\frac{\partial x^c(p_x,p_y,U)}{\partial p_y}\cdot\frac{p_y}{x^c}\tag{5.39}$$

这些价格弹性和它们对应的马歇尔需求价格弹性之间差别的大小取决于收入补偿在对商品 x 的需求中的重要性。这两者间的精确关系可以用在5.27式中的斯拉茨基方程两边乘上 p_x/x 来表示:

$$\frac{p_x}{x}\cdot\frac{\partial x}{\partial p_x}=e_{x,p_x}=\frac{p_x}{x}\cdot\frac{\partial x^c}{\partial p_x}-\frac{p_x}{x}\cdot x\cdot\frac{\partial x}{\partial I}=e_{x^c,p_x}-s_x e_{x,I}\tag{5.40}$$

其中,$s_x=\frac{p_x x}{I}$,是总收入中在商品 x 上花费的比例。

(5.40)式显示了在下面的两个条件任一成立的情形下,补偿性自身需求价格弹性和非补偿需求价格弹性的差别不大:(1) 总收入中,花费在商品 x 上的比例(s_x)很小;(2) 商品 x 的收入价格弹性($e_{x,I}$)很小。这两个条件中任一个成立都使得补偿性需求函数中收入补偿效应的重要性减轻。如果 x 在消费者的预算中不重要,用来抵消价格变化的补偿性收入的量就较小。即使一件商品在预算中重要,如果消费者对补偿性收入变化的反应不大,两种概念下的结果仍然相近。所以,在很多情况下,两种需求价格弹性可以互换使用。而事实上,在很多经济情形下,替代效应就是价格效应中最主要的部分。

5.7.5　需求弹性之间的关系

在这一节中有很多弹性概念之间的关系,它们都是从效用最大化的模型中得到的。下面我们来看三个这样的关系，以此加深对消费者需求函数的性质的理解。

齐次性。需求函数的齐次性也可以用弹性来表示。由于任何价格及收入的同比例增长不会改变需求量，故所有的价格弹性和收入弹性的和应为零。一个严格的证明要用到欧拉定理（参见第2章）。将其应用到需求函数 $x(p_x, p_y, I)$ 上，并考虑到此函数的零次齐次性，得到：

$$0 = p_x \cdot \frac{\partial x}{\partial p_x} + p_y \cdot \frac{\partial x}{\partial p_y} + I \cdot \frac{\partial x}{\partial I} \tag{5.41}$$

在(5.41)式两边同时除以 x，得到：

$$0 = e_{x,p_x} + e_{x,p_y} + e_{x,I} \tag{5.42}$$

这一结果表示一种商品的需求弹性不是完全自由的，它们服从一定的内部一致性，这点来源于建立需求理论的效用最大化方法。

恩格尔加和。在第4章的扩展部分，我们讨论了市场份额的经验分析，并特别讨论了恩格尔定律，即随着收入的增加，其中用于食品的消费份额下降。恩格尔定律表现了对于食品的需求价格弹性的经验规律——弹性一定是显著小于1的。因此，非食品的收入弹性必然大于1。如果消费者经历了收入的增加，我们可以预期在食品上的花费增长的比例较小，这样收入必须花在别的地方。总的来说，这些其他花费增加的比例一定大于收入增加的比例。

一个更严格的对收入弹性这种性质的说明可以从对消费者的预算约束（$I = p_x x + p_y y$）对 I 求导得到，假设价格不变：

$$1 = p_x \cdot \frac{\partial x}{\partial I} + p_y \cdot \frac{\partial y}{\partial I} \tag{5.43}$$

对上式做代数变换，得到：

$$1 = p_x \cdot \frac{\partial x}{\partial I} \cdot \frac{xI}{xI} + p_y \cdot \frac{\partial y}{\partial I} \cdot \frac{yI}{yI} = s_x e_{x,I} + s_y e_{y,I} \tag{5.44}$$

其中，s_i 表示在商品 i 上的花费占总收入的比例。(5.44)式显示一个消费者所购买的所有商品的加权平均收入弹性为1。假如我们知道一个人花费1/4的收入在食品上，且对食品的收入弹性为0.5，那么他对其他商品的收入弹性必然约为1.17[$=(1-0.25\times 0.5)/0.75$]。因为食品始终是重要的必需品，其他商品在某种意义上就成了奢侈品。

古诺加和。18世纪的法国经济学家安东尼·古诺（Antoine Cournot）提出的对价格变化的数学分析是最早用到微积分的几个研究之一。他的一个重要的贡献是对边际收益概念的引入——这是厂商利润最大化假设中的一个核心概念。古诺还考虑了一个价格的改变如何影响对所有商品的需求。我们最终将说明所有商品对某一商品价格变化所做出的反应之间确实存在着联系。我们从用预算约束对 p_x 求偏导开始：

$$\frac{\partial I}{\partial p_x} = 0 = p_x \cdot \frac{\partial x}{\partial p_x} + x + p_y \cdot \frac{\partial y}{\partial p_x}$$

两边乘以 p_x/I 得到：

$$0 = p_x \cdot \frac{\partial x}{\partial p_x} \cdot \frac{p_x}{I} \cdot \frac{x}{x} + x \cdot \frac{p_x}{I} + p_y \cdot \frac{\partial y}{\partial p_x} \cdot \frac{p_x}{I} \cdot \frac{y}{y} \tag{5.45}$$

$$0 = s_x e_{x,p_x} + s_x + s_y e_{y,p_x}$$

最终古诺的结果是：

$$s_x e_{x,p_x} + s_y e_{y,p_x} = -s_x \tag{5.46}$$

这个方程说明 x 价格变化引起的对 y 的交叉价格效应因预算约束而受到限制。更直观地说，交叉价格效应不能完全压倒自身价格效应。这是我们将要在下章集中讨论的许多商品需求间联系中的第一个。

推广。虽然我们只在两种商品的情形下考察了这些加和结果,但它们很容易被推广到多种商品的情形。在习题5.11中,你将被要求做出这些推广。一个更困难的问题是,这些结论在把许多人的需求加和在一起的情形下是否仍然成立?通常经济学家把加和的需求关系用一个"典型"消费者来表示,而上面得到的关系应对这个人成立。但实际情况并不那么简单,这点我们将在后面讨论加和时说明。

例5.5　需求弹性:替代效应的重要性

在这个例子中,我们计算前面用过的三个具体的效用函数下的需求弹性。虽然这些函数太简单,以至于它们中包括的含义不能将济学家实际上研究的经验性研究表达出来,但它们确实体现了弹性如何反映人们的偏好。一个特别重要的意义在于说明为什么需求弹性之间主要的差别很可能是由替代效应的大小不同造成的。

情况1. 柯布—道格拉斯($\sigma=1$):$U(x,y)=x^{\alpha}y^{\beta}$ 其中 $\alpha+\beta=1$。

从效用函数中得到的需求函数为

$$x(p_x,p_y,I)=\frac{\alpha I}{p_x}$$

$$y(p_x,p_y,I)=\frac{\beta I}{p_y}=\frac{(1-\alpha)I}{p_y}$$

从弹性的定义可以得到

$$e_{x,p_x}=\frac{\partial x}{\partial p_x}\cdot\frac{p_x}{x}=\frac{-\alpha I}{p_x^2}\cdot\frac{p_x}{\alpha I/p_x}=-1$$

$$e_{x,p_y}=\frac{\partial x}{\partial p_y}\cdot\frac{p_y}{x}=0\cdot\frac{p_y}{x}=0 \tag{5.47}$$

$$e_{x,I}=\frac{\partial x}{\partial I}\cdot\frac{I}{x}=\frac{\alpha}{p_x}\cdot\frac{I}{\alpha I/p_x}=1$$

用类似的方法可得到商品 y 的弹性。所以,在柯布—道格拉斯效用函数下,对于任何价格和收入,弹性值都是一些简单的常数。上面提到的弹性符合的三条性质可以很容易地验证,其中要用到 $s_x=\alpha,s_y=\beta$。

齐次性:$e_{x,p_x}+e_{x,p_y}+e_{x,I}=-1+0+1=0$

恩格尔加和:$s_xe_{x,I}+s_ye_{y,I}=\alpha\cdot1+\beta\cdot1=\alpha+\beta=1$

古诺加和:$s_xe_{x,p_x}+s_ye_{y,p_x}=\alpha(-1)+\beta\cdot0=-\alpha=-s_x$

我们也可以用弹性形式的斯拉茨基方程(5.40式)来得到这个例子中的补偿性价格弹性

$$e_{x^c,p_x}=e_{x,p_x}+s_xe_{x,I}=-1+\alpha(1)=\alpha-1=-\beta \tag{5.48}$$

所以这里 x 的补偿性价格弹性取决于其他商品(y)在效用函数中的重要性。

情况2. CES($\sigma=2;\delta=0.5$):$U(x,y)=x^{0.5}+y^{0.5}$。

在例4.2中我们已得到从这个效用函数中得到的需求函数

$$x(p_x,p_y,I)=\frac{I}{p_x(1+p_xp_y^{-1})},\quad y(p_x,p_y,I)=\frac{I}{p_y(1+p_x^{-1}p_y)}$$

可以想象,直接从上式计算弹性会很费时。这里我们只考虑自身价格弹性,并利用习题 5.6 中的结论,即一种商品的“份额弹性”可以表达为

$$e_{s_x,p_x} = \frac{\partial s_x}{\partial p_x} \cdot \frac{p_x}{s_x} = 1 + e_{x,p_x} \qquad (5.49)$$

在这种情况下,

$$s_x = \frac{p_x x}{I} = \frac{1}{1 + p_x p_y^{-1}}$$

故份额弹性很容易由下式来计算

$$e_{s_x,p_x} = \frac{\partial s_x}{\partial p_x} \cdot \frac{p_x}{s_x} = \frac{-p_y^{-1}}{(1 + p_x p_y^{-1})^2} \frac{p_x}{(1 + p_x p_y^{-1})^{-1}} = \frac{-p_x p_y^{-1}}{(1 + p_x p_y^{-1})} \qquad (5.50)$$

因为商品测量的单位在效用理论里是可以任意取定的,我们不妨设 $p_x = p_y$,这样得到⑦

$$e_{x,p_x} = e_{s_x,p_x} - 1 = \frac{-1}{1+1} - 1 = -1.5 \qquad (5.51)$$

因此,这种情形下的需求比柯布—道格拉斯情形下更富有弹性,这是由于 CES 效用函数的替代效应更大。这点可以用斯拉茨基方程来表示(利用 $e_{x,I} = 1$ 和 $s_x = 0.5$)

$$e_{x^c,p_x} = e_{x,p_x} + s_x e_{x,I} = -1.5 + 0.5(1) = -1 \qquad (5.52)$$

这是柯布—道格拉斯替代效应的两倍。

情况 3. CES($\sigma = 0.5$;$\delta = -1$):$U(x,y) = -x^{-1} - y^{-1}$

在例 4.2 中,我们已经看到,这种情况下的 x 的份额可以用下式表达

$$s_x = \frac{1}{1 + p_y^{0.5} p_x^{-0.5}}$$

于是份额弹性为

$$e_{s_x,p_x} = \frac{\partial s_x}{\partial p_x} \cdot \frac{p_x}{s_x} = \frac{0.5 p_y^{0.5} p_x^{-1.5}}{(1 + p_y^{0.5} p_x^{-0.5})^2} \frac{p_x}{(1 + p_y^{0.5} p_x^{-0.5})^{-1}} = \frac{0.5 p_y^{0.5} p_x^{-0.5}}{1 + p_y^{0.5} p_x^{-0.5}} \qquad (5.53)$$

为简化起见,假设价格相等,可以计算自身需求价格弹性为

$$e_{x,p_x} = e_{s_x,p_x} - 1 = \frac{0.5}{2} - 1 = -0.75 \qquad (5.54)$$

补偿性需求价格弹性为

$$e_{x^c,p_x} = e_{x,p_x} + s_x e_{x,I} = -0.75 + 0.5(1) = -0.25 \qquad (5.55)$$

因此,对于这样的 CES 效用函数,由于替代效应较小,自身价格弹性比情况 1 和情况 2 都小。所以,不同情况下的差异主要是由替代效应的大小不同造成的。

如果你不想再去逐步计算这种弹性,以下结论会对你有所帮助

$$e_{x^c,p_x} = -(1 - s_x)\sigma \qquad (5.56)$$

你可以用刚才的三个例子来检验上面的公式(其中 $s_x = 0.5$,σ 分别等于 1,2,0.5),在习题 5.9 中,你将自己证明上式在普遍意义下是成立的。在 CES 效用函数下的所有情形,收入弹性都是单位的,自身价格弹性可以简单地用补偿性价格弹性得到,即由(5.56)式的结果加上 $-s_x$ 即可。

请回答:为什么在这个例子中 x 的自身补偿性价格弹性与除 x 外的商品的预算份额$(1 - s_x)$有关系?

---

⑦ 值得注意的是,这里的替换必须在求导之后做,因为弹性的定义要求我们变动 p_x 时保持 p_y 不变。

5.8 消费者剩余

价格变化导致消费者获益或受损,应用福利经济学的一个重要问题就是找到一种用货币来度量这种得失的方法。一个应用是用货币来度量当市场中出现价格高于边际成本的垄断时人们的福利损失。另一个应用是衡量当技术进步时商品价格下降使人们得到的福利增加。相关的应用涉及环境经济学(衡量资源不正确定价时的福利损失)、法经济学(衡量由于害怕官司而过度保护的福利损失)和公共经济学(度量税负过重的额外成本)。为了进行这种计算,经济学家结合了市场需求研究中的实证数据和需求背后隐含的理论。在这一节,我们将考察在这一过程中的主要工具。

5.8.1 消费者福利与支出函数

第4章已介绍过的支出函数是我们学习价格福利关系的第一个工具。设想我们希望衡量当商品 x 的价格从 p_x^0 上升到 p_x^1 时,一个消费者经历的福利变化。最初,此人需要花费 $E(p_x^0,p_y,U_0)$ 来达到效用 U_0。当 x 的价格上升时,为了达到相同的效用,他至少要支出 $E(p_x^1,p_y,U_0)$。为了补偿这部分价格上升的影响,他要求得到一个补偿(正式的叫法是补偿性差异,compensating variation⑧,简称 CV),表示为

$$\mathrm{CV} = E(p_x^1,p_y,U_0) - E(p_x^0,p_y,U_0) \tag{5.57}$$

这种情况可用图5.8(a)表示。图中横轴是价格发生变化的商品 x,纵轴是花费在其他商品上的支出。这个人开始的消费组合是 (x_0,y_0),效用为 U_0。当 x 的价格上升时,他移动自己的消费组合至 (x_2,y_2),并承受效用损失。如果他得到数量 CV 的购买力补偿,他就可以通过选择消费组合 (x_1,y_1) 使自己的效用保持在 U_0。CV 的大小提供了对这个人由于价格上升需要补偿的货币度量。

5.8.2 用补偿性需求曲线表示补偿性差异

不幸的是,消费者的效用函数和相关的无差异曲线并不能直接观察到。但我们可以通过如图5.8(b)所示的补偿性需求曲线得到补偿性差异的方法来经验地测量补偿性差异。谢泼德引理表明,一种商品的补偿性需求曲线可以通过对支出函数求导来直接得到

$$x^c(p_x,p_y,U) = \frac{\partial E(p_x,p_y,U)}{\partial p_x} \tag{5.58}$$

于是,5.57式中的补偿可以通过对价格从 p_x^0 到 p_x^1 一系列小增量的积分得到

$$\mathrm{CV} = \int_{p_x^0}^{p_x^1} \frac{\partial E(p_x,p_y,U_0)}{\partial p_x}\mathrm{d}p_x = \int_{p_x^0}^{p_x^1} x^c(p_x,p_y,U_0)\,\mathrm{d}p_x \tag{5.59}$$

---

⑧ 一些学者将补偿性差异定义为:当 x 的价格变化时,为使消费者的效用从 U_1 增加到 U_0 所必须补偿的收入。此时 $\mathrm{CV}=E(p_x^1,p_y,U_0)-E(p_x^1,p_y,U_1)$。若假设 $E(p_x^0,p_y,U_0)=E(p_x^1,p_y,U_1)$,则上述定义与(5.57)式的定义等价。一些学者还从“社会规划”补偿预算设计者的角度来看待此问题,而不是从消费者的角度,在这种情况下,CV 是负的。

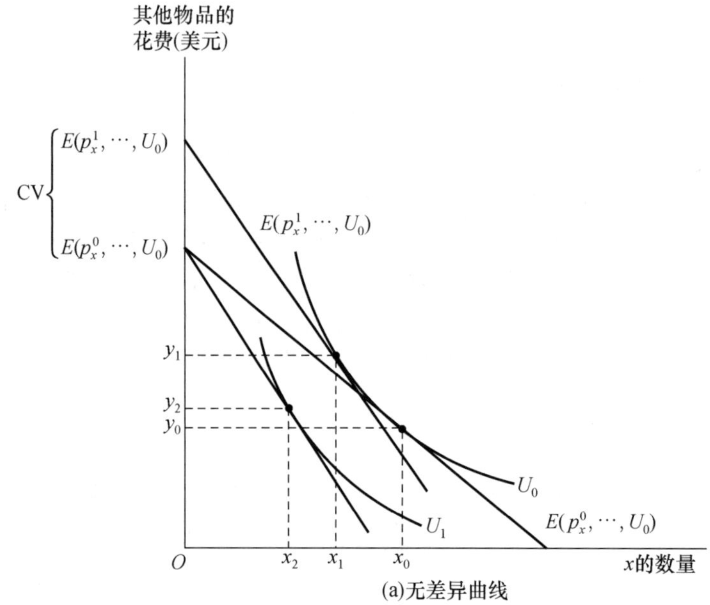

(a)无差异曲线

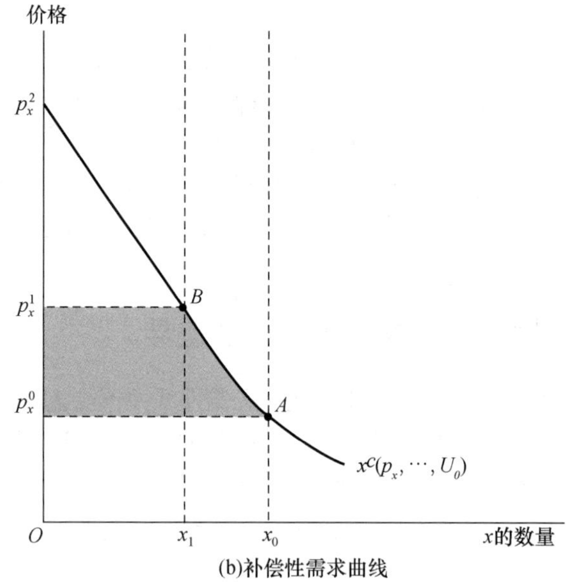

(b)补偿性需求曲线

图 5.8 补偿性差异

如果 x 的价格从 p_x^0 上升到 p_x^1,则这个人需要额外的等于补偿性差异的支出来使他保持在效用为 U_0 的水平上,补偿性差异可以用(b)图中补偿性需求曲线下方的阴影区域来表示。

令 p_y 和效用恒定,(5.59)式中定义的积分有如图 5.8(b)的几何解释,即补偿性需求曲线左侧从 p_x^0 到 p_x^1 的阴影区域。因此,价格上升的福利损失可以用补偿性需求曲线下方的面积变化来表示。

5.8.3 消费者剩余概念

我们可以从另一个角度来看这个问题。我们可以询问在市场价格 p_x^0 下,这个人愿意付出多少来购买他想要的商品。图5.8(b)的补偿性需求曲线表明,如果 x 的价格上升到 p_x^2,该消费者选择的消费量为零,他会要求区域 $p_x^2Ap_x^0$ 这么大的补偿。这也就是对这个消费者而言在价格 p_x^0 消费 x_0的权利的价值。这是他按市场价格交易而得到的额外的收益。由补偿性需求曲线下方和市场价格上方组成的区域的面积叫消费者剩余。从这个角度来看,x 的价格上升引起的福利问题可以用消费者剩余的损失来表示。当价格从 p_x^0 上升到 p_x^1 时,消费者剩余三角形从 $p_x^2Ap_x^0$ 缩小到 $p_x^2Bp_x^1$。从图上可以清楚地看到,这是描述(5.59)式中福利损失的另一种方法。

5.8.4 福利变化与马歇尔需求曲线

到目前为止,我们对消费者剩余的分析利用的是补偿性需求曲线。但大多数有关需求的实证研究使用的是一般(马歇尔)需求函数。在这一节中,我们将说明通过研究在这样的需求曲线下的面积改变,事实上可以更好地衡量福利损失。

考虑图5.9所示的马歇尔需求曲线 $x(p_x,\cdots)$。消费者最初面临价格 p_x^0,选择消费 x_0。效用水平 U_0,初始的 x 的补偿性需求曲线 $x^c(p_x,p_y,U)$ 通过点(x_0,p_x^0)(即 A 点)。当价格上升到 p_x^1 时,商品 x 的马歇尔需求下降到 x_1(即需求曲线上的点 C),效用随之下降到 U_1,与之相关的有另一条较低的补偿性需求曲线。马歇尔需求曲线和这条新的补偿性需求曲线都经过点 C。

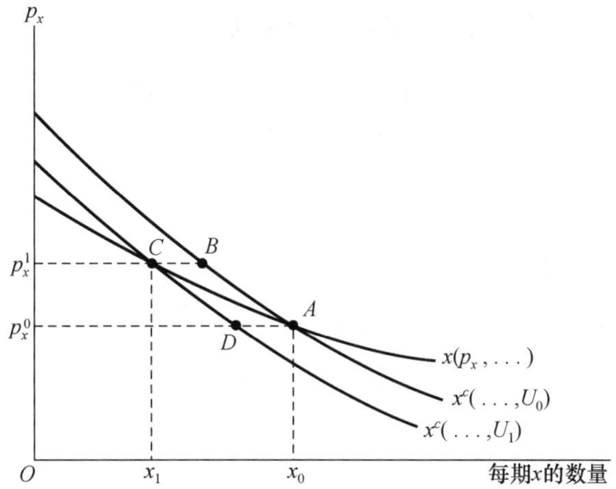

图5.9 价格变化的福利效应与马歇尔需求曲线

$x(p_x,\cdots)$是通常的马歇尔需求曲线(名义收入不变),$x^c(\cdots,U_0)$与 $x^c(\cdots,U_1)$分别为价格在 p_x^0 与 p_x^1 时的效用水平的补偿性需求曲线。$x(p_x,\cdots)$左侧 p_x^0 到 p_x^1 之间的面积与补偿性需求曲线左侧的面积大小差不多。因此,在价格发生较小的变化时,以马歇尔需求曲线左侧的面积来衡量福利的损失是个好方法。

图5.9中的第二条补偿性需求曲线的出现引发了一个概念性的问题。当我们衡量价格上升而引发的福利损失时,是应该用图5.9中第一条补偿性需求曲线(区域 $p_x^1BAp_x^0$),还是用新的补偿性需求曲线(区域 $p_x^1CDp_x^0$)呢?使用第二条补偿性需求曲线的理由在于我们更关注价格上升后的消费者的处境(效用水平 U_1)。我们可能会询问他愿意花费多少钱来回到他之前的消费水平。[9]

---

⑨ 补偿的这种衡量被称为等价性差异(equivalent variation,EV)。更规范的,$EV=E(p_x^1,p_y,U_1)-E(p_x^0,p_y,U_1)$。与之前类似,一些学者使用了EV的另一种定义:保持消费者效用处于原有水平的必需补偿,即 $EV=E(p_x^0,p_y,U_0)-E(p_x^0,p_y,U_1)$。由于 $E(p_x^0,p_y,U_0)=E(p_x^1,p_y,U_1)$,上述定义是等价的。

这个问题的答案将是区域 $p_x^1CDp_x^0$ 的面积。对补偿性需求曲线的选择归结到选择什么水平的效用更为合适。

幸运的是，我们有一个折中的方法。马歇尔需求曲线左侧两个价格以及马歇尔需求曲线之间的面积（$p_x^1CAp_x^0$）比基于 U_0 的补偿性需求曲线下方的面积小，又比基于 U_1 下方的面积大，这似乎是个吸引人的折中。因此，这就是我们在这本书后面用到的衡量福利损失的方法。

定义

消费者剩余 消费者剩余是马歇尔需求曲线下方、市场价格上方围成的区域的面积。它表示消费者为得到以此价格进行交易的权利而愿意的支付。消费者剩余的变化可以用来衡量价格变化产生的福利损失。

有必要强调一下，一些经济学家使用 EV 或 CV 来计算价格变化的福利效应。实际上，经济学家并不十分清楚自己用的是哪种度量方法。我们前面的讨论说明了当收入效应较小时，各种衡量之间的差异不大。

例 5.6 价格上升带来的消费者剩余损失

这些概念可以用我们多次使用过的软饮料例子来说明。我们来看软饮料（商品 x）的价格从 1 美元上升到 4 美元时的福利影响。从例 5.3 中可知软饮料的补偿性需求函数为

$$x^c(p_x,p_y,V)=\frac{Vp_y^{0.5}}{p_x^{0.5}} \tag{5.60}$$

因此，价格上升的福利损失为

$$\text{补偿性差异}=\int_1^4 x^c(p_x,p_y,V)\,\mathrm{d}p_x=\int_1^4 Vp_y^{0.5}p_x^{-0.5}\,\mathrm{d}p_x=2Vp_y^{0.5}p_x^{0.5}\Big|_{p_x=1}^{p_x=4} \tag{5.61}$$

如果我们用一直假设的数值（$V=2, p_y=4$），这个损失就为

$$\text{补偿性差异}=2\times2\times2\times4^{0.5}-2\times2\times2\times1^{0.5}=8 \tag{5.62}$$

如果我们认为价格上升后的效用指标（$V=1$）更适合衡量补偿，这个数字会下降一半（为 4）。如果以非补偿性（马歇尔）需求函数来衡量损失，则

$$x(p_x,p_y,I)=0.5Ip_x^{-1} \tag{5.63}$$

计算结果是

$$\text{损失}=\int_1^4 x(p_x,p_y,I)\,\mathrm{d}p_x=\int_1^4 0.5Ip_x^{-1}\,\mathrm{d}p_x=0.5I\ln p_x\Big|_1^4 \tag{5.64}$$

当 $I=8$ 时，损失为

$$\text{损失}=4\ln4-4\ln1=4\ln4=4\times1.39=5.55 \tag{5.65}$$

上式确实可代表用两个补偿函数计算得出的两个数据的一种折中。

请回答：在这个问题中，当需求为零时，需求曲线上的价格无限大。这将如何影响消费者剩余的计算？这是否影响这里使用的福利计算的方法？

5.9 显示性偏好与替代效应

我们已看到,从效用最大化模型中推导出的一个准确而重要的结论就是补偿性需求曲线(价格变化的替代效应)的斜率为负。我们使用两种方法证明了这个结论:第一种证明基于效用函数的拟凹性,即无差异曲线的 MRS 递减,任意价格的改变都会使商品消费数量沿着无差异曲线往相反的方向移动;第二种证明用到了谢泼德引理,由支出函数对价格变量的凹性可知,补偿性需求曲线(支出函数对价格的偏导数)的斜率必定为负,并且在此计算过程中效用为常数。某些经济学家认为,用建立在假设的基础之上的,且难以观察到的效用函数来证明需求理论过于牵强。保罗·萨缪尔森于20世纪40年代后期首次提出了另一种可得出同样结论的方法。[⑩] 这一方法被萨缪尔森称之为显示性偏好理论,即以可观察到的行为确定一个合理性原则,又用这一原则估算消费者效用函数。在这一意义上,一个遵循萨缪尔森合理性原则的人,其行为会使效用函数最大化,并且会显示负的替代效应。由于萨缪尔森的方法大大深化了我们对消费者选择模型的认识,我们将对此做一简要的探讨。

5.9.1 图解法

显示性偏好理论的合理性原则为:设有两组商品组合 A 与 B,如果在某一价格—收入水平上,消费者对 A 与 B 都有支付能力但却只选择 A,我们就说,A 具有对 B 的"显示性偏好"。合理性原则表明,在任何不同的价格—收入安排之下,B 都不具有对 A 的显示性偏好。如果消费者确实在某种情况下选择了 B,那一定是因为他支付不起 A。图 5.10 解释了这一原则。当预算约束为 I_1 时,尽管消费者可以选择购买 B 点的组合。但却只选择了 A 点。A 对 B 来说就具有了显示性偏好。

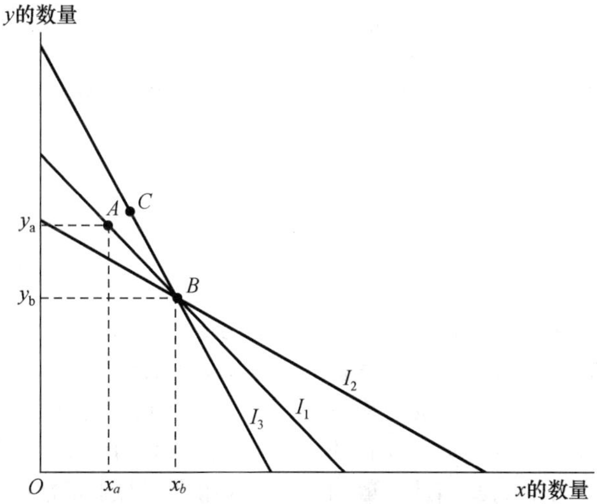

图 5.10 显示性偏好理论中的合理性原则

收入为 I_1 时,消费者既可以购买商品组合 A 又可以购买商品组合 B。如果选择 A,对 B 来说,A 具有显示性偏好。在其他的价格—收入配置下,如再发生 B 对 A 具有显示性偏好则是不合理的。

---

⑩ Paul A. Samuleson, *Foundations of Economic Analysis* (Cambridge, MA: Harvard University Press, 1947).

如果在其他预算约束下选择了 B,一定是如 I_2 那样的情况——不可能购买 A。如果在 I_3 的预算约束下选择了 B,就违背了合理性原则。因为 I_3 下购买 A 与购买 B 的组合是都能办得到的。在 I_3 下,消费者可以选择既非 A 又非 B 的其他如 C 点的组合。值得注意的是,这一原则是用可观察到的在对不同预算约束下的反应来对商品进行排序,而没有假设效用函数本身的存在。该原则同时为无差异曲线的凸性提供了一个直观解释,现在我们给出规范证明。

5.9.2 负的替代效应

假设消费者对商品组合 C(由 x_C 与 y_C 构成)与商品组合 D(由 x_D 与 y_D 构成)的偏好是无差异的,设消费者在价格为 p_x^C,p_y^C 时选择商品组合 C,价格为 p_x^D,p_y^D 时选择商品组合 D。

既然消费者不介意选择商品组合 C 还是 D,那么选择 C 时,D 的支付至少与 C 一样:

$$p_x^C x_C + p_y^C y_C \leqslant p_x^C x_D + p_y^C y_D \tag{5.66}$$

同样的道理,如选择 D 时,应有:

$$p_x^D x_D + p_y^D y_D \leqslant p_x^D x_C + p_y^D y_C \tag{5.67}$$

重写以上两式有:

$$p_x^C(x_C - x_D) + p_y^C(y_C - y_D) \leqslant 0 \tag{5.68}$$

$$P_x^D(x_D - x_C) + p_y^D(y_D - y_C) \leqslant 0 \tag{5.69}$$

将这些加在一起有

$$(p_x^C - p_x^D)(x_C - x_D) + (p_y^C - p_y^D)(y_C - y_D) \leqslant 0 \tag{5.70}$$

设仅 x 价格改变,且 $p_y^C = p_y^D$,则有

$$(p_x^C - p_x^D)(x_C - x_D) \leqslant 0 \tag{5.71}$$

(5.71)式说明效用不变时(商品组合 C 与商品组合 D 对消费者的吸引力是一样的),价格与数量的变动方向相反。这一点正是替代效应为负的精确说明:

$$\frac{\partial x^C(p_x,p_y,V)}{\partial p_x} = \left.\frac{\partial x}{\partial p_x}\right|_{U=\text{常量}} \leqslant 0 \tag{5.72}$$

现在,我们既不需要效用函数的存在又不需要假设 MRS 递减,就通过上述方法得出了需要的结论。

小结

本章中,我们运用效用最大化模型研究了在商品价格与消费者收入变化的情况下,消费者如何做出反应选择商品。这一考察的最终结果是得到了一条我们所熟悉的向下倾斜的需求曲线。为了得到这个结果,我们从一般的经济选择理论中挖掘出了大量的有益见解:

- 在所有商品价格与收入都以相同比例变化时,消费的预算约束不受影响,因此消费者对商品组合的选择不变。用规范化的语言来说就是,需求函数在所有商品价格与收入上是零次齐次函数。

- 当购买力变化时(即价格不变时收入增加),预算约束发生变化,消费者将选择新的商品组合。对于正常品来说,购买力增加会导致商品需求的增加。而对劣等品来说,购买力增加会导致对商品需求的减少。因此,虽然通常情况下$\partial x_i/\partial I\geqslant 0$,但$\partial x_i/\partial I$却既有可能为正又有可能为负。

• 商品价格下降会出现替代效应与收入效应，如果是正常品，则购买量增加，如果是劣等品，替代效应与收入效应作用方向相反，不能做出明确预测。

• 类似地，商品价格上升会引起替代效应与收入效应，在正常品的情况下，会导致商品需求量下降。而对于劣等品，最终的净效应仍是不能确定的。

• 马歇尔需求曲线给出了某种商品在其他商品价格和收入不变的条件下，其需求量和价格之间的二维关系。如果收入、其他商品价格与消费者偏好改变，则整条需求曲线会移动到新的位置。理论上来说，马歇尔需求曲线斜率$\left(\frac{\partial x(p_x,p_y,I)}{\partial p_x}\right)$的正负号是不确定的，因为替代效应和收入效应方向可能相反。而斯拉茨基等式为该不确定性提供了一个规范研究。

• 补偿性（或希克斯）需求函数说明了商品价格和效用是如何决定需求数量的。根据谢泼德引理，某一商品的补偿性需求函数可由支出函数对该商品的价格求偏导得到。

• 补偿性（或希克斯）需求曲线描述了当其他商品价格和效用保持不变时，某一商品需求数量和其价格的二维关系。由于效用函数的拟凹性和支出函数对价格的凹性，补偿性需求曲线的斜率$\left(\frac{\partial x(p_x,p_y,U)}{\partial p_x}\right)$必定为负。

• 需求弹性经常在经验研究中被用于总结消费者对价格和收入变化的反应。其中，最重要的弹性是自身需求价格弹性，它衡量了价格改变1%时，需求量改变的比例。对应的补偿性需求的弹性可以通过沿着补偿性需求曲线的运动来定义。

• 需求弹性间有很多关系，其中几个重要的是：(1) 自身价格弹性决定价格的改变如何影响在该商品上的总支出；(2) 替代效应和收入效应可以用弹性形式的斯拉茨基方程总结；(3)弹性之间存在很多加和关系，这说明了对不同商品的需求之间的联系。

• 价格变化的福利效应可以用补偿性需求曲线或马歇尔需求曲线下面积的变化量来衡量。这种改变影响了消费者通过自发市场交易得到的消费者剩余的大小。

• 负的替代效应是需求理论中最基本的几个发现之一。这个结论可以用显示性偏好理论证明，而不需要假设效用函数的存在。

练习题

5.1

口渴的 Ed 只喝纯矿泉水，他有两种容器装的水可以选择，0.75 升或 2 升，因为水本身都是完全相同的，他对于这两种商品是完全替代的。

a. 假设 Ed 的效用只取决于消费水的数量，而容器本身没有价值，请用 0.75 升装水的数量（x）和 2 升装水的数量（y）来表达他的效用。

b. 写出用 p_x、p_y、I 表达的 x 的需求函数。

c. 画出 p_y 和 I 不变时，x 的需求曲线。

d. 当 p_y、I 变化时，x 的需求曲线如何移动？

e. x 的补偿性需求曲线是什么样子的？

5.2

大卫每周有 3 美元可自由支配。他只喜欢花生酱与果冻三明治，因此他将所有货币都花费在花生酱（每盎司 0.05 美元）与果冻（每盎司 0.10 美元）上。面包则由一位热心的邻居免费提供。大卫偏好自己的吃法，严格按照 1 盎司果冻、2 盎司花生酱的比例配置三明治，从不改变配方。

a. 大卫每周中用 3 美元购买花生酱与果冻各多少?

b. 假如果冻价格上升至每盎司 0.15 美元,他购买花生酱与果冻各多少?

c. 果冻价格上涨如 b,大卫的可支配收入应增加多少才能补偿价格上涨?

d. 画出 a 到 c 结论的图形。

e. 在何种意义上,这个问题仅包括花生酱果冻三明治这一种商品?画出这种单一商品的需求曲线。

f. 根据对果冻需求的替代效应与收入效应来讨论这一问题的结论。

5.3

正如第 3 章所定义的,如果任意一条从原点出发的直线通过所有无差异曲线斜率相等的点,即 MRS 只取决于 y/x,那么这一效用函数是位似的。

a. 证明在这种效用函数下$\partial x/\partial I$是常数。

b. 证明如果一个消费者的偏好可用位似的无差异曲线表示,那么价格与他的需求数量按相反方向变化,即不会产生吉芬之谜。

5.4

如例 5.1,假设效用由下式给出:

$$效用 = U(x,y) = x^{0.3}y^{0.7}$$

a. 用例 5.1 中给出的非补偿性需求函数计算本例的间接效用函数与支出函数。

b. 用 a 中计算出的支出函数与谢泼德引理计算 x 的补偿性需求函数。

c. 用 b 中得出的结论与 x 商品的非补偿性需求函数证明本题符合斯拉茨基方程式。

5.5

假设商品 x 与 y 的效用函数由下式给出:

$$效用 = U(x,y) = xy + y$$

a. 计算 x 与 y 的非补偿性(马歇尔)需求函数,并描述收入或其他商品价格变化怎样使 x 与 y 的需求曲线发生变化。

b. 计算 x 与 y 的支出函数。

c. 用 b 中计算出的支出函数计算 x 与 y 商品的补偿性需求函数。描述当收入或其他商品价格发生变化时 x 与 y 的补偿性需求曲线怎样发生变化。

5.6

消费者在三年中的消费行为如下:

	p_x	p_y	x	y
第一年	3	3	7	4
第二年	4	2	6	6
第三年	5	1	7	3

这一消费行为是否符合显示性偏好强定理?

5.7

假设一个人认为火腿和奶酪是完全互补品,他将总是消费一片火腿和一块奶酪来做火腿奶酪三明治,假设他只购买火腿和奶酪,而面包是免费的。证明:

a. 如果火腿和奶酪的价格相等,火腿的需求自身价格弹性为 -0.5,火腿对奶酪的交叉价格弹性也为 -0.5。

b. 解释为什么 a 中的结论只反映了收入效应,而没有反映替代效应。计算这里的补偿性价格弹性。

c. 用 b 中的结论说明如果一片火腿的价格是奶酪价格的两倍,a 的结论将如何改变?

d. 假设此人只消费一种商品——火腿奶酪三明治,通过直觉来解释这个问题。

5.8

证明花费在商品 x 上的比例 $s_x = \frac{d\ln E}{d\ln p_x}$,其中 E 为总支出。

分析问题

5.9　份额弹性

在本书第 4 章的扩展部分，我们说明了需求理论的实证研究大都集中于收入份额的研究。对于任一商品 x，其收入份额定义为 $s_x = p_x x/I$。在本题中，我们将证明，大多数需求弹性可以从对应的份额弹性中得到。

a. 证明一种商品的预算份额收入弹性（$e_{s_x,I} = \partial s_x/\partial I \cdot I/s_x$）等于 $e_{x,I} - 1$，用几个数值的例子来解释这个结论。

b. 证明一种商品的预算份额自身价格弹性（$e_{s_x,p_x} = \partial s_x/\partial p_x \cdot p_x/s_x$）等于 $e_{x,p_x} + 1$，用几个数值的例子来解释这个结论。

c. 用 b 中的结论来证明商品 x 的支出自身价格弹性（$e_{x \cdot p_x,p_x} = \partial(p_x \cdot x)/\partial p_x \cdot 1/x$）等于 $e_{x,p_x} + 1$。

d. 证明一种商品的预算份额交叉价格弹性（$e_{s_x,p_y} = \partial s_x/\partial p_y \cdot p_y/s_x$）等于 e_{x,p_y}。

e. 在第 4 章的扩展中，我们说明了在 CES 效用函数的情形下商品 x 的支出份额为 $s_x = 1/(1 + p_y^k p_x^{-k})$，其中 $k = \delta/(\delta - 1) = 1 - \sigma$。用这一份额方程来证明（5.56）式：$e_{x^c,p_x} = -(1 - s_x)\sigma$。

提示：这个问题可以通过假设 $p_x = p_y$，$s_x = 0.5$ 得到简化。

5.10　弹性的进一步探讨

练习题 5.9 的 e 有一些有用的应用，因为它说明了价格反应最终取决于效用函数的参数。特别的，使用这个结论和弹性形式的斯拉茨基方程可以证明：

a. 在柯布—道格拉斯的情形（$\sigma = 1$）下，商品 x，y 的自身价格弹性满足以下关系：$e_{x,p_x} + e_{y,p_y} = -2$。

b. 如果 $\sigma > 1$，则 $e_{x,p_x} + e_{y,p_y} < -2$；如果 $\sigma < 1$，则 $e_{x,p_x} + e_{y,p_y} > -2$。请给出一个直观的解释。

c. 你如何将上面的结论推广到多种商品的情况？讨论这种推广是否有特殊意义。

5.11　多种商品的弹性加和

本章中提到的三种加和关系可以推广到任意多种商品的情形。这道练习题要求你给出这样的推广。我们假设有 n 种商品，在第 i 种商品上支出占收入的份额为 s_i，我们定义下面的弹性：

$$e_{i,I} = \frac{\partial x_i}{\partial I} \cdot \frac{I}{x_i}$$

$$e_{i,j} = \frac{\partial x_i}{\partial p_j} \cdot \frac{p_j}{x_i}$$

请证明：

a. 齐次性：$\sum_{j=1}^{n} e_{i,j} + e_{i,I} = 0$

b. 恩格尔加和：$\sum_{i=1}^{n} s_i e_{i,I} = 1$

c. 古诺加和：$\sum_{i=1}^{n} s_i e_{i,j} = -s_j$

5.12　拟线性效用（再次审视）

考虑简单形式的拟线性效用函数形式：

$$U(x,y) = x + \ln y$$

a. 计算 x，y 的收入效应和需求收入弹性。

b. 计算 x，y 的替代效应和补偿性自身价格需求弹性。

c. 证明该效用函数满足斯拉茨基方程式。

d. 证明该效用函数也满足斯拉茨基方程式的弹性形式，并描述你观察到的特殊性质。

5.13　近乎理想的需求系统

近乎理想的需求系统支出函数的一般形式如下：

$$\ln E(p_1, \cdots, p_n, U) = a_0 + \sum_{i=1}^{n} a_i \ln p_i + \frac{1}{2}\sum_{i=1}^{n}\sum_{j=1}^{n} \gamma_{ij} \ln p_i \ln p_j + U\beta_0 \prod_{i=1}^{k} p_k^{\beta_k}$$

为便于分析，假设函数满足以下约束条件：

$$\gamma_{ij} = \gamma_{ji},\quad \sum_{i=1}^{n} \alpha_i = 1,\quad \sum_{j=1}^{n} \gamma_{ij} = \sum_{k=1}^{n} \beta_k = 0$$

a. 推导出两种商品情况下的近乎理想的

需求系统函数形式。

b. 证明在满足上述约束条件的前提下，支出函数是所有价格的一次齐次函数。正是由于该函数和实际数据反映的情况极其相似，才被称为"理想"函数。

c. 运用练习题5.8的结论 $s_x=\frac{\mathrm{dln}E}{\mathrm{dln}p_x}$，计算两商品情况下 x,y 的收入份额。

5.14 价格无差异曲线

价格无差异曲线和效用无差异曲线类似，横轴和纵轴分别对应 p_x 和 p_y，其一般形式为：

$$(p_1,p_2)\,|v(p_1,p_2,I)=v_0$$

a. 写出 $\alpha=\beta=0.5$ 的柯布—道格拉斯情形下的函数形式，并画出一条无差异曲线。

b. 观察无差异曲线的斜率，你得到了什么？

c. 在无差异曲线图中，如何表示效用增加的方向？

推荐阅读材料

Cook, P. J. "A One Line' Proof of the Slutsky Equation." *American Economic Review* 62 (March 1972): 139.

作者利用对偶性巧妙地推导出斯拉茨基方程，方法和第5章中的类似，但符号更为复杂。

Fisher, E, M., and K. Shell. *The Economic Theory of Price Indices*, New York: Academic Press, 1972.

该书完整并技术性地讨论了各种价格指数的经济属性，并详细介绍了基于效用最大化模型的"理想"指数。

Luenberger, D. G. *Microeconomic Theory*. New York: McGraw Hill, 1992.

该书第147—151页简单总结了斯拉茨基方程的矩阵表达形式。

Mas-Colell, Andreu, Michael D. Whinston, and Jerry R. Green. *Microeconomic Theory*. New York: Oxford Univesity Press, 1995.

该书第3章涵盖了更高层次的本章的大部分内容，其中第一部分价格变化对福利影响的度量尤其值得推荐。

Samuelson, Paul A. *Foundations of Economic Analysis*, Cambridge, MA: Harvard University Press, 1947. Chapter 5.

该书对替代效应和收入效应有详尽的分析，并且发展了显示性偏好的概念。

Silberberg, E., and W. Suen. *The Structure of Economics: A Mathematical Analysis*. 3rd ed. Boston: Irmin/McGraw-Hill, 2001.

该书提供了斯拉茨基方程的进一步推导，并给出了弹性概念的详尽介绍。

Sydsaetter, K., A. Strom, and P. Berck. *Economist's Mathematical Manual*. Berlin, Germany: Springer-Verlag, 2003.

该书对弹性概念做了精炼总结。书中有关替代弹性的内容尤其完备。

Varian, H. *Microeconomics Analysis*. 3rd ed. New York: W. W. Norton, 1992.

该书规范地介绍了偏好概念的发展，并介绍了支出函数及其与斯拉茨基方程的关系，同时还给出了罗伊恒等式的完美证明。

第 6 章　商品间的需求关系

在第 5 章我们已经考察了某种特定商品(如商品 x)价格的变化,是如何影响该商品的需求数量的。我们的讨论始终以所有其他商品的价格保持不变为条件。但显然这些商品价格中的任何一个发生变化必定也会影响商品 x 的需求量。例如,以 x 表示某人汽车行驶的里程数,那么这个数值将随着汽油价格的上涨而减少,或者随着飞机和公共汽车票价的上涨而增加。在本章中,我们将运用效用最大化模型来研究这种关系。

6.1　两种商品的情形

我们仍然从两种商品的情形开始讨论。遗憾的是,本章要讨论的关系在两种商品的假设下非常有局限性,然而由于我们能用二维的几何图形来分析两种商品的情形,这里我们仍然从两种商品的情形开始。图 6.1 表明了商品 y 的价格变化是如何影响商品 x 的需求量的两种情况。在这两张图中,由于 p_y 下降,预算约束从 I_0 外移到 I_1。如果 y 是正常品,这两种情况下 y 的数量都会随着 p_y 的下降而从 y_0 增加到 y_1。但对商品 x 来说,其结果就有两种不同的情形:在(a)图中,无差异曲线基本上呈 L 形,这表明替代效应非常小。y 的价格下降时,会在 U_0 上发生很小的移动,y 只替代了较少的 x。也就是说,作为替代效应的结果,x 下降相对较小。但是另一方面,收入效应表现为购买力的增加,从而导致 x 的总体数量还是上升的。因此,$\partial x/\partial p_y$ 是负的(x 与 p_y 变动方向相反)。

图 6.1(b)的情况则相反,它的$\partial x/\partial p_y$ 为正。图 6.1(b)中相对平缓的无差异曲线导致 p_y 下降后产生一个较大的替代效应。在 U_0 上发生以 y 替代 x 时,x 的数量急剧下降。虽然同图 6.1(a)中一样,由于 p_y 的下降而增加的购买力导致购买更多数量的 x,但这里的替代效应处于支配地位,于是 x 的数量下降至 x_1,在这种情况下,x 与 p_y 同方向变动。

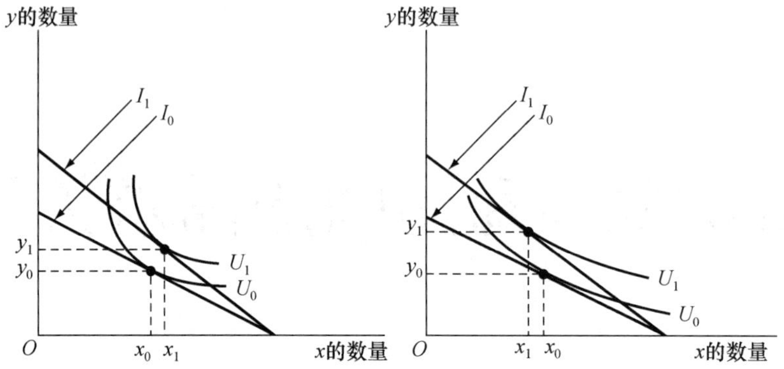

(a) 总互补品　　(b) 总替代品

图 6.1　交叉价格效应下的不同方向

在两个图中,y 的价格均下降,但图(a)中的替代效应小,所以商品 x 的消费量随同商品 y 的增加而增加。由于$\partial x/\partial p_y<0$,$x$ 与 y 为总互补品。而图(b)中的替代效应大,所以商品 x 的需求量下降。由于$\partial x/\partial p_y>0$,商品 x 与商品 y 可称为总替代品。

数学论述

p_y 变化所造成的上述两种可能的情况可进一步用斯拉茨基方程来解释。用类似第 5 章的处理方法,我们可以很容易地证明:

$$\frac{\partial x(p_x,p_y,I)}{\partial p_y}=\text{替代效应}+\text{收入效应}=\left.\frac{\partial x}{\partial p_y}\right|_{U=\text{常数}}-y\cdot\frac{\partial x}{\partial I} \tag{6.1}$$

或者用弹性表示

$$e_{x,p_y}=e_{x^c,p_y}-s_ye_{x,I} \tag{6.2}$$

注意收入效应的大小由购买物品 y 占的支出比重 s_y 决定,即商品 y 对于消费者越是重要,p_y 的变化对消费者购买力影响越大。

对于两种商品的情况,(6.1)式和(6.2)式右边各项符号不同。假设无差异曲线是下凸的,则替代效应$\partial x/\partial p_y|_{U=\text{常数}}$是正的。如果我们将变化限制在一条无差异曲线上的移动,则 p_y 上升时 x 的数量增加,p_y 下降时 x 的数量减少。但是假设 x 是正常品,则收入效应($-y\,\partial x/\partial y$ 或 $-s_ye_{x,I}$)肯定是负的。因此,综合效应的结果就可能有两种情况:$\partial x/\partial p_y$ 既可以为正,也可以为负。可见,即便是只有两种商品的情况,x 的需求量与 p_y 之间的关系也是相当复杂的。

例 6.1　交叉价格效应的另一斯拉茨基分解式

在例 5.4 中,我们解释了 x 的价格变化对其购买量产生影响的斯拉茨基分解式。现在我们来看一下 y 的价格变化对 x 购买量产生的交叉价格效应。已知商品 x 的非补偿性需求函数与补偿性需求函数分别由下式给出:

$$x(p_x,p_y,I)=\frac{0.5I}{p_x} \tag{6.3}$$

与

$$x^c(p_x,p_y,V) = Vp_y^{0.5}p_x^{-0.5} \tag{6.4}$$

我们还注意到在非补偿性需求函数下$\partial x/\partial p_y=0$;这表明$y$价格的变化对$x$的购买没有影响。现在我们来证明这是因为其替代效应和收入效应恰好抵消了。替代效应是

$$\left.\frac{\partial x}{\partial p_y}\right|_{U=\text{常数}} = \frac{\partial x^c}{\partial p_y} = 0.5Vp_y^{-0.5}p_x^{-0.5} \tag{6.5}$$

将V用间接效用函数的结果($V=0.5Ip_y^{-0.5}p_x^{-0.5}$)代入,就得到替代效应的最终表达式

$$\left.\frac{\partial x}{\partial p_y}\right|_{U=\text{常数}} = 0.25Ip_y^{-1}p_x^{-1} \tag{6.6}$$

利用y的马歇尔需求函数($y=0.5Ip_y^{-1}$),可以计算这个问题的收入效应

$$-y\frac{\partial x}{\partial I} = -(0.5Ip_y^{-1})\cdot(0.5p_x^{-1}) = -0.25Ip_y^{-1}p_x^{-1} \tag{6.7}$$

联合(6.6)式和(6.7)式可以得出y的价格的总效应是

$$\frac{\partial x}{\partial p_y} = 0.25Ip_y^{-1}p_x^{-1} - 0.25Ip_y^{-1}p_x^{-1} = 0 \tag{6.8}$$

这样我们就清楚了,为什么在柯布—道格拉斯需求函数中y的价格变动不影响x的购买量,是因为收入效应和替代效应恰好互相抵消掉了,而并不是因为两种效应都不存在。

回到我们的数字实例上($p_x=1, p_y=4, I=8, V=2$),假设现在p_y降为2,这对x的马歇尔需求曲线将没有任何影响。在补偿性需求函数((6.4)式)中,价格的变动会使得x的需求量从4减少到2.83($=2\sqrt{2}$),而y的需求量增加以保持总效用不变。而价格下降使得真实的购买力上升,这一收入效应对x的需求量的作用与前者刚好相反。

请回答:有人说如果$\partial x/\partial p_y=0$,那么就说明$x$和$y$之间不能互相替代,即它们必须以一个固定的比例消费,这种看法为什么是错误的?在什么样的条件下才能得出上述结论?

6.2 替代品与互补品

在多种商品的情形下,商品之间的关系变得更加复杂。所以为了简化,我们对任意两种商品x_i, x_j写出斯拉茨基方程

$$\frac{\partial x_i(p_1,\cdots,p_n,I)}{\partial p_j} = \left.\frac{\partial x_i}{\partial p_j}\right|_{U=\text{常数}} - x_j\frac{\partial x_i}{\partial I} \tag{6.9}$$

以及弹性形式表达

$$e_{i,j} = e_{i,j}^c - s_j e_{i,I} \tag{6.10}$$

对任何i,j(包括$i=j$),上式都成立。这就是说,任一商品(这里指商品j)价格上升的变化都会产生收入效应与替代效应,进而又会改变每一种商品的需求数量。(6.9)式和(6.10)式可以用于讨论替代品与互补品的概念。直观地看,这些概念非常简单。如果因为某些因素的改变,使得一种商品可以替代另一种商品来使用,那么这两种商品就是*替代品*。茶和咖啡、汉堡包和热狗、黄油和人造黄油都是这方面的例子。反之,*互补品*是指商品诸如咖啡和奶油、炸鱼和薯条、白兰地和雪茄

那些需要“搭配”使用的商品。在某种意义上,“替代品”在效用功能上可以互相替代,而“互补品”则可以互相补充。

可以用两种不同的方法来准确地描述这些直观的概念。一种是强调价格变化后的总效应,既包括收入效应又包括替代效应;另一种则只强调替代效应。由于两种定义都在使用,我们将对其分别加以详细解释。

6.2.1 总替代品与总互补品

替代与互补的关系可以定义如下:

定义

总替代品与总互补品 两种商品 x_i 与 x_j,如果

$$\frac{\partial x_i}{\partial p_j} > 0 \tag{6.11}$$

则它们是总替代品;如果

$$\frac{\partial x_i}{\partial p_j} < 0 \tag{6.12}$$

则它们是总互补品。

这就是说,如果一种商品价格的上升导致另一种商品购买量增多,则它们是总替代品。如果一种商品价格的上升导致另一种商品的购买量减少,则它们是总互补品。例如,如果咖啡的价格上升,茶的需求将会增加(咖啡与茶是替代品),然而奶油的需求将会减少(咖啡与奶油是互补品)。(6.9)式清楚地表明这个定义是一个“总”定义,因为在这个定义里包括了价格上升后的收入效应与替代效应两种效应。既然这两种效应在我们所能观察到的现实世界中是结合在一起出现的,那么说它们是“总”替代品与“总”互补品就是合情合理的。

6.2.2 总定义的非对称性

关于替代品与互补品的“总”定义有些很不好的性质,其中最重要的是这个定义的非对称性。根据这个定义,也许对 x_2 而言,x_1 是其替代品,而同时对 x_1 而言,x_2 则是其互补品。收入效应的存在可能导致自相矛盾的结果。让我们来看一个具体例子。

例 6.2 交叉价格效应中的非对称性

假设两种商品(x 与 y)的效用函数由下式给出

$$U(x,y) = \ln x + y \tag{6.13}$$

建立拉格朗日表达式为

$$\mathscr{L} = \ln x + y + \lambda(I - p_x x - p_y y) \tag{6.14}$$

得出如下一阶条件

$$\frac{\partial \mathscr{L}}{\partial x} = \frac{1}{x} - \lambda p_x = 0$$

$$\frac{\partial \mathscr{L}}{\partial y} = 1 - \lambda p_y = 0 \tag{6.15}$$

$$\frac{\partial \mathscr{L}}{\partial \lambda} = I - p_x x - p_y y = 0$$

将含 λ 项右移并用第一个等式除以第二个等式,有

$$\frac{1}{x} = \frac{p_x}{p_y} \tag{6.16}$$

$$p_x x = p_y \tag{6.17}$$

代入预算约束方程中,我们就可以解出 y 的马歇尔需求函数

$$I = p_x x + p_y y = p_y + p_y y \tag{6.18}$$

因此

$$y = \frac{I - p_y}{p_y} \tag{6.19}$$

这个等式表明 p_y 的上升会减少花在商品 y 上的支出(即 $p_y y$ 下降)。因此,既然 p_x 与 I 没有变化,则花费在 x 上的支出与 x 的购买量一定会增加,所以有

$$\frac{\partial x}{\partial p_y} > 0 \tag{6.20}$$

我们将 x 与 y 称为总替代品。另一方面,(6.18)式表明在 y 上的支出与 p_x 无关,因此有

$$\frac{\partial y}{\partial p_x} = 0 \tag{6.21}$$

从这方面看,x 与 y 是彼此无关的。它们既不是总替代品,也不是总互补品。可见,根据市场的总反应来定义 x 与 y 之间的关系将会陷入含混不清的境地。

请回答:在例3.4中,我们表明由(6.13)式得出的效用函数形式是非位似偏好的,即MRS不是仅仅取决于 x 对 y 的比率。那么非对称性在同位偏好情况下会存在吗?

6.3 净替代品与净互补品

由于总替代品与总互补品定义中的模糊性,有时我们使用另一个仅包含替代效应的定义。

定义

净替代品与净互补品① 如果

$$\left.\frac{\partial x_i}{\partial p_j}\right|_{U=\text{常数}} > 0 \tag{6.22}$$

① 它们有时被称为"希克斯"替代品与补偿品,以首先提出这些定义的英国经济学家约翰·希克斯的名字命名。

则 x_i 与 x_j 被称为净替代品；如果

$$\left.\frac{\partial x_i}{\partial p_j}\right|_{U=\text{常数}} < 0 \tag{6.23}$$

则 x_i 与 x_j 被称为净互补品。

这些定义仅通过替代项来判断两种商品是替代品还是互补品。这个定义在直观上是易接受的(因为它仅考虑无差异曲线的形状)，同时在理论上也是符合要求的(因为它不会产生矛盾)。一旦 x_i 与 x_j 被确定为替代关系，不论怎样使用这个定义，它们都是替代品。事实上，这个定义是完全对称的，可以写成：

$$\left.\frac{\partial x_i}{\partial p_j}\right|_{U=\text{常数}} = \left.\frac{\partial x_j}{\partial p_i}\right|_{U=\text{常数}} \tag{6.24}$$

p_i 的变化对商品 x_j 的替代效应与 p_j 的变化对 x_i 的替代效应是一样的。这种对称性在理论上与实际工作中都很重要。[②]

关于替代品与互补品两种定义之间的区别可以简单地用图 6.1(a)来说明。在这个图中，x 与 y 是总互补品，但它们也是净替代品。导数 $\partial x/\partial p_y$ 为负(x 与 y 是总互补品)，这是因为(负的)收入效应超过了(正的)替代效应(y 商品价格的降低导致真实收入的大量增加，结果 x 的销售量上升)。但是，正如图中所表明的，如果可选择的商品只有两种，它们必然是净替代品，虽然它们可能既是总替代品，又是总互补品。由于我们假定边际替代率 MRS 是递减的，商品自身的价格替代效应必定是负的，因此其交叉价格替代效应必定为正。

6.4　多种商品情形下的替代关系

一旦效用最大化模型被推广到多种商品的情况，就可能产生各种不同的需求关系。因为具体某一对商品是净替代的还是净互补的，完全是消费者个人的偏好问题，所以各种稀奇古怪的关系都可能出现。经济学家所关心的重要理论问题是，替代与互补哪种更普遍一些。一般而言，我们倾向于认为以替代关系为主(一种物品的价格上涨使得消费者对其他大部分物品的需求增加)。要是我们能从理论上证明我们的直觉是否正确，就最好不过。

70 多年前，英国经济学家约翰 · 希克斯(John Hicks)细致地研究了这个问题，结论是“大多

---

② 这种对称性很容易用谢泼德引理来说明(参见第 5 章的脚注 6)。因为补偿性需求函数可以用支出函数的偏导数表示：

$$x_i^c(p_1,\cdots,p_n,V) = \frac{\partial E(p_1,\cdots,p_n,V)}{\partial p_i}$$

那么替代效应是：

$$\left.\frac{\partial x_i}{\partial p_j}\right|_{U=\text{常数}} = \frac{\partial x_i^c}{\partial p_j} = \frac{\partial^2 E}{\partial p_j\,\partial p_i} = E_{ij}$$

但是由杨氏定理，

$$E_{ij} = E_{ij} = \frac{\partial x_j^c}{\partial p_i} = \left.\frac{\partial x_j}{\partial p_i}\right|_{U=\text{常量}}$$

这样我们就得到了对称性。

数”商品是替代关系的。这个结论被称为“希克斯第二需求定律”。③ 通过给定的某种商品的补偿性需求函数 $x_i^c(p_1,\cdots,p_n,V)$，我们用现代经济学的手段来证明它。由于该函数对所有价格是零次齐次的（只要效用恒定，所有价格加倍对需求量没有影响，因为达到效用最大化的切点没有改变），运用欧拉定理，有：

$$p_1 \cdot \frac{\partial x_i^c}{\partial p_1} + p_2 \cdot \frac{\partial x_i^c}{\partial p_2} + \cdots + p_n \cdot \frac{\partial x_i^c}{\partial p_n} = 0 \tag{6.25}$$

对上式每项除以 x_i，就得到弹性表达形式：

$$e_{i1}^c + e_{i2}^c + \cdots + e_{in}^c = 0 \tag{6.26}$$

但是 $e_{ii}^c \leqslant 0$ 是必然的，因为一种商品对自身的替代效用总是负的。换言之，一种商品的补偿性需求曲线必定向下倾斜。因此就有：

$$\sum_{j \neq i} e_{ij}^c \geqslant 0 \tag{6.27}$$

上式用文字描述，就是一种物品对于其他所有物品的补偿性交叉价格弹性是非负的，其含义就是“大多数”商品是替代的。这个结论与现实中观测到的数据基本吻合——物品之间是净互补的情形确实相对罕见。

6.5　组合商品

我们前面章节的讨论表明商品间的需求关系是十分复杂的。在多数情况下，一个人对 n 种商品的消费存在 $n(n+1)/2$ 个反映不同替代效应的函数。④ 当 n 非常大时（消费者实际消费的商品种类的确是非常多的），处理起来就很困难。把商品按食物、服装、住房等大组分类要方便得多。在一大类中，我们就可以考察其中某一特定商品（如汽油，称之为 x），并考察它与“其他所有商品”（称之为 y）之间的关系。这种处理方法我们前面曾在很多二维图形中用过，在本书的其他很多地方还会继续使用。在这一节中，我们将说明在什么条件下可使用这种方法。在本章的扩展部分，我们将探讨更一般的问题，即商品聚合成为大商品群组的问题。

6.5.1　组合商品定理

假设消费者可以在 n 种商品中进行选择，但我们只对其中的一种如 x_1 感兴趣。通常情况下，对 x_1 的需求，取决于其余 $n-1$ 种商品的价格。但如果所有这些商品的价格同时发生变化，那么就可以把它们归并为一组“组合商品”y。如果用 $p_2^0,\cdots,p_n^0$ 代表这些商品的初始价格，再设这些价格只能同时变动。可能它们同时加倍，或同时下降 50%，但 $x_2,\cdots,x_n$ 的相对价格不会改变。现在我们定义组合商品 y 为 $x_2,\cdots,x_n$ 在初始价格 $p_2^0,\cdots,p_n^0$ 条件下的总支出：

$$y = p_2^0 x_2 + p_3^0 x_3 + \cdots + p_n^0 x_n \tag{6.28}$$

---

③　参见 John Hicks, *Value and Capital* (Oxford: Oxford University Press, 1939)数学附录部分。关于这一条应该叫作希克斯第二定律还是第三定律目前还有争议。事实上他的另外两条定律我们也见过了，它们是：(1) $\partial x_i^c/\partial p_i \leqslant 0$（自身的替代效应非正）；(2) $\partial x_i^c/\partial p_j = \partial x_j^c/\partial p_i$（净替代效应对称）。但是他自己写的结论总结中只提到了两条性质。

④　考虑全部替代效应可以说明这一点，s_{ij} 表示一个 $n \times n$ 阶矩阵。但替代效应的对称性（$s_{ij}=s_{ji}$）表明，只有主对角线上与以下的元素才具有彼此不同的可能性。这包括了矩阵中半数的项（$n^2/2$）再加上矩阵主对角线上元素的半数项（$n/2$）。

该消费者初始的预算约束由下式给出:

$$I = p_1x_1 + p_2^0x_2 + \cdots + p_n^0x_n = p_1x_1 + y \tag{6.29}$$

根据假设,所有价格 $p_2,\cdots,p_n$ 同步变化。假定所有价格都按 t 变化($t>0$),则现在的预算约束为:

$$I = p_1x_1 + tp_2^0y_2 + \cdots + tp_n^0x_n = p_1x_1 + ty \tag{6.30}$$

结果,在此人的预算约束中 t 的作用与前述两种商品情形下的 p_y 是相同的。p_1 与 t 的变化会产生我们已分析过的同样性质的替代效应。所以,只要 $p_2,\cdots,p_n$ 同时改变,就可以将我们对需求选择的考察范围限定在是购买 x_1 还是购买“所有别的其他商品”上。[5] 经简化后的图形表明,只要“组合商品定理”(即所有其他商品价格同时变动)的条件得以满足,那么这些以两轴表示的两种商品就会受到严格的限制。但应注意这个原理并没有对 $x_2,\cdots,x_n$ 的选择做出预测。它们并不一定是同步变化的。此定理重点在对 $x_2,\cdots,x_n$ 的总支出上,而不在于这些支出是怎样分配在各个不同的商品项目上(虽然我们假设这种分配是按效用最大化的原则进行的)。

6.5.2 组合商品定理的推广与限定

可以证明,组合商品定理适用于任一组相对价格同步变动的商品。如存在着多个商品组都符合这一定理,则有可能出现不止一个这样的商品的现象(如食物、服装等的支出)。因此,我们发展出以下定义:

定义

组合商品 组合商品是所有的商品价格同步变动的一组商品。这些商品可以被视为一个单一的“商品”,消费者要将总支出在其他商品与这一组商品之间进行分配。

这一定义及相关的定理是非常有用的结论,它简化了一些若非如此就无法处理的问题。当然,将它应用于实际问题时还需谨慎,因为它的条件是非常严格的。找到一组价格同步变化的商品很困难,在交叉替代效应较大时,对严格成比例的条件稍有背离,就可能导致组合商品定理的失效。在本章扩展部分,我们将介绍一些方法,用来处理几种商品的价格变动毫不相干的情形。

例 6.3 作为一种组合商品的房屋费用

假设某人从三种商品中获取效用:食物(x),以每百平方英尺计算的房屋服务(y),以用电量计算的家庭消耗(z)。

如果此人的效用由三种商品的 CES 函数给出:

$$\text{效用} = U(x,y,z) = -\frac{1}{x} - \frac{1}{y} - \frac{1}{z} \tag{6.31}$$

---

[5] 组合商品的概念是由 J. R. 希克斯在《价值与资本》中提出的(John Hicks, *Value and Capital*, 2nd ed. (Oxford: Oxford University Press, 1946) pp. 312—313)。定理的证明基于这样的结论,即为使效用达到最大化,当 $p_2,\cdots,p_n$ 按比例同步变化时,$x_2,\cdots,x_n$ 的边际效用之比必须保持不变。因此,n 种商品的问题就可以简化成一个二维的问题,即 x 的边际效用与 y 的边际效用之比与“价格比”p_1/t 相等。

用拉格朗日法计算三种商品的需求函数得出：

$$\begin{aligned} x &= \frac{I}{p_x + \sqrt{p_x p_y} + \sqrt{p_x p_z}} \\ y &= \frac{I}{p_y + \sqrt{p_y p_x} + \sqrt{p_y p_z}} \\ z &= \frac{I}{p_z + \sqrt{p_z p_x} + \sqrt{p_z p_y}} \end{aligned} \tag{6.32}$$

设初始值 $I=100, p_x=1, p_y=4, p_z=1$，则需求函数值可得：

$$\begin{aligned} x^* &= 25 \\ y^* &= 12.5 \\ z^* &= 25 \end{aligned} \tag{6.33}$$

因此，此人在食物上的支出为25，在与住房相关的需求上花费75。假设房屋服务价格(p_y)与家庭消耗价格(p_z)一直同步变化，我们就可以用初始价格来定义"组合商品"住房(h)为：

$$h = 4y + 1z \tag{6.34}$$

我们这里仍随意地定义房屋初始价格(p_h)为1，则最初消费房屋的面积简单地说就是在 h 上的总支出：

$$h = 4 \times 12.5 + 1 \times 25 = 75 \tag{6.35}$$

进一步看，由于 p_y 与 p_z 总是同步变动，p_h 也总是与这些价格相关：

$$p_h = p_z = 0.25 p_y \tag{6.36}$$

利用这一信息，可计算出作为 I、p_x 与 p_h 函数的对 x 的需求函数：

$$\begin{aligned} x &= \frac{I}{p_x + \sqrt{4 p_x p_h} + \sqrt{p_x p_h}} \\ &= \frac{I}{p_y + 3\sqrt{p_x p_h}} \end{aligned} \tag{6.37}$$

像以前一样，初始时 $I=100, p_x=1, p_h=1$，所以 $x^*=25$。这里在房屋上的花费代表除食物外的"所有其他消费"，因此可从预算约束中容易地算出房屋的花费为 $h^*=75$。

房屋成本的上升 如果 y 与 z 的价格成比例提高到 $p_y=16, p_z=4$（p_x 仍为1），p_h 则也将升为 $p_h=4$。现在按(6.37)式计算的对 x 的需求下降为：

$$x^* = \frac{100}{1 + 3\sqrt{4}} = \frac{100}{7} \tag{6.38}$$

对房屋的购买量将由下式给出：

$$p_h h^* = 100 - \frac{100}{7} = \frac{600}{7} \tag{6.39}$$

或，由于 $p_h=4$，

$$h^* = \frac{150}{7} \tag{6.40}$$

注意，这是由(6.32)式三种商品的初始需求函数得到的准确的房屋消费量。由 $I=100, p_y=16, p_z=4$ 可解出：

$$x^* = \frac{100}{7}$$

$$y^{*} = \frac{100}{28} \tag{6.41}$$

$$z^{*} = \frac{100}{14}$$

因此,组合商品“房屋”消费的总数量(按(6.34)式计算)为:

$$h^{*} = 4y^{*} + 1z^{*} = \frac{150}{7} \tag{6.42}$$

因此,不论是考察 x、y、z 三种商品需求的选择,还是仅考察 x 与组合商品两者之间的选择,所得到的对价格变化的反应都是一样的。

请回答:我们如何知道(6.37)式对 x 的需求函数仍可保证效用最大化?为什么经过(6.36)式中的表达式替代后,拉格朗日约束下的最大化问题仍保持不变?

6.6 家庭生产、产品有效成分与隐含价格

到目前为止,我们在本章讨论的焦点主要集中在经济学家所了解到的商品之间的关系上,而对这些关系的了解,是经济学家通过观察市场价格发生变化时消费者选择商品行为的变化而获得的。从某种意义上说,这种分析回避了在饮食中为什么咖啡与奶油要配合食用而鱼与鸡可互相替代的中心问题。随着对此类问题的更深入的探讨,经济学家开始研究家庭内部的消费活动。也就是说,为研究这些家庭活动对商品市场的影响,这些经济学家已探索了诸如父母照看孩子、自己做饭、自己动手建造等模型。在这一节里,我们简要地回顾一些模型,主要目的在于说明这种方法对传统选择理论的影响。

6.6.1 家庭生产模型

大多数家庭生产模型的出发点是假设消费者不直接从购自市场的商品中获得效用(如我们到目前为止所一直假设的那样),而是当买来的商品与消费者投入的时间结合起来时才产生效用。从这一观点出发,生牛肉、生土豆没有效用,放一起烹制成土豆烧牛肉才有效用。所以,只有综合考虑个人对土豆烧牛肉的偏好以及隐含的其“生产”土豆烧牛肉的“技术水平”,才能正确分析他在市场上购买土豆和牛肉的行为。

用正式术语表示,假设与以前一样,市场上有 x、y、z 三种商品可供消费者购买。购买这些商品并不提供直接效用,但消费者可以将三者结合,在家中生产出 a_1 商品或 a_2 商品来。这一家庭生产的工艺可由生产函数 f_1 与 f_2 表示(参见第9章对生产函数概念的详细讨论)。因此有

$$a_1 = f_1(x, y, z) \tag{6.43}$$

$$a_2 = f_2(x, y, z)$$

并且有

$$\text{效用} = U(a_1, a_2) \tag{6.44}$$

消费者的目标是在生产条件的约束与预算约束下,选择 x、y、z 的组合使其效用最大化。消费

者预算约束为[⑥]：

$$p_x x + p_y y + p_z z = I \tag{6.45}$$

虽然我们不准备详细讨论从这个一般模型中所得出的结论，但有两点需要提及：第一，模型有助于阐明商品间市场关系的性质。只要给定详细的数据，家庭的“生产函数”就是完全可以计量分析的。那么，家庭就可被视为一个“多产品”公司，经济学家研究这种生产的方法有很多。

家庭生产模型的第二个要点是与家庭生产商品 a_1 与 a_2 相联系的“隐含”价格或“影子”价格的概念。由于要消费更多的 a_1，就要使用更多的 x、y、z，这对于 a_2 的消费来说，就意味着发生了一个机会成本。如某人为生产更多的面包，需要把原来用于生产纸杯蛋糕(cupcake)的一部分面粉、牛奶与鸡蛋投入到面包的生产上，不仅如此，此人还得改变购买这些商品的相对份额。因此，为能多消费面包，必须放弃一些纸杯蛋糕，这样，面包就有了以纸杯蛋糕数量度量的影子价格。这种隐含的价格不仅反映面包材料的市场价，同时还反映家庭生产的技术水平，在更复杂的模型中，甚至还反映生产两种商品所需投入的相应时间。但是在开始介绍这个隐含价格概念时，我们使用一个最简单的模型来说明。

6.6.2　线性有效成分模型

K. J. 兰开斯特(K. J. Lancaster)首次提出一个非常简单的家庭生产模型用于考察商品的内在“有效成分”。[⑦] 在这一模型中，商品的有效成分为消费者提供效用，每一种商品包含一组固定数量的有效成分。如果我们只考虑各种食物商品所提供的热量(a_1)与维生素(a_2)，那么该模型假设，效用就是这些热量与维生素的函数，消费者购买这些商品仅仅是为了获得这些商品所提供的热量与维生素。用数值方式表示，此模型假设“生产”函数有下列简单形式：

$$\begin{aligned} a_1 &= a_x^1 x + a_y^1 y + a_z^1 z \\ a_2 &= a_x^2 x + a_y^2 y + a_z^2 z \end{aligned} \tag{6.46}$$

其中，a_x^1 为每单位 x 食品所含的热量，a_x^2 为每单位 x 商品所含的维生素量，其余以此类推。在这一形式的模型中，没有实际的家庭“生产”。决策的关键问题是在给定的食物预算约束下，如何选择各种食品的数量，以达到热量与维生素的最优组合。

6.6.3　预算约束的说明

在我们开始考察有效成分模型下的选择理论时，首先解释一下预算约束。图 6.2 中的射线 Ox 为随 x 不断增加而得到的 a_1 与 a_2 的各种组合。由于在有效成分模型中，假设生产技术是线性的，这些 a_1 与 a_2 的组合成为一条直线，虽然在更复杂的家庭生产模型中并非一定如此。同样的，射线 Oy 与 Oz 分别是可能购买的各种数量的 y 与 z 为消费者提供的 a_1 与 a_2 的有效成分的数量。

如果某人将全部收入都用来购买 x，预算约束((6.45)式)允许他对 x 的购买为：

$$x^* = \frac{I}{p_x} \tag{6.47}$$

⑥　通常家庭生产理论还注重研究消费者将时间分配于 a_1 与 a_2 的生产或在市场中的工作上。在第 16 章中我们会看到几个这种类型的简单模型。

⑦　参见 K. J. Lancaster “A New Approach to Consumer Theory,” *Journal of Political Economy* 74 (April 1966): 132-157。

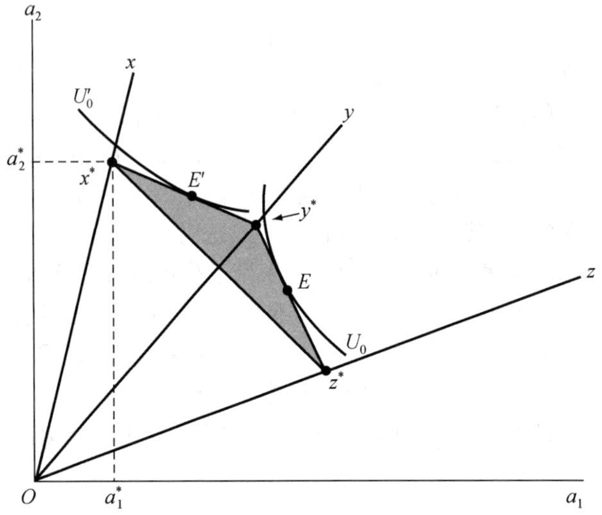

图 6.2 有效成分模型中的效用最大化

点 x^*、y^* 与 z^* 分别为仅购买 x、y 与 z 时可得到的有效成分 a_1 和 a_2 的数量。阴影部分是可以购买的混合商品下所有可能的组合。某些人在 E 点达到效用最大化,另外一些人则可能在 E' 点达到效用最大化。

由此会产生

$$a_1^* = a_x^1 x^* = \frac{a_x^1 I}{p_x}$$

$$a_2^* = a_x^2 x^* = \frac{a_x^2 I}{p_x} \tag{6.48}$$

此点就是图 6.2 中 Ox 线上的 x^* 点。同样的,y^* 与 z^* 分别为全部收入都花费在 y 与 z 上时 a_1 与 a_2 的组合。

在图 6.2 中,既购买 x 又购买 y(在给定预算约束下)所得到的 a_1 与 a_2 的组合由 x^* 与 y^* 的连线表示。⑧ 同样的,x^* 与 z^* 的连线表示既购买 x 又购买 z 所得到的 a_1 与 a_2 的组合,y^* 与 z^* 的连线是既购买 y 又购买 z 时所得到的 a_1 与 a_2 的组合。而阴影的三角形 $x^*y^*z^*$ 区域代表同时从市场上购买三种商品的各种可能的组合。

6.6.4 角点解

6.2 图中有个显而易见的事实——追求效用最大化的消费者绝不会三种商品每样都买。只有 $x^*y^*z^*$ 三角形的右上方向边界(图上是 x^*y^* 和 y^*z^* 两条边)上的点表示此人在收入与市场价格给定的情况下所能得到的 a_1 与 a_2 的最大组合。消费者如偏好 a_1,则会有类似于 U_0 的无差异

---

⑧ 从数学上来看,假设预算的一部分 α 花费在 x 上,$(1-\alpha)$ 花费在 y 上,则

$$a_1 = \alpha a_x^1 x^* + (1-\alpha) a_y^1 y^*$$

$$a_2 = \alpha a_x^2 x^* + (1-\alpha) a_y^2 y^*$$

直线 x^*y^* 是 α 在 0 与 1 之间变化的轨迹。直线 x^*z^* 与 y^*z^* 画法类似,这样就得到了三角形 $x^*y^*z^*$。

线,并选择如 E 那样的点作为效用最大化的解,在这一点只消费了 y、z 两种商品。类似地,如果消费者偏好由无差异曲线 U_0'所示,则消费者将选则 E'点并仅消费 x 与 y 两种商品。因此,有效成分模型预测,消费者完全不购买某种商品是很普遍的情况,特别是当市场上可供选择的商品种数(这里为3)多于消费者乐于购买的商品种数(这里为2)时更是如此。如果收入、价格或偏好发生变化,消费模式也会立即发生变化。以前消费的商品现在可能停止购买,而以前被忽略的商品现在的购买量可能大增。这是生产函数的线性假定所产生的直接结果。在具有更多替代性假设的家庭生产模型中,这种非连续型的反应则少见多了。

小结

在本章中,我们应用效用最大化的选择模型来考察各种消费品之间的关系。虽然这些关系有可能非常复杂,但我们的分析提供了多种对这些关系进行分类与简化的方法。

- 当仅有两种商品时,一种商品价格(如 p_y)的变化对另一种商品(x)的需求数量所产生的替代效应与收入效应,往往方向相反。因此$\partial x/\partial p_y$ 的符号不能确定——这是替代效应为正,而收入效应为负所造成的。

- 两种以上商品的需求关系可按两条思路进行分析:对于两种商品 x_i 与 x_j 来说,如果$\partial x_i/\partial p_j>0$,则两种商品是“总替代品”,如果$\partial x_i/\partial p_j<0$,则两种商品为“总互补品”。遗憾的是,由于这些价格效应中还包含进了收入效应,而它们并不一定完全对称。也就是说,$\partial x_i/\partial p_j$ 不一定与$\partial x_j/\partial p_i$ 相等。

- 仅考虑价格变化后所产生的替代效应,便可消除上述含混不清的情况,因为替代效应是对称的;也就是说,$\partial x_i^c/\partial p_j=\partial x_j^c/\partial p_i$。如果$\partial x_i^c/\partial p_j>0$,则两种商品是“净替代品”;如果$\partial x_i^c/\partial p_j<0$,则两种商品为“净互补品”。希克斯第二需求定律表明,净替代品更为普遍。

- 如果一组商品的价格总是一起变化,这些商品就可以被视为一个“组合商品”,其价格由“组合商品”价格成比例变化的大小来决定。

- 另一种研究方向是通过考虑买来的商品在家庭内部的“生产”过程来分析购买商品时如何作出选择,由此引出了决定效用函数的有效成分模型。这为我们认识商品之间的内在关系又开辟了一条道路。

练习题

6.1

海蒂从羊奶(m)与馅饼(s)两种商品中获取效用,其效用函数为

$$U(m,s) = m\cdot s$$

a. 说明羊奶价格的上升不会改变海蒂对馅饼的购买量,即证明$\partial s/\partial p_m=0$。

b. 再证明$\partial m/\partial p_s=0$。

c. 用斯拉茨基方程式和净替代的对称性证明 a、b 两问中涉及的收入效应影响是相等的。

d. 用 m 和 s 的马歇尔需求函数证明 c 中的结论。

6.2

困难时期伯特仅买劣等威士忌与果冻度

日。对于伯特来说虽然劣等威士忌与果冻在通常意义上属于希克斯替代品，但劣等威士忌是具有吉芬悖论的劣等品。从直观上解释为什么在劣等威士忌价格上升的情况下，果冻的购买量一定会减少。也就是说，这两种商品也必定是总互补品。

6.3

唐纳是个很节俭的研究学生，仅消费咖啡(c)与黄油面包(bt)两种商品。他在学校咖啡厅购买这些食物，并总是按一片面包配两小块黄油的比例吃。这样，他正好将津贴的一半用在咖啡上，另一半用在黄油面包上。

a. 在这一问题中，黄油面包可被视为一种组合商品。怎样根据黄油的价格(p_b)与面包的价格(p_t)求出黄油面包的价格？

b. 解释为什么$\partial c/\partial p_{bt}=0$。

c. $\partial c/\partial p_b$ 与$\partial c/\partial p_t$ 是否也等于0？

6.4

萨拉女士没有小汽车，只能靠乘公共汽车、火车或飞机旅行。她的效用函数如下：

$$效用 = b \cdot t \cdot p$$

这里每一个字母代表一种特定旅行方式的里程数。假设乘火车旅行与乘公共汽车旅行的价格比(p_t/p_b)固定不变。

a. 怎样定义陆路运输的组合商品？

b. 萨拉需要在陆地运输工具(g)与航空运输工具(p)中做出选择，试描述她的最优化问题。

c. 萨拉对 g 与 p 的需求函数是什么？

d. 一旦萨拉确定了花费在 g 上的货币额，她会怎样将这些货币在 b 与 t 之间进行分配？

6.5

假设某人消费 x_1，x_2 与 x_3 三种商品。x_2 与 x_3 是同类商品（如在低档饭馆和高档饭馆用餐），并且 $p_2=kp_3$，$k<1$，即商品间价格的比例关系不变。

a. 说明 x_2 与 x_3 可被视为一种组合商品。

b. 假设每一单位的 x_2 与 x_3 都具有一个交易成本 t（见练习题6.6中的例子）。这种交易成本将怎样影响 x_2 与 x_3 的价格关系？这种影响将怎样随 t 值的不同而变化？

c. 假设当 t 增长时，收入补偿性同步增长以维持总效用不变。此时 t 的增长如何影响在组合商品 x_2 与 x_3 上的支出？组合商品定理是否严格地适用于此例？

d. 在 t 上的收入补偿性增长是如何影响组合商品的总支出在 x_2 与 x_3 之间的分配比例的？

6.6

运用练习题6.5的结论解释下述现象：

a. 很难在华盛顿州买到高质量的苹果或在佛罗里达州买到好的新鲜的橘子。

b. 支付高额育儿费的人们比不支付这种费用的人们更有可能在价格昂贵的饭店用餐。

c. 珍惜时间的人们比不珍惜时间的人们更有可能乘坐飞机。

d. 人们更有可能在购置贵重商品而不是在买便宜商品时讨价还价。注意：现象 b 和 c 也许是形成经济学家在解决刑事案件时唯一关注的两个神秘点的基础；见 Marshall Jevons，*Murder at the Margin and the Fatal Equilibrium*。

6.7

在一般情况下，非补偿性的交叉价格效应是不相等的。也就是说：

$$\frac{\partial x_i}{\partial p_j} \neq \frac{\partial x_j}{\partial p_i}$$

运用斯拉茨基方程式的一般形式证明，如果不管商品的相对价格如何变化，消费者总是把收入按固定比例支付在每种商品上时，这些效应就成为相等的了（这是练习题6.1的推广）。

6.8

例6.3由含有三种商品的CES函数

$$U(x,y,z) = -\frac{1}{x}-\frac{1}{y}-\frac{1}{z}$$

计算出了这三种商品的需求函数。

a. 运用(6.32)式中 x 的需求函数来确定 x 与 y 及 x 与 z 是总替代品还是总互补品。

b. 你怎样才能确定 x 与 y 及 x 与 z 是净替代品还是净互补品?

分析问题

6.9　多种商品情形下的消费者剩余

在第5章中,我们讲过某一种商品价格变化引起的福利成本的变化,可以通过支出函数或者补偿性需求曲线来计算。本题要求你将价格的变化推广至两种(或多种)商品。

a. 假设某人共消费 n 种商品,其中两种商品的价格(设为 p_1, p_2)上升了,如何用支出函数计算这个变动造成的补偿性差异(CV)?

b. 假设一个价格先上升,另一个价格再上升,则福利损失可以用补偿性需求曲线的图形表示,请画图并说明之。

c. 在b中,哪种物品先涨价对结论有影响吗?解释之。

d. 一般来说,两种物品是净替代关系,和两种物品是净互补关系,哪种情况下CV会大一些?还是说CV与此无关?

6.10　可拆分效用

如果一个效用函数能被这样表示:

$$U(x,y) = U_1(x) + U_2(y)$$

其中 $U_i' > 0, U_i'' < 0$,并且 U_1 与 U_2 可以不相同,则称之为可拆分的效用函数。

a. 可拆分的性质与 U 的交叉偏导数 U_{xy} 有什么联系?现实中什么情况下会出现这种情形?给出一种直观上的解释。

b. 证明如果效用函数可拆分,则每种商品都不可能是劣等品。

c. 可拆分的性质能否保证 x, y 是总替代品或者是总互补品?解释之。

d. 用柯布—道格拉斯函数说明,对效用函数做单调映射不能保持其可拆分性质。说明:可拆分函数将在本章扩展部分有更详细的讲述。

6.11　画图表示互补品

用图示方法表示互补品通常很困难,因为两种商品间的互补关系(净互补关系)不仅仅涉及这两种商品。事实上,互补性必然涉及三种(或更多)商品间的需求关系。据此,萨缪尔森提供了一种用二维无差异曲线解释互补品的方法(见推荐阅读材料)。为理解该方法,现假设消费者在三种商品间进行消费,数量分别记为 x_1, x_2 和 x_3,操作如下:

a. 保持 x_1 的数量为 x_1^0 不变,画出一条关于 x_2 和 x_3 的下凸的无差异曲线。

b. 保持 x_1 的数量为 $x_1^0 - h$,在第一条无差异曲线的右上方画出 x_2 和 x_3 的第二条无差异曲线,并标明为补偿 x_1 的损失而增加的 x_2 的消费量 j 以及 x_3 的增加量 k。

c. 假设消费者被额外给予 j 单位 x_2 和 k 单位 x_3,那么他将达到更高的效用水平。在图中表示出效用水平的变化并画出 x_2 和 x_3 的第三条无差异曲线。

d. 萨缪尔森关于互补品的定义如下:

- 若第三条无差异曲线恰好对应 $x_1 = x_1^0 - 2h$ 时的无差异曲线,则 x_2 和 x_3 相互独立,既不是互补品,也不是替代品。
- 若第三条无差异曲线上提供的效用大于 $x_1 = x_1^0 - 2h$ 时的无差异曲线上的效用,那么 x_2 和 x_3 为互补品。
- 若第三条无差异曲线上提供的效用小于 $x_1 = x_1^0 - 2h$ 时的无差异曲线上的效用,那么 x_2 和 x_3 为替代品。证明上述图形化定义是对称的。

e. 讨论上述图形化定义是如何与希克斯的数学定义相对应的。

f. 回到你所画的图形中,你是否真的认为所画图形涵盖了 x_2 与 x_3 之间能存在的所有关系?

6.12　优质苹果哪里去了

练习题6.5和6.6涉及一个有趣的经济现象:优质苹果哪里去了?与之有关的交易费用

假设最早是由 Alchian 和 Allen 两名经济学家提出的,而问题的详细分析工作则由 Borcherding 和 Silberberg(见推荐阅读材料)完成。学者们关注的问题是:交易费用是如何影响两种高度替代的商品的相对需求的?假设有两种高度替代的商品 x_2 和 x_3,每单位的交易成本都为 t,并且 x_2 的价格 p_2 更高(好比优质苹果的价格比普通苹果高)。学者们得出的结论是,由于交易费用降低了贵商品(如优质苹果)的相对价格(价格比率$(p_2+t)/(p_3+t)$随着 t 的增大而降低),那么贵商品的相对需求量就会增加,即偏导数$\partial(x_2^c/x_3^c)/\partial t>0$(这里我们用补偿性需求函数求导,排除收入效应的影响)。Borcherding 和 Silberberg 采用了以下几个步骤证明该结论:

a. 对 x_2^c/x_3^c 的比值求偏导数$\partial(x_2^c/x_3^c)/\partial t$。

b. 利用 a 中得出的结果和等式 $\partial x_i^c/\partial t=\partial x_i^c/\partial p_2+\partial x_i^c/\partial p_3$, $i=2,3$,证明下述等式成立:

$$\frac{\partial(x_2^c/x_3^c)}{\partial t}=\frac{x_2^c}{x_3^c}\left[\frac{s_{22}}{x_2}+\frac{s_{23}}{x_2}-\frac{s_{32}}{x_3}-\frac{s_{33}}{x_3}\right]$$

其中 $s_{ij}=\partial x_i^c/\partial p_j$。

c. 利用下述补偿性价格弹性的公式改写 b 中的结果:

$$e_{ij}^c=\frac{\partial x_i^c}{\partial p_j}\cdot\frac{p_j}{x_i^c}$$

d. 运用希克斯第三定律((6.26)式),证明 b 和 c 中括号内的表达式都可写为$[(e_{22}-e_{23})(1/p_2-1/p_3)+(e_{21}-e_{31})/p_3]$。

e. 在这个问题的情形下,d 中的表达式通常为正,请对此给出一个直观的解释。提示:为何括号内第一项为正,并且第二项偏小?

f. 回到练习题 6.6 中,为这些有趣的现象提供更丰富的解释吧。

推荐阅读材料

Borcherding, T. E., and E. Siberberg. "Shipping the Good Apples Out—The Alchian-Allen Theorem Reconsidered." *Journal of Political Economy*(February 1978): 131—138.

该文讨论了需求理论中三种商品之间的关系,还请参见练习题6.5与6.6。

Hicks, J. R. *Value and Capital*, 2nd ed. Oxford: Oxford University Press, 1946. Chaps. I—III and related appendices.

该书证明了组合商品理论,并首次讨论了净替代与净互补问题。

Mas-Colell, A., M. D. Whinston, and J. R. Green. *Microeconomic Theory*. New York: Oxford University Press, 1995.

该文探究了补偿性交叉价格弹性的对称性质在不同需求理论中的结果。

Rosen, S. "Hedonic Prices and Implicit Markets." *Journal of Political Economy* (January/February 1974): 34—55.

该文用图形与数学方式很好地讨论了消费者理论的有效成分问题及有效成分中的"市场"概念。

Samuelson, P. A. "Complementarity—An Essay on the 40th Anniversary of the Hicks-Allen Revolution in Demand Theory." *Journal of Economic Literature* (December 1977): 1255—1289.

该文评论了多种互补性的定义,并说明了它们之间的联系。包括直观的图形和详细的数学附录。

Silberberg, E. *The Structure of Economics: A Mathematical Analysis*. 3rd ed. Boston: Irwin/McGraw-Hill, 2001.

该书很好地讨论了支出函数,并运用间接效用函数说明组合商品理论与其他一些结论。

第3篇

不确定性与策略

在这部分我们来研究情形更为复杂的个人选择问题。在第7章中我们将研究不确定情形下的个体行为,人们不再是在只有一种结果的前提下做出最优化选择,而是在面临多个可能性结果的情形下做出选择。紧接着我们解释为什么人们通常是风险厌恶的,并且会采用购买保险、获取更多信息、保有期权等方式来降低风险。

在第8章中,我们考察参与者在面临个人支付同时取决于自身行动和他人行动时,是如何做出决策的,并且其他参与者又是如何行动的。我们将采用博弈论的方法解决参与者之间相互反复决策的问题,其中有关均衡的概念在经济学中有着广泛应用。

尽管该部分可被视为第二部分消费者决策的自然延伸,但他的适用对象更为广泛,包括企业、组织甚至国家。比如在第15章中,博弈论就提供了企业间不完全竞争的分析框架。因此,该部分的适用对象不仅限于消费者,还包括企业、组织等。

第7章 不确定性

本章中我们将考察一些人在面临不确定性时做决策要考虑的基本因素。我们讨论人们为什么不喜欢不确定性,并且愿意采取一些措施(比如购买保险、获取更多信息、保有期权)来减少他们面临的不确定性。在本章的扩展部分,我们将详细介绍如何将此概念应用于金融经济学的核心——组合投资问题。而一个具有相对完善信息的人在市场交易中是否比一个具有相对较少信息的人更有优势的问题(不对称信息),将在第18章中进行讨论。

7.1 数理统计

不确定性条件下的经济模型很多都是从数理统计中发展来的。我们已经在第2章中有所回顾,而本章将要涉及相关概念的具体应用。以下四个统计概念将会在本章中反复出现。

- **随机变量(random variable)**:随机变量是能用数字准确记录下随机事件的不同结果的变量。①
- **概率密度函数(probability density function,PDF)**:表示随机变量取不同值时的概率的函数称为随机变量的概率密度函数。
- **随机变量的期望(expected value of a random variable)**:随机变量的期望记为 $E(x)$。若 x 是有 n 种结果的离散变量,则 $E(x)=\sum_{i=1}^{n}x_i f(x_i)$。若 x 是连续变量,则 $E(x)=\int_{-\infty}^{+\infty}xf(x)\mathrm{d}x$。
- **随机变量的方差和标准差(variance and standard deviation of a random variable)**:方差和标准差用于度量随机变量与其数学期望的偏离程度。当随机变量是离散变量时,方差 $\mathrm{Var}(x)=\sigma_x^2=\sum_{i=1}^{n}[x_i-E(x)]^2 f(x_i)$;当随机变量是连续变量时,$\mathrm{Var}(x)=\sigma_x^2=\int_{-\infty}^{+\infty}[x-E(x)]^2 f(x)\mathrm{d}x$。标准差是方差的算术平方根。

① 当有必要区别随机变量和非随机变量时,我们用 $\tilde{x}$ 来表示有不同潜在结果的随机变量。通常情况下这种区分是不必要的,因为根据问题的具体情形便可分析出变量是随机的还是非随机的。

随后我们将看到,当一个人面临不确定性结果做决策时,就可以概念化为一个随机变量。随机变量的均值、标准差等统计概念也会用于决策过程。

7.2 公平赌博与期望效用假说

公平赌博(fair gamble)是指期望收益为 0 的赌博。举例来说,如果你和朋友玩抛硬币的游戏,正面朝上获得 1 美元,负面朝上则输掉 1 美元,那么你的期望收益将会是 0,因为

$$E(x)=0.5\times(+1)+0.5\times(-1)=0 \tag{7.1}$$

但是,如果正面朝上赢得 10 美元,负面朝上只需输掉 1 美元,那么赌博就是"不公平"的,因为

$$E(x)=0.5\times(+10)+0.5\times(-1)=4.5(\text{美元}) \tag{7.2}$$

然而,我们可以很容易地把这个不公平的游戏变得公平,只需收取 4.5 美元的门槛费即可。

人们一般不愿意进行公平赌博。[②] 虽然如果钱数很少,有时我也同意掷一枚硬币;但如果是一掷千金,我会毫不犹豫地拒绝。一个有说服力的例子是"圣彼得堡悖论",18 世纪数学家丹尼尔 · 贝努利(Daniel Bernoulli)首先对它进行了研究。[③] 该研究开创了几乎所有不确定情形下个体行为研究的先河。

圣彼得堡悖论

在圣彼得堡悖论中,提出了这样一个赌博:掷硬币直到正面出现为止。如果在第 n 次才第一次出现正面,则参与者可以得到 2^n 美元。这个赌博的结果在数目上是不确定的(硬币可以从开始一直被掷到世界末日也不出现正面,虽然这种结果发生的概率很小),不过,开始时的一些结果很容易被写出来。如果第 i 次掷硬币首次出现正面,x_i 代表奖金数,则

$$x_1=2,x_2=4,x_3=8,\cdots,x_n=2^n \tag{7.3}$$

在第 i 次投掷时首次得到正面的概率是 $\left(\frac{1}{2}\right)^i$;因为这也是得到 $(i-1)$ 次反面,然后一次正面的概率。因此,(7.3)式所确定的奖金的概率便为

$$\pi_1=\frac{1}{2},\pi_2=\frac{1}{4},\pi_3=\frac{1}{8},\cdots,\pi_n=\frac{1}{2^n} \tag{7.4}$$

圣彼得堡悖论中的赌博的期望值是无限大的

$$E(x)=\sum_{i=1}^{\infty}\pi_i x_i=\sum_{i=1}^{\infty}2^i(1/2^i)=1+1+1+\cdots+1+\cdots=\infty \tag{7.5}$$

然而,人们认真想一下,就会确信没有什么人会花很多钱(更不会多到无穷)去进行这种赌博。如果我参加这个赌博只收 10 亿美元,尽管 10 亿美元肯定仍少于该赌博的期望值,但我确信没人愿意与我玩儿。于是,这就是一个悖论:在某种意义上,贝努利的赌博不值其期望的(无穷的)美元值。

---

② 我们假定在此所讨论的赌博除了得奖之外不会产生什么效用,因此,关于多人"不公平"赌注的赌博的观察并不能推翻这种说法。相反,可以合理地假设这些人从与赌博相关的事情中得到了一些效用。这样,就可以从概念上区分赌博问题的消费方面与纯冒险的方面。

③ 该名字来源于贝努利原文的发表城市——圣彼得堡。该原文已被重印为:D. Bernoulli, "Exposition of a New Theory on the Measurement of Risk," *Econometrica* 22 (January 1954): 23—36。

7.3　期望效用

贝努利对这个悖论的解答是认为个人并不直接关心赌博的美元值，而是关注这些美元提供的效用。如果随着收入的增加，收入的边际效用下降，那么圣彼得堡的赌博就会收敛于某一有限的期望效用值。由于赌博提供的效用值是有限的，参与者愿意支付的价格也是有限的。例 7.1 正是贝努利对这一悖论的解释。

例 7.1　贝努利对圣彼得堡悖论的解答及其不足

如贝努利所设，假定在圣彼得堡悖论中每个奖项的效用由下式确定

$$U(x_i) = \ln(x_i) \tag{7.6}$$

这个自然对数的效用函数服从边际效用递减（即 $U'>0$，但 $U''<0$），并且该赌博的期望效用值会收敛于一个有限的数值

$$\text{期望效用} = \sum_{i=1}^{\infty}\pi_i U(x_i) = \sum_{i=1}^{\infty}\frac{1}{2^i}\ln(2^i) \tag{7.7}$$

对这个表达式进行处理后可以得出这个博弈的期望效用是 1.39。④ 这样，具有此类效用函数的个人就会愿意投入最多可以产生 1.39 单位效用（大约 4 美元的财富能提供这么大的效用）的资源去购买赌博的权利。假定由圣彼得堡悖论承诺的非常大量的奖金是边际效用递减的，这样就使贝努利有可能得出对悖论的解答。

无界效用。不幸的是，贝努利对于圣彼得堡悖论的解答并没有完全解决这个难题。只要效用函数没有上限约束，就可以通过重新定义奖金而使悖论再次产生。比如，在对数效用函数下，奖金可以被设置为 $x_i = e^{2^i}$，在这种情况下

$$U(x_i) = \ln[e^{2^i}] = 2^i \tag{7.8}$$

这个赌博的期望效用将重新变得无穷大。当然，这个重新定义的赌博中奖金是巨额的。例如，如果硬币在第五次时第一次出现正面，那么他将赢得 $(e^2)^5 = 79$ 万亿美元，尽管赢的概率只有 $1/2^5 = 0.031$。然而这种参与者花上大把现金（如数万亿美元）去参与一个极小概率才能获得巨额奖金的赌博对大多数人仍是不可行的。因此，在大多数情况下，圣彼得堡悖论仍然是一个谜。

请回答：以下提供了两种圣彼得堡悖论的解决方案，计算出每个方案的期望值。

1. 假设参与者认为任何小于 0.01 的概率都为 0。
2. 假设从奖金中获得的效用由如下分段函数决定：

$$U(x_i)\begin{cases} x_i & \text{如果 } x_i \le 1\,000\,000 \\ 1\,000\,000 & \text{如果 } x_i > 1\,000\,000 \end{cases}$$

---

④ 证明：期望效用 $= \sum_{i=1}^{\infty}\frac{i}{2^i}\cdot\ln 2 = \ln 2\sum_{i=1}^{\infty}\frac{i}{2^i}$。可证明，$\sum_{i=1}^{\infty}\frac{i}{2^i} = 2$，因此期望效用 $= 2\ln 2 = 1.39$。

7.4 冯·纽曼—摩根斯坦定理

在与本书第3篇有关的众多文献中,约翰·冯·纽曼(John von Neumann)与奥斯卡·摩根斯坦(Oscar Morgenstern)在其著作《博弈论与经济行为》中,建立了贝努利对圣彼得堡悖论解答的数学基础。⑤ 由于在不确定性情况下个人依照期望效用进行选择的假说在直觉上是"合理的",这两位作者试图表明这一假说可以从更为基本的"理性"行为公理中推出。这些公理代表了这两位作者对个人选择理论基础的归纳,以使其适应不确定性的情况。虽然这些公理大多数乍看上去都很有道理,但在论及它们是否站得住脚时,却被提出成堆的质疑。⑥ 不过,在此我们不探讨这些问题。

7.4.1 冯·纽曼—摩根斯坦效用指数

首先,假定通过参与一个赌博,一个人会赢得 n 种可能的奖金。这些奖金由 $x_1, x_2, \cdots, x_n$ 表示,并且越靠后的奖金额越高。这样,x_1 就是这个人最不愿意得到的奖金数,而 x_n 则是最吸引人的奖金数。现在为这两种极端的奖金数指定任意的效用值。例如,为了方便起见,指定

$$\begin{aligned} U(x_1) &= 0 \\ U(x_n) &= 1 \end{aligned} \tag{7.9}$$

不过,指定其他任何一对效用数值也一样是可以的。⑦运用这两个效用值,冯·纽曼—摩根斯坦定理表明存在一种合理的方式为其他所有可能得到的奖金确定一个特定的效用值。假定我们选择一个奖金,比如说 x_i,请考虑下面的试验:请一个人确定概率 π_i,使他认为确定地得到 x_i 和以 π_i 的概率得到 x_n,以 $1-\pi_i$ 的概率得到 x_1 的赌博是无差异的。存在这样一个概率似乎是合理的(尽管在冯·纽曼—摩根斯坦的研究中,这个假定是最有问题的):假定赌博中赚到所提供的最高奖金的概率足够高,那么,此人应该就会认为这个赌博与一个确定性的事情是无差异的。似乎同样合理的是,某人对奖金 x_i 的渴望越大,与之对应的 π_i 就越高。也就是说,x_i 越诱人,就需要提供更大的赢得 x_n 的机会让这个人乐意放弃确定的 x_i 而参与赌博。这样,概率 π_i 就代表了对奖金 x_i 的吸引力大小的一种度量。事实上,冯·纽曼—摩根斯坦的方法就是把 x_i 的效用定义为与其同样吸引人的赌博的期望效用,即

$$U(x_i) = \pi_i \cdot U(x_n) + (1-\pi_i) \cdot U(x_1) \tag{7.10}$$

根据我们在(7.9)式中的标度,有

$$U(x_i) = \pi_i \cdot 1 + (1-\pi_i) \cdot 0 = \pi_i \tag{7.11}$$

通过明智地对最高和最低奖金的效用赋值,一个奖金的效用指数就被简化为当个人认为其与一个

---

⑤ J. von Neumann 与 O. Morgenstern, *The Theory of Games and Economic Behavior* (Princeton, NJ: Princeton University Press, 1944)。在附录中讨论了不确定性情况下的合理性公理。

⑥ 关于对冯·纽曼—摩根斯坦公理的争论中提出的一些问题的讨论,尤其是独立性假设,参见 C. Gollier, *The Economics of Risk and Time*(Cambridge, MA: MIT Press, 2001),第1章。

⑦ 冯·纽曼—摩根斯坦效用指数的坐标原点和取值范围可以任意规定,即对于一个冯·纽曼—摩根斯坦效用指数做线性变换,我们认为它还是同一个东西。注意这比效用函数的限制更加严格,后者可以对任意的单调映射变换保持不变。

赌博等价时,该赌博中赢得最高奖金的概率。效用数值的选择是任意的。任何两个数都可以被用来构建这个效用标度。我们最初的选择(即(7.9)式)是较方便的一个。

7.4.2 期望效用最大化

与(7.9)式中代表的原点与标度的选择一致,我们假定概率 π_i 代表了每一奖金 x_i 的效用。请特别注意, $\pi_1=0,\pi_n=1$,其他的效用值在这两个极端值的中间。用这个效用值,我们可以证明"理性的"个人会基于他们的期望"效用"(也就是说,基于这些冯·纽曼—摩根斯坦效用指数的期望值)进行决策。

例如,请考虑两个赌博。赌博A以概率 a 提供 x_2,以概率$(1-a)$提供 x_3。赌博B以概率 b 提供 x_4,以概率$(1-b)$提供 x_5。我们希望证明,当且仅当赌博A的期望效用超过赌博B时,个人才会选择赌博A。现在,对于这两个赌博,有:

$$\begin{aligned}\text{A 的期望效用} &= a\cdot U(x_2)+(1-a)\cdot U(x_3)\\ \text{B 的期望效用} &= b\cdot U(x_4)+(1-b)\cdot U(x_5)\end{aligned} \tag{7.12}$$

代入效用指数(如 π_2 是 x_2 的"效用",等等),得出:

$$\begin{aligned}\text{A 的期望效用} &= a\cdot \pi_2+(1-a)\cdot \pi_3\\ \text{B 的期望效用} &= b\cdot \pi_4+(1-b)\cdot \pi_5\end{aligned} \tag{7.13}$$

我们希望证明,当且仅当

$$a\cdot\pi_2+(1-a)\cdot\pi_3>b\cdot\pi_4+(1-b)\cdot\pi_5 \tag{7.14}$$

时,个人才会选择赌博A,而非赌博B。

为了说明这一点,请回忆一下效用指数的定义。个体在确定的 x_2 与以概率$(1-\pi_2)$提供 x_1、以 π_2 的概率提供 x_n 的赌博之间是无差异的。于是我们可以将(7.13)式中的所有效用替代为只涉及 x_1 与 x_n 的赌博(请注意,即便个人认为它们是无差异的,这种替代的可行性本身也还是冯·纽曼—摩根斯坦公理中一个主要的值得探究的假定)。经过一些繁杂的代数计算之后,我们可以得出,赌博A与以 $a\pi_2+(1-a)\pi_3$ 的概率提供 x_n 的赌博等价,赌博B与以 $b\pi_4+(1-b)\pi_5$ 的概率提供 x_n 的赌博等价。个人将会选择以较高的概率赢得最高奖金的那一个赌博。这样,当且仅当

$$a\pi_2+(1-a)\pi_3>b\pi_4+(1-b)\pi_5 \tag{7.15}$$

时,他才会选择赌博A。这正是我们在(7.14)式中所要表达的内容。这样,我们就说明了个人将选择能提供最高期望(冯·纽曼—摩根斯坦)效用水平的赌博。现在,我们把经以上分析得出并能够充分运用的结论概括如下:

最优化原则

期望效用最大化 在不确定性情况下,如果个人服从冯·纽曼—摩根斯坦行为公理,那么他们就会按照最大化冯·纽曼—摩根斯坦期望效用指数的原则来行动。

7.5 风险厌恶

经济学家们发现,人们通常倾向于避免冒险的行为,即便是像公平赌博这类游戏。例如,极少有人愿意一掷千金来玩抛硬币的游戏,虽说该游戏的期望收益是0。究其原因,就是赌博所获的奖金与奖金提供的效用并非一回事。效用增加的幅度不如奖金本身增加的幅度大。所以,虽然奖金的期望收益是0,但效用的期望收益却为负。因此,人们会拒绝这种看似公平却带来负的期望效用的赌博。

用更规范的术语来说,就是金钱的边际效用递减。举个简单的例子,假如一个人的收入从40000美元增加到50000美元,他的生活将被显著改善,再也不用受食物和住房等生活必需品的困扰了。若收入再从50000美元增加到60000美元,他的生活将会过得更好,能吃上美食,住上好房,但此次生活改善所带来的效用必定不如第一次。同样是增加10000美元,增加的效用却不一样,这个例子形象地说明了金钱的边际效用是递减的。

同样是这个例子,回到之前抛硬币赌博的游戏上。假如此人拥有50000美元财富,面临一个赌注为10000美元的赌博,那么他将有50%的概率使财富增加到60000美元,有50%的概率使财富减少到40000美元。最终他会拒绝参与赌博,因为增加10000美元所带来的效用不足以弥补失去10000美元所减少的效用。当他的收入只有40000美元时,他很可能因为买不起足够的必需品而无法实现温饱。

上述影响仅在高风险的赌博中才会被放大,也就是结果变化更大的赌博。[⑧] 和上面的例子相比,一个初始财富为50000美元的人也许更不愿意参与一个赌注为20000美元的抛硬币赌博。因为虽然他有50%的可能使财富增加到70000美元,但也有50%的可能使财富减少到30000美元,而这比之前40000美元的情况更糟,他的生活必需品将严重得不到满足。然而,如果输赢只有1美元,那么结果就没那么严重了。尽管人们还是可能会拒绝赌博,但不会强烈排斥参与,因为无论结果如何,最终财富都不会有太大变化。

7.5.1 风险厌恶与公平赌博

图7.1说明了这一论点。在图中,W_0代表一个人当前的财富,$U(W)$是反映个人对不同财富水平感受的冯·纽曼—摩根斯坦指数(此后我们都称之为一个效用函数)。[⑨] $U(W)$是关于W的凹函数,反映了边际效用递减的假定。现在,假定个人面对两个公平的赌博:赌博A,一半对一半的概率赢或是输h美元;赌博B,一半对一半的概率赢或是输$2h$美元。当前财富的效用是$U(W_0)$。如果这个人参与赌博A的期望效用为$EU(A)$,有

$$EU(A)=\frac{1}{2}U(W_0+h)+\frac{1}{2}U(W_0-h) \tag{7.16}$$

---

⑧ 通常用方差或标准差的统计量加以测量,我们将在本章随后的部分使用到这两个概念。

⑨ 从技术上说,$U(W)$是一个间接效用函数,因为财富只有转化为消费才能获得效用。在第17章中,我们将讨论基于消费的效用函数和其相对的间接财富效用函数之间的关系。

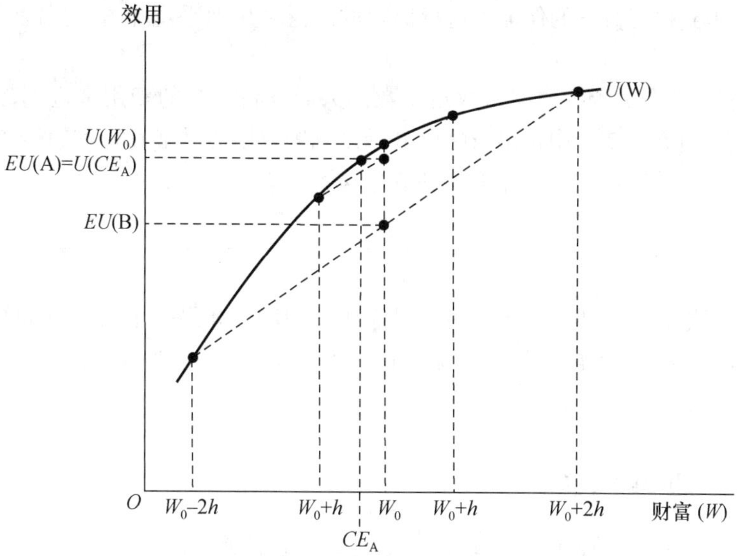

图 7.1　来自两个变动性不同的公平赌博中的财富效用

如果一个人的财富效用函数是凹的(即表现出财富的边际效用递减),他就会拒绝进行公平赌博。例如,一个一半概率赢 h 美元、一半概率输 h 美元的赌博中,参与这个赌博得到的期望效用[$EU(A)$]就会比拒绝这个赌博得到的效用小。其理由为:对这种人来说,赢 h 美元比失去 h 美元的意义要小。

如果他参与赌博 B 的期望效用为 $EU(B)$,有

$$EU(B) = \frac{1}{2}U(W_0 + 2h) + \frac{1}{2}U(W_0 - 2h) \quad (7.17)$$

从(7.16)式中可以看出,赌博 A 的期望效用是赌输时 $W_0 - h$ 的财富效用和赌赢时 $W_0 + h$ 的财富效用的平均值。类似的,赌博 B 的期望效用也是赌输和赌赢时的财富效用的平均值,只是输赢间的差距更大。

上述两个期望效用,在几何上显而易见有⑩

$$U(W_0) > EU(A) > EU(B) \quad (7.18)$$

因此,个人会偏好当前的财富胜于公平赌博得到的财富。如果必须参与赌博,他会选择赌注更小的赌博 A 而非赌注更大的赌博 B。其理由就在于,赢得赌注所带来的喜悦要小于他输掉赌注所受到的伤害。

7.5.2　风险厌恶与保险

事实上,个人可能愿意为避免参与赌博而有所花费。设一定的财富 CE_A 所提供的效用与参与赌博 A 时的效用是相同的,那么个人就会愿意支付最高为 $W_0 - CE_A$ 的数量来避免参与赌博,这无疑就解释了人们为什么要购买保险。他们愿意放弃一个数额不大且固定的量(保险金)去避免他们要面对的有风险的结果的出现。例如,当一个人为了防止车祸而支付保险金时,他就得到了一

---

⑩　该不等式是数理统计中 Jensen 不等式的一个直接结果,说的是如果 $f(x)$ 是关于变量 x 的严格凹函数,那么 $E[f(x)] < f[E(x)]$。在效用的概念下,如果效用是关于财富的凹函数(比如 $U'(W) > 0, U''(W) < 0$),那么财富的期望效用将小于财富的期望值的效用。例如赌博 A 中,就是 $EU(A) < U(W_0)$,因为是公平赌博,A 的财富期望收益是 W_0。

旦车祸发生可以得到赔偿修车的保证。这种保险的广泛利用似乎意味着对风险的厌恶是相当普遍的。

事实上,有着如图 7.1 所示的财富效用函数的人会支付更多的费用来避免参与更大的赌博 B。作为练习,请读者在图 7.1 中指出与赌博 B 带来相等效用的财富 CE_B 和为避免参与赌博 B 而愿意支付的最高费用的数量。以上分析可总结为以下定义:

定义

风险厌恶 拒绝公平赌博的人被认为是风险厌恶型的。如果一个人的财富的边际效用是递减的,那么他就是风险厌恶型的。他们愿意为避免公平赌博而有所花费。

例 7.2 保险购买意愿

为了说明风险厌恶与保险之间的关系,请考虑一个当前拥有 10 万美元财富的人的情况,这个人明年有 25% 的可能性会丢失价值 2 万美元的汽车。同样假定此人的冯·纽曼—摩根斯坦效用指数是对数形式的,即 $U(W)=\ln(W)$。

如果这个人明年没有参加保险,他的期望效用将是

$$\begin{aligned} EU(\text{无保险}) &= 0.75U(100\,000)+0.25U(80\,000) \\ &= 0.75\ln 100\,000+0.25\ln 80\,000 \\ &= 11.45714 \end{aligned} \tag{7.19}$$

在这种情况下,公平的保险费是 5 000 美元(2 万美元的 25%,假定保险公司只索取成本,管理费用为 0)。这样,如果此人为汽车保全险,则无论汽车是否被盗,其财富都将是 95 000 美元。于是,在这个例子中

$$\begin{aligned} EU(\text{购买保险}) &= U(95\,000) \\ &= \ln(95\,000) \\ &= 11.46163 \end{aligned} \tag{7.20}$$

当他购买公平保险时,这个人的状况显然得到改善。事实上,通过设定

$$\begin{aligned} EU(\text{最大值}-\text{保险费用}) &= U(100\,000-x) \\ &= \ln(100\,000-x) \\ &= 11.45714 \end{aligned} \tag{7.21}$$

我们可以确定为了得到这种保险,必须要支付的最高金额(x)。

解关于 x 的方程,得到

$$100\,000-x=e^{11.45714} \tag{7.22}$$

因此,最高的保险费为

$$x=5\,426 \tag{7.23}$$

(除了 5 000 美元的保险费所能覆盖的损失的期望值以外)这个人会愿意支付给保险公司最高达 426 美元的管理费。即便是支付了 5 426 美元的费用,这个人所处的状况也与其没有参加保险时一样好。

请回答:假定效用与财富是线性关系,这个人会愿意支付比实际上的公平保险费更高的费用吗? 当效用是财富的凸函数时,情况又会怎样呢?

7.6　对风险厌恶的度量

在研究有风险情况下的经济选择中,对一个人厌恶风险的程度进行定量度量有时会带来方便。最常用的度量风险厌恶的指标是由 J. W. 普拉特(J. W. Pratt)在 20 世纪 60 年代初期建立起来的。[11] 这种度量风险厌恶的指标记为 $r(W)$,其定义为

$$r(W) = -\frac{U''(W)}{U'(W)} \tag{7.24}$$

由于风险厌恶者的突出特征是他们对财富的边际效用递减,即[$U''(W) < 0$],在这种情况下普拉特的指标就是正的。很容易说明,该指标对于效用函数的线性转换是不变的。因此,它不受使用什么样的冯 · 纽曼—摩根斯坦序数的影响。

7.6.1　风险厌恶与保险费

普拉特风险厌恶指标最有用的特征在于它与个人为避免参加公平赌博而支付的保险金额成比例。假定从这种公平赌博中所赢得的东西可以用随机变量 h(这个变量既可为正又可为负)表示。那么,由于赌博是公平的,就有 $E(h) = 0$。现在,假设参加公平赌博 h 和确定支付 p 以避免参与赌博对个人来说没有差别,即有

$$E[U(W + h)] = U(W - p) \tag{7.25}$$

这里,W 是此人现有的财富。我们现在用泰勒级数把 7.25 式的两边展开。[12] 由于 p 是一个定值,对方程右边做简单的线性估计值得到

$$U(W - p) = U(W) - pU'(W) + \text{高阶项} \tag{7.26}$$

而对于方程的左边部分,我们需要二阶近似以研究赌博中的变动性, 即

$$E[U(W + h)] = E\left[U(W) + hU'(W) + \frac{h^2}{2}U''(W) + \text{高阶项}\right] \tag{7.27}$$

$$= U(W) + E(h)U'(W) + \frac{E(h^2)}{2}U''(W) + \text{高阶项} \tag{7.28}$$

现在,由于 $E(h) = 0$,忽略掉高阶项,并用常数 k 代表 $E(h^2)/2$,比较(7. 26)式与(7. 28)式,可以得到

$$U(W) - pU'(W) \cong U(W) - kU''(W) \tag{7.29}$$

或

$$p \cong -\frac{kU''(W)}{U'(W)} = kr(W) \tag{7.30}$$

---

⑪　J. W. Pratt, "Risk Aversion in the Small and in the Large," *Econometrica* (January/April 1964): 122—136.

⑫　泰勒级数提供了一种对任何可微函数围绕某一点求估计值的方法。如果 $f(x)$ 各阶均可导,它一定可以被表示为 $f(x+h) = f(x) + hf'(x) + (h^2/2)f''(x) + \text{高阶项}$。代数中所学的点斜率公式就是泰勒级数的一个简单的例子。

上式说明，风险厌恶者为避免公平赌博而愿意支付的金额与普拉特风险厌恶指标大致是成比例的。[13] 由于在现实生活中支付的保险费是可以被观测到的，它们常常被用来估计个人的风险厌恶系数，或是被用于不同的人群之间进行比较。因此，运用市场信息去了解人们对风险的态度是可能的。

7.6.2 风险厌恶与财富

一个人风险厌恶的程度随着财富水平的提高会增加还是减少，这是一个重要的问题。从直觉上看，假定边际收益递减，这样潜在的损失对于财富多的人来说就不那么严重，所以，随着财富的增加，那种花钱去避免公平赌博的意愿也就会减少。不过，这种直觉上的回答并不一定正确，这是因为，边际效用递减也使在赌博中赢得的好处越来越缺乏吸引力。这样，净的结果就是不确定的，它取决于效用函数的准确形式。事实上，如果效用是财富的二次式

$$U(W) = a + bW + cW^2 \tag{7.31}$$

这里，$b>0$，$c<0$，普拉特的风险厌恶指标就是

$$r(W) = -\frac{U''(W)}{U'(W)} = \frac{-2c}{b+2cW} \tag{7.32}$$

与直觉相反，当财富增加时，它也增加。

在另一方面，如果效用是财富的对数函数，

$$U(W) = \ln(W) \tag{7.33}$$

可以得到

$$r(W) = -\frac{U''(W)}{U'(W)} = \frac{1}{W} \tag{7.34}$$

当财富增加时，普拉特指标却是减少的。

如果效用是财富的指数函数，即

$$U(W) = -e^{-AW} = -\exp(-AW) \tag{7.35}$$

其中 A 是正的常数，则风险厌恶对于所有的财富水平是个常数。这是由于

$$r(W) = -\frac{U''(W)}{U'(W)} = \frac{A^2 e^{-AW}}{Ae^{-AW}} = A \tag{7.36}$$

正如下例要表明的，指数效用函数的这个特征可以用来对花钱去避免赌博的意愿提供某些数字上的估计。[14]

例 7.3 不变风险厌恶

假定有一个人，其最初的财富为 W_0，效用函数就如同(7.35)式那样，他正以一半对一半的概率面对着或者赢 1 000 美元，或者输 1 000 美元的情况，为了避免风险他愿意花多少钱(f)？为了求出这个值，我们设 W_0-f 的效用等于赌博的期望效用：

$$-\exp[-A(W_0-f)] = -0.5\exp[-A(W_0+1\,000)] - 0.5\exp[-A(W_0-1\,000)] \tag{7.37}$$

---

[13] 在这种情况下，比例因子与 h 的方差成比例因为 $\mathrm{Var}(h)=E[h-E(h)]^2=E(h^2)$。例 7.3 是符合这种方程的一个例子。

[14] 由于指数效用函数具有不变风险厌恶，因此有时也被称为 CARA(Constant Absolute Risk Aversion)效用函数。

由于在(7.37)式中,所有的项中都包含 $-\exp(-AW_0)$,它就可以被消掉,这样,就可以得到:(对于指数函数)为避免不确定性而花钱的意愿是与原财富独立的。现在,剩余各项

$$\exp(Af) = 0.5\exp(-1\,000A) + 0.5\exp(1\,000A) \tag{7.38}$$

可用来针对不同的 A 值求出 f 来。如果 $A=0.0001$,$f=49.9$,具有这种风险厌恶程度的人愿意花50美元去避免1 000美元的公平赌博。而如果 $A=0.0003$,这种具有更高风险厌恶程度的人就会为避免赌博而支付 $f=147.8$ 美元。直觉告诉我们,这些值是合理的,所以,在这些范围中的风险厌恶值有时就被用于经验检验。

正态分布的风险。在不变的风险厌恶的效用函数的基础上,我们可以再假设此人面临的随机的财富风险是符合正态分布的(见第2章),这样可以得到一个简单的结论。特别的,设一个人的风险财富方程符合均值 μ、方差 σ^2 的正态分布,那么其概率密度函数就为 $f(w)=\left(1/\sqrt{2\pi}\right)e^{-z^2/2}$,其中 $z=[(W-\mu)/\sigma]$。若这个人的财富效用函数形如 $U(W)=-e^{-AW}$,那么由该风险财富得到的期望效用为

$$E[U(W)] = \int_{-\infty}^{+\infty} U(W)f(W)\mathrm{d}W = \frac{1}{\sqrt{2\pi}}\int -e^{-AW}e^{-[(W-\mu)/\sigma]^2/2}\mathrm{d}W \tag{7.39}$$

求解上面的积分虽然需要一些耐心,但没有难到不能完成。积分后,再经过一系列变换,我们得到最终的结果为

$$E[U(W)] \cong \mu - \frac{A\sigma^2}{2} \tag{7.40}$$

这样,期望效用就是财富概率密度函数中两个参数的线性函数,个人的风险厌恶参数(A)决定了波动对期望效用的负面影响程度。例如,假设一个人做了一项投资,期望收益为100 000美元,但其收益的标准差(σ)为10 000美元。正态分布下,他将期待财富在5%的时间内跌至83 500美元以下(或升至116 500美元以上)。根据上面的参数,期望效用为 $E[U(W)]=100\,000-\frac{A}{2}(10\,000)^2$。若 $A=0.0001=10^{-4}$,期望效用即为 $100\,000-0.5\times10^{-4}\times(10^4)^2=95\,000$。这样此人从此风险资产中得到的效用就等同于从一个固定的95 000美元的财富中得到的效用。一个更厌恶风险的人可能有 $A=0.0003$,这种情形下,他的这种风险财富等价于85 000美元的无风险资产。

请回答:假设一个人有两种投资财富的方式,方案1:$\mu_1=107\,000$,$\sigma_1=10\,000$,方案2:$\mu_2=102\,000$,$\sigma_2=2\,000$,请问这个人对风险的态度将如何影响其选择?⑮

7.6.3 相对风险厌恶

支付金钱去避免赌博的意愿与个人财富水平看似并非独立。一个更有说服力的假定是,这种花钱的意愿是与财富成反比的,这样表达式

$$rr(W) = Wr(W) = -W\frac{U''(W)}{U'(W)} \tag{7.41}$$

⑮ 这个数值的例子虽然只是说明性的,但(很粗略地)近似描述了股票和债券分别在历史上的实际收益。

就应该是大致不变的。按照由普拉特提出的术语⑯,由(7.41)式定义的函数 $rr(W)$ 被称为"相对风险厌恶"。幂效用函数

$$U(W,R)=\begin{cases}\dfrac{W^R}{R}, 当 R<1, R\neq 0 时\\ \ln W, 当 R=0 时\end{cases} \tag{7.42}$$

表现出绝对风险厌恶递减

$$r(W)=-\frac{U''(W)}{U'(W)}=-\frac{(R-1)W^{R-2}}{W^{R-1}}=\frac{1-R}{W} \tag{7.43}$$

但是,相对风险厌恶是不变的⑰

$$rr(W)=Wr(W)=1-R \tag{7.44}$$

经验数据得到的 R 值通常在 -3 到 -1 这个范围中。所以人们风险厌恶的程度似乎比由对数效用函数所估计的更大些,但在许多应用中,对数效用函数提供了对人们风险厌恶程度的足够合理的近似。而且,(7.42)式中的这种相对风险厌恶不变的效用函数与我们在第3章中描述的一般 *CES* 效用函数具有相同的形式,这提供了关于风险厌恶性质的某些几何上的直觉,这一点,我们将会在本章的以后部分进行分析。

例 7.4 不变相对风险厌恶

一个行为特征可以用相对风险厌恶不变的效用函数来描述的人,会关注与其财富成比例的收益或损失。由此,我们可以去探寻:这个人愿意放弃其最初财富(f)的多大比例(比如说是否愿意放弃最初财富的10%),以避免公平赌博。首先,我们假定 $R=0$,即假定该人服从对数效用函数。令一定的财富带来的效用等于该人参加赌注为总财富10%的赌博的期望效用,即

$$\ln[(1-f)W_0]=0.5\ln(1.1W_0)+0.5\ln(0.9W_0) \tag{7.45}$$

由于每一项都包含 $\ln W_0$,这个最初的财富就可以从表达式中被消去:

$$\ln(1-f)=0.5[\ln(1.1)+\ln(0.9)]=\ln(0.99)^{0.5}$$

所以有

$$(1-f)=(0.99)^{0.5}=0.995$$

即

$$f=0.005 \tag{7.46}$$

因此,这个人会花费最高到财富的0.5%去避免总财富10%的赌博。对于 $R=-2$ 的情况,也可以进行类似的计算,有

$$f=0.015 \tag{7.47}$$

这样,这个风险厌恶程度更高的人就会愿意放弃其最初财富的1.5%去避免总财富10%的赌博。

请回答:在不变相对风险厌恶的效用函数下,这个人为了避免一个给定的赌博(比如1 000美元的赌博)而愿意支出的金额怎样由其最初的财富决定?

---

⑯ 参见 Pratt, "Risk Aversion"。

⑰ 一些学者将(7.42)式中的效用函数写为 $U(W)=W^{1-a}/(1-a)$,试图度量 $a=1-R$,这里 a 用于度量相对风险厌恶。不变相对风险厌恶函数也被简称为 CRRA(Constant Relative Risk Aversion)函数。

7.7 减少不确定性和风险的方法

我们已经知道,风险厌恶的人会尽可能地拒绝有风险(比如赌博)的行为。然而,完全杜绝风险几乎是不可能的,即便是简单地过个马路也可能飞来横祸。同样,把金钱埋在后院也会有小偷光顾的可能,并且这还没有考虑通货膨胀带来的损失。我们之前的分析表明,在风险不能完全避免的情形下,人们会通过付费来降低风险。在下面四个小节中,我们将介绍人们用于减少风险和不确定性的四种方法:保险、多元化、灵活性和信息。

7.8 保险

我们已经介绍了风险厌恶的人会向保险公司支付保险费用以降低财产损失的风险。事实上,美国人每年支付的各式各样的保险费用高达数千亿美元。大多数情况下,人们会投保于与日常生活息息相关的事项,比如与财产有关的房子和小汽车,与健康有关的医疗开支。人们偶尔也会投保于一些稀奇古怪的事项,从地震带来的房产损失,到外科手术医生对伤口的缝合线路错误,无奇不有。

正如之前所说,风险厌恶的人总是希望购买公平保险以覆盖任何风险。然而,对于保险公司而言,仅仅出售公平保险将使他们入不敷支,因为除了要支付赔偿金(理论上说公平保险的保险费用和赔偿金的期望值相等),他们还要为制定合同、筹集保费、调查诈骗等事项埋单,甚至还要和股东分享利润。保险客户总是希望能买到最公平的保险,虽然这是不可能的。但如果一个人十分厌恶风险,他会购买不公平的保险。正如例7.2所示,越是厌恶风险,他们愿意支付的保费就越高。

以下三个因素使得保险公司运营困难甚至难以支付赔偿金。第一个是大规模灾难,比如飓风、战争。其导致的巨额损失会使保险公司难以支付巨额赔偿金而破产。同时,可为保险公司制定保费提供参考的可靠的历史记录(比如战争、核电厂事故)又极其罕见,并且难以预测。第二个使得保险公司面临困难的因素是“*逆向选择问题*”,说的是在某些情况下,投保人比保险公司更清楚自己面临损失的概率分布,而最终只有最差的客户(损失金额更大、可能性更大)会购买保险。逆向选择问题可能会驱散整个保险市场,除非保险公司能找到控制购买者的有效方法(比如筛选,或是让投保者履行义务)。第三个因素是“*道德风险问题*”,说的是人们一旦投保,就会减少阻止损失发生的努力。比如,人们在为汽车投保后,开车就会更加鲁莽;购买了健康保险的人会更加肆无忌惮地吃垃圾食品、抽烟;等等。道德风险问题同样会损害保险市场,除非保险公司能找到低成本的监督投保者的方法。以上第二和第三个因素都与保险公司相对投保人的信息劣势地位有关。我们将在第18章详细讨论逆向选择和道德风险问题,讨论内容除了本章刚提到的,还包括提供部分保险、自负额和共付额的支付。

7.9 多元化

第二个减少风险和不确定性的方法是多元化。这也正是谚语“不要把所有鸡蛋放到同一个篮子里”背后的经济学意义。通过适当的风险分散,可以在不降低期望收益的同时减少结果的多变性。

多元化最常见的情形是投资的多元化。投资者常常被建议要“多元化投资组合”。为理解该建议背后的逻辑,我们来看一个简单的例子。假设投资者拥有财富 W,可投资于两个独立的风险资产 1 和 2,1 和 2 拥有相等的期望值(期望回报 $\mu_1=\mu_2$)和方差($\sigma_1^2=\sigma_2^2$)。投资者的非多元化投资组合,记为 UP,也就是投资于其中一个风险资产(把他的“鸡蛋”都放到了一个“篮子”里),其期望收益为 $\mu_{UP}=\mu_1=\mu_2$,方差为 $\sigma_{UP}^2=\sigma_1^2=\sigma_2^2$。

假设投资者选择了多元化投资组合,记为 DP。α_1 是投资组合中资产 1 所占比例,资产 2 所占比例为 $1-\alpha_1$。接下来我们将证明多元化投资组合比之前非多元化投资组合的情况要好,因为二者在期望收益相等的情况下,多元化投资组合的方差更小。回忆第 2 章中期望价值的计算方法,由于资产 1 和资产 2 的期望收益相等,多元化组合投资的期望收益与财富在两资产间的分配无关,等于任何一个风险资产的期望收益

$$\mu_{DP}=\alpha_1\mu_1+(1-\alpha_1)\mu_2=\mu_1=\mu_2 \tag{7.48}$$

与期望值不同,DP 的方差与财富在资产间的分配有关,回忆第 2 章相关内容,有

$$\sigma_{DP}^2=\alpha_1^2\sigma_1^2+(1-\alpha_1)^2\sigma_2^2=(1-2\alpha_1+2\alpha_1^2)\sigma_2^2 \tag{7.49}$$

(7.49)式的计算用到了两个方法:第一,一个常数和一个随机变量的乘积的方差等于这个常数的平方乘以这个随机变量的方差;第二,独立随机变量的和的方差等于方差的和,因为独立随机变量间的协方差为 0。

对 α_1 求导数可得出(7.49)式的最小值,有 $\alpha_1=\dfrac{1}{2}$,$\sigma_{DP}^2=\dfrac{\sigma_1^2}{2}$。因此,最优投资组合是平均分配财富,最后结果是期望收益和非多元化投资相同,方差却减半。资产收益的相互独立使多元化投资在此例中收获了很好的结果。若其中一项资产收益较低,为保持期望收益,另一项资产收益就可能较高,反之亦然。因此,极端收益也就在削减整体方差的多元化组合中被平衡掉了,至少在一些情况下是这样的。只要资产收益非完全线性相关,保证相互间存在差异,多元化就会有效,并且资产间相关性越小,多元化削减组合资产方差的效果就越好。

通过人为地假设资产收益完全独立并且相等,使得上述凸显多元化优势的例子简单明了。与非多元化的结果相比,多元化组合投资期望收益不变,方差却减半,我们将这种情况下的多元化称为“免费的午餐”。如果资产收益不相等,比如资产 1 的期望收益高于资产 2,多元化就不再是一份免费的午餐,因为多元化结果将降低组合资产的期望收益。而对于一个风险厌恶的人,他会将一部分财富分配于低风险低收益的资产上,虽然组合资产的期望收益较低,但因风险降低而得到的好处却十分可观。一个现实中的例子就是建议公司给予员工相应的股权购买计划。尽管计划允许员工以一个与市场价相比相对可观的折扣购买公司股票,员工仍不应该倾其所有来购买股票,因为一旦如此,他的所有身家,包括积蓄、工资、房产(某种程度上与地区经济的实力有关),就全系在一家公司的前途上了。如此产生的风险是巨大的!

在本书最后第 7 章的扩展部分,提供了更为一般的最优投资组合选择问题的分析。事实上,多元化的原则可应用于除金融市场外更为广阔的范围。例如,当学生不清楚他的兴趣所在,或是不确定何种技能对工作有用时,他就应该选择不同类别的课程,而不是专注于单一类别的课程(比如技术、艺术)。

7.10 灵活性

多元化的确是减少风险的有效方法,人们可以通过财富在不同选择间的分配达到决策多元化。然而在某些情况下,决策是无法多元化的,要么全部获得,要么全部放弃。例如,在购买小汽车时,消费者就不能按自己的喜好划分汽车性能,不能燃油效率和马力(或是电动车窗)各买一半,汽车是要作为一个整体来购买的。在面临这类全有全无的决策时,决策者可以做出灵活性决策以收获多元化的某些好处。灵活性决策为决策者提供了若干选择,使决策者根据之后的情形发展调整最初决策,以最好地适应新情况,避免受限于初始决策。

为小汽车设计燃油类型的例子可以很好地说明灵活性的价值。迄今为止,大部分汽车只能使用固定比例的生物燃油(比如植物乙醇)与石油(汽油或柴油)的混合油。如果政府颁布新规定要求提升生物燃油的比例,甚至完全禁止石油产品,那么这些汽车的买主就会陷入困境。若新设计一种只能燃烧乙醇的小汽车,也可能遇到麻烦。因为一旦政府没有颁布新规定,则加油站不提供高浓度的乙醇,这种小汽车就将毫无用处。还有第三种小汽车,它们拥有一个内部组件可以处理以各种比例混合的油。这种小汽车的制造成本将会非常高,但消费者愿意为其买单,因为不论生物燃油能否成为汽车燃油的主导,这种小汽车都会十分有用。[18]

7.10.1 期权的类型

"灵活燃油型"小汽车由于能使用以各种比例混合的石油燃料和生物燃料而有价值,因为它为车主提供了单一燃料小汽车所没有的更多的选择权。另一种情形下的相同概念您也许会更加熟悉,那就是金融领域常用到的期权概念,也就是我们经常听说的股票期权或者其他形式的期权合同(稍后我们将详细讨论)。"灵活燃油型" 小汽车为车主提供的选择权和金融市场中的期权有着密切的关系。在讨论两者的相同点之前,我们先介绍两个术语以区分不同情形下的同一概念。

定义

金融期权合同 金融期权合同是一份允许在未来的某个时间,以特定价格买卖某项资产(比如股票)的合同,它提供的是权利,不是义务。

实物期权 出现在金融市场之外的期权被称为实物期权。

根据上述定义,"灵活燃油型"小汽车就可以被视为一辆普通小汽车加上一份实物期权,这份期权允许车主在未来生物燃料变得更重要时使用生物燃料。

金融期权合同形式繁多,有的还会很复杂。实物期权也一样,它们以各种形式出现在不同的

[18] 当代的灵活燃料型小汽车拥有世界最先进的技术,第一辆此种类型的小汽车是1908年问世的亨利·福特的T型车,至今仍十分畅销。随后廉价汽油的可用性使得市场转向单一燃油类型的汽车,福特T型车的神话逐渐被瓦解。更多相关历史,参见 L. Brooke, *Ford Model-T: The Car That Put the World on Wheels* (Minneapolis: Motorbooks, 2008)。

场合,有时甚至很难确定是何种形式的实物期权。尽管如此,所有的期权都有三个基本特点:第一,期权会约定某个交易,比如股票交易、汽车交易、燃料交易。第二,期权会确定行权的时间段。比如,股票期权的行权时间段通常为一年,小汽车的实物期权在其整个寿命期间均可行权。行权时间段越长,期权价值越高,因为能解决的不确定性更多。第三,期权有自己的价格。比如,一份股票期权可以以 70 美元的价格卖出。若期权在市场上公开交易,它的价格就会随着市场的波动而不断变化。与股票期权相比,实物期权通常没有确切的价格,但有时可以计算出其“影子”价格。例如,一辆灵活燃油型小汽车比一辆其他功能都相同的单一燃油型小汽车贵 5 000 美元,这 5 000 美元就可被视为实物期权的价格。

7.10.2 实物期权模型

让我们来看一个实物期权模型。令 x 包含经济环境中所有的不确定性,那么在小汽车的例子中,x 就表示石油燃料对生物燃料的相对价格,或者政府监管石油燃料的严格程度。回忆第 2 章中的统计知识,x 是一个随机变量(有时被称为“常态”),能取到任何可能的值。决策者面临 $I=1,\cdots,n$ 个可行选择,选择 i 对应的支付是 $A_i(x)$,表示每个选择可根据未来的走势提供不同的收益模式。

图 7.2(a)表示了两种不同的选择。我们仍然以选择购买使用石油燃料还是生物燃料的小汽车为例。若车主选择购买仅使用石油燃料的小汽车,那么随着 x 的增加从该车中获得的回报将越来越小,如向下倾斜 A_1 线所示,因为随着生物燃料变得越来越重要,此种小汽车的价值将越来越小。相反 A_2 则表示车主选择购买使用生物燃料的小汽车时获得的回报。我们将车主获得的回报 A_i 转化为从中获得的效用 $U(A_i)$(冯・纽曼—摩根斯坦定理),如图 7.2(b)所示。弯曲的效用曲线表明,对风险规避的车主而言,回报 A_i 的边际效用递减。

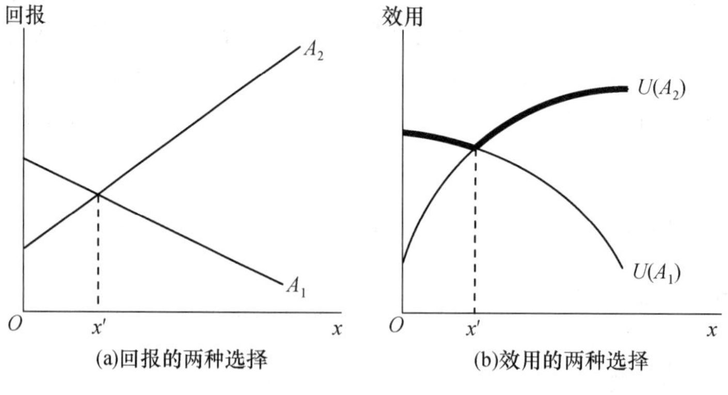

图 7.2 实物期权的本质

图(a)和图(b)分别展示了在面临不确定的环境 x 时,两种选择所提供的回报和效用。当没有实物期权时,车主必须事先做出决策,此时他会选择期望效用更大的那条效用曲线。当有实物期权时,车主会根据环境的具体情况做出调整,此时他将收获如粗线所示的效用曲线,是两条曲线的“上包络线”。

如果车主没有实物期权,那么他必须在未来不可预知的情况下做出购买单一燃料型小汽车的选择。在这种二选一的情况下,车主会选择平均来说更好的那种车,此时他(她)的期望效用为

$$\max\{E[U(A_1)],\cdots,E[U(A_n)]\} \tag{7.50}$$

然而,图 7.2 并没有告诉我们哪种选择的期望收益更大,因为我们并不清楚 x 的概率分布。假设 x

取得不同值时的概率相等，那么车主似乎就会购买第二种小汽车，因为在 x 取大多数值的情况下，$U(A_2)$ 大于 $U(A_1)$。因此，在没有实物期权的情况下，车主的期望收益为 $E[U(A_2)]$。

现在我们向车主提供一份有关 x 的实物期权，我们将看到，车主的情况会变好。这份期权允许车主根据事态发展选择燃油类型，既可以使用最常用的燃油，也可以使用较便宜的燃油，这其实等同于让车主购买了一辆使用灵活性燃料的车。如图 7.2 所示，车主不再是单纯地选择购买第一种小汽车（对应 $U(A_1)$）还是第二种小汽车（对应 $U(A_2)$），而是在 $x<x'$ 时选择使用石油燃料，在 $x>x'$ 时选择使用生物燃料。此时，车主的效用如加粗的曲线所示，是两条曲线的上包络线。更一般的，当车主面临 n 种选择时，他的期望收益为

$$E\{\max[U(A_1),\cdots,U(A_1)]\} \quad \textbf{(7.51)}$$

乍一看，这仅仅是交换了(7.50)式中期望"E"和最大化"max"的位置，没什么特别的。但事实上，(7.51)式的期望效用大于(7.50)式的期望效用，因为(7.50)式仅仅表示单个效用曲线中均值最大的那个，而(7.51)式是所有效用曲线的上包络线。[19]

7.10.3 期权越多越好

给予一个人更多的期权绝不会使他的情况变坏（只要不用付费），因为你大可以忽视这些多余的权利。这正是期权的本质所在：它赋予了持有者使用的权利，而并不要求持有者履行什么义务。图 7.3 阐述了这个观点，我们在原有的图 7.2 中加入了第三条曲线，表示车主又多了一个选择。7.3(a)显示，新增选择给车主带来了绝对的好处，因为在面临某些不确定性时（图中对应 x 很大的区域），第三种选择好于之前两种选择，上包络线（加粗的效用曲线）由此向上移动。而在 7.3(b)中，新增的第三种选择是无用的，虽然它在很多情况下并不是最差的选择，但它在任何情况下都不是最好的选择，对包络线的上移也毫无帮助。即便如此，选择三的加入也是无害的，因为它大可以被忽视掉。

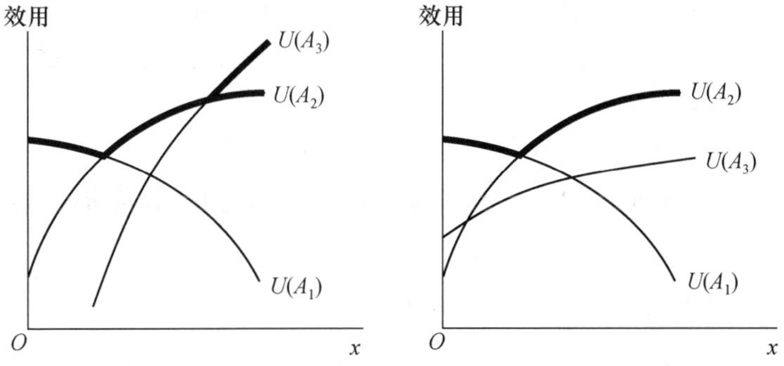

图 7.3 更多选择不会使决策者的情况变坏

图(a)中新增的选择三是有价值的，因为它使得上包络线（加粗曲线）向上移动。图(b)中的新增选择是无用的，因为它并没有导致上包络线的移动，不过决策者的情况也并没有因为它而变糟。

---

[19] 该结论的规范证明要用到 Jensen 不等式，见本章脚注 10。Jensen 不等式说的是如果函数 $f(x)$ 是关于 x 的凹函数，那么有 $E[f(x)]\leqslant f[E(x)]$，意味着对函数值求期望小于或等于对期望求函数值。Jensen 不等式对凸函数有着相反的结论，即若 $f(x)$ 是关于 x 的凸函数，那么 $E[f(x)]\geqslant f[E(x)]$。换句说话，对凸函数而言，对函数值求期望不小于对期望求函数值。(7.51)式中，"max"运算具备了凸函数的性质。从图 7.2(b)中也可看出，当取单个曲线的上包络线时，它更像一个 V 形。

然而，对于经济行动者而言，上述观点在多人决策的情形下可能会失效。在一个战略环境中，减少一些选择可能对行动者有益，因为这样可以使一些行动者专注于某一个行动，否则他们不会选择这个行动。作出承诺的一方可能影响到其他行动者（对手）的行为，从而对承诺方有益。早在公元前400年，中国军事家孙武在其所著《孙子兵法》中，就阐述了"焚舟破釜"的军事思想。对于一支军队来说，断掉所有退路的做法似乎不可思议，但这却是《孙子兵法》所推崇的作战策略。因为作战一方一旦观察到对手退无可退、势必奋战到死，他们可能会主动撤兵。在下一章博弈论中，我们将对此类战略问题进行更规范的探讨。

7.10.4 计算期权的价值

推导实物期权的数学表达式，可以使我们对问题的分析更加深入。令 F 为购买一实物期权所必须支付的费用，只要下列不等式成立，决策者就会愿意支付这一费用：

$$E\{\max[U(A_1(x)-F),\cdots,[U(A_n(x)-F)]\}\geqslant\max\{E[U(A_1(x))],\cdots,E[U(A_n(x))]\}\tag{7.52}$$

不等式右方的表达式表示没有实物期权情况下的期望效用，是(7.50)式的重复。表达式左方是在购买了实物期权的情况下的期望效用，注意此时每个选择的回报都要在原有的情况下减去期权费用。因为费用已经提前支付，所以无论做出何种选择，最终回报都要减去 F。实物期权的价值就是使得不等式成立的 F 的最大值，也就是当不等式取等号时的 F 值。

例7.5 灵活燃料型汽车的价值

现在我们用具体数字计算出一辆灵活燃料型汽车的实物期权价值。令使用石油燃料的小汽车的回报为 $A_1(x)=1-x$，使用生物燃料的小汽车的回报为 $A_2(x)=x$。世态 x 反映为小汽车的使用生涯中生物燃油相对于化石燃油的重要程度。假设 x 是在0和1之间均匀分布的随机变量（最简单的连续随机变量）。回忆第2章中有关均匀分布的统计知识，当 x 的分布区间是[0,1]的特殊情况时，密度函数 $f(x)=1$。

风险中性。为尽可能简化运算，首先假设买车人是风险中性的，并且他获得的效用就等于从小汽车中获得的回报，即 $U(A_i)=A_i$。我们再假设买车人被强制购买使用生物燃油的汽车，此时他的期望效用为：

$$E(A_2)=\int_0^1 A_2(x)f(x)\,\mathrm{d}x=\int_0^1 x\,\mathrm{d}x=\frac{x^2}{2}\bigg|_{x=0}^{x=1}=\frac{1}{2}\tag{7.53}$$

密度函数 $f(x)=1$ 使得积分得以简化。同样的，我们可以计算出购买一辆使用石油燃料的汽车的期望效用也为1/2。因此，若只能在这两种使用单一燃料型汽车间做出选择，两者将没有差异。无论买主选择哪一种汽车，期望收益都是1/2。

现在，假设可以购买使用灵活燃料型的小汽车，也就是说买主可以同时收获 $A_1(x)$ 和 $A_2(x)$，关键是在之后的环境中，哪一种选择的回报更高。在此情况下，买主的期望效用为：

$$\begin{aligned}E[\max(A_1,A_2)]&=\int_0^1\max(1-x,x)f(x)\,\mathrm{d}x=\int_0^{1/2}(1-x)\,\mathrm{d}x+\int_{1/2}^1 x\,\mathrm{d}x\\&=2\int_{1/2}^1 x\,\mathrm{d}x=x^2\,\Big|_{x=1/2}^{x=1}=\frac{3}{4}\end{aligned}\tag{7.54}$$

(7.54)式第二行利用了第一行最右方两个积分表达式的对称性。由于$U(A_i)=A_i$,我们可以直接从(7.53)式与(7.54)式的差值中得出实物期权的价值,为1/4。这是买主愿意为使用灵活燃料的小汽车相对于使用单一燃料的小汽车多支付的最高价格。若将回报提升到更为实际的水平,比如10 000美元,那么车主愿意多付的价格(实物期权的价格)就是2 500美元。

上述例子得出了一个一般性结论:期权是一种处理不确定性的有效方法,即便对于风险中性者也是有价值的。接下来,我们将讨论期权对于风险规避者的价值,它与风险中性者相比,是更多还是更少。

风险规避。现在假设买主是风险规避的,并且他的效用函数由冯·纽曼—摩根斯坦效用函数给出,$U(x)=\sqrt{x}$。买主从使用生物燃油的小汽车中获得的期望效用为:

$$E[U(A_2)]=\int_0^1\sqrt{A_2(x)}f(x)\mathrm{d}x=\int_0^1 x^{1/2}\mathrm{d}x=\frac{2}{3}x^{3/2}\bigg|_{x=0}^{x=1}=\frac{2}{3} \tag{7.55}$$

类似的,我们可以计算出从使用石油燃油的小汽车中获得的期望效用也是2/3,也就是说,任何一种单一燃料类型的小汽车都为买主提供了相等的期望效用。

为购买使用灵活燃料的小汽车,买主必须多付一部分费用F,此时他的期望效用为:

$$\begin{aligned}
&E\{\max[U(A_1(x)-F),U(A_2(x)-F)]\}\\
&=\int_0^1\max(\sqrt{1-x-F},\sqrt{x-F})f(x)\mathrm{d}x\\
&=\int_0^{1/2}\sqrt{1-x-F}\mathrm{d}x+\int_{1/2}^1\sqrt{x-F}\mathrm{d}x=2\int_{1/2}^1\sqrt{x-F}\mathrm{d}x\\
&=2\int_{1/2-F}^{1-F}u^{1/2}\mathrm{d}u=\frac{4}{3}u^{3/2}\bigg|_{u=1/2-F}^{u=1-F}\\
&=\frac{4}{3}\left[(1-F)^{3/2}-\left(\frac{1}{2}-F\right)^{3/2}\right]
\end{aligned} \tag{7.56}$$

(7.56)式的计算较为复杂,需进一步讨论才能求得F。第三行表达式中两项积分对称并且积分值相等,因此两者之和等于其中任何一项的值的2倍,为了简便起见,我们选择了第二项。第四行表达式中我们令$u=x-F$进行换元,使表达式再次得以简化。另一个换元积分的例子和进一步讨论见第2章(2.135)式。

令(7.55)式和(7.56)式相等,可求得买主最多愿意为灵活燃料型小汽车多支付多少钱。不幸的是,直接的代数求解非常复杂,我们不得不求助于几何图解。图7.4为我们展示了一个简单的方法。首先画出(7.55)式的结果,它是一条期望效用为2/3的水平线,然后在F的一定取值范围内,画出(7.56)式中最后一项表达式的几何图形,大致为一条向右下方倾斜的曲线,它与2/3水平线的交点所对应的横轴上的值就是我们要求的F值。我们可以用肉眼观察到,F值比0.3稍微小一点点(0.294更为精确)。因此,一个风险厌恶的买主愿意为使用灵活燃料的小汽车相对于使用单一燃料的小汽车多支付的最高费用为0.294个单位。若一辆使用单一燃料的小汽车的价格是10 000美元,则这位风险厌恶的买家就会多出2 940美元来购买一辆使用灵活燃料的小汽车,比风险中性的买家还多440美元。因此,在这个例子中,实物期权对于风险厌恶者的价值更大。

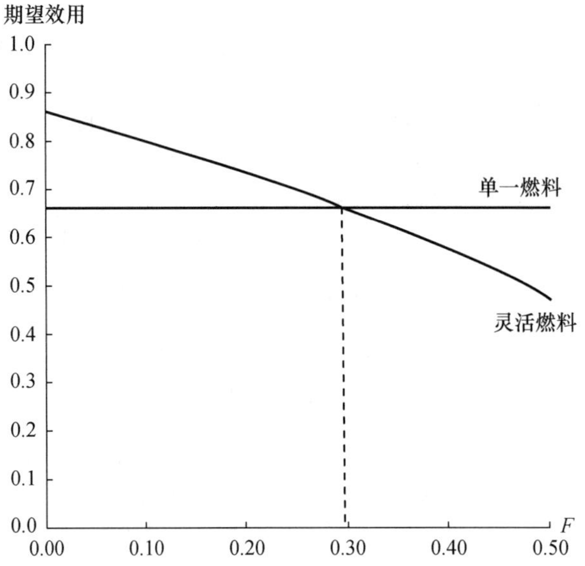

图 7.4 灵活燃料型汽车溢价计算的几何方法

为求出一个风险厌恶的买主愿意为一辆灵活燃料型小汽车支付的最高溢价,首先画出(7.55)式中单一燃料型小汽车的期望效用,是一条高度为 2/3 的水平线,接着画出(7.56)式中的期望效用曲线,两者的交点对应的横坐标即为 F 值。

请回答:风险厌恶总会增加实物期权的价值吗?如果是,请解释原因。如果不是,修改上述例子中的支付函数,给出一个风险中性者愿意支付更高价格的例子。

7.10.5 延迟的期权价值

我们都熟知这样一句谚语:不要把今天的事情推到明天。的确,拖延者让我们感到头疼。然而,实物期权的存在可以对此给出一个合理的解释:拖延或许是有价值的。在面临重大决策时,比如买车,延迟决定是有价值的。因为今天不买明天再买是可以的,但是今天买了明天再退可就没那么容易了。延迟决策可以使买主保留选择的权利并搜集更多有关未来的不确定性的信息。作为局外人,我们很难感受到当事人面临的不确定性,因此认为他们做事拖拉,不能当机立断。殊不知一旦做出选择,就等于放弃了其他选择,而延迟正好为决策者保留了这些选择。如果形势发展仍然适合或者更利于当前选择,决策者可以届时再选择。如果形势发展不利于当前选择,延迟决定就会省去很多麻烦。

我们仍然用购买小汽车的例子说明延迟的价值。假设使用灵活燃油的小汽车尚未发明,市场上仅出售使用单一燃油的小汽车(生物燃油或化石燃油)。并且当前的形势是:提供生物燃料的加油站越来越多,使用生物燃油的小汽车似乎会成为主流。但买主可能还是会推迟购买直至他更加确定主导趋势。这种买主愿意放弃在延迟时间段内使用小汽车所带来的巨大消费者剩余就可能成为现实。问题是如果使用生物燃油的小汽车最终没有占领市场,当初购买该类型小汽车的车主就很难加到油,也很难再把车卖掉。这里,买主为保留延迟决策的权利所愿支付的最高费用就是我们之前计算出的实物期权的价值 F。

延迟的价值取决于决策是否是可逆的。在小汽车的例子中,如果买家能在二手车市场上卖出近于首次交易时的价格,他就没有推迟买车的理由。然而我们都知道,新车一旦被卖出,价值就会急剧下降(在第18章中,我们会讨论包括“柠檬效应”在内的此种现象的原因)。所以说,购买新车后再反悔不是件易事。

7.10.6 成本—收益分析的含义

对旁观者而言,延迟似乎是非理性和无知的表现。他们困惑为何决策者会忽视一些能获得好处的机会。这些机会的的确确为理性决策者提供了期望收益超过期望成本的正的净收益。为此,本章给出了两个解释:第一,一个风险规避的人会避免赌博,即便净货币收益为正(因为钱的边际效用递减);第二,期权价值提供了进一步解释,决策者会等到对潜在结果更有把握时再做决策。

大家应该都碰到过“成本—收益”原则,说的是当一项行动的预期成本低于预期收益时,行动就应该被实施。通常情况下这是一个合理的原则,当人们面临没有不确定性的简单情形时,就可以按“成本—收益”原则行动。但如果面临的是不确定性情形,该原则的使用就得小心了。实际上,“成本—收益”原则的正确使用会更加复杂,因为还应当考虑风险偏好(将支付转换为效用)和延迟的期权价值(如果存在的话)的影响。在不确定性情形下,简单的“成本—收益”原则的运用失败预示的不是非理性,而是问题的复杂性。[20]

7.11 信息

第四种减少不确定性的方法是获取更多与可能出现的结果有关的可靠信息。在本章延迟决策的部分就已经提到,决策者会保留选择的权利直至获取足够有用的信息。延迟的代价,就可以作为获取信息的一个交换价格。下面,我们更为直接地将信息作为一种可交换的商品进行讨论,并详细地讨论人们为何会购买这件商品,以及他们愿意为此商品付出的价格。

7.11.1 信息作为一种商品

信息是一种有价值的经济资源,这一点毋庸置疑。我们已经从上述例子中看到,掌握了更多燃油趋势信息的人会做出更好的小汽车购买决策。不仅如此,知道去哪里购买质优价廉的商品的人会比不知情者有着更大的预算范围;而与最新科研接轨的医生能提供更好的医疗服务。

信息经济学的研究已经是当前研究的一个主要领域。它的研究存在着一些挑战。与迄今为止我们所研究的消费品不同,信息的“数量”很难度量。即便可以度量,信息也会是一种不同寻常的商品,因为信息本身有一些技术特质。许多信息是耐用的,并在使用之后仍具有价值。与热狗不同,热狗只能被吃一次;而关于一次特别降价的信息就不只会被发现它的人使用,而且也能被与

---

⑳ 经济学家们正被这样一个问题困扰着:消费者为何不节约一些能源开支来安装效率更高的电器呢?这些电器的成本用不了多长时间就可以从能源节省中攒出来。行为经济学家的解释是,消费者忽视了成本—收益的计算,或者对能源节约的累积没有耐心。参见 K. Hassett and G. Metcalf, in “Energy Conservation Investment: Do Consumers Discount the Future Correctly?” *Energy Policy* (June 1993):710—716,说的是当消费者面临能源价格波动时,消费者惯性可能是合理的延迟。一个相关的数学实例请见习题7.9。

此人共同分享的其他人使用。即便这些人分毫未花就获得了信息,他们仍然可以从中受益。诚然,在这种情况的一个特例中,信息有着纯公共品的特征(参见第19章)。也就是说,因为其他人以零交易费用来使用信息,这种信息是非竞争性的;也因为没有哪个人能够阻止其他人使用信息,所以它也是非排他性的。这些性质的经典例证就是新的科学发现。当有人发明了车轮时,其他人可以使用这一车轮而不减少这一发明的价值,并且每个看到车轮的人都可以自由地仿制它。信息的出售也很困难,因为一旦你向潜在客户描述信息这件商品,信息就已经泄露了。

信息的上述技术性质意味着,在为提供信息和获取信息而配置资源方面,市场机制通常并不完善。毕竟,既然人们可以从他人手中免费获得信息,为何还会投资信息的生产呢?所以在分析这类行为时,标准供求模型的作用可能相对有限。但至少我们要求模型能够准确反映假定的关于信息环境的性质。在本书以后的部分,我们将描述这样的一些模型。不过,在这里,我们相对较少地注意供求均衡,而是把注意力集中在信息帮助个人在不确定性情形下做决策的价值问题上。

7.11.2 信息价值的量化

在量化信息的价值时,会用到期权价值部分所用到的工具。依然假设个人面临未来环境的不确定性 x,他必须马上从 n 个选择中挑出一个(这让我们不用再考虑延迟的期权价值和其他一些研究过的问题)。和之前一样,$A_i(x)$ 表示选择 i 的支付。现在,F 被重新定义为获取 x 的确切值所支付的费用(或许这也是雇用经济学家让他们做预测的薪酬)。

信息价值的计算方法与(7.52)式计算实物期权的方法相同。当不等式取等号时,求出的 F 的最大值就是实物期权的价值。类似的,在此求出的 F 的最大值就是信息的价值。如果对未来条件的预测并不完美(我们假设对未来的预测是完美的),那么信息的价值就会比此时所求的 F 值低。其他一些因素也会影响信息对个人的价值,包括获取信息之前的不确定性的程度、个人面临的选择的数量以及个人的风险偏好。新信息解决的不确定性越多,价值自然就越高。如果个人面临的选择数量有限,对信息的响应就不会有太大空间,信息也就不会有多少价值。风险厌恶程度对信息价值的影响则是不确定的(回答例7.5中的“请回答”会给你提供一些线索)。

7.12 不确定性情况下进行选择的状态偏好法

尽管到目前为止,我们已对一系列问题提出了见解。但我们所用的方法似乎与我们在其他章节中所用的不同。基本的在预算约束下的效用最大化模型似乎不见了。因此,为了更进一步研究不确定性情况下的行为,我们必须探寻某种新的方法以使我们关于此种行为的讨论重新纳入标准的选择理论框架。

7.12.1 世态与或然商品

为了实现上述目标,我们首先假定未来发生的某一事件可以被归类于若干种世态(states of the world)。我们无法准确预测明天会发生什么,但是我们可以假定把所有可能发生的事件归类成一些已经被定义好的状态(states)。例如,我们可以非常粗略地估计明天的世界将只会处于两种可能的状态之一:或者是“好日子”,或者是“坏日子”。人们可以将世界分成更为细致的状态(甚至包括数百万种可能的状态),但是,大多数理论的本质都是只需要引入两种状态就可以建立起来的。

与世态这个概念同时建立起来的一个概念是*或然商品*。这是一些只有在一种特定世态出现时才能得到的商品。“好日子的1美元”就是或然商品的例子,这个商品保证个人在好日子的情况下有1美元,但是如果明天变成坏日子,就什么都没有。稍稍发挥一下人的直觉,就可以察觉到这种商品是可以购买的——我可以从别人那里购买到如果明天是好日子就得到1美元的保证。因为明天可能是坏日子,所以这个商品的卖价可能就会小于1美元。如果有人也愿意卖给我或然商品——“坏日子的1美元”,那么,我就可以通过购买两种或然商品“好日子的1美元”与“坏日子的1美元”,以保证自己明天有1美元。

7.12.2 效用分析

研究在或然商品中进行效用最大化选择所用的方法与我们先前进行选择分析时所用的方法在很大程度上是相同的。主要的区别在于:在事实出现以后,个人只能获得一种或然商品(由是好日子或坏日子决定)。不过,在现存的不确定性被揭示之前,个人有两种或然商品进行选择。我们将它们表示为 W_g(好日子的财富)与 W_b(坏日子的财富)。假定效用与哪一种世态出现无关[21],个人认为好日子出现的概率为 π,那么,与这两种或然商品相联系的期望效用就是:

$$V(W_g, W_b) = \pi U(W_g) + (1 - \pi) U(W_b) \tag{7.57}$$

这也是个人在给定其最初财富 W 的情况下寻求最大化的值。

7.12.3 或然商品的价格

假定个人在好日子购买1美元财富的价格是 p_g,在坏日子购买1美元财富的价格是 p_b,其预算约束为:

$$W = p_g W_g + p_b W_b \tag{7.58}$$

价格比率 p_g/p_b 表示这个人怎样可以把好日子的美元值换成坏日子的美元值。例如,如果 $p_g = 0.80$,$p_b = 0.20$,那么,在好日子花费1美元的财富可以给这个人买来当日子如果变坏时价值4美元的或然商品。当然,这样的交易是否改善了效用,取决于世态的特征。但是,把涉及不确定性的问题视为有多种或然商品被交易的情况,是世态偏好模型所提供的关键想法。

7.12.4 或然商品的公平市场

如果关于或然财富权利的市场被很好地建立起来,并且关于好日子发生的可能性(π)存在普遍一致的判断,那么,这些权利的价格实际上就可能是公平的——也就是说,它们就等于潜在的概率:

$$p_g = \pi, \quad p_b = (1 - \pi) \tag{7.59}$$

---

[21] 当财富的效用取决于世态时,这个假设是站不住脚的,就好像某一固定水平财富的效用随个人身体状况的不同(“疾病”或“健康”)而变化。我们将不考虑这种复杂性。但在更多的分析中,我们假设效用对于财富是凹的,即 $U'(W) > 0, U''(W) < 0$。

这样,价格比率 p_g/p_b 就简单地反映了出现好日子的可能性。

$$\frac{p_g}{p_b} = \frac{\pi}{1-\pi} \tag{7.60}$$

在我们前面的例子中,如果 $p_g = \pi = 0.8$,$p_b = (1-\pi) = 0.2$,那么就有 $\pi/(1-\pi) = 4$。在这种情况下,出现好日子的可能性就会被定义为"4 比 1"。或然权利的公平市场(例如保险市场)就反映了这种可能性。在赛马中"赔率"也是类似的东西。当这些赔率真实地反映了不同马匹获胜的概率时,它们就是"公平的"。

7.12.5 风险厌恶

现在,我们要说明在世态偏好模型中怎样来表示风险厌恶。具体来说,我们要证明,如果或然权利市场是公平的,效用最大化的个人将怎样选择以达到 $W_g = W_b$ 的情况,即他将做出安排,以实现无论出现什么状态,最终所获得的财富都是相同的。

在以前的各章中,预算约束下的效用最大化是使 W_g 对 W_b 的 *MRS* 等于这些"商品"的价格比,即

$$\text{MRS} = \frac{\partial V/\partial W_g}{\partial V/\partial W_b} = \frac{\pi U'(W_g)}{(1-\pi)U'(W_b)} = \frac{p_g}{p_b} \tag{7.61}$$

从或然权利市场是公平的这一假定来看,一阶条件可以简化为

$$\frac{U'(W_g)}{U'(W_b)} = 1$$

或[22]

$$W_g = W_b \tag{7.62}$$

这样,面对或然权利的财富公平市场,若此人是风险厌恶型的,他就会通过选择使自己在任何情况下都能保证有相同水平的财富。

7.12.6 图形分析

图 7.5 表现了风险厌恶。个人的预算约束(I)与无差异曲线 U_1 相切,切点为 $W_g = W_b$,这是确定性线上的一点,在这一点上财富(W^*)与什么世态出现无关。在 W^* 点上,无差异曲线的斜率 $[(\pi/(1-\pi)]$ 恰恰等于价格比率 p_g/p_b。

如果或然财富权利的市场是不公平的,效用最大化就可能不出现在确定性线上。例如,假定 $\pi/(1-\pi) = 4$,而 $p_g/p_b = 2$,即保证在坏日子得到一定财富的成本较高。在这种情况下,预算约束会移动到图 7.5 中的 I',并且效用最大化就出现在确定性线下面。[23] 在这个例子中,由于对 W_b 的保证成本太高,这个人就会通过选择 $W_g > W_b$ 进行一点赌博。例 7.6 显示了这种方法在评价其他可行性选择时的用途。

---

[22] 请注意,这一步要求效用是状态独立的,且 $U'(W) > 0$。

[23] 如(7.61)式所示,由于在确定性线上的 MRS 总是 $\pi/(1-\pi)$,所以当切线更为平坦时,切点一定会出现在确定性线的下方。

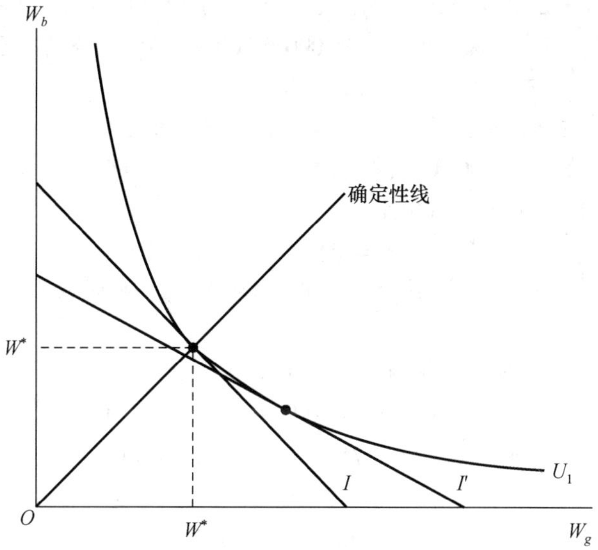

图7.5　在世态偏好模型中的风险厌恶

直线 I 代表个人对或然财富权利的预算约束：$W = p_g W_g + p_b W_b$。如果或然权利市场实际上是公平的，$[p_g/p_b = \pi/(1-\pi)]$，则效用最大化就会在确定性线上 $W_g = W_b = W^*$ 的地方实现。如果价格实际上是不公平的，预算约束则可能是 I'，而效用最大化会在 $W_g > W_b$ 的点上实现。

例7.6　世态偏好模型中的保险

我们把例7.2中汽车保险的例子重新安排成涉及两种或然商品："没有小偷时的财富"(W_g)与"有小偷时的财富"(W_b)的问题，我们可以以此说明世态偏好方法。同以前一样，我们假定对数形式的效用函数，且偷盗发生的概率为0.25(也就是 $1-\pi$)，因此有

$$\begin{aligned}\text{期望效用} &= 0.75U(W_g) + 0.25U(W_b) \\ &= 0.75\ln W_g + 0.25\ln W_b\end{aligned} \tag{7.63}$$

如果个人不采取行动，效用由最初的财富禀赋决定，$W_g^* = 100\,000$，$W_b^* = 80\,000$，因此有

$$\begin{aligned}\text{期望效用} &= 0.75\ln 100\,000 + 0.25\ln 80\,000 \\ &= 11.45714\end{aligned} \tag{7.64}$$

为了研究使之与初始禀赋不同的交易，我们根据或然商品的价格 p_g 与 p_b 写出预算约束

$$p_g W_g^* + p_b W_b^* = p_g W_g + p_b W_b \tag{7.65}$$

假定这些价格与这两种世态的概率相等($p_g = 0.75$，$p_b = 0.25$)，上述约束就被写为

$$0.75(100\,000) + 0.25(80\,000) = 95\,000 = 0.75W_g + 0.25W_b \tag{7.66}$$

也就是说，财富的期望价值是95 000美元，个人可以在 W_g 和 W_b 间做出分配。现在在这个预算约束的条件下最大化效用，有 $W_g = W_b = 95\,000$。这样，个人就会移动至确定性线上，并达到如下的期望效用

$$\text{期望效用} = \ln 95\,000 = 11.46163 \tag{7.67}$$

这比不采取行动有明显的改善。为了获得这种改善，个人需要把好日子(没有小偷)的5 000美元转换成坏日子(有小偷)的15 000美元，一个公平的保险契约可以做到这一点，它花费5 000美元，

但在有小偷的时候会返还 20 000 美元给这个人(但没有小偷的时候什么也不还)。请注意,这里保险许诺的对财富的改变——$dW_b/dW_g = -15\,000/5\,000 = -3$——恰恰等于赔率的负值,即 $-\pi/(1-\pi) = -0.75/0.25 = -3$。

具有折扣的保险 在这种情况下,尽管并非所有的契约都会导致位于确定性线上的选择,但仍可能会改善效用。例如,花 5 200 美元,在发生偷盗时得到 20 000 美元的保险就会使这个人达到确定性线上的点,使得 $W_g = W_b = 94\,800$ 且

$$\text{期望效用} = \ln 94\,800 = 11.45953 \tag{7.68}$$

这也超过了从最初的禀赋中可以得到的效用。花费 4 900 美元,并要求个人承担偷窃损失的第一个 1 000 美元的保险使得

$$\begin{aligned} W_g &= 100\,000 - 4\,900 = 95\,100 \\ W_b &= 80\,000 - 4\,900 + 19\,000 = 94\,100 \end{aligned} \tag{7.69}$$

$$\begin{aligned} \text{期望效用} &= 0.75\ln 95\,100 + 0.25\ln 94\,100 \\ &= 11.46004 \end{aligned} \tag{7.70}$$

虽然这种保险没有使个人达到确定性线,但也改善了期望效用。所以保险不一定需要保证购买保险后完全没有风险。

请回答:如果个人要承担损失中的第一个 1 000 美元,那么他愿意最多花多少钱去买这个保险?

7.12.7 风险厌恶与风险溢价

世态偏好模型在分析风险厌恶与个人接受风险的意愿之间的关系时也特别有用。请考虑两个人,每个人开始时都有一个确定的财富 W^*。每个人都寻求下述形式的期望效用函数的最大化

$$V(W_g, W_b) = \pi\frac{W_g^R}{R} + (1-\pi)\frac{W_b^R}{R} \tag{7.71}$$

在此,效用函数表现出不变的相对风险厌恶(参见例 7.4)。同样,也请注意,这个函数类似于我们在第 3 章以及其他章节中所研究的 CES 效用函数。因此,这里的参数 R 既决定了风险厌恶度,也决定由这个函数所表示的无差异曲线的曲率。一个对风险非常厌恶的人会有很大的负 R 值,并且有如图 7.6 中曲线 U_1 那样的有很大弯曲度的无差异曲线。而一个对风险有较高容忍度的人有较高的 R 值,且有较平的无差异曲线(如 U_2)。[24]

现在假定这些人面临着在坏日子会失去 h 美元财富的预期。如果财富在好日子可以从 W^* 增加到 W_2,那么对于第二个人来说,这样一种风险就是可接受的。不过,对第一个非常厌恶风险的人来说,财富必须要增加到 W_1 才会使风险变成可接受的。这样,W_1 与 W_2 之间的差异就显示了风险厌恶程度对接受风险的意愿的影响。本章的一些习题利用了这种图形工具以说明偏好(如由(7.71)式中效用函数所反映的)与风险条件下的行为之间的联系。

---

[24] 无论 R 值如何,沿确定性线的 MRS 都由 $\pi/(1-\pi)$ 决定,所以可以保证 U_1 与 U_2 在 W^* 点斜率相同。

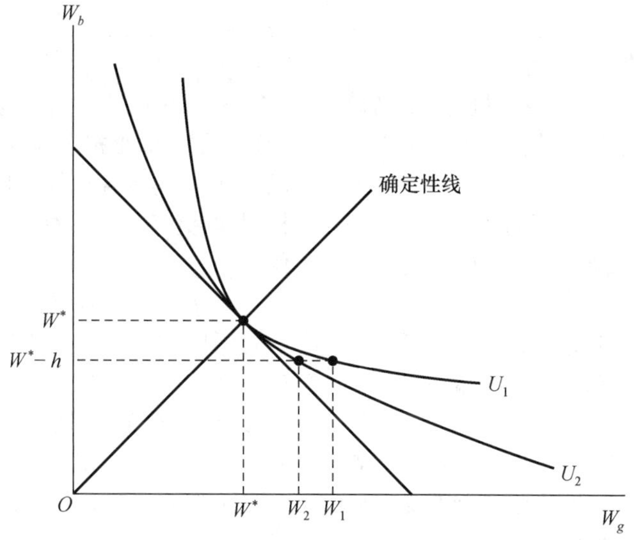

图 7.6 风险厌恶与保险金

无差异曲线 U_1 代表一个对风险非常厌恶的人的偏好，具有由 U_2 这样的偏好的人则愿意接受更大的风险。当面对在坏日子会失去 h 这样的风险时，第二个人会要求在好日子补偿 $W_2 - W^*$，而第一个人会要求更大的量 $W_1 - W^*$。

7.13 信息的不对称性

我们研究信息获取的一个重要含义是个人所获取的信息水平由每单位的信息价格决定。同大多数商品的市场价格不同(这些商品被假设对每个人都一样)，有许多理由可以使人相信这些信息的费用在个人之间是存在较大差异的。某些人可能在获得信息方面具有特别的技能(例如，他们可能是训练有素的机械师)，而其他人则可能不具备这种技能。某些人可能具有能带来有价值信息的其他类型的经验，但另一些人却缺乏这种经验。例如，由于某商品的卖主准确地知道该商品是怎样生产出来的，以及在什么地方可能会出现问题，所以，卖主通常要比买主更清楚商品的局限性；类似的，大量重复购买某种商品的买主也会比第一次购买这种商品的人拥有更多的信息；一些人还会投资于某种信息服务(例如通过计算机连接到中介机构，或是订阅消费者报告)，这些信息服务会使他们获得额外信息的边际成本低于那些没有进行此类投资的人的边际成本。

所有这些因素都表明，在市场交易的参与者之间，信息水平可能是不同的。当然，在许多例子中，信息费用可能不高，彼此的上述差异也不大。例如，绝大多数人都可以仅凭看一眼就能够相当好地对新鲜蔬菜的质量做出评价。然而，当信息费用较高，并且因人而异时，可以预见占有不同数量信息的人会有不同的竞争优势。在第 18 章中，我们将对这个问题展开详细的讨论。

小结

本章为我们提供了一些可以研究不确定性情况下个人决策的入门材料。现将基本结论概括如下:

- 在不确定性情况下,最常见的行为模型是个体将以使期望效用最大化的方式进行决策。
- 如果个人表现出对于财富的边际效用递减,他们就是风险厌恶者。即使赌博是公平的,他们也不愿意打赌。
- 如果保险费是实际公平的,风险厌恶者就会愿意购买保险以保证自身完全不受不确定事件的影响。他们事实上也愿意支付高于公平溢价的保险费以避免承担风险。
- 两个函数被广泛应用于不确定性下的行为研究:绝对不变风险厌恶(CARA)函数和相对不变风险厌恶(CRRA)函数。两者的理论基础都不是完全令人满意的。
- 减少风险的方法包括:购买保险将风险转嫁于能有效承担风险的人;通过多元化分散风险;保留与各种可能出现的结果有关的选择权;获取更好的与各种可能出现的结果有关的信息。
- 有关不确定性的一个备受关注的经济学问题是"组合投资问题",即投资者如何在各项可用资产中分配财富。本章用了一个简化的"组合投资问题"说明了多元化的价值,而扩展部分将对此问题进行详细分析。
- 信息是有价值的,因为它使人们面临不确定时做出更好的决策。人们决策时的灵活性越大,信息就越有价值。
- 通过在或然商品中运用世态偏好法,不确定性情况下的决策分析可以在选择理论框架中得以实现。

练习题

7.1

乔治将整整 10 万美元的赌注压在公牛队身上,打赌公牛队获得 NBA 的总冠军。如果乔治的财富效用函数是对数形式的,并且他现在的财富是 100 万美元,那么他认为公牛队一定会赢的最小概率是多大?

7.2

请说明如果一个人的财富效用函数是凸的,那么,他就会选择公平赌博而不是确定的收入,甚至还可能愿意去接受某种不公平的赌博。你认为这种接受风险的行为是普遍的吗?什么因素会趋向于限制这种行为?

7.3

一个人买了一打鸡蛋,并一定要把它们带回家。尽管回家是无成本的,但在任何一条路上鸡蛋被打破的概率都是 50%。这个人会考虑两个策略。

第一个策略:走一趟,带所有 12 个鸡蛋。

第二个策略;走两趟,每次带 6 个鸡蛋。

a. 请列出每种策略的可能结果及每种结果的可能性大小。请说明在每种策略下,回家之后平均都有 6 个鸡蛋没有被打破。

b. 画图表示在每一种策略下可获得的效用,人们会倾向于哪一个策略?

c. 采用再多跑几趟的方案,效用是否可以被进一步改善?如果多走一遍是有成本的,那么,这种可能性会受到怎样的影响?

7.4

假定一个现有2万美元财富的人有一半的可能性会得神经衰弱,并因此损失1万美元。

a. 请计算在这种情况下实际公平保险的成本,并使用(如图7.1表示的)财富效用图来表示这个人会选择公平保险以防止损失,而不是接受没有保障的赌博。

b. 假定可以获得两种类型的保险政策:

(1) 赔偿全部损失的公平政策;

(2) 只赔偿所发生损失的一半的公平政策。

请计算第二种类型政策的成本,并说明这个人通常会认为它比第一种类型的政策差。

7.5

福格女士计划花1万美元去进行环球旅行。从这个旅行中她所得到的效用是她实际支付的费用的函数,可以写成:

$$U(Y) = \ln Y$$

a. 如果福格女士在旅途中会丢失1000美元的可能性是25%,整个旅行的期望效用会是多大?

b. 假设福格女士可以以250美元的"精算公平"的保险费率买保险,来预防这1000美元的损失(比方说,买旅行支票)。请证明她买了这个保险后的期望效用比不买保险时的期望效用高。

c. 福格女士愿意为其1000美元的可能损失而支付的保险费最多是多少?

7.6

所有人都知道在一个非法的地点停车时,收到罚款通知单的可能性是p,并且罚金额为f。假定每个人都是风险厌恶型的,也就是说,$U''(W)<0$,其中W是个人的财富。

那么,在防止非法停车问题中,被抓到的可能性成比例增加和罚金成比例增加,哪个会更有效呢?提示:运用泰勒级数展开式$U(W-f)=U(W)-fU'(W)+\frac{f^2}{2}U''(W)$。

7.7

一个农夫认为在下一个播种的季节里,雨水不正常的可能性是50%。他的期望效用函数的形式为:

$$期望效用 = \frac{1}{2}\ln Y_{NR} + \frac{1}{2}\ln Y_R$$

这里,Y_{NR}与Y_R分别代表农夫在"正常降雨"与"多雨"情况下的收入。

a. 假定农夫一定要在如下表所示收入前景的两种谷物中进行选择(只能选择一种),他会种哪种谷物呢?

谷物	Y_{NR}	Y_R
小麦	28000美元	10000美元
玉米	19000美元	15000美元

b. 假定农夫在他的土地上可以每种作物都播种一半的话,他会选择这样做吗?请解释你的结论。

c. 怎样组合小麦和玉米才可以给这个农夫带来最大的期望效用?

d. 如果对于只种小麦的农夫,有一种要花费4000美元的保险,在种植季节多雨的情况下会赔付8000美元,那么,这种有关小麦种植的保险会怎样改变农夫的种植情况?

7.8

在(7.30)式中,我们已经证明,个人为阻止公平赌博(h)而愿意支付的费用$p=0.5E(h^2)r(W)$,其中$r(W)$为个人在其初始财富水平上的绝对风险厌恶程度。在这个问题中,我们将费用p视为所面临风险的大小和个人财富水平的函数。

a. 考虑一个公平赌博(v),输赢为1美元。那么这个赌博的$E(v^2)$是什么?

b. 现在假设将a中的赌博奖金数乘以正常数k。令$h=kv$,那么$E(h^2)$等于多少?

c. 假设此人的效用函数为对数形式,即$U(W)=lnW$,那么$r(W)$的一般表达式是什么?

d. 分别计算$k=0.5$、1、2,$W=10$、100时的

风险溢价。比较这六个值,你能得出什么结论?

7.9

在例7.5中,我们已经计算了混合燃料小汽车所拥有的实物期权价值。现在我们再次回到这个问题上,假设一辆化石燃料小汽车的支付依然为$A_1(x)=1-x$,而一辆生物燃料小汽车的支付$A_2(x)$由x增加为$2x$。x仍为0到1间均匀分布的随机变量,衡量在小汽车的使用生涯中,生物燃料相对于化石燃料的市场可得性。

a. 假设买主是风险中性的,其冯纽曼—摩根斯坦效用函数为$U(x)=x$,计算此时混合燃料小汽车所拥有的实物期权价值。

b. 若买主是风险厌恶的,并且效用函数变为$U(x)=\sqrt{x}$,重新计算混合燃料小汽车所拥有的期权价值。

c. 将你的计算结果和例7.5的结果相比,讨论生物燃料小汽车价值的增加是如何影响混合燃料小汽车所拥有的期权价值的。

分析问题

7.10 HARA效用

实际上,CARA和CRRA效用函数都是一个更为一般的被称为调和绝对风险厌恶(harmonic absolute risk aversion,HRRA)函数的特殊形式。该函数的一般形式为$U(W)=\theta(\mu+W/\gamma)^{1-\gamma}$,参数的限制条件如下:

- $\gamma\leqslant 1$
- $\mu+W/\gamma>1$
- $\theta[(1-\gamma)/\gamma]>0$

前两个限制条件是显而易见的,第三个条件是为了保证$U'>0$。

a. 计算函数的$r(W)$,并证明结果是W的线性表达式。这正是函数名称中"调和"一词的由来。

b. 证明当$\mu=0,\theta=[(1-\gamma)/\gamma]^{\gamma-1}$时,函数简化为CRRA函数(见本章脚注17)。

c. 利用a问的结论,证明当$\gamma\to\infty$时,$r(W)$是一个常数。

d. 用A表示c中计算出的常数,证明此时效用函数的形式正好是CARA函数,如(7.35)式。

e. 证明当$\gamma=-1$时,可从HARA函数中推导出二次效用函数。

f. 尽管HARA函数看起来带有一般性,但在研究不确定性情形下的行为时仍有一些限制,请举出几个例子。

7.11 前景理论

两位行为经济学奠基人,2002年诺贝尔经济学奖获得者,丹尼尔·卡尼曼(Daniel Kahneman)和阿莫斯·特沃斯基(Amos Tversky),进行了一组试验。试验中不同情景组的被试得出了不同的结果。

情景1:假设你有1 000美元,并在两个赌博中做出选择。赌博A以一定概率赢得1 000美元,其他情况下什么也得不到。赌博B确定能赢500美元。

情景2:假设你有2 000美元,并在两个赌博中做出选择。赌博C以一定概率输掉1 000美元,其他情况下收益为0。赌博D则确定损失500美元。

a. 假设史丹在面临不确定性时根据期望效用理论做决策。若他是风险中性的,那么在两个情形中他将分别做出什么选择?

b. 若史丹是风险厌恶的,他的选择会是怎样?

c. 卡尼曼和特沃斯基发现,在情形1中,有16%的被试选择了赌博A,在赌博2中,68%的被试选择了赌博C。对比你在前两问中得出的结果,为何两者不一致?

d. 为解释试验结果,卡尼曼和特沃斯基提出了一个替代期望效用理论的理论,称为前景理论。该理论指出,人们的当前收入函数为他们提供了一个"参照点"。超过该点,人们是风险厌恶的,低于该点,人们会对损失非常敏感。这种对损失的敏感性正好和风险厌恶相反:对于一个风险厌恶的人,从相对比例来说,从一个较大损失中遭受的效用损失比从一个较小损失中遭受的效用损失程度大。

(1) 假设皮特在面临不确定性时依据前景理论做决策。那么他在上述两种情形中会做出什么决策?为什么?

(2) 分别画出情景1、情景2中金钱对皮特的效用曲线示意图。两条曲线重合吗?他的效用曲线和标准情况下人们的效用曲线(比如史丹)的有何不同?

7.12 CRRA函数的进一步讨论

在相对不变风险厌恶的效用函数的情况((7.42)式)下,我们已经证明风险厌恶程度由$(1-R)$来度量。在第3章中,我们说明了这种函数的替代弹性为$1/(1-R)$。这样,两个指标互为倒数。运用这个结果,讨论下述问题:

a. 为什么风险厌恶与一个人在各种世态之间财富替代的意愿是相关的?透过这两个概念可以抓住什么现象?

b. 你怎样在风险厌恶与替代的框架中解释$R=1$与$R=-\infty$这两种极端的情况?

c. "坏"日子的或然权利价格(P_b)的上升,会在对W_g与W_b的需求中引致替代效应与收入效应。如果个人花费在这两种商品上的预算是固定的,那么,这会怎样影响在它们之间所进行的选择?为什么W_g的上升或下降取决于这个人所表现出的风险厌恶度?

d. 假设经验数据说明一个人需要平均0.5%的收益,才愿意投资一个分别以0.5的概率赚或赔5%的项目。也就是说,该人从等概率得到$1.055W_0$或$0.955W_0$的赌博中得到的效用等于固定收益W_0的效用。

(1) 上面的情况发生时,R是多少?

(2) 该人需要多少收益才肯接受一项分别以0.5的概率赚或赔10%的投资?

注意:这需要求解非线性方程,所以只需求解近似解。风险-收益之间交易的比较说明了所谓的*权益溢价之谜*,即从实证数据显示的结果来看,从风险型投资中得到的收益似乎确实比同等程度的风险厌恶型投资更大。参见N. R. Kocherlakota, "The Equity Premium: It's Still a Puzzle," *Journal of Economic Literature* (March 1996):42—71。

7.13 画出风险投资

在固定收益率为r的资产上投资W^*美元,可以在两种世态时都获得$W^*(1+r)$;而在风险资产上的投资在好日子收益为$W^*(1+r_g)$,在坏日子收益为$W^*(1+r_b)$(其中$r_g>r>r_b$)。通过上述假定,风险资产上的投资就可以在世态偏好的框架中被加以研究。

a. 请画出两种投资的结果。

b. 请说明包含无风险资产与风险资产的"资产组合"怎样在你的图中得到显示。你怎样说明投资在风险资产中的财富比例?

c. 请说明个人对于风险的态度会怎样决定他们所持有的无风险资产与风险资产的组合。一个人会在什么情况下不持有风险资产?

d. 如果一个人的效用函数采用了相对不变风险厌恶(CRRA)形式(即(7.42)式),请解释这个人在其财富增加时,为什么不会改变其所掌握的风险资产的比例。[25]

7.14 正态分布风险资产的投资组合问题

在例7.3中我们已经证明了,当个人面对正态分布风险资产,且效用函数是CARA效用函数时,他的期望效用的形式是$E[U(W)]=\mu_W-(A/2)\sigma_W^2$,$\mu_W$和$\sigma_W^2$分别表示财富的期望值和方差。利用这个情况解决一个最优组合投资的财富分配问题:投资者的效用函数仍为CARA效用函数,他需将k比例的财富投资于一项期望值为μ_r、方差为σ_r^2的正态分布的风险资产(结果用含A的表达式表示)。请直观地解释你的结果。

---

[25] 这个问题基于J. E. Stiglitz "The Effects of Income, Wealth, and Capital Gains Taxation in Risk Taking," *Quarterly Journal of Economics* (May 1969): 263—283。

推荐阅读材料

Arrow, K. J. "The Role of Securities in the Optimal Allocation of Risk Bearing." *Review of Economic Studies* 31 (1963): 91—96.

该文引入了世态偏好的概念,并把证券解释为对于或然商品的要求权。

——. "Uncertainty and the Welfare Economics of Medical Care." *American Economic Review* 53 (1963): 941—973.

该文对于保险福利的含义有一个出色的讨论,它有一个清晰、简明的数学附录。应该与 Pauly 讨论道德风险的文章(参见第 18 章)一同阅读。

Bernoulli, D. "Exposition of a New Theory on the Measurement of Risk." *Econometrica* 22 (1954): 23—36。

该文是对圣彼得堡悖论经典分析的重印。

Dixit, A. K., and R. S. Pindyck. *Investment under Uncertainty*. Pricenton, NJ: Pricenton University Press, 1994.

该书主要关注了厂商的投资决策,并很好地涵盖了期权的概念。

Friedman, M., and L. J. Savage. "The Utility Analysis of Choice." *Journal of Political Economy* 56 (1948): 279—304。

该文分析了人们为什么既赌博又买保险,非常有可读性。

Gollier, Christian. *The Economics of Risk and Time*. Cambridge, MA: MIT Press, 2001.

该书对本章涉及的许多问题都有完整的处理。对不确定性情形下财富分配和跨期分配之间关系的讨论尤其精彩。

Mas-Colell, Andreu, Michael D. Whinston, and Jerry R. Green. *Microeconmic Theory*, New York: Oxford University Press, 1995, Chap. 6.

该文提供了有关期望效用理论基础的总结,还详细考察了世态独立假设,说明了一些风险厌恶的概念可以延伸到世态独立的情形。

Pratt, J. W. "Risk Aversion in the Small and in the Large." *Econometria* 32(1964):122—136.

该文记述了度量风险厌恶的理论发展。虽有较多的技术处理,但仍具有可读性。

Rothschild, M., and J. E. Stiglitz. "Increasing Risk: 1. A Definition." *Journal of Economic Theory* 2(1970):225—243.

该文给出了一项赌博比另一项赌博更具有风险的经济学定义。在 *Journal of Economic Theory* 上发表的续文提供了一些经济学说明。

Silberberg, E. and W. Suen. *The Structure of Economics: A Mathematical Analysis*, 3rd ed. Boston: Irwin/Mcgraw Hill, 2001.

该书第 13 章提供了一个不错的统计概念和期望效用最大化之间联系的介绍,还展示了例 7.3 中提到的积分的详细过程。

第8章 博 弈 论

本章将向读者介绍非合作博弈论,学习这一理论工具有助于读者理解两个或多个参与人之间的策略互动。博弈论的应用范围越来越宽泛,已经覆盖到了经济学的所有领域(从劳动经济学到宏观经济学),甚至在其他领域,例如政治科学和生物学中也都有了博弈论的应用。博弈论在理解寡头垄断企业之间的相互博弈关系上也有着重要的作用,而在第15章中我们就会用到博弈论的概念。在本章中,我们会首先学习纳什均衡这一核心概念,并且介绍纳什均衡在简单博弈中的应用。之后我们会介绍精炼的纳什均衡,它可以解决包含了更复杂时间结构和信息结构的博弈问题。

8.1 基本概念

在本书的第3篇中,我们已经学习了孤立的个体决策问题。在本章中我们将会学习到个体在更复杂的策略集里的决策问题。在策略集里,个体不再有一个显然的最优选择。从某一个决策者的角度看,这个决策者在做出对自己最好的选择时需要考虑其他决策者在做何种决策,反之亦然。

例如,考察司机和警察之间的策略互动。司机在选择是否超速时,要考虑到警察是否设置了超速监视区。而警察在考虑是否设置超速监视区时,也需要想在这一区域会有多少司机超速。在这个使人困惑的循环中分析高速公路上的策略行为看上去十分复杂。而博弈论工具就能够把这类分析引入我们可以理解的范畴中,举个例子,就像我们在第4章中分析消费者效用最大化那样。

在使用博弈论工具分析经济情形时,需要完成两个步骤。第一个步骤就是把经济情境提炼为一个简单的博弈。由于分析策略集的难度比分析简单决策问题的难度大得多,我们需要将策略集简化到只保留其中很少的几个关键要素。而博弈提炼的过程更像是艺术创作,我们很难教导读者应该怎样去做。不过读者可以把本章案例和练习题中提到的例子作为模型基础,套用这些模型去解决新的问题。

第二个步骤则是求解给定的博弈,即预测在博弈中会发生何种结果。如果想求解一个博弈,读者首先需要了解均衡的概念(例如纳什均衡),并且能够熟练运用相关计算方法。本章会用大量的篇幅为读者讲解被广泛应用到的均衡概念,并且介绍求解特定博弈时需要用到的计算方法。

博弈是描述一个策略状况的抽象模型。即使最基本的博弈都要包含三个要素:参与人、策略和收益。在复杂的策略集合中,有时还必须加入特殊的要素,例如行动顺序和参与人行动时获得的信息(谁知道什么时候干什么),来完整地描述一个博弈。

8.1.1 参与人

博弈中的每一个决策者都被称为参与人。参与人可以是个人(例如在纸牌游戏中)、企业(例如在寡头市场中)或者整个国家(例如在战争冲突中)。参与人的特征是有能力在可行的行动集合中进行选择。通常在博弈的过程中,参与人的数量是固定的。因此,有时博弈也可以用参与人的数量进行分类(两方博弈、三方博弈和 n 方博弈)。与很多经济学文献一样,本章主要关注两方博弈,这是因为两方博弈的策略集最简单。

我们会用数字标记参与人。在一个两方博弈中,我们会把参与人标记为参与人 1 和参与人 2。而在一个 n 方博弈中,我们则会记为参与人 $1,2,\cdots,n$。

8.1.2 策略

参与人在博弈过程中各个阶段的行动叫作一个策略。依据所考察博弈的不同,一个策略可能仅包含一个简单行动(驾驶时是否超速),也可能是一个在博弈开始前制订的视情况而变的复杂行动计划(例如,只有在经过超速监视区后的 15 分钟内超速驾驶)。博弈论很多方面的知识都可以在一类简单的博弈中得到阐述,这一类博弈的特点是参与人只能在两个可行的行动中进行选择。

令 S_1 表示参与人 1 的策略集,S_2 表示参与人 2 的策略集,(一般情形下)S_i 表示参与人 i 的策略集。令 s_1 表示策略集 S_1 中的某一特定策略,$s_1 \in S_1$;同理,$s_2 \in S_2$,$s_i \in S_i$。一个策略组合就表示由一组参与人选定的一系列策略。

8.1.3 收益

在一个博弈结束后各个参与人的最终回报称为收益。收益通常是用参与人获得的效用水平进行衡量的。为简单起见,最常用的衡量方法是货币收益(例如企业的利润)。而在更一般的情形下,收益也可以用非货币的要素表示,例如声望、情感、风险偏好等。

在两方博弈中,$u_1(s_1,s_2)$表示当参与人 1 选择策略 s_1、参与人 2 选择策略 s_2 时,参与人 1 的收益,而 $u_2(s_1,s_2)$表示上述情形下参与人 2 的收益。① 由于策略相互依赖的存在,参与人 1 的收益会受到参与人 2 策略选择的影响(反之亦然)。在 n 方博弈中,我们可以不失一般性地写出参与人 i 的效用函数 $u_i(s_i,s_{-i})$,这个表达式的意义是,参与人 i 选择策略 s_i,而 $s_{-i}=(s_1,\cdots,s_{i-1},s_{i+1},\cdots,s_n)$,即表示除参与人 i 之外,其他参与人所选择的策略组合。

8.2 囚徒困境

A. W. 塔克(A. W. Tucker)在 20 世纪 40 年代提出了囚徒困境, 现在囚徒困境已经成为博弈

① 技术上讲,这就是之前章节中介绍过的冯·诺依曼—摩根斯坦效用函数。

论学习中最为著名的博弈之一,在这里我们将利用囚徒困境博弈向读者具体阐述之前介绍的概念。囚徒困境这个称呼源于其特殊的博弈情形。两个嫌疑人因为涉嫌一宗犯罪而被逮捕。当地的律师几乎没有证据证明他们犯罪,因此就只有寄希望于让他们自己招供。她把两个嫌疑人分开关押,并且分别告诉这两个嫌疑人:"如果你告发你的同伴,而你的同伴没有告发你,那么我就保证你能够减刑(1 年徒刑),而你的同伴会获刑 4 年。如果你们都告发对方,那么你们都会获刑 3 年。"这两个嫌疑犯也都知道,如果他们都不告发对方,他们也会因为缺乏证据只被判刑 2 年。

简化为基本的博弈要素,在囚徒困境博弈中有两个参与人:两个嫌疑犯,用 1 和 2 标记。(在上述情形中还有一个当地的律师,不过她的行动已经完成。为了不让博弈变得更复杂,在这里就没有必要把她加入到博弈中。)每个参与人都有两种可行策略:告发或者保持沉默。所以,他们的策略集可以写为 $S_1 = S_2 = \{告发,沉默\}$。为了防止负数的出现,我们把收益定义为未来 4 年中自由的时间。举个例子,如果嫌疑人 1 告发而嫌疑人 2 保持沉默,那么嫌疑人 1 就能享受 3 年自由的时光,而嫌疑人 2 要服刑 4 年,用数学表达就是,$u_1(告发,沉默)=3$,$u_2(告发,沉默)=0$。

8.2.1 规范式

如图 8.1 所示,我们可以把囚徒困境概括为矩阵形式,博弈的这种表达形式被称为规范式(normal form)。矩阵的四个方格分别代表不同的策略组合与在这一策略组合下参与人的收益。通常规定参与人 1 的策略写在列的左边,参与人 2 的策略写在行的上面,在每个方格中列举收益时先写参与人 1 的收益,再写参与人 2 的收益。

参与人1 \ 参与人2	告发	沉默
告发	$u_1=1, u_2=1$	$u_1=3, u_2=0$
沉默	$u_1=0, u_2=3$	$u_1=2, u_2=2$

图 8.1 囚徒困境的规范式

8.2.2 囚徒困境的策略思考

尽管还没有开始讨论如何求解博弈,我们还是可以预测在囚徒困境中会发生什么。认真观察图 8.1,首先想到的预测结果可能是在博弈中两个参与人都会选择保持沉默。因为在这种选择下,两个参与人总的自由时间最多(4 年)。再思考得深入一些,这可能并不是最好的预测。我们先设身处地地为参与人 1 考虑。此时,由于博弈还没有求解出结果,我们并不知道参与人 2 的行动,所以我们就分别考察参与人 2 的各种可能的行动下,参与人 1 的结果。假设参与人 2 选择告发,如果参与人 1 选择告发就能有 1 年的自由,而选择保持沉默就没有自由的时间,因此选择告发对参与人 1 更好。而假设参与人 2 选择保持沉默,那么参与人 1 选择告发还是比选择保持沉默更好,因为参与人 1 得到了 3 年的自由时间而不是 2 年。所以对参与人 1 来说,无论对方做何种选择,选择告发对参与人 1 都是更好的。与选择保持沉默相比,告发能够让参与人 1 多得到 1 年的自由。

由于参与人是对称的,当我们站在参与人 2 的角度考虑时,上面的结果依然成立。综上所述,囚徒困境最合理的预测是两个参与人都会选择告发。在我们正式介绍主要的解法概念——纳什均衡时——我们的确能够发现双方都选择告发是一个纳什均衡。

上述预测让我们得到了一个有些矛盾的性质:如果两个参与人都选择告发,他们每人只有一年的自由,而如果他们都选择保持沉默,就能得到一个对双方都更好的结果,分别享受两年的自由时光。出现了这个矛盾并不意味着参与人很愚蠢或者我们的预测错了。正相反,这个矛盾揭示了博弈论的一个核心观念,即如果设计的博弈情形使博弈的双方彼此对抗,那么最终的博弈结果对双方来说都不是最有效率的。② 嫌疑人可以在事前达成协议,双方都选择保持沉默,以此来避免多坐牢。为了增强协议的效力,嫌疑人也可以事先威胁对方,如果另一方告发就会事后报复。引入协议和威胁后,这个博弈就与基本的囚徒困境不同,分析这类博弈需要使用到之后章节中介绍的工具。

求解囚徒困境比较容易,因为在博弈中只有两个参与人和两种策略,策略的计算也相对直观。不过我们还是需要找到一种系统的解法,来解决简单的亦或是复杂的博弈问题。而纳什均衡正是一种系统的解决方法。

8.3 纳什均衡

在市场经济模型中,均衡的概念是指,在这种情形下,供给和需求两方都对市场的结果感到满意。在均衡价格和均衡数量下,市场参与者没有动力去改变自己的行为。而在博弈论的策略集里,我们将会借用均衡的概念。约翰·纳什(John Nash)在 20 世纪 50 年代正式提出了纳什均衡。③ 纳什均衡包含的策略选择是指,一旦做出了选择,参与人就不会有激励去改变他们的行为。一个纳什均衡是一种策略,对于每一个参与人,在给定其他参与人的均衡策略时,纳什均衡给出的策略就是这个参与人的最优选择。

接下来的几部分内容会给出纳什均衡的正式定义,然后我们会把这一概念应用到囚徒困境中,最后我们会告诉读者在规范式中挑选出纳什均衡的捷径(包括在收益下面划线强调的方法)。如果读者不想在大量的数学运算中浪费时间,也可以跳过记法和定义,直接进入应用部分,这样做并不会错过很多对博弈论的基础性的理解。

8.3.1 一个正式定义

纳什均衡可以简单地用最优反应来下定义。在一个 n 方博弈中,如果策略 s_i 是竞争对手策略 s_{-i}的最优反应,那么即指在给定竞争对手策略 s_{-i}的条件下,参与人 i 不能找到其他任意的比现有策略收益更高的策略使 $s_i' \in S_i$。

---

② 当我们说结果是无效率时,我们仅仅关注嫌疑人的效用:如果把关注的范围扩展为整个社会,那么双方都选择告发从刑事司法系统的角度来说是一个好的结果——可能这就是当地律师提出博弈的动机。

③ John Nash, "Equilibrium Points in n-Person Games," *Proceedings of the National Academy of Science* 36 (1950):48—49. 纳什是 2001 年上映的电影《美丽心灵》中的主角(练习题 8.5 就是从这部电影中抽出的一个博弈案例),同时纳什也是 1994 年诺贝尔经济学奖得主。

定义

最优反应 给定竞争对手策略 s_{-i}，如果(8.1)式成立，则 s_i 是参与人 i 的最优反应，记为 $s_i \in BR_i(s_{-i})$。

$$u(s_i, s_{-i}) \geqslant u(s_i', s_{-i}) \text{ 对于所有的 } s_i' \in S_i \tag{8.1}$$

上述定义在技术上暗示了可以存在一个最优反应的集合，而不仅仅是一个单一的最优反应。这就是我们使用集合记号 $s_i \in BR_i(s_{-i})$ 的原因。有时在一个博弈中可能存在很多等价的最优反应，在这种情况下集合 $BR_i(s_{-i})$ 就会包含有多个元素。而如果不存在等价的最优反应，那么博弈就只存在一个最优反应 s_i，我们就可以简单地写为 $s_i = BR_i(s_{-i})$。

了解了上面这些知识之后，我们就可以定义 n 方博弈的纳什均衡。

定义

纳什均衡 纳什均衡是一个策略组合$(s_1^*, s_2^*, \cdots, s_n^*)$，其中，对于各参与人 i，s_i^* 是其他参与人均衡策略 s_{-i}^* 的最优反应，即 $s_i^* \in BR_i(s_{-i}^*)$。

上述定义包含了很多记号。在双方博弈中这些记号会变得相对简单一些。对于一个双方博弈，(s_1^*, s_2^*)是一个纳什均衡，如果 s_1^*, s_2^* 是彼此的最优反应：

$$u_1(s_1^*, s_2^*) \geqslant u_1(s_1, s_2^*) \text{ 对于所有的 } s_1 \in S_1 \tag{8.2}$$

同时，

$$u_2(s_1^*, s_2^*) \geqslant u_2(s_1^*, s_2) \text{ 对于所有的 } s_2 \in S_2 \tag{8.3}$$

一个纳什均衡是稳定的，即便所有的参与人也都向其他参与人公开自己的策略，各个参与人也都不会有激励背离自己的均衡策略。而非均衡策略就没有这样的稳定性。如果一个结果不是纳什均衡，那么至少有一个参与人可以通过背离原来的策略获得收益。极端理性的参与人能够解决推理问题，并且推断出每一个参与人都会选择纳什均衡的策略(特别是在博弈只存在一个纳什均衡的情况下)。即便参与人不是极端理性的，在长期重复博弈后，参与人的选择也都会收敛到纳什均衡，这是因为他们随机选择的策略彼此之间并不是最优反应。

除了稳定性之外，博弈论在经济学中被广泛应用的另一个原因我们将在后面的内容中详细讨论，这个性质能够保证任意的博弈都存在纳什均衡(之后我们会定义混合均衡的概念；纯策略纳什均衡并不一定存在)。本书最后的扩展部分将讨论纳什均衡存在性的数学证明，读者可以参看对应章节。同时，我们还需要知道纳什均衡也有一些缺陷。在一个博弈中可能存在多个纳什均衡，这就让我们很难准确预测出一个确定的结果。不仅如此，纳什均衡也没有清楚地告诉我们，参与人如何在不知道竞争对手行为的前提下选择最优反应策略。

8.3.2 囚徒困境中的纳什均衡

让我们应用最优反应和纳什均衡的概念来解决囚徒困境问题。在之前的学习中我们已经猜测到两个参与人都会选择告发。接下来我们就要证明双方都选择告发就是囚徒困境博弈的一个纳什均衡解。我们需要说明告发是对其他参与人告发的最优反应。根据图 8.1 的收益矩阵，若参与人 2 选择告发，我们就处于矩阵的第一列；如果参与人 1 选择告发，他的收益是 1；而如果选择沉默，他的收益是 0。因此，在给定参与人 2 选择告发的前提下，参与人 1 选择告发能够获得最大收益，也就是说参与人 1 选择告发是他对参与人 2 告发的最优反应。同样，由于参与人是对称的，在相同的逻辑下可知，参与人 2 选择告发是他对参与人 1 告发的最优反应。综上所述，双方都选择告发是一个纳什均衡。

我们可以进一步证明：双方都选择告发是囚徒困境的唯一纳什均衡。要完成这个证明，就需要分别讨论其他三种结果。首先考虑下面的结果，参与人 1 选择告发，参与人 2 选择保持沉默，简写为（告发，沉默），位于收益矩阵的右上角。这个结果不是一个纳什均衡。如果参与人 1 选择告发，根据我们之前的讨论，参与人 2 的最优反应是告发，而不是保持沉默。根据对称性，位于收益矩阵左下角的结果，参与人 1 选择保持沉默，参与人 2 选择告发也不是纳什均衡。还剩下双方都选择保持沉默这一结果，给定参与人 2 选择了保持沉默策略，我们来看矩阵的第二列，参与人 1 选择保持沉默能得到 2 的收益，而选择告发却能得到 3 的收益。所以，保持沉默不是告发的最优反应，两个参与人都选择沉默也不是纳什均衡。

要排除一个非纳什均衡结果，只要说明其中一个参与人的策略不是另一个参与人策略的最优反应即可，在这种情况下这个参与人就会选择背离最初的策略。考察结果（告发，沉默），尽管参与人 1 不会选择背离（他能够得到 3 的收益，这是可能获得的最大收益），但是参与人 2 会背离原来选择的沉默，而去选择告发。对称的，考察结果（沉默，告发），尽管参与人 2 不会选择背离，但是参与人 1 会背离原来选择的沉默，而去选择告发，所以这两个结果都不是纳什均衡。再来考察结果（沉默，沉默），两个参与人都会背离最初选择的策略而选择告发，这已经远远超出了排除这个结果所需要的条件。

8.3.3 在最优反应的收益下面划线

一种快速寻找博弈的纳什均衡的方法就是在矩阵中最优反应对应的收益下面划线。下面用囚徒困境作为例子，向读者详细讲解划线的步骤，如图 8.2 所示。第一步就是对参与人 1 的最优反应划线。如果参与人 2 选择告发，参与人 1 的最优反应是告发，所以我们在矩阵左上角 $u_1=1$ 下面划一条线。而如果参与人 2 选择保持沉默，参与人 1 的最优反应还是告发，所以我们在右上角的 $u_1=3$ 下面划线。接下来，再来看参与人 2 的最优反应。如果参与人 1 选择告发，参与人 2 的最优反应是告发，故在左上角的 $u_2=1$ 下面划线。如果参与人 1 选择保持沉默，参与人 2 的最优反应是告发，故在左下角 $u_2=3$ 下面划线。

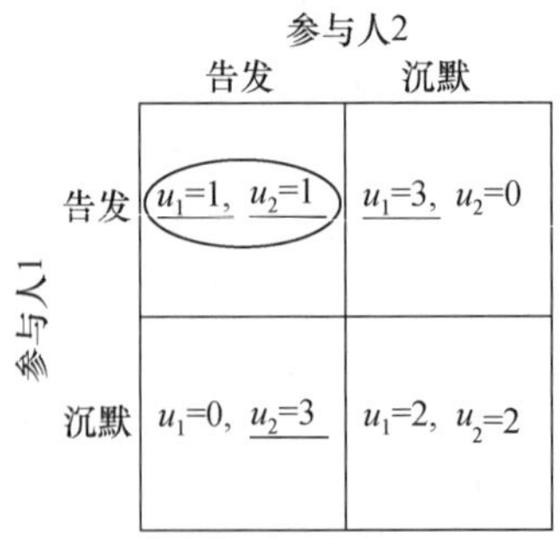

图 8.2 使用划线步骤求解囚徒困境

现在我们已经在所有的最优反应下面划过线，就可以找出在哪个方格中每一个参与人的收益都被划过线。这个方格对应的结果就是纳什均衡（可能会存在混合策略纳什均衡，我们将在本章后面的内容中对其下定义)。如图 8.2 所示,只有左上角的方格中两个收益下面都画过线,可以证实(告发,告发)——除此之外,再无其他结果——是纳什均衡。

8.3.4　占优策略

因为告发是对其他参与人告发的最优反应,所以(告发,告发)是囚徒困境的纳什均衡。不仅如此,我们还发现,对于任意参与人,无论其他参与人选择的是告发还是保持沉默,告发都是他的最优策略。这也可以通过图 8.2 展示的划线步骤说明:参与人 1 选择告发那一行中的收益都被画了线,而参与人 2 选择告发那一列中的收益也都被画了线。

如果一个策略是对其他参与人所有策略的最优反应,那么这个策略就被称为占优策略。参与人并不一定有占优策略,而当他们有占优策略时,就很有理由相信他们会选择占优策略。如果参与人有占优策略,就不需要进行复杂的策略推演,因为无论对方选择何种策略,占优策略本身就是最优反应。

定义

占优策略　对于参与人 i,存在一个策略 s_i^*,s_i^* 是对其他参与人所有策略组合的最优反应,即对于所有的 s_{-i},$s_i^* \in BR_i(s_{-i})$。

需要注意纳什均衡策略和占优策略的区别。纳什均衡策略只需要是对其他参与人某一个策略组合——也就是他们的均衡策略组合——的最优反应。而占优策略则不仅是对其他参与人纳什均衡策略的最优反应,还要是其他参与人所有策略组合的最优反应。

如果博弈中所有的参与人都有一个占优策略,那么我们就称这个博弈存在一个占优策略均衡。(告发,告发)既是囚徒困境的纳什均衡,也是占优策略均衡。很显然,如果博弈存在占优策略均衡,那么这个占优策略均衡同样也是纳什均衡,并且是唯一的纳什均衡。

8.3.5　性别之战

下面我们用另一个著名的博弈——性别之战来再次阐释最优反应和纳什均衡这两个概念。故事是这样的,妻子(参与人 1)和丈夫(参与人 2)想在晚上共度时光,他们可以去欣赏芭蕾舞或者去看拳击比赛。两个人都希望能够在一起消磨时光,而不是分开。如果两人待在一起,妻子更希望欣赏芭蕾舞,而丈夫则更希望观看拳击比赛。上述博弈的规范式如图 8.3 所示。为了让接下来的讨论简便一些,我们分别用 u_1 和 u_2 表示收益,同时需要再次强调,根据惯例,通常把参与人 1 的收益写在前面,参与人 2 的收益写在后面。

参与人1(妻子) \ 参与人2(丈夫)	芭蕾	拳击
芭蕾	2,1	0,0
拳击	0,0	1,2

图 8.3　性别之战的规范式

下面要分别考察图 8.3 中矩阵的四个方格,来确定哪些是纳什均衡,哪些不是。首先考察两个参与人都选择欣赏芭蕾舞这一结果,写做(芭蕾, 芭蕾),位于收益矩阵的左上角。给定丈夫选择欣赏芭蕾舞,妻子的最优反应是欣赏芭蕾舞(这个决策能给她带来 2 的收益,也是矩阵中可能的最高收益)。用记号表示,芭蕾 = BR_1(芭蕾)。在这里我们不需要使用集合的表示法“芭蕾 $\in BR_1$(芭蕾)”,因为在给定丈夫选择欣赏芭蕾舞的条件下,妻子只有一个最优反应。而在给定妻子的策略是欣赏芭蕾舞时,丈夫的最优反应是欣赏芭蕾舞。如果丈夫背离最优反应,而选择观看拳击比赛,那么双方就没有协调一致,只能获得 0 的收益,低于丈夫选择欣赏芭蕾舞的收益 1。用记号表示:芭蕾 = BR_2(芭蕾)。所以,(芭蕾, 芭蕾)是一个纳什均衡。对称的,(拳击, 拳击)也是一个纳什均衡。

接下来考察位于矩阵右上角的结果(芭蕾,拳击)。给定丈夫选择了策略观看拳击比赛,妻子选择欣赏芭蕾舞只获得 0 的收益,而选择观看拳击比赛就能获得 1 的收益。所以,从妻子的角度出发,欣赏芭蕾舞不是丈夫选择观看拳击比赛的最优反应。用记号表示:芭蕾 $\notin BR_1$(拳击)。故而(芭蕾,拳击)不是纳什均衡。从丈夫的角度出发,观看拳击比赛同样不是妻子选择欣赏芭蕾舞的最优反应;所以,两个参与人都会背离结果(芭蕾,拳击),尽管我们只需要找到一个参与人会背离最初的选择就能够排除这个结果。对称的,(拳击,芭蕾)也不是纳什均衡。

性别之战是一个存在多个纳什均衡的博弈案例(事实上,性别之战存在三个纳什均衡——第三个均衡是混合策略,我们将在之后的内容中学到)。我们很难去下结论说上述两个均衡中的哪一个是更加正确的结果,因为这两个均衡是对称的。所以,要对这个博弈做出准确的预测就显得比较困难了。同时,我们注意到,在这个例子中不存在占优策略。如果一个参与人选择芭蕾舞,另一个参与人就偏向于选择芭蕾舞;而如果一个参与人选择拳击比赛,另一个参与人就偏向于选择拳击比赛。

图 8.4 展示了使用划线步骤快速寻找性别之战纳什均衡的过程。这一步骤证实了参与人选择相同策略的两个结果都是纳什均衡,而参与人选择不同策略的两个结果都不是纳什均衡。

参与人1(妻子) \ 参与人2(丈夫)	芭蕾	拳击
芭蕾	(<u>2</u>, <u>1</u>)	0, 0
拳击	0, 0	(<u>1</u>, <u>2</u>)

图 8.4 使用划线步骤求解性别之战

在例 8.1 和例 8.2 中,读者可以练习如何在更复杂的策略集里寻找纳什均衡(例 8.1 中,博弈存在很多等价的最优反应;例 8.2 中,参与人有三个可以选择的策略)。

例 8.1 回到囚徒困境

现在对囚徒困境做一些改动,如果嫌疑人选择告发,那么他会被宣判有罪并服刑 4 年,而如果选择保持沉默就可以直接被无罪释放。当地律师并不鼓励告发。图 8.5 展示了使用划线步骤前后这个博弈的规范式。收益还是定义为自由的时间。

		参与人2 告发	参与人2 沉默
参与人1	告发	0, 0	1, 0
参与人1	沉默	0, 1	1, 1

(a)规范式

		参与人2 告发	参与人2 沉默
参与人1	告发	(0, 0)	(1, 0)
参与人1	沉默	(0, 1)	(1, 1)

(b)使用划线步骤求解

图 8.5　回到囚徒困境

等价的最优反应非常多。例如,给定参与人2选择告发,对于参与人1来说,无论选择告发还是保持沉默,收益都是0。所以对于参与人2的告发策略,参与人1有等价的最优反应。在这个例子中,最优反应集合包含多于一个元素:BR_1(告发)={告发,沉默}

划线步骤说明,收益矩阵的四个方格都是纳什均衡。由于参与人不能通过告发获得奖励或者惩罚,对参与人来说,选择告发和选择保持沉默是无差异的;因此,所有结果都是纳什均衡。

请回答:是否有参与人存在占优策略?

例 8.2　石头,剪刀,布

“石头,剪刀,布”是一个孩子们经常玩的游戏,在游戏中,两个参与人同时比划一个手势。这个博弈的标准式可以参看图8.6。可以观察到在对角线上的收益都为零,也就是说如果两个参与人选择了相同的策略,他们的收益都为零。对于其他的结果,输家需要支付1美元给赢家(输赢是这样确定的:石头砸坏剪刀,剪刀剪断布,布能包住石头)。

玩儿过这个游戏的人都应该清楚,划线步骤也已经说明了,这个博弈的9个方格都不是纳什均衡。任意的策略组合都是不稳定的,其中至少存在一个参与人有激励背离。例如,对于策略组合(剪刀,剪刀),两个参与人都有激励选择石头;对于策略组合(布,石头),参与人2有激励选择剪刀。

这个博弈存在一个纳什均衡——并不是图中9个方格中的任意一个,而是在下一节中定义的混合策略。

请回答:参与人是否有占优策略?为什么(布,剪刀)不是纳什均衡?

参与人1 \ 参与人2	石头	布	剪刀
石头	0, 0	−1, 1	1,−1
布	1,−1	0, 0	−1, 1
剪刀	−1, 1,	1,−1	0, 0

(a)规范式

参与人1 \ 参与人2	石头	布	剪刀
石头	0, 0	−1, $\underline{1}$	$\underline{1}$, −1
布	$\underline{1}$, −1	0, 0	−1, $\underline{1}$
剪刀	−1, $\underline{1}$	$\underline{1}$, −1	0, 0

(b)使用划线步骤求解

图 8.6　石头,剪刀,布

8.4　混合策略

参与人的策略可以更加复杂,并不局限于简单地选择一个确定的行动。在这一节中我们会学习混合策略,在混合策略中,参与人随机地在几个可行的行动中进行选择。与此相对应的,在之前讨论的博弈中,参与人选择的策略是确定的;我们称这样的策略为纯策略。例如,在性别之战中,我们考察了参与人确定的两种纯策略:欣赏芭蕾舞和观看拳击比赛。在这个博弈中,一种可能的混合策略就是通过抛硬币决定是去欣赏芭蕾舞还是去观看拳击比赛,参加其中一项的概率为 50%。

乍看上去,读者可能会对抛硬币决定策略的方式感到很奇怪,下面我们会列举几个学习混合策略的原因。首先,一些博弈(例如石头,剪刀,布)没有纯策略纳什均衡。我们会在本节中说明纳什均衡的存在性,即使不存在纯策略纳什均衡也会有一个混合策略纳什均衡;对于这样的博弈,我们可以使用混合均衡对博弈结果进行预测,而仅使用纯策略是不可能做出预测的。其次,在策略中加入随机因素是很自然的,而且也是不可避免的。学生对于考试内容的设置原则都很熟悉。由于考试时间有限,教授不可能考察所有的知识点,不过考试时间却足够考察知识点的一个子集。

如果学生已经确切知道在考试中会出现什么知识点,那么他们可能就只会偏重于要考试的内容,而忽视其他知识点。所以,教授必须随机选择考试内容,这样学生才会认真学习每一个知识点。随机策略还经常出现在体育项目(足球在罚点球时,有时会向球网左侧射门,有时会向球网右侧射门)和纸牌游戏(如果玩家手上的牌不好,他们有时会选择盖牌放弃,有时会选择虚张声势)中。[4]

8.4.1 正式定义

为了让定义显得更正式,我们假设参与人 i 有 M 种可行的行动 $A_i=\{a_i^1,\cdots,a_i^m,\cdots,a_i^M\}$,其中下标表示参与人,上标表示不同的行动选择。一个混合策略就是 M 种行动的一种概率分布,$s_i=(\sigma_i^1,\cdots,\sigma_i^m,\cdots,\sigma_i^M)$,其中,$\sigma_i^m$ 是一个0到1之间的数,指参与人 i 采取行动 a_i^m 的概率。s_i 中的概率之和等于1,即 $\sigma_i^1+\cdots+\sigma_i^m+\cdots+\sigma_i^M=1$。

举一个例子,在性别之战中,两个参与人都可以采取两种行动,欣赏芭蕾舞和观看拳击比赛,所以我们写出 $A_1=A_2=\{$芭蕾,拳击$\}$。然后,我们可以利用一对概率写出一个混合策略$(\sigma,1-\sigma)$,其中 σ 是参与人选择欣赏芭蕾舞的概率。由于这两个概率的和必须等于1,在已知其中一个行动概率的情况下,另一个行动的概率就已经确定了。混合策略(1/3,2/3)是指,参与人以1/3的概率选择欣赏芭蕾舞,以2/3的概率选择观看拳击比赛;(1/2,1/2)是指,参与人以相等的概率决定是去欣赏芭蕾舞还是去观看拳击比赛;(1,0)是指参与人确定选择欣赏芭蕾舞;而(0,1)则是指参与人确定选择观看拳击比赛。

在我们的定义中,混合策略是一个更一般的定义,纯策略只是混合策略的一个特殊情况。在纯策略中,有且仅有一个行动的概率为正值。而如果在一个混合策略中,有两个或者两个以上行动的概率为正值,那么这个混合策略就称为严格混合策略。回到上一段中讨论过的性别之战的几个混合策略。四个策略(1/3,2/3),(1/2,1/2),(1,0),(0,1)都是混合策略,其中前两个是严格混合策略,而后两个则是纯策略。

介绍完混合策略的定义和记号之后,我们需要重新定义最优反应、纳什均衡和占优策略。在之前的定义中,s_i 表示的是纯策略,而在新的定义中,s_i 则表示混合策略。唯一的变化在于收益函数 $u_i(s_i,s_{-i})$,在纯策略中收益函数是确定的收益,而在混合策略中,则需要用随机收益的期望来解释,概率由选择策略 s_i 和 s_{-i} 的概率确定。在例8.3里,我们为读者提供了在性别之战博弈中练习计算期望收益的机会。

例8.3 性别之战中的期望收益

假设妻子的混合策略为(1/9,8/9),丈夫的混合策略为(4/5,1/5),让我们来计算这两个参与

---

④ 其实还有第三个原因,可以通过明确一个更复杂的博弈将混合策略转化为"纯策略",在这样的博弈中,由于一些私人的原因,一个或者几个行动对于参与人更好,参与人会确定地选择这些行动。例如,一个历史学教授决定在考试中问一个与第一次世界大战相关的问题,原因是她最近读了一些相关的文献,不过学生并不知道这个信息。参看 John Harsanyi, "Games with Randomly Disturbed Payoffs: A New Rationale for Mixed-Strategy Equilibrium Points," *International Journal of Game Theory* 2 (1973): 1—23。海萨尼(Harsanyi)也是1994年诺贝尔经济学奖获得者之一(另一位获奖者就是纳什)。

人的期望收益。妻子的期望收益为:

$$U_1\left[\left(\frac{1}{9},\frac{8}{9}\right),\left(\frac{4}{5},\frac{1}{5}\right)\right]=\left(\frac{1}{9}\right)\left(\frac{4}{5}\right)U_1(\text{芭蕾},\text{芭蕾})+\left(\frac{1}{9}\right)\left(\frac{1}{5}\right)U_1(\text{芭蕾},\text{拳击})$$
$$+\left(\frac{8}{9}\right)\left(\frac{4}{5}\right)U_1(\text{拳击},\text{芭蕾})+\left(\frac{8}{9}\right)\left(\frac{1}{5}\right)U_1(\text{拳击},\text{拳击})$$
$$=\left(\frac{1}{9}\right)\left(\frac{4}{5}\right)(2)+\left(\frac{1}{9}\right)\left(\frac{1}{5}\right)(0)+\left(\frac{8}{9}\right)\left(\frac{4}{5}\right)(0)+\left(\frac{8}{9}\right)\left(\frac{1}{5}\right)(1)$$
$$=\frac{16}{45} \qquad \textbf{(8.4)}$$

为了更好地理解(8.4)式,让我们一起回顾第2章中与期望相关的概念。随机变量的期望等于可能出现的每一种结果乘上出现该结果的概率,并且将所有乘积相加。在性别之战中,可能出现4种结果,对应图8.3矩阵的四个方格。因为两个参与人的决策是独立的,所以取得某一个方格中结果的概率等于参与者选取对应策略的概率的乘积。例如,结果(拳击,芭蕾)的概率(妻子选择观看拳击比赛,丈夫选择欣赏芭蕾舞的概率)等于(8/9)×(4/5)。最后把四种结果发生的概率乘上每种结果中对应随机变量的取值(在这个例子中是参与人1的收益)。

接下来,我们假设妻子选择纯策略,欣赏芭蕾舞(也可以理解为妻子选择混合策略)(1,0),丈夫选择混合策略(4/5,1/5)。那么现在只有两种结果可能出现,即矩阵中妻子选择欣赏芭蕾舞那一行里的两个方格。这两种结果出现的概率由丈夫的混合策略确定。那么,

$$U_1\left[\text{芭蕾},\left(\frac{4}{5},\frac{1}{5}\right)\right]=\left(\frac{4}{5}\right)U_1(\text{芭蕾},\text{芭蕾})+\left(\frac{1}{5}\right)U_1(\text{芭蕾},\text{拳击})$$
$$=\left(\frac{4}{5}\right)(2)+\left(\frac{1}{5}\right)(0)=\frac{8}{5} \qquad \textbf{(8.5)}$$

最后,我们计算性别之战中妻子收益的一般表达式。假设妻子的混合策略为$(w,1-w)$,而丈夫的混合策略为$(h,1-h)$,即妻子和丈夫选择欣赏芭蕾舞的概率分别为w和h。那么,

$$U_1[(w,1-w),(h,1-h)]=(w)(h)U_1(\text{芭蕾},\text{芭蕾})+(w)(1-h)U_1(\text{芭蕾},\text{拳击})$$
$$+(1-w)(h)U_1(\text{拳击},\text{芭蕾})$$
$$+(1-w)(1-h)U_1(\text{拳击},\text{拳击})$$
$$=(w)(h)(2)+(w)(1-h)(0)+(1-w)(h)(0)$$
$$+(1-w)(1-h)(1)$$
$$=1-h-w+3hw \qquad \textbf{(8.6)}$$

请回答:丈夫在第一种和第二种情况下的期望收益是多少?证明丈夫期望收益的一般表达式为$2-2h-2w+3hw$。给定丈夫的混合策略(4/5,1/5),妻子应该选择何种策略才能获得最大收益?

8.4.2 计算混合策略均衡

计算严格混合策略纳什均衡要比计算纯策略纳什均衡稍微复杂一些。在计算之前,为了避免

做无用功,我们需要了解在严格混合策略下是否确实存在纳什均衡。如果不存在,那么在找到所有的纯策略纳什均衡后,我们对博弈的分析就可以结束了。而猜测博弈在严格混合策略下是否存在纳什均衡的关键,是一个令我们感到惊讶的结论,即几乎所有的博弈都会存在奇数个纳什均衡。⑤

让我们在之前的例子中应用上面结论。在囚徒困境中,我们找到奇数个(一个)纯策略纳什均衡,这就暗示我们不用再去寻找严格混合策略均衡了。在性别之战中,我们找到偶数个(两个)纯策略纳什均衡,这就意味着存在第三个严格混合策略均衡。而在例8.2“石头,剪刀,布”中,没有纯策略纳什均衡。为了使这个博弈的纳什均衡数为奇数,我们就需要找到一个严格混合策略纳什均衡。

例8.4　性别之战在混合策略下的纳什均衡

考虑一个一般的混合策略,妻子和丈夫的策略分别为$(w,1-w)$和$(h,1-h)$,其中w和h分别是妻子和丈夫选择欣赏芭蕾舞的概率。我们需要计算纳什均衡时w和h的取值。由于两个参与人选择策略的概率是0到1之间连续的实数,我们不能逐一在收益矩阵中列举出所有的策略,然后通过在最优反应收益下面划线找到纳什均衡。因此,我们将引入一种新方法——图形法来求解纳什均衡。

给定参与人的一般混合策略,在例8.3中我们已经解出妻子的期望收益为:

$$U_1[(w,1-w),(h,1-h)] = 1 - h - w + 3hw \qquad \textbf{(8.7)}$$

由(8.7)式可知,妻子的最优反应与h有关。当$h<1/3$时,她会把w的取值设得尽量小:$w=0$。如果$h>1/3$,她的最优反应是把w的取值设得尽量大:$w=1$。当$h=1/3$时,无论w的取值如何变化,她的期望收益都等于2/3。在这个例子中,就存在一个等价的最优反应,包括了所有w在0到1之间的取值。

在例8.3的问题中,我们给出了丈夫的期望收益:

$$U_2[(h,1-h),(w,1-w)] = 2 - 2h - 2w + 3hw \qquad \textbf{(8.8)}$$

当$w<2/3$时,他的期望收益在$h=0$处取得最大值;当$w>2/3$时,他的期望收益在$h=1$处取得最大值;而当$w=2/3$时,任意h取值对他都是无差异的,他会得到2/3的期望收益。

图8.7画出了最优反应。纳什均衡就是两条最优反应线的交点。在交点处,参与人的策略是彼此的最优反应,这也就是纳什均衡所要求的。由图可以看出,这个博弈共有三个纳什均衡。点E_1和E_2是我们之前找到的纯策略纳什均衡,E_1指两个参与人都选择观看拳击比赛,E_2指两个参与人都选择欣赏芭蕾舞。点E_3就是严格混合策略纳什均衡,用文字来表述就是“妻子以2/3的概率选择欣赏芭蕾舞,以1/3的概率选择观看拳击比赛;丈夫以1/3的概率选择欣赏芭蕾舞,以2/3的概率选择观看拳击比赛”。为了使表达更简洁一些,并且已经定义了w和h,我们可以把均衡表述为“$w^*=2/3,h^*=1/3$”。

⑤ John Harsanyi, “Oddness of the Number of Equilibrium Points: A New Proof,” *International Journal of Game Theory* 2 (1973): 235—250。如果一个博弈存在等价的收益,那么这个博弈可能会存在偶数个或者无穷多个纳什均衡了。在例8.1回到囚徒困境中,就有很多等价收益。这一博弈有四个纯策略纳什均衡和无穷多个不同的混合策略均衡。

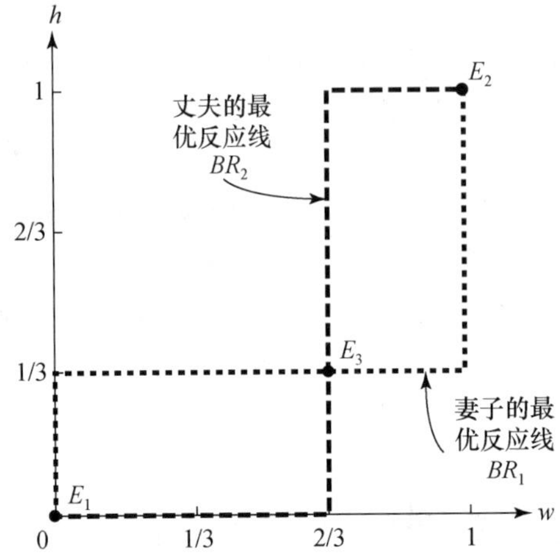

图 8.7　性别之战中在混合策略下的纳什均衡

妻子和丈夫分别以 w 和 h 的概率选择欣赏芭蕾舞。在同一个坐标图中画出两个参与人的最优反应。三个交点 E_1,E_2 和 E_3 是纳什均衡。E_3 是严格混合策略纳什均衡,$w^* = 2/3$,$h^* = 1/3$。

请回答:在严格混合策略纳什均衡中,参与人的期望收益是多少?这一收益与纯策略纳什均衡的收益相比,哪个大哪个小?这三个纳什均衡中,哪一个是对性别之战最好的预测?给出你的理由。

在例 8.4 中,我们通过冗长的计算找到了性别之战的纳什均衡,包括纯策略纳什均衡和严格混合策略纳什均衡。不过,上述计算中蕴含的意义,为我们了提供了一条寻找严格混合策略纳什均衡的捷径。参与人只有在能够得到相同的期望收益时,才会有意愿在两个行动之间进行随机选择。换句话说,在均衡时两种行动对参与人是无差异的。否则,选择其中一个行动能够给参与人带来更多的收益,而参与人就会更愿意明确地选择这个行动。

假设丈夫的混合策略为$(h,1-h)$,即丈夫以 h 的概率选择欣赏芭蕾舞,以 $1-h$ 的概率选择观看拳击比赛。妻子选择欣赏芭蕾舞的期望收益为:

$$U_1[\text{芭蕾},(h,1-h)] = (h)(2) + (1-h)(0) = 2h \tag{8.9}$$

选择观看拳击比赛的期望收益为:

$$U_1[\text{拳击},(h,1-h)] = (h)(0) + (1-h)(1) = 1-h. \tag{8.10}$$

在均衡时,丈夫要让妻子在两个行动中无论选择何种结果都是无差异的,因此(8.9)式和(8.10)式就必须相等,即 $2h = 1-h$,也就是 $h^* = 1/3$。通过类似的计算,可以根据丈夫无论选择何种结果都无差异,得出在严格混合策略均衡中,妻子选择欣赏芭蕾舞的概率 $w^* = 2/3$。(作为练习,请读者自己完成上面的计算)。

注意到,妻子的无差异条件与自己在均衡时的混合策略无关。我们无法根据妻子的无差异条件计算出妻子在均衡时的混合策略,这是因为在均衡时,无论选择两种行动中的哪一种,对妻子来说都是无差异的,她的期望收益是一个定值;无论妻子以何种概率分布在两个行动中进行选择,她的期望收益都不会变化。相反,妻子的无差异条件可以导出另一个参与人——丈夫的混合策略。丈夫只能够用一个特定的概率分布在两个行动中进行选择,这一概率分布要使得妻子的选择无差异,而只有这样,妻子才会随机地进行选择。如果丈夫的概率选择不是(1/3,2/3),那么妻子就不存在一个稳定的随机选择结果。

所以,在寻找严格混合策略纳什均衡时,我们需要记住两条原则:第一,给定其他参与人的混合策略,目标参与人在可行行动中的任意随机选择都是无差异的;第二,利用一个参与人的无差异条件可以求解另一个参与人的混合策略。

8.5 均衡的存在性

纳什均衡被广泛应用的原因之一,就是绝大部分的博弈都存在纳什均衡。而这一结论对于其他的均衡概念并不成立。例如占优策略均衡。囚徒困境博弈存在一个占优策略均衡(两个嫌疑人都选择告发),而其他大部分博弈却不一定存在占优策略均衡。在很多博弈——例如性别之战中,甚至没有一个参与人有占优策略,更不用说占优策略均衡要求所有参与人都有占优策略。面对这样的博弈时,使用占优策略均衡不能得出合理的预测,相反,纳什均衡就可以。

本书最后的扩展部分提供了约翰·纳什本人对于所有有限博弈(博弈中存在有限个参与人,参与人有有限个可选择的行动)都存在纳什均衡的详细证明。需要注意,这个存在性定理并不能保证纯策略纳什均衡的存在。如例 8.2 中的“石头,剪刀,布”。不过,如果一个有限博弈不存在纯策略纳什均衡,那么存在性定理就能够保证,博弈一定会有一个混合策略纳什均衡。纳什证明这一定理的方法与第 13 章中证明存在导致一般竞争均衡的价格水平的方法类似。本书最后的扩展部分还会介绍连续行动博弈中纳什均衡存在性定理的证明,在下一节中,我们会学习连续行动博弈的相关知识。

8.6 连续行动

在把经济情境提炼为两个或者几个行动之后,我们通常就能得到经济情境中的大部分信息,之前学习到的博弈就是这样做的。不过有时我们还可以通过引入连续行动的概念获得额外的信息。需要明确的是,我们已经遇到了连续策略的概念——这个概念出现在讨论混合策略的过程中——连续策略是指参与人在采取混合策略时,为有限个行动分别赋予对应的概率。而在本节中,我们关注的是连续行动。

引入连续行动会使得模型设置更接近现实。举一个例子,在第 15 章中,我们会学习企业在战略制定中的竞争。在其中一个模型(Bertrand 模型)中,企业制定价格策略;在另一个模型(Cournot 模型)中,企业制定产量策略。自然地,企业可以选择任意的非负数作为商品的价格或者产量,而不能人为地限制企业只能选择两种价格(比如 2 美元或 5 美元),或者两种产量(比如 100 个单位或 1 000 个单位)。除此以外,连续行动还有几个优点。首先,在求解纳什均衡时可以使用我们熟悉的数学工具——微积分。其次,引入连续行动就可以分析潜在参数对于均衡的影响。例如,在 Cournot 模型中,我们想研究企业边际成本的小幅度增加或者需求参数的变化对均衡产量的影响。

8.6.1 公地的悲剧

在例 8.5 中,我们会向读者详细阐述连续行动博弈(以公地的悲剧为例)的求解过程。第一步需要写出参与人以所有参与人行动作为自变量的收益函数。第二步则是计算各个参与人收益最大化的一阶条件。这就可以得到各个参与人相对其他参与人行动的最优反应函数。每个参与人对应一个等式。如果博弈中有 n 个参与人,可以得到一个包含 n 个方程的方程组,使用代数方法或者图形法求解方程组就能够同时解出 n 个未知的均衡行动。

例 8.5 公地的悲剧

公地的悲剧是指,当稀缺资源作为公共品时,资源会被过度使用而造成严重的环境问题。[⑥] 下面从博弈论的视角出发,解释公地悲剧发生的原因。故事是这样说的,两个牧羊人分别决定自己在村庄的公共草地里放牧羊群的数量。现在问题就出现了:公共草地的面积很小,一旦过度放牧,羊就会因草料不足而很快死亡。

下面把这个故事转化为数学模型。令 q_i 为牧羊人 $i(i=1,2)$ 放牧羊群的数量。同时假设每只羊给牧羊人带来的价值(通过贩卖羊毛和羊奶酪)为:

$$v(q_1,q_2) = 120 - (q_1 + q_2) \tag{8.11}$$

这个函数是指,随着草地上放牧羊群数量的增加,由于竞争加剧,每只羊能够吃到的草料减少,每只羊的价值也就降低。对于连续行动博弈,不能用矩阵来代表博弈的标准式,而是简单地用一列牧羊人的收益函数代替:

$$\begin{aligned} u_1(q_1,q_2) &= q_1 v(q_1,q_2) = q_1(120 - q_1 - q_2) \\ u_2(q_1,q_2) &= q_2 v(q_1,q_2) = q_2(120 - q_1 - q_2) \end{aligned} \tag{8.12}$$

为了找到纳什均衡,需要求解牧羊人 1 的收益最大化问题:

$$\max_{q_1}\{q_1(120 - q_1 - q_2)\} \tag{8.13}$$

一阶条件为:

$$120 - 2q_1 - q_2 = 0 \tag{8.14}$$

整理可得:

$$q_1 = 60 - \frac{q_2}{2} = BR_1(q_2) \tag{8.15}$$

使用相似的步骤解出牧羊人 2 的最优反应:

$$q_2 = 60 - \frac{q_1}{2} = BR_2(q_1) \tag{8.16}$$

纳什均衡的均衡数量 (q_1^*, q_2^*) 要同时满足(8.15)式和(8.16)式。在求解过程中,需要使用一个代数方法,即把(8.16)式带入(8.15)式中,这样就可以得到:

$$q_1 = 60 - \frac{1}{2}\left(60 - \frac{q_1}{2}\right) \tag{8.17}$$

简单整理后可以得到 $q_1^* = 40$。再把 $q_1^* = 40$ 带入(8.17)式可以解出 $q_2^* = 40$。所以,每个牧羊人会在公共地里放牧 40 只羊。把 $q_1^* = q_2^* = 40$ 带入(8.13)式的收益函数中,可以得出每个牧羊人的收益都为 1 600。

此外,还可以使用图形法求解(8.15)式和(8.16)式。如图 8.8 所示,图中包含了两个最优反应函数,坐标轴 x 表示参与人 1 的行动,坐标轴 y 表示参与人 2 的行动。这两个最优反应函数的函

---

⑥ "公地的悲剧"的概念出自 Hardin,"The Tragedy of the Commons", *Science* 162 (1968):1243—1248。

数图形是简单的直线,作图相对容易(为了和坐标轴保持一致,图中画出的实际是(8.15)式反函数的函数图形)。两条最优反应直线在纳什均衡点 E_1 处相交。

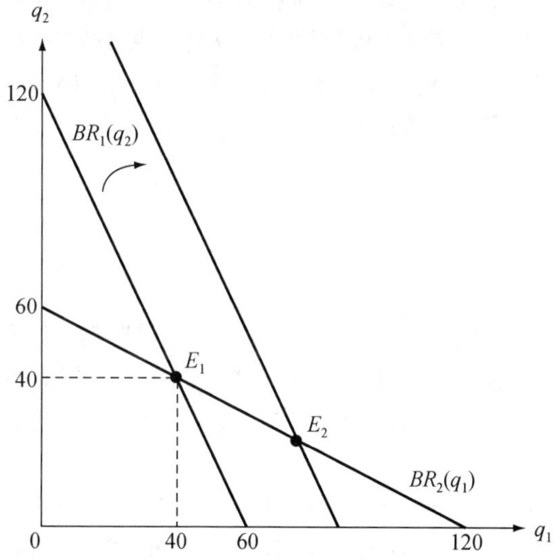

图 8.8 公地悲剧的最优反应

两个牧羊人最优反应直线的交点 E_1 就是纳什均衡。在公地的悲剧中,如果每只羊带给牧羊人 1 的收益增加,那么牧羊人 1 的最优反应直线就会向右移动,结果产生新的纳什均衡点 E_2,与原来的纳什均衡相比,牧羊人 1 会放牧更多的羊,而牧羊人 2 放牧数量减少。

图形法还有另外一个用途,我们可以利用图形直观地看出参数变化后平衡的移动情况。假设牧羊人 1 从每只羊中获得的收益增加,而牧羊人 2 的收益不变,可能是由于牧羊人 1 开始饲养美丽诺羊(美丽诺羊的羊毛更值钱)。发生这个变化后,牧羊人 1 的最优反应直线会向右移动,而牧羊人 2 的最优反应直线不变。新的交点(图 8.8 中的 E_2)就是移动后的纳什均衡,在新的均衡中,牧羊人 1 的放牧数量增加,而牧羊人 2 的放牧数量会减少。

不过,纳什均衡并不是公地的最佳利用方式。在一开始的问题中,(8.11)式给出了每只羊的价值。如果两个牧羊人各放牧 30 只羊,把 $q_1 = q_2 = 30$ 带入(8.13)式中,可以计算出每个牧羊人能够获得 1 800 的收益。事实上,这就是求解"共同收益最大化"(joint payoff maximization)问题的结果。

$$\max_{q_1,q_2}\{(q_1+q_2)v(q_1,q_2)\} = \max_{q_1,q_2}\{(q_1+q_2)(120-q_1-q_2)\} \tag{8.18}$$

计算结果为 $q_1 = q_2 = 30$,或者更一般的,$q_1 + q_2 = 60$。

请回答:如果两个牧羊人的单位收益以相同的幅度增加,纳什均衡会如何移动?如果只是牧羊人 2 的单位收益减少呢?

正如例 8.5 中所说,使用图形法能够很方便地分析潜在参数变化后均衡的移动情况。在例子中阐述了一个牧羊人的收益变化后纳什均衡如何移动。这个例子很好地说明了策略之间相互影响的本质。牧羊人 2 的收益函数并没有变化(变化的只是牧羊人 1 的收益函数),尽管如此,牧羊人 2 的均衡行动也会发生改变。这是由于牧羊人 2 观察到牧羊人 1 单位收益增加后,预期牧羊人

1 会增加放牧羊群的数量,为了应对牧羊人 1 的行动,牧羊人 2 也只好减少自己的放牧量。

公地的悲剧和囚徒困境有一个相同的特征,即纳什均衡的结果并不是所有结果中最有效率的。在囚徒困境中,纳什均衡是两个嫌疑人都选择告发,而更有效率的结果却是他们都选择保持沉默。而在公地的悲剧中,与最有效率的结果相比,纳什均衡时牧羊人放牧羊群的数量过多了。这就可以解释为什么在没有监管的情况下,公海捕鱼场和其他公共资源都存在过度使用甚至资源耗尽的问题。我们会在第 19 章中继续讨论这些问题——我们把这一类问题称为负外部性。

8.7 序贯博弈

在有的博弈中,参与人行动的顺序至关重要。例如,在梯形起步的自行车比赛中,最后起步可能会有一些优势,因为他知道在多长时间内完成比赛就能获胜。然而,在建立一个全新高清视频格式的竞争中,最先向市场发布技术的企业会占据优势,因为这样他们就拥有了消费者的安装基础。

与之前讨论的同时博弈(simultaneous game)不同,在序贯博弈(sequential game)中,后行动的参与人能够观察到先行动的参与人选择的策略,故而后行动的参与人能够利用这些信息做出更精明的策略。后行动参与人的策略可以是一个权变的计划,依据先行动参与人已经做出的行动来选择自己相应的行动。

为了详细解释这些在序贯博弈中出现的全新概念,同时从各个方面比较序贯博弈与同时博弈之间的不同,我们把之前学习过的一个同时博弈——性别之战作为例子,并且把它转化为一个序贯博弈进行讨论。

8.7.1 序贯的性别之战

在序贯的性别之战中,参与人的行动和收益与之前分析过的性别之战博弈一样,唯一的改变是行动的时间安排。在这里,妻子和丈夫不再是同时做出选择,而是妻子首先行动,在欣赏芭蕾舞和观看拳击比赛中进行选择;丈夫能观察到妻子的行动(比如,妻子可以到了她选择的地点后给丈夫打电话),然后,丈夫再进行选择。妻子的可行策略不变:她可以简单地从欣赏芭蕾舞和观看拳击比赛中选择一个行动(或者选择一个混合策略,尽管在序贯博弈中混合策略并不是一个恰当的选择)。丈夫的可行策略集则扩展了。对妻子的每一种行动,丈夫都有两个行动可以选择。所以,他有四种可行的策略,表 8.1 分别列出了这些策略。

表 8.1　丈夫的权变策略

权变策略	用条件的格式写出
总是选择欣赏芭蕾舞	(芭蕾|芭蕾,芭蕾|拳击)
与妻子的选择一致	(芭蕾|芭蕾,拳击|拳击)
与妻子的选择相反	(芭蕾|拳击,拳击|芭蕾)
总是选择观看拳击比赛	(拳击|芭蕾,拳击|拳击)

在丈夫策略中的竖线表示“条件于”,例如“拳击|芭蕾”要理解为“在妻子选择欣赏芭蕾舞的前提下,丈夫选择观看拳击比赛”。

现在我们知道丈夫有四种纯策略,而不再是原来的两种,因此这个序贯博弈的规范式就要扩展到8个方格(如图8.9所示)。粗略地说,与图8.2中同时博弈的规范式相比,这个规范式的复杂程度增加了一倍。故而需要找到一个全新的方法来表示序贯博弈,这种新方法被称为扩展式(extensive form),使用扩展式分析序贯博弈比较方便。

		丈夫			
		(芭蕾 | 芭蕾 芭蕾 | 拳击)	(芭蕾 | 芭蕾 拳击 | 拳击)	(拳击 | 芭蕾 芭蕾 | 拳击)	(拳击 | 芭蕾 拳击 | 拳击)
妻子	芭蕾	2, 1	2, 1	0, 0	0, 0
	拳击	0, 0	1, 2	0, 0	1, 2

图8.9　性别之战序贯博弈的规范式

8.7.2　扩展式

与规范式中把所有信息归入矩阵的方式不同,一个博弈的扩展式利用树的分支表示行动的顺序。图8.10(a)为性别之战序贯博弈的扩展式。行动从左边开始,到右边结束。每一个节点(博弈树中的圆点)代表相应参与人的决策点。首先行动的参与人是妻子。在妻子做出选择后,丈夫再行动。参与人的收益列在博弈树的末端,顺序与规范式相同(参与人1的收益在前,参与人2的收益在后)。

比较图8.10(a)和图8.10(b),图8.10(b)为性别之战同时博弈的扩展式。由于在同时博弈中,行动是同时发生的,在使用扩展式表示时就会遇到难题。因此我们在写同时博弈扩展式时使用了一个技巧,即首先选取其中一个参与人作为后行动者,再把他的决策节点连接起来,成为一个信息集,并用虚线的椭圆框表示,以此强调这个参与人实际上并不是后行动的。图8.10(b)中虚线椭圆框的含义是,丈夫在进行行动选择时并不知道妻子采取了何种行动。选取哪个参与人作为后行动者是无关紧要的,在图8.10(b)中我们选择了丈夫作为后行动的参与人是为了尽量与图8.10(a)中的扩展式保持一致。

之前讨论过,使用规范式分析序贯博弈的复杂程度差不多是分析同时博弈的两倍。而在这里,我们可以观察到,同时博弈和序贯博弈的扩展式十分相似,这也说明,使用扩展式分析序贯博弈的复杂程度并没有增加得那么多。在下面对序贯性别之战的分析中,我们既会用到规范式,也会用到扩展式。

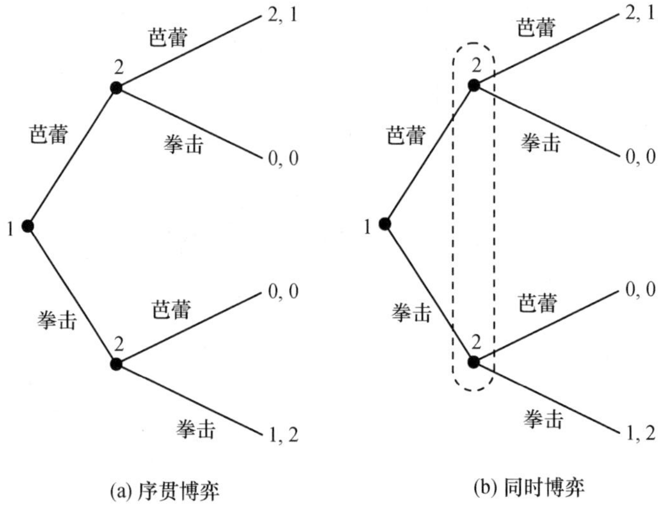

图 8.10　性别之战序贯博弈的扩展式

在性别之战序贯博弈(a)中,丈夫在自己行动之前能够观察到妻子的行动。在同时博弈(b)中,丈夫在行动时并不知道妻子的选择,所以他的决策节点必须包含在一个信息集合里。

8.7.3　纳什均衡

为了求解性别之战序贯博弈的纳什均衡,我们需要回到图 8.9 的规范式。应用在最优反应收益下面划线的方法——注意,这里需要在每个等价最优反应收益下面划线——可以找到三个纯策略纳什均衡:

1. 妻子选择欣赏芭蕾舞,丈夫选择(芭蕾|芭蕾,芭蕾|拳击);
2. 妻子选择欣赏芭蕾舞,丈夫选择(芭蕾|芭蕾,拳击|拳击);
3. 妻子选择观看拳击比赛,丈夫选择(拳击|芭蕾,拳击|拳击)。

与性别之战同时博弈一样,在这里我们也找到了多个纳什均衡。不过,现在博弈论提供了一种方法,让我们能够从这些均衡中挑选出较优的纳什均衡。考察第三个纳什均衡。丈夫的策略(拳击|芭蕾,拳击|拳击)包含了一个隐性的威胁,即便妻子选择欣赏芭蕾舞,丈夫也会选择观看拳击比赛。这个威胁能够有效阻止妻子做出欣赏芭蕾舞的选择。如果妻子在均衡中选择观看拳击比赛,这个策略能够让他获得 2 的收益,并且这也是他能够获得的最大收益。因此,这个结果是纳什均衡。不过丈夫的这个威胁是不可信的——也就是说,这是一个不可置信的威胁。在妻子已经选择了欣赏芭蕾舞的情况下,如果丈夫坚持选择观看拳击比赛,他就会少得到 1 的收益。虽然丈夫很清楚他可以从这个威胁中获得更多的收益,不过他并不清楚这个威胁是不可信的。同样的,丈夫的第一个纳什均衡策略(芭蕾|芭蕾,芭蕾|拳击)也包含一个不可置信的威胁:即使妻子选择观看拳击比赛,他也会选择欣赏芭蕾舞。这是一个十分奇怪的威胁,因为丈夫并不能够从这个威胁中获得更大的收益,不过尽管如此,这个威胁也是一个不可置信的威胁。

我们还可以利用均衡路径(equilibrium path)的概念来理解不可置信(empty)威胁和可信(credible)威胁。均衡路径是指扩展式中连接均衡策略的路径。图 8.11 再次给出了性别之战序贯博弈的扩展式,其中虚线表示第三个纳什均衡的均衡路径。因为在这条均衡路径上的策略都是理性的,所以第三个结果是一个纳什均衡。不过,沿着妻子选择欣赏芭蕾舞这条路径往下看——

这个事件在均衡路径之外——在这条路径上丈夫的策略是不理性的。在下一节中我们会介绍子博弈完美均衡的概念,这一概念能够排除在均衡路径上以及在均衡路径之外的非理性行动。

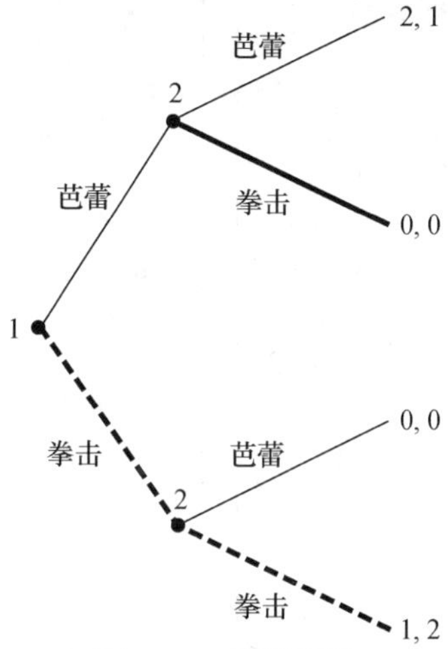

图8.11 均衡路径

8.7.4 子博弈完美均衡

博弈论中,子博弈完美均衡是一种正式的求解序贯博弈中合理纳什均衡的方法。子博弈完美均衡是纳什均衡的精炼(refinement),它能够通过要求参与人在博弈树中任意点的策略都是理性的,将包含不可置信威胁的纳什均衡剔除出去。

在正式定义子博弈完美均衡之前,我们需要先定义几个概念。一个子博弈(subgame)是指在扩展式中,从一个决策节点开始,并且包括这个节点右侧所有分支的博弈。一个严格子博弈则要求子博弈起始的决策节点没有与其他节点连接在一个信息集内。从概念上解释,这意味着在严格子博弈中首先行动的参与人能够了解引起起始节点的参与人的行动。利用图形也许更容易让读者理解上述概念。图8.12给出了性别之战的序贯博弈和同时博弈的扩展式,并且框出了各个博弈中的严格子博弈。序贯博弈(a)有三个严格子博弈:博弈自身和两个以丈夫决策节点起始的下层子博弈。同时博弈(b)只有一个决策节点——顶端节点——没有连接在一个信息集合里。所以性别之战同时博弈只有一个严格子博弈,即博弈自身。

定义

子博弈完美均衡 如果一个策略组合$(s_1^*, s_2^*, \cdots, s_n^*)$是博弈中每一个严格子博弈的纳什均衡,那么就称这个策略组合是一个子博弈完美均衡。

子博弈完美均衡一定是一个纳什均衡。这是因为一个博弈整体就是自己的一个严格子博弈。所以子博弈完美均衡一定是完整博弈的纳什均衡。对于性别之战同时博弈,并不需要做更多的讨论,因为这个博弈除了博弈自身外没有其他的严格子博弈。

而对于性别之战序贯博弈,就需要做更多的讨论。均衡策略不仅仅要是整体博弈的纳什均衡,还必须是以丈夫决策节点起始的两个严格子博弈的纳什均衡。不过由于这两个子博弈都是简

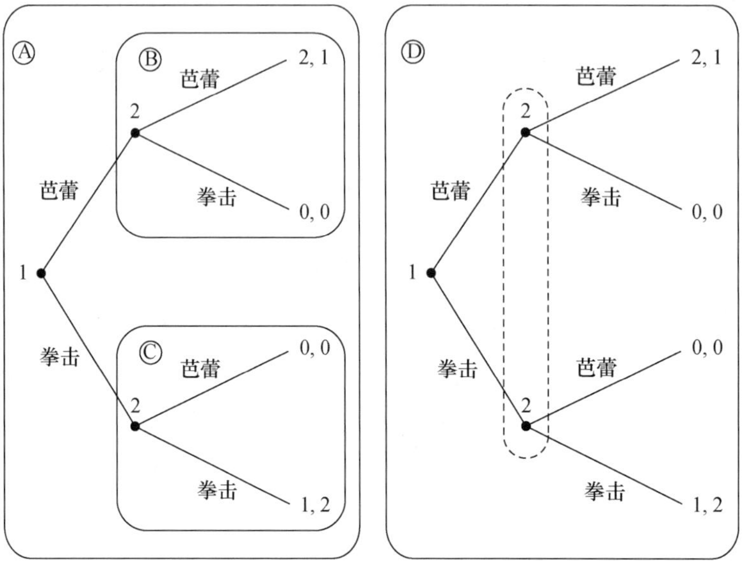

(a) 序贯博弈　　(b) 同时博弈

图 8.12　性别之战的完美子博弈

单的决策问题,我们能够很容易地计算出它们的纳什均衡。在子博弈 B 中,丈夫知道妻子已经选择了欣赏芭蕾舞,他只要在两个行动间做出决策即可,选择欣赏芭蕾舞(能得到 1 的收益),或者选择观看拳击比赛(能获得 0 的收益)。这个简单决策子博弈的纳什均衡是,丈夫选择欣赏芭蕾舞。而对于子博弈 C,如果丈夫选择欣赏芭蕾舞,能够获得 0 的收益,而如果选择观看拳击比赛,就能够获得 2 的收益。这个简单决策子博弈的纳什均衡是丈夫选择观看拳击比赛。根据上面的讨论,丈夫只有一个策略能够成为子博弈完美均衡的一部分:(芭蕾|芭蕾,拳击|拳击)。而在其他的策略中,至少有一部分不是其中一个严格子博弈的纳什均衡。在之前列举的三个纳什均衡中,只有第二个是子博弈完美的纳什均衡,第一个和第三个都不是。以第三个纳什均衡为例,在均衡中丈夫总是选择观看拳击比赛。因为丈夫的策略(拳击|拳击)不是严格子博弈 B 的纳什均衡,所以这个均衡不是子博弈完美均衡。因此,利用子博弈完美均衡的概念可以排除我们之前不易解决的不可置信威胁(丈夫威胁总是观看拳击比赛)。

更一般的情形下,子博弈完美均衡排除了序贯博弈中的不可置信威胁。实际上,纳什均衡只在均衡路径下才要求参与人的理性行为。参与人可以选择扩展式中的其他潜在理性行为。特别的,一方参与人可以威胁破坏上述均衡以达到让对方不选择某种行为的目的。无论是否处于均衡路径,非博弈完美均衡都要求理性行为。非理性行为的威胁,即威胁做出非最优反应的选择是被排除的,因而是不可置信威胁。

8.7.5　逆向归纳法

在上一节中,我们求解性别之战序贯博弈均衡的方法是,先在规范式中找到博弈所有的纳什均衡,再在这些均衡中挑选出子博弈完美均衡。接下来我们要介绍寻找子博弈完美均衡的简便方法——逆向归纳法(backward induction)。逆向归纳法求解均衡的过程是从博弈树的末端开始逆推至博弈树的顶端。使用逆向归纳法求解子博弈完美均衡的步骤是这样的:首先识别出博弈扩展式中最末端的子博弈,并找到这些子博弈的纳什均衡;用纳什均衡的行动和收益替换这些子博弈(可能会比较复杂)。然后来到更上一层的子博弈,并重复上面的步骤。

图 8.13 展示了在性别之战序贯博弈中使用逆向归纳法的步骤。首先,计算出以丈夫决策节点起始的最末端子博弈的纳什均衡。在妻子选择欣赏芭蕾舞后的子博弈中,丈夫会选择观看欣赏芭蕾舞,此时妻子的收益为 2,丈夫的收益为 1。而在妻子选择观看拳击比赛后的子博弈中,丈夫会选择观看拳击比赛,此时妻子的收益为 1,丈夫的收益为 2。接下来,把子博弈分别替换为丈夫的均衡策略。替换后的博弈为妻子的简单决策问题(图 8.13 中右侧所示):在欣赏芭蕾舞(妻子收益为 2)和观看拳击比赛(妻子收益为 1)之间做出选择。这个简化博弈的纳什均衡是妻子选择能够获得更大收益的行动:欣赏芭蕾舞。总而言之,逆向归纳法能够直接推导出博弈的子博弈完美均衡,妻子选择欣赏芭蕾舞,同时丈夫选择(芭蕾|芭蕾,拳击|拳击),绕过其他的纳什均衡。

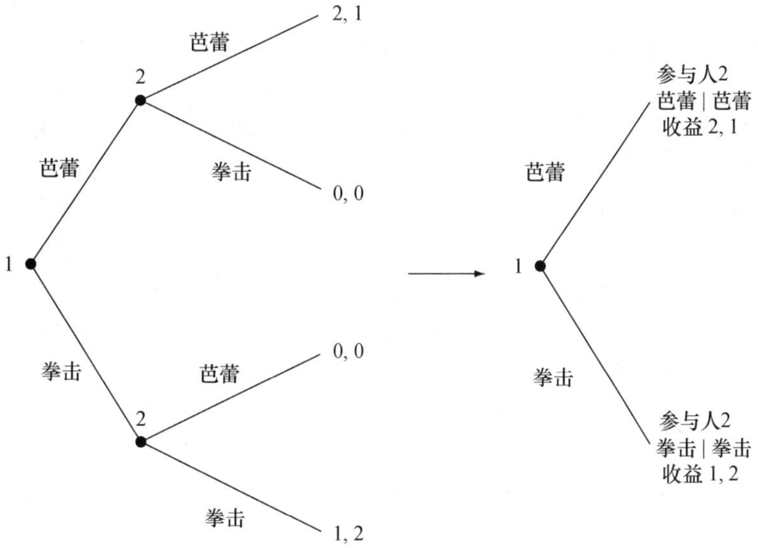

图 8.13　逆向归纳法的应用

最末端的子博弈(参与人 2 行动)被自己的纳什均衡替换。简化后的博弈可以解出参与人 1 的均衡策略。

在求解多回合行动的序贯博弈时,逆向归纳法会特别有用。随着博弈回合的增加,求解出所有纳什均衡并且从中挑选出子博弈完美均衡的难度也迅速增大。而利用逆向归纳法,博弈多增加一个回合也只需要在求解过程中多增加一个循环步骤即可。

8.8　重复博弈

到目前为止,我们讨论过的博弈都有一个特点,就是在每个参与人做出一个选择后博弈就结束了。而在现实生活中,人们可能会重复参与同一个博弈。例如,囚徒困境的参与人可能会预期到,未来他们还会犯罪并且一起参与未来的囚徒困境博弈。又例如,两个加油站分别坐落于街道两侧,每天早上加油站各自制定油价,事实上这两个加油站每天都在参与一个价格博弈。相同结构的简单博弈(例如囚徒困境和油价博弈)重复多次进行,这个简单博弈就称为阶段博弈(stage game)。我们已经知道,在囚徒困境中,一个阶段博弈的纳什均衡结果要比某些合作的结果更差。不过,多次重复相同的阶段博弈后,就有可能出现合作均衡。参与人可以采用触发策略(trigger strategies),触发策略是指参与人会一直采取合作策略,不过一旦其中一个参与人背离合作策略,在这个时间点后双方就会回归到纳什均衡策略。我们将会探讨在何种情况下触发策略能够带来更高的收益。并且,我们也将关注重复博弈的子博弈完美均衡。

8.8.1 有限重复博弈

对于很多阶段博弈,重复已知的有限次并不会增加合作的可能性。为了更具体地说明这一点,假设囚徒困境重复了 T 期,运用逆向归纳法求解整个博弈的子博弈完美均衡。最末端的子博弈是第 T 期进行的囚徒困境。无论在第 T 期前发生了什么,第 T 期子博弈的纳什均衡一定是双方都选择告发。把这个子博弈的纳什均衡结果迭代回 $T-1$ 期,可以依据 $T-1$ 期参与人的行为排除触发策略的可能性。尽管其中一个参与人可以承诺在第 T 期时坚持合作策略,以此鼓励另一个参与人在 $T-1$ 期选择合作,不过在上面的分析中我们已经知道,无论 $T-1$ 期参与人采取了何种决策,都不能够影响在第 T 期时双方都选择告发的结果。现在就可以把 $T-1$ 期视为最后一个博弈,这个子博弈的纳什均衡同样还是双方都选择告发。以相同的思路运用逆向归纳法,可以推理出在每个时期两个参与人都会选择告发,即参与人会重复 T 次阶段博弈的纳什均衡结果。

莱因哈德·泽尔腾(Reinhard Selten)因在博弈论方面的杰出贡献而获得诺贝尔经济学奖。泽尔腾指出,上述例子的逻辑是很普适的:对于任何只有一个纳什均衡的阶段博弈,其有限重复博弈也只会存在一个子博弈完美均衡,即在每个时期,参与人都会选择阶段博弈的纳什均衡策略。⑦

如果阶段博弈有多个纳什均衡,就有可能在有限重复博弈中实现合作。参与人可以利用触发策略,通过威胁在重复博弈后期采取纳什均衡策略,使得背离合作的参与人获得比合作更少的收益,来保证在重复博弈的前期参与人会采取非纳什均衡的合作策略。⑧ 与其花费大量精力深入研究有限重复博弈,倒不如转向无限重复博弈的学习,在无限重复博弈中合作的可能性更大。

8.8.2 无限重复博弈

在有限重复博弈中,只有在阶段博弈存在多个纳什均衡时才能使用无名氏定理(folk theorem)。如果和囚徒困境一样,阶段博弈仅有一个纳什均衡,那么根据泽尔腾的结论可以推理出,这个有限重复博弈只有一个子博弈完美均衡:在每个时期都重复阶段博弈的纳什均衡结果。从最后一期 T 逆向归纳可以推翻任意其他结果。

而在无限重复博弈中,并不存在所谓的最后一期 T,这就使得我们无法运用逆向归纳法。不能推翻包括合作在内的结果。在一定的条件下,任何结果都可能是无限重复博弈的均衡。这个结论有时也被称为无名氏定理,因为在有人能够给出正式证明之前,这只是博弈论中"民间智慧"的一部分。

在讨论无限重复博弈时会遇到一个难题,就是如何将各个时期的收益加总。我们知道无穷个低收益的和与无穷个高收益的和一样的,都是无穷大。那么要如何比较这两个和的大小呢?为了

---

⑦ R. Selten, "A Simple Model of Imperfect Competition, Where 4 Are Few and 6 Are many," *International Journal of Game Theory* 2 (1973): 141—201.

⑧ J. P. Benoit and V. Krishana, "Finitely Repeated Games," *Econometrica* 53 (1985): 890—940.

解决这个问题,我们就要引入贴现(discount)。假设 δ 为贴现因子(这个概念会在第 17 章的附录中详细讨论),贴现因子是用来衡量未来一期获得的一个单位收益相当于当期获得多少单位的收益。在第 17 章中我们会学习到,δ 与利率呈反比例关系。[⑨] 如果利率高,个人就更愿意在当期而不是下一期获得报酬,这是因为如果在当期获得报酬,下一期就能够获得本金和很高的利息收益。除了与利率相关之外,δ 还与博弈在未来继续发生的不确定性相关。博弈在当期就结束的可能性越大,阶段博弈在下一期进行的可能性越低,阶段博弈带来的期望收益就越低。

如果引入概率来描述重复博弈在每个时期结束的可能性,我们就能够让无限重复博弈的设定更加可信。在无限重复博弈的讨论中,一个非常重要的观点认为,无限重复博弈并不是指博弈会永远重复进行下去,而是指我们并不能够确定重复博弈结束的时间点。如果按照上面的观点解释无限重复博弈,我们就能够意识到在博弈重复时期 T 很大时,无限重复博弈要比有限重复博弈更贴近现实。我们可以认为在电动汽车完全替代了汽油动力汽车之前,两个邻近的加油站每天都会重复价格博弈。而加油站并不能够准确地预期到电动汽车会在 $T = 2000$ 时占领市场。现实的情况应该是,加油站不确定汽油动力汽车会在何时终结,也就是说,参与人并不确定重复价格博弈会在何时结束。

参与人可以利用触发策略试图维持合作关系。触发策略能够保证参与人一直选择合作,只要两个参与人都不选择背离。背离合作会触发某些惩罚机制。触发策略能够起到作用的关键在于惩罚的力度是否能够阻止参与人背离合作。

假设两个参与人都在囚徒困境博弈中使用特定的触发策略:如果没有任何人背离,则两个参与人会一直选择保持沉默;一旦有一个参与人选择过告发,这之后两个参与人会永远选择告发。为了证明触发策略是一个子博弈完美均衡,我们需要确认参与人不能通过背离获得更多的收益。沿着均衡路径,如果两个参与人在每个时期都选择保持沉默,那么每个参与人各个时期可以获得 2 的收益,其总收益的贴现值为:

$$\begin{aligned} V^{\text{eq}} &= 2 + 2\delta + 2\delta^2 + 2\delta^3 + \cdots \\ &= 2(1 + \delta + \delta^2 + \delta^3 + \cdots) \\ &= \frac{2}{1-\delta} \end{aligned} \tag{8.19}$$

如果其中一个参与人在某个时期选择背离,那么他在这一期可以获得 3 的收益,不过在这个时期之后,两个参与人会一直选择告发——每个参与人各期的收益为 1,其总收益的贴现值为:

$$\begin{aligned} V^{\text{dev}} &= 3 + (1)(\delta) + (1)(\delta^2) + (1)(\delta^3) + \cdots \\ &= 3 + \delta(1 + \delta + \delta^2 + \cdots) \\ &= 3 + \frac{\delta}{1-\delta} \end{aligned} \tag{8.20}$$

只有当 $V^{\text{eq}} \geqslant V^{\text{dev}}$ 时,触发策略才是这个无限重复博弈的子博弈完美均衡,这就意味着:

$$\frac{2}{1-\delta} \geqslant 3 + \frac{\delta}{1-\delta} \tag{8.21}$$

在不等式的两边同时乘以 $1-\delta$,再整理后可得 $\delta \geqslant 1/2$。也就是说,当贴现率较高时,参与人能够通过保持合作关系获得较高的收益,而如果 $\delta \leqslant 1/2$,那么在无限重复囚徒困境博弈中,合作就

⑨ 需要注意区分在这里用到的年金流的现值方程和第 17 章附录中的方程。在第 17 章中,收益是在期末实现,而在本章中,收益是在期初实现。所以,在这里每期收益 1 美元的现值为 $1 + 1 \cdot \delta + 1 \cdot \delta^2 + 1 \cdot \delta^3 + \cdots = \frac{1}{1-\delta}(\$)$。

不可能达成;此时唯一的子博弈完美均衡是两个参与人在各个时期都选择告发。

在上面的讨论中,我们考察了触发策略。在一定条件下,触发策略能够使得参与人回归到阶段博弈的纳什均衡,在各个时期都选择告发。除此之外,参与人还可以采用冷酷策略(对背离的惩罚更严厉)以及以牙还牙策略(惩罚力度较低)。由于冷酷策略惩罚更严厉,它能够使参与人合作的贴现率范围更广(在更低的 δ 值时就可以实现合作)。严厉的惩罚能够起作用的原因是,一旦参与人成功合作,他们就不愿意再承担背离合作带来的损失。[10]

贴现因子 δ 对于确定触发策略能否在囚徒困境,或者更确切地说,对所有的阶段博弈中维持合作至关重要。如果 δ 趋近 1,冷酷策略的惩罚力度就接近无穷大,因为未来的收益流几乎没有贴现损失。在无限重复博弈的无名氏定理背后隐藏着一个逻辑。取任意一个阶段博弈,在博弈矩阵中存在纳什均衡收益和一个最大收益。令 V 为无限期最大收益的贴现值。无名氏定理说的是,当 δ 足够趋近 1 时,存在一些子博弈完美均衡使得参与人能够获得 V 的收益。[11]

8.9 不完全信息

到现在为止,在我们学习过的博弈中,参与人知道博弈设定的所有信息,包括其他参与人的策略集和收益。而如果只有一部分参与人了解博弈的信息,其他参与人没有这些信息,情形就会变得更加复杂,同时也更有趣。例如打纸牌时,如果牌面都是朝上的,整个纸牌游戏就会变得大不一样。而纸牌游戏的乐趣就在于你只知道自己手中的牌而不知道其他玩家的牌是什么。不仅仅是室内游戏,在现实生活中,还有很多情景存在着不完全信息。一个体育俱乐部可能会试图隐藏俱乐部中一个明星运动员受伤的消息,防止对手发现弱点。企业的生产技术可能是商业秘密,所以企业并不了解竞争对手的效率是高还是低。在本节(以及接下来的两节)中,我们会介绍分析不完全信息博弈所需要的工具。在分析中我们会把本章中介绍过的博弈论知识和之前章节中不确定性和信息的知识整合起来。

包含了不确定信息的博弈会变得更复杂。缺少完全信息的参与人会试图依据已知的信息来推测他们不知道的信息。推测的过程可能会比较复杂。例如,在玩纸牌时,看到自己手中的牌就能够在一定程度上了解其他参与人手中的牌的信息。如果一个参与人自己握有两张 A,他就能够推测出其他参与人不大可能再有 A,因为 4 张 A 中已经有 2 张在自己手中了。不仅如此,他还可以通过其他参与人的赌注大小以及面部表情推测他们手中的牌是什么(当然,赌注大也有可能是虚张声势,面部表情也可能是假装的)。在概率论中有一个方程,称为贝叶斯法则,可以用来推断隐藏信息。在后面的内容中,我们会介绍贝叶斯法则。在不完全信息博弈中我们会用到贝叶斯法则的相关内容,所以这类博弈也被称为贝叶斯博弈。

---

⑩ 诺贝尔经济学奖获得者加里·贝克尔(Gray Becker)提出了一个对犯罪的最优惩罚原理。这一原理说的是,即便是最轻的罪行也要用冷酷的惩罚手段,这样就能够用最少的警方开支遏制犯罪的发生。对于社会来说惩罚带来的成本是可以忽略不计的,因为在均衡中不会有任何犯罪的发生,那么惩罚也不会被实施。参看 See G. Becker, "Crime and Punishment: An Economic Approach," *Journal of Political Economy* 76 (1968): 169—217. 在包含不确定性时,可能就适合使用较轻的惩罚。例如,市民可能并不完全清楚刑法的内容;警方不确定逮捕的嫌疑人是否真的犯了罪。

⑪ 无名氏定理的一个更有力的证明参见 D. Fudenberg and E. Maskin,"The Folk Theorem in Repeated Games with Discounting or with Incomplete Information," *Econometrica* 54 (1986):533—556)。低于纳什均衡水平的收益可以在某些子博弈完美均衡中产生,收益值会一直降低到参与人的最小最大化(minmax)水平(一个参与人的收益可以被其他所有参与人降到的最低水平)。

为了降低分析的复杂性,在这部分内容中我们只会讨论最简单的可能性集合。在博弈中有两个参与人,参与人 1 有私人信息,而参与人 2 没有。我们会分两节对不完全信息博弈进行讨论。在接下来的一节中,博弈的参与人同时行动。再往后,我们会向读者介绍序贯不完全信息博弈,在这类博弈中,拥有信息的参与人 1 首先行动,这类博弈也被称为信号博弈,在博弈中参与人 1 的行动可能向参与人 2 透露一些私人信息,所以信号博弈要比同时贝叶斯博弈更复杂一些。在分析中,我们会引入贝叶斯法则的概念,这个法则能够帮助我们分析参与人 2 如何基于对参与人 1 行动的观察推断出参与人 1 的隐藏信息。

8.10　同时贝叶斯博弈

在这一节中,我们会学习包含两个参与人的同时行动博弈,其中参与人 1 有私人信息,而参与人 2 没有。为了阐述的方便,我们用“他”代表参与人 1,“她”代表参与人 2。首先,我们要学习如何在模型中表述私人信息。

8.10.1　参与人类型和信念

约翰·海萨尼(John Harsanyi),因在不完全信息博弈领域的研究工作而获得诺贝尔经济学奖,提出了一种对私人信息模型化的十分简单的方法,就是在模型中引入参与人特征或者参与人类型。[12] 参与人 1 可以是很多可能类型中的一类,用 t 表示。参与人 1 知道他的确切类型。参与人 2 则不确定 t 的取值,参与人 2 在决定她的策略时要依据她对 t 的信念。

用正式的语言表述,博弈由初始节点(称为机会节点)开始。在机会节点时,随机地从类型的可能性集合 $T=\{t_1,\cdots,t_k,\cdots,t_K\}$ 中取出一个特定值 t_k 作为参与人 1 的类型 t。令 $\Pr(t_k)$ 为从集合 T 中取出特定类型 t_k 的概率。参与人 1 能够观察到取出的类型。而参与人 2 并不清楚取出的类型,不过参与人 2 知道类型的概率分布,并且能够利用概率分布的信息形成对参与人 1 类型的信念。所以,参与人 2 认定参与人 1 类型取 t_k 的概率为 $\Pr(t_k)$。

由于参与人 1 能够在行动之前观察到他的类型 t,他的策略就是 t 条件下选择的。基于已知信息做决策能够给参与人带来很高的收益。例如,在纸牌游戏中,如果参与人拿了一把好牌,他就有可能赢钱,并且他在下注时也会更有侵略性。设 $s_1(t)$ 为参与人 1 基于他的类型 t 指定的策略。由于参与人 2 没有观察到 t,她的策略就是一个简单的无条件策略 s_2。和完全信息博弈一样,参与人的收益与策略有关。不过,在贝叶斯博弈中,参与人的收益还与类型有关。所以,我们把参与人 1 的收益写为 $u_1(s_1(t),s_2,t)$,参与人 2 的收益写为 $u_2(s_2,s_1(t),t)$。注意到,在参与人 2 的收益函数中有两个地方出现了 t。参与人 1 的类型对参与人 2 的收益既有直接影响,也有通过参与人 1 策略作用的间接影响。因为 t 会以两种方式影响到参与人 2 的收益,所以参与人 2 对 t 的概率分布在计算她最优化的策略时就显得十分重要。

图 8.14 展示了一个简单的同时贝叶斯博弈的例子。各个参与人分别在两个行动之间进行选

---

⑫ J. Harsanyi, "Games with Incomplete Information Played by Bayesian Players," *Management Science* 14 (1967—1968): 159—182, 320—334, 486—502.

择。除了当参与人 1 选择 U 并且参与人 2 选择 L 时参与人 1 的收益未知以外,其他收益都已知。参与人 1 在结果(U,L)处的收益由他的类型 t 表示。参与人类型有两个可能的取值,$t=6$ 和 $t=0$,两个取值发生的概率相等。参与人 1 在行动之前知道自己的类型。参与人 2 对于各个类型的概率分布分别为 1/2。上述博弈的扩展式由图 8.15 所示。

		参与人2	
		L	R
参与人1	U	t, 2	0, 0
	D	2, 0	2, 4

图 8.14　一个简单的不完全信息博弈

$t=6$ 的概率为 1/2,同时 $t=0$ 的概率为 1/2。

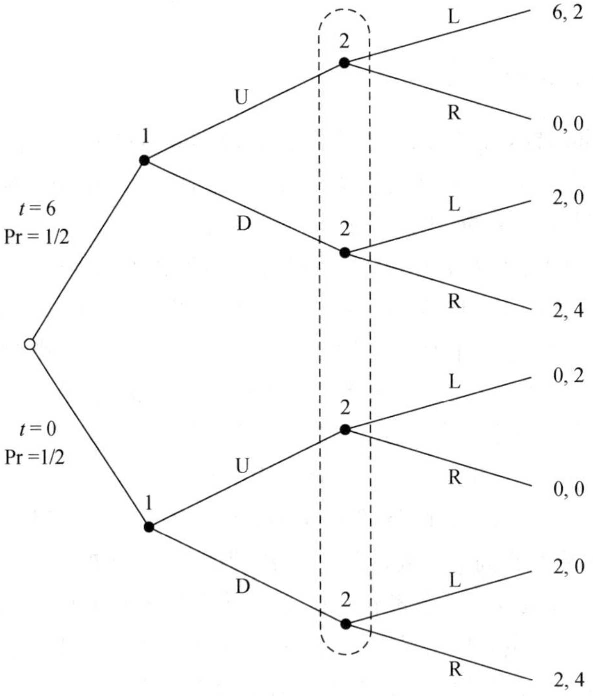

图 8.15　简单不完全信息博弈的扩展式

在图 8.15 中,已经将图 8.14 中的博弈翻译为扩展式。起始的机会节点用空心的圆点表示。由于参与人 2 没有在行动前观察到参与人 1 的类型和行动,她的决策节点都在同一个信息集合中。

8.10.2　贝叶斯—纳什均衡

要将纳什均衡推广到贝叶斯博弈中,就需要对两个事情进行解释。第一,回想参与人 1 在面对不同的类型时会选择不同的行动。均衡要求参与人 1 的策略是每一个类型的最优反应。第二,回想参与人2不确定参与人1的类型。均衡要求参与人2的策略能使她的期望收益最大化,其中期望收益是基于参与人2对参与人1类型的概率求得。在讨论混合策略时我们就提及了期望收益。不完全信息博弈中对竞争对手不同类型下的纯策略的最优反应的计算,与完全信息博弈中对竞争对手混合策略最优反应的计算相似。

做出上面的两个解释后,我们把贝叶斯博弈中的纳什均衡称为贝叶斯—纳什均衡。接下来,我们会提出对上述概念的正式定义。由于其中涉及的记号比较多,读者可以跳过定义,先阅读例8.6和例8.7,在这两个例子中我们会向读者提供求解贝叶斯博弈的过程,然后再回过头来理解贝叶斯—纳什均衡的定义。

定义

贝叶斯—纳什均衡 在一个包含两个参与人,其中参与人1有私人信息的同时博弈中,一个贝叶斯—纳什均衡是一个策略组合($s_1^*(t), s_2^*$),使得对于参与人1的每一个类型$t \in T$,$s_1^*(t)$都是s_2^*的最优反应。

$$U_1(s_1^*(t), s_2^*, t) \geqslant U_1(s_1', s_2^*, t) \text{ 对所有的 } s_1' \in S_1 \quad \mathbf{(8.22)}$$

同时使得在给定参与人2对参与人1类型的信念$\Pr(t_k)$的情况下,s_2^*是$s_1^*(t)$的最优反应:

$$\sum_{t_k \in T} \Pr(t_k) U_2(s_2^*, s_1^*(t_k), t) \geqslant \sum_{t_k \in T} \Pr(t_k) U_2(s_2', s_1^*(t_k), t_k) \text{ 对所有的 } s_2' \in S_2 \quad \mathbf{(8.23)}$$

由于纳什均衡和贝叶斯—纳什均衡的区别仅仅在于对一个问题的诠释不同,我们之前在纳什均衡中得到的结论(包括存在性定理)都可以应用到贝叶斯—纳什均衡中。

例8.6 图8.15中博弈的贝叶斯—纳什均衡

为了解出图8.15中博弈的贝叶斯—纳什均衡,首先需要求解出拥有信息的参与人(参与人1)对他各个类型的最优反应。如果参与人1的类型为$t=0$,那么他会选择D而不是U,因为选择U只能获得1的收益,而选择D时,无论参与人2做出何种选择,他都能够获得2的收益。如果参与人1的类型为$t=6$,那么他的最优反应应该是,当参与人2的行动为L时,他选择U;当参与人2的行动为R时,他选择D。这就出现了两个可能的候选纯策略均衡:

参与人1采取的行动为($U|t=6, D|t=0$),参与人2采取的行动为L;

参与人1采取的行动为($D|t=6, D|t=0$),参与人2采取的行动为R。

第一个候选策略不可能是均衡的,因为给定参与人1采取了策略($U|t=6, D|t=0$)时,参与人2选择行动L可以获得1的期望收益。这样,参与人2就能够通过背离到行动R获得2的期望收益。

而第二个候选策略是一个贝叶斯—纳什均衡。给定参与人2选择了行动R,参与人1的最优反应是选择D,这样参与人1就能够获得2的收益,收益与参与人1的类型无关。而给定了参与人在两种类型下都选择行动D,参与人2的最优反应是选择行动R,参与人2就能获得4的期望收益而不是0。

请回答:如果参与人1的类型为$t=6$的概率足够大,第一个候选策略组合有没有可能是贝叶斯—纳什均衡?如果可能,请计算满足条件的最小的概率值。

例 8.7 公地悲剧成为贝叶斯博弈

下面将介绍一个连续行动贝叶斯博弈的例子。我们考察例 8.5 中的公地悲剧,不过现在要假设牧羊人 1 拥有私有信息,私有信息与放牧一只羊所获得的收益有关:

$$v_1(q_1, q_2, t) = t - (q_1 + q_2) \tag{8.24}$$

其中,牧羊人 1 的类型是 $t = 130$(“高”类型)的概率为 2/3,是 $t = 100$(“低”类型)的概率为 1/3。牧羊人 2 的收益与(8.11)式一样。

为了解出贝叶斯—纳什均衡,我们首先需要求解有信息的参与人(牧羊人 1)对不同类型的最优反应。对于任意的类型 t 和竞争对手策略 q_2,牧羊人 1 的收益最大化问题是:

$$\max_{q_1}\{q_1 v_1(q_1, q_2, t)\} = \max_{q_1}\{q_1(t - q_1 - q_2)\} \tag{8.25}$$

这个最大化问题的一阶条件为:

$$t - 2q_1 - q_2 = 0 \tag{8.26}$$

整理后,代入 $t = 130$ 和 $t = 100$,可得:

$$q_{1H} = 65 - \frac{q_2}{2} \quad \text{同时} \quad q_{1L} = 50 - \frac{q_2}{2} \tag{8.27}$$

其中,q_{1H} 为牧羊人类型为“高”时放牧的数量(即 $t = 130$ 类型),q_{1L} 为牧羊人类型为“低”时放牧的数量($t = 100$ 类型)。

接下来我们求解牧羊人 2 的最优反应。牧羊人 2 的期望收益为:

$$\frac{2}{3}[q_2(120 - q_{1H} - q_2)] + \frac{1}{3}[q_2(120 - q_{1L} - q_2)] = q_2(120 - \bar{q}_1 - q_2) \tag{8.28}$$

其中

$$\bar{q}_1 = \frac{2}{3}q_{1H} + \frac{1}{3}q_{1L} \tag{8.29}$$

整理(8.28)式最大化的一阶条件,可得:

$$q_2 = 60 - \frac{\bar{q}_1}{2} \tag{8.30}$$

将(8.27)式中 q_{1H} 和 q_{1L} 的表达式代入(8.29)式中,再将得到的 $\bar{q}_1$ 的结果代入(8.30)式中,得到:

$$q_2 = 30 + \frac{q_2}{4} \tag{8.31}$$

可以解出 $q_2^* = 40$。再将 $q_2^* = 40$ 代回到(8.27)式中,可以解出 $q_{1H}^* = 45$,$q_{1L}^* = 30$。

图 8.16 用图形描述了贝叶斯—纳什均衡。牧羊人 2 感知到牧羊人 1 的平均类型后设计了自己的行动,牧羊人 1 的平均最优反应用粗的虚线表示。这个平均最优反应线与牧羊人 2 的最优反应线的交点 B 确定了牧羊人 2 的均衡数量 $q_2^* = 40$。在给定 $q_2^* = 40$ 时,牧羊人 1 低(高)类型的最优反应由点 A(点 C)确定。可以做一个比较,完全信息纳什均衡就是当牧羊人 2 已知牧羊人 1 的类型为低(均衡为点 A')或者为高(均衡为点 C')时得出的。

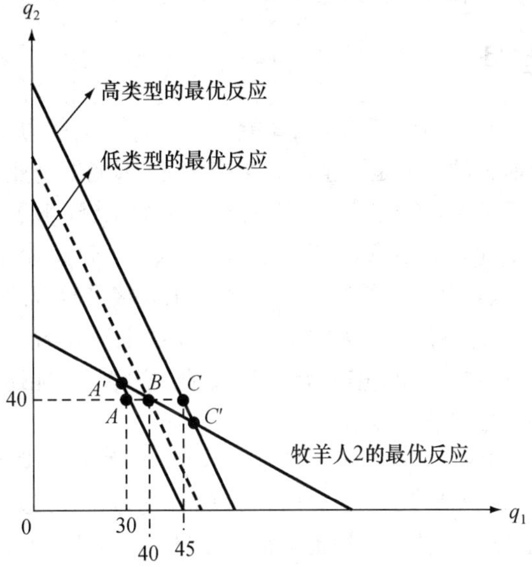

图 8.16 公地悲剧贝叶斯博弈的均衡

牧羊人 2 和各个类型下牧羊人 1 的最优反应都用实线画出；牧羊人 2 感知到的参与人 1 的最优反应用虚线画出。这个不完全信息博弈的贝叶斯—纳什均衡由 A 点和 C 点给出；而相对应的完全信息博弈的纳什均衡由 A'点和 C'点给出。

请回答：假定牧羊人 1 为高类型。此时博弈由不完全信息变为完全信息，各牧羊人的放牧数量会发生何种变化(均衡由 C 点移动到 C'点)？如果牧羊人 1 为低类型，又会发生何种变化？牧羊人 1 在哪种类型下偏好于完全信息，从而他想要向牧羊人 2 发出自身类型的信号？而在哪种类型下偏好于不完全信息，从而他想要隐藏自身的类型？我们会在下一节中学习参与人 1 对自身类型发出信号的可能性。

8.11 信号博弈

在本节中，我们会把目光从有私有信息的同时博弈转向有私有信息的序贯博弈，在博弈中，参与人 2 在行动前能够观察到有信息的参与人 1 的行动。参与人 1 的行动提供了一些信息，也就是信号。参与人 2 能够利用这些信号更新自己对参与人 1 类型的信念，在缺少这些信息的情况下，参与人 2 有可能会采取完全相反的行动。例如，在纸牌游戏中，如果参与人 1 大幅地增加下注，参与人 2 就会把这个行动看成参与人 1 手上拿了好牌的信号，参与人 2 可能就会选择盖牌。在企业考虑是否进入一个市场时，这个企业会把市场内现有企业的低价格作为一个信号，认为现有企业都是低成本的生产者，而这个市场竞争十分激励，因而可能就会决定不进入市场。人力资源部门会把名校的学位作为求职者有高技能的信号。

与同时不完全信息博弈相比，信号博弈的分析更加复杂，因为我们需要把参与人 2 获得参与人 1 的信号，然后更新自身信念的过程在模型中进行描述。为了确认之前的想法，我们将会集中关注一个具体的应用：迈克尔 · 斯宾塞(Michael Spence)的劳动市场信号模型，也因为提出了这个模型,迈克尔·斯宾塞获得了诺贝尔经济学奖。⑬

8.11.1 劳动市场信号

参与人 1 是一个工人,他可以有两种类型,高能力($t=H$)和低能力($t=L$)。参与人 2 是一个考虑招聘工人的企业。低能力的工人是完全没有生产力的,不能给企业带来收入;而高能力的工人能够产生 π 的收入。一旦聘用,企业就要向工人支付 w 的工资(由于政府的监管,工资水平固定)。假设 $\pi>w>0$。所以,企业只愿意聘用高能力的工人。不过企业并不能够观察到应聘者的能力,只能观察到应聘者的教育背景。假定 c_H 为高能力工人接受教育的成本,c_L 为低能力工人接受教育的成本。假设 $c_H<c_L$,即高能力工人在学习时只需要付出较少的努力。我们还要做一个极端的假设,即教育不会直接增加工人的生产力。即便如此,应聘者可能还会决定去接受教育,因为教育背景可以作为能力的信号向雇主传达信息。

图 8.17 画出了博弈的扩展式。参与人 1 首先观察到自己的能力类型。参与人 2 在行动前只能观察到参与人 1 的行动(教育信号)。Pr(H)和 Pr(L)分别为在观察到参与人 1 的教育信号前,参与人 2 对参与人 1 高、低能力的信念。这也被称为参与人 1 的先验信念(prior beliefs)。在观察到参与人 1 的行动后,参与人 2 会对信念进行修正,修正后的信念被称为后验信念(posterior beliefs)。举个例子,高能力工人的概率视接受教育的概率 Pr($H|E$)和没有接受教育的概率 Pr($H|NE$)而定。

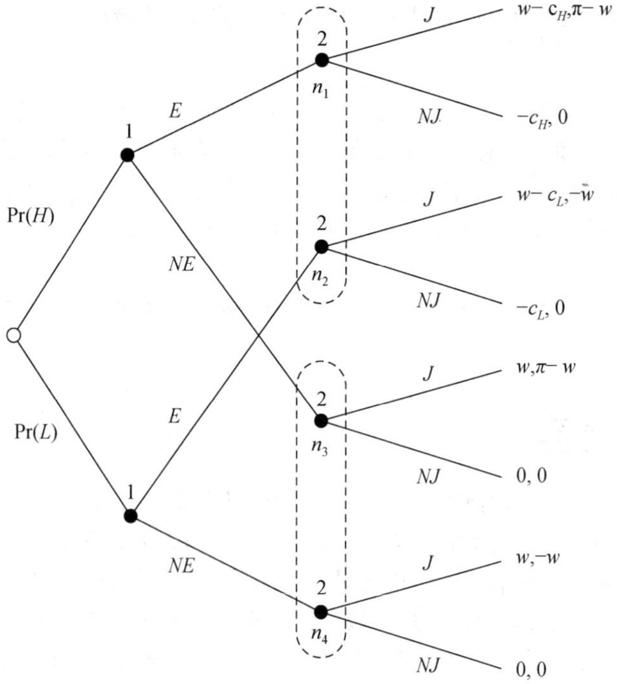

图 8.17 劳动市场信号

参与人 1(工人)观察到自己的能力类型,然后选择接受教育(E)或没有接受过教育(NE)。参与人 2(企业)在观察到参与人 1 的行动后,决定为其提供工作(J)或不提供工作(NJ)。参与人 2 信息集的结点记为 $n_1,\cdots,n_4$,供参考。

⑬ M. Spence, "Job-Market Signaling," *Quarterly Journal of Economics* 87 (1973): 355—374.

参与人2的后验信念是用来计算参与人2对参与人1教育决策的最优反应。假设参与人2观察到参与人1选择了E,那么参与人2通过选择J获得的期望收益为:

$$\Pr(H \mid E)(\pi - w) + \Pr(L \mid E)(-w) = \Pr(H \mid E)\pi - w \quad \textbf{(8.32)}$$

其中,等式的右边得到上面的结果是由于参与人1只有L和H两个类型,$\Pr(L|E) = 1 - \Pr(H|E)$。参与人2通过选择NJ获得的收益为0,参与人2通过比较(8.32)式的收益与0的大小,确定对行动E的最优反应。当且仅当$\Pr(H|E) > w/\pi$时,J是参与人2的最优反应。

现在还剩下一个问题,就是如何计算$\Pr(H|E)$这样的后验信念。理性的参与人会使用一个统计学公式,叫作贝叶斯法则,基于观察到的信号来对先验信念进行修正。

8.11.2 贝叶斯法则

贝叶斯法则给出了计算参与人2的后验信念$\Pr(H|E)$的公式[14]:

$$\Pr(H \mid E) = \frac{\Pr(E \mid H)\Pr(H)}{\Pr(E \mid H)\Pr(H) + \Pr(E \mid L)\Pr(L)} \quad \textbf{(8.33)}$$

类似的,$\Pr(H|NE)$由下式给出:

$$\Pr(H \mid NE) = \frac{\Pr(NE \mid H)\Pr(H)}{\Pr(NE \mid H)\Pr(H) + \Pr(NE \mid L)\Pr(L)} \quad \textbf{(8.34)}$$

在(8.33)式和(8.34)式的右边出现了两类概率:

- 先验信念$\Pr(H)$和$\Pr(L)$
- 条件概率$\Pr(E|H)$,$\Pr(NE|L)$,等等。

先验信念是由特定博弈中起始节点的不同分支上的概率给出的。而条件概率$\Pr(E|H)$、$\Pr(NE|L)$等则是由参与人1的均衡策略给出。例如,$\Pr(E|H)$是指高类型的参与人1选择E的概率。$\Pr(NE|L)$则是指低类型的参与人1选择NE的概率,以此类推。正如图8.18所示,我们可以把贝叶斯法则看成一个黑箱,只要输入先验信念和策略,就能够输出求解博弈均衡必须知道的信念:参与人2的后验信念。

当参与人1选择一个纯策略时,贝叶斯法则通常能够给出一个简单的结果。例如,假设$\Pr(E|H) = 1$和$\Pr(E|L) = 0$,换句话说,就是当且仅当参与人1是高能力时,他才会接受教育。根据(8.33)式有:

$$\Pr(H \mid E) = \frac{1 \cdot \Pr(H)}{1 \cdot \Pr(H) + 0 \cdot \Pr(L)} = 1 \quad \textbf{(8.35)}$$

即如果参与人2观察到参与人1选择了E,她就相信参与人1一定是高能力。另一方面,假设$\Pr(E|H) = \Pr(E|L) = 1$,即假定无论参与人1是何种类型,他都会选择接受教育。由(8.33)式

---

[14] (8.33)式可以由第2章脚注25中条件概率的定义式推导出来。(可以用类似的方法推导(8.34)式)。由定义可知:

$$\Pr(H|E) = \frac{\Pr(H \text{ and } E)}{\Pr(E)}$$

互换两个事件的顺序,可得:

$$\Pr(E|H) = \frac{\Pr(H \text{ and } E)}{\Pr(H)}$$

整理后有:

$$\Pr(H \text{ and } E) = \Pr(E|H)\Pr(H)$$

用同样的方法计算L,并且将两个等式代入第一个等式中,可以得到:

$$\Pr(E) = \Pr(E \text{ and } H) + \Pr(E \text{ and } L) = \Pr(E|H)\Pr(H) + \Pr(E|L)\Pr(L)$$

可得:

$$\Pr(H \mid E) = \frac{1 \cdot \Pr(H)}{1 \cdot \Pr(H) + 1 \cdot \Pr(L)} = \Pr(H) \tag{8.36}$$

因为 $\Pr(H) + \Pr(L) = 1$。观察到参与人 1 的行动 E 并不能够提供与参与人 1 类型相关的信息,所以参与人 2 的后验信念与先验信念一致。更一般的,如果参与人 1 选择混合策略 $\Pr(E|H) = p$ 和 $\Pr(E|L) = q$,由贝叶斯法则可得:

$$\Pr(H \mid E) = \frac{p\Pr(H)}{p\Pr(H) + q\Pr(L)} \tag{8.37}$$

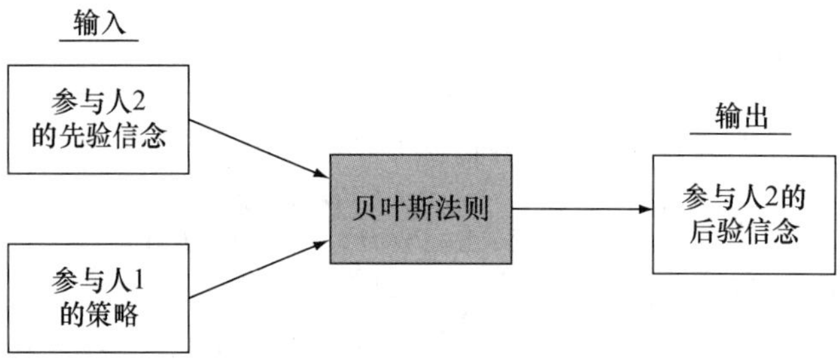

图 8.18 把贝叶斯法则当成黑箱

根据贝叶斯法则提供的公式,可以利用博弈中的信息计算出参与人 2 的后验信念。

8.11.3 完美贝叶斯均衡

在完全信息博弈中,我们从最初的纳什均衡一直学习到精炼的子博弈完美均衡,并且使用子博弈完美均衡排除了序贯博弈中不可置信的威胁。以同样的理由,在不完全信息博弈中,我们也将把注意力从贝叶斯—纳什均衡转移到精炼的完美贝叶斯均衡。

定义

完美贝叶斯均衡 一个完美贝叶斯均衡是由一个策略组合和一个信念集合组成的,使得

- 在每一个信息集合中,参与人的策略都要使他们的期望收益最大化,其中期望值是根据各自的信念得出的;
- 在每一个信息集合中,参与人的信念都是由贝叶斯法则计算得出的(基于先验信念和其他参与人的策略)。

正如与在子博弈完美均衡中,要求参与人在各个信息集合中都选择纳什均衡策略一样,在完美贝叶斯均衡中,要求参与人在各个信息集合中都要做出理性的决策。而对于参与者运用贝叶斯法则更新信念的要求,则保证了参与人用理性的方法整合观察得到的信息。

在完美贝叶斯均衡的定义中还存在一个问题,就是贝叶斯法则只能在"可能的情况下"使用。如果出现了完全出乎意料的事件,贝叶斯法则就会失去作用——在信号博弈中,如果任意类型的参与人 1 并没有采取均衡策略的行动,贝叶斯法则就会失效。例如,如果在劳动市场信号博弈中,H 和 L 类型的参与人 1 都不选择 E,那么(8.33)式和(8.34)式的分母就等于 0,这两个等式就是无定义的(undefined)。如果贝叶斯法则出现无定义的结果,那么完美贝叶斯均衡就不会对参与人 2

的后验信念施加任何约束,所以我们可以把它假设为任意的信念。

正如我们在完全信息博弈中看到的一样,信号博弈也有可能存在多个均衡。当贝叶斯法则出现无定义的结果时,就可以自由选择信念,其中的某一些信念可能支持额外的完美贝叶斯均衡。系统性分析将均衡划分为三类:分离均衡(separating)、混同均衡(pooling)和杂合均衡(hybrid)。下面我们将分别寻找三类完美贝叶斯均衡。

在一个分离均衡中,各个类型的参与人1会选择不同的行动。所以参与人2能够在观察到参与人1的行动后确定地了解参与人1的类型。由贝叶斯法则求得的后验信念都是0或者1。在一个混同均衡中,不同类型的参与人1会选择相同的行动。当一种类型的参与人1不隐藏自己私人信息并不是最优时,混同策略就更容易出现。而在杂合均衡中,其中一种类型的参与人1选择严格混合策略;之所以把这类均衡称为杂合均衡,是由于其中涉及的混合策略会使得这一类型在某些时候是分离的,而在某些时候是混同的。参与人2只能够得到一些参与人1类型的信息(贝叶斯法则能够在一定程度上修正参与人2的信念),并不能够确切得知参与人1的类型。参与人2自身也有可能相应地采取混合策略。在接下来的三个例子中,我们将分别求解劳动市场信号博弈的三类均衡。

例8.8 劳动市场信号博弈的分离均衡

一个合理的猜测是,在分离均衡中,能力高的工人会选择接受教育并以此为信号向雇主传达自身能力的信息,而低能力的工人则选择不接受教育。在给定这些策略后,根据贝叶斯法则,参与人2的信念一定是 $\Pr(H|E)=\Pr(L|NE)=1$,同时 $\Pr(H|NE)=\Pr(L|E)=0$。基于上述信念,如果参与人2观察到参与人1接受了教育,参与人2就能够明确地知道她是处在图8.17中的节点 n_1 处,而不是 n_2 处。她的最优反应是向参与人1提供一个职位(J),这样能够获得收益 $\pi-w>0$。而如果参与人2观察到参与人1没有接受教育,那么参与人2就知道她是处在节点 n_4 而不是 n_3,同时她的最优反应是不提供职位(NJ),因为 $0>-w$。

最后一步就是需要验证在给定参与人2策略($J|E, NJ|NE$)的情况下,参与人1没有意愿背离分离策略($E|H, NE|L$)。高能力 H 的参与人1在均衡中通过接受教育能够获得 $w-c_H$ 的收益。而如果高能力的参与人1不接受教育,那么他会被参与人2认为是低能力的,而不提供职位,这样参与人1只能得到0的收益。为了保证参与人1没有意愿背离,就需要 $w-c_H>0$。接下来,转向低能力参与人1的分析。在均衡中,低能力的参与人通过不接受教育能够获得0的收益。而如果低能力的参与人1背离均衡策略,选择去接受教育,那么参与人2会认为他是高能力并且提供职位,这样参与人1就能获得 $w-c_L$ 的收益。为了让参与人1没有意愿背离,就必须有 $w-c_L<0$。综合上面两个条件,我们可以知道,当且仅当 $c_H<w<c_L$ 时,下面的分离均衡才成立,在均衡中,只有高能力的工人会接受教育,而企业也只会雇用接受过教育的工人。

还有一个可能的分离均衡是只有低能力的参与人1会选择接受教育。这是一个很奇怪的结果——因为我们希望教育是工人能力高的信号——不过,幸运的是,我们可以排除这个结果是完美贝叶斯均衡的可能性。参与人2的最优反应应该是雇用不接受教育的参与人1。这样,低能力的参与人1能够通过选择 E 获得 $-c_L$,而选择 NE 就能获得 w 的收益,所以低能力的参与人会背离到 NE。

请回答:既然接受教育不会增加他们的能力水平,为什么有的工人还会选择接受教育?如果低能力工人比高能力工人更容易接受教育,还存不存在分离均衡?

例 8.9 劳动市场信号博弈的混同均衡

下面我们一起考察一个可能的混同均衡,在均衡时,两个类型的参与人都选择 E。为了保证参与人 1 不背离 E,参与人 2 的策略必须是只雇用接受教育的工人,即 $(J|E, NJ|NE)$。如果参与人 2 不雇用接受教育的工人,参与人 1 就会选择 NE 以节省接受教育的成本。而如果参与人 2 只雇用没有接受过教育的工人,那么参与人 1 还是只会选择 NE,这样不仅能节省教育成本,还能得到工资收入。

下面我们来考察 $(J|E, NJ|NE)$ 是否是参与人 2 的最优反应。在混同均衡中,参与人 2 的后验信念和先验信念相同。此时,参与人 2 的期望收益为:

$$\begin{aligned}\Pr(H|E)(\pi - w) + \Pr(L|E)(-w) &= \Pr(H)(\pi - w) + \Pr(L)(-w) \\ &= \Pr(H)\pi - w\end{aligned} \tag{8.38}$$

为了让 J 是 E 的最优反应,(8.38) 式就必须要大于等于 0,因为参与人 2 能够通过选择 NJ 获得至少 0 的收益,这就要求 $\Pr(H) \geq w/\pi$。节点 n_3 和 n_4 处参与人 2 的后验信念不能通过贝叶斯法则确定,因为在均衡中参与人 1 完全不会选择 NE。这样,完美贝叶斯均衡就允许我们选择任意的在节点 n_3 和 n_4 处后验信念的概率分布 $\Pr(H|NE)$ 和 $\Pr(L|NE)$。为了让 NJ 是 NE 的最优反应,参与人 2 选择 J 的期望收益就要小于 0:

$$0 > \Pr(H|NE)(\pi - w) + \Pr(L|NE)(-w) = \Pr(H|NE)\pi - w \tag{8.39}$$

由于 $\Pr(H|NE) + \Pr(L|NE) = 1$,可以化简出等式右边的结果。整理后可以得到 $\Pr(H|NE) \leq w/\pi$。

总之,如果存在两种类型的参与人 1 都接受教育的混同策略,就需要 $\Pr(H|NE) \leq w/\pi \leq \Pr(H)$。企业就需要对高能力工人在所有工人中的比例有比较乐观的预期——$\Pr(H)$ 需要足够大——同时对高能力工人中未接受教育的比例有比较悲观的预期——$\Pr(H|NE)$ 必须要足够小。在混同均衡中,低能力的工人会选择和高能力工人相同的行动,以此来防止参与人 2 从教育信号中得到能力类型的信息。

另一个可能的混同均衡就是两种类型的参与人 1 都选择 NE。根据对参与人 2 非均衡后验信念假设的不同(即参与人 2 在观察到参与人 1 选择 E 后的信念),会存在很多这样的混同均衡。完美贝叶斯均衡没有对这些后验信念加以限制。在练习题 8.12 中,读者会被要求找到几个这样的均衡,同时介绍了一个更加精炼的完美贝叶斯均衡(主要是直观上的介绍),这个更加精炼的概念有助于排除不合理的非均衡信念以及不合理的均衡。

问题:回到两种类型的参与人 1 都选择接受教育的混同均衡。考虑在出现不可预期事件(出现一个没有接受教育的工人)时参与人 2 的后验信念。由于完美贝叶斯均衡允许我们对后验信念做出任意的假设。现在就假设企业不能通过"没有接受教育"的信号获得信息,并且维持其先验信念。这样的混同结果是否是一个均衡? 那么如果我们假设企业会把"没有接受教育"当成一个坏的信号,即认为没有接受教育的工人都是低能力的,这样的混同结果是否还是一个均衡?

例 8.10 劳动市场信号博弈的杂合均衡

一个可能的杂合均衡就是能力高的工人永远选择接受教育,而能力低的工人则会进行随机选择。低能力的工人有时会通过接受教育假装高能力的工人。低能力的工人以 e 和 $1-e$ 的概率选

择采取行动 E 和 NE。参与人 2 的策略则是以 j 的概率向接受过教育的工人提供工作,并且不雇用没有接受过教育的工人。

我们需要求解出混合策略 e^* 和 j^* 的均衡值以及相应的后验信念 $\Pr(H|E)$ 和 $\Pr(H|NE)$。后验信念由贝叶斯法则计算得出:

$$\Pr(H \mid E) = \frac{\Pr(H)}{\Pr(H) + e\Pr(L)} = \frac{\Pr(H)}{\Pr(H) + e[1 - \Pr(H)]} \tag{8.40}$$

同时 $\Pr(H|NE) = 0$。

如果低能力的参与人 1 有意愿选择一个严格混合策略,那么他选择 E 和选择 NE 的期望收益应该相同。如果选择 E,在给定参与人 2 混合策略的情况下,他的期望收益为 $jw - c_L$,而如果选择 NE,由于参与人 2 不会雇用没有接受过教育的工人,他的收益为 0。因此就有 $jw - c_L = 0$,求解可得 $j^* = c_L/w$。

而对参与人 2 来说,只有当他能够通过采取行动 J 而获得与采取行动 NJ 相同的收益时,参与人 2 才会选择采取一个严格混合策略,即:

$$\Pr(H \mid E)(\pi - w) + \Pr(L \mid E)(-w) = \Pr(H \mid E)\pi - w \tag{8.41}$$

(8.41)式应该等于 0。将得出的 $\Pr(H|E)$ 代入(8.40)式中,就可以解出 e 的取值:

$$e^* = \frac{(\pi - w)\Pr(H)}{w[1 - \Pr(H)]} \tag{8.42}$$

请回答:为了完成上面的分析,在均衡中,能力高的参与人 1 不会选择背离 E,这句话是对的吗?如果是,请你证明这个结论。低能力的工人试图与高能力的工人混同的概率如何随参与人 2 对高能力参与人 1 的先验信念的变化而变化?

8.12 实验博弈

实验经济学是一个近期发展起来的研究分支,用于探索经济理论与实验室设计下实验对象行为的匹配程度。实验的方法与实验心理学中使用的方法类似——通常会把校园中的大学生作为实验的对象——尽管在经济学的实验中,主要是探索实验对象在金钱激励下的行动问题。在 2002 年,弗农·史密斯(Vernon Smith)因其在实验经济学领域的开创性工作而获得了诺贝尔经济学奖,强调了实验经济学的重要性。这个领域的一个重要应用就是利用实验方法检验博弈论。

8.12.1 囚徒困境博弈实验

现在已经做了数以百计的实验,来检测在囚徒困境中参与人是会像纳什均衡预期的那样选择告发,还是会像合作结果那样选择保持沉默。在一次实验中,实验对象分别与不同的、无记名的对手进行 20 次博弈。与不同的无记名对手进行博弈,可以防止重复博弈效应。随着实验对象在博弈中获得更多的经验,实验结果会逐渐收敛到纳什均衡。在开始的五轮中,有 43% 的参与人会选择合作策略,而到了最后的五轮,这一比例已经降到20%。[15]

实验中的典型现象是,实验对象的行为是随机的。尽管到实验的最后阶段,8%的对象行为都与纳什均衡一致,但仍有2%的行为是异常的。尽管实验行为与理论预期高度一致,但并不完全相同。

8.12.2 最后通牒博弈实验

实验经济学还检验了子博弈完美均衡是否能够正确地预测参与人在序贯博弈中的行为。在一个被广泛用的序贯博弈——最后通牒博弈中,实验人员向两个参与人提供一笔钱。首先行动的参与人(提案人)会提出一种对这笔钱的分配方式。另一个参与人(回应人)决定是否接受这个提案,如果接受,他能够获得提案中分配给他的钱,而如果拒绝,那么两个参与人都不能获得金钱。在子博弈完美均衡中,提案人会分配给回应人最小面值的钱,而回应人也会接受这种分配方式。我们可以通过逆向归纳法得出上述的结论:回应人会接受任意给他的分配金额为正的分配方案,无论这笔钱多么少;而在得知这个反应之后,提案人就只应该分配给回应人最少的份额。

在实验中,分配的比例要比子博弈完美均衡公平得多。[16] 通常都是按照50—50的方式进行分配。而回应人通常也会拒绝低于30%的分配方案。即便金钱总额高达100美元,也还会是上面的结果,此时回应人拒绝一个30%的提案意味着他放弃了30美元。所以,有的经济学家就提出,获得的金钱数量并不能够完全衡量参与人的收益。他们可能还会在意其他的因素,比如说分配的公平性,也就是说,在一个公平的分配方式下,他们能够获得额外的收益。即使提案人不在意公平,他们也还是担心回应人因在意公平而拒绝一个不公平的分配方式,这个担心最后会导致提案人提出一个相对公平的分配方式。

在发现了最后通牒博弈中出现严重的实验行为与均衡结果的背离之后,一些博弈论学者开始了对理论的重新思考,并且详细地考虑到公平的重要性。[17]

8.12.3 独裁者博弈实验

为了检验参与人是直接关注公平性,还是由于担心其他参与人的怨恨而间接影响了他们的决策,研究人员用一个相关的博弈——独裁者博弈进行实验。在独裁者博弈中,提案人选择一个分配方案,而这个方案在实施时并不需要回应人的同意。在这个博弈中,提案人倾向于提出一个比最后通牒博弈中更不公平的分配方式,不过还是会分配给回应人一些钱,这就意味着提案人会在一定程度上考虑到分配的公平性。不过,这个实验设计的细节对于实验结果有十分重要的影响,在一个设计巧妙的实验中[18],实验人员不会知道提案人提出的分配方式是什么。而在这种不记名的条件下,提案人几乎不会向回应人提出50—50的分配方式,不仅如此,2/3的提案人会拿走所有的钱。这就暗示我们,或许提案人在实验人员面前会表现得自己更在乎公平一些。

---

[15] R. Cooper, D. V. Dejong, R. Forsythe, and T. W. Rose, "Cooperation Without Reputation: Experimental Evidence from Prisoner's Dilemma Games," *Games and Economic Behavior* (February 1996): 187—218.

[16] 如果读者想深入了解最后通牒博弈实验以及实验经济学,可以参看 D. D. Davis and C. A. Holt, *Experimental Economics* (Princeton, NJ: Princeton University Press, 1993)。

[17] E. Fehr and K. M. Schmidt, "A Theory of Fairness, Competition, and Cooperation," *Quarterly Journal of Economics* (August 1999): 817—868.

[18] E. Hoffman, K. McCabe, K. Shachat, and V. Smith, "Preferences, Property Rights, and Anonymity in Bargaining Games," *Games and Economics Behavior* (November 1994): 346—380.

8.13 进化博弈和学习

现在博弈论研究的前沿是考察参与人的行动如何最终达到纳什均衡。在参与人的极端理性假设下,我们能够推导出各个参与人的策略,并且瞬间达到纳什均衡。那么在博弈存在多个纳什均衡的情况下,他们如何能够瞬间达到同一个均衡结果呢?现实生活中的参与人也有可能不能完成理性推导过程,在这种情况下,博弈又会出现何种结果呢?

博弈论学者试图去模型化这个动态过程,学者们认为均衡是在一个相当长的时间里,群体中不同的个体之间彼此随机配对博弈而衍化出来的。博弈论学者分析了在群体中博弈的结果是收敛到纳什均衡,还是收敛到其他的结果;如果存在多个纳什均衡,又会收敛到哪一个均衡结果;以及需要多长时间能够演化到收敛的结果。其中,有两个模型被广泛地学习到:进化模型和学习模型,这两个模型的区别在于对参与人理性程度的假设不同。

在进化模型中,参与人不会采取理性的策略;事实上,他们的行为模式由自身的基因决定。在群体中一个参与人的策略越成功,他就越能适应环境并且将他的基因遗传给后代,因此,这个策略在群体中就越有可能得到广泛的传播。

进化模型最初是由约翰·梅纳德·史密斯(John Maynard Smith)和一些生物学家提出的,当时,他们是想用模型解释动物行为的进化,例如雄狮之间如何争夺配偶或者蚂蚁如何保卫自己的蚁穴。尽管把进化模型应用到人类行为只是对该模型的一个简单扩展,这个模型仍提供了一个简便的分析群体动态变化的方法,不仅如此,进化模型还能够解释社会习俗甚至文化的演变。

在学习模型中,群体中的参与人随机配对进行博弈。参与人会根据从以往博弈中获得的经验对竞争对手的行为进行判断,并以此判断自己的最优反应。通常会假设参与人具有一定程度的理性,在给定自己信念的前提下,他们能够选择出静态的最优反应,同时在做了一些实验后,参与人能够根据一些合理的规律更新自己的信念。不过,参与人是不完全理性的,他们不会考虑到自己的策略对其他参与人的学习和未来行为的影响。

博弈论学者还考察了不同复杂程度的学习策略收敛到纳什均衡的快慢。现在的研究正在努力将理论和实验整合起来,并且试图将显示生活中实验对象的行为模式转化为算法。

小结

本章提供了考虑策略情景的结构性方法。我们主要关注了博弈论中最重要的解概念——纳什均衡。然后,我们又介绍了几个精炼的解概念,这些解概念主要应用于求解设定下(序贯行动和不完全信息)的博弈问题。下面列出了一些基本的结论。

- 所有的博弈都有相同的基本构成:参与人、策略、收益和一个信息结构。
- 博弈可以写为规范式(用收益矩阵或者收益函数表示)。
- 策略可以是一个简单行动,一个基于其他参与人行动的更加复杂的权变计划,或者是简单行动的概率分布。
- 一个纳什均衡是一个策略组合,这一策

略组合中各个参与人的策略分别是彼此的最优反应。换句话说,一个参与人的纳什均衡策略是在给定其他参与人均衡策略时的最优策略。

- 有限博弈一定存在纳什均衡(如果不存在纯策略纳什均衡,就一定存在混合策略纳什均衡)。

- 子博弈完美均衡是一种纳什均衡的精炼,有助于排除序贯博弈中含有不可置信威胁的均衡。

- 当一个阶段博弈重复进行多次时,就有了引入惩罚策略的可能性,通过惩罚策略参与人能够获得比只进行一次阶段博弈更高的收益。如果参与人在一个无限重复博弈中足够耐心,那么根据无名氏定理,重复博弈就可能出现任意的收益。

- 在存在私人信息的博弈中,一个参与人知道自己的"类型",而另一个参与人则不知道。参与人会依据其自身类型和对其他参与人类型的信念来最大化自己的期望收益。

- 在一个信号博弈的完美贝叶斯均衡中,后动参与人在观察到先动参与人的行动后会利用贝叶斯法则更新他们对先动参与人类型的信念。

- 博弈论研究的前沿课题是将理论和实验结合起来,确定不一定完全理性的参与人能否达到纳什均衡,会采取哪种均衡(如果存在多个均衡),以及导致均衡的路径。

练习题

8.1

考虑下面的博弈:

参与人1 \ 参与人2	D	E	F
A	7, 6	5, 8	0, 0
B	5, 8	7, 6	1, 1
C	0, 0	1, 1	4, 4

a. 找到纯策略纳什均衡(如果存在)。

b. 在均衡中各个参与人只会在前两个行动之间随机选择,找到此时的混合策略纳什均衡。

c. 计算问题 a、b 中得到的均衡中各个参与人的期望收益。

d. 画出这个博弈的扩展式。

8.2

在图 8.3 的性别之战中,混合策略纳什均衡会与收益的数值相关。为了得到一个一般解,假设该博弈的收益矩阵是:

参与人1(妻子) \ 参与人2(丈夫)	芭蕾	拳击
芭蕾	K, 1	0, 0
拳击	0, 0	1, K

其中,$K\geqslant 1$。请说明混合策略纳什均衡与 K 取值的关系。

8.3

胆小鬼博弈描述的是,在一条单行道上,两个血气方刚的年轻人面对面地驾车加速冲向对方。第一个转向的人会被打上胆小鬼的烙印,而没有转向的人则会受到其他年轻人的尊重。当然,如果双方都不转向,两个人都会因为撞车而死亡。胆小鬼博弈的收益矩阵如下图所示。

年轻人2

年轻人1	转向	不转向
转向	2, 2	1, 3
不转向	3, 1	0, 0

a. 画出博弈的扩展式。

b. 找出博弈的纯策略纳什均衡。

c. 计算混合策略纳什均衡,作为答案的一部分,画出混合策略的最优反应函数图形。

d. 假定博弈是序贯进行的,其中年轻人 1 首先行动,他扔掉了汽车的方向盘以此来承诺他不会选择转向。此时年轻人 2 应该选择怎样的策略? 写出这个序贯博弈的标准式和扩展式。

e. 利用序贯博弈的标准式求出纳什均衡。

f. 求出这个序贯博弈的严格子博弈。运用逆向归纳法求解子博弈完美均衡,并且解释为什么另一个纳什均衡是不合理的。

8.4

两个邻居,$i=1,2$,同时选择自己花费多少时间 l_i 来修剪草坪。每小时的平均收益为:

$$10 - l_i + \frac{l_j}{2}$$

同时,机会成本为每小时 4 元。房主 i 的平均收益随邻居 j 除草时间的增加而增加,这是由于邻居环境的美化能够增加房产的价值。

a. 计算纳什均衡。

b. 画出最优反应函数,并且在图中标出纳什均衡。

c. 用图形说明,如果邻居的平均收益函数的截距由 10 变为一个比 10 小的数值,纳什均衡如何变化。

8.5

奥斯卡奖获奖电影《美丽心灵》用戏剧的手法讲述了约翰 · 纳什的一生,其中有一个镜头阐述了纳什在学术上的贡献:他和他的男研究生在酒吧中闲聊的过程时,想到了纳什均衡的概念。他们注意到酒吧中有几个女生,其中一个女性是金发的,其他的都是深褐色头发,他们都认为金发的女生要比深褐色头发的女生更有魅力。纳什把这一场景视为几个男学生之间的博弈。假设 n 个男生同时接近这些女生。如果男生 i 单独接近金发女生,那么他就能成功地和金发女生约会,得到 a 的收益。如果接近金发女生的男生人数多于 1 个,那么由于竞争,这些男生都得不到金发女生的青睐,他们只能得到 0 的收益。然而,如果男生 i 接近深褐色头发的女生,他们一定能够与深褐色头发女生约会,获得 $b>0$ 的收益,因为深褐色头发的女生数量比男学生的数量多。也就是说,i 一定能够与深褐色头发的女生约会。同时因为金发女生更迷人,所以 $a>b$。

a. 证明这个博弈不存在一个对称的纯策略纳什均衡。

b. 求解出对称的混合策略纳什均衡,即令 p 为一个男生选择接近金发女生的概率,求解 p^*。

c. 证明下面结论:酒吧中男生越多,b 里的均衡中,至少有一个男生成功约会金发女生的概率越低。注:这个与直觉矛盾的结论最初出现于 S. Anderson and M. Engers, "Participation Games: Market Entry, Coordination, and the Beautiful Blond," *Journal of Economic Behavior & Organization* 63 (2007): 120—137。

8.6

下面的博弈是囚徒困境的一个版本,其中收益与图 8.1 中的博弈有些许变化。

嫌疑人 2

嫌疑人1	告发	沉默
告发	0, 0	3, −1
沉默	−1, 3	1, 1

a. 说明这个博弈的纳什均衡与普通的囚徒困境博弈相似,同时两个参与人都有占优策略。

b. 假设这个阶段博弈重复无限次。计算出贴现因子在什么范围内,两个嫌疑人能够在各个阶段都采取合作策略(保持沉默)。描述其中使用的触发策略。

8.7

回到练习题8.5中两个邻居之间的博弈。参与人 i 修剪草坪的每小时平均收益还是

$$10 - l_i + \frac{l_j}{2}$$

参与人2的机会成本保持4不变;而参与人1的机会成本则会以相同的概率变为3或5,参与人1的成本是他的私人信息。

a. 求解贝叶斯—纳什均衡。

b. 用最优反应函数图形表示贝叶斯—纳什均衡。

c. 哪种类型的参与人1倾向于向参与人2传递真实的信号?哪种类型的参与人1倾向于隐藏自己的私人信息?

8.8

在德克萨斯扑克中,参与人2首先从标准牌堆中抽出一张纸牌,并且将纸牌背对自己,让参与人1看到纸牌的大小,而自己不看。参与人1首先行动,决定是保留还是盖牌。如果参与人1盖牌,他必须向参与人2支付50美元;如果参与人1选择保留,则参与人2开始行动。参与人2可以选择盖牌和开牌。如果参与人2盖牌,她必须向参与人1支付50美元;而如果参与人2选择开牌,则双发查看纸牌的大小。如果是小牌(2—8),参与人2就输100美元给参与人1。而如果是大牌(9,10,J,Q,K, A),参与人1就输100美元给参与人2。

a. 画出博弈的扩展式。

b. 求解杂合均衡。

c. 计算各参与人的期望收益。

分析问题

8.9 最后通牒博弈中的公平

考察之前讨论过的最后通牒博弈。首先行动的参与人提出一个分配1美元的方案。令 r 为另一个参与人得到的份额(即先行动的参与人自己保留 $1-r$),其中 $0 \leqslant r \leqslant 1/2$。然后第二个参与人行动,选择接受或者拒绝这个提案。如果回应人接受提案,两个参与人会按照提案获得相应的收益;如果回应人拒绝,两个参与人就什么都得不到。如果回应人接受或者拒绝一个提案的收益是无差异的,回应人就会选择接受。

a. 假设参与人只在意金钱收益。请证明在前文中提到的结果是最后通牒博弈的唯一子博弈完美均衡。

b. 比较最后通牒博弈和独裁者博弈的结果(在之前内容中也提到过),即提案人在决策时并不会考虑回应人的行动(实际上这个博弈并不是策略博弈)。

c. 现在假定参与人会同时考虑公平和金钱。引用Fehr和Schmidt的文献,假定参与人的效用函数为:

$$U_1(x_1, x_2) = x_1 - a|x_1 - x_2|$$

其中,x_1 为参与人1的收益,x_2 为参与人2的收益(对于参与人2,对称的效用函数同样成立)。函数中的第一项反映了参与人对金钱的渴望,第二项反映了对公平的考虑,即两个参与人的收益不能相差太多。参数 a 衡量了参与人对公平的偏好。假设 $a < 1/2$。

1. 求解在最后通牒博弈中回应人的均衡策略。

2. 在考虑到回应人的行动后,求解提案人的均衡策略 r^*。提示:r^* 会是一个角点解,并且与 a 的取值有关。

3. 在公平偏好下,比较最后通牒博弈和独裁者博弈结果的区别。并且找到与前文中实验结果匹配的结果,特别是最后通牒博弈比独裁者博弈分配方式更公平的结果。最后通牒

博弈是否存在最公平的分配方式?

8.10 坏孩子定理

在《论家庭》(*A Treatise on the Family*, Cambridge, MA: Harvard University Press, 1981)中,诺贝尔奖得主加里·贝克尔提出了著名的坏孩子定理。坏孩子定理是由一个序贯博弈得出,博弈是在一个潜在的坏孩子(参与人1)和孩子的家长(参与人2)中进行。孩子首先行动,选择能够影响他自己收入 $Y_1(r)$ $[Y_1'(r)>0]$ 和父母收入 $Y_2(r)$ $[Y_2'(r)>0]$ 的行动 r。然后,父母行动,决定留给孩子的遗产 L。孩子在乎自己的效用 $U_1(Y_1+L)$,不过父母则是最大化 $U_2(Y_2-L)+\alpha U_1$,其中 $\alpha>0$ 反映父母的利他程度。请证明,在子博弈完美均衡中,孩子会选择合适的 r,使得 Y_1+Y_2 取得最大值,即使他没有利他倾向。提示:运用逆向归纳法,首先求解父母的最优化问题,由一阶条件可以得到均衡的 L^*;尽管不能得出 L^* 的精确值,但是 L^* 的微分关于 r 的函数可以运用隐函数法则得出(在孩子的第一阶段最优化问题中求解)。

8.11 另一种冷酷策略

假设囚徒困境阶段博弈(参看图8.1)重复进行无限次。

a. 参与人能否利用以牙还牙策略得到合作的结果,即在出现背离时只转向阶段博弈纳什均衡一个回合,在这个回合后就回到合作策略?两个回合的惩罚够不够?

b. 假设参与人会使用下面的策略,即在出现背离时,会转向阶段博弈纳什均衡10个回合,然后才回到合作策略。计算能够实现合作并且最大化双方总收益的临界贴现因子的取值。

8.12 完美贝叶斯均衡的精炼

回忆例8.9中的劳动市场信号博弈。

a. 找到符合下面条件的混同均衡:在均衡中,两种类型的参与人都选择不接受教育(NE),同时企业只雇用没有接受教育的工人。并且具体指出信念和策略。

b. 找到符合下面条件的混同均衡:在均衡中,两种类型的参与人都选择不接受教育(NE),同时企业不会雇用没有接受过教育的工人。在这个混同均衡中,指出企业对能力低的参与人条件与接受教育的最小后验信念。为什么更自然的想法是低能力的工人几乎不会背离到E,因此接受教育的工人一定的高能力的? Cho和Kreps的概念——直观标准(intuitive criterion)是一个更复杂的对完美贝叶斯均衡的精炼,能够用来排除基于不合理后验信念得出的均衡。参看 I. K. Cho and D. M. Kreps, "Signalling Games and Stable Equilibria," *Quarterly Journal of Economics* 102 (1987): 179—221.

推荐阅读材料

Fudenberg, D., and J. Tirole. *Game Theory*. Cambridge, MA: MIT Press, 1991.

研究生水平的综合的博弈论概述,不过其中精选的章节也可以作为高年级本科生的教材。

Holt, C. A. *Markets, Games, & Strategic Behavior*. Boston: Pearson, 2007.

一本本科阶段的实验博弈论教材。

Rasmusen, E. *Games and Information*, 4th ed. Malden, MA: Blackwell, 2007.

一本高级的本科教材,其中有很多博弈论在现实生活中的应用。

Watson, Joel. *Strategy: An Introduction to Game Theory*. New York: Norton, 2002.

一本本科的博弈论教材,教材中用简单的例子(通常是2×2的博弈)讲述了较难的内容。本书主要强调了议价和合同的案例。

第4篇

生产与供给

这一部分我们将考察商品的生产和供给。将投入转化为产出的部门就是厂商。它们可能是大机构(像谷歌、索尼、美国国防部),也可能是小厂商(像 Mom and Pop 超市或者个体户)。尽管它们寻求不同的目标(谷歌关注利润最大化,而以色列的农场力求使其成员处境尽可能地好),但是所有的厂商在生产过程中都要做一些基本的决策。第 4 篇的目的就是逐次介绍分析这些决策的方法。

第 9 章考察投入产出之间的关系及建立模型考察这些关系的方法。其中,我们引入生产函数的概念,生产函数是从复杂的现实生产中抽象出来的一个很有用的概念。我们重点关注生产函数的两个可测量的方面:规模报酬(即所有投入增加时产出如何扩张)和替代弹性(即在产出不变时,一种要素投入被其他要素投入替代的难易程度)。我们也将简要介绍技术进步如何在生产函数中体现出来。

在随后的第 10 章中,我们用生产函数来讨论成本函数。我们假设所有的厂商尽可能以最低的成本生产,这一假设产生了厂商的成本函数。在这一章里,我们还要关注短期成本和长期成本的差别。

第 11 章研究厂商的供给决策。当然,我们还要沿用一贯的假设:假设厂商关于投入和产出的一切决策均以利润最大化为目标。这一章包括寻求利润最大化的厂商供给行为的基本模型,而这个模型在以后的章节中都会用到。

第9章 生产函数

任何厂商的主要活动都是将投入转化为产出。因为经济学家关心厂商为了达到这个目标所做的决定,但又想避免讨论许多复杂的技术问题,所以他们决定建立一个抽象的生产模型。在此模型中,投入和产出的关系用*生产函数*以公式形式给出:

$$q = f(k,l,m,\cdots) \tag{9.1}$$

其中,q 表示厂商在一定时期内某种商品的产出量[①],k 表示这段时期内使用的机器设备量(亦即资本量),l 表示投入劳动的小时数,m 表示使用的原材料[②],省略号表示其他可能影响生产过程的变量。对任何可能的一组投入组合,(9.1)式可以用来提供将这些投入转化为产出的最佳技术解决方案。

9.1 边际生产率

在这一小节中我们将研究由一种投入要素的变化带来的产出的变化。为了达到这个考察目标(同样也达到本书中大多数其他考察目标),使用下面定义的简化的生产函数是极为方便的。

定义

生产函数 厂商生产某种商品 q 的*生产函数*

$$q = f(k,l) \tag{9.2}$$

表示对于可供选择的资本量(k)和劳动量(l)的组合,能够生产出的最大产量。

使用这个简单形式的目的是我们可以只分析两种投入品。使用术语"资本"和"劳动"仅是为了方便。类似的,将我们的讨论扩展到包括更多生产要素投入的情形是很容易的,偶尔也确实需

① 此处我们用小写的 q 表示一个厂商的产出量,保留大写的 Q 用以表示整个市场的产出量。通常,我们假设一个厂商只生产一种商品。我们将在一些脚注和课后习题中讨论生产多种产品的厂商。

② 实证研究中,经常忽略原材料,产出 q 以附加值来计算。

要这么做。但是,最重要的是,将讨论限制于两种要素投入将是极为有益的,因为我们可以在二维图表上标示出这些投入。

9.1.1 边际实物产量

为了研究单一投入的变化,我们将边际实物产量定义如下:

定义

边际实物产量 一种投入的边际实物产量是在保持其他投入不变的情况下,增加一单位该投入的产出增加量。用数学表示,有

$$\text{资本的边际实物产量} = MP_k = \frac{\partial q}{\partial k} = f_k$$

$$\text{劳动的边际实物产量} = MP_l = \frac{\partial q}{\partial l} = f_l \tag{9.3}$$

需要注意的是,边际产量的数学定义使用的是偏导数,因而它恰当地反映了以下事实,即当我们关注的投入品发生变化时,所有的其他投入品是不变的。例如,设想一个农场主多雇用了一个劳动力来收割农作物,而保持其他投入不变,则这个劳动力的额外产出就是他的边际实物产量。用实物量予以测度,就是多少蒲式耳小麦,多少箱柑桔,或多少条莴苣。例如,我们可以看到,一个农场的 50 个工人一年可以生产 100 蒲式耳小麦,而耕地相同和设备相同的情况下,51 个工人能生产 102 蒲式耳小麦。所以第 51 个工人的边际实物产量就是每年 2 蒲式耳小麦。

9.1.2 边际生产率递减

我们或许可以认为,一种投入的边际实物产量取决于这种投入的使用量。例如,在某块土地上(当机器设备、化肥等方面的数量保持不变时)劳动不能无限制地增加,否则最终将使生产率下降。在数学上,边际生产率递减的假设表现为生产函数的二阶偏导数为负:

$$\begin{aligned} \frac{\partial MP_k}{\partial k} &= \frac{\partial^2 f}{\partial k^2} = f_{kk} = f_{11} < 0 \\ \frac{\partial MP_l}{\partial l} &= \frac{\partial^2 f}{\partial l^2} = f_{ll} = f_{22} < 0 \end{aligned} \tag{9.4}$$

边际生产率递减假设最初是由 19 世纪的经济学家托马斯·马尔萨斯提出的,他担心高速增长的人口会导致较低的劳动生产率。他对人类的未来令人沮丧的预测致使经济学被称为"悲观的科学",但是生产函数的数学形式告诉我们这是一种无谓的担心。劳动随时间变化的边际生产率不仅取决于劳动如何增长,也取决于其他投入(如资本)如何增长。也就是说,我们必须关注 $\partial MP_l/\partial k = f_{lk}$。大多数情况下 $f_{lk} > 0$,因此当 l 和 k 均增加时,边际生产率递减并不是必然的。事实上,从马尔萨斯那时起,劳动生产率是显著递增的,因为增加的资本投入(以及技术进步)抵消了边际生产率递减的影响。

9.1.3 平均实物生产率

在一般的应用中,劳动生产率这一术语常用来指平均生产率,当我们说某一特定产业经历了生产率的增加时,这意味着每单位劳动投入的产出已经增加。虽然平均生产率的概念在理论经济学的讨论中没有边际生产率概念重要,但是,在实证研究中,它却受到了普遍关注。由于平均生产率很容易被测度(比如,每小时劳动投入所生产的若干蒲式耳小麦),它经常作为一个衡量效率的指标。我们将劳动的平均产量 AP_l 定义为:

$$AP_l = \frac{\text{产出}}{\text{投入的劳动量}} = \frac{q}{l} = \frac{f(k,l)}{l} \tag{9.5}$$

注意,AP_l 也取决于资本的投入水平。在本章的最后讨论技术进步的测度时,我们会发现这个结论非常重要。

例 9.1 两种要素投入的生产函数

假设某一特定时期内的苍蝇拍的生产函数为:

$$q = f(k,l) = 600k^2l^2 - k^3l^3 \tag{9.6}$$

为了得到此函数中劳动(l)的边际生产率和平均生产率的函数,我们就必须为另一种投入即资本(k)设定一个特定的值,假定 $k=10$,于是生产函数变为:

$$q = 60\,000l^2 - 1\,000l^3 \tag{9.7}$$

边际产量。边际产量函数如下:

$$MP_l = \frac{\partial q}{\partial l} = 120\,000l - 3\,000l^2 \tag{9.8}$$

该函数随 l 的增加而减小,最终变为负数,这意味着此时 q 达到最大值。令 MP_l 等于0,有:

$$120\,000l - 3\,000l^2 = 0 \tag{9.9}$$

得:

$$40l = l^2 \tag{9.10}$$

即:

$$l = 40 \tag{9.11}$$

在这一点 q 达到最大值。当劳动投入每期超过40单位时,总产量实际是降低的。例如,当 $l=40$ 时,(9.7)式表明生产 $q=32\,000\,000$ 个苍蝇拍,而当 $l=50$ 时,苍蝇拍总数只有25 000 000个。

平均产量。为了得到生产苍蝇拍的平均生产率,仍假设 $k=10$,我们用 q 除以 l,得:

$$AP_l = \frac{q}{l} = 60\,000l - 1\,000l^2 \tag{9.12}$$

同样地,这也是一条开口向下的抛物线,当

$$\frac{\partial AP_l}{\partial l} = 60\,000 - 2\,000l = 0 \tag{9.13}$$

它达到最大值,此时 $l=30$。当劳动投入等于这个值时,(9.12)式表明 $AP_l=900\,000$,而(9.8)式则

表明 MP_l 也是 900 000。所以，当 AP_l 达到最大值时，劳动的平均产量和劳动的边际产量是相等的。[③]

值得注意得是，该例子中所显示的总的劳动生产率与平均劳动生产率之间的关系。尽管 40 个工人生产苍蝇拍的总产量（3 200 万）比 30 个工人生产的（2 700 万）多，但是第二种情形下每个工人的人均产出更多。40 个工人每期人均生产 800 000 个苍蝇拍，而 30 个工人每期人均生产 900 000 个苍蝇拍。因为资本投入（苍蝇拍的压制机械）根据定义是不变的，所以边际劳动生产率的下降最终导致了每个工人产出水平的下降。

请回答：如果 k 从 10 增加到 11，会对 MP_l 和 AP_l 函数产生什么样的影响？请直观地解释你的结论。

9.2　等产量图和技术替代率

为了阐明生产函数中一种投入对于另一种投入的替代可能性，我们使用等产量图。我们再次使用 $q=f(k,l)$ 形式的生产函数进行研究，并认为其中的资本和劳动恰好是我们所感兴趣的两种投入的代表。一条等产量线表示生产既定数量产出时 k 和 l 的所有组合。例如，落在图 9.1 中标记为 $q=10$ 的曲线上的 k 和 l 的所有组合每期都能生产 10 单位的产品。于是，这条等产量线记录了这样一个事实，即有许多可以生产 10 个单位产品的可供选择的方法。其中一种方法可用点 A 表示：我们可以用 l_A 和 k_A 生产 10 单位的产品。但我们也可能倾向于使用较少的资本和较多的劳动，因而选择像 B 这样的点。因此，我们对等产量线的定义如下：

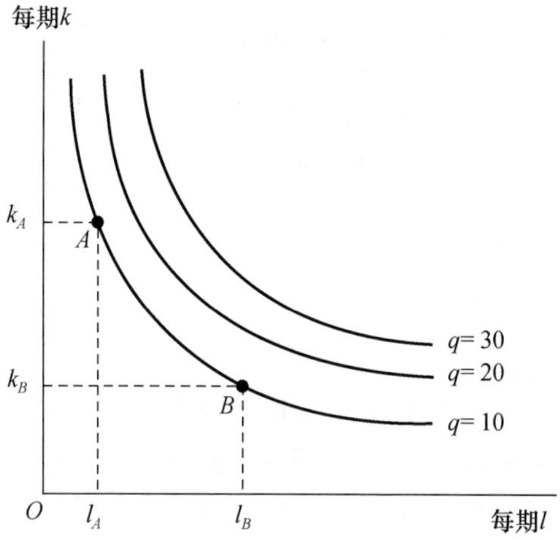

图 9.1　等产量线图

等产量线表示生产既定水平的产出时，可供选择的投入组合。这些曲线的斜率表示保持产出不变时 l 替代 k 的比率。负的斜率被称为（边际）技术替代率（RTS）。在图中，边际技术替代率为正，而且随着劳动的增加，劳动能够替代的资本会递减。

③　此结论具有一般性。因为

$$\frac{\partial AP_l}{\partial l}=\frac{l\cdot MP_l-q}{l^2}$$

取最大值时 $l\cdot MP_l=q$ 或者 $MP_l=AP_l$。

定义

等产量线 表示生产既定产出水平(如 q_0)时 k 和 l 的所有组合。数学上,等产量线表示满足(9.14)式的 k 和 l 的集合。

$$f(k,l) = q_0 \tag{9.14}$$

和无差异曲线相似,在 $k-l$ 平面上有无穷多条等产量线。每条等产量线都表示不同的产量水平。越往东北方向的等产量线所代表的产量越高。这里我们假定每一种要素增加投入都能提高产量。图 9.1 还标示了其他两条等产量线($q=20$ 和 $q=30$)。你可能会注意到等产量线图和第 2 篇讨论的无差异曲线图的相似之处。它们确实是相似的概念,因为它们都是表示特定函数的“等高线”图。尽管如此,但对于等产量线图,这些曲线的标记是可以测度的——每期 10 单位的产出具有确定的数量含义,不像效用函数那样只表示偏好顺序。因此,相较于考察效用函数的形状,经济学家更热衷于研究生产函数的具体形状。

9.2.1 边际技术替代率(RTS)

等产量线的斜率表明当产出不变时,一种投入如何替换另一种投入。考察斜率可以提供一些关于劳动替代资本的技术可能性的信息。严格的定义如下:

定义

边际技术替代率 边际技术替代率表示在一条等产量线上保持产出不变时劳动能够替代资本的比率。在数学上,表示为:

$$\text{RTS}(l\text{ 对 }k) = -\left.\frac{\mathrm{d}k}{\mathrm{d}l}\right|_{q=q_0} \tag{9.15}$$

在这个定义中,脚标提醒我们当 l 替代 k 时,产量保持不变。替代率的具体数值不仅取决于产出水平,还取决于资本和劳动的使用量。其具体数值取决于在等产量线上的哪一点测度斜率。

9.2.2 边际技术替代率和边际生产率

为了考察生产函数的等产量线,我们先证明下面这个结论:l 对 k 的 RTS 等于劳动的边际实物产量(MP_l)与资本的边际实物产量(MP_k)的比值。想象利用(9.14)式画出等产量线 q_0。在不断增加 l 的过程中必须不断调整 k,以保证产量始终为 q_0。等产量线图形与隐函数 $k(l)$ 的图形相同,且 $k(l)$ 满足:

$$q_0 = f(k(l),l) \tag{9.16}$$

正如我们在第 2 章中使用的隐函数求导方法(详见(2.22)式),我们使用链式法则对(9.16)式进行求导:

$$0 = f_k\frac{\mathrm{d}k}{\mathrm{d}l} + f_l = MP_k\frac{\mathrm{d}k}{\mathrm{d}l} + MP_l \tag{9.17}$$

等式左边为 0 是因为 q_0 为一常数,因此(9.16)式左边对 l 的倒数等于 0。(9.17)式调整后得到:

$$\text{RTS}(l\text{ 对 }k) = -\left.\frac{\mathrm{d}k}{\mathrm{d}l}\right|_{q=q_0} = \frac{\text{MP}_l}{\text{MP}_k} \tag{9.18}$$

因此,RTS 等于投入的边际生产率的比率。

(9.18)式表明我们实际得到的等产量线的斜率必定是负的。因为 MP_l 和 MP_k 都是非负值(没有厂商选择会减少产出的昂贵的投入),所以 RTS 也是正值(或者为零)。因为等产量线的斜率的值等于负的 RTS,所以没有厂商会在等产量线正的斜率部分组织生产。尽管构建某些生产函数,使其等产量线在某些点上存在正的斜率,在数学上是可能的,但是厂商选择那样的投入在经济学上是没有意义的。

9.2.3 边际技术替代率递减的原因

图 9.1 中的等产量线不仅斜率是负值(它们确实应该是这样的),而且是凸向原点的曲线。沿着任意一条曲线,边际技术替代率都是递减的。当 l 替代 k 的比率较高时,RTS 是较大的正值。这表明如果多增加一单位劳动,就可以节省大量资本。另一方面,已经使用了大量劳动时,边际技术替代率很小。这表明,所追加的额外一单位的劳动力只能替换很少的资本,以保持产量不变。这似乎与边际生产率递减的假设有某种关系。急于使用(9.18)式会得出这样的结论:l 增加,同时 k 减少,将导致 MP_k 增大,MP_l 减小,因此 RTS 减小。这一快捷"论证"的问题在于:投入的边际生产率取决于所有要素投入的水平——l 的变化也会影响 MP_k,反之亦然。所以仅从边际生产率递减的假设推断边际技术替代率的假设通常是不可行的。

为了从数学上说明问题,假设 $q=f(k,l)$、f_k 和 f_l 都为正(即边际生产率为正)。还假设 $f_{kk}<0$,$f_{ll}<0$(即边际生产率递减)。为了证明等产量线凸向原点,我们需要证明 $\mathrm{d}(\text{RTS})/\mathrm{d}l<0$。既然 $\text{RTS}=f_l/f_k$,我们有:

$$\frac{\mathrm{dRTS}}{\mathrm{d}l} = \frac{\mathrm{d}(f_l/f_k)}{\mathrm{d}l} \tag{9.19}$$

因为 f_l,f_k 是 k 和 l 的函数,我们必须仔细计算这个表达式的微分:

$$\frac{\mathrm{dRTS}}{\mathrm{d}l} = \frac{f_k(f_{ll}+f_{lk}\cdot \mathrm{d}k/\mathrm{d}l) - f_l(f_{kl}+f_{kk}\cdot \mathrm{d}k/\mathrm{d}l)}{(f_k)^2} \tag{9.20}$$

又因为沿着等产量线 $\mathrm{d}k/\mathrm{d}l=-f_l/f_k$,并且根据杨氏定理($f_{kl}=f_{lk}$),我们有:

$$\frac{\mathrm{dRTS}}{\mathrm{d}l} = \frac{f_k^2 f_{ll} - 2f_k f_l f_{kl} + f_l^2 f_{kk}}{(f_k)^3} \tag{9.21}$$

因为我们假设 $f_k>0$,所以此函数分母为正。因此,如果分子为负,整个式子为负;又因为假设 f_{ll} 和 f_{kk} 均为负,所以如果 f_{kl} 为正值则分子就为负值。如果能够假定这一点,就可以证明 $\mathrm{dRTS}/\mathrm{d}l<0$(即等产量线凸向原点)。④

9.2.4 交叉生产率效应的重要性

直观地看,交叉偏导数 $f_{kl}=f_{lk}$ 为正值是很合理的。如果工人有更多的资本,他们将有更高的边际生产率。但是,尽管这可能是最典型的例子,但并不说明情况必然如此。因为一些生产函数

④ 正如我们在第 2 章中提到的,形如(9.21)式的分子,且值为负的函数被称为(严格)拟凹函数。

至少在某一范围内存在$f_{kl}<0$。因此,我们假设的“边际技术替代率递减”(一般情况下分析问题都有这一假设)实际上是比某一种要素的边际生产率递减更强的一个假设,它要求一种要素的边际生产率递减得足够快,以至于足够补偿可能出现的负的交叉生产率效应。稍后我们将看到,当投入要素变为3种甚至更多时,情况会更加复杂。

例9.2　递减的边际技术替代率

例9.1中,给出苍蝇拍的生产函数是:

$$q = f(k,l) = 600k^2l^2 - k^3l^3 \tag{9.22}$$

该生产函数的一般的边际生产率是:

$$\begin{aligned} MP_l &= f_l = \frac{\partial q}{\partial l} = 1\,200k^2l - 3k^3l^2 \\ MP_k &= f_k = \frac{\partial q}{\partial k} = 1\,200kl^2 - 3k^2l^3 \end{aligned} \tag{9.23}$$

注意,这两个函数值的大小都取决于两种投入的数量。简单的因式分解表明,对于$kl<400$,这两个边际生产率都为正数。

因为

$$f_{ll} = 1\,200k^2 - 6k^3l$$

和

$$f_{kk} = 1\,200l^2 - 6kl^3 \tag{9.24}$$

当k和l很大时,函数表明边际生产率是递减的。实际上,再次因式分解,可知当$kl>200$时,f_{ll}和f_{kk}均小于零。即便在$200<kl<400$的区间,虽然生产函数的边际生产率呈现“正常”的状态,但是,生产函数并不必然有递减的RTS。任意边际生产率(即(9.23)式)的二阶交叉偏导数为:

$$f_{kl} = f_{lk} = 2\,400kl - 9k^2l^2 \tag{9.25}$$

仅当$kl<266$时,上式大于零。

当$200<kl<266$时,(9.21)式的分子必定为负数,但是对于较大规模的苍蝇拍生产厂商而言,情形并不是这么明朗,因为该厂商的f_{kl}是负值。当f_{kl}是负值时,劳动投入的增加会减少资本的边际生产率。因此,当l增加,k减少时,递减的边际生产率假设能做出对RTS($=f_l/f_k$)变化的明确预测这种直观的认识是不正确的。劳动投入增加时,RTS的变化取决于边际生产率递减的相对影响(倾向于减少f_l而增加f_k)以及交叉边际生产率的反作用(倾向于增加f_l而减少f_k)之间的对比关系。仍然以苍蝇拍为例,RTS确实在k和l的取值范围内递减,此时边际生产率为正。对于$266<kl<400$,函数所表现出的边际生产率递减足以克服负值的f_{kl}对等产量线凸性的影响。

请回答:当$k=l$时,生产函数的边际生产率是怎样的?这将会如何简化(9.21)式中的分子?对于更大的k和l,你如何更加容易地对此表达式的数值做出估计?

9.3　规模报酬

我们现在继续讨论生产函数的特征。对生产函数可能提出的首要问题就是所有投入一起增加时产出会有什么变化。例如，假设所有投入都增加一倍，产出会增加一倍吗？或者事情并非这么简单？这是一个由生产函数表现出来的关于规模报酬的问题，也是自从亚当·斯密详细研究过大头针的生产后，经济学家一直很感兴趣的问题。斯密认为如果所有的投入增加一倍，会有两种力量起作用。第一，规模的扩大会导致更细致的劳动分工和生产的专业化。因此，就存在一种假设，认为效率会提高，即产量增长超过一倍。第二，投入增加一倍也会导致效率的损失，因为管理监督更大规模的工厂会更加困难。而究竟哪种趋势会有更大的影响则是很重要的实证问题。

但是对这些概念给出一个数学上的定义却是十分简单的。

定义

规模报酬　如果生产函数是 $q=f(k,l)$，且所有的投入都以相同的正的常数增加 t 倍（$t>1$），我们将生产函数的规模报酬分成以下几类：

对产出的影响	规模报酬
Ⅰ. $f(tk,tl)=tf(k,l)=tq$	不变
Ⅱ. $f(tk,tl)<tf(k,l)=tq$	递减
Ⅲ. $f(tk,tl)>tf(k,l)=tq$	递增

直观地看，投入的增加导致产出以相同比例增加，这是规模报酬不变的情形；若产出增加的比例小于投入增加的比例，则是规模报酬递减的情形；如果产出增加的比例大于投入增加的比例，则是规模报酬递增的情形。正如我们将要看到的，生产函数在某些投入水平上规模报酬不变，在其他投入水平上保持规模报酬递增或者递减，这在理论上是可能的。[5] 尽管如此，经济学家在考虑生产函数的规模报酬的水平时，隐含地只考虑投入使用量的小范围变化以及随之相关的产出水平。

9.3.1　规模报酬不变

一个厂商的生产函数保持规模报酬不变有经济学上的原因。如果厂商有许多相同的工厂，它就可以很容易地通过改变当前工厂的数量来增加或减少产量。也就是说，厂商可以通过使其工厂数量增加一倍来增加一倍的产量，而且投入确实是以前的两倍。与生产函数有关的实证研究也发现被研究的厂商大致上也是规模报酬不变的（至少在工厂建立的生产水平附近是这样的，当工厂进行扩张时可能表现出规模报酬递增）。基于以上原因，似乎值得对规模报酬不变的某些细节进行考察。

当生产函数表现出规模报酬不变时，它符合我们在第 2 章给出的“齐次性”的定义。也就是说，产量是投入的一次齐次函数。因为：

⑤　可以用报酬弹性来测度局部的规模报酬，定义如下：

$$e_{q,t}=\frac{\partial f(tk,tl)}{\partial t}\cdot\frac{t}{f(tk,tl)},$$

在 $t=1$ 时估计此式。原则上，此参数依赖于不同的投入使用量从而得出不同的值。此概念的应用，参见课后练习题9.9.

$$f(tk,tl) = t^1 f(k,l) = tq \tag{9.26}$$

第 2 章我们介绍了如果一个函数是 k 次齐次函数,其一阶导数是 $k-1$ 次齐次函数。这意味着规模报酬不变的生产函数对应的边际生产率函数是零次齐次函数。即,对于任何 $t>0$,有:

$$\begin{aligned} MP_k &= \frac{\partial f(k,l)}{\partial k} = \frac{\partial f(tk,tl)}{\partial k} \\ MP_l &= \frac{\partial f(k,l)}{\partial l} = \frac{\partial f(tk,tl)}{\partial l} \end{aligned} \tag{9.27}$$

特别地,我们令 $t=\frac{1}{l}$,(9.27)式化为:

$$\begin{aligned} MP_k &= \frac{\partial f(k/l,1)}{\partial k} \\ MP_l &= \frac{\partial f(k/l,1)}{\partial l} \end{aligned} \tag{9.28}$$

这就是说,任何投入的边际生产率只依赖于资本投入和劳动投入的比值,与投入要素的绝对值没有关系。这一点是非常重要的,例如,在解释不同产业或者国家之间的生产率差异时体现得就很明显。

9.3.2　位似生产函数

(9.28)式的结论是:对于任何规模报酬不变的生产函数而言,边际技术替代率 $RTS=(MP_l/MP_k)$ 只依赖于投入要素的比率,而不依赖于它们的绝对水平。也就是说,此生产函数是位似的(参见第 2 章),它的等产量线将沿着射线延伸,如图 9.2 所示。沿着通过原点的任一条射线(一条 k/l 比率不变的射线),其通过的连续的较高水平的等产量线的斜率相等。等产量线图的这一性质在某些情况下是非常有用的。

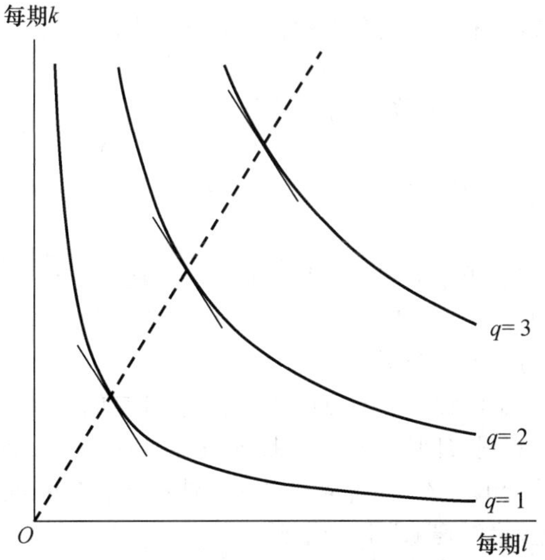

图 9.2　规模报酬不变的生产函数的等产量线图

对于规模报酬不变的生产函数,RTS 只依赖于 k 和 l 的比例,而与生产规模无关。结果,每条等产量线都是单位等产量线的放大。沿着通过原点的任意一条射线(一条 k/l 比率不变的射线),边际技术替代率在所有等产量线上都是相同的。

可以用一个简单的具体例子对这个结果做一些直观的说明。假设定做一个巨大的面包(比如说,有200个小面包那么多)可以由三个面包师傅用一天时间完成,他们每人使用一个烤箱;也可以由两个师傅使用四个烤箱完成。烤箱对于面包师傅的边际技术替代率是1比1——一个额外的烤箱能够替代一位师傅。如果生产过程是规模报酬不变的,使用拥有六个烤箱的六个师傅或者使用拥有八个烤箱的四个师傅,就能在一天内做出两个这样的面包(总共有400个小面包之多)。在后一种情况下,两个烤箱替代两位师傅,因此边际技术替代率(RTS)还是1比1。规模报酬不变时,扩张生产并不改变投入要素的比例,因此生产函数是位似的。

即使生产函数不是规模报酬不变的,也可以是位似的。正如第2章中提到的,齐次函数的任何单调映射可以保证位似性质。因此,通过适当的变换,规模报酬递增或者递减的情况可以合并成规模报酬不变的情况。而其中最普遍的变换就是指数变换。因此,如果$f(k,l)$是规模报酬不变的函数,我们可以使其变为:

$$F(k,l) = [f(k,l)]^{\gamma} \tag{9.29}$$

其中γ是任意正的指数。如果对于任意$\gamma>1$,我们有

$$F(tk,tl) = [f(tk,tl)]^{\gamma} = [tf(k,l)]^{\gamma} = t^{\gamma}[f(k,l)]^{\gamma} = t^{\gamma}F(k,l) > tF(k,l) \tag{9.30}$$

因此,经过变换以后的生产函数是规模报酬递增的。指数γ正是规模报酬递增的程度。若投入增加一倍,当$\gamma=2$时,产出为原来的4倍,当$\gamma=3$时,产出为原来的8倍。同样可以证明,当$\gamma<1$时,生产函数F是规模报酬递减的。因为该函数(f)经过变换后仍然是位似函数,因此我们就证明了存在规模报酬和等产量线的形状无关的一些重要情形。规模报酬的变化仅仅改变了等产量线上的产量标识,而未改变等产量线的形状。下一部分我们将考察如何对等产量线的形状进行描述。

9.3.3 *n* 种投入的情形

规模报酬的定义可以容易地推广至有n种投入要素的生产函数。如果生产函数是:

$$q = f(x_1, x_2, \cdots x_n) \tag{9.31}$$

所有要素投入都乘以$t>1$,对某一常数k,我们得到:

$$f(tx_1, tx_2, \cdots tx_n) = t^k f(x_1, x_2, \cdots x_n) = t^k q \tag{9.32}$$

当$k=1$时,生产函数是规模报酬不变的。当$k<1$或者$k>1$时,分别对应着规模报酬递减或者递增的情况。

此数学定义的关键在于要求所有投入都以相同比例t增加。在许多实际生产过程中,这种假设没有任何经济意义。例如,一个厂商只有一个"老板",当其他所有投入品增加的时候,老板的数量并不必然需要增加一倍。另一个例子是,农场的产出取决于土壤的肥沃程度,将耕种土地的面积扩大一倍并保持土壤的肥沃程度是不可能的,因为新开垦的土地的肥力可能比不上那些已经耕种的土地。因此,在大多数现实问题中,一些投入可能是保持不变的(或者至少不是完全可变的)。那么对于其他那些可变的投入要素,常常存在某种程度上的边际生产率递减,但因为还有不变的投入,所以称其为"规模报酬递减"不大合适。

9.4 替代弹性

生产函数的另一重要特征是它的一种要素替代另一种要素的难易程度。这个问题与单独一

条等产量线的形状有关,而与等产量线图无关。技术替代率会随着资本—劳动比的减小(即 k/l 减小)而沿着一条等产量线减小。现在,我们希望能定义一些参数测度这种反应的程度。如果RTS不随 k/l 的变化而变化,我们就说替代是容易的,因为当投入组合变化时,两种投入的边际生产率的比率没有变化。相反,如果对应于 k/l 的微小变化RTS变化很快,我们说替代是困难的,因为投入组合微小的变化会对两种投入的相对生产率产生很大影响。替代弹性,这个我们在讨论CES效用函数时碰到的概念,给出了对这种反应的灵敏性的测度。现在,我们给替代弹性一个正式的定义。

对于离散变化,替代弹性由下式给出:

$$\sigma = \frac{\Delta(k/l)\text{ 的百分比}}{\Delta\text{RTS 的百分比}} = \frac{\Delta(k/l)}{k/l} \div \frac{\Delta\text{RTS}}{\text{RTS}} = \frac{\Delta(k/l)}{\Delta\text{RTS}} \cdot \frac{\text{RTS}}{(k/l)} \tag{9.33}$$

在大多数情况下,我们对微小的变化更感兴趣,因此将(9.33)式改写成以下我们更感兴趣的形式:

$$\sigma = \frac{\mathrm{d}(k/l)}{\mathrm{dRTS}} \cdot \frac{\text{RTS}}{(k/l)} = \frac{\mathrm{d}\ln(k/l)}{\mathrm{d}\ln\text{RTS}} \tag{9.34}$$

上述对数形式的导数变换请参见第2章的例2.2.。以上这些等式都可以纳入以下规范定义。

定义

替代弹性 对于生产函数,替代弹性 σ 测度的是沿着等产量线相对于RTS变化的比例,k/l 发生变化的比例,即:

$$\sigma = \frac{\Delta(k/l)\text{ 的百分比}}{\Delta\text{RTS 的百分比}} = \frac{\mathrm{d}(k/l)}{\mathrm{dRTS}} \cdot \frac{\text{RTS}}{k/l} = \frac{\mathrm{d}\ln(k/l)}{\mathrm{d}\ln\text{RTS}} = \frac{\mathrm{d}\ln(k/l)}{\mathrm{d}\ln(f_l/f_k)} \tag{9.35}$$

由于沿着等产量线,k/l 和RTS向同一方向变动,σ 的值总是正数。从图形上看,这一概念体现在图9.3中 A 点沿等产量线向 B 点的移动。在移动过程中,RTS和 k/l 的比率都将变化,我们感兴趣的是变化数值的相对大小。如果 σ 很大,相对于 k/l 来说,RTS变化不会很大,等产量线也相对平坦。另一方面,σ 的较小数值说明等产量曲线十分陡峭,RTS会对 k/l 的变化有很大反应。一般地,沿着等产量线移动和产量水平变化时,替代弹性可能是不同的。尽管如此,我们通常假设替代弹性 σ 在等产量线上是不变的,因为这会带来很多便利。如果生产函数也是位似函数,因为所有的等产量线都只是彼此平行移动得到的,所以 σ 沿着所有的等产量线都是不变的。本章后面会遇到很多这样的生产函数。⑥

⑥ 在规模报酬不变的情况下,替代弹性可以直接由生产函数和其导数表示成:

$$\sigma = \frac{f_k \cdot f_l}{f \cdot f_{k,l}}$$

但是这个表达式太烦琐。因此(9.35)式的对数定义是最容易应用的。更简洁的总结,参见P. Berck and K. Sydsaeter, *Economist's Mathematical Manual* (Berlin, Germany: Springer-Verlag, 1999), chap. 5。

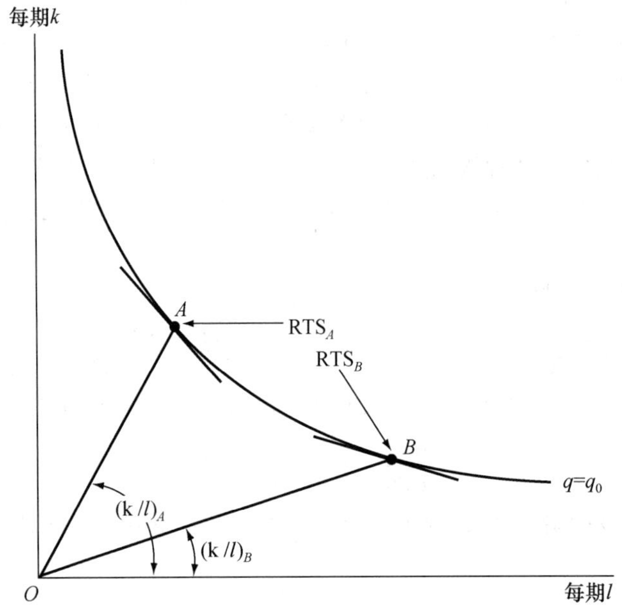

图 9.3 替代弹性的图形表示

在 $q=q_0$ 的等产量线上,从点 A 移动到点 B,资本—劳动比(k/l)和 RTS 都会变化。替代弹性(σ)是两种相对变化的比值。这也是对等产量线弯曲程度的一种测量。

n 种投入的情形

将替代弹性推广到多种投入的情形会复杂一些。一种可能的方法是采用类似于(9.35)式的定义,即在保持产量不变的条件下,将两种投入的替代弹性定义为投入成比例的变化与 RTS 成比例的变化之间的比率。⑦ 这要求除了被考量的两种要素投入外,其他所有的投入都保持不变,而这个限制(这在只有两种要素投入时是不存在的)使得这个定义实用意义不大。因为在实际的生产过程中,似乎两种要素投入比例的变动总是伴随着其他投入水平的变动。其他投入中的一些可能是那些正在变化的投入的互补品,也可能是替代品。限制它们(其他投入)保持不变确实是一种人为的约束。鉴于这个原因,关于替代弹性的另一种定义,即在厂商的生产成本函数中考虑到替代性和互补性的定义,被更普遍地运用于 n 种产品的情形中。我们将在下一章介绍该种定义。

---

⑦ 也就是说,将投入 i 和投入 j 的替代弹性定义为沿着 $f(x_1,x_2,\cdots x_n)=q_0$,有:

$$\sigma_{ij}=\frac{\partial\ln(x_i/x_j)}{\partial\ln(f_j/f_i)}$$

注意,为了有效地在定义中运用偏导数,要求沿着等产量线 q_0 移动时,除了 i 和 j 以外的所有投入都要保持不变。

9.5 四种简单的生产函数

这一节我们将举例介绍四种简单的生产函数,它们具有不同的替代弹性。在此,仅介绍两种投入的情形,但是很容易推广到多种投入的情形(参见本章扩展部分)。

9.5.1 情形1:线性生产函数($\sigma=\infty$)

假设生产函数是:

$$q=f(k,l)=\alpha k+\beta l \tag{9.36}$$

很容易看出这个生产函数是规模报酬不变的。对于 $t>1$,

$$f(tk,tl)=\alpha tk+\beta tl=t(\alpha k+\beta l)=tf(k,l) \tag{9.37}$$

该生产函数的所有等产量线都是斜率为 $-\beta/\alpha$ 的平行直线。其等产量线图如图9.4(a)所示。因为沿着任何直的等产量线,RTS是常数,σ 定义(即(9.35)式)中的分母是0,因此 σ 无穷大。尽管线性生产函数是一个很有用的例子,但现实中却很少遇到,因为极少的生产过程中存在如此完全的替代。实际上,此情形认为资本和劳动是彼此的完全替代品。有这样生产函数的产业部门只使用资本或只使用劳动,而最终使用哪种投入取决于该投入的价格(因为只要劳动的价格比同样生产率的资本便宜一点点,企业就没有理由不用劳动完全取代资本,反之亦然)。确实很难想象哪种生产过程能适用这样的生产函数,因为不管技术怎样先进或者落后,每台机器总要有个人按电钮,而每个工人要生产也总要有工具可用。

9.5.2 情形2:固定投入比例的生产函数($\sigma=0$)

以 $\sigma=0$ 为特征的生产函数是很重要的一种情形,即固定投入比例生产函数。如图9.4(b)所示,等产量线是L形的。k/l 的一个微小变化都可能导致RTS的无穷增长,因为此时等产量线由水平变为了竖直。用0替代(9.33)式中的分子 $\Delta k/l$,再用无穷替代分母 ΔRTS,很容易看出 $\sigma=0$。厂商总会在等产量线的顶点处进行生产。在等产量线顶点以外的其他点生产是无效率的,因为沿着等产量线向顶点移动可以用更少的投入生产出相同的产量。

如图9.4(b)所示,等产量线的所有顶点都分布在从原点出发的一条射线上,这正是固定投入比例生产函数这一特殊例子的图形特征。厂商总会选择在等产量线的顶点处进行生产,而所有的顶点都分布在同一射线上,因此投入要素的比例由这条射线的斜率决定而与产出数量无关。[8] 投入要素之间是完全互补的,从固定投入比例开始,任何单一要素的增加都是无用的,除非另一种要素也随之增加。

固定投入比例生产函数的数学形式是:

$$q=\min(\alpha k,\beta l)\quad \alpha,\beta>0 \tag{9.38}$$

其中min表示 q 由括号内的两个值中较小的那个决定。例如,假设 $\alpha k<\beta l$,则 $q=\alpha k$,我们认为资本是产出的约束因素。雇用更多的劳动并不能增加产出,因此劳动的边际产品是0,额外的劳动

---

⑧ $\sigma=0$ 的生产函数并不都是固定投入比例的。其中一个例子就是等产量线的顶点分布在一条曲线上,而非从原点出发的一条射线上。

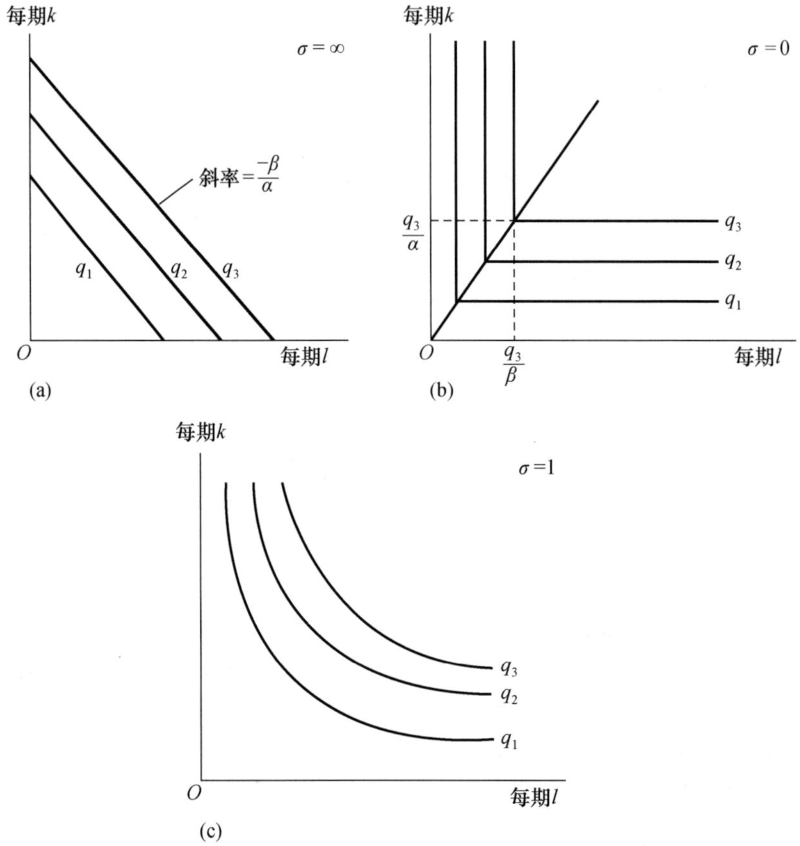

图 9.4　具有不同 σ 值的简单生产函数的等产量图

本图举例说明了替代弹性可能具有的不同值。图(a)中，资本和劳动是完全替代的。在此情况下，当资本-劳动比变化时，RTS 不变。图(b)中，固定投入比例的情况下，替代是不可能的。资本-劳动比固定于 β/α。图(c)展示了有限替代的情形。

投入是多余的。类似地，如果 $\alpha k>\beta l$，则劳动是产出的制约因素，额外的资本投入是多余的。当 $\alpha k=\beta l$ 时，两种投入都得到充分利用。如果是这样，则 $k/l=\beta/\alpha$，生产在等产量线图的顶点进行。只要两种投入都是有成本的，这就是进行生产时成本最低的点。所有顶点的轨迹是一条经过原点的斜率为 β/α 的直线。[9]

固定投入比例生产函数的应用范围很广泛。例如，许多机器需要一定数量的工人操作，但是任何额外的工人都是多余的。再考虑使用资本（一台割草机）和劳动力修剪草坪的情况。我们总是需要一个人操作那台割草机，两样投入缺少一样都不会有产出。很多机器操作的情况可能都如此，而且每台机器都只需要固定数量的人手。[10]

---

[9] 根据(9.38)式给出的形式，固定投入比例生产函数是规模报酬不变的，因为对于任何 $t>1$，有：

$$f(tk,tl)=\min(\alpha tk,\beta tl)=t\cdot\min(\alpha k,\beta l)=tf(k,l)$$

和以前一样，对函数形式使用非线性变换，如 $[f(k,l)]^{\gamma}$，当 γ 大于或者小于 1 时，就可以得到规模报酬递增或者递减的函数。

[10] 然而，割草机的例子也强调了另一种可能性。如果有选择割草机型号的余地，那么，实际购买之前，资本—劳动比可以视为变量，因为任何设备，从大剪刀到巨型割草机，都有可能购买。但是一旦购买了割草机，资本—劳动比就固定下来了。

9.5.3　情形3:柯布—道格拉斯生产函数($\sigma=1$)

对于 $\sigma=1$ 的生产函数,我们将其称为**柯布—道格拉斯生产函数**[11],它提供了以上两种极端情形的一种中间情况。柯布—道格拉斯生产函数的等产量线具有一般等产量线的形状,如图9.4(c)所示。柯布—道格拉斯生产函数的数学形式是:

$$q=f(k,l)=Ak^{\alpha}l^{\beta} \tag{9.39}$$

其中,α 和 β 均是正常数。

柯布—道格拉斯生产函数的规模报酬如何,取决于 α 和 β 的值。假设所有投入以相同比例 t 增加,则有:

$$\begin{aligned} f(tk,tl) &= A(tk)^{\alpha}(tl)^{\beta}=At^{\alpha+\beta}k^{\alpha}l^{\beta} \\ &= t^{\alpha+\beta}(k,l) \end{aligned} \tag{9.40}$$

因此,当 $\alpha+\beta=1$ 时,柯布—道格拉斯生产函数规模报酬不变,因为产出以相同比例 t 增加。当 $\alpha+\beta>1$ 时,函数是规模报酬递增的;当 $\alpha+\beta<1$ 时,函数是规模报酬递减的。很容易看出,对于柯布—道格拉斯生产函数,替代弹性是1。[12] 这一事实使得很多研究者使用其规模报酬不变的性质来一般性地描述许多国家的总生产函数间的关系。

柯布—道格拉斯生产函数也被证明在许多实际情况下非常有用,因为其对数形式是线性的:

$$\ln q=\ln A+\alpha\ln k+\beta\ln l \tag{9.41}$$

常数 α 是产出相对于资本投入的弹性,β 是产出相对于劳动投入的弹性。[13] 这些常数有时可以从实际数据中估算出来,而且估算数据可以用来测度规模报酬(通过计算 $\alpha+\beta$ 的和)以及用于其他目的。

9.5.4　情形4:CES(不变替代弹性)生产函数

有一种函数形式,它包含了以上三种情形并且允许 σ 取其他数值,这种函数就是不变替代弹性(CES)生产函数,最早由阿罗等人于1961年提出。[14] 这个函数是,对于 $\rho\leqslant1,\rho\neq0$ 和 $\gamma>0$:

$$q=f(k,l)=[k^{\rho}+l^{\rho}]^{\gamma/\rho} \tag{9.42}$$

尽管现在加上了明确反映规模报酬情况的指数因子 γ/ρ,但这个函数仍与我们在第3章讨论的CES效用函数很类似。对于 $\gamma>1$,函数是规模报酬递增的;而对于 $\gamma<1$,它表现出规模报酬递减。

---

⑪　这是以C. W. 柯布(C. W. Cobb)和P. H. 道格拉斯(P. H. Douglas)的名字命名的。参见P. H. Douglas, *The Theory of Wages*(New York:Macmillan Co., 1934):132—135。

⑫　对于柯布—道格拉斯生产函数,有:

$$\text{RTS}=\frac{f_1}{f_k}=\frac{\beta Ak^{\alpha}l^{\beta-1}}{\alpha Ak^{\alpha-1}l^{\beta}}=\frac{\beta k}{\alpha l}$$

即:

$$\ln\text{RTS}=\ln(\beta/\alpha)+\ln(k/l)$$

因此:

$$\sigma=\frac{\partial\ln k/l}{\partial\ln\text{RTS}}=1$$

⑬　参见习题9.5。

⑭　J. K. Arrow, H. B. Chenery, B. S. Minhas, and R. M. Solow, "Capital-Labor Substitution and Economic Efficiency," *Review of Economics and Statistics* (August 1961): 225—250。

对这个函数[15]直接应用 σ 的定义能够得出一个重要结果,即:

$$\sigma = \frac{1}{1-\rho} \tag{9.43}$$

因此,线性生产函数、固定投入比例生产函数和柯布—道格拉斯生产函数分别对应于 $\rho=1$、$\rho=-\infty$ 和 $\rho=0$ 的情况。固定投入比例生产函数与柯布—道格拉斯生产函数的上述结果的证明需要一个简要的论证。

CES 函数经常被赋予一个分配权重 $\alpha(0\leqslant\alpha\leqslant1)$,以表明各种投入的相对重要性:

$$q = f(k,l) = [\alpha k^{\rho} + (1-\alpha)l^{\rho}]^{\gamma/\rho} \tag{9.44}$$

对于规模报酬不变和 $\rho=0$,该函数收敛于柯布—道格拉斯形式:

$$q = f(k,l) = k^{\alpha}l^{1-\alpha} \tag{9.45}$$

例 9.3 一般化的里昂惕夫生产函数

假设一种商品的生产函数是:

$$q = f(k,l) = k + l + 2\sqrt{k\cdot l} \tag{9.46}$$

这个函数只是一组以俄罗斯裔美国经济学家沃斯利·里昂惕夫(Wassily Leontief)的名字命名的函数中的特例。[16] 很明显,这个函数是规模报酬不变的,因为

$$f(tk,tl) = tk + tl + 2t\sqrt{kl} = tf(k,l) \tag{9.47}$$

里昂惕夫生产函数的边际生产率是:

$$\begin{aligned} f_k &= 1 + (k/l)^{-0.5} \\ f_l &= 1 + (k/l)^{0.5} \end{aligned} \tag{9.48}$$

因此,边际生产率是正数并且是递减的。正如我们所希望的那样,(因为函数是规模报酬不变的)RTS 只依赖于两种投入的比例:

$$\text{RTS} = \frac{f_l}{f_k} = \frac{1+(k/l)^{0.5}}{1+(k/l)^{-0.5}} \tag{9.49}$$

RTS 随着 k/l 的减小而减小,因此等产量线具有一般的凸向原点的形状。

计算此生产函数的替代弹性的方法有两种。首先,注意到在此特例中函数可以因式分解为:

$$q = k + l + 2\sqrt{kl} = (\sqrt{k}+\sqrt{l})^2 = (k^{0.5}+l^{0.5})^2 \tag{9.50}$$

从中可以看出该函数具有不变替代弹性的形式,其中 $\rho=0.5$,$\gamma=1$。因此,替代弹性在这里是 $\sigma=1/(1-\rho)=2$。

当然,多数情况下,做如此简单的因式变换是不可能的。一个更加烦琐的方法是应用本章脚注 6 给出的替代弹性的定义:

---

⑮ 对于 CES 函数,我们有:

$$\text{RTS} = \frac{f_l}{f_k} = \frac{(\gamma/p)\cdot q^{(\gamma-\rho)/\gamma}\cdot\rho l^{\rho-1}}{(\gamma/p)\cdot q^{(\gamma-\rho)/\gamma}\cdot\rho k^{\rho-1}} = \left(\frac{l}{k}\right)^{\rho-1} = \left(\frac{k}{l}\right)^{1-\rho}.$$

因此,应用替代弹性的定义得到:

$$\sigma = \frac{\partial\ln(k/l)}{\partial\ln\text{RTS}} = \frac{1}{1-\rho}$$

注意,在此计算中,因子 ρ 抵偿了边际生产率函数,因此保证了即使 ρ 是负值(在许多情况下 ρ 是负值),边际生产率也是正值。这就解释了为什么 ρ 在 CES 函数定义中出现在两个不同的位置。

⑯ 里昂惕夫是进行投入-产出分析研究的先驱。在投入-产出分析中,假定产出是和比例固定的技术相联系的。里昂惕夫生产函数一般化了固定比例的情形。要获得更多里昂惕夫生产函数的内容请参见本章扩展部分。

$$\sigma = \frac{f_k f_l}{f \cdot f_{kl}} = \frac{[1 + (k/l)^{0.5}][1 + (k/l)^{-0.5}]}{q \cdot (0.5/\sqrt{kl})}$$
$$= \frac{2 + (k/l)^{0.5} + (k/l)^{-0.5}}{1 + 0.5(k/l)^{0.5} + 0.5(k/l)^{-0.5}} = 2 \tag{9.51}$$

我们看到,计算消去了投入比例 k/l,只剩下了很简单的结果。在其他情形下,有人可能怀疑这样巧合的结果是否会出现,并且因此质疑替代弹性沿着等产量线可能不是常数(参见习题9.7)。但是这里的结果 $\sigma=2$ 在直观上是合理的,因为这个值介于此生产函数线性部分($q=k+l$, $\sigma=\infty$)和其柯布—道格拉斯部分($q=2k^{0.5}l^{0.5}$, $\sigma=1$)的替代弹性之间。

请回答:通过绘制 $q=4$ 的等产量线,你从这个生产函数中知道了什么?为什么说该函数将固定投入比例的情形一般化了?

9.6 技术进步

生产技术总会随着时间的推移而进步,将这些技术进步补充到生产函数的概念中是十分重要的。图9.5提供了这种进步的简化图示。开始时,等产量线 q_0 表明生产 q_0 水平产出时所有资本和劳动的组合。随着生产技术的发展,这条等产量线移动到了 q_0'。现在只需要较少的投入就可以生产原来的产出水平。衡量这一进步的一种方法是,资本投入为 k_1 时,原先生产出 q_0 的产量需要 l_2 单位的劳动,现在则只需要 l_1 单位劳动。单位工人的产出从 q_0/l_2 上升到了 q_0/l_1。但是进行这种计算时一定要小心,因为沿着初始的等产量线,资本投入增加到 k_2 将会导致劳动投入降低至

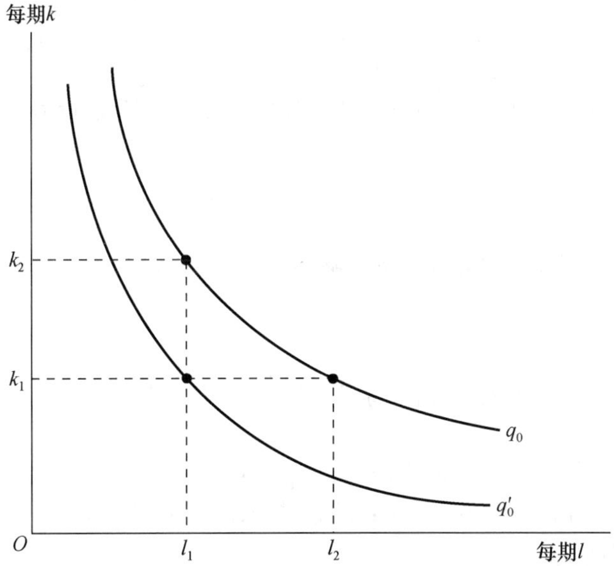

图9.5 技术进步

技术进步使得等产量线 q_0 向原点移动。新的 q_0 等产量线 q_0',说明可以使用更少的投入达到既定的产出水平。例如,对于 k_1 单位资本而言,现在只需要 l_1 单位劳动就能生产 q_0,而在技术进步之前,需要使用 l_2 单位的劳动。

l_1。在此情形下,尽管没有真正的技术进步,劳动者的产出也会上升。使用生产函数的概念将有助于区别这两个概念,因而也使经济学家可以对于技术进步率做出更加准确的估计。

9.6.1　技术进步的测度

关于技术进步的第一个表象是:从历史上看,随着时间的推移,产出的增长率已经超过了传统意义上认为的由投入的增长带来的产出的增长率。我们假设一些商品的生产函数(或者是社会总产出)是:

$$q = A(t)f(k,l) \tag{9.52}$$

式中,$A(t)$表示除了k(机器工时)和l(劳动工时)之外所有决定q的影响因素。$A(t)$随时间的变化体现了技术进步。因此,A是时间的函数。假设$\mathrm{d}A/\mathrm{d}t>0$,即特定投入水平的劳动和资本的生产能力随着时间的推移变得更强。

9.6.2　增长的测算

(9.52)式对时间t求导,得到:

$$\begin{aligned}\frac{\mathrm{d}q}{\mathrm{d}t} &= \frac{\mathrm{d}A}{\mathrm{d}t}\cdot f(k,l) + A\cdot\frac{\mathrm{d}f(k,l)}{\mathrm{d}t}\\ &= \frac{\mathrm{d}A}{\mathrm{d}t}\cdot\frac{q}{A} + \frac{q}{f(k,l)}\left[\frac{\partial f}{\partial k}\cdot\frac{\mathrm{d}k}{\mathrm{d}t} + \frac{\partial f}{\partial l}\cdot\frac{\mathrm{d}l}{\mathrm{d}t}\right]\end{aligned} \tag{9.53}$$

上式除以q,得到:

$$\frac{\mathrm{d}q/\mathrm{d}t}{q} = \frac{\mathrm{d}A/\mathrm{d}t}{A} + \frac{\partial f/\partial k}{f(k,l)}\cdot\frac{\mathrm{d}k}{\mathrm{d}t} + \frac{\partial f/\partial l}{f(k,l)}\cdot\frac{\mathrm{d}l}{\mathrm{d}t} \tag{9.54}$$

或者:

$$\frac{\mathrm{d}q/\mathrm{d}t}{q} = \frac{\mathrm{d}A/\mathrm{d}t}{A} + \frac{\partial f}{\partial k}\cdot\frac{k}{f(k,l)}\cdot\frac{\mathrm{d}k/\mathrm{d}t}{k} + \frac{\partial f}{\partial l}\cdot\frac{l}{f(k,l)}\cdot\frac{\mathrm{d}l/\mathrm{d}t}{l} \tag{9.55}$$

现在,对于任意变量x,$(\mathrm{d}x/\mathrm{d}t)/x$是$x$在单位时间内的增长率。我们用$G_x$标记。[17] 因此,(9.55)式可以以增长率的形式写成:

$$G_q = G_A + \frac{\partial f}{\partial k}\cdot\frac{k}{f(k,l)}\cdot G_k + \frac{\partial f}{\partial l}\cdot\frac{l}{f(k,l)}\cdot G_l \tag{9.56}$$

其中,$\frac{\partial f}{\partial k}\cdot\frac{k}{f(k,l)} = \frac{\partial q}{\partial k}\cdot\frac{k}{q}$ = 资本投入的产出弹性 = $e_{q,k}$　　(9.57)

及

$$\frac{\partial f}{\partial l}\cdot\frac{l}{f(k,l)} = \frac{\partial q}{\partial l}\cdot\frac{l}{q} = \text{劳动投入的产出弹性} = e_{q,l} \tag{9.58}$$

因此我们的增长函数最终变为:

$$G_q = G_A + e_{q,k}G_x + e_{q,l}G_l \tag{9.59}$$

这表明产出的增长可以分解为两部分的和:归因于投入(k和l)变化的增长和"其余"的(即A的变化)体现技术进步的增长。

(9.59)式提供了一种考量产出增长时估计技术进步G_A的相对重要性的方法。例如,在对

---

[17] 该定义的两个有用的性质是:(1) $G_{x\cdot y}=G_x+G_y$,即有两个变量的产品增长率等于每个变量的增长率之和;(2) $G_{x/y}=G_x-G_y$。

1909年到1949年间美国整体经济所做的开拓性研究中，R. M. 索洛记录下了以下数据[18]：

$$
\begin{aligned}
G_q &= 2.75\% \text{ 每年} \\
G_l &= 1.00\% \text{ 每年} \\
G_k &= 1.75\% \text{ 每年} \\
e_{q,l} &= 0.65 \\
e_{q,k} &= 0.35
\end{aligned} \tag{9.60}
$$

因此：

$$
\begin{aligned}
G_A &= G_q - e_{q,l}G_l - e_{q,k}G_k \\
&= 2.75 - 0.65 \times 1.00 - 0.35 \times 1.75 \\
&= 2.75 - 0.65 - 0.60 \\
&= 1.50
\end{aligned} \tag{9.61}
$$

索洛得出的结论是：从1909年到1949年，技术进步率是每年1.5%。实际产出的增长一半以上归因于技术进步而非生产投入的数量增长。更多新近的迹象也更倾向于证明索洛关于技术进步相对重要性的结论。尽管如此，产生这种变化的准确原因还很不确定。

例9.4 柯布—道格拉斯生产函数中的技术进步

柯布—道格拉斯生产函数提供了一个说明技术进步的十分简单的途径。假设规模报酬不变，那么带有技术进步色彩的生产函数可以写成：

$$q = A(t)f(k,l) = A(t)k^{\alpha}l^{1-\alpha} \tag{9.62}$$

如果我们假设技术进步以固定的指数 θ 发生，我们可以将其写为 $A(t) = Ae^{\theta t}$，则生产函数变为：

$$q = Ae^{\theta t}k^{\alpha}l^{1-\alpha} \tag{9.63}$$

研究这种随时间变化的生产函数的性质有一种特别简单的办法，那就是使用对数求导：

$$
\begin{aligned}
\frac{\partial \ln q}{\partial t} &= \frac{\partial \ln q}{\partial q} \cdot \frac{\partial q}{\partial t} = \frac{\partial q/\partial t}{q} = G_q = \frac{\partial[\ln A + \theta t + \alpha \ln k + (1-\alpha)\ln l]}{\partial t} \\
&= \theta + \alpha \cdot \frac{\partial \ln k}{\partial t} + (1-\alpha) \cdot \frac{\partial \ln l}{\partial t} = \theta + \alpha G_k + (1-\alpha)G_l
\end{aligned} \tag{9.64}
$$

因此求导结果只是重复了(9.59)式用于柯布—道格拉斯生产函数的情形。该式清晰地模拟了技术进步的因素，并且由柯布—道格拉斯生产函数的指数给出了产出弹性。

技术进步的重要性在此函数中被量化出来。假设 $A = 10, \theta = 0.03, \alpha = 0.5$，一个厂商使用 $k = l = 4$ 的投入进行生产。那么，在 $t = 0$ 时，产出是 $40(10 \times 4^{0.5} \times 4^{0.5})$。20年后($t = 20$)，生产函数变为：

$$q = 10e^{0.03 \times 20}k^{0.5}l^{0.5} = 10 \times (1.82)k^{0.5}l^{0.5} = 18.2k^{0.5}l^{0.5} \tag{9.65}$$

在第20年，初始的投入组合能够生产产出 $q = 72.8$。当然，也可以在开始时就生产 $q = 72.8$，但是这需要更多投入。例如，对于 $k = 13.25, l = 4$，产出确实是72.8，但这需要更多的资本。在两种情况下，劳动投入的单位产出都可以从 $10(q/l = 40/4)$ 增长到 $18.2(= 72.8/4)$，但是只有在第一种情况下才真正体现出技术进步。

投入的技术进步 我们很容易将例子中的劳动生产率平均水平的提高归结于工人技术水平提高之类的因素，但这在柯布—道格拉斯生产函数的情形下会令人误解。有人也会说资本的单位

---

[18] R. M. Solow, "Technical Progress and the Aggregate Production Function," *Review of Economics and Statistics* 39(August 1957):312—320.

产出在过去 20 年从 10 升高至 18.2 是因为机器的进步。分别模拟劳动和资本的技术进步的一个可能的方法就是假设生产函数是:

$$q = A(e^{\varphi t}k)^{\alpha}(e^{\varepsilon t}l)^{1-\alpha} \tag{9.66}$$

其中,φ 表示资本投入的年进步率,ε 表示劳动投入的年进步率。但是,由于柯布—道格拉斯生产函数本身就是指数形式的,这将无法和我们之前的例子相区别,之前的例子是:

$$q = Ae^{[\alpha\varphi+(1-\alpha)\varepsilon]t}k^{\alpha}l^{1-\alpha} = Ae^{\theta t}k^{\alpha}l^{1-\alpha} \tag{9.67}$$

其中,$\theta = \alpha\varphi + (1-\alpha)\varepsilon$。因此,要想分别研究投入的技术进步,或者采取更加复杂的测度投入的方法来考量技术进步的因素,或者使用有多种投入的生产函数来达到相同目的。

请回答:对柯布—道格拉斯生产函数的实证研究发现 $\alpha \approx 0.3$。使用这个数字和(9.67)式讨论资本和劳动的质量改进对于总的技术进步率的相对重要性。

小结

本章我们阐述了经济学家对把投入转化为产出的生产过程进行概念化的方法。基本的工具是生产函数,最简单的形式就是假设一定时期内的产出 q 仅是该时期内资本和劳动的简单函数,即 $q=f(k,l)$。以此为基础,我们得出了关于生产理论的一些基本的结论。

- 如果除了一种投入外,其他投入都不变,则可以建立这种投入变量和产出之间的关系。根据这种关系,我们可以得到此投入的边际生产率(MP),它表示增加一单位投入带来的产出的变化量。我们假设投入的边际生产率随着投入的增加而减少。
- 整个生产函数可以由它的等产量线图表示。等产量线的斜率(负的)被称为边际技术替代率(RTS),因为它表示保持产出水平不变时,一种投入如何被另一种投入所替代。边际技术替代率是两种投入要素的边际生产率的比值。
- 通常假设等产量线是凸向原点的——它们遵循边际技术替代率递减的假设。这一假设不可能完全从边际生产率递减的假设中推断而来。我们必须注意到一种投入要素的改变对于其他投入要素边际生产率的影响。
- 生产函数的规模报酬表示产出如何对于所有投入要素都成比例增加做出反应。如果产出与投入以相同比例增加,则规模报酬不变;如果产出增加的比例高于投入增加的比例,则规模报酬递增;如果产出增加的比例小于投入增加的比例,则规模报酬递减。
- 替代弹性(σ)为测度生产中一种投入替代另一种投入的难易程度提供了一种方法。较大的 σ 值表明等产量线更接近于直线,而较低的 σ 值表明等产量线更接近于 L 形。
- 技术进步将使整个生产函数和其相关的等产量线发生移动。技术进步可能来自使用了更先进的、生产效率更高的投入,也可能是因为经营管理的水平有所提高。

练习题

9.1

动力山羊草坪公司使用两种大小不同的割草机割草。较小的割草机有一个 22 英尺长的刀片,并被用于有许多树和障碍物的草地上。较大的割草机是小割草机的两倍大小并被用于机器性能发挥比较好的开阔草坪上。动力山羊的两个生产函数如下表:

	每小时产出（平方英尺）	资本投入（24小时用电量）	劳动投入
小型割草机	5 000	1	1
大型割草机	8 000	2	1

a. 画出第一个生产函数 $q=40\,000$ 平方英尺的等产量线。如果不产生浪费，应该投入多少 k 和 l？

b. 对第二个生产函数回答问题 a。

c. 如果40 000平方英尺草地中的一半由第一种生产函数来完成，另一半由第二种生产函数来完成，为了不浪费，应该使用多少 k 和 l？如果第一种方法割1/4，第二种方法割3/4，应该使用多少 k 和 l？k 和 l 是分数意味着什么？

d. 在你对问题 c 的回答的基础上，画出结合两种生产函数的 $q=40\,000$ 的等产量线。

9.2

假设小饰品的生产函数是：

$$q = kl - 0.8k^2 - 0.2l^2$$

其中，q 表示每年生产的小饰品总量，k 表示每年的资本投入量，l 表示劳动投入量。

a. 假设 $k=10$，画出劳动的总产量线和平均产量线。劳动投入什么时候能使平均产量最大？此时生产了多少小饰品？

b. 同样假设 $k=10$，画出 MP_l 曲线。在哪一点劳动投入使得 $MP_l=0$？

c. 假设资本投入增加到 $k=20$。a、b 中的答案如何变化？

d. 小饰品生产函数是规模报酬不变、递增还是递减的？

9.3

山姆·马龙正在考虑改良切尔斯酒吧的座椅。新座椅的生产函数是：

$$q = 0.1k^{0.2}l^{0.8}$$

其中，q 是在改良的一周内生产的座椅的数量，k 表示在这一周内生产座椅的车床的使用时间（小时），l 表示这段时间内雇用的工人数量。山姆想生产10把新的酒吧座椅，并且他为这一工程做出了10 000美元的预算。

a. 山姆考虑到使用一台座椅加工车床和雇用一个熟练的技术工人的成本是相等的（每小时50美元），因此他打算使用同样多的这两种投入。如果这样生产，他对这两种要素的投入各是多少？改良工程的成本是多少？

b. 诺姆（对于酒吧座椅有一些了解）认为山姆又一次忘记了微观经济学。他断言山姆应该选择两种投入的数量使其边际（而非平均）生产率相等。如果山姆选择了这个计划，每种投入要素应该各是多少？整个改良工程的成本是多少？

c. 因为听说采用诺姆的方案后会剩余一部分钱，克里夫建议山姆用剩余的钱添置更多的座椅，以便为他在邮政署的同事提供更多的座位。如果山姆采用诺姆的建议，他用预算内的钱能够多添置几把座椅？

d. 卡拉担心克里夫的建议会增加她为客人送食物的工作量。她如何说服山姆坚持他起初只改良10把座椅的计划呢？

9.4

假设蜡笔（q）的生产在两个地点进行，并且劳动（l）是唯一的投入要素。地点1的生产函数是 $q_1 = 10l_1^{0.5}$，地点2的生产函数是 $q_2 = 50l_1^{0.5}$。

a. 假设只有一个工厂，该工厂在两个地点都可以生产，并且希望在给定劳动投入的条件下产量越多越好。那么，工厂将如何分配劳动量？请准确解释 l_1 和 l_2 的关系。

b. 假设工厂按 a 中的高效率方式运营着，总产量 q 将如何依赖于劳动总投入 l？

9.5

正如我们在许多地方看到的，两种投入的柯布—道格拉斯生产函数的一般形式是：

$$q = f(k,l) = Ak^{\alpha}l^{\beta}$$

其中，$0<\alpha<1$，$0<\beta<1$。对此生产函数：

a. 证明 $f_k>0$，$f_l>0$，$f_{kk}<0$，$f_{ll}<0$，$f_{kl}=f_{lk}>0$。

b. 证明 $e_{q,k}=\alpha$，$e_{q,l}=\beta$。

c. 在本章脚注5中，我们将规模弹性定

义为:

$$e_{q,t}=\frac{\partial f(tk,tl)}{\partial t}\cdot\frac{t}{f(tk,tl)}$$

在 $t=1$ 时估计表达式的值。证明,对于柯布—道格拉斯函数,$e_{q,t}=\alpha+\beta$。也就是说在这个例子中,规模弹性和生产函数的规模报酬是一致的。

d. 证明此函数的图形是拟凹的。

e. 证明当 $\alpha+\beta\leqslant 1$,该函数图形是凹的,当 $\alpha+\beta>1$ 则不是。

9.6

对于规模报酬不变的 CES 生产函数:

$$q=(k^{\rho}+l^{\rho})^{1/\rho}$$

a. 证明 $MP_k=(q/k)^{1-\rho}$,$MP_l=(q/l)^{1-\rho}$。

b. 证明 $RTS=(k/l)^{1-\rho}$,并以此证明 $\sigma=1/(1-\rho)$。

c. 确定 k 和 l 的产出弹性,并证明它们的和等于 1。

d. 证明

$$\frac{q}{l}=\left(\frac{\partial q}{\partial l}\right)^{\sigma}$$

因此得到:

$$\ln\left(\frac{q}{l}\right)=\sigma\ln\left(\frac{\partial q}{\partial l}\right)$$

注意:后一个等式在实证中很有用,因为我们将通过既定的、竞争性的工资率来估算 $\partial q/\partial l$ 的近似值。因此,σ 的值可通过 $\ln(q/l)$ 对 $\ln w$ 的回归估计出来。

9.7

考虑例 9.3 中生产函数的一般形式:

$$q=\beta_0+\beta_1\sqrt{kl}+\beta_2 k+\beta_3 l$$

其中

$$0\leqslant\beta_i\leqslant 1, i=1,\cdots,3$$

a. 如果该函数是规模报酬不变的,对于参数 $\beta_0,\cdots,\beta_3$ 有何约束?

b. 证明在规模报酬不变的情形下,该函数边际生产率递减且其边际生产率函数是零阶齐次函数。

c. 计算此时的 σ 值。尽管 σ 不是普通常数,当 β 取什么值时 $\sigma=0,1$ 或∞?

9.8

证明:欧拉定理表明对于规模报酬不变的生产函数 $q=f(k,l)$,存在:

$$q=f_k\cdot k+f_l\cdot l$$

使用该结论证明对于该生产函数,如果 $MP_l>AP_l$,MP_l 一定是负值。这对于生产在何处进行有什么启示?一个厂商可能在 AP_l 处于上升阶段的点上组织生产吗?

分析问题

9.9 局部规模报酬

规模弹性 $e_{q,t}=\frac{\partial f(tk,tl)}{\partial t}\cdot\frac{t}{q}$在 $t=1$ 时的值给出了局部测算生产函数规模报酬的方法。

a. 证明生产函数规模报酬不变时,$e_{q,t}=1$。

b. 我们将投入 k 和 l 的产出弹性定义为:

$$e_{q,k}=\frac{\partial f(k,l)}{\partial k}\cdot\frac{k}{q}$$

$$e_{q,l}=\frac{\partial f(k,l)}{\partial l}\cdot\frac{l}{q}$$

证明:$e_{q,t}=e_{q,k}+e_{q,l}$。

c. 一个规模弹性是变量的函数:

$$q=(1+k^{-1}l^{-1})^{-1}$$

证明:对此函数,当 $q<0.5$ 时,$e_{q,t}>1$;当 $q>0.5$ 时,$e_{q,t}<1$。

d. 从直观上解释你在 c 中得到的结果。提示:生产函数的 q 是否有上限?

9.10

尽管我们对各种不同的生产函数的替代弹性进行测度时,都假设其是规模报酬不变的,但在很多情况下这种假设是不必要的。本问题阐述其中的一些情况。

a. 从本章脚注 6 我们看到,在规模报酬不变的情况下,两种投入生产函数的替代弹性是:

$$\sigma=\frac{f_k f_l}{f\cdot f_{kl}}$$

我们现在假定一个齐次生产函数 F，

$$F(k,l) = [f(k,l)]^{\gamma}$$

其中，$f(k,l)$是规模报酬不变的生产函数，γ是正指数。证明该生产函数的替代弹性和函数f的替代弹性相同。

b. 说明如何将此结果应用于柯布—道格拉斯生产函数和 CES 生产函数。

9.11 欧拉定理的进一步讨论

假设生产函数$f(x_1,x_2,\cdots,x_n)$是 k 次齐次的。运用欧拉定理，可证明 $\sum_i x_i f_i = kf$。利用这个结果，可以证明f的偏导数是 $k-1$ 次齐次的。

a. 证明 $\sum_{i=1}^{n}\sum_{j=1}^{n} x_i x_j f_{ij} = k(k-1)f$。

b. 当 $n=2,k=1$ 时，a 中的结果会给二阶偏导数f_{12}带来什么限制？当 $k>1$ 或 $k<1$ 时，结论会发生什么变化？

c. 如何将 b 部分的结论推广到任意种要素投入的生产函数？

d. 该问题对多变量的柯布—道格拉斯生产函数（$f(x_1,x_2,\cdots,x_n)=\prod_{i=1}^{n} x_i^{\alpha_i},\alpha_i \geqslant 0$）的参数 α_i 有何启示？

推荐阅读材料

Clark, J. M. "Diminishing Returns." In *Encyclopedia of the Social Sciences*, vol. 5. New York: Crowell-Collier and Macnillan, 1931, pp. 144—146.

该文对报酬递减概念的发展历史有明晰的介绍。

Douglas, P. H. "Are There Laws of Production?" *American Economic Review* 38 (March 1948): 1—41.

该文对生产函数的使用和误用做了精彩的方法论分析。

Ferguson, C. E. *The Neoclassical Theory of Production and Distribution*. New York: Cambridge University Press, 1969.

该书对于生产函数理论做了深刻、全面的分析，并有效使用了三维图形。

Fuss, M., and D. McFadden. *Production Economics: A Dual Approach to Theory and Application*. Amsterdam: North-Holland, 1980.

该书采用了一种十分强调对偶性运用的分析方法。

Mas-Collell, A., M. D. Winston, and J. R. Green. *Microeconomics Theory*. New York: Oxford University Press, 1995.

第 5 章提供了成熟的对于生产函数理论的回顾。利润函数的使用（第 11 章）十分老练并且很有启发性。

Shephard, R. W. *Theory of Cost and Production Functions*. NJ: Princeton, University Press, 1978.

该书扩展了对成本函数和生产函数之间对偶关系的分析。

Silberberg, E., and W. Suen. *The Structure of Economics: A Mathematical Analysis*, 3rd ed. Boston: Irwin/McGraw-Hill, 2001.

该文对于生产函数和成本曲线之间的关系做了深入而全面的分析。证明了替代弹性可以用本章注脚 6 的方法得出。

Stigler, G. J. "The Division of Labor Is Limited by the Extent of the Market." *Journal of Political Economy* 59 (June 1951): 185—193.

该文对于 Smith 关于规模经济的发展做了详尽追踪。

第 10 章 成本函数

本章将阐述厂商在生产商品时遇到的成本问题。第 11 章将深入讨论厂商如何做出能够达到利润最大化的投入产出决定。

10.1 成本的定义

在我们讨论成本理论之前,必须对一些关乎是否能够准确定义成本的难点进行澄清,尤其是必须区分会计成本和经济成本。会计师对于成本的观点是强调现金支出的费用、历史成本、折旧和其他会计记账科目。经济学家对于成本的定义(带有明显的机会成本意义)是,任何投入的成本都是确保这些资源处于现有使用状态所必须支付的数量。另一种说法是,一种投入的经济成本是假设该投入用作他用后,能够得到的最高报酬额。区分这两种观点的方法是,考虑各种投入(劳动、资本和企业家才能)的成本在各自的体系下是如何定义的。

10.1.1 劳动力成本

经济学家与会计师对劳动力成本的观点有很强的一致性。对于会计师来说,对劳动力的支出是现行费用,因此算作生产成本。对于经济学家来说,劳动力是显性成本。劳动服务(劳动时间)以每小时工资率(w)写入合同,而且通常假设,这是劳动服务在其可供选择的各种雇佣中可以获得的最佳报酬。当然,每小时工资率也包括为员工提供额外福利而产生的成本。

10.1.2 资本成本

关于资本服务(机器工时),经济学家与会计师的观点是不同的。计算资本成本时,会计师是使用利用投资购买的机器的历史价格,并且按照多少带有些许主观色彩的折旧规则决定将该机器的原始价格折算成多少当前成本。经济学家则将一台机器的历史价格视为“沉没成本”,它与产出决策无关。相反,他们认为使用机器的真正的机会成本是他人愿意为使用它而支付的价格。因此,每台机器每小时的使用成本是机器给别人用时能获得的最高租金。继续使用这些机器,意味着厂商放弃了其他人愿为使用该机器而支付的租金。对于每机器工时的租金率,我们记为 v。[①]

假设公司花 2 000 美元购买了一台电脑。会计师采取直线法折旧,使用年限为 5 年,每年的使用成本为 400 美元。经济学家则关注电脑的市场价值,由于电子产品更新速度很快,高配置电脑的可获得性越来越强,这台电脑的二手交易价格将会急剧下降。如果在今后几年,每年价格下降 200 美元,经济成本就会与这个 200 美元有关,而与最初的 2 000 美元无关。当然,每年的使用成本可以轻易转化为每小时的使用成本。

如果公司采用以价格 v 租赁的方式而非购买,资本的会计成本和经济成本的差异就会基本消失。此时,作为会计成本,v 直接显示了公司的当前支出;作为机会/经济成本,v 也反映了当下使用该项资本的市场价值。

10.1.3　企业家才能的成本

企业主是剩余的索取者,他们有权获得扣除其他投入成本后的多余收入或损失(收入为负)。对于会计师而言,这些被称为"利润"(可能为正,也可能为负)。与此相对,经济学家则要考虑工厂主与企业家在为某个厂商工作或投入资金运作时是否也面临机会成本的问题。如果有,那么它们也是经济成本的一部分。例如,假设一位高级计算机编程人员为了获得一些(会计)利润,开创了一家软件公司。编程工程师的时间对于公司显然是一种投入,同时也是一种应该得到支付的成本。比如说,我们可以认为这个成本等于他为别的企业干同样的活能挣到的钱数。因此,公司产生的会计利润的一部分要被经济学家列为企业家成本。经济学上的利润会比会计利润少,而且如果编程工程师的机会成本超过公司运转赚取的利润,经济利润就可能是负的。对于企业家投入厂商的资本,上述讨论一样适用。

10.1.4　经济成本

在本书中我们使用经济学家定义的成本。

定义

经济成本　任何投入的经济成本是保证此投入处于现行使用状态而必须支付的费用。或者等价地讲,一种投入的经济成本是该投入在其他用途上获得的最高回报。

使用该定义并不意味着会计上的概念和经济行为没有任何关系。实际上,会计数据对于任何管理者进行生产决策都是非常重要的,因为它能在很大程度上影响纳税额,进而影响利润。而且经济成本需要独立核算,会计成本却是现成的。但是,当我们研究一个适用于所有厂商决策的理论体系时,经济成本的概念有其不可替代的优势,所以经济成本最适用于一般性的理论分析。

10.1.5　两个简化假设

首先,我们对厂商使用的投入进行两个简化。第一,我们假设只有两种投入:同质性劳动(l,

① 有时选用符号 r 表示资本的租金率。因为这个变量经常和与其相关的但是不同的概念—市场利率相混淆。因此这里选用了另外一个符号来标记它。我们将在第 17 章考察 V 和利息率的确切关系。

用劳动时间来计量)和同质性资本(k,用机器使用时间来计量)。企业家成本被算在资本成本中。也就是说,我们假设企业主最初面临的全部机会成本都被记入了企业主投入的资本中。

第二,我们假设所有要素投入均来源于完全竞争市场。厂商能够以当前的价格(w 和 v)购买(或者出售)他们所需要的所有资本和劳动。在图形中,这些资源的供给曲线在当前的价格水平上表现为一条水平的直线。w 和 v 在厂商的决策过程中都被当成"参数";厂商不能对其施加任何影响。这些条件在以后几章都会放宽(尤其是第 16 章),但是现在,完全竞争市场假设不失为一个方便而有效的假设。因此,在上述两个假设下,厂商在一定时期内的总成本是

$$\text{总成本} = C = wl + vk \tag{10.1}$$

正如上文的定义,k、l 代表一定时期内使用的生产要素。

10.1.6 利润最大化和成本最小化的关系

让我们提前关注第 11 章中的利润最大化问题,并将两章中的分析进行对比。首先,我们将经济利润 π 定义为厂商总收入 R 和总成本 C 之间的差值。假设厂商的生产函数为 $q=f(k,l)$,并且它是市场价格(p)的接受者。那么,厂商的利润就可以写为

$$\pi = R - C = pq - wl - vk = pf(k,l) - wl - vk \tag{10.2}$$

(10.2)式表明一个生产厂商获得的经济利润是其所使用的资本和劳动的函数。正如我们在本书很多地方的假设,如果厂商寻求利润最大化,我们可以通过考察厂商如何使用 k 和 l 以最大化方式((10.2)式)来研究厂商行为。这反过来将推演出一个供给理论和一个针对资本和劳动投入的"引致需求"理论。我们将在下一章详细讨论这些理论。

尽管如此,我们将在本章构建一套独立的成本理论,使其具有一般性,不仅适用于作为价格接受者(完全竞争)的厂商,也适用于那些可以影响市场价格的厂商(垄断或寡头垄断),甚至还适用于一些不以利润为目的的厂商(只要他们关注企业运营效率)。将成本最小化问题独立于利润最大化来看待的一个好处是,先研究这个独立的小块,再将该块结论运用于整个复杂的厂商问题,可使研究更加简单。本章从成本最小化((10.2)式)得出的要素选择的条件将会作为利润最大化分析的"副产品"。

现在,我们以完整的产出选择问题的讨论作为研究的开始。也就是说,我们假设由于某种原因,厂商决定生产某一水平的产出(假设为 q_0),由此会获得收入 R,但我们暂时忽略掉 R,集中讨论厂商如何以最小的成本生产 q_0 产量。

10.2 成本最小的投入选择

在数学上,这是一个约束最小化问题。在进行严格的数学推导之前,我们首先对成本最小的投入选择过程进行直观描述:为了在既定的产出水平下成本最小,厂商应该在等产量线上选择这样一点,该点上 l 对于 k 的技术替代率等于 w/v,也即 l 对于 k 在生产中的替代比率等于它们在市场上交易价格的比率。否则,假设厂商使用 $k=10$,$l=10$ 生产 q_0 的产出水平,并且该点的技术替代率 RTS 等于 2,而 $w=1$ 美元,$v=1$ 美元。因此 $w/v=1$(不等于 2),在这样的投入组合下,生产 q_0 的成本是 20 美元。很明显这并不是最小的投入成本,厂商也可以用 $k=8$,$l=11$ 生产出 q_0。在该投入组合下,生产 q_0 的成本是 19 美元。因此第一个投入组合并非最佳选择。与此类似的例子可

以反映出当 RTS 与投入成本比率不等时的情形。

10.2.1　数学分析

数学上，我们对 $q=f(k,l)=q_0$ 寻求总成本的最小化，建立拉格朗日函数：

$$\mathscr{L} = wl + vk + \lambda[q_0 - f(k,l)] \tag{10.3}$$

存在约束时，最小化的一阶条件是

$$\begin{aligned}\frac{\partial \mathscr{L}}{\partial l} &= w - \lambda \frac{\partial f}{\partial l} = 0 \\ \frac{\partial \mathscr{L}}{\partial k} &= v - \lambda \frac{\partial f}{\partial k} = 0 \\ \frac{\partial \mathscr{L}}{\partial \lambda} &= q_0 - f(k,l) = 0\end{aligned} \tag{10.4}$$

前两个等式相除，得

$$\frac{w}{v} = \frac{\partial f/\partial l}{\partial f/\partial k} = \text{RTS}(l \text{ 对于 k}) \tag{10.5}$$

这意味着成本最小化的厂商应当使两种投入的 RTS 与它们的价格比率相等。

10.2.2　进一步的说明

由成本最小化的一阶条件可以得到一些有趣的结果。例如，(10.5)式两端交叉相乘得到

$$\frac{f_k}{v} = \frac{f_l}{w} \tag{10.6}$$

也就是说，为了使成本最小，对所有要素投入所花费的每一美元产生的边际生产率应该相等。如果增加一种投入可以更大程度地增加所花费的每一美元的产出，则该投入组合的成本就不是最小的——厂商应该更多地使用能提供更高产出的投入，减少使用昂贵的(以生产率来看)投入。厂商不应该使用任何不符合(10.6)式中指出的普遍收益成本比的投入。

当然，(10.6)式也可以从(10.4)式推导而来。下面请注意它的倒数的含义：

$$\frac{w}{f_l} = \frac{v}{f_k} = \lambda \tag{10.7}$$

这个式子指出了通过增加劳动或者资本投入而增加一单位产出所需要的额外成本。因为要使成本最小化，所以不管使用哪种要素，边际成本都是相等的。边际成本也可以在成本最小化问题中由拉格朗日乘数来计算。和所有约束条件下求最优解的问题一样，此处拉格朗日乘数表明在约束条件下增加产出将导致增加多少额外成本。因为边际成本在厂商的供给决策中具有很重要的作用，我们将经常回到成本最小化这个特点上来。

10.2.3　图形分析

成本最小化如图 10.1 所示。对于给定等产量线 q_0，我们希望在等产量线上找出成本最小的点。等成本线是斜率为 w/v 的平行直线。图 10.1 中有三条等成本线，$C_1 < C_2 < C_3$。从图中可以清楚地看出，生产 q_0 产量的最小成本由 C_1 给出，此时总成本曲线和等产量线恰好相切。成本最

小时的投入组合是(l^c,k^c),此处的上标强调了这时的投入品水平恰好是成本最小化问题的解。如果等产量线是凹向原点的(也即 RTS 随 k/l 的减小而减小),那么这种组合确实是成本最小的投入组合。数学方法和图形方法得到了相同的结论。

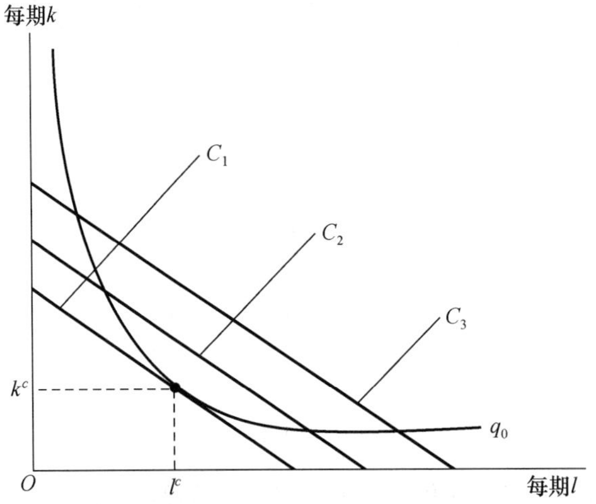

图 10.1　$q=q_0$ 时成本最小化

假定厂商通过选择 k 和 l 来使其成本最小化。最小化的条件是:k 和 l 在技术上交换的比率(保持 $q=q_0$)应该与这两种投入在市场上的交换比率相等。换言之,l 对于 k 的 RTS 应该和价格比率 w/v 相等。图中展示了这种相切关系。在 C_1 上选择 l^c 和 k^c 组合可以使利润最大化。

最优化原则

成本最小化　为了使任意给出的产出水平(q_0)上的成本最小化,厂商应该在等产量线 q_0 上的这样一点组织生产——在这一点上 l 对于 k 的 RTS 等于投入的租金价格的比率(w/v)。

10.2.4　投入的引致需求

图 10.1 显示出了厂商生产成本最小化问题和第 4 章的个人支出最小化问题(见图 4.6)在形式上的相似性。在这两个问题中,理性人都希望以最小的成本达到他的(产出或效用)目标。第 5 章我们描述了如何用该过程建立起一套关于某种商品的收入补偿需求理论。当考虑投入组合的情况时,追求成本最小化导致了生产一定产出对于资本和劳动的引致需求。因此,以上并不是关于厂商投入要素需求的全部理论,因为它没有考虑到产出决策的问题。但是,研究投入的引致需求,对于分析厂商对生产要素的总需求是十分重要的,我们将在本章的后面部分详细介绍。

10.2.5 厂商的扩展线

对于任意水平的产出,厂商都可以追求成本最小化:对于每个 q,总能够找到使其成本最小的投入组合。如果厂商在任何产量下都有唯一确定的最小化组合(w,v),我们就可以很容易地找到成本最小化选择的点的轨迹。图 10.2 展示了这个过程。线 $0E$ 表示较高产量水平的成本最小化切点的连续轨迹,例如,生产由 C_1 给出的 q_1 产量水平所需的最小成本的投入组合是 k_1 和 l_1,其余的切点类似。这些切点的连续轨迹被称为厂商的"*扩展线*",因为它记录了投入要素的价格保持不变时,投入如何随着产出的增加而扩展。

正如图 10.2 所示,扩展线并不一定是直线。当产出扩大时,一些投入要素使用量的增加要快于其他要素,而哪些要素的增加更快则取决于生产函数等产量线的形状。因为成本最小化等价于:RTS 总等于 w/v,而 w/v 的比率是被假设为不变的,扩展线的形状就取决于有特定的 RTS 的点在一系列等产量线上的轨迹。如果生产函数的规模报酬不变(或者更一般地说,它是同位的),扩展线将是直线。因为这时,RTS 只依赖于 k 与 l 的比率,此比率在该扩展线上处处相等。

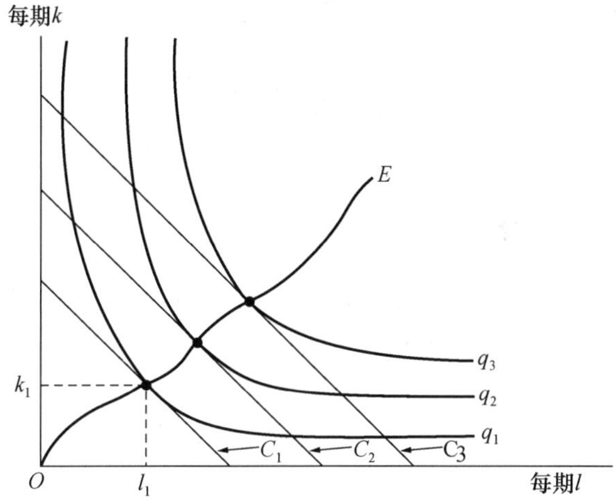

图 10.2 厂商的扩展线

厂商的扩展线是成本最小化切点的轨迹。假设投入价格不变,该曲线表明了随着产出的增加投入将如何增加。

假设扩展线具有正的斜率通常是合理的。也就是说,较高的产出水平需要同时更多地投入两种要素。实际上不必然如此,正如图 10.3 所示。产出增长超过 q_2 将导致使用的劳动数量递减。在这个范围内,劳动是*劣等投入要素*(inferior input)。即使等产量线具有一般的凸的形状,劣等投入状况的发生在理论上也是可能的。

许多理论探讨都集中在对劣等要素的分析上。要回答劣等要素在实际生产中是否可能发生是一个有难度的实证问题。"资本"与"劳动"这两种广义的投入似乎不可能成为劣等投入要素,但如果将这两种投入细致划分,便可能出现劣等性问题。例如,随着建筑工艺和设备的改进(比如铲土机的应用),铁铲的使用量将下降。尽管我们会在本书中涉及一些由于劣等要素而产生的复杂问题,但不会特别关注由该因素派生出的理论分析。

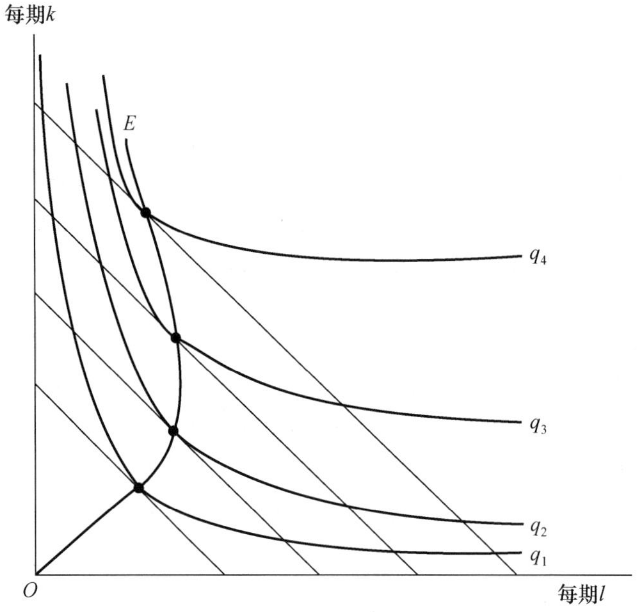

图 10.3 劣等要素

在这一组特殊的等产量线中,劳动是劣等要素,因为当产量超过 q_2 时,只需要投入较少的劳动。

例 10.1 成本最小化

用我们在上一章涉及的两个生产函数可以容易地说明生产成本最小化过程。

1. 柯布—道格拉斯生产函数:$q=f(k,l)=k^\alpha l^\beta$

此时生产 q_0 产量成本最小化的拉格朗日表达式是

$$\mathscr{L} = vk + wl + \lambda(q_0 - k^\alpha l^\beta) \tag{10.8}$$

最小化的一阶导数条件是

$$\begin{aligned}\frac{\partial \mathscr{L}}{\partial k} &= v - \lambda\alpha k^{\alpha-1} l^\beta = 0 \\ \frac{\partial \mathscr{L}}{\partial l} &= w - \lambda\beta k^\alpha l^{\beta-1} = 0 \\ \frac{\partial \mathscr{L}}{\partial \lambda} &= q_0 - k^\alpha l^\beta = 0\end{aligned} \tag{10.9}$$

第二个等式除以第一个等式得到

$$\frac{w}{v} = \frac{\beta k^\alpha l^{\beta-1}}{\alpha k^{\alpha-1} l^\beta} = \frac{\beta}{\alpha}\cdot\frac{k}{l} \tag{10.10}$$

这再一次证明了当两种投入的价格比率等于 RTS 时,成本是最小的。因为柯布—道格拉斯生产函数是位似函数,RTS 只依赖于两种投入的比例。如果投入成本的比率不变,厂商将使用相同的投入比例,无论它们生产多少——也就是说,扩展线将是通过原点的直线。

举一个具体的例子,假设 $\alpha=\beta=0.5$,$w=12$,$v=3$,厂商希望生产 $q_0=40$ 的产量。成本最小化的一阶条件要求 $k=4l$。将其带入生产函数((10.9)式的最终结果),得到 $q_0=40=k^{0.5}l^{0.5}=2l$。因此,成本最小的投入组合是 $l=20,k=80$,总成本是 $vk+wl=3\times80+12\times20=480$。通过考察能够达到相同生产水平的 $q_0=40$ 的其他投入组合,可以看到这的确是使成本最小化的组合。

$$\begin{aligned} k &= 40, l = 40, C = 600 \\ k &= 10, l = 160, C = 2\,220 \\ k &= 160, l = 10, C = 600 \end{aligned} \tag{10.11}$$

任何其他能够生产40单位产出的投入组合所需要的成本都高于480。通过考察边际生产率,我们会发现在最佳点

$$\begin{aligned} MP_k &= f_k = 0.5k^{-0.5}l^{0.5} = 0.5\times(20/80)^{0.5} = 0.25 \\ MP_l &= f_l = 0.5k^{0.5}l^{-0.5} = 0.5\times(80/20)^{0.5} = 1.0 \end{aligned} \tag{10.12}$$

此时劳动的边际生产率是资本的四倍,恰好补偿了每单位劳动投入比资本高出的价格。

2. CES 函数:$q=f(k,l)=(k^\rho+l^\rho)^{\gamma/\rho}$

我们再一次设定拉格朗日表达式

$$\mathscr{L} = vk + wl + \lambda[q_0 - (k^\rho + l^\rho)^{\gamma/\rho}] \tag{10.13}$$

成本最小化的一阶导数条件是

$$\begin{aligned} \frac{\partial\mathscr{L}}{\partial k} &= v - \lambda(\gamma/\rho)(k^\rho + l^\rho)^{(\gamma-\rho)/\rho}(\rho)k^{\rho-1} = 0 \\ \frac{\partial\mathscr{L}}{\partial l} &= w - \lambda(\gamma/\rho)(k^\rho + l^\rho)^{(\gamma-\rho)/\rho}(\rho)l^{\rho-1} = 0 \\ \frac{\partial\mathscr{L}}{\partial\lambda} &= q_0 - (k^\rho + l^\rho)^{\gamma-\rho} = 0 \end{aligned} \tag{10.14}$$

式中的前两个式子相除,可以约去很多烦琐的符号,得到

$$\frac{w}{v} = \left(\frac{l}{k}\right)^{\rho-1} = \left(\frac{k}{l}\right)^{1-\rho} = \left(\frac{k}{l}\right)^{1/\sigma},\text{或者}\frac{k}{l} = \left(\frac{w}{v}\right)^{\sigma} \tag{10.15}$$

其中替代弹性 $\sigma=1/(1-\rho)$。因为 CES 函数也是位似函数,所以成本最小化时,投入比率不依赖于产出的绝对水平。(10.15)式的结果是柯布—道格拉斯生产函数结果($\sigma=1$)的一般性推广。在柯布—道格拉斯生产函数成本最小时,资本劳动比率变化直接与工资—资本的变化成比率。在替代性更大的情况之下($\sigma>1$),工资—资本的变化比率大于成本最小时的资本—劳动的变化比率。在替代性较小的情况下($\sigma<1$),工资—资本的变化比率小于成本最小时的资本—劳动的变化比率。

请回答:在 $w/v=4$ 的柯布—道格拉斯生产函数的例题中,我们发现生产40单位产出,成本最小时要素投入比例是 $k/l=80/20=4$。对于 $\sigma=2$ 或是 $\sigma=0.5$,这个数值应该如何变化?实际应该使用什么样的投入组合,总成本是多少?

10.3 成本函数

我们现在来研究厂商的总成本结构,使用扩展线得到总成本函数将是十分方便的。

定义

总成本函数 总成本函数描述对于任意一组投入组合和任意产出水平,厂商的最小总成本:

$$C = C(v, w, q) \tag{10.16}$$

图 10.2 清晰地展示了总成本随着产出 q 的增加而增加。保持投入要素的价格固定,分析总成本和产出之间的关系,将是我们研究的出发点。随后,我们将考察投入要素价格的变化将如何改变扩展线和与其相关的成本函数。

10.3.1 平均成本函数和边际成本函数

尽管总成本函数提供了关于产出—成本的总体信息,但是研究每单位产出的成本更加具有实际意义,因为这更加接近每单位商品价格的需求分析。两种不同的单位成本测量方法在经济学中都有着广泛的应用:(1) 平均成本,即每单位产出的成本;(2) 边际成本,即多生产一单位商品的成本。下面的定义将说明这两个概念和总成本之间的关系。

定义

平均成本和边际成本 平均成本函数是通过计算每单位产出的总成本而得到的

$$平均成本 = \mathrm{AC}(v, w, q) = \frac{C(v,w,q)}{q} \tag{10.17}$$

边际成本函数是通过计算每单位产出的变化导致的总成本变化而得到的

$$边际成本 = \mathrm{MC}(v, w, q) = \frac{\partial C(v,w,q)}{\partial q} \tag{10.18}$$

注意,在这些定义中,平均成本、边际成本都依赖于生产的产出水平和投入要素的价格。在本书的许多地方,都使用二维图形来描述成本和产出之间的关系。正如在上面的定义中所阐明的,所有的图形都建立在这样的假设之上:投入要素的价格不变并且技术水平不发生变化。如果投入价格发生变化或者技术取得进步,成本曲线一般会移动到新的位置。在本章后面的部分,当详细研究完整的生产函数时,我们将探讨其移动的方向和大小。

10.3.2 总成本的图形分析

图 10.4(a)、图 10.5(a)给出了总成本和厂商产出水平之间的关系的两种可能存在的形状。

在图 10.4(a)中，总成本只是简单地与产出成比例关系。当生产函数呈现规模报酬不变时，会出现这种情形。此时，假设生产一单位产出需要 k_1 单位资本投入和 l_1 单位劳动投入，那么，

$$C(q = 1) = vk_1 + wl_1 \tag{10.19}$$

由于规模报酬不变，为了生产 m 单位产出，需要 mk_1 单位资本和 ml_1 单位劳动。② 因此，

$$\begin{aligned} C(q = m) &= vmk_1 + wml_1 = m(vk_1 + wl_1) \\ &= m \cdot C(q = 1) \end{aligned} \tag{10.20}$$

与此同时，也建立起了产出和成本之间的比例。

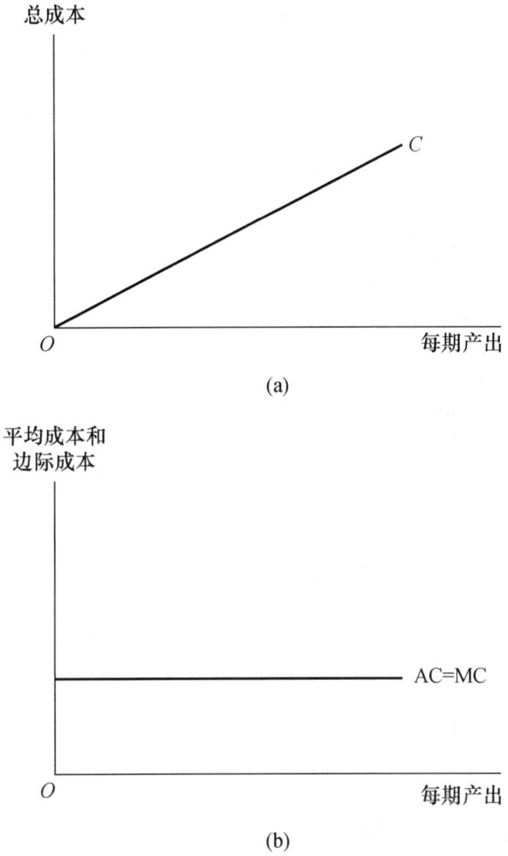

图 10.4　规模报酬不变的总成本、平均成本和边际成本曲线

图(a)中，总成本与产出水平对应成比例。图(b)中，平均成本和边际成本相等且对于所有产出水平都是常数。

图 10.5(a)中的情况更加复杂。初始时，总成本曲线是凹的，虽然成本随产量增长很快，增长率却逐渐减缓；而当曲线超过中间某一点后，总成本曲线开始变凸，成本开始以更快的速度增长。总成本曲线有如此形状的一个可能原因是生产的其他投入要素(比如企业家才能)并没有随着劳动和资本的增加而增加。在这个例子中，总成本曲线中最初之所以是凹的，可以解释为随着产量

② 投入组合 mk_1 和 ml_1 可以使生产 m 单位的产出成本最小，因为投入比例仍然是 k_1/l_1，并且规模报酬不变的生产函数的 RTS 只依赖于这个比例。

的上升,企业家能更好地发挥其管理才能——他需要一个适量的产出以充分发挥其作用。然而,当超过这一拐点的时候,企业家才能对于协调生产是力不从心的,所以产出是递减的。所以,总成本上升很快。

人们对于图 10.5(a)中三次方形式的总成本曲线有一系列其他解释,但此处不对其进行讨论。归根结底,总成本曲线的形状是一个实证问题,唯一的决定因素就是实际数据。在本章的扩展部分,我们将详细阐述成本函数方面的问题。

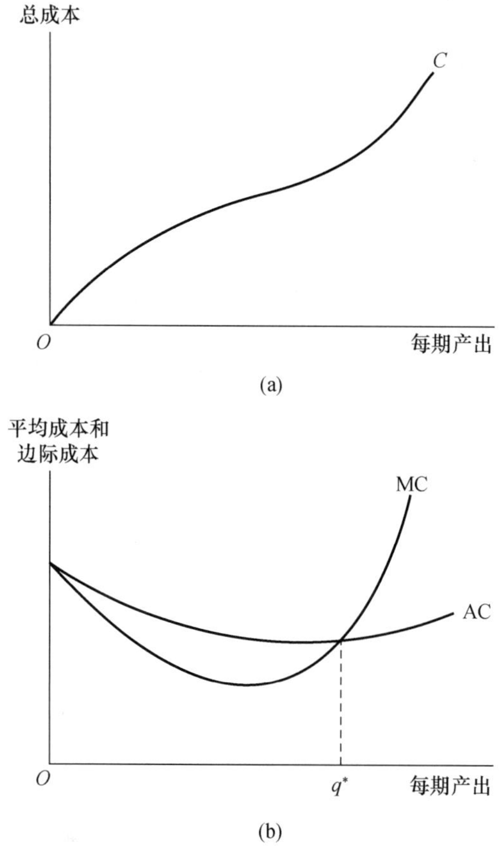

图 10.5 三次方形式时的总成本、平均成本和边际成本曲线

如果总成本曲线有图(a)所示的三次方的形式,平均成本曲线和边际成本曲线都是 U 形的。在(b)中,边际成本曲线在 q^* 点的产出水平上穿过平均成本曲线的最低点。

10.3.3 平均成本和边际成本的图形分析

利用从总成本中得到的信息,我们可以建立图 10.4(b)、图 10.5(b)中的平均成本和边际成本曲线。对于规模报酬不变的情况(图 10.4)这很简单,因为总成本和产出对应成比例,平均成本和边际成本是常数且在任何产量水平下都是相等的。[3] 如图 10.4(b)中的水平直线所示,此时

③ 数学上,因为 $C=aq$(其中 a 是单位产出的成本),

$$\mathrm{AC}=\frac{C}{q}=a=\frac{\partial C}{\partial q}=\mathrm{MC}$$

AC = MC。

对于图10.5中三次方形式的总成本曲线,计算平均和边际成本曲线需要一些几何直觉。如(10.18)式所指出的,边际成本是总成本曲线的斜率。因此,根据假设的三次方形式的总成本曲线形状,MC曲线是U形的,对应于总成本曲线,它在其凹的部分下降,在拐点以后上升。因为总成本曲线的斜率始终为正,所以MC总大于零。平均成本(AC)在第一单位产出上等于其边际成本。④ 随着产出的增加,AC将大于MC,因为AC既反映最后一单位产品的边际成本也反映以前生产产品的边际成本,只要AC > MC,平均成本必然是下降的。因为新生产的商品成本低于平均成本,它们会将平均成本持续拉低。与此同时,边际成本是逐渐提高的,并且最终在 q^* 点等于平均成本。若边际成本超过这一点,MC > AC,平均成本也会上升,因为较高的边际成本会拉动平均成本的上升。因此,我们看到AC曲线也是U形的,并且在 q^* 点达到最低,AC和MC也相交于此。⑤ 在成本函数的实证分析中,研究者对于平均成本达到最小的这一点十分关注。它反映了所考察的特定生产过程的"最小有效规模"(minimum efficient scale, MES)。这一点之所以在理论中有如此之高的重要性,是因为其在完全竞争市场的长期价格决策中扮演重要角色(参见第12章)。

10.4 成本函数和成本曲线的移动

图10.4和图10.5中的成本曲线显示了在所有其他投入要素保持不变的前提下,成本和产量之间的关系。值得注意的是,曲线的建立基于投入要素的价格和技术水平不变的假设。⑥ 如果这些因素改变,成本曲线将发生移动。下面,我们通过深入分析成本函数的数学形式来研究它们的移动。我们以几个例子开始。

例10.2 一些典型的成本函数

在本例中,我们计算与三种不同的生产函数相联系的成本函数。稍后,我们将使用这些例子来阐明成本函数的一般性质。

---

④ 从数学推导上看,当 $q=0$ 时,AC = MC。这可以由洛必达法则证明。洛必达法则是:如果 $f(a)=g(a)=0$,

$$\lim_{x\to a}\frac{f(x)}{g(x)}=\lim_{x\to a}\frac{f'(x)}{g'(x)}$$

此处,在 $q=0$ 时 $C=0$,因此,

$$\lim_{q\to 0}AC=\lim_{q\to 0}\frac{C}{q}=\lim_{q\to 0}\frac{\partial C/\partial q}{1}=\lim_{q\to 0}MC$$

或者在 $q=0$ 时,AC = MC,因此得证。

⑤ 数学上,我们通过使其导数等于零,得到AC的最小值:

$$\frac{\partial \mathrm{AC}}{\partial q}=\frac{\partial(C/q)}{\partial q}=\frac{q\cdot(\partial C/\partial q)-C\cdot 1}{q^2}=\frac{q\cdot \mathrm{MC}-C}{q^2}=0$$

或者,$q\cdot \mathrm{MC}-C=0$ 或者 $\mathrm{MC}=C/q=\mathrm{AC}$。因此当MC = AC时,AC取得最小值。

⑥ 对于多产的厂商而言,必须考虑另外一种复杂的情况。对于这些厂商而言,生产一定产量(比如 q_1)相关的成本可能会受到生产其他产量(比如 q_2)的影响。这种情况下,就称厂商表现出"范围经济性",并且总成本函数的形式是 $C(q_1, q_2, w, v)$。因此,建立 q_1 成本曲线时必须保持 q_2 不变,因为 q_2 增加有可能会使 q_1 成本曲线向下移动。

1. 固定投入要素比例生产函数:$q=f(k,l)=\min(\alpha k,\beta l)$

通过生产函数计算成本函数,对学经济的学生来说是一件备受打击的事情。因此,让我们以一个简单的例子开始,来说明总成本是如何依赖于投入的成本和生产的产量的。我们知道在固定投入比例的情况下,厂商将在L形等产量线的顶点进行生产,此时 $q=\alpha k=\beta l$,因此,总成本是:

$$C(v,w,q)=vk+wl=v\left(\frac{q}{\alpha}\right)+w\left(\frac{q}{\beta}\right)=q\left(\frac{v}{\alpha}+\frac{w}{\beta}\right) \tag{10.21}$$

这确实是我们想要得到的函数类型,因为它将总成本函数以 v,w,q 的函数形式表达出来,并且用到了原生产函数的一些参数。因为该函数规模报酬不变,采用其特殊形式:

$$C(v,m,q)=qC(v,w,l) \tag{10.22}$$

也就是说,总成本等于产量乘以生产每单位产出的成本。投入要素价格增加将显著增加该函数值,也即总成本;而参数 α 和 β 的增加则表现为技术的进步降低了总成本。

2. 柯布—道格拉斯生产函数:$q=f(k,l)=k^{\alpha}l^{\beta}$

这是我们进行烦琐计算的第一个例子,但要清楚的是,我们的最终目标是使用成本最小化的结果替代生产函数中的投入以更加清晰地描述生产过程。从例10.1中可知,要达到成本最小化,要求:

$$\frac{w}{v}=\frac{\beta}{\alpha}\cdot\frac{k}{l} \tag{10.23}$$

因此

$$k=\frac{\alpha}{\beta}\cdot\frac{w}{v}\cdot l \tag{10.24}$$

将其代入生产函数可以得到劳动投入以 q、v 和 w 表示的解

$$q=k^{\alpha}l^{\beta}=\left(\frac{\alpha}{\beta}\cdot\frac{w}{v}\right)^{\alpha}l^{\alpha+\beta} \tag{10.25}$$

或者

$$l^{c}(v,w,q)=q^{1/(\alpha+\beta)}\left(\frac{\beta}{\alpha}\right)^{\alpha/(\alpha+\beta)}w^{-\alpha/(\alpha+\beta)}v^{\alpha/(\alpha+\beta)} \tag{10.26}$$

可以得到一组类似的解

$$k^{c}(v,w,q)=q^{1/(\alpha+\beta)}\left(\frac{\alpha}{\beta}\right)^{\beta/(\alpha+\beta)}w^{\beta/(\alpha+\beta)}v^{-\beta/(\alpha+\beta)} \tag{10.27}$$

现在我们得到总成本函数

$$C(v,w,q)=vk^{c}+wl^{c}=q^{1/(\alpha+\beta)}Bv^{\alpha/(\alpha+\beta)}w^{\beta/(\alpha+\beta)} \tag{10.28}$$

其中 $B=(\alpha+\beta)\alpha^{-\alpha/(\alpha+\beta)}\beta^{-\beta/(\alpha+\beta)}$,是一个只包括参数 α 和 β 的常量。尽管这个式子有一点烦琐,但是柯布—道格拉斯生产函数的一些有趣性质已经凸现出来。首先,该函数是关于产出的凸函数、线性函数还是凹函数取决于生产函数是规模报酬递减($\alpha+\beta<1$)、规模报酬不变($\alpha+\beta=1$)还是规模报酬递增($\alpha+\beta>1$)的。其次,任何投入价格的上升都会增加成本,增加的程度取决于投入的相对重要性,可以通过其在生产函数中的指数反映出来。最后,成本函数是投入成本的一次齐次函数——正如我们下面要证明的,这是所有成本函数的一般特征。

3. CES(替代弹性不变)函数:$q=f(k,l)=(k^{\rho}+l^{\rho})^{\gamma/\rho}$

这种情况下,我们省去了计算这些式子的烦琐步骤。为了得出总成本函数,我们使用10.15式中给出的成本最小化的条件,分别解得每种要素投入,最终得到:

$$C(v,w,q) = vk + wl = q^{1/\gamma}(v^{\rho/(\rho-1)} + w^{\rho/(\rho-1)})^{(\rho-1)/\rho}$$
$$= q^{1/\gamma}(v^{1-\sigma} + w^{1-\sigma})^{1/1-\sigma} \qquad (10.29)$$

其中替代弹性由 $\sigma = 1/(1-\rho)$ 给出。再一次地，总成本的形状由生产函数的规模参数（γ）决定，而且总成本函数随着两种投入要素价格的升高而增加。此函数也是这些要素投入价格的一阶齐次函数。CES 函数的一个限制条件在于，它只能赋予各种生产要素相同的权重，因此各要素价格在成本函数中也是相同的。不过，要解决这个问题也不难，具体怎么操作，请参见本章练习题 10.9。

请回答：CES 函数内在的各种替代可能性是如何在(10.29)式的 CES 成本函数中体现出来的？

10.4.1　成本函数的性质

以上例子阐述了总成本函数的一般性质，包括：

1. *齐次性*：例 10.2 中的总成本函数都是投入要素的一阶齐次函数。也就是说，对于任何产量水平，如果投入的价格增加一倍，生产成本也会相应地增加一倍（你可以自行验证这个结论）。这是以上所有生产函数的一个共有性质。当所有投入价格都增长一倍（或者以相同比例增长）时，任意两种投入的价格比率将保持不变。因为成本最小化要求生产必须在等产量线上投入的价格比率等于 RTS 的那一点进行，所以成本最小化的投入组合也不会改变。因此，厂商必须购买相同的要素投入并为其付出相当于原来两倍的支出。其含义是如果所有投入的价格以相同的幅度增长，将不会改变厂商的投入组合决策，且其成本曲线将因此直接向上移动。

2. *总成本函数是 q、v 和 w 的单调非减函数*：这个结果显而易见，但还是有必要对其做进一步分析。因为成本函数是由成本最小化推导而来的，所以成本函数中任何一个参数的增大所导致的成本降低，都将产生一个矛盾。例如，如果产出从 q_1 增加到 q_2 将使成本降低，那么厂商初始时肯定没有在成本最小化的点上进行生产。它应该生产 q_2 产量并放弃 $q_2 - q_1$ 的产出，就可以以更低的成本生产 q_1。类似地，如果投入的价格上涨能降低总成本，那么厂商初始时肯定没有使成本最小化。证明如下：假设厂商开始使用(l_1, k_1)的投入组合是成本最小化的，现在 w 上升了。显然保持(l_1, k_1)的初始投入会使得成本增加。但是如果投入决策改变确实能够使总成本减少，那么在更高的 w 下就存在比初始投入(l_1, k_1)成本更低的投入组合，这个组合在工资上涨前必然更低，这样就推出(l_1, k_1)不是成本最小化组合，与最初的假设矛盾。这样我们就证明了成本函数的这个性质。⑦

3. *总成本函数对于投入价格是凹的*：用图形来证明这个性质是最简单的。图 10.6 表示的是一种投入要素在不同价格上对应的总成本。具体来说，保持 q 和 v 不变，w 的不同值对应着不同的

---

⑦　严格的证明用到包络定理，该法则也应用于有约束条件的最小化问题。我们看(10.3)式中的拉格朗日表达式，正如第 2 章指出的那样，通过对拉格朗日表达式的变量进行微分，我们可以计算该表达式中（此处是总成本）的目标变量的变化。进行微分，得：

$$\frac{\partial C}{\partial q} = \frac{\partial \mathscr{L}}{\partial q} = \lambda(= \mathrm{MC}) \geq 0$$
$$\frac{\partial C}{\partial v} = \frac{\partial \mathscr{L}}{\partial v} = k^c \geq 0$$
$$\frac{\partial C}{\partial w} = \frac{\partial \mathscr{L}}{\partial w} = l^c \geq 0$$

这些包络的结果不仅可以证明成本函数的性质，其本身在本章的后面部分也很有用。

总成本。假设初始时普遍工资率是 w',资本租金率是 v',生产 q_0 的总成本由 $C(v', w', q_0)$ 给出,对应的成本最小化的投入品是 (l', k')。如果厂商的投入决策不随工资的改变而改变,其总成本曲线将会是线性的,如图中直线 $C_{\text{pseudo}}(v', w, q_0) = v'k' + wl'$ 所示。但当工资率变化时,追求成本最小化的厂商可能会改变其生产 q_0 产量的投入组合,实际的成本曲线 $C(v', w, q_0)$ 将会下降到"pseudo"成本曲线以下。因此,总成本曲线将具有图 10.6 所示的凹的形状。这一结果的含义是:当一个厂商面临的投入价格在某一水平处上下波动时,相对于该价格不变,厂商的生产成本将更低。伴随着价格的波动,厂家可以灵活采用不同的投入组合来利用价格波动的优势,比如,工资率低的时候使用更多劳动力,而在工资升高时,节省劳动投入。

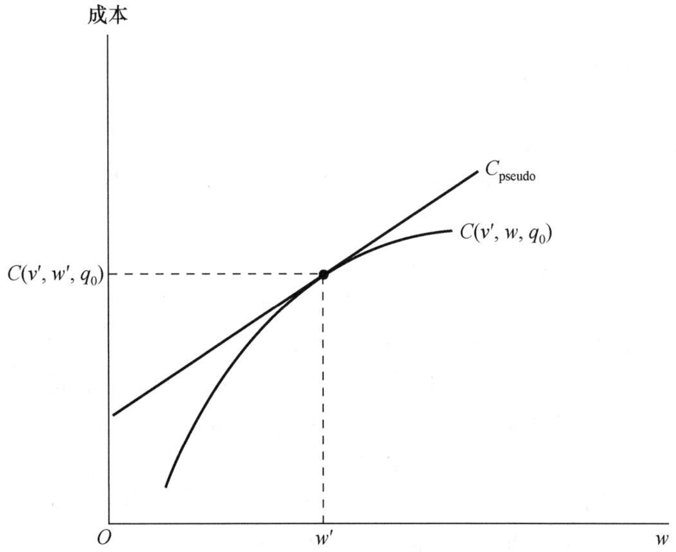

图 10.6 总成本曲线是投入要素价格的凹函数

工资率是 w',资本租金率是 v' 时,生产 q_0 的总成本是 $C(v', w', q_0)$。如果厂商不改变其投入组合,生产 q_0 的成本将沿直线 C_{pseudo} 变动。但由于投入可以相互替代,实际成本 $C(v', w, q_0)$ 将落在这条线下面,因此成本函数对于 w 是凹的。

4. 平均成本和边际成本:总成本的有些(并非全部)性质也适用于与其相关的平均成本和边际成本函数。齐次性就是一个直接的例子。由 $C(tv, tw, q) = tC(v, w, q)$,有

$$\text{AC}(tv, tw, q) = \frac{C(tv, tw, q)}{q} = \frac{tC(v, w, q)}{q} = t\text{AC}(v, w, q) \tag{10.30}$$

并且[8]

$$\text{MC}(tv, tw, q) = \frac{\partial C(tv, tw, q)}{\partial q} = \frac{t\,\partial C(v, w, q)}{\partial q} = t\text{MC}(v, w, q) \tag{10.31}$$

尽管如此,q、v、w 的变化对于平均成本和边际成本的影响有时是不明确的。我们已经看到平均成本和边际成本有斜率为负的部分,所以 AC 和 MC 都不是 q 的非减函数。因为当投入价格上

---

⑧ 这一结果并不和以下准则,即 k 阶齐次函数的微分是 $k-1$ 阶齐次函数相背离,因为我们只是对 q 求导,所以总成本函数仍然只是投入要素价格的齐次函数。

升时总成本肯定不会减少,所以很明显平均成本随着 w 和 v 的增长而增加。当考虑到投入劣等要素的可能性时,情况将更加复杂。在这种情况下(当然,这种情况很少见),劣等要素价格上涨实际上会使边际成本下降。尽管这样的证明是直截了当的[9],但是如此直观的解释是难以令人信服的。在大部分情况下,很明显,一种投入要素的价格上升还是会增加边际成本的。

10.4.2 投入要素替代

一种投入品价格的变化将促使厂商改变其投入组合。因此,当投入价格变化时,对成本曲线变化的全面分析应该包括针对投入间相互替代性的考察。在前面的章节中,我们已经介绍了度量要素间可替代性的指标——替代弹性。在此,我们将对此定义稍作修改,其中会用到成本最小化的一些结论,以便能用目前可观察到的变量来表示。修改过后的定义对实证工作也更有用。

回忆第9章中替代弹性的表达式:

$$\sigma = \frac{\mathrm{d}(k/l)}{\mathrm{d}RTS} \cdot \frac{RTS}{k/l} = \frac{\mathrm{d}\ln(k/l)}{\mathrm{d}\ln RTS} \qquad (10.32)$$

成本最小化的原则指出,在最优点,有 RTS(劳动对资本) $= w/v$。用 w/v 替代 RTS,符号 σ 替换为 s,得到替代弹性的另一种更加直观的定义[10]:

$$s = \frac{\mathrm{d}(k/l)}{\mathrm{d}(w/v)} \cdot \frac{w/v}{k/l} = \frac{\mathrm{d}\ln(k/l)}{\mathrm{d}\ln(w/v)} \qquad (10.33)$$

上述两个弹性表达式的差别在于:第一,σ 可应用于任何等产量线上的任何一点,而 s 只可应用于一条等产量线上的一个点(该点是等产量线与等成本线相切的均衡点)。虽然这看似是弹性 s 的一个缺点,但关注均衡点的一个巨大好处就在于该点仅包含了容易观察到的变量,即投入数量和价格。第二,σ 中含有 RTS,也就是等产量线的斜率。问题就在于 RTS 的获得需要知道生产过程的细节,这一点即便是厂商的工程师也不一定清楚,更别说是旁观者了。

在有两种要素投入的情况下,s 一定是非负的;w/v 的增加将会使 k/l 增加(或者在各种要素比例必须固定的情况下,k/l 保持不变)。较大的 s 值表明厂商的要素投入比例将随着投入价格的变化而发生显著变化;反之,较小的 s 值表明投入要素的价格变化造成的影响相对较小。

10.4.3 多种投入情形下的替代

如果投入要素不止 k 和 l 两种,而是 $(x_1, x_2, \cdots, x_n)$ n 种要素,其竞争性租金率记为 $(w_1, w_2, \cdots, w_n)$。那么,任意两种投入要素的替代弹性就可以定义为如下形式。

---

⑨ 该证明使用了脚注7的包络定理。因为边际成本函数(MC)可以通过在成本最小化条件下对拉格朗日表达式求导得出,所以我们可以使用杨氏定理证明:

$$\frac{\partial MC}{\partial v} = \frac{\partial(\partial \mathscr{L}/\partial q)}{\partial v} = \frac{\partial^2 \mathscr{L}}{\partial v\,\partial q} = \frac{\partial^2 \mathscr{L}}{\partial q\,\partial v} = \frac{\partial k}{\partial q}$$

因此,如果资本是正常投入,则 v 的增加将会使 MC 增加;同时,如果资本是劣质投入,v 的增加实际上会使 MC 减小。

⑩ 通常把这个定义归功于 R. G. D. Allen,在他的《经济学的数学研究》中,他以另外一种方法对其进行了发展。(*Mathematical Analysis*, New York: St. Martin's Press, 1938, pp. 504—509.)

定义

替代弹性(s_{ij}) 投入要素 x_i 和 x_j 的替代弹性 s_{ij} 由下式决定:

$$s_{ij} = \frac{\partial(x_i/x_j)}{\partial(w_j/w_i)} \cdot \frac{w_j/w_i}{x_i/x_j} = \frac{\partial \ln(x_i/x_j)}{\partial \ln(w_i/w_j)} \tag{10.34}$$

其中产出与除去这两种投入外的其他投入价格保持不变。

有一个细微的情况并没有被考虑在两种投入的情形中,那就是厂商关于除了 i 和 j 外其他要素使用的假设。我们应当保持其他要素的投入和价格不变,还是可以调整其他投入以使成本最小化?在经济分析中,“其他投入可调整”的假设更为有用,(10.34)式[11]正体现了这一点。考虑厂商要素投入选择理论的一个核心问题:资本与能源投入的关系。(10.34)式的定义允许研究者研究当能源的相对价格上涨时,能源对资本的投入比例会发生什么变化。而在这个过程中,劳动的投入量也会随之调整(劳动价格不变),以保证成本最小化。这样,通过观察厂商如何调整要素投入,我们就能知道能源与资本是替代品还是互补品。这个定义在生产的实证研究中应用广泛,稍后,我们将详细介绍。

10.4.4 成本曲线移动的数量规模

我们已经证明了如果投入要素价格上涨,将会增加总成本、平均成本和边际成本(劣等投入的情况除外)。我们现在想知道成本增加的幅度。最明显的是,生产过程中投入的相对重要性将对成本的增加产生重要影响。如果一种投入要素占总成本的很大份额,则此投入价格的上升将显著增加成本。如工资率的增加将急剧增加房屋建筑商的成本,因为劳动是建筑行业中主要的投入要素。相对次要的投入价格上涨则对成本产生较小的影响。如钉子价格上涨将不会使房屋成本大幅度上升。

决定成本增加程度的另一个因素是投入的可替代性,虽然该因素并不是显而易见的。如果厂商可以轻易地用另一种投入代替那种价格上涨的投入,成本将不会上升。例如,20 世纪 60 年代末铜的价格上升,对于电力厂商输送电力的成本基本上没有影响,因为它们发现可以很容易地用铝线来代替铜线。反之,如果厂商发现很难或者根本不可能被替代的投入品的价格变得昂贵,成本就会很快上升。20 世纪 70 年代早期,黄金饰品的成本随着黄金价格快速上升,这是因为基本上没有东西能够替代这种稀有投入。

当然,我们可以用替代弹性对所有这些影响的数量与规模做出精确的数学描述,但这将使本书充满令人费解的数学符号而显得很混乱。[12] 要达到我们的目标,以上的直观性讨论就足够了。综上所述,一项投入的价格变化将对厂商成本曲线的移动产生影响,而移动的幅度则取决于投入的相对重要性以及获得其替代品的可能性。

---

[11] 该替代弹性的定义来源于日本经济学家森岛通夫(M. Morishima),故有时也称为森岛弹性。在本书中,要素替代品之间的替代弹性是正的。某些学者交换了(10.34)式分母中参数的下标,因而要素替代品之间的替代弹性为负。

[12] 想阅读全面的阐述,请参见 Ferguson, Neoclassical Theory of Production and Distribution, Cambridge: Cambridge University Press, 1969, pp. 154—160。

10.4.5 技术进步

技术进步可以使厂商使用更少的投入生产既定产出。因此,这样的技术进步显然使总成本曲线向下移动(如果投入价格保持不变)。尽管实际上用数学形式解释技术变化对总成本曲线的影响很复杂,但是也有一些例子,我们可以从中得到简单的结论。例如,假设生产函数是规模报酬不变的,技术进步可以以我们在第 9 章中描述的方式表现在生产函数中(即 $q=A(t)f(k,l)$,其中 $A(0)=1$)。这种情况下,初始时期的总成本可以写成

$$C_0(v,w,q)=qC_0(v,w,1) \tag{10.35}$$

因为在 $t=0$ 时期生产一单位产出的投入在 t 时期将生产 $A(t)$ 单位的产出,得到

$$C_0(v,w,1)=C_t(v,w,A(t))=A(t)C_t(v,w,1) \tag{10.36}$$

由此,我们可以计算 t 时期的总成本函数,得

$$C_t(v,w,q)=qC_t(v,w,1)=\frac{qC_0(v,w,1)}{A(t)}=\frac{C_0(v,w,q)}{A(t)} \tag{10.37}$$

因此,总成本在技术变化率上随时间降低。[13] 注意,在这个例子中,技术变化是"中性的",它不影响厂商的投入决策(只要投入的价格保持不变)。这个中性结果可能在技术进步有更加复杂的形式时并不适用,或者规模报酬可变的时候也不适用。但无论如何,技术进步总是能使成本降低的。

例 10.3　柯布—道格拉斯成本函数的移动

例 10.2 中,我们计算了柯布—道格拉斯成本函数是

$$C(v,w,q)=q^{1/(\alpha+\beta)}Bv^{\alpha/(\alpha+\beta)}w^{\beta/(\alpha+\beta)} \tag{10.38}$$

其中,$B=(\alpha+\beta)\alpha^{-\alpha/\alpha+\beta}\beta^{-\beta/\alpha+\beta}$。和例 10.1 的数学证明一样,我们假设 $\alpha=\beta=0.5$,其中总成本函数被简化为

$$C(v,w,q)=2qv^{0.5}w^{0.5} \tag{10.39}$$

如果确定了投入价格的数值,这个方程可以得出一条关于总成本和总投入的总成本曲线。和以前一样,我们假设 $v=3$ 且 $w=12$,它们之间的关系是

$$C(3,12,q)=2q\sqrt{36}=12q \tag{10.40}$$

并且,与例 10.1 相同,生产 40 单位产出耗费 480 的成本。此处,很容易计算得出平均成本和边际成本

$$\begin{aligned}\mathrm{AC}&=\frac{C}{q}=12\\ \mathrm{MC}&=\frac{\partial C}{\partial q}=12\end{aligned} \tag{10.41}$$

正如我们所期望的那样,平均成本和边际成本都是常数并且它们对于该规模报酬不变的生产

---

[13] 为证明该例中总成本变化率保持不变,首先注意技术进步率的表达式为

$$r(t)=\frac{A'(t)}{A(t)}$$

利用(10.34)式,总成本的变化率为

$$\frac{\partial C_t}{\partial t}\cdot\frac{1}{C_t}=-\frac{C_0A'(t)}{A(t)^2}\cdot\frac{1}{C_t}=\frac{A'(t)}{A(t)}=-r(t)$$

函数是相等的。

投入价格的变化。 如果其中一种投入的价格发生了变化,所有的成本也将发生变化。例如,如果工资上升到27(这是一个便于计算的数字),成本将变成

$$C(3,27,q) = 2q\sqrt{81} = 18q$$
$$\mathrm{AC} = 18 \qquad (10.42)$$
$$\mathrm{MC} = 18$$

注意,工资上涨了125%。成本只上涨了50%,这是因为劳动在所有成本中只占50%,而且该投入价格的变化刺激厂商用资本代替劳动。由于总生产函数由成本最小化推导而来,这种替代是在"幕后"完成的,它只反映了工资上涨对总成本的最终影响。

技术进步。 我们现在来考察技术进步对于成本的影响。特别地,假设柯布—道格拉斯生产函数是

$$q = A(t)k^{0.5}l^{0.5} = e^{0.03t}k^{0.5}l^{0.5} \qquad (10.43)$$

也就是说,技术进步以指数形式表现出来并且变化率是每年3%。使用以前的式子((10.37)式),得

$$C_t(v,w,q) = \frac{C_0(v,w,q)}{A(t)} = 2qv^{0.5}w^{0.5}e^{-0.03t} \qquad (10.44)$$

因此,如果投入价格保持不变,总成本以技术进步率,即每年3%降低。以20年以后为例,成本将变成($v=3, w=12$)

$$C_{20}(3,12,q) = 2q\sqrt{36}\cdot e^{-0.60} = 12q\cdot(0.55) = 6.6q$$
$$\mathrm{AC}_{20} = 6.6 \qquad (10.45)$$
$$\mathrm{MC}_{20} = 6.6$$

结果,作为技术变化的结果,成本下降了近50%。这可能将会抵消之前讲到的工资上升对总成本造成的影响。

请回答: 此例中,总成本关于投入成本的变化的弹性是多大?弹性大小是否受到技术变化的影响?

10.4.6 投入的引致需求和谢泼德引理

正如我们早前描述的那样,成本最小化过程包含着对于投入的隐含的需求。因为在推导过程中要保持产出数量不变,所以这种对于投入的需求也是对于产出的引致需求。这种关系全面地反映在厂商的总成本函数中,而且,令人吃惊的是,对于厂商所有投入的引致需求可以从此函数中得出。这种方法用到所谓的"谢泼德引理"(Shephard's lemma)⑭,该引理证明了对于任何投入的引致需求都可以通过对含有该投入价格的生产函数求偏导数求得。因为谢泼德引理广泛地应用于经济研究的多个领域,我们将对其进行相对较为详尽的考察。

谢泼德引理是显而易见的。假设劳动的价格(w)略微上涨,这将如何影响总成本?如果其他

---

⑭ 以R. W. 谢泼德(R. W. Shephard)命名,他在他的《生产和成本函数》(*Cost and Production Functions*, Princeton: Princeton University Press, 1970)中强调了生产函数和投入需求函数之间的重要关系。

条件都没有改变,似乎成本将近似地以当前公司雇用的劳动的数量(l)增长,那么$\partial C/\partial w = l$,这就是谢泼德引理的内容。图 10.6 通过图示基本上得到了相同的结论。沿着"pseuco"成本函数,所有投入都保持不变。因此工资的增长直接以劳动使用量的比例增加总成本。因为实际的成本函数在当前的工资水平上和 pseuco 函数相切,其斜率(即偏导数)也表明了当前对于劳动投入的需求数量。

从数学推导上讲,谢泼德引理是我们在第 2 章引入的包络定理的一个结论。在那里我们证明了问题中的某一参数的变化对约束条件下最优解的影响可以通过求解该最优问题的拉格朗日表达式对于该参数的偏导数来解决。成本最小化时,拉格朗日表达式是

$$\mathscr{L} = vk + wl + \lambda[q - f(k,l)] \tag{10.46}$$

对任何一种投入使用包络定理,得

$$\begin{aligned}\frac{\partial C(v,w,q)}{\partial v} &= \frac{\partial \mathscr{L}(v,w,q,\lambda)}{\partial v} = k^c(v,w,q)\\ \frac{\partial C(v,w,q)}{\partial w} &= \frac{\partial \mathscr{L}(v,w,q,\lambda)}{\partial w} = l^c(v,w,q)\end{aligned} \tag{10.47}$$

其中上标"C"用来明确对资本和劳动的最终需求函数只依赖于 v、w 和 q。由于生产数量作为变量进入了该函数,投入需求实际是生产数量的引致量。需求函数的这一特性也在上标"c"中反映出来。[15] 因此,(10.47)式中的需求关系并非只依赖于投入需求,还取决于厂商控制的一个变量。在下一章中,我们将通过证明利润最大化假设如何使我们用厂商产出的市场价格 p 来有效替代投入需求中的 q, 来全面研究投入需求。

例 10.4 投入的引致需求函数

本例将介绍如何运用例 10.2 中得到的总成本函数推导资本和劳动投入的引致需求函数。

1. 固定投入比例成本函数:$C(v,w,q) = q(v/\alpha + w/\beta)$

对于此成本函数,引致需求函数很简单

$$\begin{aligned}k^c(v,w,q) &= \frac{\partial C(v,w,q)}{\partial v} = \frac{q}{\alpha}\\ l^c(v,w,q) &= \frac{\partial C(v,w,q)}{\partial w} = \frac{q}{\beta}\end{aligned} \tag{10.48}$$

为了以最小的成本,采用固定投入比例生产既定的产出,不管投入价格如何,厂商都必须在等产量线的顶点进行生产。因此,投入需求只依赖于产量水平,v 和 w 不进入投入的引致需求的表达式。尽管如此,在固定投入比例的情况下,投入的价格仍能够影响总的投入需求,因为它将对厂商销售数量产生影响。

2. 柯布—道格拉斯成本函数:$C(v,w,q) = q^{1/(\alpha+\beta)}Bv^{\alpha/(\alpha+\beta)}w^{\beta/(\alpha+\beta)}$

在这种情况下,偏导数的形式稍微烦琐一些,但更具说明性

$$\begin{aligned}k^c(v,w,q) &= \frac{\partial C}{\partial v} = \frac{\alpha}{\alpha+\beta}\cdot q^{1/(\alpha+\beta)}Bv^{-\beta/(\alpha+\beta)}w^{\beta/(\beta+\alpha)} = \frac{\alpha}{\alpha+\beta}\cdot q^{1/(\alpha+\beta)}B\left(\frac{w}{v}\right)^{\beta/(\alpha+\beta)}\\ l^c(v,w,q) &= \frac{\partial C}{\partial w} = \frac{\beta}{\alpha+\beta}\cdot q^{1/(\alpha+\beta)}Bv^{\alpha/(\alpha+\beta)}w^{-\alpha/(\alpha+\beta)} = \frac{\beta}{\alpha+\beta}\cdot q^{1/(\alpha+\beta)}B\left(\frac{w}{v}\right)^{-\alpha/(\alpha+\beta)}\end{aligned} \tag{10.49}$$

---

⑮ 脚标反映了第 5 章中使用的收入补偿需求曲线(从支付函数得来)。此种情况下,需求函数是所假设的目标效用的引致量。

因此,投入的引致需求取决于两种投入的价格。如果我们假设 $\alpha=\beta=0.5$(从而 $B=2$),上式简化为

$$\begin{aligned} k^c(v,w,q) &= 0.5\cdot q\cdot 2\cdot\left(\frac{w}{v}\right)^{0.5} = q\left(\frac{w}{v}\right)^{0.5} \\ l^c(v,w,q) &= 0.5\cdot q\cdot 2\cdot\left(\frac{w}{v}\right)^{-0.5} = q\left(\frac{w}{v}\right)^{-0.5} \end{aligned} \tag{10.50}$$

当 $v=3$,$w=12$,$q=40$ 时,会得到与以前相同的结果,即厂商应该选择 $k=80$,$l=20$ 的投入组合来实现用最低的成本生产 40 单位产出。如果工资增加到 27,厂商应该选择 $k=120$,$l=40/3$ 的投入组合生产 40 单位产出。总成本将由 480 上升到 520,但是厂商用资本来代替现在变得比较昂贵的劳动从而为其节省了很多成本。因为如果使用初始的投入组合,成本将是 780。

3. CES 成本函数:$C(v,w,q)=q^{1/\gamma}(v^{1-\sigma}+w^{1-\sigma})^{1/1-\sigma}$

投入替代性的重要程度在由 CES 成本函数得出的投入的引致需求函数中表现得更加明显。对于该函数:

$$\begin{aligned} k^c(v,w,q) &= \frac{\partial C}{\partial v} = \frac{1}{1-\sigma}\cdot q^{1/\gamma}(v^{1-\sigma}+w^{1-\sigma})^{\sigma/(1-\sigma)}(1-\sigma)v^{-\sigma} \\ &= q^{1/\gamma}(v^{1-\sigma}+w^{1-\sigma})^{\sigma/(1-\sigma)}v^{-\sigma} \\ l^c(v,w,q) &= \frac{\partial C}{\partial w} = \frac{1}{1-\sigma}\cdot q^{1/\gamma}(v^{1-\sigma}+w^{1-\sigma})^{\sigma/(1-\sigma)}(1-\sigma)w^{-\sigma} \\ &= q^{1/\gamma}(v^{1-\sigma}+w^{1-\sigma})^{\sigma/(1-\sigma)}w^{-\sigma} \end{aligned} \tag{10.51}$$

这些函数在 $\sigma=1$ 时(柯布—道格拉斯函数的情形下)是不成立的,但我们可以研究替代性大于(如 $\sigma=2$)或者小于(如 $\sigma=0.5$)1 的情形,并且将柯布—道格拉斯的情形作为一种中间状态。如果我们假设规模报酬不变($\lambda=1$),$v=3$,$w=12$ 和 $q=40$,当 $\sigma=2$ 时投入的引致需求是

$$\begin{aligned} k^c(3,12,40) &= 40\times(3^{-1}+12^{-1})^{-2}\times 3^{-2} = 25.6 \\ l^c(3,12,40) &= 40\times(3^{-1}+12^{-1})^{-2}\times 12^{-2} = 1.6 \end{aligned} \tag{10.52}$$

也就是说,资本投入的数量是劳动投入数量的 16 倍。对于较小的替代性($\sigma=0.5$),投入的引致需求是

$$\begin{aligned} k^c(3,12,40) &= 40\times(3^{0.5}+12^{0.5})^{1}\cdot 3^{-0.5} = 120 \\ l^c(3,12,40) &= 40\times(3^{0.5}+12^{0.5})^{1}\cdot 12^{-0.5} = 60 \end{aligned} \tag{10.53}$$

因此在这种情况下,资本投入只是劳动投入的 2 倍。实际上,这些不同的情形不能直接进行对比,因为不同的 σ 值对产出的影响不同。例如,我们可以考察一下替代率较低的情形下 w 上升至 27 后的情况。当 $w=27$ 时,厂商将选择 $k=160$,$l=53.3$。由此可以通过比较初始时投入组合的总成本($=120\times3+27\times60=1\,980$)和最佳投入组合的总成本($=16\times3+27\times53.3=1\,919$)计算由于替代性而节省的成本。可以看到移动至最优生产组合将总成本降低了 3%。在柯布—道格拉斯情形下,成本节省超过 20 个百分点。

请回答:如果 w 从 12 上升到 27,生产函数是线性形式 $q=k+4l$,则总成本将如何变化?这个结果对于本例中的其他情形有什么启示?

10.5　谢泼德引理和替代弹性

谢泼德引理有一个不错的功能，它可以从总成本函数的偏导数中直接获取投入替代的信息。运用(10.34)式的定义

$$s_{ij}=\frac{\partial\ln(x_i/x_j)}{\partial\ln(w_i/w_j)}=\frac{\partial\ln(C_i/C_j)}{\partial\ln(w_i/w_j)} \tag{10.54}$$

此处 C_i，C_j 分别是总成本函数对投入价格的偏导数。所以一旦知晓了总成本函数(可能是通过计量估计得到)，立刻就能获得投入要素间的替代信息。在本章的扩展部分，我们将介绍一些通过此方法得出的结论。练习题10.11和10.12提供了更多测量投入要素替代性的方法的细节。

10.6　短期和长期的区别

在经济学中，对“短期”和“长期”进行区分是一个惯例。虽然多长算是“短期”、多长算是“长期”没有精确的定义，但这种区分是很重要的，因为短期内厂商的决策灵活性有限，而长期中则自由得多。在关于厂商和成本的理论研究领域中，这种区别十分重要。因为经济学家要考察在不同的时间段内，供给对其他因素的反应。在本章的余下部分，我们将具体考察这种不同反应。

为了阐明为什么厂商对于短期和长期的反应会有所不同，我们假设资本投入处于某一固定水平 k_1，并且在短期内厂商只能自由改变其劳动投入。[16]就是说，假设短期内改变资本投入水平的成本是极其高昂的。那么，我们可以将短期生产函数写为

$$q=f(k_1,l) \tag{10.55}$$

其中下标表明了资本投入是不变的。而当厂商的劳动投入改变时，产出水平可能会发生变化。

10.6.1　短期总成本

继续将厂商的总成本定义为

$$C=vk+wl \tag{10.56}$$

但是在我们当前的短期分析中，资本投入被固定在 k_1。为了说明这个假设，我们将其写成

$$\mathrm{SC}=vk_1+wl \tag{10.57}$$

其中S表明我们研究的是资本投入固定不变的短期成本。这种标记方法(用S表示短期)将贯穿这部分的始终。尽管通常我们并不明显地标记资本投入的水平，但是这种投入水平在短期是固定的，这一点是确定无疑的。而我们之前介绍的概念——C、AC、MC 均指长期成本，因为根据它们的定义，任何投入都可以随意调整。它们的长期本质体现为不以S开头。

10.6.2　固定成本和可变成本

(10.57)式中两种投入的成本都有各自的特殊含义。vk_1 一项是短期的固定成本，因为 k_1 是

---

[16] 当然，这只是为了阐明目标起见。在大多数实际情况下，短期的劳动投入比资本投入更缺乏弹性。

常数，短期中这些成本不会发生变化。wl 一项是短期的可变成本，即劳动投入在短期可以变化。由此我们得到以下定义。

定义

短期固定成本和可变成本 短期固定成本是和那些在短期内不能变化的投入相联系的成本。短期可变成本是那些可以发生变化以改变厂商的产出水平的要素投入的成本。

区别这两个定义的重要性在于，可以将厂商通过在短期内不进行生产而避免的可变成本与那些不管选择怎样的产量水平（甚至为零）都必须支付的固定成本区分开来。

10.6.3 短期成本的不可选择性

明确短期总成本对于各种不同的产量水平并非最小成本这一点是至关重要的。因为在短期我们保持资本投入不变，厂商并不像我们在本章前面讨论成本最小化的部分所讲的那样，具有投入选择的自主性。而且为了在短期生产不同的产出水平，厂商只能使用“非最优化”的投入组合。RTS 并不等于投入要素的价格比率。

如图 10.7 所示，在短期内，厂商只能使用 k_1 单位的资本投入，为了生产 q_0 的产量水平，其将使用 l_0 单位的劳动。类似地，厂商将使用 l_1 单位劳动生产 q_1 产量水平，使用 l_2 单位劳动生产 q_2 产量水平。这些投入组合的总成本分别由 SC_0、SC_1 和 SC_2 表示。只有对于投入组合(k_1, l_1)，产出是在最小成本下生产的，也只有在那一点 RTS 等于投入要素的价格比率。

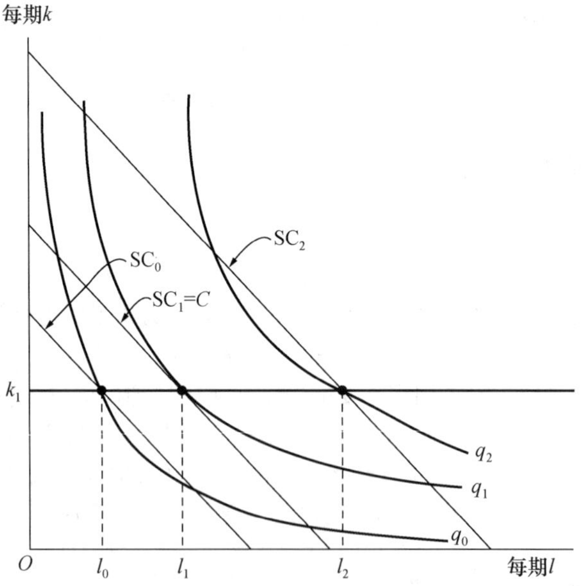

图 10.7 短期必须做出的“非最优化”的投入选择

因为在短期中资本投入被确定在 k，厂商无法使其 RTS 等于投入要素价格的比率。在给定的投入价格水平下，厂商应该使用更多的劳动和更少的资本生产 q_0，但应该使用更多的资本和更少的劳动生产 q_2。

在图 10.7 中，很明显短期情况下使用了“过多”的资本来生产产量 q_0。成本最小化将要求生产的点沿着 q_0 等产量线向东南方向移动，预示着生产中应该用劳动替代资本。类似地，生产 q_2 使用了“过少”的资本，使用资本替代劳动可以使成本变小。但是这两种替代在短期都是不可能的，而在长期厂商将可以改变其资本投入水平，并调整其投入使成本最小化。我们在本章前面的部分已经讨论了这种可以变动的情况，阐明长期和短期成本曲线时我们将会回到这个论题上。

10.6.4　短期边际成本和平均成本

在通常情况下，以每单位产出为基础分析短期成本，要比以总成本为基础的分析更加有效。从短期总成本函数中推出的两个最为重要的单位概念是短期平均总成本函数（short-run average total cost function，SAC）和短期边际成本函数（short-run marginal cost function，SMC）。这些概念定义如下

$$\mathrm{SAC} = \frac{\text{总成本}}{\text{总产出}} = \frac{\mathrm{SC}}{q}$$
$$\mathrm{SMC} = \frac{\text{总成本变化}}{\text{产出变化}} = \frac{\partial \mathrm{SC}}{\partial \mathrm{q}} \tag{10.58}$$

这些关于平均成本和边际成本的定义都基于某一特定的资本投入水平上，它们与之前在长期、完全可变的情形下使用的是相同的定义方法，并且从总成本曲线推导出平均成本曲线和边际成本曲线的方法也是相同的。因为短期总成本曲线和图 10.5 中的总成本曲线具有相同的立方形状，短期的平均成本曲线和边际成本曲线都呈 U 形。

10.6.5　短期成本曲线和长期成本曲线的关系

考虑到资本投入的所有可能变化，我们就能够在短期成本与完全自由的长期成本之间建立起一种关系。图 10.8 表示的是规模报酬不变和成本函数是三次方形式时，短期和长期之间的关系。在众多可能的短期总成本曲线中，图中展示了其中三个水平的曲线。图示表明，除了当给定的资本投入水平接近于长期成本最小化的投入水平时，长期总成本（C）总是低于短期总成本的。例如，在图 10.7 中，在既定的资本投入 k_1 下，只有生产 q_1 产量，厂商才能实现完全的成本最小化。因此，在这一点短期成本和长期成本是相等的，而对于产出不是 q_1 的点而言，$\mathrm{SC} > C$。

在数学推导上，我们将图 10.8 中的长期总成本曲线称为其各自短期成本曲线的“包络线”。将该短期成本曲线用参数表示为

$$\text{短期总成本} = \mathrm{SC}(v, w, q, k) \tag{10.59}$$

商家的短期总成本曲线是在保持 v 和 w 不变的前提下，根据 k 的变化而得出的。长期总成本曲线 C 必须遵循（10.59）式所描述的基于短期成本曲线的关系，进而选择 k 使任意产出水平的成本都是最小的。该最小化的一阶条件是

$$\frac{\partial \mathrm{SC}(v, w, q, k)}{\partial k} = 0 \tag{10.60}$$

同时解方程（10.59）和（10.60）得到长期总成本方程。尽管这是另一种得到总成本函数的方法，但是它可以得出与我们在本章的前面部分相一致的结论——如下例所示。

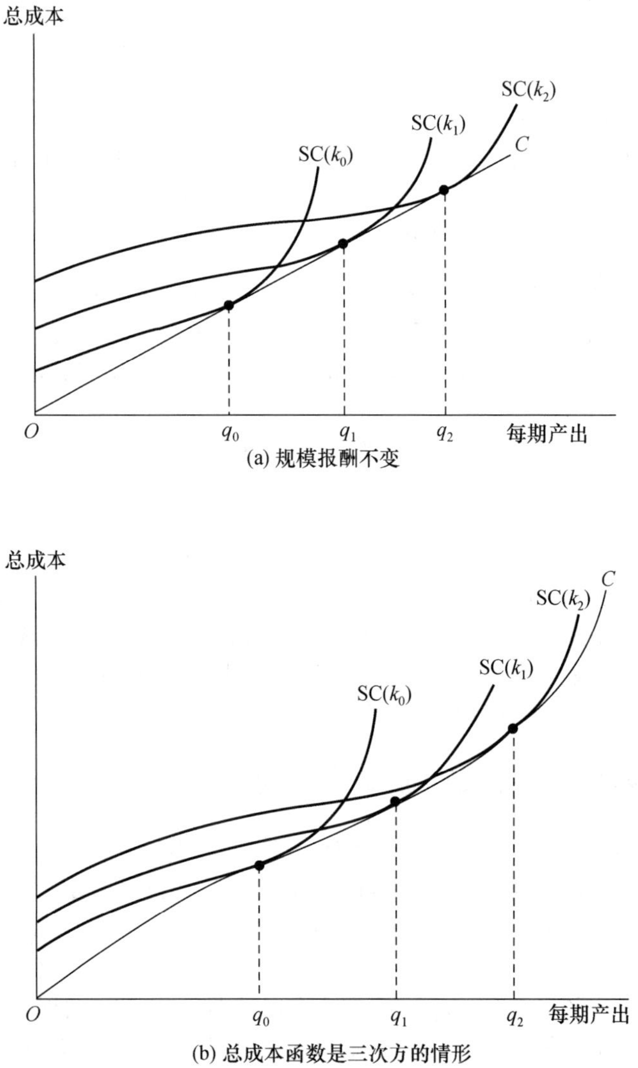

图 10.8　长期总成本曲线的两种可能的形状

通过考察所有可能的资本投入水平,可以画出长期总成本曲线的轨迹 C。在(a)中,生产函数表现出规模报酬不变的性质——在长期是这样的,尽管在短期不是——产出与投入成比例。在(b)中,长期总成本曲线具有三次方函数的形状,短期生产函数也如此。由于假设资本投入水平是固定的,短期曲线收益递减得更快。

例 10.5　包络关系和柯布—道格拉斯成本函数

我们再次从柯布—道格拉斯生产函数 $q = k^{\alpha}l^{\beta}$ 出发,但是将资本投入固定在 k_1。在短期内,

$$q = k_1^{\alpha}l^{\beta} \text{ 或者 } l = q^{1/\beta}k_1^{-\alpha/\beta} \tag{10.61}$$

总成本由下式给出

$$SC(v,w,q,k_1) = vk_1 + wl = vk_1 + wq^{1/\beta}k_1^{-\alpha/\beta} \tag{10.62}$$

注意,固定的资本投入水平以两种方式进入了短期总成本函数:(1) k_1 决定了固定成本;(2) k_1 也

部分地决定了可变成本,因为它决定了需要多少可变投入(劳动)来生产不同水平的产出。为了推导出长期成本,我们选择能使成本最小化的 k 值:

$$\frac{\partial \mathrm{SC}(v,w,q,k)}{\partial k} = v + \frac{-\alpha}{\beta} \cdot wq^{1/\beta}k^{-(\alpha+\beta)/\beta} = 0 \tag{10.63}$$

虽然代数式很繁复,但我们可以从此式中解得 k,并将其带入(10.62)式,重新得到的柯布—道格拉斯成本函数为

$$C(v,w,q) = Bq^{1/(\alpha+\beta)}v^{\alpha/(\alpha+\beta)}w^{\beta/(\alpha+\beta)} \tag{10.64}$$

一个数值的例子。如果令 $\alpha=\beta=0.5, v=3, w=12$,短期成本函数是

$$\mathrm{SC}(3,12,q,k_1) = 3k_1 + 12q^2k_1^{-1} \tag{10.65}$$

在例10.1中,对于 $q=40$ 而言,使成本最小化的资本投入 $k=80$。而(10.65)式表明 $k=80$,生产40单位的产出的短期成本是

$$\mathrm{SC}(3,12,q,80) = 3.80 + 12\cdot q^2\cdot\frac{1}{80} = 240 + \frac{3q^2}{20} = 240 + 240 = 480 \tag{10.66}$$

这正是我们之前得出的结论。我们也可以使用(10.65)式说明短期和长期成本有何不同。表10.1表明除 $q=40$ 的产出以外,短期成本都高于长期成本,并且产出水平越是偏离 $k=80$ 的最优水平,这种差别就越大。

表10.1 $k=80$ 时,短期和长期总成本的区别

q	$C=12q$	$\mathrm{SC}=240+\frac{3q^2}{20}$
10	120	255
20	240	300
30	360	375
40	480	480
50	600	615
60	720	780
70	840	975
80	960	1 200

研究这种情形下长期和短期单位成本间的差别也是很有益的。此处 AC = MC = 12,我们可以计算得出短期的成本($k=80$ 时)是

$$\begin{aligned}\mathrm{SAC} &= \frac{\mathrm{SC}}{q} = \frac{240}{q} + \frac{3q}{20}\\ \mathrm{SMC} &= \frac{\partial \mathrm{SC}}{\partial q} = \frac{6q}{20}\end{aligned} \tag{10.67}$$

当 $q=40$ 时,这两个短期单位成本都等于12。而在别的产量水平上,如表10.2所示,这两个数可以相差甚远。需要特别注意的是,当产出的扩张超出 $q=40$ 时,短期边际成本增加得很快,这是因为可变投入(劳动)的规模报酬递减。这个结论在短期的价格决定理论中扮演着很重要的角色。

表 10.2　当 $k=80$ 时,长期和短期的单位成本

q	AC	MC	SAC	SMC
10	12	12	25.5	3
20	12	12	15.0	6
30	12	12	12.5	9
40	12.0	12	12.0	12
50	12	12	12.3	15
60	12	12	13.0	18
70	12	12	13.9	21
80	12	12	15.0	24

请回答:试解释为什么本例中 w 的增加将提高短期平均成本和短期边际成本,而 v 的提高只影响短期平均成本。

10.6.6　单位成本曲线的图形

图 10.8 中表现出来的总成本曲线的包络关系可以用来描述短期的平均成本与边际成本曲线以及长期的平均成本与边际成本曲线之间的几何关系。图 10.9 表示的是总成本曲线是三次方形式的情形。图中,在(固定)资本投入合适的产出水平上,短期和长期的平均成本是相等的。例如,q_1 上 $SAC(q_1)=AC$,在该点厂商使用 k_1 以最小的成本生产 q_1。对于任何偏离 q_1 的运动,都会使短期平均成本超过长期平均成本,从而反映了长期总成本最小化的本质。

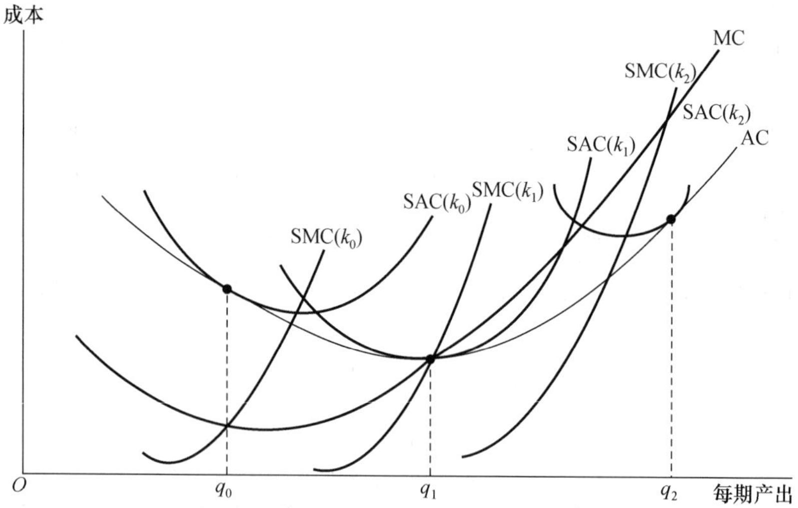

图 10.9　总成本是三次方形式的情形下平均成本曲线和边际成本曲线

这一组曲线是由图 10.8 所示的总成本曲线推导而来的。AC 和 MC 曲线具有一般的 U 形,短期成本曲线亦然。在 q_1 点长期平均成本是最小的。曲线在此成本最小点的形状非常重要。

因为长期平均成本曲线(AC)的最低点在长期价格决定理论中扮演重要角色,所以关注图 10.9 中经过这一点的各种曲线是至关重要的。首先,对于平均成本和边际成本始终适用的是,

MC 曲线经过 AC 曲线的最低点。在 q_1 处,长期平均成本和边际成本相等。与 q_1 相联系的是某一资本投入的水平(比如说 k_1),这一资本投入对应的短期平均成本曲线与 AC 曲线在其成本最小化那一点相切。SAC 曲线也在产出水平 q_1 处达到最小值。对于任何偏离 q_1 的运动而言,AC 曲线比 SAC 曲线平坦许多,这显示了在长期内厂商有更大的灵活性和自由度。短期成本上升很快是因为资本投入是固定不变的。就长期而言,这样的投入并不是固定的,边际生产率递减并不是突然发生的。最后,因为 SAC 曲线在 q_1 处达到最小,所以短期边际成本曲线 SMC 经过这一点。AC 曲线的最低点因此将四个最重要的单位成本结合在一起了。在这一点上:

$$\mathrm{AC} = \mathrm{MC} = \mathrm{SAC} = \mathrm{SMC} \tag{10.68}$$

正是由于这个原因,正如我们即将在第 12 章中进行的论述,产出水平 q_1 对于完全竞争厂商是一个很重要的均衡点。

小结

本章我们考察了厂商的产出水平和生产这些产出的投入成本之间的关系。得出的成本曲线大家应该很熟悉,因为它们被广泛地用于经济学的入门教材之中。在这里我们阐明了这些曲线如何反映厂商生产函数和其潜在的使成本最小化的意愿。从这些基本点出发来进一步考察成本函数,我们就能得到一些重要发现。

- 一个希望将生产某一特定产出的经济成本最小化的厂商将选择这样的投入组合进行生产:技术替代率(RTS)等于投入要素的租金价格。
- 反复应用这一最小化程序得出了厂商的扩展线。由于扩展线表明了使用的投入如何随着产出水平而扩展,其也说明了产出水平和总成本之间的关系。这种关系表现在总成本函数 $C(q,v,w)$ 中,说明生产成本是产出水平和投入要素价格的函数。
- 厂商的平均成本函数($\mathrm{AC} = C/q$)和边际成本函数($\mathrm{MC} = \partial C/\partial q$)可以直接从总成本函数中推导出来。如果总成本函数具有一般的三次方的形式,AC 和 MC 曲线都将呈现出 U 形。
- 所有的成本曲线都建立在投入要素价格不变的假设之上。当投入要素的价格发生变化时,成本曲线将移动到新的位置。移动的幅度取决于价格发生变化的投入要素在投入组合中占有的整体权重和厂商以另一种要素代替该要素的难易程度。同样,技术的进步也将使成本曲线发生移动。
- 对投入的需求函数可以通过对厂商的总成本函数求偏导得出。这些投入的需求函数将依赖于厂商选择生产的产量,并且因此被称为“引致需求函数”。
- 在短期内,厂商将不能调整一些要素的使用,而只能通过调整其可变要素的使用来改变其产量水平。这样,它就可能使用并非最优的、成本更高的投入组合来进行生产,而无法选择其在可以改变所有投入时所选择的投入组合。

练习题

10.1

假设厂商生产两种不同的产品,数量分别为 q_1 和 q_2。一般地,厂商的总成本可以用 $C(q_1,q_2)$ 表示。如果对于任何一种商品的所有产出水平都有 $C(q_1,0)+C(0,q_2) > C(q_1,q_2)$,

则此函数表现出规模经济性。

a. 用文字解释为什么这个数学式说明厂商混合生产的成本低于两个分别生产一种商品的厂商的成本?

b. 如果两种产出实际上是同一种产品,我们可以将总产出定义为 $q = q_1 + q_2$。假设此种情况下平均成本($= C/q$)随着 q 的增加而降低,试说明此厂商在此条件下仍然享受规模经济性。

10.2

史密斯教授和琼斯教授将写一本新的教科书。作为真正的科学家,他们将书的生产函数设为

$$q = S^{1/2}J^{1/2}$$

其中 q = 已完成书稿的页数,S = 史密斯花费的工作时间,J = 琼斯花费的工作时间。

史密斯将劳动价格定为每小时 3 美元。他花费了 900 小时准备初稿。琼斯的劳动价格是每小时 12 美元,他将把史密斯的初稿校订成书。

a. 琼斯将花费多长时间校订一本 150 页的书? 300 页的书、450 页的书呢?

b. 这本成书第 150 页的边际成本是多少? 第 300 页、第 450 页呢?

10.3

假设一个厂商的固定比例生产函数是

$$q = \min(5k, 10l)$$

a. 计算厂商的长期总成本、长期平均成本、长期边际成本函数。

b. 假设短期将 k 固定在 10。计算厂商的短期总成本、短期平均成本、短期边际成本函数。

c. 假设资本和劳动的租金率是 $v = 1, w = 3$,计算厂商长期和短期的平均成本、边际成本函数。

10.4

一个生产曲棍球球棒的厂商的生产函数是

$$q = 2\sqrt{kl}$$

短期内,厂商的资本设备数量固定为 $k = 100$。k 的租金率是 $v = 1$ 美元,劳动的租金率是 $w = 4$ 美元。

a. 计算厂商的短期总成本曲线。计算短期平均成本曲线。

b. 厂商短期边际成本函数是怎样的? 如果厂商生产 25 个曲棍球球棒,SC,SAC 和 SMC 是多少? 如果生产 50 个呢? 100 个又会怎样? 200 个呢?

c. 画出厂商的 SAC 和 SMC 图形。指出 b 中的那些点。

d. SMC 曲线和 SAC 曲线在哪儿相交? 为何 SMC 曲线总交于 SAC 曲线的最低点?

现在假设短期生产曲棍球球棒的资本投入固定于$\bar{k}$。

e. 计算厂商的总成本,使其为 q, w, v, 和$\bar{k}$的函数。

f. 给定 q, w 和 v,厂商将如何选择资本存货以使总成本最小化?

g. 使用你从 f 中得出的结果计算曲棍球球棒生产的长期总成本。

h. 对于 $w = 4$ 美元,$v = 1$ 美元,画出曲棍球球棒生产的长期总成本曲线。并通过考察$\bar{k}$的值等于 100、200 或者 400 时,证明其是 e 中计算出的短期曲线的包络线。

10.5

一个有魄力的企业家收购了两个工厂来生产装饰品。每个工厂生产相同的商品,并且每个工厂的生产函数是

$$q = \sqrt{k_i l_i}, \quad i = 1,2$$

然而,每个工厂的资本设备的数量是不同的。特别地,工厂 1 的 $k_1 = 25$,工厂 2 的 $k_2 = 100$,k 和 l 的租金率都是 $w = v = 1$ 美元。

a. 如果企业家想使短期生产装饰品的成本最小化,他将如何在两个厂商间分配产量?

b. 如果在两个工厂间最优地分配产量,计算短期总成本、短期平均成本和短期边际成本。第 100 个装饰品的边际成本是多少? 第 125 个呢? 第 200 个呢?

c. 企业家长期内如何在两个工厂间分配生产？计算生产装饰品的长期总成本、长期平均总成本和长期边际成本。

d. 如果两个工厂都呈现出规模报酬递减，你将如何回答 c 中的问题？

10.6

假设一个厂商的总成本函数是

$$C = qw^{2/3}v^{1/3}$$

a. 使用谢泼德引理计算固定产出下对于投入 l 和 k 的需求函数。

b. 使用你从 a 中得出的结果计算 q 的生产函数。

10.7

假设一个厂商的总成本函数是

$$C = q(v + 2\sqrt{vw} + w)$$

a. 使用谢泼德引理计算两种投入 k 和 l 的固定产出需求函数。

b. 使用 a 中的结果计算 q 的生产函数。

c. 你可以用例 10.2 的结果来检验这个结论，证明 $\sigma = 0.5, \rho = -1$ 的 CES 成本函数可以得出此总成本函数。

10.8

在一篇著名的文章中（J. Viner, "Cost Curves and Supply Curves," *Zeitschrift fur Nationalokonomie* 3（September 1931）:23—46），Viner 批评他的绘图员不能画出一组 SAC 曲线，并令其与 U 形 AC 线的切点分别是每一条 SAC 线的最低点。绘图员抗议说这种画法是不可能的。在这一辩论中，你支持哪一方？

分析问题

10.9　CES 成本函数的推广

CES 生产函数被广泛应用于估计投入的权重。在两种投入的情况下，此函数是：

$$q = f(k,l) = [(\alpha k)^{\rho} + (\beta l)^{\rho}]^{\gamma/\rho}$$

a. 生产函数是 CES 生产函数的厂商的总成本函数是怎样的？提示：当然，你可以从草图中得出函数。使用例 10.2 中的结果可能更简单，并且证明此生产函数中每单位资本投入的价格是 v/α，并且每单位劳动投入的价格是 w/β。

b. 如果 $\gamma = 1$ 并且 $\alpha + \beta = 1$，可以证明当 $\rho \to 0$ 时，此生产函数收敛于柯布—道格拉斯生产函数形式。CES 函数的这种特殊形式的总成本函数是怎样的？

c. 两种投入的生产函数中劳动成本的相对份额是 wl/vk。证明这种份额对于 b 中的柯布—道格拉斯生产函数是常数。参数 α 和 β 是如何影响劳动成本的相对份额的？

d. 计算上面介绍的一般 CES 函数的劳动成本的相对份额。w/v 的变化如何影响这种份额？替代弹性 σ 是如何决定这种影响的方向的？参数 α 和 β 的大小如何对其产生影响？

10.10　投入需求弹性

对于劳动和资本的引致投入需求的自身价格弹性是：

$$e_{l^c,w} = \frac{\partial l^c}{\partial w} \cdot \frac{w}{l^c}, \quad e_{k^c,v} = \frac{\partial k^c}{\partial v} \cdot \frac{v}{k^c}$$

a. 计算例 10.2 中的各个成本函数的 $e_{l^c,w}$ 和 $e_{k^c,v}$。

b. 证明，在一般情况下，$e_{l^c,w} + e_{k^c,v} = 0$。

c. 证明引致需求函数的交叉价格偏导数相等，即证明 $\frac{\partial l^c}{\partial v} = \frac{\partial k^c}{\partial w}$。并使用此结果证明 $s_l e_{l^c,w} = s_k e_{k^c,v}$，其中 s_l, s_k 分别是总成本的劳动份额（wl/C）和总成本的资本份额（vk/C）。

d. 使用 b 和 c 中的结果证明 $s_l e_{l^c,w} + s_k e_{k^c,v} = 0$。

e. 用文字解释这些不同的弹性之间的关系并在一般的投入需求理论中讨论它们的整体相关性。

10.11　替代弹性与投入需求弹性

（10.54）式中（森岛）替代弹性 s_{ij} 的定义可在投入需求弹性的框架下重新定义，这对基本的不对称性在定义上做了很好的说明。

a. 证明如果 w_j 发生改变，$s_{ij} = e_{x_i^c,w_j} - e_{x_j^c,w_j}$。

b. 证明如果 w_i 发生改变,$s_{ji} = e_{x_j^c, w_i} - e_{x_i^c, w_i}$。

c. 证明如果生产函数采取 CES 函数的一般形式,$q = [\sum{}_n x_i^{\rho}]^{1/\rho}$,$\rho \neq 0$,那么所有的森岛弹性都是一样的:$s_{ij} = 1/(1-\rho) = \sigma$。这是在森岛的定义中唯一对称的情形。

10.12 艾伦(Allen)替代弹性

大量实证研究为要素投入间的替代弹性提出了另一种定义,这个定义最初是由艾伦(R. G. D Allen)在 20 世纪 30 年代提出来的,后由宇泽弘文(H. Uzawa)于60 年代加以提纯。该定义直接建立在以生产函数为基础的替代弹性(见第 9 章中脚注 6)上:$A_{ij} = C_{ij}C/C_iC_j$,下标表明了生产函数对不同的投入品价格的偏导数。很明显,艾伦的定义是对称的。

a. 证明 $A_{ij} = e_{x_i^c, w_j}/s_j$,$s_j$ 是投入 j 在总成本中所占的份额。

b. 证明 s_i 对投入 j 的价格的弹性与 Allen 弹性有关,其关系式为 $e_{s_i p_j} = s_j(A_{ij} - 1)$。

c. 证明如果只有两种投入,那么在柯布—道格拉斯的情形下,$A_{kl} = 1$,在 CES 的情形下,$A_{kl} = \sigma$。

d. 阅读 Blackorby 和 Russell 的论文(1989:Will the Real Elasticity of Substitution Please Stand Up?),思考为何森岛的弹性定义是大多数研究者的首选。

推荐阅读材料

Allen, R. G. D. *Mathematical Analysis for Economists.* New York: St. Martin's Press, 1938. Various pages—see index.

该书对替代的可能性与成本函数做了全面(但过时了)的数学分析,读起来有些难度。

Blackorby, C. , and R. R. Russell. "Will the Real Elasticity of Substitution Please Stand Up (A Comparison of the Allen/Uzawa and Morishima Elasticities)." *American Economic Review* (September 1989): 882—888.

对于多种投入间的替代性的适当测量方法做了很好的说明,并争论认为艾伦/宇泽弘文的弹性定义基本毫无用处,森岛的定义才是迄今为止最好的。

Ferguson, C. E. *The Neoclassical Theory of Production and Distribution.* Cambridge: Cambridge University Press, 1969, Chap. 6.

该书发展了成本曲线,特别强调了图形分析。

Fuss, M. , and D. McFadden. *Production Economics: A Dual Approach to Theory and Applications.* Amsterdam: North-Holland, 1978.

该书对生产与成本函数的对偶关系做了困难而又全面的论述,并有一些实证讨论。

Knight, F. H. "Cost of Production and Price over Long and Short Periods." *Journal of Political Economics* 29(April 1921): 304—335.

该文对短期与长期定义的差别做了经典的论述。

Silberberg E. and W. Suen. *The Structure of Economics: A Mathematical Analysis*, 3rd ed. Boston: Irwin/McGrew-Hill, 2001.

该书第 7 章到第 9 章提供了有关成本函数的大量资料。作者对于"互惠效应"的讨论,以及将长期和短期的区别作为勒夏特列原理应用来处理的部分尤其值得一读。

Sydsaeter, K. , A. Strom, and P. Berck. *Economists' Mathematical Manual*, 3rd ed. Berlin: Springer-Verlag, 2000.

该书第 25 章提供了对该章的数学概念的简要总结。是一个对于有多种投入的成本函数的很好的总结,尽管里面有错误。

第 11 章　利润最大化

第 10 章我们考察了厂商使任何水平的产出成本最小化的方式，本章我们将着眼于考察利润最大化的厂商如何选择最优的产出水平。在考察产量决策之前，先简短地讨论一下厂商的性质及我们分析厂商行为选择所采取的方式。

11.1　厂商的性质与行为

本章我们将深入分析市场供给方的决策。这些分析是我们之前从需求/消费者的角度分析时未曾遇到的。消费者是易于识别的个体，而厂商的形式和规模却多种多样，既可以是“mom and pop”之类的小商店，也可以是为全球提供成百上千种商品的大型现代企业。直到现在，经济学家们仍然在纠结是什么因素决定了企业的规模、他们的管理结构是如何构建的、该使用何种金融工具筹集资本金，等等。这些难题似乎越来越成为需要深入研究的哲学问题。本章中，我们将继续研究厂商的标准“新古典”模型，而对上述深奥的问题仅仅点到为止（更完整的讨论参见本章扩展部分）。

11.1.1　一个厂商的简单模型

前两章中，我们已经考察了一个简单的厂商模型，只是那时对模型的假设条件还不够明确。在本章中，我们有必要定义更加明晰的假设条件：假设厂商的生产技术由生产函数 $f(k, l)$ 给定；厂商中只有一个企业家，他既负责所有的决策，也承担企业所有的收益和损失。生产技术、企业家、投入（劳动 l，资本 k，其他）——所有这些要素的组合构成了所谓的“企业”。我们稍后将看到，企业家按照自己的喜好行事，通常会导致利润最大化。

11.1.2　复杂的因素

本章的主要任务就是对简单厂商模型逐步进行深入讨论。在此之前，我们需解释几个复杂的因素。首先，在这个简单的模型中，唯一的成员——企业家——负责所有的决策并承担所有的收益。而对于大多数大型企业，决策和收益分享都是在一群人之间展开的。企业的所有者是股东，他们通过分红或股票收益获得回报,但股东并不亲自经营公司;大多数股东可能通过共同基金或其他方式持有上百家公司的股票,他们没有时间和精力来经营每一家公司。于是,公司通常由代表股东利益的首席执行官(CEO)以及他的管理团队来经营。CEO 也并非包办所有决策,而是将大部分权力委派给各个层级的经理人员。

其次,企业的所有权和经营权分离导致了另外一个问题:股东希望利润最大化,经理却可能按对自己有利,而不是对股东有利的方式来经营公司。经理可能更偏好通过企业扩张、建立商业帝国的方式来获取声誉,而不考虑扩张的经济意义;可能通过昂贵的公司福利,避免裁掉多余的工人来获得好评。一些机制能帮助股东与管理层的利益达成一致:授予管理层股票或股票期权,威胁管理者如果公司因为业绩不佳而破产或被收购就会炒掉他们,这些都为管理者提供了"利润最大化"的激励。但很难说这些激励机制是否能起到很好的作用。

最后,即便像是"企业规模"这样一个简单的概念也是值得商榷的。在厂商的基本定义中,厂商包括所有用于生产产出的投入,比如所有的机器和工厂。若生产过程的某一部分外包给了另一家厂商,那么产品供给就是几家厂商一起负责,而不是一家。著名的汽车制造商通用汽车(GM)为此提供了一个经典的例子。① 最初,费希博德(Fisher Body)一直是 GM 的车身供应商,GM 只负责车身与其他部分的最后组装。在经历了数十年不断的供应链中断之后,GM 在 1926 年决定收购费希博德。一夜之间,更多的生产——车身的生产以及最后的组装——都集中到了一个企业中。在这个汽车制造的业务中,如何界定企业的边界呢? GM 与费希博德作为收购后的整体和收购前的 GM,谁更符合企业的定义呢? 我们应该期待费希博德的收购对汽车市场有实质性的经济改变(如减少了投入供应的中断),还是仅仅是一个企业名称的改变? 我们会在本章的扩展部分论及这些复杂的问题,当下,我们视企业规模和本质由生产函数 $f(k,l)$ 给定。

11.1.3 与消费者理论的关系

本书的第 2 篇讨论了作为市场需求方的消费者的决策理论,第 4 篇则是对供给方的探讨。正如我们看到的,两者有很多共同点,许多数学方法都是通用的。然而,二者有两个本质区别,这要求我们对厂商理论的介绍多花一些篇幅。首先,厂商并不是个体,它是更为复杂的组织。通过假设厂商是由一个作为个体决策者的企业家来代表的,我们巧妙地处理了这个区别。复杂情况的更多细节处理请见本章扩展部分。

厂商和消费者的另一个区别是:厂商的目标更为具体。对于消费者而言,"萝卜白菜,各有所爱"。很难说为何这个消费者喜欢热狗胜过汉堡,而另一个消费者喜欢汉堡胜过热狗。相比之下,我们并不假设厂商是更喜欢生产热狗还是汉堡,而是假设他们会生产使得利润最大化的产品。利润最大化的假设有许多注意事项,如果要细究,会比在消费者部分的分析推进许多。

---

① 经济学家们对通用收购费希博德有着广泛的分析。例如 B. Klein, "Vertical Integaration as Oganization Ownership: The Fisher-Body-General Motors Relationship Revisited," *Journal of Law, Economics and Organization* (Spring 1988): 199—213。

11.2 利润最大化

大多数供给模型都假设厂商及其经理人追求尽可能达到经济利润最大化的目标。为此,我们使用以下定义:

定义

利润最大化的厂商　一个利润最大化的厂商以达到经济利润最大化为单一目标来选择其投入和产出。也就是说,厂商力图使其总收入和总成本之间的差额尽可能地大。

厂商追求最大经济利润的假设很早就出现在经济文献中,而且备受推崇。这一假设看起来似乎是合情合理的,因为工厂主可能确实想让其资产尽可能地实现价值,而且激烈的市场竞争会惩罚那些放弃利润最大化的厂商。

这个假设有几点值得注意。在前一部分我们已经提到了如果管理者并不是厂商的所有者,他就可能根据自己的利益行事,而非使所有者的财富最大化。即便管理者就是所有者,他也可能有除了财富以外的其他考虑,比如,减少发电厂的污染,在医疗实验室为发展中国家的患者治疗。现在,我们暂时不考虑这些因素,并不是因为这些目标不现实,而是我们很难说哪个目标对人们才是最重要的,以及它们对财富有多重要。相反,最大化厂商利润,在财富最大化的情况下通过税收或慈善捐赠的方式用于社会目标,则被认为是最有效的方式。在任何情况下,一系列丰富的解释厂商决策的理论结果都可以用利润最大化的假设衍生出来。因此在本章余下的绝大部分,我们都会使用这个假设。

11.2.1 利润最大化和边际主义

如果厂商严格遵守利润最大化的原则,那么他会以一种"边际"的方式做出决策。企业家将依据感性的经验来调整那些可控变量,直到不可能进一步增加利润时为止。这就涉及,譬如说,考察由多生产一个单位的产出或多雇用一个单位的劳动可获得的额外的或"边际"的利润。只要这种增量是正值,厂商就会生产额外的产出或者雇用额外的工人。当一种经营导致的利润增量变为零时,企业家的本事就算发挥到极致了,再多赚一分钱都不可能了。本章中,我们将通过使用日渐完备的数学工具来探讨这一假设的结果。

11.2.2 产出决定

首先考虑一个非常熟悉的问题——为了实现利润最大化,厂商应该选择什么样的产出水平。厂商以市场价格 p(每单位价格)出售 q 单位产出。总收益是

$$R(q) = p(q) \cdot q \tag{11.1}$$

此处我们考虑到了厂商接受的售价可能会受到出售数量的影响这一可能性。在生产 q 的过程中,发生了某些经济成本,就像在第 10 章中指出的那样,我们以 $C(q)$ 来表示。

收益和成本之间的差额被称为经济利润(economic profits,记为 π)。在此我们回顾一下这个定义。

定义

经济利润 厂商的经济利润是他的收益和成本之间的差额。

$$\text{经济利润} = \pi(q) = R(q) - C(q) \tag{11.2}$$

因为收入和成本都依赖于产量,所以经济利润也是产量的函数。

通过对(11.2)式求 q 的导数并令其等于0,得到选取最大化利润时 q 值的必要条件②:

$$\frac{\mathrm{d}\pi}{\mathrm{d}q} = \pi'(q) = \frac{\mathrm{d}R}{\mathrm{d}q} - \frac{\mathrm{d}C}{\mathrm{d}q} = 0 \tag{11.3}$$

所以最大化的一阶条件是

$$\frac{\mathrm{d}R}{\mathrm{d}q} = \frac{\mathrm{d}C}{\mathrm{d}q}. \tag{11.4}$$

根据之前的定义,$\mathrm{d}C/\mathrm{d}q$ 是边际成本 MC。类似地,$\mathrm{d}R/\mathrm{d}q$ 可定义为边际收益。

定义

边际收益 边际收益是一单位产量 q 变化所带来的总收益 R 的变化。

$$\text{边际收益} = \mathrm{MR} = \frac{\mathrm{d}R}{\mathrm{d}q} \tag{11.5}$$

这是一般的经济学概论教程中对于边际收益等于边际成本规则的数学描述。这个原则是一条十分重要的最优化原则。

最优化原则

利润最大化 为了使经济利润最大化,厂商应该选择边际收益等于边际成本的产出水平,即

$$\mathrm{MR}(q^*) = \mathrm{MC}(q^*) \tag{11.6}$$

11.2.3 二阶条件

(11.4)式或(11.5)式仅仅是利润最大化的一个必要条件,要满足它的充分条件还要求有

$$\left.\frac{\mathrm{d}^2\pi}{\mathrm{d}q^2}\right|_{q=q^*} = \left.\frac{\mathrm{d}\pi'(q)}{\mathrm{d}q}\right|_{q=q^*} < 0 \tag{11.7}$$

或者说"边际利润"在最优产量水平 q 上是递减的。当 q 小于 q^*(最优产出水平)时,利润肯定是

② 注意,这是一个无约束条件的极大值问题;这一问题的约束隐含在收益与成本函数之中。具体而言,厂商面临的需求曲线决定了收益函数,而厂商的生产函数(连同投入价格)决定了其成本。

递增的[$\pi'(q)>0$];当 q 大于 q^* 时,利润肯定是递减的[$\pi'(q)<0$]。只有满足这个条件,才真正达到了利润最大化。显然,在 q 上边际收益递减(或保持不变)而边际成本递增时,这个条件才能实现。

11.2.4　图形分析

以上关系可以在图 11.1 中得到说明,图 11.1(a)描述了典型的成本函数和收益函数。对于较低的产出水平,成本超过了收益,因此经济利润是负值。在产出的中间阶段,收益超过了成本;这意味着利润是正值。最后,在较高的产出水平上,成本迅速增加并且再一次超过收益。收益和成本曲线的垂直距离(即利润)表示在图 11.1(b)中。此处利润在 q^* 处达到最大。在这一产出水平,收益曲线的斜率(边际收益)确实等于成本曲线的斜率(边际成本)。从图中可看出,利润最大

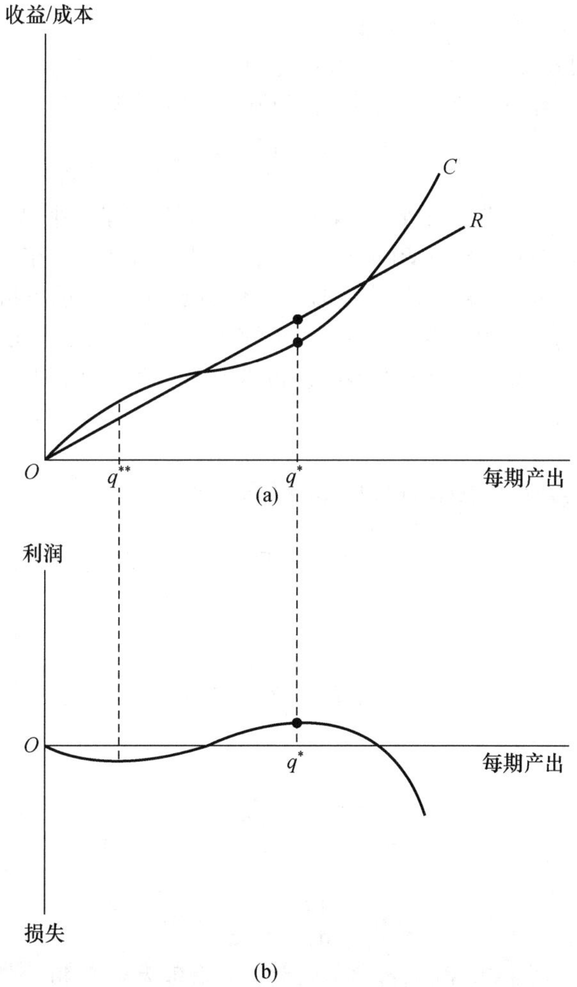

图 11.1　利润最大化时边际收益必须等于边际成本

由于利润被定义为收益(R)减去成本(C),很显然当收益函数的斜率(边际收益)等于成本函数的斜率(边际成本)时,利润实现最大化。但这个等式只是最大化的一个必要条件,这可以通过比较 q^*(实际的利润最大化点)和 q^{**}(实际的利润最小化点)看出,而在这两个点上边际收益都等于边际成本。

化的充分条件在这一点也得到了满足,因为在 q^* 的左边利润是上升的,而在 q^* 的右边利润是下降的。因此,q^* 就是满足利润最大化的产出水平。但是在 q^{**} 点情况却不是这样。尽管在此产出水平上边际收益也等于边际成本,但是利润在这一点却是最小的。

11.3　边际收益

如果厂商无论出售多少产品都不会影响市场价格,那么,边际收益的计算就会十分简单。市场价格就是多出售一单位产品所得的额外收益。尽管如此,厂商并不总是能以市场价出售他想出售的所有商品。如果其面临向下倾斜的需求曲线,那么只有降低商品价格才能销售更多商品。在这种情况下,厂商多出售一单位商品获得的收益低于商品的单位价格,因为要使消费者多购买一单位商品,其他单位的商品价格也必须降低。

这个结果的证明很容易。和以前一样,总收益(R)是产量(q)和销售这些产量的商品价格(p)的乘积,其中价格和产量有关。利用厂商的生产原则求偏导,边际收益为

$$\mathrm{MR}(q)=\frac{\mathrm{d}R}{\mathrm{d}q}=\frac{\mathrm{d}[p(q)\cdot q]}{\mathrm{d}q}=p+q\cdot\frac{\mathrm{d}p}{\mathrm{d}q} \tag{11.8}$$

值得注意的是,边际收益是产出的函数。一般地,对于不同的产量水平,MR 是不同的。从(11.8)式容易看出,如果产量增加时价格不变($\mathrm{d}q/\mathrm{d}p=0$),边际收益便等于价格。在这种情况下,我们称这个厂商是价格接受者(price taker),因为他的决策不影响他所接受的价格水平。另一方面,如果产量增加时价格下跌($\mathrm{d}q/\mathrm{d}p<0$),边际收益将小于价格。一个利润最大化的企业家在做出最优产出决策之前,必须了解产出的增长将如何影响价格水平。如果 q 的增加引起市场价格下跌,做决策时就必须考虑到这一点。

例 11.1　由线性需求函数得出的边际收益

假定一个三明治厂商在一定时期内的日产出面临的是线性需求函数,其形式是

$$q=100-10p \tag{11.9}$$

从中解得厂商接受的价格是

$$p=-\frac{q}{10}+10 \tag{11.10}$$

厂商的总收益曲线(q 的函数)是

$$R=pq=-\frac{q^2}{10}+10q \tag{11.11}$$

则该厂商的边际收益函数是

$$\mathrm{MR}=\frac{\mathrm{d}R}{\mathrm{d}q}=-\frac{q}{5}+10 \tag{11.12}$$

在此种情况下,对于所有的 q 值,$\mathrm{MR}<p$。例如,如果厂商每天生产 40 个单位产品,(11.10)式表明他将接受每个三明治 6 美元的价格。但是在此产出水平上,(11.12)式表明 MR 只有 2 美元。如果厂商每天生产 40 单位产品,总收益是 240 美元;但是如果生产 39 单位,因为当产量减少时,价格将略微上升,所以总收益将是 238 美元($=6.1\times39$)。因此,出售第 40 单位商品而得到的边际收益小于其价格。事实上,当 $q=50$ 时,厂商的边际收益等于 0(总收益达到最大,即 $5\times50=$

250 美元),此时厂商进一步的产量扩张实际上会减少其总收益。

为了得到厂商利润最大化的产量水平,我们必须知道厂商的成本。如果厂商以不变的 4 美元的平均成本和边际成本来生产三明治,(11.12)式表明日产出 30 单位时 MR = MC。在此产出水平上,每个三明治的售价是 7 美元,利润将是 90 美元[= (7 - 4) × 30]。尽管此时价格很大程度上超过了边际成本,但厂商并无兴趣提高产量水平。例如,对于 $q = 35$,价格将降至 6.5 美元,利润将降至 87.50 美元[= (6.50 - 4.00) × 35]。边际收益而非价格,是厂商利润最大化行为的首要决定性因素。

请回答:如果三明治的边际成本上升到 5 美元,该厂商的产量水平和利润水平将如何变动?

11.3.1　边际收益和弹性

边际收益的概念和厂商面临的需求曲线的弹性直接相关。我们还记得市场的需求弹性($e_{q,p}$),被定义为价格变动 1% 所导致的需求量变动的百分比

$$e_{q,p} = \frac{\mathrm{d}q/q}{\mathrm{d}p/p} = \frac{\mathrm{d}q}{\mathrm{d}p} \cdot \frac{p}{q}$$

现在,这一定义与(11.8)式结合起来可以得到

$$\mathrm{MR} = p + q \cdot \frac{\mathrm{d}p}{\mathrm{d}q} = p\left(1 + \frac{q}{p} \cdot \frac{\mathrm{d}q}{\mathrm{d}p}\right) = p\left(1 + \frac{1}{e_{q,p}}\right) \tag{11.13}$$

如果厂商面临的需求曲线的斜率是负的,则 $e_{q,p} < 0$,正如我们已经说明的那样,边际收益小于价格。如果需求是富有弹性的($e_{q,p} < -1$),则边际收益是正值。也就是说,如果需求富于弹性,多出售一单位产品将不会“很大”程度地影响价格,从而可以由此得到更多的收益。事实上,如果厂商面临的需求具有无限弹性($e_{q,p} = -\infty$),边际收益将等于价格。在这种情况下,厂商是一个价格接受者。然而,如果需求没有弹性($e_{q,p} > -1$),边际收益将是负值。如果只有“大幅度”地降低市场价格才能增加 q,那么实际上跌价将引起总收益的减少。

我们将边际收益和弹性的关系总结于表 11.1 中。

表 11.1　弹性和边际收益的关系

$e_{q,p} < -1$	MR > 0
$e_{q,p} = -1$	MR = 0
$e_{q,p} > -1$	MR < 0

11.3.2　逆弹性法则

如果我们假设厂商追求利润最大化,可以将此分析扩展以阐明价格和边际成本之间的联系。由于 MR = MC,我们得到

$$\mathrm{MC} = p\left(1 + \frac{1}{e_{q,p}}\right)$$

或者

$$\frac{p-\mathrm{MC}}{p}=-\frac{1}{e_{q,p}}=\frac{1}{|e_{q,p}|} \tag{11.14}$$

(11.14)式最右边的绝对值表达式在需求曲线向下倾斜时成立,因为此时 $e_{p,q}<0$。这个价格对边际成本偏离的度量有时被称为勒纳指数(Lerner index),它是经济学家阿贝·勒纳(Abba Lerner)在20世纪30年代首先提出的。这个偏离以一种特殊的方式依赖于商品的需求弹性。首先,(11.14)式只有在厂商面临的需求曲线富有弹性($e_{q,p}<-1$)时才有意义。如果需求缺乏弹性,(11.14)式中的比率将大于1,这是不可能的,因为从正的 p 中减去一个正的 MC,其结果不可能比自己还大。简单说来,当需求缺乏弹性时,边际收益是负值,不可能等于正的边际成本。因此,利润最大化的厂商只选择其面临的富有弹性的需求曲线上的点进行经营活动。当然,如果众多厂商都生产同种商品,则一个厂商面临的需求曲线将是极其富有弹性的,尽管整个市场的需求曲线可能相对缺乏弹性。

(11.14)式意味着,$e_{q,p}$越接近-1,价格对边际成本的偏离程度就越大。如果厂商面临的需求具有无限弹性(也许是因为有很多其他厂商也生产同类型的产品),就不会有偏离($p=\mathrm{MC}$)。另一方面,对于富有弹性的需求曲线,比如 $e_{q,p}=-2$,价格对边际成本的偏离程度就是50%,即$(p-\mathrm{MC})/p=1/2$。

12.3.3 边际收益曲线

任何需求曲线都有相应的边际收益曲线。如果像我们有时假设的那样,厂商必须在同一个价格水平上售出其所有产出,则将厂商面临的需求曲线视为一条*平均收益曲线*是很方便的。也就是说,需求曲线显示了可选择的各种产出水平上每单位产出能够带来的收益(换言之,即价格)。而另一方面,边际收益曲线显示的是最后售出的一单位产出所带来的额外收益。在通常需求曲线向下倾斜的情况下,边际收益曲线位于需求曲线的下方。因为依据(11.8)式,$\mathrm{MR}<P$。在图11.2中,我们画出了需求曲线和由其推导出的这样的一条边际收益曲线。值得注意的是,产出水平大于 q_1 时,边际收益是负的。当产出从0增加到 q_1 时,总收益($p\cdot q$)增长。然而,在 q_1 时,总收益($p_1\cdot q_1$)已经达到最大,超过这一产出水平,价格下降的比率就快于产出增加的比率。

在第2篇中我们详细探讨了需求曲线移动的可能性,这种移动可能是由收入水平、其他商品的价格或者消费者偏好等的变化造成的。一旦需求曲线发生移动,其对应的边际收益曲线也将发生移动。原因很明显,因为不可能在不涉及某一特定的需求曲线时计算得出边际收益曲线。

例 11.2 弹性不变的情况

第5章中我们研究了一种需求函数,它具有以下形式

$$q=ap^{b} \tag{11.15}$$

这个函数具有不变的需求价格弹性,并且此弹性等于参数 b。为了计算这个函数的边际收益,我们首先解得 p 为

$$p=\left(\frac{1}{a}\right)^{1/b}q^{1/b}=kq^{1/b} \tag{11.16}$$

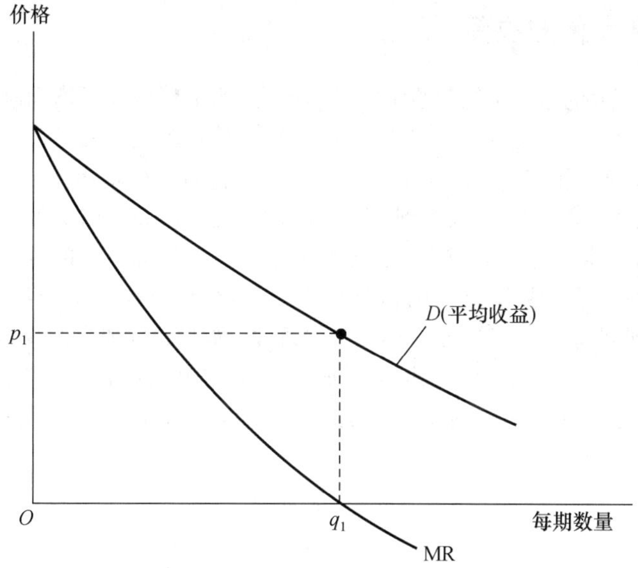

图 11.2 市场需求曲线和相应的边际收益曲线

由于需求曲线斜率为负值,边际收益曲线将位于需求曲线("平均收益")的下方。对于超出 q_1 的产出水平,MR 是负的。在点 q_1,总收益($p_1 \cdot q_1$)为最大值;超过这一点,q 的进一步增加实际上会导致总收益下降,因为产量增加同时伴随着价格的下降。

其中,$k = (1/a)^{1/b}$。因此,

$$R = pq = kq^{(1+b)/b}$$

并且

$$\mathrm{MR} = dR/dq = \frac{1+b}{b}kq^{1/b} = \frac{1+b}{b}p \tag{11.17}$$

那么,对于这个特殊的函数而言,MR 和价格成比例。例如,当 $e_{q,p} = b = -2$ 时,MR = 0.5p。对于更富有弹性的情况:假设 $b = -10$,则 MR = 0.9p。当需求变得更加具有弹性时,MR 曲线更加接近需求曲线。最后,我们假设 $b = -\infty$,则 MR = p;也就是说,需求弹性无穷大时,厂商是价格的接受者。另一方面,如果需求缺乏弹性,MR 是负值(从而无法达到利润最大化)。

请回答:假设需求除 p 之外还依赖其他因素,会对此例的分析产生什么影响?这些其他因素的变化会如何移动需求曲线及其边际收益曲线?

11.4 作为价格接受者的厂商的短期供给

我们现在准备研究一个利润最大化厂商的供给决策。本章只考虑厂商作为价格接受者的情况,其他情况我们将在第 6 篇进行更为详尽的分析。在这里仅集中力量探讨短期的供给决策,长期问题将留到下一章重点研究。因此,厂商的短期成本曲线簇可以作为合适的分析模型。

11.4.1 利润最大化的决策

图 11.3 显示了厂商的短期决策。给定的市场价格③为 P^*,因此厂商面临的需求曲线是一条通过 P^* 的水平线。这条线标记为 $P^*=\mathrm{MR}$,它表示作为价格接受者的厂商总能出售额外的一单位产品而不会影响价格水平。产出水平 q^* 带来最大利润,因为在 q^* 点价格等于短期边际成本。由于在 q^* 点价格超过平均成本,可以看到这时的利润为正。厂商可以从每一单位售出的产品上获得一些利润。如果价格低于平均成本(如点 P^{***} 的情形),厂商售出的每一单位产品都会带来一些亏损。如果价格与平均成本相等,则利润为零。值得注意的是,在 q^* 点边际成本曲线的斜率是正值。如果要实现利润最大化,这是必须满足的条件。如果边际成本曲线斜率为负的部分存在 $P=\mathrm{MC}$,则这不可能是利润最大化的点,因为增加产出得到的收益(价格乘以产量)多于生产的成本(如果 MC 曲线具有负的斜率,边际成本是递减的)。因此,利润最大化既要求 $P=\mathrm{MC}$,也要求边际成本在这一点是上升的。④

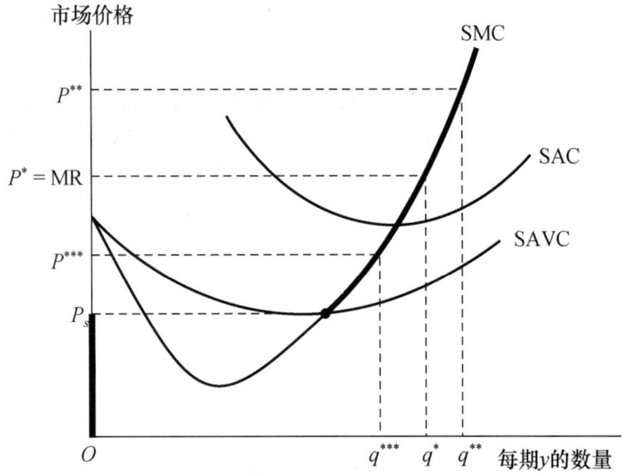

图 11.3 作为价格接受者的厂商短期供给曲线

在短期,一个作为价格接受者的厂商将生产这样的产出水平:此时 $\mathrm{SMC}=P$。例如,在点 P^*,厂商产出为 q^*。SMC 曲线也表示在其他价格水平上将生产多少,但是,当价格低于 SAVC 时,厂商将不生产。图中的黑体粗线代表厂商的短期供给曲线。

---

③ 我们在本章和以后章节通常用 P 来表示某一种商品的市场价格。尽管如此,当标记比较繁杂时,有时我们也会使用 p。

④ 数学上,因为

$$\pi(q)=Pq-C(q)$$

利润最大化(一阶条件)要求

$$\pi'(q)=P-\mathrm{MC}(q)=0$$

和(二阶条件)

$$\pi''(q)=-\mathrm{MC}'(q)<0.$$

因此,要求 $\mathrm{MC}'(q)>0$;边际成本必须是增加的。

11.4.2 厂商的短期供给曲线

短期边际成本曲线的正斜率部分是作为价格接受者的厂商的短期供给曲线,因为这一曲线恰好表示了厂商在每一个可能的市场价格水平上将生产多少产品。例如,如图 11.3 所示,在一个更高的价格水平点 P^{**} 上,厂商将生产 q^{**},因为它发现尽管产量为 q^{**} 时边际成本更高,但仍然是有利可图的。另一方面,当价格是 P^{***} 时,厂商倾向于减少生产(q^{***}),因为只有降低产出水平才可能降低边际成本,使之与更低的价格水平相等。考虑到厂商可能面临的所有价格,我们可以从边际成本曲线上看出厂商将在每一价格水平上供给多高水平的产出。

停业决策。当价格水平很低时,我们必须慎重对待这一结论。当市场价格低于 P_s(停业价格)时,利润最大化的决策将是不生产。如图 11.3 所示,价格低于 P_s 时,销售收入尚不能弥补平均可变成本。这时除了损失固定成本之外,每生产一单位还要承担进一步的损失。而若停产,厂商虽仍须支付固定成本,但可以避免生产带来的进一步损失。在短期,厂商不能退出这一行业,因此无法保证所有的成本都不损失,所以,最好的决策便是停产。不过,当价格稍稍高于 P_s 时,就意味着厂商将进行一定规模的生产。即便利润可能是负的(当价格跌到低于短期平均总成本时便是这样,比如 P^{***} 点),但只要价格可以弥补可变成本,利润最大化的决策便是继续生产。因为,在任何情况下厂商都必须支付固定成本,而任何超过可变成本的价格都将带来一部分收益以部分弥补固定成本的损失。⑤ 因此,我们便得到了不同价格水平下厂商产出供给决策的完整描述。其被归纳于如下定义中。

定义

短期供给曲线　厂商的短期供给曲线表示在各种可能的价格水平下厂商将生产多少产出。对于一个接受既定的产出价格并追求利润最大化的厂商来说,这条曲线由厂商的短期边际成本曲线上高于平均可变成本最低点的有正斜率的那一段组成。当价格低于供给曲线最低点时,厂商利润最大化的决策将是停业、停产。

当然,任何导致厂商的短期边际成本曲线移动的因素(比如投入价格的变动或者所使用的固定投入水平的变动)都将引起短期供给曲线的移动。在第 12 章我们将对这种分析的运用予以扩展以研究完全竞争市场的运行。

---

⑤ 运用一些代数式可以使问题变得更清晰。我们知道总成本等于固定成本与可变成本的总和:

$$\mathrm{SC} = \mathrm{SFC} + \mathrm{SVC}$$

利润等于

$$\pi = R - \mathrm{SC} = P \cdot q - \mathrm{SFC} - \mathrm{SVC}$$

如果 $q = 0$,可变成本和收益都等于零,因此

$$\pi = -\mathrm{SFC}$$

只要 $\pi > -\mathrm{SFC}$,厂商就将进行一定的生产。但是这意味着

$$p \cdot q > \mathrm{SVC} \quad 或者 \quad p > \mathrm{SVC}/q$$

例 11.3 短期供给

例 10.5 中我们计算的柯布—道格拉斯生产函数的短期总成本函数是

$$\mathrm{SC}(v,w,q,k_1) = vk_1 + wq^{1/\beta}k_1^{-\alpha/\beta} \tag{11.18}$$

其中,k_1 表示资本投入水平,并且在短期内保持不变。⑥ 可以很容易计算得到短期边际成本是

$$\mathrm{SMC}(v,w,q,k_1) = \frac{\partial \mathrm{SC}}{\partial q} = \frac{w}{\beta}q^{(1-\beta)/\beta}k_1^{-\alpha/\beta} \tag{11.19}$$

注意,短期边际成本随着产出水平 q 递增。对作为价格接受者的厂商而言,追求短期利润最大化要求选择能使市场价格(P)等于短期边际成本的产出

$$\mathrm{SMC} = \frac{w}{\beta}q^{(1-\beta)/\beta}k_1^{-\alpha/\beta} = P \tag{11.20}$$

解出供给产量,得

$$q = \left(\frac{w}{\beta}\right)^{-\beta/(1-\beta)} k_1^{\alpha/(1-\beta)} P^{\beta/(1-\beta)} \tag{11.21}$$

供给函数提出了一些我们在以前的经济学课程中已经很熟悉的见解:(1) 供给曲线的斜率是正值——P 的增加会促使厂商生产更多产品,因为这将使边际成本提高⑦;(2) 工资率 w 上升将使供给曲线向左移动——也就是说,对于任意给定的产出价格,工资率越高,供给越少;(3) 资本投入 k_1 的增加将使供给曲线向外移动——短期内投入更多的资本将使厂商在更高的产出水平上达到既定的短期边际成本;(4) 资本的租金率 v 与短期供给决策无关,因为它只是固定成本的一部分。

一个数值的例子。我们可以再次从例 10.5 中得出数值的例子,其中,$\alpha=\beta=0.5, v=3, w=12, k_1=80$。对于这些具体的参数,供给函数是

$$q = \left(\frac{w}{0.5}\right)^{-1}\cdot(k_1)^1\cdot p^1 = 40\cdot\frac{P}{w} = \frac{40P}{12} = \frac{10P}{3} \tag{11.22}$$

通过比较不同价格下的供给数量和表 10.2 中计算出的短期边际成本,可以证明此结果是正确的。例如,如果 $P=12$,供给函数预计将生产 $q=40$ 的产出,而表 10.2 证明这满足 $P=\mathrm{SMC}$ 的条件。如果价格上升一倍到 $P=24$,将生产 80 单位的产出,而表 10.2 也再一次证明当 $q=80$ 时,$\mathrm{SMC}=24$。更低的价格(比如 $P=6$)将会致使厂商生产得更少($q=20$)。

在采用(11.22)式作为供给函数之前,我们应考虑一下厂商的停业决策。是否存在一个价格使生产 $q=0$ 比遵从 $P=\mathrm{SMC}$ 原则更加有利可图?从(11.18)式中我们知道短期可变成本是

$$\mathrm{SVC} = wq^{1/\beta}k_1^{-\alpha/\beta} \tag{11.23}$$

因此,

$$\frac{\mathrm{SVC}}{q} = wq^{(1-\beta)/\beta}k_1^{-\alpha/\beta} \tag{11.24}$$

(11.24)式和(11.19)式的比较说明如果 $\beta<1$,则对于所有的 q 值,都有 $\mathrm{SVC}/q<\mathrm{SMC}$。因此在此问题中,不存在很低的价格使厂商按照 $P=\mathrm{SMC}$ 进行生产比不生产损失得多。也就是说,厂商应该进行生产。

---

⑥ 因为资本投入保持不变,短期成本函数表现出边际成本递增并且因此导致只有唯一的利润最大化的产出水平。如果我们在长期使用规模报酬不变的生产函数,就不会有那样唯一的最优产出水平。我们将在本章的后面部分和第 12 章对此进行详细论述。

⑦ 事实上,短期供给弹性可以直接从(11.21)式中得出,它是 $\beta/(1-\beta)$。

在我们所举的数字例子中,考虑 $P=3$ 的情形。对于这样的低价,厂商的最优选择是 $q=10$。总收益将是30,总的短期成本将是 SC = 255(见表10.1)。因此,利润是 $\pi = R - SC = -225$。尽管对厂商来说,这是一个令人沮丧的数字,但是这比选择不生产要好。如果厂商为了避免所有的可变成本(劳动)的损失而不进行生产,它将损失240的固定资本。生产10单位产出,其收益可以弥补可变成本($R - SVC = 30 - 15 = 15$),并且可以抵消一点固定成本的损失。

请回答:如何绘制(11.22)式中的短期供给曲线?如果 w 上升到15,曲线将如何移动?如果资本投入增加到 $k_1 = 100$,曲线将如何移动?如果 v 降至2,短期供给曲线将如何移动?这些变化会改变厂商避免短期内停产的决策吗?

11.5 利润函数

对作为价格接受者⑧的厂商利润最大化过程的另一种研究就是考察其利润函数。此函数表明厂商的(最大)利润只依赖于厂商面临的市场价格。为了阐明其结构的逻辑性,请记住经济利润的定义如下

$$\pi = Pq - C = Pf(k,l) - vk - wl \tag{11.25}$$

此式中只有变量 k 和 l[还有 $q=f(k,l)$]是厂商可以控制的。厂商选择这些投入的水平以使利润最大化,并在其决策过程中将三种价格 P、v 和 w 视为固定的参数。以这种方式进行考察可以看出,厂商的最大利润最终只依赖于这三个外生价格和生产函数的形式。我们将这种关系归结于利润函数中。

定义

利润最大化 厂商的利润函数表明其最大化利润是他面临的价格的函数:

$$\Pi(P,v,w) = \max_{k,l} \pi(k,l) = \max_{k,l}[Pf(k,l) - vk - wl] \tag{11.26}$$

此定义中我们使用大写的 Π 表示函数值是在给定的价格下的最大利润值。这个函数隐含地合并了厂商的生产函数——这一过程我们将在例11.4中简略阐述。利润函数既可以是长期的也可以是短期的,但是在短期必须明确固定要素投入的水平。

11.5.1 利润函数的性质

和我们所考察的其他最优函数一样,利润函数也有一些对于经济学分析很有用的性质。它们是:

(1) 齐次性。利润函数中的所有价格都增加一倍将使利润增加一倍——也就是说,利润函数

---

⑧ 此处的大部分分析也适用于其商品在市场上有一定价格影响力的厂商,但是我们将对这种可能性的讨论推后在第5篇进行。

是所有价格的一次齐次函数。我们已经证明边际成本是投入价格的一次齐次函数,因此,投入价格增长一倍和厂商产品的市场价格增长一倍将不会改变厂商达到利润最大化时决定生产的商品数量。但是,由于收益和成本都加倍,利润也会增长一倍。这说明在纯粹的通货膨胀(所有价格一起上涨)下,厂商不会改变生产计划,并且其利润水平和通货膨胀保持同步。

(2) 利润函数是产出价格 P 的非减函数。这个结果似乎是显而易见的——厂商总会对其产品的价格上涨做出这样的应对:不改变投入或者产出计划。根据利润的定义,厂商应该增加投入或者产出。因此,如果厂商改变了其计划,他肯定是为了获得更多利润。如果利润是下降的,厂商就达不到利润最大化了。

(3) 利润函数是投入价格 v 和 w 的非增函数。利润函数的这个性质也是显而易见的。证明和上面对于产品价格的讨论类似。

(4) 利润函数是产出价格的凸函数。利润函数的这一重要性质的意思是两种不同价格下的利润函数的平均值大于等于两种价格平均值[⑨]对应的利润函数。数学上:

$$\frac{\Pi(P_1,v,w)+\Pi(P_2,v,w)}{2}\geqslant \Pi\left(\frac{P_1+P_2}{2},v,w\right) \tag{11.27}$$

直观上理解就是:厂商在随着两种不同价格自由调整其决策的情况下,比在一种单一价格下做出决策的情况下能得到更好的结果。下面给出正式的证明:令 $P_3=(P_1+P_2)/2$ 并且令 q_i、k_i、l_i 表示对应这些不同的价格利润最大化时的产出和投入决策。由于函数 Π 隐含了利润最大化假设,我们可以将其写成

$$\begin{aligned}\Pi(P_3,v,w)&\equiv P_3q_3-vk_3-wl_3\\&=\frac{P_1q_3-vk_3-wl_3}{2}+\frac{P_2q_3-vk_3-wl_3}{2}\\&\leqslant\frac{P_1q_1-vk_1-wl_1}{2}+\frac{P_2q_2-vk_2-wl_2}{2}\\&\equiv\frac{\Pi(P_1,v,w)+\Pi(P_2,v,w)}{2}\end{aligned} \tag{11.28}$$

上式证明了(11.27)式,其中第3行是关键。(q_1,k_1,l_1)是在价格为 P_1 时,利润最大化的投入和产出组合,因此肯定大于其他任何组合,包括(q_3,k_3,l_3)。同样,当市场价格为 P_2 时,组合(q_2,k_2,l_2)所产生的利润一定大于组合(q_3,k_3,l_3)产生的利润。

利润函数的凸性在价格稳定等方面有许多应用。

11.5.2　包络结果

因为利润函数反映了非约束条件下的潜在的最大化过程,所以我们也将包络理论用于其中以考察利润如何对投入和产出价格做出反应。此理论的应用得出了多个很有用的结论。具体来说,使用利润的定义,有

$$\frac{\partial \Pi(P,v,w)}{\partial P}=q(P,v,w) \tag{11.29}$$

---

⑨ 尽管此处我们只讨论了一种简单的平均价格,但是对于赋予权重的平均价格 $\overline{P}=tP_1+(1-t)P_2,0\leqslant t\leqslant 1$,也是凸性的,和(11.27)式的情况类似。这一点是显而易见的。

$$\frac{\partial \Pi(P,v,w)}{\partial v} = -k(P,v,w) \tag{11.30}$$

$$\frac{\partial \Pi(P,v,w)}{\partial w} = -l(P,v,w) \tag{11.31}$$

这些方程再一次给我们一个直观的感觉——产品价格的微小变化将以厂商的产量为比例增加利润,而投入价格的微小增加将以投入使用的数量为比例减少利润。第一个方程说明可以通过对厂商的利润函数求产出价格的偏导数来计算其供给函数。[10] 第二和第三个方程说明投入需求函数[11]也可以从利润函数中推导得出。因为利润函数本身是一阶齐次函数,所以(11.29)式—(11.31)式中的所有函数都是零次齐次函数。也就是说,产出价格和投入价格都增加一倍将不会改变厂商决定的投入水平,也不会改变厂商利润最大化的产出水平。所有这些结果对于短期也都是适用的,后面将给出一个具体的例子来说明。

11.5.3　短期的生产者剩余

第 5 章我们讨论了“消费者剩余”的概念,并说明了如何使用需求曲线下面的区域测度价格变化时的消费者福利。我们也介绍了如何在个人消费函数中考察福利的变化。在短期分析中,测度价格变化对厂商福利的影响的过程是与之类似的。这是我们在这部分要重点探讨的问题。但是,就像我们将在下一章说明的那样,在长期,测度价格变化对于生产者福利的影响需要采取很不同的方法,因为不仅厂商自己,包括其投入的供给者都会察觉到大部分的长期影响。一般来说,在对价格变化对福利的影响做进一步研究时,长期的方法更加有用。

由于利润函数是产出价格的非减函数,我们知道,对于 $P_2 > P_1$,

$$\Pi(P_2,\cdots) \geqslant \Pi(P_1,\cdots)$$

并且对厂商由价格变化得到的福利的测度也是很简单的,

$$\text{获得的福利} = \Pi(P_2,\cdots) - \Pi(P_1,\cdots) \tag{11.32}$$

图 11.4 说明了如何在图形中,即由两个价格和短期供给曲线以上的部分围成的区域来测度这个值。直觉上,供给曲线表示厂商生产的产出能够接受的最低价格。因此,当市场价格从 P_1 上升到 P_2 时,厂商既能够以更高的价格出售其初始的产出(q_1),也能够选择以边际成本出售多余的产出($q_2 - q_1$)。这样,厂商还赚取了除最后一单位产出外的其他产出的多余利润。因此,厂商获得的总的利润增加由区域 P_2ABP_1 给出。数学上,我们可以使用前面章节的包络结果推导出

$$\text{获得的福利} = \Pi(P_2,\cdots) - \Pi(P_1,\cdots) = \int_{P_1}^{P_2} \frac{\partial \Pi}{\partial P} \mathrm{d}P = \int_{P_1}^{P_2} q(P)\,\mathrm{d}P \tag{11.33}$$

因此,图形上和数学上对于福利变化的测度是一致的。

使用这种方法,我们也可以测度相对于不生产任何产出的情况,厂商在多大程度上重视其在现行市场价格下生产的权利。如果我们将短期内停产的价格标记为 P_s(实际上此价格有可能是零,但不必然如此),那么厂商在 P_1 的价格下获得的额外的利润被定义为生产者剩余:

$$\text{生产者剩余} = \Pi(P_1,\cdots) - \Pi(P_s,\cdots) = \int_{P_s}^{P_1} q(P)\,\mathrm{d}P \tag{11.34}$$

---

⑩ 自从经济学家哈罗德·霍特林(Harold Hotelling)1930 年发现了这种关系后,有时它也被称为“霍特林引理”。

⑪ 与第 10 章推导出的投入需求函数不同,这些需求函数对产出水平并无要求。但是厂商利润最大化时的要素投入决策已经被考虑进去了。因此,这个需求的概念比第 10 章中介绍的要更具有一般性,下一部分我们将对此进行深入阐述。

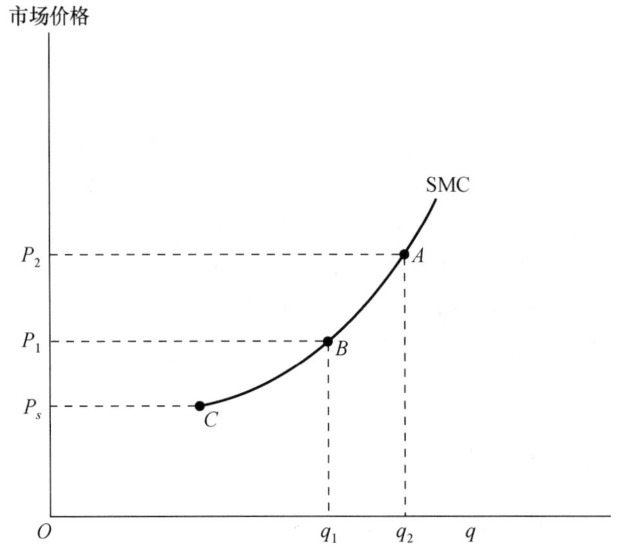

图 11.4　短期生产者剩余的变化测度厂商的利润

如果价格从 P_1 上升到 P_2,厂商利润的增加由区域 P_2ABP_1 给出。厂商在价格 P_1 上得到的短期生产者剩余由区域 P_sCBP_1 给出。这测度了当厂商生产 q_1 产量而非停业生产的 P_s 或更低产量时,厂商短期利润的增加。

这在图 11.4 中表示为区域 P_1BCP_s。因此我们得到了正式的定义。

定义

生产者剩余　生产者剩余是生产者通过以市场价格进行交易所获得的超过什么都不生产时所得的那部分额外回报。图形中用市场价格线以下和供给曲线以上的那部分区域的面积表示。

在定义中,我们没有对短期和长期进行区分,尽管我们的分析到目前为止只包含短期。下一章我们将通过描述长期的生产者剩余考察能够用于两种情况的定义,则这个一般的定义就可以运用于两种概念了。当然,正如我们所要说明的,长期生产者剩余的含义和我们此处的研究有很大的不同。

我们必须指出短期生产者剩余的另一个方面。因为厂商在停止营业点不生产,我们知道 $\Pi(P_s,\cdots) = -vk_1$,也就是说,停止营业点的利润只由所有固定成本的损失组成。因此

$$\begin{aligned}\text{生产者剩余} &= \Pi(P_1,\cdots) - \Pi(P_s,\cdots)\\ &= \Pi(P_1,\cdots) - (-vk_1) \\ &= \Pi(P_1,\cdots) + vk_1\end{aligned} \tag{11.35}$$

也就是说,生产者剩余由当前获得的利润加上短期固定成本组成。经过进一步的处理,公式可以表达如下

$$\begin{aligned}\text{生产者剩余} &= \Pi(P_1,\cdots) - \Pi(P_s,\cdots)\\ &= P_1q_1 - vk_1 - wl_1 + vk_1 \\ &= P_1q_1 - wl_1\end{aligned} \tag{11.36}$$

总之,一个厂商的短期生产者剩余由其收益超过可变成本的程度决定——就是厂商通过短期生产而非停止营业和不生产所获得的收益。

例 11.4　短期利润函数

这些对于利润函数的不同使用可以由我们前面使用的柯布—道格拉斯生产函数来说明。因为 $q=k^{\alpha}l^{\beta}$,我们在短期将资本视为固定于 k_1,利润是

$$\pi = Pk_1^{\alpha}l^{\beta} - vk_1 - wl \tag{11.37}$$

为了得到利润函数,我们用求最大值的一阶条件从此式中估计 l 的值:

$$\frac{\partial \pi}{\partial l} = \beta P k_1^{\alpha} l^{\beta-1} - w = 0 \tag{11.38}$$

因此

$$l = \left(\frac{w}{\beta P k_1^{\alpha}}\right)^{1/(\beta-1)} \tag{11.39}$$

可以令 $A=(w/\beta Pk_1^{\alpha})$ 并将上式代入利润方程以简化求利润的过程。利用这个便捷的方法,我们得到:

$$\begin{aligned} \Pi(P,v,w,k_1) &= Pk_1^{\alpha}A^{\beta/(\beta-1)} - vk_1 - wA^{1/(\beta-1)} \\ &= wA^{1/(\beta-1)}\left(Pk_1^{\alpha}\frac{A}{w} - 1\right) - vk_1 \\ &= \frac{1-\beta}{\beta^{\beta/(\beta-1)}}w^{\beta/(\beta-1)}P^{1/(1-\beta)}k_1^{\alpha/(1-\beta)} - vk_1 \end{aligned} \tag{11.40}$$

尽管这个式子很复杂,但是这个解是我们希望得到的——厂商的最大利润只是他所面对的价格和技术的函数。注意,厂商的固定成本(vk_1)以简单的线性方式进入了表达式。厂商面临的价格决定了收益超过可变成本的程度,然后减去固定成本就得到了最终利润。

因为用代数来检验总是十分明智的,所以我们还用以前的数字为例来检验一下。当 $\alpha=\beta=0.5, v=3, w=12, k_1=80$ 时,我们知道在 $P=12$ 的价格水平下,厂商将生产 40 单位的产出并且使用的劳动投入是 $l=20$。因此利润将是 $\pi=R-C=12\times40-3\times80-12\times20=0$。厂商将在 $P=12$ 的价格暂停生产。使用利润函数,得到

$$\Pi(P,v,w,k_1) = \Pi(12,3,12,80) = 0.25\times12^{-1}\times12^2\times80 - 3\times80 = 0 \tag{11.41}$$

因此,当 $P=12$ 时,厂商在其可变成本之上赚取 240 的利润,并且这些利润最后被固定成本抵消。当商品的价格更高时,厂商赚取正的利润。但是,如果价格跌到 12 以下,厂商将遭遇短期损失。[12]

霍特林引理(Hotelling's lemma)。我们可以使用(11.40)式中的利润函数和包络理论来推导厂商的短期供给函数:

$$q(P,v,w,k_1) = \frac{\partial \Pi}{\partial P} = \left(\frac{w}{\beta}\right)^{\beta/\beta-1} k_1^{\alpha/(1-\beta)} P^{\beta/(1-\beta)} \tag{11.42}$$

这就是我们从例 11.3 中计算得出的短期供给函数(见(11.21)式)。

生产者剩余。我们也可用供给函数计算厂商的短期生产者剩余。为了达到目的,再一次回到我们的数字例子:$\alpha=\beta=0.5, v=3, w=12, k_1=80$。使用这些参数得到短期供给关系是 $q=10P/3$,

---

⑫　表 10.2 中,我们证明如果 $q=40$,则 SAC = 12。因此零利润也可以用 $P=12=\text{SAC}$ 来表示。

厂商停止生产的价格是零。因此，在 $P=12$ 的价格水平下，生产者剩余是

$$\text{生产者剩余} = \int_0^{12} \frac{10P}{3} \mathrm{d}P = \left.\frac{10P^2}{6}\right|_0^{12} = 240 \tag{11.43}$$

这是价格为 12 时（$\pi=0$）的短期利润加上短期固定成本（$=vk_1=3\times80=240$）得到的精确值。如果价格上升到比如说 15，生产者剩余将上升至 375，这包括 240 的固定成本加上在较高价格下获得的利润（$\Pi=135$）。

请回答：资本租金率（v）的变化如何对此处的短期生产者剩余产生影响？劳动租金率（w）的变化又会对其产生什么影响呢？

11.6 利润最大化与要素投入需求

至此，我们将厂商的决策问题视为一个选择利润最大化的产出问题。但是，我们贯穿全书的讨论已说明，事实上厂商的产出取决于它所运用的投入，并且生产函数 $q=f(k,l)$ 概括了这一关系。因此，厂商的经济利润也可以表示为他所使用的投入的函数：

$$\pi(k,l) = Pq - C(q) = Pf(k,l) - (vk + wl) \tag{11.44}$$

这样来看，利润最大化厂商的决策问题就变为选择合适的资本与劳动投入水平的问题了。[13] 最大值的一阶条件为

$$\frac{\partial \pi}{\partial k} = P\frac{\partial f}{\partial k} - v = 0 \tag{11.45}$$

$$\frac{\partial \pi}{\partial l} = P\frac{\partial f}{\partial l} - w = 0 \tag{11.46}$$

这些条件给我们带来一个直观的含义就是，一个利润最大化的厂商应该将投入使用到这样的程度：在这一点上，投入对收益的边际贡献等于使用这一投入的边际成本。因为我们假设厂商是一个投入价格的接受者，所以使用任何一单位投入的边际成本都等于其市场价格。而要素投入对于收益的边际贡献由其生产的额外产出（边际产品）乘以此商品的市场价格得出。我们给这种需求概念起了一个专门的名称。

定义

边际收益产品 厂商多使用一单位要素投入所得到的额外的收益。在厂商是价格接受者[14]的情况下，$MRP_l=Pf_l$，$MRP_k=Pf_k$。

[13] 我们在这一部分的整体讨论中，假定厂商是一个价格接受者，于是其产出与投入的价格可以被当成固定的参数。当考虑价格依从于数量的情形时，我们的分析结果也可以相当容易地进行一般化处理。

[14] 如果厂商在产品市场上不是价格接受者，使用边际收益替代价格就能够将此定义一般化，即 $MRP_l=\partial R/\partial l=\frac{\partial R}{\partial q}\cdot\frac{\partial q}{\partial l}=MR\cdot MP_l$。对于资本投入的推导也类似。

因此,利润最大化要求厂商对每种要素投入的使用达到这样一种水平:在这一点上要素投入的边际收益产品等于其市场价格。还需注意的是,利润最大化表达式(11.45)式和(11.46)式同时有成本最小化的含义,因为 $RTS = f_l/f_k = w/v$。

11.6.1 二阶条件

因为(11.44)式中的利润函数取决于两个变量:k 与 l,这时利润最大化的二阶条件在某种程度上要比我们以前所考察的单变量情况更为复杂。在第2章中,我们知道为了保证真正取得最大值,利润函数应该是凹函数。也就是说,

$$\pi_{kk} = f_{kk} < 0, \pi_{ll} = f_{ll} < 0 \tag{11.47}$$

并且,

$$\pi_{kk}\pi_{ll} - \pi_{kl}^2 = f_{kk}f_{ll} - f_{kl}^2 > 0 \tag{11.48}$$

因此,要求利润函数是凹函数等价于要求生产函数是凹函数。但是,值得注意的是,每一投入的边际生产率递减并不足以保证边际成本递增,由于扩大产出通常要求厂商同时使用更多的资本与更多的劳动,我们还必须保证资本投入的增加不会导致劳动的边际生产率提高(由此而降低边际成本)到足够大的幅度,以至于抵消了劳动自身边际生产率递减的效果。因此(11.47)式的第二部分要求这种交叉生产率效应相对地小一些,从而保证投入的边际生产率递减趋势居于支配地位。如果满足这些条件,在利润最大化时选择的 k 与 l 的边际成本将是递增的,一阶条件则代表了一个局部最大值。

11.6.2 投入需求函数

原则上讲,可以用利润最大化时要素投入的一阶条件得出投入需求函数。需求函数说明的是要素投入量如何依赖于厂商所面对的投入价格。我们将其记为

$$\begin{aligned}\text{资本需求} &= k(P,v,w)\\ \text{劳动需求} &= l(P,v,w)\end{aligned} \tag{11.49}$$

值得注意的是,和在第10章所讨论的投入需求概念不同,第10章的投入引致需求是给定产量的条件下对投入的需求;而这里需求函数是"无条件的",也就是说,它们暗含允许厂商根据价格调整产出的意思。因此,相较于第10章介绍的引致需求函数,这些需求函数能够对价格如何影响投入需求这一问题提供更为完整的描述。在例11.5中,我们已经证明这些投入需求函数可以通过对利润函数求导推导得出。但是,首先我们得探讨要素投入价格的变化如何对要素投入的需求产生影响。为简化起见,我们只考虑劳动需求,但对于其他投入的需求分析也是适用的。一般地,我们得出的结论是,这种影响的方向在所有情况下都是确定的——也就是说,无论投入是多少,都有 $\partial l/\partial w \leq 0$。为了得出这一结论,我们从几个简单的例子开始。

11.6.3 单一投入的情形

预计$\partial l/\partial w$ 是负值的一个原因是我们假设劳动的边际产品随着劳动使用量的增加而递减。w 的递减意味着需要使用更多的劳动以满足等式 $w = P \cdot MP_l$。w 的减少必须由 MP_l 的减小(因为 P 是固定不变的)和 l 的增加来实现。在只有一种投入的情况下,(11.44)式对 l 求导就是唯一的利润最大化的一阶条件,稍微变换一下形式,记为

$$Pf_1 - w = F(l,w,p) = 0 \tag{11.50}$$

我们将等式左边的表达式简记为 F。如果 w 发生变化,l 的最优取值就会发生变化,以保证上述利润最大化的条件仍然成立,也就是将 l 定义为 w 的隐函数。运用第 2 章介绍的隐函数的求导法则((2.23)式),有

$$\frac{\mathrm{d}l}{\mathrm{d}w}=\frac{-\partial F/\partial w}{\partial F/\partial l}=\frac{w}{Pf_{ll}}\leqslant 0 \tag{11.51}$$

其中,最后一个不等式成立是因为劳动的边际生产率被假设为递减的($f_{ll}\leqslant 0$)。至此,我们已经证明,至少对于单一投入的情况,其他条件不变而工资增加将导致厂商雇用更少的劳动力。

11.6.4　两种投入的情形

对于有两种(或者更多)要素投入的情形,分析会复杂一些。劳动边际产品递减的假设在此处会产生误解。如果 w 下降,作为成本最小化下选择的新的投入组合,不仅 l 会发生变化,而且 k 也会发生变化。当 k 变化时,整个 f_l 函数会发生变化(此时劳动需要不同的资本数量),而且我们不能像上面那样进行简单的讨论。在这一小节的剩余部分中,我们将使用图形的方法来解释在两种投入的情况下$\partial l/\partial w$ 为什么必须是负值。下一部分将对其进行更加精确的数学分析。

11.6.5　替代效应

对于两种投入的分析在某些方面类似于第 5 章中讲到的个人对于商品价格变动的反应。当 w 下降时,我们可以把其对 l 使用量的影响分解成两部分。第一部分叫做替代效应,如果 q 在 q_1 水平上保持不变,那么在生产过程中将存在用 l 替代 k 的趋势。这种效应如图 11.5(a)所示。因为生产 q_1 产量的成本最小化条件要求 RTS = w/v, 所以 w 的减小必然会使投入组合从 A 移动到 B。因为等产量线表现出 RTS 递减,所以图中清晰地表明替代效应肯定是负的。如果产出保持不变,w 的减小将导致劳动使用量的增加。

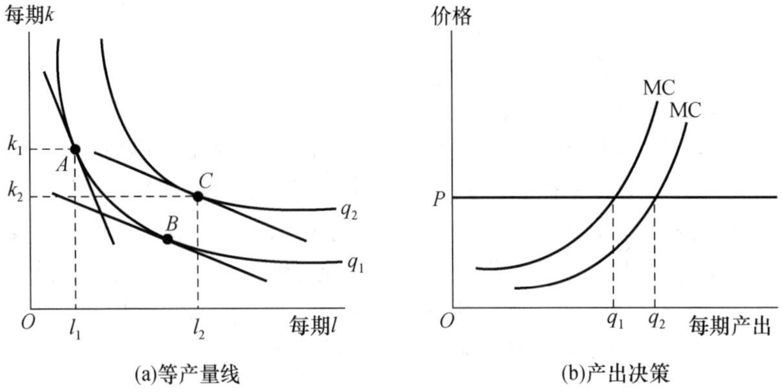

图 11.5　一种要素价格下降的替代效应和产出效应

当劳动价格降低时,两种因素得到的不同效应一起作用。其中一个是替代效应,如果产出保持不变,它将增加劳动的使用量。表现为图(a)中点 A 到点 B 的移动。点 B 满足了新的、更低的 w 成本最小化条件(RTS = w/v)。w/v 的变化也使厂商的扩展线和边际成本曲线发生移动。一般的情况可能是 w 降低时 MC 曲线向下移动,如图(b)所示。对应于新的曲线(MC′),厂商将选择更高的产出水平。其结果是,由于这种产出效应,劳动的使用量将增加(至 l_2)。

11.6.6 产出效应

尽管如上面所言,但是保持产出不变是不对的。认为 q 的变化(产出效应)类似于个人效用最大化问题是不成立的。消费者有预算约束,但是厂商没有。厂商会尽可能多地生产市场所需要的产量。为了研究生产数量的变化,我们必须考察厂商利润最大化的产出决策。由于改变了相关的投入成本,w 的变化将使厂商的扩展线发生移动。结果,厂商所有的成本曲线都移动了,厂商可能选择 q_1 之外的其他产量水平。图 11.5(b)展示的是被认为"正常"的情况。其中 w 的下降使 MC 向下移动到 MC′。结果,利润最大化的产出水平从 q_1 上升到 q_2。利润最大化的条件($P=\mathrm{MC}$)在更高的产出水平上得到了满足。回到图 11.5(a),如果 l 不是劣等投入要素(如下),产出的增加将致使厂商对 l 的需求量加大。替代效应和产出效应都会将厂商的投入决策移动到等产量线上的 C 点。两种效应都使对实际工资的降低的反应表现为劳动使用量的增加。

图 11.5 中的分析假设市场价格(或者边际收益,如果边际收益不等于价格的话)在生产商品的过程中保持不变。某一产业中只有一个厂商的单位劳动成本降低,这可能是一个恰当的假设。但是,如果降价是行业性的,那么分析就会有一些细微的不同。此时,所有厂商的边际成本曲线都会向外移动,并且行业的供给曲线(以及我们在下一章将讲到的单个厂商供给曲线的加总)也会移动。假设需求具有负斜率,这将会使生产价格下降。行业和有代表性的厂商的产出会增加,并且和以前一样,劳动的雇用量也将增加。但是产出效应的确切原因却是不同的(见习题 11.11)。

11.6.7 交叉价格效应

我们已经证明,至少在简单的情况下,$\partial l/\partial w$ 肯定是负值;当工资率下降时,替代效应和产出效应导致厂商使用更多的劳动。从图 11.5 中可以清楚地看出,对于资本使用如何对工资变化做出反应这一点并没有明确的论述。也就是说,$\partial k/\partial w$ 的符号是不确定的。在简单的两种投入情况下,工资的降低将导致其对资本的替代;也就是说,生产既定产出水平只需要更少的资本投入。但是作为厂商增加产量计划的一部分,产出效应将导致更大的资本需求量。因此,替代效应和产出效应此时的作用方向是相反的,并且对于$\partial k/\partial w$ 可能的符号并无定论。

11.6.8 对替代效应和产出效应的总结

对替代效应和产出效应的讨论结果可以总结为以下原则。

最优化原则

投入需求的替代效应和产出效应 当一种投入的价格下降时,两种效应使得对此投入的需求量上升:

1. 替代效应使得生产既定产出需要更多的这种投入。

2. 成本下降使厂商能够出售更多商品,因此产生了使这种投入需求上升的另外一种产出效应。

当要素投入的价格上升时,替代效应和产出效应导致对于该投入的需求量下降。

我们现在使用数学方法对这些概念做更精密准确的分析。

11.6.9 数学分析

我们对由于投入要素的价格变化产生的替代效应和收入效应的数学分析遵循消费者理论中对价格变化产生的影响的分析。最终结果类似于我们从第 5 章中推导出的斯拉茨基方程。然而,消费者需求理论中吉芬悖论的不确定性在这里并没有出现。

首先回想,对于任何投入要素(比如劳动)的需求我们都有两个概念:(1) 对于劳动有条件的需求,用 $l^c(v,w,q)$ 来标记;(2) 对于劳动无条件的需求,用 $l(P,v,w)$ 标记。在利润最大化前提下对劳动投入做出决策时,这两个概念在劳动量使用方面是一致的:

$$l(P,v,w) = l^c(v,w,q(P,v,w)) \tag{11.52}$$

将这个恒等式对市场工资进行微分得到(其他价格不变)

$$\frac{\partial l(P,v,w)}{\partial w} = \frac{\partial l^c(v,w,q)}{\partial w} + \frac{\partial l^c(v,w,q)}{\partial q} \cdot \frac{\partial q(P,v,w)}{\partial w} \tag{11.53}$$

所以,工资变化对于劳动需求的总影响可以分解成两部分:产出不变时的替代效应;产出水平的变化引起的劳动引致需求的变化(产出效应)。第一个影响明显是负的,因为生产函数是拟凹的(等产量线凸向原点),对劳动的产出引致需求必定为负。图 11.5(b)为(11.53)式中产出效应为负提供了一个直观的解释,但很难说是一个证明。一个特别的复杂因素就是考虑的投入要素(在此为劳动)可能是劣质的。但即使是在劣质投入这样极端的情况下,产出效应也是负的。[15] 根本原因是吉芬悖论不会出现在厂商对要素投入的需求理论中:投入需求函数确定无疑是向下倾斜的。在这种情况下,利润最大化就比效用最大化有了更多的限制条件。在例 11.5 中我们将看到,将投入需求分解成替代效应和产出效应可以使我们更有效地研究投入价格对厂商的影响。

例 11.5 将投入需求分解为替代和产出两部分

为了研究投入需求,我们首先需要一个具有以下两种特征的生产函数:(1) 该函数允许资本和劳动相互替代(因为替代是该分析的重要组成部分);(2) 生产函数必须是边际成本递增的(因此可以满足利润最大化的二阶条件)。满足以上要求的生产函数是三种投入的柯布—道格拉斯函数,其中有一种投入保持不变。因此,令 $q=f(k,l,g)=k^{0.25}l^{0.25}g^{0.5}$,其中 k 和 l 是我们熟悉的资本和劳动投入,g 是第三种投入要素(厂商的规模),在我们所有的分析中,其值固定为 $g=16$(平方米)。短期生产函数因此是 $q=4k^{0.25}l^{0.25}$。我们假设厂商一定时期内每平方米的租金成本是 r。为了研究劳动投入的需求,我们需要知道此函数暗含的成本函数和利润函数。幸运的是,这些函数已经计算如下:

---

[15] 对劣等投入要素而言,价格上涨导致边际成本下降,最终导致产出增加。而产出增加又会导致劣质要素投入的减少。最终结果就是价格上涨导致投入需求的减少。规范证明将用到包络关系。

产出效应等于

$$\frac{\partial l^c}{\partial q} \cdot \frac{\partial q}{\partial w} = \frac{\partial l^c}{\partial q} \cdot \frac{\partial^2 \Pi}{\partial w\, \partial P} = \frac{\partial l^c}{\partial q} \cdot \left(-\frac{\partial l}{\partial P}\right) = -\left(\frac{\partial l^c}{\partial q}\right)^2 \cdot \frac{\partial q}{\partial P} = -\left(\frac{\partial l^c}{\partial q}\right)^2 \cdot \frac{\partial^2 \Pi}{\partial P^2}$$

由(11.52)式可知第一个等式成立,由(11.29)式可知第二个等式也成立,第三个等式的成立要用到杨氏定理和(11.31)式,第四个等式用到(11.52)式,而最后一个等式用到(11.29)式。利润函数对产出价格的凸性意味着最后一个表达式为正,所以整个表达式的符号为负。

$$C(v,w,r,q) = \frac{q^2 v^{0.5} w^{0.5}}{8} + 16r \tag{11.54}$$

且

$$\Pi(P,v,w,r) = 2P^2 v^{-0.5} w^{-0.5} - 16r \tag{11.55}$$

正如我们所预计的，固定投入(g)以常数形式进入了这些方程，并且这些成本在我们的分析中起的作用不大。

包络结果。通过对这些函数求微分可以推导得出劳动的需求关系：

$$l^c(v,w,r,q) = \frac{\partial C}{\partial w} = \frac{q^2 v^{0.5} w^{-0.5}}{16} \tag{11.56}$$

和

$$l(P,v,w,r) = \frac{\partial \Pi}{\partial w} = P^2 v^{-0.5} w^{-1.5} \tag{11.57}$$

这些函数已经说明工资变化对于劳动总需求的影响大于其对于劳动引致需求的影响，因为总需求方程中 w 的负指数绝对值更大，也就是说，产出效应在此处起了作用。为了直观起见，我们举几个数值的例子。

一个数值的例子。我们使用一些前面的例子中用到的数值：$v = 3$，$w = 12$，并且令 $P = 60$。我们首先计算厂商在这种情况下的产出决定。为了达到目的，需要其供给函数：

$$q(P,v,w,r) = \frac{\partial \Pi}{\partial P} = 4Pv^{-0.5} w^{-0.5} \tag{11.58}$$

在此函数和我们选定的价格水平下，厂商利润最大化的产出水平是 $q = 40$。在这样的价格水平和 40 单位的产出水平上，两个需求方程都预计厂商将使用 $l = 50$ 的劳动投入。因为此处 RTS 等于 k/l，我们又知道 $k/l = w/v$，所以此价格下 $k = 200$。

现在假设工资率上升到 $w = 27$，但其他价格保持不变。厂商的供给曲线((11.58)式)表明产出将是 $q = 26.67$。因为工资的上升使厂商的边际成本曲线向上移动，但此时产出价格不变，这就会致使厂商的产出减少。为了达到这样的产出，无论哪个劳动需求函数都可以证明厂商将使用 $l = 14.8$ 的劳动。而资本的使用量将由于产出的大幅度减少而下降到 $k = 133.3$。

劳动的使用量从 $l = 50$ 变为 $l = 14.8$，我们可以用引致需求函数将这一变化分解成替代效应和产出效应。如果厂商不顾工资的上升继续生产 $q = 40$ 的产量，(11.56)式表明其将使用 $l = 33.33$ 的劳动。资本投入也将上升到 $k = 300$。由于我们将产出保持在其初始的水平 $q = 40$ 不变，这些变化则代表了对应于更高的工资率的替代效应。

为了保持利润最大化，厂商不得不减少产出，这样厂商也会减少其对投入要素的使用。尤其需要注意的是，本例中工资的上升不仅导致劳动使用量急剧减少，而且由于巨大的产出效应，还导致资本的使用量也减少。

请回答：如果所有厂商的工资都上涨，本例中的计算将受到什么影响？劳动(和资本)需求的减少比本例中的结果大还是小？

小结

这一章我们研究了利润最大化厂商的供给决策。我们一般的目的是看看这样的厂商如何对市场上的价格信号做出反应。为了得到答案,我们进行了一系列的分析。

- 为了实现利润最大化,厂商应该选择生产这样的产出水平:在这一点的边际收益(多出售一单位产品得到的收益)等于边际成本(多生产一单位产出的成本)。
- 如果厂商是价格接受者,则其产出决策对于其产出价格没有影响,因此边际收益等于价格。但是,如果厂商面对的产品需求曲线是向下倾斜的,它就可以以更低的价格出售更多的产品,这种情况下,边际收益可能低于价格甚至可能是负值。
- 边际收益和需求的价格弹性有以下关系

$$\mathrm{MR} = P\left(1 + \frac{1}{e_{q,p}}\right)$$

其中 P 是厂商产出的市场价格,$e_{q,p}$ 是其产品的需求价格弹性。

- 作为价格接受者并追求利润最大化的厂商的供给曲线,是他的边际成本曲线上高于平均可变成本(AVC)最低点的斜率为正值的部分。如果价格低于 AVC 的最低点,厂商的利润最大化决策将使他暂停生产。
- 厂商对其面对的各种价格变化做出的反应可以通过使用利润函数 $\Pi(P,v,w)$ 来衡量。此函数表示在既定的产出价格和投入价格及技术水平下厂商能够得到的最大利润。利润函数得到了特别有用的包络结果。利润函数对市场价格求导数可以得到产品的供给函数,而且它对任意投入的价格求导数可以得到此种投入的需求函数的负值。
- 市场价格的短期变化会导致厂商短期利润的改变。这一点可以用图形对生产者剩余大小的变化进行测度来说明,也可以使用利润函数来计算生产者剩余。
- 利润最大化产生了一套关于厂商要素投入的需求理论。厂商对任何一种要素投入的使用都应该达到这样一点:其边际收益产品恰好等于投入的单位价格。厂商投入要素价格的提高将引致替代效应和产出效应,它们会使厂商减少投入的使用量。

练习题

11.1

约翰割草服务公司是一个小厂商,是一个价格接受者(即 $\mathrm{MR}=P$)。修剪草坪的现行市场价格为每亩 20 美元,约翰公司的成本为

$$总成本 = 0.1q^2 + 10q + 50$$

其中 q 为约翰公司每天修剪的亩数。

a. 为达到利润最大化,约翰公司将选择修剪多少亩草坪?

b. 计算约翰公司每日的最大利润额。

c. 用图形显示这些结果并画出约翰公司的供给曲线。

11.2

环球小器械公司在它设在内华达州的工厂生产高质量的小器械,销往世界各地。小器械的总成本函数为

$$总成本 = 0.25q^2$$

小器械的需求地只有澳大利亚(其需求曲线为 $q=100_A-2P_A$)与拉普兰(其需求曲线为 $q_L=100-4P_L$)。如果该公司能够控制它在每一市场上的供给量,为了使总的利润最大化,它应

该在每个地方各出售多少产品？在每个地方以什么价格出售？

11.3

一个集成计算器生产厂商的生产函数为

$$q = 2\sqrt{l}$$

其中 q 为完成的计算器产量，l 代表劳动投入的小时数。这个厂商在计算器（售价为 P）与劳动（每小时工资率为 w）市场上，是一个价格接受者。

a. 此厂商的总成本函数是怎样的？

b. 厂商的利润函数是怎样的？

c. 集成计算器的供给函数 $q(P,w)$ 是怎样的？

d. 厂商的劳动需求函数 $l(P,w)$ 是怎样的？

e. 请直观地解释这些函数的形式。

11.4

优质鱼子酱的市场取决于天气，如果天气很好，便会有很多人买，售价为每磅鱼子酱30美元。天气不好时，每磅只能售20美元。一周前生产的鱼子酱不能保留到下一周，一个小规模的鱼子酱生产者的成本函数为

$$C = 0.5q^2 + 5q + 100$$

其中 q 为每周鱼子酱的产量，生产者的决策必须在知道天气情况（与鱼子酱的价格）之前做出，不过我们知道好天气与坏天气出现的概率各为0.5。

a. 如果厂商希望使预期利润最大化，那么他应该生产多少鱼子酱？

b. 假设此厂商有这样的效用函数

$$\text{效用} = \sqrt{\pi}$$

其中 π 是每周的利润。则按 a 中所确定的产出策略，其预期效用是多少？

c. 这个工厂主能通过生产不同于 a 与 b 中所得出的具体产量而获得更高的利润吗？请对此加以解释。

d. 假定这个厂商能预测出下周的价格，但不能影响价格。在这种情况下，为使预期利润最大化应采取什么策略？这时的预期利润是多少？

11.5

重型机械学校教学生如何操作建筑机器。学校每个星期能够培训的学生数量是 $q = 10\min(k,l)^{\gamma}$，其中 k 是学校每个星期租用的挖掘机的数量，l 是学校每星期雇用的老师的数量，γ 表示生产函数的规模报酬。

a. 解释为什么这个利润最大化模型要求 $0<\gamma<1$。

b. 假设 $\gamma = 0.5$，计算厂商的总成本和利润函数。

c. 如果 $v = 1\,000$，$w = 500$，并且 $P = 600$，则这个学校能够服务多少学生？利润是多少？

d. 如果学生愿意支付的费用上涨为 $P = 900$，利润将如何变化？

e. 画出学校对学生的供给曲线，并用图表示 d 部分中得出的利润的增加量。

11.6

固定的一次总付的总利润税会影响利润最大化的产量吗？如果对利润计征比例税呢？如果按每单位产出征收一定的税收，会对产量有影响吗？如果是对劳动投入征税呢？

11.7

本题与一些函数的需求和边际收益曲线之间的关系有关。请证明：

a. 对于一条线性需求曲线，在任何价格水平上，边际收益曲线都处在纵轴与需求曲线之间的平分点上。

b. 对于任一条线性需求曲线，需求曲线与边际收益曲线之间的垂直距离为 $-1/b \cdot q$，其中 $b(<0)$ 是需求曲线的斜率。

c. 对于形式为 $q = aP^b$ 的不变弹性需求曲线，需求曲线与边际收益曲线之间的垂直距离与需求曲线的高度成一固定的比率，这一比率取决于需求的价格弹性。

d. 对于任何向下倾斜的需求曲线，在任一点上需求曲线与边际收益曲线之间的垂直距离可以通过在该点对需求曲线做线性趋近，并应用 b 中所描述的步骤得到。

e. 将从 a 到 d 所得的结果在图上表示出来。

11.8

你认为产出价格 P 的上升将如何影响对资本和劳动投入的需求？

a. 用图形解释为什么当投入都不是劣质投入时，价格 P 的上升不必然减少对这些要素的需求。

b. 证明 a 中的图形假设可以用柯布—道格拉斯情形下推导出的投入需求函数证明。

c. 使用利润函数证明劣质投入将如何使 P 对投入需求的影响变得不确定。

分析问题

11.9 CES 利润函数

使用形式为 $q=(k^{\rho}+l^{\rho})^{\gamma/\rho}$ 的 CES 生产函数，可以通过很多的代数知识来计算利润函数，$\Pi(P,v,w)=KP^{1/(1-\gamma)}(v^{1-\sigma}+w^{1-\sigma})^{\gamma/(1-\sigma)(\gamma-1)}$，其中 $\sigma=1/(1-\rho)$ 并且 K 是常数。

a. 如果你不怕麻烦（或者你的老师不怕麻烦），请证明利润函数是这种形式的。可能最简便的方法是从例 10.2 中的 CES 成本函数开始。

b. 解释为什么只有在 $0<\gamma<1$ 时，利润函数才是对厂商行为的合理表示。

c. 说明替代弹性（σ）在利润函数中的作用。

d. 这种情况下的供给函数是什么？当要素投入的价格变化时，替代弹性（σ）如何决定函数移动的程度？

e. 推导此情况下的投入需求函数。替代弹性（σ）的大小如何影响这些函数？

11.10 一些包络结果

结合杨氏定理与本章中的包络结果，可推导出一些有用的结论：

a. 证明 $\partial l(P,v,w)/\partial v=\partial k(P,v,w)/\partial w$，并用替代效应和产出效应加以解释。

b. 使用 a 的结论解释对每单位劳动征税将如何影响资本投入。

c. 证明 $\partial q/\partial w=-\partial l/\partial P$，并解释此结果。

d. 使用 c 的结果讨论对于每单位劳动投入征税将如何影响供给量。

11.11 勒夏特列原理

由于厂商在长期具有很大的灵活性，他们对价格的长期反应会大于短期的反应。保罗·萨缪尔森或许是第一个发现此现象与化学中的勒夏特列原理相似的经济学家。该原理的基本观点是，任何打破平衡的因素（比如价格改变）不仅会带来直接影响，还会引起反馈效应，这个反馈效应会加剧对平衡的反应。让我们来看一些例子。考虑一个作为价格接受者的厂商通过选择要素投入以使其利润最大化，利润函数为 $\Pi(P,v,w)=Pf(k,l)-wl-vk$。我们将利润最大化时的最优解记为 $q^*(P,v,w)$，$l^*(P,v,w)$，$k^*(P,v,w)$。若我们将短期的资本投入固定为 $\bar{k}$，厂商的短期反应就可以记为 $q^s(P,w,\bar{k})$ 和 $l^s(P,w,\bar{k})$。

a. 根据定义，$q^*(P,v,w)=q^s(P,w,k^*(P,v,w))$，利用这个等式，证明

$$\frac{\partial q^*}{\partial P}=\frac{\partial q^s}{\partial P}+\frac{-\left(\frac{\partial k^*}{\partial P}\right)^2}{\frac{\partial k^*}{\partial v}}$$

证明过程分三步。首先，运用链式法则，等式两边对 P 求偏导。其次，再次运用链式法则，对 v 求导，用求得的结果替换之前的 $\partial q^s/\partial k$。最后，利用类似练习题 11.10 中 c 问的等式做替换，证出结果。

b. 利用 a 中的结果说明 $\partial q^*/\partial P\geqslant\partial q^s/\partial P$，此举建立了关于供给的勒夏特列原理：长期供

给对价格的反应比受限的短期供给更灵敏。

c. 利用与a、b问相似的方法,证明勒夏特列原理也适用于工资对劳动需求的影响。也就是从等式 $l^*(P,v,w)=l^s(P,w,k^*(P,v,w))$ 开始,证明 $\partial l^*/\partial w \leq \partial l^s/\partial w$,也就是工资上升造成的长期劳动需求的下降大于短期劳动需求的下降(注意,此时偏导数为负)。

d. 请读者自行分析工资(w)变化对成本函数 $C(v,w,q)$ 的长期和短期影响的区别。

11.12 两种投入情况下的引致需求

对投入要素的需求最终都依赖于对要素生产出来的产品的需求。这可以用整个行业对投入的引致需求加以证明。为达到这个目的,我们假设整个行业只生产一种同质性的产品 Q,规模报酬不变,并且只使用资本和劳动两种投入。根据规模报酬不变假设,$P=\text{MC}=\text{AC}$,令 $C(v,w,1)$ 为厂商的单位成本函数。

a. 解释为何对资本和劳动的行业总需求由 $K=QC_v$ 和 $L=QC_w$ 给出。

b. 证明

$$\frac{\partial K}{\partial v}=QC_{vv}+D'C_v^2 \quad 和 \quad \frac{\partial L}{\partial w}=QC_{ww}+D'C_w^2$$

c. 证明

$$C_{vv}=\frac{-w}{v}C_{vw} \quad 和 \quad C_{ww}=\frac{-v}{w}C_{vw}$$

d. 利用b、c的结论和替代弹性的定义 $\sigma=CC_{vw}/C_vC_w$,证明

$$\frac{\partial K}{\partial v}=\frac{wL}{Q}\cdot\frac{\sigma K}{vC}+\frac{D'K^2}{Q^2}$$

和

$$\frac{\partial L}{\partial w}=\frac{vK}{Q}\cdot\frac{\sigma l}{wC}+\frac{D'L^2}{Q^2}$$

e. 将d的表达式用弹性表示,证明

$$e_{K,v}=-s_L\sigma+s_Ke_{Q,P}$$

和

$$e_{L,w}=-s_K\sigma+s_Le_{Q,P}$$

其中 $e_{Q,P}$ 是对所生产产品的需求价格弹性。

f. 利用第11章中对替代效应和产出效应的表示方法,讨论e中结论的重要性。

注意:投入的引致需求弹性依赖于产出的需求价格弹性,这个观点最早是由阿尔弗雷德·马歇尔提出的。相关证明收录于 D. Hamermesh, *Labor Demand*(Princeton, NJ: Princeton University Press, 1993)。

11.13 投入需求的交叉价格效应

在只有两种投入的情况下,运用练习题11.12的步骤可以很容易地计算出投入需求的交叉价格效应。

a. 按照练习题11.12中的步骤b,d,e证明

$$e_{K,w}=s_L(\sigma+e_{Q,P}) \quad 和 \quad e_{L,v}=s_K(\sigma+e_{Q,P})$$

b. 请直观地解释为何投入份额在练习题11.12的e中出现的形式与本题a中的形式相比,有些不同。

c. a中计算的表达式可以很容易地推广到多种投入的情形。定义 $e_{x_i,w_j}=s_j(A_{ij}+e_{Q,P})$,$A_{ij}$ 为练习题10.12中定义的Allen替代弹性。然而有一点必须提到的是,根据练习题10.11和10.12的描述,对于这种多种投入的情形,使用森岛的弹性定义更佳。对于 $i=j$ 的情况,表达式似乎表明 $e_{L,w}=s_L(A_{LL}+e_{Q,P})$,如果我们匆匆得出 $A_{LL}=\sigma$ 的结论,就会与练习题11.12中的结论产生矛盾。而要解决这个矛盾,可运用练习题10.12中的定义,在两种投入的情况下,$A_{LL}=(-s_K/s_L)\cdot A_{KL}=(-s_K/s_L)\cdot\sigma$,由此矛盾得以解决。

11.14 利润函数和技术变化

假设一个厂商的生产函数随着时间的推移发生技术改变,此时生产函数的形式变为 $q=f(k,l,t)$。在这个例子中,我们将技术变化率记为

$$\frac{\partial \ln q}{\partial t}=\frac{f_t}{f}$$

(对比第9章中的处理),证明上述变化率也可用利润函数的形式表示为

$$\frac{\partial \ln q}{\partial t}=\frac{\Pi(P,v,w,t)}{Pq}\cdot\frac{\partial \ln \Pi}{\partial t}$$

也就是说,不直接通过生产函数,技术变化可通过利润率(利润占总收入的比例)和利润随时间的增长率加以测量(价格均不发生变化)。这种测量技术变化的方法在实际投入水平的数据不存在时更受推崇。

11.15 企业产权理论

这个问题需要你联系本章扩展部分一些具体的计算例子。回到 GM 收购费希博德的有关企业边界界定的理论问题上,究竟是仍然把它们视为单独的企业,还是把收购后的整体视为一个(更大的)企业。令所有单位产生的生产者剩余总和为 $S(x_F, x_G) = x_F^{1/2} + ax_G^{1/2}$, x_F 和 x_G 为双方谈判前各自的投资数量,并且一单位投资的成本是 1 美元。参数 a 度量 GM 的投资的重要程度。证明根据本章扩展部分中得出的产权模型,当且仅当 GM 的投资足够重要,比如说,当 $a > \sqrt{3}$ 时,GM 对费希博德的收购才是有效的。

推荐阅读材料

Hart, O. *Firms, Contracts, and Financial Structure*. Oxford, UK: Oxford University Press, 1995.

该书讨论了有关其他企业理论解决的哲学问题。进一步延伸了本章扩展部分讨论出的有关产权理论的结论。

Hicks, J. R. *Value and Capital*, 2nd ed. Oxford: Oxford University Press, 1947.

该书附录对要素的互补性做了详细论述。

Mas-Colell, A., M. D. Whinston, and J. R. Green. *Microeconomic Theory*. New York: Oxford University Press, 1995.

该书使用向量和矩阵分析的方法对于生产理论提供了规范的介绍。这使得投入和产出可以为任意数值。

Samuelson, P. A. *Foundations of Economic Analysis*. Cambridge, MA: Harvard University Press, 1947.

该书较早地对利润函数进行了发展,并且就规模报酬不变对市场均衡的影响做了较好的讨论。

Sydsaeter, K., A. Storm, and P. Berck. *Economists' Mathematical Manual*, 3rd ed. Berlin: Springer-Verlag, 2000.

该书第 25 章提供了一些利润函数和需求函数的公式。

Varian, H. R. *Microeconomic Analysis*, 3rd ed. New York: W. W. Norton, 1992.

该书的其中一章是关于利润函数的。作者运用勒夏特列原理,采用新颖的研究方法比较了短期和长期反应。

第5篇

竞争性市场

在第2篇和第4篇,我们运用了不同的最优化假说去建立模型:通过追求效用最大化的个人来解释商品的需求,通过追求利润最大化的厂商来解释商品的供给。在这一部分,我们要把这两股分析拧在一起去描述价格决定的过程。我们将只集中在一个特定的价格决定模型上,即完全竞争市场模型。完全竞争市场的基本属性是,每个人都只能是价格的接受者,即假定每个人都对市场价格做出反应,但不能控制价格。这一假设成立的基础在于,完全竞争市场上有足够多的供给者,以至于任一单一供给者的决策都无法影响市场价格。在第6篇,我们将放松这一假设,引入少量供给者(可能是单一供给者)的情形。在那些情形下,价格接受者的假设是站不住脚的,因此,我们会考虑厂商行为对价格影响的可能性。

在第12章,我们将建立竞争性市场上关于价格决定的局部均衡模型。这种模型我们已经熟悉了。主要结果是我们在第1章中就讨论过的供求之间的马歇尔供求曲线。由于该模型只集中于单一市场,因此,它表示了价格决定的"局部"均衡观点。

在该章的结论部分,通过研究这些模型的应用方式,继续对局部均衡竞争模型进行分析。在这一章要特别注意的地方是,表明竞争模型如何能被用于判断在市场均衡的各种变化之中对市场参与者的福利效应。

虽然局部均衡竞争模型对于详细研究单一市场相当有用,但是,它对于研究市场之间的关系却并不适用。因为,它并不能简要地说明在一个市场中均衡价格的变化会怎样影响其他市场中的价格。为了获得这种跨市场的效应,需要建立"一般"均衡模型——这是我们在第13章中要讨论的话题。在那里,我们将要展示一个完整的经济怎样可以被视为一个同时决定所有价格的、相互联系的竞争性市场体系。我们将建立这样一个模型,然后运用这一模型去研究各种经济问题对福利的影响。

第 12 章　竞争性价格决定的局部均衡模型

本章中,我们将说明在完全竞争条件下的价格决定模型,这个熟悉的模型是由阿尔弗雷德·马歇尔(Alfred Marshall)在 19 世纪末最先建立起来的,我们运用该模型对应用于单一市场的供求机制进行了相当完整的分析。这一模型可以说是价格决定理论中最为广泛的应用。

12.1　市场需求

第 2 篇中我们研究了怎样在效用最大化的假设下,通过构建个人需求函数,体现对某一商品的需求量如何受市场价格变化和其他因素变化的影响。如果只考虑两种商品(x 和 y)的情况,马歇尔需求函数可以写成

$$对\ x\ 的需求量 = x(p_x, p_y, I) \tag{12.1}$$

现在我们要通过把所有市场上的"个人"的需求加总。用脚标 $i(i=1,2,\cdots,n)$ 表示每个人的需求,则市场上的总需求可定义为

$$x\ 的市场需求量 = \sum_{i=1}^{n} x_i(p_x, p_y, I_i) \tag{12.2}$$

注意我们的"加总"过程:首先,我们假定两种商品对所有消费者价格相同,即(12.2)式中的 p_x 和 p_y 的值与个人无关。其次,总需求量涉及每个人的收入 I_i,即市场上的需求量不但与消费人群的总收入相关,还与收入的分配相关。最后,我们用大写字母 X 表示总需求量,这个记号我们稍后会做一些微调。

12.1.1　市场需求曲线

(12.2)式表明一种商品的需求量除了和自身的价格有关外,还与每个人的收入和其他商品的价格有关。为了做出产品 x 的市场需求曲线,我们保持其他变量不变而变动 p_x。图 12.1 表示的就是在只有两个消费者的简单情形下,构建需求曲线的过程,即对于每一个 x 的可能价格,将两个个人的需求相加。比如,当价格为 p_x^* 时,第一个人的需求量是 x_1^*,第二个人的需求量是 x_2^*,则市

场的总需求量是 $X^* = x_1^* + x_2^*$。所以 X^* 就是需求曲线上的一点。需求曲线上的每一点都是这样将个人需求曲线水平相加得到的。①

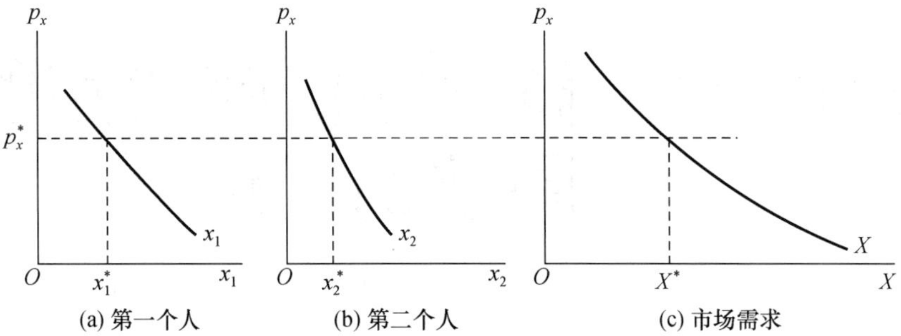

图 12.1　用个人需求曲线生成市场需求曲线

市场需求曲线是所有个人需求曲线的水平加总。在每一个给定的价格上,市场需求量是每一个个人需求量相加。比如,当价格为 p_x^* 时,市场需求量是 $X^* = x_1^* + x_2^*$。

12.1.2　市场需求曲线的移动

市场需求曲线概括了在其他条件不变的情况下 p_x 与 X 的关系。读者要时刻记住,这条二维曲线只是一个多元函数的两个变量之间的关系。p_x 的改变使价格沿着曲线移动,而其他影响需求的改变则使整条曲线移动。比如说,"收入普遍提高"会使需求曲线向外移动(假设 X 是正常品),因为价格给定的情况下,每个人都选择消费更多的 X。类似地,如果人们将 Y 和 X 视为替代品,p_y 的上升也会使 X 的需求曲线向外移动,但如果是互补品则曲线向内移动。考虑所有这些因素的影响时,有时可能需要回顾一下构成市场关系的个人需求函数的性质,特别是考虑收入再分配时,因为它增加了一部分人的收入而减少了另一部分人的收入。为了明确起见,经济学家称其他条件不变而价格改变的情形为"需求量的变化",而由于其他原因造成的需求曲线的移动则称为"需求的变化"。

例 12.1　需求曲线移动

我们用一组简单的线性需求函数来说明这个概念。假设甲对橘子的需求函数如下②(x 的单位是打/年):

$$x_1 = 10 - 2p_x + 0.1I_1 + 0.5p_y \quad \textbf{(12.3)}$$

其中:p_x = 橘子的价格(美元/打),

I_1 = 甲的收入(千美元),

p_y = 葡萄柚(橘子的一种总替代品,单位是美元/打)的价格。

乙的需求函数是

---

① 补偿性的市场需求曲线可以由完全相同的方法对补偿性个人需求曲线水平加总得到。它在价格变动时保持每个个人效用不变。

② 线性形式的需求函数有时被用来处理一些涉及总需求的问题,但其实这种形式并不是很符合实际情况。比如,它对所有价格和收入不是零次齐次的。

$$x_2 = 17 - p_x + 0.05I_2 + 0.5p_y \tag{12.4}$$

所以,市场需求函数是

$$X(p_x, p_y, I_1, I_2) = x_1 + x_2 = 27 - 3p_x + 0.1I_1 + 0.05I_2 + p_y \tag{12.5}$$

关于橘子的价格和葡萄柚的价格的系数都是两个个人需求函数的系数直接相加得到的,这是由单一价格假设(即所有人面对相同的价格)保证的。而每个人的需求函数对收入的系数不同,所以市场需求是和收入分配有关的。

要画出(12.5)式对应的需求曲线,我们得假设 I_1、I_2、p_y 不变(因为需求曲线仅反映 x 和 p_x 的二维关系)。如果给定 $I_1 = 40, I_2 = 20, p_y = 4$,则市场需求曲线是

$$X = 27 - 3p_x + 4 + 1 + 4 = 36 - 3p_x \tag{12.6}$$

这是个简单的线性函数。如果假设收入不变,而葡萄柚的价格涨到 $p_y = 6$,则需求曲线向外移动到

$$X = 27 - 3p_x + 4 + 1 + 6 = 38 - 3p_x \tag{12.7}$$

如果是通过向甲征收10 000美元的收入税并将其转移支付给乙,则收入曲线向内移动到

$$X = 27 - 3p_x + 3 + 1.5 + 4 = 35.5 - 3p_x \tag{12.8}$$

这是因为在橘子的购买上,甲拥有更大的边际收入效应。各种改变需求的影响都是平行地移动需求曲线,因为没有哪种影响改变了个人对价格的敏感度。不管哪一条需求曲线,p_x 上升0.1(10美分)的结果都是 X 减少0.3(打/年)。

请回答:在线性的情况下,要使得市场需求是总收入($I_1 + I_2$)的线性函数,需要满足什么条件?要是每个人的需求函数对 p_y 的参数不同,分析方法会有任何根本上的改变吗?

12.1.3 推广

尽管到目前为止,我们只讨论了两种商品和两个人的情形,但推广到一般情况也没什么困难。设市场上共有 n 种商品,记为 $x_i, i = 1, \cdots, n$,价格分别为 $p_i, i = 1, \cdots, n$。假设市场上有 m 个人,那么第 j 个人对第 i 种商品的需求应是所有商品价格以及他的收入 I_i 的函数,可记为

$$x_{i,j} = x_{i,j}(p_1, \cdots, p_n, I_j) \tag{12.9}$$

其中 $i = 1, \cdots, n; j = 1, \cdots, m$。

现在,我们用个人需求函数给市场需求这个概念下定义。

定义

市场需求 对某种物品(X_i)的市场需求函数是所有个人对该商品的需求之和:

$$X_i(p_1, \cdots, p_n, I_1, \cdots, I_m) = \sum_{j=1}^{m} x_{i,j}(p_1, \cdots, p_n, I_j) \tag{12.10}$$

市场需求曲线是保持其他变量不变,变动函数中的价格 p_i 形成的曲线。因为我们假设每个人的需求曲线都是向下倾斜的,所以市场需求曲线也应该是向下倾斜的。

当然,这个定义就是刚才所说的推广到多人多商品时的情形,但对于三条需要注意的性质我们还要重复一遍:第一,(12.10)式很明确地表明了对 X_i 的需求取决于所有商品的价格而非只取

决于 p_i,因此,其余的商品价格有任何变化都会使需求曲线移动。第二,需求函数与收入的分配有关。尽管有的经济问题考虑需求量与整体购买力的关系,这实际上是把现实情况过分简化了,因为事实上即使整体购买力变化相同,每个人的变化也未必相同,因此需求量的变化可能也就不同了。第三,是关于人的偏好的问题:虽然表达式里看不出来,但偏好改变的影响我们不能不提。我们在构建个人需求函数时,就已经假设偏好(由无差异曲线表示)不变。如果人们的偏好改变了,那么个人需求函数也会改变,进而市场需求也会改变。所以偏好的改变当然会改变市场需求。但大部分经济分析中,我们认为这种偏好改变过程很慢,所以视其为不变的因素也不会造成太大偏差。

12.1.4 关于记号

在本书中的大部分情况下我们只讨论一个市场,所以为了方便起见,我们约定用 Q_D 表示这种物品的市场需求量,用 P 表示其价格。我们说的需求曲线都是在 $Q-P$ 坐标平面上画出的(假设其他条件不变)。如果之前提到的那几个条件变了(其他商品价格、每个人的收入、人们的偏好),则 $Q-P$ 需求曲线移动,这些情况读者要很熟悉才行。但是只要我们讨论两种以上商品之间的关系,就要用回我们刚才用的那些记号(用 x、y 或 x_i 表示商品)。

12.1.5 市场需求弹性

像市场需求一样,我们也为市场需求弹性定义一个简单的记号:

$$\text{市场需求的价格弹性} = e_{Q,P} = \frac{\partial Q_D(P,P',I)}{\partial P}\cdot\frac{P}{Q_D} \tag{12.11}$$

用偏导数的记号是为了强调 Q 是由包括很多价格之外的因素共同决定的,比如其余商品的价格(P')和所有潜在购买者的收入(I)。在考虑弹性时,我们认为这些因素不变。正如第 5 章讲的那样,弹性度量的是当价格改变 1 个百分点时,需求量变化的百分数。市场需求也分为富有弹性($e_{Q,P} < -1$)和缺乏弹性($0 > e_{Q,P} > -1$)两类,而第 5 章里其他关于弹性的概念也可以直接拿过来套用在市场需求上③:

$$\begin{aligned}\text{市场需求的交叉价格弹性} &= \frac{\partial Q_D(P,P',I)}{\partial P'}\cdot\frac{P'}{Q_D}\\ \text{市场需求的收入弹性} &= \frac{\partial Q_D(P,P',I)}{\partial I}\cdot\frac{I}{Q_D}\end{aligned} \tag{12.12}$$

有了市场需求的这些概念,我们接下来将研究完全竞争市场下的供给及市场均衡模型。

12.2 供给反应的时间

在分析竞争性定价时,一定要先明确供给者能够对市场变化做出反应的时间长度。如果我们讨论一个非常短的时间,在这一段时间里最重要的投入就是固定的;而如果我们正在考虑一个相

③ 有时用市场需求除以人数得到人均需求,并将其视为一个"典型的"个人予以处理。这时第 5 章讨论的各种弹性概念仍然适用。至于这样处理问题需要满足什么条件,将在扩展章节里简要讨论。

当长的过程,那么,在这期间该行业就有可能有新厂商进入。在这两种情况下,均衡价格的建立会有所不同。所以,按经济学惯例将时间段划分成 3 个:极短期、短期、长期。虽然不可能对这些时间段下一个确切的时间长度上的定义,但是它们是有本质区别的,即允许供给者做出的反应不同。在极短期(very short run),供给量是不变的,对需求的变化来不及做出任何反应。在短期(short run),已有的厂商会改变它们的供给数量,不过,没有新厂商加入到该行业中来。在长期(long run),新厂商会进入到该行业中,因此,会产生一个非常有弹性的供给反应。在这一章,我们将讨论这些可能性中的每一种情况。

12.3　极短期定价

在极短期,或叫市场期(market period),没有供给反应。商品已经"在"市场之中了;并且,无论市场状况怎样,商品都要被卖出。在这种情况下,价格只是作为对需求进行配额的一种机制。价格会进行调节,以便使数量给定的商品在给定的时间内出清。虽然市场价格对生产者而言可以作为在未来时期的信号,但由于当期的产出量是固定的,在当期它并不能发挥这种作用。图 12.2 描述了这种情况。市场需求由曲线 D 表示。供给固定在点 Q^* 上,并且,使市场出清的价格为 P_1。在点 P_1 上,消费者愿意接受一切在市场上供应的商品。无论价格如何,卖主都愿意出售 Q^* 的数量(假定我们所讨论的商品在极短期内如果不被售出,就会烂掉而一文不值)。因此,(P_1,Q^*)就是一个均衡价格与均衡数量的组合。如果需求移至 D',均衡价格就会增加到 P_2,由于不可能有供给反应,Q^* 就会保持不变。在这种情况下,供给曲线就是一条产出为 Q^* 的垂直线。

对于许多市场,极短期分析并不是特别有用。这一理论可能充分反映了商品是易腐坏的,或是必须在既定日期中出售完毕的情形,譬如在拍卖的情况下。事实上,我们在第 18 章将要讨论的,与达成均衡价格相关的信息问题,会对有关拍卖的研究提供一些深入的见解。然而拍卖会上的价格通常不能认为是固定的。我们讨论的一般情况是供给会对需求变化做出一些反应。通常假定价格的上升会带来市场上供给数量的增加。本章的其余部分将研究这一过程。

在开始我们的分析之前,我们需要指出,供给数量的增加并不一定来自生产的增加。在某些商品具有耐久性(即能在较长时间内保持价值)的情况下,这些商品的当前所有者就会在价格上升时向市场提供更多的数量。例如,即使伦勃朗的画的供给是一定的,我们也不愿意把这些画的市场供给曲线画成一条垂直线,就像图 12.2 中表示的那样。当伦勃朗的画的价格上涨时,个人与博物馆都会变得更加愿意将其出手。由此,从市场的观点来看,即使并没有新的商品被生产出来,伦勃朗的画的供给曲线仍会有一个正的斜率。类似的分析也适用于其他一些类型的耐用品,诸如古董、二手车、旧的《国家地理》杂志、公司的股票,等等,所有这些东西名义上的供给都是不变的。由于我们对于研究需求和产量的关系更感兴趣,这些问题我们只在此做简单的讨论。

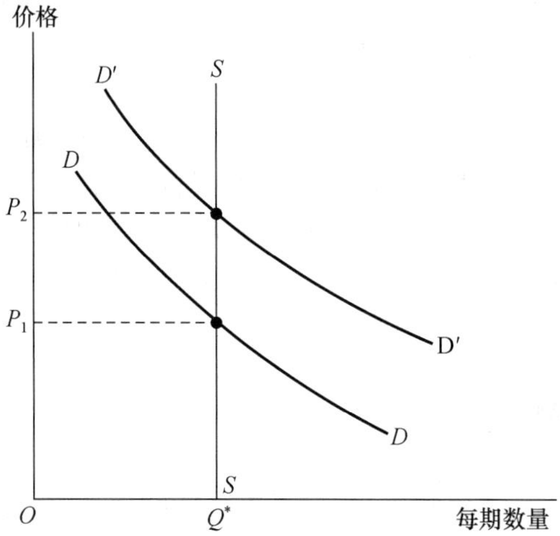

图 12.2 极短期定价

在极短期中,数量是固定的,价格就只是作为一种对需求进行配额的机制。数量固定于点 Q^* 时,如果 D 是市场需求曲线,那么 P_1 就是市场的支配价格。在这一价格上,个人愿意完全消费可得到的数量。如果需求向上移至 D',则均衡的市场价格就会移至 P_2。

12.4 短期的价格决定

在短期分析中,行业中厂商的数量是一定的。假定厂商并没有进入或退出该行业的充分灵活性。不过,行业中的这些厂商针对变化着的情况可以调整其生产数量。它们将通过改变那些在短期可以变动的投入的使用水平来做到这一点,这里我们也将研究这种供给决策。在展开分析之前,我们应该明确地表述完全竞争模型的假定。

定义

完全竞争 完全竞争行业是服从下述假定的行业:

1. 厂商数目众多,每个厂商都生产同质的产品。
2. 每个厂商都试图使利润最大化。
3. 每个厂商都是价格的接受者:假定它的行动对市场价格没有影响。
4. 假定所有的市场参与者都知道价格——信息是完全的。
5. 交易没有成本:买主与卖主在进行交易时都不会发生什么交易费用(关于这一假定及上述几个假定,请参见第 18 章)。

在整个讨论中,我们依然假定市场中有许多需求者,并且他们都是作为价格接受者在做决策。

12.4.1　短期市场的供给曲线

在第 11 章中,我们展示了对于单一的利润最大化,厂商怎样画出短期的供给曲线。为了画出市场的供给曲线,我们从承认在短期内整个市场所提供的产出数量就是简单的每一个厂商所提供的数量之和开始。由于每个厂商在决定生产多少时都使用了相同的市场价格,所以,所有厂商向市场供应的总量显而易见地就由价格决定。价格与供给量之间的关系被称为**短期市场供给曲线**。图 12.3 说明了画出曲线的过程。为了方便,我们假定只有两个厂商 A 与 B。它们的短期供给曲线(即边际成本曲线)由图 12.3(a)与 12.3(b)表示。图 12.3(c)中的市场供给曲线是这两条曲线的水平加总。例如,在价格为 P_1 时,厂商 A 愿意供给 q_1^A,而厂商 B 则愿意供给 q_1^B。于是,在此价格水平上,市场上的总供给量为 Q_1,它等于 $q_1^A+q_1^B$。曲线上的其他点也以同样的方法求得。由于每个厂商的供给曲线都有一个正斜率,市场供给曲线也有一个正斜率。正斜率反映了在厂商试图增加其产出时,其短期边际成本也在增加的事实。

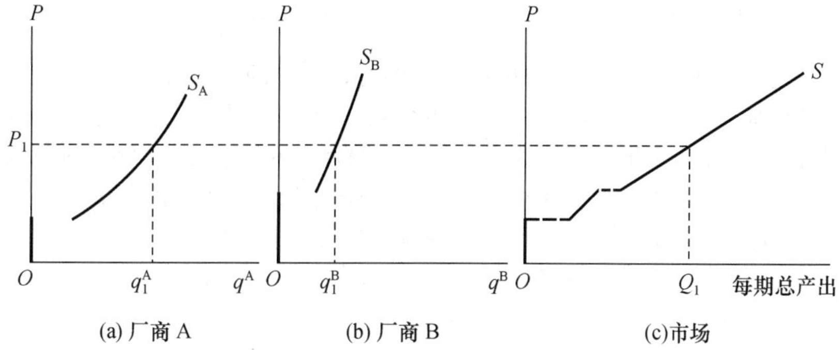

图 12.3　短期市场的供给曲线

两个厂商的供给曲线(边际成本曲线)由(a)与(b)来表示。于是,市场供给曲线就由这些曲线的水平加总而求得。例如,在点 P_1 上,厂商 A 的供给为 q_1^A,厂商 B 的供给为 q_1^B,则总的市场供给由 $Q_1=q_1^A+q_1^B$ 决定。

12.4.2　短期市场供给

更为一般地,如果我们对行业中 n 个厂商的每一个都用 $q_i(P,v,w)$ 表示其短期供给函数,我们就能把短期市场供给函数定义如下。

定义

短期市场供给函数　短期市场供给函数表示了由每一个厂商向市场提供的总供给量:

$$Q_s(P,v,w)=\sum_{i=1}^{n}q_i(P,v,w) \tag{12.13}$$

请注意,假定行业中的厂商面对着相同的市场价格与相同的投入品价格。④ 假定 v 与 w(以及每个厂商的基本技术)不变,短期市场供给曲线表示 Q 与 P 之间的关系。这个公式也清楚地说明,如果 v、w 或技术改变了,供给曲线也会移动到新的位置。

12.4.3 短期供给弹性

对在一个行业中厂商的产出关于价格变化的反应程度进行概括的方式之一是计算短期供给弹性(short-run supply curve)。这个指标表示市场价格的变化率所带来的总产出的变化率。与在第 5 章建立的弹性概念相一致,我们将短期供给弹性定义如下。

定义

短期供给弹性($e_{S,P}$)

$$e_{S,P}=\frac{Q\text{ 的变化率}}{P\text{ 的变化率}}=\frac{\partial Q_s}{\partial P}\cdot\frac{P}{Q_s} \tag{12.14}$$

由于供给量是价格的增函数($\partial Q_s/\partial P>0$),供给弹性是正的。$e_{S,P}$的值越大,就意味着市场价格的一个小小的增加就会导致厂商一个相当大的供给反应;原因通常是生产它的边际成本的上升并不急剧,并且投入品价格相互影响的效应也不大。与此相对应,$e_{S,P}$的值小,则意味着为了使厂商改变其产出水平,需要价格上有相对较大的变化;这是由于边际成本上升得很快。请注意,对于所有的弹性概念,$e_{S,P}$的计算都要求投入品价格与技术保持不变;而当我们论及"市场的"供给反应时,还要求每家厂商接受相等的价格,如果各厂商产品价格不同,就要对每个厂商定义一个供给弹性。

例 12.2 短期供给函数

在例 11.3 中,我们用柯布—道格拉斯函数写出了单个厂商在短期内对含两种生产要素的产品的生产函数:

$$q_i(P,v,w)=\left(\frac{w}{\beta}\right)^{-\beta/(1-\beta)}k_1^{\alpha/(1-\beta)}P^{\beta/(1-\beta)} \tag{12.15}$$

如果给定 $\alpha=\beta=0.5$,$v=3$,$w=12$,$k_1=80$,就得到了单一厂商的供给函数:

$$q_i(P,v,w=12)=\frac{10P}{3} \tag{12.16}$$

假设市场上有 100 家完全相同的这样的厂商,并且它们面对的产品的市场价格和生产要素的价格也完全相同。那么短期市场供给函数就是:

$$Q_s(P,v,w=12)=\sum_{i=1}^{100}q_i=\sum_{i=1}^{100}\frac{10P}{3}=\frac{1\,000P}{3} \tag{12.17}$$

---

④ 关于(12.13)式的假设需要强调几点。第一,只有一种商品的价格(P)进入供给函数——意味着所有的厂商都生产同一种商品。对于生产多种商品的厂商而言,供给函数依赖于所有这些商品的价格。第二,(12.13)式的表示法意味着在研究厂商对价格的反应时,要素价格(v 和 w)是不变的,也就是说,厂商是要素价格的接受者——对要素的投入决策并不影响要素的价格。第三,等式外部性不在考虑范围内——一个公司的生产活动并不影响其他公司的生产。稍后我们会放松这些假设。

比如说当 $P=12$ 时，市场的总供给是 4 000，100 个厂商每个厂商的供给是 40。我们可以计算此时它的短期供给弹性，只要把 P 带入表达式：

$$e_{S,P}=\frac{\partial Q_S(P,v,w)}{\partial P}\cdot\frac{P}{Q_S}=\frac{1\,000}{3}\cdot\frac{P}{1\,000P/3}=1 \tag{12.18}$$

w 上升的影响。如果所有厂商需要支付的工资同时上升了，短期供给曲线就会移动。我们通过单个厂商的供给函数（(12.15)式）来计算移动的幅度。比如说，现在 w 上升到 $w=15$，而其他参数（厂商的生产函数，短期内的资本性投入等）不变，供给函数变成

$$q_i(P,v,w=15)=\frac{8P}{3} \tag{12.19}$$

市场供给函数相应地变成

$$Q_S(P,v,w=15)=\sum_{i=1}^{100}\frac{8P}{3}=\frac{800P}{3} \tag{12.20}$$

现在，$P=12$ 时供给量只有 $Q_S=3\,200$，每个厂商的供给量是 $q_i=32$。可见，由于工资提高，供给曲线向外移动了。然而，我们要注意到供给弹性并没有变化，还是 $e_{S,P}=1$。

请回答：如果“劳动”在生产函数中的地位发生变化（即改变 α 和 β），结果会受怎样的影响？

12.4.4　均衡价格的决定

现在，我们准备把需求曲线与供给曲线放在一起，来说明市场均衡价格的确立。图 12.4 显示了这一过程。首先请看图 12.4(b)，我们会看到市场需求曲线 D（此时请不要注意 D'），以及短期供给曲线 S。两条曲线相交于价格为 P_1、数量为 Q_1 的点上。这一价格数量组合代表了个人需求与厂商成本之间的均衡。均衡价格 P_1 有两个重要的功能。首先，该价格提供给生产者一个信号，向生产者提供了决定生产多少所需的信息。为了使利润最大化，厂商会在边际成本等于 P_1 的产出水平上进行生产。于是，在总体上产量将为 Q_1。价格的第二个功能是对需求进行分配。在既定的市场价格 P_1 下，使效用最大化的个人会决定在其有限收入中用于购买特定商品的数量比率。

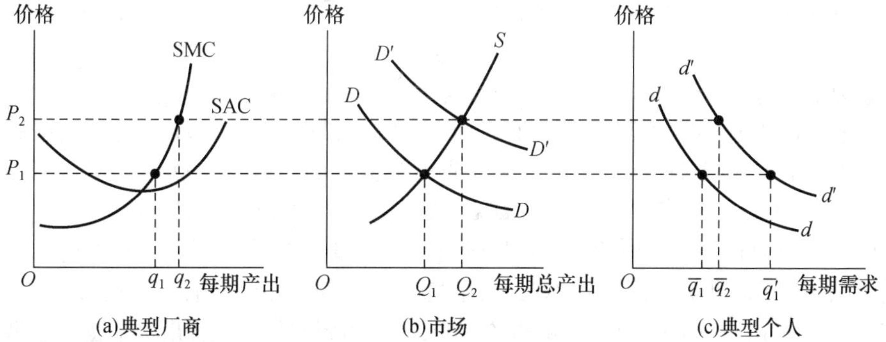

图 12.4　在短期众多个人与厂商决定市场价格的相互作用

图(b)中的市场需求曲线、供给曲线分别是由全体消费者的需求曲线和全体厂商的供给曲线水平相加而得的。价格一旦确定，每个厂商和每个个人都将视价格为一确定的参数，并据此做出决策。尽管单个厂商与个人无力决定价格，但是，它们作为一个整体却是价格的唯一决定因素。这通过个人需求曲线向 d' 的移动得以说明。如果只有一个人以这种方式进行反应，市场价格就不会受到影响。然而，如果每个人都表现出需求有所增加，市场需求就会移到 D'；在短期，价格会上升到 P_2。

在 P_1 的价格上，总需求量将是 Q_1，并且，这正好就是将要被生产出来的数量。因此，我们可以把均衡价格定义如下。

定义

均衡价格 均衡价格就是需求量等于供给量时的价格。在这一价格下，需求者与供给者都没有激励去改变其经济决策。从数学上讲，解下面的方程，可以得出均衡价格 P^*

$$Q_D(P^*, P', I) = Q_S(P^*, v, w) \tag{12.21}$$

或者写得更简练些

$$Q_D(P^*) = Q_S(P^*) \tag{12.22}$$

(12.22)式给出的定义明确了均衡价格由诸如收入、其他商品的价格以及厂商投入品价格等许多外生因素决定。正如我们会在下一节所看到的那样，这些因素中的任何一个发生变化都会导致均衡价格的变化，从而使供给量与需求量发生相应的变化。

均衡价格(P_1)对一个典型的厂商以及对一个典型的个人的含义分别参见图 12.4(a)与图 12.4(c)。对于一个典型的厂商，价格 P_1 会使产出水平为 q_1。由于短期平均总成本能够得以补偿，在这个特定的价格上厂商会赚到一个不大的利润。对于一个典型的个人，需求曲线 d(此时请不要注意 d')由图 12.4(c)表示。在价格为 P_1 的点上，该人的需求为 $\bar{q}_1$。通过把在价格为 P_1 时的所有个人需求的数量与所有厂商供给的数量加总，我们可以看到市场处于均衡状态。市场供给曲线与需求曲线提供了一种进行此类求和的简便方式。

12.4.5 对于需求移动的市场反应

图 12.4 中的三个图可被用来表明关于短期市场均衡的两个重要事实：市场个体的“无能为力”与短期供给反应的性质。首先，假定如图 12.4(c)所示，某单一个人的需求曲线向外移动到 d'。由于假设有许多需求者，这种移动实际上对市场需求曲线不会有什么影响。结果，市场价格将不会受这种移动到 d' 的影响；也就是说，价格保持在 P_1 不变。当然，在这一价格上，其需求曲线已经发生移动的那个人会消费得稍多一点($\bar{q}_1'$)，如图 12.4(c)所示。但是，这一数量只是市场上一个无关紧要的部分。

如果许多人的需求曲线都经历了这种向外的移动，那么，整个市场的需求曲线也会移动。图 12.4(b)表示了新的需求曲线 D'。新的均衡点就为(P_2, Q_2)：在这一点上，供求均衡得以重建。对应于需求移动，价格从 P_1 增加到 P_2。请注意，市场上交易量也从 Q_1 增加到了 Q_2。价格的上升有两个功能。其一，同我们在前面极短期的分析一样，它对需求进行分配。在点 P_1 上，一个典型个人的需求量为 $\bar{q}_1'$；而现在当价格为 P_2 时，需求量只有 $\bar{q}_2$。价格的上升对于典型的厂商也是增加生产的信号。在图 12.4(a)中，对应于价格的上升，厂商的利润最大化产出水平也从 q_1 增加到 q_2。这就是我们所说的*短期供给反应*(short-run supply response)：市场价格的上升对生产的增加起到了诱导作用。由于价格升高，厂商愿意去增加生产(并且引致了较高的边际成本)。如果不允许市场价格上升(假定政府对价格的控制是有效的)，那么，厂商将不会增加其产出。在点 P_1 上，对于讨论中的商品存在过度(未满足的)需求。如果允许市场价格上升，就可以重建市场的供求均衡，结果在调整后的价格下，厂商的生产又会与个人所需要的数量相等。同样需要注意的是，在新价格 P_2 点上，典型的厂商在利润上有所增加。短期中利润可以增加的性质对于我们在本章后面关于长期定价的讨论很重要。

12.5　供给曲线与需求曲线的移动:图形分析

在前面的各章中,我们已经分析了为什么供给曲线与需求曲线都会移动。表 12.1 对这些原因进行了简要的总结。尽管其中绝大多数原因都不用再做解释,但指出厂商数目的变化会使短期市场供给曲线发生移动这一点是很重要的(这在于,(12.13)式中的加总会针对不同数目的厂商):这种观察就使我们把短期分析与长期分析结合起来了。

表 12.1　需求曲线或供给曲线移动的原因

需求曲线的移动是由于	供给曲线的移动是由于
• 收入变化	• 投入品价格的变化
• 替代品或互补品的价格变化	• 技术变迁
• 偏好的变化	• 生产者数目的变化

在现实世界的市场中,似乎永远避免不了碰到表 12.1 所列的各种变化。表 12.1 中所描述的种种变化总是在发生作用,这看起来是可能的。当供给曲线与需求曲线都发生移动时,均衡价格与均衡数量会发生变化。在这一节,我们将从图形上研究上述变化的程度大小,下一节我们将用数学语言来描述它。

12.5.1　供给曲线的移动:需求曲线形状的重要性

首先,请考虑一种商品的短期供给曲线向上移动的情形。如例 12.2 所示,这样的移动可能是由投入品的价格上涨引起的。无论是什么引起了这种移动,均衡点离开(P,Q)的大小都是与需求曲线的形状密切相关的。图 12.5 说明了两种可能的情况。在图 12.5(a)中,需求曲线是相对具有价格弹性的,也就是说,价格上的变化会较大地影响需求量。在这种情况下,供给曲线从 S 到 S' 的移动会使均衡价格只有一个微小的上涨(从 P 到 P'),而同时均衡数量却下降很大(从 Q 到 Q')。

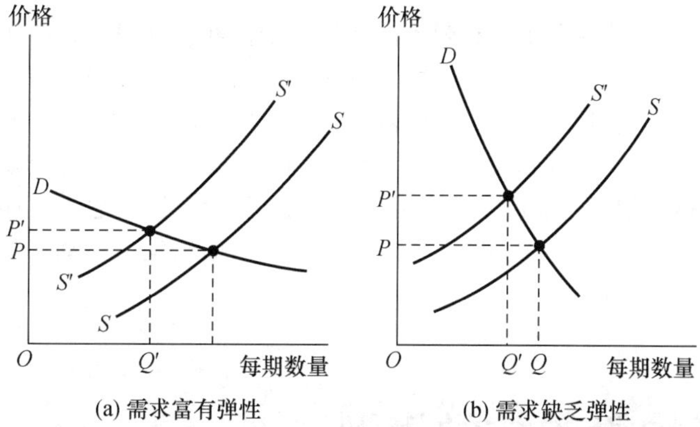

图 12.5　短期供给曲线移动的效应取决于需求曲线的形状

在图(a)中,供给曲线的向上移动只会引起价格的轻微上涨,数量却下降很快。这源于需求曲线的弹性形状。在图(b)中,需求曲线是缺乏弹性的;价格上涨很多,数量却只有轻微的下降。

这时,与其说厂商投入成本的增加表现在价格的上涨上,不如说主要表现在供给数量的下降上(使每个厂商的边际成本曲线向下的运动),因为在价格上只有一个轻微的上涨。

当市场需求曲线缺乏弹性时,情况就会相反。在图 12.5(b)中,供给曲线的移动会引致均衡价格大幅上涨,但数量变化却不大。之所以会如此的原因在于,当价格上涨时,个人并不会非常大地减少其需求。这样,供给曲线的向上移动就以价格上涨的形式被几乎完全地传递给了需求者。

12.5.2 需求曲线的移动:供给曲线形状的重要性

与以上分析相似,我们也可以表示市场需求曲线的一个给定的移动对 P 与 Q 的不同含义,这取决于短期供给曲线的形状。图 12.6 说明了这一点。在图 12.6(a)中,所讨论商品的供给曲线是缺乏弹性的。在这种情况下,市场需求曲线的向外移动会引起价格的大幅增加。但是,另一方面,交易量却只有轻微的增加。直观上的解释就是,需求(以及 Q)的增加已经引致厂商沿其陡斜的边际成本曲线上移。与此相伴,价格的大幅上涨只是为了对需求进行分配。

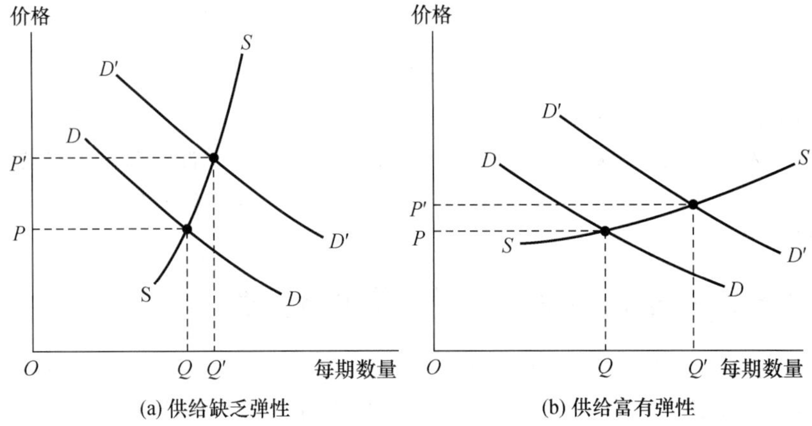

图 12.6 需求曲线的移动效应取决于短期供给曲线的形状

在图(a)中,供给是缺乏弹性的,需求的移动会使价格有较大的上涨,而数量却只有少许增加。而另一方面,在图(b)中,供给是有弹性的,对应于需求的移动,价格只有轻微的上涨。

图 12.6(b)中表示的是一个相对有弹性的短期供给曲线。这样一条曲线会出现在边际成本并不随产出增加而大量上升的行业中。在这种情况下,需求上的增加会带来供给的大量增加。而且,由于供给曲线的性质,这种增加并不伴随着成本的大幅上升。结果,价格只是适度地上涨了。

这些例子再一次证明了马歇尔关于需求与供给同时决定价格和数量的观察。我们可以回忆他在第 1 章中的比喻:正如不可能说是剪子的哪一边起了作用,同样也不可能把价格的变化单单归结为是需求还是供给方面的作用;相反,需求曲线与供给曲线发生移动的效应将会依赖于两条曲线的形状。

12.6 市场均衡的数学模型

通过使均衡价格与均衡数量变化的比较静态分析,我们可以进一步阐明关于供求过程的一般数学模型。假定需求曲线能以下式表示

$$Q_D = D(P,\alpha) \tag{12.23}$$

这里，α 是允许我们移动需求曲线的参数。它可能代表消费者收入、其他商品的价格（这会使几个相关市场的供给与需求联系在一起），或是变化着的偏好。一般地，我们预期 $\partial D/\partial P = D_P < 0$，但 $\partial D/\partial \alpha = D_\alpha$ 的符号却不确定，它是由参数的含义决定的。运用同样的程序，我们也可以把供给关系写为

$$Q_s = S(P,\beta) \tag{12.24}$$

这里，β 是使供给曲线移动的参数。它可能包括诸如投入价格、技术变革，或者（对于多产品厂商）其他潜在产出的价格。这里，$\partial S/\partial P = S_P > 0$，但是，$\partial S/\partial \beta = S_\beta$ 的符号并不确定。通过使均衡时下式成立，建立模型[5]

$$Q_D = Q_S \tag{12.25}$$

研究外生变量（α 或 β）的微小变化对均衡的影响需要用到一些微积分的知识。[6] 假如我们对需求（α）的变化感兴趣，此时供给函数保持不变（即 β 保持不变）。令需求函数和供给函数对 α 求偏导，得到：

$$\begin{aligned}\frac{dQ_D}{d\alpha} &= \frac{dD(P,\alpha)}{d\alpha} = D_P\frac{dP}{d\alpha} + D_\alpha \\ \frac{dQ_S}{d\alpha} &= \frac{dS(P,\beta)}{d\alpha} = S_P\frac{dP}{d\alpha}\end{aligned} \tag{12.26}$$

注意，对供给的唯一影响是通过市场价格进行的——供给函数的外生变量都保持不变。

再次达到均衡需要满足下式

$$\frac{dQ_D}{d\alpha} = \frac{dQ_s}{d\alpha} \tag{12.27}$$

带入 $\frac{dQ_D}{d\alpha}$ 和 $\frac{dQ_s}{d\alpha}$ 的表达式（（12.26）式），可以求得均衡价格的变化

$$D_P\frac{dP}{d\alpha} + D_\alpha = S_P\frac{dP}{d\alpha} \tag{12.28}$$

整理后得到，

$$\frac{dP}{d\alpha} = \frac{D_\alpha}{S_P - D_P} \tag{12.29}$$

因为上式分母是正的，所以，$dP/d\alpha$ 的符号将取决于 D_α 的符号——也就是说，取决于外生因素 α 的变化如何影响需求。例如，如果 α 表示消费者收入，那么，D_α 和 $dP/d\alpha$ 将是正的。也就是说，收入的增加预期会使得均衡价格上升。另一方面，如果 α 表示一种（总）互补品的价格，则我们预期 D_α 和 $dP/d\alpha$ 为负。互补品的价格上升预期会使 P 下降。重复（12.27）式至（12.29）式的演算过程，可以很容易地得出一个供给（β）变化对均衡价格影响的类似表达式。

---

⑤　对此模型稍加改动可以用来表示均衡产量在各个厂商间的分配。比如，假设该行业由 n 个相同的厂商组成，每个厂商的产量就是

$$q = \frac{Q}{n}$$

短期内，n 的数值不变，也就没什么可分析的。但在长期中，n 的变动也由模型确定。相关的分析随后给出。

⑥　这类分析通常被称为比较静态分析（comparative statics analysis），因为我们可以比较两种均衡情况，却并不十分关心市场如何从一个均衡到另一个均衡的“动态”过程。

12.6.1 弹性解释

对(12.29)式做进一步的代数处理可以得到更为有用的比较静态结果。将该方程两边同乘以 α/P 可得到

$$e_{P,\alpha} = \frac{\mathrm{d}P}{\mathrm{d}\alpha} \cdot \frac{\alpha}{P} = \frac{D_\alpha}{S_P - D_P} \cdot \frac{\alpha}{P} = \frac{D_\alpha(\alpha/Q)}{(S_P - D_P) \cdot P/Q} = \frac{e_{Q,\alpha}}{e_{S,P} - e_{Q,P}} \tag{12.30}$$

由于方程中的弹性通常可以从实证研究中得到,因此可以通过它对各种事件对均衡价格的影响做粗略的估计。例如,还是假定 α 代表消费者的收入,我们要预测这个参数的增加会怎样影响比如说汽车的均衡价格。假定经验数据表明 $e_{Q,I} = e_{Q,\alpha} = 3.0$,$e_{Q,P} = -1.2$(这些数字来自表 12.3),并且假定 $e_{S,P} = 1.0$。把这些数字代入(12.30)式,可以得到

$$e_{P,\alpha} = \frac{e_{Q,\alpha}}{e_{S,P} - e_{Q,P}} = \frac{3.0}{1.0 - (-1.2)} = \frac{3.0}{2.2} \approx 1.36 \tag{12.31}$$

这样,实证的弹性估计表明,消费者收入每增加 1% 会引致汽车的均衡价格上升 1.36%。通过对(12.26)式至(12.29)式进行整理,并且得到有关必要参数的实证估计,同样可以建立起对其他类型供求变动进行估计的模型。

例 12.3 不变弹性函数的均衡

如果我们使用特定的函数形式,就可以进行关于供求均衡的更为复杂的分析。要实现这一目的,不变弹性函数特别有用。假定汽车需求为

$$Q_D(P,I) = 0.1P^{-1.2}I^3 \tag{12.32}$$

这里,P 是价格,I 是家庭真实收入,单位都是美元。对于汽车的供给函数为

$$Q_S(P,w) = 6\,400Pw^{-0.5} \tag{12.33}$$

这里,w 是汽车工人的每小时工资。请注意,此处所用的弹性就是在前面章节中的数据($e_{Q,P} = -1.2$,$e_{Q,I} = 3.0$ 与 $e_{S,P} = 1$)。如果"外生"变量 I、w 的值分别为 20 000 美元与 25 美元,那么,供求均衡就要求

$$Q_D = 0.1P^{-1.2}I^3 = 8 \times 10^{11}P^{-1.2} = Q_S = 6\,400Pw^{-0.5} = 1\,280P \tag{12.34}$$

或

$$P^{2.2} = 8 \times 10^{11}/1\,280 = 6.25 \times 10^8$$

或

$$P^* = 9\,957 \qquad Q^* = 1\,280 \times P^* = 12\,745\,000 \tag{12.35}$$

这样,汽车市场上的最初均衡为:价格约等于 10 000 美元,销售量约等于 1 300 万辆汽车。

需求的移动。在其他因素不变的情况下,家庭真实收入增加 10% 会使需求函数移至

$$Q_D = (1.06 \times 10^{12})P^{-1.2} \tag{12.36}$$

与前述推导类似,有:

$$P^{2.2} = (1.06 \times 10^{12})/1\,280 = 8.32 \times 10^{8} \quad \textbf{(12.37)}$$

或

$$P^{*} = 11\,339$$
$$Q^{*} = 14\,514\,000 \quad \textbf{(13.38)}$$

如之前所预测的一样,真实收入上升10%会使汽车价格上升近14%。在这一过程中,汽车销售量增加约177万辆。

供给的移动。一个外生的供给移动,如生产汽车的工人工资变动,也会影响市场均衡。如果每小时的工资从25美元上升到30美元,那么,供给函数就会移到

$$Q_S(P,w) = 6\,400P(30)^{-0.5} = 1\,168P \quad \textbf{(12.39)}$$

如果回到我们最初的需求函数(I等于20 000美元时),有:

$$P^{2.2} = 8 \times 10^{11}/1\,168 = 6.85 \times 10^{8} \quad \textbf{(12.40)}$$

或

$$P^{*} = 10\,381$$
$$Q^{*} = 12\,125\,000 \quad \textbf{(12.41)}$$

因此,工资上升20%,就会使汽车价格上升4.3%,销售量下降超过60万量。在许多市场类型中均衡的变化都可以依照相关弹性的实证估计,运用这种一般性的方法进行大致的判断。

请回答:汽车工人工资变化的结果,与运用类似于(12.30)式的方程可以预测到的结果是否一致?

12.7 长期分析

在第10章我们已经知道,在长期厂商为了适应市场状况能够调整其所有的投入。因此,对于长期分析,由于长期成本曲线反映了所有投入的弹性,我们要使用长期成本曲线。一个作为价格接受者,追求利润最大化的厂商,会在使其价格等于长期边际成本(MC)的产量水平上从事生产。而且,我们也一定要注意到在长期对价格产生影响的第二个(从根本上说也是更为重要的)因素,即新厂商进入行业之中或是现存厂商从行业中退出的可能性。用数学形式表示就是,我们要让厂商的数目n随着经济激励的变化而变化。完全竞争模型假定,厂商进入或退出某一行业,不存在特殊的成本。因此,在有利可图时,新厂商就会被吸引进入市场。同样,在无钱可赚时,厂商又会退出该行业。由于有比目前数量更多的厂商从事生产,新厂商的进入会引致行业的短期供给曲线向外移动。而短期供给曲线的外移将引起市场价格(与行业利润)的下降。这一过程会持续到打算进入该行业的厂商无利可图时为止。⑦ 在这一点上,不会再有厂商进入,并且行业中的厂商数目将达到均衡。对于行业中的某些厂商正在遭受短期亏损的情况,也可以得到相同的结论。一些厂商选择退出行业,将使供给曲线左移。市场价格将上升,结果使仍留在行业中的厂商保

⑦ 记住,我们讲的利润都是指"经济利润",即厂商从事此行业能够比其他行业赚得更多的,从而确保他一定会留在本行业的那部分利润。因此"零"经济利润的含义是:没有厂商能够在这里赚取比其他投资渠道更高的收益。

持了盈利能力。

12.7.1　均衡条件

我们假定行业中的厂商有着相同的成本曲线，即没有厂商控制任何特定资源或特定技术。[8] 由于所有的厂商都是相同的，均衡的长期位置就要求每个厂商的经济利润都为零。用图形表示，长期均衡价格一定在每个厂商的长期平均总成本曲线的最低点上。只有在这一点上，$P = \text{MC}$（这是利润最大化的要求）与 $P = \text{AC}$（这是零利润的要求）这两个均衡条件才成立。要强调的是，这两个均衡条件的原因完全不同。利润最大化是厂商的目标。所以，$P = \text{MC}$ 法则源于我们关于厂商所做的行为假定，并且，这也类似于在短期运用的产出决策规则。而零利润条件不是厂商的目标，厂商毫无疑问愿意有更多的数量为正的利润。但是，对应于获得超常规收益的可能性，由于厂商可以自愿进入或退出行业，市场的长期运作会让所有厂商都只能得到一个零经济利润（$P = \text{AC}$）。尽管完全竞争行业中的厂商在短期所得到的利润有正有负，但在长期，利润一定为零。因此，我们可以把这个分析归纳为如下定义。

定义

长期竞争均衡　完全竞争市场长期均衡的定义是：没有任何厂商有激励进入或退出该行业的状态。这种情况出现于(1) 厂商的数量可以使得 $P = \text{MC} = \text{AC}$ 的时候，并且(2) 每个厂商都在其长期平均成本曲线的最低点上。

12.8　长期均衡：成本不变的情况

为了详细讨论长期定价，我们必须对新厂商进入行业会对厂商投入成本产生怎样的影响做出假定。我们可以做出的最简单的假定，是假设进入对投入的成本没有影响——这或许是由于行业所运用的投入品在各个投入市场中所占的份额都相对较少。在这个假定下，无论多少厂商进入（或离开）行业，每个厂商都将保持其与开始时相同的成本曲线束。在许多重要的情况下，这种不变投入成本假定并不能站住脚，这一点我们在下一节将会看到。但在这一节，我们还是首先讨论成本不变产业的均衡条件。

12.8.1　初始均衡

图 12.7 说明了一个行业的长期均衡。对于作为整体的市场（图 12.7(b)），需求曲线是 D，短期供给曲线是 SS。这样，短期均衡价格为 P_1。而典型的厂商（图 12.7(a)）会在产出水平为 q_1 的点上进行生产；这是由于，在这一产出水平上，价格与短期边际成本（SMC）相等。另外，在

---

[8] 如果厂商的成本不同，成本非常低的厂商就具有正的长期利润，这种额外利润将反映在带来厂商低成本的资源的价格上。在这个意义上，相同成本的假定并不非常严格，原因在于活跃的市场将会保证对于所有厂商在平均成本（包括机会成本）上是相同的。请参见本章后面关于李嘉图租金的讨论。

市场价格为 P_1 时，产出水平 q_1 也是厂商的长期均衡点。由于价格与长期边际成本(MC)相等，厂商得到了最大化的利润。图 12.7(a)也意味着第二个长期均衡性质：价格等于长期的平均成本(AC)。这样，经济利润为零，也就不存在让厂商进入或退出行业的激励。也正因如此，图 12.7 所描述的市场既处于短期均衡，也处于长期均衡。由于厂商的利润最大化，它们处于均衡之中；也由于经济利润为零，厂商的数量是稳定的。只要供给与需求的条件不变，这种均衡就会保持下去。

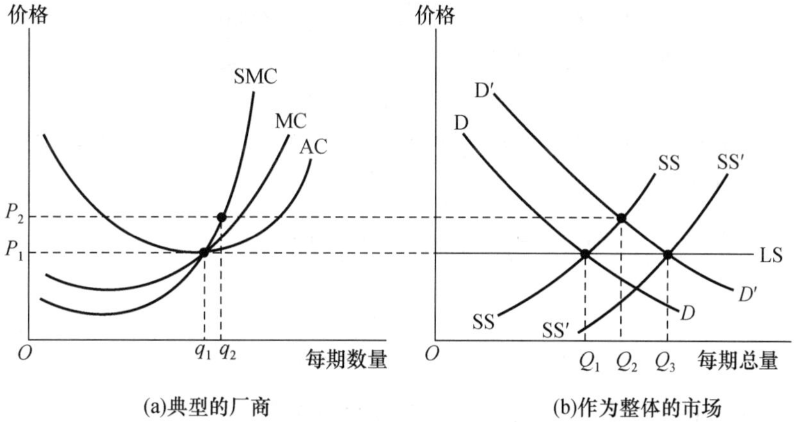

图 12.7　对于一个完全竞争行业的长期均衡：成本不变的情形

需求从 D 到 D' 的增加在短期内将引起价格从 P_1 上升到 P_2。这种较高的价格在行业中会创造利润，新厂商会被吸引进入市场。如果假定新厂商的进入对于行业中厂商的成本曲线没有影响，那么，新厂商就会不断进入，直到价格被压回到 P_1。在这个价格上，经济利润为零。因此，长期供给曲线 LS 就是过点 P_1 的一条水平线。沿着 LS，由于每个厂商都生产 q_1，因此这里增加的产出完全是由厂商数量增加所造成的。

12.8.2　对于需求增加的反应

假设图 12.7(b)中的市场需求曲线向外移动到 D'。如果 SS 仍是行业中相应的短期供给曲线，那么，价格在短期就会上升到 P_2。短期中典型的厂商会选择生产数量 q_2，并在这个产出水平赚取利润。而在长期，这些利润会吸引新厂商进入市场。由于假设成本不变，新厂商的进入对投入成本不会产生影响。这样，新厂商就会不断进入市场，直到价格被压低到不再存在经济利润那一点为止。因此，新厂商的进入会使短期供给曲线移动到 SS'，在那里均衡价格(P_1)得以重建。在这个新的长期均衡点上，价格与数量的组合 P_1，Q_3 会支配市场。虽然这一点上比初始情况时有更多的厂商，但典型的厂商会再一次在产出水平为 q_1 的水平上进行生产。

12.8.3　供给的无限弹性

我们已经表明，成本不变行业的长期供给曲线是通过价格 P_1 的一条水平线。在图 12.7(b)之中，这条曲线被标为 LS。无论需求发生什么变化，零长期利润(由于假定自由进入)与利润最大化这两个均衡条件都将保证在长期不存在高于 P_1 的价格取得支配地位的情况。⑨ 基于这个原因，P_1 可以被认为是这种商品的"正常"价格。不过，如果放弃成本不变假定，正如我们在下一节所表明的那样，长期供给曲线就不一定具有这种无限弹性的形状了。

例 12.4 无限弹性的长期供给

手工制作的自行车架由许多规模相同的厂商生产。其中一个典型厂商的（长期）总的月成本为

$$C(q) = q^3 - 20q^2 + 100q + 8\,000 \tag{12.42}$$

其中 q 是每月生产车架的数量。手工自行车架的需求由下式给定

$$Q_D = 2\,500 - 3P \tag{12.43}$$

这里，Q_D 是每月的需求量，而 P 是每个车架的价格。为了决定这一市场的长期均衡点，我们必须找到典型厂商平均成本曲线的最低点。由于

$$\mathrm{AC} = \frac{C(q)}{q} = q^2 - 20q + 100 + \frac{8\,000}{q} \tag{12.44}$$

并有

$$\mathrm{MC} = \frac{\partial C(q)}{\partial q} = 3q^2 - 40q + 100 \tag{12.45}$$

我们知道，只有 AC = MC 时，才有最小点。我们可以由下式求出这个产出水平

$$q^2 - 20q + 100 + \frac{8\,000}{q} = 3q^2 - 40q + 100$$

或

$$2q^2 - 20q = \frac{8\,000}{q} \tag{12.46}$$

有一个可行解 $q = 20$。在月产出为 20 个车架的情况下，每一个生产者都有长期平均成本与边际成本 500 美元。这样，它就是自行车架（手工架子贵得很，骑车的都知道）的长期均衡价格。在 $P =$ 500 美元的情况下，（12.43）式表明 $Q_D = 1\,000$。因此，厂商的均衡个数就是 50 个。当这 50 个厂商每一家一个月都生产 20 个车架时，供给就恰好与当价格为 500 美元时的需求量相等。

在这个问题中，如果需求增加到

$$Q_D = 3\,000 - 3P \tag{12.47}$$

我们可以预期长期的产出与车架数会上升。假定车架市场是可以自由进入的，这种进入并不改变一个典型的自行车厂商的成本，那么，长期均衡价格仍会保留在 500 美元，每月的总需求量仍为 1 500 个。这要求有 75 个车架生产者，即有 25 个新厂商进入市场。

请回答：在长期，需求增加导致行业短期盈利会激励车架生产者的进入。假定每个厂商的短期成本为 $\mathrm{SC} = 50q^2 - 1\,500q + 20\,000$。请说明，当行业处于长期均衡时，短期利润为零。如果厂商数量仍为 50，那么需求增加带来的行业短期利润是多少？

---

⑨ 在完全竞争市场的长期均衡中，均衡条件还能反映（不太精确地说）长期均衡"有效率"的一面，即产品在平均成本最低处进行生产。关于经济的效率问题详见第 13 章。

12.9　长期供给曲线的形状

与短期的情况不同，长期分析与（长期）边际成本曲线的形状几乎没有关系。相反，零利润条件把注意力都集中于长期平均成本曲线的最低点，并将其作为与长期价格决定最为相关的因素。在成本不变的情况下，当新厂商进入行业时，这个最低点的位置不会改变。这样，无论需求曲线怎样移动，都只有一个价格在长期能够支配市场——长期供给曲线就是通过此价格的水平线。但是，一旦放弃成本不变的假定，情况就全变了。当新厂商的进入引起平均成本上升时，长期供给曲线就将有一个正斜率。而另一方面，如果进入使平均成本下降，则长期供给曲线甚至可能有负斜率。我们现在就讨论这些可能性。

12.9.1　成本递增行业

由于以下几个原因，新厂商进入行业会引起所有厂商的平均成本上升。新厂商会和现有的厂商争夺稀缺资源，由此引致价格上升；新厂商也会以空气污染或水污染的形式对现有厂商（以及它们自己）施加"外部成本"；并且，新厂商可能增加了对于那些靠税收支持的服务（警察力量、污水处理厂等）的需要，由此引致的税收就可能表现为所有厂商成本的增加。图12.8说明了在这种成本递增行业中的两个市场均衡。初始的均衡价格为 P_1，在这个价格上，典型的厂商生产 q_1，而总的行业产出为 Q_1。现在，假定行业的需求曲线向外移动到 D'。在短期，由于 D' 与行业的短期供给曲线 SS 相交，价格会上升到交点 P_2。在这个价格上，典型的厂商会生产 q_2，并赚取大量利润。这个利润会吸引新厂商进入市场，并使短期供给曲线向外移动。

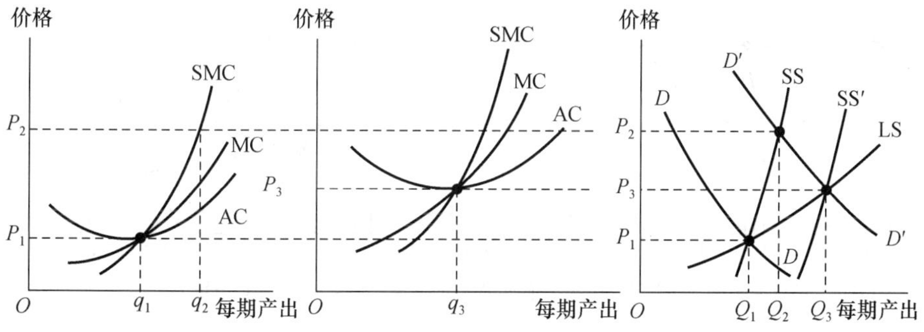

(a)新厂商进入前的典型厂商　(b)新厂商进入后的典型厂商　(c)市场

图12.8　成本递增行业的长期供给曲线有一个正斜率

开始时，市场的均衡点应为（P_1，Q_1）。需求的增加（到 D'）在短期会引起价格上升到 P_2。典型的厂商会生产 q_2 以有所盈利。这个利润会吸引新厂商进入到该行业中。这些新厂商的进入就引起了典型厂商的成本上升到在（b）中表示的水平。在新的曲线束中，均衡在市场处于（P_3，Q_3）时得以重建。通过考察需求移动的多种可能性，并把得到的所有均衡点连接在一点，就可以画出长期供给曲线 LS 了。

假定新厂商的进入使所有厂商的成本曲线上升。新厂商可能为了稀缺的投入品而竞争，结果是投入价格上升。一个典型厂商的新的（较高的）成本曲线束如图12.8（b）所示。行业的新长期均衡价格是 P_3（这里 P_3 = MC = AC），在此价格上需求量为 Q_3。现在，我们确定了长期供给曲线上的两点(P_1,Q_1)与(P_3,Q_3)。曲线上的其他点都可以通过研究需求曲线所有可能的移动以类似方式得到。于是,这些移动就画出了长期供给曲线 LS。这里,由于行业具有成本递增的性质,LS 具有正斜率。请注意,LS 曲线比短期供给曲线更平缓。这表明,在长期可能出现的供给反应会有较大的弹性。另外,曲线是向上倾斜的,于是,价格会随需求的增加而上升。这种情况可能相当普遍,我们在后面的各节中将会更多地谈及。

12.9.2 成本递减行业

并非所有的行业都表现出成本不变或成本递增,在某些情况下,新厂商的进入还会降低行业中厂商的成本。例如,新厂商的进入会提供比原来规模更大的、可以从中得到熟练劳动力的储备,而这就会减少与雇用新工人相关联的成本。同样,新厂商的进入也可能提供工业化的"关键部分",这保证了更有效率的运输网与通信网的发展。无论使成本降低的具体原因是什么,最终的结果都可以由图 12.9 中的三张图来说明。最初的市场均衡由图 12.9(c)中的价格数量组合(P_1,Q_1)表示。在这个价格上,典型的厂商生产 q_1,经济利润为零。现在假定市场需求向外移动到 D'。在短期,价格将增加到 P_2,典型的厂商会生产 q_2。在这一价格水平上,可以得到正的利润。这些利润会使新的生产者进入市场,如果这种进入让成本下降,那么,对于典型厂商的一系列新成本曲线就类似于图 12.9(b)中所示。现在新的均衡价格为 P_3;在此价格上,需求量为 Q_3。通过研究需求的所有可能的移动,就能够"扫描"出长期供给曲线 LS。由于行业成本递减的性质,该曲线有负斜率。这样,当产出扩张时,价格下降。这种可能性已经被用来作为保护性关税可以使新产业免受外来竞争的理由。人们假定(实际上未必正确),对"幼稚工业"的保护将会让其成长,并最终以低于世界价格水平的价格进行竞争。

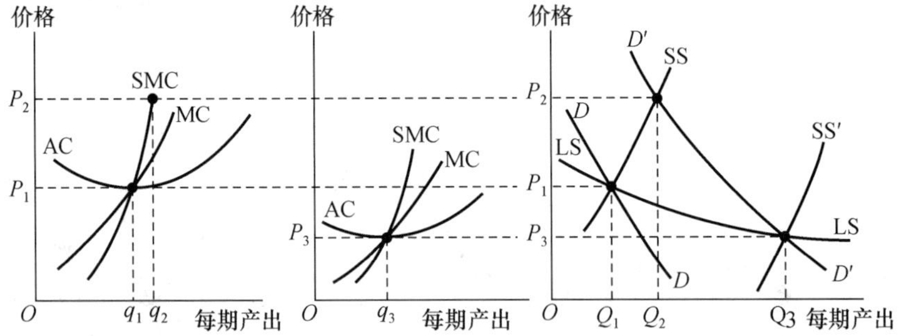

(a)新厂商进入前的典型厂商 (b)新厂商进入后的典型厂商 (c)市场

图 12.9 成本递减行业的长期供给曲线斜率为负

市场均衡的最初位置在(P_1,Q_1)。需求增加到 D' 使价格在短期上升至 P_2,典型的厂商生产 q_2 这一数量以有所盈利。这个利润吸引新厂商进入到该行业中来。如果这些新厂商的进入引致典型厂商的成本下降,那么,一系列新的成本曲线看起来就像图(b)中的那样。在这些曲线中,市场均衡在点(P_3,Q_3)上得以重建。通过把这些均衡点连接起来,可以画出斜率为负的长期供给曲线 LS。

12.9.3 长期供给曲线的分类

由此,我们已经说明了完全竞争行业的长期供给曲线可以假定有多种形状。决定这些形状的主要因素为厂商进入行业对成本的影响方式。下面的定义包含了各种可能性。

定义

成本不变、成本递增和成本递减的行业　一个行业的供给曲线一定表现为下面三种形状之一。

成本不变:进入并不影响投入成本;长期供给曲线是经过长期均衡价格的水平线。

成本递增:进入使投入成本增加;长期供给曲线有正斜率。

成本递减:进入使投入成本减少;长期供给曲线有负斜率。

现在,我们将对长期供给曲线的形状做进一步的定量分析。

12.10　长期供给弹性

行业的长期供给曲线综合了以下两方面的信息:一是来自针对价格变化厂商所做的内部调整,二是盈利机会、厂商数目与投入成本上的变化。以下这一概念概括了所有这些供给反应。

定义

长期供给弹性　长期供给弹性($e_{LS,P}$)表示了长期行业产出变化率与商品价格变化率之比。用数学公式表示,有

$$e_{LS,P}=\frac{Q\text{ 改变的比例}}{P\text{ 改变的比例}}=\frac{\partial Q_{LS}}{\partial P}\cdot\frac{P}{Q_{LS}} \tag{12.48}$$

上述弹性的数值可正可负,取决于行业是成本递增还是成本递减。正如我们已经看到的,在成本不变的情况下,$e_{LS,P}$是无限的,这是因为,行业的扩张或收缩可以在对商品价格没有任何影响的情况下发生。

12.10.1　经验估计

显然,一些长期供给弹性的经验估计是重要的。这些估计值表明扩大产出是需要提高一点点相对价格(即供给富于弹性),还是需要大幅提高相对价格(即供给缺乏弹性)。利用这些估计值信息,我们可以评估需求变动对长期价格的可能影响,也可以评估用于增加供给的各种政策。表 12.2 列出了一些消费品的长期供给弹性的估计值。这些消费品几乎都和自然资源有关(尽管并不全是),因为经济学家格外关注这些资源"价格上升,需求量上升"现象背后的含义。正如表中所示,由于不同资源在空间上和地理上有着不同的特点,它们的弹性估计值变化很大。然而,所有这些估计值都表明了,供给对价格的反应是正向的。

表 12.2 长期供给弹性的一些估计值

农业亩数	
谷物	0.18
棉花	0.67
小麦	0.93
铝	近乎无限
铬	0—3.0
煤(东部储量)	15.0—30.0
天然气(全美储量)	0.20
石油(全美储量)	0.76
城市住房	
密度	5.3
质量	3.8

资料来源:农业亩数:M. Nerlove, "Estimates of the Elasticities of Supply of Selected Agriculture Commondities," *Journal of Farm Economics* 38 (May 1956): 496—509。铝与铬:源自美国内政部的估计,*Critical Materials Commondity Action Analysis* (Washington, D. C.: U. S. Government Printing Office, 1975)。煤:M. B. Zimmerman, "The Supply of Coal in the Long Run: The Case of Eastern Deep Coal," MIT Energy Laboratory Report No. MITEL 75-021(September 1975)。天然气:基于对石油的估计,以及 J. D. Khazzoom, "The FPC Staff's Econometric Model of Natural Gas Supply in the United States," *The Bell Journal of Economics and Management Science*(Spring 1971): 103—117。石油:E. W. Erickson, S. W. Millsaps, and R. M. Spann, "Oil Supply and Tax Incentives," *Brookings Papers on Economic Activity* 2 (1974: 449—478。城市住房:B. A. Smith, "The Supply of Urban Housing," *Journal of Political Economy* 40 (August 1976): 389—405。

12.11 长期均衡的比较静态分析

在本章的前面,我们说明了如何对竞争性市场上短期均衡的改变进行简单的比较静态分析。通过运用对需求与供给的长期弹性的估计,也可以做完全相同的分析。

例如,虽然在进行解释时会有一些不同,但在例 12.3 中所假设的汽车市场模型可能对于长期分析会同样有效。事实上,通常在所使用的供求模型中,并不清楚模型的构建者是打算用其成果去反映短期的情况,还是长期的情况。但我们总是要付出一定的努力去理解进入的问题是怎样得到处理的。

12.11.1 行业结构

在完全竞争市场中,当市场均衡变化时,厂商的数量会有什么变化,是用简单的供求分析难以理解的。正如我们将在第 6 篇中看到的,由于在某些情况下市场的运作会受到厂商数量的影响,也由于在进入与退出行业时会受直接的公共政策利益的影响,故我们需要一些其他的分析。在这一节,我们将详细研究在成本不变的情况下厂商数量的决定因素。我们也会简要谈及成本递增的情况,并针对本章较为详尽地探讨成本递增情况下的几个问题。

12.11.2　需求的移动

由于成本不变行业中的长期供给曲线是无限弹性的，故对于市场需求移动进行分析就特别容易。如果最初的均衡行业产出是 Q_0，并且 q^* 代表使典型厂商的长期平均成本为最小时的产出水平，于是，最初的均衡厂商数量 n_0 由下式确定

$$n_0 = \frac{Q_0}{q^*} \tag{12.49}$$

使均衡产出变化到 Q_1 的需求变动在长期将改变厂商的均衡数目，有

$$n_1 = \frac{Q_1}{q^*} \tag{12.50}$$

厂商数目上的变化由下式确定

$$n_1 - n_0 = \frac{Q_1 - Q_0}{q^*} \tag{12.51}$$

即厂商均衡数目的变化完全由需求移动的程度与对典型厂商来说最适合的产出水平决定。

12.11.3　投入成本的变化

即便在简单的成本不变行业的情况下，分析投入品价格上升（由此有一无限弹性的长期供给曲线上移）的影响都是相对复杂的。首先，为了计算行业产出的下降，必须知道由于投入品价格的上升，最低平均成本会因此增加多少，以及在长期均衡价格上的这样一个增加又会怎样影响总需求量。关于典型厂商平均成本函数的知识和关于需求价格弹性的知识使得可以用一种直接的方式完成这种计算。不过，投入品价格的增加也会改变典型厂商的最低平均成本产出水平。这个可能性由图 12.10 来说明。由于投入品价格上升，平均成本与边际成本都向上移，但是，由于平均成本向上移动的程度比边际成本相对更大，典型厂商的最优产出水平就由 q_0^* 增加到 q_1^*。不过，如果成本曲线移动的相对大小与前述情况相反，那么，典型厂商的最优产出水平就会下降。[10] 考虑到最优规模上的这种变化，(12.51)式变为

$$n_1 - n_0 = \frac{Q_1}{q_1^*} - \frac{Q_0}{q_0^*} \tag{12.52}$$

这样就产生了多种可能性。

如果 $q_1^* \geq q_0^*$，则由市场价格上升而引致的产出数量的下降就毫无疑问会使厂商数目有所减少。但是，如果 $q_1^* < q_0^*$，上述结果就会是不确定的。行业产出会下降，最优厂商规模也会下降，结果，对于厂商数目的最终影响就由这些变化的相对大小决定。当投入品价格的上升引起行业产出下降时，厂商数目的下降似乎仍是最可能的结果，但 n 的增加至少理论上也是可能的。

---

⑩　一个简单的数学证明可以表述如下。最优产出 q^* 由下式决定

$$\mathrm{AC}(v,w,q^*) = \mathrm{MC}(v,w,q^*)$$

该表达式两边对 v 求导，得到

$$\frac{\partial \mathrm{AC}}{\partial v} + \frac{\partial \mathrm{AC}}{\partial q^*}\cdot\frac{\partial q^*}{\partial v} = \frac{\partial \mathrm{MC}}{\partial v} + \frac{\partial \mathrm{MC}}{\partial q^*}\cdot\frac{\partial q^*}{\partial v};$$

但是，由于平均成本最小，$\partial \mathrm{AC}/\partial q^* = 0$。对上式进行整理，得

$$\frac{\partial q^*}{\partial v} = \left(\frac{\partial \mathrm{MC}}{\partial q^*}\right)^{-1}\cdot\left(\frac{\partial \mathrm{AC}}{\partial v} - \frac{\partial \mathrm{MC}}{\partial v}\right)$$

由于在 AC 最小时，$\partial \mathrm{MC}/\partial q > 0$，$\partial q^*/\partial v$ 就是可正可负的，由 AC 和 MC 曲线移动的相对大小决定。

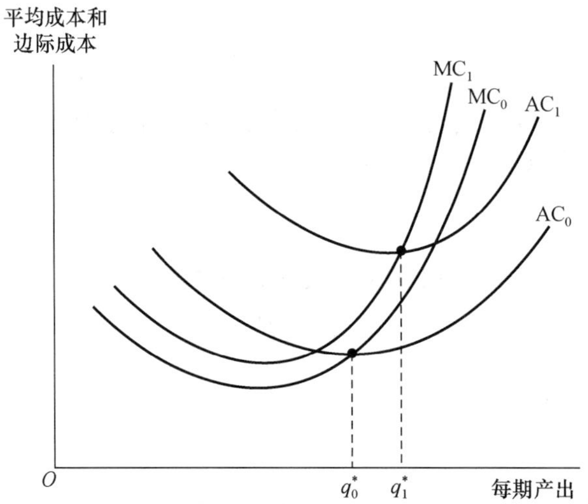

图 12.10　成产要素价格的增长可能导致典型厂商的长期均衡产出的变化

投入价格的增长将使平均成本曲线与边际成本曲线上移,这一移动对典型厂商的最优化产出水平(q^*)的精确影响取决于移动的相对程度。

例 12.5　提高投入成本与行业结构

自行车架生产者的成本增加会改变在例 12.4 中所描述的均衡,但是,对于市场结构的准确影响将由成本如何增加决定。固定成本增加的效应是相对清楚的——长期均衡价格会上升,典型厂商的规模也会增加。由于固定成本的增加只提高了 AC,而不是 MC,于是导致了厂商规模的增加。为了保证均衡条件 MC = AC 成立,产出(以及 MC)也一定要上升。例如,如果车架商店租金的上涨使得典型的自行车架生产者的成本增加到

$$C(q) = q^3 - 20q^2 + 100q + 11\,616 \tag{12.53}$$

那么,可以很容易地说明,当 $q = 22$ 时,MC = AC。因此,成本的上升就使得自行车架生产的有效的规模每月增加 2 辆。在 $q = 22$ 时,长期的平均成本与边际成本为 672,这也将是车架的长期均衡价格。在这个价格上

$$Q_D = 2500 - 3P = 484 \tag{12.54}$$

这样,现在的市场上就只能容纳 22(= 484 ÷ 22)家厂商。固定成本的上升既导致了价格的增加,也减少了生产者的数目(从 50 减少到 22)。

而且,其他形式的投入品成本的增加有着更为复杂的效应。尽管进行完整的分析要研究车架生产者的生产函数及其相关的投入选择,但是,通过假定某些可变投入品价格的提高,会引致典型厂商的总生产函数变为

$$C(q) = q^3 - 8q^2 + 100q + 4\,950 \tag{12.55}$$

我们仍可以做出一个简单的证明。

现在,有

$$MC = 3q^2 - 16q + 100$$

和

$$AC = q^2 - 8q + 100 + \frac{4\,950}{q} \tag{12.56}$$

因此，假定 MC = AC，就有

$$2q^2 - 8q = \frac{4\,950}{q} \tag{12.57}$$

该式有解 $q = 15$。因此，总成本函数的这一特定变化就在较大程度上缩减了车架商店的最佳规模。在 $q = 15$ 时，由(12.56)式可以算出 AC = MC = 535，并且，在这个新的长期均衡价格上

$$Q_D = 2\,500 - 3P = 895 \tag{12.58}$$

在均衡点上，这 895 个车架将由大约 60(895 ÷ 15 = 59.67——这样的问题不一定有整数解)个厂商生产出来。即便成本上的增加导致了较高的价格，由于每一家商店的规模现在更小了，车架生产者的均衡数目也会从 50 扩张到 60。

请回答：从(12.55)式中推导出的总成本函数、平均成本函数和边际成本函数与在例 12.4 中的有什么不同？前面的成本曲线上的成本是否(对于所有的 q 的水平)都比较大？为什么与前面的曲线相关的长期均衡价格较高(正式的讨论请参见脚注 10)？

12.12　长期生产者剩余

在第 11 章中，我们描述了短期生产者剩余的概念，短期生产者剩余可以表示为厂商的所有者赚到的比完全不生产状态多的那部分钱。短期生产者剩余是短期利润与短期固定成本之和，由于在长期，均衡利润为零，并且不存在固定成本，所有这种短期剩余都将消失。厂商的所有者无论是否在某一特定市场上，对他们来说都是无差异的，因为他们在别的地方投资也可以赚取相同的收益。但是，厂商所用投入品的供给者在特定行业中的产出水平可能并不是无差异的。当然，在成本不变的情况下，投入品的投入/产出比例固定，投入品价格应该是恒定不变的。但是，在成本递增的情况下，新厂商进入行业则会使某些要素的价格上升，而这些要素的供应者的情况会改善。如果考虑到这些价格效应，就可以引出长期生产者剩余的概念。

定义

长期生产者剩余。长期生产者剩余是指一个行业的生产者当前的收益与当行业产出为零时的收益之差。在图形上表示为市场价格以下、供给曲线以上的那部分区域。

尽管上述定义和第 11 章中的短期生产者剩余相同，但表达的内容却不一样。现在，“厂商获得的额外收益”应该理解为“生产性要素投入获得的更高价格”。对于短期生产者剩余，市场交易的赢家是那些能补偿固定成本，并可能在补偿可变成本后还能获益的企业。对于长期生产者剩余，我们必须回到生产链，识别出谁才是市场交易的真正赢家。

多少有些令人惊讶的是，长期生产者剩余与短期生产者剩余可以用差不多的图形来表示。那就是长期供给曲线以上、均衡市场价格以下部分的面积。在成本不变的情况下，供给是无限弹性的，因此，这块区域的面积为零，表示不存在这类额外的收益。然而，在成本递增的情况下，长期供给有一个正斜率，当行业产出扩张时，投入的额外收益就会产生。在应用分析中(本章稍后部分将

出现），这种长期生产者剩余的概念被广泛采用，所以，我们将提供一个正式的表述。

12.12.1 李嘉图租金

在19世纪早期，大卫·李嘉图第一个描述了可以使长期生产者剩余最容易被说明的一种情形。[11] 李嘉图假定有许多块可以生长某种谷物的土地。它们有的非常丰饶（耕种成本低），有的很贫瘠（耕种成本高）。谷物（Q）的长期供给曲线被构造如下：在价格低时，只有最好的土地才被耕种。随着产出需求的增加，谷物价格提高，较高的价格使耕种劣等土地也有利可图，所以，高成本土地也得到了使用。但因为使用劣等土地会导致成本递增，所以，长期供给曲线就有一个正斜率。

此时的市场均衡在图12.11中得到了说明。在均衡价格为P^*时，低成本厂商与中等成本厂商都得到了（长期）利润。"边际厂商"刚好赚到零经济利润。但是，因为较高成本的厂商在价格P^*上会赔钱，所以，他们并没有进入市场。不过，由于反映了对独特的资源——低成本土地的收益，在边际厂商之内的厂商所赚取的利润在长期可以保持。即便在整个长期内，自由进入也不可能侵蚀掉这些利润。这些长期利润的总和就构成了长期生产者剩余，就如在图12.11（d）

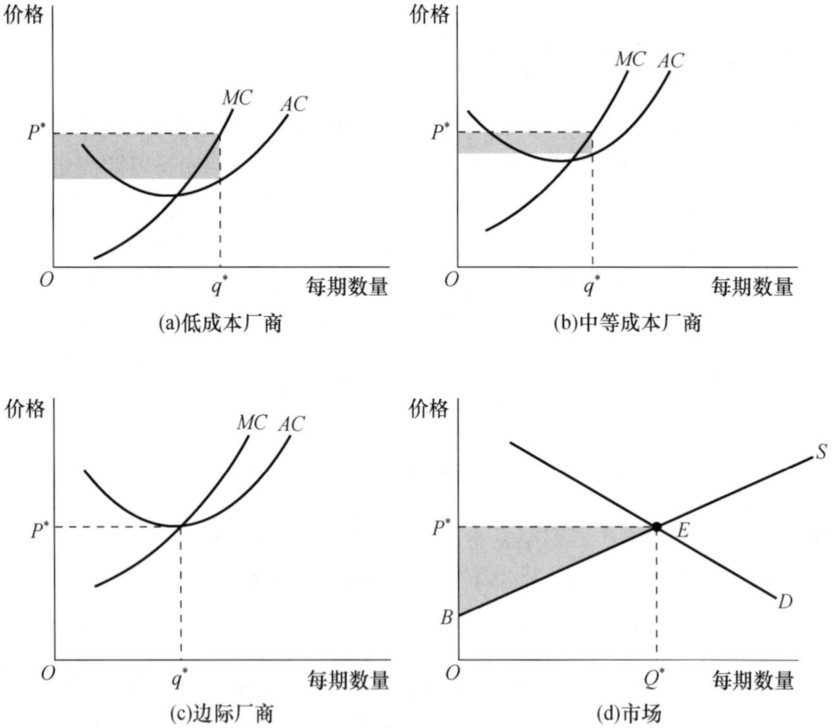

图12.11 李嘉图租金

低成本与中等成本的土地所有者可以得到长期利润。长期生产者剩余代表了所有这些租金的总和，即图（d）中的P^*EB区域。通常李嘉图租金会资本化为投入品价格。

---

[11] 请参见David Ricardo, *The Principle of Political Economy and Taxaion* (1817; reprinted London: J. M. Dent and Son, 1965)，第2章与第32章。

中面积 P^*EB 所表示的那样。通过了解图12.11(d)中供给曲线上的每一点都代表着某些厂商的最低平均成本,就可以由此表示出这些面积的大小。对于每一个这样的厂商,$P-AC$ 代表着每一单位产出的利润。于是,对所有单位产出的利润求和,就能计算出总的长期利润。[12]

12.12.2　租金的资本化

图12.11中低成本厂商的长期利润通常会被反映在由这些厂商所拥有的独特资源的价格上。例如,在李嘉图最初的分析中,人们可以预期肥沃土地比贫瘠土地的卖价要高。由于这种价格反映了所有未来利润的现值,这些利润就可以说是被"资本化"为投入品价格的。资本化的例子包括一些看似完全不同的情况,诸如,远距离上班族愿意为交通方便的好房子支付较高的价钱;摇滚歌星或体育明星会在合同中索要高价;而靠近有毒废物的土地价格会低,等等。请注意,在所有这些例子中,都是市场需求决定了租金——这些租金不是那些表示机会成本的传统投入品的成本。

12.12.3　投入品供给与长期生产者剩余

正是低成本投入的稀缺导致了李嘉图租金出现的可能性。如果低成本的农场土地可以以无限弹性的供给得到,就不会再出现这种租金。更一般地,任何"稀缺性"投入(从某种意义上说,供给曲线对这个特定行业有正向的斜率)都会获得租金,其形式表现为比在行业产出为零时所得到的更高的收益。在这种情况下,产出的增加不仅会提高厂商的成本(并且借此提高产品出售的价格),而且还产生了投入品的要素租金。所有这些租金的总和由长期供给曲线以上、均衡价格以下的面积来测度。长期生产者剩余的面积大小的变化表明对行业的投入所赚取的租金的变化。请注意,尽管长期生产者剩余用市场供给曲线来测度,但正是对行业的投入得到了这块剩余。在应用性福利分析中,对长期生产者剩余改变的经验测度被广泛应用,以表明在条件变化时,不同投入品供应商的状况会如何变化。本章的最后几个部分就分析了几个这样的问题。

---

[12] 更为正式地,假定厂商从按生产成本由低到高记为 $i(i=1,\cdots,n)$,每个厂商都生产 q^*,并且在长期均衡中有 $Q^*=n^*q^*$(其中,n^* 是均衡的厂商数目,Q^* 是总的行业产出)。同样假定供给函数的反函数(竞争性价格作为供给量的一个函数)为 $P=P(Q)$。由于价格由市场中最高的厂商成本决定,$P=P(iq^*)=\mathrm{AC}_i$,$P^*=P(Q^*)=P(n^*q^*)$。现在,在长期均衡中,第 i 个厂商的利润就为

$$\pi_i=(P^*-\mathrm{AC}_i)q^*$$

总利润为

$$\begin{aligned}\pi&=\int_0^{n^*}\pi_i\mathrm{d}i=\int_0^{n^*}(P^*-\mathrm{AC}_i)q^*\mathrm{d}i\\&=\int_0^{n^*}P^*q^*\mathrm{d}i-\int_0^{n^*}\mathrm{AC}_iq^*\mathrm{d}i\\&=P^*n^*q^*-\int_0^{n^*}P(iq^*)q^*\mathrm{d}i\\&=P^*Q^*-\int_0^{Q^*}P(Q)\mathrm{d}Q\end{aligned}$$

这就是图12.11(d)中阴影部分的面积。

12.13 经济效率与福利分析

正如我们所预期的那样，长期竞争均衡配置资源是"有效率"的。尽管我们将在第13章的一般均衡环境中多次提及这个概念，但是，在此我们还是要提供一个为什么该结论可能成立的局部均衡的解释。在第5章我们曾提起过，需求曲线以下、市场价格以上的区域代表着消费者剩余，即自愿选择去购买某种商品，而不是被迫去这样做的过程中，消费者所得到的效用。同样，正如我们在前面部分所看到的，生产者剩余由市场价格以下、长期供给曲线以上的面积来测度，这块面积代表了生产性投入在相对没有商品交易时所获得的额外收益。于是，把两者加起来，需求曲线与供给曲线之间的面积就代表了消费者剩余与生产者剩余的总和，因此，也反映了由市场参与者通过进行市场交易所获得的总附加值。在竞争性市场的均衡点上，这块总面积达到了最大，这一点看上去是显而易见的。

12.13.1 几何证明

图12.12显示了一个简化的证明。在需求曲线（D）与长期供给曲线（S）给定之后，对于生产出来的第一个单位商品的消费者剩余与生产者剩余之和就由线段AB来确定。当生产出来的产量增加时，总的剩余持续增加，一直增加到竞争性均衡水平Q^*。当价格处于竞争性水平P^*时，将达到这一产量水平。在图中，总的消费者剩余由浅阴影区域表示，总的生产者剩余由深阴影区域表示。显然，对于小于Q^*的产量水平（比如Q_1），总剩余将减少。这种误配置的一个信号就是：在Q_1水平上，需求者对新增一个单位产出的估价是P_1，而边际成本却由P_2决定。由于$P_1 > P_2$，多增加一个单位的产量，总福利显然会增加。以P_1与P_2之间的任何价格多交换一个单位，这种交易都是符合共同利益的——双方当事人都会获益。

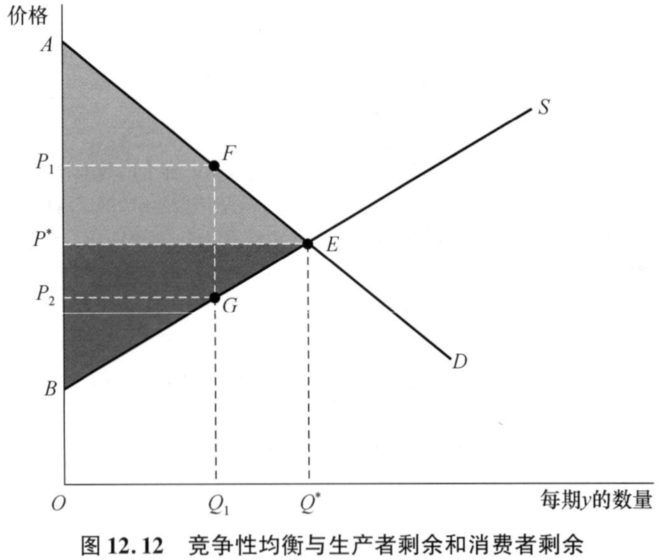

图12.12 竞争性均衡与生产者剩余和消费者剩余

在竞争性均衡点（Q^*）上，消费者剩余（浅阴影区）与生产者剩余（深阴影区）的总和达到最大。对于小于Q^*的产出水平，比如Q_1，存在由面积FEG决定的消费者剩余与生产者剩余的无谓损失。

在产出水平为 Q_1 时所产生的总福利损失由 *FEG* 这块面积确定。在产出水平 Q_1 上的剩余分配由在市场中起支配作用的确切价格(非均衡价格)来决定。在价格 P_1 上,消费者剩余会被显著地减少到面积 AFP_1,而此时生产者剩余是 P_1FGB,所以生产者剩余可能实际上有所增加。而在诸如 P_2 这种较低价格上,情况就会不同,生产者会比他们最初的状况恶劣。这样,在产量小于 Q^* 的生产中,福利损失的分配就取决于进行交易的价格。不过,无论结清的交易价格是多少,总损失的规模都由 *FEG* 给出。⑬

12.13.2 数学证明

在数学上,我们希望最大化下式

$$
\begin{aligned}
\text{消费者剩余} + \text{生产者剩余} &= [U(Q) - PQ] + \left[PQ - \int_0^Q P(Q)\mathrm{d}Q\right] \\
&= U(Q) - \int_0^Q P(Q)\mathrm{d}Q
\end{aligned}
\tag{12.59}
$$

这里,$U(Q)$是有代表性的消费者的效用函数,$P(Q)$是长期供给关系。在长期均衡中,沿长期供给曲线,有 $P(Q) = \mathrm{AC} = \mathrm{MC}$。(12.59)式关于 Q 求最大化有

$$U'(Q) = P(Q) = \mathrm{AC} = \mathrm{MC} \tag{12.60}$$

这样,在代表性消费者的边际产品价值与市场价格相等的点上,会实现最大化。不过,因为需求曲线代表了消费者的边际估价,而供给曲线反映了边际(并且是长期均衡中的平均)成本,所以,这就是竞争性的供求均衡。

12.13.3 应用福利分析

竞争性均衡使消费者剩余与生产者剩余之和最大化的结论反映了一系列更为一般化的经济效率"定理",我们将在第 13 章中研究这些定理。在那之后,我们再来描述那些附着于这些定理上的主要的关键点。这里,我们更感兴趣的是如何用竞争性模型研究经济条件改变对市场参与者福利的影响。通常,这种福利变化是通过考察消费者剩余与生产者剩余的变化来测度的。让我们来看两个例子。

例 12.6 福利损失的计算

有了消费者剩余与生产者剩余的概念,我们就可以确切计算管制行为造成的福利损失。在需求曲线与供给曲线均为线性的情况下,因为损失的区域通常是三角形的,所以在计算上特别简单。例如,如果需求为

$$Q_D = 10 - P \tag{12.61}$$

而供给为

$$Q_S = P - 2 \tag{12.62}$$

市场在 $P^* = 6, Q^* = 4$ 的点上实现了均衡。$\bar{Q} = 3$ 的产出限制会在需求者愿意支付的价格($P_D = 10 - \bar{Q} = 7$)与供给者愿意得到的价格($P_S = 2 + \bar{Q} = 5$)之间造成一个缺口。因此,从限制交易而来

⑬ 超过 Q^* 的产量增加也明显会减少福利。

的福利损失就由底边为 2($=P_D-P_S=7-5$)、高为 1(Q^* 和 $\bar{Q}$ 之间的差额)的三角形确定。这样,如果 P 用每一单位的美元数测度,Q 用单位数测度,福利损失就是 1 美元。在更为通常的情况下,损失的大小由 $P\cdot Q$ 的单位数来测度。

对不变弹性曲线的计算。通过应用基于经济计量学的研究而得出的不变弹性的需求曲线与供给曲线,常常可以得到更贴近现实的结果。在例 12.3 中,我们考察了这样一个关于美国汽车市场的模型。通过假定 P 以 1000 美元为单位进行测度,Q 以百万辆汽车为单位进行测度,我们可以使该例简化,需求为

$$Q_D = 200P^{-1.2} \tag{12.63}$$

供给为

$$Q_S = 1.3P \tag{12.64}$$

市场中的均衡点为 $P^*=9.87, Q^*=12.8$。现在,假定为了控制污染物的排放,政府制定政策把汽车销售量限制在 11(百万)辆。来自这样一个政策的直接福利损失通过运用先前的三角形方法可以得到大致的估计。

在 $\bar{Q}=11$ 时,$P_D=(11/200)^{-0.83}=11.1$,$P_S=11/1.3=8.46$。因此,福利损失三角形就为 $0.5(P_D-P_S)(Q^*-\bar{Q})=0.5\times(11.1-8.46)\times(12.8-11)=2.38$。在此,$P$ 乘以 Q 的单位是百万美元。这样,福利损失的估计值[14]是 24 亿美元,这个值可用来与从控制排放中所得到的好处相比较。

损失的分配。在汽车的例子中,福利损失在消费者与生产者之间平均分配。消费者损失估计为 $0.5(P_D-P^*)(Q^*-\bar{Q})=0.5\times(11.1-9.87)\times(12.8-11)=1.11$,而生产者的损失为 $0.5\times(9.87-8.46)\times(12.8-11)=1.27$。由于需求的价格弹性比供给的价格弹性(在绝对值上)略大一些,这样消费者的损失就比一半略小,而生产者的损失比一半略大。对于有更大价格弹性的需求曲线,消费者所承受的损失份额更小。

请回答:来自数量限制的总福利损失的大小怎样由供给与需求的弹性决定?是什么决定了损失的分配?

12.14 价格控制与短缺

有时,政府可能会寻求把价格控制在均衡价格以下。尽管采用这样的政策可能是基于好的动机,但是,控制却会抑制长期供给,并且对消费者和生产者都会造成福利损失。图 12.13 对这种可能性做了简单的分析。市场最初在(P_1,Q_1)(点 E)处于长期均衡。需求从 D 到 D' 的增加使价格在短期上升到 P_2,由此也鼓励了新厂商的进入。假定这个市场的特征是成本递增的(正如有正斜率的长期供给曲线 LS 所反映的那样),那么,这些新厂商的进入,就会导致价格下降并最终到达 P_3 这个水

[14] 关于损失的更为准确的估计可以通过把 $Q=11$ 到 $Q=12.8$ 这一范围内的 P_D-P_S 加总得到。在指数需求曲线与供给曲线的情况下,加总通常相当简单。但在本例中,这种方法可以得到福利损失的估计值为 2.28,因此表明,即使对于相对较大的价格变化,三角形的估计也是可行的。所以,在以后的分析中,我们将使用这样的估计。

平。如果这一价格变化并非是所期望的,那么,原则上政府就会通过强加一个有法律约束力的价格上限来加以限制。这会导致厂商继续在其先前的产出水平 Q_1 上提供产出,由于在 P_1 上,需求者现在想要购买的数量为 Q_4。那么,这就会存在一个大小为 $Q_4 - Q_1$ 的短缺。

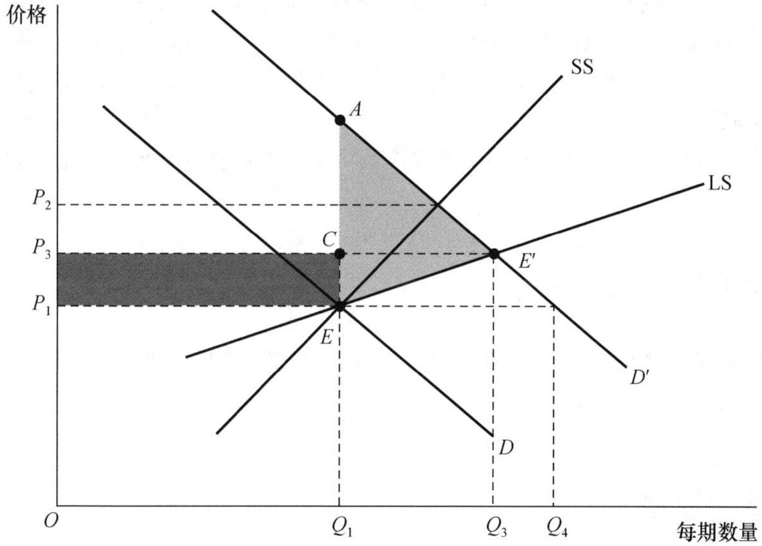

图 12.13　价格控制与短缺

在短期,需求从 D 移到 D'将使价格升到 P_2。在整个长期,新厂商的进入产生了最后的均衡(P_3, Q_3)。把价格控制在 P_1,有 $Q_4 - Q_1$ 的短缺。相对于没有价格控制,价格控制使得生产者剩余向消费者剩余转移(区域 P_3CEP_1),交易所导致的无谓损失由区域 $AE'C$ 与 $CE'E$ 表示。

12.14.1　福利估价

上述价格控制政策的福利结果可以通过把有控制政策情况下的消费者剩余与生产者剩余的指标与没有实施控制时的同类指标进行比较来加以估价。第一,Q_1 的买主获得由面积 P_3CEP_1 确定的消费者剩余,这是由于他们可以用比未受控制市场上可能存在的价格还要低的价格购买商品。当前的消费者从较低的价格上所得到的,就是生产者所失去的。尽管这种转移并不表示整个福利的损失,但它显然影响了市场参与者的相对福利。

第二,面积 $AE'C$ 代表了在没有控制时可以得到的其他消费者剩余的值。同样,面积 $CE'E$ 也反映了在未受控制的情形中可以得到的其他生产者剩余。把它们放在一起,这两块面积(即面积 $AE'E$)之和就代表了由政府价格控制政策所阻碍的,供求双方相互获益的交易的价值。因此,这也是该政策的纯福利成本的一个测度。

12.14.2　非均衡行为

图 12.13 中所描述的福利分析也提出了某些可能会被认为是价格控制政策结果的行为类型。假定所观察的市场结果可以由下式得到

$$Q(P_1) = \min[Q_D(P_1), Q_S(P_1)] \tag{12.65}$$

那么,供给者会对这种结果表示满意。然而,需求者不会满意,因为存在过度需求。此时,他们有

动力通过提高报价向供给者发出他们不满意的信号。这种报价可能不仅会诱使现有的供给者以高于允许的价格进行非法交易,而且还会鼓励新的进入者也做这种交易。正是由于这种行为的存在,大多数的价格控制都导致了黑市的盛行。对黑市交易进行建模是困难的,原因有二:第一,因为每一次交易的价格一定是个别撮合,而不是由“市场”确定的,所以,一定包含着非价格接受者的行为。第二,非均衡交易通常包含着不完全信息。尽管交易活动的结果会改变交易者福利,但任何一对市场交易参与者通常不知道别的交易者在做什么。在运用博弈论方法来对这种非均衡行为进行建模方面已经取得了一些进步(参见第 18 章),但除了可以明确预料到交易的价格水平会在限制价格之上,还没有得到非常一般性的结论。黑市交易的类型将由交易情形中特定的制度细节决定。

12.15 税收负担分析

竞争市场的局部均衡模型也被广泛地应用于研究税收影响的方面。正如我们将要指出的,尽管这些应用必然受到其不能应用于多市场的税收效应分析的限制,但是,它们确实对研究许多问题提供了重要的信息。

12.15.1 数学模型

运用之前建立的关于供求的数学模型,可以很容易地研究单位税收效应。不过,现在我们需要在由需求者所支付的价格(P_D)和由供给者所收到的价格(P_S)之间做一点区分;每一单位的税收都在上述两个量之间打进了一个“楔子”:

$$P_D - P_S = t \tag{12.66}$$

我们令含税商品的需求、供给函数分别为 $D(P_D)$ 和 $S(P_S)$,则均衡时满足

$$D(P_D) = S(P_S) = S(P_D - t) \tag{12.67}$$

上式两边对 t 求导,得到

$$D_P \frac{\mathrm{d}P_D}{\mathrm{d}t} = S_P \frac{\mathrm{d}P_D}{\mathrm{d}t} - S_P \tag{12.68}$$

整理后得到最后的结果

$$\frac{\mathrm{d}P_D}{\mathrm{d}t} = \frac{S_P}{S_P - D_P} = \frac{e_S}{e_S - e_D} \tag{12.69}$$

这里,e_S 与 e_D 分别代表供给、需求的价格弹性,并且,后一个表达式是通过分子与分母各乘上 P/Q 推出的。关于供给价格的相应推导也可得出类似的等式

$$\frac{\mathrm{d}P_S}{\mathrm{d}t} = \frac{e_D}{e_S - e_D} \tag{12.70}$$

由于 $e_D \leqslant 0, e_S \geqslant 0$,上述计算就带来了明显的结果

$$\frac{\mathrm{d}P_D}{\mathrm{d}t} \geqslant 0 \tag{12.71}$$

$$\frac{\mathrm{d}P_S}{\mathrm{d}t} \leqslant 0 \tag{12.72}$$

如果 $e_D = 0$(需求是完全缺乏弹性的),则有 $\mathrm{d}P_D/\mathrm{d}t = 1$,每一单位的税收完全由需求者支付。而如果 $e_D = -\infty$,则 $\mathrm{d}P_S/\mathrm{d}t = -1$,税收全部由生产者支付。更一般地,用(12.70)式除以(12.69)式,得到

$$-\frac{\mathrm{d}P_S/\mathrm{d}t}{\mathrm{d}P_D/\mathrm{d}t}=-\frac{e_D}{e_S} \tag{12.73}$$

这表明(在绝对值上)弹性较小的一方将承受由税收引起的绝大部分价格上的变化。

12.15.2　福利分析

图 12.14 对税收负担问题做了一个简化的福利分析。征收单位税,就是在供求曲线之间打进了一个纵向的"楔子",交易量也随之下降到 Q^{**}。需求者遭受消费者剩余上的损失,大小等于面积 P_DFEP^*,其中 P_DFHP^* 这一部分作为总税收收益的一部分转移给了政府。总税收收益的剩余部分(P^*HGP_S)由生产者支付,他们遭受了生产者剩余上的损失,总量等于面积 P^*EGP_S。请注意,消费者剩余与生产者剩余总和的减少超过了由面积 FEG 确定的总税收收益。由于某些有共同利益的交易被税收抑制,这块面积代表了由此产生的无谓损失。一般来说,图 12.14 中表示的所有这些面积的大小都会受到有关的价格弹性的影响。为了决定生产者税收份额的最终负担,需要对投入品市场进行一个明确的分析——对于那些供给相对缺乏弹性的投入品,税收负担会反映在租金的减少上。对于更一般的情形,需要用到能够同时处理多个市场的一般均衡模型,下一章我们再介绍它。

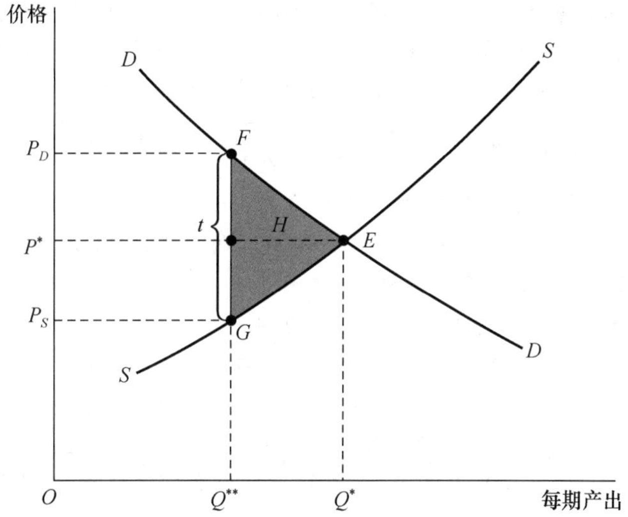

图 12.14　税收负担分析

单位税等于在消费者支付的价格(P_D)与供给者收到的价格(P_S)之间打进了一个"楔子"。消费者与供给者的税负程度由供求价格弹性决定。

12.15.3　无谓损失与弹性

所有非一次总付的税收都会改变经济当事人的行为,所以,它都会带来前述的无谓损失。损失的大小取决于市场上的供求弹性,且过程较为复杂。

对于一个小量税收 t 的三角形无谓损失,其线性估计由下式确定:

$$\mathrm{DW}=-0.5t\frac{\mathrm{d}Q}{\mathrm{d}t}\cdot t=-0.5t^2\frac{\mathrm{d}Q}{\mathrm{d}t} \tag{12.74}$$

表达式中的负号是必需的,因为 $dQ/dt<0$,而我们希望无谓损失的值是正的。根据定义,在初始的均衡点(P_0,Q_0)上,需求的价格弹性为

$$e_D=\frac{\mathrm{d}Q}{\mathrm{d}P}\cdot\frac{P_0}{Q_0}=\frac{\mathrm{d}Q/\mathrm{d}t}{\mathrm{d}P/\mathrm{d}t}\cdot\frac{P_0}{Q_0}\quad \text{或}\quad \frac{\mathrm{d}Q}{\mathrm{d}t}=e_D\frac{\mathrm{d}P}{\mathrm{d}t}\cdot\frac{Q_0}{P_0} \tag{12.75}$$

联合(12.74)式、(12.75)式、(12.69)式,得到关于无谓损失的最终表达式

$$DW=-0.5t^2\frac{e_De_S}{e_S-e_D}\cdot\frac{Q_0}{P_0}=-0.5\left(\frac{t}{P_0}\right)^2\frac{e_De_S}{e_S-e_D}P_0Q_0 \tag{12.76}$$

显然,在 e_D 或 e_S 为零的情况下,由于税收并不改变商品交易的数量,无谓损失为零。更为一般地,在 e_D 或 e_S 不大的情况下,无谓损失也较小。原则上,(12.76)式可以被用来估计与任何复杂的税收制度相对应的无谓损失。这种信息就为如何设计一个税收制度以便在得到所需要的税收收益时使总的"超额负担"达到最小这样的问题提供了一些分析(见练习题 12.9 和 12.10)。注意,DW 与税率的平方成正比,即边际超额负担随着税率的增加而增加。

例 12.7 税收的超额负担

在例 12.6 中,我们研究了汽车的销售从均衡水平的 1 280(万辆)被削减到 1 100(万辆)时,消费者剩余与生产者剩余的总损失。一辆汽车征税 2 640 美元,由于在供求价格之间打进了先前计算过的"楔子",就发生了上面所说的交易量的减少。在例 12.6 中,$e_D=-1.2$,$e_S=1.0$,最初在汽车上的花费大约为 1 260 亿美元,这样,由(12.76)式算出的由汽车税所带来的超额负担就是

$$\mathrm{DW}=0.5\times\left(\frac{2.64}{9.87}\right)^2\times\frac{1.2}{2.2}\times 126=2.46 \tag{12.77}$$

这笔 24.6 亿美元的损失大致等于在例 12.6 中计算的由于控制排放所带来的损失。它可以与总的税收收益相对照,本例中是 290 亿美元(等于每辆汽车税金 2 640 美元乘以在税后均衡时的数量 1 100 万辆)。在此,超额负担大约等于总税收收益的 8%。

边际负担。汽车税收的逐渐增加在超额负担的意义上会使成本相对更高。假定政府决定干脆把每辆车的汽车税统一向上提升到 3 000 美元。在这种情况下,汽车销售会大致下降到 1 070(万辆)。税收收益为 321 亿美元,会比先前计算的多 31 亿美元。根据(12.76)式,现在的超额负担为 31.7 亿美元,比低税收时遭受的超额负担高 7.1 亿美元。于是,在边际上,额外的超额负担大约是税收额外收益的 23%(=0.72/3.1)。这样,边际超额负担与平均超额负担就会相当不同。

请回答:你能凭直觉解释为什么税收的边际负担超过了平均负担吗?在什么情况下,税收的边际超额负担会超过额外的税收收益?

12.15.4 交易成本

虽然我们是在税负理论中展开的这个讨论,但是,包含了在买方价格与卖方价格之间存在一个"楔子"的模型在经济学中却有许多应用。或许这些应用中最重要的一个是研究与市场交易相关的成本。在有些情况下,这些成本是明确的。例如,大多数房地产交易都是通过第三方经纪人进行的,经纪人会因其在买卖双方之间进行撮合而收取费用。在股票与债券、轮船与飞机的交易中,以及在拍卖中销售的每一件商品,都会发生类似的、明显的交易成本。在所有这些情况中,买主与卖主都愿

意向促进了交易的代理人或经纪人支付明确的成本。但在其他的例子中,交易成本在很大程度上可能是隐性的。例如,当一个人要买一辆二手车时,他们就要花费许多时间和精力去阅读分类广告,去查看那些车辆,这些行为都会形成交易的隐性成本。

只要交易成本是以单位商品为基础征收的(正如前面房地产、证券与拍卖的例子),我们前面关于税收的例子就刚好适用。从买方与卖方的观点看,t 是代表对每单位商品征收的税收还是每单位的交易费用,并无区别,因为关于这些费用对市场影响的分析是相同的。也就是说,费用会由买主与卖主双方分担,双方的分担额由各自特定的弹性大小来决定。和没有交易费用的情况相比,交易量会较低。[15] 然而,如果每个交易的交易成本都是一次总付的话,就会出现一个稍有不同的分析。在个人寻求减少交易次数的情况下,收费并不会影响供求均衡本身。例如,驾车去超级市场购买杂物的主要交易费用是驱车成本,这种费用的存在可能并不会显著影响食品价格或是食品被消费的数量(除非它会诱导人们自己去生产),但该成本会让人们减少购物的次数,使人们每次购买较多的数量,在家中保有比没有这种成本时更多的储备。

12.15.5　对交易特征的影响

更为一般地,税收或交易成本可能会比其他因素更能影响交易的某些特征。在正式的模型中,我们假定这些成本只与销售商品的实物数量有关。因此,使供给者与需求者双方成本最小的愿望会使他们减少交易量。当交易涉及某些方面(如质量、风险或时间)的时候,税收或交易成本可能会影响这些方面的一部分或是全部——影响的程度取决于税收成本或交易成本得以评估的准确基础。例如,按数量征税可能会使厂商提高产品质量,或者,以信息为基础的交易成本可能会鼓励厂商去生产那些低风险但标准化的商品。同样,按交易次数支付的成本(去商店的交通费)会让人们去进行次数较少但数量更多的交易(并保有较大的储备)。显然,种种这些替代的可能性由交易的特定环境决定。在以后的章节中,我们还将考察几个由成本引致的交易特征变化的例子。[16]

小结

在本章,我们建立了一个详细的关于单一市场竞争性价格决定的模型。这种供求模型首先由马歇尔在 19 世纪后期给出了清楚的表达,这一模型也是微观经济分析中许多内容的核心。其主要性质如下:

- 在短期,通过需求者愿意去买什么(需求)和生产者愿意生产什么(供给)之间的相互作用,均衡价格得以建立。需求者与供给者在各自的决策过程中都是价格的接受者。
- 在长期,厂商的数量会根据利润机会的变化而变化。假定厂商可自由进出,那么厂商的长期经济利润就为零。因此,由于厂商总会最大化利润,长期均衡的条件是 $P = MC = AC$。
- 长期供给曲线的形状取决于进入与退

---

[15] 上述分析并未考虑经纪人可能得到的好处。在经纪人的服务对交易当事人有价值的意义上,需求与供给曲线会向外移动以反映这种价值。这样,尽管这种服务的费用会继续在买方价格和卖方价格之间打入一个"楔子",交易量实际上随着能促进交易的服务的可获得性而扩张。

[16] 关于这一主题的一般性处理,参见 Y. Barzel, "An Alternative Approach to the Analysis of Taxation," *Journal of Political Economy* (December 1976), 1177—1197。

出对厂商的投入成本产生什么影响。在成本不变的情况下,投入品价格不变,长期供给曲线是一条水平线。如果进入使投入成本增加,则长期供给曲线会有正的斜率。

- 如果市场长期均衡的变化改变了对于该市场的投入品价格,就会影响那些投入品供给者的福利。这种变化可以通过长期生产者剩余在数量上的变化得到测度。

- 消费者剩余与生产者剩余的概念对于分析经济变迁对市场参与者福利的效应很有用。消费者剩余的变化代表了消费者从消费某一特定商品中所得到的总效用的变化。长期生产者剩余的变化代表了生产投入所得到的收益上的变化。

- 完全竞争模型可用于分析各种经济政策的影响。例如,可用于说明价格管制带来的供需不平衡和福利损失。

- 完全竞争模型可用于税收的分析。模型说明了税收负担(即谁承担了税负)和税收带来的福利损失(税收的超额负担)。运用完全竞争模型也可对交易成本的研究得出类似的结论。

练习题

12.1

假定在完全竞争的行业中有 100 个相同的厂商。每个厂商的短期总成本曲线为

$$C(q) = \frac{1}{300}q^3 + 0.2q^2 + 4q + 10$$

a. q 是市场价格 P 的函数,请计算厂商的短期供给曲线。

b. 假定行业中各厂商的成本之间不存在相互影响,请计算行业的短期供给曲线。

c. 假定市场需求为 $Q = -200P + 8\,000$。短期的均衡价格与均衡数量的组合是怎样的?

12.2

假定有 1 000 个相同的厂商生产钻石,每个厂商的总成本曲线为

$$C(q,w) = q^2 + wq$$

这里,q 是厂商的产出水平,w 是钻石工人的工资率。

a. 如果 $w=10$,厂商的(短期)供给曲线会如何?行业的供给曲线呢?每一颗钻石的价格为 20 时,会生产多少钻石?在价格为 21 时,会多生产多少钻石?

b. 假定钻石工人的工资由钻石生产的总量决定,并且这种关系的形式为

$$w = 0.002Q$$

这里,Q 为行业的总产出,它是典型厂商产出的 1 000 倍。

在这种情况下,请说明厂商的边际成本(短期供给)曲线由 Q 决定。行业的供给曲线是哪一条?在价格为 20 时会生产多少?在价格为 21 时会生产多少?从短期供给曲线的形状上,你能得出什么结论?

12.3

一个完全竞争市场上有 1 000 家厂商。在极短期,每个厂商都固定供给 100 个单位。市场需求为

$$Q = 160\,000 - 10\,000P$$

a. 请计算极短期的均衡价格。

b. 请计算该行业中任何一个厂商所面对的需求。

c. 如果有一个销售者决定不出售任何产品,或一个销售者决定出售 200 个产品,请分别计算均衡价格会如何。

d. 在最初的均衡点上,请计算行业需求曲线的弹性,以及任意销售者面对的需求曲线的弹性。

现在假定在短期,每个厂商都有一条供给曲线,表明厂商供给的数量(q_i)是市场价格的

函数。这种供给曲线的特定形式为

$$q_i = -200 + 50P$$

请用这一短期的供给反应,回答问题 a 到 d。

12.4

某完全竞争行业有大量的潜在进入者。每个厂商都有相同的成本结构,这样,在产出为 20 个单位($q_i = 20$)时,长期平均成本最小。最小的平均成本为每单位 10 美元。总市场需求为

$$Q = 1\,500 - 50P$$

a. 行业的长期供给如何?

b. 长期均衡价格(P^*)是多少?行业总产出(Q^*)是多少?每个厂商的产出(q^*)是多少?厂商的数目是多少?每个厂商的利润是多少?

c. 与每个厂商长期均衡产出相关的短期总成本曲线为

$$C = 0.5q^2 - 10q + 200$$

请计算短期平均成本曲线与边际成本曲线。在什么产出水平上,短期平均成本达到最低?

d. 请计算每个厂商的短期供给曲线与行业的短期供给曲线。

e. 现在,假定市场需求函数向外移动到 $Q = 2\,000 - 50P$。请用这条新的需求曲线,在极短期厂商不能改变其产出的情况下回答 b 中的问题。

f. 在短期,请用行业的短期供给曲线重新计算以回答问题 b。

g. 对行业来说,新的长期均衡是什么?

12.5

假定对高跷的需求为

$$Q = 1\,500 - 50P$$

并且,当竞争性行业中每一个生产高跷的厂商在长期的运作成本为 $C(g) = 0.5q^2 - 10q$ 时,生产高跷的厂商才能是稀缺的。厂商的供给曲线为 $Q_S = 0.25w$,这里,w 为所付的年工资。

同样假定每一个生产高跷的厂商需要并且只需要一个企业家(因此,所雇用的企业家数量就等于厂商数目)。这样,每个厂商的长期总成本就为

$$C(q,w) = 0.5q^2 - 10q + w$$

a. 生产高跷的长期均衡数量是多少?每个厂商生产多少高跷?高跷的长期均衡价格是多少?会有多少厂商?会雇用多少企业家,其工资是多少?

b. 假定高跷的需求向外移动至

$$Q = 2\,428 - 50P$$

请回答 a 中提出的问题。

c. 由于在本问题中,生产高跷的企业家是长期供给曲线斜率为正的原因,他们将得到在行业产出扩张时所产生的全部租金。请计算在 a 与 b 之间租金的增加情况。并请证明根据高跷供给曲线测度的长期生产者剩余的变化与前述的租金增加是相等的。

12.6

手制鼻烟盒行业由 100 家同样的厂商组成,每一个厂商的短期成本曲线为

$$\text{STC} = 0.5q^2 + 10q + 5$$

并且短期边际成本为

$$\text{SMC} = q + 10$$

这里,q 是鼻烟盒的日产量。

a. 每个鼻烟盒生产者的短期供给曲线是什么?市场作为一个整体的短期供给曲线是什么?

b. 假定对于鼻烟盒的总需求是

$$Q = 1\,100 - 50P$$

在此市场上,均衡点在哪里?每个厂商的总的短期利润是多少?

c. 请画出市场均衡曲线图,并计算出本题中短期的总生产者剩余。

d. 请说明,你在 c 中计算出的总生产者剩余等于总的行业利润加上行业在短期的固定成本。

e. 假设政府对每个鼻烟盒征收 3 美元的税,市场均衡将如何改变?

f. 税收负担如何在消费者和供给者之间分配?

g. 计算税收带来的生产者剩余的损失。证明该损失等于鼻烟盒行业的短期总利润的变化。为何固定成本没有进入短期生产者剩余变化的计算?

12.7

完全竞争性的录像带复制行业由许多厂商构成,每个厂商每天会以每盘10美元的平均成本复制5盘。每个厂商也一定要向电影厂商付版税,并且每部电影的版税率(r)为行业总产出(Q)的增函数,有

$$r = 0.002Q$$

需求为

$$Q = 1\,050 - 50P$$

a. 假定行业处于长期均衡,那么,复制录像带的均衡价格与均衡数量各是多少?会有多少录像带厂商?每部电影的版税率会是多少?

b. 假定对录像带的需求增加到

$$Q = 1\,600 - 50P$$

那么,复制录像带的长期均衡价格与均衡数量会是多少?会有多少录像带厂商?每部电影的版税率是多少?

c. 请画出在录像带市场上的这种长期均衡曲线图,计算从a到b的情况下生产者剩余的增加。

d. 请说明生产者剩余的增加恰好等于随着Q在b中的水平渐渐增加到c中的水平所要付的版税率的增加额。

e. 假定政府规定对电影-复制业每部电影征收5.5美元的税,需求函数和a中一样。这个税收将如何影响市场均衡?

f. 上述税收负担如何在消费者和生产者之间分配?消费者剩余和生产者剩余的损失是多少?

g. 证明上述税收造成的生产者剩余的损失最终由电影厂商全部承担。请直观地解释这个结果。

12.8

便携式收音机的国内需求为

$$Q = 5\,000 - 100P$$

这里,价格(P)用美元来测度,数量(Q)由每年生产的数以千计的收音机来测度。收音机的国内供给曲线为

$$Q = 150P$$

a. 在便携式收音机的国内市场上,均衡点在何处?

b. 假定可以以每架收音机10美元的世界市场价格进口。如果贸易不会受到限制,那么,新的市场均衡点位于何处?会进口多少便携式收音机?

c. 如果国内的便携式收音机生产者成功地要求政府征收5美元关税,那么,这将会怎样改变市场均衡?关税收益为多少?多少消费者剩余会转移到国内生产者手中?关税所带来的总损失会是多少?

d. 如果政府与外国供应商达成了一项协议,每年会把出口"自愿"限制在125万架便携式收音机,那么,你在c中得出的结论将会有什么变化?请解释这与关税的情况有什么不同。

12.9

假设市场对某一商品的需求函数为$Q_D = A - BP$,并且假设典型生产者的成本函数为$C(q) = k + aq + bq^2$。

a. 计算典型厂商在市场中的长期均衡产出和价格。

b. 计算长期均衡时厂商的数量,用题目中的参数表示。

c. 描述参数A和B的改变如何影响均衡厂商的数量。请直观地解释你的结果。

d. 描述典型厂商成本函数的参数如何影响长期均衡的厂商数量。请直观地解释你的结果。

分析问题

12.10 从价税

本章我们分析了单位税——对每一单位在市场中交易的商品征收固定数额的税。同样的分析可应用于从价税，即根据交易的价值量征税（或者说对同样的商品，按价格征税）。假定从价税税率为 t（$t=0.05$，即 5% 的从价税），那么消费者支付的价格和生产者获得的价格关系为 $P_D=(1+t)P_S$。

a. 证明对于从价税，有

$$\frac{\mathrm{dln}P_D}{\mathrm{d}t}=\frac{e_S}{e_S-e_D} \quad 和 \quad \frac{\mathrm{dln}P_S}{\mathrm{d}t}=\frac{e_D}{e_S-e_D}$$

b. 证明一个小额从价税的超额负担为

$$DW=-0.5\frac{e_De_S}{e_S-e_D}t^2P_0Q_0$$

c. 将上述结果与本章单位税的结果进行比较。

12.11 最优税收的拉姆齐法则

长期以来，最优税收政策的发展一直是公共财政的一个主要话题。⑰ 其中最为出名的恐怕是英国经济学家弗兰克·拉姆齐的最优税制理论，他概念化了这样一个问题：如何建立一个税收系统，使得税收产生的无谓损失最小。⑱ 具体地，假定有 n 种商品（商品 x_i 对应价格 p_i），那么税收总额 $T=\sum_{i=1}^{n}t_ip_ix_i$。拉姆齐的问题是，如何在给定 T 的情况下选择税率 t_i，使得无谓损失 $DW=\sum_{i=1}^{n}DW(t_i)$ 最小。

a. 运用拉格朗日乘数法证明拉姆齐问题的解需满足 $t_i=\lambda(1/e_S-1/e_D)$，λ 为税收约束的拉格朗日乘数。

b. 直观地解释拉姆齐的结果。

c. 列举拉姆齐方法对于求解最优税制的一些缺点。

12.12 蛛网模型

在简单供求模型中，产生非均衡价格的一个方法是使生产者对供给的反应滞后。为考察这个方法的可能性，假定在时段 t 的需求量由该时段的价格决定（$Q_t^D=a-bP_t$），而供给量由前一时段的价格决定，比如农民参考之前的作物价格来决定种植数量（$Q_t^S=c+\mathrm{d}P_{t-1}$）。

a. 对于所有时段 t，模型的均衡价格（$P^*=P_t=P_{t-1}$）是多少？

b. 若 P_0 表示供应商反应的初始价格，那么 P_1 是多少？

c. 通过反复替代，计算出任意 P_t 关于 P_0 和 t 的表达式。

d. 利用 a 的结果，重新计算 P_t 关于 P_0、P^* 和 t 的函数表达式。

e. 在什么条件下，当 $t\to\infty$ 时，P_t 收敛于 P^*？

f. 当 $a=4, b=2, c=1, d=1, P_0=0$ 时，画出你的结果。根据你画出的图形讨论"蛛网模型"这一术语的来源。

推荐阅读材料

Arnott, R. "Time for Revision on Rent Control?" *Journal of Economic Perspectives* (Winter 1995): 99—120.

该文提出并解析了"软性"租金控制政策的

⑰ 17 世纪法国财政部长让·巴蒂斯特·科尔伯特（Jean-Baptiste Colbert）的著名论述"税收是一门拔鹅毛的技术，是在鹅的哀叫声最少的情况下拔得最多的毛"抓住了问题的本质。

⑱ 参见 F. Ramsey, "A Contribution to the Theory of Taxation," *Economic Journal* (March 1927): 47—61。

效应。

deMelo, J., and D. G. Tarr. "The Welfare Costs of U. S. Quotas in Textiles, Steel, and Autos." *Review of Economics and Statistics* (August 1990): 489—497.

该文是对一般均衡环境中配额问题的一个很好的研究。文章发现,所研究的配额与大约 20% 的关税税率有相同的数量效应。

Knight, F. H. *Risk, Uncertainty and Profit*. Boston: Houghton Mifflin Co., 1921. Chap. 5 and 6.

该书在处理长期中经济事件对产业行为的激励方面较为经典。

Marshall, A. *Principles of Economics*. 8th ed. New York: Crowell-collier and Macmillan Co., 1920. Book 5, Chaps. 1,2, and 3.

该书是关于建立供求机制的经典作品。

Mas-Colell, A., M. D. Whinston, and J. R. Green. *Microeconomic Theory*, New York: Oxford University Press, 1995, Chap. 10.

该书提供了一个简练但理论上很精确的分析,并对竞争市场上可能达不到均衡的情况做了很好的讨论。

Reynolds, L. G. "Cut-Throat Competition." *American Economic Review* 30 (December 1940): 736—747.

该文对在一个行业中可以有"太多"竞争的概念进行了批评。

Robinson, J. "What Is Perfect Competition?" *Quarterly Journal of Economics* 49 (1934): 104—120.

该文是关于完全竞争假设的批评性讨论。

Salanie, B. *The Economics of Taxation*. Cambridge, MA: MIT Press, 2003.

该文是对一系列和税收相关的问题的一个简单研究,包含几个研究政策影响的简单模型,以及一些关于税收的一般均衡模型。

Stigler, G. J. "Perfect Competition, Historically Contemplated." *Journal of Political Economy* 65 (1957): 1—17.

该文对竞争性模型的历史发展进行了有趣的讨论。

Varian, H. R. *Microeconomic Analysis*, 3rd ed. New York: W. W. Norton, 1992, Chap. 13.

该书内容简练但富有启发性。书中强调了准入的重要性,但对长期供给曲线的本质表述略有含糊。

第 13 章　一般均衡和福利

利用我们在第 12 章提出的完全竞争市场下的局部均衡模型,显然无法分析一个市场发生的变动对其他商品市场引发的全部影响,因而也不可能拿来计算整个经济的福利情况。所以,我们需要一个能够拿来同时研究多个市场的经济模型。本章我们将从一个极其简单的角度来建立这样的一些模型,并拿来分析一些福利问题。在本章扩展部分,我们将介绍一般均衡模型在实际中的应用。

13.1　完全竞争的价格体系

在这一章,我们要建立的模型首先是对在第 12 章我们研究过的供求模型做一详尽阐释。在这里,我们假定所有的市场都处于第 12 章所描述的类型,并且,一系列这样的市场构成了一个完全竞争的价格体系。另外,还假定在这个简单的经济中有大量同质的商品。包括在这大量商品中的,不仅有消费品,还有各种投入品。每一种商品都有一个均衡价格,它由供给与需求的变化来决定。[①] 在这组价格中,如果供给者愿意供给的数量恰好是需求者所需求的数量,市场在这个意义上就得到出清。我们还假定不存在交易成本或运输成本,并且所有的个人与厂商对于现行市场价格都完全了解。

13.1.1　一价法则

由于假定交易成本为零,并且信息是完全的,因此每一种商品都遵守一价法则,即无论谁买或无论哪一家厂商出售,同质商品的交易价格都是一样的。如果一种商品以两个不同的价格交易,需求者就会涌到价格较低的地方购买,厂商也会试图在售价更为昂贵的地方进行销售。这些行动会使商品的价格趋向于相等。于是,在完全竞争市场上,每一种商品一定只有一个价格。这也就

① 这种市场相互作用的一个方面从一开始应该是明确的。完全竞争市场只决定相对(而非绝对)价格。在本章中,我们首先谈相对价格。苹果与橘子的价格是各自为 0.10 美元和 0.20 美元,还是 10 美元和 20 美元,其实并无差别。在每种情况下的重要之处都是两个苹果能在市场上换一个橘子。价格的绝对水平通常是由货币因素决定的,这是宏观经济学中常常谈到的一个问题。

是我们可以毫不含糊地谈论商品的价格而没有任何歧义的原因。

13.1.2 关于完全竞争的行为假设

完全竞争模型假定人们与厂商以特定的方式对价格产生反应:

1. 假定任何一种商品都有大量的买主。每个人都把所有的价格视为既定的,为了效用最大化,在他的预算约束下调整自己的行为。人们也是生产性劳务(如劳动)的提供者,在提供劳务的决策中他们也把价格视为既定的。[②]

2. 假定每一种商品都有大量的厂商在生产,每一个厂商都只在该商品的产出中占一个很小的份额。在进行投入与产出选择时,假定厂商是为利润最大化而经营。在做出上述利润最大化决策时,厂商把所有的价格视为既定的。

上述假定贯穿全书,所以读者应该不会陌生了。这一章的目标就是说明,当所有市场都以这种方式运作时,整个经济体系是如何运行的。

13.2 关于两种商品一般均衡的图示模型

我们将描述一个非常简单的关于一般均衡的图示模型,其中只涉及两种商品,我们称之为 x 与 y。这个模型包含了更为复杂的整个经济一般均衡的许多特征,因此,它将被证明是非常有用的。

13.2.1 一般均衡需求

一个经济中的需求类型最终是由个人偏好决定的。在我们的简单模型中,我们假定所有的个人都有同样的偏好,由关于 x 和 y 的无差异曲线图[③]表示。从我们的目标来看,这种方法的好处是:无差异曲线图(与第 3 章到第 6 章中用过的那些相同)表示了个人怎样对包含两种商品的消费组合进行排序。这些排序很明确地就是我们在一般均衡体系中的所谓“需求”。当然,在我们知道需求者所面对的预算约束之前,我们实际上不能说明会选择哪一个商品组合。因为当人们向生产过程提供劳动、资本与其他资源时,会相应产生收入,所以,我们必须要把证明推迟到已经在模型中研究了生产与供给的力量之后。

13.2.2 一般均衡供给

在两种商品的模型中建立一般均衡供给的概念比描述市场需求要更复杂一些,因为我们到目前为止并未同时证明两种商品的生产与供给。为了这个目标,我们的研究要运用已经熟悉的生产可能性曲线(参见第 1 章)。通过细致考察该曲线画出的方式,我们也可以运用这种画法去研究有关的投入与产出市场。

---

② 与局部均衡不同,收入在一般均衡模型中是内生决定的。

③ 在使用单一的无差异曲线图去表示整个群体中成员的偏好时,存在一些技术性问题。在这样的情况下,边际替代率(即群体无差异曲线的斜率)将由可获得的商品怎样在成员之间分配决定:被要求去补偿一个单位 x 商品的减少而增加的 y 的总量将由 x 是从哪些人那里被拿走的来决定,尽管我们在此不会细致讨论这一问题,但在国际贸易的文献中,它会被考虑得很多。

13.2.3　埃奇沃思盒状图

画出两种产出(x 与 y)的生产可能性曲线要从一个假定开始,该假定为:在两种商品的生产中进行配置的资本投入与劳动投入有一个固定的总量。这些投入的所有可能的配置可以用埃奇沃思盒状图来说明,盒子的横、纵坐标是可获得的资本数量与劳动数量。

在图 13.1 中,盒子的长度代表总的劳动小时数,高度代表总的资本数。盒子的左下角表示用来测度用于生产商品 x 的资本与劳动投入的"原点"。而右上角则表示用于生产 y 的资本与劳动的原点。在此种定义下,盒子中的任何一点都满足全部资源在商品 x 与 y 之间得到完全的运用。例如,点 A 就表示了用在生产 x 中的劳动小时数与特定的资本数这样一种配置。而"余下"的,就是用于生产商品 y 的资源。所以,图 13.1 中的点 A 也表示了用在商品 y 的生产中的准确的劳动数与资本数。盒子中任何其他点也有类似的解释。这样,埃奇沃思盒状图就显示了现有的资本与劳动可能被用在 x 与 y 的生产中的每一种可能的组合。

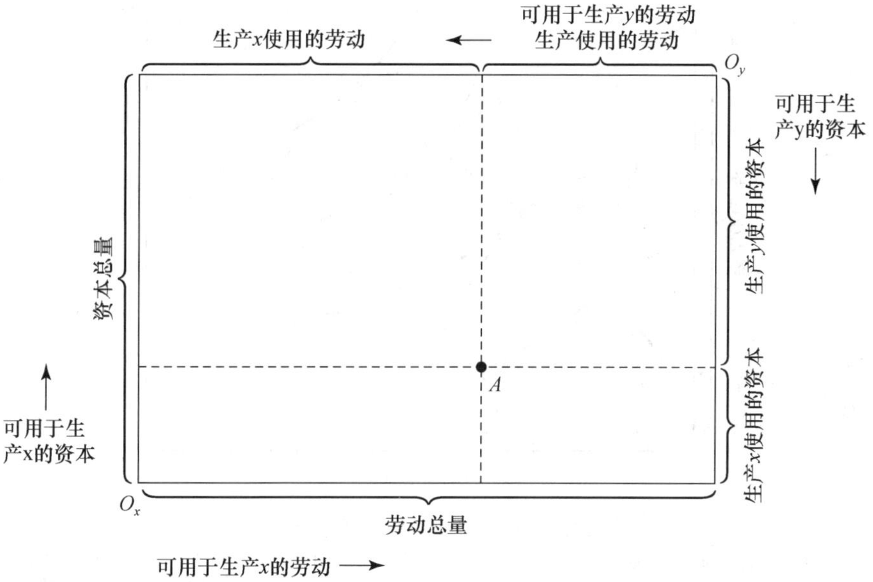

图 13.1　生产的埃奇沃思盒状图的画法

本图的坐标由可获得的劳动总量与资本总量给定。用于生产 x 的这些资源的数量从原点 O_x 来测度;而用于生产 y 的数量从原点 O_y 来测度。盒子中的任何点都代表着把可获得的资源完全配置于两种商品生产中的情况。

13.2.4　有效率的配置

图 13.1 中所显示的许多配置方式可能是无效率的,这是由于如果把资本与劳动做些移动就可能会生产出更多的 x 和更多的 y。在我们的模型中,假定竞争性市场不会出现这种无效率的投入选择(稍后我们将做更为详细的研究)。因此,由于有效的资源配置说明了该模型中实际的生产结果,我们会在图 13.1 中找到有效率的配置。为了做到这一点,我们引入对于商品 x(以 O_x 为原点)与商品 y(以 O_y 为原点)的等产量曲线图,如图 13.2 所示。在这个图中,显而易见,随意地

选择一点 A 将是无效率的。因为通过资本与劳动的重新分配,可以生产出比 x_2 更多的 x 和比 y_2 更多的 y。

在图 13.2 中,有效率的配置是诸如 P_1、P_2、P_3、P_4 的那些点,在这些点上,等产量线彼此相切。在盒状图的任何其他点上,两种商品的等产量线是相交的,像 A 点那样很容易证明其无效率。在这些切点之间,则不存在这样显而易见的改进的可能性。例如,从 P_2 到 P_3 的移动,可以使更多的 x 被生产出来,但是其代价却是 y 的产出减少了,所以,P_3 并不一定比 P_2 更有效率——这两点都是有效率的。商品 x 与 y 的等产量线相切意味着其斜率相等,即在 x 与 y 的生产中资本对劳动的 RTS 是相等的。稍后,我们将说明竞争性的投入市场怎样让厂商做出这种有效率的投入选择。

连接 O_x 与 O_y 的曲线包括了所有的这些切点,因此也显示了所有的关于资本与劳动的有效配置。曲线之外的点是无效率的,这在于,改变在两种商品之间的投入可以使产出明显增加。不过,对于在 O_xO_y 上的点,要生产更多的 x 就只有减少 y 的生产,反之亦然,所以它们都是有效率的配置。

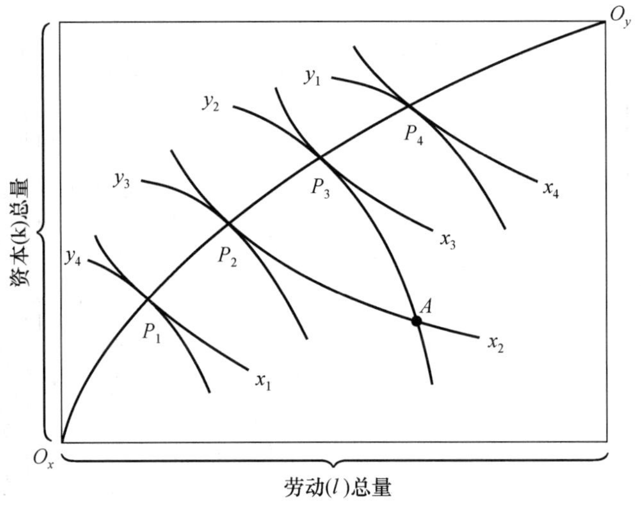

图 13.2 生产效率的埃奇沃思盒状图

本图在图 13.1 的基础上增加了生产 x 与 y 的等产量线。因此,它显示了把固定数量的 k 与 l 在两种产出的生产中进行有效率的配置。连接 O_x 与 O_y 的线是这些有效率的点的轨迹。沿着这条线,生产商品 x 的(l 对 k 的)RTS 与生产 y 的 RTS 是相等的。

13.2.5 生产可能性边界

图 13.2 中的效率轨迹表示了对于任何事先给定的产出 x,可以生产出的 y 的最大产量。我们可以用这个信息来画出生产可能性边界,该边界表示用给定总量的资本投入与劳动投入可以生产出的各种 x 与 y 的产出组合。在图 13.3 中,O_xO_y 轨迹是从图 13.2 中得到的,也被转成了以 x 与 y 的产量为轴的图中。例如,在点 O_x 上,在 x 的生产中没有资源投入,这样,y 的产量就是现有资源可生产的尽可能大的产量。类似地,在点 O_y 上,x 的产量也是现有资源可生产的尽可能大的产量。生产可能性边界上的其他点(比如 P_1、P_2、P_3 和 P_4)是以相同的方法从效率轨迹上推出的。因此,我们可以得出如下定义。

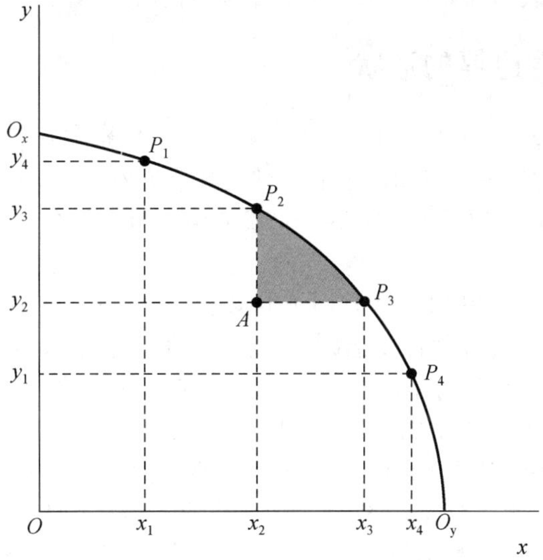

图 13.3　生产可能性边界

生产可能性边界显示了在一定的资源下由一个厂商有效生产 x 与 y 的各种组合。这条曲线可以从图 13.2 中,在保持效率条件不变的情况下,通过改变在 x 与 y 的生产中的投入而推导得出。生产可能性曲线的斜率的相反数被称为产品转换率(RPT)。

定义

生产可能性边界　生产可能性边界显示了如果投入都得到有效的使用,用一定数量的投入可以生产出的两种产出的各种组合。

13.2.6　产品转换率

生产可能性边界的斜率说明了在总资源保持不变的情况下,x 的产量怎样替换 y 的产量。例如,对于在生产可能性边界上靠近 O_x 的点,斜率是一个小的负数,比如 $-1/4$,这意味着减少 1 单位 y 的产出,可以增加 4 单位 x 的产量;另一方面,在靠近 O_y 的点上,斜率是很大的负数,比如说是 -5,这就意味着为了保证多生产出 1 单位的 x,一定要减少 5 单位 y 的产出。因此,生产可能性边界的斜率明确地表示了在生产中存在的用 y 去替换 x 的可能性。这个斜率的相反数被称为产品转换率。

定义

产品转换率　在两种产出之间的产品转换率(rate of product transformation, RPT)是关于这些产品的生产可能性曲线的斜率的相反数。数学上有,

$$\begin{aligned} \text{RPT}(x \text{ 对 } y \text{ 的}) &= -\text{生产可能性边界的斜率} \\ &= -\frac{dy}{dx}(\text{沿 } O_xO_y) \end{aligned} \tag{13.1}$$

RPT 记录了在持续保持可用生产性投入有效率地被使用时,y 的生产在技术上如何被 x 替代。

13.2.7 生产可能性边界的形状

图 13.3 中的生产可能性边界显示了一个递增的 RPT。对靠近 O_x 的产出水平,为了多获得 1 单位的 x,只需要减少一点点 y($-\mathrm{d}y/\mathrm{d}x$ 较小)。然而在靠近 O_y 的地方,只有大量减少 y 的生产,才可以获得额外的 x($-\mathrm{d}y/\mathrm{d}x$ 较大)。在这一节,我们将说明为什么大部分情况下生产可能性边界确实是凹的。

这个分析的第一步是要认识 RPT 等于 x 的边际成本 MC_x 与 y 的边际成本 MC_y 的比率。直观上看,这个结果是显而易见的。例如,假定 x 与 y 只由劳动来生产。如果为了多生产 1 单位的 x 要花 2 个小时的劳动,则 MC_x 等于 2。同样,如果为了多生产 1 单位的 y 要花 1 小时劳动,则 MC_y 等于 1。在这种情况下,RPT 显然等于 2,即一定可以预料得到要增加 1 单位 x 的生产,必须放弃生产 2 个 y 才能提供足够的劳动。因此,RPT 事实上就等于两种商品的边际成本之间的比率。

更正式地,假定任何产出组合的成本(比如要素供应者感受到的"负效用")都可以被表示为 $C(x,y)$。在生产可能性边界上,因为投入在供给上是固定的,所以,$C(x,y)$ 是不变的。如果我们将这个固定的成本记为 $\overline{C}$,就有 $C(x,y)-\overline{C}=0$。正是这个隐函数确定了生产可能性边界。运用第 2 章中的相关结论,得到:

$$\mathrm{RPT}=-\left.\frac{\mathrm{d}y}{\mathrm{d}x}\right|_{C(x,y)-\overline{C}=0}=-\frac{C_x}{C_y}=-\frac{MC_x}{MC_y} \tag{13.2}$$

为了证明为什么沿生产可能性曲线顺时针移动,RPT 预期将上升,我们首先应解释为什么在 x 的产量扩张而 y 的产量收缩时,MC_x 对 MC_y 的比率应上升。我们先讨论只适用于特殊情况的两种相对简单的情形,然后再转向更为复杂的一般性情形。

13.2.8 报酬递减

生产可能性边界凹状所具有的最为一般的含义是,假定两种商品在报酬递减的条件下生产。这样,增加商品 x 的产量将提高它的边际成本,而减少 y 的产量又会降低其边际成本。因此,方程(13.2)表明沿生产可能性边界从 O_x 到 O_y 的移动会增加 RPT。当然,与这种解释相关的一个问题是,它只适用于两种商品都显示了规模报酬递减的情况,而由于理论上的原因,在本书的其他章节提及规模报酬不变与规模报酬递增的假定下,这一解释将会发生变化。

13.2.9 专业化的投入

如果某些投入相对于 y 的生产,"更适合"用于 x 的生产(反之亦然),也可以很好地解释生产可能性边界的凹性。在此情况下,x 产量的增加就会逐渐要求不那么适于生产该商品的投入进入 x 的生产中来,因此,x 的边际成本会上升。另一方面,随着 y 的产出水平变小,会导致只使用那些最适于生产 y 的投入,y 的边际成本当然会下降。这种论点可能更适用于使用不同类型的土地生产不同作物的农民。在试图增加任何一种作物的生产时,农民会被迫去增加使用那些不适合生产该作物的土地。虽然这类专业化投入的假定对于解释现实世界中的各种现象很重要,但无论如何它并不符合我们关于生产要素同质性的一般假定,因此,它不能作为凹性的一个基本解释。

13.2.10　不同的要素密集度类型

即便投入是同质的，生产函数也表现出规模报酬不变，但是，只要商品 x 与 y 的生产使用了不同比例的投入，生产可能性边界仍会是凹的。④ 例如，在图 13.2 中的盒状图中，相对于商品 y，商品 x 是资本密集的。也就是说，在沿着契约曲线 O_xO_y 的每一点上，在 x 的生产中 k 对 l 的比率都超过了在 y 的生产中 k 对 l 的比率，即弯曲的线 O_xO_y 总是居于埃奇沃思盒子的主对角线之上方。另一方面，如果商品 y 是相对资本密集的，那么，契约曲线 O_xO_y 就会在低于对角线的位置上弯曲向下。尽管我们不准备在此证明要素密集度的不同会导致凹性生产可能性边界，但直观上可能很容易说明这样的原因。请考虑在图 13.3 中边界 O_xO_y 上的两点——比如 P_1（对应于 x_1 和 y_4）以及 P_3（对应于 x_3 和 y_2）。生产出"居于 P_1 和 P_3 之间"的产出组合的方式之一是生产出组合

$$\frac{x_1 + x_3}{2}, \frac{y_4 + y_2}{2}$$

由于规模报酬不变的假定，该组合是可行的，并且完全利用了两种投入品。该组合位于连接 P_1 与 P_3 两点的直线弦的中点。尽管这一点是可行的，通过研究图 13.2 盒子中的点 P_1 与 P_3 就可以看出，这一点是无效率的。由于契约曲线的弯曲性，在 P_1 与 P_3 中点上的生产就会偏离契约曲线，在譬如 P_2 这样的一个点上进行生产可以提供更多的两种商品。因此，图 13.3 中的生产可能性边界就一定会"涨到"直线 P_1P_3 之外。由于在 O_xO_y 上的任何两点都能得到这样一个证明，我们就说明了边界的凹性。也就是说，在商品 x 的产出增加时，RPT 会增加。当产出在沿着契约曲线 O_xO_y 向东北方向重新配置时，在 x 与 y 的生产中的资本—劳动比率就会下降。由于商品 x 是资本密集的，这种变化会提高 MC_x。另一方面，由于商品 y 是劳动密集的，MC_y 会下降。因此，x 的相对边际成本（由 RPT 来表示）就会上升。

13.2.11　机会成本与供给

生产可能性曲线证明了存在许多可能的两种商品有效组合，而要多生产某种商品就必须减少其他商品的生产数量。这恰恰就是经济学家所说的机会成本的含义。在生产可能性边界上的任何一点，生产更多 x 的成本可以最容易地由必须要减少的 y 的产量来测度。因此，多增加 1 单位 x 的成本可以由在生产可能性边界上当前所处点的（x 对 y 的）RPT 给出最现成的测度。成本随 x 产出的增加而上升的情形正是在一般均衡情形下供给的表达。

例 13.1　生产可能性边界的凹性

本例中我们研究两个生产函数的典型性质，它们将导致生产可能性边界具有凹性。

规模报酬递减。假设商品 x，y 都仅需要劳动这一种投入品，且生产函数为

$$\begin{aligned} x &= f(l_x) = l_x^{0.5} \\ y &= f(l_y) = l_y^{0.5} \end{aligned} \quad \mathbf{(13.3)}$$

生产函数满足规模报酬递减。如果总劳动供给为

④　在同质要素与规模报酬不变之外，如果最优配置下每种商品也使用相同比例的 k 与 l，那么，生产可能性边界就会是一条直线。

$$l_x + l_y = 100 \tag{13.4}$$

这样,生产可能性边界就是

$$x^2 + y^2 = 100 \quad 其中 \quad x,y \geqslant 0 \tag{13.5}$$

这样,生产可能性边界是四分之一圆,满足凹性。RPT 可从生产可能性边界的等式中直接求出(写成隐函数形式 $f(x,y) = x^2 + y^2 - 100 = 0$):

$$\text{RPT} = -\frac{\mathrm{d}y}{\mathrm{d}x} = -\left(-\frac{f_x}{f_y}\right) = \frac{2x}{2y} = \frac{x}{y} \tag{13.6}$$

RPT 随 x 的产量增加而增加。下面举个例子说明它的凹性。(10,0)和(0,10)两点都在边界上,而它们连线的中点(5,5)在边界线之下。如果分配给 x 和 y 相同的劳动力,两种商品的产量都是 $\sqrt{50}$,都比直线中点的水平要高。

要素密集度。为了表明不同的要素密集度类型也会造成生产可能性边界的凹性,我们假设两种商品的生产函数是规模报酬不变但具有不同系数的柯布—道格拉斯函数:

$$\begin{aligned} x &= f(k,l) = k_x^{0.5} l_x^{0.5} \\ y &= g(k,l) = k_y^{0.25} l_y^{0.75} \end{aligned} \tag{13.7}$$

假设可动用的资本和劳动被限制为:

$$k_x + k_y = 100, \quad l_x + l_y = 100 \tag{13.8}$$

易知

$$\text{RTS}_x = \frac{k_x}{l_x} = \kappa_x, \quad \text{RTS}_y = \frac{3k_y}{l_y} = 3\kappa_y \tag{13.9}$$

其中 $\kappa_i = \frac{k_i}{l_i}$。位于生产可能性边界上的点满足 $\text{RTS}_x = \text{RTS}_y$,或 $\kappa_x = 3\kappa_y$,即只要在生产可能性边界上,无论资源总体如何配置,x 都会是资本密集型的商品(因为在某种意义上,资本投入在 x 上比投入在 y 上更具有生产力)。两种商品投入的资本—劳动比例还要受到资源总量的约束:

$$\frac{k_x + k_y}{l_x + l_y} = \frac{k_x}{l_x + l_y} + \frac{k_y}{l_x + l_y} = \alpha\kappa_x + (1-\alpha)\kappa_y = \frac{100}{100} = 1 \tag{13.10}$$

其中 $\alpha = l_x/(l_x + l_y)$,即总的劳动力投入在生产 x 上的比例。利用条件 $\kappa_x = 3\kappa_y$,我们可以用总劳动投入在两种商品上的比例来表示它们各自的资本—劳动投入比例:

$$\kappa_y = \frac{1}{1+2\alpha}, \quad \kappa_x = \frac{3}{1+2\alpha} \tag{13.11}$$

进一步地,我们就可以以劳动在两种生产中的分配比例为参数,刻画生产可能性边界。

$$\begin{aligned} x &= \kappa_x^{0.5} l_x = \kappa_x^{0.5}\alpha(100) = 100\alpha\left(\frac{3}{1+2\alpha}\right)^{0.5} \\ y &= \kappa_y^{0.25} l_y = \kappa_y^{0.25}(1-\alpha)(100) = 100(1-\alpha)\left(\frac{1}{1+2\alpha}\right)^{0.25} \end{aligned} \tag{13.12}$$

当然我们可以通过代数消元得到生产可能性边界的显函数形式,但是要看出它的凹性,做到这一步已经足够。注意,当 $\alpha = 0$ 时(即完全不生产 x),产量是 $x = 0, y = 100$。$\alpha = 1$ 时,产量是 $x = 100$, $y = 0$。如果生产可能性边界是直线,那么应包括其连线中点(50,50),但是比如说当 $\alpha = 0.39$ 时,

$$x = 100\alpha\left(\frac{3}{1+2\alpha}\right)^{0.5} = 39\left(\frac{3}{1.78}\right)^{0.5} = 50.6$$

$$y = 100(1-\alpha)\left(\frac{1}{1+2\alpha}\right)^{0.25} = 61\left(\frac{1}{1.78}\right)^{0.25} = 52.8 \tag{13.13}$$

可以看出,实际的生产可能性边界线应该在这条直线之外。要强调的是,在这里两种商品的生产函数都是规模报酬不变的,而且两种生产要素本身都是完全同质的,所以生产可能性边界线的凹性完全是由不同的要素密集度造成的。

请回答:在上述两种情况下,如果可调用的劳动力总量增加,生产可能性边界线会如何移动?

13.2.12　均衡价格的决定

在简单的两商品经济中,给定需求与供给的概念,我们就可以说明均衡价格是如何决定的。图 13.4 显示了关于该经济的生产可能性边界 *PP*,无差异曲线集表示了个人对这些商品的偏好。首先,考虑价格比率 p_x/p_y。在这个价格比率上,厂商会选择生产(x_1,y_1)的产出组合。利润最大化的厂商会在 *PP* 线上选择更为有利可图的点。在点(x_1,y_1)上,两种商品价格的比率等于商品边际成本的比率(RPT),所以,在该点的利润实现了最大化。另一方面,在给定的预算约束下(直线 *C*)[5],

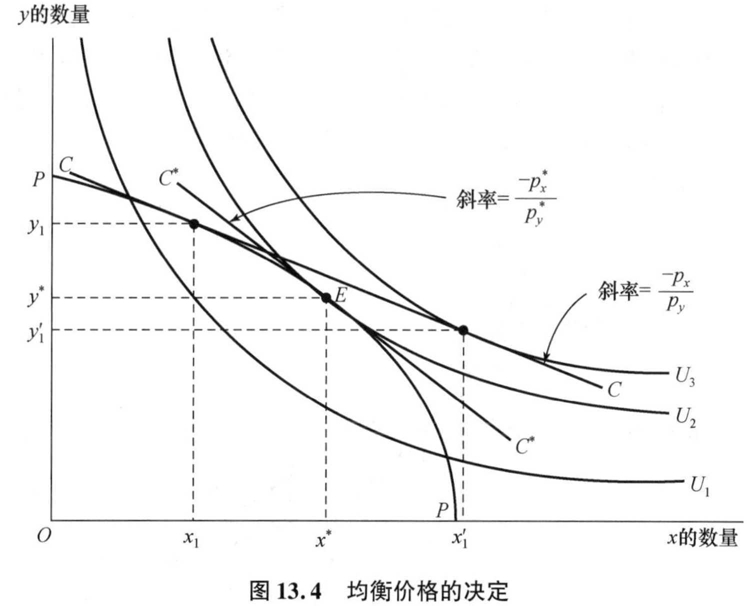

图 13.4　均衡价格的决定

在给定的价格比率 p_x/p_y 下,厂商会生产(x_1,y_1),社会的预算约束由直线 *C* 给定。在这个预算约束下,个人需要(x'_1,y'_1);也就是说,存在对于商品 *x* 的超额需求 x'_1-x_1 和对于商品 *y* 的过度供给 $y_1-y'_1$。市场的运作会把这些价格移到其均衡水平(P_x^*,P_y^*)。在这些价格上,社会的预算约束由直线 C^* 给定,供给与需求将处于均衡状态。厂商与消费者将选择商品组合(x^*,y^*)。

⑤　这里,预算约束线如何确定是个很关键的问题。由于 p_x 和 p_y 已给定,所有产品的总价值 $p_x \cdot x_1 + p_y \cdot y_1$ 就是这个经济中的"GDP"。因此,它也是全体消费者的总收入。所以,整个社会的预算约束线应该是经过点(x_1,y_2),斜率是 $-p_x/p_y$ 的一条直线,就像图 13.4 中的直线 *C* 那样。

个人的需求是(x_1', y_1')。结果,在此时的价格下,对于商品 x 存在超额需求(个人的需要超过了生产出来的产量),而对商品 y 却存在过度供给。这样,市场的作用会使 p_x 上升,p_y 下降。价格比率 p_x/p_y 就会上升,从而使价格线的斜率更陡。厂商将会沿生产可能性边界顺时针移动以对这些价格变化做出回应。也就是说,它们会增加商品 x 的生产,而减少商品 y 的生产。类似地,个人也会在他们的消费选择中用 y 替代 x 以回应价格的变化。于是,厂商与个人的行动随着市场价格的变化,消除 x 的超额需求与 y 的过度供给。

均衡在点(x^*, y^*)上得以建立,均衡的价格比率为 p_x^*/p_y^*。在这个价格比率下⑥,对于商品 x 与商品 y 的供给与需求都达到了均衡。给定 p_x 与 p_y,厂商就会生产出 x^* 与 y^*,以使其利润最大化。同样,在给定的预算约束 C^* 下,个人的需求为 x^* 与 y^*。这样,价格制度的运作就会使 x 与 y 的市场同时出清。因此,该图就提供了两个市场一起运作的供求过程的一般均衡观点。基于这个原因,在我们以后的分析中还会经常运用图 13.4。

13.3 比较静态分析

如同局部均衡分析一样,偏好或生产技术不发生变化,图 13.4 中说明的均衡价格比率 p_x^*/p_y^* 就会倾向于保持不变。这种竞争性决定的价格比率反映了这样两种基本的经济力量,即如果对于商品 x 的偏好发生移动,譬如更偏好商品 x,p_x/p_y 会上升,这样沿生产可能性曲线就会发生顺时针的移动,从而建立一个新的均衡。生产者会生产更多的 x 与较少的 y 以满足变化了的偏好。同样,如图 13.5 所示,生产商品 x 中的技术进步也会使生产可能性曲线向外移动。这就会使 x 的相

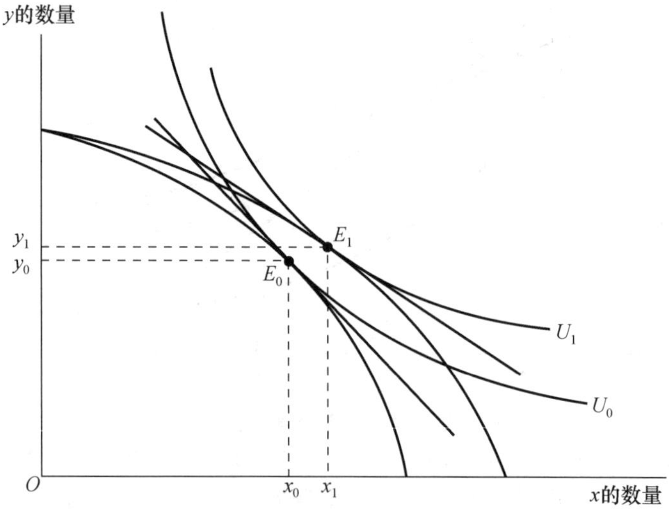

图 13.5 产品 x 生产技术进步的效应

使生产 x 的边际成本下降的技术进步可以移动生产可能性边界。这一般会导致收入效应与替代效应,这两种效应会使 x 的产量增加(假定 x 是正常品)。因为收入效应与替代效应作用的方向相反,所以,对 y 的产量的影响是不确定的。

---

⑥ 请再次注意,竞争性市场只决定均衡相对价格。绝对价格水平的决定需要把货币引入该物物交换模型。

对价格下降,并增加消费 x 的数量(假定 x 是一种正常商品)。在图 13.5 中,作为由技术进步所产生的收入效应的结果,对 y 的消费量也会增加。不过,如果替代效应占有支配地位,这个增加效应就会很微小,以至于可能被掩盖。例 13.2 对此有简单的分析。

例 13.2　一般均衡中的比较静态分析

为了研究一般均衡模型如何运行,我们来看一个基于例 13.1 的生产可能性边界的简单例子。在例 13.1 中,我们假设两个生产函数都是规模报酬递减的,$x = l_x^{0.5}$,$y = l_y^{0.5}$,可调用的劳动力总量是 $l_x + l_y = 100$。这样得出的生产可能性边界是 $x^2 + y^2 = 100$,$RPT = x/y$。现在,我们再加入典型的个人效用函数 $U(x,y) = x^{0.5}y^{0.5}$,由此导出的需求函数是:

$$x = x(p_x, p_y, I) = \frac{0.5I}{p_x}$$
$$y = y(p_x, p_y, I) = \frac{0.5I}{p_y} \qquad (13.14)$$

初始均衡状态。厂商追求利润最大化的条件要求 $p_x/p_y = MC_x/MC_y = RPT = x/y$,消费者效用最大化的条件要求 $p_x/p_y = y/x$。所以均衡时应有 $x/y = y/x$,即 $x = y$。将其带入生产可能性边界中得到

$$x^* = y^* = \sqrt{50} = 7.07 \quad 和 \quad \frac{p_x}{p_y} = 1 \qquad (13.15)$$

这就是我们设定的初始均衡条件。

预算约束。在上面的问题中,消费者的预算约束并不能明显地看出来,所以拿到这里单独讨论。为了在模型中引入绝对价格,我们用工资率 w 来表示价格。总劳动供给是 100,总劳动收入是 $100w$。但是由于生产函数规模报酬递减,每个企业都能赚取利润。对于所有生产 x 的企业,总成本函数是 $C(w,x) = wl_x = wx^2$,而 $p_x = MC_x = 2wx = 2w\sqrt{50}$。因此该企业的利润就是 $\pi_x = (p_x - AC_x)x = (p_x - wx)x = wx^2 = 50w$。对等地,生产 y 的企业的利润也是 $50w$。因为一般均衡模型要满足国民收入恒等式,我们假设消费者也是两个企业的股东,因此利润也是可支配的收入。这样,总的消费者收入就是

$$\begin{aligned} 总收入 &= 劳动收入 + 利润 \\ &= 100w + 2(50w) = 200w \end{aligned} \qquad (13.16)$$

这些收入正好够消费者每种商品支付 $100w$,以 $2w\sqrt{50}$ 的价格购买 $\sqrt{50}$ 单位商品,两种商品都正好出清。所以这个模型是自洽的。

供给的变动。要打破初始均衡状态有两种可能:(1) 改变"供给",即改变经济中的技术力量。(2) 改变"需求",即消费者的偏好发生变化。我们首先考虑供给变化的情况:假设生产 x 的技术进步了,生产函数变成 $x = 2l_x^{0.5}$。现在生产可能性边界就是 $\frac{x^2}{4} + y^2 = 100$,$RPT = x/4y$。像刚才一样,求解此时的均衡状态:

$$\frac{p_x}{p_y} = \frac{x}{4y}(供给)$$
$$\frac{p_x}{p_y} = \frac{y}{x}(需求) \qquad (13.17)$$

即 $x^2=4y^2$,均衡状态是

$$x^*=2\sqrt{50},\quad y^*=\sqrt{50}\quad 和\quad \frac{p_x}{p_y}=\frac{1}{2} \tag{13.18}$$

生产 x 的技术的进步使得其相对价格下降,消费量上升。像很多柯布—道格拉斯效用函数那样,这里出现了关于 y 的价格下降的收入效应和替代效应完全抵消的情况,但技术进步使得消费者的福利变好是一定的。初始时消费者效用函数是 $U(x,y)=x^{0.5}y^{0.5}=\sqrt{50}=7.07$,现在增加到了 $U(x,y)=x^{0.5}y^{0.5}=(2\sqrt{50})^{0.5}(\sqrt{50})^{0.5}=\sqrt{2}\cdot\sqrt{50}=10$。技术进步对消费者福利的改善是显著的。

需求的变动。如果消费者的偏好变得更倾向于 y 了,比如效用函数变成 $U(x,y)=x^{0.1}y^{0.9}$,导出的需求函数是 $x=0.1I/p_x, y=0.9I/p_y$ 需求均衡条件(即效用最大化)要求 $p_x/p_y=y/9x$。回到初始状态的生产可能性边界,求解总体均衡,有

$$\frac{p_x}{p_y}=\frac{x}{y}(供给)$$
$$\frac{p_x}{p_y}=\frac{y}{9x}(需求) \tag{13.19}$$

所以 $9x^2=y^2$,均衡状态是

$$x^*=\sqrt{10}\quad y^*=3\sqrt{10}\quad 和\quad \frac{p_x}{p_y}=\frac{1}{3} \tag{13.20}$$

可见,对 x 需求的下降明显降低了其价格。但是请注意,这里我们无法比较两种状态下的福利哪个更好,因为效用函数改变了。

请回答:后两种情况下的预算约束分别是什么?收入中工资(劳动收入)和利润分别是多少?从直观上解释这些差异。

13.4 一般均衡建模及要素价格

简单的一般均衡模型支持了马歇尔关于在价格决定过程中供求力量重要性的观察。通过在所有商品市场之间提供一种明显的联系,一般均衡模型可以被用来研究关于市场关系的更为复杂的问题,这超过了仅考察一定时间内、一个市场中的情况的范围。一般均衡模型也能用于研究在商品市场与要素市场之间的联系,我们可以用重要的历史资料来说明这一点。

13.4.1 谷物法辩论

拿破仑战争之后,英国政府强制性地对谷物进口征收高关税。在1829—1845年间,关于"谷物法"的效应的辩论成为经济学家们的主要分析工作。争论的一个主要焦点是免除关税会对要素价格有何影响,正如我们所看到的,这一问题在今天仍然引人关注。

图13.6中的生产可能性曲线表示了能够用英国的生产要素来进行生产的谷物(x)与制成品(y)的组合。假设(可能与实际情况相悖)谷物法完全阻止了贸易,则市场均衡就会处于点 E,英国国内的价格比为 p_x^*/p_y^*。取消关税会使该价格比减为 p_x'/p_y'。在这个新的比率下,英国会生产组

合 A 并消费组合 B。谷物的进口量为 $x_B - x_A$，而费用由制成品出口来支付，大小等于 $y_A - y_B$。对于典型的英国消费者来说，通过开放贸易可以增加总效用。因此，运用生产可能性图形可以说明放松关税对于两种商品生产的意义。

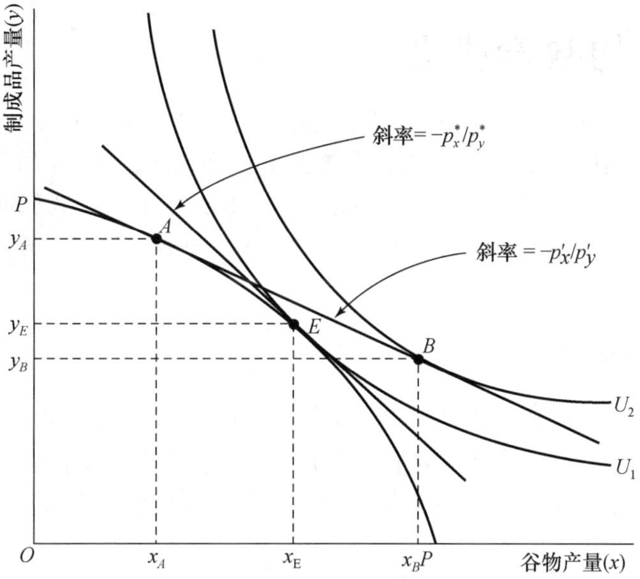

图 13.6　谷物法辩论的分析

对谷物的关税壁垒的削减会使生产有一个从点 E 到点 A 的重新配置。消费的重新配置则是从点 E 到点 B。如果谷物的生产是资本相对密集的，那么，作为这种重新配置的结果，资本的相对价格就会下降。

13.4.2　贸易与要素价格

现在让我们回过头来看生产可能性边界背后的埃奇沃思盒状图（图 13.2），也能够分析出关税降低对要素价格的影响。在图 13.6 中从点 E 到点 A 的移动类似于在图 13.2 中从 P_3 到 P_1，x 的产量下降，y 的产量上升。

图 13.6 也反映了由此导致的资本与劳动的重新配置。如果我们假定谷物的生产是相对资本密集的，那么，从 P_3 到 P_1 的移动就会在两个行业中引起 k 对 l 的比率上升。⑦ 反过来，这又会引起资本的相对价格下降（或劳动的相对价格上升）。因此，我们得出结论：撤销谷物法会对资本的所有者（即地主）造成损害，但对劳动者有利。所以，依附于土地的得利者自然会反对该法的撤销。

13.4.3　关于贸易政策的政治支持

贸易政策会影响不同生产要素的相对收入，这种可能性将对有关这种政策的讨论产生持续影响。例如，在美国，进口趋向于非技术性劳动密集型，而出口则倾向于技术性劳动密集型。所以，通过类似于谷物法的讨论，可以预料进一步向自由贸易政策方向发展将会导致技术工人的相对工资上升，而非技术工人的相对工资下降。由此，毫不奇怪，代表技术工人的工会（如机械师或飞行

⑦　在谷物法的辩论中，注意力集中在土地要素与劳动要素上。

员工会)倾向于赞成自由贸易,而非技术工人(如在纺织、鞋及相关行业中的工人)倾向于反对自由贸易。⑧

13.5 交换的数学模型

尽管两种商品情形下的一般均衡图示模型很有启发性,但当它面对大量商品和投入品时,不能反映一般均衡模型的所有特点。在本章的开篇提要中,我们已经说明了如何建立一个更一般的模型,并且我们会看看这个模型能提供的一些见解。在下面的内容中,我们重点关注这样一个交换模型——多种商品存在并在个体间进行交换。该模型中不包含生产。稍后再简要看看如何将生产融入这个模型。

13.5.1 向量符号

大多数一般均衡模型都会用到向量符号,因为它为明确模型中商品和个体的数量提供了很大的灵活性。因此,有必要花点篇幅对其进行简要介绍。简单来说,一个向量就是一组有序的变量(每个变量取特定的值)。依照惯例,我们使用的向量都是列向量。我们将 $n\times 1$ 的列向量写为:

$$\boldsymbol{x}=\begin{bmatrix}x_1\\x_2\\\vdots\\x_n\end{bmatrix}\tag{13.21}$$

变量 x_i 可取任意值,如果 $\boldsymbol{x}$ 和 $\boldsymbol{y}$ 是两个 $n\times 1$ 的列向量,两者的和就可以定义为:

$$\boldsymbol{x}+\boldsymbol{y}=\begin{bmatrix}x_1\\x_2\\\vdots\\x_n\end{bmatrix}+\begin{bmatrix}y_1\\y_2\\\vdots\\y_n\end{bmatrix}=\begin{bmatrix}x_1+y_1\\x_2+y_2\\\vdots\\x_n+y_n\end{bmatrix}\tag{13.22}$$

注意,只有两个向量的长度相等时,它们才能相加。实际上,通过检查向量的长度,就可以容易地判断出向量等式是否有意义。

两个向量的点乘是对应的每列向量中每个元素的乘积的和。也就是:

$$\boldsymbol{xy}=x_1y_1+x_2y_2+\cdots+x_ny_n\tag{13.23}$$

同样要注意,只有两个向量的长度相等时,才可相乘。在定义好以上几个运算后,我们就做好了说明交换的一般均衡模型的准备。

13.5.2 效用,初始禀赋,预算约束

在一般均衡的交换模型中,我们假定有 n 种商品,m 个个体。每个个体从 n 种商品的消费中获得效用,记为 $u^i(\boldsymbol{x}^i)$,其中 $i=1,\cdots,m$。个体对商品拥有的初始禀赋为 $\bar{\boldsymbol{x}}^i$,他们既可以与他人自

⑧ 放开自由贸易会导致本国相对丰富的生产要素的价格上升,这个发现被称为斯托尔珀-萨缪尔森(Stolper-Samuelson)定理,两位经济学家在20世纪50年代给出了它的严格证明。

由交换这些禀赋,也可以保有这些禀赋。在交易过程中,个体被假定为价格的接受者,即他们面临一个确定不同商品的市场价格的价格向量 $\boldsymbol{p}$。每个个体都寻求在预算约束的情况下效用最大化,也就是说,每个个体的消费总量要等于它的禀赋的总价值:

$$\boldsymbol{p}\boldsymbol{x}^i = \boldsymbol{p}\overline{\boldsymbol{x}}^i \tag{13.24}$$

尽管上述预算约束有一个简单的形式,但仍需花些时间稍加思考。等式右边表示的是个体初始禀赋(有时也称为他的总收入)的市场价值。如果个体是自给自足的,那么他就能消费得起这个禀赋(并且只能是这个禀赋)。但是,这个禀赋也可花费于其他消费束(想必是能提供更多的效用)。由于一个人花费初始禀赋会有机会成本,(13.24)式的左边就表示了最终消费束里面所有消费项目的成本,包括保留的禀赋商品。

13.5.3　需求函数与同质性

前面勾勒出的效用最大化的问题和我们在第 2 篇仔细讨论过的问题是一样的。在第 4 章中,我们已经知道这一过程的一个结果是一组需求函数,共 n 个(每种商品对应一个),且需求量取决于所有商品价格和收入。在此我们可以用向量的形式将其记为 $\boldsymbol{x}^i(\boldsymbol{p},\boldsymbol{p}\overline{\boldsymbol{x}}^i)$。正如我们在第 4 章中所证明的,这些需求函数都是连续的,并且对所有价格和收入是零次齐次的。后一条性质可用向量表示为:对任意 $t>0$

$$\boldsymbol{x}^i(t\boldsymbol{p},t\boldsymbol{p}\overline{\boldsymbol{x}}^i) = \boldsymbol{x}^i(\boldsymbol{p},\boldsymbol{p}\overline{\boldsymbol{x}}^i) \tag{13.25}$$

零次齐次性质的好处就在于,它允许我们使用一个方便的标准化的价格清单,使得商品间的相对价格不变,需求数量也不变。

13.5.4　均衡与瓦尔拉斯定律

简单交换模型的均衡要求每个商品的需求总量等于这个商品的禀赋总和(记住,在这个模型中没有生产)。由于均衡模型和里昂·瓦尔拉斯(Leon Walras)⑨最初建立的模型类似,我们习惯性地将均衡的概念归功于瓦尔拉斯。

定义

瓦尔拉斯均衡。瓦尔拉斯均衡是对资源的分配,此时有相应的价格向量 $\boldsymbol{p}^*$,使得

$$\sum_{i=1}^{m}\boldsymbol{x}^i(\boldsymbol{p}^*,\boldsymbol{p}^*\overline{\boldsymbol{x}}^i) = \sum_{i=1}^{m}\overline{\boldsymbol{x}}^i \tag{13.26}$$

此处,总和替代了交换经济中的 m 个个体。

(13.26)式中的 n 个方程说明了在均衡的条件下,每个商品中市场的需求等于供给。这是我们在前一章节中介绍的单一市场均衡的多重市场模拟。由于有 n 个价格需要决定,简单地数数方程和未知数的数量,就能用初等代数中所学的联立方程求解法判断这样一组价格解是否存在。然而这种方法是不正确的,原因至少有二:第一,方程并不一定是线性的。所以,我们熟知的线性联

⑨　均衡概念源自 19 世纪的法裔瑞士经济学家瓦尔拉斯,他率先发明了一般均衡模型。本章讨论的这类模型通常被称为瓦尔拉斯均衡模型,主要是因为这些模型都假定个体是价格的接受者。

立方程组有解的条件就不适用于这种情况。没有任何暗示表明方程组中的需求函数是线性的——实际上,我们在第2篇遇到的大多数需求函数都不是线性的。

第二,(13.26)式中的方程组中的方程相互之间并不是独立的——根据瓦尔拉斯定律,它们是相关的。由于每个交换经济中的个体都受(13.24)式给出的预算约束,我们可以将个体加总,得到

$$\sum_{i=1}^{m}\boldsymbol{p}\boldsymbol{x}^{i}=\sum_{i=1}^{m}\boldsymbol{p}\overline{\boldsymbol{x}}^{i}\quad 或\quad \sum_{i=1}^{m}\boldsymbol{p}(\boldsymbol{x}^{i}-\overline{\boldsymbol{x}}^{i})=0 \tag{13.27}$$

用文字描述就是,瓦尔拉斯定律表明了所有需求的价值必须等于所有禀赋的价值。在任何价格向量下,这个结论都是成立的,并不只针对均衡价格。⑩ 众所周知,个体的预算约束必然导致价格之间存在一定的关系。正如我们下面要证明的,正是这种关系帮助保证了需求—供给均衡的存在。

13.5.5 交换模型中均衡的存在

近200年来,经济学家们都痴迷于这样一个问题:所有市场能同时达到均衡吗?尽管来自现实世界的直观证据表明这样一个均衡是可能存在的(市场价格不会在两天之内出现疯狂波动),但要给出数学上的证明是非常困难的。瓦尔拉斯认为,有证据可以表明市场朝着均衡价格调整。任何商品的需求超过供给时,价格都会上升,反之价格就会下降。瓦尔拉斯相信,如果这个过程持续得足够长,最终一定能找到一组均衡价格。遗憾的是,瓦尔拉斯的上述方法很难用纯数学的方法加以证明。即便如此,瓦尔拉斯这一市场力量使价格向着均衡方向调节的观点,在20世纪50年代有了很大程度的发展。

现代证明中,有关均衡价格存在的一个关键点就是商品标准化原则的选择。同质化的需求函数使我们可以使用任何绝对水平的价格,因为相对价格不会受到影响。那么,一个尤其方便的价格就是使价格“单位化”,令它们的和等于1。考虑一组非负价格 $p_1,p_2,\cdots,p_n$,我们可以将其处理成单位化价格的形式⑪

$$p_i'=\frac{p_i}{\sum_{k=1}^{n}p_k} \tag{13.28}$$

这组新价格有一个性质,就是 $\sum_{k=1}^{n}p_k'=1$,并且相对价格不变:

$$\frac{p_i'}{p_j'}=\frac{p_i/\sum p_k}{p_j/\sum p_k}=\frac{p_i}{p_j} \tag{13.29}$$

由于上述数学处理总能实现,在不失一般性的情况下,我们假定价格向量 $\boldsymbol{p}$ 都可以通过这种方法单位化。

因此,证明交换模型中均衡价格的存在就等于存在一个价格向量 $\boldsymbol{p}^*$,使得所有的市场都达到均衡,也就是,

$$\sum_{i=1}^{m}\boldsymbol{x}^{i}(\boldsymbol{p}^{*},\boldsymbol{p}^{*}\overline{\boldsymbol{x}}^{i})=\sum_{i=1}^{m}\overline{\boldsymbol{x}}^{i}\quad 或\quad \sum_{i=1}^{m}\boldsymbol{x}^{i}(\boldsymbol{p}^{*},\boldsymbol{p}^{*}\overline{\boldsymbol{x}}^{i})-\sum_{i=1}^{m}\overline{\boldsymbol{x}}^{i}=0\quad 或\quad z(\boldsymbol{p}^{*})=0 \tag{13.30}$$

---

⑩ 正如(13.26)式所示,在均衡价格下,瓦尔拉斯定律能轻而易举地成立。

⑪ 从数学的角度出发,这里应该补充一个条件:至少一个价格是非零的。在所有的讨论中,我们都假定并非所有的均衡价格都能为零。

其中 $z(\boldsymbol{p})$ 是在一组特定价格下，超额需求的简写。当市场处于均衡时，所有的超额需求都为零。[12]

接下来我们沿着瓦尔拉斯的思路考虑：有超额需求的商品的价格会上涨，而超额供给的商品的价格将会下降。[13] 从任意一个价格向量 $\boldsymbol{p}_0$ 开始，我们将新的价格向量 $\boldsymbol{p}_1$ 定义为

$$\boldsymbol{p}_1 = f(\boldsymbol{p}_0) = \boldsymbol{p}_0 + kz(\boldsymbol{p}_0) \tag{13.31}$$

k 是一个正的常数。这个函数是连续的（因为需求函数也是连续的），它将一个单位化的价格集合映射到另一个集合上（因为我们假定所有的价格都"单位化"了）。因此它就满足了布洛沃不动点定理（Brouwer's fixed point theorem），即任何一个闭的、有界的、自身的连续映射 $f(x)$（在此，是单位化价格对自身的映射），至少有一个不动点 x，使得 $f(x) = x$。这个定理可由图 13.7 中的简单二维图形来证明。图 13.7 中，无论函数 $f(x)$ 的形状如何，只要它是连续的，就一定会在某处和 45°线相交，使得 $x = f(x)$。

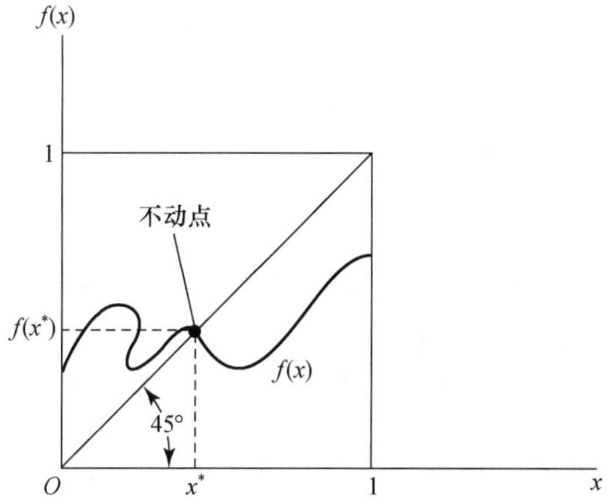

图 13.7　布洛沃不动点定理的集合说明

在一个单位正方形中，任何连续函数都要与 45°线在某处相交，所以，这个函数一定有一点，在这一点上 $f(x^*) = x^*$。这一点就被称为"不动点"。

如果我们用 $\boldsymbol{p}^*$ 表示(13.31)式中的布洛沃不动点，就有

$$\boldsymbol{p}^* = f(\boldsymbol{p}^*) = \boldsymbol{p}^* + kz(\boldsymbol{p}^*) \tag{13.32}$$

因此，在这个点上，$z(\boldsymbol{p}^*) = \boldsymbol{0}$；从而，$\boldsymbol{p}^*$ 就是均衡价格向量。瓦尔拉斯寻求的证明是用一个很重要的数学结论完成的，这个证明是在他去世几年后发现的。这个漂亮的证明使用了一些有关经济行为的假设，比如：(1) 所有个体都是价格接受者；(2) 需求函数的同质性；(3) 需求函数的连续性；(4) 预算约束和瓦尔拉斯定律的存在。以上四个假设在从单一市场均衡达到多元市场均衡的过程中扮演了重要的角色。

13.5.6　福利经济学第一定理

在我们已经研究过的一般均衡交换模型中，存在力量使得供给和需求的均衡价格得以建立，

---

[12] 均衡时超额供给的商品的价格为零。在此我们并不关心这种"免费的商品"。

[13] 以下内容是均衡价格存在的一个极其简单的证明。特别地，我们已经假定不关心"免费商品"，以及价格适度的"单位化"。数学上严格证明的一个例子，见 G. Debreu, *Theory of Value* (New York: John Wiley & Sons, 1959)。

那么我们很自然地要问,这个发现的福利结果是什么。亚当·斯密[14]曾经假设,市场力量提供了一只“无形的手”,使各种资源能够找到它们最合理的去处。现代福利经济学也在探索斯密的假设在多大程度上是正确的。

或许,交换模型得出的最重要的福利结论是,瓦尔拉斯均衡是“有效率的”,在这个意义上,不可能重新分配资源使得至少有一些人的状况变好而另一些人不会变差。这个关于“效率”的定义最初是由意大利经济学家维尔弗雷多·帕累托(Vilfredo Pareto)在20世纪初提出的。考虑“非有效”的配置,我们就能很容易地明白这个定义。如果包括在初始禀赋中的所有商品都可以通过重新分配,使得至少一个人的境况变好(即达到更高的效用)而其他人不会变坏,那么这个分配就是无效率的。如果每个人的偏好可以计算,上述分配一定不是一个令人满意的结果。因此,我们有了下面的正式定义。

定义

帕累托最优配置 在一个交换经济中,如果不存在使得至少一个人的情况变好同时其他人不变糟的另一种配置,那么就称当前配置是帕累托最优的。

用反证法可以证明:所有的瓦尔拉斯均衡都是帕累托最优。用 $\boldsymbol{p}^*$ 表示瓦尔拉斯均衡时的价格向量,每个消费者对每种商品的消费记为 ${}^*\boldsymbol{x}^k\ (k=1,\cdots,m)$。现在假设存在某种其他分配 ${}'\boldsymbol{x}^k\ (k=1,\cdots,m)$,使得至少一个人,比如 i,有 ${}'\boldsymbol{x}^i > {}^*\boldsymbol{x}^i$。那么对于这个人,有

$$\boldsymbol{p}^{*\prime}\boldsymbol{x}^i > \boldsymbol{p}^{**}\boldsymbol{x}^i \tag{13.33}$$

否则,这个人一开始就会选择 ${}'\boldsymbol{x}^i$。在新的分配下,其他人都和原来一样好,对于他们

$$\boldsymbol{p}^{*\prime}\boldsymbol{x}^k = \boldsymbol{p}^{**}\boldsymbol{x}^k,\quad k=1,\cdots,m,\quad k\neq i \tag{13.34}$$

如果新的消费束花费更少,那么他们一定没有在 $\boldsymbol{p}^*$ 处最小化支出。最后,考虑可行性,新的配置必须服从数量约束

$$\sum_{i=1}^{m}{}'\boldsymbol{x}^i = \sum_{i=1}^{m}\overline{\boldsymbol{x}}^i \tag{13.35}$$

等式两边同时乘以 $\boldsymbol{p}^*$,得到

$$\sum_{i=1}^{m}\boldsymbol{p}^{*\prime}\boldsymbol{x}^i = \sum_{i=1}^{m}\boldsymbol{p}^{*}\overline{\boldsymbol{x}}^i \tag{13.36}$$

将(13.33)式、(13.34)式和瓦尔拉斯定律一起应用于初始均衡则意味着

$$\sum_{i=1}^{m}\boldsymbol{p}^{*\prime}\boldsymbol{x}^i > \sum_{i=1}^{m}\boldsymbol{p}^{**}\boldsymbol{x}^i = \sum_{i=1}^{m}\boldsymbol{p}^{*}\overline{\boldsymbol{x}}^i \tag{13.37}$$

矛盾!因此我们可以得出结论,不存在这样的其他分配。总结以上分析,得出以下定义。

定义

福利经济学第一定理 任何瓦尔拉斯均衡都是帕累托最优。

[14] Adam Smith, *The Wealth of Nations*(New York: Modern Library, 1937) p.423.

福利经济学第一定理的意义不能被夸大。首先,定理并没有说任何瓦尔拉斯均衡在某种意义上都是社会理想的。比如说,均衡显示了个体间巨大的不公平,这个不公平来自他们初始禀赋的不公平(讨论见下一节)。其次,定理假设所有的个体都是价格接受者,并且价格信息完全——这些假设在其他模型中并不要求成立。最后,定理并没有考虑个人消费对他人的影响。在外部性存在的情况下,即便是完全竞争的价格体系也没法保证帕累托最优结果(见第 19 章)。

尽管福利经济学第一定理有上述不足,它的确证明了斯密的“看不见的手”的猜想有一定的合理性。在交换经济的简单模型中,均衡价格可以得到,在这个价格下资源得以有效配置(帕累托最优)。这个证明是福利经济学家的重要成果之一。

13.5.7　福利经济学第一定理的图形解释

图 13.8 再次用到了埃奇沃思盒状图,只不过这次是用于解释交换经济。在这个经济系统中,只有两种商品(x 和 y)和两个消费者(A 和 B)。盒子的长和宽表示两种商品的总量($\bar{x}$ 和 $\bar{y}$)。商品在 A 方的分配从原点 O_A 开始。消费者 B 从点 O_B 开始,获得 A“余下”的商品。A 的无差异曲线如图中所示,B 的无差异曲线则从点 O_B 开始。点 E 表示两者的初始禀赋,在这一点上,A 拥有 $\bar{x}^A$ 和 $\bar{y}^A$,B 拥有 $\bar{x}^B = \bar{x} - \bar{x}^A$,$\bar{y}^B = \bar{y} - \bar{y}^A$。

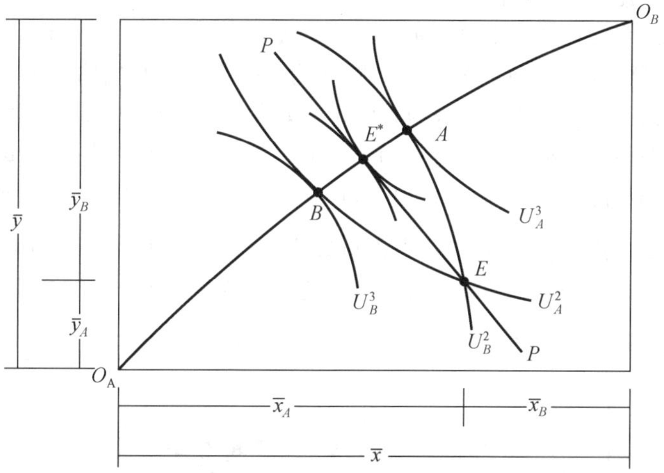

图 13.8　福利经济学第一定理

给定初始禀赋点 E,双方会沿着 PP 线交易直至 E^* 点。在这一点,达到了帕累托最优。

初始禀赋为 A 提供的效用是 U_A^2,为 B 提供的效用是 U_B^2。这显然不是帕累托最优的分配形式。举个例子,我们可以通过可能的重新分配⑮,将 B 的效用增加到 U_B^3 同时 A 的效用保持在 U_A^2 不变(点 B)。或者我们也可以把 A 的效用增加到 U_A^3 并保持 B 的效用不变(点 A)。点 A 和点 B 的分配都是帕累托最优的,因为在该点上,任何使得一方变好的新分配都将使另一方变差。埃奇沃思盒状图中有许多其他有效的分配,由双方无差异曲线的切点决定。这些点构成了连接 O_A 和 O_B 的曲线,这条曲线有时被称为“契约曲线”(contract curve),因为它表示两个消费者所能达到的所有帕

⑮ 这一点原则上可以通过下述受约束的最优问题的求解得到:在 $U_A(x_A, y_A) = U_A^2$ 的前提下,最大化 $U_B(x_B, y_B)$。见例 13.3。

累托最优的点。但是要注意,仅有点 A 与点 B 之间的交易是可行的,因为给定初始禀赋 E,我们假设任何一个人都不希望交易后自己的情况变差。

图 13.8 中的切线 PP 表示完全竞争建立的价格比率,我们之前的证明可以保证这一点。这条线经过初始禀赋点 E,并表示双方会沿着远离 E 点的方向交易。这些交易对双方都是有益的——双方都达到了比初始禀赋所能提供的更高的效用水平。这样的交易最终将达到契约曲线上的 E^* 点。由于消费者的无差异曲线相切于该点,不存在其他交易使双方都获益。因此,正如我们之前给出的数学证明,竞争性分配点 E^* 达到了帕累托最优。

13.5.8 福利经济学第二定理

福利经济学第一定理已经证明,任何瓦尔拉斯均衡都是帕累托最优,但因为存在初始禀赋的不公平,其福利结果并非总是令人满意的。在图 13.8 中,瓦尔拉斯均衡点 E^* 显然受到了起始交易点 E 的影响。AB 之外的契约曲线上的点通过资源交易是达不到的,即便在这些点上的分配令社会更加满意(也许是因为人们的效用更加平等)。这正是福利经济学第二定理要强调的重点。它表述的是:对于任何帕累托最优的资源分配形式,都存在一组初始禀赋和一个相关的价格向量,使得这个分配是瓦尔拉斯均衡。或者换一种说法,只要初始禀赋做出相应调整,任何帕累托最优的资源分配都可以是瓦尔拉斯均衡。

用图示的方法证明福利经济学第二定理就应当足够了。图 13.9 保留了图 13.8 中的几个重要方面。给定初始禀赋点 E,任何自发的瓦尔拉斯均衡一定位于契约曲线上的 AB 之间。假设均衡时的分配并非令人满意——或许是因为它包含了太多的效用不公平。帕累托最优分配 Q^* 是令社会满意的,但是根据初始禀赋点 E,它不可能达到。第二定理的表述是:可以画一条经过点 Q^* 的直线,这条直线与双方的无差异曲线相切于同一点,如图 13.9 中的 $P'P'$ 线所示。由于这条线的斜率表示了双方的交易意愿,线上任何一点都可以作为指向 Q^* 的交易的初始禀赋点。我们用 $\overline{Q}$ 表示这样的一点。如果一个仁慈的政府希望达到的瓦尔拉斯均衡点是 Q^*,那么它就可以通过转移支付使初始禀赋从点 E 移到点 $\overline{Q}$(这个过程会使 A 变好而 B 变糟)。

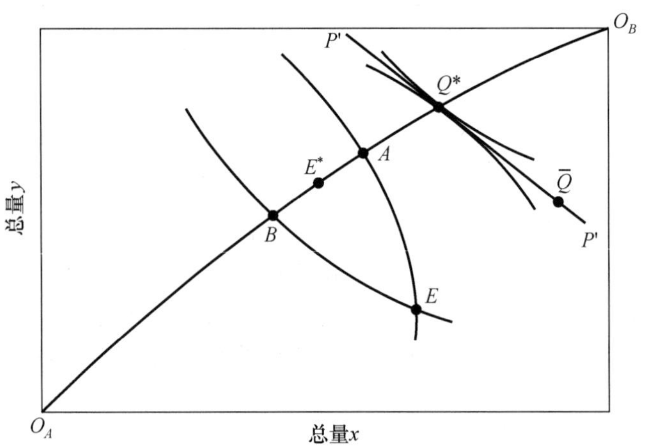

图 13.9 福利经济学第二定理

如果点 Q^* 被认为是社会最优的,这个分配可以通过价格线 $P'P'$ 上的任意初始禀赋点得到。移动点 E 至,比如点 $\overline{Q}$,需要初始禀赋的转移支付。

例 13.3　二人交换经济

为理解这些定理，考虑一个简单的两商品二人交换模型。假设两种商品的总量是 $\bar{x}=\bar{y}=1\,000$。消费者 A 的效用函数为柯布—道格拉斯形式：

$$U_A(x_A, y_A) = x_A^{2/3} y_A^{1/3} \tag{13.38}$$

B 的效用函数为：

$$U_B(x_B, y_B) = x_B^{1/3} y_B^{2/3} \tag{13.39}$$

由效用函数可以看出 A 相对更偏好 x，B 相对更偏好 y。因此，我们可以预测到一种比较有效的配置方式是，给 A 相对更多的软饮料，给 B 相对更多的汉堡包。为找出这种有效率的配置点，我们需要找到一种方法，在给定 B 的任何效用水平时，使 A 的效用水平最大化。建立这个问题的拉格朗日表达式如下：

$$\mathscr{L}(x_A, y_A) = U_A(x_A, y_A) + \lambda[U_B(1\,000 - x_A, 1\,000 - y_A) - \bar{U}_B] \tag{13.40}$$

带入具体的效用函数，得到

$$\mathscr{L}(x_A, y_A) = x_A^{2/3} y_A^{1/3} + \lambda[(1\,000 - x_A)^{1/3}(1\,000 - y_A)^{2/3} - \bar{U}_B] \tag{13.41}$$

求极大值的一阶条件为：

$$\begin{aligned}\frac{\partial \mathscr{L}}{\partial x_A} &= \frac{2}{3}\left(\frac{y_A}{x_A}\right)^{1/3} - \frac{\lambda}{3}\left(\frac{1\,000 - y_A}{1\,000 - x_A}\right)^{2/3} = 0 \\ \frac{\partial \mathscr{L}}{\partial y_A} &= \frac{1}{3}\left(\frac{x_A}{y_A}\right)^{2/3} - \frac{2\lambda}{3}\left(\frac{1\,000 - x_A}{1\,000 - y_A}\right)^{1/3} = 0\end{aligned} \tag{13.42}$$

将 λ 项移到等式右侧，两式相除得到

$$2\left(\frac{y_A}{x_A}\right) = \frac{1}{2}\left(\frac{1\,000 - y_A}{1\,000 - x_A}\right)$$

或

$$\frac{x_A}{1\,000 - x_A} = \frac{4y_A}{1\,000 - y_A} \tag{13.43}$$

这个等式为我们识别交换中的帕累托最优提供了依据。例如，令 $x_A = x_B = 500$，带入 13.43 式中，有

$$\frac{4y_A}{1\,000 - y_A} = 1 \quad 所以 \quad y_A = 200, y_B = 800 \tag{13.44}$$

这个分配更受 B 的喜爱。因为在契约曲线上的这一点，$U_A = 500^{2/3}200^{1/3} = 369$，$U_B = 500^{1/3}800^{2/3} = 683$。尽管 x 的数量根据假设是被平分了，但是由于效率的需要，商品 y 更多地给予了 B。

均衡价格比率。为计算交换曲线上这一点的均衡价格比率，我们需要知道两个消费者的边际替代率，对于 A，

$$\mathrm{MRS} = \frac{\partial U_A / \partial x_A}{\partial U_A / \partial y_A} = 2\frac{y_A}{x_A} = 2\frac{200}{500} = 0.8 \tag{13.45}$$

对于 B，

$$\mathrm{MRS} = \frac{\partial U_B / \partial x_B}{\partial U_B / \partial y_B} = 0.5 \times \frac{y_A}{x_A} = 0.5 \times \frac{800}{500} = 0.8 \tag{13.46}$$

可以看出，两者的边际替代率相等（理应如此），这意味着价格比率 $p_x/p_y = 0.8$。

初始禀赋。由于均衡价格比率允许人们以 8 单位的 y 换取 10 单位的 x，那么设计与这个帕累

托最优一致的初始禀赋就是一件容易的事。例如,假设 $\bar{x}_A=350,\bar{y}_A=320;\bar{x}_B=650,\bar{y}_B=680$。如果 $p_x=0.8,p_y=1$,A 的初始禀赋价值为 600。如果他将 2/3 的收入花费在商品 x 上,那么就会购买 500 单位 x 和 200 单位 y。A 的效用会从 $U_A=350^{2/3}320^{1/3}=340$ 增加到 369。同样,B 的初始禀赋值是 1 200。如果他将 1/3 的收入用于购买 x,他会获得 500 单位 x 和 800 单位 y。在这个过程中,B 的效用从 670 增加到了 683。由此,从初始禀赋到契约曲线的交易确实使得双方都获益(正如图 13.8 所示)。

请回答:为什么 x 平分的假定使最后的均衡结果更受 B 的偏好?契约曲线上哪一点能为 A 和 B 提供相等的效用?在这一点上,价格比率等于多少?

13.5.9 社会福利函数

图 13.9 证明了在一个交换经济中存在许多帕累托最优分配。根据福利经济学第二定理,我们假定在瓦尔拉斯竞争性价格决定系统中,初始禀赋可以相应调整,因此任何帕累托最优都能达到。这里的一个重要问题是,如何建立分配的选择标准。在这一部分,我们简要介绍这个主题的一条逻辑——社会福利函数的研究。简单地说,一个社会福利函数就是依据为个体提供的效用,对可能的资源分配方式进行排序的假定的方案。用数学形式表达:

$$\text{社会福利} = \mathrm{SW}[U_1(\boldsymbol{x}^1),U_2(\boldsymbol{x}^2),\cdots,U_m(\boldsymbol{x}^m)] \tag{13.47}$$

"社会规划者"的目标就是在 m 个个体中选择商品的分配方案,使得 SW 最大化。当然,这是一个纯概念上的做法——现实生活中,任何经济系统中都不存在清晰的人为的社会福利函数,并且我们严重怀疑这样一个函数能否从某种形式的民主进程中产生。[16] 即便如此,假定这样一个函数的存在还是能帮助我们弄清楚福利经济学中一些最棘手的难题。

我们从社会福利函数((13.47)式)中观察到的第一点是,任何福利最大化的分配都是帕累托最优的。如果我们假设每个人的效用都是可测度的,那么很明显,任何有帕累托改进(使得一些人变好而另一些人不会变糟)的分配都不是福利最大化的。因此,福利最大化就是一个选择帕累托最优分配及相应的瓦尔拉斯价格体系的问题。

通过考虑 SW 函数的具体形式,我们可以更加深入地考察社会福利最大化的思想。特别地,如果效用可以测度,采用 CES 效用函数的形式应当最富有启发性:

$$\mathrm{SW}(U_1,U_2,\cdots,U_m)=\frac{U_1^R}{R}+\frac{U_2^R}{R}+\cdots+\frac{U_m^R}{R},\quad R\leqslant 1 \tag{13.48}$$

之前我们反复用到了这个函数形式,所以它的性质我们很熟悉。特别地,当 $R=1$ 时,函数变为:

$$\mathrm{SW}(U_1,U_2,\cdots,U_m)=U_1+U_2+\cdots+U_m \tag{13.49}$$

因此,SW 是经济中个体效用的简单加总。这个社会福利函数有时被称作功利的福利函数(utilitarian function)。这个函数表示的是,无论效用(收入)在社会个体间如何分配,社会福利的判断标准是个体效用(收入)的加总。

考虑另一种极端情形,$R=-\infty$。在这种情况下,社会福利函数有一个"固定比例"特征,因此(正如我们在许多其他应用中看到的),

---

⑯ 从人们的偏好中建立社会福利函数,研究这个问题的可能性最早出现在 K. Arrow in *Social Choice and Individual Values*, 2nd ed.(New York: Wiley, 1963)。有大量的文献来源于阿罗的初始发现。

$$SW(U_1, U_2, \cdots, U_m) = \text{Min}(U_1, U_2, \cdots, U_m) \tag{13.50}$$

此时的福利函数关注分配中情况最糟的那个人,并采用能使这个人获得最大效用的分配方式。这样的社会福利函数被称为最大化最小函数(maxmin function)。它的"出名"是因为哲学家约翰·罗尔斯(John Rawls),他的著名论证是,如果一个人不知道他最终将获得社会上的什么职位(即披着"无知的面纱"),他就应当采取"最大化最小"的行为模式,避免成为最差的人。⑰ 第 7 章中的分析表明,人们在进行社会选择时,也许不会这般厌恶风险。然而,罗尔斯对效用分配底层的关注或许是在纯粹功利性视角下思考社会福利的一剂良药。

当然,我们可以探索更多福利函数的可能形式。比如,练习题 13.14 着眼于社会福利函数和收入分配的一些联系。但是,如果这些函数只聚焦于交换经济,就会在很大程度上错过一个关键点。因为我们假设商品数量不变,在评价社会福利时,与生产积极性有关的问题尚未出现。实际上,任何通过税收和转移支付调节收入分配的尝试都必然会影响生产积极性,从而影响埃奇沃思盒子的大小。因此,评价社会福利一定要学习如何权衡产品分配目标和生产水平目标。为实现这个可能性,我们一定要在一般均衡框架中引入生产。

13.6　生产和交换的数学模型

将生产引入前一节介绍的交换模型是一个相对简单的过程。首先,"商品"的定义要加以扩展,使其包括生产要素。由此,我们可以假定在 n 种商品的清单中包括要素的价格,并且也是由一般均衡模型决定的。在一般均衡模型中,一些厂商使用的要素是由另一些厂商生产的。这些要素有的可能被消费者购买(比如厂商和个人都会使用小汽车),有的可能只作为中间产品(钢板只能用于生产小汽车而不能被消费者直接购买)。还有一些要素可能是个人初始禀赋的一部分。最重要的是,这是劳动供给在一般均衡中的处理方式。个人被赋予一个特定数量的劳动小时,他们既可以出售给公司,以工作的形式获得竞争性工资,也可以以"闲暇"的方式自己消费。在消费者做这些选择时,我们仍然假设他们是以效用最大化为目标的。⑱

假设有 r 家厂商进行生产,每个厂商都受生产函数的约束,这个约束来自投入产出的物理限制。根据惯例,厂商的产出是正的,投入是负的。利用这个定义,每个厂商的生产计划就可以表示为一个 $n \times 1$ 的列向量,记作 $\boldsymbol{y}^j (j = 1, \cdots, r)$,其中既包含负投入,也包含正产出。厂商唯一能考虑的向量只有那些在现有的技术环境下,使得投入产出可行的向量。有时为了方便,我们会假设每个厂商只生产一种产品。若是对生产的处理更加一般化,上述假设就不是必要的。

假定厂商是追求利润最大化的。生产函数足够凸,以保证对任何产出和要素价格都有唯一的利润最大化的点。上述假定排除了规模报酬递增和规模报酬不变的情形,因为这两者都不能保证利润最大化的唯一性。许多一般均衡模型是能处理"非唯一性"的问题的,但是过于复杂,在此不必介绍。有了以上这些假定,我们就可以将任何一家厂商的利润函数写为:

$$\begin{aligned} &\text{如果 } \pi_j(\boldsymbol{p}) \geqslant 0, \pi_j(\boldsymbol{p}) = \boldsymbol{p}\boldsymbol{y}^j \quad \text{和} \\ &\text{如果 } \pi_j(\boldsymbol{p}) < 0 \quad \boldsymbol{y}^j = 0 \end{aligned} \tag{13.51}$$

于是,这个模型就有了一个"长期"的走向:当厂商赔钱时(在一个特定的价格下),它就会没有投

⑰ J. Rawls, *A Theory of Justice*(Cambridge, MA: Harvard University Press, 1971).

⑱ 劳动供给理论的详细研究见第 16 章。

入也没有产出。注意采用正产出和负投入的惯例是如何令利润函数的简洁表达成为可能的。[19]

13.6.1 预算约束和瓦尔拉斯定律

在交换模型中,个人的购买能力是由他的初始禀赋的价值决定的。一旦引入了厂商,我们就得考虑厂商的收入分配问题,即产权问题。为了达到这个目的,我们简单假设厂商总利润的 $s_i(\sum_{i=1}^{m} s_i = 1)$ 是为每个人设定的份额。也就是说,每个人拥有一个"指数型基金",用于索取总的厂商利润的 s_i。我们可以将个人的预算约束((13.24)式)重新写成:

$$\boldsymbol{px}^i = s_i \sum_{j=1}^{r} \boldsymbol{py}^j + \boldsymbol{p}\bar{\boldsymbol{x}}^i, \quad i = 1, \cdots, m \tag{13.52}$$

当然,如果所有公司都处在完全竞争行业的长期均衡点,则它们的利润都为0,(13.52)式中的预算约束又回到了(13.24)式中的模样。但是,由于考虑到长期均衡利润并没有使我们的模型复杂多少,我们还是会考虑这种可能。

在交换模型中,m 个预算约束的存在意味着对可能性价格的约束——瓦尔拉斯定律的一个推广。将(13.52)式的个人预算约束加总,得到:

$$\boldsymbol{p} \sum_{i=1}^{m} \boldsymbol{x}^i(\boldsymbol{p}) = \boldsymbol{p} \sum_{j=1}^{r} \boldsymbol{y}^j(\boldsymbol{p}) + \boldsymbol{p} \sum_{i=1}^{m} \bar{\boldsymbol{x}}^i \tag{13.53}$$

令 $\boldsymbol{x}(\boldsymbol{p}) = \sum \boldsymbol{x}^i(\boldsymbol{p}), \boldsymbol{y}(\boldsymbol{p}) = \sum \boldsymbol{y}^j(\boldsymbol{p}), \bar{\boldsymbol{x}} = \sum \bar{\boldsymbol{x}}^i$,得到瓦尔拉斯定律的一个简单陈述:

$$\boldsymbol{px}(\boldsymbol{p}) = \boldsymbol{py}(\boldsymbol{p}) + \boldsymbol{p}\bar{\boldsymbol{x}} \tag{13.54}$$

注意,上述等式对任意价格向量都成立,因为它是在个人预算约束的基础上推导出来的。

13.6.2 瓦尔拉斯均衡

和之前一样,我们将瓦尔拉斯均衡价格向量定义为一个能使所有市场同时达到供求平衡的价格集。数学上表述为:

$$\boldsymbol{x}(\boldsymbol{p}^*) = \boldsymbol{y}(\boldsymbol{p}^*) + \bar{\boldsymbol{x}} \tag{13.55}$$

初始禀赋继续在这个均衡中扮演重要角色。举个例子,正是个体的劳动禀赋为厂商的生产活动提供了最重要的投入。因此,均衡工资率的确定是在瓦尔拉斯条件下,一般均衡模型的一个主要"产出"。或许这个模型最为重要的实际应用,是考察外生因素变化对均衡工资率的影响。

在交换经济的研究中,运用某种形式的不动点定理[20]证明满足(13.55)式中 n 个方程的均衡价格集的存在是可能的。受瓦尔拉斯定律的约束,这样一个均衡价格向量只对相对价格来说是唯一的——也就是说,任何绝对价格水平,只要它们之间的相对价格满足均衡比例,就能使市场达到均衡。从技术上来说,超额需求函数

$$\boldsymbol{z}(\boldsymbol{p}) = \boldsymbol{x}(\boldsymbol{p}) - \boldsymbol{y}(\boldsymbol{p}) - \bar{\boldsymbol{x}} \tag{13.56}$$

是所有价格的零次齐次函数。因此,任何满足 $\boldsymbol{z}(\boldsymbol{p}^*) = 0$ 的价格向量都有一个性质,即对于 $t > 0$,满足 $\boldsymbol{z}(t\boldsymbol{p}^*) = 0$。我们经常标准化价格使它们的和为1。实际还有许多其他标准化价格的方法。

---

⑲ 正如我们在第11章中所看到的,利润函数是所有价格的一次齐次函数。因此产出供给函数和投入需求函数都是所有价格的零次齐次函数,因为它们都是通过利润函数求偏导得到的。

⑳ 一些示例性的证明,参见 K. J. Arrow and F. H. Hahn, *General Competitive Analysis* (San Francisco: Holden-Day, 1971) chap. 5。

在宏观的一般均衡模型中，价格的绝对水平往往是由货币因素决定的。

13.6.3　加入生产的瓦尔拉斯模型中的福利经济学

将生产加入交换经济模型极大地增加了可分配资源的数量。我们可以通过图 13.10 来观察这一点。*PP* 线表明了在两商品经济中，当生产的基本要素禀赋固定时厂商的生产可能性边界。边界上的任何一点都是可行的。考虑点 *A*，在这一点上，经济中的产出为 x_A 和 y_A。我们可以根据这个产量确定位于边界线之内的埃奇沃思盒子的长和宽。盒子中的任何一点都可以表示给定交换双方的偏好后，提供的商品的可行性分配。显然，生产可能性边界上的任意一点都可以给出类似的说法。

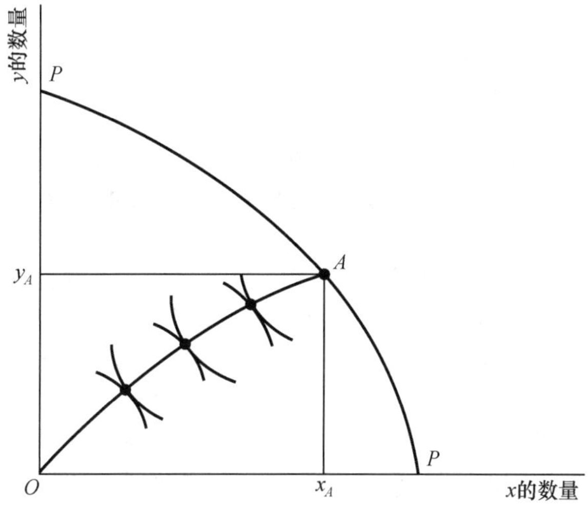

图 13.10　生产的引入增加了可行性分配的数量

生产可能性边界 *PP* 上的任何一点都可以确定一个埃奇沃思盒子。

尽管有各种复杂的问题，福利经济学第一定理在有生产的一般均衡模型中仍然成立。当处于瓦尔拉斯均衡时，不存在其他市场机会（生产别的东西，或者可提供产品的重新分配）使得某个人（或者一群人）状况变好的同时其他人的状况不会变糟。亚当·斯密的"看不见的手"的逻辑仍然使得所有互利的机会都被利用殆尽（部分原因是假设交易成本为零）。

和未引入生产的一般均衡模型一样，福利经济学第一定理的一般社会福利含义很不明朗。当然还存在福利经济学第二定理，通过适当地调整初始禀赋，任何第一定理下的瓦尔拉斯均衡几乎都可以达到。我们还可以假设采取哪一种社会福利函数，但这样的做法大都很难对实际政策问题提供什么帮助。

更有趣的还是用瓦尔拉斯机制判断试图达到特定社会福利目标的各种税收和转移支付政策的理论上的影响。在这种情况下（正如我们将要看到的），瓦尔拉斯模型强调市场间，特别是产品市场和要素市场间的相互联系，可以得出一些重要的、惊人的结果。接下来，我们就来看看其中几个结论。

13.7 可计算的一般均衡模型

近年来,两个进步带动了一般均衡模型的飞速发展。第一,一般均衡理论本身得以扩展,融入了现实世界中市场的许多特征,比如不完全竞争、环境的外部性,以及复杂的税收系统。一些包括不确定性的动态模型也得以发展,这些模型对宏观经济学的研究非常重要。第二,计算机技术和相关软件(处理一般均衡模型的软件)的迅速发展,使得包含任意商品数量和家庭类型的模型的处理变得可能。在这一节,我们将简要探索这些模型在概念方面的一些问题。[21] 而模型的一些重要应用将留在本章扩展部分。

13.7.1 一般均衡模型的结构

任何一般均衡模型的确定都要从定义模型中的产品数量开始。这些"产品"不仅包括最终的消费品,也包括用于其他商品的中间品(比如资本设备)、生产性投入(比如劳动或自然资源),以及政府生产的产品(公共品)。模型的目的是求得所有这些产品的均衡价格并且研究当条件改变时,均衡价格会如何变化。

一般均衡模型中的一些产品是由厂商生产的。生产这些产品的技术必须由生产函数确定。最常用的生产函数便是我们在第 9、10 章所学的 CES 函数,因为该函数可以很好地研究价格变化时要素的替代方式。一般地,当给定厂商生产函数以及他们面临的要素和产出价格时,我们就假定厂商是追求利润最大化的。

一般均衡模型中的需求是通过定义不同家庭类型的效用函数来确定的。效用被视为消费的产品和未投入市场的要素(比如未投入市场的可行性劳动被作为"闲暇"来消费)。我们假设家庭是效用最大化的,他们的收入由他们向市场"出售"的要素数量和他们支付的税收或获得转移支付的数额所确定。

最后,一个完整的均衡模型还应当指明,当模型中存在税收时,政府是如何运行的,是用于转移支付,还是生产公共品(向它的消费者提供效用)。如果允许政府借债,模型中还应当明确债券市场。简而言之,模型必须能完整地描述表示经济特征的资源流动和收入使用在模型中的参与情况。

13.7.2 求解一般均衡模型

一旦技术(供给方)和偏好(需求方)确定,一般均衡模型的任务就是求解均衡价格和均衡数量。根据本章之前的证明,这样一个模型通常有解,但实际上找到这个解有时会很困难,尤其是当产品数量和家庭数量都很庞大时。求解通常是通过计算机模拟完成的,这种方法最初是由赫伯特·斯卡夫(Herbert Scarf)于 20 世纪 70 年代[22]发明的,他通过模仿市场的运作方式来寻找市场均衡。也就是说,给定一个初始值,当市场中存在超额需求时价格上涨,存在过度供给时价格下降,

---

[21] 问题的详细讨论,参见 W. Nicholson and F. Westhoff, "General Equilibrium Models: Improving the Microeconomics Classroom," *Journal of Economic Education*(Summer 2009): 297—314。

[22] Herbert Scarf with Terje Hansen, *On the Computation of Economic Equilibria* (New Haven, CT: Yale University Press, 1973).

直至超额需求为零时均衡出现。有时会出现多重均衡,但通常情况下,经济模型中的生产函数和效用函数的曲线曲率足以保证斯卡夫的模拟结果是唯一的。

13.7.3　一般均衡模型的经济见解

一般均衡模型提供了一些关于经济如何运行的见解,这些见解是第 12 章中局部均衡模型所不能得到的。其中一些重要见解如下:

- 模型中所有价格都是内生的。模型的外生变量是偏好和生产技术。
- 所有厂商和生产投入都归家庭所有。所有的收入也归家庭所有。
- 任意有政府参与的模型都必须明确税收是如何使用的,否则模型就不完整。
- 任何评估政策的“底线”都是家庭获得的效用。厂商和政府只是为了达到最终目的的中介。
- 所有的税收都会沿着某些维度扭曲经济决策。政府需要在税收的好处(生产公共产品或促进转移支付)和税收扭曲带来的福利损失间进行权衡。

上述部分见解可在下面两个例子中得以说明。在后面的章节中,只要某个观点有利于更加完整地理解一般均衡模型,我们都将再次回到这个话题上来。

例 13.4　一个简单的一般均衡模型

让我们来看一个简单的一般均衡模型。模型中包括两种商品(x 和 y)、两个家庭、两种投入(资本 k 和劳动 l)。每个家庭都拥有资本和劳动的初始禀赋,并自己决定是保留还是向市场出售。两个家庭的初始禀赋分别记为 $\bar{k}_1,\bar{l}_1$ 和 $\bar{k}_2,\bar{l}_2$。家庭从消费他们所购买的商品和未向市场出售的劳动(即闲暇 $=\bar{l}_i-l_i$)中获得效用,他们的效用函数为柯布—道格拉斯效用函数:

$$U_1=x_1^{0.5}y_1^{0.3}(\bar{l}_1-l_1)^{0.2},\quad U_2=x_2^{0.4}y_2^{0.4}(\bar{l}_2-l_2)^{0.2} \tag{13.57}$$

可以看出,家庭 1 对商品 x 更加偏好。注意,资本并没有直接出现在这些效用函数中。因此,每个家庭都将向市场提供所有的资本,但他们会保留部分劳动,因为闲暇能直接提供效用。

商品 x 和 y 的生产由简单的柯布—道格拉斯函数给出:

$$x=k_x^{0.2}l_x^{0.8},\quad y=k_y^{0.8}l_y^{0.2} \tag{13.58}$$

因此,在这个模型中,x 的生产是相对劳动密集型的,y 的生产是相对资本密集型的。

为完成这个模型,我们必须确定资本和劳动的初始禀赋。假设

$$\bar{k}_1=40,\bar{l}_1=24\quad 和\quad \bar{k}_2=10,\bar{l}_2=24 \tag{13.59}$$

尽管两个家庭有相等的劳动初始禀赋(即 24 个小时),但家庭 1 比家庭 2 拥有多得多的资本。

基本情况模拟。(13.57)式至(13.59)式定义了在没有政府的情况下的完整一般均衡模型。模型的解包括家庭效用最大化和厂商利润最大化时的四个均衡价格(x,y,k 和 l)。[23]

由于任何一般均衡模型都只计算相对价格,我们很自然地采用了单位化的价格。这里我们假设所有价格的和为 1,即

$$p_x+p_y+p_k+p_l=1 \tag{13.60}$$

[23] 由于厂商的生产函数是规模报酬不变的,达到均衡时,厂商利润为零,因此,在这个模型中,没有必要确定厂商的所有权。

计算后[24]得到

$$p_x = 0.363,\quad p_y = 0.253,\quad p_k = 0.136,\quad p_l = 0.248 \tag{13.61}$$

在这组价格下,x 的产量为23.7,y 的产量为25.1。家庭1的效用最大化选择为

$$x_1 = 15.7,\quad y_1 = 8.1,\quad \bar{l}_1 - l_1 = 24 - 14.8 = 9.2,\quad U_1 = 13.5 \tag{13.62}$$

家庭2的选择为

$$x_2 = 8.1,\quad y_2 = 11.6,\quad \bar{l}_2 - l_2 = 24 - 18.1 = 5.9,\quad U_2 = 8.75 \tag{13.63}$$

从上述结果中可观察到,与家庭2相比,家庭1消费的 x 更多,投入的劳动更少。这反映了在这个基本情况模拟中资本禀赋的巨大效应。在之后的几个模拟中,我们会再次回到这个基本情况。

请回答:你怎样看出该模型中的每个家庭都是遵从各自的预算约束的?每个家庭的预算线所显示的预算分配是否受其效用曲线的形状的影响?

例13.5 税收的超额负担

在第12章中我们证明了,由于税收的激励效应,税收可能会在其收入上增加一个超额负担。利用一般均衡模型,我们可以更加清楚地说明这个问题。特别地,假设在例13.4的经济中,政府对商品 x 征收0.4的从价税。这等于是在需求者的购买价格和提供者的接受价格($p_x' = (1-t)p_x = 0.6p_x$)之间打进了一个"楔子"。为计算出超额负担,我们必须明确税收收入发生了什么变化。为简便起见,我们假设税收收入以对半分的方式返还给两个家庭,其他条件均和例13.4中的一样。

重新计算模型的均衡价格,得到

$$p_x = 0.472,\ p_y = 0.218,\ p_k = 0.121,\ p_l = 0.188 \tag{13.64}$$

在这组价格下,x 的产量为17.9,y 的产量为28.8.很明显,资源配置更倾向于 y。尽管 x 对于消费者的相对价格($=p_x/p_y=0.472/0.218=2.17$)显著提高了(例13.4中为1.43),厂商接受到的价格的相对比例($0.6p_x/p_y=1.30$)却下降了。因此,我们可以预测,基于局部均衡分析,消费者会需求较少的 x,厂商也会生产较少的 x。然而,局部均衡分析既不能预测 y 的产量的增加(因为对消费者来说,y 的相对价格降低了,而对于生产者则正好相反),也不能预测投入品的相对价格的下降(因为从整体上来说生产得更少了)。而两家庭的一般均衡结果可以更加完整地描述税收带来的影响。此时,家庭1的税后分配为

$$x_1 = 11.6,\ y_1 = 15.2,\ \bar{l}_1 - l_1 = 11.8,\ U_1 = 12.7 \tag{13.65}$$

家庭2的分配为

$$x_2 = 6.3,\ y_2 = 13.6,\ \bar{l}_2 - l_2 = 7.9,\ U_2 = 8.96 \tag{13.66}$$

因此,征税使得家庭1的情况变糟了。家庭2在征税和税收返还后还略微有了提升,主要是因为家庭2获得的相对税收返还更多,因为税收收入主要来自家庭1。尽管总效用下降了(通过局部均衡对税收超额负担的分析可知),一般均衡分析让我们对税收的分配结果有了更清晰的认识。注意,劳动供给由于税收的存在而减少了:总的闲暇时间从15.1(小时)增加到19.7(小时)。因此,对商品 x 征收从价税对劳动供给造成了重大影响,这个影响在局部均衡模型中是

---

[24] 求得该结果的电脑软件可从网站 www.amherst.edu/~fwesthoff/compequ/FixedPointsCompEquApplet.html 获得。

完全看不见的。

请回答:在税收存在的前提下,有没有可能通过改变税收收入的分配,使两个家庭都变好(相对例 13.4 来说)?

小结

亚当·斯密曾断言自由竞争的市场是最有效率的,本章从不同角度的分析证实了他的猜想。我们建立了同时分析多个市场的一般均衡模型,并用该模型分析了几个关于社会福利的议题。现将本章重点归纳如下:

- 人们的偏好和社会生产技术的限制是构建一般均衡模型的根基。最简单的一个这样的模型是只有两种商品的情况下,用一束表示偏好的无差异曲线和一条凹的生产可能性边界构成的。
- 多个竞争性市场的供求双方会根据价格的信息做边际上的调整,最终达到均衡状态。瓦尔拉斯定理证明了多个市场下这样的均衡价格一定存在(在大多数情况下)。
- 一般均衡模型通常可以通过计算机模拟来求解。一般均衡模型得到的结果可提供很多单一市场的局部均衡模型不能提供的经济见解。
- 市场上的竞争性价格将导致资源的配置达到帕累托最优的状态。这就是福利经济学第一定律。
- 影响竞争性市场发挥其有效配置资源能力的因素包括:(1) 市场力量;(2) 外部性;(3) 公共品;(4) 不完全信息。
- 完全竞争的市场不一定会导致平等的资源配置结果,特别是初始禀赋相去甚远时更是如此。理论上,任何想要达到的分配结果都可以通过竞争性的市场和初始禀赋的转移支付实现(福利经济学第二定律),但落实这样的转移支付政策会有各种各样的困难。

练习题

13.1

假定枪(x)与黄油(y)的生产可能性边界为

$$x^2+2y^2=900$$

a. 请画出这个边界。

b. 如果个人在消费时总会保持 $y=2x$ 的比例,会生产出多少 x 与 y?

c. 在 b 中所描述的点上,RPT 为多大?在那一点上,是什么样的价格比率引致了生产?通过研究 x 与 y 围绕最优点的微小变化应该可以大致算出这个斜率。

d. 在 a 中的图上画出你的答案。

13.2

假定有两个人(史密斯与琼斯),每个人都有 10 个小时的劳动,可以生产冰激凌(x)或鸡汤(y)。史密斯的效用函数为

$$U_S=X^{0.3}Y^{0.7}$$

琼斯的效用函数为

$$U_J=X^{0.5}Y^{0.5}$$

个人并不在意他生产的是 x 还是 y,并且每一种商品的生产函数为

$$x=2l \quad 和 \quad y=3l$$

其中,l 是投入到每一种商品生产中的总劳动。请根据这些信息计算

a. 价格比率 p_x/p_y 一定会是多少?

b. 在这个价格比率下，史密斯与琼斯会需要多少 x 和 y？提示：在此设工资等于 1。

c. 为了满足 b 中计算出来的需求，应怎样在 x 与 y 之间分配劳动？

13.3

考虑一个经济中仅有一种生产各种商品的技术：

商品	食品	布匹
每单位产出中的劳动	1	1
每单位产出中的土地	2	1

a. 假设土地是无限的，但劳动等于 100，写下并画出生产可能性边界。

b. 假设劳动是无限的，但土地等于 150，写下并画出生产可能性边界。

c. 假设劳动等于 100 且土地等于 150。写下并画出生产可能性边界。提示：生产可能性边界的截距分别是多少？什么时候劳动会全部被用上？什么时候土地会全部被用上？什么时候两者均会被全部用上？

d. 解释为什么 c 中的生产可能性边界是凹的。

e. 画出 c 情况下食品的相对价格与产量的函数关系的图形。

f. 如果消费者坚持用 4 单位的食品去交换 5 单位的布匹，食品的相对价格是多少？为什么？

g. 解释为什么在价格比率 $\frac{p_F}{p_C}=1.1$ 与 $\frac{p_F}{p_C}=1.9$ 时产出是相同的。

h. 假设资本也是生产食品与布匹所需要的，而每单位食品与每单位布匹所需的资本分别为 0.8 和 0.9。共有 100 单位的资本。这时的生产可能性边界又会是什么样子的？在这种情况下回答 e 中的问题。

13.4

假设鲁宾逊·克鲁索生产与消费鱼（F）和椰子（C）。假设在某一个时期，他决定工作 200 小时，至于到底把这些时间用到捕鱼还是收椰子上是无差别的。鲁宾逊的鱼产量为

$$F=\sqrt{l_F}$$

他的椰子产量为

$$C=\sqrt{l_C}$$

其中 l_F 与 l_C 分别为花在捕鱼和收椰子上的时间，结果有，

$$l_F+l_C=200$$

鲁宾逊对于鱼与椰子的效用函数为

$$\text{效用}=\sqrt{F\cdot C}$$

a. 如果鲁宾逊无法与外部世界进行贸易，他将如何配置他的劳动？F 与 C 的最优水平是多少？他的效用是多少？鱼替代椰子的 RPT 是多少？

b. 假设贸易可以进行，且鲁宾逊能以 $p_F/p_C=2/1$ 的价格比率进行交易。如果他仍然按照 a 中的产量生产鱼与椰子，在给定上述贸易机会的情况下，他会做出什么样的消费选择？他的新的效用水平将是多少？

c. 如果鲁宾逊调整他的生产以利用世界价格的优势，b 中的答案会有什么变化？

d. 把你的 a、b 与 c 中的结果用图形表示出来。

13.5

史密斯与琼斯受困于一个荒岛上。每人手中都有几片火腿（H）与奶酪（C）。史密斯对吃特别挑剔，永远只按 2 片奶酪 1 片火腿的固定比例进食。他的效用函数为 $U_S=\min(H,C/2)$。

琼斯的饮食习惯则灵活得多，他的效用函数为 $U_J=4H+3C$。食物总量为 100 片火腿、200 片奶酪。

a. 用埃奇沃思盒状图表示出在以上条件下可能发生的各种交易情况。满足任何均衡状况的唯一的交换比率是什么？

b. 假设史密斯最初有 $40H$ 与 $80C$，均衡交换点是多少？

c. 假设史密斯最初有 $60H$ 与 $80C$，均衡交换点是多少？

d. 假设史密斯（二人中明显的强者）决定不按游戏规则行事，那么最后的均衡点将会怎么样？

13.6

Ruritania 王国有两个地区 A 与 B,两种商品 (x 与 y)在两个地区都有生产。A 地区的生产函数为

$$x_A = \sqrt{l_x}, y_A = \sqrt{l_y}$$

l_x 与 l_y 分别是投在 x 和 y 生产上的劳动。A 地区共有 100 单位劳动,即,$l_x + l_y = 100$。

对 B 地区有类似表达,生产函数为

$$x_B = \frac{1}{2}\sqrt{l_x}, y_B = \frac{1}{2}\sqrt{l_y}$$

B 地区也有 100 单位劳动,即 $l_x + l_y = 100$。

a. 计算 A 与 B 地区的生产可能性曲线。

b. 如果该国 A 与 B 地区的生产配置是有效的,则必须满足什么条件(假设劳动不能从一地转移至另一地)?

c. 计算该国的生产可能性曲线(假设两地区的劳动不具有流动性)。如果 x 的产出为 12,该国能生产多少 y? 提示:在这里图形分析可能会很有帮助。

13.7

运用本章脚注 24 讨论的电脑模拟方法,计算下述变化对例 13.4 中的模型带来的结果。对于每一个变化,描述模型最终达到的均衡结果并给出直观解释。

a. 家庭 1 的偏好发生改变,效用函数变为 $U_1 = x_1^{0.6} y_1^{0.2} (\bar{l}_1 - l_1)^{0.2}$。

b. 调换(13.58)式中的生产函数,使 x 成为资本密集型的商品。

c. 增加闲暇在每个家庭效用函数中的重要性。

分析问题

13.8 税收等价定理

运用电脑模拟方法,证明在保证税收收入不变的前提下,对两种产品征收相同税率的从价税(即对 x 的税率和对 y 的税率一样)和对两种投入征收相同税率的从价税,两者达到的均衡相同。注意:来自公共财政理论的税收等价定理说明,在达到同样均衡的情况下,既可以在产出方征税,也可以在投入方征税。

13.9 规模报酬和生产可能性边界

这个问题的目的是研究规模报酬、要素密集度与生产可能性边界的形状之间的关系。

假定配置在商品 x 与商品 y 的生产上的资本和劳动的供给是一定的,x 和 y 的生产函数分别为

$$x = k^{\alpha} l^{\beta}, y = k^{\gamma} l^{\delta}$$

这里,参数 $\alpha, \beta, \gamma, \delta$ 在整个问题中会取不同的值。

既可以用直觉、计算机,也可以用正式的数学方法去推导在下面的各种情况下 x 与 y 的生产可能性边界。

a. $\alpha = \beta = \gamma = \delta = 1/2$。

b. $\alpha = \beta = 1/2, \gamma = 1/3, \delta = 2/3$。

c. $\alpha = \beta = 1/2, \gamma = \delta = 2/3$。

d. $\alpha = \beta = \gamma = \delta = 2/3$。

e. $\alpha = \beta = 0.6, \gamma = 0.2, \delta = 1.0$。

f. $\alpha = \beta = 0.7, \gamma = 0.6, \delta = 0.8$。

规模报酬递增总会使生产可能性边界为凸吗? 请解释。

13.10 贸易定理

图 13.2 和图 13.3 建立的生产可能性边界可用于说明国际贸易理论中的三个重要定理。首先,注意到效率曲线 O_x, O_y 在埃奇沃思盒子的主对角线之上,这说明 x 的生产相对于 y 的生产始终是"资本密集型"的。也就是说,如果生产是有效率的,就有 $\left(\frac{k}{l}\right)_x > \left(\frac{k}{l}\right)_y$,而不论生产的数量是多少。贸易定理假设价格比率 $p = p_x/p_y$ 是由国际市场决定的,国内经济必须根据这个比率做出调整(在贸易术语中,国家相对于世界来说是"小"的)。

a. **要素价格均等化定理**:用图 13.4 说明国际价格比率 p 如何决定在埃奇沃思盒子中的位置,而这个点又决定了国内的生产。说明要素价格比率 w/v 是如何决定的。如果生产函数在全世界都一样,那么这对全世界的相对要素价格来说,意味着什么?

b. **斯图尔珀—萨缪尔森定理**:价格 p 的上

升将导致生产沿生产可能性边界向顺时针方向移动,从而 x 的生产增加,y 的生产减少。运用埃奇沃思矩形说明,这样的一个移动将使得两种产品的 k/l 比例都下降。解释为何 w/v 会下降。这对贸易关系的开放有什么意义(这通常是提高了一国用最充裕的投入集中生产的商品的价格)。

c. **罗布津斯基定理**:假设 p 由外部市场决定且不变。证明 k 的增加将导致产出 x(资本密集型产品)的增加和 y(劳动密集型产品)的减少。

13.11 瓦尔拉斯定律的一个例子

假定在一个经济中只有三种商品(x_1, x_2, x_3),对于 x_2 与 x_3 的超额需求函数为

$$\mathrm{ED}_2 = -\frac{3p_2}{p_1} + \frac{2p_3}{p_1} - 1,$$

$$\mathrm{ED}_3 = -\frac{4p_2}{p_1} - \frac{2p_3}{p_1} - 2$$

a. 请证明这些函数在 p_1, p_2 与 p_3 上是零次齐次的。

b. 运用瓦尔拉斯定律证明如果 $\mathrm{ED}_2 = \mathrm{ED}_3 = 0$,$\mathrm{ED}_1$ 也一定为零。你能否同样用瓦尔拉斯定律计算 ED_1?

c. 请解出有关均衡相对价格 p_2/p_1 与 p_3/p_1 的方程组。p_3/p_2 的均衡值是多少?

13.12 用微积分求解生产效率

例 13.3 中,我们证明了帕累托最优交换均衡可用一个受约束的最大化问题加以描述。这里,我们为包含生产方的经济提供了另外一个相似的说明。假设在两商品经济中只有一个人,他的效用函数是 $U(x,y)$。并且还假设生产可能性边界能写成隐函数的形式,$T(x,y)=0$。

a. 如果经济仍希望可用资源能在最大限度上得到利用,那么它要解决的受约束的最优化问题是什么?

b. 在这个问题中,最大化的一阶条件是什么?

c. 完全竞争系统,即个人最大化效用,以及厂商在生产可能性边界内最大化利润,是如何实现 b 中描述的最优情形的?

d. 在什么情形下,b 中的一阶条件实现不了效用最大化?

13.13 初始禀赋、均衡价格和福利经济学第一定理

例 13.3 中,我们计算了可提供商品的一个最优配置,并找到了与这个最优配置相对应的价格比率。接着,我们找到了能达到这个均衡的初始禀赋。通过这种方法,例 13.3 阐述了福利经济学第二定理。我们也可以用同样的方法阐述福利经济学第一定理。假设 A 和 B 的效用函数与例 13.3 中的一样。

a. 证明每个人对于 x 和 y 的需求依赖于这两种商品的相对价格和他们自己的初始禀赋。出于简化的目的,令 $P_y=1$,p 为 x(相对于 y)的价格。于是,A 的初始禀赋的价值就可以写为 $p\bar{x}_A+\bar{y}_A$。

b. 运用均衡条件,即商品 x 和 y 的总需求等于总供给(假设 x 和 y 的供给量都为 1 000),求解均衡价格比率,这个比率是每个人拥有的初始商品数的函数(记住每个人所拥有的每种商品的初始禀赋之和也为 1 000)。

c. 对于 $\bar{x}_A=\bar{y}_A=500$ 的情形,计算市场均衡结果并证明这个均衡是帕累托最优的。

d. 简要描述在这个模型中,初始禀赋的变化如何影响均衡价格。用几个数学实例说明你的结论。

13.14 社会福利函数和所得税

社会福利函数和最优税收负担分配之间的关系是福利经济学中的一个复杂问题。这里,我们将关注这个问题的几个小点。假设经济中有 m 个个体,每个个体的技术水平为 a_i,代表他赚钱的能力。为不失一般性,假设个体按照能力大小排序。税前收入由技术水平和努力程度 c_i 决定,c_i 对税收可能敏感,也可能不敏感。收入 $I_i=I(a_i,c_i)$。我们还假设努力的效用成本为 $\psi(c)$,$\psi'>0$,$\psi''<0$,$\psi(0)=0$。最后,政府希望选择一套所得税和转移支付制度 $T(I)$,使得在有政府预算约束的情况下,社会福利最大化。政府的预算约束满足 $\sum_{i=1}^{m} T(I_i)=R$(R 为提供必需的公共品所需要的资金)。

a. 假设每个人的收入与努力程度无关，且每个人的效用函数为 $u_i = u_i[I_i - T(I_i) - \psi(c)]$。证明对于 CES 社会福利函数，社会福利最大化需要收入的绝对公平，而不论函数的具体形式如何。

注意：对于某些个体，$T(I_i)$ 可能是负的。

b. 现在假设个人收入受努力程度的影响。证明如果政府征税是基于 a_i 而非 I_i，a 中的结论依然成立。

c. 从大体上证明，如果所得税基于可观察收入，那么个人选择的努力程度就会受到影响。

d. 当收入受努力程度影响时，最优税制结构的特征就会很复杂并且有悖于常理。戴蒙德[25]（Diamond）证明最优税制的边际税率应当呈 U 形，即对低收入和高收入的人征以最高的税率。他表示，最优税制的最高边际税率应由下式决定

$$T'(I_{\max}) = \frac{(1+e_{L,W})(1-k_i)}{2e_{L,W}+(1+e_{L,W})(1-k_i)}$$

其中 $k_i(0 \leqslant k_i \leqslant 1)$ 是社会福利函数中收入最高的人的相对权重，$e_{L,W}$ 是劳动供给对税后工资率的弹性。试对这两个参数模拟几个可能值，并描述最高边际税率应当为多少。对这些结果做直观的讨论。

推荐阅读材料

Arrow, K. J., and F. H. Hahn. *General Competitive Analysis.* Amsterdem: North-Holland, 1978, chaps. 1, 2, and 4.

文章对一般均衡分析的数学处理较为复杂，其中每一章都有很好的文字介绍。

Debreu, G. *Theory of Value.* New York: John Wiley & Sons, 1959.

该书是基本的文献，数学很难。有一章对数学工具的运用做了很好的入门性介绍。

Debreu, G. "Existence of Competitive Equilibrium." In K. J. Arrow and M. D. Intriligator, Eds. *Handbook of Mathematical Economics.* Vol. 2. Amsterdam: North-Holland, 1982, pp. 697—743.

文章基于不动点定理证明了竞争性均衡的存在性，内容有相当的难度。文中包含了一系列复杂的文献。

Ginburgh, V., and M. Keyzer. *The Structure of Applied General Equilibrium Models.* Cambridge, MA: MIT Press, 1997.

该书详细讨论了可计算一般均衡模型的运用问题，为实证文献领域提供了重要的参考线索。

Harberger, A. "The Incidence of the Corporate Income Tax." *Journal of Political Economy* (January/February 1962): 215—240.

该文很好地运用了两部门一般均衡模型来研究税收对资本的最终负担。

Mas-Colell, A., M. D. Whinston, and J. R. Green. *Microeconomic Theory.* Oxford, UK: Oxford University Press, 1995.

该书第四部分讲解了一般均衡分析。其中第 17 章（存在性）和第 18 章（一般均衡和博弈论）特别有用。第 19 章和第 20 章讲的内容是对本章内容的扩展，读者可参阅本章扩展部分。

Salanie, B. *Microeconomic Models of Market Failure.* Cambridge, MA: MIT Press, 2000.

非常好的福利经济学理论总论，书中详细分析了外部性问题、公共品问题以及不完全信息问题。

Sen, A. K. *Collective Choice and Social Welfare.* San Francisco: Holden-Day, 1970, Chaps. 1 and 2.

社会选择理论的基本文献。前面几章关于帕累托最优的意义和局限性的讨论颇为精辟。

[25] P. Diamond, "Optimal Income Taxation: An Example with a U-shaped Pattern of Optimal Marginal Tax Rates," *American Economic Review* (March 1998): 83—93.

第6篇

市场势力

第 5 篇最重要的一个假设就是供给和需求双方都是价格接受者，所有的经济行为人都被假设不能对价格施加影响，在本篇我们将放松这一假设。当厂商有一定能力影响价格时，他们便不再把此价格当作决策中的固定参数，而是参与到利润最大化的决策过程中。通常来说，这意味着价格不再准确地反映边际成本，适用于竞争性市场的效率定理也不再成立。

我们从第 14 章开始对不完全竞争进行考察，从一种商品只有一个供给者的简单情形开始分析。这一供给者面对的是产品的整个需求曲线，并且可以选择其上的任意一点进行生产。其行为仅仅受其产品的需求曲线的约束，而不受竞争对手的行为制约。我们将看到，此时的供给者可以采取一些"手段"增加利润，比如采用不一样的定价策略，改变产品的特点。虽然这些"手段"给垄断者的确带来了利润，但从总体上来说却给消费者带来了福利损失（相对于完全竞争）。

在第 15 章，我们从垄断这种相对简单的情形转向包含"几个"厂商的市场结构。正如我们将看到的，进一步增加供给者（即使仅限于双头垄断的两厂商模型）将使分析变得更加复杂。因为在这种情况下，任何一个厂商面对的都不是整个市场需求曲线，而是一条其自身产出决定的需求曲线，该需求曲线的性质部分地由其竞争对手的行动所确定。厂商间的博弈通常会用到博弈论的有关知识，所以在这一章开始之前，读者最好回顾一下第 8 章出现的博弈论的基本知识。它的大致结论是：当市场中存在几个厂商时，市场结果将取决于它们之间的相互博弈。在大多数情形下，垄断市场中出现的效率低下的情况也会出现在不完全竞争市场中。

第14章　垄　　断

一个垄断厂商是指为某个市场提供所有供给的厂商。垄断厂商面对的是整个市场需求曲线。凭借对于这条需求曲线的了解,垄断者做出生产多少产品的决策。与完全竞争市场中厂商的产出决策(对市场价格不产生影响)不同,垄断者的产出决策实际上将决定商品的价格。在这个意义上,垄断市场与完全竞争市场所刻画的是两种完全相反的极端情形。

定义

垄断市场　垄断就是某个市场只有一个供给者。该厂商可以选择在市场需求曲线上任何一点进行生产。

有时将垄断视为具有设定价格的权力会更加方便。实际操作中,垄断者可以选择市场需求曲线上他所喜好的点进行生产。他可以选择价格或者产量,但不能同时选择二者。在本章,我们通常假设垄断者选择产量以使得利润最大化,然后市场价格由选择的产出水平确定。在某些地方,我们将重新讨论价格设定这一相对简单的问题。

14.1　进入壁垒

垄断存在的原因是其他厂商认为这一市场无利可图或者难以进入。因此,**进入壁垒**是所有垄断权力的根源。如果其他厂商能够进入一个市场,根据定义,这个市场就不再是一个垄断市场。一般来说有两类进入壁垒:技术壁垒与法律壁垒。

14.1.1　进入的技术壁垒

一个主要的技术壁垒是商品的生产在一个大的产出水平范围内呈现边际(与平均)成本递减的情况。生产技术使得规模相对大的厂商成为低成本的生产者。在这种情况下(有时称之为**自然垄断**),一个厂商可能发现通过削减价格将其他厂商挤出该产业是有利可图的。同样,一旦建立起垄断,进入就很困难,因为新厂商生产规模相对较小,因而生产的平均成本相对较高。特别需要强调的是,成本递减的范围“很大”仅仅是相对于有关市场而言的,并不要求有一个成本递减范围的绝对尺度。例如,当与整个美国市场相比较时,混凝土的生产和运送在一个较大的产出范围内呈现边际成本递减的状况并不存在。然而,在一个特定的小镇,边际成本递减就可以使垄断得以形成。该产业的高运输成本倾向于将一个市场同另一个市场隔离开来。

另一个垄断的技术基础是一项低成本生产技术的专有知识。但对害怕对手进入的垄断者而言,问题在于维持这项技术的独占性。除非这项技术受到了专利保护(参见下文),否则维持独占性是极其困难的。独特资源的拥有权(比如矿产开采权或土地所有权)、特有的管理才能也可能成为维持垄断的基础。

14.1.2 进入的法律壁垒

很多纯粹的垄断是由法律而不是由经济条件所带来的。一个由政府授予垄断地位的重要例子是通过专利对生产技术进行法律保护。一些盈利良好的产品,比如处方药、计算机芯片以及迪士尼动画电影等,都得以(至少在一段时间内)免于面对潜在模仿者的直接竞争。由于这些产品的基本技术被唯一地指定给一个厂商拥有,垄断地位便得以形成。这样一个由政府授予的垄断地位所产生的保护来自专利系统,它使创新更加有利可图,从而激励了创新。然而,这样的创新行为所带来的收益是否超过技术垄断所带来的成本是一个广受争议的问题。

第二个由法律创造的垄断的例子是授予一家厂商在一个市场提供某种服务的特许权。这些特许权被授予公用事业(煤气与电力)、通信业、邮电业、一些电视台与电台,以及其他类似行业。通常进入限制会伴随对特许厂商的最高价格限制。一个常用于赞成特许权垄断的理由是与之有关的产业通常是自然垄断的——这一产业的平均成本在一个大的产出范围内是递减的,从而可以通过将产业变为一个垄断产业来最小化平均成本。公用事业与通信业常常被认为是很好的例子。无疑,那些平均成本递减直到覆盖全部可达范围的地方电力与电话服务网络就属于这种情况。但是最近长途电话业的放宽管制以及发电业的类似改革表明即使是这些自然垄断的产业,也可以不必全部特许权化。此外,特许权的授予可能很大程度上是基于政治上的原因,美国的邮政业以及其他国家的若干国有产业(航空、电台与电视台、银行)似乎就是如此。

14.1.3 进入壁垒的设立

虽然有一些进入壁垒是独立于垄断者自身行为的,但另外一些壁垒则可能直接来自他们的行为。例如,厂商可能开发出特有的产品与技术并采取特别的手段防止竞争者仿造。或者,厂商可能买断特有资源以阻止可能的竞争者进入。例如,戴比尔斯(De Beers)卡特尔控制了世界上大部分的金刚石矿。最后,未来的垄断者可能请求政府帮助设置进入壁垒,他可能说服政府立法限制新进入者,以便“维持一个有秩序的市场”,或者为了健康与安全立法提高潜在进入者的成本。鉴于垄断者既拥有其业务的特殊知识,又有很强的激励去阻止新进入者,所以他有可能非常成功地设置这些进入壁垒。

一个垄断者设置进入壁垒的努力可能要付出现实的资源成本。保守秘密、购买特有资源、进行政治上的游说都是有代价的行动。对于垄断的完整分析不仅包含成本最小化与产出选择(与完全竞争条件下一样)的问题,还包含设置进入壁垒所带来的利润最大化分析问题。然而,我们在这里不准备对这类问题进行很详细的考察。① 相反,我们将市场上存在的唯一一位供给者以及它的成本函数都看成是给定的。

14.2 利润最大化与产出选择

为了使利润最大化,一个垄断者将选择这样一个产出水平,在这个产出水平上,边际收益等于边际成本。因为垄断者与一个完全竞争厂商不同,它面对的是一个负斜率的市场需求曲线,边际收益将小于价格。为了多销售一单位产品,垄断者必须降低每一单位产品的价格,才可以产生额外的需求以吸纳这一单位产品。因此,一个厂商的利润最大化产出水平是图 14.1 中的 Q^* 点。在该水平上,边际收益等于边际成本,而且利润达到了最大。

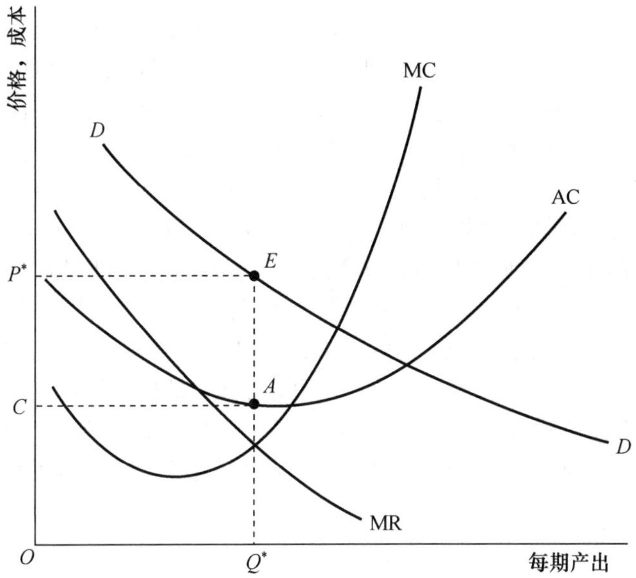

图 14.1 利润最大化与垄断市场的价格决定

一个利润最大化的垄断者的产量为边际收益等于边际成本时的产量。在图中,这个产量由 Q^* 点给出,它将产生一个位于 P^* 点的市场价格。垄断者的利润为点 P^*EAC 围成的矩形。

假定垄断者决策的产量是 Q^* 点,市场需求曲线表明,有效的市场价格是 P^* 点。这是需求者作为一个整体愿意为垄断者的产出支付的价格。在市场上,将可以观察到均衡的价格数量组合 (P^*, Q^*)。假设 $P^* > AC$,这个产出水平便是有利可图的,除非需求或者成本条件发生变化,垄断者将没有任何激励去改变产出水平。于是我们得到了如下的原则。

① 一个简单的处理,参见 R. A. Posnet, "The Social costs of Monopoly and Regulation," *Journal of Political Economy* 83 (August 1975): 807—827。

最优化原则

垄断者的产出 一个垄断者将选择边际收益等于边际成本时的产量。因为垄断者面对着一个向下倾斜的需求曲线,所以,市场价格将超出该产出水平下的边际收益与边际成本。

14.2.1 再论逆弹性规则

在第 11 章,我们阐明了利润最大化假设意味着一个厂商的产出价格和其边际成本之间的差值与厂商的需求曲线的价格弹性有反向关系。将(11.14)式应用于垄断条件下,有

$$\frac{P-\mathrm{MC}}{P}=-\frac{1}{e_{Q,P}} \tag{14.1}$$

这里,因为垄断者是有关商品的唯一供给者,所以我们使用整个市场的需求弹性($e_{Q,P}$)。这一事实引出了垄断定价的两个一般性结论。第一,垄断者将仅选择市场需求有弹性($e_{Q,P}<-1$)的部分进行生产。如果需求缺乏弹性,边际收益将为负,因此,它不可能等于边际成本(假定总为正)。(14.1)式也表明 $e_{Q,P}>-1$ 时,意味着一个为负的边际成本,而这是不可能存在的。

(14.1)式的第二个推论是高过边际成本的“标值”(markup)(由价格对边际成本的比例来测度)反向取决于市场需求弹性。例如,如果 $e_{Q,P}=-2$,则(14.1)式表明$P=2\mathrm{MC}$,而当 $e_{Q,P}=-10$ 时,$P=1.11\mathrm{MC}$。我们还注意到,如果沿着整个需求曲线,需求弹性为常数,那么针对投入成本的变化,标值将保持不变。因此,市场价格会随边际成本成比例地变动,边际成本的增加将要求垄断者按比例提高其产品价格,而边际成本下降将导致垄断者按比例降低其产品的价格。即便沿着需求曲线的弹性不是常数,图 14.1 似乎也清楚地表明边际成本的增加将提高价格(尽管不必以相同的比例)。只要垄断者面对的需求曲线是向下倾斜的,MC 的上移就将促使垄断者减少产出并得到一个较高的价格。② 在例 14.1 和例 14.2 中,我们将从数学上讨论这些关系。

14.2.2 垄断利润

垄断者所获得的总利润可直接从图 14.1 看到,它表示为矩形 P^*EAC 的面积,即每单位产品的利润(价格减去平均成本)乘以出售产品的单位数。如果市场价格高于平均总成本,利润将为正。然而,如果 $P^*<AC$,垄断者的生产将面临长期亏损,因而会停止向市场提供产品。

因为(根据假设)进入垄断市场是不可能的,所以垄断者的正利润即便在长期生产中也仍能存在。基于这一原因,有些教材中将垄断者获得的长期利润称为**垄断租金**,这些利润可视为对形成垄断的基础因素(如专利、有利的地理位置、一个有能力的企业家等)的回报;于是,另一可能的厂商也许也愿意支付这样一个数目的租金以获得这一垄断权。潜在可获取的利润正是一些厂商愿意付钱给其他厂商以获得使用一项专利的权利的原因,也是体育赛事(以及一些高速公路)的特许权拥有者愿意购买这一特许权的原因。垄断权以低于其真实市场价值的价格转让(如电台、电视台执照)时,这些权力的接收者的财富便会增加。

② 对垄断厂商需求曲线移动的比较静态分析不是十分清晰。然而,要得到一个明确的价格预测则是可能的。关于这一点的分析可见以后的讨论及习题 14.4。

虽然一个垄断者可能获得长期的正利润③,但利润的数量将取决于垄断者的平均成本与其产品的需求之间的关系,图14.2描述了需求、边际收益和边际成本都非常相似的两种情形。正如(14.1)式所表明的,两种情形的价格—边际成本标值大致相同。但图14.2(a)的平均成本明显低于图14.2(b)中的平均成本。虽然在两种情况下,利润最大化决策相同,但获得的利润水平有很大的差别。在图14.2(a)中,垄断者的价格(P^*)超出产量Q^*的平均成本(标为AC^*)很多,可获得很显著的利润。然而,在图14.2(b)中,$P^* = AC^*$,垄断者可能获得的最大的经济利润为0。可见,从垄断中获取大额利润并不是必然的,而就垄断对市场的影响程度而言,经济利润的实际水平并不总能提供一个好的指南。

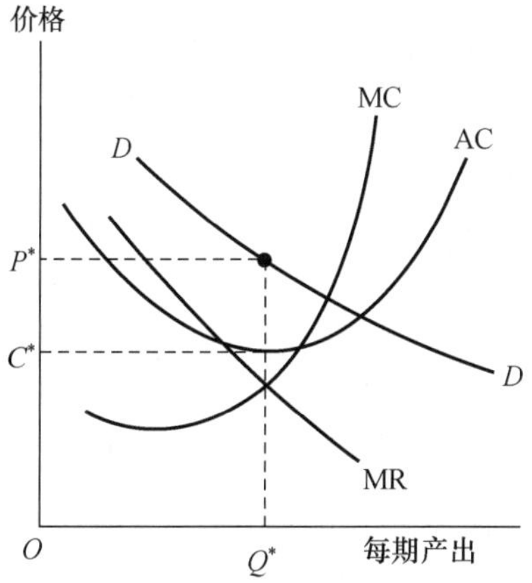

(a) 高额垄断利润

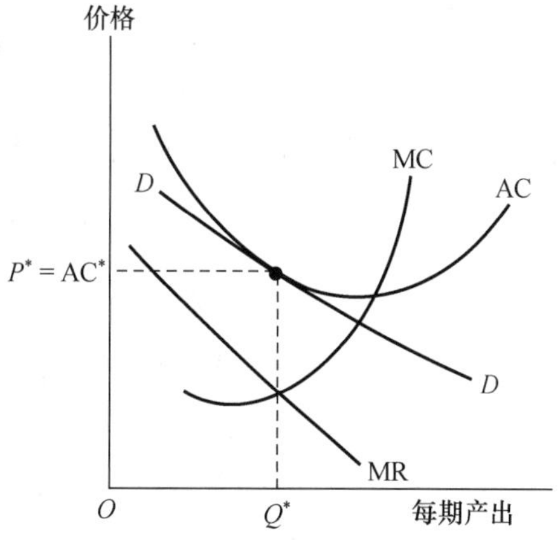

(b) 垄断利润为零

图14.2 垄断利润取决于需求与平均成本曲线之间的关系

在本图中,如果两个垄断产生出的市场价格与边际成本间的差相等,此时我们说,两个垄断是同样"强势"的。然而,由于需求曲线以及平均成本曲线的位置不同,(a)中的垄断获得高额利润,(b)中的垄断却没有获得利润。可见,利润规模不能作为一个衡量垄断程度的指标。

14.2.3 不存在垄断供给曲线

在第4篇我们所阐述的完全竞争市场理论中,人们可能会谈及一个产业的供给曲线。我们通过允许需求曲线移动并观察由一系列均衡的价格—数量组合形成的供给曲线来构造长期供给曲线。而这类构造对垄断市场是不可能的。对于一条固定的需求曲线,一个垄断的供给"曲线"仅仅是一个点,也就是使得MR = MC的价格—数量组合。如果需求曲线移动,边际收益曲线也将移动,一个新的利润最大化的产出将被选择出来。然而连接由此产生的一系列市场需求曲线上的均衡点没有什么意义,这个轨迹可能有一个奇怪的形状,它取决于市场需求曲线移动时需求曲线弹性(以及对应的MR曲线)的变化。在这个意义上,垄断厂商没有一条能被很好地定义的"供给曲线"。对于垄断厂商来说,每一条需求曲线都是一个不同的实现利润最大化的机会。

③ 与竞争性情况一样,只要市场价格高于平均可变成本,利润最大化的垄断者在短期亏损时也愿意生产。

例 14.1 计算垄断产出

假设市场对奥林匹克比赛用的飞碟(Q,测度的是每年对飞碟的购买量)有一个如下形式的线性需求

$$Q = 2\,000 - 20P \tag{14.2}$$

或者

$$P = 100 - \frac{Q}{20} \tag{14.3}$$

而飞碟的垄断厂商的成本由下式给出

$$C(Q) = 0.05Q^2 + 10\,000 \tag{14.4}$$

为了使利润最大化,厂商选择生产水平使得 MR = MC。为求解这个问题,我们要把 MR 和 MC 表示成只含有 Q 的函数。为了实现这个目的,我们计算总收益如下:

$$P \cdot Q = 100Q - \frac{Q^2}{20} \tag{14.5}$$

因此

$$\mathrm{MR} = 100 - \frac{Q}{10} = \mathrm{MC} = 0.1Q \tag{14.6}$$

且

$$Q^* = 500, \quad P^* = 75 \tag{14.7}$$

在垄断者所选择的产出水平下,

$$\begin{aligned} C(Q) &= 0.05 \times (500)^2 + 10\,000 = 22\,500 \\ \mathrm{AC} &= \frac{22\,500}{500} = 45 \end{aligned} \tag{14.8}$$

利用这些信息,我们可以计算出利润为

$$\pi = (P^* - \mathrm{AC}) \cdot Q^* = (75 - 45) \times 500 = 15\,000 \tag{14.9}$$

注意,在这个均衡中,在价格(75)与边际成本(MC = 0.1Q = 50)之间有一个很大的价差。只要进入壁垒能阻止新的厂商生产奥林匹克用飞碟,这个差额及正的经济利润就将无限期地保持下去。

请回答:固定成本从 10 000 增至 12 500 将对垄断者的产出计划产生什么影响?利润将受到何种影响?假设总成本移到 $C(Q) = 0.075Q^2 + 10\,000$,均衡将发生什么变化?

例 14.2 简单需求曲线下的垄断

我们可以通过考察一些简单需求曲线下的垄断了解一些基本情况。在这些简单情形中,垄断厂商具有简单代数形式的生产函数,并且边际成本不变,比如,$C(Q) = cQ$, MC = c。

线性需求。假设垄断厂商面临的反需求函数为 $P = a - bQ$。在这种情况下,$PQ = aQ - bQ^2$,$\mathrm{MR} = \mathrm{d}PQ/\mathrm{d}Q = a - 2bQ$。利润最大化需要

$$\mathrm{MR} = a - 2bQ = \mathrm{MC} = c \quad 或者 \quad Q = \frac{a-c}{2b} \tag{14.10}$$

将利润最大化条件带入反需求函数,求得价格和边际成本的直接关系:

$$P = a - bQ = a - \frac{a-c}{2} = \frac{a+c}{2} \quad \textbf{(14.11)}$$

这意味着,在线性需求情形中,$dp/dc = 1/2$。也就是说,边际成本增加1单位,只有0.5单位会体现在垄断商品的市场价格中。[4]

不变弹性需求。如果垄断厂商面临的需求曲线为不变弹性形式,$Q = aP^e$(e为需求价格弹性),那么有 $MR = P(1+1/e)$,利润最大化时需要

$$P\left(1+\frac{1}{e}\right) = c \quad 或者 \quad P = c\left(\frac{e}{1+e}\right) \quad \textbf{(14.12)}$$

因为利润最大化时,必须有 $e < -1$,所以价格一定会超过边际成本,并且 e 越接近于 -1,差距越大。注意到 $dp/dc = e/(1+e)$,任何边际成本的上升都会引起价格更大幅度的上涨。当然,正如我们之前所提到的,边际成本的上升比例与价格的上升比例是相等的,即 $e_{P,c} = dP/dc \cdot c/P = 1$。

请回答:上述两种情形中,需求曲线都会随参数 a 的变化而移动。讨论这种移动所带来的影响,并直观地解释你的结论。

14.3 垄断与资源配置

在第13章,我们简单介绍了垄断的存在可能会扭曲资源的配置。因为垄断厂商确定的生产规模使得 MC = MR < P,垄断产品的市场价格不能再传递关于该产品成本的准确信息,因此,消费者的决策将不会反映真实的生产的机会成本,并且资源可能会被无效率地配置。在这一节,我们将利用局部均衡模型对这种无效配置提供更加详细的分析。

14.3.1 比较的基础

为了评估垄断对配置的影响,我们需要一个被精确定义的比较基础。完全竞争的、成本不变的产业可以提供一个特别有用的比较。我们可以方便地将垄断看成这样一个竞争性产业的"战利品",而将组成竞争性产业的各个厂商看成垄断帝国的生产厂。一个典型的例子是,约翰·D. 洛克菲勒(John D. Rockefeller)在19世纪后期购买了美国大多数石油炼制厂,并将它们当作标准石油垄断帝国的组成部分进行决策与生产。因此,我们可以通过比较这一垄断的表现与之前竞争性产业的表现得到关于垄断的福利结果的描述。

14.3.2 一个图形分析

图14.3为垄断的福利影响提供了一个图形分析。如果这个市场是竞争性的,产出将为 Q_c,即产量使得价格等于长期平均成本和边际成本。在一个简单的单一垄断价格下,产出将是 Q_m,因为这一产出水平使得边际收益等于边际成本。产出由 Q_c 被限制为 Q_m 表明垄断导致的无效配置。因产出限制所放弃的资源的总值在图14.3中表现为 FEQ_cQ_m 的面积。一般来说,垄断会使一些在竞

④ 注意到当 $c=0$ 时,$P=a/2$。也就是说,价格正好等于需求曲线的截距价格的一半。

争性条件下运营的工厂关闭。这些厂商的生产性投入将转移到其他产品的生产上,因此FEQ_cQ_m不是社会损失。

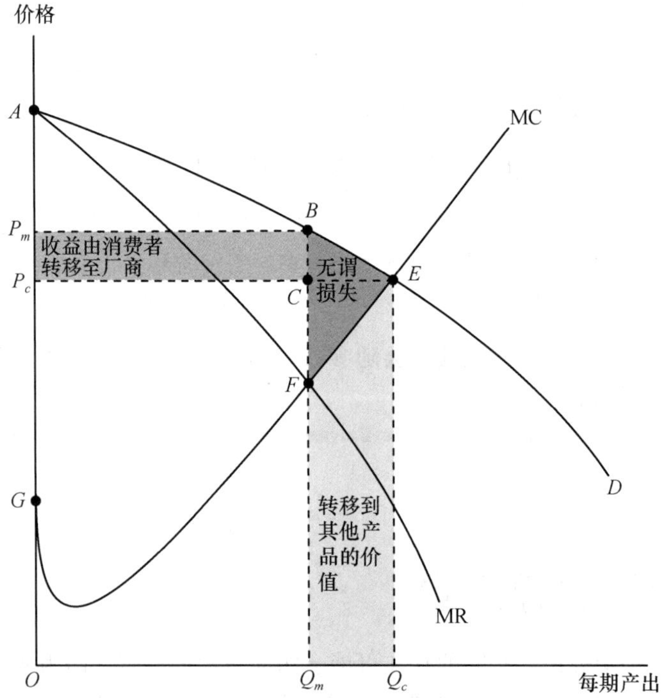

图 14.3　垄断的配置与分配效应

最初的竞争市场的垄断化将导致产出从 Q_c减少到 Q_m。价值为 FEQ_cQ_m的生产性投入被重新配置到其他商品的生产上,共有 P_mBCP_c的消费者剩余转为垄断利润,无谓损失为 BEF。

产出从 Q_c减少到 Q_m,意味着消费者剩余总损失为 P_mBEP_c。损失的一部分由垄断者作为增加的利润获得,由 P_mBCP_c测度。它们反映了消费者的收益向厂商的转移。消费者的另一部分损失 BEC 则未转移给任何人,是垄断市场中的纯无谓损失。市场中的另一部分无谓损失由区域 CEF 度量,这部分是生产者剩余的损失,并且也没有转移到其他地方。[⑤] 市场的总无谓损失为 BEF,因为这部分大致上像个三角形,所以有时也被称为无谓损失三角形。鉴于价格上升带来的垄断利润的增加(区域 P_mBCP_c)超过了产出下降带来的生产者剩余的减少(区域 CEF),因此总体来说,对于垄断者而言,把产出从 Q_c减少到 Q_m是有利可图的。

为阐明这一无谓损失的本质,请参考例 14.1。在那里我们已计算出均衡价格为 75 美元,边际成本为 50 美元。价格与边际成本的这一差额表明垄断之前的交易是更有效的。无疑会有一个潜在的买者,愿意支付比如 60 美元而不是 75 美元购买一个奥林匹克用飞碟。60 美元的价格仍高于飞碟生产中花费的成本。然而垄断的存在将阻止这样一个对飞碟使用者与飞碟制造资源提供者双方都有利的交易。基于这一原因,垄断均衡不是帕雷托最优(一种可以使各方的福利改进的资源配置方式)。经济学家做过很多努力去估计实际垄断情形中这些净损失的总代价。当考察整个

---

⑤ 更准确地说,区域 CEF 表示当价格保持为 P_c时,产出减少所带来的生产者剩余的损失(等于利润的损失)。至于如何理解生产者剩余在图中的度量,回顾第 11 章,特别是图 11.4 关于生产者剩余的讲解。

经济时,多数估计值是相当小的。⑥ 然而对某些狭义的产业,配置的损失则较大。

例 14.3 福利损失与弹性

在边际成本不变与需求曲线的价格弹性不变的情况下,垄断的配置影响可以得到完整的刻画。为此,设一个垄断的边际(及平均)成本为常数 c,而且需求曲线有一不变弹性的形式

$$Q = P^{e} \tag{14.13}$$

其中 e 为需求的价格弹性($e < -1$),我们知道该市场中竞争性价格将为

$$P_{c} = c \tag{14.14}$$

垄断价格为

$$P_{m} = \frac{c}{1 + 1/e} \tag{14.15}$$

任何价格 P_0 下的消费者剩余可由下式计算

$$\mathrm{CS} = \int_{P_0}^{\infty} Q(P)\,\mathrm{d}P = \int_{P_0}^{\infty} P^{e}\,\mathrm{d}P = \left.\frac{P^{e+1}}{e + 1}\right|_{P_0}^{\infty} = -\frac{P_0^{e+1}}{e + 1} \tag{14.16}$$

因此,在完全竞争下

$$\mathrm{CS}_{c} = -\frac{c^{e+1}}{e + 1} \tag{14.17}$$

而在垄断下

$$\mathrm{CS}_{m} = -\frac{\left(\dfrac{c}{1 + 1/e}\right)^{e+1}}{e + 1} \tag{14.18}$$

取这两个剩余的比,得

$$\frac{\mathrm{CS}_{m}}{\mathrm{CS}_{c}} = \left(\frac{1}{1 + 1/e}\right)^{e+1} \tag{14.19}$$

例如,如果 $e = -2$,则这个比率为1/2,即垄断下的消费者剩余是完全竞争下的一半。对于更高的弹性的情形这个数值有所下降(因为垄断下的产出限制更显著)。弹性趋向于 -1,比率会增加。

利润 由消费者剩余转移的垄断利润在这里也很容易计算。垄断利润由下式给出

$$\pi_{m} = P_{m}Q_{m} - cQ_{m} = \left(\frac{c}{1 + 1/e} - c\right)Q_{m}$$

$$= \left(\frac{-c/e}{1 + 1/e}\right)\cdot\left(\frac{c}{1 + 1/e}\right)^{c} = -\left(\frac{c}{1 + 1/e}\right)^{e+1}\cdot\frac{1}{e} \tag{14.20}$$

除以(14.17)式,有

$$\frac{\pi_{m}}{\mathrm{CS}_{c}} = \left(\frac{e + 1}{e}\right)\left(\frac{1}{1 + 1/e}\right)^{e+1} = \left(\frac{e}{e + 1}\right)^{e} \tag{14.21}$$

对于 $e = -2$,这个比率为1/4。故完全竞争下的消费者剩余有1/4转化为垄断利润。因此,此例中垄断产生的无谓损失也为完全竞争下的消费者剩余的1/4。

---

⑥ 经典的研究参见 A. Harberger,"Monopoly and Resource Allocation," *American Economic Review* (May 1954): 77—87。Harberger 估计这样的损失占国民生产总值的0.1%。

请回答:假设 $e = -1.5$,消费者剩余通过垄断化损失了多大的比例?多少转化为垄断利润?为什么这个结果与 $e = -2$ 的情形不同?

14.4 垄断、产品质量和耐用性

垄断者的市场力量除了体现在其产品的价格以外还可以体现在其他方面,如果垄断在其生产的产品的类型、质量或多样性方面具有灵活性,那么垄断厂商的决策不同于那些竞争性组织的普遍决策也就毫不奇怪了。然而,垄断是否能生产出比竞争情况下更高质量或者更低质量的产品,也未可知,这完全取决于消费者需求的性质与厂商的成本。

14.4.1 质量的正规表述

假设消费者愿意为质量(X)所做的支付由反需求函数 $P(Q,X)$ 给出,其中

$$\frac{\partial P}{\partial Q} < 0, \quad \frac{\partial P}{\partial X} > 0$$

如果生产 Q 与 X 的成本为 $C(Q,X)$,垄断将选择 Q 与 X 使得利润最大化

$$\pi = P(Q,X)Q - C(Q,X) \tag{14.22}$$

最大化的一阶条件是

$$\frac{\partial \pi}{\partial Q} = P(Q,X) + Q\frac{\partial P}{\partial Q} - C_Q = 0 \tag{14.23}$$

$$\frac{\partial \pi}{\partial X} = Q\frac{\partial P}{\partial X} - C_X = 0 \tag{14.24}$$

(14.23)式重复常用的规则:产出决策基于边际收益等于边际成本。(14.24)式则指出,当 Q 差不多确定时,垄断将选择适当的质量水平使得其产出的质量增加一个单位所获得的边际收益等于增加的边际成本。正如可能已经预料到的,利润最大化的假设要求垄断者沿着所有能产生边际获利性的方向前进。特别值得注意的是,利润最大化决策是由边际需求者的每单位质量值乘以垄断者的产出水平决定的。

在竞争条件下所选择的产品的质量水平将使得净社会福利最大化。

$$\mathrm{SW} = \int_0^{Q^*} P(Q,X)\,\mathrm{d}Q - C(Q,X) \tag{14.25}$$

其中 Q^* 是给定 X 时通过边际成本定价的竞争过程所确定的产出水平。(14.25)式对 X 求偏导产生了最大化的一阶条件

$$\frac{\partial \mathrm{SW}}{\partial X} = \int_0^{Q^*} P_X(Q,X)\,\mathrm{d}Q - C_X = 0 \tag{14.26}$$

(14.24)式中垄断者对质量的选择着眼于边际消费者。垄断者之所以关注边际消费者对质量的估值,是因为产品对边际消费者的吸引力的增加正是它增加销售额的方式。完全竞争市场提供的产品质量由(14.26)式所决定,此时的产品质量和产出水平使得消费者的平均消费者剩余最大,也使

得总的消费者剩余最大。⑦ 因此,即便垄断产业与完全竞争产业都选择同一产出水平,由于它们在决策时涉及的边际值不同,仍会选择不同的质量水平。然而,只有知道这一问题的具体细节,才可能预测这些差别的方向。有关的例子参见练习题14.9;有关产品质量和垄断理论的更多细节,参见练习题14.11。

14.4.2 物品的耐用性

大多数关于垄断对产品质量影响的研究都集中在耐用品。像汽车、房屋和冰箱等能够在长期内提供效用,而不是很快就被完全消费掉。时间这个元素的加入使得耐用品理论具有更多的问题和矛盾。人们对这个问题最初的兴趣在于垄断者愿不愿意生产在耐用性上和完全竞争条件下相似的产品。直觉告诉我们,垄断者倾向于"少生产"耐用品(正如同他们选择低于完全竞争情况下的产量)。但澳大利亚经济学家 Peter Swan 在20世纪70年代早期证明了这种直觉是错误的。⑧

Swan 的思想在于将耐用品需求视为长期内对于一系列效用的需求(比如汽车运输)。他论证了不管是垄断还是自由竞争条件下的市场都会试图用最小的成本来提供这种效用。垄断者当然会通过选择一个产量水平来限制这些效用从而使利润最大化。但是,考虑到生产中的规模报酬不变,本质上并没有理由认为市场结构会对耐用性产生影响。这个结果有时被称为"Swan 的独立性假设"。产量决策应该独立于产品的耐用性决策来考虑。

后来对于 Swan 结论的研究关注于它在什么样的情况下将被破坏,其中包括对于一种耐用品的本质的不同假设,以及放松了所有的消费者都同质这个隐含假设。例如,这个结论主要依赖于此耐用品怎样被消耗。最简单的消耗类型就好像灯泡那样提供一段时间的效用直到它变得没有价值。对于这种物品,(14.24)式和(14.26)式是一样的,因此 Swan 的独立性假设成立。如果产品很均匀地被消耗,并且如果这种持续的效用能够通过补偿被消耗的东西而维持,那么独立性假设仍然成立——这要求新的货物和旧的货物可以完全替代并且可以无限细分。房屋的外部涂料也许可以基本满足这个假设,然而,大多数物品不具有这样的特点。想要给一个快坏了的冰箱更换其中的一半是不可能的。一旦这些更加复杂的消耗形式被考虑进来,Swan 的结论就可能出现问题,因为我们不能满足在一段时间内用最小成本维持一系列相似的效用这个条件。但是在更加复杂的情况下,垄断并不总是提供少于完全竞争市场下的耐用性——这全依赖于对于耐用性的需求。

14.4.3 时间不一致性和异质性需求

对于耐用品的持续效用的关注提供了对于耐用性的重要见解,但也提出了一个重要的问题——垄断者应该在何时生产必需的耐用品来提供持续的效用?例如,假设一个灯泡垄断厂认为其利润最大化产量是生产100万支60瓦的灯泡,如果这个公司决定在第一期生产100万支灯泡,那么它在第二期(当以前所有的灯泡都没有烧坏时)该怎么办呢?因为垄断者在需求曲线上选择了一个 $P > MC$ 的产量点,所以它在第二期有明显的激励去生产更多的灯泡并且稍微降低一下价

---

⑦ 产品质量的平均边际估值由下式给定

$$AV = \int_0^{Q^*} P_X(Q,X)\,dQ/Q$$

所以在完全竞争中,净福利最大化的条件是 $Q \cdot AV = C_x$。将该式与(14.24)式相比较。

⑧ P. L. Swan, "Durability of Consumption Goods," *American Economic Review* (December 1970):884—894.

格。但是消费者能够预期到这些,所以他们会降低在第一期内的需求,等待着更便宜的货。因此,垄断的利润最大化计划就会落空。罗纳德·科斯(Ronald Coase)是第一个注意到垄断者生产产品时存在的这种"时间不一致性"的经济学家。[9]科斯认为这种现象将会严重削弱垄断的力量——完全竞争定价是唯一的在耐用品例子下能够获胜的结果。只有当垄断者做出可信的承诺,保证他们在第二期不会生产更多产品时,他们才能够从耐用品给顾客提供的效用上得到垄断利润。

当今关于耐用品问题的模型已经得出了在存在不同类型的需求者的情况下,垄断者的选择将受到怎样的影响。[10] 在这种情况下,关于耐用性的最优选择和可信承诺的问题变得更加复杂。垄断者不单要为每种类型的购买者设定最优选择的计划,还要确保专门为第一种需求者设立的计划对第二种需求者没有吸引力。学习这些类型的模型将会让我们离题太远,但是本章的扩展部分和第 18 章将会有一些关于"动机一致性限制"如何起作用的说明。

14.5 价格歧视

在某些情形下垄断者放弃自己产品的单一价格政策也许会增加其利润。以不同价格出售同一产品的可能性被称为**价格歧视(price discrimination)**。[11]

定义

价格歧视 一个垄断厂商如果能以不同的价格销售相同单位的产品,那么他即实行了价格歧视。

价格歧视的例子包括:餐厅为老年人打折(可以看成是对年轻顾客的价格溢价);大杯咖啡平均每盎司的价格更低;不同大学的大学生,在扣除了或多或少的经济资助后,实际学费不同;等等。一个"非典型"的价格歧视的例子是对年轻的司机收取更高的汽车保险费用。将卖给年轻人和年长者的汽车保险当成两种不同的商品或许会使问题更加明朗。因为年轻人更愿意冒险,他们会要求更多的赔偿。

价格歧视策略是否可行关键取决于商品的买主不能套利。如果没有交易与信息成本,"一价法则"意味着同质产品在任何地方都以同一价格销售。结果是歧视策略注定要失败,因为以低价位从垄断者那里购买商品的需求者对那些必须以高价购买此商品的需求者来说,就成了比垄断者自身更有吸引力的卖主。追求利润的中间人会破坏任何歧视定价计划。但是,如果再销售有很高的成本(或者能够完全避免再销售),价格歧视就有可能了。

---

⑨ R. Coase, "Durablity and Monopoly," *Journal of Law and Economics* (April 1972): 143—149.

⑩ M. Waldman, "Durable Goods Theory for Real World Markets," *Journal of Economic Perspectives* (Winter 2003): 131—154.

⑪ 垄断还可以以不同的价格—成本差出售不同的产品。然而,这里我们仅仅考虑生产单一同质产品的垄断价格歧视。在除了垄断的其他不完全竞争市场中,价格歧视仍然是一个话题,但是在只有一个厂商的简单情形中是最容易研究的。

14.5.1 一级或者完全价格歧视

如果每一个买主都能够被垄断者辨认出来,也许可以向买主索取他愿意为商品支付的最高价格。这个完全(或者“一级”)价格歧视策略就可以吸取所有的消费者剩余,使得需求者变成一群对垄断者的产品无论买还是不买都无所谓的人。这个策略的说明见图14.4。该图根据买主愿意支付的数目从大到小排列。第一个买主愿意以价格 P_1 购买 Q_1 单位的产出,所以垄断者要价 P_1,获得总收益 P_1Q_1,即图中的矩形阴影部分。第二个买主愿意以价格 P_2 购买 Q_2-Q_1 单位产出,垄断者获得的收益为 $P_2(Q_2-Q_1)$。注意,为了使此策略成功,第二个买主当然不能将其产品以价格 P_2 转卖给第一个买主($P_1>P_2$)。

垄断者将沿用此法,直到边际买主不再愿意支付商品的边际成本(如图14.4中标出的MC)时为止。因此,垄断厂商的生产总量为 Q^*,总收益由面积 DEQ^*0 给出。所有消费者剩余已被垄断者获取,且在此情况下没有无谓损失。所以(比较图14.3与图14.4),在完全价格歧视下的资源配置是有效的,尽管它确实存在大规模消费者剩余向垄断者利润转换的情况。

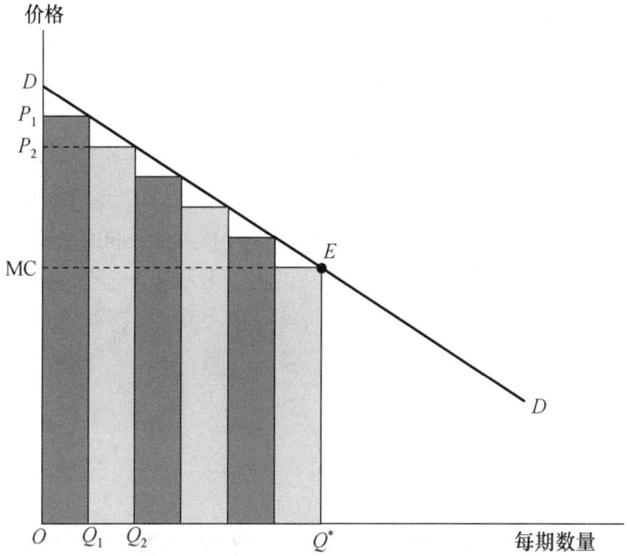

图14.4 完全价格歧视

在完全价格歧视下,垄断对每一个买主要价不同。以价格 P_1 出售 Q_1 单位,以价格 P_2 出售 Q_2-Q_1 单位,等等。在此情况下,垄断厂商生产 Q^*,总收益为 DEQ^*0。

例14.4 一级价格歧视

让我们再来考虑例14.1中飞碟垄断者的情况。因为垄断者出售的只是相对少数质量高的飞碟,所以他发现在第一流的产品中可以进行完全的价格歧视。在这种情况下,选择产量使得边际买主正好以飞碟的边际成本购买商品:

$$P=100-\frac{Q}{20}=\mathrm{MC}=0.1Q \tag{14.27}$$

因此

$$Q^* = 666$$

而且在边际上,价格与比较成本是

$$P = MC = 66.6 \tag{14.28}$$

现在我们可以利用积分来计算总收益、总成本与总利润,总收益为

$$R = \int_0^{Q^*} P(Q)\mathrm{d}Q = \left(100Q - \frac{Q^2}{40}\right)\Big|_{Q=0}^{Q=666} = 55\,511 \tag{14.29}$$

总成本为

$$C(Q) = 0.05Q^2 + 10\,000 = 32\,178 \tag{14.30}$$

总利润为

$$\pi = R - C = 23\,333 \tag{14.31}$$

这一利润水平比例 14.1 中考察的一价政策有了大幅度的增加(多出 15 000)。

请回答:在此情况下,买主愿意出的最高价格是多少? 利用这个结果给出利润的几何学解释。

14.5.2 市场分隔带来的三级价格歧视

完全价格歧视为垄断者造成很多的信息负担,它必须知道每一个潜在买主的需求函数。即使降低要求,也要求垄断者将买主分为少数几个可辨认的市场(如以“乡村—城市”“国内—国外”或者“黄金时间—非黄金时间”来区分),并且在每一个市场上实行不同的垄断定价政策。另外还要求对这些市场需求弹性有足够的认识,以保证可以实施以上政策。垄断者在每一个市场上根据逆弹性规则定价。假设在所有市场上边际成本相同,就有如下定价政策

$$P_i\left(1 + \frac{1}{e_i}\right) = P_j\left(1 + \frac{1}{e_j}\right) \tag{14.32}$$

或者

$$\frac{P_i}{P_j} = \frac{(1 + 1/e_j)}{(1 + 1/e_i)} \tag{14.33}$$

其中市场 i 与 j 的价格为 P_i 和 P_j,价格弹性为 e_i 与 e_j。依此定价政策立刻就可得出需求弹性小的市场利润最大化时的价格高些的结论。例如,如果 $e_i = -2$ 与 $e_j = -3$,由(14.33)式可得 $P_i/P_j = 4/3$,即在弹性小的市场上价格将高出 1/3。

图 14.5 说明了两个市场的这个结果,其中垄断者的边际成本 MC 为常数。市场 1 的需求弹性比市场 2 小,因此,市场 1 的价格与边际收益的差距大些。利润最大化要求厂商在市场 1 的产量为 Q_1^*,在市场 2 的产量为 Q_2^*,这导致了弹性小的市场价格较高。只要两个市场之间的套利可被避免,这种价格差异就可维持。显然,对于垄断者来说,双价歧视政策比一价政策更为有利,因为厂商总能在市场允许时选择此策略。

三级价格歧视的福利结果原则上是不清楚的。相对于一价政策来说,歧视政策需要在弹性较小的市场提高价格,在弹性较大的市场降低价格。因此这种变化对总配置的损失有抵消作用。一个更为全面的分析说明了这个直观上似乎合理的结论,即多元价格政策只有通过歧视使总产出增加时才会优于一价政策。例14.5说明,在需求曲线为简单线性时,多元价格政策总会导致更多的

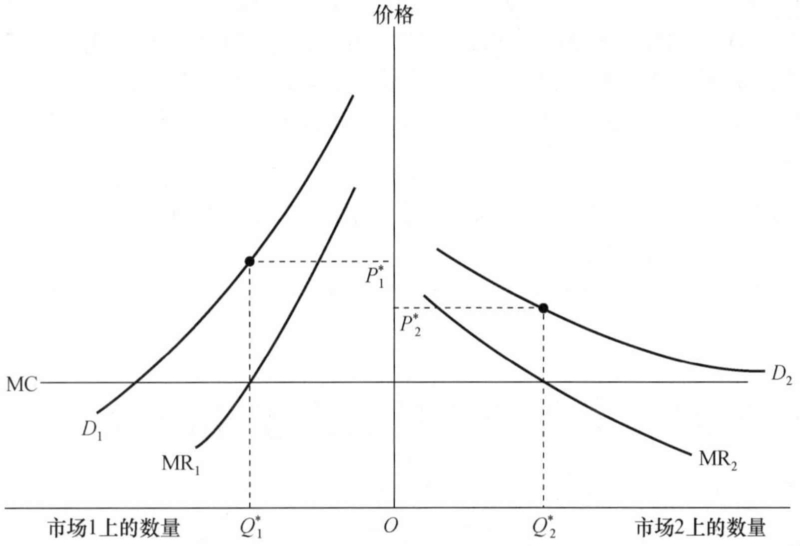

图 14.5 市场分隔增加了三级价格歧视的可能性

如果两个市场是分隔的,垄断者就可以在两个市场上以不同的价格销售商品以使利润最大化。在每个市场上必须选择 MC = MR 的产出。本图表明在需求弹性小的市场价格歧视者定的价格高。

配置损失。[12]

例 14.5 三级价格歧视

假设生产窗口部件的垄断厂商的边际成本为常数,即 $c=6$,并且在两个分隔的市场上出售产品。两个分隔市场的反需求函数分别为

$$P_1 = 24 - Q_1 \quad 与 \quad P_2 = 12 - 0.5Q_2 \tag{14.34}$$

注意到给定数量 Q,市场 1 中的消费者都愿意支付更高的价格,因此市场 1 中的消费者比市场 2 中的消费者更愿意购买此商品。利用例 14.2 中线性需求函数的结论可证明,利润最大化时,两市场的价格—数量关系分别为

$$P_1^* = \frac{24+6}{2} = 15, \quad Q_1^* = 9, \quad P_2^* = \frac{12+6}{2} = 9, \quad Q_2^* = 6 \tag{14.35}$$

在这个价格策略下,利润 $\pi = (15-6)\times 9 + (9-6)\times 6 = 81 + 18 = 99$。此政策的配置得失可由两个市场的无谓损失来计算,$P = MC = 6$ 时市场 1 的竞争产出是 18 且市场 2 是 12:

$$DW = DW_1 + DW_2 = 0.5\times(P_1^* - 6)\times(18-9) + 0.5\times(P_2^* - 6)\times(12-6) = 40.5 + 9 = 49.5 \tag{14.36}$$

一价政策。在这种情形下,限制垄断厂商只能采取一价政策会减少福利。在一价政策下,垄断者的最优选择是继续其在第一个市场上的定价($P_1 = 15, Q_1 = 9$)。这种决策将会挤出第二个市场上的所有购买者,因为第二个市场上的需求者所愿意出的最高价格为 $P_2 = 12$。因此,总无谓损

⑫ 有关的详细讨论参见 R. Schmalensee, "Output and Welfare Implications of Monopolistic Third-Degree Price Discrimination," *American Economic Review* (June 1981): 242—247 以及习题 14.13。

失在(14.36)式的基础上增加了,因为市场2中的消费者剩余整个消失了:

$$DW = DW_1 + DW_2 = 40.5 + 0.5 \times (12 - 6) \times (12 - 0) = 40.5 + 36 = 76.5 \quad (14.37)$$

这个例子说明,当歧视政策使得厂商"服务"的市场变小时,三级价格歧视提升了一价政策下的社会福利。这种情形是否是一个普遍的重要的政策问题(例如,美国医药生产商在国内的要价比在国外高)。

请回答:假设市场不能分割,你将如何构建这种情形下的市场需求?当采用一价政策时,垄断厂商利润最大化时的定价还是15吗?

14.6 通过价格计划产生的二级价格歧视

前一节考察的价格歧视例子要求垄断者将需求者分为几类,并且为每一类选择一个利润最大化的价格。另一个可供选择的方法就是垄断者选择一个(可能很复杂的)价格计划,提供激励,使得需求者根据他们自己愿意支付的价格自动归类。这样的计划包括数量折扣、最小购买要求或者"保证金"收费、配售。如果把此价格计划所需的任何可能费用考虑进来之后,仍然有比单一价格政策高的利润,垄断者就会采用这个政策。既然这个计划将使需求者以不同价格购买相同的产品,这种(二级)价格歧视形式也只能在没有套利机会时才可行。这里我们先看一个简单的情形,本章扩展部分和第18章的部分内容将关注二级价格歧视的其他方面。

14.6.1 两部分价目表

我们已经广泛研究过的一种定价表形式是线性两部分价目表,根据这个价目表,需求者必须为消费某种商品的权利支付一笔固定的费用并且为消费的每单位产品支付统一的价格。最初的模型是由沃尔特·奥依(Walter Oi)提出的,该模型是一个游乐场(可能是迪士尼),收费包括一个基本的进门费用与为消费每一个娱乐项目所付的边际价格。[13] 以数学形式来表示,这个消费表可以由需求者为购买 q 必须支付的价目表来代表

$$T(q) = a + pq \quad (14.38)$$

其中 a 是固定费用,p 是需付的边际价格。垄断者的目标就是在产品需求给定的情况下选择 a 与 p 的值,使利润最大化。因为需求者所需付的平均价格为

$$\bar{p} = \frac{T}{q} = \frac{a}{q} + p \quad (14.39)$$

这种价目表只有在平均价格低的消费者(q 大)不能将商品再次销售给平均价格高(q 小)的需求者时才是可行的。

奥依建立这个线性价目表参数的一个可行的方法就是对厂商取 $p = MC$,然后确定 a,使得厂商能从给定买主集合中获取最大的消费者剩余。我们可以想象买主按所愿支付价格的高低顺序

---

⑬ 参见 W. Y. Oi, "A Disneyland Dilemma: Two-Part Tariffs for a Mickey Mouse Monopoly," *Quearterly Journal of Economics* (February 1971): 77—90。有趣的是,迪士尼集团一度使用两部分价目表,但是,由于管理个别游乐设施支付计划的成本太高而放弃。像其他的游乐场一样,迪士尼接受了单一管制价格政策(那里仍有足够的价格歧视机会,特别是迪士尼在世界各地拥有如此多的游乐场)。

排列。选择 $p=MC$,使得群体的消费者剩余最大化,a 可定为最后一位买主享受的消费者剩余,是否购买此商品对他来说是无差异的,但所有其他买主将从购买中获得净收益。

但这个可行的价目表也许不是最有利可图的。让我们考虑一下 p 稍高于 MC 时对利润影响的情况,结果是从最不迫切的买主那里获得的利润不会有什么变化。需求量会稍微小于在 $p=MC$ 时的需求量,既然 $p>MC$,那么原来的一部分消费者剩余(为固定收费 a 的一部分)就会转为可变利润。对于所有其他需求者,利润随着价格的升高而增加。尽管每个人所付的固定费用稍微少了一些,但是购买每一单位产品所获得的利润将大幅增加。[14] 在某些情况下,可以清楚地计算出最优的两部分价目表。例 14.6 给出了说明。但更一般的情况是,最优价目表具有很大的偶然性。其中一些可能性将在本章的扩展部分加以考察。

例 14.6 两部分价目表

为了从数学上解释两部分价目表,我们回到例 14.5 中使用的需求方程,但是现在假设他们是两个需求者:

$$\begin{aligned} q_1 &= 24 - p_1 \\ q_2 &= 24 - 2p_2 \end{aligned} \tag{14.40}$$

现在 p 代表了两个购买者所面临的边际价格。[15]

一张奥依价目表。实现奥依所说的两部分价目表要求垄断者设定 $p_1=p_2=MC=6$。因此,在这个例子中,$q_1=18$,$q_2=12$。有了这个边际价格,2 号需求者(两个中较不迫切的买主)得到消费者剩余 36[$=0.5\times(12-6)\times12$]。这就是可以避免这个人离开市场的最大的入场费。因此,在这个例子中的两部分价目表是 $T(q)=36+6q$。如果垄断者选择这个定价计划,他的利润是

$$\begin{aligned} \pi = R - C &= T(q_1) + T(q_2) - AC(q_1+q_2) \\ &= 72 + 6\times30 - 6\times30 = 72 \end{aligned} \tag{14.41}$$

这比例 14.5 中所讨论的几种定价策略的利润都要少。

最优价目表。注意到在这样的价目表下总的利润为 $\pi=2a+(p-MC)(q_1+q_2)$,在这种情况下最优的两部分价目表就可以计算了。入场费 a 应该等于第二个人的消费者剩余。代入到这个问题当中得出

$$\begin{aligned} \pi &= 0.5\cdot2q_2(12-p)+(p-6)(q_1+q_2) \\ &= (24-2p)(12-p)+(p-6)(48-3p) \\ &= 18p-p^2 \end{aligned} \tag{14.42}$$

因此,当 $p=9$ 和 $a=0.5(24-2p)(12-p)=9$ 时可以得到最大利润。因此最优价目为 $T(q)=9+9q$。在这个价目下,垄断者的利润是 81[$=2\times9+(9-6)\times(15+6)$]。当垄断者在政治的压力下只能指定一个价格并且不会让第二个消费者"退出市场"时,将会采取这种定价方式。两部分价目表允许出现一定程度的不同价格($\bar{p}_1=9.6$,$\bar{p}_2=9.75$),但看上去似乎是公平的,因为所有

---

⑭ 这个结论成立,因为 $q_i(MC)>q_1(MC)$,其中对于除了最少意愿的买主(第一个人)的所有人,当 $p=MC$ 时,$q_i(MC)$是需求数量。因此,以上价格(大于 MC)递增产生的利润收益($\Delta pq_i(MC)$)超过更小固定费用 $\Delta pq_1(MC)$带来的利润损失。

⑮ 强调需求曲线的效用最大化理论是说需求的数量是由边际价格决定的,然而入场费 a 决定了 $q=0$ 是不是最好的选择。

的消费者都面临着同样的价格表。

请回答:若垄断者可以对每个需求者收取不同的入场费,垄断者将应用什么定价策略?

14.7 垄断管制

自然垄断的管制是应用经济分析中的一个重要课题。在大多数国家,公用事业、通信与运输业都处于高度管制之下,并且设计管制过程使这些产业按希望的方向发展是一个重要的实践问题。这里我们将考察垄断管制中与定价政策有关的几个方面。

14.7.1 边际成本定价与自然垄断困境

许多经济学家认为被管制的垄断者索取的价格能正确反映生产的边际成本是很重要的。运用这种方法可以使净损失最小化。实行边际成本定价策略产生的主要问题是,这将要求真正的自然垄断在亏损的状况下生产。自然垄断,根据其定义在一个很宽的产出水平范围内是边际成本递减的。厂商的成本曲线看起来很像图 14.6 中所显示的那样。在不加管制时,垄断的产出水平为 Q_A,产品价格为 P_A,此时的利润由矩形 P_AABC 给出。管制机构将垄断价格定为 P_R,在此价位需求量为 Q_R,生产这些产品的边际成本也为 P_R,结果边际成本定价得以实现。但遗憾的是,因为厂商的边际成本曲线为单调递减的,价格 P_R(等于边际成本)低于平均成本。在此管制价格下,垄断者的损失为 $GFEP_R$。既然没有厂商能够承受无限期的亏损,就造成了管制机构的困境:或者放弃边际成本定价目标,或者政府永远资助垄断者。

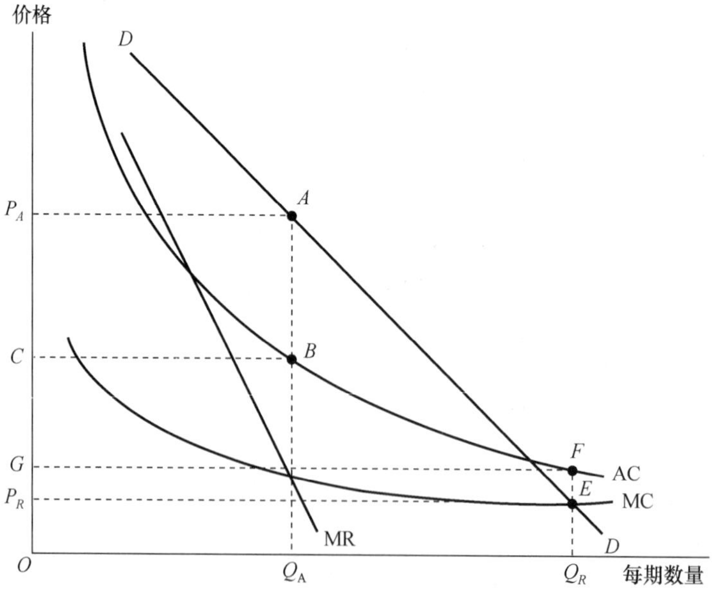

图 14.6 成本递减性垄断的价格管制

因为自然垄断显示了递减的成本趋势,所以边际成本低于平均成本。结果,实施边际成本定价政策将造成损失。例如,当价格为 P_R 时,达到了边际成本定价目标,但必须损失 $GFEP_R$。

14.7.2 双重定价系统

走出边际成本定价困境的一个方法就是加入歧视定价体系。在这样的体系下,允许垄断者向某些用户索取高价而保持边缘用户的低价格。这样实际上是出价高的需求者弥补了出价低的需求者造成的损失。图 14.7 说明了这个定价计划。这里,管制委员会决定让一些用户支付高价格 P_1,在此价位上,需求量为 Q_1。对其他用户(假定他们不愿以价格 P_1 购买商品)指定的价格为 P_2,这个较低价位产生的附加需求量为 Q_2-Q_1。结果,以平均成本 A 生产的总产出为 Q_2。利用这种定价体系,由高价位需求者获得的利润(P_1DBA)补偿了低价销售造成的损失($BFEC$)。而且对"边际用户"应用边际成本定价规则:边际内用户的津贴使厂商不至于在亏损的情况下生产。虽然事实上建立能够维持边际成本定价并且包含运行成本的定价计划并非如此简单,但许多管制委员会的确应用价格计划歧视某些用户(如商业机构)而优待其他用户(如消费者)。

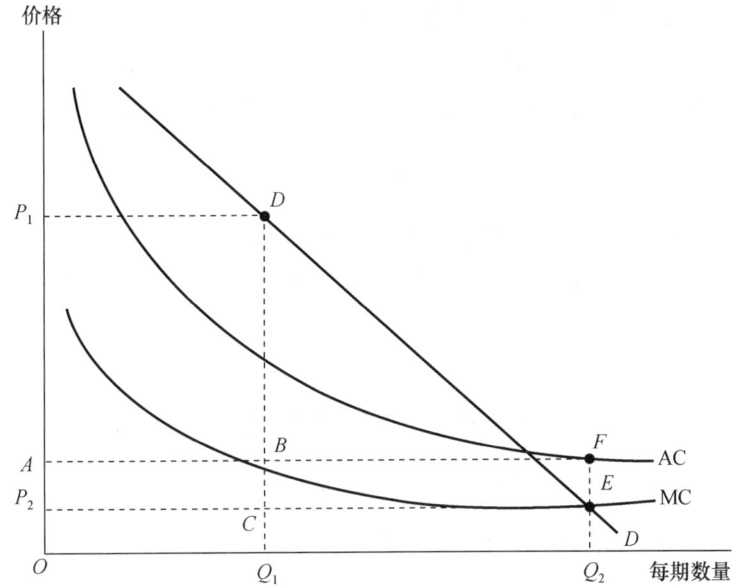

图 14.7 双重定价计划

向一些用户索取高价(P_1)而对其他用户采取低价(P_2),对管制委员会来说是可能的,例如:(1) 实施边际成本定价;(2) 创造条件使得由某类用户获得的利润(P_1DBA)能补偿另一类用户造成的损失($BFEC$)。

14.7.3 收益率的管制

另一种方法是允许垄断者索取高于边际成本的价格,这个价格足以使垄断者获得"正当"比率的投资收益。关于如何定义"正当"收益这个概念以及如何建立其测度方式,已经有许多研究。从经济的角度来看,此过程中最有意思的问题是这种管制行为对厂商投入选择的影响。例如,如果允许厂商获得的收益率超过所有者在竞争情况下获得的投资收益率,就会激励厂商投入比成本真正最小化时更多的资本。或者,如果管制者推迟实行对收益率的决策,也会激励厂商使成本最小化。下面我们将简要地考察具有此种可能性的一个正式模型。[16]

14.7.4 一个正式模型

假设一个受管制的公用事业厂商的生产函数为

$$q = f(k,l) \tag{14.43}$$

这个厂商的实际资本收益率定义为

$$s = \frac{pf(k,l) - wl}{k} \tag{14.44}$$

其中 p 为厂商产出(取决于 q)的价格,w 是劳动投入的工资率。如果由于管制约定 $s = \bar{s}$,则厂商的问题就是最大化其利润

$$\pi = pf(k,l) - wl - vk \tag{14.45}$$

约束条件为管制的限制。建立拉格朗日表达式,有

$$\mathscr{L} = pf(k,l) - wl - vk + \lambda[wl + \bar{s}k - pf(k,l)] \tag{14.46}$$

注意,如果 $\lambda = 0$,管制是无效率的,垄断行为更像追求利润最大化的厂商。如果 $\lambda = 1$,由(14.46)式得到

$$\mathscr{L} = (\bar{s} - v)k \tag{14.47}$$

假设 $\bar{s} > v$(如果厂商在别处获得的资本收益率不低于当前值,则此式必成立)意味着垄断者将使用无穷多的资本,这显然是一个不合理的结果。因此 $0 < \lambda < 1$。最大值点满足的一阶条件是

$$\begin{aligned} \frac{\partial \mathscr{L}}{\partial l} &= pf_l - w + \lambda(w - pf_1) = 0 \\ \frac{\partial \mathscr{L}}{\partial k} &= pf_k - v + \lambda(\bar{s} - pf_k) = 0 \\ \frac{\partial \mathscr{L}}{\partial \lambda} &= wl + \bar{s}k - pf(k,l) = 0 \end{aligned} \tag{14.48}$$

一阶条件首先意味着被管制的垄断厂商将投入额外的劳动直至 $pf_l = w$ 的点,这一结果对任何利润最大化厂商都成立。但对于资本投入,由于二阶条件意味着

$$(1 - \lambda)pf_k = v - \lambda\bar{s} \tag{14.49}$$

或者

$$pf_k = \frac{v - \lambda\bar{s}}{1 - \lambda} = v - \frac{\lambda(\bar{s} - v)}{1 - \lambda} \tag{14.50}$$

既然有 $\bar{s} > v$ 与 $\lambda < 1$,(14.50)式意味着

$$pf_k < v \tag{14.51}$$

所以,被管制的垄断厂商要比在不被管制条件下投入更多的资本(从而获得更低的资本边际生产率)。因此,对某些公用事业而言,管制导致了资源的错误配置,即出现了"过度投资"的情况。虽然在此我们不这样做,但是,这个一般分析框架确实还可以用来考察其他的管制问题。

---

[16] 这个模型基于 H. Averch and L. L. Johnson, "Behavior of the Firm under Regulatory Constraint," *American Economic Review* (December 1962): 1052—1069。

14.8 垄断的动态观点

垄断实践扭曲了资源配置的静态观点,为实行反垄断政策提供了重要的理论基础。但并不是所有的经济学家都认为静态分析是决定性的。有些作者已经强调了在发展过程中垄断利润起到的推动作用[17],其中最著名的是J. A. 熊彼特。这些作者对创新与特殊类型的厂商获得技术进步的能力给予了充分的强调。垄断厂商获得的利润可为研究与发展提供资金。完全竞争厂商对正常的投资收益就很满足了,而垄断者可以用“剩余”资金支持风险过程的研究。可能更重要的是,获得垄断位置的可能性或者维持此位置的愿望就提供了一种超前于潜在竞争者的动力。产品的创新与节省成本的生产技术是与垄断化的可能性密切相关的。因为不处于垄断位置,创新厂商也许不能获得创新的好处。

熊彼特强调这样一个观点,即市场的垄断化可以使厂商的行动计划的成本变低。作为产品供应的唯一来源,它所面临的意外情况比竞争市场中的厂商所要面临的要少得多。例如,垄断者不必像竞争工业那样在销售方面投入许多资金(用于广告、商标认定与吸引零售商等)。类似地,垄断者对其产品具体的需求曲线了解得更多,也更易于改变需求条件。当然,垄断的这些好处能否超过它们在配置与分配方面的弊端,仍是个实证问题。创新与节省成本问题不能由上述讨论的方法来回答。实际市场的详细调查是很必要的。

小结

在这一章我们考察了只有一个垄断供应者的市场模型。与第4篇考察的竞争情况不同,垄断厂商并不是价格的接受者,垄断者可以根据需求曲线选择最有利可图的价格—数量组合。这种市场力量带来以下结果:

- 对垄断者来说最能获利的产出水平是使边际收益等于边际成本的产出水平。在这个产出水平上,价格将超过边际成本。垄断者的利润取决于价格与平均成本之间的关系。
- 相对于完全竞争而言,垄断意味着需求者的消费剩余的损失。其中部分转移为垄断利润,而消费供给的一些损失则意味着整体经济福利的损失。
- 垄断者可能会选择不同水平的质量而完全竞争厂商则不会。耐用品的垄断者受旧货市场的约束。
- 垄断者通过价格歧视可能进一步提高利润,即向不同种类的买主索取不同的价格。垄断者实行价格歧视的能力取决于其阻止买主之间套利的能力。
- 政府经常会对自然垄断(平均成本在产出水平范围内递减)加以管制。管制机制的类型能够影响被管制厂商的行为。

---

⑰ 例如,请参见J. A. Schumpeter, *Capitaism*, *Socialism*, *and Democrary*, 3d ed. (New York: Harper & Row, 1950), especially chap. 8。

练习题

14.1

垄断者的平均成本与边际成本是常数 $AC = MC = 5$。厂商面对的市场需求曲线为 $Q = 53 - P$。

a. 计算垄断者利润最大化的价格—数量组合与垄断者的利润。

b. 在完全竞争(价格 = 边际成本)情况下,这个产业的产出水平是多少?

c. 计算在 b 中消费者获得的消费者剩余,证明它超过垄断者利润与 a 中的消费者剩余的和。垄断的"无谓损失"是多少?

14.2

垄断者面对的市场需求曲线为

$$Q = 70 - p$$

a. 如果垄断者以不变的平均成本与边际成本 $AC = MC = 6$ 生产,为了使利润最大化,垄断者会选择什么产出水平?在这个产出水平上,价格是多少?垄断者的利润是多少?

b. 假设垄断者的成本结构变化了,总成本为

$$C(Q) = 0.25Q^2 - 5Q + 300$$

垄断者面对相同的市场需求与边际收益,为了追求利润最大化,现在选择什么价格—数量组合?利润是多少?

c. 现在假设第三个成本结构解释了垄断者的位置,总成本是

$$C(Q) = 0.0133Q^3 - 5Q + 250$$

仍计算最大化利润的垄断者的价格—数量组合。其利润是多少?提示:通常设定 $MC = MR$ 并且通常用二次式求解 Q 的二次方程。

d. 画出市场需求曲线、MR 曲线以及 a、b、c 中的三条边际成本曲线。注意,垄断者获利能力受以下条件约束:(1) 市场需求曲线(与 MR 曲线相关);(2) 上述生产的成本结构。

14.3

单一厂商垄断整个装饰物与容器市场,有不变的平均成本与边际成本

$$AC = MC = 10$$

最初,厂商面对的市场需求曲线为

$$Q = 60 - P$$

a. 计算厂商利润最大化时的价格—数量组合。厂商的利润是多少?

b. 假设市场需求曲线向外移动(变得较陡),有

$$Q = 45 - 0.5P$$

现在厂商利润最大化的价格—数量组合是多少?厂商的利润是多少?

c. 改变 b 中的假设,假设市场需求曲线向外移动(变得较平),有

$$Q = 100 - 2P$$

现在厂商利润最大化的价格—数量组合是多少?厂商的利润是多少?

d. 画出 a、b、c 三种不同情况下的图形。利用你得出的结果,解释为什么垄断者没有实际的供给曲线。

14.4

假设呼啦圈市场是由单个厂商垄断的。

a. 画出这一市场的最初均衡。

b. 假设呼拉圈的需求稍向外移动。证明在一般情况下(与竞争情况下相比),不可能预测需求的这一移动对呼拉圈市场价格的影响。

c. 当需求曲线移动时,价格弹性可能改变。考虑三种可能的方式:递增、递减、不变。当 $MR = MC$ 时还要考虑垄断的边际成本在一定范围内可能上升、下降与不变。结果,需求移动与边际成本斜率图形有 9 种不同组合。逐一分析每一种组合,看看在哪种情况下,有可能明确预测需求移动对呼拉圈价格的影响。

14.5

假设垄断市场有需求函数，其中需求数量不仅取决于市场价格（P），而且取决于厂商所做的广告量（A，以美元为计量单位）。这个函数的具体形式为

$$Q = (20 - P)(1 + 0.1A - 0.01A^2)$$

垄断厂商的成本函数为

$$C = 10Q + 15 + A$$

a. 假设没有广告（$A = 0$）。利润最大化的厂商选择的产出是多少？市场价格是多少？垄断利润是多少？

b. 现在假设厂商选择最佳广告支出水平。在此情况下，产出水平为多少？价格是多少？广告水平是多少？此时厂商的利润是多少？

提示：假设垄断者选择利润最大化的价格而不是数量，则 b 中的问题很容易计算。

14.6

假设厂商能够以不变的边际（与平均）成本，即每单位 5 美元生产它希望的任何产出水平。假设垄断厂商在有一些距离分隔的两个不同市场上出售商品。第一个市场的需求曲线是

$$Q_1 = 55 - P_1$$

第二个市场的需求曲线是

$$Q_2 = 70 - 2P_2$$

a. 如果垄断者能够保持两个市场之间的分隔，每一市场的产出水平应该是多少？每一市场的价格是多少？这种情形的总利润是多少？

b. 如果在两个市场之间运输商品仅仅花费需求者 5 美元，你的答案会有何改变？在这种情况下垄断者的新的利润水平是多少？

c. 如果运输成本是零并且厂商必须遵循一价政策，则答案会有何改变？

d. 现在假设市场 1 和 2 是两个单独的消费者。厂商可以采用线性两部分价目表，在这种情况下，两个市场的边际价格必须相等，但是一次付款的入场费可能不同，此时厂商应该遵循什么定价政策？

14.7

假设完全竞争产业能够以不变的边际成本——每单位 10 美元生产装饰物。因为必须支付每单位 2 美元给说客，以保证装饰物生产者的有利位置，因此垄断的边际成本上升为每单位 12 美元。假设装饰物的市场需求是

$$Q_D = 1\,000 - 50P$$

a. 分别计算完全竞争以及垄断的产量与价格。

b. 计算装饰物生产垄断化导致消费者剩余的总损失。

c. 画出这一结果的图形并解释它与通常的分析有什么不同。

14.8

假设政府希望能够以津贴的方式改变垄断配置的不利影响。

a. 为什么一次总付津贴达不到政府的目标？

b. 利用图形证明按每单位产出支付津贴可能达到政府的目标。

c. 假设政府希望通过津贴使得消费者的商品总价值与商品总成本的差额最大化。证明为了达到这个目标，必须有

$$\frac{t}{P} = -\frac{1}{e_{Q,P}}$$

其中 t 是每单位的津贴，P 是竞争性价格。直观地解释你的结论。

14.9

假设垄断者生产可能有不同使用寿命（X）的碱性电瓶。还假设消费者的（逆）需求取决于购买的电瓶寿命与数量（Q）。函数为

$$P(Q, X) = g(X \cdot Q)$$

其中 $g' < 0$，即消费者仅仅关心数量和寿命的乘积，他们对大量短期电瓶和少量长期电瓶的支付意愿是相同的。还假设电瓶成本为

$$C(Q,X) = C(X)Q$$

其中 $C'(X) > 0$。证明在此情况下,垄断厂商将选择与竞争性行业相同水平的 X,即便产出水平与价格不同。请解释你得出的结果。提示:把 XQ 当成一个复合商品。

分析问题

14.10 对垄断商品征税

对于垄断的征税有时会产生与完全竞争市场不同的结果。本题就讨论一些这方面的例子。这些问题中的绝大多数可以通过使用反弹性法则来求解((14.1)式)。

a. 首先考虑对一种垄断产品的从价税。这个税使得垄断者得到的净价格从 P 变为 $P(1-t)$,t 是税率。证明在线性需求函数和不变边际成本的条件下,征收此税将使得价格的上升小于税收。

b. 假设 a 中的曲线是一条不变弹性的曲线。证明价格将会和税收以同样的程度增长。解释这两个例子不同的原因。

c. 描述一种情况:对某种垄断产品征收从价税后,价格的上涨大于税收。

d. 一种特定的税是对每单位产品征收一定的数额。如果税率是每单位 τ,总的税收是 τQ。证明在总的税收收入不变的情况下,征收这种税将会比从价税减少更多的产量(更大幅度地提高价格)。

14.11 进一步讨论关于质量选择的福利分析

研究垄断者决策的福利特点的另一种方法是假设消费者的效用函数存在,其形式为 $U(Q,X)$,Q 代表消费数量而 X 代表消费质量。一个社会规划者的问题就是:如何选择 Q 和 X,使得社会福利 $SW = U(Q,X) - C(Q,X)$ 最大化。

a. 福利最大化的一阶条件是什么?

b. 垄断者的目标是选择 Q 和 X,使得 $\pi = P(Q,X) \cdot Q - C(Q,X)$ 最大化。那么,它最大化的一阶条件是什么?

c. 利用你在 a 和 b 中得到的结果证明,在垄断者的最优选择下,$\partial SW/\partial Q > 0$。也就是说,正如我们已经证明的,当产量增加时,社会福利会增加。提示:假设 $\partial U/\partial Q = P$。

d. 证明在垄断者的最优选择下,$\partial SW/\partial X$ 的符号不明确,即不能确定(仅依据垄断的一般理论)厂商生产的产品质量太高还是太低。

14.12 三级价格歧视的福利影响

在 1985 年的一篇重要文章中[18],Hal Varian 证明了如何只用间接效用函数(见第 3 章)的性质评估三级价格歧视。本题是该研究方法的一个简单版本。假设某种单一商品在两个分开的市场中进行销售。两个市场中的价格和销量分别记为 p_1、p_2 及 q_1、q_2。消费者特征由他们的间接效用函数给出,且形式为拟线性:$V(p_1,p_2,I) = v(p_1,p_2) + I$。假设收入是外生的($\bar{I}$),垄断厂商赚取的利润为 $\pi = p_1q_1 + p_2q_2 - c(q_1 + q_2)$,$c$ 既是边际成本也是平均成本(为一常数)。

a. 根据以下步骤,观察上述间接效用函数反映的一些事实。

(1) 利用罗伊恒等式(见第 5 章的扩展部分)证明,在这个问题中,两商品的马歇尔需求函数由 $q_i(p_1,p_2,I) = -\partial v/\partial p_i$ 给定。

(2) 证明 $v(p_1,p_2)$ 是所有价格的凸函数。

(3) 由于社会福利可用消费者的间接效用函数来度量,证明任意价格变化对福利的影响由等式 $\Delta SW = \Delta v + \Delta \pi$ 给出。该表达式与之前的概念(第 12 章有所介绍),即任何福利改变都是消费者剩余及生产者剩余的变化之和相比,有何不同?

b. 假设现在我们希望在一价政策的条件下($p_1 = p_2 = \bar{p}$),比较其社会福利和不同市场不同价格($p_1 = p_1^*$,$p_2 = p_2^*$)条件下的社会福

[18] H. R. Varian, "Price Discrimination and Social Welfare," *American Economic Review* (September): 870—875.

利有何不同。证明采取两种价格的政策带来的社会福利变化的上限由不等式 $\Delta SW \leqslant (\bar{p} - c)(q_1^* + q_1^* - \bar{q}_1 - \bar{q}_2)$ 给出。提示：运用函数 v 对 p_1^*, p_2^* 的泰勒一阶展开式和罗伊恒等式，以及函数 v 是凸函数的结论。

c. 说明 b 的结论为何意味着，当采取两种价格政策使社会福利增加时，总需求量一定会增加。

d. 运用和 b 中类似的方法证明，两种价格政策带来的社会福利变化的下限由不等式 $\Delta SW \geqslant (p_1^* - c)(q_1^* - \bar{q}_1) + (p_2^* - c)(q_2^* - \bar{q}_2)$ 给出。你能解释这个下限不等式的含义吗？

e. 注意，此处采用的方法没有用到这个事实，即我们研究的价格—数量组合对垄断厂商而言是利润最大化的。你能想出此处的分析适用于什么情形吗（三级价格歧视除外）？注意，Varian 证明了，利用利润最大化的方法，价格歧视情形中的福利变化的上下限会有所收紧。

推荐阅读材料

Posner, R. A. "The Social Costs of Monopoly and Regulation." *Journal of Political Economy* 83 (1975): 807—827.

该文对垄断可能把资源用于制造进入障碍，因而成本可能比完全竞争厂商高的概念进行了分析。

Schumpeter, J. A. *Capitaism, Socialism, and Democrary*, 3rd ed. New York: Harper & Row, 1950.

该书介绍了经济增长过程中企业家角色与经济利润的古典辩论。

Spence, M. "Monopoly, Quality, and Regulation." *Bell Journal of Economics* (April 1975): 417—429.

该文发展了本书所采用的产品质量分析的方法，并且提供了对于垄断效应的细节性分析。

Stiglr, G. J. "The Theory of Economic Regulation." *The Bell Journal of Economics and Management Science* 2 (Spring 1971): 3.

该文较早地建立了管制行为的"俘获（capture）"假设，即产业俘获了监管产业的代理人且使用代理人增强进入障碍，进而增加利润。

Tirole, J. *The Theory of Industrial Organization*. Cambridge, Mass.: MIT Press, 1989. chaps. 1—3.

该书对垄断定价与产品选择理论有着完整的分析。

Varian, H. R. *Microeconomic Analysis*, 3rd ed. New York: W. W. Norton, 1992, chap 14.

该书提供了一种对于二级价格歧视中激励相容约束的简洁分析。

第 15 章　不完全竞争

本章将讨论处于完全竞争和垄断两个极端市场之间的寡头垄断市场。

定义

寡头垄断　寡头垄断是一个存在少数几个,但多于一个厂商的市场。

寡头垄断带来了厂商之间策略互动的可能性。为对其进行严格分析,我们将用到第 8 章中介绍的博弈论的概念。在博弈论的理论框架下,我们将证明,厂商在要素选择细节上的细微变化、厂商的行动时间,以及其拥有的关于市场条件或对手行动的信息,都会对市场结果产生显著的影响。本章前半部分处理定价、产出等短期决策问题,后半部分则处理投资、广告、进入等长期决策问题。

15.1　短期决策:定价和产出

当仅存在几个厂商时,准确预测价格和产出的可能结果是很困难的;价格依赖于厂商竞争的激烈程度,反过来又依赖于他们选择的策略变量、拥有多少有关对手的信息,以及他们在市场中互动的频繁程度。

例如,考虑下一节中研究的伯特兰德博弈。该博弈中,两个相同的厂商在市场的一次相遇中,同时对同样的商品做出价格的选择。伯特兰德博弈在 C 点有一个纳什均衡,如图 15.1 所示。尽管市场中只有两个厂商,但是在这个均衡中,他们和在完全竞争市场中的行动方式无异,即价格等于边际成本,经济利润为零。我们将讨论伯特兰德博弈是不是厂商行为的真实写照,但不管怎样,该模型的分析告诉我们,在博弈论框架的严格讨论下,竞争性结果可以出现在只有几个厂商的集中性市场中。

另一个极端是,如图 15.1 中点 M 所示,厂商会作为一个集体按照卡特尔方式行动,注意,此时他们可以影响价格,协调相互间的决策。事实上,他们可以作为一个完美卡特尔来行动,赚取最高的利润,即完全垄断市场中垄断厂商所赚取的利润。维持卡特尔的一个方法是将厂商和清晰的定价规则绑定在一起。但这样的规则通常会遭到反垄断法的禁止。其实如果厂商在市场上反复互动,他们就可以暗地里合谋,而没必要求助于清晰的定价规则。一个潜在的威胁可以帮助维持这种由合谋得到的高价格,即如果任何厂商降价就发动价格战。之后我们将正式分析这个博弈并讨论维持合谋的难度。

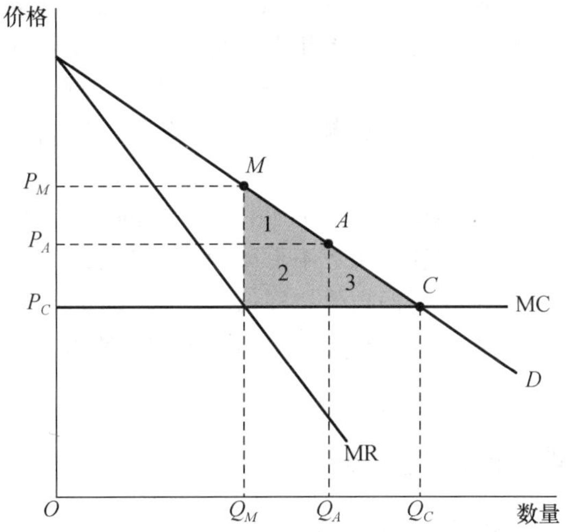

图 15.1　不完全竞争下的定价和产出

不完全竞争市场中的均衡可以出现在需求曲线的许多点上。图中,边际成本被假定为在任何产量水平下都不发生变化,伯特兰德博弈的均衡出现在点 C,这也是完全竞争市场中的均衡结果。完美卡特尔结果出现在点 M,这也是完全垄断市场中的结果。根据对厂商竞争的不同假设,不完全竞争市场的结果会出现在点 M 与点 C 之间的许多点上。例如,古诺博弈的均衡可能出现在点 A。当均衡从点 C 向点 M 移动时,三角形阴影区域表示的无谓损失会不断变大。

伯特兰德模型和卡特尔模型决定了不完全竞争市场中价格设定的外部界限(点 A 代表了这样一个中间价格,如图 15.1 所示)。中间价格的区间可能很长,如果可用模型足够多,那么这一区间上的每个点几乎都能找到一个对应的模型。例如,在下一节中,我们将介绍古诺模型(厂商选择数量而非价格)是如何达到均衡的(如图 15.1 中,点 C、点 M 之间的点 A)。

确定行业在点 C 与点 M 之间的具体位置是很重要的,因为总福利(用消费者剩余和厂商利润之和加以度量,见第 12 章)取决于该点的位置。在点 C 处,社会福利最大;在点 A 处,社会福利较之前减少了三角形阴影区域 3;在第 12 章中,这部分减少的(相对于福利最大化的水平)福利被称为**无谓损失**。而在点 M 处,无谓损失更大,由阴影区域 1、2、3 表示。不完全竞争结果离点 C 越近、离点 M 越远,总福利就会越大,社会就会更好。[①]

① 由于这部分涉及的是短期决策变量(价格和数量),这里讨论的社会福利就只考虑短期的情况。在下一节我们将讨论到,虽然不完全竞争市场在短期中会产生比完全竞争市场多得多的无谓损失,但厂商的创新动力会更强,而这又会引起生产成本下降、新产品问世,以及在长期的总福利的增加。专利系统这种为促进创新而维护垄断权力的行为实质上就是妨碍了竞争。

15.2 伯特兰德模型

伯特兰德模型的命名源于首次提出它的经济学家约瑟夫·伯特兰德(Joseph Bertrand)。[②]该模型是一个包括两个同质厂商的博弈,标记为1和2,他们在一个不变边际成本(同时也是不变平均成本)c下生产同一种产品。两个厂商在一个单一的竞争阶段同时选择价格p_1和p_2。由于两种商品是完全替代品,价格较低的厂商会囊括所有的销售额。当$p_1=p_2$时,销售额平分。令$D(p)$为市场需求。

接下来我们要找出纳什均衡。如第8章中例8.5(公地的悲剧)所示,博弈有一串连续的行动。与例8.5不同的是,由于此处的利润函数不可微,我们不能用微积分的方法求出最优反应函数。以价格相等为起点,如果有一个厂商把价格降低一点点,则本质上来说他的销售额和利润都会翻倍。在寻找纳什均衡的过程中,我们首先会给出一个均衡猜想,然后我们会花一点时间证明这个猜想其实是对的。

15.2.1 伯特兰德博弈的纳什均衡

伯特兰德博弈的唯一纯策略纳什均衡是$p_1^*=p_2^*=c$。也就是说,纳什均衡的结果是:两个厂商的要价都等于边际成本。在认定这是唯一的纳什均衡时,我们需要证明两点:第一,这个结果是纳什均衡;第二,不存在其他纳什均衡。

为证明这个结果是一个纳什均衡,我们需要证明,两个厂商对对方的回应都是最优的——换句话说,任何厂商都没有动力背离现有策略。在均衡点,厂商的要价等于边际成本,进而也等于平均成本。但是,价格等于平均成本意味着厂商在均衡中赚取零经济利润。那么,厂商能通过其他价格获取大于零的经济利润吗?不能。若厂商提高价格,销售额就会为零,利润也就为零,也就是利润没有大于均衡点。若厂商要价降低,销售额就会增加,但每单位销售额上的边际利润都是负的,因为此时价格低于边际成本。这样,厂商就会赚取负的利润,这个结果小于均衡点上的利润。因此对于厂商而言,没有任何可能的利润背离,我们也就成功证明,两个厂商的价格等于边际成本是一个纳什均衡。

显然,价格等于边际成本是唯一的纯策略纳什均衡。若价格超过边际成本,厂商便可以通过收取比对方低一点点的价格来获得整个市场需求,从而获得收益。更规范地说,为证明$p_1^*=p_2^*=c$是唯一的纳什均衡,我们必须一一检验p_1、p_2、c取值的所有情形,以确认只有$p_1=p_2=c$才是纳什均衡。为减少需要验证的情形,假设厂商1收取较低价格,即$p_1\leqslant p_2$。假设厂商2收取较低价格也会得到同样的结论。

详细情形包括3种:(i) $c>p_1$,(ii) $c<p_1$,(iii) $c=p_1$。情形(i)不能是纳什均衡,厂商1在每个单位的销售中都获得p_1-c的负边际利润,由于销售额为正,利润为负。显然,它可以通过收取更高的价格增加利润。例如,厂商1将价格设定为$p_1=c$时,就可以保证获得零经济利润。

情形(ii)也不能是纳什均衡。在最好的情况下,厂商2可以获得市场需求的一半(如果$p_1=p_2$),在最坏的情况下将得不到需求(如果$p_1<p_2$)。厂商2只要在厂商1的价格上稍微降低一个ε

② J. Bertrand, "Theorie Mathematique de la Richess Social," *Journal de Savants*(1883):499—508.

的微小量,就可以获得全部市场需求。这个 ε 可以足够小,小到很难对市场价格和总市场利润产生影响。若在厂商 2 降价之前有 $p_1 = p_2$,那么降价后,厂商 2 的利润就会翻倍。若降价之前 $p_1 < p_2$,降价后就可以使厂商 2 从零利润变为正利润。无论出现这两种情形中的哪一种,厂商 2 的降价策略都会获利。

情形(iii)包括子情形 $p_1 = p_2 = c$,这正是我们之前找出的纳什均衡。情形(iii)剩下的 $p_1 \leqslant p_2$ 中的另外一种子情形是 $c = p_1 < p_2$。这种子情形不能是纳什均衡,因为厂商 1 虽然利润为零,但可以通过收取比 c 稍稍高一点但低于 p_2 的价格来获得正利润。

尽管分析集中在两个厂商的博弈上,但很明显,任何 $n \geqslant 2$ 的情形都会出现相同的结果。因此,n 个厂商参与的伯特兰德博弈的纳什均衡是 $p_1^* = p_2^* = \cdots = p_n^* = c$。

15.2.2 伯特兰德悖论

伯特兰德模型的纳什均衡与完全竞争情形下的均衡相同。价格等于边际成本,厂商经济利润为零。即使市场中只存在两个厂商,伯特兰德模型的纳什均衡也与完全竞争下的情形相同。这被称为伯特兰德悖论。之所以被称为悖论,是因为在少到只有两个厂商的情形下,竞争还如此激烈。从某种意义上说,伯特兰德悖论是一个一般性的结果,因为我们并没有指定边际成本 c 和需求曲线;因此,对于任何边际成本 c 和任何向下倾斜的需求曲线来说,悖论都存在。

然而从另一种意义上来说,伯特兰德悖论并不是一个一般性的结果;它可以通过改变模型的各种假设来解决。以下几部分展示了通过改变伯特兰德模型的不同假设所得出的不同模型,例如,当我们假设厂商做出产量决策而非价格决策时,就得到了古诺博弈。我们将看到,古诺模型的均衡结果并不是厂商的价格等于边际成本而经济利润为零。在讲述古诺模型的几个小节中,我们会证明,如果还有其他假设发生改变,伯特兰德悖论也就不会发生:如果厂商面临产能限制,不能以不变的边际成本 c 进行无限生产,如果产品有一点点不同而非完全替代,或者厂商可以重复博弈而非一次博弈,悖论就能被解决。

15.3 古诺模型

古诺模型得名于首次提出它的经济学家古诺。③ 该模型的假设中有一点与伯特兰德模型不同,即厂商同时选择产量而非价格。除此之外的假设都与伯特兰德模型相同。我们将看到,这个策略变量的小变化将导致结果出现很大的不同。在古诺博弈纳什均衡中,价格将高于边际成本,厂商赚得正的经济利润。出现这样的结果有点令人惊讶(但依旧是一个应当记住的结果),因为选择变量的简单变化对寡头垄断的策略设置产生了影响,却对垄断厂商无济于事:垄断厂商无论是选择价格还是产量,获得的利润最大化结果都一样。

我们从古诺模型的一般情形开始,假设市场中存在 n 个厂商,记为 $i = 1, \cdots, n$。每个厂商同时选择产量 q_i 并生产同质的产品。将所有厂商的产量加总,就得到了行业产出 $Q = q_1 + q_2 + \cdots + q_n$,进而决定了市场价格 $P(Q)$。注意到 $P(Q)$ 是市场需求曲线 $Q = D(P)$ 的反需求曲线。假设市场需

---

③ A. Courtnot, *Researches into the Mathematical Principles of the Theory of Wealth*, trans. N. T. Bacon(New York:Macmillan,1897).尽管在本章中古诺模型出现在伯特兰德模型之后,但古诺的成果发表于 1838 年,在伯特兰德之前。古诺的工作是第一次对寡头垄断策略行为的正式分析,他对解的概念阐述也预料到了纳什均衡。

求曲线是向下倾斜的,$P(Q)$也应如此,即 $P'(Q)<0$。厂商 i 的利润等于总收入 $P(Q)q_i$ 减去总成本 $C_i(q_i)$:

$$\pi_i = P(Q)q_i - C_i(q_i) \tag{15.1}$$

15.3.1 古诺博弈的纳什均衡

与伯特兰德博弈不同,古诺博弈的利润函数((15.1)式)是可微的,所以我们可以按照例 8.5 的步骤求解古诺模型的纳什均衡结果。也就是,通过目标函数对 q_i 求一阶偏导数,可以得到厂商 i 的最优反应函数:

$$\frac{\partial \pi_i}{\partial q_i} = \underbrace{P(Q) + P'(Q)q_i}_{\text{MR}} - \underbrace{C_i'(q_i)}_{\text{MC}} = 0 \tag{15.2}$$

在纳什均衡中,(15.2)式必须对所有 $i=1,\cdots,n$ 都成立。

根据(15.2)式,我们熟知的第 11 章中利润最大化的条件——边际收益(MR)等于边际成本(MC)——对古诺厂商也成立。从下面对古诺模型的边际收益表达式的分析中可以看出,古诺均衡的价格高于完全竞争的价格水平,但低于最大化联合厂商利润的完美卡特尔水平。

为使(15.2)式成立,价格必须超过边际成本一个"楔子项"$P'(Q)q_i$。如果厂商在现有最高产量 q_i 下再生产一单位,由于需求曲线向下倾斜,这一额外单位的产量就会使市场价格下降 $P'(Q)$,从而使厂商在现有生产下损失 $P'(Q)q_i$(楔子项)。

为比较古诺结果和完美卡特尔结果,注意到卡特尔的目的是使联合厂商利润最大化:

$$\sum_{j=1}^{n} \pi_j = P(Q)\sum_{j=1}^{n} q_j - \sum_{j=1}^{n} C_j(q_j) \tag{15.3}$$

令上式对 q_i 求导,得到一阶条件

$$\frac{\partial}{\partial q_i}\left(\sum_{j=1}^{n} \pi_j\right) = \underbrace{P(Q) + P'(Q)\sum_{j=1}^{n} q_j}_{\text{MR}} - \underbrace{C_i'(q_j)}_{\text{MC}} = 0 \tag{15.4}$$

除"楔子项"不同外,这个一阶条件与(15.2)式相似,

$$P'(Q)\sum_{j=1}^{n} q_j = P'(Q)Q \tag{15.5}$$

与古诺模型中的厂商相比,完美卡特尔模型中的这一项幅度更大。在最大化联合利润的过程中,卡特尔必须考虑到这样一个事实:厂商 i 额外的一单位产出会降低市场价格,进而削减所有厂商的现有利润。因此在(15.5)式中,$P'(Q)$与卡特尔总产出 Q 相乘。而古诺模型中的厂商仅从自身的现有产出 q_i 考虑收入的减少。因此,相对于完美卡特尔模型的利润最大化结果来说,古诺模型中的厂商最终会过度生产。也就是说,古诺模型中超出完美卡特尔产量的额外产量会带来较低的厂商利润。然而,厂商眼中的过度生产在社会看来却是有益的,因为这意味着古诺均衡下(回到图 15.1中的点 A)的社会福利大于完美卡特尔(图 15.1 中的点 M)情形下的社会福利。

例 15.1 天然矿泉水双寡头垄断

例 15.1 为上述内容提供了一个具体实例。我们将考虑这样的情形:市场中仅存在两个厂商,他们的需求函数和成本函数都很简单。以下是古诺模型的一个例子:19 世纪天然矿泉水的双寡头垄断,我们假设每个矿泉水厂商都能提供足够多的(健康的)矿泉水,并面临向市场提供多少产

量的问题。每个厂商抽水和装罐 q_i 升水的成本是 $C_i(q_i)=cq_i$，意味着每升水的边际成本是常数 c。矿泉水的反需求函数是

$$P(Q) = a - Q \tag{15.6}$$

其中 a 是需求的截距(度量矿泉水需求的强度)，$Q=q_1+q_2$ 为矿泉水总产出。接下来我们将探讨在不同的模型中，市场是怎样运行的。

伯特兰德模型。在伯特兰德博弈的纳什均衡结果中，两个厂商的定价都等于边际成本。因此，市场价格 $P^*=c$，总产出 $Q^*=a-c$，厂商利润 $\pi_i^*=0$，所有厂商的总利润 $\Pi^*=0$。为保证产量为正，我们必须假设 $a>c$，这个假设将贯穿问题的始末。

古诺模型。依照例8.6对纳什均衡的求解步骤。两个古诺厂商的利润为

$$\begin{aligned}\pi_1 &= P(Q)q_1 - cq_1 = (a - q_1 - q_2 - c)q_1 \\ \pi_2 &= P(Q)q_2 - cq_2 = (a - q_1 - q_2 - c)q_2\end{aligned} \tag{15.7}$$

运用一阶条件求最优解，我们得到

$$q_1 = \frac{a - q_2 - c}{2}, \quad q_2 = \frac{a - q_1 - c}{2} \tag{15.8}$$

上述两个等式联立求解得到纳什均衡结果

$$q_1^* = q_2^* = \frac{a - c}{3} \tag{15.9}$$

因此，总产出 $Q^*=2(a-c)/3$，将总产出带入反需求函数得到均衡价格 $P^*=(a+2c)/3$，将价格和产出带入利润函数((15.7)式)中得到 $\pi_1^*=\pi_2^*=(1/9)(a-c)^2$。因此，总市场利润 $\Pi^*=\pi_1^*+\pi_2^*=(2/9)(a-c)^2$。

完美卡特尔。完美卡特尔的目标函数是厂商的联合利润

$$\pi_1 + \pi_2 = (a - q_1 - q_2 - c)q_1 + (a - q_1 - q_2 - c)q_2 \tag{15.10}$$

(15.10)式对 q_1 和 q_2 求偏导，得出两个相同的最大化一阶条件：

$$\frac{\partial}{\partial q_1}(\pi_1 + \pi_2) = \frac{\partial}{\partial q_2}(\pi_1 + \pi_2) = a - 2q_1 - 2q_2 - c = 0 \tag{15.11}$$

一阶条件并没有对完美卡特尔厂商的市场份额产生约束，原因是他们都是在不变的边际成本下生产同质的产品。但(15.11)式对总产出产生了约束：$q_1^*+q_2^*=Q^*=(1/2)(a-c)$，将总产出带入反需求曲线得出 $P^*=(1/2)(a+c)$。将价格和产出带入(15.10)式得出完美卡特尔总利润 $\Pi^*=(1/4)(a-c)^2$。

对比。从伯特兰德模型到古诺模型再到完美卡特尔模型，由于 $a>c$，我们可以证明产出 Q^* 从 $(a-c)$ 减少到 $(2/3)(a-c)$，再减少到 $(1/2)(a-c)$。同样可以证明，价格 P^* 和行业利润 Π^* 在不断增加。例如，当 $a=120$，$c=0$(意味着反需求函数为 $P(Q)=120-Q$)并且生产是无成本的)时，伯特兰德竞争结果的市场产出是120，古诺竞争的结果是80，完美卡特尔是60。价格则依次从0到40，再到60，行业利润从0增加到3 200，再增加到3 600。

请回答：在完美卡特尔中，厂商对彼此产出的反应是最优的吗？如果不是，他们愿意从哪个方向改变产出？这对卡特尔的稳定性意味着什么？

例 15.2 古诺最优反应图

继续例 15.1 中的天然矿泉水双寡头垄断,用画图的方法求解纳什均衡是很有启发性的。我们将画出(15.8)式表示的最优反应函数的图形;最优反应曲线的交点就是纳什均衡。作为铺垫,读者可能要回顾一下用于解释公地悲剧的类似图形(图 8.8)。

通过描出截距,我们可以轻而易举地画出线性最优反应函数,如图 15.2 所示,最优反应函数交于点 $q_1^* = q_2^* = Q^* = (a-c)/3$,和例 15.1 中用代数方法求出的古诺博弈的纳什均衡结果相同。

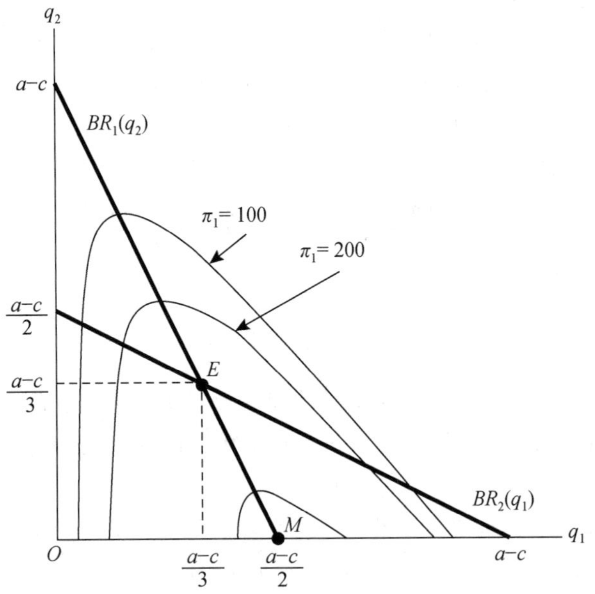

图 15.2 古诺双寡头垄断的最优反应图

厂商的最优反应如图中粗线所示,交点 E 是古诺博弈的纳什均衡。厂商 1 的等利润线在 M 点达到最大,此时为厂商 1 的垄断产出。

图 15.2 画出了厂商的等利润线,厂商 1 的一条等利润线是在相同利润水平下,两个厂商产量组合的轨迹。为计算相应利润水平(比如 100)的等利润线,首先,我们令(15.7)式等于 100:

$$\pi_1 = (a - q_1 - q_2 - c)q_1 = 100 \tag{15.12}$$

为方便画出等产量线,我们求解出 q_2:

$$q_2 = a - c - q_1 - \frac{100}{q_1} \tag{15.13}$$

图中画出了几例厂商 1 的等产量线。随着利润水平从 100 向 200 增长,等产量线向垄断点 M,也就是利润最高的点收缩。为理解单个厂商的等利润线为何形似"皱眉",回到(15.13)式。当 q_1 逼近 0 时,最后一项($-100/q_1$)占据主导,使得曲线左边向下倾斜。当 q_1 增加时,(15.13)式中的 $-q_1$ 项起主导作用,导致曲线右边向下倾斜。

图 15.3 显示了如何运用最优反应图快速判断相关参数,比如需求截距 a 或者边际成本 c 的变化如何影响均衡结果。图 15.3(a)描绘了两个厂商同时增加边际成本 c 时的情形。最优反应线向内移动,新均衡中,两个厂商的产量都更低。虽然在这个例子中厂商的边际成本相同,但我们可以想象这样一个模型:模型中厂商的边际成本参数不同,因此可以独立变化。图 15.3(b)描绘了

仅厂商 1 的边际成本增加时的情形。只有厂商 1 的最优反应产生移动,新均衡达到时,厂商 1 的产出更低而厂商 2 的更高。尽管厂商 2 的最优反应并没有发生变化,但它预期厂商 1 的产量会降低,因此厂商 2 仍然会增加产量,作为对厂商 1 降低产量的最优反应。

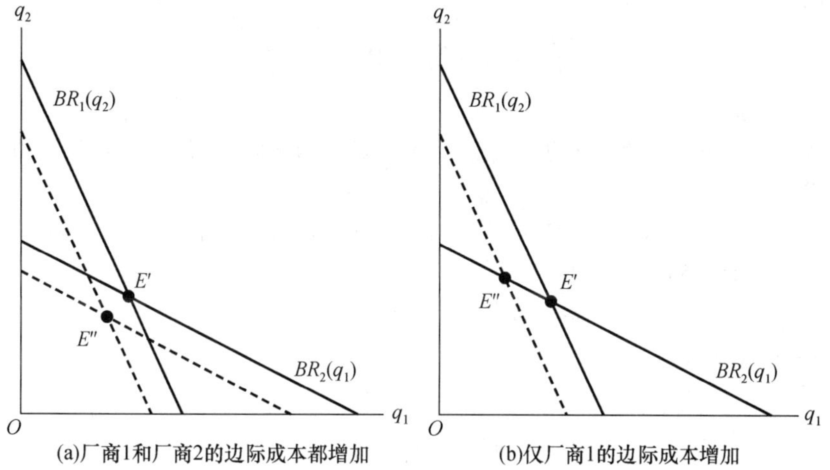

图 15.3　古诺最优反应的移动

厂商的初始最优反应如图中实线所示,E'点为纳什均衡点。图(a)描绘了边际成本同时增加时,厂商最优反应的移动(由虚线给出)——向内移动。新的交点,也就是纳什均衡点,为 E''。图(b)描绘了仅厂商 1 的边际成本增加时的情形。

请回答:图 15.2 中,厂商 1 的等利润线为何在最优反应曲线上达到峰值? 厂商 2 的等利润线在图 15.2 中应该是什么样子的? 你如何在图 15.3 中表示需求截距 a 的增加?

15.3.2　古诺厂商的数量变化

古诺模型对政策分析是格外有用的,因为通过改变参与厂商的数量 n,从 $n=\infty$ 到 $n=1$,它可以表示从完全竞争到完美卡特尔/垄断之间的所有产出情形(即图 15.1 中点 C 和点 M 之间的所有部分)。为简单起见,考虑同质厂商的情形,这里意味着 n 个厂商的成本函数相同,记为 $C(q_i)$。在均衡点,厂商的产出份额相同:$q_i=Q/n$,将 $q_i=Q/n$ 带入(15.12)式,楔子项变为 $P'(Q)Q/n$。当 n 足够大时,楔子项就会消失,厂商变得无限小。当厂商无限小时,他就成了一个价格接受者,因为产出足够小,以至于他试图通过增加产出、降低市场价格来增加收入的方法难以奏效。市场价格逼近边际成本,产出逼近完全竞争时的产出。当 n 减少为 1 时,楔子项接近(15.5)式,意味着此时的古诺产出接近于完美卡特尔产出。随着古诺厂商市场份额的增长,他们将市场价格下降带来的收入损失内部化的程度也越来越大。

例 15.3　天然矿泉水寡头垄断

我们再次用到例 15.1 中天然矿泉水的例子,只不过厂商数量不再是固定的两个,而是会变化的情形。厂商 i 的利润为

$$\pi_i = P(Q)q_i - cq_i = (a - Q - c)q_i = (a - q_i - Q_{-i} - c)q_i \tag{15.14}$$

将总产出表示为 $Q = q_i + Q_{-i}$ 是很方便的,其中 $Q_{-i} = Q - q_i$ 是除厂商 i 外其他所有厂商的产出之和。取(15.14)式的一阶条件,对 q_i 求导,注意到对厂商 i 而言,Q_{-i} 值是给定的,因此在求导过程中,我们将其作为一个常数来对待,方程

$$\frac{\partial \pi_i}{\partial q_i} = a - 2q_i - Q_{-i} - c = 0 \tag{15.15}$$

对 $i = 1, 2, \cdots, n$ 都成立。

对 n 个等式求解出 n 个均衡产出,关键是注意到纳什均衡时,厂商产量相同,因为他们是对称的。这意味着

$$Q_{-1}^* = Q^* - q_i^* = nq_i^* - q_i^* = (n-1)q_i^* \tag{15.16}$$

将(15.16)式带入(15.15)式中得到

$$a - 2q_i^* - (n-1)q_i^* - c = 0 \tag{15.17}$$

或者 $q_i^* = (a-c)/(n+1)$。

市场总产出为

$$Q^* = nq_i^* = \left(\frac{n}{n+1}\right)(a-c) \tag{15.18}$$

市场价格为

$$P^* = a - Q^* = \left(\frac{1}{n+1}\right)a + \left(\frac{n}{n+1}\right)c \tag{15.19}$$

将 q_i^*,Q^*,P^* 的表达式带入(15.14)式,得到所有厂商的总利润:

$$\Pi^* = n\pi_i^* = n\left(\frac{a-c}{n+1}\right)^2 \tag{15.20}$$

令(15.18)式至(15.20)式中 $n = 1$,就得到了垄断产出,在此情形下求出的价格、总产出、利润都和例 15.1 中完美卡特尔的计算结果相同。令(15.18)式至(15.20)式中的 n 无限增长,就得到了完全竞争结果,此时的价格、总产出、利润和例 15.1 中伯特兰德情形下的计算结果相同。

请回答:在对厂商 i 的产量选择求一阶条件后,我们又用到了厂商的对称性。似乎在一阶条件之前运用对称性会更为简单。但这样做是不正确的,为什么呢?产量、价格、利润的错误表达式如何与正确的表达式相比较?

15.3.3 价格还是数量

从伯特兰德模型的价格竞争到古诺模型的产量竞争,市场结果发生了显著变化。乍一看,这个变化令人匪夷所思。毕竟,在第 14 章中,无论我们假设垄断厂商是选择价格还是选择产量,最终结果都是相同的。进一步的思考会说明为何价格和数量会是两种不同的策略变量。从价格相等开始,任一厂商稍微降低一点点价格都会使他从竞争对手中攫取整个市场。削价导致的利润陡增使价格竞争变得极其“激烈”。数量竞争较之而言就“温和”多了。从数量相等开始,任意厂商产量的小量增长都只对其他厂商在现有产出下的收入有边际影响。厂商用于数量竞争(超额生产)的动力不及用于价格竞争(相互削价)的动力。

古诺模型的一个优点就是它的现实寓意,即随着进入市场的厂商数量 n 从垄断增加到完全竞

争,行业竞争越来越激烈。在伯特兰德模型中,如果只有两个厂商,市场就会存在从垄断到完全竞争的不连续跳跃,两个厂商之外的额外厂商的进入对市场结果没有附加影响。

古诺模型的一个显著弊端是,现实世界中的厂商通常是选择价格而非数量,这与古诺模型中厂商选择数量的假设不同。例如,零售商会为橙汁的价格做广告,比如在报纸上广告橙汁 3 美元一箱,而不会广告自己有多少存货。但正如我们在下一节将看到的,如果我们将产量重新解释为厂商的**产能(capacity)**,即给定厂商在短期内的资本投入和其他可投入要素,以及厂商可供销售的最大数量,则古诺模型甚至可以适用于橙汁市场。

15.4　产能限制

为解决伯特兰德模型产生的悖论(两个厂商本质上是作为完全竞争者在行动),厂商必须具有无限的生产能力。从价格相等开始,如果一个厂商稍微降低一点点价格,那么它的需求量就会翻倍。由于没有产能限制,厂商会满足需求量的增加,这样厂商就有了足够的降价动力。如果降价厂商由于产能限制而不能在低价格上满足所有需求量,市场的剩余需求量就会被其他价格较高的厂商获取,这样就会降低厂商降价的动力。

考虑一个两阶段模型,厂商在第一阶段构建产能,在第二阶段选择价格 p_1 和 p_2。④ 第二阶段出售的数量不能多于第一阶段确定的产能。如果构建产能的成本是足够高的,这个连续博弈的子博弈完美均衡就会和古诺模型的纳什均衡结果一样。

为看清楚这个结果,我们用逆向归纳法分析这个博弈。考虑第二阶段的定价博弈,假设厂商已经在第一阶段将产能定为$\bar{q}_1$ 和$\bar{q}_2$。令价格 $\bar{p}$ 是厂商在其产能处的价格。此时,情形

$$p_1 = p_2 < \bar{p} \tag{15.21}$$

不是纳什均衡。在这个价格下,总需求超出了厂商的生产能力。因此,厂商 1 会通过微弱的提价增加利润并仍然售出产量$\bar{q}_1$。同样,

$$p_1 = p_2 > \bar{p} \tag{15.22}$$

也不是纳什均衡,因为总销量未能达到最大产能。至少有一个厂商(比如厂商 1)出售的数量低于他的产能。只要降低一点点价格,厂商 1 就能达到产能$\bar{q}_1$,从而增加利润。因此,两阶段博弈的纳什均衡是:厂商选择的价格正好使得市场需求量等于一阶段建立的产能⑤:

$$p_1 = p_2 = \bar{p} \tag{15.23}$$

预测到厂商会选择使得销售量等于产能的价格,第一阶段的产能选择博弈本质上就和古诺博弈相同了。因此,均衡产量、价格、利润都和古诺博弈的结果相同。所以,即便是在看似是价格竞争的市场(例如杂货店出售的橙汁),古诺模型也证明了,它比表面上看上去更有现实意义。

---

④ 该模型源于 D. Creps 和 J. Scheinkman,"Quantity Precommitment and Bertrand Competition Yield Cournot Outcomes," *Bell Journal of Economics*(Autumn 1983):326—337。

⑤ 出于完整性,应当注意到第二阶段博弈没有价格不相等($p_1 \neq p_2$)的纯策略纳什均衡。低价厂商有动力提高价格,并且/或者高价厂商有动力降低价格。对产能强大的厂商而言,或许存在一个复杂的混合策略纳什均衡,但这种可能性可以通过假设厂商构建产能的成本足够高来避免。

15.5 产品差异化

另一个避免伯特兰德悖论的方法是,将厂商生产同质产品的假设换成厂商生产差异化的产品。现实世界中,许多(如果不是大多数)市场都呈现出产品差异化的现象。例如,牙膏品牌在供应商之间表现为口味、含氟量、美白剂、行业协会的认可程度等方面的不同。即使供应商的产品成分是类似的,它们也可能在其他方面有所差异,比如地理位置。因为需求者总是会更接近某些供应商,所以为了省时,他们可能更青睐那些邻近的卖家。

15.5.1 "市场"的含义

产品差异化的可能会在我们定义某种商品市场时产生疑惑。当面临同质产品时,需求者不会在意产品是哪个厂家生产的;他们选择与价格最低的厂商交易,由此产生了一价定律。如果需求者在相等价格的两个供应商中严格偏好其中一个,一价定律就不再成立。绿色凝胶牙膏和白色膏状牙膏同属一个市场还是分属两个市场?城镇郊区的比萨店和另一个镇上的同样的店又属于同一个市场吗?

面对差异化产品,我们将市场认定为一组密切相关的产品,组内产品间的相互替代性(用交叉价格弹性来度量)强于组外产品。为避免弹性阈值(组内产品间的交叉价格弹性有多大,组内与组外产品的交叉价格弹性有多小)过于精确,我们会略微放松定义。关于何种商品应当属于产品组的争论通常是反垄断诉讼的重点,在此,我们尽量避免这个话题。

15.5.2 差异化产品的伯特兰德竞争

回到伯特兰德模型,现在我们假设 n 个厂商同时对他们的差异化产品选择价格 $p_i(i=1,\cdots,n)$。产品 i 有它自己的特有属性 a_i,可能是反映产品的特殊期权、质量、品牌广告,也可能是地理位置。一个产品的属性是由它的禀赋带来的(橙汁,顾名思义是由橙子制成的),也可能是厂商选择和投入水平的结果(橙汁供应商可以花更多钱用新鲜的橙子制作橙汁,而非价格相对低廉的冷冻浓缩原料)。不同的属性产生了差异化的产品。厂商 i 的需求是

$$q_i(p_i, P_{-i}, a_i, A_{-i}) \tag{15.24}$$

其中 P_{-i} 是除厂商 i 外所有厂商的价格列表,A_{-i} 是除厂商之外所有厂商的属性列表。厂商 i 的总成本为

$$C_i(q_i, a_i) \tag{15.25}$$

因此,利润为

$$\pi_i = p_i q_i - C_i(q_i, a_i) \tag{15.26}$$

面对差异化产品,利润函数(15.26)式也是差异化的,因此,我们不必再像伯特兰德模型中求解同质产品的纳什均衡一样逐一求解纳什均衡。我们可以用古诺模型中的方法求解,利用每个厂商的一阶条件求出最优反应函数(此处是对价格求偏导而不是数量)。(15.26)式对价格 p_i 求偏导得到的一阶条件

$$\frac{\partial \pi_i}{\partial p_i} = \underbrace{q_i + p_i \frac{\partial q_i}{\partial p_i}}_{A} - \underbrace{\frac{\partial C_i}{\partial q_i} \cdot \frac{\partial q_i}{\partial p_i}}_{B} = 0 \tag{15.27}$$

(15.27)式右边前两项(标记为 A)可称为某种边际收益——不是我们常说的数量增加一单位所带来的收入增加,而是价格上升一单位所带来的收入增加。在当前销量 q_i 下,价格上升增加了收入,但我们必须考虑价格上升带来的销量下降的负效应($\partial q_i/\partial p_i$ 乘以价格 p_i)。标记为 B 的一项是伴随价格上升带来的销量下降所节约的成本。

同时求解(15.27)式中的 n 个($i=1,\cdots n$)一阶条件,可以找到纳什均衡。如果属性 a_i 也是选择变量(不是外生禀赋),则就要考虑另外一组一阶条件。对于厂商 i,对 a_i 求偏导的一阶条件具有如下形式

$$\frac{\partial \pi_i}{\partial a_i} = p_i \frac{\partial q_i}{\partial a_i} - \frac{\partial C_i}{\partial a_i} - \frac{\partial C_i}{\partial q_i} \cdot \frac{\partial q_i}{\partial a_i} = 0 \tag{15.28}$$

同时求解这些一阶条件会很复杂,并且能得到的有关市场均衡性质的结论也很有限。为此,我们将从下面两个特殊情形的例子中得出一些见解。

例 15.4 多元化产品——牙膏

假设有两个牙膏生产商,一个生产绿色凝胶牙膏,一个生产白色膏状牙膏。为简化计算,假设生产无成本。消费者对产品 i 的需求为

$$q_i = a_i - p_i + \frac{p_j}{2} \tag{15.29}$$

p_j 的系数为正,表明两种产品是总替代品。厂商 i 的需求是属性 a_i 的增函数,我们将其考虑为需求者对这种产品的内在偏好。假设 a_i 为厂商的外生禀赋而非选择变量(并且厂商可以通过广告提升消费者对这种产品的偏好)。

代数解。厂商 i 的利润是

$$\pi_i = p_i q_i - C_i(q_i) = p_i\left(a_i - p_i + \frac{p_j}{2}\right) \tag{15.30}$$

生产无成本,因此 $C_i(q_i)=0$。对 p_i 求导得出利润最大化的一阶条件是

$$\frac{\partial \pi_i}{\partial p_i} = a_i - 2p_i + \frac{p_j}{2} = 0 \tag{15.31}$$

求解 p_i,得到对于 $i=1,2$ 的最优反应函数

$$p_1 = \frac{1}{2}\left(a_1 + \frac{p_2}{2}\right), \quad p_2 = \frac{1}{2}\left(a_2 + \frac{p_1}{2}\right) \tag{15.32}$$

联立求解(15.32)式中两个方程得到纳什均衡价格

$$p_i^* = \frac{8}{15}a_i + \frac{2}{15}a_j \tag{15.33}$$

均衡利润为

$$\pi_i^* = \left(\frac{8}{15}a_i + \frac{2}{15}a_j\right)^2 \tag{15.34}$$

厂商 i 的均衡价格不仅是自身属性 a_i 的增函数,也是另一种产品的属性 a_j 的增函数。a_j 上升导致厂商 j 提高价格,进而导致厂商 i 的需求量增加,p_i 也就随之增加。

图解法。我们也可以像图 15.4 那样,用画图的方法找到均衡价格。(15.32)式中两条最优反应线向上倾斜,交点 E 为纳什均衡。厂商 1 的等利润线形如微笑。为看到这一点,令(15.30)式中厂商 1 的利润表达式等于一个固定的利润水平(比如 100),接着求出 p_2,再在最优反应图中画出

等利润线。有

$$p_2 = \frac{100}{p_1} + p_1 - a_1 \tag{15.35}$$

这条微笑曲线在 p_1 接近于0时向上弯曲,因为主导项 $100/p_1$ 趋于无穷。曲线在 p_1 很大时也向上弯曲,因为(15.35)式中等式右边的第二项也变得很大。从起点沿着最优反应函数向上移动时,厂商1的等利润曲线就会增大。

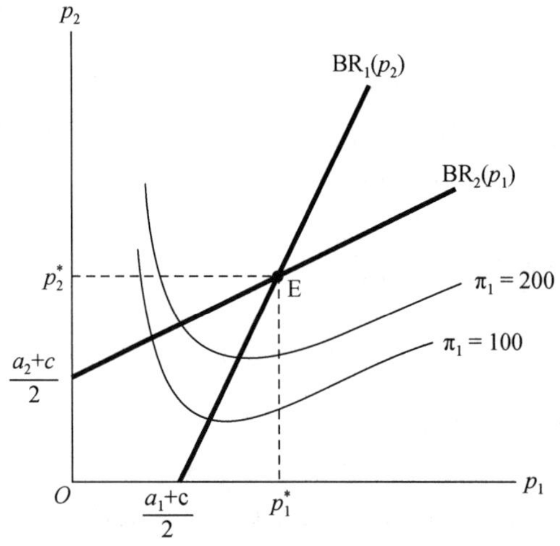

图15.4 差异化产品伯特兰德模型的最优反应曲线

厂商的最优反应由图中粗线所示,它们的交点(E)为纳什均衡。厂商1的等利润线沿着它的最优反应线向上方移动而增加。

请回答:需求截距的变化如何在图中表示?

例15.5 霍特林海岸模型

H. 霍特林(H. Hotelling)在19世纪20年代提出了一个由供应商地点不同带来的同质产品多元化的简单模型。⑥ 如图15.5所示,两个冰激凌小贩,记为A和B,位于长度为 L 的海滩上。两个小贩生产相同的圆筒冰激凌,为简单起见,假设生产是无成本的。令 a 和 b 表示小贩在海滩上的位置(我们将冰激凌小贩的位置视为给定的;在后面的例子中,我们会重新审视厂商在均衡时选择的位置)。假设需求者沿着海滩均匀分布,即每单位长度的海滩上有一个需求者,消费者经过距离 d 购买冰激凌的成本是 td^2,因为温度越高,距离越远,冰激凌融化得就越多。⑦ 和伯特兰德模型的假设一致,两个厂商同时选择价格 p_A 和 p_B。

确定需求。令处于位置 x 的消费者在两个摊位购买冰激凌无差异,则 x 必须满足下述条件:

$$p_A + t(x-a)^2 = p_B + t(b-x)^2 \tag{15.36}$$

⑥ H. Hotelling, "Stability in Competition," *Economic Journal* 39(1929):41—57.

⑦ "运输成本"的二次型假设是为稍后我们计算厂商均衡(模型中小贩的位置)时可以简化。

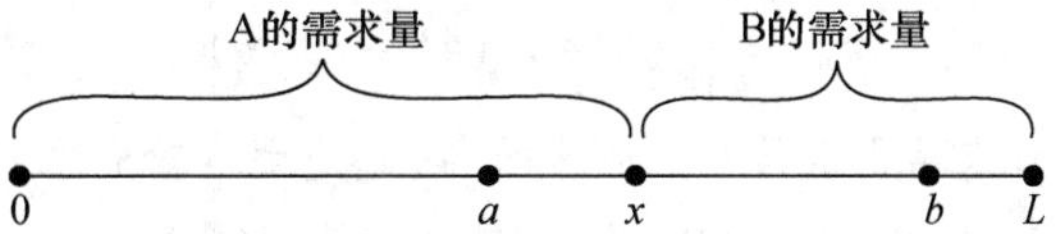

图 15.5　霍特林海岸

小贩 A、B 分别在长度为 L 的海滩上的 a 点和 b 点。对两个摊位无差异的消费者位于点 x。x 左边的消费者将从 A 那里购买，x 右边的消费者将从 B 那里购买。

(15.36)式左边是从 A 那里购买的广义成本(包括冰激凌的价格和距离 $x-a$ 的运输成本)。同样,方程右边是从 B 那里购买的广义成本。对(15.36)式中的 x 求解,得到

$$x = \frac{b+a}{2} + \frac{p_{\mathrm{B}} - p_{\mathrm{A}}}{2t(b-a)} \tag{15.37}$$

如果价格是相等的,无差异消费者就会位于 a 和 b 的中点位置。如果 A 的价格小于 B,x 就会向点 L 移动(图 15.5 反映了这种情形)。

由于所有位于点 0 和 x 之间的需求者都会在 A 那里购买,并且每单位距离上有一个消费者,那么,A 的需求量就等于 x:

$$q_{\mathrm{A}}(p_{\mathrm{A}}, p_B, a, b) = x = \frac{b+a}{2} + \frac{p_{\mathrm{B}} - p_{\mathrm{A}}}{2t(b-a)} \tag{15.38}$$

剩下的 $L-x$ 的消费者则构成了 B 的需求量:

$$q_{\mathrm{B}}(p_{\mathrm{B}}, p_{\mathrm{A}}, b, a) = L - x = L - \frac{b+a}{2} + \frac{p_{\mathrm{A}} - p_{\mathrm{B}}}{2t(b-a)} \tag{15.39}$$

求解纳什均衡。找到纳什均衡的方法和例 15.4 相同,只是需求量由(15.38)式和(15.39)式代替了方程(15.29)。略去计算细节,纳什均衡的价格为

$$\begin{aligned} p_{\mathrm{A}}^* &= \frac{t}{3}(b-a)(2L+a+b) \\ p_{\mathrm{B}}^* &= \frac{t}{3}(b-a)(4L-a-b) \end{aligned} \tag{15.40}$$

上述价格依赖于两个摊位的具体位置并且相互不同。例如,如果我们假设海滩长度 $L=100$ 公里,$a=40$ 公里,$b=70$ 公里,并且 $t=0.001$ 美元(1/10 美分),则 $p_{\mathrm{A}}^*=3.1$ 美元,$p_{\mathrm{B}}^*=2.9$ 美元。价格的不同仅源于摊位位置的不同,除此之外,在这个问题中,冰激凌本身是相同的,生产也无需成本。由于 A 的位置略优于 B,它可以在不损失太多顾客的情况下索要一个更高的价格。利用 (15.38)式可得出

$$x = \frac{110}{2} + \frac{3.10 - 2.90}{2 \times 0.001 \times 110} \approx 52 \tag{15.41}$$

因此,小贩 A 可售出 52 个冰激凌,而小贩 B 即使售价较低,也只能售出 48 个冰激凌。位于点 x 处的消费者无所谓是走 12 公里去摊位 A 支付 3.10 美元,还是走 18 公里去摊位 B 支付 2.90 美元。这个均衡是无效率的,因为 A 有能力制定更高的价格,位于 x 右边一点的顾客明明可以少走几步去摊位 A,却还是选择了 B。

均衡利润分别是

$$\pi_{\mathrm{A}}^* = \frac{t}{18}(b-a)(2L+a+b)^2$$

$$\pi_B^* = \frac{t}{18}(b-a)(4L-a-b)^2 \tag{15.42}$$

令人惊讶的是,冰激凌的加速融化会给小贩带来收益,此处由运输成本 t 度量。例如,如果我们和之前一样令 $L=100, a=40, b=70, t=0.001$ 美元,那么 $\pi_A^*=160$ 美元,$\pi_B^*=140$ 美元(四舍五入至最接近的整数)。如果运输成本翻倍到 $t=0.002$ 美元,那么利润也会翻倍为 $\pi_A^*=320$ 美元,$\pi_B^*=280$ 美元。

运输/融化成本是模型中多元化的唯一来源。如果 $t=0$,我们便可以从(15.40)式中看出价格等于0(即边际成本,给定生产是无成本的),由(15.42)式可知利润也等于0——换句话说,即伯特兰德悖论的结果。

请回答:如果两个小贩处于同一位置,均衡价格和利润会如何?如果他们分别位于海滩的左右端点呢?

15.5.3 消费者搜寻和价格分散

例15.5中分析的霍特林模型表明,即使厂商出售的产品具有相同的物理特性,也存在竞争者有某种能力使价格高于边际成本的可能。厂商的不同位置——离某些需求者近而离另一些需求者远——可能会导致空间差异化。网络降低了商店的物理位置和消费者的相关度,特别是当运费和距离无关的时候(或者不用考虑)。在这种情境下,如果我们放弃需求者知道市场中每一个厂商的价格这一假设,厂商就能避免伯特兰德悖论。然而我们并没有这样做,相反我们假设需求者面临一个小额成本,我们称之为搜寻成本,作为逛商店(或点击它的网站)得知价格信息的成本。

2010年诺贝尔经济学奖得主彼得·戴蒙德发明了一个搜寻模型,在模型中,消费者从 n 个商店中随机挑选一个并得知它的价格。需求者知道价格在均衡情况下的分布,但他们不知道哪个商店收取哪个价格。需求者的第一次价格搜寻是零成本的,但需要为额外搜寻支付费用 s。他们最多需要一单位商品,并且每单位商品给所有人带来的剩余都是 v。⑧

在这个模型中,商店不仅设法避免了伯特兰德悖论的结果,还得到了相反的极端的结果:所有厂商收取垄断价格,攫取了所有消费者剩余。无论搜寻成本 s 多小,这个结果都成立——只要 s 是正的(如一美分)。容易看到,所有厂商的价格等于 v 是一个均衡。如果所有厂商的价格都为 v,需求者还是在其搜寻的第一个厂商那里购买为好,因为额外的搜寻是有成本的,并且直至最终也找不到一个更低的价格。我们同样可以看到,这是唯一的均衡。考虑任何至少有一个厂商要价低于 v 的结果,并且考虑这个结果中要价最低的厂商(记为 i)。商店 i 可将价格 p_i 提升至多 s 并保持销售额和以前一样。需求者期望支付的最低价格不会低于 p_i,并且为了找到这个价格,需求者不得不支付费用 s。

一个不那么极端的均衡出现在消费者具有不同搜寻成本的模型中。⑨ 例如,一部分消费者的搜寻成本为零,另一部分消费者每次搜寻则需支付成本 s。均衡时,商店之间会有价格分散。一些商店供应低搜寻成本的需求者(以及碰巧找到便宜商店的高搜寻成本的幸运者)。这些便宜商店

---

⑧ P. Diamond,"A Model of Price Adjustment," *Journal of Economic Theory* 3(1971):156—168.

⑨ 接下来的模型由 S. Salop 和 J. Stiligz 提出,参见 S. Salop and J. Stiligz,"Bargains and Ripoffs: A Model of Monopolistically Competitive Price Dispersion," *Review of Economic Studies* 44(1977):493—510。

以等于边际成本的价格出售产品。另一些厂商则向高搜寻成本的需求者提供一个价格，这个价格使这些消费者觉得即时购买或是碰运气在下一次搜寻中遇到便宜的商店没有差别。

15.6 暗中合谋

在第 8 章中我们证明了，参与者或许可以在一个无限重复博弈的子博弈完美均衡中获得超过简单无限期重复单阶段博弈的纳什均衡的支付。例如，我们看到，如果参与者足够耐心，他们就会在囚徒困境的无限次重复博弈中选择合作且保持缄默，而不是每次都告发对方。从寡头垄断理论的角度看，问题的关键是厂商必须在重复博弈的每一阶段都忍受伯特兰德悖论的结果（价格等于边际成本，利润为零），还是通过暗中合谋获得更多利润。

我们应当区分暗中合谋和明确组成的卡特尔。一个明确的卡特尔包含这样的法律协议：如果厂商违反约定（例如，维持高价格或者低产出），外部制裁就会被强制执行。暗中合谋只能通过市场内部的惩罚才能被强制实施——也就是说，只能产生于重复博弈的一个子博弈完美均衡。反垄断法通常会禁止形成明确的卡特尔，所以暗中合谋就成了厂商将价格提高到静态水平之上的唯一途径。

15.6.1 有限重复博弈

这里，我们将伯特兰德博弈看成阶段博弈，第 8 章的泽尔滕引理告诉我们，阶段博弈的任意有限次（T）重复将不改变均衡结果。有限重复伯特兰德博弈的唯一子博弈完美均衡是重复阶段博弈纳什均衡——价格等于边际成本——在 T 阶段的任何一期都是如此。该博弈用逆向归纳法求解。T 阶段内开始的任何子博弈，达到唯一的纳什均衡都与之前的结果无关。由于 $T-1$ 期结果不会影响下阶段结果，那么 $T-1$ 期就像是最后一期，唯一纳什均衡一定会在那一点达到，运用逆向归纳法，我们就可以求得从最后一阶段到第一阶段的所有子博弈均衡。

15.6.2 无限重复博弈

如果阶段博弈重复无限次，那么，无名氏定理（folk theorem）就有用了。无名氏定理的含义是，只要折现因子 δ 足够接近单位 1，任何合理的、受个人理性约束的支付都能在一个无限重复博弈的每一阶段得以持续。回忆折现因子是将来某一阶段赚得的一美元在现阶段的价值——粗略地讲，是对参与者耐心的测量。由于垄断产出（利润在厂商之间分配）是一个合理的、个体理性的结果，无名氏定理意味着，当 δ 足够接近 1 时，垄断产出在一个子博弈完美均衡中是可以持续的。下面我们来考察一下 δ 需要的阈值。

首先，假设一个伯特兰德博弈的每一阶段都有两个厂商在竞争。令 Π_M 和 P_M 分别表示阶段博弈的垄断利润、垄断价格，厂商可能暗中串通起来维持垄断价格，即每个厂商赚得相同份额的垄断利润，运用冷酷触发策略（grim trigger strategy），只要厂商在过去阶段没有削价，就继续合谋，维持高价。但如果有任何一方削价，则从背离合谋（即削价）的阶段起，价格等于边际成本就成为阶段博弈的纳什均衡。成功的暗中合谋提供以下利润流：

$$V^{\text{collude}}=\frac{\Pi_M}{2}+\delta\cdot\frac{\Pi_M}{2}+\delta^2\cdot\frac{\Pi_M}{2}+\cdots$$

$$= \frac{\Pi_M}{2}(1+\delta+\delta^2+\cdots) = \left(\frac{\Pi_M}{2}\right)\left(\frac{1}{1-\delta}\right) \tag{15.43}$$

回顾第8章对一连串折现因子$1+\delta+\delta^2+\cdots$加总的讨论,我们必须验证厂商没有动力背离合谋。通过降低一点点合谋价格P_M,厂商基本上可以为自己获得现阶段所有的垄断利润。这个背离会触发第二阶段及未来所有阶段的冷酷策略惩罚,即价格只能等于边际成本,所以所有厂商从那时起都会得到零经济利润。因此来自背离的利润流是$V^{\text{deviate}}=\Pi_M$。

为使这个背离无利可图,必须有$V^{\text{collude}}\geqslant V^{\text{deviate}}$,或者

$$\left(\frac{\Pi_M}{2}\right)\left(\frac{1}{1-\delta}\right)\geqslant \Pi_M \tag{15.44}$$

整理(15.44)式,条件简化为$\delta\geqslant 1/2$。因此,为阻止背离,厂商必须足够重视未来,以使回到单阶段纳什均衡(价格等于边际成本)的利润损失的威胁大于削价所获得的当前阶段的所有垄断利润。

例15.6 一个伯特兰德模型中的暗中合谋

伯特兰德双寡头垄断。假设仅有两个厂商生产用于外科手术的某种器械。生产该器械的平均成本和边际成本都为常数10美元,器械的需求由下式给出

$$Q = 5\,000 - 100P \tag{15.45}$$

如果伯特兰德博弈只在一个阶段进行,则均衡时的厂商价格均为10美元,总产量为4 000。由于市场中的垄断价格为30美元,厂商有明确的动力考虑合谋策略。在垄断价格下,每阶段的总利润是40 000美元,每个厂商分得总利润的一半,即20 000美元。根据15.44式,合谋可持续的条件是

$$20\,000\left(\frac{1}{1-\delta}\right)\geqslant 40\,000 \tag{15.46}$$

或者$\delta\geqslant 1/2$。

条件$\delta\geqslant 1/2$能在市场上得到满足吗?这取决于我们在计算δ时考虑的因素,包括利率,以及博弈能否继续的不确定性。暂将不确定性搁置一旁,仅考虑利率。如果一阶段博弈的长度是一年,那么假设年利率$r=10\%$应该就是合理的。如第17章附录所示,$\delta=1/(1+r)$;因此,如果$r=10\%$,则$\delta=0.91$。δ的值显然超过了维持合谋所需的最小值1/2。对于δ小于1/2的情形,我们必须考虑折现因子中存在的不确定性问题。一定存在一个显著的机会,使得市场不会进入下一阶段——或许是因为一种新的外科手术过程的开发引发了器械使用障碍。

我们关注合谋可能的最优情况:垄断价格30美元。合谋在一个较低的价格,比如20美元下是否更容易持续呢?不是。当价格为20美元时,每阶段的总利润是30 000美元,每个公司分得15 000美元。将其带入(15.44)式,合谋得以维持的条件是

$$15\,000\left(\frac{1}{1-\delta}\right)\geqslant 30\,000 \tag{15.47}$$

同样计算出$\delta\geqslant 1/2$。离开条件$\delta\geqslant 1/2$,厂商试图维持的任何合谋的利润都会从(15.44)式两端消失。因此,随着厂商变得更有耐心,即随着δ从0增加到1,他们合谋的能力出现了一个间断性跳

跃。[10] 当 δ 小于 1/2 时，合谋是不可能的。当 δ 超过 1/2 时，任何介于边际成本和垄断价格之间的价格都能作为一个合谋结果而得以维持。经济学家们在面临这种子博弈完美均衡的多样性时，通常只关注厂商获利最多时的那个均衡，但关于厂商为何会有一个或另一个均衡问题的规范理论仍未建立。

伯特兰德寡头垄断。现在假设 n 个厂商生产医疗设备。垄断利润仍然是 40 000 美元，只是每个厂商分得的利润只有 40 000/n 美元。一个厂商只要削减一丁点垄断价格，不论存在多少其他厂商，他都能获得所有垄断利润。将(15.46)式中的合谋利润 20 000 美元换为 40 000/n 美元，我们就得到了 n 个厂商可以在垄断价格下成功合谋的条件

$$\frac{40\,000}{n}\left(\frac{1}{1-\delta}\right) \geqslant 40\,000 \tag{15.48}$$

或

$$\delta \geqslant 1-\frac{1}{n} \tag{15.49}$$

采用之前使用的"合理"折现因子 $\delta = 0.91$，当市场中存在 11 个或者更少的厂商时，合谋是可能的，多一个都不行。当市场中存在 12 个或者更多厂商时，唯一的子博弈完美均衡将是价格等于边际成本，厂商经济利润为零。

(15.49)式说明，厂商越有耐心(正如我们之前看到的)，数量越少，暗中合谋越容易。反垄断监管机构用于挑战某些并购的一个合理原因就是：并购使 n 降低到一定水平，使得(15.49)式得到满足，合谋成为可能，从而导致价格上升，社会福利下降。

请回答：一个阶段可以解释为厂商意识到对手的降价行为并对其做出反应所花的时间。那么，一个小镇上的竞争性加油站的一个阶段是多长呢？对何种行业而言，一年为一个阶段是合理的？

例 15.7　古诺模型中的暗中合谋

我们再次假设有两个厂商生产医疗设备，但是在每个阶段内，厂商身陷产量(古诺模型)竞争而非价格(伯特兰德模型)竞争。我们将再次考察厂商在什么条件下可以合谋，产生垄断结果。为了在一个阶段内得到垄断结果，每个厂商需要生产 1 000 台设备；这样使得市场价格为 30 美元，总利润为 40 000 美元，每个厂商赚得 20 000 美元。合谋所获利润流的折现值是

$$V^{\text{collude}} = 20\,000\left(\frac{1}{1-\delta}\right) \tag{15.50}$$

计算来自背离的利润流的折现值有些复杂。最优的背离并不是简单地由一家公司生产所有垄断产出而另一家公司什么也不生产。另一厂商的 1 000 台设备也要向市场提供。最优背离(比如，对于厂商 1 而言)应当是对厂商 2 生产 1 000 台设备的最优反应。为计算这个最优反应，首先要注意，如果需求函数由(15.45)式给出，则反需求函数为

$$P = 50 - \frac{Q}{100} \tag{15.51}$$

---

[10] 厂商合谋能力的间断跳跃是伯特兰德模型的一个特征；在例 15.7 的古诺模型中，厂商合谋能力随着 δ 的增加是连续递增的。

厂商 1 的利润为

$$\pi_1 = Pq_1 - cq_1 = q_1\left(40 - \frac{q_1 + q_2}{100}\right) \tag{15.52}$$

对 q_1 求导得出一阶条件并求解,得到最优反应函数

$$q_1 = 2\,000 - \frac{q_2}{2} \tag{15.53}$$

当厂商 2 生产 1 000 台设备时,厂商 1 的最优反应是把产量从 1 000 台增加到 1 500 台。将产量代入(15.52)式,结果显示厂商 1 的背离在这个阶段内赚到了 22 500 美元。

若厂商用触发策略惩罚背离,那么厂商 1 在第一阶段选择背离后,在第二阶段及以后能获得多少利润呢?假设企业会使用冷酷策略,回到阶段博弈的纳什均衡(在这种情况下,即古诺博弈的纳什均衡),从第二阶段开始。均衡时,每个厂商对对方的最优反应遵从(15.53)式中的最优反应函数(q 的下标对换得到厂商 2 的反应函数)。同时求解两个最优反应函数,得到纳什均衡产出是 $q_1^* = q_2^* = 4\,000/3$,利润 $\pi_1^* = \pi_2^* = 17\,778$。厂商 1 由背离产生的利润流的折现值是

$$\begin{aligned} V^{\text{deviate}} &= 22\,500 + 17\,778 \cdot \delta + 17\,778 \cdot \delta^2 + 17\,778 \cdot \delta^3 + \cdots \\ &= 22\,500 + (17\,778 \cdot \delta)(1 + \delta + \delta^2 + \cdots) \\ &= 22\,500 + 17\,778\left(\frac{\delta}{1 - \delta}\right) \end{aligned} \tag{15.54}$$

如果

$$20\,000\left(\frac{1}{1 - \delta}\right) \geqslant 22\,500 + 17\,778\left(\frac{\delta}{1 - \delta}\right) \tag{15.55}$$

则有 $V^{\text{collude}} \geqslant V^{\text{deviate}}$,或者,用具体数值表示,$\delta \geqslant 0.53$。

与伯特兰德阶段博弈不同,当折现因子小于 0.53 时,古诺阶段博弈中的厂商仍存在某些合谋的可能。但是,与垄断相比,合谋会使得产出较高,利润较低。

请回答:古诺阶段博弈中厂商背离所获得的好处小于伯特兰德阶段博弈中的好处,因为古诺厂商不能从一个小小的背离中窃取所有垄断利润。那么,为什么古诺双寡头垄断中合谋的条件更加严格($\delta \geqslant 0.53$ 而非 $\delta \geqslant 0.5$)?

15.7 长期决策:投资、进入和退出

到目前为止,本章关注的都是就价格或产量如何设定的最基本的短期决策。当我们引入长期决策时,策略互动的范围就扩展了。以小汽车市场为例,长期决策包含是否更新小汽车的基本设计,这个过程可能要两年时间才能完成。长期决策还包括投资机器人技术以降低生产成本、将生产工厂迁于离消费者或廉价要素更近的地址、新的广告活动、进入或撤出某些生产线(比如,停止旅行小客车的生产或者启动混合动力汽车的生产)。当面临这些决策时,一个寡头垄断厂商必须考虑对手会做何回应——现存厂商之间的竞争会更加激烈还是会缓和?决策会导致现有竞争者的退出还是会鼓励新厂商的进入?是第一个做决策好,还是等到竞争者行动后再决策好?

15.7.1 灵活性与承诺

我们分析诸如投资、进入、退出等长期决策的关键是厂商逆转既有决策的难易程度。乍一想，似乎应该是厂商越容易逆转决策越好，因为这使厂商在面对变化无常的环境时有了更多灵活性。例如，一个小汽车制造商可能更愿意投资开发混合动力汽车，前提是如果汽油价格(随着混合动力汽车的需求)突然下降，他可以轻易地回到标准汽油动力汽车的计划上来。目前只有垄断厂商不存在策略考虑——在其他情况下，一个厂商通常会看重灵活性和可逆性。我们已经在第 7 章中详细讨论了灵活性提供的“期权价值”。

奇怪的是，出现于寡头垄断情形中的策略考虑可能使厂商更偏好不可逆的决策。厂商从灵活性中失去的可从承诺的价值中得到补偿。我们将在下面几节中看到几个关于承诺的价值的例子。如果一个厂商能在对手行动之前做出一个承诺，他就可以获得先动优势。厂商可以利用自己的先动优势向市场释放承诺，并在此过程中限制对手的各种获利行动。承诺对于先动优势是很必要的。如果先动者可以秘密逆转他的决策，那么他的对手就会预期到这个逆转，从而所有公司都会回到无先动优势的博弈中。

我们从第 8 章的性别战争这一简单例子中已经见识了承诺的价值。在这个丈夫与妻子同时决策的模型中，存在三个纳什均衡。在一个纯策略均衡中，妻子在与丈夫参加她最喜爱的活动中获得最高支付，而在其他两个均衡(一个妻子参与了非自己最喜爱活动的纯策略均衡，一个妻子获得最低支付的混合策略均衡)中获得较低支付。若妻子和丈夫采取序贯博弈的方式，参与者既可以选择作为先动者，有能力对参与某项活动做出承诺，也可以选择成为后动者，能灵活地迎合先动者的选择。参与者通常会选择成为先动者(拥有承诺的能力)。因为子博弈均衡一定会使得后动者迎合自己的决策，所以先动者能保证自己得到最喜爱的结果。

15.7.2 沉没成本

已经投资的不可逆的成本被称为沉没成本。

定义

沉没成本 沉没成本是一项不可逆的，没有转售价值的投资支出。

沉没成本包括特定类型设备的投资支出(例如，一台新闻纸制造机)或者工人岗位培训(开发工人使用新闻纸制造机的技能)。有时我们会对沉没成本和固定成本产生混淆。两者在一点上是相同的，即在一定的生产期间内不随企业的产出水平发生变化，并且即使该期间产出为零，成本也同样产生。两者的不同点在于，许多固定成本(工厂供暖支出、秘书和其他管理者的工资)是定期支付的，但沉没成本是只与进入过程有关的一次性支出。[11] 某些固定成本可以在经过一段足够长

---

[11] 数学上，沉没成本的概念可以整合进每阶段的总成本函数中

$$C_t(q_t) = S + F_t + cq_t$$

其中 S 是每一期摊销的沉没成本(例如，用于金融资本投资的资金利息支付)，F_t 是每阶段的固定成本，c 是边际成本，q_t 是每阶段的产出，如果 $q_t=0$，则 $C_t=S+F_t$。但是，如果生产阶段足够长，那么某些或者所有的 F_t 就可以避免。然而，任何 S 都是不可避免的。

的时间后被避免(比如,再次出售厂房和设备),然而沉没成本永远得不到弥补,因为这些投资无法用于别的用途。一个厂商做出一项沉没投资后,他就对市场做出了承诺,这对厂商的策略行为会产生重要的影响。

15.7.3 斯塔克伯格模型中的先动优势

斯塔克伯格模型是最简单的用于解释先动优势的模型,它的命名源自首次分析它的经济学家。[12] 该模型和双寡头古诺模型中的双寡头垄断相似,除了一点——厂商并非同时决策他们同质产品的产量——厂商行动有先后,厂商1(领先者)先选择产量,厂商2(跟随者)在观察到厂商1的产量后选择自己的产量。

我们用逆向归纳法求解此序贯博弈的子博弈完美均衡。从跟随者的产出选择开始。给定厂商1的产量,厂商2选择使得自身利润最大化的产量 q_2。结果与我们计算的古诺博弈中由一阶条件求出的厂商2的最优反应函数相同((15.2)式)。将此最优反应函数记为 $BR_2(q_1)$。

接下来我们来看领先者的产出选择。跟随者会对观察到的领先者的产出做出最优反应,并且厂商1知道自己的选择会影响跟随者的行动。将 $\mathrm{BR}_2(q_1)$ 带入由(15.1)式给出的厂商1的利润函数,有

$$\pi_1 = P(q_1 + \mathrm{BR}_2(q_1))q_1 - C_1(q_1) \tag{15.56}$$

对 q_1 求导得到的一阶条件是

$$\frac{\partial \pi_1}{\partial q_1} = P(Q) + P'(Q)q_1 + \underbrace{P'(Q)\mathrm{BR}_2'(q_1)q_1}_{S} - C_i'(q_i) = 0 \tag{15.57}$$

除了新增的 S 项用于说明厂商1的产出对厂商2选择的策略影响,上述一阶条件和古诺模型中计算出的一阶条件一样。策略影响 S 导致厂商1生产出比古诺模型中更多的产出。厂商1的过量生产导致厂商2的产量 q_2 下降 $\mathrm{BR}_2'(q_1)$;厂商2的产出下降使市场价格上升,从而增加厂商1在已有销售额下的收入。我们知道 q_2 随着 q_1 的上升而下降,是因为产量竞争下的最优反应函数通常是向下倾斜的;图15.2可以解释这一点。

如果跟随者无法观察到领先者的产出选择,或者领先者可以秘密逆转产出选择,那么策略影响 S 就会消失。领先者必须坚持一个可观测的产出,否则就会回到古诺博弈。容易看出,和古诺博弈相比,领先者更青睐斯塔克伯格博弈。在斯特克伯格博弈中,领先者通过选择与古诺博弈中相同的产量,总可以重复古诺博弈的结果。而领先者利用策略影响 S,可以生产出高于古诺博弈的产量,从而获得更多利润。

例 15.8 斯塔克伯格模型中的矿泉水厂商

回忆例15.1中的两个天然矿泉水厂商。现在,与在古诺博弈中让他们同时选择产出不同,在斯塔克伯格博弈中,假设他们先后选择产出,厂商1为领先者,厂商2为跟随者。

厂商2的产出。我们将用逆向归纳法求解子博弈完美均衡,从厂商2的产出选择开始。我们已经从(15.8)式中找到了厂商2的最优反应函数:

$$q_2 = \frac{a - q_1 - c}{2} \tag{15.58}$$

---

[12] H. von Stackelberg. *The Theory of Market Economy*, trans. A. T. Peaconk (New York: Oxford University Press, 1952).

厂商 1 的产出。现在回过头来求解厂商 1 的产出选择。将(15.58)式得到的厂商 2 的最优选择带入(15.56)式厂商 1 的利润函数中，得到

$$\pi_1 = \left(a - q_1 - \frac{a - q_1 - c}{2} - c\right)q_1 = \frac{1}{2}(a - q_1 - c)q_1 \tag{15.59}$$

运用一阶条件

$$\frac{\partial \pi_1}{\partial q_1} = \frac{1}{2}(a - 2q_1 - c) = 0 \tag{15.60}$$

计算出 $q_1^* = (a-c)/2$。反过来将 q_1^* 带入厂商 2 的最优反应函数中得到 $q_2^* = (a-c)/4$。利润 $\pi_1^* = (1/8)(a-c)^2$，$\pi_2^* = (1/16)(a-c)^2$。

举一个具体的例子，假设 $a = 120$，$c = 0$。那么 $q_1^* = 60$，$q_2^* = 30$，$\pi_1^* = 1\,800$ 美元，$\pi_2^* = 900$ 美元。厂商 1 的产出和利润都是厂商 2 的两倍。回忆例 15.1 中的古诺博弈，若 a 和 c 仍取上述值，则市场总产出为 80，行业总利润为 3 200 美元，意味着每个厂商的产出为 80/2 = 40 单位，利润为 3 200/2 = 1 600(美元)。因此，当厂商 1 为序贯博弈的先行动者时，与同时博弈相比，他将多生产 50% 的产量，多赚取 12.5% 的利润。

画图表示斯塔克伯格产出。图 15.6 用最优反应函数图形说明了斯塔克伯格均衡。领先者意识到跟随者总会做出最优反应，所以均衡结果一定会在跟随者的最优反应函数上。领先者将有效地在跟随者的最优反应函数上挑选一点使得自身利润最大化。厂商 1 的等利润线和厂商 2 的最优反应函数切于点 S，此时的利润水平最高(就利润水平来看是最高的，回忆图 15.2，当等利润线朝着水平轴向下移动时，利润水平提高)。这就是斯塔克伯格均衡，与古诺均衡点 C 相比，斯塔克伯格均衡中厂商 1 的产出更多，利润更大。厂商 1 利润更大的原因在于，厂商 1 承诺了高产出水平，厂商 2 只得被迫以削减产量作为回应。

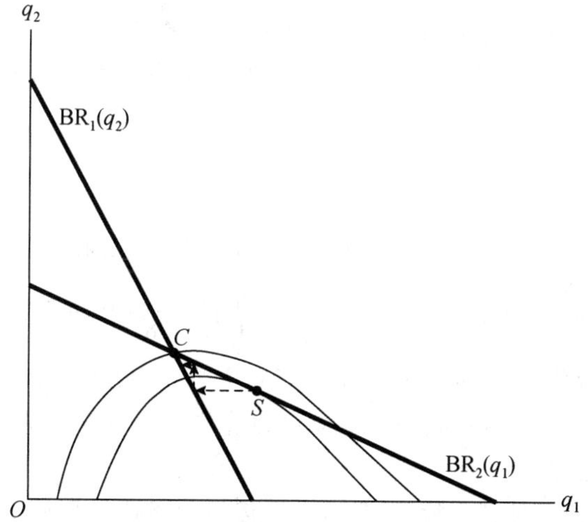

图 15.6　斯塔克伯格博弈

从古诺博弈中求得的最优反应函数如粗线所示。“皱眉”曲线是厂商 1 的等利润线。C 点是古诺博弈的纳什均衡(源自两厂商同时决策)。斯塔克伯格均衡为 S 点，在该点，厂商 1 达到最高利润水平，并处于厂商 2 的最优反应函数上。如果厂商 1 不能承诺该产量，产出函数就会瓦解，沿着虚线从 S 点回到 C 点。

对于偏离厂商1的最优反应函数的产出S,承诺是必要的。如果厂商1可以偷偷地降低q_1(也可能通过以接近购买价格的价钱将资本设备转售给另一个使用类似设备的制造商来偷偷降低实际产能q_1),他就会回到最优反应上,厂商2也会对低产量做出最优反应,诸如此类。在图15.6中,如虚线箭头所示,从S点回到C点。

请回答:如果先行动者的身份并非给定,而是厂商之间需要竞争才能决出的,那么结果会怎样?厂商会如何争夺这个位置?这些考虑因素对解释网络经济泡沫中互联网公司和电信行业的过度投资有帮助吗?

15.7.4 对比价格领先

在斯塔克伯格博弈中,领先者运用了一种被称为"猛犬"(top dog)的策略⑬,积极过度生产以强迫跟随者缩减产量。领先者赚取的利润多于同时决策(古诺)时的利润,跟随者则赚取较少的利润。尽管通常情况下,领先者的确更偏好序贯博弈(通过采取同时博弈中的纳什均衡策略,领先者至少可以和同时博弈时做得一样好,通常会更好),但领先者通过"猛犬"策略伤害跟随者却不是一个普遍的事实。有时,领先者会采用"小狗"(puppy dog)策略并从中获益,正如例15.9所示。

例15.9 价格领先博弈

回到例15.4,两个厂商同时为两个不同品牌的牙膏制定价格。下面的计算不会特别简单,我们做一个简化假设,$a_1 = a_2 = 1, c = 0$。将这些参数带入例15.4中,每个厂商的均衡价格为$2/3 \approx 0.667$,利润为$4/9 \approx 0.444$。

现在考虑这样一个博弈,厂商1先于厂商2制定价格。⑭ 我们将从厂商2的行动开始,用逆向归纳法求解子博弈完美均衡。厂商2对竞争者选择价格p_1的最优反应和例15.4中计算的一样,即将$a_2 = 1$和$c = 0$带入(15.32)式中,得到

$$p_2 = \frac{1}{2} + \frac{p_1}{4} \tag{15.61}$$

回到厂商1的行动,将厂商2的最优反应表达式带入15.30式,也就是厂商1的利润函数,得到

$$\pi_1 = p_1\left[1 - p_1 + \frac{1}{2}\left(\frac{1}{2} + \frac{p_1}{4}\right)\right] = \frac{p_1}{8}(10 - 7p_1) \tag{15.62}$$

运用一阶条件求解均衡价格,得到$p_1^* \approx 0.714$,将其带入方程(15.61)中,得到$p_2^* \approx 0.679$。均衡利润$\pi_1^* \approx 0.446, \pi_2^* \approx 0.460$。厂商在此序贯博弈中的价格和利润都比同时博弈中高,但是现在跟随者赚得的利润比领先者多。

如图15.7中最优反应函数图解所示,厂商1承诺高价格诱使厂商2也提高价格,本质上"弱化"了两者之间的竞争。领先者需要一个适度的价格增长(从0.667到0.714)来促使跟随者能略微地提高价格(从0.667到0.679),因此领先者的利润并没有跟随者增加得多。

---

⑬ "猛犬""小狗"等生动的比喻来源于 D. Fudenberg and J. Tirole, "The Fat Cat Effect, the Poppy Dog Ploy and the Lean and Hungry Look," *American Economic Review Papers and Proceedings* 74(1984):361—368。

⑭ 有时这个博弈也被称为斯塔克伯格价格博弈,尽管从技术上说最初的斯塔克伯格博弈涉及产量竞争。

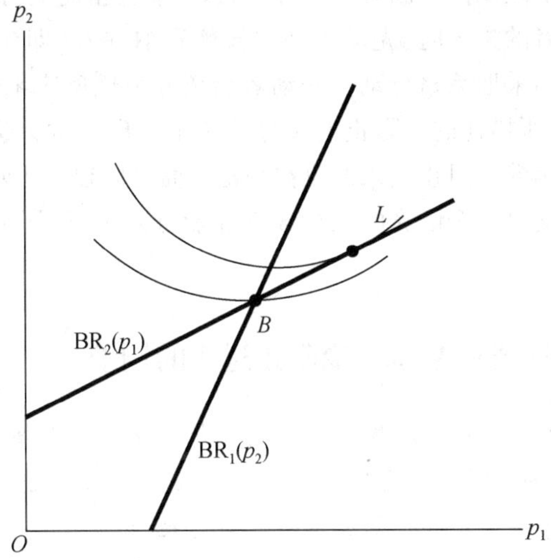

图 15.7　价格领先博弈

粗线是从厂商为不同商品制定价格的博弈中得到的最优反应函数。U 形曲线是厂商 1 的等利润线。点 B 是同时决策博弈时的纳什均衡。点 L 是序贯博弈中厂商 1 先行动的子博弈完美均衡。在点 L 处，厂商 1 的等利润线与厂商 2 的最优反应线相切。

请回答：切实地说，哪个变量更容易承诺，价格还是产量？厂商会运用什么经营战略增加他们对清单上价格的承诺？

我们看到在例 15.9 中，先动者采取了"小狗"策略，因为相对于同时行动博弈，他提高了价格。从产出的角度讲，这意味着先动者最终会生产比同时行动博弈时更少的产量。仿佛是先动者在市场中摆出不那么咄咄逼人的态势，从而使得对手的竞争不那么激烈。

图 15.6 和图 15.7 的对比意味着先动者在产量博弈中的"猛犬"策略和价格博弈中的"小狗"策略之间的关键不同：最优反应函数的斜率不同。领先者的目的是引诱跟随者，使其竞争不那么激烈。最优反应函数的斜率决定了领先者是否能通过"猛犬"策略或是"小狗"策略得到最好的结果。先动者在序贯博弈，确切地说在任何最优反应函数向下倾斜的博弈中都会采取"猛犬"策略。当最优反应函数向下倾斜时，领先者的激烈行为会诱导跟随者以较温和的竞争方式予以回击。相反，先动者在价格博弈，或者任何最优反应函数向上倾斜的博弈中都会采取"小狗"策略。当函数向上倾斜时，较温和的行为能诱导跟随者较温和的反应。

因此，当厂商有承诺能力时，了解厂商最优反应函数的斜率能为厂商采取何种形式的策略提供重要的见解。本章的扩展部分提供了进一步的技术细节，包括如何只看其利润函数就能判断出最优反应函数的斜率这样的捷径。

15.8　进入阻止策略

我们已经看到，通过承诺一项行动，先动者能够将后动者操纵成一个较温和的竞争者。在这部分，我们将看到先动者可以完全阻止后动者的进入，使自己成为市场中的唯一厂商。在本例中，厂商可能无法作为一个不受限制的垄断者行动,因为这可能会扭曲他阻止对手进入的行动。

在决定是否阻止后动者的进入时,先动者必须权衡容纳进入(即允许进入发生)的成本和收益。容纳进入并不意味着不采取策略行动。先动者会离开最优反应函数,转而操控后动者,使之竞争不那么激烈,正如之前所描述的。阻止进入的成本就在于,与允许进入的情况相比,先动者不得不进一步移动最优反应函数。阻止进入的收益则是厂商可以独自运营整个市场,市场中的需求都归自己。若后动者必须支付一个巨大的沉没成本才能进入市场,那么对先动者而言,阻止进入就会相对容易些。

例 15.10 一个天然矿泉水厂商阻止进入的例子

回忆例 15.8,两个矿泉水厂商先后选择产量的例子。现在我们增加一个进入阶段。具体来说,厂商 2 在观察到厂商 1 的初始产量选择后,决定是否进入市场。进入需要花费沉没成本 K_2,之后厂商 2 便可选择产出。市场需求和厂商成本函数同例 15.8。为简化计算,我们取特殊数值 $a=120$, $c=0$(意味着反需求函数 $P(Q)=120-Q$,并且生产无成本)。为进一步简化,我们抽象出厂商 1 的产出决策并假定博弈开始前,厂商 1 已经投入了进入所需的全部成本。我们将寻找在什么条件下,厂商 1 会优先选择阻止厂商 2 进入,而非容纳厂商 2 的进入。

容纳进入。以厂商 1 容纳厂商 2 的进入,计算厂商 1 的利润为起点,记为 π_1^{acc}。例 15.8 已经完成了这部分,因为不存在阻止厂商 2 进入的问题。例 15.8 告诉我们,厂商 1 的均衡产出是 $(a-c)/2=q_1^{acc}$,利润是 $(a-c)^2/8=\pi_1^{acc}$。带入 a 和 c 的具体值,得到 $q_1^{acc}=60$, $\pi_1^{acc}=(120-0)^2/8=1\,800$。

阻止进入。接下来,计算如果厂商 1 阻止厂商 2 进入,厂商 1 的利润,记为 π_1^{det}。为阻止厂商 2 进入,厂商 1 需要生产足够高的产量 q_1^{det},以使厂商 2 对 q_1^{det} 做出最优反应时,不能获取足够利润以弥补沉没成本 K_2。由(15.58)式可知,厂商 2 的最优反应函数是

$$q_2=\frac{120-q_1}{2} \tag{15.63}$$

将其带入厂商 2 的利润函数((15.7)式)并简化,得到

$$\pi_2=\left(\frac{120-q_1^{det}}{2}\right)^2-K_2 \tag{15.64}$$

令厂商 2 的利润为 0,求解厂商 1 的产量,得到

$$q_1^{det}=120-2\sqrt{K_2} \tag{15.65}$$

q_1^{det} 便是厂商 1 阻止厂商 2 进入所需的产量。将 q_1^{det}, $a=120$, $c=0$ 带入(15.7)式,即厂商 1 的利润函数中。同时令 $q_2=0$,因为厂商 1 成功阻止了厂商 2 进入,他是唯一的市场运营者。故在此产量水平上,厂商 1 的利润是

$$\pi_1^{det}=2\sqrt{K_2}(120-2\sqrt{K_2}), \tag{15.66}$$

对比。最后一步是对比 π_1^{acc} 和 π_1^{det},找出厂商 1 偏好阻止厂商 2 进入的条件。为简化代数式,令 $x=2\sqrt{K_2}$,如果

$$x^2-120x+1\,800=0 \tag{15.67}$$

则 $\pi_1^{acc}=\pi_1^{det}$。运用代数法求解二次方程式得到

$$x = \frac{120 \pm \sqrt{7\,200}}{2} \tag{15.68}$$

取较小值(因为我们将寻找最小的阈值),有 $x = 17.6$(四舍五入)。将 $x = 17.6$ 带入 $x = 2\sqrt{K_2}$ 中求解 K_2,有

$$K_2 = \left(\frac{x}{2}\right)^2 = \left(\frac{17.6}{2}\right)^2 \approx 77 \tag{15.69}$$

如果 $K_2 = 77$,对于厂商 2 而言,进入成本非常低,以至于厂商 1 为了阻止厂商 2 进入不得不将产量一路提高到 $q_1^{\text{det}} = 102$。这是一个高于容纳进入时的产出 $q_1^{\text{acc}} = 60$ 的显著扭曲。如果 $K_2 < 77$,阻止进入需要的产出扭曲会大大损耗厂商 1 的利润以至于厂商 1 会优先选择容纳进入。如果 $K_2 > 77$,阻止进入所需的产出不会被过分扭曲,因此,厂商 1 会优先选择阻止进入。

请回答:假设先动者必须支付与后动者一样的成本,即 $K_1 = K_2 = K$。进一步假设 K 足够高,以至于先动者选择阻止后动者进入。问题就是,这个沉没成本会不会足够高,以至于把先动者也阻止在市场之外?为什么?

1945 年,针对美铝(一个美国铝制造商)的反垄断案例,为过度生产(产能过剩)阻止进入提供了一个现实的例子。美国联邦法院裁定,美铝维持比市场所需高得多的产能是其阻止对手进入的一个策略,并且他们认为,美铝违反了反垄断法。

这里,我们概括一下前两部分所学的内容:对于产量竞争,先动者会采取“猛犬”策略,不论他是阻止还是容纳后动者进入。诚然,阻止进入策略比容纳进入策略更激进,但是这个差异仅仅是程度上的不同,采取的策略并没有改变。相反,对于价格竞争(如例 15.9),先动者阻止进入时采取的策略就和容纳进入时不同。如果先动者容纳进入,他就会采取“小狗”策略,因为这是操纵后动者使之温和竞争的方法。若是先动者想阻止后动者进入,他就会采取“猛犬”策略,降低价格(相对于同时博弈时的价格)。由此产生了两个一般性原则。

- 进入阻止通常伴随着“猛犬”策略,无论竞争是以产量还是价格的方式进行,或者(更一般地)说无论最优反应函数向上还是向下倾斜。先动者只想为后动者创造一个恶劣的环境。
- 如果厂商 1 想容纳进入,那么采取“小狗”策略还是“猛犬”策略取决于竞争的本质——特别是最优反应函数的斜率。

15.9 信号

前面部分已经证明了,先动者做出承诺的能力能为其提供一个很大的战略优势。这部分我们将分析另一种可能的先动优势:信号能力。如果后动者掌握的市场条件信息不完全(例如成本、需求),那么他可能会试图通过观察先动者的行为了解这些条件。先动者可能会试图扭曲自己的行为以操纵后动者所得的信息,这部分分析与第 8 章的信号博弈内容密切相关,读者在开始学习这部分之前可以温习一下那部分内容。

信号能力可能在某些情境下给先动者带来合理的好处,而我们已经学习了在这些情境中给先动者带来好处的承诺能力,结果令人难以置信。例如,在资本设备可以轻易用于生产其他产品的行业,成本并非绝对“沉没”;因此,产能承诺可能不是特别可靠。先动者可以以极小的损失降低

产量。再如,价格领先博弈包含一个对价格的承诺。很难看到价格设置包含何种沉没成本,因而承诺价值也不得而知。[15] 然而,即使没有承诺价值,价格也可能有战略和信号价值。

15.9.1　进入阻止模型

考虑图15.8中的不完全信息博弈。博弈中有一个先动者(厂商1)和一个后动者(厂商2),他们同时为各自差异化的产品制定价格。厂商1有关于边际成本的私人信息,边际成本可高可低:$\Pr(H)$的可能性为高,$\Pr(L)=1-\Pr(H)$的可能性为低。在第一阶段,市场上只有厂商1。在阶段末,厂商2观察厂商1的价格并决定是否进入市场。如果进入,沉没成本为K_2并获知厂商1的真实成本水平。接下来在第二阶段,两个厂商作为双寡头相互竞争(如例15.4和例15.5),为各自不同的产品制定价格。(我们不需要详细知道需求的具体形式。)如果厂商2没有进入,则获得零支付,厂商1仍然是市场上的唯一供给者。假设阶段之间没有折现。

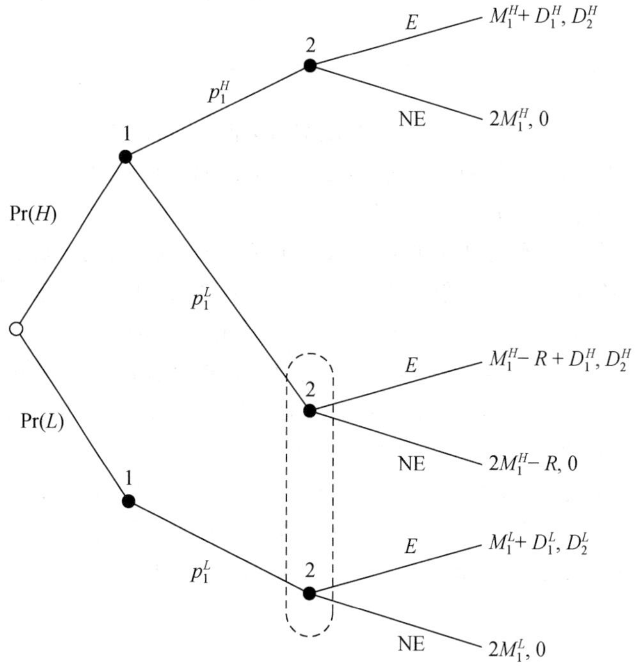

图15.8　进入阻止信号

厂商1通过在第一阶段制定价格发出有关成本(高成本H或低成本L)信息的信号。厂商2在观察到厂商1的价格后决定是否进入。如果厂商2进入,市场上就是双寡头竞争;否则,厂商1在第二阶段依然是市场上的唯一运营者。厂商2在且只在厂商1为高成本时进入市场才能获得正的利润。

厂商2从第一阶段厂商1的价格中推断出厂商1的成本。如果厂商2和高成本厂商1竞争,他就会赚得更多,因为高成本厂商价格也会更高,而正如我们在例15.4和例15.5中看到的,对手

---

⑮　例15.9的"请回答"中请读者考虑为何一个厂商能做出价格承诺。厂商可能通过使用合同获得承诺能力(比如与消费者的长期供给合同,或者一个最惠顾客条款,即保证如果厂商将来向其他消费者降低价格,则最惠顾客可以享受同样的低价格)。厂商可能通过一个昂贵的全国性的广告来宣传价格。厂商可能会建立一个如"每日低价"这样的有价值的声誉。

差异化产品的价格越高,自己产品的需求和利润就更高。令 D_i^t 表示厂商 1 为类型 $t \in \{L,H\}$ 时厂商 i 的利润。为了使模型更加有趣,我们假设 $D_2^L < K_2 < D_2^H$,那么如果厂商 1 的类型为高成本,厂商 2 会赚得多于进入成本的利润,反之则少于进入成本。否则,厂商 1 发出的信息将毫无用处,因为厂商 2 进入与否和厂商 1 的成本类型无关。

为简化模型,我们假设低成本类型的厂商 1 在第一阶段只有一个相关行动,即制定垄断价格 p_1^L。高成本类型的厂商可以在两个价格中选择:与成本类型相关的垄断价格 p_1^H,或者和低成本时一样的价格 p_1^L。根据推测,最优垄断价格随边际成本递增,因此,$p_1^L < p_1^H$。令 M_1^t 表示厂商 1 成本类型为 $t(t \in \{L,H\})$ 时的垄断利润(厂商 1 为市场的唯一供给者时收取最优垄断价格所获得的利润,最优价格当厂商为高成本类型时是 p_1^H,低成本类型时是 p_1^L)。令 R 表示在第一阶段,厂商 1 为高成本类型却选择 p_1^L 而非最优垄断价格 p_1^H 时,带来的相对于最优垄断利润的损失。因此,此时如果厂商在第一阶段选择 p_1^H,则获得 M_1^H,但如果选择 p_1^L,则只能获得 $M_1^H - R$。

15.9.2 分离均衡

我们将寻找两类完美贝叶斯均衡:分离均衡和混同均衡。在一个分离均衡中,不同类型的先动者一定选择不同的行动。这里,厂商 1 只存在一种可能性:低成本时选择 p_1^L,高成本时选择 p_1^H。厂商 2 从厂商 1 的行为中获知其成本类型,当观察到 p_1^L 时厂商 2 不会进入,当观察到 p_1^H 时则进入。我们仍然有必要检验高成本时的厂商是否会背离从而选择 p_1^L。均衡时,高成本厂商获得利润 $M_1^H + D_1^H$。M_1^H 是第一期利润,因为厂商价格为最优垄断价格,D_1^H 是第二期利润,此时厂商 2 进入,两个厂商作为双寡头竞争。如果厂商 1 高成本时选择价格 p_1^L,则第一阶段赚得 $M_1^H - R$,损失 R 来自收取了非第一阶段最优价格的价格。于是厂商 1 在第二阶段赚得 M_1^H,两阶段共获得 $2M_1^H - R$。要使选择 p_1^L 无利可图,必有

$$M_1^H + D_1^H \geqslant 2M_1^H - R \tag{15.70}$$

或(整理后)

$$R \geqslant M_1^H - D_1^H \tag{15.71}$$

也就是说,高成本厂商在第一阶段选择背离垄断最优价格的损失大于阻止厂商 2 进入在第二阶段获得的收益。

如果方程(15.71)中的条件得不到满足,分离均衡仍然会出现在一个扩展式博弈中,在这个博弈中,低成本厂商可以选择 p_1^L 之外的价格。高成本厂商可能将价格扭曲至低于 p_1^L,从而第一阶段里与低成本类型混同遭受的损失增加到一定程度,导致厂商不得不选择 p_1^H,即便这样会导致厂商 2 的进入。

15.9.3 混同均衡

如果方程(15.71)中的条件得不到满足并且混同能阻止进入,高成本厂商就会倾向于与低成本类型的厂商混同。如果厂商 2 之前对于厂商 1 是高成本类型的判断 $\Pr(H)$(等于之后混同均衡时的判断)低到使得厂商 2 进入的期望收益

$$\Pr(H)D_2^H + [1 - \Pr(H)]D_2^L - K_2 \tag{15.72}$$

低于不进入市场时的收益零,混同就会阻止厂商进入。

15.9.4 掠夺性定价

进入阻止模型的不完全信息已经被用于解释为何一个理性厂商可能会希望参与掠夺性定价,即人为地制定低价以阻止潜在进入者或者强迫现有竞争者退出的行为。掠夺性厂商牺牲短期利润来获得未来阶段的垄断地位。

掠夺性定价是被反垄断法禁止的。最有名的反垄断案例可追溯至1911年,约翰·D.洛克菲勒(John D. Rockeller)——控制美国大多数成品油的标准石油公司的所有者——被控诉试图通过大幅削减价格驱逐竞争对手,待对手退出市场或者被迫出售给标准石油公司后再提升价格来垄断石油市场。掠夺性定价依然是一个备受争议的问题,因为难以区分其是掠夺性行为还是竞争性行为,前者是监管机构想阻止的,后者又是监管机构想主张的。此外,经济学家最初在建立掠夺性定价是合理和可信的博弈理论模型时遇到了困难。

适当解释一下,掠夺性定价可能作为不完全信息的进入阻止模型中的理性策略出现。掠夺性定价可以出现在分离均衡中,特别是在只能通过把价格降至低于垄断最优水平,低成本类型才能分离的扩展模型中。实际上,这种分离均衡下的总福利比完全信息情形下的要高。厂商2的进入决策在两种情况下相同,但是低成本类型的厂商的价格在掠夺性结果中可能会更低(为发出低成本信号)。

掠夺性定价也可以出现在混同均衡中。在这种情形下,高成本类型的厂商会人为地定低价,使价格低于第一阶段的最优水平以阻止厂商2的进入。尚不清楚混同均衡中的社会福利是否低于完全信息下的情形。在第一阶段,混同均衡中的价格比完全信息情形下的价格低(通常社会福利会更高)。另一方面,阻止厂商2进入使得第二阶段的价格更高,福利更低。衡量第一阶段的所得和第二阶段的所失需要需求曲线的详细情况、折现因子,等等。

进入阻止的不完全信息模型并非是经济学家建立的唯一掠夺性定价模型。另一个模型包含金融资本市场上的摩擦,这个摩擦可能来自信息问题(借贷者之间),我们将在第18章讨论这类问题。由于贷款限制,厂商在市场上可能只能获得有限资源来“一展身手”。一个较大的厂商可能迫使资金紧张的对手遭受损失直到他们的资源消耗殆尽,最终被迫退出市场。

15.10 多少厂商进入

到目前为止,我们将市场中的厂商数量视为给定的,通常假设至多存在两个厂商(如例15.1、例15.3和例15.10)。我们在一些分析中(例15.3和例15.7)的确也考虑过n个厂商的一般情形,但对数量n是如何确立的这个问题尚未探讨。在本部分,通过介绍博弈的第一阶段,大量潜在进入者可以各自选择是否进入,我们提供了一个厂商数量的博弈理论分析。通过假设厂商同时决策是否进入,我们从先动优势、进入障碍以及其他战略性考虑中抽象出博弈的基本框架。战略性考虑是有趣和重要的,我们已经从前面的部分得出了一些关于战略性考虑的见解,通过抽象,可以将分析简化。

15.10.1 进入壁垒

对于只有有限厂商数量的垄断市场(而非有无数小厂商的完全竞争市场),一些名为进入壁垒的因素,最终一定使得进入不可能或者没有吸引力。我们在前面关于垄断的部分详细讨论了许多这样的因素。如果进入市场需要一个沉默成本,那么,即便厂商可以自由选择进入,均衡时也只有有限数量的厂商会进入,因为多于均衡数量的厂商的竞争会使利润不足以弥补沉没成本。政府以专利或执照形式的介入可以阻止厂商进入,即便进入对厂商而言是有利可图的。

本章讨论的一些新概念能引入另外的进入壁垒。与现有厂商相比,搜寻成本会阻止消费者找到低价和/或高质量的新进入者。因为强大的品牌忠诚度,产品差异化会提高进入壁垒。现有厂商会通过昂贵的广告活动增强品牌忠诚度,而弱化品牌忠诚度需要进入者进行类似的昂贵的广告活动。现有厂商也可能采取其他措施阻止进入,譬如承诺一个高产能或产出水平,参与掠夺性定价,或者前面章节讨论过的其他措施。

15.10.2 长期均衡

考虑下面的长期进入博弈理论模型。大量同质的公司是市场的潜在进入者。这些厂商同时做出进入决策。进入需要花费沉没成本 K。令 n 表示决定进入的厂商数量。之后,n 个厂商在一序列阶段内参与某种形式的竞争,其间他们获得某个固定利润流的折现值。为简便起见,我们通常将一序列阶段内的竞争视为在一个简单的阶段内进行的。令 $g(n)$ 表示单个厂商在这个竞争子博弈中获得的利润(不包括沉没成本,所以 $g(n)$ 是毛利润)。市场中厂商数量越多,竞争越激烈,单个厂商挣得的利润就越少,故 $g'(n)<0$。

我们将寻找一个纯策略中的子博弈完美均衡。[16] 这将要求厂商数量 n^* 满足两个条件。第一,进入厂商获得足够弥补进入成本的利润:$g(n^*)\geqslant K$。否则,至少有一个厂商会偏好于选择不进入。第二,额外一个厂商获得的利润不足以支付进入成本:$g(n^*+1)\leqslant K$。否则,市场之外的一个厂商就可以通过进入获利。给定 $g'(n)<0$,我们可以将这两个条件放在一起并且说 n^* 是满足 $g(n^*)\geqslant K$ 的最大整数。

这个条件让人联想到完全竞争下长期均衡的零利润条件。此处的细微差别是,进入厂商可以获得正利润。特别是如果 K 相对于市场规模来说很大时,市场上只存在少数长期进入者(这样,市场看起来就像一个典型的寡头垄断),他们获得足以弥补沉没成本的利润,没有一个额外厂商进入,因为进入会压低自身利润直至进入者不能弥补其巨额的沉没成本。

长期均衡是有效的吗?相对一个仁慈的社会规划者会为市场选择的厂商数量,寡头垄断中的厂商数量太少还是太多?假设社会规划者可以选择厂商数量(通过执照限制进入,通过补贴成本推动进入),但一旦厂商进入市场,规划者就不能监管其价格或其他竞争性行为。社会规划者会选择使得下式最大化的 n

$$CS(n)+ng(n)-nK \tag{15.73}$$

其中 $CS(n)$ 是 n 个寡头均衡时的消费者剩余,$ng(n)$ 是所有厂商总的均衡利润(减去总进入沉没成本之前),nK 是花费在进入沉没成本上的总支出。令 n^{**} 表示社会规划者的最优选择。

一般来说,长期均衡厂商数量 n^* 会大于还是小于社会最优选择 n^{**},取决于两个相对的效应:**独占效应(appropriability effect)**和**偷生意效应(business-stealing effect)**。

社会规划者会考虑低价带来的消费者剩余增加,但厂商并不占有这部分消费者剩余,所以规

---

[16] 一个对称的混合策略均衡也存在于有时比 n^* 多有时比 n^* 少的情形下。根据 n^* 个进入者的身份,会有多种纯策略均衡。但是 n^* 是唯一确定的。

划者是不考虑的。独占效应使得社会规划者选择的厂商数量大于长期均衡厂商数量:$n^{**} > n^{*}$。

• 偷生意效应的作用方向相反,进入使得现有厂商利润下降,如偏导数 $g'(n) < 0$ 所示。新厂商进入增强了市场竞争力,同时也损害了某些公司的利润。此外,进入者从现有厂商手中"偷"走了一些市场份额——这便是"偷生意效应"一词的由来。边际厂商在做进入决策时不会考虑其他厂商的利润损失,但社会规划者会。偷生意效应使得长期均衡厂商数量偏向于比社会规划者选择的数量多:$n^{**} < n^{*}$。

根据需求和成本的函数形式,独占效应会在某些情况下占主导,此时,长期均衡厂商数量比竞争有效时的数量少。在另一些情况下,偷生意效应占主导,长期均衡时的厂商数量比竞争有效时多,如例 15.11。

例 15.11 长期古诺

长期均衡。回到例 15.3,古诺寡头。我们将确定长期均衡市场中的厂商数量。令 K 表示厂商在初始阶段进入市场时必须支付的沉没成本。假设进入后存在一个古诺竞争阶段。为进一步简化计算,假设 $a = 1, c = 0$。将这两个值代入例 15.3,得到单个厂商的毛利润是

$$g(n) = \left(\frac{1}{n+1}\right)^2 \tag{15.74}$$

长期均衡厂商数量 n^* 是满足 $g(n^*) \geqslant K$ 的最大整数。暂不管是否为整数,n^* 满足

$$n^* = \frac{1}{\sqrt{K}} - 1 \tag{15.75}$$

社会规划者的难题。我们首先计算出社会规划者目标函数的个别项((15.73)式)。消费者剩余等于图 15.9 中三角形阴影区域的面积,运用三角形面积的计算公式

$$CS(n) = \frac{1}{2}Q(n)[a - P(n)] = \frac{n^2}{2(n+1)^2} \tag{15.76}$$

将(15.18)式和(15.19)式中价格、产量的表达式带入,就得到了上述消费者剩余的最终表达形式。所有厂商的总利润(减去沉没成本之前)等于矩形阴影区域的面积:

$$ng(n) = Q(n)P(n) = \frac{n}{(n+1)^2} \tag{15.77}$$

将(15.76)式和(15.77)式带入社会规划者的目标函数((15.73)式),得到

$$\frac{n^2}{2(n+1)^2} + \frac{n}{(n+1)^2} - nK \tag{15.78}$$

对 n 求导得到一阶条件

$$1 - K(n+1)^3 = 0 \tag{15.79}$$

意味着

$$n^{**} = \frac{1}{K^{1/3}} - 1 \tag{15.80}$$

忽略整数问题,这就是对于一个社会规划者而言最优的厂商数量。

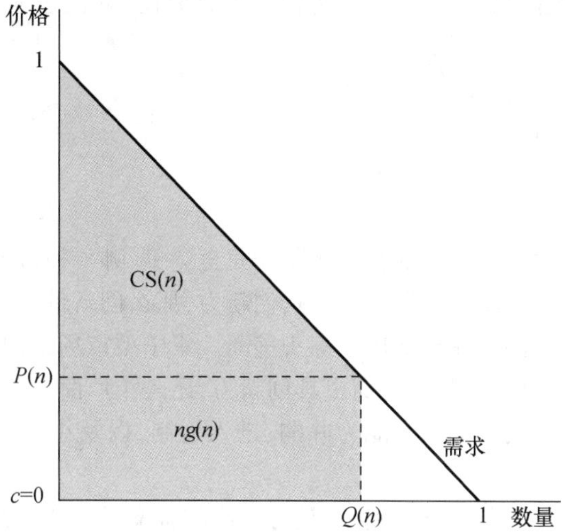

图 15.9　例 15.11 中的利润和消费者剩余

根据需求和成本函数的假设,例 15.11 中 n 个厂商的均衡如本图所示。消费者剩余 CS(n) 如三角形阴影区域所示。所有厂商的总利润(减去沉没成本之前)如矩形阴影区域所示。

比较。如果 $K<1$(进入数量大于 0 所需的条件),则 $n^{**}<n^{*}$,长期均衡厂商数量大于社会规划者选择的数量。举一个具体的例子,令 $K=0.1$,则 $n^{**}=1.15$,意味着长期均衡,市场上会是一对寡头,但社会规划者更偏向于选择一个垄断厂商。

请回答:在这个例子中,如果社会规划者可以同时规定厂商数量和价格,那么他会做出什么选择?该选择和长期均衡相比呢?

15.10.3　反馈效应

我们发现某些因素降低了竞争的严格性,增加了厂商利润(比如,通过产量而非价格竞争,产品多元化,搜寻成本,足够维持合谋的折现因子)。反馈效应是指,市场对一部分固定厂商的利润回报越高,进入市场的厂商数量就越多,最后使得市场竞争更激烈,利润低于厂商数量固定时的利润。

举一个极端的例子,比较伯特兰德博弈和古诺博弈。假定市场包括两个同质的生产者,我们会说在伯特兰德博弈中,生产者竞争更激烈,利润更低。但当厂商面对的是进入沉没成本可以用于理性地决策是否进入时,以上结论就会反过来。只有一个厂商会选择进入伯特兰德市场。第二个厂商会使毛利润为零,因此进入成本得不到弥补。长期均衡的结果是,市场上存在一个垄断者,价格和利润可能达到最高,这恰好与厂商数量固定时的结论相反。另一方面,古诺市场存在厂商进入空间,使得价格和利润都低于伯特兰德市场中的垄断水平。

厂商进入的调节效应告诉经济学家,在得出关于寡头垄断结果的结论时要格外小心。产品多样化,搜寻成本,合谋,以及其他因素在短期内可能减少竞争,增加利润,但是它们在长期可能会使得厂商进入数量增加,竞争加剧,从而对价格和利润的总效应模棱两可。或许在长期有关价格和利润唯一真正稳健的结论要包含沉没成本。过高的沉没成本会限制进入,即便是在长期。所以我们可以自信地说,在需要更高的沉没成本(作为销售额百分比)才能进入的行业,价格和利润往往会更高。

15.11　创新

在前一章最后,我们问了这样一个问题:垄断和完全竞争,哪一种市场结构能在创造新产品和降低成本的过程中引导更多创新?如果垄断更具创新力,那么创新带来的长期收益能弥补短期垄断带来的无谓损失吗?同样的问题也适用于寡头垄断。集中型市场结构,即少数几个厂商收取高价,能为创新提供更强的激励吗?是大厂商更具创新力,还是小厂商?是市场中的已有厂商,还是新进入者更具创新力?这些问题的答案能为并购、进入管制,以及小厂商补贴的政策制定提供有用信息。

我们将在几个简单模型的帮助下看到,并没有明确的答案可以指明在何种市场集中度下可以最优化长期总福利。我们将得出几个一般性的判断条件,但是用这些条件判断一个特定的市场在集中还是不集中的情况下更具创新力取决于促进创新的竞争的本质,以及争夺消费者的竞争的本质,还取决于需求和成本函数的具体形式。这些决定因素还可用于决定更具创造力的厂商规模和年龄。

此处我们介绍的模型是产品创新,即一种新产品的发明(比如等离子电视)。另一种创新类别是过程创新,即降低已有产品的生产成本——比如机器人技术在汽车生产中的应用。

15.11.1　垄断对创新的影响

最初我们假设只有一个厂商(比如厂商1)有创新能力。例如,一个医药生产商针对疟疾疫苗有了一个点子,同时别的厂商还没有意识到这个创新点。该厂商愿意投入多少资金在完成研发和大规模临床试验上呢?厂商花费的意愿如何依赖于所在市场的集中程度?

首先,我们假设当前不存在针对疟疾的其他疫苗。如果厂商1成功开发疫苗,它就会成为一个垄断者。令 Π_M 表示垄断利润,厂商1至多愿意花费 Π_M 用于研发。接下来,考虑市场集中度较弱的情形,假设市场中另一个厂商(厂商2)已经拥有了一种疫苗,厂商1即使开发出新疫苗也只能作为替代品。如果厂商1仍然选择开发,则两者会像双寡头一样竞争。令 π_D 表示双寡头垄断的利润。在产品同质的伯特兰德模型中,$\pi_D=0$,但是在其他模型中,$\pi_D>0$——比如包含产量竞争或合谋的模型。在双寡头情形下,厂商1至多愿意花费 π_D 用于研发疫苗。比较这两种情形,由于 $\Pi_M>\pi_D$,厂商1在集中度更高的市场中愿意投入更多(根据这个测量方法,也更有创新力)。此处的这条一般性判断原则被称为**耗散效应(dissipation effect)**:竞争耗散了从创新中获得的利润,因此减少了创新的动力。耗散效应可以部分解释专利系统的合理性。专利授予了发明者垄断的权利,刻意地限制竞争以保证高利润和对创新者的激励。

另一个比较是给定对原始创新的垄断力,考察是厂商1还是厂商2有更强的创新动力。厂商1最初处于市场之外,且必须开发新疫苗才能进入市场。厂商2是市场中的现存者,率先有了第一种疫苗并且也考虑开发第二种疫苗,两种疫苗为完全替代品。正如上一段所言,厂商1至多愿意花费 π_D 用于创新。厂商2不愿意花一分钱用于研发,因为它是当前疟疾疫苗市场的垄断者,无论它是否开发第二种疫苗,它都依然是垄断者。(得出这个结论的关键是最先发明疫苗的厂商可以不用研发而不用担心其他厂商会窃取研发成果;我们将在下一部分改变这个假设。)因此,按照我们的测量方法,潜在竞争者(厂商1)的竞争激励强于现存垄断者(厂商2)。此处的一般性判断原则被称为替代效应:如果新产品代替的是一个已经产生利润的现有产品,那么现有厂商获得的增量利润就会比较低(和如果一个厂商是新进入者相比),因此创新激励就会较弱。替代效应可以解释某些行业的洗牌,在这些行业中,老厂商日渐保守,最终被具有创新性和快速发展的初创企业替代,就像微软替代电脑行业的龙头 IBM,现在又被谷歌威胁一样。

15.11.2 竞争促进创新

新公司并不总是比现有公司更具创新力。耗散效应可能抵消代替效应,从而使得老厂商更有创新力。衡量两者间的替代关系需要另一个模型。现在假设不止一个公司对原始创新有想法,他们相互竞争,看谁能开发成功。例如,新疫苗的想法可能同时出现在两家公司实验室的不同科学家的头脑中。他们相互赛跑,看谁率先从原始想法中成功生产疫苗。在此,我们依然假设厂商2已经拥有了一种疫苗,新疫苗只会是这种疫苗的完全替代品。

这个模型和前一个模型的区别是:如果厂商2在研发竞赛中失败了,那么不是简单的自己失败,而是意味着竞争者厂商1开发成功。厂商2为阻止厂商1成为竞争者,有动力赢得这场研发竞争。如果厂商1在竞争中获胜,则进入市场成为厂商2的竞争者,得到双寡头垄断利润 π_D。正如我们在之前反复看到的,这是厂商1愿意为创新支付的最大值。厂商2赢得竞争的利润是 Π_M,否则为 π_D。厂商2至多愿意为创新支付 $\Pi_M - \pi_D$。如果 $\Pi_M > 2\pi_D$,也就是说,如果垄断时的行业利润大于双寡头垄断时的利润,即部分垄断利润被双寡头竞争耗散了,那么,$\Pi_M - \pi_D > \pi_D$,厂商2的创新动力就比厂商1更强。

这个模型解释了龙头企业拥有“沉睡的专利”这一奇怪现象:专利从未被付诸实践。龙头企业有一个强大的动力——正如我们看到的,可能比进入者更强——建立专利以阻止进入,维护自己的龙头地位。而替代效应可能会导致行业洗牌,老企业被初创企业替代,耗散效应则帮助维持龙头企业的地位,阻碍创新的脚步。

小结

许多市场都处于完全竞争和垄断这两个极端之间。在这种不完全竞争市场中,均衡包含了厂商间的战略互动,因此市场价格和产量的决定很复杂。本章中,我们用第8章中博弈论的工具研究寡头垄断市场中的战略互动。首先,我们分析了寡头垄断厂商的短期选择,比如价格、产量;其次,我们分析了厂商的长期决策,比如生产地点、创新、进入、进入阻止。我们发现,看似微小的模型假设的改变可能导致均衡结果的巨大不同。因此,仅仅依靠理论来预测寡头垄断市场中的行为是很困难的,还需要特定行业的知识和仔细的实证分析。此外,从理论分析中得到的一些一般性原则也有助于理解寡头垄断市场。

- 伯特兰德模型是一个最基本的模型,模型中两个相同的厂商同时制定价格。均衡导致了伯特兰德悖论:即使寡头垄断的市场集中度很高,厂商的行为也和完全竞争中的厂商一样,即价格等于边际成本,利润为零。
- 伯特兰德悖论并不是一个必然的结果,它可以通过改变模型的假设来避免。比如,厂商之间为数量竞争、差异化产品、搜寻成本、产能限制或者由重复博弈导致的合谋。
- 和囚徒困境一样,厂商可以合作生产低

于完全竞争的产量,从而获得利润,然而这个结果并不稳定,除非厂商通过建立合法的卡特尔明确地合谋,或者在重复博弈中暗中合谋。

- 暗中合谋维持超竞争利润的条件是,厂商必须足够有耐心,使得未来阶段从价格战中受到的损失(对降价的惩罚)超过当前时期削价得到的收益。

- 一个非战略性的垄断者偏好于对变化的市场条件保有灵活反应,而一个战略性的寡头垄断者可能偏好于坚持一个单一的选择。如果一个选择包含沉没成本,并且随后改变选择不能弥补沉没成本,厂商就会坚持这个选择。

- 先动者通过承诺一个不同于同步博弈纳什均衡时的行为,可以获得优势。为阻止进入,先动者应当坚持激进的"猛犬"策略(高产出低价格)以降低进入者的利润。如果先动者不想阻止进入,他就应当坚持使对手竞争温和的策略。有时是"猛犬"策略,有时是"小狗"策略,取决于厂商最优反应曲线的斜率。

- 令短期内寡头垄断市场中的厂商数量不变,一个缓和竞争因素(比如产品差异化、搜寻成本、合谋)的引入会增加厂商利润,然而进入在长期是一个抵消效应——它倾向于减少寡头利润——往往更有吸引力。

- 在长期,创新或许比低价对总福利更重要。决定什么市场结构创新力最强是很困难的,因为包括了抵消效应(耗散效应和代替效应)。

练习题

15.1

为简单起见,假设垄断者没有生产成本且它所面临的需求曲线由下式给定

$$Q = 150 - P$$

a. 计算这一垄断者利润最大化时的价格—产量组合,并计算该厂商的垄断利润。

b. 假设市场中存在两个厂商,他们生产同质的产品,需求和成本条件不变。厂商在古诺模型中同时选择产量。计算纳什均衡下的厂商产出、市场总产出、价格和厂商利润。

c. 假设两个厂商在伯特兰德模型中同时选择价格。计算纳什均衡时的价格、厂商产出、利润以及市场总产出。

d. 画出需求曲线,并在曲线上标出 a—c 的市场价格—产量组合。

15.2

假设厂商的边际成本和平均成本为常数 c,反需求函数为 $P = a - bQ$,其中 $a, b > 0$。

a. 计算一个垄断厂商利润最大化时的价格—产量组合,并计算出厂商获得的利润。

b. 假设市场中存在古诺双寡头厂商,他们为同质产品同时选择产量。计算纳什均衡下的厂商产量、市场产出、市场价格、厂商利润和行业总利润。

c. 假设市场中存在伯特兰德双寡头,他们为同质产品同时选择价格。计算纳什均衡下的市场价格、厂商产出及市场总产出、厂商利润和行业总利润。

d. 假设现在有 n 个同质厂商存在于一个古诺模型中。计算 n 个方程的纳什均衡产量,同时计算出均衡时的市场总产出、价格、厂商利润及行业总利润。

e. 证明 a 中的垄断结果可由 d 中的 n 设定为 $n = 1$ 得到,b 中的古诺双寡头均衡结果可由 $n = 2$ 得到,令 n 趋于无穷,可以得到与 c 相同的市场价格、总产出与行业总利润。

15.3

令 c_i 为厂商 i 的不变边际和平均成本(因

此厂商有不同的边际成本)。假设需求由 $P=1-Q$ 给出。

a. 假设一个古诺市场中有两个厂商,计算厂商的纳什均衡产量、市场总产出、市场价格、厂商利润、行业利润、消费者剩余和社会总福利。

b. 在一张最优反应函数图上标出纳什均衡。说明厂商 1 的成本下降会如何影响均衡。为厂商 1 画出一条代表性的等利润线。

15.4

假设厂商 1 和厂商 2 的平均成本、边际成本都为常数,厂商 1 的边际成本为 10,厂商 2 的边际成本为 8,市场需求为 $Q=500-20P$。

a. 假设厂商采用伯特兰德竞争,即为同质产品同时制定价格。计算纳什均衡价格(为避免技术问题,假设如果市场制定同样的价格,低成本厂商会获得所有市场份额)。

b. 计算厂商产出、利润以及市场总产出。

c. 总福利在纳什均衡时最大化了吗?如果没有,给出一个最大化总福利的结果,并计算纳什均衡结果与此结果相比的无谓损失。

15.5

考虑下述两个厂商生产差异化产品的伯特兰德博弈。厂商无生产成本,厂商 1 的需求函数是

$$q_1 = 1 - p_1 + bp_2$$

其中 $b>0$,厂商 2 的需求函数与之对称。

a. 该博弈中,两个厂商同时做出价格决策,求解纳什均衡。

b. 计算厂商的产出和利润。

c. 在一张最优反应函数图上标出均衡点。说明 b 的增加如何改变均衡。为厂商 1 画出一条代表性的等利润线。

15.6

回忆例 15.6 中关于暗中合谋的例子。假设(如例中所言)生产一个医疗设备的平均成本和边际成本为 10 美元,并且设备的需求由下式给出

$$Q = 5\,000 - 100P$$

市场会经历无数阶段,上述需求函数只针对一个阶段。折现因子为 δ。

a. 假设 n 个厂商在每一阶段都采用伯特兰德竞争。假设厂商会花两个阶段发现背离,因为它们要花两个阶段观察对手的价格。计算在一个运用冷酷策略的子博弈完美均衡中,维持合谋所需的折现因子 δ。

b. 现在恢复例 15.7 中的假设,背离仅在第一阶段后就被发现了。接下来,假设 n 不是给定的,而是由初始阶段进入市场的厂商数量决定的,他们在进入市场时必须一次性支付沉没成本 K。找出 n 的上限。提示:涉及两个条件。

15.7

和练习题 15.1 中的假设一样,厂商无生产成本,需求 $Q=150-P$,厂商分别选择产量 q_1 和 q_2。

a. 如果博弈为斯塔克伯格博弈,厂商 1 选择产量后厂商 2 再做选择,计算子博弈完美均衡。

b. 现在在厂商 1 选择 q_1 后增加一个进入阶段,在这个阶段,厂商 2 选择是否进入。如果进入,则必须支付成本 K_2,之后才能选择产量 q_2。计算厂商 1 偏好选择阻止厂商 2 进入的 K_2 的阈值。

c. 在最优反应函数图中表示出古诺、斯塔克伯格和进入—阻止的结果。

15.8

回忆例 15.5 中两个商贩在一条海滩上竞争的霍特林模型。简单假设冰激凌摊位只能位于海滩两端(禁止在海滩中间开发商业活动)。请你分析一个涉及产品扩散的进入—阻止策略。

a. 考虑这样的子博弈,小贩 A 有两个摊位,海滩两端各一个,B 的摊位挨着 A 的右端点,这个子博弈的纳什均衡是什么?提示:伯

特兰德竞争可以保证是在右端点。

b. 如果 B 进入必须支付成本 K_B,假定 A 还在海滩两端,并且不会因为 B 的进入而改变位置,那么 B 会选择进入吗?

c. A 的产品扩散策略可信吗?或者说 A 会在 B 进入后退出海滩右边的市场吗?为回答这些问题,比较 A 有两个摊位(一端为 A;另一端为 A 和 B)和有一个摊位(一端为 A,一端为 B)时的利润(此时,B 的进入把 A 从右边市场驱逐出去)。

分析问题

15.9 市场集中度的赫芬达尔指数

衡量市场集中度的一种方法是使用赫芬达尔指数,定义如下

$$H = \sum_{i=1}^{n} s_i^2$$

其中 $s_i = q_i/Q$ 是厂商 i 的市场份额。H 越大,行业越集中。直观上来说,市场越集中,竞争强度越低,因为集中性市场中的主导厂商面临的竞争压力很小。我们将用几个模型评估上述直观猜想的有效性。

a. 通过计算 n 个厂商古诺博弈的纳什均衡回答练习题 15.2d,并且计算出市场产出、市场价格、消费者剩余、行业利润、社会总福利。最后计算这个均衡的赫芬达尔指数。

b. 假设几个厂商中的两个合并了,市场中的厂商数量变为 $n-1$。重新计算纳什均衡及 a 问中的各项指标。这个合并是如何影响价格、产出、利润、消费者剩余、总福利以及赫芬达尔指数的?

c. 将 a 和 b 中的模型搁置一旁,我们来看一个不同的模型:练习题 15.3 中,古诺寡头面临不同的边际成本。运用你对练习题 15.3a 的结果和边际成本的具体值 $c_1 = c_2 = 1/4$,计算均衡时的厂商产出、市场产出、价格、消费者剩余、行业利润和总福利,并计算赫芬达尔指数。

d. 假设厂商 1 的边际成本 c_1 降为 0,厂商 2 的边际成本仍为 1/4,重新计算 c 中的各项指标。厂商 1 的成本变化是如何影响这些指标的?

e. 根据 a—d 的结果,我们能得到任何关于市场集中度和价格、利润或是总福利的关系的一般性结论吗?

15.10 逆弹性法则

运用一阶条件求解古诺厂商均衡((15.2)式)可以证明,第 11 章的普通逆弹性法则在古诺竞争下仍然成立(古诺竞争中弹性和单个厂商的剩余需求有关,即除竞争对手能满足的需求之外的需求)。为得到和逆弹性法则相同的表达形式,将(15.2)式改写成另一种形式:

$$\frac{P - \mathrm{MC}}{P} = -\frac{s_i}{e_{Q,P}}$$

其中 $s_i = q_i/Q$ 是厂商 i 的市场份额,$e_{Q,P}$是市场需求弹性。比较此种形式的逆弹性法则和之前对于一个垄断厂商的逆弹性法则。

15.11 一个圆上的竞争

线性海滩上的霍特林竞争模型被广泛应用于许多情形,但是一个难以用模型研究的应用是自由进入。自由进入在对称性厂商的模型中最容易研究,但是只要一条线上的厂商数量大于 2,厂商就不是对称的,因为最接近端点的厂商有一个邻近对手,然而靠中间一点的厂商就会有两个邻近对手。

为避免这个问题,史蒂文 · 萨洛普(Steven Salop)提出在一个圆上竞争。[17] 和霍特林模型中一样,需求者均匀分布在每个点,并且每个需求者对产品的需求量是一个单位。消费者剩余等于 v(消费产品带来的价值)减去为产品支付的价格和不得不花费的出行成本。令出行成本为 td,t 是衡量出行难易程度的参数,d 是路程长度(注意,此处我们假设的出行—成

---

[17] See S. Salop,"Monopolistic Competition With Outside Goods," *Bell Journal of Economics* (Spring 1979):141—156.

本函数是线性的，而非例15.5中的二次型）。

起初，我们假设市场中的厂商数量 n 是给定的，每个厂商具有相同形式的成本函数 $C_i = K + cq_i$，其中 K 是进入市场所需的沉没成本（这会在本题的e问用到，届时我们会考虑自由进入的问题），c 是生产的常数边际成本。为简单起见，假设圆的周长等于1，n 个厂商均匀地分布在圆上，中间间隔是$1/n$。n 个厂商同时选择价格 p_i。

a. 厂商 i 可以自由选择价格 p_i，但受两边最近的厂商所选价格的限制。令 p^* 为这些厂商在对称均衡中设定的价格。解释为何任意厂商在两边的市场范围(x)由以下等式决定

$$p + tx = p^* + t[(1/n) - x]$$

b. 假定厂商的定价决策如a中的分析所示，厂商 i 售出 $q_i = 2x$，因为它在两边都有市场。计算厂商利润最大化时的价格，将其表示成 p^*，c，t 和 n 的函数。

c. 注意到在对称均衡中，所有厂商的价格都等于 p^*，证明 $p_i = p^* = c + t/n$。请从直观上解释这个结果。

d. 证明均衡时单个厂商的利润等于 $t/n^2 - K$。

e. 如果厂商可以自由选择进入市场，那么长期均衡时厂商数量 n^* 是多少？

f. 计算该模型中差异化的社会最优水平，其定义为最小化生产成本和需求者出行成本之和的厂商数量（及产品数量）。证明这个数量恰好等于e中计算出的数量的一半。由此，该模型说明了过度差异化的可能性。

15.12　进入容纳信号

这个问题将探究进入阻止不可能时的信号，也就是说，厂商容纳对手进入的信号。假设阻止是不可能的，因为两个厂商都没有为进入市场或令自己保留在市场上支付沉没成本。模型步骤遵循例15.4，所以之前的计算可以帮助解决这个问题。特别地，厂商 i 的需求函数为

$$q_i = a_i - p_i + \frac{p_j}{2}$$

其中 a_i 是产品 i 的属性（比如质量）。生产无成本。厂商1的属性可能为两个值：$a_1 = 1$，此时我们说厂商1为低成本类型；或者 $a_1 = 2$，此时我们说厂商1为高成本类型。为简单起见，不考虑跨期折现。

a. 计算完全信息博弈的纳什均衡，即厂商1是高成本类型，并且厂商2知道厂商1是高成本类型。

b. 如果厂商1是低成本类型，并且厂商2知道厂商1是低成本类型，计算此时完全信息博弈的纳什均衡。

c. 若厂商1以50%的概率为低成本类型，另50%的概率为高成本类型。厂商1知道自己的类型，但厂商2只知道概率分布，求解此不完全信息博弈的贝叶斯—纳什均衡。由于本章并没有花时间在贝叶斯均衡上，可能你得回顾一下第8章（特别是例8.7）的有关内容。

d. 何种类型的厂商1会从不完全信息中获利？何种类型的厂商1更偏好完全信息（因此如果可能，会有动力发出有关自身类型的信号）？厂商2在完全信息或非完全信息的条件下会赚得更多的平均利润吗？

e. 考虑一个两阶段的信号变化模型。第一阶段，厂商1和厂商2选择价格，厂商2有关于厂商1类型的不完全信息。厂商2在第一阶段观察厂商1的价格并运用观察到的信息更新自己关于厂商1的成本类型判断。接下来厂商进入第二阶段价格竞争。证明分离均衡存在，此时不同类型的厂商1收取相同价格，正如d问的计算结果。你可以假设，如果厂商1在第一阶段选择一个均衡价格之外的价格，那么厂商2相信厂商1为低成本类型的概率就为1。提示：为证明分离均衡的存在，先证明第一阶段低成本类型的厂商2试图混同的损失大于第二阶段令厂商2确信自己是高成本类型的收益。在可能的情况下运用a—d中的结果帮助求解。

推荐阅读材料

Carlton, D. W. , and J. M. Perloff. *Modern Industrial Organization*, 4th ed. Boston: Addison-Wesley, 2005.

关于产业组织的经典本科教材,涵盖理论和实证问题。

Kwoka, J. E. ,Jr. , and L. J. White. *The Antitrust Revolution*, 4th ed. New York: Oxford University Press, 2004.

从两方面总结了当前重要反垄断案例的经济学争论。强调了与本章理论相关的政策。

Pepall, L. ,D. J. Richard, and G. Norman. *Industrial Organization: Contemporary Theory and Practice*, 2nd ed. Cincinnati,OH: Thomson South-Western,2002.

一本简单但详细描述寡头垄断理论的本科教材。将霍特林模型应用于包括广告在内的一系列新增应用中。

Sutton,J. *Sunk Cost and Market Structure*. Cambridge,MA:MIT Press,1991.

本书一部分论证了寡头理论有关沉没成本的大小和本质的稳健性预测。另一部分提供了在不同的制造业中有关竞争的案例研究。

Tirole,J. *The Theory of Industrial Organization*. Cambridge, MA:MIT Press,1988.

对本章讨论的以及未讨论的一些话题有详细研究,是一部标准的研究生教材,一些章节对优秀的本科生也适用。

第7篇

要素市场定价

我们在第 11 章对于投入要素的需求的学习非常宽泛,因为它可以被用于任何生产要素。在第 16 章和第 17 章,我们将讨论与劳动、资本市场的要素定价密切相关的几个问题。第 16 章重点关注劳动市场供给。我们的分析大多数集中在对于单个人的劳动力供给。我们将在接下来的几个部分连续关注工作时间的供给、与人力资本积累有关的决策,并且模拟求职过程。针对每一个话题,我们都将表明个人决策是如何影响劳动力市场均衡的。第 16 章的最后几个部分涉及劳动力市场中不完全竞争的某些方面。

第 17 章考察了资本市场,主要目的在于强调资本与资源配置的内在联系。一些注意力也被放在将资本理论整合到第 4 篇发展起来的厂商理论中。第 17 章的附录列示了一些关于利率的有用的数学结果。

在《政治经济学与赋税原理》中,李嘉图写道:

> 人类的生产在三种经济主体之间进行分配,即土地的所有者、耕作土地所必需的资本存量的所有者与被雇用来耕作的劳动者。政治经济学主要研究的就是制定规范这些分配的法则。①

第 7 篇的目的也正是在于说明李嘉图时代之后,对这些"法则"的研究取得了哪些进展。

---

① D. Ricardo, *The Principles of Political Economy and Taxation*(1817; reprinted, London: J. M. Dent and Son, 1965), p. 1.

第 16 章　劳动力市场

在这一章，我们将考察与劳动力市场相联系的要素定价的一些问题。由于我们已经在第 11 章较为详尽地讨论了劳动（或其他任何投入品）的需求，这里我们将着重分析劳动的供给。我们从一个简单的效用最大化模型开始，该模型解释了个人对于劳动力市场的时间供给。之后几部分是对这个模型的不同扩展。

16.1　时间的配置

在第 2 篇我们分析了个人如何将一固定数量的收入在各种可获得的商品之间分配的方式。个人在决定如何花费时间上也必须做出类似的选择。一天（或一年）内的小时数目是绝对固定的，而时间在运用的过程中会流逝。给定固定数量的时间后，一个人必须决定多少小时用来工作，多少小时用来消费从汽车、电视到歌剧等各种各样的商品，多少小时用来自我保健，以及多少小时用来睡觉。经济学家通过研究个人如何把时间分配到这些活动中，来理解劳动供给的决策。

16.1.1　简单的两商品模型

为简单起见，我们假定一个人的时间只有两种用途——要么进入市场，在每小时 w 的实际工资率下工作；要么不工作。我们称不工作的时间为“闲暇”，但这个词并不带有任何懒散的含义，它是指没有花在工作上，而可能被用在家务劳动、自我完善，或用于消费（看电视或打保龄球都要花费时间）的时间。① 所有这些活动都有助于改善个人的福利状况，我们还假定时间是按效用最大化的方式在这些活动中配置的。

更具体地，我们假定一个人在某一天的效用取决于那一天的消费（c）与所享受的闲暇时间（h）

$$效用 = U(c,h) \tag{16.1}$$

① 大概第一个关于时间配置的理论表达出现于以下文献：G. S. Becker in “A Theory of the Allocation of Time”, *Economic journal* 75（September 1965）：493—517。

注意,在这一效用函数中,我们用到两种"组合"商品:消费与闲暇。读者应该知道效用事实上来自将实际收入和时间用于消费各种各样的商品与服务。[②] 在追求效用最大化时,个人面临两个约束,第一个是可用的时间有限。如果我们以 l 代表工作的小时数,则有

$$l + h = 24 \tag{16.2}$$

也就是一天的时间要么用来工作,要么用于闲暇(不工作)。第二个约束是一个人只能通过工作赚取收入来购买消费品(在本章后面我们将考虑非劳动所得收入的情形)。如果个人在市场上获得的每小时实际工资率为 w,则收入约束为

$$c = wl \tag{16.3}$$

将这两个约束条件合并,我们得到

$$c = w(24 - h) \tag{16.4}$$

或

$$c + wh = 24w \tag{16.5}$$

这一合并后的约束条件有一个重要的含义:任一个人都有一"临界收入",即 $24w$。也就是说,一个人在一天内一直不停地工作将拥有 $24w$ 这么多的对于实际消费品的要求权。个人要么工作(以获得实际收入与消费),要么不工作,从而享受闲暇,以度过一天的时光。(16.5)式表明消费闲暇的机会成本是每小时 w 的收入,它等于不工作而放弃的收入。

16.1.2 效用最大化

此时个人的问题便是在临界收入约束的限制下将效用最大化。建立拉格朗日表达式,有

$$\mathscr{L} = U(c,h) + \lambda(24w - c - wh) \tag{16.6}$$

最大值的一阶条件为

$$\begin{aligned} \frac{\partial \mathscr{L}}{\partial c} &= \frac{\partial U}{\partial c} - \lambda = 0 \\ \frac{\partial \mathscr{L}}{\partial h} &= \frac{\partial U}{\partial h} - w\lambda = 0 \end{aligned} \tag{16.7}$$

将(16.7)式中的两式相除得到

$$\frac{\partial U/\partial h}{\partial U/\partial c} = w = \text{MRS}(h \text{ 或 } c) \tag{16.8}$$

由此,我们推导出如下原理:

最优化原理

效用最大化的劳动供给决策 给定实际工资率 w,为了使效用最大化,个人选择去工作的小时数为闲暇对消费的边际替代率等于 w 的点上。

当然,(16.8)式所导出的结果仅仅是最大化的一个必要条件。就像在第 4 章中一样,如果闲

② 在家里进行的商品生产受到了相当大的关注,特别是在可以使用家庭时间分配记录之后。有关的文献综述参见:R. Gronau,"Home Production: A Survey" in O. C. Ashenfelter and R. Layard, eds., *Handbook of Economics*, vol. 1 (Amsterdam: North-Holland Publishing Co., 1986), pp. 273—304。

暇对消费的 MRS 递减,则这一切点就是一个真正的最大值。

16.1.3　w 变动时的收入效应与替代效应

我们可以用与第5章相同的方式来分析实际工资率(w)变动的影响。当 w 上升时,闲暇的"价格"变得更高——个人为享受每小时的闲暇必须放弃更多的工资收入。因此,w 的增加对闲暇的时间有一负的替代效应。当闲暇变得更昂贵时,个人理所当然会减少对它的消费。然而,收入效应却是正的——既然闲暇是正常品,w 提高带来更高的收入将增加对于闲暇的需求。于是,收入效应与替代效应的作用方向相反。所以,在不了解其他情况时,不可能先验地预测 w 的提高将增加还是减少对于闲暇时间的需求。由于闲暇与工作在花费一个人的时间上是两种互相排斥的方式,同样不可能预测这一变动对于工作的小时数的影响。当 w 提高时,替代效应倾向于增加工作的时间,而收入效应则是由于它增加了对闲暇时间的需求,倾向于减少工作的小时数。这两种效应中哪一种占据上风是一个重要的实证问题。③

16.1.4　图形分析

图16.1表明了对 w 变化的两种可能的反应。两个图中最初的工资率都为 w_0,这时 c 与 h 的最优选择由(c_0,h_0)给出。当工资率上升为 w_1 时,最优组合移动到点(c_1,h_1)。这一移动可视为两种效应作用的结果。最优点由(c_0,h_0)移动到 S 代表替代效应,而由 S 移动到(c_1,h_1)代表收入效应。在图16.1的两个图中,这两种效应结合起来产生了不同的结果。图16.1(a)中,对 w 变化的替代效应超过了收入效应,个人对闲暇的需求减少($h_1 < h_0$)。也就是说,当 w 上升时,这个人将工作更长的时间。

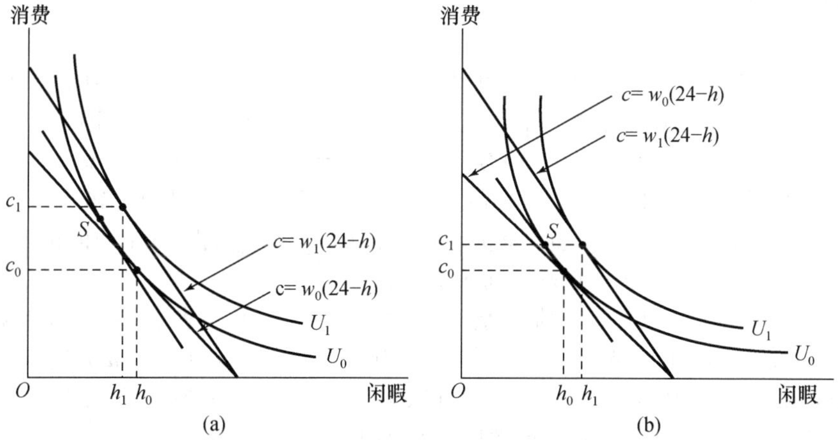

图16.1　实际工资率 w 变化的收入与替代效应

由于个人是劳动的供给者,实际工资率(w)提高的收入效应与替代效应对闲暇的需求量(或工作的小时数)的影响方向相反。在(a)中替代效应(移动到点 S)超过了收入效应,工资提高导致闲暇的小时数减少到 h_1,从而工作的小时数增加。在(b)中收入效应大于替代效应,h 增加到 h_1,这时工作的小时数减少。

---

③　如果把家庭视为一个决策单位,某一个家庭成员收入的变化会对其他家庭成员的劳动行为产生更加复杂的收入和替代效应。

在图 16.1(b)中的情形正好相反。w 变化的收入效应抵消替代效应而有余,从而增加了对于闲暇的需求($h_1>h_0$)。这时工资提高却导致个人缩短了工作时间。在第 5 章考察的例子中这被视为一种不正常的结果——当闲暇的"价格"提高时,个人却对它有更多的需求。对于正常的消费品而言,收入效应与替代效应的影响方向相同。只有对于"劣等品"其符号才不同。但对于闲暇与劳动,收入与替代效应总是在相反的方向起作用。由于个人是劳动的供给者,w 提高使其福利状况得到改善。而对于消费品而言,价格提高使个人的境况变坏,因为他们是该商品的消费者。我们可以将以上分析概括如下。

最优化原理

实际工资率变动的收入效应与替代效应 当实际工资率提高时,效用最大化的个人可能增加也可能缩减工作的小时数。替代效应倾向于增加工作时间,因为这时相对而言,闲暇变得更为昂贵,个人愿意用工作收入来替代闲暇。另一方面,收入效应倾向于减少工作时间,因为这时个人可以运用其已增加的购买力来购买更多的闲暇。

现在我们转而考察这些反应的数学表达,以便更深入地理解劳动供给决策。

16.2 劳动供给的数学分析

为了导出劳动供给决策的数学表达,我们首先对个人的预算约束略加修正,以允许非劳动收入存在。我们可以将(16.3)式重写为

$$c = wl + n \tag{16.9}$$

这里,n 是实际的非劳动收入,它可能包括红利、利息收入和政府转移支付等项目,或者就是其他人送的礼物。实际上,n 也可用来代表个人一次支付的税收,这时它的值就是负的。

在新的预算约束下导出的效用最大化实际上与以前导出的一样。也就是说,只要 n 的值不受劳动—闲暇选择的影响,即只要 n 是"一次性总付"的收入所得或所失④,则(16.8)式描述的最大值的必要条件仍然有效。在分析中引入非劳动收入的唯一影响只是图 16.1 中的预算约束线向外或向内平行移动,而不影响收入与闲暇之间的替换率。

这个讨论表明,我们可以将个人的劳动供给函数写为 $l(w,n)$,以表示工作的小时数取决于实际工资率以及所获得的实际非劳动收入的数量。假定闲暇是正常品,则$\partial l/\partial n$ 为负,即 n 的增加将增加对于闲暇的需求并减少 l(由于一天只有 24 个小时)。要研究工资对劳动供给的影响($\partial l/\partial w$),我们不妨先来考虑个人最初的效用最大化问题的对偶问题。

16.2.1 问题的对偶表达

正如我们在第 5 章中所说明的那样,与个人最初在给定的预算约束下求效用最大化问题相关

④ 但在许多情况下,n 本身可能取决于劳动供给决策。例如,一个人的失业补贴或福利值要根据他所挣的收入决定,他要付的收入税也是如此。在这样的情况下,个人预算约束的斜率将不再由实际工资来反映,而是由净收益来反映。有些例子,请参见本章结尾部分的内容。

的对偶问题是为获得既定效用水平所必需的支出最小化。在目前的讨论中，这一问题也就是如何选择消费(c)与闲暇时间($h=24-l$)的值，以使要获取一既定效用水平(譬如，$U_0=U(c,h)$)所要求的额外支出

$$E = c - wl - n \tag{16.10}$$

尽可能小。正如在第5章中所表明的，求解这一最小化问题将得到与求解效用最大化问题完全相同的结果。

现在我们可以运用包络定理来求这一对偶问题中的额外支出的最小值。具体地说，实际工资率的一个微小变动将按如下方式引起最小支出的变动

$$\frac{\partial E}{\partial w} = -l \tag{16.11}$$

根据直觉，工资每提高1美元将使得E的必要值减少l美元，因为这是工资变动所导致的劳动收入增加的幅度。这一结果与生产理论中的谢泼德引理非常相似(参见第11章)。这里的结果显示，通过偏导，可以由支出函数计算出劳动供给函数。由于在对偶的支出最小化方法中效用保持不变，这一函数可以被称为“补偿性”(不变效用) 劳动供给函数。我们用$l^c(w,u)$来代表它，以便与我们以前提到的非补偿性劳动供给函数$l(w,n)$相区别。

16.2.2 劳动供给的斯拉茨基方程

现在我们可以运用这些方程推导出一个斯拉茨基形的方程，以反映由实际工资变动引起的替代与收入效应。我们首先可以看出，在(16.11)式的对偶问题中被最小化的支出就相当于在基本的效用最大化问题中的非劳动收入。因此，由定义，在最优点我们有

$$l^c(w,U) = l[w,\ E(w,\ U)] = l(w,n) \tag{16.12}$$

(16.12)式两边对w求偏导，有

$$\frac{\partial l^c}{\partial w} = \frac{\partial l}{\partial w} + \frac{\partial l}{\partial E}\cdot\frac{\partial E}{\partial w} \tag{16.13}$$

运用(16.11)式的包络关系，我们有

$$\frac{\partial l^c}{\partial w} = \frac{\partial l}{\partial w} - l\frac{\partial l}{\partial E} = \frac{\partial l}{\partial w} - l\frac{\partial l}{\partial n} \tag{16.14}$$

这样便推导出一个稍微不同的补偿性劳动供给函数的表达式

$$\frac{\partial l^c}{\partial w} = \left.\frac{\partial l}{\partial w}\right|_{U=U_0} \tag{16.15}$$

重新整理得到最终的劳动供给斯拉茨基方程

$$\frac{\partial l}{\partial w} = \left.\frac{\partial l}{\partial w}\right|_{U=U_0} + l\frac{\partial l}{\partial n} \tag{16.16}$$

用文字表述(正如我们以前所说明的)就是，由实际工资变动引致的劳动供给的变化可以分解为两个部分的总和，一是效用保持不变前提下的替代效应，二是相当于非劳动收入的相应变动的收入效应。由于替代效应是正的(工资提高在效用保持不变的情况下导致工作的时间增加)，而$\partial l/\partial n$项是负的，这一公式表明替代效应与收入效应在相反的方向上起作用。数学推导与我们以前在图形分析中所得到的结论相吻合，劳动供给曲线是“向后”弯曲的。数学描述同样说明，劳动供给的量越大，负的收入效应的影响也越大。

例 16.1 劳动供给函数

个人劳动供给函数能够与第 2 部分推导需求函数一样通过基本的效用函数得到。这里我们首先会讨论一个扩展的柯布—道格拉斯函数,然后提供一个 CES 效用劳动供给的总结。

A. 柯布—道格拉斯效用

假定每小时消费(c)与闲暇(h)的效用函数的形式如下

$$U(c,h) = c^{\alpha}h^{\beta} \tag{16.17}$$

并且为了简单起见,使 $\alpha+\beta=1$。这个人受到两个等式的限制:(1) 收入限制表示可以怎样消费,

$$c = wl + n \tag{16.18}$$

这里,n 是非劳动收入;(2) 时间的约束为

$$l + h = 1 \tag{16.19}$$

这里,为简单起见,我们假定工作时间最多等于1(小时)。将这些方程合并,我们可以将效用表达为仅是劳动供给选择的函数:

$$\mathscr{L} = U(c,h) + \lambda(w + n - wh - c) = c^{\alpha}h^{\beta} + \lambda(w + n - wh - c) \tag{16.20}$$

效用最大化的一阶条件

$$\begin{aligned} \frac{\partial \mathscr{L}}{\partial c} &= \alpha c^{-\beta}h^{\beta} - \lambda = 0 \\ \frac{\partial \mathscr{L}}{\partial h} &= \beta c^{\alpha}h^{-\alpha} - \lambda w = 0 \\ \frac{\partial \mathscr{L}}{\partial \lambda} &= w + n - wh - c = 0 \end{aligned} \tag{16.21}$$

用第一个式子除以第二个得到

$$\frac{\alpha h}{\beta c} = \frac{\alpha h}{(1-\alpha)c} = \frac{1}{w} \quad 或者 \quad wh = \frac{1-\alpha}{\alpha}\cdot c \tag{16.22}$$

带入收入限制的等式后得到我们熟悉的结果

$$\begin{aligned} c &= \alpha(w+n) \\ h &= \frac{\beta(w+n)}{w} \end{aligned} \tag{16.23}$$

总之,这个人将他的所有收入($w+n$)的一个固定比例 α 用在消费上,并且将其剩余的部分 $\beta(=1-\alpha)$ 用在休闲上(每单位花费 w)。这个人的劳动供给函数如下

$$l(w,n) = 1 - h = (1-\beta) - \frac{\beta n}{w} \tag{16.24}$$

B. 柯布—道格拉斯劳动供给函数的性质

这种劳动供给函数与柯布—道格拉斯效用推导的消费需求函数有许多相似的特性。例如,如果 $n=0$,则$\partial l/\partial w=0$——不管工资率是多少,这个人总会花 $1-\beta$ 的时间在工作上。在这种情况下,w 变化的收入和替代效应被抵消了。正如柯布—道格拉斯需求函数中的交互价格影响。

另一方面,如果 $n>0$,则$\partial l/\partial w>0$。当有一个正的非劳动收入时,这个人花在闲暇上的时间为 βn。但是闲暇的"花费"是 w 每小时,因此提高工资意味着能够得到的闲暇时间变得更加有限。所以,w 的增加会使劳动供给增加。

最后,注意到$\partial l/\partial n<0$。非劳动收入的增加允许这个人购买更多的闲暇,所以劳动供给减少。这个结果的一个应用就是转移性项目(比如福利或失业补助)将会减少劳动供给。另一个应用就

是总量税会增加劳动供给——通常情况下它们也影响净的工资率。因此,任何精确的预测都要求仔细地理解该项目对于预算约束的影响。

C. CES 劳动供给

在第4章的扩展部分,我们推导了由CES(不变替代弹性)效用函数得出的一般形式的需求函数。我们可以将该推导直接应用到这里来研究CES劳动需求。特别地,如果效用函数为

$$U(c,h) = \frac{c^{\delta}}{\delta} + \frac{h^{\delta}}{\delta} \tag{16.25}$$

预算分配等式为

$$\begin{aligned} s_c &= \frac{c}{w+n} = \frac{1}{(1+w^k)} \\ s_h &= \frac{wh}{w+n} = \frac{1}{1+w^{-k}} \end{aligned} \tag{16.26}$$

在这里,$k=\delta/(\delta-1)$。求解闲暇的需求得到劳动供给为

$$h = \frac{w+n}{w+w^{1-k}} \tag{16.27}$$

并且,

$$l(w,n) = 1-h = \frac{w^{1-k}-n}{w+w^{1-k}} \tag{16.28}$$

最简单的方法是通过一些例子来研究这些函数的性质。如果$\delta=0.5, k=-1$,劳动力供给函数为

$$l(m,n) = \frac{w^2-n}{w+w^2} = \frac{1-n/w^2}{1+1/w} \tag{16.29}$$

如果$n=0$,很明显$\partial l/\partial w>0$;因为这种效用函数下劳动和闲暇有较高的替代性,高工资的替代效应超过收入效应。另一方面,如果$\delta=-1, k=0.5$,劳动供给函数为

$$l(w,n) = \frac{w^{0.5}-n}{w+w^{0.5}} = \frac{1-n/w^{0.5}}{1+w^{0.5}} \tag{16.30}$$

现在$(n=0)\partial l/\partial w<0$,因为这个效用函数的替代效应水平较低,劳动供给方面的收入效应超过替代效应。⑤

请回答:为什么在CES情况下,非劳动收入的影响依赖于效用函数中消费/闲暇的替代性?

16.3 市场的劳动供给曲线

通过水平加总我们可以由个人的供给曲线构造出市场的劳动供给曲线。在每一个可能的实际工资率下,我们将每个人的劳动供给量相加,得到一个总的市场供给量。这一过程的一个很有意思的方面是,随着工资率的提高,将有更多的人进入劳动力市场。图16.2表明了在简单的两人

⑤ 在柯布—道格拉斯函数情况下$(\delta=0,k=0)$,不变份额分配的结果(当$n=0$)由$l(w,n)=(w-n)/2w=0.5-n/2w$所表示。

情况下的这种可能性。当实际工资率低于 w_1 时,谁都不会去工作。因此,在市场的总劳动供给曲线图16.2(c)上,当实际工资率低于 w_1 时,没有劳动供给。工资超过 w_1 时,个人 1 进入劳动力市场。然而,只要工资仍然低于 w_2,个人 2 仍将不工作。只有当工资率高于 w_2 时,两个人才都加入劳动力市场。总之,相对于工人数目固定的情况,新的工人进入的可能性使得市场劳动供给曲线对工资率的变动反应更为敏感了。

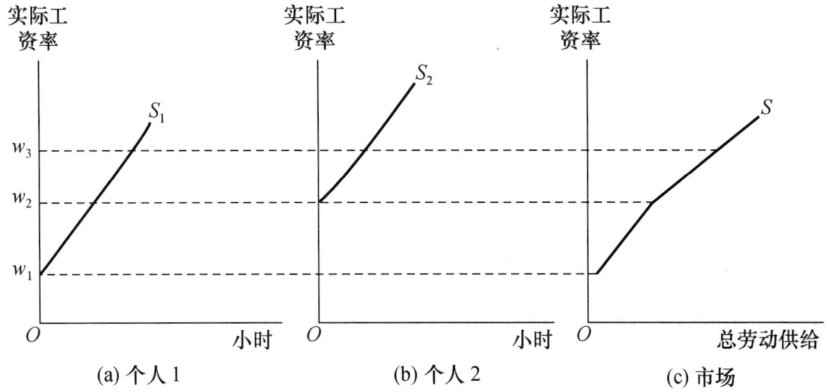

图 16.2　构造市场劳动供给曲线

当实际工资率提高时,有两个原因导致劳动供给的增加。首先,实际工资提高导致市场中的每个人工作更长的时间。其次,更高的工资诱致更多人(比如劳动者 2)进入劳动力市场。

用来说明更高的实际工资率会导致劳动力更多参与的最重要的例子是第二次世界大战后美国已婚妇女的劳动供给行为。自 1950 年左右以来,已婚妇女工作的百分比已经从 32% 增长到超过 65% 。经济学家们认为,这一现象至少部分地可以归因于妇女所能赚到的工资的提高。

16.4　劳动力市场均衡

劳动力市场的均衡是建立在单个劳动者供给决策和公司决定雇用多少劳动力的相互影响之上的。这个过程可以用我们熟知的供给—需求图来说明(如图 16.3 所示)。在实际工资率 w^* 下,公司所需要的劳动力数量正好与个人所提供的劳动力数量相等。如果实际工资率高于 w^* 将会导致劳动力供给大于需求的不均衡。在这种工资率下将会存在非自愿性的失业,工资率会有下降的压力。类似地,一个低于 w^* 的实际工资率会导致公司希望雇用的工人比实际上可以雇的更多。为了争夺工人,公司将会提高实际工资来重建均衡。

劳动力市场不均衡的可能原因是宏观经济学的一个主要的问题,特别是与经济周期相联系。市场在调解变化的均衡中失效主要归咎于"黏性"工资、公司和个人对于价格水平的不准确预期、政府失业保险项目的影响、劳动力市场的管制和最低工资,以及工人的工作时间决策。稍后我们将在本章以及第 17 章和第 19 章遇到几个这样的实际应用。

劳动力市场的均衡模型也可以被用来研究税收和管制政策的一些问题。例如,第 12 章所讲的税收模型可以被用来研究对雇佣征税。在研究劳动力市场中很有意思的是,一项给定的政策可能同时移动需求和供给函数——我们已经在例 16.2 中讨论过这个问题。

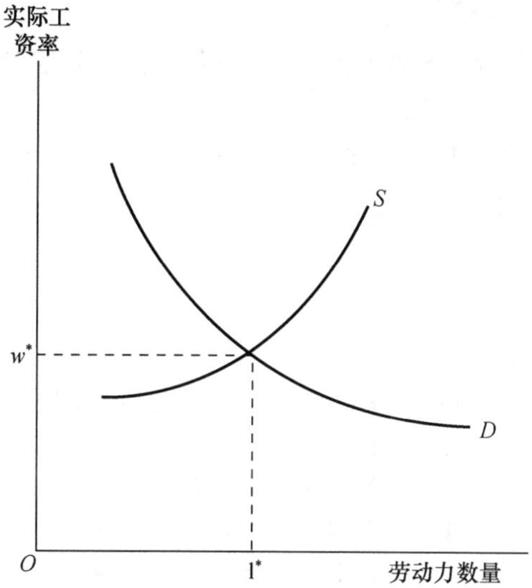

图 16.3 劳动力市场的均衡

实际工资率 w^* 创造了一个劳动力市场上的均衡,雇佣水平为 l^*。

例 16.2 命令的收益

近期一些法律命令雇主提供特殊的利益,像健康保险、带薪休假或者给他们的雇员最低辞退金。在劳动力市场上,这些命令对均衡的影响取决于工人怎样评价这些福利。假设在实施命令之前,对劳动的供给和需求如下:

$$\begin{aligned} l_S &= a + bw \\ l_D &= c - \mathrm{d}w \end{aligned} \tag{16.31}$$

令 $l_S = l_D$,得到的均衡工资为

$$w^* = \frac{c-a}{b+d} \tag{16.32}$$

现在假设政府命令所有的公司提供给他们的工人一项特别的福利,并且这个福利在每个雇员身上的成本为 t。每个雇员的成本增加为 $w+t$。假设每个人得到的新的福利对于工人来说货币价值为 k,因此从雇主那里得来的净回报为 $w+k$。

劳动力市场上的均衡要求

$$a + b(w+k) = c - d(w+t) \tag{16.33}$$

通过对表达式的一些变形,净工资为

$$w^{**} = \frac{c-a}{b+d} - \frac{bk+\mathrm{d}t}{b+d} = w^* - \frac{bk+\mathrm{d}t}{b+d} \tag{16.34}$$

如果工人们从命令的福利中没有得到价值($k=0$),这项命令就好像对雇佣征收的税——雇员支付税率为 $d/(b+d)$ 的税并且所雇的劳动者数量变少了。只要 $k<t$,数量上相同的结果将会发生。另一方面,如果工人对该福利的评价正好等于他的成本($k=t$),新的工资率将会以它的成本下降($w^{**}=w^*-t$),并且均衡的雇佣劳动数量不变。最后,如果工人们对福利的价值估计高于公司提供的成本($k>t$,这种情况下人们疑惑为什么之前没有提供这种福利),均衡工资率下降幅度会大

于福利的成本,均衡雇佣人数会增加。

请回答:你怎样将这个分析用图表示出来?它的结论是否要依赖于使用线形的供给和需求函数?

16.5 工资差异

图16.3表示的劳动力市场均衡意味着,根据个人的劳动供给决策和厂商的劳动需求,市场只有一个出清价格。而大多数有关劳动力市场的简单研究却表明,唯一出清价格这个结论过于简单。即使是在一个小范围地区,劳动者之间的工资差异也非常大,这一差异或许能达到10%,甚至50%。当然,供给—需求或许可以部分地解释这种差异,但更可能的原因是通过思考单一市场中工资的决定得到的。在这一部分,我们将关注导致工资差异化的三个主要原因:(1) 人力资本;(2) 补偿性差别;(3) 工作搜寻的不确定性。我们会在本章最后一部分讨论第四个原因——劳动力市场的不完全信息。

16.5.1 人力资本

工人的工作技能和其他一些特征的差异非常大。厂商根据工人的生产力价值支付对等的工资,因此,不同的生产力就可能导致工资的巨大差异。模仿厂商使用"实物资本"这个概念,经济学家⑥使用了"人力资本"这个概念,并用人力资本的差异表示工人生产力的差异。工人可以有很多方式积累人力资本。初等教育和中等教育通常为人力资本积累提供基础——学校里学到的基本技能使得学习其他技能成为可能。高中以后的正规教育也能提供各种各样的职业技能。学院和大学课程会提供许多一般性的技能,职业学校为学生进入特定岗位提供专业的技能。其他类型的正规教育通过提供特定任务训练的方式,通常也能提高人力资本。当然,初等教育和中等教育在许多国家都是义务教育,而中等教育之后的教育都是自愿的,因此其参与率更适合用于经济分析。特别地,研究厂商对实物资本投资的一般性方法(见第17章)已经被广泛应用于个人对人力资本投资的研究中。

工人在工作上也能获得技能。随着工作经验的获得,工人的生产率得以提高,报酬通常也会随之提高。某项工作积累的技能有时也会转移到别的可能的工作上。这类技能与通过正规教育获得的技能无异,因此被称为**一般人力资本(general human capital)**。在其他情况下,某项工作积累的技能十分特殊,以至于不能用到别的工作上,这样的技能被称为**特殊人力资本(specific human capital)**。正如例16.3将要说明的,两类人力资本投资的经济结果大为不同。

例16.3 一般人力资本和特殊人力资本

假设一个厂商和一个工人加入了一个两阶段的雇佣关系。厂商在第一阶段必须决定支付给

⑥ 人力资本一词的广泛应用得益于美国经济学家T. W. Schulz。该领域的重要奠基工作来自G. Becker, *Human Capital: A Theoretical and Empirical Analysis with Special Reference to Education*(New York: National Bureau of Economic Research, 1964)。

工人的工资(w_1)以及对该名工人投资多少一般人力资本(g)和特殊人力资本(s)。假设工人在第一阶段的边际产出的价值是v_1。在第二阶段,工人的边际产出价值由下式给出:

$$v_2(g,s) = v_1 + v^g(g) + v^s(s) \tag{16.35}$$

其中v^g和v^s作为厂商在第一阶段投资人力资本的结果,即人力资本的增加。我们还假设两项投资都是有利可图的,即$v^g(g) > p_g g, v^s(s) > p_s s$($p_g$和$p_s$是提供不同类型的技能的单位价格)。厂商利润⑦如下

$$\begin{aligned} \pi_1 &= v_1 - w_1 - p_g g - p_s s \\ \pi_2 &= v_1 + v^g(g) + v^s(s) - w_2 \\ \pi &= \pi_1 + \pi_2 = 2v_1 + v^g(g) - p_g g + v^s(s) - p_s s - w_1 - w_2 \end{aligned} \tag{16.36}$$

其中w_2是第二阶段支付给工人的工资。在整个合同过程中,工人希望最大化$w_1 + w_2$,厂商则希望两阶段利润总和最大。

此时,劳动力市场的竞争将会在合同选择中扮演非常重要的角色,因为工人总可以选择在别处工作。如果工人在别处工作获得的报酬仍等于边际产出,则工资一定是$\bar{w}_1 = v_1, \bar{w}_2 = v_1 + v^g(g)$。注意,一般人力资本的投资能提高工人其他工作的工资率,但特殊人力资本不能,因为,根据定义,这类技能对别的工作是无用的。如果厂商将工资设定为等于这些替代工作的工资,则厂商的利润由下式给出

$$\pi = v^s(s) - p_g g - p_s s \tag{16.37}$$

厂商的最优选择是令$g=0$。直观上来说,如果厂商不能从一般人力资本投资中获得任何回报,那么他的利润最大化选择将是放弃这项投资。

然而,从工人的角度来看,这个决策不是最优的。他在拥有这些额外的人力资本的情况下会获得更高的工资。因此,他会通过降低第一阶段的工资来自我支付一般人力资本的积累。此时总报酬等于

$$w = w_1 + w_2 = 2\bar{w}_1 + v^g(g) - p_g g \tag{16.38}$$

工人选择最优g的一阶条件是$\partial v^g(g)/\partial g = p_g$。注意,如果厂商想从一般人力资本投资中获取所有收益,最优条件也是一样的。还要注意到,如果法律(比如最低工资法)限制工人为自我支付人力资本投资而从厂商那里获得过低的工资,那么工人就不会选择这个最优合同。

厂商选择s以使利润最大化的一阶条件由(16.37)式给出:$\partial v^s(s)/\partial s = p_s$。然而,厂商一旦做出这项投资,他就必须决定,如何与工人分配边际产出的价值增长(如果有的话)。说到底这是一个讨价还价的问题。工人可以威胁说,如果得不到边际产出增长的分配,就要离职。另一方面,厂商也可以威胁在特殊人力资本方面只投入一点点,除非工人承诺留下来。根据雇佣双方讨价还价策略的成功与否,一些现实结果可以被合理地解释。

请回答:假设厂商拿出边际产出增加的$\alpha v^s(s)$给工人($0 \leqslant \alpha \leqslant 1$)。这会如何影响厂商对$s$的投资?这个分配会怎样影响双方在未来阶段的工资谈判?

这里应当提到人力资本投资的最后一个类型——对健康的投资。这种投资可以以不同的方式发生。个人可以购买保健品以防止疾病,也可以采用其他方式(比如运动)达到同样的目的,或

⑦　出于简便,我们并没有将第二阶段的利润折现。

者如果已经得了病,也可以通过购买医疗护理来恢复健康。所有这些行为都是为了增加个人的“健康资本”(这是人力资本的一部分)。有充分的证据表明,健康资本在生产力提升方面很有效;的确,出于例16.3列出的种种原因,厂商自己也希望投资于“健康资本”。

人力资本的组成成分所具有的某些特征,使其区别于同样用于生产过程的种种实物资本。首先,人力资本的获得通常是一个消耗时间的过程。上学、岗位培训甚至是日常锻炼都得花上好几个小时,而且这些时间对个人而言通常有明显的机会成本。因此,人力资本的获得通常作为本章开篇谈到的时间的配置的一部分来研究。其次,人力资本一旦获得就不能转售。和一台机器的所有者不同,人力资本所有者只能将资本出租给别人而不能直接出售。因此,在个人持有资产方面,人力资本或许是流动性最差的资本。最后,人力资本以一种不寻常的方式贬值。工人随着年龄的增长或者经过一段长时间的失业,技能可能会丧失。然而,死亡的发生会使所有的人力资本瞬间消失。死亡和非流动性使得人力资本投资极具风险。

16.5.2　补偿性工资差异

工作条件的差异是工人工资差异的又一个原因。通常情况下,人们会认为环境舒适的工作其报酬会较低(给定工作技能),又脏又危险的工作报酬一定更高。在这部分,我们来看看这种“补偿性工资差异”是如何出现在竞争性劳动力市场中的。

首先,考虑厂商提供好的工作环境的意愿。假设厂商产出是雇用的劳动(l)和他为工人提供的舒适环境(A)的函数。因此 $q=f(l,A)$。我们假设舒适度本身是有生产力的($f_A>0$),并且表现为边际产出递减($f_{AA}<0$)。厂商的利润为

$$\pi(l,A) = pf(l,A) - wl - p_A A \tag{16.39}$$

p、w 和 p_A 分别是厂商产出的价格、支付的工资率和舒适的价格。对于固定工资,公司可以选择使得利润最大化的两种投入要素:l^* 和 A^*。最后的均衡会使厂商之间拥有不同的舒适水平,因为这些舒适水平在不同的应用中(工人是否开心对零售业很重要,但对管理炼油厂则不然)生产率不同。然而,在本例中我们会看到,工资水平的决定与舒适水平无关。

现在考虑工资水平变化的可能性,这个变化是为回应工作的舒适程度。具体地,厂商支付的工资由函数 $w=w_0-k(A-A^*)$ 给出,其中 k 表示一单位“舒适”的隐含价格——这个隐含价格将在市场中决定(我们即将证明)。给定有这样的可能性,厂商的利润函数等于

$$\pi(l,A) = pf(l,A) - [w_0 - k(A - A^*)]l - p_A A \tag{16.40}$$

利润最大化时选择“舒适”水平的一阶条件是

$$\frac{\partial \pi}{\partial A} = pf_A + kl - p_A \quad \text{或者} \quad pf_A = p_A - kl \tag{16.41}$$

因此,厂商对“舒适”有一条向上倾斜的供给曲线,k 的水平越高,厂商为员工提供的“舒适”越多(该事实来自舒适的边际产出递减假设)。

工人对工作舒适的评价来自他的效用函数 $U(w,A)$。工人会在预算约束 $w=w_0-k(A-A^*)$ 下,从雇佣机会中选择使自身效用最大的工作。和其他效用最大化的模型一样,受约束的最大化问题的一阶条件是要满足

$$\text{MRS} = \frac{U_A}{U_w} = k \tag{16.42}$$

也就是说,工人会选择一个同时提供工资和“舒适”的工作,并且他的MRS恰好等于“舒适”的(隐含)价格。因此,效用最大化过程将产生一条向下倾斜的舒适的需求曲线(为 k 的函数)。

k的均衡值可由市场中厂商加总的供给曲线和工人加总的需求曲线的交点来决定。给定均衡时的k值,"舒适"的具体水平会根据厂商之间生产函数的不同而不同。个人在对工作进行排序的时候也要注意"舒适"的隐含价格。对舒适水平具有强烈偏好的工人会选择能提供"舒适"的工作,但是在这个过程中,他们也会接受较低的报酬。

推断上述补偿性工资差异能在多大程度上解释现实世界中的工资差异是很复杂的,因为还有许多其他因素影响工资水平。最重要的一点,将"舒适"和工人之间的工资差异联系在一起必须考虑工人之间人力资本不同的可能性。一些简单的观察发现,某些不愉快的工作工资也不高,但这并不必然是违反补偿性工资差异理论的证据。这种差异的存在与否只能通过比较人力资本水平相同的工人才能确定。

16.5.3 工作搜寻

工资差异也可以来自工人寻找好的工作匹配的成功程度。工作搜寻过程中最主要的困难是不确定性。新加入劳动力市场的工人对如何寻找工作知之甚少。被之前的雇主辞退的工人也面临特殊困难,部分原因在于他们失去了自己积累的特殊人力资本的回报,除非他们可以找到另外一个也可以应用这些技能的工作。在这一部分,我们来简要看看经济学家试图模拟工作搜寻过程的一些方法。

假设工作搜寻过程按如下方式展开。个人通过致电潜在雇佣者或者面试筛选出可能获得的工作。直到签订合同之前,个人都不知道雇佣方提供的工资是多少(提供的"工资"还包括各种福利的价值,以及舒适的工作环境)。在签订合同之前,工作搜寻者知道劳动力市场反映了潜在工资率的概率分布。这个潜在工资率的概率密度函数(见第2章)是$f(w)$,工作搜寻者在每份雇佣合同上耗费成本c。

一种模拟工作搜寻者策略的方法是说他选择的合同的数量(n)应当使得进一步搜寻的边际收益(从而可能找到一个工资更高的工作)等于额外一份合同的边际成本。由于搜寻面临着边际收益递减⑧,所以这样的一个最优n^*通常是存在的,尽管它的值依赖于工资分布函数的具体形状。因此,对潜在工资率分布有着不同看法的搜寻者就会采取不同的搜寻强度,最终产生不同的工资率。

此种情况下,将最优搜寻强度设置在先验水平上可能不是最优的,如果一个工作搜寻者面临一个特别有吸引力的工作,比如,在第三个雇佣合同时,他再继续寻找工作就没什么意义。另一种策略是设定一个"保留工资",并接受提供保留工资的第一份工作。最优保留工资的设定必须使得额外的一个雇佣合同的期望收益等于合同的成本。也就是说,w_r的选择必须使得

$$c = \int_{w_r}^{\infty} (w - w_r) f(w)\,\mathrm{d}w \tag{16.43}$$

(16.34)式清楚地表明了c的增加会导致保留工资的下降。因此搜寻成本高的人会以低工资结束搜寻过程。此外,搜寻成本低的人(也许是因为搜寻时有失业救济补贴)将选择高的保留价格,并有可能在未来获得较高的工资,即便搜寻过程很长。

---

⑧ 工作搜寻者在第n个合同时会遇到一个特定的高工资(比如w_0)的概率等于$[F(w_0)]^{n-1}f(w_0)$(其中$F(w)$是累积分布,表示工资低于或等于给定水平的概率,见第2章)。因此,n个合同后的预期最大工资$w_{\max}^n = \int_0^{\infty} [F(w)]^{n-1} f(w) w \mathrm{d}w$。容易证明$w_{\max}^{n+1} - w_{\max}^n$是$n$的减函数。

研究与搜寻有关的课题引发出问题——劳动力市场中均衡的定义。图 16.3 意味着劳动力市场运作顺畅,均衡工资将使得劳动供给量等于需求量。然而,在动态过程中,很明显劳动力市场会经历大量的就业和失业,这个过程中可能会有显著的摩擦。经济学家已经建立了一些模型,用于探求伴随搜寻和失业的"均衡"的劳动力市场是什么样子的,但在此我们并不展开。[9]

16.6 劳动力市场的买方垄断

在许多情况下,厂商并非是他们所购买的投入要素的价格的接受者。也就是说,厂商所面临的劳动的供给曲线在现行工资率下并不具有完全弹性。假如厂商想吸引更多的雇员,就必须提供高于现行水平的工资。为了研究这种情况,最简便的方法是研究劳动力市场上买方独家垄断(单一买主)这种极端的情况,如果在劳动力市场上只有一个买主,这个厂商就面对着整个市场供给曲线。为了多增加一单位的雇佣劳动,厂商就必须选取供给曲线上位置较高的点,这意味着不但要付给最后一个工人较高的工资,而且要给已雇用的工人支付额外的工资。因此雇用额外劳动的边际花费(ME_l)超过其工资率。我们可以把这一结果表示为如下的数学等式。劳动的总成本是 wl。因此,雇用一个额外的工人所导致成本的变化为

$$ME_l = \frac{\partial wl}{\partial l} = w + l\frac{\partial w}{\partial l} \tag{16.44}$$

在竞争的情况下,$\partial w/\partial l = 0$,多雇用一个工人的边际费用仅仅是市场的工资率,即 w。然而,如果厂商面对的是具有正斜率的劳动供给曲线,则$\partial w/\partial l > 0$,边际费用大于工资率。这正如以下定义所总结的:

定义

边际投入费用 与任何投入有关的边际费用(ME)是指由于多雇用一个单位要素所导致的总投入成本的增加部分。如果厂商面对的是具有正斜率的投入要素供给曲线,边际费用会超过投入要素的市场价格。

一个寻求利润最大化的厂商将雇用尽可能多的劳动,直到投入的边际收益恰好等于投入的边际费用,这只是我们以前讨论的边际主义的选择推广到劳动力市场买方垄断的情况,与以往一样,只要放弃这一选择,就只能给厂商带来较低的利润。例如,如果 $MRP_l > ME_l$,厂商就应当雇用更多的工人,因为这种做法会使收入的增加高于成本的增加。相反,如果 $MRP_l < ME_l$,就应裁减雇员,因为这样做可以使成本比收益下降得更快。

16.6.1 图形分析

图 16.4 表明买方独家垄断者对劳动投入的选择。厂商的劳动需求曲线(D)斜率为负,我们

---

⑨ 一个开拓性的例子,参见 P. Diamond,"Wage Determination and Efficiency in Search Equilibrium," *Review of Economic Studies* XLIX (1982):217—227。

已经说明情况必定是这样的。⑩ 建立与劳动供给曲线(S)相关的 ME_l 曲线的方式和建立与需求曲线相关的边际收益曲线的方式相同。因为 S 的斜率为正,ME_l 位于 S 曲线之上。买方独家垄断者利润最大化的劳动投入为 l_1,因为在此投入水平满足利润最大化的要求。在 l_1 点,市场工资率为 w_1。注意,这时劳动需求量低于完全竞争的劳动力市场所雇用的劳动(l^*),因为厂商在市场上处于垄断地位,从而限制了投入需求。应该清楚的是,这里的分析与第 14 章的垄断分析只是形式上相似。实际上,买方独家垄断者的"需求曲线"只是由 l_1、w_1 确定的一个点组成的。买方独家垄断者在供给曲线 S 上把这一点作为最合适的点加以选取。除非一些外部的变化(像厂商产品需求的变化或技术上的变化)影响到劳动的边际收益产量⑪,否则厂商不会选择其他的点。

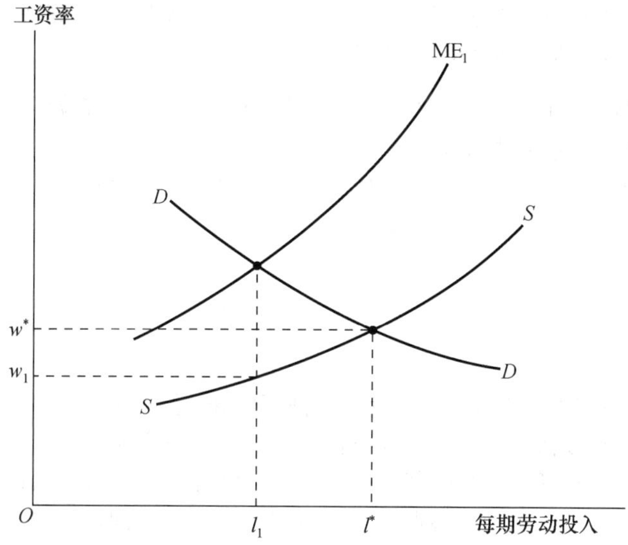

图 16.4 买方垄断的劳动力市场的定价

如果厂商面临的劳动供给曲线(S)的斜率为正,厂商将根据雇用额外劳动的边际费用(ME_l)做出雇佣决策。由于 S 的斜率为正,ME_l 曲线位于 S 曲线之上,可以认为曲线 S 是"劳动平均成本曲线",曲线 ME_l 是 S 的边际曲线。l_1 满足均衡条件 $ME_l = MRP_l$,并且这一数量的劳动是以市场工资率 w_1 被雇用的。注意,买方独家垄断者所雇用的劳动要少于在完全竞争的劳动力市场情况下所雇用的数量(l^*)。

例 16.4 买方垄断者雇用员工的情况

为了在非常简单的情况下说明这些概念,假设一个矿工每小时挖 2 吨煤,每吨煤卖 10 美元。因此一个矿工的边际收益产量为每小时 20 美元。如果在当地该煤矿是唯一的矿工雇用者,其劳动的供给曲线为

⑩ 图 16.4 只是用于教学用途并且不能被严格证明。具体来说,虽然它是用来代表对劳动力的"需求"曲线(或者边际收入产品),但因为我们不能用固定的工资率来构建这条曲线,所以没有垄断的劳动力购买者的精确定义。相反,公司面临着整条供给曲线——S,并且使用辅助线 ME_1 来选择 S 上的最优点。严格来说,没有所谓的垄断需求曲线。这与垄断的例子比较相似,但是我们不能说是垄断者的"供给曲线"。

⑪ 买方垄断也会像第 14 章所讨论的垄断那样使用所有可能的方式进行价格歧视。在垄断条件下的要素需求的细节的比较分析,参见 W. E. Diewert, "Duality Approaches to Microeconomic Theory," in K. J. Arrow and M. D. Intriligator, Eds., *Handbook of Mathematical Economics* (Amsterdam: North-Holland, 1982), vol. 2, pp. 584—590。

$$l = 50w \tag{16.45}$$

厂商必须认识到其雇佣决策会影响工资。把总工资表述为 l 的函数，有

$$wl = \frac{l^2}{50} \tag{16.46}$$

允许煤矿经营者(可能只是隐含地)计算与雇用矿工有关的边际费用，有

$$ME_l = \frac{\partial wl}{\partial l} = \frac{l}{25} \tag{16.47}$$

如果煤矿工人的边际收益产量等于20美元，这意味着煤矿经营者每小时应雇用500个工人。在此雇佣水平上，工资为每小时10美元——只是工人的边际收益产量的一半。如果市场竞争迫使煤矿经营者每小时支付20美元工资，则不管已雇用的矿工人数是多少，在买方独家垄断的条件下必须使 $l=1\,000$，才能建立起市场平衡，而不是 $l=500$。

请回答：假设煤的价格上升至每吨15美元，这时，买方垄断者的雇佣决策与工资会受什么影响？矿工能完全获得MRP增长的好处吗？

16.7 工会

有时工人们发现一起加入工会有好处，因为有些目标通过一个集体能更有效地达成。如果加入工会完全凭自愿，则可以假定每个工会成员都通过加入这一集体得到了一个正的利益。然而，工会为了维持组织的运行，常常实行强制性入会。如果所有的工人都可以自由决定是否加入，其理性选择可能是不加入工会，从而逃避责任与其他的限制。但是，他们能靠工会赢得更高的工资与更好的工作条件。由于工会受到"搭便车者"的损害，对工人个人而言理性的选择从集体的角度看可能是非理性的，所以，强制性入会可能是维持一个有效的工会联盟的必要方式。

16.7.1 工会的目标

对于工会行为的分析，我们首先要界定一个工会的奋斗目标。我们要做的第一个假定是，某种意义上一个工会的目标是其成员目标的充分的代表。这一假定避免了工会领导权的问题，也不考虑这些领导者的个人抱负(它可能与普通成员的目标相冲突)。因此，工会领导者被假定为是表达成员愿望的代言人。[12]

在某些方面，也可以将强大的工会当成一个垄断厂商那样来加以分析。工会面临着一条劳动需求曲线，而由于它是供给的唯一来源，因此它可以选择在这条曲线的哪一点上运行。工会实际上选取哪一点显然取决于其决定追求的特定目标。图16.5显示了三种可能的选择。例如，工会可能选择提供使得工资单($w \cdot l$)总额最大化的劳动量。如果是这样的话，它将在劳动需求所得的"边际收益"等于0那一点上提供劳动量。这一数量就是图16.5中的 l_1，由此决定的工资率为 w_1。因而，点 E_1 便是其偏好的工资—劳动量组合。我们注意到工资率为 w_1 时，可能存在超额劳动供给，从而工会在某种程度上必须为那些工人找到一些可行的工作。

---

⑫ 但是，近期的分析主要围绕"潜在的"会员在工会设定目标时是否有影响力，以及工会的目标怎样影响有着不同资历的工人对工作的意愿。

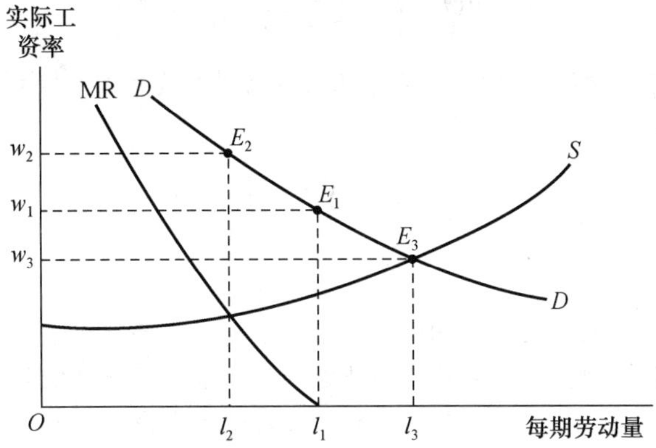

图 16.5　一个垄断性的工会在劳动需求曲线上可能选择的三个点

工会在劳动供给上有垄断性。因此它将在劳动需求曲线上选择它最偏好的那一点。图中标明了三个这样的点。在 E_1，向劳动的总支付($w \cdot l$)达到最大值；在 E_2，工人得到的经济租金最大化；而在 E_3，所提供的劳动总量最大化。

另一个工会可能追求的目标是选择这样一个劳动量，使得被雇用的会员所获得的总经济租金(也就是工资减去机会成本)最大化。这样要求选择的劳动量为这样一点，在这一点上，增加一个被雇用的工会成员获得的额外总工资(边际收益)等于诱使该成员进入市场的额外成本。这样，工会选择的劳动量为 l_2，在这一点上边际收益曲线与供给曲线相交。[13] 这时的工资率为 w_2，意愿的工资—劳动量组合在图上标为 E_2。在工资为 w_2 时，许多想在这一工资率下工作的人都没有被雇用。工会可能会对那些工作的人所获得的高额经济租金"课税"以向那些没有工作的人转移一些收入。

工会的第三个可能的追求目标就是使其成员的就业率最大化。这将会包含选择点(w_3，l_3)，这个点同时也是在自由竞争条件下市场的结果。因为工会会员供给的劳动力的价格将会低于 w_3，多于 l_3 的就业不可能被达到。

例 16.5　建立一个工会模型

在例 16.4 中我们考察了一个煤矿工人的垄断雇佣者面临着这样一条供给曲线

$$l = 50w \tag{16.48}$$

为了研究组织一个工会与这一垄断者斗争的可能性，假定(与例 16.4 相反)这个垄断者有一条如下形式的向下倾斜的边际收益产品曲线

$$\text{MRP} = 70 - 0.1l \tag{16.49}$$

很容易证明，如果没有一个有效的工会，这一例子中的垄断者将选择与例 16.4 中相同的工资—雇佣组合，即在 10 美元的工资水平上雇用 500 个工人。

如果工会能够控制对矿主的劳动供给，则有可能出现其他几种选择。譬如说，工会能够迫切要求得到竞争的解决方案。一个 $l = 583$，$w = 11.66$ 的契约能使供求相等。或者，工会也可以像一个面临如(16.49)式所示的需求曲线的垄断者一样起作用。它能够计算出通过供给额外的工人带来的边际增加值为

---

⑬ 数学上来讲，工会的目标是通过选择 l 来最大化 wl(S 以下的部分)，S 是对劳动的补偿供给曲线，反映了放弃闲暇的机会成本。

$$\frac{\mathrm{d}(l \cdot \mathrm{MRP})}{\mathrm{d}l} = 70 - 0.2l \qquad (16.50)$$

这条“边际收益”曲线与劳动供给曲线(它表示工人劳动供给决策的“边际机会成本”)相交得到对于工会来说最高的租金:

$$\frac{l}{50} = 70 - 0.2l \qquad (16.51)$$

或者

$$3\,500 = 11l \qquad (16.52)$$

由此计算得出的契约为 $l=318$,工资(MRP)为 38.20 美元。竞争性的供给契约与工会垄断的供给契约和垄断者偏好的契约有显著差异,这表明此时的最终结果可能需要通过双边谈判来决定。还要注意,知道哪一方在市场上占主导地位将会对工资水平产生很大的影响。

请回答:本例中的三个工资契约哪一个代表了纳什均衡(如果有的话)?

例 16.6 工会议价模型

博弈论能够帮助我们对工会经济学有更深入的理解。为简单起见,假设一个工会和一个公司参与一个两阶段博弈。在第一阶段,工会设定一个它的会员可以接受的工资率。给定了这个工资率,公司就会选择它的雇佣水平。这个两阶段博弈可以用“逆向归纳法”来求解。给定公司制定的工资率 w,公司的第二阶段的问题就是最大化下式:

$$\pi = R(l) - wl \qquad (16.53)$$

在这里 R 是公司的总收入函数,它是用一个雇佣水平的函数表示的。这里最大化的一阶条件是(假设工资水平固定)我们所熟悉的:

$$R'(l) = w \qquad (16.54)$$

假设 l^* 是(16.54)式的解,工会的目标是选择 w 来使效用最大化:

$$U(w,l) = U[w,l^*(w)] \qquad (16.55)$$

最大化的一阶条件是

$$U_1 + U_2 l' = 0 \qquad (16.56)$$

或者

$$U_1/U_2 = l' \qquad (16.57)$$

总之,工会会选择 w 使得 MRS 等于公司的劳动需求函数的斜率的绝对值。从博弈中得来的组合 (w^*, l^*) 很明显是一个纳什均衡。

劳动合约的有效性。劳动合约 (w^*, l^*) 是帕累托无效的。为了证明这一点,注意到(16.57)式意味着沿公司劳动需求曲线(l)的微小的移动可以让工会得到同样的收益。但是包络定理指出,w 的下降必然会带来公司利润的增加。因此,必然存在一个合约 (w^p, l^p)(此时 $w^p < w^*, l^p > l^*$)使得公司和工会都变得更好了。

两阶段博弈的劳动合约与我们在第 15 章学习的重复纳什均衡的非有效性很类似。这表示在重复进行的劳动合同谈判过程中,触发策略也许可以被采用并且形成一个子博弈完美均衡,而且保持一个帕累托改进的结果。一个简单的例子可参见习题 16.10。

请回答:假设公司的总的利润函数因整体经济的扩张或紧缩而不同。则什么样的劳动契约是帕累托最优的?

小结

本章主要分析了劳动力市场的定价问题的模型。因为劳动力需求被认为是从第 11 章利润最大化假设导出的，这里的大多数新的内容关注劳动力的供给。我们重要的发现如下：

• 一个效用最大化的个人所选择的工作小时数为，在那一点上闲暇对消费的边际替代率等于他的实际工资率。

• 实际工资提高引起的收入效应与替代效应从不同的方向影响劳动供给。这一结论可用与消费者理论派生出的相类似的斯拉茨基方程来说明。

• 完全竞争的劳动力市场将会建立一个均衡的实际工资，此时个人所提供的劳动力等于厂商所需要的劳动力。

• 工人的工资可能因为许多原因而不同。工人对技能的投入水平不同，结果会得到不同的生产率；工作特点的不同也会产生补偿性工资差异；个人搜寻工作的成功程度也可能不同。经济学家已经建立了反映所有这些劳动力市场特征的模型。

• 需求方的垄断权力将会减少雇用劳动力的数量和实际工资水平。正如在垄断中所提到的那样，会有一个福利的损失。

• 分析工会时可以将其当成劳动的垄断供给者。存在工会时的劳动力市场均衡取决于工会在其供给决策中选择追求什么目标。

练习题

16.1

假定一年有 8 000 个小时（实际上有 8 760 个小时），并且一个人有一潜在的市场工资为每小时 5 美元。

a. 这个人的最高收入是多少？如果他将这一收入的 75% 用来享受闲暇，则他将工作多少小时？

b. 假设一位富有的叔叔去世了，留给这个人每年 4 000 美元的年金。如果他继续将其最高收入的 75% 用来享受闲暇，则他将工作多少小时？

c. 如果市场工资由每小时 5 美元变为每小时 10 美元，则对 b 的答案有何变化？

d. 画图说明由 b 与 c 所隐含的这个人的劳动供给曲线。

16.2

正如我们在本章所看到的，劳动供给的理论是由支出最小化得出的。假设一个人对于消费和休闲的效用函数为柯布—道格拉斯形式 $U(c,h)=c^{\alpha}h^{1-\alpha}$。则支出最小化问题转化为：

$$\text{minimize } c-w(24-h)$$
$$\text{st. } U(c,h)=c^{\alpha}h^{1-\alpha}=\bar{U}$$

a. 使用该式导出这个问题的支出函数。

b. 使用包络定理导出对于消费和闲暇的补偿性需求函数。

c. 导出补偿性劳动供给函数，证明 $\frac{\partial l^c}{\partial w}>0$。

d. 比较 c 中的补偿性劳动供给函数和例 16.2 中的 $(n=0)$ 非补偿性劳动供给函数。使用斯拉茨基方程来说明为什么实际工资的变化的收入和替代效应在非补偿性的柯布—道格拉斯劳动供给函数中正好抵消了。

16.3

一项针对低收入人群的福利计划给每个家庭提供一笔基本的补助金（每年 6 000 美元）。家庭每得到 1 美元的其他收入，这笔补助金将减少 0.75 美元。

a. 如果家庭没有其他收入,它将得到多少福利补助金?如果家庭的主人每年赚到2 000美元呢?赚到4 000美元呢?

b. 当赚多少钱时,福利补助金变成零?

c. 假定这一家的主人每小时能赚4美元,家庭没有其他收入。如果这一家庭没有参与福利计划,则它的年度预算约束是多少?也就是,消费(c)如何与闲暇时间(h)相联系?

d. 如果这一家庭参与福利计划,则它的预算约束是多少?(记住,福利补助金只能是正的)

e. 将你由c与d得到的结果用图表示出来。

f. 假定政府改变福利计划的规则,允许家庭留下他们所赚到的收入的50%(不减少补助金)。这一变革将引起d与e的答案如何变化?

g. 运用从f得到的结果,你预测这一家的主人在f描述的新规则下是增加还是减少工作的时间?

16.4

假如劳动的需求方程是

$$l = -50w + 450$$

供给方程是

$$l = 100w$$

这里,l表示雇用劳动的数量,w代表每小时的实际工资率。

a. 在这一市场上,w与l各为多少时,才能达到均衡?

b. 假设政府希望通过给雇主提供补助的方法,使均衡时的工资为每小时4美元,这份补助应该是多少?就业的均衡水平又是多少?补助的总额是多大?

c. 假如政府宣布最低工资率为每小时4美元,在这种价格下,需要多少劳动?有多少人失业?

d. 用图形表示计算结果。

16.5

卡尔在一个孤岛上拥有一个大服装厂,对大多数岛上居民来说,卡尔的工厂是唯一的就业途径,因此卡尔的行为如同买方独家垄断者。制衣工人的供给方程是

$$l = 80w$$

l是劳动数量,w是每小时的工资率,假定卡尔的劳动需求曲线方程是(MRP_l是劳动力的边际收益)

$$l = 400 - 40MRP_l$$

a. 为使利润最大化,卡尔会雇用多少工人,付多少工资?

b. 假如政府实行最低工资制。当最低工资定在每小时4美元时,卡尔会雇多少劳动?又有多少人会失业?

c. 用图形表示你的结果。

d. 在买方独家垄断的情况下实行最低工资制与在完全竞争的情况下实行最低工资制(假设最低工资高于市场决定的工资额),结果有什么不同?

16.6

阿杰克斯煤炭公司是某地区劳动力的唯一雇主。它可以按意愿雇用任意数量的男工与女工,女工的供给曲线是

$$l_f = 100w_f$$

男工的供给曲线是

$$l_m = 9w_m^2$$

这里,w_f和w_m分别表示付给女工与男工每小时的工资。假设阿杰克斯公司在完全竞争的市场上以每吨5美元的价格出售煤炭,如果男工与女工每小时都能采2吨煤。为求利润最大化,它将雇用多少男工,多少女工?其工资分别是多少?阿杰克斯每小时的利润中有多少是由其挖煤机赚取的?如果阿杰克斯被迫(如市场压力)基于所有工人的边际产出付给他们同样的工资,结果又会怎样?

16.7

宇宙毛皮公司位于巴芬岛,它在全世界以每根5美元的价格出售高品质毛皮琴弓带。这种琴弓带(q)的生产函数为

$$q = 240x - 2x^2$$

这里,x 为每周所使用的毛皮数量。毛皮由丹氏贸易公司独家提供,该公司以每天 10 美元的工资雇用爱斯基摩捕猎人来获取毛皮。d 公司每周毛皮的生产函数为

$$x = \sqrt{l}$$

这里,l 代表每周爱斯基摩猎人工作的天数。

a. 在一种准竞争的情况下,宇宙毛皮公司与丹氏贸易公司都是毛皮的价格接受者,这时均衡价格(p_x)与毛皮的交易量各是多少?

b. 假定丹氏公司是一个垄断者,而宇宙毛皮公司仍然是一个价格接受者。在毛皮市场上将出现一个什么样的均衡?

c. 假定宇宙毛皮公司是一个垄断者,而丹氏公司仍然是一个价格接受者。均衡将是什么样的?

d. 用图表示这些结果,并讨论宇宙毛皮公司与丹氏公司进行双边垄断谈判时可能出现的均衡的类型。

16.8

下面继续例 16.5 中劳动力市场博弈的分析,假设公司的总收入函数如下:

$$R = 10l - l^2$$

并且工会的效用就是总工资:

$$U(w,l) = wl$$

a. 在例 16.5 中所描述的两阶段博弈的纳什均衡工资契约是怎样的?

b. 写出替代工资合同 $w' = l' = 4$,使帕累托优于 a 中所写的合同。

c. 在什么条件下 b 中所说的合同会成为一个子博弈完美均衡?

分析问题

16.9 对于风险的补偿性工资差异

一个人由每天的收入(y)得到的效用为

$$U(y) = 100y - \frac{1}{2}y^2$$

收入的唯一来源是劳动所得。因此,$y = wl$,这里,w 是每小时的工资,l 是每天工作的小时数。这个人知道有一个职位,一天固定工作 8 小时,每小时工资 5 美元。对于另一个职位,每天的工作时间是随机的,平均值为 8 小时,标准差为 6 小时,必须提供多高的工资才能使这个人接受这份更"冒险"的工作?

提示:这个问题可以运用统计恒等式

$$E(x^2) = \text{Var}\, x + E(x^2)$$

16.10 家庭劳动供给

一个有两个成年人的家庭试图将如下形式的效用函数最大化

$$U(c,h_1,h_2)$$

这里,c 是家庭消费,h_1 与 h_2 是每个家庭成员享受的闲暇时间。选择的约束条件为

$$c = w_1(24 - h_1) + w_2(24 - h_2) + n$$

这里,w_1 与 w_2 是每一家庭成员的工资,而 n 是非劳动所得。

a. 不做数学推导,只运用替代效应与收入效应的概念讨论交叉替代效应$\partial h_1/\partial w_2$ 与$\partial h_2/\partial w_1$ 可能的符号。

b. 假定有一个家庭成员(比如个人 1)可以在家里劳动,从而可按如下函数将闲暇时间转换为消费

$$c_1 = f(h_1)$$

此处 $f' > 0, f'' < 0$。这一额外选择方式会如何影响工作在家庭成员之间的最优分配?

16.11 需求理论的几个结果

本章运用的理论将劳动供给作为对闲暇需求的镜像。因此本书第 2 篇发展的所有需求理论都变得和劳动供给的研究有关。以下是三个例子。

a. 罗伊恒等式。在第 5 章的扩展部分我们证明,运用罗伊恒等式,需求函数可以从间接效用函数中推导出来。用相同的方法证明与(16.20)式描述的效用最大化问题有关的劳动供给函数可以从间接效用函数中得出:

$$l(w,n) = \frac{\partial V(w,n)/\partial w}{\partial V(w,n)/\partial n}$$

解释在例 16.1 中描述的柯布—道格拉斯情形下的该结果。

b. 替代品和互补品。实际工资的变化不

仅影响劳动供给,还会影响消费偏好束中对特定商品的需求。建立 w 变化对一特定消费品的交叉价格效应的斯拉茨基方程,并运用该方程讨论闲暇和这个特定商品是(净或总)替代品还是互补品。为这两种关系各举一例。

c. 劳动供给和边际支出。运用和给定需求曲线计算边际收益的方法相同的求导方法,证明 $\text{ME}_l = w(1 + 1/e_{l,w})$。

16.12 跨期劳动供给

将本章中单阶段的劳动供给模型扩展成多阶段是相对容易的。这里我们来看一个简单的例子。假设个人在两个阶段做出其劳动供给决策和消费决策。[14] 假设这个人在第一阶段开始时拥有财富 W_0,他在每一期都有一单位的时间用于工作或闲暇。因此,两阶段的预算约束为 $W_0 = w_1(1 - h_1) - c_1 + w_2(1 - h_2) - c_2$,各个 w 代表该阶段的工资率。在此我们将 w_2 视为不确定的,因此第二阶段的效用也随之不确定。如果我们假定两阶段的效用可以相加,则有 $E[U(c_1, h_1, c_2, h_2)] = U(c_1, h_1) + E[U(c_2, h_2)]$。

a. 证明第一阶段效用最大化的一阶条件和正文中求得的一阶条件一样;特别地,证明 $\text{MRS}(c_1 \text{ 对 } h_1) = w_1$。解释 W_0 的变化如何影响 c_1 和 h_1 的选择。

b. 解释为何第二阶段的间接效用函数可以写成 $V(w_2, W^*)$,其中 $W^* = W_0 + w_1(1 - h_1) - c_1$(注意,$w_2$ 是一个随机变量,所以 V 也是随机的)。

c. 运用包络定理证明最优选择 W^* 要求两阶段预算约束的拉格朗日乘数满足条件 $\lambda_1 = E(\lambda_2)$(此处 λ_1 是初始问题的拉格朗日乘数,λ_2 是第二阶段效用最大化问题的隐含拉格朗日乘数)。也就是说,两阶段财富的期望边际收益应当相等。请直观地解释这个结果。

d. 尽管这个模型的比较静态取决于效用函数的具体形式,但还是请大致讨论一下,如果政府推行政策将每阶段工资都提高 k 美元,则会如何影响各阶段的选择。

推荐阅读材料

Ashenfelter, O. C., and D. Card. *Handbook of Labor Economics*, vol. 3. Amsterdam: North-Holland 1999.

该书收集了关于许多劳动力市场问题的高水平的论文。在 1 和 2(1986)两部分中,劳动供给和需求的研究文章非常值得一读。

Becker, G. "A Theory of the Allocation of Time." *Economic Journal* 75 (September 1965): 493—517.

微观经济学中最重要的文章之一。Becker 关于劳动供给和需求的研究都是革命性的。

Binger, B. R., and E. Hoffman. *Microeconomics with Calculus*, 2nd ed. Reading, MA: Addison-Wesley, 1998.

第 17 章有一个对于劳动供给模型的充分讨论,包括应用于家庭劳动力的供给。

Hamermesh, D. S. *Labor Demand*. Princeton: Princeton University Press, 1993.

作者提供了一个既有理论又有实证的完整讨论。这本书也有对于劳动需求理论的动态问题的研究。

Silberberg, E., and W. Suen. *The Structure of Economics: A Mathematical Analysis*, 3rd Ed. Boston: Irwin/ McGraw-Hill, 2001.

该书对劳动供给理论的双重方法做了精彩讨论。

---

[14] 这里我们假设第二阶段的效用不折现,也就是两阶段之间的实际利率等于零。第 17 章有一个多阶段折现的例子。第 17 章讨论的有关内容也是用了 c 问中的方法来研究拉格朗日乘数的跨期变化。

第 17 章　资本和时间

本章我们开始研究资本理论。在许多方面,这个理论与我们前面对生产要素定价的分析类似——利润最大化的投入选择原理始终没有变化。但是资本理论在经济决策制定的过程中增加了十分重要的时间维度,我们的目标就是研究这个新的维度。我们从资本积累过程的广泛的描述和回报率的概念入手,然后对跨期的经济行为模型进行更详细的研究。

17.1　资本与回报率

当我们提及一个经济的资本存量时,是指在某一时点上存在的机器、建筑物及其他可再生资源的总量。这些资产代表一个经济过去的产出中未被消费、准备用于未来生产的部分。从最原始的社会到最复杂的社会,所有社会都致力于资本积累。原始社会中的猎人从狩猎中抽取时间用于制造弓箭,现代社会中的个人用部分收入购买房子,或是政府征税以用于堤坝和邮局的建设,所有这些实质上的目的都是一样的:把当前产出的一部分拿出来用于未来。正如我们在之前几章所看到的,人类资本也同样如此——人们投资时间和资本用于提高他们的技能,目的是在未来收获更多。为了未来的收益增长现在做出“牺牲”,这就是资本积累的实质。

回报率

图 17.1 形象地显示了资本积累的过程。在两个图中,最初,社会都消费 c_0 并且保持一段时间。在 t_1 期做出决策,从当前的消费中留出一部分 (数量为 s) 用于下一个时期。在 t_2 期开始时,这部分保留出来的内容被以某种方式用于生产未来消费。与这一过程相关的一个重要概念是回报率 (rate of return),即赚取到的收益中未被消费而被保留的那部分。例如,在图 17.1(a) 中,所保留的部分只在 t_2 期用于生产额外的产出。t_2 期消费增加量为 x,而后的长期消费水平又为 c_0。这样,社会在第一年的储蓄是为了第二年的挥霍。这个活动的回报率(单期)定义如下。

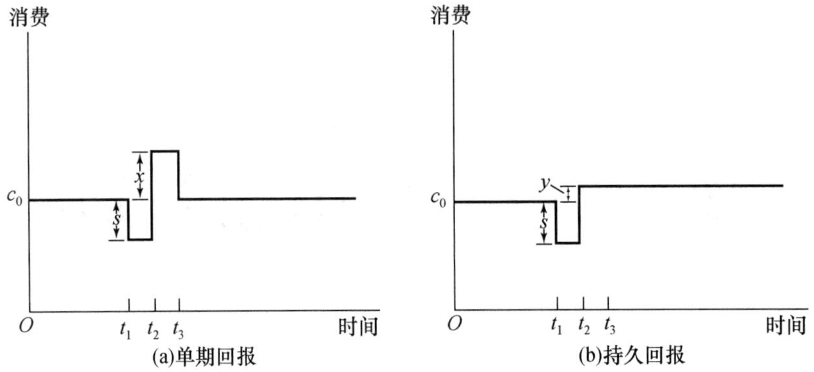

图 17.1 资本积累的两种观点

图(a)中，社会从当前的消费(s)中扣除用于下一期的消费(增加了 x 量的额外消费)。单期回报率为 $x/s-1$。(b)中的社会则采取长远的观点，用 s 生产以使消费持久地增加 y 的数量。持久回报率为 y/s。

定义

单期回报率。一项投资的单期回报率(single period of return, r_1)是在时期 1 所放弃的一部分消费所能提供的在时期 2 的额外消费量，即

$$r_1 = \frac{x-s}{s} = \frac{x}{s} - 1 \tag{17.1}$$

如果 $x>s$(假设这一过程多增加而不是减少了消费)，我们就说资本积累的单期回报率为正。例如，如果从当前消费中扣除 100 单位而使得一个社会能在下一年额外消费 110 单位，则单期回报率将为

$$\frac{110}{100} - 1 = 0.10$$

或 10%。

在图 17.1(b)中，假定一个社会具有更长的资本积累观。在 t_1 期仍留出 s 数量的消费，但现在所节省出的消费被用于提高未来所有时期的消费量。如果持久消费水平被提高到 c_0+y，则我们定义持久回报率如下。

定义

持久回报率 持久回报率(perpetual rate of return, r_∞)是作为最初所放弃的消费量对未来消费的持久增加量的比例，即

$$r_\infty = \frac{y}{S} \tag{17.2}$$

如果资本积累持续地增加 c_0，则 r_∞ 将为正数。例如，假设一个社会在 t_1 期留出 100 单位的产出用于资本积累，如果这些资本将使得产出在未来任何一期都能增加 10 单位(从 t_2 期开始)，则持久回报率将为 10%。

当经济学家提及资本积累的回报率时，他们通常指的是这两个极端之间的情况。有时我们会不太严格地将回报率作为将目前的消费转换成未来消费的测度指标（这将在以后予以说明）。很自然地，人们会问：一个经济的回报率是如何决定的呢？其答案仍将不同程度地牵涉到现在商品与未来商品的供求。在下一节中，我们提供了一个简单的两时期模型，来说明供求的相互作用。

17.2 回报率的决定因素

这一节，我们将说明在“未来”商品市场上的供求如何作用以建立一个均衡的回报率。先从分析回报率与未来商品的价格之间的联系开始；然后，我们将说明个人与企业是如何对这一价格做出反应的；最后，将这些因素综合到一起（如同我们对其他市场所做的分析那样），来说明未来商品的均衡价格的决定并考察这一均衡的某些特征。

17.2.1 回报率与未来商品价格

在本章的大部分分析中，我们假定，只有两个时期可供考察，即当前时期（以下标 0 表示）与下一时期（以下标 1 表示）。我们用 r 表示这两个时期之间的回报率（单期）。因此，上一节的单期定义为

$$r = \frac{\Delta c_1}{\Delta c_0} - 1 \tag{17.3}$$

这里，我们使用符号 Δ 表示两个时期内的消费量的变化。(17.3)式可以写为

$$\frac{\Delta c_1}{\Delta c_0} = 1 + r \tag{17.4}$$

或

$$\frac{\Delta c_0}{\Delta c_1} = \frac{1}{1 + r} \tag{17.5}$$

在(17.5)式的左边只表示了如果 c_1 要增加 1 个单位需要放弃的 c_0 的数量，即该表达式表明了以 c_0 表示的 1 单位 c_1 的相对价格。因而，我们定义未来商品的价格①：

定义

未来商品的价格 未来商品的相对价格（P_1）是为增加一单位未来消费而必须放弃的当前商品的数量，即

$$p_1 = \frac{\Delta c_0}{\Delta c_1} = \frac{1}{1 + r} \tag{17.6}$$

现在，我们将提出一种关于 p_1 的决定的供求分析。这样我们就可以有一个 r 的决定理论，即在简单模型中的回报率决定理论。

① 这个价格和第 8 章重复博弈中介绍的折现因子是相同的。

17.2.2　未来商品的需求

未来商品的需求理论是本书第 2 篇所提出的效用最大化模型的一个应用。此外,个人的效用取决于当前与未来的消费,即效用 $= U(C_0, C_1)$,而且他必须决定把多少当前的财富(W)分配给这两种商品。② 未用于当前消费的财富可以 r 的回报率用于投资以增加下一期的消费。与上述情况一样,p_1 反映了未来消费的当前成本,而个人的预算约束如下:

$$W = c_0 + p_1 c_1 \tag{17.7}$$

这一约束被显示在图 17.2 中。如果每个人都选择将其所有财富用于 c_0,则当前总消费将是 W,而在时期 2 就没有消费发生。相反,如果 $c_0 = 0$,则 $C_1 = W/p_1 = W(1+r)$,即如果将所有财富都用于投资(回报率为 r),则当前的财富在第 2 期将增至 $W(1+r)$。③

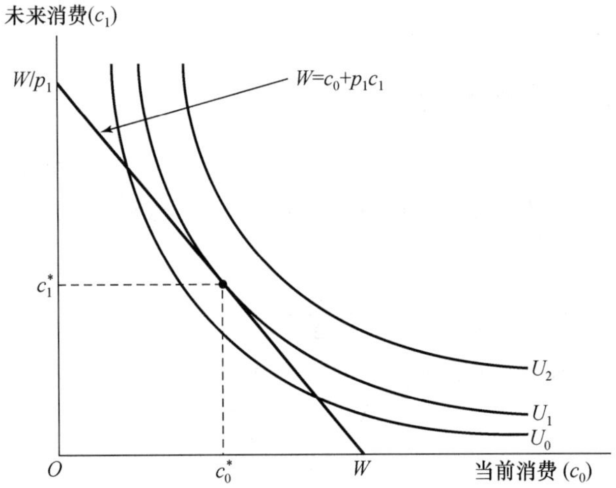

图 17.2　个人跨期效用最大化

当面临跨期预算约束为 $W = c_0 + p_1 c_1$ 时,个人将通过选择在当前消费 c_0^* 而在下一时期消费 c_1^* 来最大化其效用。p_1 的下降(回报率 r 的上升)将使得 c_1 上升,但是对 c_0 产生的结果却是不确定的。因为替代效应与收入效应在相反方向上起作用(假定 c_0 与 c_1 都是正常商品)。

17.2.3　效用最大化

图 17.2 将个人无差异曲线图(对 c_0 与 c_1)用到预算约束中来,表明了效用的最大化。这里,效用最大化的点在(c_0^*, c_1^*)处。个人选择在当前消费 c_0^*,在下一期消费 $W - c_0^*$。未来消费可从预算约束中获得

$$p_1 c_1^* = W - c_0^* \tag{17.8}$$

② 关于个人在两个时期里都拥有收入的分析,参见习题 17.1。

③ 这一观察产生了一个与(17.7)式所提供预算约束不同的解释,它可以写为:

$$W = c_0 + \frac{c_1}{1+r}$$

这表明了如下事实,即 c_1 的"现值"进入了个人的当前预算约束。现值的概念将在本章的后半部分予以详细讨论。

或

$$c_1^* = \frac{(W - c_0^*)}{p_1} \tag{17.9}$$

$$= (W - c_0^*)(1 + r) \tag{17.10}$$

也就是说，当前未被消费的财富$(W - c_0^*)$以回报率 r 投资于生产，并将在下一期产生 c_1^* 的消费。

例 17.1　跨期急躁(intertemporal impatience)

个人在整个时期内的效用最大化的选择，显然取决于他们对当前消费和等待未来消费的价值判断。反映人们在选择中所表现出的急躁(不等到未来消费)的方法之一是假定在人们的头脑中，未来消费所提供的效用是要大打折扣的。例如，我们可以假定，在两个时期里消费的效用函数 $U(c)$ 是相同的(其中，$U'>0$，$U''<0$)，但是，在个人头脑中，时期 1 的效用被"时期偏好率"$1/(1+\delta)$(其中，$\delta>0$)打了折扣。如果跨期效用函数同样是可分拆的(关于这一概念的详细讨论，参见第 6 章的扩展部分)，我们就有

$$U(c_0, c_1) = U(c_0) + \frac{1}{1+\delta}U(c_1) \tag{17.11}$$

在跨期预算约束下使上述函数最大化，有

$$W = c_0 + \frac{c_1}{1+r} \tag{17.12}$$

得到拉格朗日表达式：

$$\mathscr{L} = U(c_0, c_1) + \lambda\left[W - c_0 - \frac{c_1}{1+r}\right] \tag{17.13}$$

最大化的一阶条件是：

$$\begin{aligned} \frac{\partial \mathscr{L}}{\partial c_0} &= U'(c_0) - \lambda = 0 \\ \frac{\partial \mathscr{L}}{\partial c_1} &= \frac{1}{1+\delta}U'(c_1) - \frac{\lambda}{1+r} = 0 \\ \frac{\partial \mathscr{L}}{\partial \lambda} &= W - c_0 - \frac{c_1}{1+r} = 0 \end{aligned} \tag{17.14}$$

第一个式子与第二个式子相除并整理得④

$$U'(c_0) = \frac{1+r}{1+\delta}U'(c_1) \tag{17.15}$$

因为消费的效用函数被假定为在两个时期内是相同的，我们可以得出结论，即如果 $r=\delta$，则 $c_0 = c_1$；如果 $\delta>r$，则 $c_0>c_1$(因为要求 $U'(c_0)<U'(c_1)$，必须要求 $c_0>c_1$)；如果 $r>\delta$，则 $c_0<c_1$。因此，消费者的消费在 0 期至 1 期是增加还是减少就取决于他是否有耐心。如果储蓄所获得的回报率足够高的话，即便一个消费者可能对现在的商品具有偏好($\delta>0$)，他仍可能选择在未来的消费大于当前的消费。

消费平滑。由于效用函数表现为消费的边际效用递减，因此个人将试图在不同时期平衡他们

---

④ (17.15)式有时在跨期效用最大化中被称为"欧拉方程"。一旦一个特殊的效用函数给定，该方程就可以表示出消费是怎样跨期变化的。

的消费。这个平滑的程度取决于效用函数的斜率。例如,假设个人的效用函数为 CES 形式

$$U(c) = \begin{cases} c^R/R & \text{如果 } R \neq 0 \text{ 且 } R \leqslant 1, \\ \ln(c) & \text{如果 } R = 0 \end{cases} \tag{17.16}$$

再假设这个人对时间的偏好率是 $\delta = 0$。于是(17.15)式可以写成

$$c_0^{R-1} = (1+r)c_1^{R-1} \quad \text{或者} \quad \frac{c_1}{c_0} = (1+r)^{1/(1-R)} \tag{17.17}$$

如果 $r=0$,则不论他的效用函数是何种形式,消费者都会在两个时期平均分配消费。但是,一个正利率会鼓励不平等消费,因为未来商品相对来说更便宜。正利率鼓励不平等消费的程度由 R 的值决定(有时在本书中也被称为"波动规避系数")。例如,如果 $R=0$,则 $c_1/c_0 = 1+r$,因此,对于一个 5% 的利率,时期 1 的消费将比时期 0 高出 5%。另一方面,如果这个人更加厌恶消费波动,则 R 会取一个比如 -3 的值。此时(在利率仍为 5% 的情况下),

$$\frac{c_1}{c_0} = (1+r)^{0.25} = (1.05)^{0.25} = 1.012 \tag{17.18}$$

也就是说,时期 1 的消费只比时期 0 的消费高 1%。当他厌恶波动时,实际利率鼓励这个人背离均衡消费的作用就会小很多。

请回答:实证数据显示,美国经济在过去 50 年里,人均消费以接近每年 2% 的速度在增长。为使这个增长效用最大化,所需的实际利率是多少(再次假设 $\delta=0$)? 注意:我们将回到例 17.2 中消费平滑和实际利率的关系上来。习题 17.12 说明了如何用遵循双曲线模式的跨期折现率解释为何人们有时会做出被称为"短视"的决策。

17.2.4 r 变动的效应

图 17.2 所显示的关于均衡的比较静态分析是很直观的。如果 p_1 下降(即 r 上升),收入与替代效应将使 c_1 的需求增加,除非 c_1 是劣等品,而这种情况是很少见的。因此,c_1 的需求曲线将向下倾斜。r 的增加将有效地降低 c_1 的价格,因而其消费将增加。在图 17.3 中该需求曲线被标为 D。

在我们结束关于个人的跨期决策的讨论之前,还需要指出,我们的分析并未提供一个关于 $\partial c_0/\partial p_1$ 的符号的确切证明。在图 17.2 中,收入效应与替代效应在相反方向起作用,因而难以做出肯定的预测。p_1 的下降会使个人在其消费计划中用 c_1 来代替 c_0。但 p_1 的下降提高了财富的实际值,从而收入效应会使 c_0 与 c_1 都增加。与之有区别的是,图 17.2 提供的模型并不能做出一个肯定的预测,即当期财富积累(储蓄)的回报率将如何变化。高的 r 将产生替代效应从而导致更多的储蓄,也会产生收入效应从而导致较少的储蓄。因此,最终效应的结果将是一个实证的问题。

17.2.5 未来商品的供给

从某种意义上说,关于未来商品的供给分析是相当简单的。我们可以推论,未来商品相对价格的提高将导致企业的生产增加,因为此时生产更多的未来商品会获得更多的收益。图 17.3 以正斜率的供给曲线 S 反映了这一点。可以看出,正如我们以前对完全竞争的分析一样,这一供给曲线反映了当企业试图通过资本积累而将当前商品转化为未来商品时所经历的边际成本递增(或收益递减)的过程。

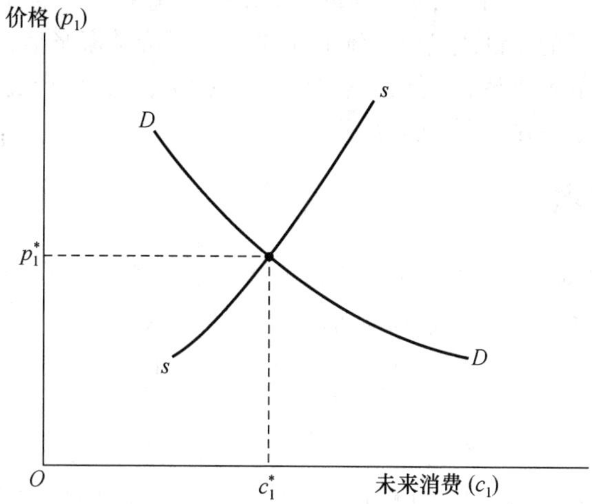

图 17.3　未来商品的均衡价格决定

点(c_1^*,p_1^*)代表未来商品市场的均衡。未来商品的均衡价格通过(17.16)式决定了回报率。

遗憾的是,对资本积累性质的深入探讨变得越来越复杂,这一问题已困扰经济学家达百年之久。[⑤] 基本上,所有这些分析都在试图建立一个关于资本积累过程的坚实模型。但对我们的个人行为模型而言,这一问题并不存在,因为我们可以假设"市场"为个体行为者提供了一个回报率,从而个人可以采取不同行为以适应它。在本章后半部分中的厂商投资决策的讨论中,我们仍将遵循这一线索与思路。但是,为了发展出一个完善的厂商资本积累模型,我们必须详尽地说明 c_0 是如何转变为 c_1 的,而这将使我们陷入十分复杂的资本理论的讨论中。作为一种替代,我们接受图 17.3中所显示的正斜率的供给曲线及其形状在直观上是合理的这一假设。本章随后部分的绝大多数分析都在一定程度上是为了让读者相信这个假设是对的。

17.2.6　未来商品的均衡价格

图 17.3 所显示的市场均衡点位于点(c_1^*,p_1^*)处。在该点上,个人对未来商品的供求相等,而且一定数量的当前商品将被转化为资本积累,以便在未来生产 c_1^*。[⑥]

有许多理由可以预期 p_1将小于 1,即生产一单位未来商品需要不到一单位的当前商品。正如图 17.1 中所示,或许可以认为,个人将因其等待而获得补偿。日常生活哲学("一鸟在手胜过双鸟在林""活在当下")与更多的现实状况(未来的不确定及人生的有限)表明,个人在其消费决策中通常是不愿等待的。因此,图 17.3 所显示的这种资本积累只有当现在放弃的消费在某种程度上是物有所值的时候才会发生。

p_1小于 1 在供给方面还有一个原因,即所有这些都涉及资本积累是"生产性"的思想,放弃当前一单位的商品将产生更多的未来商品。关于资本投资的生产性的简单例子有牧场的植树以及酒与奶酪的酿制等,护林者以及葡萄园与奶牛厂的经营者"节制"而不出卖其产品是因为他们相

---

⑤　有关这一问题的探讨,参见 M. Blaug, *Economic Theory in Retrospect*, rev. ed. (Homewood, IL: Richard D. Irwin, 1978), chap. 12。

⑥　这是对最初见于 I. Fisher, *The Rate of Interest*(New York: Macmillan, 1907)的分析模型的简化。

信,时间将使其产品更有价值。虽然,明显的事实是,现代工业社会中的资本积累比植树要复杂得多(譬如,考虑一个钢铁厂的建设或发电系统的建立),但经济学家坚信,这两者的过程具有相似性。在建钢铁厂与建电站的情况下,运用当前商品进行投资,使得生产过程更长、更复杂,因而也改善了生产中所用的其他资源的生产能力。

17.2.7 均衡回报率

图 17.3 说明了未来商品的均衡价格(p_1^*)是如何在这些商品的市场中决定的。由于当前消费和未来消费由相同的同质商品组成,均衡回报率将由以下关系决定:

$$p_1^* = \frac{1}{1+r^*} \quad 或者 \quad r^* = \frac{1-p_1^*}{p_1^*} \tag{17.19}$$

因为我们相信 p_1^* 将小于 1,回报率将为正。例如,如果 $p_1^* = 0.95$,则 $r^* = 0.05/0.95 \approx 0.05$,我们说资本积累的回报率约为 5%。通过节省 1 单位的当前消费,未来商品消费将增至 1.05 单位。因此回报率说明了个人和厂商会如何将产品分配在不同阶段消费。

17.2.8 回报率、实际利率与名义利率

迄今为止,本章所分析的回报率概念有时是与相关的"实际"利率概念作为同义词来使用的。在此背景下,这两个概念都是指有关资本积累的实际回报率。实际利率的概念必须与资本市场上的名义利率的概念区别开来。具体地说,如果总体价格水平被预期在两个时期内上升 $\dot{p}_e$($\dot{p}_e = 0.1$ 意味着 10% 的通货膨胀),我们通过方程给出名义利率(i)

$$1 + i = (1 + r)(1 + \dot{p}_e) \tag{17.20}$$

因为一个未来贷款人将不仅要求补偿实际资本投资的机会成本(r),而且还要补偿一般价格水平($\dot{p}_e$)的变动所带来的损失。把(17.17)式展开,有

$$1 + i = 1 + r + \dot{p}_e + r\dot{p}_e \tag{17.21}$$

假定 $r \cdot \dot{p}_e$ 很小,有下列近似值

$$i = r + \dot{p}_e \tag{17.22}$$

如果实际回报率为 4%(0.04),并且预期通货膨胀为 10%(0.10),则名义利率约为 14%(0.14)。因此,在通胀环境中观察到的名义利率与实际利率之间的差距可能会很大。

例 17.2 实际利率的决定

假设消费的外生增长率为 g,可以建立一个实际利率决定的简单模型。例如,假设水果(易腐烂的)是唯一的消费品,而结出这些水果的树以每年 g 的速度增长。更为现实地,g 可能由宏观经济因素决定,比如索洛增长模型中的技术增长率(见第 9 章扩展部分)。不论增长率是如何决定的,实际利率必须调整到一定水平,使得消费者愿意接受消费的增长速度。

最优消费。一个典型的消费者希望他的消费方式能从各阶段的消费中获得最大的效用。也就是说,他的目的是要最大化

$$效用 = \int_0^{\infty} e^{-\delta t} U(c(t))(\mathrm{d}t) \tag{17.23}$$

其中 δ 是纯时间偏好率。在每个时间点上,消费者获得工资 w 和资本存量 k 的利率 r。因此,消费者的资本按照以下方程增长

$$\frac{\mathrm{d}k}{\mathrm{d}t} = w + rk - c \tag{17.24}$$

并且受端点限制的约束,$k(0) = 0$ 和 $k(\infty) = 0$。建立这个动态优化问题的哈密尔顿表达式(见第 2 章),得到

$$H = \mathrm{e}^{-\delta t}U(c) + \lambda(w + rk - c) + k\frac{\mathrm{d}\lambda}{\mathrm{d}t} \tag{17.25}$$

因而,"最大化原则"要求

$$\begin{aligned} H_c &= \mathrm{e}^{-\delta t}U'(c) - \lambda = 0 \\ H_k &= r\lambda + \frac{\mathrm{d}\lambda}{\mathrm{d}t} = 0 \quad 或者 \quad r\lambda = -\frac{\mathrm{d}\lambda}{\mathrm{d}t} \end{aligned} \tag{17.26}$$

求解第二个条件的微分方程得到结论 $\lambda = \mathrm{e}^{-\lambda t}$,把这个结果带入第一个条件得到

$$U'(c) = \mathrm{e}^{(\delta - r)t} \tag{17.27}$$

和例 17.1 的结果一致,边际效用应当根据时间偏好率和实际利率之间的关系随时间递增或递减。当效用函数为 CES 形式时,$U(c) = c^R/R, U'(c) = c^{R-1}$,(17.27)式给出的具体解是

$$c(t) = \exp\left\{\frac{r - \delta}{1 - R}t\right\} \tag{17.28}$$

其中 $\exp\{x\} = \mathrm{e}^x$。因此,如果 $r > \delta$,则消费会随着时间递增,只是这个增长应当受这个人有多愿意忍受非均衡消费的影响。

实际利率的决定。这个简单经济中的唯一"价格"是实际利率。这个利率必须调整至消费者能接受外生给定的消费增长率。因此一定有

$$g = \frac{r - \delta}{1 - R} \quad 或者 \quad r = \delta + (1 - R)g \tag{17.29}$$

如果 $g = 0$,则实际利率等于时间偏好率。在消费增长率为正的情况下,实际利率必须超过时间偏好率以鼓励人们接受消费增长。

实际利率悖论。(17.29)式为"实际利率悖论"提供了基础。随着时间的推移,美国经济的实际消费增长率约为每年 1.6%,另外一些证据表明 R 在 -2 或 -3 左右。因此即使时间偏好率为零,实际利率也至少应当是 $r = 0 + (1 + 2) \times 0.016 = 0.048$(也就是约 5%)。然而实证证据表明,过去 75 年,美国的实际无风险利率约为 2%,远低于应当取的值(5%)。这或许是因为模型有问题,或许是因为人们在消费决策时比想象中更加灵活。

请回答:考虑 g 会随机波动的可能性,本例中的结果应当如何改进(参见练习题 17.9)?

17.3　厂商对资本的需求

厂商对机器的租用也遵循第 11 章所推导出的利润最大化的原理。具体地说,在一个完全竞争的市场中,厂商选择使用的机器数量由以下原则决定:使用机器所获得的边际收益产量应准确

地等于其市场租金率。在这一节中,我们先考察市场租金率的决定,假定所有机器都被租用。在本节的较后部分,我们将考察由于大多数厂商购买机器并将其持有到它们损坏为止,而不是租用机器来使用的情况。

17.3.1 市场租金率的决定

考虑一个厂商租借机器给其他厂商的情况。假定厂商拥有一台机器(如一辆汽车或一台挖土机),其当前的市场价格为 p。厂商对于租用其机器的客户将收取多少费用呢？机器的所有者面临着两类成本:机器的折旧成本和机会成本,所谓机会成本即将其资金耗费在机器上而不是用于投资以获得当前回报率的成本,如果假定每期折旧成本只是机器的市场价格的固定比例(d),并且实际利率由 r 给出,则机器所有者每一期的总成本为

$$pd + pr = p(r + d) \tag{17.30}$$

如果我们假定机器市场是完全竞争的,通过机器出租不可能获得长期利润。市场竞争将保证机器的每期租金(v)恰好等于机器所有者的成本。于是,我们有如下基本结论:

$$v = p(r + d) \tag{17.31}$$

竞争性租金是机器所有者必须付出的放弃利息与折旧成本的总和。例如,假设实际利率为 5%(即 0.05),实物折旧率为 15%(0.15),再假定机器的当前价格为 10000 美元,于是,在这一简单模型中,机器所具有的年租金价格为 2 000 美元[=10 000 ×(0.05 +0.15)]。其中,500 美元代表投资于机器的机会成本,其余 1 500 美元则反映了折旧的实物成本。

17.3.2 机器折旧为零时的情况

如果机器折旧为零($d=0$)的假设情形出现,则 17.31 式将变成

$$\frac{v}{p} = r \tag{17.32}$$

这一等式表明,在一个均衡状态中,没有折旧的可长期使用的资本就相当于一张无限期的债券(参见本章附录),因此,它一定会“产生”市场回报率。作为机器价格之一的固定比例的租金一定等于 r。如果 $v/p > r$,则每个人将会立即去购买机器,因为出租机器将产生比在别处投资更大的回报率。相似地,如果 $v/p < r$,则没有人愿意出租机器,因为在别处投资可以获得更大的回报。

17.3.3 机器所有权

迄今为止,我们的分析一直假设厂商租用所有其所需使用的机器。虽然这种租借在实际世界中时有发生(例如,许多厂商租借飞机、卡车、货车与计算机给别的厂商),但厂商通常自己拥有机器。一个厂商会购买机器并雇用劳动以进行生产。对机器的所有权使得资本的需求分析变得更为困难与复杂。但是,通过区别存量(stock)与流量(flow),我们就能够表明资本需求与劳动需求间的相似性。

一个厂商通过运用资本服务(capital services)进行生产。这类服务是一个流量概念。与生产过程密切相关的是机器使用的时间量(如劳动时间)而不是机器本身。通常可以假定资本服务的流量与机器的存量是成比例的(如果 1 小时租用 100 台机器,则可提供 100 机器工时的服务);因而,这两类不同概念实际上就可以作为同义词而运用。如果一个时期内,厂商固定了机器工时数,

这通常就意味着厂商固定了机器数量。厂商对资本服务的需求也就是对资本的需求。⑦

完全竞争中的利润最大化厂商将选择使额外一个单位投入的边际收益产量等于其成本时的投入水平,这一结论对机器工时的需求同样成立。资本服务的成本由(17.31)式中的租金率(v)给出。这一成本由厂商自己负担,不管它是在公开市场上租用机器还是自己购买机器。在前述的例子中,它是一个显性成本,而在后一个例子中,厂商本质上扮演了两种商业角色:(1)生产产品;(2)拥有机器并租给自己。在扮演第二种角色时,厂商的决策和其他租赁机器的厂商相同,因为发生的成本相同。所有权是与成本的决定无关的。因此,我们可以运用以前的需求分析了。

定义

资本需求　一个面临着完全竞争的资本租赁市场的利润最大化厂商将在边际收益产量(MRP_K)等于市场租金 v 的点上运用额外的资本投入。在完全竞争条件下,租金率同时反映折旧成本和机会成本。因此,我们有

$$MRP_k = v = p(r + d) \tag{17.33}$$

17.3.4　投资理论

如果一个厂商遵循(17.33)式的利润最大化原则,发现它需要的资本服务超出现存机器存量所能提供的量,它将有两种选择:第一,它将租用额外的机器,这与其雇用额外劳动的决策是相同的;第二,厂商可以购买新机器以满足需要。第二种选择通常更普遍,我们用投资(investment)这一术语来特指对设备的购买。

投资需求在宏观经济理论中是总需求的一个重要组成部分,通常假定投资需求是对工厂与设备(也就是机器)的需求,它与利率或我们所说的回报率是负相关的。运用本章中的分析,我们可以证明这一论断。利率(r)的下降,在其他条件不变的情况下,将使资本的租金下降((17.31)式)。由于所放弃的利息代表机器所有者的隐性成本,r 的下降实际上降低了资本投入的价格(亦即租金率)。v 的这种下降使得资本成为一种相对便宜的投入,这将使厂商增加其资本的使用量。

17.4　投资决策的折现值方法

当一个厂商购买一台机器时,它实际上购买了一个未来时期的净收益流。为决定是否要购买机器,厂商必须考察计算该收益流的折现值。⑧ 只有如此,厂商才能准确地估计所放弃的利息收入的影响。这为解释投资决策提供了另一种方法。

考察一个厂商是否要购买一台特定机器的决定过程。假定机器会持续工作 n 年,并且每年都给其所有者提供一个货币收益流(即边际收益产量)。令 R_i 代表在第 i 年的收入,如果 r 为现在的利息率,而且该利率水平将在其后的 n 年中保持不变,则机器所有者从机器身上所得到的净收益流的折现值(present discount value,PDV)为:

⑦　在一段时期内公司使用一定存量的资本的强度,通常可以作为商业周期的研究对象。

⑧　参见本章的附录中对于折现值的进一步讨论。

$$\mathrm{PDV} = \frac{R_1}{(1+r)} + \frac{R_2}{(1+r)^2} + \cdots + \frac{R_n}{(1+r)^n} \tag{17.34}$$

这一折现值代表了由机器所提供的支付流的总价值,当这些支付发生在不同年份时,如果这一支付流的折现值 PDV 超过了机器的价格,则该厂商或其他类似厂商就应当购买机器,即便将厂商原本能从资金中获得利息收益(假如不购买)这一因素也考虑进去,机器依然能够保证回报率超过当前价格。另一方面,如果 $p>\mathrm{PDV}$,则厂商最好选择能保证回报率为 r 的另外的投资渠道。因为如果考虑到放弃的利息,则机器所带来的回报还不能支付其价格。因此,在一个竞争市场上所通行的唯一均衡点为机器价格等于该机器所提供的净收益的折现值。只有在此条件下,才不会存在对机器的过度需求和过度供给。因此,市场均衡要求

$$p = \mathrm{PDV} = \frac{R_1}{1+r} + \frac{R_2}{(1+r)^2} + \cdots + \frac{R_n}{(1+r)^n} \tag{17.35}$$

现在,我们将运用这一条件证明,在两种情况下,投资的折现值标准如何导致本章前述的相同的均衡条件。

17.4.1　简单情况

首先假定机器是无限期存在的,且边际收益产量(即 R_i)每年是相同的。这一相同的回报也等于机器的租金(v)。因为这是其他厂商在每一时期为了使用机器而愿意支付的价格。有了这些简化的假设,我们就可以把从对机器的所有权中得到的折现值写为

$$\begin{aligned}\mathrm{PDV} &= \frac{v}{(1+r)} + \frac{v}{(1+r)^2} + \cdots + \frac{v}{(1+r)^n} + \cdots \\ &= v\cdot\left[\frac{1}{(1+r)} + \frac{1}{(1+r)^2} + \cdots + \frac{1}{(1+r)^n} + \cdots\right] \\ &= v\cdot\left[\frac{1}{1-1/(1+r)} - 1\right] \\ &= v\cdot\left[\frac{1+r}{r} - 1\right] \\ &= v\cdot\frac{1}{r}\end{aligned} \tag{17.36}$$

在均衡态 $p=\mathrm{PDV}$,因此有

$$p = v\cdot\frac{1}{r} \tag{17.37}$$

或

$$\frac{v}{p} = r \tag{17.38}$$

这正如(17.32)式所示。在此情况下,由折现值标准所提供的结果与本章前述的结论相同。

17.4.2　一般情形

(17.31)式可以从更为一般的情况中推出,即机器的租金随时间而变化并且存在折旧的情况。这一分析可以简单地运用连续时间来进行。假设一项新机器的租金给定为 $v(s)$。假定机器的折

旧率 d⑨采取指数形式。因此,机器的租金(以及边际收益产量)随着时间而下降。在第 s 年时,于 t 年之前购买的旧机器的净租金价格为

$$v(s)\mathrm{e}^{-d(s-t)} \tag{17.39}$$

因为 $s-t$ 是机器折旧的时间。例如,假定一台机器购买于 2005 年,其在 2010 年的净租金将等于一台新机器在 2010 年($v(2010)$)以折现因子 e^{-5d} 进行贴现以减掉机器在过去 5 年里的折旧值。

如果厂商考虑购买在第 t 年时是全新的机器,则应当将回溯到第 t 年的净租金值折扣掉。在第 s 年的净租金现值折扣到第 t 年(如果利率为 r),有

$$\mathrm{e}^{-r(s-t)}v(s)\mathrm{e}^{-d(s-t)} = \mathrm{e}^{(r+d)t}v(s)\mathrm{e}^{-(r+d)s} \tag{17.40}$$

从购买机器到获得净租金,$(s-t)$ 年又过去了,因此,在第 t 年购买的一台机器的折现值就是这些现值的和(积分)。这个积分应当包括从第 t 年(机器购买时)直到未来所有年,有

$$\mathrm{PDV}(t) = \int_t^{\infty}\mathrm{e}^{(r+d)t}v(s)\mathrm{e}^{-(r+d)s}\mathrm{d}s. \tag{17.41}$$

在均衡状态时,机器的价格在第 t 年[$p(t)$]将等于这一现值,我们有下列基本方程

$$p(t) = \int_t^{\infty}\mathrm{e}^{(r+d)t}v(s)\mathrm{e}^{-(r+d)s}\mathrm{d}s \tag{17.42}$$

这一相当令人生畏的等式实际上只是(17.35)式的一个更复杂的形式而已,它可以用来推导出(17.31)式。首先将其改写为

$$p(t) = \mathrm{e}^{(r+d)t}\int_t^{\infty}v(s)\mathrm{e}^{-(r+d)s}\mathrm{d}s \tag{17.43}$$

对 t 求导

$$\begin{aligned}\frac{\mathrm{d}P(t)}{\mathrm{d}t} &= (r+d)\mathrm{e}^{(r+d)t}\int_t^{\infty}v(s)\mathrm{e}^{-(r+d)s}\mathrm{d}s - \mathrm{e}^{(r+d)t}v(t)\mathrm{e}^{-(r+d)t}\\ &= (r+d)p(t) - v(t)\end{aligned} \tag{17.44}$$

因此

$$v(t) = (r+d)p(t) - \frac{\mathrm{d}p(t)}{\mathrm{d}t} \tag{17.45}$$

这一结果与(17.31)式中所显示的结果相比,除了增加了一项 $-\mathrm{d}P(t)/\mathrm{d}t$ 以外,其余都相同。这一表达式的经济含义是:它代表了机器所有者所获得的资本所得。例如,如果预期机器价格要上升,则机器所有者可能会接受低于$(r+d)p$ 的价格作为租金。⑩ 另一方面,如果机器价格预期要下降[$\mathrm{d}p(t)/\mathrm{d}t<0$],所有者则会要求比(17.31)式所确定的更多的租金。如果机器价格预期在整个时期都保持不变,则 $\mathrm{d}p(t)/\mathrm{d}t=0$,等式就是相同的。这一分析的结论表明在任意时间里的机器价格、由该机器所提供的未来利润流与机器的当前租金之间存在一定的关系。

---

⑨ 在这种折旧中,机器被假定为在每单位时间以固定速度"蒸发"掉,这种模型在很多方面与物理学上的放射性衰减假说很相似。物质折旧还有其他可能的方式,这只是便于数学处理的方式。

这里需要注意区分物质折旧(影响机器生产能力的折旧)与会计折旧这两个概念之间的区别。后者只有在涉及源于机器的利润税时有用。从经济观点来看,机器的成本是一种沉没成本,任何想取消这一成本的选择都具有一定的武断性。

⑩ 例如郊区的租房价格虽然上升得很快,但是,房租通常还是低于房东的实际成本,因为房东同样从房子的价格升值中获利了。

例 17.3 伐木

作为 PDV 标准的一个例子,考虑一个林业工人决定何时砍伐一棵正在生长的树的例子。假定树在时期 t 的价值为 $f(t)$[其中 $f'(t)>0, f''(t)<0$],支付给植树的工人 l 美元作为最初的投资。再假定(连续的)市场利率为 r,植树之初,树木所有者的利润折现值为

$$\mathrm{PDV}(t) = e^{-rt} f(t) - l \tag{17.46}$$

这只是(现值)收益与成本之差。对伐木者来说,他的决策就是选择时期 t 以使 PDV 值最大化。通常,这个值可通过微分求得

$$\frac{\mathrm{dPDV}(t)}{\mathrm{d}t} = e^{-rt} f'(t) - r e^{-rt} f(t) = 0 \tag{17.47}$$

或两边同除以 e^{-rt},有

$$f'(t) - rf(t) = 0 \tag{17.48}$$

因此

$$r = \frac{f'(t)}{f(t)} \tag{17.49}$$

这一最优条件有两个特征值得注意。第一,最初的劳动投入成本与微分无关。该成本是一种与利润最大化决策不相干的"沉没成本"。第二,(17.39)式可以被解释为当利率等于树木的生长比例时,就到了伐树的季节。这个结果靠直觉也可获得。如果树木的生长比当前的利率水平增长得还要快,则其所有者就应当将其资金投资于植树,因为林木可以提供最佳的回报率。与之相反,如果树木生长得没有现行利率增长得快,则树木应当被砍伐掉,出售树木所获得的资金应当投资于回报率为 r 的其他地方。

(17.49)式只是最大化的一个必要条件,通过对(17.48)式再次求导就可以很容易地看出,在 t 期所选择的价值水平上也要求

$$f''(t) - rf'(t) < 0 \tag{17.50}$$

这样一阶条件才代表一个真正的最大化。由于我们假定 $f'(t)>0$(树木永远生长)以及 $f''(t)<0$(生长率随着时间而放慢),上述条件自然成立。

一个数值解。假设树木按照

$$f(t) = \exp\{0.4\sqrt{t}\} \tag{17.51}$$

生长,则该方程总是呈现出一个正的增长率[$f'(t)>0$]。而且,由于

$$\frac{f'(t)}{f(t)} = \frac{0.2}{\sqrt{t}} \tag{17.52}$$

而且因为树木的生长率随时间递减,如果实际利率,比如说是0.04,则我们可以求解最优砍伐树龄为

$$r = 0.04 = \frac{f'(t)}{f(t)} = \frac{0.2}{\sqrt{t}} \tag{17.53}$$

或

$$\sqrt{t} = \frac{0.2}{0.4} = 5$$

因此

$$t^* = 25 \tag{17.54}$$

树龄不到25年时，树木每年以超过4%的速度增长，因此，最优的决策就是允许树木继续生长。但是，如果 $t>25$，则树木每年增长率低于4%，因此林场主可以找到更好的投资方式——可能是种植新的树木。

利率的变化。如果实际利率增至5%，(17.43)式将变成

$$0.05=\frac{0.2}{\sqrt{t}} \tag{17.55}$$

最优砍伐树龄将为

$$t^{*}=\left(\frac{0.2}{0.05}\right)^{2}=16 \tag{17.56}$$

较高的实际利率将通过促使林场主选择更早的砍伐树龄而抑制对植树的投资。⑪

请回答：假定所有价格(包括树木价格)每年都增加10%，这一变化将如何改变该问题中的最优砍伐树龄？

17.5 自然资源定价

至少自托马斯·马尔萨斯(Thomas Malthus)以来，自然资源定价都是经济学家们关注的一个问题。它的一个基本问题是：给定资源有限、最终会被用尽的性质，市场能否实现令人满意的资源配置结果。在这部分，我们将看一个资源定价的简单模型，来说明经济分析可以提供的一些见解。

17.5.1 利润最大化定价和产出

假设某厂商拥有有限存量的某种特定资源。令资源在任意时间的存量记为 $x(t)$，以这个存量生产的当前产出记为 $q(t)$。因此资源存量依据以下微分方程增长

$$\frac{\mathrm{d}x(t)}{\mathrm{d}t}=\dot{x}(t)=-q(t) \tag{17.57}$$

我们用"."表示时间的导数。资源存量的约束条件为 $x(0)=\bar{x}$ 和 $x(\infty)=0$。这种资源表现出一个性质：平均成本和边际成本不随产出水平的变化而变化，但可能随着时间的推移而变化。因此，在任何一个时间点上，厂商的总成本 $C(t)=c(t)q(t)$。厂商的目标是在(17.57)式的约束条件下利润的现值最大化。如果我们令 $p(t)$ 为资源在 t 时刻的价格，则未来利润的现值由下式给出

$$\pi=\int_{0}^{\infty}[p(t)q(t)-c(t)q(t)]\mathrm{e}^{-rt}\mathrm{d}t \tag{17.58}$$

这里，r 为实际利率(在这个分析中假设是定值)。建立这个动态最优问题的哈密尔顿表达式有

$$H=[p(t)q(t)-c(t)q(t)]\mathrm{e}^{-rt}+\lambda[-q(t)]+x(t)\frac{\mathrm{d}\lambda}{\mathrm{d}t} \tag{17.59}$$

将最优化原理应用于这个动态问题得出两个一阶条件：

⑪ 更多与树相关的经济学问题，参见练习题17.4和17.11。

$$H_q = [p(t) - c(t)]e^{-rt} - \lambda = 0$$
$$H_x = \frac{d\lambda}{dt} = 0 \tag{17.60}$$

第二个条件意味着资源存量的“影子价格”需要在各阶段保持不变。因为无论何时生产，生产一单位资源都正好减少一单位资源存量，任何沿着影子价格变化的时间路径都不是最优的。如果我们现在用第一个条件对时间求导（运用$\frac{d\lambda}{dt}=0$的事实）来求解 λ，则得到

$$\frac{d\lambda(t)}{dt} = 0 = \dot{\lambda} = (\dot{p} - \dot{c})e^{-rt} - r(p - c)e^{-rt} \tag{17.61}$$

等式两边除以 e^{-rt}并整理，得到

$$\dot{p} = r(p - c) + \dot{c} \tag{17.62}$$

该方程提供了资源价格应如何随时间变化的解释。注意到价格变化有两个组成部分。第二个部分显示价格变化必须跟随所有边际开采成本的变化。第一个部分说明，即使开采成本不发生变化，价格也会有一个上升趋势，以反映资源的稀缺价值。当且仅当推迟某些资源的生产会产生与实际利率相等的回报时，厂商才会这样做。否则对厂商而言，出售所有资源并将所获资金用于其他投资将是更好的选择。这个结果最先由哈罗德·霍特林于 20 世纪 30 年代早期发现⑫，通过假设边际开采成本总是零，结果可以进一步简化。此种情况下，(17.62)式简化为以下微分方程

$$\dot{p} = rp \tag{17.63}$$

该方程的解是

$$p = p_0 e^{rt} \tag{17.64}$$

也就是说，价格以实际利率的指数形式增长。更一般地，假设边际成本总是遵循以下指数形式：

$$c(t) = c_0 e^{\gamma t} \tag{17.65}$$

其中 γ 可正可负。在这个例子中，对(17.62)式求微分的解是

$$p(t) = (p_0 - c_0)e^{rt} + c_0 e^{\gamma t} \tag{17.66}$$

上述解更加清晰地表明了资源价格受两个趋势的影响：用于反映资源的资产价值递增的稀缺租金，以及边际开采成本的趋势。

例 17.4 资源价格可以下降吗

尽管霍特林的原始观察表明自然资源价格应当以实际利率的水平增长，然而(17.66)式却清晰地表明了这个结论是不明确的。如果边际开采成本因为技术进步而下降（即如果 γ 是负的），那么资源价格就有下降的可能。通过计算(17.66)式对时间的一阶和二阶导数，资源价格下降的这个结论可以观察得更清楚：

$$\frac{dp}{dt} = r(p_0 - c_0)e^{rt} + \gamma c_0 e^{\gamma t}$$
$$\frac{d^2p}{dt^2} = r^2(p_0 - c_0)e^{rt} + \gamma^2 c_0 e^{\gamma t} > 0 \tag{17.67}$$

因为二阶导数总为正，我们只需要检验 $t=0$ 时一阶导数的符号就可以得出价格何时下降的结论。

---

⑫ H. Hotelling, "The Economics of Exhaustible Resources," *Journal of Political Economy* (April 1931): 137—175.

在最初的时间点，

$$\frac{\mathrm{d}p}{\mathrm{d}t}=r(p_0-c_0)+\gamma c_0 \tag{17.68}$$

因此，只要

$$\frac{-\gamma}{r}>\frac{p_0-c_0}{c_0} \tag{17.69}$$

价格就会下降(至少在一开始是这样)。很明显，如果边际开采成本随时间递增($\gamma>0$)，上述条件就得不到满足。但如果递减，实际价格就有可能在一段时间内递减。例如，如果 $r=0.05$，$\gamma=-0.02$，那么给定初始稀缺租金低于开采成本的40%，价格就会下降。尽管资源价格最终一定上涨，一种开采成本明显下降的十分充足的资源的价格还是会在一段相对较长的时间内递减。比如原油就是这种情形。

请回答：这里讨论的厂商是价格接受者吗？如果厂商是一个垄断者，则分析会有何不同(参见练习题 17.10)？

17.5.2 模型的一般化

此处给出的自然资源定价描述仅仅是为这个重要的话题提供了一个简要的概貌。[13] 经济学家考虑的额外的一些问题包括社会最优、替代品、可再生资源。

社会最优。(17.66)式描述的价格趋势在经济上是有效率的吗？也就是说，消费者剩余和厂商利润之和最大化了吗？之前我们关于最优跨期消费的讨论说明，如果消费者保持他的最优消费路径，则消费的边际效用应当按某个规定的路径变化。因为个人消费资源的上限是资源价格与边际效用成正比的某个点，似乎此处计算的价格趋势和最优消费一致是合理的。但一个更为完整的分析需要引入消费者的时间偏好率，以及他在多大程度上愿意替代一个上升的高价格资源，所以答案是不明确的。也就是说，(17.66)式表示的最优路径取决于具体情况。

替代。一个相关的问题是替代资源应当如何整合到分析中。一个相对简单的答案是考虑(17.66)式中的初始价格 p_0 是如何选择的。如果 p_0 是初始价格，商品数量组合在市场中达到了均衡，那么(假设其他所有有限资源遵循一个相同的时间趋势)资源的相对价格不变，以及(有确定的效用函数)所有的价格—数量时间路径会构成一个均衡就是合理的。另一种方法是假设资源的完美替代品会出现在未来的某个点。如果这个新资源的供给是富有弹性的，那么它的可利用性将对 p_0 和初始资源产生一定的影响，这个假设对 p_0 也是有意义的(参见习题 17.7)。然而所有对替代性建模的这些方法都只是一些特殊的情形。更一般化的情况需要一个能驾驭多个市场间相互作用的动态一般均衡模型。

可再生资源。最后一个加入资源定价模型的复杂问题是，资源可能是非有限的，即它可以通过自然行为或经济行为再生。木材或渔场就是这种情形，可以通过多种活动实现资源可再生。可再生资源的规范的考虑需要修正定义资源存量变化的微分方程，使之不再是(17.57)式中的简单形式。而说明此种情形下利润最大化的价格轨迹将会十分复杂。

---

⑬ 动态优化模型应用于自然资源问题的例子，参见 J. M. Conrad and C. W. Clark, *Natural Resource Economics: Note and Problems* (Cambridge: Cambridge University Press, 2004)。

小结

本章考察了资本理论的几个方面并强调了该理论与跨期资源配置理论相结合的重要性。主要的结论是:

- 资本的积累代表了为了未来的消费而牺牲的今天的消费。回报率表示在什么情况下这个交易可以达成。
- 像建立任何均衡价格一样,回报率也可由该机制获得。均衡回报率为正,既反映出个人对当前商品的偏好胜过对未来商品的偏好,也反映出正的物质生产力的资本积累。
- 回报率(实际利率)是与资本所有权相联系的总成本的一个重要因素。它是资本的市场租金 v 的重要决定因素。
- 资本投资的未来回报必然以现行实际利率予以折现,这种现值概念的使用提供了研究厂商投资决策的另一种方法。
- 个人财富积累、自然资源定价以及其他动态问题能够通过最优控制理论来研究。这种模型经常会产生竞争性的结果。

练习题

17.1

一个人拥有固定财富(W),并将其在两个时期内分配,两期消费分别为 c_1 和 c_2,个人的效用函数由下式给出:

$$U(c_1, c_2)$$

预算约束为

$$W = c_1 + c_2/(1+r)$$

这里,r 是单期利率。

a. 证明如果个人在此预算约束下要最大化其效用,则他应当选择 MRS(c_1 对 c_2) $= 1+r$ 时的 c_1 与 c_2 的组合。

b. 证明 $\partial c_2/\partial r \geq 0$,但是 $\partial c_1/\partial r$ 的符号不确定。如果 $\partial c_1/\partial r$ 为负,你认为 c_2 的需求价格弹性是怎样的?

c. 如果个人在每一期都获得收入(y_1 与 y_2),并使预算约束为

$$y_1 - c_1 + (y_2 - c_2)/(1+r) = 0$$

则你对 b 问题的结论将怎样修正?

17.2

假定一个人希望工作 40 年后退休,并再活 20 年。再假设个人收入每年以 3% 增加,利率也是 3%(总体价格水平不变),则他应当在每个工作年份里储蓄多少(占收入之比例)才能够在退休后保证获得退休前收入的 60%?

17.3

苏格兰威士忌随时间增加而逐步增值。0 年时的 1 美元威士忌在 t 年值 $V(t) = e^{2\sqrt{t} - 0.15t}$。如果利率为 5%,则经过多少年后,苏格兰威士忌的拥有者才能卖出酒的最大化的 PDV?

17.4

在例 17.3 中,假设在时期 0 时用 1 单位劳动就可以植树。一棵树的木材价值在 t 期为 $f(t)$,如果市场工资率为 w,即期利率为 r,则该生产过程的 PDV 是多少?应当如何选择 t 以使 PDV 最大化?

a. 如果最优的 t 值为 t^*,试证明没有纯利润的完全竞争的条件将要求 $w = e^{-rt}f(t^*)$。你能解释这一表达式的含义吗?

b. t^* 期以前出售的树木不会立即被伐掉。相反,对于这些树的新的所有者来说,让树林继续生长到 t^* 是有价值的。证明树龄为 u 年的树木的价格是 we^{ru},它将超过对应于每一个

u 值树($f(u)$)的木头价值,除了 $u=t^*$ 时(这时二者将相等)。

c. 假定土地所有者拥有一片"平衡"的树木,即他从 0 期到 t^* 期每期拥有一棵树。这片树林的价值是多大?提示:它是所有树木价值之和。

d. 如果树林价值为 V,V 的即期利息(即 rV)等于所有者在每期所获得的"利润",其中"利润"是指出售一棵完全成熟的树[$f(t^*)$]所得收益减去种植一颗新树(w)的成本。这一结果表明借款以购买一片树林时绝对不会有纯利润存在,因为每一期支付的利息必须恰好等于砍伐一颗树所得的收益。

17.5

本题关注公司利润税和投资决策的相互作用。

a. 假定(事实并非如此)被征税的利润是我们所称的纯经济利润。那么,对利润征税会如何影响投资决策?

b. 实际上,考虑税收目的的企业利润为

$$\pi' = pq - wl - \text{折旧}$$

这里,折旧由政府和行业规定的在机器的使用年限内摊销成本的准则决定。如果折旧恰好等于实际的物理消耗,并且厂商处于长期竞争性均衡,那么对 π' 征税会对厂商选择资本投入有什么影响?

c. 给定 b 中的条件,说明采用"加速折旧"政策会怎样影响资本使用,这种政策在机器使用初期,折旧率超过物理消耗,而在后期,折旧率会大大降低。

d. 在 c 的条件下,公司利润税的降低会如何影响资本使用?

17.6

一个人寿保险推销员说:"在你这个年纪购买一张 100 000 美元终身寿险保单比一张定期保单要好得多。持有终身寿险保单,你只在前四年里每年支付 2 000 美元,但在你生命剩下的日子里就无须支付了。一张定期保单每年需要你支付 400 美元,而且永远是这样。如果你再活上 35 年,你只需对终身保单支付 8 000 美元,但对定期保单则要支付 14 000 美元。所以,终身保单无疑是笔更好的交易。"

假定推销员的寿命预期是正确的,你将如何评价他的论断?更确切地说,假定利率为 10%,请计算两张保单的保费成本的贴现值。

17.7

假设原油的一种完全替代品将在未来 15 年内被发现,并且这种替代品的价格将等于每桶 125 美元的原油的价格。假设现在原油的边际开采成本是 7 美元每桶。再假设实际利率为 5%,实际开采成本每年下降 2%。如果原油价格遵循(17.66)式所描述的路径,那么原油的当前价格应当是多少?你的答案揭示了原油市场的实际价格吗?

分析练习

17.8　资本利得税

假定一个人拥有 W 美元以分配于本期消费(c_0)与下期消费(c_1),利率为 r。

a. 用图显示个人的最初均衡并且表明当期储蓄的总值($W-c_0$)。

b. 假定个人在做出他的储蓄决策之后(通过购买单期债券),利率降至 r'。这会改变个人的预算约束吗?请指出新的效用最大化位置。讨论个人的改进状态如何能被解释为是他最初购买的债券的"资本所得"的结果。

c. 假定税收当局决定根据资本所得的量而征收收入税。如果所有这种所得都以 c_0 测度,请指出如何测算这些所得。将此值称为 G_1。

d. 假定用"实现了的"东西测度资本所得,即资本所得被定义为只包括那些转换成现金以购买额外 c_0 的债券。请说明这些实现了的所得应如何测算,将此值称为 G_2。

e. 发展一种测算由于 r 下降导致效用真实增加的方法,用 c_0 来测算。将这一真实的资

本所得称为 G_3。证明 $G_3 < G_2 < G_1$。如果现行政策只对实现了的资本所得征税,那么,你会得出什么结论?

注:这一问题选自 J. Whalley, "Capital Gains Taxation and Interest Rate Changes," *National Tax Journal* (March 1979):87—91。

17.9　预防性储蓄和谨慎

例 17.2 的"请回答"中问到,未来的不确定性如何影响一个人的储蓄决策。这里,我们来更全面地探讨这个问题。我们所有的分析都以例 17.1 中的两阶段模型为基础。

a. 为简单起见,假设(17.15)式中 $r=\delta$。如果消费是确定的,则意味着 $u'(c_0)=u'(c_1)$,或者 $c_0=c_1$。但是,阶段 1 的消费受到了一个均值为 0 的随机事件的冲击,因此 $c_1=c_1^p+x$,其中 c_1^p 是阶段 1 的计划消费,x 是一个均值为 0 的随机变量。请描述,为何在这种情形下,效用最大化的要求是 $u'(c_0)=E[u'(c_1)]$。

b. 利用 Jensen 不等式证明,当且仅当 u' 为凸,即当且仅当 $u'''>0$ 时,消费者的选择是 $c_1^p>c_0$。

c. Kimball⑭ 提出用"谨慎"一词来表示个人的效用函数具有 $u'''>0$ 的特征。解释为何 b 的结果正好可以说明 Kimball 的定义和每天的消耗量是一致的。

d. 在例 17.2 中,我们看到了美国的实际利率低到难以协调实际的消费增长率,我们以个人愿意经历消费波动的程度为起点,证明了这个结论。如果消费增长率是不确定的,那么悖论会得到解决吗?还是反而被加剧了?

17.10　垄断及自然资源价格

假设某厂商是某种自然资源存量的唯一所有者。

a. 为考虑上述情况,厂商通过卖资源得到的最大化折现利润((17.58)式)的分析将作何修改?

b. 假设该题中对资源的需求有不变弹性,$q(t)=a[p(t)]^b$,这会如何改变(17.62)式中表示的价格动态?

c. 如果所有的原油供给由一个厂商占有,那么练习题 17.7 的答案会有何改变?

17.11　可再生木材经济学

练习题 17.4 的计算基于这样的假设,即假设经营一片林场就是决定什么时候去砍树。但是经营一片林场也包括重新种植,这是可以用模型表示的。为了实现这个目的,假设一个林场主正在考虑用成本 w 种植一棵树,在 t^* 的时候砍掉这棵树,再种植另外一棵,依次进行下去。这项活动的折现利润是:

$$V=-w+e^{-rt}[f(t)-w]+e^{-r2t}[f(t)-w]+\cdots+e^{-rnt}[f(t)-w]+\cdots$$

a. 证明这项有计划的种植活动的总价值由下式给出:

$$V=\frac{f(t)-w}{e^{rt}-1}-w$$

b. 找到使 V 最大化的 t 值,证明这个值是方程 $f'(t^*)=rf(t^*)+rV(t^*)$ 的解。

c. 解释 b 的结果,它们如何反映对于"投入"时间的最佳使用?为什么 b 中 t^* 的值与例 17.2 中的不同?

d. 假设树的生长(用美元衡量)服从逻辑函数

$$f(t)=50/(1+e^{10-0.1t})$$

从这颗树中得到的木材的最大价值是多少?

e. 如果树的生长依照 d 中所给的等式,并且 $r=0.05$,$w=0$,则最佳的种植周期是多长时间?这个周期下的树是否长到了它的最大价值?

f. 如果 r 跌到 0.04,则最优种植周期会如何变化?

注:b 问中得出的方程在林业经济学中被称作福斯特曼公式。

17.12　双曲线贴现

人会"短视"这个概念在 David Laibson 的

---

⑭ M. S. Kimball, "Precautionary Savings in the Small and in the Large," *Econometrica* (January 1990):53—73.

论文“Golden Eggs and Hyperbolic Discounting”(*Quarterly Journal of Economics*, May 1997, pp. 443—477)中被标准化了。作者在文中假设消费者最大化如下形式的跨期效用：

$$效用 = U(c_t) + \beta \sum_{\tau=1}^{\tau=T} \delta^{\tau} U(c_{t+\tau})$$

其中 $0<\beta<1, 0<\delta<1$。这些折现因子在不同时间的具体形式导致了短视的可能。

a. Laibson 建议，假设 $\beta = 0.6, \delta = 0.99$，证明对于这两个值，未来消费的折现因子会沿着一般的双曲线模式变化。也就是说，在 $t+1$ 期显著减小，在其后期稳定地呈几何递减。

b. 直观上描述为什么这种形式的折现率会导致短视行为。

c. 更规范地，计算在时间点 t，c_{t+1} 和 c_{t+2} 的 MRS，将这个 MRS 和时间点 $t+1$ 上 c_{t+1} 和 c_{t+2} 的 MRS 相比。解释实际利率不变的情况下，为何比较的结果意味着“动态不一致”的跨期选择？特别地，最优的 c_{t+1} 和 c_{t+2} 与上述两组值有何关联？

d. Laibson 解释了 c 描述的模式会导致“早期的自己”寻找方法以约束“未来的自己”，以此收获完整的效用最大化。解释为什么这些约束是必要的。

e. 请找出几个在现实世界中人们用于约束自己未来选择的方法。

推荐阅读材料

Blaug, M. *Economic Theory in Retrospect*. Rev. Ed. Homewood, III.: Richard D. Irwin, 1978. Chap. 12.

该书对奥地利学派的资本理论做了一个很好的评论，把资本积累过程概念化了。

Conrand, J. M., and C. W. Clark. *Natural Resource Economics: Notes and Prolems*. Cambridge: Cambridge University Press, 2004.

文章对最优控制理论如何用于自然资源定价问题提供了一些解释。

Dixit, A. K. *Optimization in Economic Theory*, 2nd ed. New York, Oxford University Press 1990.

该书用很简单的形式深入细致地写出了最优控制理论。

Dorfman, R. “An Economic Interpretation of Optimal Control Theory.” *American Economic Review* 59 (December 1969): 817—831.

文章使用本章的方法来研究最优的资本积累。是很好的直观介绍。

Hotelling, H. “The Economics of Exhaustible Resources.” *Journal of Political Economy* 39 (April 1931): 137—175.

在自然资源配置方面比较基础的文章，既分析了竞争的情况，又分析了垄断的情况。

Mas-Colell, A., M. D. Whinston, and J. R. Green. *Microeconomic Theory*. New York: Oxford University Press, 1995.

第 20 章提供了大量关于定义跨期均衡的论题。对于“交叠世代模型”的讨论尤其有用。

Ramsey, F. P. “A Mathematical Theory of Saving.” *Economic Journal* 38 (December 1928): 542—559.

最早使用微积分来解决经济问题的论著之一。

Solow, R. M. *Capital Theory and the Rate of Return*. Amsterdam: North-holland Publishing Co., 1964.

该书谈到了资本的性质，十分易读。

Sydsaeter, K., A. Strom, and P. Berck. *Economists' Mathematical Manual*, 3rd ed. Berlin: Springer-Verlag, 2000.

第 27 章提供了金融和经济增长理论中许多有价值的公式。

附录：复利的数学计算

本附录的目的是把涉及复利的一些简单的数学成果综合到一起。这些成果在许多经济问题中都有所应用，包括从宏观经济政策到种植圣诞树的最优路径。

我们假定每一时期，譬如说一年，都存在当前通行的市场利率 i。假定利率对未来所有的时期是确定不变的。[15] 如果 1 美元以 i 进行投资，利率是复合计算的（即过去的利息在未来也要获得利息）。在时期 1 的期末，1 美元将变成

$$1\text{ 美元} \times (1+i)$$

在时期 2 的期末，1 美元将变成

$$1\text{ 美元} \times (1+i) \times (1+i) = 1\text{ 美元} \times (1+i)^2$$

在时期 n 的期末，1 美元将变成

$$1\text{ 美元} \times (1+i)^n$$

类似地，N 美元将增至

$$N\text{ 美元} \times (1+i)^n$$

折现值

从现在开始的 1 个时期后支付的 1 美元的现值是

$$\frac{1\text{ 美元}}{(1+i)}$$

这是一个人如果愿意在时期 1 的期末支付 1 美元的现在的数量。相似地，从现在开始到第 n 期期末支付的 1 美元的现值是

$$\frac{1\text{ 美元}}{(1+i)^n}$$

第 n 期期末支付的 N 美元的现值是

$$\frac{N\text{ 美元}}{(1+i)^n}$$

支付流 $N_0, N_1, N_2, \cdots\cdots, N_n$ 的折现值（下标表示在何期进行支付）为

$$\text{PDV} = N_0 + \frac{N_1}{(1+i)} + \frac{N_2}{(1+i)^2} + \cdots + \frac{N_n}{(1+i)^n} \tag{17A.1}$$

PDV 代表了个人为获得未来收入流 $N_0, N_1, N_2 \cdots\cdots, N_n$ 而愿意支付的数量，它也代表了如果想要获得增加的收入流现在需要的投资。

年金与永续年金

年金（annuity）是从下一期开始，承诺在 n 期里的每一期都支付 N 美元，这一合约的 PDV 是

---

[15] 固定 i 的假设显然是不现实的，因为考虑到利率的短期变化会使得记号变得更加复杂而并不能增加等量的概念性知识，这种分析在此处不予讨论。在许多情况下，利率变化的一般情形只是下述观念的一个简单应用，即多期利率可被视为几个单期利率的复合。如果我们用 r_{ij} 表示 i 与 j 期之间通行的利率（其中 $i<j$），则有

$$1 + r_{ij} = (1 + r_{i,i+1})(1 + r_{i+1,i+2})\cdots(1 + r_{j-1,j})$$

$$\text{PDV} = \frac{N}{(1+i)} + \frac{N}{(1+i)^2} + \cdots + \frac{N}{(1+i)^n} \tag{17A.2}$$

令 $\delta = 1/(1+i)$，有

$$\begin{aligned}\text{PDV} &= N(\delta + \delta^2 + \cdots + \delta^n)\\ &= N\delta(1 + \delta + \delta^2 + \cdots + \delta^{n-1})\\ &= N\delta\left(\frac{1-\delta^n}{1-\delta}\right)\end{aligned} \tag{17A.3}$$

注意到

$$\lim_{n\to\infty} \delta^n = 0$$

因此，对一个无限期的年金而言，有

$$\text{无限期年金 PDV} = \lim_{n\to\infty} \text{PDV} = N\delta\left(\frac{1}{1-\delta}\right) \tag{17A.4}$$

这里，根据 δ 的定义，有

$$\begin{aligned}N\delta\left(\frac{1}{1-\delta}\right) &= N\left(\frac{1}{1+i}\right)\left(\frac{1}{1-1/(1+i)}\right)\\ &= N\left(\frac{1}{1+i}\right)\left(\frac{1+i}{i}\right) = \frac{N}{i}\end{aligned} \tag{17A.5}$$

该例中的无限期年金有时被称为*永续年金*(perpetuity)或是*统一公债*(consol)。公式表明如果想永久性地每期获得 N 美元，则必须做出的投资量为 N 美元/i，因为这一数量的货币将在每期获得 N 美元的利息($i \cdot N$ 美元/$i = N$ 美元)。

债券的特例

一张 n 期债券(bond)是从下一时期开始一直到 n 期，每期支付 N 美元的利息，同时在第 n 期期末归还债券本金(面值)的承诺。如果债券的本金是 P 美元(美国债券市场通常为 1 000 美元)，则债券的折现值为

$$\text{PDV} = \frac{N}{1+i} + \frac{N}{(1+i)^2} + \cdots + \frac{N}{(1+i)^n} + \frac{P}{(1+i)^n} \tag{17A.6}$$

仍令 $\delta = 1/(1+i)$，于是有

$$\text{PDV} = N\delta + N\delta^2 + \cdots + (N+P)\delta^n \tag{17A.7}$$

(17A.7)式可以用另一种方式来看待。假定我们知道现行的债券出售价格，譬如说为 B，我们就可以寻找使债券的 PDV 等于 B 的 i 值。为找到这个 i 值，有

$$B = \text{PDV} = N\delta + N\delta^2 + \cdots + (N+P)\delta^n \tag{17A.8}$$

因为 B、N 与 P 是已知的，于是我们就可以求出该方程的解，即 i。[16] 满足该方程的 i 被称为债券的*收益*(yield)，它也是测度债券回报的最佳指标。债券的收益既包括债券的利息，又包括期初价格与期末价格之差。

注意，随着 i 的增长，PDV 下降。这是一种构造债券价格(PDVs)与利率(收益)间负相关关系的精确方法。

---

⑯ 因为该方程实际上是一个 n 项多项式，所以它有 n 个解(根)。只有一个解与所示的债券图表相关，别的解或是想象的，或是没有根据的。在现在的例子中，只有一个真正的解。

连续时间

到目前为止,这一附录处理了离散时间,即将分析过程分为不同时期的情况。通常,处理连续时间更方便,在此情况下,投资的利息是瞬时复利且随着时间而平滑增长。这便利了最大化分析,因为这更利于方程的求导。许多金融中介机构(例如储蓄银行)近些年已经采用了连续利率的计算方法。

假定 i 是每年的(名义)利率水平,这一名义利率每 6 个月要进行一次复利的计算。因此,在第一年年末,1 美元投资将增至

$$1\text{ 美元} \times \left(1 + \frac{i}{2}\right)^2 \tag{17A.9}$$

注意,这比以单利 i 进行投资要好,因为它将对利息支付利息,即

$$\left(1 + \frac{i}{2}\right)^2 > (1 + i) \tag{17A.10}$$

考虑这一过程的极限——对每期的名义利率 i 值,考虑如果 i 实际上被复合计息 n 次所能实现的值,令 $n \to \infty$

$$\lim_{n\to\infty} \times \left(1 + \frac{i}{n}\right)^n \tag{17A.11}$$

这一极限存在并且为 e^i,其中 e 是自然对数的底(e 的值约为 2.72),注意,$e^i > (1 + i)$,所以持有连续复利比持有单利要好得多。

表 17A.1　对应于连续复利的有效的年利率　　单位:%

连续复利率	有效的年率
3.0	3.05
4.0	4.08
5.0	5.13
5.5	5.65
6.0	6.18
6.5	6.72
7.0	7.25
8.0	8.33
9.0	9.42
10.0	10.52

我们可以找出与连续复利 r 相等价的单利 i。对 r 解方程

$$e^r = (1 + i) \tag{17A.12}$$

于是有

$$r = \ln(1 + i) \tag{17A.13}$$

运用这一方程式就可以很简便地将离散时间的利率转化成连续利率。如果 i 是以每年的水平来测算,则 r 是每年的连续水平。表 17A.1 表明了与所选择的连续复利(r)相对应的有效的年利率水

平(i)。[17] 与表 17A. 1 类似的表格通常出现在储蓄银行的窗口上以宣传其账户的真正收益。

连续增长

以连续利率 r 进行投资的 1 美元在 T 年后将变成

$$V = 1\text{ 美元} \cdot e^{rT} \tag{17A.14}$$

这是一个极为方便的公式。例如，可以很容易地表明 V 的瞬时变化率，通过 r 可以得到

$$\text{变化率} = \frac{dV/dt}{V} = \frac{re^{rT}}{e^{rT}} = r \tag{17A.15}$$

连续利率对计算折现值也是很方便的。假定我们希望计算 1 美元从现在起到 T 年以后的 PDV，可由下式给出[18]

$$\frac{1\text{ 美元}}{e^{rT}} = 1\text{ 美元} \cdot e^{-rT} \tag{17A.16}$$

这一计算的对数形式与本附录中所使用的离散时间分析是相同的：未来的美元要比现在的廉价。

支付流

连续贴现的一个有趣应用是从现在(0 期)到时期 T 中每期支付 1 美元的折现值的计算。因为存在无限的支付期限，所以在计算这一结果时就必须运用积分的工具：

$$\text{PDV} = \int_0^T e^{-rt}dt \tag{17A.17}$$

上式表明，我们把第 0 期到第 T 期的所有贴现的美元进行了加总。

这一定积分的值为

$$\begin{aligned}\text{PDV} &= \left.\frac{-e^{-rt}}{r}\right|_0^T \\ &= \frac{-e^{-rT}}{r} + \frac{1}{r}\end{aligned} \tag{17A.18}$$

如果我们令 T 趋于无穷大，则该值为

$$\text{PDV} = \frac{1}{r} \tag{17A.19}$$

这与离散情形中的无限期的年金情况相同。

连续贴现的计算对测算跨期支付收入流的 PDV 值格外有用。假定 $f(t)$ 代表在 t 期内支付的美元，于是时期 T 支付额的 PDV 为

$$e^{-rt}f(t) \tag{17A.20}$$

从现在(第 0 年)到第 T 年的所有收入流的 PDV 是

$$\text{PDV} = \int_0^T f(t)e^{-rt}dt \tag{17A.21}$$

通常，经济代理人将寻求使形如(17A. 21)式最大化的值。运用连续时间使该选择的分析直截了当，因为可以运用标准微积分的最大化方法。

---

⑰ 计算表 17A. 1 中的数字，利率应使用小数形式而不是百分比形式(比如，5% 的利率在(17A. 12)式中以 0. 05 的形式出现)。

⑱ 在物理学中这个表达式发生在放射性衰减的例子里，如果 1 个单位的物质连续以速率 δ 衰减，则 T 期以后，将剩下 e。无论 T 值多大，这一数值永远不会为零。这一方法同样可以用于资本理论中的折旧。

久期

使用连续的时间概念也能够使一系列比较困难的金融学概念得以澄清。例如,假设我们希望知道在给定收入流$f(t)$的情况之下,一个人平均要花多长时间才能收到一定的收入。

$$V = \int_0^T f(t)\mathrm{e}^{-rt}\mathrm{d}t \tag{17A.22}$$

对这个值用折现因子 e^{-r}微分得到

$$\frac{\partial V}{\partial \mathrm{e}^{-r}} = \int_0^T tf(t)\mathrm{e}^{-r(t-1)}\mathrm{d}t \tag{17A.23}$$

这个变化的弹性由下式给出:

$$e = \frac{\partial V}{\partial \mathrm{e}^{-r}} \cdot \frac{\mathrm{e}^{-r}}{V} = \frac{\int_0^T tf(t)\mathrm{e}^{-rt}\mathrm{d}t}{V} \tag{17A.24}$$

因此,考虑了每年折现因子的这段支付现值的弹性(就好像考虑可变利率的债券价格)是用时间权重的现值比例计算出来的。因此,从概念上讲,这个弹性代表了一个人应该等待支付的平均时间。在金融领域,这个概念被定义为支付的**久期(duration)**。考虑到利率变化的情况,这是一个衡量支付流现值的易变性的重要尺度。[19]

---

⑲ 例如,8 年的持续时间意味着一个人应该等待 8 年来得到一项支付。也意味着考虑到折现因子,这个支付流的弹性为 8。因为考虑到利息率的折现因子的弹性为 $-r$,利息率的支付流的弹性为 $-8r$。例如,如果 $r=0.05$,则支付流现值的利率弹性是 -0.4。

第8篇

市场失灵

在这一篇中，我们会进一步探究导致市场有效分配资源失败的原因。同时，我们还会讨论一些能够减轻市场失灵的方法。

在第18章中，我们会关注市场中部分参与者比其他参与者拥有更多信息的情形。这种情形也被称为不对称信息。在不对称信息的情形下，当事人之间制定有效合同就会变得比较复杂，当事人在制定合同时会面临多种策略选择。我们将会看到，在很多情形下，最优的完全信息解是不可达到的。所以，有时我们就需要考虑采用存在效率损失的次优解。

外部性是第19章的主题。在第19章的第一部分，我们将讨论一个经济行为人的行动会直接影响其他行为人福利的情形。我们能够证明，如果不能将这些利益损失内部化到决策过程中，资源就会出现配置不当。在第19章的第二部分，我们会转而讨论外部性的一个特殊形式，也就是"公共品"：公共品是指具有非排他性和非竞争性的物品。我们将会证明，市场在面对公共品时会出现资源分配不足的问题，因此就需要考虑其他的融资方式（例如强制性的税收措施）。在第19章的最后将会讨论投票对上述过程的影响。

第18章 不对称信息

当市场中的某一方有另一方不知道的信息(不对称信息)时,市场就有可能是不完全有效的。由于存在不对称信息,签订合同时就不能只是简单地规定单位商品的价格。在本章中,我们会讨论两类重要的不对称信息问题。第一类是道德风险问题,在这类问题中,某一方当事人在合同期间的行为不会被另一方当事人观察到;第二类是逆向选择问题,在这类问题中,某一方当事人在签订合同前存在与市场状况相关的不对称信息。通过仔细设计合同,让当事人有激励显示自己的信息并且采取合适的行动,就能够有效地减少这些问题带来的损失。不过,这些合同也并不能完全消除无效率。令人感到惊讶的是,无约束的竞争可能会使得私人信息带来的问题更加严重,尽管一个精心设计的拍卖能够利用竞争让拍卖人获得好处。

18.1 应对不对称信息的复杂合同

到现在为止,我们学习到的交易都只包括简单合同。我们假设企业以固定的单位价格从供应商那里购买投入品,同样,也以固定的单位价格向消费者出售产出。而现实生活的交易则会包含更加复杂的合同。一个企业经理人的薪酬并不会是小时工资那么简单,通常企业所有者会设计比较复杂的薪酬结构,例如向经理人授予股票、股票期权和奖金。保险单的条款不仅会覆盖保险公司的责任,还会要求消费者以免责条款和共付金的形式承担一定的成本。在本章中,我们将会看到,当交易的当事人之间存在不对称信息问题时,交易人就有可能签订复杂合同。

18.1.1 不对称信息

在交易中会存在大量的不确定性。雪铲的价格会与冬天的降雪量相关,混合动力汽车的价格则会与未来汽油价格的上涨情况相关。当交易双方对未来有相同的判断时,不确定性就不一定会导致无效率。然而,如果交易的一方有更多的信息,不确定性就一定会导致无效率的发生。有较多信息的一方被称为拥有*私人信息*,也可以称为*不对称信息*。

在现实生活中,存在很多产生不对称信息的原因。一方当事人经常会拥有其他当事人未知的,并且与自身相关的"内部信息"。下面以健康保险为例。购买保险的消费者通常会有与个人健康状况和家族病史相关的私人信息,而保险公司却无法得到这些信息。健康状况好的消费者可能并不会着急去购买健康保险。而健康状况差的消费者则会对保险有更高的需求。在购买保险前让消费者参加体检能够帮助保险公司了解消费者的健康状况,不过,体检本身也会产生一定的成本,并且体检也不一定能够得到所有与消费者私人健康状况有关的信息。消费者很有可能不会诚实地向保险公司报告家族病史和潜在的遗传病,以此来避免向保险公司支付更高的保险金。

另一个不对称信息的出处是代理服务。买方并不能随时随地监督代理人是否努力工作,又由于代理人拥有专业的知识,他们会更清楚相关项目的要求,这也是买方愿意聘用代理人的原因。例如,在修理厨房器具时,修理工要比房主更清楚厨具故障的严重程度。

不对称信息可能会导致无效率。如果保险公司能够观察到潜在客户的健康状况并且能够要求消费者养成好的生活习惯,保险公司就会卖出更多的保险,保险的要价也会更低。由于期望健康开支低于平均保险费用的消费者都会从市场中退出,最后留在市场中的只有健康状况最差的消费者,而整个市场也会因此受到破坏。在修理厨具的例子中,修理工可能会为了获得更多的修理费而更换还能使用的部件,或者故意拖延修理时间,而这些行为都是对资源的浪费。

18.1.2 合同的价值

在合同设计时加入更多的合同条款可以规避这些无效性。保险公司可以向愿意提交体检报告或者愿意自己承担一部分医疗服务费用的消费者提供一个较低价格的健康保险。低风险的消费者比高风险的消费者有更高的意愿提交体检报告,或者自己承担一部分医疗费用。房主可能愿意购买一个能够保证厨具正常工作并且已经规定了固定修理费用的服务合同,而不是在每次厨具出现故障之后为单次的修理服务付费。

尽管合同有助于降低不对称信息带来的效率损失,但也不能完全消除这些效率损失带来的影响。在健康保险的例子中,消费者接受体检的过程就会造成资源的消耗。而要求低风险的消费者自己承担一些医疗费用也就意味着这些消费者事实上没有得到完全的保障。从广义上说,这同样也是社会福利的损益,因为让风险中性的保险公司承担风险要比让风险厌恶的消费者承担风险更有效率。而固定收费的合同会导致修理工只愿意付出很少的努力并且忽略一些潜在的问题,他们寄希望于这些潜在问题不会在合同到期前出现(合同到期后房主就必须再为这些问题付费)。

18.2 委托代理模型

描述不对称信息问题的模型会比较复杂,因此,在考察存在多个供应者和多个需求者的完全市场模型之前,我们先介绍一个相对简单的模型——委托代理模型。该模型设定,在市场中只存在两类当事人。其中,提出合同的一方当事人被称为委托人;决定是否接受合同,并且履行合同的当事人被称为代理人。代理人会存在不对称信息。为方便起见,我们将使用"她"代表委托人,"他"代表代理人。

18.2.1 两个经典模型

在描述不对称信息的模型中,有两个模型是最经常被用到的。在第一个模型中,代理人在合同期间的行动会影响委托人的收益,但是委托人不能直接观察到这些行动。委托人也许可以从观察到的结果中推断出代理人的行动,但不能观察到行动本身。这个模型被称为隐藏行动模型(hidden-action model)。在历史上,这个模型是由保险条款发展起来的,所以隐藏行动模型也被称为道德风险模型(morel hazard model)。

在第二个模型中,代理人在和委托人签订合同之前就有与现实状态相关的私人信息。代理人的私人信息称为他的类型,与我们在第 8 章中学习过的包含私人信息博弈的术语一致。所以,这个模型称为隐藏类型模型(hidden-type model)。同样,由于历史的原因,这一模型也与保险的内容有关,隐藏类型模型也被称为逆向选择模型(adverse selection model),我们将在后面加以讨论。

18.2.2　最优、次优和第三优

在完全信息环境下,委托人能够向代理人提出一个使双方的联合剩余最大化的合同。而委托人给予代理人的剩余只需要保证他在是否签订合同之间无差异即可,因此委托人能够获得所有的剩余。这个结果就是最优的,而使这个结果生效的合同被称为最优合同。最优只是一个理论上的参照点,而在现实生活中,委托人几乎不可能获得完全信息,最优的结果也不太可能达到。在委托人比代理人获得更少信息的约束下,委托人剩余最大化的结果是次优的(second best),而使这个结果生效的合同也被称为次优合同。如果在信息约束之外再加上其他约束,例如,在合同中加入一些简单形式的约束,如单位价格,就能得到第三优结果、第四优结果,等等,这依赖于所加入的约束的数量。

表 18.1　委托代理模型的应用

委托人	代理人	代理人的个人信息	
		隐藏类型	隐藏行动
股东	经理	管理技能	努力程度,管理决策
经理	员工	工作技能	努力程度
房主	维修工	维修技能	努力程度,无谓的维修
学生	教师	知识	备课,耐心
垄断厂商	顾客	产品价值	避免损坏,小心使用
健康保险公司	保险购买人	健康状况	冒险行为
家长	儿童	道德感	青少年违法行为

由于第 8 篇的主题是市场失灵,我们将主要关注在市场失灵中,不对称信息到底起了多大的作用。通过比较最优和次优结果,我们就能够量化地得出在不对称信息出现后,社会的总体福利减少了多少。

依照同样的思路,我们可以通过比较次优和第三优,了解从简单的第三优合同到复杂的次优合同的剩余变化。当然,由于委托人能够在更大的范围内选择使其剩余最大化的合同,委托人的剩余不会减少。不过,总体福利,即在委托代理模型中,委托人和代理人的剩余总和可能会减少。图 18.1 给出了导致上述结论的原因。在图 18.1(a)中复杂合同扩大了总体福利饼,而委托人和代理人以一定的比例分这张饼。因为福利饼扩大后委托人得到的份额几乎不变,所以他更喜欢复杂的合同。在图 18.1(b)中,即便复杂合同的总体福利饼比简单合同小,委托人也更喜欢复杂合同。因为作为减少饼尺寸大小的代价,委托人能够占有更大的份额。我们将会在后面的分析中详细解释(a)(b)之间的不同。

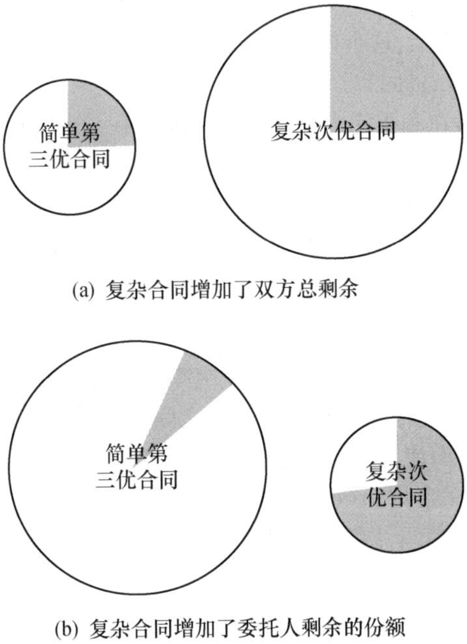

图 18.1 合同“饼”

在这里用圆(饼)的面积衡量总体福利,其中委托人的剩余用阴影部分表示。在(a)中复杂合同增加了总体福利,委托人剩余也随之增加,因为他获得的份额不变。在(b)中,委托人提供了一个复杂合同——即使这个合同减少了总体福利——因为这个复杂合同能够让委托人占有更大的份额。

18.3 隐藏行动

第一个重要的不对称信息模型就是隐藏行动模型,而在保险或其他的一些情境下,也把这个模型称为道德风险模型。委托人想要让代理人采取能使他们的联合剩余最大化的行动(在委托人提供合同的条件下,他想要尽可能地占有剩余)。在我们将要学习到的所有者—经理人关系的例子中,所有者想要让其雇用的经理人在工作时间内露面并且勤勉地工作。在意外保险的例子中,保险公司会希望被保险人都不要出现意外。委托人可能并不能观察到代理人的行动。如果想要观察到代理人的行动,委托人就必须一直监督代理人,而执行这样的监督可能会需要过高的花费。如果代理人的行动不能被观察到,他就会偏好于偷懒,选择一个对自己有利,而对委托人不利的行动。在所有者—经理人的例子中,偷懒可能是指经理人上班迟到,并且在工作中懒散懈怠。而在意外保险的例子中,被保险人可能会做出一些比保险公司预期危险得多的行动。

尽管合同并不能通过把代理人行动和报酬捆绑起来的方法,相对直接地防止代理人采取偷懒行为——因为代理人的行为是不可观察的——不过,合同能够把报酬和观察到的结果联系起来,以减轻代理人的逃避行为。在所有者—经理人的例子中,可观察的结果一般是指企业的利润。所有者可以把支付给经理人的薪酬与企业的利润关联起来,企业的利润与经理人的努力程度相关,这样就能引导经理人努力工作。保险公司也可以通过让被保险人自己承担一部分费用,使被保险人注意安全,避免发生意外。

通常,委托人主要会关注可观察的结果,而不太关注代理人不可观察的行动,所以委托人在制定合同时应该同时考虑结果和行动。不过,这里还存在一个问题,部分产出的结果还会与代理人不能控制的外在随机因素相关。在所有者—经理人的例子中,企业的利润还会与消费者的需求相关,而消费者的需求又会被不可预测的经济形势影响。在意外保险的例子中,一个意外是否发生不仅与被保险人的小心程度相关,还会与大量其他因素相关,例如周围人群的行动和自然现象。令代理人报酬在一定程度上和随机结果联系起来就相当于让代理人承受一定的风险。如果代理人是风险厌恶的,承担风险就会造成代理人的效用损失,因此代理人会在接受合同前向委托人索要一个包含风险溢价的报酬(参看第 7 章)。而在很多例子中,委托人风险厌恶的程度较低,所以由委托人承担风险会更有效率。在所有者—经理人的例子中,经理人可能只是企业众多股东中的一位,仅仅持有很小份额的企业股份。在意外保险的例子中,保险公司向很多代理人提供保险,这些被保险人遭遇意外的可能性在大部分情况下是不相关的,所以保险公司面对的总风险极低。如果不需要考虑激励的因素,就应该让代理人的报酬与随机的风险因素无关,让代理人完全不需要承担风险,而将风险转嫁到更有效率的风险承担者——委托人身上。次优合同就需要在激励和保险之间进行权衡,因为次优合同并不能像最优合同那样,既向代理人提供很强的激励,又完全承担代理人的风险。

在接下来的几节中,我们会学习两个经典的隐藏行动模型的例子。第一个例子是,企业的所有者和经理人签订雇佣合同,经理人代替所有者经营企业。第二个例子是,保险公司向被保险人提供意外保险,在被保险人遭遇意外时提供保障。

18.4　所有者—经理人关系

现代企业可能是由数以百万计的分散股东所有,各个股东只持有很小份额的企业股票。这些股东通常不具备经营企业的专业知识,持股比例小的股东甚至不会花费精力参与企业的管理,因此,股东会把企业的经营授权给一个由首席执行官(CEO)和高级管理人员组成的管理团队。为了简化模型的设定,我们假设企业中只存在一个代表性的所有者和一个代表性的经理人。所有者(也就是这个模型中的委托人)会向经理人(也就是模型中的代理人)提供一个合同。经理人将决定是否接受这个雇佣合同,如果接受,经理人会选择工作的努力程度 $e>0$。企业的总利润(包括支付给经理人的薪酬)会随着努力程度 e 的增加而增加,同时,经理人的个人成本也会随着 e 的增加而增加。①

假设企业的总利润 π_g 用下面的简单形式表示:

$$\pi_g = e + \varepsilon \tag{18.1}$$

总利润既与 e 呈正相关关系,同时也会受到随机变量 ε 的影响,ε 代表了需求、成本以及其他不受经理人控制的经济要素。假设 ε 服从均值为 0、方差为 σ^2 的正态分布。经理人采取努力程度 e 时的个人效用损失(成本)$c(e)$ 单调递增[$c'(e)>0$],并且为凸函数[$c''(e)>0$]。

令 s 为所有者支付给经理人的薪酬——薪酬依赖于经理人的努力程度和/或总利润,也就是说依赖于所有者能够观察到的结果,是所有者和经理人雇佣合同的一部分。由于所有者代表了各

① 除了能表示努力程度,e 还可以代表令人厌恶的决策,例如开除生产效率低下的工人。

个持有少量企业股权的持股人的总体,我们可以假设所有者是风险中性的。令净利润 π_n 等于总利润减去支付给经理人的薪酬,

$$\pi_n = \pi_g - s \tag{18.2}$$

风险中性的所有者想要最大化他的净利润的期望值:

$$E(\pi_n) = E(e + \varepsilon - s) = e - E(s) \tag{18.3}$$

为了引入激励和风险之间的权衡,我们假设经理人是风险厌恶的。特别地,我们假设经理人效用函数中的固定风险厌恶系数 $A>0$。利用例 7.3 中的结果,我们可以得出他的期望效用为

$$E(U) = E(s) - \frac{A}{2}\mathrm{Var}(s) - c(e) \tag{18.4}$$

我们将会检验在不同信息假设下,能够引导经理人采取合适的努力程度 e 的最优薪酬合同。首先我们将学习在所有者能够完美地观察到 e 的情况下,双方签订的最优合同,然后,再学习存在不对称信息时,双方签订的次优合同。

18.4.1 最优(完全信息的情形)

在完全信息情形下,设计最优薪酬合同会相对容易。所有者可以在经理人采取最优水平的努力程度 e^* 时,支付给经理人固定工资 s^*,而如果经理人没有采取最优水平的努力程度,就不支付工资。在这种合同设计下,经理人能够从合同里得到的期望收益就可以通过将固定薪酬的期望值 $[E(s^*)=s^*]$、方差 $[\mathrm{Var}(s^*)=0]$ 和努力程度 e^* 带入(18.4)式中得到。为了让经理人选择接受合同,这个期望效用就需要比他能够从其他的工作中获得的效用大:

$$E(U) = s^* - c(e^*) \geqslant 0 \tag{18.5}$$

其中,我们做了一个简化的假设,即他能够从其他工作中获得的效用为 0。在委托代理模型中,与(18.5)式类似的约束条件都被称为参与约束(participation constraint),用以保证代理人会选择接受合同。

所有者的最优选择是支付给经理人最低的并且满足(18.5)式的薪酬水平:$s^*=c(e^*)$。那么,所有者的净利润就是:

$$E(\pi_n) = e^* - E(s^*) = e^* - c(e^*) \tag{18.6}$$

使(18.6)式最大化的努力程度 e^* 要满足一阶条件

$$c'(e^*) = 1 \tag{18.7}$$

在最优情况下,经理人付出努力的边际成本 $c'(e^*)$ 等于其边际收益 1。

18.4.2 次优(隐藏行动的情形)

如果所有者能够观察到代理人的努力程度,那么他可以简单地通过命令经理人必须采取最优的努力程度水平就可以使自己达到最优情形。而如果他无法观察到经理人的努力程度,那么合同就不能以努力程度作为条件。不过,只要让经理人的薪酬与企业的总利润相关,所有者还是可以引导经理人付出一定的努力。所有者向经理人支付绩效薪酬,即企业赚钱越多,支付给经理人的薪酬也越多。

假设所有者支付给经理人的薪酬与总利润线性相关:

$$s(\pi_g) = a + b\pi_g \tag{18.8}$$

其中,a 是薪酬的固定组成,b 代表斜率,有时也被称为激励计划的效力(power)。如果 $b=0$,那么

薪酬就是固定的，没有激励的效果。随着 b 的取值逐渐增加到 1，激励计划的激励效力逐渐增强。我们可以把固定组成 a 视为经理人的底薪，把 b 视为以股票、期权或者绩效奖金形式支付的激励薪酬。

所有者—经理人关系可以被描述为一个三阶段博弈。在第一阶段，所有者设定薪酬组成，即确定 a 和 b 的取值。在第二阶段，经理人选择是否接受所有者提出的合同。在第三阶段，经理人会在已经决定选择接受合同的条件下选择付出的努力程度。我们将运用逆向归纳法求解这个博弈的子博弈完美均衡，首先求解在给定激励计划 $a+b\pi_g$，并且经理人选择接受的情况下，经理人在第三阶段会选择的努力程度。将（18.8）式代入（18.4）式中，可以得到经理人从线性薪酬中得到的期望效用

$$E(a+b\pi_g)-\frac{A}{2}\mathrm{Var}(a+b\pi_g)-c(e) \tag{18.9}$$

在这里，需要回顾期望和方差的相关知识，帮助我们简化（18.9）式。首先需要注意

$$E(a+b\pi_g)=E(a+be+b\varepsilon)=a+be+bE(\varepsilon)=a+be \tag{18.10}$$

参见（2.179）式。然后

$$\mathrm{Var}(a+b\pi_g)=\mathrm{Var}(a+be+b\varepsilon)=b^2\mathrm{Var}(\varepsilon)=b^2\sigma^2 \tag{18.11}$$

再参见（2.186）式。（18.9）式就可以简化为

$$\text{经理人的期望效用}=a+be-\frac{Ab^2\sigma^2}{2}-c(e) \tag{18.12}$$

由一阶条件可以得到，使经理人期望效用最大化的努力程度 e 需要满足

$$c'(e)=b \tag{18.13}$$

又因为 $c(e)$ 是凸的，边际成本 $c'(e)$ 单调递增，所以，如图 18.2 所示，激励计划的效力 b 越大，经理人选择付出的努力程度就越大。经理人的努力程度只与激励计划的斜率 b 有关，而与薪酬的固定部分 a 无关。

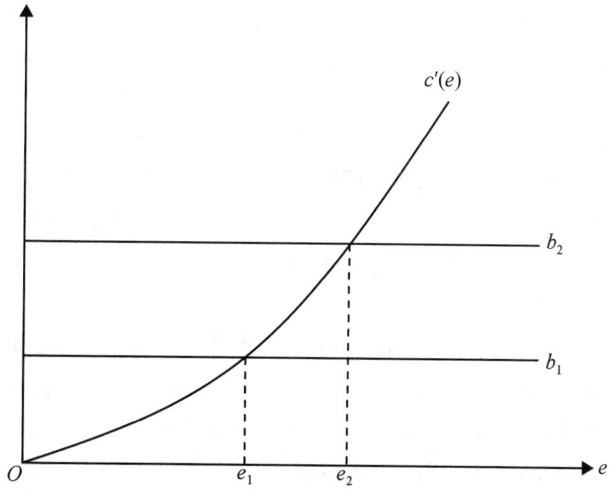

图 18.2　经理人努力程度与激励的关系

由于经理人付出努力的边际成本 $c'(e)$ 斜率向上，激励计划的效力由 b_1 增加到 b_2 将导致经理人的努力程度由 e_1 增加到 e_2。

现在回到博弈的第二阶段,经理人选择是否接受合同。经理人只有在(18.12)式中的期望效用非负时才会选择接受合同,通过整理,可以得到

$$a \geqslant c(e) + \frac{Ab^2\sigma^2}{2} - be \tag{18.14}$$

即经理人只有在薪酬的固定部分 a 足够大时才会选择接受合同。

接下来,回到博弈的第一阶段,所有者选择薪酬方案中参数 a、b 的取值。所有者的目标是在满足两个约束的条件下最大化他的期望剩余,将(18.10)式代入(18.3)式中,

$$\text{所有者的剩余} = e(1-b) - a \tag{18.15}$$

第一个约束((18.14)式)是指经理人必须在第二阶段选择接受合同。和前一节中提到的一样,这个约束就是参与约束。尽管(18.14)式被写成了不等式的形式,但是因为 a 并不会影响经理人的努力程度,而所有者只需要让经理人选择接受合同就可以了,并不需要支付更多的薪酬,所以我们很清楚所有者将会选择一个使(18.14)式取到等号的最小的 a。第二个约束((18.13)式)是指经理人会选择一个最适合自己的努力程度 e,而因为所有者无法观察到这个努力程度 e,所以这个努力程度 e 不一定适合所有者。这个约束被称为*激励相容约束*(incentive compatibility constraint)。将这个约束代入(18.15)式中,我们就可以把所有者的剩余写成经理人努力程度的函数:

$$e - c(e) - \frac{A\sigma^2[c'(e)]^2}{2} \tag{18.16}$$

次优努力程度 e^{**} 要满足一阶条件

$$c'(e^{**}) = \frac{1}{1 + A\sigma^2 c''(e^{**})} \tag{18.17}$$

根据(18.13)式,$c'(e^{**}) = b^{**}$,所以(18.17)式的右边等于次优情形时激励计划的效力 b^{**}。

次优情形的努力程度小于1,因此,次优情形的努力程度小于最优情形的努力程度 $e^* = 1$。不对称信息的出现导致均衡努力程度降低。如果所有者不能在合同中明确指定 e 的取值,那么他就只能把经理人的薪酬和企业的利润关联起来,以此引导经理人采取合适的努力程度;然而,这样做就会导致支付给经理人的薪酬中出现变动因素,因此,所有者必须向风险厌恶的经理人支付一定的风险溢价。这个风险溢价((18.16)式中的第三项)会增加所有者激励经理人努力工作的成本。

如果不需要考虑激励的问题,那么正如我们在最优问题中看到的那样,所有者可以向经理人提供一个固定的工资,由风险中性的所有者承担所有的风险,保障风险厌恶的经理人不会受到利润波动的影响,这样,所有者就能获得效用的提高。然而,如果努力程度不可观察,那么固定工资就不会对努力程度有激励效果。次优合同是在所有者对高努力程度的激励(要求 b 尽量接近1)和他需要承担的风险厌恶的经理人在变动薪酬中的风险(要求 b 尽量接近0)的权衡。所以,最终的 b^{**} 取值应该在0和1之间。

简而言之,所有者—经理人关系就是在激励和保险之间进行权衡。经理人风险厌恶越高(即 A 越大),保险相对激励的重要性就越高。所有者通过降低经理人薪酬与波动利润的相关性,来向经理人提供保险,这就会导致 b^{**} 和 e^{**} 的减小。基于同样的理由,利润与经理人不能控制的外部因素的相关性越大(即 σ^2 越大),b^{**} 和 e^{**} 越小。②

---

② 有研究证明,公司股价波动越小,激励计划对 CEO 和高级经理团队的效力越强。参看 See R. Aggarwal and A. Samwick, "The Other Side of the Trade-off: The Impact of Risk on Executive Compensation," *Journal of Political Economy* 107 (1999): 65—105。

例 18.1 所有者—经理人关系

下面将把具体数值代入模型中,以检验模型的效果。假设经理人努力成本的函数形式为 $c(e)=e^2/2$,同时 $\sigma^2=1$。

最优。最优的努力程度需要满足 $c'(e^*)=e^*=1$。一个最优合同具体规定了经理人必须发挥最优的努力程度 $e^*=1$,并且支付给经理人 1/2 的固定薪酬,让经理人在接受合同和从事下一个工作获得的效用之间无差异(这里我们已经假设了下一份工作能够带给他的效用为 0)。所有者的净利润等于 1/2。

次优。次优合同与经理人的风险厌恶程度 A 有关。在这里假定 $A=1$。③ 接下来,根据(18.17)式,我们可以得出次优水平的努力程度为 $e^{**}=1/2$,同时,$b^{**}=1/2$。为了计算经理人薪酬的固定部分 a^{**},我们需要回忆起,(18.14)式在次优情形下取等号,并且将已经计算得出的变量代入等式中,可以得出 $a^{**}=0$。经理人不会得到固定薪酬,不过他能够从每一美元的总利润中得到 50 美分的激励薪酬。再将这些计算得出的变量代入(18.15)式,我们可以得出所有者的期望净利润为 1/4。

现在假设 $A=2$,即经理人更加风险厌恶。次优的努力程度降为 $e^{**}=1/3$,b^{**} 也减小为 1/3。经理人的固定薪酬增加为 $a^{**}=1/18$。所有者的期望净利润减小为 1/6。

经验证据。在一个对绩效薪酬的研究中,Jensen 和 Murphy 利用美国大型公司的样本,估计出高管团队的 $b=0.003$,远远小于我们刚才计算出的 b^{**} 值。④ 到底是何种原因导致了现实生活中激励计划对业绩的敏感程度远低于理论值,还需要未来的研究去探索。

请回答:如果所有者自己不能完美地观察到企业的总利润,而只能依据经理人的报告做出判断,那么分析的过程会发生什么变化?这是不是在现实生活中高级经理团队的激励效力比理论预期低得多的原因之一?

18.4.3 与企业标准模型的比较

很自然地,我们可能会问,由经理人行动存在隐藏信息的基本假设得出的结果和完全竞争市场中没有不对称信息的标准模型有什么不同。首先,隐藏信息的存在会增加发生逃避责任和效率损失的可能性,而这些问题在标准模型中是完全不会出现的。如果经理人的努力程度是无法观察的,经理人就不会尽他所能去工作。在出现不对称信息时,所有者即使想尽一切办法激励经理人的努力,他也必须在激励带来的收益和把经理人暴露在过多风险中带来的成本之间进行权衡。

其次,在标准模型中,经理人可以被简单视为与资本、劳动力、原材料等类似的投入要素,而一旦他的行动存在隐藏信息,经理人就变成一类特殊的投入要素。对于这一类投入,企业不能像资本的租赁率和原材料的市场价格那样,支付一个固定的单位价格。经理人的生产率与他的薪酬结构相关。这也可以用在任意种类的劳动力投入上:工人可能会在工作中偷懒,除非有监督或者让工人选择不偷懒的激励存在。

---

③ 为了简化计算,我们把 A 的取值以第 7 章中的真实值为基础按照一定的比例增加,并且也按照相同的比例重新规定了其他参数的取值。

④ M. Jensen and K. Murphy, "Performance Pay and Top-Management Incentives," *Journal of Political Economy* 98 (1990): 5—64.

18.5 保险中的道德风险

另一个隐藏行动导致无效率发生的重要情境是保险市场。很多个体行动都会影响到风险事件发生的概率。车主可以安装报警器来防止盗窃的发生;消费者可以食用更加健康的食品来预防疾病。在这些行动中,效用最大化的个人会把风险降低到一个临界点,在临界点上,继续预防风险得到的边际收益应该等于采取这些预防措施所需要的成本。

然而,由于保险的出现,上述的计算会发生变化。如果能够给个人的所有损失都上保险,个人采取预防措施的激励就会降低,这就会使损失发生的概率增加。例如,在车辆保险的案例中,如果车主购买的保险能够赔付车辆被盗窃带来的损失,车主可能就不会在车上安装报警器。这一类由保险引起的个体行为被称为道德风险。

定义

道德风险 承保范围会影响个人采取预防措施的决策,进而可能改变损失发生的概率和严重程度。

用“道德”这个词来描述上述的反应是令人遗憾的。上面描述的行为其实不存在“不道德”的问题,因为那是个人依据他们面对的激励所做出的正常反应。在某些情形下,这个反应甚至是我们所希望的。例如,有医疗保险的人群可能会受到鼓励去更早地接受治疗,因为保险能够减少自己支付的医疗费用。但是,由于保险提供者可能会发现衡量和评估这个反应需要很高的成本,道德风险就会对资源的配置提供很重要的暗示。为了检验这些论点,我们需要一个能够描述被保险人效用最大化行为的模型。

18.5.1 数学模型

假设一个风险厌恶的个人可能会遭受 l 的损失,这个损失会降低他的初始财富 W_0,损失发生的概率为 π。个人可以通过花费一定的成本,采取预防措施 e⑤,来降低损失发生的概率 π。令 $U(W)$ 为给定财富 W 时个人的效用。

一家保险公司(就是这里的委托人)提供了一个保险合同,合同规定如果损失发生,保险公司会向被保险人赔偿 x。在这个承保范围内,保险的溢价为 p。如果个人购买了这项保险,那么他在状态 1(没有损失)和状态 2(发生损失)下的财富分别为

$$\begin{aligned} W_1 &= W_0 - e - p \\ W_2 &= W_0 - e - p - l + x \end{aligned} \tag{18.18}$$

同时,他的期望效用为

$$(1-\pi)U(W_1) + \pi U(W_2) \tag{18.19}$$

⑤ 为了与之前的设定保持一致,在这个模型中我们使用了和经理人努力一样的 e 来表示努力程度。在这里,e 是由个人财富中直接减去,所以这个 e 应该理解为一种直接的支出,或者付出努力造成效率损失的货币等价物。

风险中性的保险公司的目标是最大化公司的期望利润：

$$\text{期望的保险利润} = p - \pi x \tag{18.20}$$

18.5.2　最优保险合同

在最优情形下，保险公司能够完美地监督代理人采取预防措施的努力程度 e。保险公司设定 e 以及其他保险合同变量（x 和 p）的取值，使得公司的期望利润最大化，并且要满足参与约束，使得个人会接受合同：

$$(1-\pi)U(W_1) + \pi U(W_2) \geqslant \bar{U} \tag{18.21}$$

其中，$\bar{U}$ 是个人在选择不购买保险的情况下能够获得的最大效用。很清楚的是，保险公司会一直增加保险的溢价，直到参与约束取到等号。所以，最优的保险合同就是求解相同约束下的最大化问题，我们可以使用拉格朗日方法求解。对应的拉格朗日函数是

$$\mathscr{L} = p - \pi x + \lambda[(1-\pi)U(W_1) + \pi U(W_2) - \bar{U}] \tag{18.22}$$

一阶条件是

$$0 = \frac{\partial \mathscr{L}}{\partial p} = 1 - \lambda[(1-\pi)U'(W_0 - e - p) + \pi U'(W_0 - e - l + x)] \tag{18.23}$$

$$0 = \frac{\partial \mathscr{L}}{\partial x} = -\pi + \lambda \pi U'(W_0 - e - p - l + x) \tag{18.24}$$

$$\begin{aligned}0 = \frac{\partial \mathscr{L}}{\partial e} = & -\frac{\partial \pi}{\partial e}x - \lambda\{(1-\pi)U'(W_0 - e - p) + \pi U'(W_0 - e - p - l + x) + \\ & \frac{\partial \pi}{\partial e}[U(W_0 - e - p) - U(W_0 - e - p - l + x)]\}\end{aligned} \tag{18.25}$$

这些条件的形式看上去比较复杂，但它们暗含的意义其实很简单。联立（18.23）式和（18.24）式，可以得出

$$\begin{aligned}\frac{1}{\lambda} &= (1-\pi)U'(W_0 - e - p) + \pi U'(W_0 - e - p - l + x) \\ &= U'(W_0 - e - p - l + x)\end{aligned} \tag{18.26}$$

这就意味着 $x = l$。这也正是我们熟悉的全额保险的最优结果。通过（18.26）式得出 λ，并将其代入（18.25）式，同时注意到 $x = l$，计算后可得

$$-\frac{\partial \pi}{\partial e}l = 1 \tag{18.27}$$

在最优情形下，采取预防措施带来的边际社会收益（损失发生的概率的减小量乘以损失的总额）应该等于采取这些预防措施的边际社会成本。总之，最优的保险合同能够给予被保险人全额保险，但是要求这些被保险人采取有效率的预防措施。

18.5.3　次优保险合同

为了得到最优，保险公司就需要监督被保险人，确保被保险人采取了最优的预防措施，即 e^*。在车辆意外险的例子中，保险公司就不得不去确认汽车司机没有超速驾驶，在驾驶过程中一直保持警惕，驾驶时也不使用手机，等等。尽管可以在车上安装一个黑匣子来监控车辆的速度，保险公司也绝对做不到时刻监督汽车司机驾驶时的警惕性。类似地，在健康保险的例子中，保险公司同

样不可能观察到被保险人每天吃什么食物,来保证在合同期间被保险人没有吃不健康的食物。

为简单起见,我们假设保险公司完全不能监督被保险人采取预防措施的程度 e,所以在合同中不能具体制定与 e 相关的条款。次优问题和最优问题的唯一区别就是需要在模型中增加一个新的约束:激励相容约束,即代理人能够自由选择最适合他的预防措施,并且使他的期望效用最大化。

$$(1-\pi)U(W_1)+\pi U(W_2) \tag{18.28}$$

与最优合同不同的是,次优合同并不会提供全额保险。因为在全额保险的情形下,$x=l$(由(18.18)式可得),$W_1=W_2$。那么由(18.28)式得出的被保险人的期望效用为

$$U(W_1)=U(W_0-e-p) \tag{18.29}$$

此时,被保险人最大化期望效用的行动就是采取尽可能低的预防措施水平,即 $e=0$。

为了诱导代理人采取预防措施,保险公司应该向代理人提供部分保险(非全额保险)。提供部分保险后,被保险人就需要自己承担某些风险带来的损失,以此迫使被保险人采取一定的预防措施。保险公司将试图提供一个特定水平的部分保险:保险赔付额不能太高(否则代理人就不愿意采取预防措施),同时保险赔付额也不能太低(否则代理人就不愿意购买保险)。在这里,委托人面临的权衡和之前学习过的所有者—经理人关系中的一样:激励和保险。

由于我们使用了一般的效用函数形式,因此求解出的最佳次优合同的表达式会相当复杂。[⑥] 在例 18.2 中,我们给出了效用函数的具体函数形式,读者可以通过这个例子练习道德风险问题的解题过程。

例 18.2 针对车辆盗窃的保险和预防措施

在例 7.2 中我们考察了一个拥有 100 000 美元初始财产的司机,选择是否为价值 20 000 美元的汽车购买车辆失窃保险的决策问题。现在我们重新考察这个车辆失窃保险市场,此时,司机还可以采取一定的预防措施,在汽车上安装一个成本为 1 750 美元的报警器就可以将车辆失窃的概率由 0.25 降低为 0.15。

不购买保险。如果不购买保险,司机可以决定是否安装报警器,如果不安装报警器(正如我们在例 7.2 中看到的那样),他的期望效用为 11.45714,而如果安装报警器,他的期望效用为

$$0.85\ln(100\,000-1\,750)+0.15\ln(100\,000-1\,750-20\,000)=11.46113 \tag{18.30}$$

所以,司机选择安装报警装置。

最优。最优合同是指,在保险公司可以在合同中规定司机必须安装报警器,并且能够不花费成本地证实司机是否遵守规定的情况下,使保险公司利润最大化的合同。最优合同将提供全额保险,如果汽车失窃,保险公司就会赔付 20 000 美元。保险公司能够索要的最高溢价 p(这个要价应该让司机在购买全额保险和不购买保险之间无差异):

$$\ln(100\,000-1\,750-p)=11.46113 \tag{18.31}$$

求解 p 值

$$98\,250-p=\mathrm{e}^{11.46113} \tag{18.32}$$

所以,$p=3\,298$(注意,(18.32)式中的 e 是指数字 2.7818…,而不是司机采取预防措施的程度)。

---

⑥ 更多分析参见 S. Shavell, "On Moral Hazard and Insurance," *Quarterly Journal of Economics* (November 1979): 541—562。

保险公司的利润等于溢价减去期望支出：$3\,298-(0.15\times 20\,000)=298$(美元)。

次优。如果保险公司不能监督司机安装报警器的情况，那么保险公司就有两个选择。它可以选择只为司机提供部分保险，以此来诱导司机安装报警器；也可以选择向司机提供全额保险，而不管报警器的安装情况。

如果保险公司提供全额保险，那么司机可以理所当然地选择不安装报警器，省下1 750美元。此时保险公司可以索取的最高溢价应该满足：

$$\ln(100\,000-p)=11.46113 \tag{18.33}$$

求解上面的等式，可得$p=5\,048$。保险公司的利润为$5\,048-(0.25\times 20\,000)=48$(美元)。

另一方面，如果保险公司把车辆失窃的赔付额由20000美元减少到3 374美元，同时把保险的溢价降低为602美元，它就可以间接迫使司机安装报警器(这些次优合同中的条款是作者利用数值方法计算得出的，这里我们将跳过复杂的计算过程，直接给出计算结果)。下面我们将证明司机确实愿意安装报警器。如果司机选择接受保险合同并且安装报警器，那么他的期望效用为

$$0.85\ln(100\,000-1\,750-602)+0.15\ln(100\,000-1\,750-602-20\,000+3\,374)=11.46113 \tag{18.34}$$

与司机选择接受合同而不安装报警器的期望效用相等，

$$0.75\ln(100\,000-602)+0.25\ln(100\,000-602-20\,000+3\,374)=11.46113 \tag{18.35}$$

也与司机选择不购买保险的期望效用相等。所以他略微偏向于购买保险合同，同时安装报警器。保险公司的利润为$602-(0.15\times 3\,374)=96$(美元)。所以，当保险公司不能观察到被保险人是否采取预防措施时，部分保险比全额保险更有利可图。

请回答：保险公司最多愿意花费多少成本去监督司机是否安装报警器？

18.5.4 竞争的保险市场

到现在为止，我们在本章中学习过的保险以及所有者—经理人关系使用的都是同一个委托代理框架。特别地，我们假设了一个垄断的保险公司(委托人)向个人(代理人)提出一个没有选择余地的合同提案。这是一个和第7章不同的视角，在第7章中存在一个暗含的假设，就是保险公司以公平的价格提供保险，即保险的溢价正好等于保险公司赔付的期望支出。公平的价格会出现在完全竞争的保险市场中。

在竞争性保险公司存在的情形下，最优合同就能够在可以具体制定被保险人采取预防措施水平的条件下最大化被保险人的期望效用。次优合同则能够在通过部分保险诱导消费者采用一定的预防措施水平的约束下最大化他的期望效用。

当委托人由垄断的保险公司变为完全竞争的保险公司后，我们之前得出的有关道德风险问题的结论并不会发生本质上的变化。最优合同还是包含全额保险，而预防措施水平还是需要满足(18.27)式。次优合同还是包含部分合同，以及一个适度的预防措施水平。最主要的区别就在于剩余的分配方式不同：在完全竞争的情形下，保险公司不再能够赚取正的利润，这是因为在这种情形下额外的剩余积累到了个人的手中。

例 18.3 竞争的车辆失窃保险

回到例 18.2，不过现在假设由完全竞争的保险公司向车主提供车辆失窃保险，而不再是垄断的保险公司。

最优。如果保险公司能够无成本地验证车主是否安装了报警器，那么最优合同就可以要求被保险人安装报警器，并且给予他溢价为 3 000 的全额保险。因为这个保险溢价等于被保险人遭受损失的期望支出：$3\,000 = 0.15 \times 20\,000$，所以这是一个公平的保险溢价。保险公司在这个公平的保险溢价下赚取的利润为 0。而个人的期望效用由（18.2）式中的 11.46113 增加到 11.46426。

次优。现在假定保险公司无法观察到个人是否安装了报警器。此时的次优合同与例 18.2 中的次优合同结果相似，唯一的差别就是在例 18.2 中 96 美元的利润是由垄断的保险公司获得，而在完全竞争的情形下，这些利润则由于竞争性保险公司索要溢价的降低而有效地转移到消费者手中。均衡的保险溢价为 $p = 506$，对消费者损失的赔付为 $x = 3\,374$。

请回答：哪一个例子（垄断和完全竞争）更准确地描述了典型的保险市场？哪种类型的保险（汽车保险、健康保险、生命保险、伤残保险）以及在哪个国家中更有可能出现完全竞争的保险市场？

18.6 隐藏类型

接下来我们把目光转向另一类经典的委托代理模型：隐藏类型模型。在隐藏行动模型中，代理人所选择的行动是他自己的私人信息。而在隐藏类型模型中，代理人不可选择的固有特征是他的私人信息。例如，一个学生的类型可能是他的固有天赋，与此相反，他准备一个考试的努力程度就是一个行动。

乍一看，读者可能并不清楚为什么要构建两个不同的模型来描述隐藏行动和隐藏类型（因此我们多加入了一节内容）。这两个模型的基本经济学区别在于：在隐藏类型模型中，代理人在与委托人签订合同之前就有私人信息；而在隐藏行动模型中，代理人是在签订合同后才有私人信息。

在隐藏类型模型中，由于签订合同之前代理人就存在私人信息，委托人与代理人之间的博弈就会随之发生一定的改变。在隐藏行动模型中，在合同订约阶段委托人和代理人共享对称信息，因此委托人能够通过合同设计榨取全部代理人剩余。而在隐藏类型模型中，代理人在签订合同时拥有私人信息，这就使得代理人有了一个更好的订约地位。也正是这个原因，使得委托人不再能够通过合同设计获取所有类型代理人的全部剩余。一个能够获得“高”类型代理人全部剩余的合同（“高”类型是指这一类代理人能够从一个给定的合同中获得更多的收益）会使得“低”类型的代理人只能得到负的剩余，因此，“低”类型的代理人会拒绝签订这个合同。委托人将会试图通过精巧的合同设计尽可能多地获取剩余，他甚至可能会收缩合同“饼”的规模，通过牺牲一定的联合剩余为自己获取更大的份额，如图 18.1（b）所示。

为了能够从各个类型的代理人那里获取尽可能多的剩余，并且确保不“吓跑”低类型的代理人，委托人将会以设计精巧的多选项合同的形式向各个类型的代理人提供合同。多选项合同将会比单一选项的合同更有利可图，不过，即便如此，委托人还是不能从各个类型的代理人那里获得全部的剩余。由于代理人的类型是隐藏信息,委托人不能强迫代理人选择与他的类型对应的合同选项,代理人可以自由选择任意的选项,这个能力也确保了高类型的代理人一定能够获得正的剩余。

为了能更具体地阐述上面的观点,我们将学习两个隐藏类型模型在经济学中的重要应用。首先,我们将学习非线性定价的最优化问题,接下来我们会学习保险中的私人信息问题。

18.7　非线性定价

在隐藏类型的第一个应用中,我们会考察一个垄断者(委托人)向拥有私人信息的消费者(代理人)销售商品,消费者的私人信息是关于他对商品的估价。与允许消费者以固定的单位价格购买任意数量的商品不同,垄断者会向消费者提供一个非线性的价格表。在非线性价格表中,商品以不同的规格进行捆绑销售,不同规格商品的价格也不相同,消费者可以从中做出选择。在这种价格表中,规格大的商品价格通常比规格小的价格高,不过,其单位价格则会低于规格小的商品的单位价格。

在第14章中,我们已经分析过二级价格歧视,在本节中,我们的分析方法也是建立在二级价格歧视的分析方法之上。我们将分析一般的非线性定价策略,也就是二级价格歧视的最一般形式(在之前的章节中,我们只分析了包括两部定价法在内的简单的二级价格歧视形式)。图18.3展示了三种不同的定价策略,即线性定价、两部定价和非线性定价。图中的曲线分别表示了在三种定价策略下消费者购买 q 单位的商品所需要付出的总费用。经济学原理和中级经济学课程只关注商品单位价格不变的情况,也就是线性价格策略。用图形表示线性价格策略就是一条经过原点的直线(这是由于不购买商品就不需要支付费用)。两部定价法同样也是一条直线,不过直线的截距(反映固定费用)在原点上方。加粗的曲线表示一个一般的非线性定价策略。

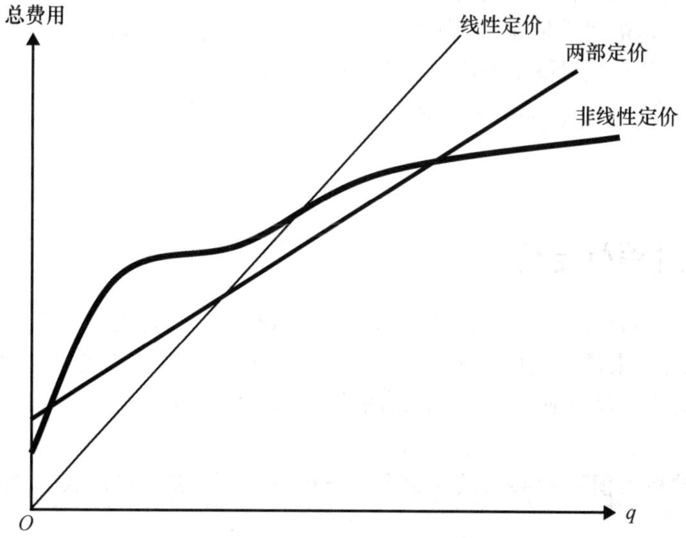

图18.3　不同定价策略的形状

图中展示了三种定价策略。线条越粗表示定价策略越复杂,以此表示二级价格歧视的曲线比线性定价的形式更为复杂。

下面用一个例子说明非线性价格策略，一家咖啡店出售三种不同规格的咖啡——小杯（8盎司）的价格是1.50美元，中杯（12盎司）的价格是1.80美元，大杯（18盎司）的价格是2.00美元。尽管大杯的售价高，不过大杯的每盎司价格更低（小杯的每盎司价格为18.75美分，中杯的每盎司价格为15美分，大杯的每盎司价格为12.5美分）。消费者不能以一个固定的每盎司价格购买任意数量的咖啡。相反，他必须从三个菜单选项中挑选一个，每种菜单选项都捆绑了特定数量的商品。在一些其他的例子中，菜单选项中的"q"可以指一个单位的产品的质量或者品质，而不是产品的数量。例如，在出售机票时，机票的质量会与机舱的舱位有关，头等舱有高档的饮品、食品，以及有充足腿部活动空间的豪华装饰的座椅，而经济舱只会提供花生，座椅的腿部活动空间也很小。

18.7.1　数学模型

为了理解非线性定价的经济原理，我们将考察一个正式的模型。在模型中，一个消费者通过支付 T 的总费用消费一捆 q 单位的商品，消费者可以获得的剩余是

$$U = \theta v(q) - T \tag{18.36}$$

消费者效用函数的第一项 $\theta v(q)$ 反映了消费者在消费中获得的收益。假定 $v'(q)>0$，$v''(q)<0$，也就是说消费的商品越多，消费者的效用越大，但通过多消费商品获得的边际收益递减。消费者的类型由 θ 给出，消费者是高类型（θ_H）的概率为 β，是低类型（θ_L）的概率为 $1-\beta$。高类型的消费者比低类型的消费者更喜欢消费商品，即 $0<\theta_L<\theta_H$。消费者从消费一捆商品中获得的收益减去支付的总费用 T 就是他的净剩余。

为了简化模型，我们假设市场中只存在一个消费者。在单一消费者假设下做出的分析与市场中存在多个消费者时所做的分析是相似的。如果市场中存在很多消费者，那么其中高类型消费者所占的比例是 β，低类型消费者所占的比例是 $1-\beta$。在单一消费者模型扩展到多消费者模型的过程中，唯一可能遇到的问题就是我们需要假设消费者不能把商品分成小份并且倒卖给其他的消费者。当然，如果商品是依据质量捆绑，消费者就不能对商品进行重新包装；同时，如果倒卖的成本太高，那么即便对于依据数量捆绑的商品也不可能进行倒卖。

假设垄断者生产一单位商品的边际成本和平均成本 c 不变，那么垄断者售出 q 单位商品能够获得的利润为

$$\Pi = T - cq \tag{18.37}$$

18.7.2　最优非线性定价

在最优情形下，垄断者能够在向消费者提供合同前观察到消费者的类型 θ。垄断者选择合同条款中 q 和 T 的取值，来最大化自己的利润（（18.37）式），同时需要满足参与约束，使得消费者愿意接受合同。假定消费者拒绝合同能够获得的效用为0，那么参与约束可以写为

$$\theta v(q) - T \geqslant 0 \tag{18.38}$$

垄断者将选择 T 的最大值以使参与约束满足 $T=\theta v(q)$。将这一 T 值代入垄断者的利润方程，得到

$$\theta v(q) - cq \tag{18.39}$$

取一阶条件并且整理后，可以得出最优数量需要满足的条件：

$$\theta v'(q) = c \tag{18.40}$$

这个等式的含义很好解释。在最优情形下，等式左边商品消费数量带来的边际社会收益［消费者

的边际私人收益，$\theta v'(q)$］应该等于等式右边的边际社会成本（垄断者的边际成本，c）。

提供给高类型消费者的最优数量（q_H^*）需要满足（18.40）式，其中 $\theta=\theta_H$，同时，提供给低类型消费者的最优数量（q_L^*）同样需要满足（18.40）式，但其中 $\theta=\theta_L$。这种定价方式是为了榨取各个类型消费者的所有剩余。这个垄断者的最优情形也就是我们在第 14 章中定义的一级价格歧视。

用另一种方法推导垄断者的最优会带给我们一些启发。这一方法与第 4 章中求解消费者效用最大化问题的方法相似。合同（q,T）可以被视为两种不同“商品”的组合，垄断者对这两种商品有偏好。垄断者把 T 视为一个正常商品（钱多比少好），而把 q 视为一个有害品（商品数量越多就要求有更高的生产成本）。垄断者在（q,T）组合上的无差异曲线（实际上也就是等利润曲线）是一条斜率为 c 的直线。为了证明这个结论，我们注意到垄断者无差异曲线的斜率就是他的边际替代率：

$$\mathrm{MRS}=-\frac{\partial\Pi/\partial q}{\partial\Pi/\partial T}=-\frac{(-c)}{1}=c \tag{18.41}$$

在图 18.4 中，垄断者的无差异曲线用虚线画出。因为对于垄断者来说，q 是一种有害品，所以越往左上方移动，垄断者无差异曲线代表的效用越大。

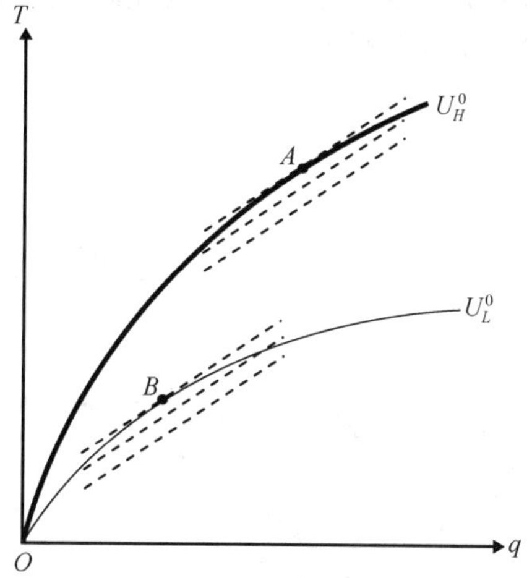

图 18.4　最优非线性定价

消费者在合同条款（q,T）组合上的无差异曲线用实线画出（粗线代表高类型，细线代表低类型）；垄断者的等利润曲线用虚线画出。点 A 是提供给高类型消费者的最优合同选项，点 B 是提供给低类型消费者的最优合同选项。

图 18.4 中还画出了两类消费者的无差异曲线：高类型消费者（标记为 U_H^0），低类型消费者（标记为 U_L^0）。因为从消费者的角度看，T 是有害品，所以对于各个类型的消费者来说，无差异曲线越向右下方移动，其表示的效用越大。高类型代理人 U_H^0 的无差异曲线比较特别，因为这一簇无差异曲线都经过原点，也就意味着如果高类型的代理人不签订合同，那么他会获得相同的剩余。垄断者提供给高类型代理人的最优合同为点 A，在点 A 处，垄断者最高的无差异曲线要与高类型消费者 U_H^0 的无差异曲线存在交点，并且提供给高类型消费者非负的剩余。那么，这一点就是合同当事双方无差异曲线的切点，即在这一点双方的无差异曲线斜率相等。由（18.41）式可以知道，垄断者无差异曲线在任意一点的斜率都为 c。而类型为 θ 的消费者的无差异曲线的斜率是边际替代率：

$$\mathrm{MRS}=\frac{\partial U/\partial q}{\partial U/\partial T}=-\frac{\theta v'(q)}{-1}=\theta v'(q) \tag{18.42}$$

令两个斜率相等就可以得到(18.40)式给出的最优合同条件(多消费一单位商品带来的边际社会收益等于边际社会成本)。依据相同的论证过程,可以得出 B 点是垄断者提供给低类型消费者的最优合同,并且,我们可以证明(18.40)式在这里一样成立。

总之,在给定消费者类型的情况下,向各类型的消费者分别提供包含一定商品数量(分别为 q_H^* 和 q_L^*)的最优合同,可以使社会剩余最大化,并使得垄断者增加其从相应类型消费者那里获得的所有剩余(分别为 T_H^* 和 T_L^*)。

18.7.3　次优非线性定价

现在假设垄断者向消费者提供合同时无法观察到消费者的类型,但能够知道消费者类型的分布(类型 $\theta=\theta_H$ 的概率为 β,类型 $\theta=\theta_L$ 的概率为 $1-\beta$)。如图 18.5 所示,最优合同不再奏效,因为高类型的消费者能够通过选择目标定位是低类型消费者(B)的合同组合,而不是定位在他自己(A)的合同组合以获得更高的效用(高类型消费者的无差异曲线由 U_H^0 移动到 U_H^2)。换句话说,对于高类型消费者,A 不再是一个激励相容的选择。为了防止高类型消费者选择 B,垄断者就必须降低高类型消费者需要支付的费用,向他提供 C 而不是 A。

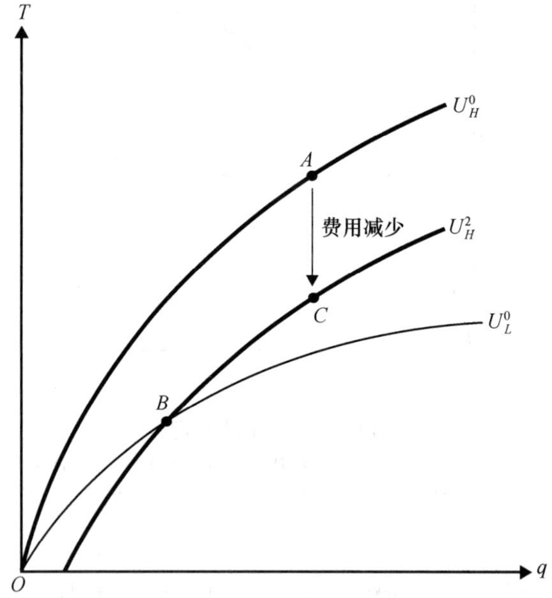

图 18.5　最优合同不再满足激励相容条件

最优合同,包含点 A 和点 B,在消费者有与自身类型相关的私有信息时不再是激励相容的。高类型消费者可以通过选择目标定位为低类型消费者的商品组合(B)以达到一条更高的无差异曲线。为了防止高类型消费者选择 B,垄断者必须降低对他的收费,用商品组合 C 代替商品组合 A。

高类型消费者收费的降低(在图中用向下的箭头表示)会大幅度减少垄断者的期望利润。与提供一个合同选项(B,C)相比,垄断者还有更好的选择:他可以改变低类型消费者的商品捆绑方式,使得这个捆绑方式对高类型消费者的吸引力降低。在这种情况下,垄断者不需要降低过多对高类型消费者的收费,就可以防止高类型消费者选择错误的捆绑方式。图 18.6 说明了这种新合同是如何生效的。垄断者减少低类型消费者商品组合中商品的数量(同时减少低类型消费者需要支付的费用,使得低类型消费者还处在其无差异曲线 U_L^0 上,因此低类型消费者会继续接受这个新合同),向低类型消费者提供捆绑组合 D 而不是 B。与 B 相比,高类型消费者能够从 D 中获得的效用更少,这是由于过 D 点的高类型消费者的无差异曲线为 U_H^1,而 U_H^1 所代表的效用比 U_H^2 小。因此,垄断者在防止高类型消费者选择 D 时,只需要将对高类型消费者的收费在纵向距离上由点 A 降低到点 E,而不像之前需要一直降低到点 C。

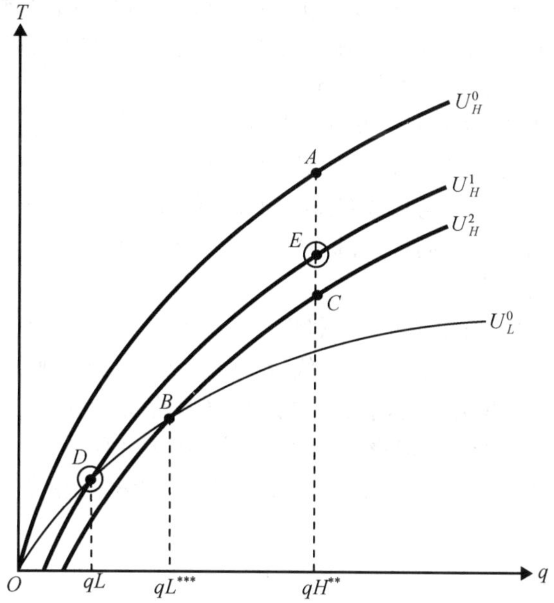

图 18.6　次优非线性定价

在图中次优合同用点 D 和点 E 表示,已经用圆圈标出。与图 18.5 中的激励相容合同不同(点 B 和点 C),次优合同减少了低类型消费者消费商品的数量(在图中表示为点 B 移动到点 D),这是为了降低低类型商品组合对高类型消费者的吸引力。这就使得委托人能够向高类型消费者收取更高的费用(在图中表示为点 C 移动到点 E)。

与(B,C)相比,次优的合同菜单选项(D,E)在减少低类型消费者的消费数量(由点 B 的最优数量移动到数量较少的点 D,在这一过程中会造成一定的社会剩余的损失)和增加从高类型消费者身上获得的收益(由点 C 移动到点 E)之间进行权衡和取舍。一些有心的同学可能会疑惑为什么垄断者愿意进行上述的权衡和取舍。毕竟,垄断者必须降低对低类型消费者的收费,将合同由点 B 移动到点 D,否则低类型消费者就会拒绝接受这个合同。那么我们怎样才能确定由对低类型消费者收费减少造成的利润降低不会完全抵消由对高类型消费者收费提高造成的利润增加呢?原因就是高类型消费者减少商品的消费量所带来的利润损失更大。如(18.42)式所示,消费者在两个合同条款(数量和费用)之间的边际替代率与其类型有关,高类型的消费者边际替代率更高。由于高类型消费者比低类型消费者更在意消费商品的数量,高类型消费者愿意支付更多的费用,以避免消费数量由 B 减少到 D。

我们可以从次优的代数表达式中得到一些更深入的理解。次优合同是一个菜单,在菜单中以高类型消费者作为目标客户的商品捆绑方式为(q_H,T_H),以低类型消费者作为目标客户的商品捆

绑方式为(q_L,T_L)。合同要最大化垄断者的期望利润

$$\beta(T_H-cq_H)+(1-\beta)(T_L-cq_L) \tag{18.43}$$

同时需要满足以下四个约束条件:

$$\theta_L v(q_L)-T_L\geq 0 \tag{18.44}$$

$$\theta_H v(q_H)-T_H\geq 0 \tag{18.45}$$

$$\theta_L v(q_L)-T_L\geq \theta_L v(q_H)-T_H \tag{18.46}$$

$$\theta_H v(q_H)-T_H\geq \theta_H v(q_L)-T_L \tag{18.47}$$

前两个不等式是低类型和高类型消费者的参与约束,确保这两类消费者都会接受合同,而不是放弃购买垄断者的商品。后两个不等式是激励相容约束,确保各个类型的消费者选择针对自己类型的商品组合,而不会选择其他类型消费者的组合。

分析图18.6可以发现,在这四个约束条件中只有两个约束对次优合同的求解起作用。其中最重要的约束是防止高类型消费者选择低类型消费者的商品组合,也就是指(18.47)式(高类型消费者的激励相容约束)。另一个与求解有关的约束是保证低类型消费者在其无差异曲线U_L^0上的约束,防止低类型消费者拒绝合同,也就是(18.44)式(低类型消费者的参与约束)。而在次优时(18.44)式和(18.47)式取等号。

如图18.6,其他两个约束条件都可以被忽略。高类型消费者的次优商品组合E可以让他达到一条比拒绝合同(U_H^0)效用更高的无差异曲线(U_H^1),所以可以放心地忽略高类型消费者的参与约束(式(18.45))。而如果低类型的消费者选择高类型的商品组合(E)而不是他自己的组合(D),他的效用会降低,所以,低类型消费者的激励相容约束((18.46)式)也可以被忽略。

将(18.44)式和(18.47)式取等号,并且利用这两个约束条件求解T_L和T_H,可以得出:

$$T_L=\theta_L v(q_L) \tag{18.48}$$

以及

$$\begin{aligned}T_H&=\theta_H[v(q_H)-v(q_L)]+T_L\\&=\theta_H[v(q_H)-v(q_L)]+\theta_L v(q_L)\end{aligned} \tag{18.49}$$

把T_L和T_H的表达式代入垄断者的目标函数((18.39)式)中,我们就可以把一个有四个不等式约束条件的复杂的最大化问题转化为一个简单无约束最大化问题,垄断者选择q_L和q_H以最大化其利润

$$\beta\{\theta_H[v(q_H)-v(q_L)]+\theta_L v(q_L)-cq_H\}+(1-\beta)[\theta_L v(q_L)-cq_L] \tag{18.50}$$

低类型消费者的商品组合数量满足对q_L的一阶条件,整理后可得

$$\theta_L v'(q_L^{**})=c+\frac{\beta(\theta_H-\theta_L)v'(q_L^{**})}{1-\beta} \tag{18.51}$$

等式右边的最后一项很明显是正的,所以由上面的等式可以得出$\theta_L v'(q_L^{**})>c$,而在最优合同中$\theta_L v'(q_L^{*})=c$。因为函数$v(q)$是凹的,我们可以发现低类型消费者的次优组合数量低于最优组合数量,这也就证实了我们通过图形分析得出的结论,即在次优情形下,为了能够从高类型消费者那里获取更多剩余,垄断者减少了低类型消费者的商品组合数量。

高类型消费者的商品组合数量满足(18.43)式最大化的一阶条件。将(18.43)式对q_H求导,整理后可以得出

$$\theta_H v'(q_H^{**})=c \tag{18.52}$$

这个条件与最优的一阶条件相同,也就是说,在次优合同中垄断者没有减少高类型消费者的商品

组合数量。由于没有更高类型的消费者存在,垄断者不再需要扭曲高类型消费者的商品组合数量以获取更高类型消费者的剩余。由此,我们可以得出一个结论,委托人会向最高类型代理人提供一个有效率的合同,这一结论也可以被称为"顶层不扭曲"(no distortion at the top)。

下面回到对低类型消费者组合数量的讨论,垄断者对商品数量的扭曲程度取决于两种消费者类型的概率,或者说,在一个多消费者模型中两种类型消费者的相对比例。如果低类型消费者比例很大(β很小),那么由于低类型消费者商品组合数量扭曲造成的损失很大,而能够获取额外剩余的高类型消费者比例较小,垄断者就不愿意过多地减少低类型消费者的商品组合数量。与此相反,高类型消费者比例越大(β越大),垄断者减少低类型消费者商品组合数量的意愿越大。当然,如果在消费者群体中高类型消费者所占比例足够大,垄断者甚至会决定不再为低类型消费者服务,而只提供面向高类型群体的商品组合。在这种情况下,由于高类型消费者没有其他的选择,就让垄断者有榨取高类型消费者所有剩余的可能。

例 18.4 垄断的咖啡店

在学校周边只有一家咖啡店,这家咖啡店的边际成本是 5 美分/盎司。代表性消费者是一个咖啡迷(高类型 $\theta_H=20$)的概率为 1/2,是一个普通人(低类型 $\theta_L=15$)的概率也是 1/2。同时假设 $v(q)=2\sqrt{q}$。

最优。将函数形式 $v(q)=2\sqrt{q}$代入最优数量满足的条件中($\theta v'(q)=c$),整理后可以得到 $q=(\theta/c)^2$。所以,$q_L^*=9$ 同时 $q_H^*=16$。垄断者对消费者收取的费用要榨取各个类型消费者的所有剩余($T=\theta v(q)$),所以,$T_L^*=90$,$T_H^*=160$。咖啡店的期望利润为

$$\frac{1}{2}(T_H^*-cq_H^*)+\frac{1}{2}(T_L^*-cq_L^*)=62.5 \tag{18.53}$$

咖啡店的所有者实施最优合同,那么他就应该以 90 美分的价格向低类型消费者出售 9 盎司一杯的咖啡,而以 1.6 美元的价格向高类型消费者出售 16 盎司一杯的咖啡(这里需要假设咖啡店的店员能够以某种方法在顾客走进店门时识别出顾客的类型)。

类型隐藏时的激励相容。如果咖啡店的店员不能识别出顾客的类型,那么最优就不是激励相容的。高类型的消费者在以 1.6 美元购买 16 盎司的咖啡时并不能获得剩余。相反,如果高类型消费者选择支付 90 美分购买 9 盎司的咖啡,他就能获得 $\theta_H v(9)-90=30$(美分)的剩余。如果要保持咖啡杯的尺寸与最优情形相同,垄断者就必须把大杯咖啡的价格降低 30 美分(到 1.30 美元),这样才能防止高类型的消费者购买小杯咖啡。咖啡店能够从这个激励相容菜单中获得的期望利润是

$$\frac{1}{2}(130-5\times 16)+\frac{1}{2}(90-5\times 9)=47.5 \tag{18.54}$$

次优。咖啡店其实还有一个更好的选择,它可以选择缩小小杯咖啡的尺寸,使得小杯咖啡对高需求者的吸引力降低。次优的小杯咖啡的大小要满足(18.51)式,代入这个例子中具体的函数形式后,可以得到

$$\theta_L q_L^{-1/2}=c+(\theta_H-\theta_L)q_L^{-1/2} \tag{18.55}$$

对上式进行整理,可以得出

$$q_L^{**}=\left(\frac{2\theta_L-\theta_H}{c}\right)^2=\left(\frac{2\times 15-20}{5}\right)^2=4 \tag{18.56}$$

在确保不丢失低类型消费者的前提下能够向低类型消费者索要的最高价格为

$$T_L^{**} = \theta_L v(q_L^{**}) = 15 \times 2\sqrt{4} = 60 \tag{18.57}$$

大杯咖啡的尺寸与最优尺寸相同:还是16盎司。不过大杯咖啡的售价不能超过1.40美元,否则咖啡迷就会选择购买4盎司的咖啡。尽管大杯咖啡的总价格1.40美元要高于小杯的价格60美分,不过大杯咖啡的单位价格要更低一些(大杯的8.75美分每盎司,低于小杯的15美分每盎司)。所以大杯咖啡在出售时有数量折扣。

咖啡店的期望利润为

$$\frac{1}{2}(140 - 5 \times 16) + \frac{1}{2}(60 - 5 \times 4) = 50 \tag{18.58}$$

把小杯咖啡的尺寸由9盎司缩小到4盎司能够让咖啡店挽回一些由消费者隐藏类型带来的损失。

请回答:在最优菜单中,低类型消费者和高类型消费者的每盎司价格相同(都是10美分)。请解释为什么还可以把这个定价策略视为一个非线性定价?

18.8 保险中的逆向选择

下面我们将介绍隐藏类型模型的第二个应用。我们回到保险市场,在这个保险市场中,个体的偏好彼此独立,并且拥有初始收入 W_0,个体预期在未来可能会遭受 l 的损失。假设市场中存在两种类型的个体:高风险类型的个体遭受损失的概率为 π_H,低风险类型的个体遭受损失的概率为 π_L,其中 $\pi_H > \pi_L$。我们首先假设市场上只存在一家垄断的保险公司,然后进一步研究竞争性保险公司的例子。保险市场中隐藏风险类型的出现就会导致逆向选择问题。保险对高风险的消费者更有吸引力(这也就是逆向选择中"选择"的含义),这是因为保险对高风险消费者的价值更大,然而,对于保险公司来说,高风险类型消费者的服务成本更高(这就是逆向选择中"逆向"的含义)。

定义

逆向选择 保险公司在提供保险服务时会面对一个问题,即高风险的消费者更有可能去购买保险,而保险公司服务高风险消费者的成本也更高。

正如我们将会看到的,如果保险公司足够聪明,它就会试图去向消费者提供一个合同菜单,以减轻逆向选择问题。保险公司会向低风险类型的消费者提供一个部分保险服务,使得这个服务对高风险类型消费者的吸引力降低。

18.8.1 最优

在最优情形下,保险公司能够观察到消费者个体的风险类型,并且向不同类型的消费者提供不同的保险服务。根据之前对保险市场做出的分析,我们可以很清楚地得出,在最优时,保险公司会向各个类型的消费者都提供全额保险,所以在出现损失后保险公司赔付的金额 x 应该等于损失的金额 l。不过保险公司会向不同类型的消费者索要不同的溢价,以榨取各个类型消费者能够从保险中获得的所有剩余。

这个问题的求解可以参看图 18.7(在第 7 章中我们已经深入讨论过类似的图)。在没有保险时,两个类型的消费者都发现自己处在点 E。点 $A(B)$是保险公司提供给高风险(低风险)类型消费者的最优合同。因为保险公司会向各个类型的消费者都提供全额保险,所以点 A 和点 B 都在确定性线上。又由于保险公司榨取了各个类型消费者能够从保险中获得的剩余,各个类型消费者的最优点和无保险点 E 点在同一条无差异曲线上。由于高风险类型的溢价更高,点 A 要比点 B 更靠近原点。⑦

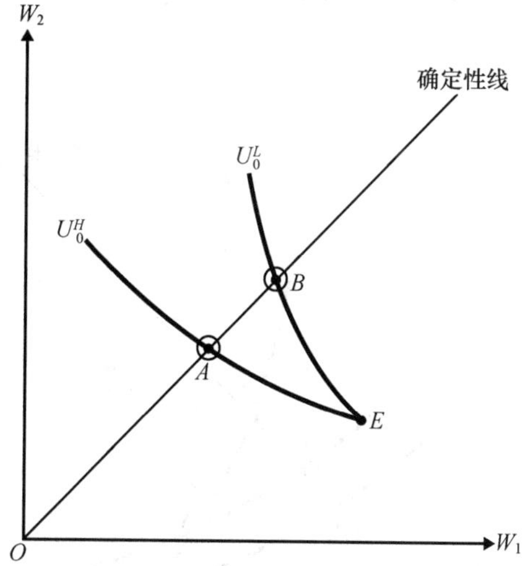

图 18.7　垄断保险公司的最优

在最优时,垄断的保险公司向高风险类型消费者提供的保险合同为点 A,向低风险类型消费者提供的保险合同为点 B。两个类型的合同都是全额保险。垄断的保险公司会把保险的溢价制定得足够高,以使各个类型的消费者都在过无保险点 E 点的无差异曲线上。

18.8.2　次优

如果垄断的保险公司不能观察到代理人的类型,那么最优合同就不是激励相容的:高风险类型的消费者可以声称自己是低风险的,从而以较低的溢价获得全额的保险。和非线性定价类似,次优的保险合同同样包含一个合同的菜单选项。其他处理非线性定价问题的原则也可以应用在

---

⑦　从数学上说,图 18.7 中确定性线上的点 A 比点 B 更接近原点,这是由于通过点 E 的高风险类型消费者的无差异曲线更平。为了证明这一点,我们注意到消费者的期望效用等于$(1-\pi)U(W_1)+\pi U(W_2)$,其 MRS 等于

$$-\frac{dW_1}{dW_2}=\frac{(1-\pi)U'(W_1)}{\pi U'(W_2)}$$

由图中给出的(W_1,W_2)组合,边际替代率的不同只取决于潜在损失发生概率的不同。由于

$$\frac{1-\pi_H}{\pi_H}<\frac{1-\pi_L}{\pi_L}$$

这就说明了高风险类型消费者的无差异曲线更平。该证明参见 M. Rothschild and J. Stiglitz,"Equilibrium in Competitive Insurance Markets: An Essay on the Economics of Imperfect Information," *Quarterly Journal of Economics* (November 1976): 629—650。

这个例子中。高类型的消费者还是继续接受最优的数量（这里指全额保险）——顶层不扭曲。低类型的数量由最优数量进行了下调，所以他只能接受部分保险。我们再一次看到，由于隐藏类型的存在，委托人愿意牺牲一定的社会剩余以换取一部分代理人能够由私人信息获得的剩余。

图 18.8 描述了垄断保险公司的次优。如果保险公司试图提供包含 A、B 选项的最优合同，那么高风险类型的消费者就会选择 B。为了保持合同的选项还是激励相容，保险公司会把向低风险类型消费者提供的保险由点 B 沿着它的无差异曲线 U_L^0 向下移动到点 D。保险公司只向低风险类型的消费者提供部分保险，这样它就能从高风险类型消费者那里获得更多的剩余。高风险类型的消费者仍然能够接受全额保险服务，不过由于溢价的增加，保险公司向他们提供的保险沿着确定性线降低到点 C。

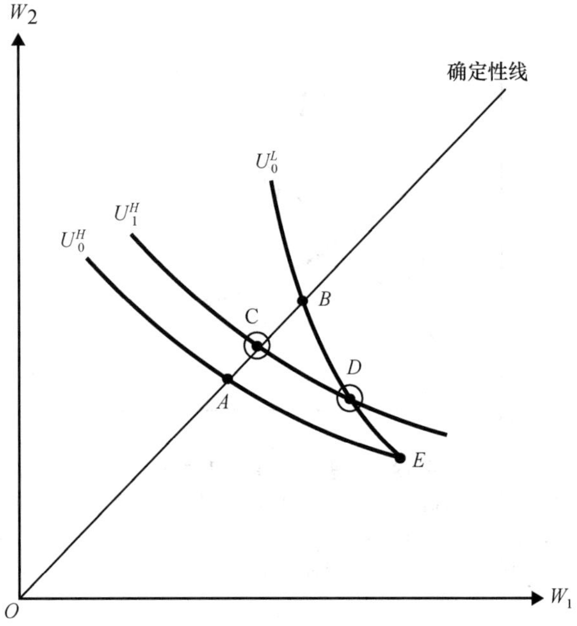

图 18.8　垄断保险公司的次优

次优的保险单在图中用圆圈标出：点 C 是提供给高风险类型消费者的保险单，点 D 是提供给低风险类型消费者的保险单。

例 18.5　为红色雪佛兰克尔维特汽车提供保险

我们把例 18.2 中对汽车保险的分析（基于例 7.2）稍加改动，可以得到一个逆向选择问题。假定车辆失窃的概率不仅依赖于是否安装防盗窃装置，还依赖于车辆的颜色。由于窃贼偏好红色的汽车，而不太喜欢灰色的汽车，红色汽车失窃的概率（$\pi_H = 0.25$）比灰色汽车失窃的概率（$\pi_L = 0.15$）高。

最优。垄断的保险公司可以观察到汽车的颜色，并且为不同颜色的汽车提供不同的保险服务。保险公司为两种颜色的汽车都提供 20 000 美元的全额保险。保险公司索要的溢价应该等于各个风险类型消费者愿意支付的最大值，消费者在这个溢价下的收益与不购买保险的收益相等。和例 7.2 中的计算过程一样，高风险类型（红车）的支付金额应该为 5 426 美元。用相同的计算方法可以得出灰车车主在不购买保险时的期望效用为 11.4795，同时他愿意为全额保险支付的最高溢价为 3 287 美元。尽管保险公司需要为红车赔付更多的金额，但给红车上保险能够获得的溢价比需要支付给车主的赔付额高,所以向一辆红车出售保险能够获得的期望利润为 $5426-0.25\times20000=426$(美元),而向一辆灰车出售保险能够获得的期望收益为 $3287-0.15\times20000=287$(美元)。

次优。设定保险公司不能观察到消费者车辆的颜色,只是知道在所有车辆中有10%的车为红色,剩下的车都是灰色。次优的保险单选项——由一个面向高风险类型消费者(红色汽车)的溢价/保险承保范围组合(p_H,x_H)和面向低风险类型消费者(灰色汽车)的组合(p_L,x_L)组成——在图18.8中用圆圈标出。红色汽车能够获得全额保险:$x_H=20000$。为了求解剩下的合同参数,我们观察到 x_H,p_H 和 p_L 可以由保险公司期望利润最大化的解答过程中得出

$$0.1(p_H-0.25\times20000)+0.9(p_L-0.15x_L) \quad \textbf{(18.59)}$$

需要满足低风险类型的参与约束

$$0.85\ln(100000-p_L)+0.15\ln(100000-p_L-20000+x_L)\geq 11.4795 \quad \textbf{(18.60)}$$

并且还需要满足高风险类型的激励相容约束

$$\ln(100000-p_H)\geq 0.75\ln(100000-p_L)+0.25\ln(100000-p_L-20000+x_L) \quad \textbf{(18.61)}$$

和非线性定价相同,其他类型消费者的参与和激励相容约束可以被忽略。用人工求解这个最大化问题是十分困难的,不过我们可以利用现在比较流行的电子制表软件或者其他数学软件求出数值解。次优的数值解是 $x_H^{**}=20000$,$p_H^{**}=4154$,$x_L^{**}=11556$,$p_L^{**}=1971$。

请回答:请登录本教材的网站查看这个例子的电子制表。改变两种颜色车辆所占的比例并尝试操作电子制表软件。当红色汽车比例足够大时,结果会发生什么变化?(即便你不能使用电子制表软件,你也应该能够猜出这个答案。)

18.8.3 竞争的保险公司

假设现在由一个完全竞争市场向消费者提供保险,这样就会导致提供的保险相对公平。图18.9描述了保险公司能够观察到各个消费者个体的风险类型时的均衡。直线 EF 和 EG 的斜率为 $-(1-\pi_L)/\pi_L$ 和 $-(1-\pi_H)/\pi_H$,分别说明了各个类型消费者购买公平保险时 W_1 对 W_2 的替代关系。[⑧] 低风险类型的消费者被售予保险合同 F,高风险类型的消费者被售予保险合同 G。两类消费者分别通过一个公平的保险溢价获得全额保险。

然而,如果保险公司不能观察到风险类型,图18.9得出的结果就不稳定。高风险类型的消费者会声称自己是低风险的,并且选择合同 F。但是向高风险类型消费者提供合同 F 就会使保险公司只能赚取负的期望利润:在点 F 处,如果保险公司只向低风险类型消费者提供服务,它刚好能够不盈不亏,所以再向高风险类型消费者提供服务就会让公司亏本。

图18.10说明了类型不可观察时的竞争均衡。这个均衡和垄断保险公司的次优情形相似。市场向不同类型的消费者提供不同的保险单。高风险类型的消费者可以购买全额保险(点 G),这个保险单与最优情形相同。保险公司会向低风险类型的消费者提供一个部分保险 J。低风险类型

⑧ 为了推导出这两个斜率,也称为比值比(odds ratios),我们注意到公平保险要求保险溢价满足等式 $p=\pi x$。将这一等式代入 W_1 和 W_2 中可以得到

$$W_1=W_0-p=W_0-\pi x$$
$$W_2=W_0-p-l+x=W_0-l+(1-\pi)x$$

所以需要支付的保险金(x)增加1美元就会使 W_1 降低 π,而 W_2 增加$(1-\pi)$。

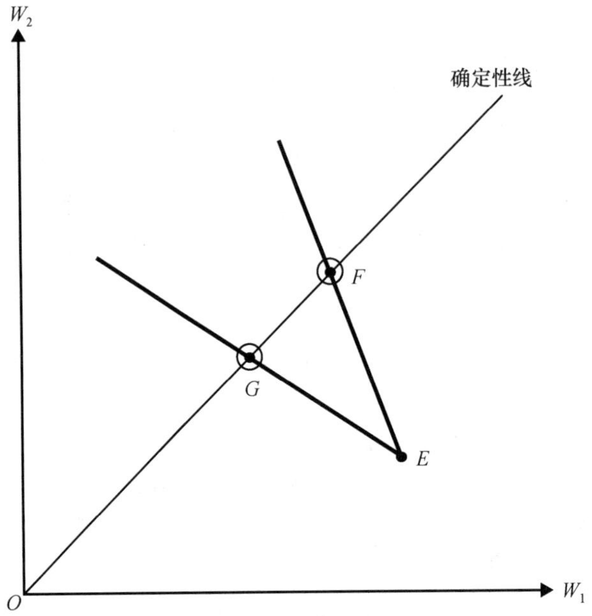

图 18.9　完全信息下的竞争性保险均衡

在完全信息情形下，完全竞争的保险市场会以一个公平的溢价向各个风险类型的消费者提供全额保险。向高风险类型消费者提供的保险单为点 G；低类型为点 F。

的消费者其实愿意支付更多的保险溢价以获得全额保险，与 J 相比，低风险类型的消费者更偏好保险合同 K。因为点 K 在直线 EF 下方，所以保险公司在只向低风险类型消费者提供保险 K 时能够赚取正利润。不过，K 的问题就在于这个保险合同同时会吸引高风险类型的消费者购买，而这会使保险公司遭受损失。所以保险公司只向低风险类型消费者提供部分保险。

在隐藏类型存在的情况下，竞争均衡必须包含一系列的分离合同；在均衡时不能用一个单一的保险合同混同两个类型的消费者。图 18.11 能够说明上述结论。为了让保险合同能够被两个类型的消费者都接受，并且保证保险公司至少是不盈不亏的，混同合同的均衡点 M 应该在三角形 EFG 所围成的范围内。不过 M 不可能是一个最终的均衡点，因为在 M 点也还存在交易的机会。为了证明交易机会的存在，我们注意到——可以从图形和本章前文的讨论中得知——高风险类型消费者的无差异曲线（U_H）比低风险类型消费者的无差异曲线（U_L）更平。因此，必然会存在这样的保险合同（例如 N），保险 N 对高风险类型消费者没有吸引力，而对低风险类型消费者有吸引力，并且这个保险合同能够给保险公司带来利润（因为这样的保险合同在直线 EF 下方）。

假设市场中不存在阻止保险公司提供新保险合同的壁垒，保险公司可以自由地向消费者提供与 N 类似的保险合同，而这样的合同就能够把低风险类型消费者从混同均衡中剥离出来。继续提供保险 M 的保险公司就只剩下“逆向选择”后的消费者，而这些消费者的风险太高，以至于保险公司并不能通过服务这一人群而获得期望利润。

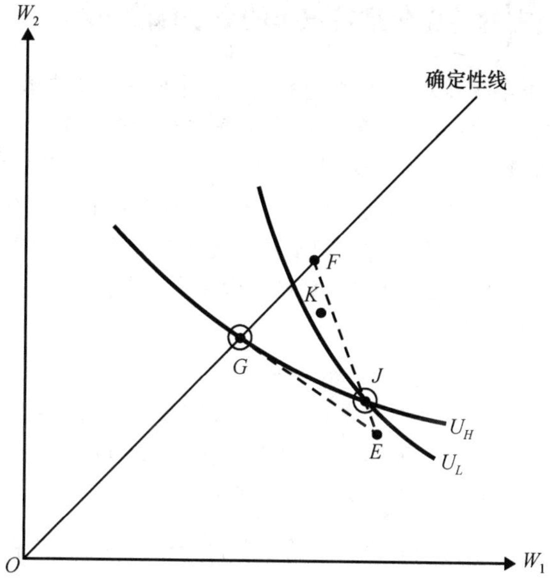

图 18.10　存在隐藏类型时的竞争保险均衡

当市场中存在隐藏类型时，市场继续向高风险类型的消费者提供最优保险合同 G，不过低类型消费者的保险配额受到了限制，市场只向低风险类型消费者提供部分保险，以防止高风险类型消费者的选择与低风险类型混同。

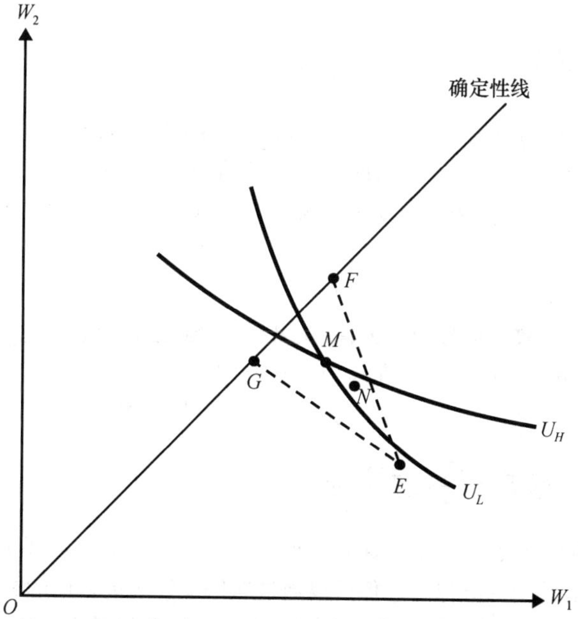

图 18.11　不可能存在竞争的混同均衡

混同合同 M 不可能是均衡的，因为一定会存在保险合同 N，这个保险合同能够给保险公司带来利润，并且只对低风险类型消费者有吸引力，而对高风险类型消费者没有吸引力。

例 18.6 红色雪佛兰克尔维特汽车的竞争保险市场

请读者回忆例 18.5 中车辆保险的分析,现在改变其中的一个基本假设,在这个例子中令保险是由竞争的保险市场提供的。在完全信息情形下,竞争均衡指市场中的保险公司以一个公平的溢价向两种风险类型的消费者提供全额保险,其中向高风险的红色汽车车主索要的溢价为 $0.25\times 20\,000=5\,000$(美元),向低风险的灰色汽车车主索要的溢价为 $0.15\times 20\,000=3\,000$(美元)。

如果保险公司不能观察到车辆的颜色,那么在均衡时对两种类型消费者提供的保险服务还是要分为两种不同的保险单。面向红色汽车的保险单和完全信息情形相同,而面向灰色汽车推出的保险单则需要满足公平溢价条件

$$p_L = 0.15x_L \tag{18.62}$$

同时,这个保险单不能让红色汽车车主有激励背离自己的合同而选择与灰色汽车车主混同:

$$0.75\ln(100\,000 - p_L) + 0.25\ln(100\,000 - p_L - 20\,000 + x_L) = \ln(95\,000) \tag{18.63}$$

(18.62)式和(18.63)式可以利用数值方法求解,得出的结果是 $p_L=453, x_L=3\,020$。

请回答:灰色汽车车主愿意多支付多少溢价以获得全额保险?如果保险公司能够以这个最高溢价只向灰色汽车车主出售全额保险,保险公司能否获利?为什么保险公司还要限制灰色汽车的保险供应,只向他们提供部分保险?

18.9 市场信号

到现在为止,我们学习过的模型都是没有获得信息的委托人首先行动——向代理人提供一个合同,而这些代理人都有私人信息。如果博弈的信息结构发生颠倒,变成有私人信息的参与人首先行动,那么对博弈的分析就会变得更复杂。为了解决这个问题,我们需要用到第 8 章中学习过的信号博弈的知识。当信号发出者作为委托人向代理人提供合同时,由于合同条款的策略空间几乎是无限的,因此这个信号博弈十分复杂。而在第 8 章中,我们讨论过的斯宾塞教育信号博弈的策略空间就相对简单。在教育信号博弈中,工人只有两个备选的行动:接受教育或者不接受教育。在本章中,我们没有足够的时间深入研究和分析复杂的信号博弈,并且我们也不再重复第 8 章中相对简单的信号博弈的讨论。不过,我们会介绍几个简单的应用,希望读者能够从中有所收获。

18.9.1 竞争性保险市场中的信号

在一个存在逆向选择问题的竞争性保险市场中(例如,隐藏风险类型),我们注意到均衡时低风险类型的消费者只能接受部分保险。他可以通过向保险公司报告他的类型获得收益,为了让保险公司相信他的报告,他可以雇用一个独立的审计员去证实他的类型。低风险类型的消费者愿意支付他的均衡剩余与最优剩余的差值来发布一个可信的信号。

在市场中存在一些有信誉的审计机构或者其他验证报告真实性的方法就显得十分重要,因为高风险类型的消费者有更高的激励向保险公司提交一个虚假的报告。高风险类型的消费者愿意支付大笔的金钱买通审计机构以得到一个虚假的报告。

例 18.7　认证车辆颜色

回到例 18.6 中对竞争性车辆保险市场的讨论。设 R 为灰色汽车车主愿意为认证他的车辆颜色(也就是他的类型)并且向市场报告支付的最高费用,那么他就能够以 3 000 美元的公平溢价获得全额保险,并获取 $\ln(100\,000 - 3\,000 - R)$ 的剩余。而如果没有这样的认证报告,他的期望收益为

$$0.85\ln(100\,000 - 453) + 0.15\ln(100\,000 - 453 - 20\,000 + 3\,020) = 11.4803 \quad \textbf{(18.64)}$$

利用下面的等式求解 R

$$\ln(100\,000 - 453 - R) = 11.4803 \quad \textbf{(18.65)}$$

可以得出 $R = 207$。所以,低风险类型的消费者最高愿意支付 207 美元购买一份车辆颜色的认证报告。

红色汽车的车主为了买通审计机构所愿意支付的最高费用为 2 000 美元,即他的完全信息的公平溢价(5 000 美元)与保险公司向一个低风险类型消费者索要溢价(3 000 美元)的差。所以,报告的真实性就显得十分重要。

请回答:如果报告不是完全可信的,均衡会发生怎样的变化(也就是说,高风险类型的消费者有一定的可能性让保险公司相信他提交的虚假报告)?审计机构为什么要维护机构本身的名誉,保证只做出真实的报告?

18.9.2　柠檬市场

二手市场是一个重要的研究市场信号的案例。其中,二手车市场是一个经典的例子:二手车的卖家已经驾驶了这辆车较长的时间,而二手车的买家只能有短暂的试驾机会,因此卖家比买家有更多与车辆的可靠性和性能相关的信息。不仅如此,只有出售二手车这个行动可以作为二手车质量的信号。这个信号并不是一个积极的信号:二手商品的质量一定要低于某一个临界值,如果商品质量高于这个临界值,卖家就会选择不出售这件商品。乔治·阿克洛夫(George Akerlof)在他获得诺贝尔经济学奖的论文中就提到,在均衡时,市场可能会出现萎缩,在市场中出售的只有劣质商品,也就是所谓的"柠檬"商品。⑨

为了更加深入地理解这个结论,我们将继续对二手车市场的讨论。假定市场中二手车的质量是一个连续变量,只有车主确切地知道二手车的类型。由于二手车的买家不能区分出市场中的劣质品和优质品,因此市场上所有的二手车都会以相同的价格出售,这个市场价格是二手车平均质量的函数。如果二手车质量处在质量谱线的上端,那么二手车的车主就会选择保留二手车自己使用(因为一辆好车给卖家带来的收益要大于现行的市场价格),而如果二手车质量处在质量谱线的下端,那么车主则会选择出售二手车(因为一辆破车给车主的收益要小于现行的市场价格)。这也就意味着,市场上所出售的二手车的平均质量会下降,质量的下降又会引起市场价格的下降,最终就会导致想要出售好车的卖家撤出市场。市场会持续萎缩,直到市场中只剩下质量最差的劣质品。

---

⑨ G. A. Akerlof, "The Market for 'Lemon': Quality Uncertainty and the Market Mechanism," *Quarterly Journal of Economics* (August 1970): 488—500.

这个“柠檬”问题就会使二手车市场比商品质量已知的标准竞争模型无效率得多。（事实上，标准模型并不会涉及质量的问题，因为在模型中已经假设所有商品都是同质的。）因为高质量的商品不再在市场中交易，所以全部的细分市场都会消失，同时消失的还有能够从这些细分市场交易中获得的社会剩余。最极端的情况则是，市场有可能彻底崩溃，不再有商品出售（或者可能只有很少量的最劣质的商品在市场中交易）。不过，市场中一些可信赖的经销商可以减轻“柠檬”问题带来的影响。这些经销商是由公众中购车经验丰富的人群组织发展得来的。经销商要求二手车卖家提交车辆的无故障证明，并交付一定的可退回的保证金。即便如此，任何一个在二手车市场上购买过二手车的消费者都应该能意识到“柠檬”问题的存在。

例 18.8　二手车市场

假定二手车质量 q 服从 0 到 20 000 之间的均匀分布。卖家对二手车的估值为 q。买家（买家数量与卖家数量相等）对二手车有更高的估值，为 $q+b$，所以双方才能在二手车市场的交易中获得一定的效用增加。如果质量是完全信息，那么所有的二手车都能被卖出。不过，当卖家握有与车辆质量相关的私人信息，同时买家只知道车辆质量服从的分布时，均衡就会发生变化。令 p 为市场价格，当且仅当 $q \leqslant p$ 时，卖家才会选择出售汽车，那么此时市场上出售的二手车质量应该服从 0 到 p 的均匀分布，由此可以得出市场上二手车的期望质量为

$$\int_0^p q\left(\frac{1}{p}\right)\mathrm{d}q = \frac{p}{2} \tag{18.66}$$

（如果读者忘记了与均匀分布相关的内容，可以参看第 2 章）所以，买家的期望净剩余为

$$\frac{p}{2} + b - p = b - \frac{p}{2} \tag{18.67}$$

这就有可能会存在多个均衡，不过其中市场交易数量最多的均衡要求市场价格 p 取到最大值，同时均衡要求（18.67）式非负，因此可以得出均衡条件：$b - \frac{p}{2} = 0$，即 $p^* = 2b$。也就是说，在市场中只有 $2b/20\,000$ 的车辆被售出了。并且，随着 b 的减小，二手车市场的规模逐渐萎缩。

请回答：请描述完全信息情形的市场均衡。

18.10　拍卖

在非线性定价问题中，垄断者在榨取代理人剩余的过程中还是遇到了一定的困难，因为高需求的消费者总是可以通过选择低需求消费者的商品组合为自己保留一定的剩余。而在一场拍卖中，由于多个消费者会为稀缺的物资相互竞争，卖家通常能够从中获得更多的剩余。拍卖中消费者之间的相互竞争能够帮助卖家解决隐藏类型问题，因为高估价的消费者会选择推高价格以防止拍卖品落入其他出价人手中。在一场拍卖的设置中，委托人的“提议”与非线性定价问题不同，不再是一个简单的合同或者菜单合同，相反，他提供的是拍卖的形式本身。不同的拍卖形式会导致十分不同的结果，带给卖家的收益也有很大的差距，因此，卖家在设计拍卖机制时就需要认真思考。不仅如此，买家在考虑出价策略时也需要谨慎的思考。

自威廉·维克瑞(William Vickery)的学术论文发表后,与拍卖相关的经济学文献已经获得了很多的关注,而威廉·维克瑞也正是因为在不对称信息中的卓越工作获得了诺贝尔经济学奖。[10]拍卖作为一个市场机制在市场中已经变得越来越重要,并且被用来出售电波频谱、短期国库券、取消抵押赎回权的住房以及 eBay 上的藏品。

拍卖有很多不同的形式。主要包括密封投标(sealed bids)和公开喊价(open outcries)。密封投标又可以分为首价密封投标(出价最高的投标人赢得拍品,同时必须支付投标的金额)和第二价格密封投标(出价最高的投标人赢得拍品,不过只需要支付第二高的投标金额)。公开喊价则可以分为出价递增的英国式拍卖和出价递减的荷兰式拍卖。在英国式拍卖中,买家需要不断喊出更高的出价,直到其他买家都不愿意加价为止;而在荷兰式拍卖中,拍卖商会制定出一个最高价格,然后价格逐渐降低,直到有买家愿意接受为止。卖家可以选择是否设置一个"保留条款",即要求投标必须有一定的临界值,否则就不卖出拍品。其他形式的拍卖也是可行的。例如,在一个全付拍卖(all-pay)中,所有参与出价的投标人都要支付,即便没有赢得拍品的投标人也需要支付所出价格。

维克瑞的文章还提出了一个有力的并且有些出人意料的结果,在简单的模型设置下(风险中性的投标人能够清楚地知道自己对拍品的估价,投标人之间不会出现勾结和共谋,等等),在这里列出的不同的拍卖形式(也包括许多其他的拍卖形式)在均衡中为垄断者提供的期望收益相同。为了让读者理解为什么这个结论是出人意料的,我们将会依次分析两种拍卖形式:首价密封投标和第二价格密封投标(假定拍卖的物品相同)。

在首价密封投标中,所有的投标人同时秘密地提交投标。拍卖人开启投标,并且将拍卖物品给予出价最高的投标人,而这个投标人则向拍卖人支付所出的价格。在均衡中,提交一个大于等于买家估值 v 的出价 b 是一个弱占优策略(weakly dominated strategy)。

定义

弱占优策略　一个策略是弱占优策略是指,对于所有的竞争对手的策略组合,其他的策略要么和这个策略一样好,要么比这个策略好,并且至少存在一个比这个策略好的策略。

如果买家的出价 $b=v$,那么无论他是否竞价成功,他都不能获得任何剩余:如果买家投标失败,他自然不能获得任何剩余;即便买家赢得拍品,他也必须向卖家支付所有的剩余,同样不能得到剩余。不过,因为其他投标人对拍品的估价(以及最终的出价)有可能比较低,所以如果买家以低于估价的价格投标,至少有一定的机会能赢得拍品并获得正的剩余。而高于估值出价要比以估值出价更糟。所以,我们有充足的理由认为参与人不会选择弱占优策略,在这里也就是指,买家的出价会低于他对拍品的估值。

在第二价格密封投标中,出价最高的买家只需要支付第二高的出价。因此,这种拍卖形式在均衡时有一些特殊的性质。所有的出价策略都是按照买家估值出价的弱占优策略。由于维克瑞对第二价格拍卖做出的分析,并且得出了在第二价格拍卖中投标人都会以他们对拍品的估值出价的结论,因此我们也把第二价格拍卖称为维克瑞拍卖(Vickery Auctions)。

---

[10] W. Vickery, "Counterspeculation, Auctions, and Competitive Sealed Tenders," *Journal of Finance* (March 1961):8—37.

我们下面会证明，在这一类拍卖中，不以投标人估值出价的策略都是弱占优策略。设定 v 是买家对拍品的估值，b 是他的出价。如果这两个变量不相等，那么就有两种情况需要考虑：$b<v$ 和 $b>v$。首先考察第一种情况（$b<v$）。假设 $\tilde{b}$ 是竞争对手的最高出价。如果 $\tilde{b}>v$，那么无论买家出价是 b 还是 v，他都不能赢得拍品，也就是说这两个策略是等价策略。如果 $\tilde{b}<b$，那么无论买家出价是 b 还是 v，他都能赢得拍品，他需要向拍卖人支付的金额也相同（第二高出价 $\tilde{b}$），所以这两个策略还是等价策略。而如果 $\tilde{b}$ 在 b 和 v 之间，我们就不能得到等价策略。如果买家的出价是 b，那么他不能中标并且获得零剩余。如果他的出价是 v，那么他就能赢得拍品，并且得到 $v-\tilde{b}>0$ 的净剩余，所以在这种情况下，出价策略 v 要严格优于出价策略 $b<v$。用同样的方法我们可以证明在 $b>v$ 的情况下，v 也是弱占优策略。

以买家对拍品的估值出价是弱占优策略的原因，其实是由于拍卖胜出者的出价并不会影响他需要支付的金额，支付的金额是由其他投标人（出价第二高的投标人）的出价决定的。而以估值出价能够保证买家赢得拍卖。

在理解了第二价格拍卖的均衡出价策略后，我们就可以对首价和第二价格进行比较。每种拍卖形式能够给卖家带来的收益有不同程度正向和负向的影响。一方面，在首价拍卖中买家的出价会略低于估值，而在第二价格拍卖中出价与估值相等，所以此时第二价格拍卖给卖家带来的收益更多。另一方面，在首价拍卖中买家需要支付最高出价，而在第二价格拍卖中买家只需要支付第二高的出价，故此时第二价格拍卖给卖家的收益更少。维克瑞证明了这两种效应正好相互抵消，所以两种拍卖形式给卖家带来的期望收益相等。由于这个收益等价结论的证明相对复杂，我们就用下面的例 18.9 简要地说明这一结论。

例 18.9　艺术品拍卖

假设两个买家（1，2）在一场首价密封投标拍卖中竞拍一幅油画。买家 i 对油画的估值为 v_i，v_i 是一个在 0 到 1 之间服从均匀分布的随机变量，两个买家对油画的估值相互独立。同时，买家的估值是私人信息。我们要寻找一个对称均衡，在均衡中买家会以估值的某个固定比例进行出价，$b_i=kv_i$。下面需要做的就是求解均衡的 k 值。

对称均衡。假定买家 1 知道他自身的类型 v_1，同时也了解买家 2 的均衡策略是 $b_2=kv_2$，买家 1 的最优反应是选择一个能够使自己的期望剩余最大化的出价 b_1

$$\begin{aligned}
&\Pr(1\text{ 赢得拍卖})(v_1-b_1)+\Pr(1\text{ 拍卖失利})(0)\\
&=\Pr(b_1>b_2)(v_1-b_1)\\
&=\Pr(b_1>kv_2)(v_1-b_1)\\
&=\Pr(v_2<b_1/k)(v_1-b_1)\\
&=\frac{b_1}{k}(v_1-b_1)
\end{aligned}\tag{18.68}$$

我们已经忽略了两个买家出价相等的情况，因为在均衡中，这种情况只会在两个买家对油画估值相同时发生，而两个相互独立的、连续的随机变量相等的概率为 0。

在（18.68）式中，唯一需要技巧的步骤是最后一步。我们在第 2 章中讨论累积分布函数时就提到过 $\Pr(v_2<x)$ 的概率可以写成

$$\Pr(v_2 < x) = \int_{-\infty}^{x} f(v_2)\,\mathrm{d}v_2 \tag{18.69}$$

其中f是密度分布函数。对于一个在 0 到 1 之间服从均匀分布的随机变量,有

$$\int_0^x f(v_2)\,\mathrm{d}v_2 = \int_0^x (1)\,\mathrm{d}v_2 = x \tag{18.70}$$

所以 $\Pr(v_2 < b_1/k) = b_1/k$。

(18.68)式中 b_1 取一阶条件,整理后可得 $b_1 = v_1/2$。所以 $k^* = 1/2$,这也就意味着,买家会以估值的一半进行出价。

顺序统计量。在计算卖家能够从拍卖中获得的期望收入之前,我们将向读者介绍顺序统计量的概念。如果 n 个独立的随机变量来自同一个分布,再将这 n 个随机变量从小到大重新排列,那么就把第 k 小的随机变量称为第 k 顺序统计量,记为 $X_{(k)}$。例如,如果有 n 个随机变量,那么第 n 顺序统计量 $X_{(n)}$ 就是这 n 个随机变量中最大的随机变量;$(n-1)$ 顺序统计量则是第二大的随机变量,依此类推。由于顺序统计量有很重要的作用,很多统计学家已经就顺序统计量的性质做出了很多研究。例如,统计学家已经计算出,对于 n 个服从 0 到 1 之间均匀分布且独立的随机变量,其第 k 顺序统计量的期望值为

$$E(X_{(k)}) = \frac{k}{n+1} \tag{18.71}$$

这个公式可以在很多标准的统计学参考书中找到。

期望收入。卖家能够从首价拍卖中获得的期望收入为

$$E(\max(b_1, b_2)) = \frac{1}{2}E(\max(v_1, v_2)) \tag{18.72}$$

其中 $\max(v_1, v_2)$ 就是指两个随机变量的最大顺序统计量。根据之前的介绍可知,最大顺序统计量的期望值为 2/3(根据(18.71)式)。所以卖家能够从拍卖中获得的收入为 $(1/2)\times(2/3) = 1/3$。

第二价格拍卖。假设卖家决定用第二价格拍卖出售油画。在均衡中,买家以对拍品的真实估值出价:$b_i = v_i$。因为拍卖的赢家只需要向卖家支付输家的出价,所以卖家的期望收入为 $E(\min(b_1, b_2))$。又由于 $\min(b_1, b_2) = \min(v_1, v_2)$,卖家的期望收入就是两个买家估值的最小顺序统计量的期望,根据(18.71)式,$E(\min(v_1, v_2)) = 1/3$。所以我们可以看出,第二价格拍卖给卖家带来的期望收入与首价拍卖相同。

请回答:在首价拍卖中,卖家是否可以通过设置一个保留价格 r 来提高买家的出价(如果买家的最高出价低于保留价格,卖家就选择不出售油画)?卖家设置保留价格时会面临怎样的权衡?在第二价格拍卖中,保留价格能否增加卖家的收入?

在更复杂的经济环境中,不同的拍卖形式不一定能给卖家带来相同的收入。一个最经常考虑的情形就是假设拍品对买家的价值相同,不过买家都不能明确地知道这个价值是多少,各个买家只能粗略地估计拍品的价值。例如,在拍卖储油层时,买家只能通过各自的调查评估油层可能的储油量。如果把所有买家调查评估的结果综合起来,也许可以精确地预测储油量,不过每个买家只有自己的调查结果,所以他们只能得出一个粗略的预测。再举一个例子,艺术品的价值有一部分是依赖于转售的价格(除非买家是为了把这件艺术品当成传家宝一直保留下去),而转售的价格则依赖于其他买家对这件艺术品的估值;各个买家只知道自己的估值,而不能完全了解其他买家的估值。在这种经济环境中的拍卖被称为公共价值拍卖。

在公共价值拍卖中最有趣的一个问题就是所谓的*赢者的诅咒*(winner's curse)。拍卖的赢家会意识到其他拍卖人对于拍品的估值并不是那么高，这也就意味着赢家可能过高地估计了拍品的价值。赢者的诅咒有时会导致没有经验的投标者后悔赢得了拍卖。不过有经验的投标人则会充分考虑到赢者的诅咒带来的问题，在拍卖时适度降低出价，使得出价低于他们对拍品价格的粗略估计，所以在均衡中赢家并不会后悔赢得了拍卖。

对公共价值拍卖的分析是相当复杂的，之前介绍过的不同拍卖形式不再能产生相同的收入。粗略地说，包含其他投标人出价信息的拍卖会给卖家带来更多的收入。例如，在公共价值拍卖中，第二价格拍卖就是一种比首价拍卖更好的拍卖形式，这主要是因为第二价格拍卖中买家需要支付的金额依赖于其他买家对拍品的估值。如果其他买家认为拍品的价值不高，那么第二高的出价就会比较低，拍卖赢家需要支付的实际金额也会比较低，这样就能在一定程度上防止赢者的诅咒的发生。

小结

在本章中，我们向读者们介绍了一些由不对称信息造成的市场问题，以及相关的数理模型。与完全信息的最优情形相比，不对称信息会造成一定的市场效率损失。不过，合理的合同设计通常能够挽回一定的剩余损失。下面对本章的要点进行小结。

- 通常利用委托代理模型学习不对称信息，在模型中委托人向有私人信息的代理人提供合同。隐藏行动和隐藏类型是两类主要的委托代理模型。

- 在隐藏行动模型中(在保险情境下称为道德风险模型)，委托人试图将代理人的报酬与可以观察的产出联系起来，以引导代理人选择恰当的行动。这样做会把代理人暴露在随机波动中，对于风险厌恶的代理人，随机波动会对他的效用造成一定的损失。

- 在隐藏类型模型中(在保险情境下称为逆向选择)，委托人不能获取高类型代理人的所有剩余，因为高类型代理人总能够同通过装作低类型代理人获得正的剩余。为了能够获得尽可能多的剩余，委托人会向代理人提供合同菜单，不同类型的代理人可以选择不同的合同选项。为了降低定位于低类型代理人的合同对高类型代理人的吸引力，委托人会减少低类型代理人合同的商品数量，这样委托人就能够从定位于高类型代理人的合同中获得更多的剩余。

- 从最基本的委托代理模型(其中假设委托人是垄断者)中得到的大多数结论都可以直接推广到竞争性委托人的情形中。主要的区别在于代理人能够在竞争性委托人情形中获得更多的剩余。

- 当卖家有与待售商品质量相关的私人信息时，就会出现“柠檬”问题。商品质量高出平均值的卖家不会选择以市场价格(反映了市场上所待售商品的平均质量)卖出商品。市场可能会崩溃，因为最终在市场中出售的只有质量最差的商品。

- 在拍卖中，委托人可以利用代理人之间的相互竞争获得更多的剩余。在简单的经济环境下，不同的拍卖形式能够为卖家带来相同的收入。而在更复杂的经济环境中，上面的结论就不再成立，不同的拍卖形式会带来不同的收入。

练习题

18.1

一个人身伤害的律师作为代理人为受到人身伤害的原告服务。原告能够从这场诉讼中获得的期望赔偿金为 l(考虑到原告获胜的概率和获胜后能够获得的赔偿金),其中 l 是律师的努力程度。律师努力的成本为 $l^2/2$。

a. 通常律师能够获得 1/3 的胜诉费(也就是说,如果原告胜诉,他就需要将 1/3 的赔偿金作为诉讼费支付给律师),那么请问均衡时律师的努力程度、律师的剩余以及原告的剩余分别是多少?

b. 如果律师的胜诉费为一个固定值 c,那么此时律师的均衡努力程度、均衡剩余以及原告的均衡剩余又是多少?

c. 从原告的角度出发,最优的胜诉费是多少?计算此时律师和原告的剩余。

d. 如果原告能够把诉讼"卖"给律师(也就是说,原告可以向律师预付胜诉费,金额可能会比 c 中的高),那么从原告的角度出发,最优的胜诉费是多少?计算原告需要预付的金额(假设原告向律师报价),以及律师和原告能够获得的剩余。与 c 相比,"卖出"诉讼是否让他们变得更好了?你认为为什么很多国家不允许交易诉讼。

18.2

求解例 18.4 中咖啡店会采用的最优线性定价(每盎司咖啡的价格)。与使用非线性定价策略相比,使用线性定价会使咖啡店的利润发生何种变化?提示:第一步应该计算在线性价格为 p 时各个类型消费者的需求。

18.3

回到例 18.4 中垄断咖啡店面对的非线性定价问题,但现在假设高需求消费者的比例上升到 2/3,而低需求消费者的比例下降到 1/3。那么次优情形的最佳合同菜单是什么?与例 18.4 相比,这个菜单发生了什么变化?

18.4

假设个体的效用是所拥有财富的对数值。个体的初始财富为 20 000 美元,并且他有 1/2 的概率会遭遇车祸并且因此损失 10 000 美元。在市场上竞争性的保险公司以公平的溢价向消费者提供保险。

a. 如果个体购买全额保险,计算均衡的结果。

b. 如果个体只能购买承保一半损失的部分保险,计算均衡的结果。证明消费者更偏好于 a 中的结果。

c. 现在假设购买部分保险的个体在驾驶时会更加小心,在遇到车祸时遭受的损失由 10 000 美元降到 7 000 美元。计算此时部分保险的实际公平保费。现在消费者是偏好全额保险还是部分保险?

18.5

假设左撇子要比惯用右手的人群更容易受伤。左撇子有 80% 的概率会受伤,并会因此损失 1 000 美元(包括医疗费用和受伤时承受痛苦的货币等价物),而惯用右手的人只有 20% 的概率会受伤。群体中左撇子的数量和惯用右手的人数量相等。个体的效用函数是拥有财富的对数。初始的财富为 10 000 美元。同时由垄断的保险公司提供保险。

a. 计算垄断保险公司的最优(例如,假设保险公司能够观察到个体的优势手类型)。

b. 假定在次优时,垄断的保险公司更偏好于向左撇子提供保险服务,计算垄断保险公司的次优保险菜单。

c. 使用电子制表软件(查看例 18.5 中附带的网页)或者其他数学软件求解次优的约束优化问题。确保在求解时加入了保险公司向惯用右手人群支付赔付额的边界约束:$0 \leqslant x_R \leqslant 1\,000$。在约束中包含了 $0 \leqslant x_R$,因此在次优中保险公司不会向惯用右手的人群提供服务。

18.6

改变练习题 18.5 中的一个基本假设,假定保险是由竞争性保险公司提供的,其他设定不变。

a. 首先不考虑消费者的理性决策问题,简单地假设相同数量的左撇子和惯用右手的消费者都购买全额保险,而不考虑保险的价格。同时因为保险公司不能区分这两种类型的消费者,所以会向消费者提供一个单一的全额保险合同。计算这个全额保险合同的实际公平溢价。

b. 哪种类型的消费者有意愿购买 a 中的保险合同?

c. 根据 b 的结果,之前计算的溢价是否还合理?

18.7

假设二手车市场上有 100 辆二手车待售。其中有 50 辆是好车,能够给买家带来的价值是 10 000 美元。剩下的 50 辆车是次品,只值 2 000 美元。

a. 如果买家不能观察到二手车的质量,那么他的最大支付意愿是多少?

b. 假设市场中买家的数量足够多,买家之间的竞争会导致每辆汽车都能以买家的最大支付意愿售出。如果好车给卖家带来的收益为 8 000 美元,市场的均衡是怎样的?如果好车给卖家带来的收益是 6 000 美元,均衡又是怎样的?

18.8

考察下面简单的公共价值拍卖模型。两个买家各自能够获得一个与拍品价值有关的私人信号。信号为高(H)和为低(L)的概率相等。如果两个买家都得到信号 H,那么商品的价值就是 1;否则,拍品的价值为 0。

a. 如果一个买家看到自己得到的信号是 L,那么拍品的期望价值是多少?如果买家看到的信号是 H 呢?

b. 假设买家根据 a 中计算得到的期望价值出价。证明观察到信号 H 的买家能够获取的利润是负的——这是一个赢者诅咒的例子。

分析问题

18.9 医患关系

考察病人和医生之间的委托代理关系。假设病人的效用函数为 $U_p(m,x)$,其中 m 是医疗服务(医疗服务的数量由医生决定),x 表示病人的其他消费。病人的预算约束为 $I_c = p_m m + x$,其中 p_m 是医疗服务的相对价格。医生的效用函数则是 $U_d(I_d) + U$,即医生的效用不仅仅与收入有关,由于医生的利他心理,病人的健康也会影响医生的效用。不仅如此,由于医生效用函数中直接加上了病人的效用,这就说明医生是一个完美的利他主义者,他的效用会随病人效用以一比一的比例增加。医生的收入来源是病人的医疗支出:$I_d = p_m m$。请证明,在这种情境下,医生选择的医疗服务水平 m 会高于完全信息的病人自己愿意选择的医疗服务水平。

18.10 三种类型的代理人

假设存在三种类型的代理人,而不再是本章中的两种。

a. 回到垄断者的最优非线性定价问题。参考图 18.4,画出存在三种类型代理人的最优示意图。参考图 18.6,画出次优的示意图。

b. 回到垄断者的最优保险合同设计问题。参考图 18.7,画出最优的示意图。同样,参考图 18.8,画出次优的示意图。

18.11 在拍卖中增加买家之间竞争的激励程度

在一场油画拍卖中有 n 个买家,各个买家对油画的估值都服从 0 到 1 之间的均匀分布。

a. 计算首价密封投标拍卖的均衡出价策略。同时计算在这种拍卖中卖家能够获得的期望收入。提示:运用均匀分布的第 k 顺序统计量的期望公式((19.71)式)。

b. 计算第二价格密封投标拍卖的均衡出价策略,以及极端卖家能够获得的期望收入(方法与 a 类似)。

c. 这两种拍卖形式给卖家带来的收入是否相等?

d. 对于上述两种拍卖形式,随着买家数量的增加,买家的出价策略以及卖家的收入会发生怎样的变化?

18.12 团队合作

团队人数的增加可能会降低团队成员工作的积极性,我们将在本题中说明这个结论。⑪假设 n 个合作者的共同产出的收益为 $R = e_1 + \cdots + e_n$,其中 e_i 是合作者 i 的努力程度,他付出努力 e_i 需要的成本为 $c(e_i) = e_i^2/2$。

a. 如果合作者平分收益 R,那么均衡的努力程度和剩余(收益 R 减去努力的成本)分别是多少?

b. 如果最后只有一个合作者能够获得收益,那么均衡的努力程度和平均剩余是多少?最后分配收益时应该集中分配给一个合作者还是应该平均分配?

c. 回到 a,把一个合作者获得的剩余对 n 求导。一个合作者获得的剩余随 n 递增还是递减?随着 n 的增加,每个合作者获得剩余的极限值是多少?

d. 一些评论员认为员工持股计划(让所有的公司员工都获得公司的股票)是有利的,因为这样能够给予员工努力工作的激励。请根据 c 的结果,分析现代企业中员工持股计划的激励特征(现代企业一般都有上千名员工)。

推荐阅读材料

Bolton, P., and M. Dewatripont. *Contract Theory*. Cambridge, MA: MIT Press, 2005.

这是一本合同理论的研究生教材,书中不仅涵盖了本章的所有内容,还介绍了很多其他的合同理论问题。

Krishna, V. *Auction Theory*. San Diego: Academic Press, 2002.

这是一本高级的拍卖理论教材。

Lucking-Reiley, D. "Using Field Experiments to Test Equivalence between Auction Formats: Magic on the Internet." *American Economic Review* (December 1999): 1063—1080.

通过使用不同的拍卖形式在互联网上拍卖魔术扑克牌,验证收入等价理论。

Milgrom, P. "Auctions and Bidding: A Primer." *Journal of Economic Perspectives* (Summer 1989): 3—22.

本文主要涉及在拍卖理论领域中研究方法的直觉性讨论和研究问题的探索。

Rothschild, M., and J. Stiglitz. "Equilibrium in Competitive Insurance Markets: An Essay on the Economics of Imperfect Information." *Quarterly Journal of Economics* (November 1976): 629—650.

这篇文章提出了一个精巧的逆向选择问题的图形处理方法。在图形中描述了多个可能的分离均衡。

Salanie, B. *The Economics of Contracts: A Primer*. Cambridge, MA: MIT Press, 1997.

这本书用了比本章更简明且更深入的方法阐述了合同理论。

Shavell, S. *Economic Analysis of Accident Law*. Cambridge, MA: Harvard University Press, 1987.

这是一本经典的参考文献,书中分析了在不同的法律体系下,受害人采取的预防措施水平,以及保险对当事人行为的影响。

---

⑪ 多代理人隐藏行动问题的原始文献是 B. Holmstrom, "Moral Hazard in Teams," *Bell Journal of Economics* (Autumn 1982):324—340.

第 19 章　外部性与公共品

在第 13 章中,我们指出许多问题会影响完全竞争市场的配置效率。在这一章中,我们将更为具体地考察其中的两个问题:外部性与公共品。我们的研究有两个目的:第一,我们想清晰地表明为什么外部性与公共品的存在会扭曲资源的配置,从而有可能阐明竞争性价格中蕴含的信息的某些特征,以及可能减少该种信息有用性的某些情况。我们进一步研究外部性与公共品的第二个目的,是提出可以减缓由其引发的配置失效问题的种种方式。至少在某些情况下,我们会看到,竞争性市场有效性可能会比最初所预期的更加健全。

19.1　外部性的定义

当经济当事人对未参与市场交易的第三方当事人产生影响时,就出现了外部性问题。从经济的观点看,化学品的生产者向其周边排放有毒气体、喷气式飞机吵醒公众、骑摩托车的人在公路上乱丢杂物,是同样的一种经济行为——它们对那些并不与之相干的、市场交易之外的其他人施加了直接的影响。这类行为与直接通过市场发生的效应是不同的。例如,当我选择购买一块面包时,我毫无疑问(或许没有察觉)地提升了面包的价格,而这会影响其他的购买者。然而,由于这一切都反映在市场价格之中,这种效应并不是真正的外部性,并且它并不影响市场有效配置资源的能力。① 甚至可以说,我们增加购买量而引致的面包价格的上升是社会偏好的一种精确反映,而且,价格上升有助于保证可以生产出恰当的生产组合。所以,这同有毒化学品排放、飞机噪音或乱丢杂物不同。在后一情况下,由于第三方所遭受的损害未被考虑在内,(化学品、飞机航班或一次性的容器)市场价格并不能精确地反映商品的社会成本。于是,通过价格传递的信息基本上是不精确的,会导致资源的误配置。

由此,作为总结,我们能得出如下定义。

---

① 有时,通过市场体系而发生的一个经济主体对另一个经济主体的影响被称为“货币”外部性,以区别于我们正在讨论的“技术”外部性的这种影响。此处所用的“外部性”这个词仅指后一种类型,因为只有这种外部性才会影响竞争性市场资源配置的效率。

定义

外部性 当经济当事人的行为以不反映在市场交易之中的某种方式影响另一个当事人行为的时候,就会出现外部性。

在仔细分析为什么不考虑外部性就会导致资源的误配置之前,我们将研究一些能澄清问题本质的例子。

19.1.1 厂商之间的外部性

为了用最简洁的形式来说明外部性问题,假设有两个厂商,一个生产商品 x,另一个生产商品 y,其中,每一个厂商都只使用单一的投入:劳动。如果商品 y 的生产不仅取决于由生产 y 的企业家确定的劳动数量,而且还依赖于 x 的产出水平的话,那么,商品 y 的生产函数就可以写成

$$y = f(k, l; x) \tag{19.1}$$

其中函数中分号右边的 x 表示生产 y 的企业家所无法控制的 x 的产量的影响。② 例如,假定有两个厂商都位于河边,厂商 y 处在厂商 x 的下游。假设厂商 x 在其生产过程中污染了河水,那么,厂商 y 的产出就可能不仅由其自身所使用的投入来决定,而且还要取决于流经其工厂的污染物的数量。反过来,污染物的水平由厂商 x 的产出决定。在(19.1)式表示的生产函数中,厂商 x 的产出会有一个负的边际实物生产率(marginal physical productivity)$\partial y/\partial x < 0$。于是,$x$ 的产出增加将导致 y 的产出下降。在下一节中,我们会更为充分地分析这个例子,它代表着外部性中最简单的形式。

19.1.2 有利的外部性

两个厂商之间的外部性关系可以是有利的。大多数这种正外部性的例子都相当乡土化。或许最著名的是由 J. 米德提出的包括两个厂商,一个生产蜂蜜(养蜂)、另一个种植苹果的例子。③ 蜜蜂在苹果树上采蜜,苹果产量的增加就会导致养蜂业生产力的提高。蜜蜂采到大量花蜜对于养蜂人来说就是正的外部性。在(19.1)式的表述中,$\partial y/\partial x$ 现在就是正的。通常在完全竞争的情况下,一个厂商的生产行为对其他厂商的生产行为没有什么直接影响,即$\partial y/\partial x = 0$。

19.1.3 效用的外部性

经济当事人的行为会直接影响个人效用的时候,也会产生外部性。有关环境外部性的大多数例子都属于这一类型。从经济的角度看,这类效应是由厂商引起的(即如有毒化学品或飞机噪音),还是由个人引起的,(乱丢废物或是开大收音机音量所发出的噪音)几乎没有什么差别。在所有这些情况下,这些行为的数量会直接进入个人的效用函数,就如同在(19.1)式中 x 的产出会进入 y 厂商的生产函数一样。在厂商的例子中,外部性有时也会是有利的(事实上你可能会喜欢你邻居收音机里播放的歌曲)。于是,没有外部性的情形也可以被简单地视为中间状况,即其他当

② 我们会发现在本章进行分析时重新审慎地定义"无法控制"的假定是必要的。

③ J. Meade, "External Economies and Diseconomies in a Competitive Situation," *Economic Journal* 62(March 1952):54—67.

事人的行为对个人效用没有直接的影响。

当一个人的效用直接取决于其他人的效用时,与社会选择分析相关的一种特殊类型的效用外部性就出现了。例如,如果史密斯关心琼斯的福利,我们就可以把他的效用函数(U_S)写成

$$效用 = U_S(x_1,\cdots,x_n;U_J) \tag{19.2}$$

其中 $x_1,\cdots,x_n$ 是史密斯消费的商品,而 U_J 是琼斯的效用。如果史密斯是利他主义者,并希望琼斯越来越好(如果琼斯是其近亲,大概就会这样),$\partial U_S/\partial U_J$ 就是正的。另一方面,如果史密斯嫉妒琼斯,情况就会不同,$\partial U_S/\partial U_J$ 就会为负,也就是说,琼斯效用的改善使史密斯的状况变坏。如果史密斯与琼斯的福利无关($\partial U_S/\partial U_J=0$),则他就是处于利他主义与嫉妒的中间状况,这也是我们贯穿全书的一般假设。

19.1.4 公共品的外部性

性质上属于"公共"或"集体"的商品将是本章后半部分所要集中分析的对象。这种商品的明显特征是它的不可排他性。也就是说,一旦商品(由政府或某个私人实体)生产出来,它们就会为整个团体或者说是为每个人提供好处。在技术上不可能限定这些好处只提供给为之付费的特定人员,这样,所有人就都可以受益。正如我们在第 19 章所提到的那样,国防是一个典型的例子。一旦一个国防体制得以建立,社会上的所有人都会受到保护,而无论他们是否愿意以及是否为之付费。由于市场信号的不精确,对于这样一种商品选择恰当的产出水平就是一个充满技巧性的过程。

19.2 外部性与配置无效率

由于市场价格对提供给第三方的额外的成本或收益的反映不精确,外部性使得资源分配无效。因为一个市场中无效率的资源分配会对其他的效率结果产生影响,为了说明这些无效率,需要一个一般均衡模型。这里我们选择一个简单的,在某种程度上甚至奇特的一般均衡模型,因为这样我们可以简明地说明这些问题。具体来看,我们假设在这个简单的经济中只有一个人,他的效用取决于 x,y 的消费量。这两种商品的消费水平记为 x_c,y_c,这样

$$效用 = U(x_c,y_c) \tag{19.3}$$

设这个人拥有初始的 x,y 的商品存量(记为 x^*,y^*),他可以将其直接消费,或作为中间产品投入生产。为了简化,我们假设 x 商品只使用 y 商品就可以生产出来,生产函数为

$$x_o = f(y_i) \tag{19.4}$$

其中下标"o"表示产出,下标"i"表示投入。为了说明外部性,我们假设 y 的产出不仅取决于 x 的投入,还取决于 x 商品的生产数量。这将说明一种情况,例如,y 厂在 x 厂的下游,且必须应付生产 x 时产生的污染。y 的生产函数为

$$y_o = g(x_i,x_o) \tag{19.5}$$

其中 $g_1>0$(x 商品的投入越多,y 商品的产出就越多),但是 $g_2<0$(由于外部性,x 商品的产出越多,y 商品的产出就越少)。经济中每种商品的量受最初的禀赋和后来的生产量的约束

$$x_c + x_i = x_o + x^* \tag{19.6}$$

$$y_c + y_i = y_o + y^* \tag{19.7}$$

19.2.1 找到有效配置

这个经济中的问题就是,在(19.4)式—(19.7)式表示的约束下使效用最大化。为了解决这个问题,我们必须引入 4 个拉格朗日乘子。这个最大化问题的拉格朗日表示为

$$\mathscr{L} = U(x_c, y_c) + \lambda_1[f(y_i) - x_o] + \lambda_2[g(x_i, x_o) - y_o] + \lambda_3(x_c + x_i - x_o - x^*) + \lambda_4(y_c + y_i - y_o - y^*) \quad (19.8)$$

最大化的一阶条件为

$$\begin{aligned} \partial\mathscr{L}/\partial x_c &= U_1 + \lambda_3 = 0 && [\mathrm{i}] \\ \partial\mathscr{L}/\partial y_c &= U_2 + \lambda_4 = 0 && [\mathrm{ii}] \\ \partial\mathscr{L}/\partial x_i &= \lambda_2 g_1 + \lambda_3 = 0 && [\mathrm{iii}] \\ \partial\mathscr{L}/\partial y_i &= \lambda_1 f_y + \lambda_4 = 0 && [\mathrm{iv}] \\ \partial\mathscr{L}/\partial x_o &= -\lambda_1 + \lambda_2 g_2 - \lambda_3 = 0 && [\mathrm{v}] \\ \partial\mathscr{L}/\partial y_o &= -\lambda_2 - \lambda_4 = 0 && [\mathrm{vi}] \end{aligned} \quad (19.9)$$

可以很简单地从这些式子中消去 λ,将 i,ii 式相除,可以得到结果

$$\mathrm{MRS} = \frac{U_1}{U_2} = \frac{\lambda_3}{\lambda_4} \quad (19.10)$$

从 iii,iv 式中得到

$$\mathrm{MRS} = \frac{\lambda_3}{\lambda_4} = \frac{\lambda_2 g_1}{\lambda_2} = g_1 \quad (19.11)$$

y 生产的最优化条件要求消费者的边际替代率等于 y 的生产函数对投入品 x 的边际生产率。这个结论重复了从第 13 章中得到的结论,有效率的产出选择要求在消费中的 dy/dx 等于生产中的 dy/dx。

为在 x 商品的生产中达到有效率,我们必须考虑其生产对 y 商品生产产生的外部性。考虑 iv—vi 式,得到

$$\begin{aligned} \mathrm{MRS} &= \frac{\lambda_3}{\lambda_4} = \frac{-\lambda_1 + \lambda_2 g_2}{\lambda_4} = \frac{-\lambda_1}{\lambda_4} + \frac{\lambda_2 g_2}{\lambda_4} \\ &= \frac{1}{f_y} - g_2 \end{aligned} \quad (19.12)$$

直觉上,这个方程要求消费者的边际替代率等于 x 生产中的 dy/dx。其中第一项 $1/f_y$ 代表 x 生产中对 y 投入的边际生产率的倒数——这是 dy/dx 中关系 x 生产的第一部分。第二项 g_2 表示 x 的产出对 y 的生产产生的负效应——这是 dy/dx 中关系 x 生产的第二部分。第二部分的产生来源于 x 的外部性。若 g_2 为 0,(19.11)式和(19.12)式就表示了相同的条件,这个条件可以应用在 x 和 y 的生产上。在外部性存在时,x 的有效生产水平的决定将变得更加复杂。

19.2.2 竞争配置的无效率

在简单模型中对竞争定价的依赖导致无效率的资源分配。在均衡价格 p_x, p_y,效用最大化的消费者会选择

$$\mathrm{MRS} = p_x/p_y \quad (19.13)$$

生产商品 y 的厂商为使其利润最大化而选择 x 的投入满足

$$p_x = p_y g_1 \tag{19.14}$$

效率条件(19.11)式将被满足。当 x 的生产者将选择投入 y 以满足

$$p_y = p_x f_y \quad 或 \quad \frac{p_x}{p_y} = \frac{1}{f_y} \tag{19.15}$$

即 x 的生产者不会考虑外部性，这样(19.12)式就不会被满足。这将使得 x 的生产超过有效水平。为了说明这一点，应注意到在(19.15)式表示的市场分配下，x 生产中对投入 y 的边际生产率(f_y)小于(19.12)式表示的最优分配时投入 y 的边际生产率。在市场配置时，过多的 y 被用来生产 x（因此 x 的生产过多）。例 19.1 将提供局部均衡模型中无效率的一个数量的例子。

例 19.1　生产的外部性

作为一个说明由于未考虑生产外部性而造成损失的局部均衡模型，我们假设两个新闻纸生产厂商都位于河边。上游厂商(x)的生产函数为

$$x = 2\,000 l_x^{1/2} \tag{19.16}$$

这里 l_x 是每天所雇用的工人的数量，而 x 是以英尺计算的新闻纸的产出。下游厂商(y)具有同样的生产函数，但其产出受厂商 x 倾倒在河中的化学品的影响

$$y = \begin{cases} 2\,000 l_y^{1/2}\,(x - x_0)^{\alpha}, & 当\ x > x_0\ 时 \\ 2\,000 l_y^{1/2}, & 当\ x \leqslant x_0\ 时 \end{cases} \tag{19.17}$$

这里 x_0 表示河流对于污染物的自然承受能力。如果 $\alpha = 0$，x 的生产过程对厂商 y 就没有影响，而如果 $\alpha < 0$，则 x 超过 x_0 的增加量就会导致 y 的产出下降。

假定新闻纸每英尺卖 1 美元，工人每天挣 50 美元。因此，在工资等于劳动的边际产值时，厂商 x 就会实现利润的最大化

$$50 = p \cdot \frac{\partial x}{\partial l_x} = 1\,000 l_x^{-1/2} \tag{19.18}$$

于是可求出 $l_x = 400$。如果 $\alpha = 0$（即没有外部性），厂商 y 也将雇用 400 名工人。每家厂商生产 40 000 英尺的新闻纸。

外部性的效应。当厂商 x 有负的外部性时($\alpha < 0$)，其自身的利润最大化的雇佣决策并不受影响——它将雇用 $l_x = 400$，并且生产 $x = 40\,000$。然而，对于厂商 y，劳动的边际产出却会因为这种外部性而降低。例如，如果 $\alpha = -0.1$ 并且 $x_0 = 38\,000$，则利润实现最大化的条件为

$$50 = p \cdot \frac{\partial y}{\partial l_y} = 1\,000 l_y^{-1/2}\,(x - 38\,000)^{-0.1} = 1\,000 l_y^{-1/2}\,(2\,000)^{-0.1} = 468 l_y^{-1/2} \tag{19.19}$$

解这个关于 l_y 的方程，得出由于生产率降低了，厂商 y 现在只需要雇用 87 个工人。而厂商 y 此时的产出为

$$y = 2\,000\,(87)^{1/2}\,(2\,000)^{-0.1} = 8\,723 \tag{19.20}$$

由于存在外部性($\alpha = -0.1$)，新闻纸的产出比没有外部性($\alpha = 0$)时低。河中化学品会损害厂商 y 的生产率这一事实源于外部性，而并非由于经济的决策。

无效率。通过假定厂商 x 和 y 合并从而管理者能够对全部劳动力进行配置，我们可以证明在前述情况下分散做出的利润最大化决策是无效率的。如果一个工人从厂商 x 转到厂商 y，则 x 的产出变为

$$x = 2\,000\,(399)^{1/2} = 39\,950 \tag{19.21}$$

并且厂商 y 的产出变为

$$y = 2\,000\,(88)^{1/2}\,(1\,950)^{-0.1} = 8\,796 \tag{19.22}$$

这样，在不改变劳动投入的情况下，总的新闻纸产出增加了23英尺。因为厂商 x 并不考虑其雇佣决策对于厂商 y 的影响，所以，先前的配置是无效率的。

边际生产力。通过计算劳动投入对厂商 x 的社会边际生产率，前述内容也可以用另一种方式得到证明。如果厂商 x 要多雇一个工人，其产出就会上升为

$$x = 2\,000\,(401)^{1/2} = 40\,050 \tag{19.23}$$

根据利润最大化要求，第401个工人的（个人）边际产值要等于工资。而且 x 产出的增加现在也对厂商 y 有影响——使其产出下降大约21个单位。因此，厂商 x 的劳动社会边际产值实际上等于29美元（即50美元－21美元）。这也就是为什么合并后企业的管理者会发现重新安排工人会有利可图。

请回答：假定 $\alpha = 0.1$，那么，厂商之间的关系是什么样的？这种外部性会怎样影响劳动力的配置？

19.3　处理外部性问题的方法

以激励为基础的外部性解决方案来源于一个基本的观察：存在（负）外部性的产出在市场均衡下过多。第一个就该扭曲提供完整分析的经济学家应该是A. C. 庇古（A. C. Pigou），他在19世纪20年代提出：外部性最直接的解决方法是对产生外部性的经济体征税。④ 所有以激励为基础的外部性的解决方案都来源于这个基本的直觉。⑤

19.3.1　图形分析

图19.1说明了传统的外部性以及庇古的解决方案。厂商的供给曲线也就是边际成本曲线（MC），对于 x 的市场需求曲线由 DD 表示，市场均衡发生在 x_1。x 生产中导致的外部成本使得私人的边际成本（MC）和社会的边际成本（MC′）不同，两条曲线间的垂直距离表示 x 的生产对第三方产生的边际成本（在我们的例子中，仅为 y 厂商）。注意，这些外部性的每单位成本不一定是与 x 产量无关的常数。在图中，例如，外部性的成本随 x 产出的增加而增加（即MC与MC′分开得更远了）。在市场决定的产出水平 x_1 上，综合的社会边际成本大于市场价格 p_1，这说明 x 生产得太多了。从中可以清楚地得到，最优的产出水平是 x_2，此处的市场价格完全反映了所有的成本。

像其他的税一样，庇古税会在供给和需求曲线间打入一个垂直的“楔子”。如图20.1所示，这个最优的税为 t。这种税使得生产降至社会最优水平 x_2。税收正好等于 x 的生产导致的外部性的

---

④ A. C. Pigou, *The Economics of Welfare* (London: MacMillan, 1920). 庇古也指出了对产生正外部性的商品进行补贴的重要性。

⑤ 我们在这里不讨论纯规则的解，但这种解的研究形成了环境经济学中重要的一部分。参见 W. J. Baumol and W. E. Oates, *The Theory of Environmental Policy*, 2nd ed. (Cambridge: Cambridge University Press, 2005 和本章的扩展部分。

损害。这些税收可以补偿给 y 厂商,但这对于分析就不重要了。注意,这里税赋必须设置为最优产量(x_2)时的外部性导致的损害的水平,而不是原先市场均衡(x_1)时的损害水平。这一点将在下例中得到说明,并在下节的一般均衡模型中得到更全面的解释。

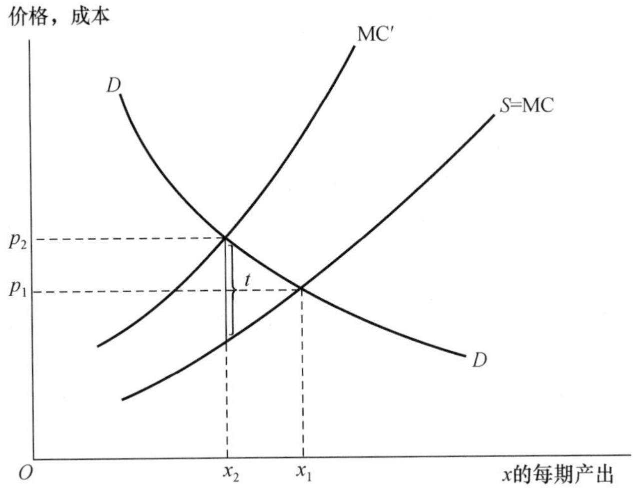

图 19.1 外部性成本的图形分析

对 x 的需求由曲线 DD 确定,x 的供给曲线也就是 x 的边际成本曲线(MC)。如果 x 的生产对第三方产生了外部性,社会边际成本 MC′将大于 MC。市场均衡发生在 x_1,在这个产出水平,社会边际成本大于消费者对 x 的支付。数量为 t 的税收反映了外部性的成本,并将使 x 的产出达到有效,即产出 x_2。

例 19.2 新闻纸的庇古税

因为上游的新闻纸生产商(厂商 x)没有考虑其生产给厂商 y 造成的影响,所以,在例 19.1 中出现了无效率的情况。于是,恰当地选择对厂商 x 征税能够引导其减少劳动力的投入,直到使外部性的影响消失。由于在产出 $x=38\,000$ 时,河流可以吸收污染物,我们会考虑对厂商征税(t)以使其将产出减至这个水平。在 $l_x=361$ 时,产出为 38 000,我们就能够从劳动力需求条件中计算出 t 来

$$(1-t)\mathrm{MP}_L=(1-t)\times 1\,000\times(361)^{-0.5}=50 \tag{19.24}$$

或者

$$t=0.05 \tag{19.25}$$

这样一个 5% 的税收会使厂商 x 将其新闻纸的价格有效地降至 0.95 美元,并因此提供一种激励,以使厂商少雇用 39 个工人。现在,由于河流能够处理掉 x 生产中所产生的所有污染物,在厂商 y 的生产函数中就没有了外部性。y 会雇用 400 个工人,每天生产 40 000 英尺的新闻纸。请注意,总的新闻纸的产出现在是 78 000,这一数字比未征税情况下更大。这样,征税的方法明显地改善了资源配置的效率。

请回答:考虑到上面显著的产出收益改进(相对于例 19.1 中无效率的产出),这里提出的税率(0.05)似乎有点小。你能解释原因吗? 如果不征税,合并后的企业会选择 $x = 38\,000$ 的产出吗?

19.3.2　一般均衡模型下的税赋

一般均衡模型中的最优庇古税设定为 $t = -p_y g_2$,即每单位 x 上的庇古税将反映 x 对 y 产出的减少所造成的边际损害,并用 y 的市场价格衡量。注意,这个税必须基于最优解时的外部性的成本——因为 g_2 是 x 产出水平的函数,根据其他产出水平定税是不合理的。在最优庇古税下,厂商 x 面临的净价格为 $p_x - t$,他将选择 y 的投入以满足

$$p_y = (p_x - t)f_y \tag{19.26}$$

资源分配的结果将使得

$$\text{MRS} = \frac{p_x}{p_y} = \frac{1}{f_y} + \frac{t}{p_y} = \frac{1}{f_y} - g_2 \tag{19.27}$$

这就是最优化时所需要的条件(比较(19.12)式的有效条件)。庇古税的解决方式可以一般化为多种方法,这些将为外部性的政策提供启示。例如,在一个有很多 x 生产者的经济中,税赋将传递任何一个这种厂商对 y 生产的边际影响。所以庇古税的方案使监管部门不必对每一个具体厂商的情况都加以考虑。但需要有足够的信息来合理制定税赋——他们必须知道厂商 y 的生产函数。

19.3.3　污染权

一项与庇古税有关的可以降低对信息的要求的创新方法是建立一个"污染权"的市场。例如,假设厂商 x 必须从厂商 y 手中购买他们共享的河流的污染权。在这个例子中,x 购买这些权利的决策与选择产出水平的决策相同,因为他不能在没有这些决策时生产。每单位 x 的净收益等于 $p_x - r$,其中 r 是厂商必须为每单位产品付出的污染权的支付。厂商 y 可以选择卖多少权利给 x,因为每个权利将被支付 r,它会选择 x 的产出以最大化他的利润:

$$\pi_y = p_y g(x_i, x_o) + r x_0 \tag{19.28}$$

这个最大化问题的一阶条件为

$$\frac{\partial \pi_y}{\partial x_o} = p_y g_2 + r = 0 \text{ 或 } r = -p_y g_2 \tag{19.29}$$

(19.29)式说明污染权定价的均衡解等价于庇古税的均衡解。从厂商 x 的角度来说,把 t 的税赋交给政府和交给厂商 y 作为污染权费没有差别。只要 $r = t$(这由(19.29)式保证),将可以达到同样有效的均衡。

19.3.4　科斯定理

罗纳德·科斯(Ronald Coase)在他 20 世纪 60 年代一篇著名的文章中,说明了污染权均衡有效的重要条件是这些权利必须被明确定义,并且交易成本为零。⑥ 而最初的权利的归属界定是无关的,因为交易最终会达到同样有效率的结果。在我们的例子中,我们最初指定权利给厂商 y,让

⑥ R. Coase, "The Problem of Social Cost", *Journal of Law and Economics* 3(October 1964):1—44.

其把权利以每单位 r 的价格卖给厂商 x。如果这个权利是指定给厂商 x 的,则 x 会自己使用一些权利而不是将所有权利都卖给厂商 y。考虑到厂商 y 对权利的购买,我们可以计算得到有效率的结果。为了说明科斯的结果,假设厂商 x 最初被授予了 x^T 的污染权,他可以选择使用一些来支持自己的生产(x_0),并把一些卖给厂商 y(数量为 $x^T - x_0$)。x 的净利润为

$$\pi_x = p_x x_0 + r(x^T - x_o) = (p_x - r)x_0 + rx^T = (p_x - r)f(y_i) + rx^T \tag{19.30}$$

对于 y

$$\pi_y = p_y g(x_i, x_0) - r(x^T - x_0) \tag{19.31}$$

很清楚地发现,这种情况下利润最大化的结果和把权利最初指定给厂商 y 的结果一样。因为权利 x^T 的总数是一定的,最大化的一阶条件在这两种情况下是相同的。最初权利指定的无关性通常被称为科斯定理。

虽然科斯定理的结论似乎有违直觉(污染的水平与谁最初拥有权利无关),事实上,这其实等价于这样的断言:没有交易成本的阻碍,所有互利的交易都会发生。当交易成本很高,或信息不对称时,最初权利的指定就有关系了,因为科斯定理暗示的交易中有些可能并没有发生。所以科斯定理的限制提供了下一步分析的有趣的机会。这个分析在法律和经济中影响深远⑦,科斯定理常被应用在债务法、合同法、产品安全法中(参见练习题 19.4)。

19.4 公共品的特征

现在,我们把注意力转到与竞争性市场和资源配置有关的其他一些问题上——这些问题因公共品的存在而出现。我们首先为公共品下一个简明的定义,然后考察为什么公共品有配置的问题,接下来,再简要讨论处理这些问题的可能方式。

关于公共品最为一般的定义强调了这些商品的两个特征:非排他性(nonexclusivity)和非竞争性(nonrivalness)。下面,我们将详细描述这些特征。

19.4.1 非排他性

区分公共品的第一个特征是个人能否被排除在消费该商品并从中获益的范围之外。对于大多数私人产品,这种排他性事实上是可能的,即如果我没有付费,我就很容易被排除在消费一个汉堡包的范围之外。然而,在某些情况下,这样的排他性却是不可能或是成本高昂的。国防就是一个典型的例子。一旦国防体系得以建立,国民都会从中获益,而无论他们是否为此支付了费用。在更为局部的层次上,蚊虫控制计划和为预防疾病的接种计划问题中,情况也是一样。在这些情况下,一旦计划得以实施,没人会被排除在受益范围之外,而无论他是否为此支付了费用。因此,根据下述定义我们可以把商品区分为两类。

定义

排他性商品 一种商品被生产出来后,如果可以相对容易地把个人从商品的受益人群中排除

⑦ 这方面的经典教材是 R. A. Posner, *Economics Analysis of Law*, 4th ed. (Boston: Little Brown, 1992)。一个更数学化的方法可以参见 T. J. Miccli, *Economics of the Law* (New York: Oxford University Press, 1997)。

出去,那么这种商品就是排他性的。如果做不到这一点,或虽可做到但成本高昂,那么这种商品就是非排他性的。

19.4.2 非竞争性

区分公共品的第二个特征是非竞争性。非竞争的商品就是增加对其消费的数量后,其边际社会成本的增加值为零的商品。当然,对于大多数商品来说,增加消费数量会带来某些边际生产成本。例如,某人多消费一只热狗,就需要在生产上多投入一些资源。但对于某些商品来说,情况却不是这样。比如,在非高峰时间内多一辆汽车通过一架公路桥。由于桥已经建在那里了,多一辆车通过并不需要再使用其他资源,也不会减少他人的消费量。同样,多一个观众观看某一电视频道的节目,即便这种行动会引致额外的消费,也并不会增加费用。由此,我们得到如下定义:

定义

非竞争性商品 如果一种商品的消费增加所引起的社会边际生产成本为零,那么它就是非竞争商品。

19.4.3 公共品的分类

非排他性和非竞争性的概念是以某种方式相关的。具备非排他性的许多商品也是非竞争的。国防和蚊虫控制是这类商品的两个例子,它们不可能是排他的,增加的消费的边际成本也为零。还有许多这样的例子。不过,这两个概念却并不完全一样,有些商品具有其中一种性质,却不具有另一种。例如,不可能(至少是成本昂贵)把一些捕鱼船排除在海洋捕鱼的范围之外,但多来一条船显然会以减少其他所有渔船捕捞量的形式增加社会成本。同样,在非高峰时间使用公路桥是非竞争性的,但设立收费站却可能排斥潜在的用户。表19.1通过是否排他和是否竞争对商品进行了分类,并在每一类中举了一些例子。除了表中左上角的那些例子(具有排他性和竞争性的私人产品)之外的许多商品通常都由政府来生产,尤其是非排他性的商品,因为它们通常很难靠强制征税以外的方式来支付。而一旦未付费者能被排除在有关商品的消费之外,非竞争性商品通常就可以由私人来生产(当然也有消费者必须付费才能使用的私有桥梁、游泳池和公路)。[⑧] 因此,我们将使用如下狭义的定义:

定义

公共品 公共品就是一旦被生产出来,没有人能被排除在通过消费获益的范围之外的商品。公共品通常是非竞争的,但并非总是如此。

---

⑧ 允许赋予排他机制的非竞争性商品有时被称为"俱乐部商品",这是由于在私人俱乐部中可以组织对这种商品的供给。私人俱乐部可能通过收取"会员费"而允许会员无限制地使用这种商品。俱乐部的最佳规模由在俱乐部商品生产过程中存在的规模经济决定。关于这一分析,参见R. Cornes and T. Sandler, *The Theory of Externalities, Public Goods, and Club Goods* (Cambridge: Cambridge University Press, 1986)。

表 19.1 公共品与私人商品分类的例子

		排他性	
		是	不是
竞争性	是	热狗、汽车、住房	渔业区、公共牧场、清洁的空气
	不是	桥、游泳池、(已发射的)卫星电视传送器	国防、蚊虫控制、司法

19.5 公共品和资源配置

我们将使用一个简单的一般均衡模型来说明公共品产生的分配问题。在这个模型中,只有两个消费者——一个人的经济体没有公共品的问题,因为他自己就会把所有商品的收益考虑进消费者决策。我们记两个消费者为 A,B。这个经济中有两种商品 x,y。商品 y 是普通的私人商品,每个人最初拥有的 y 商品分别为 y^{A*},y^{B*}。每个人可以选择直接消费自己的 y 商品,或将其中一部分投入公共品 x 的生产。设各投入 y_s^A,y_s^B,则公共品根据生产函数得到

$$x = f(y_s^A + y_s^B) \tag{19.32}$$

这两个人的效用等于

$$U^A(x,y^{A*} - y_s^A) \tag{19.33}$$

和

$$U^B(x,y^{B*} - y_s^B) \tag{19.34}$$

公共品 x 的产出水平进入每个人的效用函数的量相等。这就是这种无排他性、无竞争性的商品性质的数学表示。无排他性体现在每个人对 x 的消费与其贡献无关;无竞争性体现在对每个人来说,x 是一样的,享受的量也就是生产出来的量。A 消费 x 获得收益并不减少 B 可消费的 x 的量。在决策权分散到每个经济参与者的系统(包括完全竞争市场)中,x 的这两个特点成了其有效生产的障碍。

有效分配资源的必要条件包括选择提供公共品的水平(y_s^A,y_s^B)以使给定 B 的效用水平时 A 的效用最大化。该问题的拉格朗日表达为

$$\mathscr{L} = U^A(x,y^{A*} - y_s^A) + \lambda[U^B(x,y^{B*} - y_s^B) - K] \tag{19.35}$$

其中 K 是 B 的常量效用水平。最大化的一阶条件为

$$\frac{\partial \mathscr{L}}{\partial y_s^A} = U_1^A f' - U_2^A + \lambda U_1^B f' = 0 \tag{19.36}$$

和

$$\frac{\partial \mathscr{L}}{\partial y_s^B} = U_1^A f' - \lambda U_2^B + \lambda U_1^B f' = 0 \tag{19.37}$$

比较两式可以立刻得到

$$\lambda U_2^B = U_2^A \tag{19.38}$$

可以预期的是,最优化要求 A、B 对于 y 的消费的边际效用只差一个系数 λ。(19.38)式和(19.36)式、(19.37)式联立可以得到生产公共品 x 的最优化条件。例如,用(19.36)式可以得到

$$\frac{U_1^A}{U_2^A} + \frac{\lambda U_1^B}{\lambda U_2^B} = \frac{1}{f'} \tag{19.39}$$

或更简单的，

$$\mathrm{MRS}^{A} + \mathrm{MRS}^{B} = \frac{1}{f'} \qquad (19.40)$$

萨缪尔森最早给出了这个条件背后的经济直觉⑨，也就是第 13 章中效率条件对公共品情形的扩展。对于这样的商品，MRS 必须反映所有消费者为得到多一单位 x 而放弃的 y 的数量，因为所有人都能享受多出的 x 的好处。所以每个人 MRS 的和等于生产中的 dy/dx（这里是 $1/f'$）。

19.5.1　完全竞争市场的失灵

竞争市场中 x，y 的生产将达不到有效率的分配目标。在完全竞争的价格 p_x，p_y，每个人将使自己的 MRS 等于价格比 p_x/p_y。一个 x 的生产者将使 $1/f'$ 等于 p_x/p_y，以使利润最大化。这使得(19.40)式中的最优化条件无法成立。价格比 p_x/p_y 将会过低而无法提供足够的激励以生产 x。在私人市场中，消费者不会考虑自己对公共品的消费会给别人带来什么好处，所以他几乎不会给 x 的生产提供资源。

这种情况下的分配失效可以归咎于私人市场加总私人需求的方式。在任意数量上，市场需求曲线说明了一种商品的边际价值。如果多生产一单位该产品，它可以被某个消费者以市场价格消费掉。对于公共品，每单位的价值是每个消费者对其评价的和，因为每个消费者都从中受益了。在这种情况下，消费者需求曲线将被垂直加总起来（如图 19.2）而不是水平加总起来（如在私人市场中的情形）。所以公共品的市场需求曲线上的价格反映的是给定产出水平上每多一单位的产出对所有消费者的价值的和。而通常的市场需求曲线不能合理地反映这个全面的边际价值。

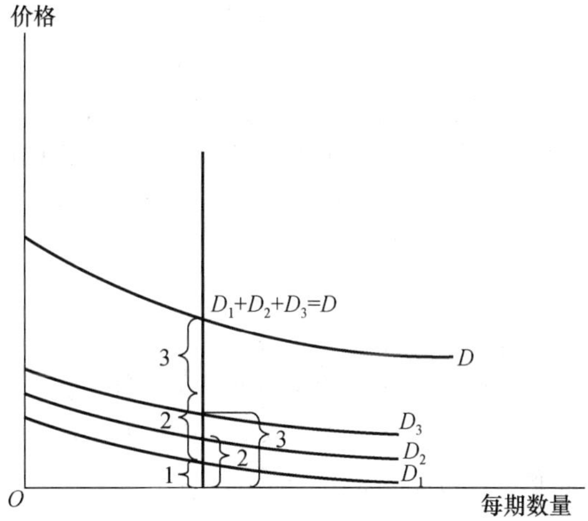

图 19.2　公共品需求的推导

由于公共品是非排他的，人们为多买一个单位的公共品而愿意支付的货币（他们的“边际价值”）就等于每个人愿意支付的数量的总和。因此，对于公共品来说，市场需求曲线由纵向加总得到；而在私人产品的情况下，这一曲线则通过横向加总得到。

---

⑨　参见 Samuelson, P. A. “The Pure Theory of Public Expenditures.” *Review of Economics and Statistics* 36 (November 1954)：387—389。

19.5.2 纳什均衡的无效率

在竞争市场上另一个生产公共品的方法是依靠消费者的自愿捐赠。遗憾的是,这会导致无效率的结果。考虑消费者 A,他正在考虑捐献他的初始禀赋 y 中的 s_A,A 的效用最大化问题就是

$$\text{选择 } s_A \text{ 以最大化 } U^A[f(s_A + s_B), y^{A*} - s_A] \tag{19.41}$$

最大化的一阶条件为

$$U_1^A f' - U_2^A = 0 \text{ 或} \frac{U_1^A}{U_2^A} = \text{MRS}^A = \frac{1}{f'} \tag{19.42}$$

相似的逻辑可以应用在消费者 B 上,这样有效条件(19.40)式将无法成立。问题在于每个人只考虑他投资公共品时自己的收益,而不考虑给别人带来的收益。在有很多消费者的情况下,直接的收益可能很小(比如一个人的缴税对美国国防的贡献)。在这种情况下,每个人都将选择 $s_A = 0$,成为纯粹的搭便车者,希望从别人的花费中得到收益。如果每个人都选择这种战略,就不会有资源被捐助到公共品中了。例 19.3 将说明一个人们熟悉的搭便车的例子。

例 19.3 购买公共品:室友困境

为了用数学方法阐明公共品的本质,在这里假定两个具有相同偏好的室友共居一室,他们的效用取决于他们一起收藏的音乐光盘 CD 数量(用 x 表示)和各自食用的燕麦棒数量(y)。其特定的效用函数由下式给出

$$U_i(x, y_i) = x^{1/2} y_i^{1/2} \quad (\text{其中 } i = 1,2) \tag{19.43}$$

需要注意,每个室友的效用是由两人收藏的 CD 总量($x = x_1 + x_2$)和自己食用的燕麦棒数量决定的。所以,在这个问题中 CD 是公共品,而燕麦棒则是私人商品。(我们假设 CD 的购买者并不能阻止他的室友借用 CD 并在他们一起购买的 CD 机中播放;同时,播放 CD 并不会降低它的价值,因而 CD 的消费是非竞争性的。因此我们可以把 CD 看成公共品。)假定每个室友都有 300 美元,商品的价格为 $p_x = 10$ 美元,$p_y = 1$ 美元。

纳什均衡。我们首先假设室友独立做出消费决策,两人不在一起讨论购买 CD 的数量。室友 1 的决策取决于室友 2 购买 CD 的数量,反过来也是一样。因此,我们需要使用第 8 章的博弈论工具来分析这个策略问题,也就是找到室友在纳什均衡中的最优反应。

为了找到室友 1 的最优反应,我们需要把室友 2 的 CD 购买量 x_2 当成已知。室友 1 在满足下面预算约束的前提下最大化他的效用 $(x_1 + x_2)^{1/2} y_i^{1/2}$:

$$300 = 10x_1 + y_1 \tag{19.44}$$

构造拉格朗日算子

$$L = (x_1 + x_2)^{1/2} y_i^{1/2} + \lambda(300 - 10x_1 - y_1) \tag{19.45}$$

一阶条件为

$$\frac{\partial \mathscr{L}}{\partial x_1} = \frac{1}{2}(x_1 + x_2)^{-1/2} y_i^{1/2} - 10\lambda = 0$$

$$\frac{\partial \mathscr{L}}{\partial y_1} = \frac{1}{2}(x_1 + x_2)^{1/2} y_i^{-1/2} - \lambda = 0 \tag{19.46}$$

通过求解(19.46)式可以得到

$$y_1 = 10(x_1 + x_2) \tag{19.47}$$

再把这个等式代入室友1的预算约束中，就可以得到他的最优反应

$$x_1 = 15 - \frac{x_2}{2} \tag{19.48}$$

由于这个问题是对称的，室友2的最优反应函数为

$$x_2 = 15 - \frac{x_1}{2} \tag{19.49}$$

这两个最优反应函数可以很好地体现搭便车问题，如果一个室友购买了较多的CD，另一个室友购买CD的意愿就会降低。

联立(19.48)式和(19.49)式，可以解出$x_1^* = x_2^* = 10$，将计算结果代入(19.47)式中，可以得到$y_1^* = y_2^* = 200$。纳什均衡时的效用就是$U_1^* = U_2^* \approx 63.2$。

一种有效率的配置。我们知道有效率的公共品数量需要使得每个人的边际替代率等于商品价格之比。在这个例子中，室友i的MRS是

$$\text{MRS}_i = \frac{\partial U_i / \partial x}{\partial U_i / \partial y_i} = \frac{y_i}{x} \tag{19.50}$$

所以有效率的条件是

$$\text{MRS}_1 + \text{MRS}_2 = \frac{y_1}{x} + \frac{y_2}{x} = \frac{p_x}{p_y} = \frac{10}{1} \tag{19.51}$$

也即

$$y_1 + y_2 = 10x \tag{19.52}$$

把这个等式代入两人的总预算约束中

$$600 = 10x + y_1 + y_2 \tag{19.53}$$

就可以得到$x^{**} = 30$，$y_1^{**} + y_2^{**} = 300$(在这里变量的上标用了两颗星是为了区别纳什均衡结果)。假设每个室友各吃了一半的燕麦棒(150)，那么他们的效用为$U_1^{**} = U_2^{**} \approx 67.1$。

两种结果的比较。在纳什均衡中，消费的公共品(CD)数量太少。与纳什均衡相比，最优效率要求每个室友多购买5张CD。他们可以通过形成正式的或非正式的协议来达到多购买CD的目的，比如说，他们事先把钱拿出来，然后一起去购买CD，这样两个人的效用都会提高。如果缺少这样的协议，那么室友就会面临与囚徒困境相似的两难境地：纳什均衡的结果(都选择告发)帕累托劣于另一个结果(如果两人同时选择沉默，他们的效用都会更高)。

请回答：现在三个室友同住一屋，求解纳什均衡和最有效率配置的结果。从何种意义上说，参与人数量的增加会使得公共品问题变得更糟？室友人数的增加会如何影响他们执行合作协议的能力？

19.6　公共品的林达尔定价

公共品的一个重要的概念性的解决方法是由瑞典经济学家 E. 林达尔(E. Lindahl)在 20 世纪 20 年代提出的。[10] 林达尔的基本观点是:只要确信别人也在交税,消费者就可以通过自愿交税来购买公共品。特别地,林达尔假设政府会规定每个消费者要支付的公共品的成本的比例,而消费者会回应给政府他希望得到的公共品的水平。在简单的一般均衡模型中,消费者 A 被要求支付的比例为 α^A。在给定支付的比例后,政府会询问他希望得到的公共品的水平。为回答这个问题(该人是诚实的),他会选择公共品水平 x,以最大化自己的效用,则

$$\text{效用} = U^A[x, y^{A*} - \alpha^A f^{-1}(x)] \tag{19.54}$$

选择 x 以使效用最大化的一阶条件为

$$U_1^A - \alpha^A U_2^B\left(\frac{1}{f'}\right) = 0 \quad \text{或} \quad MRS^A = \frac{\alpha^A}{f'} \tag{19.55}$$

消费者 B 有类似的决策,他将选择公共品水平以满足

$$MRS^B = \frac{\alpha^B}{f'} \tag{19.56}$$

均衡将发生在 $\alpha^A + \alpha^B = 1$ 的地方。两个消费者希望的公共品的花费正好能产生足够的税收来购买这些公共品。因为在这种情形下,

$$MRS^A + MRS^B = (\alpha^A + \alpha^B)/f' = 1/f' \tag{19.57}$$

这个均衡是有效率的(参见 19.40 式)。所以,至少在概念上,林达尔解决了公共品问题。以每个消费者均衡时税赋的份额为价格,将使其选择最有效的公共品生产。

例 19.4　林达尔对室友困境的解决方法

林达尔定价提供了例 19.3 中室友购买 CD 问题的概念上的解决方法。如果政府(或社会传统)建议每个人付一半的费用来购买 CD,每个人就都面临着 5 美元的 CD 的价格。因为室友的效用函数意味着每个人总收入 300 美元的一半将用来买 CD,所以如果每个人都是诚实的,他们都会说希望有 15 张 CD。这样解为 $x^{**} = 30, y_1^{**} = y_2^{**} = 150$。这就是例 19.3 中的有效率的解。

这个解能够生效的前提条件是,政府能够完全了解室友的偏好,并且能够根据这一偏好提前设定各自的支付份额。在这个例子中,政府知道了室友的偏好类型是对称偏好,因此,政府可以设置对等的支付份额 $\alpha_1 = \alpha_2 = 1/2$,并且能够保证两个人都会诚实地向政府报告各自对公共品的需求 $x^{**} = 30$。但是,如果政府不能得知室友的偏好,那么政府就只能根据他们向政府提交的报告得出林达尔"均衡解"。当两个室友预期到他们的报告会影响最终的支付份额后,他们就都有激励去少报自己在给定林达尔价格后对公共品的需求。事实上,这种不真实的报告最终会回到例 19.3 中的纳什均衡结果。

请回答: 本例中,1∶1 的分摊来源于社会传统,事实上这种分摊的最优性是这个问题的一个特

⑩ 林达尔文章的节选可以参见 R. A. Musgrave and A. T. Peacock, Eds., *Classics in the Theory of Public Finance* (London: Macmillan, 1958)。

性。这种问题为什么会导致这样一个林达尔结果呢？在什么情况下，林达尔价格会导致不是 1∶1 分摊的情况呢？

19.6.1　林达尔解决方法的缺点

遗憾的是，林达尔的解决方法只是概念上的。我们在对公共品生产的纳什均衡检验和室友问题的例子中已经看到，在公共品问题中搭便车的激励很强。这个事实使得计算林达尔均衡分摊比例的必要信息很难得到，因为消费者知道他们的税赋比例将基于他们报告的对公共品的需求，所以他们有明确的激励来低报自己的偏好——人们期望别人会支付。这样，简单地询问人们对公共品的需求将无法得到真实的答案，而且似乎也很难设计出让人们说实话的机制，原因我们将在本章末尾说明。大体上，林达尔的解决方法仍是个可望而不可即的目标。

19.6.2　地方公共品

一些经济学家相信公共品的需求在地方级别是可以实现的[11]。因为有很多可供人们选择居住的社区，人们可以通过选择居住的社区来显示自己对公共品的偏好（即他们愿意支付的林达尔税赋比例）。当一种特别的税赋不是效用最大化时，人们在原则上可以用脚投票，搬到提供最优化的社区去住。在完全信息、零流动成本、社区数量足够多的情况下，林达尔解决方法在地方级别上可以实现。类似的讨论应用在其他类型的组织中（例如私人俱乐部），这些组织给他们的成员提供公共品——给定足够多种类的提供级别，就可以达到有效的均衡。当然，这里的假设似乎太强了，一点点对假设的放松就会导致无效率的情况，因为公共品需求的揭露本质上就是脆弱的。

例 19.5　环境外部性和公共品生产的关系

近些年，经济学家已经开始研究本章我们已经讨论过的两个问题之间的关系：外部性和公共品。这个检验的基本观点是从一般均衡的视角来求解这类问题，识别出整体上最有效率的解。在这里我们用第 13 章中描述的可以计算的一般均衡模型（参看例 13.4）来阐明这个观点。为了简化运算，我们假设这个经济中只有一个代表性的个人，他的效用函数为

$$\text{效用} = U(x,y,l,g,c) = x^{0.5}y^{0.3}l^{0.2}g^{0.1}c^{0.2} \tag{19.58}$$

其中我们在效用函数中加入了公共品（g）和洁净的空气（c），生产公共品的资金来源是劳动税。公共品的生产需要有资金和劳动力的投入，其生产函数为 $g = k^{0.5}l^{0.5}$；生产商品 y 会存在一定的外部性，洁净空气的数量为 $c = 10 - 0.2y$。商品 x 和 y 的生产函数以及 k 和 l 的禀赋都与例 13.4 中的设定一致。因此，我们的目标就是找到使效用最大化的资源配置方式。

基本情况：没有庇古税时的最优公共品生产。如果在这个问题中没有采取措施以控制外部性，那么最优的公共品生产水平为 $g = 2.93$，相应的劳动税的税率为 0.25，商品 y 的产量为 29.7，洁净空气的数量则为 $c = 10 - 5.94 = 4.06$。这种情形下的整体效用为 $U = 19.34$，这是在不对外部性进行管制的情况下能够获得的最大效用。

庇古税。正如图 19.1 所建议的，对商品 y 的生产收取单位税能在一定程度上改善这个问题。

---

[11] 参见 C. M. Tiebout, "A Pure Theory of Local Expenditures," *Journal of Political Economy* 64（October 1956）：416—424。

例如,当单位税税率为0.1时,商品 y 的产量降低为 $y=27.4(c=10-5.48=4.52)$,获得的税收收入被用来使公共品的生产量增加为 $g=3.77$。整体效用也增加为 $U=19.38$。通过准确指明庇古税的使用方式,一般均衡模型就能得出一个更完整的对福利效应的描述。

环境税的"双重红利"。然而,刚才描述的解决方案也并不是最优的。在这个例子中,由于环境税收收入全部用于公共品的生产,公共品的产量过高了。事实上,模拟实验得出,为了实现最优,需要把劳动税税率降至0.20,同时把公共品的产量降为 $g=3.31$。做出这些改变后,整体效用进一步提高为 $U=19.43$。有时这个结果也被称为环境税的"双重红利"——这些税收不仅降低了外部性(现在 $c=10-5.60=4.40$),由此获得的额外政府收入还使得降低其他扭曲性税收的税率成为可能。

请回答:在劳动税税率为0.25的水平上,为什么随着劳动税税率的下降,洁净空气的数量会产生微量降低?更一般地,说明环境税是否一定能够产生双重红利。

19.7 投票和资源配置

在许多情况下,投票被视为一种社会决策的程序。在一些例子中,个人对于政策问题直接投票。例如,在一些新英格兰城镇会议、许多全国范围的公民投票(比如加利福尼亚州在1977年代号"13"的计划),以及瑞士许多国家政策的制定中,情况都是如此。许多较小的组织与俱乐部在公共决策程序中也采用直接投票,比如农民合作社、大学教师联合会、"扶轮国际"的地方分社,等等。不过,在其他情况下,人们也发现使用代议制的形式可能更方便,在这种形式下,个人直接投票只是为了选举政治代言人,然后,这些政治代言人负责就政策问题做出决策。我们将从对直接投票进行分析开始研究社会选择理论。直接投票是一个重要的题目,这不仅是由于直接投票适用于许多情况,而且也因为当选的政治代言人常常也要进行直接投票(例如,在美国国会),我们将要说明的理论在这些地方都是适用的。

19.7.1 多数原则

因为大多数的选举是在多数原则的基础上进行的,所以,我们通常把这种程序视为进行社会选择的一个自然的,也许是最优的方法。然而,仅仅做一个粗略的考察就能够表明,一个政策只要得到50%的选票就能通过,这样一个规则并没有任何特别神圣的地方。例如,对于美国的宪法,只有2/3的州投票同意,宪法的修正案才能生效。在美国的国会,必须有60%的投票才能限制对有争议问题的辩论。而在一些制度下,公共决策可能要求一致同意。我们关于林达尔均衡概念的讨论表明,可能存在税收份额的某种分配,使得公共品得到一致的支持。不过,达到这种一致同意可能会受到搭便车问题的阻挠。检验那些使结果偏离一致通过的少量其他决策意见将使我们离题太远,因此,在关于投票的整个讨论中,我们都将假定决策是按多数原则做出的。读者也许愿意自己去思考一下在什么情况下决策所需的比例要高于50%。

19.7.2 投票悖论

在18世纪80年代,法国社会理论家M.康多塞注意到多数原则投票制度的一个重要特点是:它们可能达不到均衡,相反,会在各种选择之间循环。康多塞悖论在表19.2的简单事例中能得到说明。假设有三个投票人(史密斯、琼斯与富德)在三个政策方案中进行选择。为了后面分析的需要,我们假定政策方案代表了对于某一特殊公共品的三个支付水平(A为低,B为中,C为高)。不过,即便备选方案没有这种形式的排序,康多塞悖论仍会出现。史密斯、琼斯与富德关于三个政策方案的偏好用不等号表示。也就是说,这些符号表示史密斯认为A好于B、琼斯认为B好于A,等等。在表19.2中描述的偏好产生了康多塞悖论。

考虑在A方案与B方案之间进行的选择。由于A方案有史密斯与富德赞成,仅琼斯反对,所以,A会被选中。在A方案与C方案之间选择,将会选中C,同样是2票对1票。但在对C与B的投票中,却会选中B,我们回到了问题的最初。于是,社会选择就在这三个方案中无止境地循环下去。在后面的投票中,最初做出的任何选择都会被一个其他的方案击败,永远也不会达到均衡。在这种情况下,最终选择的方案将依赖于似乎并不相关的问题,例如投票何时中止,或条款如何按议事日程安排,而不是用理性的方法从投票人的偏好中得到。

表19.2 产生投票悖论的偏好

选择:A——低支付
B——中支付
C——高支付

	史密斯	琼斯	富德
偏好	A	B	C
	B	C	A
	C	A	B

19.7.3 单峰偏好和中间投票人定理

康多塞投票悖论之所以会产生,是因为投票人的偏好在一定程度上具有不可调和性。也许有人因此会问:对于偏好类型的限制是否会使均衡投票的结果更容易出现呢?关于这种可能性的一个基本结论由邓肯·布莱克(Duncan Black)于1948年发现。[12] 布莱克表明,均衡投票结果总是出现在所投票的问题是一维的(比如要在公共品上花多少钱的问题),以及投票人的偏好是"单峰的"情况下。为了理解单峰概念意味着什么,我们要再一次考虑康多塞悖论。在图19.3中,通过给方案A、B、C赋予能使其具有与表19.2记录的偏好相一致的效用数值,我们就可以说明会引致悖论出现的偏好。对于史密斯与琼斯来说,当公共品支出水平上升时,他们的偏好是单峰的,仅有一个局部的效用最大化选择(对于史密斯是A,对于琼斯是B)。但在另一方面,富德的偏好却有两个局部最大化(A和C)。正是这些偏好导致了循环投票。如果富德的偏好如图19.3中的虚线所示(现在在图中C是唯一的局部效用最大化点),就不再有悖论了。在本例中,方案B会以2:1的投票结果击败方案A与C,所以,会选择B。此时,B是"中间"投票人(琼斯)所偏好的选择,即中间投票人琼斯的偏好位于史密斯的偏好与富德调整后的偏好"之间"。

布莱克的结果是相当具有普遍性的,适用于任何数量的投票人。如果选择都是单一维度的[13],并且偏好是单峰的,那么,多数原则将会选出中间投票人最为偏好的方案。因此,投票人的偏好将可以决定什么样的社会选择得以做出。这个结果是很多政治模型的起点。在这种模型中,

---

[12] 参见Black,D. "On the Rationale of Group Decision Making." *Journal of Political Economy*(February 1948):23—24。

[13] 结果可以一般化为多维政策的模型,只要人们对这些政策的偏好可以用一维表示。

中间投票人的偏好决定了政治决策——可能是因为中间投票人决定了哪种政策在直接选举中得到多数票,也可能是因为在竞争选举中,竞选人将必须调整政策以争取中间选民。

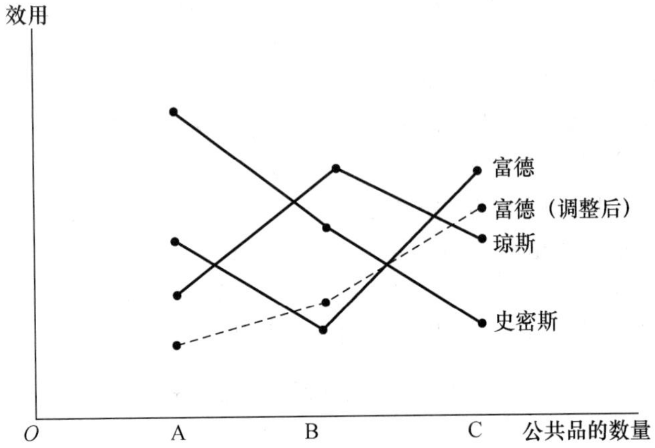

图 19.3　单峰偏好与中间投票人定理

本图说明了表 19.2 中的偏好。史密斯与琼斯的偏好都是单峰的,但富德的偏好却有两个局部峰值,这就产生了投票悖论。如果富德的偏好是单峰的(如虚线所示),则中间投票人(琼斯)所偏好的方案 B 将被选择。

19.8　简单政治模型

为了说明中间投票人定理如何应用到政治过程中,假设一个社区有 n 个投票人,每人收入为 y_i。每个人的效用取决于他消费的私人物品(c_i)和公共品(g),假设效用函数的可加性

$$\text{第 } i \text{ 个人的效用} = U_i = c_i + f(g) \tag{19.59}$$

其中 $f_g > 0, f_{gg} < 0$。

每个投票人必须向政府交纳收入税。税额与收入成比例,税率为 t。这样每个人的预算约束为

$$c_i = (1 - t)y_i \tag{19.60}$$

政府同样有预算约束

$$g = \sum_1^n t y_i = tny^A \tag{19.61}$$

其中 y^A 是所有人的平均收入。

给定这些约束,第 i 个人的效用可以写为他对 g 的选择的函数

$$U_i(g) = (y^A - g/n)y_i/y^A + f(g) \tag{19.62}$$

第 i 个人的效用最大化使他对公共品的花费满足

$$\mathrm{d}U_i/\mathrm{d}g = \frac{-y_i}{ny^A} + f_g(g) = 0 \text{ 或 } g = f_g^{-1}\left(\frac{y_i}{ny^A}\right) \tag{19.63}$$

这说明对 g 的期望的花费与收入成反比,因为(在这个模型中)g 带来的好处与收入无关,但税赋随收入增加而增加,因为高收入者与低收入者相比只能从公共支出中得到较小的净收益。

19.8.1 中间投票人均衡

假设 g 由多数投票规则决定,它的水平将最终是中间投票人所期望的。在这个例子中,人们的偏好与收入成反比,所以 g 将被决定在中等收入(y^m)所希望的水平。任何其他水平的 g 不能达到50%的票数。所以,g 的均衡为

$$g^* = f_g^{-1}\left(\frac{y^m}{ny^A}\right) = f_g^{-1}\left[\left(\frac{1}{n}\right)\left(\frac{y^m}{y^A}\right)\right] \tag{19.64}$$

一般地,收入的分布在实际上是右斜的。在这样的收入分布下,$y^m < y^A$,收入分布斜度越大,两种分布间的差距就越大。在(19.64)式中,这意味着在其他条件不变的情况下,收入分布越不平等,税率会越高,公共品上的花费会越大。相似地,当法律给贫穷的人们更多投票权时,公共品上的花费也会增加。

19.8.2 中间投票人结果的最优性

虽然中间投票人定理给出了一些有趣的关于投票结果的实证预期,但这些结果的规范意义却很难说清。在这个例子中,结果很明显和林达尔的自发均衡不同——高收入的投票人不会自愿接受被强加的税赋。⑭ 这个结果也不一定服从于几个简单的福利标准。例如,在功利社会福利标准下,g 的选择将使效用和最大化

$$SW = \sum_{i=1}^{n} U_i = \sum_{i=1}^{n}\left[\left(y^A - \frac{g}{n}\right)\frac{y_i}{y^A} + f(g)\right] = ny^A - g + nf(g) \tag{19.65}$$

g 的最优选择可以通过微分得到:

$$\frac{\mathrm{d}SW}{\mathrm{d}g} = -1 + nf_g = 0$$

或

$$g^* = f_g^{-1}\left(\frac{1}{n}\right) = f_g^{-1}\left[\left(\frac{1}{n}\right)\left(\frac{y^A}{y^A}\right)\right] \tag{19.66}$$

这说明一个功利者 g 的选择将等于收入为平均收入的人的选择。因为 $y^m < y^A$,这里得到的 g 将比中间投票人的选择小。在例19.6中,我们将对这一点做进一步的分析,说明其如何应用在政府转移支付的政策上。

例19.6 对转移支付的投票决策

假设人们在考虑一项政策,这种政策通过对每个人按收入成比例征税,最后一次性地转移支付给每个人相等的数量。如果我们记每个人得到的转移支付为 b,每个人的效用为

$$U_i = c_i + b \tag{19.67}$$

政府的预算约束为

$$nb = tny^A \quad 或 \quad b = ty^A \tag{19.68}$$

对于收入大于平均值的投票人,$b=0$ 时效用最大,因为这样的投票人从转移支付中得到的钱会比缴纳的税金少。不论税率是多少,每一个少于平均收入的人都将因转移支付而受益。这种人(包

⑭ 尽管当 g 带来的收益与收入成比例时(我们前面假设 g 带来的收益与收入无关),他们也可能接受这种结果。

括决定性的中间投票人）将选择 $t=1, b=y^A$。他们希望通过税收系统得到完全平等的收入。这样的税收计划是不现实的——因为100%的税率将产生极大的负的工作激励，使平均工资降低。

考虑到这种激励效应，假设⑮每个人的收入由两部分组成，一部分 $[y_i(t)]$ 受税率影响，另一部分 (n_i) 与税率无关。并假设 n_i 的平均值为0，但其分布右斜，故 $n_m<0$。第 i 个人的效用为

$$U_i = (1-t)[y_i(t)+n_i]+b \tag{19.69}$$

假设每个人首先通过控制影响 $y_i(t)$ 的变量（例如劳动供给）来最大化效用，得到他关于 t 和 b 的政治决策的最优化的一阶条件⑯为（利用（19.68）式中的政府预算约束）

$$\frac{dU_i}{dt} = -n_i + t\frac{dy^A}{dt} = 0 \tag{19.70}$$

对于第 i 个人的最优税率为

$$t_i = \frac{n_i}{dy^A/dt} \tag{19.71}$$

假设"多数规则"下的政治竞争将选择中间投票人青睐的政策，则均衡税率为

$$t^* = \frac{n_m}{dy^A/dt} \tag{19.72}$$

因为 n_m 和 dy^A/dt 都是负的，这种税率将是正的。n_m 离平均值越远（即收入的分配越不平等），税率就越大。类似地，税收的扭曲效应越大，税收的最优值越小。这个模型提出了关于现实世界中分配问题的一些很强的可检验的结论。

请回答：累进税对模型中的 t^* 会起到增加还是减少的作用？

19.9 投票机制

在多数投票规则中出现的问题有一部分是由于这一类的投票没有传递出与投票人对公共品估值有关的足够信息。这种情况与前面章节中学习的不对称信息有很多相似之处。在这里，政府并不能完全得到投票人对税收支出方案估值相关的信息。如果能够通过设计出相应的机制来鼓励投票人透露更多的估值信息，资源配置就能得到改善。在这一节中，我们将考察两种相关的投票机制。这两种机制都是基于维克瑞第二价格密封投标拍卖（参看第18章）的思路设计的，即决策者在计算时还要考虑其他投标人估值的信息，以得到一个更能反映真实估值的结果。

19.9.1 格拉夫机制

1973年，T. 格拉夫（T. Groves）发表了一篇著名的论文，将维克瑞的想法推广到公共品的需求问题。⑰ 为了说明这种机制，假设只有一种公共品，在 n 个个人形成的群体中，第 i 个人对它的（不可观察的）净估值为 v_i。在公共品被提供时，每个人被保证得到的直接转移支付为

⑮ 参见 T. Romer, "Individual Welfare, Majority Voting, and the Properties of a Linear Income Tax," *Journal of Public Economics*（December 1978）：163—168。该文提供了一个更简单的模型。

⑯ 因为个人效用最大化的假设，（19.70）式可以由（19.69）式通过求微分达到，其中 $dy_i/dt=0$。

⑰ T. Groves, "Incentives in Teams," *Econometrica*（July 1973）：617—631.

$$t_i = \sum_{j \neq i} \tilde{v}_j \tag{19.73}$$

其中 $\tilde{v}_j$ 代表第 j 个人报告的估值,而求和过程是把除 i 以外所有人报告的估值加总。而不提供公共品时,每个人得到的转移支付为0。

在这个设定下,第 i 个人面临的问题是宣布适当的他自己的估值以达到效用最大化。

$$效用 = v_i + t_i = v_i + \sum_{j \neq i} \tilde{v}_j \tag{19.74}$$

当且仅当公共品增加效用(也就是说, $v_i + \sum_{j \neq i} v_j > 0$)时,每个个人才会希望政府实施项目。但每个人知道只有 $\sum_{i=1}^{n} \tilde{v}_i > 0$ 时,政府才会实施这个项目。所以,效用最大化的策略是选择 $\tilde{v}_i = v_i$。所以,格拉夫机制可以实现让每个人真实地报告自己对项目的估值。

19.9.2 克拉克机制

E. 克拉克(E. Clarke)在20世纪70年代初也提出了一个类似的机制。[18] 这个机制同样需要向个人询问他对公共项目的净估值,不过与格拉夫机制不同的是,克拉克机制主要关注"关键投票人"——关键投票人是指他们报告的估值能够改变总体估值的正负。对于非关键投票人,克拉克机制下的综合转移或税赋为零,即认定非关键投票人报告的估值不会改变决策和(零)支付,所以非关键投票人会倾向于报告真实估值。关键投票人将支付一个税(或者是转移支付),这个税很像庇古税,克拉克机制利用这个税来鼓励关键投票人说真话。下面来看这个机制是如何起作用的。首先假设由非关键投票人报告的净估值总和为负($\sum_{j \neq i} \tilde{v}_j < 0$),不过只要第 i 个人报告出真实的估值,这个项目就能被接受($v_i + \sum_{j \neq i} \tilde{v}_j > 0$)。所以,和格拉夫机制一样,向第 i 个人转移 $t_i = \sum_{j \neq i} \tilde{v}_j$ (在这个例子中是一个负值,可以理解为一种税收),就可以激励关键投票人报告 $\tilde{v}_i = v_i$。同样,如果非关键投票人对项目的估值为正($\sum_{j \neq i} \tilde{v}_j > 0$),但关键投票人 i 不希望项目被执行,那么通过向 i 转移 $t_i = \sum_{j \neq i} \tilde{v}_j$ (在这里则是正的)同样能够鼓励他报告 $\tilde{v}_i = v_i$。总之,克拉克机制也是事实揭露的。注意到在这个例子中,转移支付发挥的作用与庇古税在解决外部性问题中发挥的作用很相似。如果其他投票人不希望项目被执行,那么关键投票人 i 就必须为他们提供一定的补偿以保证项目会被接受。反过来,如果其他投票人都支持项目,那么关键投票人 i 就必须表现出足够坚持自己的反对意见,让其他投票人不能通过"贿赂"改变 i 的选择。

19.9.3 一般化

我们之前描述的投票方案可以称为VCG机制,这些机制是由三个经济学家(Vickrey、Clarke 和 Groves)首先提出的。现在,对这些机制的研究已经扩展到多政府项目、投票均衡概念和无限投票人假设中。但我们在这个扩展中一直使用的一个隐含的假设是不大可能被一般化的,即这里考虑的效用函数都是拟线性效用函数。这个关于偏好的假设是否提供了对实际政治过程的合理近似,是值得我们讨论的。

---

[18] E. Clarke, "Multipart Pricing for Public Goods," *Public Choice* (Fall 1971):19—33.

小结

本章中,我们研究了某种商品消费或生产过程中产生的外部效应(或溢出效应)所引起的市场失灵。在某些情况下,可以在市场中设计能够处理这些外部性的机制,不过,这些办法也受到种种限制。我们已经研究的一些特定问题如下。

- 由于私人边际成本和社会边际成本的不同,外部性会引起资源的误配置。对于这种成本上的差异,传统的解决办法包括:让受影响的当事人合并,或采用适当的(庇古式的)税收或补贴。
- 如果交易费用不大,受外部性影响的各当事人之间的私下讨价还价就会使社会成本与私人成本达成一致。资源在这种情况下能够有效配置的证明有时被称为科斯定理。
- 基于非排他性(即没有人能被排除在对这种产品的消费之外),公共品对消费者提供益处。公共品是非竞争性的通常也因它们为新增一个使用者服务的边际成本为零。
- 由于没有任何一个单一的买主能占有公共品所提供的全部益处,私人市场对于公共品的资源配置趋于不足。
- 林达尔最优税收分配的安排能使生产公共品的资源有效配置。不过,关于这些税收分配的计算需要得到大量信息,而人们有激励去隐瞒这类信息。
- 多数投票原则不一定能够有效地为公共品配置资源。中间投票人定理能够有效地评估特定情形下多数投票原则产生的实际结果。
- 现在已经发展出一些事实揭露型的投票机制。不过这些机制在不同假设下的稳健性以及实际应用中的可行性还是未解决的问题。

练习题

19.1

一个完全竞争行业中的一家厂商首创了一种制作小机械品的新技术。新技术使厂商的平均成本曲线下移,这意味着这家厂商自己(尽管仍是一个价格接受者)能在长期获得真正的经济利润。

a. 如果每件小机械品的市场价格是 20 美元,厂商的边际成本曲线为 $MC = 0.4q$,其中 q 是厂商每天的小机械品产量,厂商将生产多少小机械品?

b. 假定政府的研究发现厂商的新技术污染空气,并且估计厂商生产小机械品的社会边际成本是 $SMC = 0.5q$。如果市场价格仍为 20 美元,该厂商的社会最优生产水平是多少?为了实现这个最优生产水平,政府应征收多大比率的税收?

c. 用图形表示你的结果。

19.2

在 Pago 岛上,有两个湖和 20 个垂钓者。每个垂钓者可以在任意一个湖上垂钓。在 x 湖上,被钓到的鱼的总数量由下式给出

$$F^x = 10l_x - \frac{1}{2}l_x^2$$

这里,l_x 是在湖上垂钓的人数。y 湖的钓鱼数量为

$$F^y = 5l_y$$

a. 在协会的组织下,钓到的鱼的总数会是多少?

b. Pago 岛的管理者曾经读过一本经济学的书,认为通过限制在 x 湖上垂钓的人数可以增加钓到的鱼的数量。为了最大化总的钓鱼量,被准许在 x 湖上垂钓的人数应是多少?在这种情况下钓到的鱼的总量是多少?

c. 与强制机制相反,管理者决定发放在 x

湖上垂钓的执照。如果发放执照会带来最优的人力配置,那么,(为了垂钓而)获取执照的费用应该是多少?

d. 解释这个问题如何揭示了产权和外部性之间的联系。

19.3

假设乌托邦的石油工业是完全竞争的,所有的企业都在一个(不会耗竭)油田上抽油。假定每个竞争者都认为他能以稳定的世界市场价格(每桶 10 美元)出售其生产的全部石油,而每年维持一口油井的经费是 1 000 美元。

油田每年的总产出(Q)是油田中工作的油井数(n)的函数。有

$$Q = 500n - n^2$$

并且,每口油井的产油量(q)由下式得出

$$q = \frac{Q}{n} = 500 - n$$

a. 描述在这种完全竞争情况下的均衡产出和均衡油井数。在行业中私人边际成本和社会边际成本是否存在差异?

b. 假定现在政府对油田实行国有化。应该有多少口油井投入运营?总产出将是多少?每口井的产出将是多少?

c. 作为国有化之外的一种选择,乌托邦政府正在考虑用对每口油井征收执照年费的办法来抑制过度开采。如果要促使这个行业开采最佳数量的油井,这种执照费应为多少?

19.4

关于产品安全有很多法律争论。两种极端的情况是"商品售出,概不退换"(让买主小心)和"包退包换"(让卖主小心)。在前一种的情况下,生产者对其产品的安全没有责任,买主承担全部损失。在后一种情况下,上述责任安排刚好相反,厂商依照法律对因产品不安全而引致的损失负完全责任。请运用简单的供求分析方法,讨论这种责任安排将会对资源配置产生什么影响。如果厂商严格依照法律,会生产出安全的产品吗?可能出现的信息不对称会对你的结果产生什么影响?

19.5

假定一垄断者引致了有害的外部性。请使用消费者剩余的概念分析对污染者征收最优税收对于改善福利是否是必需的。

19.6

假定社会上只有两个人。对某甲,蚊虫控制的需求曲线为

$$q_n = 100 - p$$

对某乙为

$$q_b = 200 - p$$

a. 假定蚊虫控制是纯公共品,即一旦生产出来,每个人都会从中受益。如果它能以每单位 120 美元的不变边际成本得到,其最优水平是多少?

b. 如果蚊虫控制由私人市场来进行,又会提供多少?你的答案是否取决于每个人都假定其他人会进行蚊虫控制?

c. 如果政府提供最优的蚊虫控制规模,这将花费多少?如果个人按其从蚊虫控制中所得的好处的比例去分担费用,税收将怎样在两个人之间分配?

19.7

设一个经济生产一种公共品 y、一种私人商品 x,其生产可能性边界为

$$x^2 + 100y^2 = 5\,000$$

这个经济中有 100 个相同的人,每个人的效用函数为

$$效用 = \sqrt{x_i y}$$

其中 x_i 是消费者享受的私人商品的数量($= x/100$),注意,公共品是非排他的,每个人享受的数量都等于生产水平。

a. 如果商品 x, y 的市场是完全竞争的,这些商品各会生产多少?每个人的效用会是多少?

b. 商品 x, y 的最优生产水平是多少?此时每人的效用水平是多少?如何对 x 商品的消费征税才能得到这种结果?提示:这个问题的结果不是整数,只需得到近似的结果。

分析问题

19.8 了解更多林达尔均衡的知识

在本章中对公共品的分析使用了只有两个消费者的模型。这个结果可以推广到 n 个人。

a. n 个人的经济中,公共品有效生产的条件是什么?解释在这些条件中反映出来的公共品的特点。

b. 提供公共品给 n 个人的纳什均衡是什么?解释这个均衡为什么是无效率的。为什么公共品的供给不足比在两个人的经济中更严重?

c. 林达尔的解决方法如何推广到 n 个人的情况?在这个更复杂的模型中一定存在林达尔均衡解吗?

19.9 对污染征税

假设有 n 个企业生产同样的商品,但它们的生产函数不同。这些企业的产出只由劳动力投入决定,所以生产函数可以写为 $q_i = f_i(l_i)$。企业在生产过程中会造成一定的污染,各个企业产生的污染量是其劳动力投入的函数 $g_i(l_i)$。

a. 假定政府想设置一个总污染上限 K,那么企业间最有效率的劳动力配置是怎样的?

b. 依据企业的产量对企业征收统一的庇古税能否实现 a 中描述的有效率的资源配置?

c. 假定政府不是根据企业的产量征税,而是对每单位污染征收庇古税。那么应该怎样制定税收?这一税收能否实现 a 中描述的资源配置?

d. 这道题对采取污染控制策略有什么启示?想了解更多相关的内容,可以阅读本章的扩展部分。

19.10 投票交易

假定社会上有三个人要对三种社会状态(A、B 与 C)排序。对于下述每一个社会选择方法,请至少举一个例子说明 A、B、C 的社会排序结果要么是非传递的(正如投票悖论描述的那样),要么是不能确定的。

a. 没有选票交易的多数原则。

b. 存在选票交易下的多数原则。

c. 用记点的办法投票,在这种情况下,每个投票者对每个方案可以给出 1、2、3 点,总点数最高的方案被选中。

19.11 失业保障的公共选择

假设消费者明年被解雇的概率为 u。如果他们被解雇,则会得到失业保障 b,如果他们仍被雇用,则工资为 $w(1-t)$,其中 t 是用来支付失业保障的税率。政府用于支付失业保障的预算约束为 $ub = tw(1-u)$。

a. 假设每个人的效用函数为 $U = (y_i)^\delta/\delta$,其中 $1-\delta$ 度量了不变的相对风险厌恶。使其效用最大化的 b、t 为多少呢?

b. 效用最大化时对 b、t 的选择如何对失业率 u 的变化做出反应?

c. 效用最大化时对 b、t 的选择如何对风险厌恶的参数 δ 的变化做出反应?

19.12 概率投票

概率投票是一种模型化投票过程的方式,它能够把连续性引入到个人的投票决策中。通过这种方式,我们就能在计算中使用微积分工具。下面介绍概率投票的一种简单形式。假设有 n 个投票人和两个候选人(A 和 B)。每个候选人都进行竞选演说,并向各个投票人承诺一个净收益或者净损失。这些演说记为 θ_i^A 和 θ_i^B,其中 $i=1,\cdots,n$。投票人 i 会给 A 投票的概率为 $\pi_i^A = f(U_i(\theta_i^A) - U_i(\theta_i^B))$,其中 $f'>0>f''$。投票人 i 会给 B 投票的概率为 $\pi_i^B = 1-\pi_i^A$。

a. 在给定每个候选人约束 $\sum_i \theta_i^A = \sum_i \theta_i^B = 0$ 的条件下,各候选人会选择怎样的演说策略以最大化他赢得选举的概率?

b. 对于两个候选人,是否存在纳什均衡的演说策略?

c. 候选人采取的演说策略是不是社会最优的策略,也就是说,他们的策略能够最大化功利主义的社会福利吗?(社会福利等于 $SW = \sum_i U_i(\theta_i)$。)

推荐阅读材料

Alchian, A., and H. Demsetz. "Production, Information Costs, and Economic Organization." *Amercan Economic Review* 62 (December 1972):777—795.
该文运用外部性的观点发展了经济组织理论。

Barzel, Y. *Economic Analysis of Property Rights*. Cambridge: Cambridge University Press, 1989.
该书使用了产权的分析范式阐述经济问题，并使用图形方法对其进行了分析。

Black, D. "On the Rationale of Group Decision Making." *Journal of Political Economy* (February 1948):23—24. Reprinted in K. J. Arrow and T. Scitovsky, Eds., *Readings in Welfare Economics*. Homewood, Ill.: Richard D. Irwin, 1969.
该书是关于"中间投票人"定理的早期发展。

Buchanan, J. M., and G. Tullock. *The Calculus of Consent*. Ann Arbor: University of Michigan Press, 1962.
该书对不同投票程序的性质进行了经典的分析。

Cheung, S. N. S. "The Fable of the Bees: An Economic Investigation." *Journal of Law of Economics* 16 (April 1973):11—33.
该文利用华盛顿州的私人市场对著名的蜜蜂—果园所有者的外部性问题做了实证研究。

Coase, R. H. "The Market for Goods and the Market for Ideas." *Amercan Economic Review* 64 (May 1974): 384—391.
该文对"理想市场"的外部性与管制的概念进行了分析。

Coase, R. H. "The Problem of Social Cost." *Journal of Law and Economics* 3 (October 1960):1—44.
该文是关于外部性的一篇经典文献，文中有许多有意思的历史法律方面的案例。

Cornes, R., and T. Sandler. The Theory of Externalities, *Public Goods, and Club Goods*. Cambridge: Cambridge University Press, 1986.
该书对本章提出的许多问题做了很好的理论上的分析，书中还讨论了规模报酬、外部性与俱乐部商品之间的联系。

Demsetz, H. "Toward a Theory of Property Rights." *American Economic Review, Papers and Proceedings* 57 (May 1967):347—359.
该文对于如何定义产权的理论做了一定的发展。

Mas-Colell, A., M. D. Whinston, and J. R. Green. *Microeconomics Theory*. New York: Oxford University Press, 1995。
该书第 11 章在很多地方与本章相同，但方法更加抽象。

Olson, M. *The Logic of Collective Action*. Cambridge, MA: Harvard University Press, 1965.
该书分析了个人激励对于他们从事集体行动意愿的影响，书中有许多引人入胜的例子。

Persson, T., and G. Tabellini. *Political Economics: Explaining Economic Policy*. Cambridge, MA: MIT Press, 2000.
该书完整地总结了近期提出的政治选择问题的模型。包括投票模型和一些制度框架问题。

Posner, R. A. *Economic Analysis of Law*. 5th ed. Boston: Little Brown, 1998.
该书在许多方面是法律与经济学领域的"圣经"，从经济学的角度看，Posner 的观点并不总是正确的，但常常是有趣且有挑战性的。

Samuelson, P. A. "The Pure Theory of Public Expenditures." *Review of Economics and Statistics* 36 (November 1954):387—389.
该文提出了关于公共品生产的有效条件的经典表述。

第2章扩展　二阶条件和矩阵代数

本章提及的二阶条件如果用矩阵工具来表达就会比较简练。这里我们对其做简单介绍。矩阵记号在别的章节的扩展部分和练习题中还要继续用到。

矩阵代数背景

本节是建立在读者对矩阵代数有基本了解的基础上，对其进行简单回顾：

1. 一个 $n \times k$ 阶矩阵 $\boldsymbol{A}$，是一个由数值按以下形式排成的长方形：

$$\boldsymbol{A} = [a_{ij}] = \begin{bmatrix} a_{11} & a_{12} & \cdots & a_{1k} \\ a_{21} & a_{22} & \cdots & a_{2k} \\ \vdots & & & \\ a_{n1} & a_{n2} & \cdots & a_{nk} \end{bmatrix}$$

其中 $i = 1, 2 \cdots n$；$j = 1, 2 \cdots k$。相同大小的矩阵可以相加、相减。行数和列数相等的矩阵可以相乘。

2. 如果 $n = k$，则称 $\boldsymbol{A}$ 是一个方阵。如果方阵 $\boldsymbol{A}$ 满足 $a_{ij} = a_{ji}$，则称 $\boldsymbol{A}$ 为对称矩阵。如果 $n \times n$ 的方阵满足 $\begin{cases} a_{ij} = 1 (i = j) \\ a_{ij} = 0 (i \neq j) \end{cases}$，则称之为单位矩阵，记作 $\boldsymbol{I}$。

3. 方阵的**行列式（determinant）**（记作 $|\boldsymbol{A}|$）是一个纯数，是通过某种方法算出来的。如果 $\boldsymbol{A}$ 是 2×2 的方阵

$$|\boldsymbol{A}| = a_{11}a_{22} - a_{21}a_{12}$$

比如 $\boldsymbol{A} = \begin{bmatrix} 1 & 3 \\ 5 & 2 \end{bmatrix}$，则

$$|\boldsymbol{A}| = 2 - 15 = -13$$

4. 对于方阵 $\boldsymbol{A}$，如果存在矩阵 $\boldsymbol{B}$ 使得 $\boldsymbol{AB} = \boldsymbol{I}$，则称 $\boldsymbol{B}$ 是 $\boldsymbol{A}$ 的*逆矩阵*（inverse），记为 $\boldsymbol{A}^{-1}$。并非每一个矩阵都有逆矩阵，$\boldsymbol{A}$ 存在逆矩阵的充要条件是 $|\boldsymbol{A}| \neq 0$。

$$\boldsymbol{A} \cdot \boldsymbol{A}^{-1} = \boldsymbol{I}n$$

5. 方阵 $\boldsymbol{A}$ 的前 p 行 p 列构成的行列式称为*顺序主子式*（leading principal minors），比如 $\boldsymbol{A}$ 是 2×2 的方阵，则其第一个顺序主子式是 a_{11}，第二个是 $a_{11}a_{22} - a_{21}a_{12}$。

6. 如果一个 $n \times n$ 的方阵 $\boldsymbol{A}$ 的全部顺序主子式都是正的，则称之为*正定*（positive definite）矩阵。如果第一个顺序主子式为负，其余的符号依序交错，则称之为*负定*（negative definite）矩阵。①

7. 一个常用的对称矩阵是*海塞矩阵*（Hessian matrix），它由函数的全部二阶偏导数构成。如果 f 是 n 元二阶可微函数，则其海塞矩阵是

$$\boldsymbol{H}(f) = \begin{bmatrix} f_{11} & f_{12} & \cdots & f_{1n} \\ f_{21} & f_{22} & \cdots & f_{2n} \\ \vdots & & & \\ f_{n1} & f_{n2} & \cdots & f_{nn} \end{bmatrix}$$

下面用这些符号重新研究二阶条件的问题。

E2.1　凸函数和凹函数

总在切平面之下（或与之重合）的函数叫凹函数，总在切平面之上（或与之重合）的函数叫凸函数。函数的凹凸性是由其二阶导数决定的。对于一元函数 $f(x)$，对二阶导数的要求是比较显而易见的。用泰勒公式在 x_0 点展开，可以得到

$$f(x_0 + \mathrm{d}x) = f(x_0) + f'(x_0)\mathrm{d}x + f''(x_0)\frac{\mathrm{d}x^2}{2} + \text{高阶量}$$

① 如果某些顺序主子式值为零，我们称其为半正定或半负定的矩阵。为了简化讨论，这里不再涉及此概念。

假设高阶量等于0，只要$f''(x_0)\leqslant 0$，就有

$$f(x_0+\mathrm{d}x)\leqslant f(x_0)+f'(x_0)\mathrm{d}x$$

只要$f''(x_0)\geqslant 0$，就有

$$f(x_0+\mathrm{d}x)\geqslant f(x_0)+f'(x_0)\mathrm{d}x$$

而不等号的右边是过x_0点的切线的表达式。所以显然只要$f''(x_0)\leqslant 0$，函数就是(局部)凹的，只要$f''(x_0)\geqslant 0$，函数就是(局部)凸的。

把上面这个直观的结论推广到多元函数时，表达式就会又长又不直观，但是用矩阵工具表示就会稍微简单些。只要多元函数的海塞矩阵是负定的，它就是凹函数；海塞矩阵是正定的，它就是凸函数。和一元函数情形类似，这个条件是用来保证不管以什么方向偏离原点，函数值的改变方向都是一致的。②

如果$f(x_1,x_2)$是二元二阶可微函数，则其海塞矩阵为

$$\boldsymbol{H}=\begin{bmatrix}f_{11} & f_{12}\\ f_{21} & f_{22}\end{bmatrix}$$

当$f_{11}<0$且$f_{11}f_{22}-f_{21}f_{12}>0$时，海塞矩阵负定。这恰好是本章的(2.98)式。对于更多元的情况本结论也适用。

例

本章健康状况的那个函数((2.29)式)的海塞矩阵是

$$\boldsymbol{H}=\begin{bmatrix}-2 & 0\\ 0 & -2\end{bmatrix}$$

其第一、第二顺序主子式分别是

$$\boldsymbol{H}_1=-2<0$$

$$\boldsymbol{H}_2=(-2)(-2)-0=4>0$$

所以这个函数是凹的。

例

柯布—道格拉斯函数x^ay^b，其中$a,b\in(0,1)$常用来表示效用函数和生产函数。其一、二阶导数分别为

$$f_x=ax^{a-1}y^b$$

$$f_y=bx^ay^{b-1}$$

$$f_{xx}=a(a-1)x^{a-2}y^b$$

$$f_{yy}=b(b-1)x^ay^{b-2}$$

海塞矩阵为

$$\boldsymbol{H}=\begin{bmatrix}a(a-1)x^{a-2}y^b & abx^{a-1}y^{b-1}\\ abx^{a-1}y^{b-1} & b(b-1)x^ay^{b-2}\end{bmatrix}$$

第一顺序主子式为

$$\boldsymbol{H}_1=a(a-1)x^{a-2}y^b<0$$

所以，要使原函数为凹函数，需满足

$$\boldsymbol{H}_2=a(a-1)b(b-1)x^{2a-2}y^{2b-2}-a^2b^2x^{2a-2}y^{2b-2}$$
$$=ab(1-a-b)x^{2a-2}y^{2b-2}>0$$

即要求$a+b<1$。用生产函数的术语说，就是生产函数如果是凹的，那么它就是规模报酬递减的。从图形上看，随着每种生产要素投入的增加，曲面应向下弯曲。

E2.2　最大化

第2章我们已经知道对于无约束的极值点，其各个一阶偏导数应为零。如果已知函数是凹函数，那么其总在其切平面之下，因此这一点就是极值点了。③ 所以对于凹函数，比如“健康函数”，极值的一阶条件也是极值点的充分条件。

E2.3　条件极值

当自变量必须服从某约束条件时，函数的二阶条件中也应考虑约束。同样，我们可以用矩阵给出一个简洁的方式(虽然看着不够直观)来表示这些条件。我们要做的是在原海塞矩阵上添加几行几列，然后分析这个增广后的矩阵。

② 用多元函数的泰勒展开式也能得出同样的结果，详见 Simon and Blume (1994), Chap. 21。

③ 如果函数只有某个区域是凹的，它就是局部极大值；如果函数处处是凹的，它就是全局极大值。

比如说,我们最大化$f(x_1,\cdots,x_n)$,其自变量满足约束条件④ $g(x_1,\cdots,x_n)=0$。

条件极值的一阶条件是

$$f_i+\lambda g_i=0$$

其中λ是拉格朗日乘数。二阶条件用增广的海塞矩阵⑤表示

$$\boldsymbol{H}_b=\begin{bmatrix}0 & g_1 & g_2 & \cdots & g_n\\ g_1 & f_{11} & f_{12} & & f_{1n}\\ g_2 & f_{21} & f_{22} & & f_{2n}\\ \vdots & & & & \\ g_n & f_{n1} & f_{n2} & & f_{nn}\end{bmatrix}$$

极大值要求$(-1)H_b$负定,即H_b顺序主子式的符号从第二个开始“-、+、-、+”交错排列。

极小值要求$(-1)H_b$正定,即H_b顺序主子式除第一个外均为负。⑥

例

本章例2.6中有约束条件的健康状况函数的拉格朗日表达式为

$$\mathscr{L}=-x_1^2+2x_1-x_2^2+4x_2+5+\lambda(1-x_1-x_2)$$

其增广海塞矩阵为

$$\boldsymbol{H}_b=\begin{bmatrix}0 & -1 & -1\\ -1 & -2 & 0\\ -1 & 0 & -2\end{bmatrix}$$

其第二顺序主子式为

$$\boldsymbol{H}_{b2}=\begin{bmatrix}0 & -1\\ -1 & -2\end{bmatrix}=-1$$

第三个为

$$\boldsymbol{H}_{b3}=\begin{bmatrix}0 & -1 & -1\\ -1 & -2 & 0\\ -1 & 0 & -2\end{bmatrix}$$

$$=0+0+0-(-2)-0-(-2)=4$$

可见函数在点$x_1=0,x_2=1$处满足二阶条件,故该点确实是条件极大值。

例

在例2.7中研究的篱笆圈地最大化问题中,增广海塞矩阵是

$$\boldsymbol{H}_b=\begin{bmatrix}0 & -2 & -2\\ -2 & 0 & 1\\ -2 & 1 & 0\end{bmatrix}$$

$$H_{b2}=-4$$

$$H_{b3}=8$$

顺序主子式也满足条件。

E2.4 拟凹性

如果约束条件g是线性的,那么上一节讨论的二阶条件就只和目标函数的形状有关。线性约束条件g可以写成

$$g(x_1,\cdots,x_n)=c-b_1x_1-b_2x_2-\cdots-b_nx_n=0$$

最大化的一阶条件是

$$f_i=\lambda b_i,\quad i=1,\cdots,n$$

显然,增广的海塞矩阵$\boldsymbol{H}_b$与

$$\boldsymbol{H}'=\begin{bmatrix}0 & f_1 & f_2 & \cdots & f_n\\ f_1 & f_{11} & f_{12} & & f_{1n}\\ f_2 & f_{21} & f_{22} & & f_{2n}\\ f_n & f_{n1} & f_{n2} & \cdots & f_{nn}\end{bmatrix}$$

的各个顺序主子式只差一个正数倍。⑦ 所以问题转化为要求$(-1)H'\cdots$为负定矩阵。满足这样条件的函数f称为拟凹函数,对于任意的c,满足$f(x_1\cdots x_n)>c$的点集是凸集。对于这样的函数,极值的必要条件也是极值的充分条件。

---

④ 这里我们只讲单一约束条件的情形。一般化的多个约束条件下的条件极值虽然概念明确,但表达非常复杂。感兴趣的读者可参见 Sydsaeter A. and P. Berck (2005), p.103。

⑤ 如果约束条件g满足对于所有的i,j,都有$g_{ij}=0$,则$\boldsymbol{H_b}$可以视为拉格朗日表达式((2.50)式)的海塞矩阵((2.50)式有$n+1$个自变量,即$\lambda,x_1,\cdots,x_n$)。

⑥ 第一个顺序主子式是0。

⑦ 说明这个需要用到行列式的一条性质:对某行(或某列)乘以一个常数,则其行列式的值等于原来的行列式乘以这个常数。

例

在篱笆问题中 $f(x,y)=xy$,

$$H' = \begin{bmatrix} 0 & y & x \\ y & 0 & 1 \\ x & 1 & 0 \end{bmatrix}$$

$$H'_2 = -y^2 < 0$$

$$H'_3 = 2xy > 0$$

因此它是拟凹的。⑧

例

一般地,对于二元函数 f,拟凹性要求

$$H'_2 = -(f_1)^2 < 0$$

$$H'_3 = -f_{11}f_2^2 - f_{22}f_1^2 + 2f_1f_2f_{12} > 0$$

注意,这和(2.114)式完全相同。因此对于一般的函数,我们就有了检验其拟凹性的方法。

参考文献

Simon, C. P., and L. Blume. *Mathematics for Economists*. New York: W. W. Norton, 1994.

Sydsaeter, R., A. Strom, and P. Berck. *Economists' Mathematical Manual*. 3rd ed. Berlin: Springer-Verlag, 2000.

⑧ $f(x,y)=xy$ 是一个非凹的柯布—道格拉斯函数,这也说明了不是所有的拟凹函数都是凹函数。但是它可以通过一个单调映射(比如 $f^{1/3}$)变成凹函数。

第 3 章扩展　特殊的偏好

效用函数的适用性很强，可以应用于各种情况。用一些函数来反映一些问题的本质，比起用文字描述，能给我们以更深刻的启发。现在我们来看看经济学家试图用特定函数形式来描绘的偏好的三个方面：(1) 阈值效应；(2) 质量；(3) 习惯与成瘾；(4) 利他偏好(second-party preferences)。在第 7 章和第 17 章，我们将介绍一些额外的方法来描述偏好的某些方面。

E3.1　阈值效应

本章介绍的效用模型表明，只要 $U(A) > U(B)$，则消费者总是会偏好消费束 A。而某些事件可能会使得消费者从消费束 A 迅速向消费束 B 转移。在很多情形下，这种闪电般的快速转换看似不可能。实际上，人们都在"按照自己的方式行事"，而改变这种行为方式需要环境的较大改变。例如，人们对牙膏品牌可能没有特别强烈的意见，但可能会忠实一些熟知的牌子，而对一些新的(可能更好的)牌子漠不关心。同样，人们也可能忠实于一档电视节目，虽然事实上这档节目的质量在下降。描述人们这种行为的一种方法就是假设个体在做决策时面临偏好的阈值。此时，只有当

$$U(A) > U(B) + \varepsilon \qquad \textbf{(i)}$$

时，消费者才会选择消费束 A。这里，ε 是必须满足的阈值。在这种定义下，无差异曲线可能会较粗，甚至模糊，而不像正文中描述的有着清晰的轮廓。阈值模型被广泛应用于市场营销。模型背后的理论在 Aleskerov 和 Monjardet(2002)的书中有详细陈述。作者在书中考虑了一系列鉴定阈值的方法，指出它们有可能取决于被考虑消费束的特征或者其他情景因素。

替代燃料

Vedenov，Duffield 和 Wetzstein(2006)用阈值的思想研究了在什么条件下个人会从使用汽油转向使用其他燃料(主要是乙醇)。作者指出，近几年使用汽油的主要劣势是相对于其他燃料而言价格的过度波动。他们得出的结论是，只要混合燃料不会降低燃油效率，人们转而使用乙醇混合燃料就是有效率的(特别是在汽油价格波动增加的时期)。

E3.2　质量

由于许多消费项目在质量上大不相同，经济学家们对将这些不同的消费放入一个选择模型中很有兴趣。一种方法是将不同质量的物品视为完全不同的商品，但它们又互为相当接近的替代品。由于涉及的商品太多，这种方法并不实用。另一种方法是将质量本身视为选择的对象，此时，效用可以表达为

$$效用 = U(q, Q) \qquad \textbf{(ii)}$$

其中 q 是消费的数量，Q 是消费的质量。尽管这种方法可将质量与数量进行某种程度的替换，但当某种商品(如葡萄酒)存在多种质量时，这种替换就会遇到困难。这时，我们可以对质量取平均值(Theil[①]，1952)。但当新商品的质量变化很大时(如个人电脑)，这么做并不妥当。一种更一般的做法是(由 Lancaster 于 1971 年首先提出)将商品的属性看成一个被明确定义的集合，并假定这些属性能够提供效用。如果商品 q 提供两种属性：a_1 和 a_2，那么

① Theil 同时建议通过考察各种商品的消费变化和收入弹性之间的关系来衡量质量。

它的效用可写为

$$效用 = U[q,a_1(q),a_2(q)] \qquad \text{(iii)}$$

效用的增加既可能是由个人消费更大数量的商品引起的,也可能是由于一个给定数量的商品具有了更高的价值属性。

个人电脑

很多研究迅速变化的产业需求的经济学家都探讨过个人电脑这个例子。此时,仅考虑每年购买的个人电脑数量明显是不正确的,因为新机器比旧机器要好很多(并且提供更多效用)。例如,Berndt,Griliches 和 Rappaport(1995)发现,主要由于属性的提高(比如更快的处理器、更大的硬盘),个人电脑的质量在相对较长的时间内每年要提高30%。现在,一个人花2 000美元购买一台个人电脑所获得的效用,比5年前一个相似的消费者获得的效用高出很多。

E3.3　习惯与成瘾

由于消费是个持续不断的过程,在某一时段中个人所做的决定,很可能会影响到他在以后某个时段中的效用。当个人发现自己在某一时段中很喜欢使用一种商品时,他就形成了一种习惯,并会增加其在以后时段中对这种商品的消费量。习惯的极端情况就是成瘾(毒品、香烟或是看电影),此时,过去的消费显著地增加了当前消费的效用。一种从数学的角度描绘这个概念的方法就是,假设 t 时期的效用既取决于 t 时期对这种商品的消费,又取决于以前对这个习惯商品(用 X 表示)的消费:

$$效用 = U_t(x_t,y_t,s_t) \qquad \text{(iv)}$$

其中

$$s_t = \sum_{i=1}^{\infty} x_{t-i}$$

但是,在经验性应用中,我们并没有所有过去消费的数据。因此,普遍的做法是仅用目前的消费(x_t)和前一时段的消费(x_{t-1})的数据来建立习惯模型。通常我们假设效用为

$$效用 = U_t(x_t^*,y_t) \qquad \text{(v)}$$

其中 x_t^* 是 x_t 和 x_{t-1} 的简单函数,比如 $x_t^* = x_t - x_{t-1}$ 或 $x_t^* = x_t/x_{t-1}$。这些函数表明,其他条件不变时,x_{t-1} 越大,现阶段会被选择的 x_t 越多。

习惯模型

这种建立习惯模型的方法被用在了很多事物上。Stigler 和 Becker(1977)曾用这种方法解释人们养成诸如打高尔夫球或看歌剧等爱好的原因。Becker,Grossman 和 Murphy(1994)应用这个模型研究了吸烟和其他成瘾行为。他们证明了由于个人效用函数的动态性,人们年轻时少抽烟会对最终的香烟消费总量产生巨大的影响。经济学家一直在深入地研究成瘾行为是不是“理性的”。例如,Gruber 和 Koszegi(2001)证明,抽烟也可被视为理性的选择,尽管存在时间不一致②的问题。

E3.4　利他偏好

很明显,人们关心他人的福利。只有在承认人与人之间的相互依存性后,我们才能理解诸如慈善捐资或为孩子们办宴会等现象。用某人 i 的函数可以表示利他偏好

$$效用 = U_i(x_i,y_i,U_j) \qquad \text{(vi)}$$

其中 U_j 是另一个人的效用。

如果 $\partial U_i/\partial U_j > 0$,这个人就会有利他行为;但是当 $\partial U_i/\partial U_j < 0$ 时,他就表现出嫉妒的恶意行为。一般情况下 $\partial U_i/\partial U_j = 0$,此时介于上述两种情况之间。Gary Becker 是个研究这些可能性的开拓者,曾提出了很多观点,其中就包括社交间的相互作用理论(1976)和家庭理论中利他主义的重要性(1981)。

进化生物学和遗传学

生物学家从遗传学的理论出发,提出了一个效用方程的特定形式

② 更多关于时间不一致的讨论参见第17章。

$$效用 = U_i(x_i, y_i) + \sum_j r_j U_j \qquad \textbf{(vii)}$$

其中 r_i 表示 i 和 j 基因之间的相似程度。举例来说,父母和孩子之间的 $r_i=0.5$,表亲之间的 $r_i=0.125$。Bergstorm(1996)描述了一些生物学家从这个函数中得到的关于进化行为的一些结论。

参考资料

Aleskerov, Fuad, and Monjardet. *Utility Maximization, Choice, and Preference*. Berlin: Springer-Verlag, 2002.

Becker, Gary S. *The Economic Approach to Human Behavior*. Chicago: The University of Chicago Press, 1976.

Becker, Gary S. *A Treatise on the family*. Cambridge, MA: Harvard University Press, 1981.

Becker, Gary S., Michael Grossman, and Kevin M. Murphy. "An Empirical Analysis of Cigarette Addiction." *American Economic Review* (June 1994): 396—418.

Bergstorm, Theodore C. "Economics in a Family Way." *Journal of Economic Literature* (December 1996): 1903—1934.

Berndt, Erst R., Zvi Grilliches, and Neal J. Rappaport. "Econometric Estimates of Price Indexes for Personal Computers in the 1990s." *Journal of Economics* (July 1995): 243—268.

Gruber, Jonathan, and Botond Koszegi. "Is Addiction 'Rational' Theory and Evidence." *Quarterly Journal of Economics* (November 2001): 1261—1303.

Lancaster, Kelvin J. *Consumer Demand: A New Approach*. New York: Columbia University Press, 1971.

Stigler, George J. And Gary S. Becker. "De Gustibus Non Est Disputandum." *American Economic Review* (March 1977): 76—90.

Theil, Henri. "Qualities, Prices, and Budget Enquiries." *Review of Economic Studies* (April 1952): 129—147.

Vedenov, Dmitry V., James A. Duffield, and Micheal E. Wetzstein. "Entry of Alternative Fuels in a Volatile U. S. Gasoline Market." *Journal of Agricultural and Resource Economics* (April 2006): 1—3.

第4章扩展　预算份额

19世纪的经济学家恩格尔(Ernst Engel)是最早的社会科学家之一,他深入地研究了人们的实际消费模式。他特别研究了对食物的消费。他发现,随着收入的增加,人们花费在食物上的收入份额会减少。这便是著名的恩格尔定律,已被许多研究证实。恩格尔定律是一条经验规律,这使得许多经济学家建议使用花费在食物上的收入份额来作为贫穷的度量。还有两个有趣的应用分别是:(1) Hayashi(1995)的研究表明,二代家庭花费在老人所喜好的食物上的收入份额要远远高于一代家庭;(2) Behrman(1989)对欠发达国家的研究表明,随着收入的增加,人们享有更加丰富的食品的愿望事实上减少了在某些特定的营养品上花费的份额。在本扩展余下的部分,我们来看一下关于预算份额(表示为 $s_i = p_i x_i / I$)的一些证据,以及与此相关的一些更深的理论。

E4.1　预算份额的易变性

表E4.1显示了最近美国家庭的预算份额的数据。从中可以很明显地看出恩格尔定律——随着收入的增加,家庭在食品上花费的资金大大减少。表中还显示出一些其他的重要变化:收入越高,用于健康的收入份额越少,而用于养老的收入份额变得非常多。有趣的是,表中显示出用于住房和交通运输的收入份额几乎不随收入而变化——显然,随着收入的增加,高收入者会买更大的住房和更高档的汽车。

表E4.1　2008年美国家庭的预算份额

	年收入		
	10 000—14 999美元	40 000—49 999美元	70 000美元以上
支出项目			
食品	15.7	13.4	11.8
住宅	23.1	21.2	19.3
公用事业费、燃料、公共服务	11.2	8.6	5.8
交通	14.1	17.8	16.8
健康保险	5.3	4.0	2.6
其他健康支出	2.6	2.8	2.3
娱乐(包括酒类消费)	4.6	5.2	5.8
教育	2.3	1.2	2.6
保险和养老金	2.2	8.5	14.6
其他(服务,个人护理,其他住房支出,杂项)	18.9	17.3	18.4

资料来源:*Consumer Expenditure Report*,2008,Bureau of Labor Statistics website:http://www.bls.gov。

表E4.1所示的各项收入份额说明了为什么柯布—道格拉斯效用函数在对家庭行为的详细经验研究中不是那么有用。当效用函数为 $U(x,y)=x^{\alpha}y^{\beta}$ 时(这里 $\alpha+\beta=1$),需求函数为 $x=\alpha I/p_x$ 和 $y=\beta I/p_y$。因此,

$$s_x = p_x x/I = \alpha$$
$$s_y = p_y y/I = \beta \quad \text{(i)}$$

并且对所有可能的收入水平和相对价格,预算份额是不变的。由于这个缺点,经济学家研究了效用函数的许多其他可能的形式,使效用函数具有更大的灵活性。

E4.2 线性支出系统

对每种商品消费者都必须有一个最小购买量(x_0, y_0),结合这种思想我们就能得到广义的柯布—道格拉斯效用函数:

$$U(x,y) = (x - x_0)^{\alpha}(y - y_0)^{\beta} \quad \text{(ii)}$$

其中$x \geqslant x_0, y \geqslant y_0$,并仍然有$\alpha + \beta = 1$。

与柯布—道格拉斯函数类似,如果我们引入"剩余收入"(I^*)这一概念,即在购买最低数量的商品组合后剩余的购买力,那么需求函数就能从效用函数中得出。此时

$$I^* = I - p_x x_0 - p_y y_0 \quad \text{(iii)}$$

利用这个概念,我们得到需求函数为

$$x = (p_x x_0 + \alpha I^*)/p_x$$
$$y = (p_y y_0 + \beta I^*)/p_y \quad \text{(iv)}$$

这样,在购买了最少数量的商品组合后,消费者在每种商品上花费一定比例的剩余收入,整理(iv)式得到关于份额的方程:

$$s_x = \alpha + (\beta p_x x_0 - \alpha p_y y_0)/I$$
$$s_y = \beta + (\alpha p_y y_0 - \beta p_x x_0)/I \quad \text{(v)}$$

这表明需求系统是非齐次的。考察(v)式可以得到一个容易理解的结论:一种商品的最小购买量与其预算份额正相关,而与其他商品的最小购买量负相关,因为必要购买的概念符合实际情况,Stone(1954)首创的线性支出系统(Linear Expenditure System,LES)在经验分析中得到了广泛应用。

传统购买

线性支出系统最有趣的应用之一是用于检验必要购买的概念随条件的变化是如何变化的。例如,Oczkowski 和 Philip(1994)研究了在变化的经济环境中,现代消费品如何影响消费者花费在传统的本地商品上的收入份额。研究显示,当外界商品变得日益易得时,巴布亚新几内亚的居民显著减少了本地商品的份额。因此,社会进步,比如修建更好的用于运输商品的道路,成了削弱传统消费习惯的主要原因之一。

E4.3 CES 效用

在第 3 章,我们介绍了 CES 效用函数

$$U(x,y) = \frac{x^{\delta}}{\delta} + \frac{y^{\delta}}{\delta} \quad \text{(vi)}$$

其中$\delta \leqslant 1, \delta \neq 0$。这个函数的主要用途是描述可供选择的替代可能性(通过参数δ值来反映)。而且,从这个效用函数所含的预算份额可以更请楚地看到这一点。结合预算约束条件下效用最大化的一阶条件与 CES 函数,就可以得到份额方程

$$s_x = 1/[1 + (p_y/p_x)^K]$$
$$s_y = 1/[1 + (p_x/p_y)^K] \quad \text{(vii)}$$

其中$K = \delta/(\delta—1)$。

商品份额表达式只与相对价格比率p_x/p_y有关,这表明了 CES 函数的齐次性。而且,相对价格的变动所引起的份额变动取决于参数K的值。对于柯布—道格拉斯函数来说,$\delta = 0$,因而$K = 0$且$s_x = s_y = 1/2$。当$\delta > 0$时,替代可能性很大,并且$K < 0$。此时等式(vii)显示出s_x与p_x/p_y成反方向移动。如果p_x/p_y上升,消费者会用y代替x,直到s_x下降。相应地,如果$\delta < 0$,替代可能性则受限,此时$K > 0$,并且s_x与p_x/p_y同方向移动。p_x/p_y的增加只会导致y对x的很小替代,s_x却会因为x商品相对价格的升高而增加。

北美自由贸易

CES 需求函数最常用于一般均衡(见第 13 章)的大规模计算机模型,经济学家用这种模型估算主要经济变动带来的冲击。无论是改变税收政策还是改变国际贸易限制,它们导致的相对价格的变化都是相似的。由于 CES 模型强调份额对相对价格的改变所做出的反应,它特别适合帮助我们考察这种变化。最近,

《北美自由贸易协定》对加拿大、墨西哥和美国带来的影响成为一个重要的研究对象。一般来说，这些模型显示出，这些国家都应该从该协定中获益，然而墨西哥获益更多，因为它所承受的相对价格的变化最大。Kehoe 和 Kehoe(1995)提出了一些可计算的均衡模型，经济学家们用它们来进行这些考察。[①]

E4.4　近乎理想的需求系统

研究预算份额的另一种方法是从一个特殊的支出函数入手。这种方法十分简便，因为包络定理告诉我们，对支出函数的对数求微分就可以直接推导出预算份额(参看第 5 章中的相关内容)：

$$\frac{\partial \ln E(p_x,p_y,V)}{\partial \ln p_x} = \frac{1}{E(p_x,p_y,V)} \cdot \frac{\partial E}{\partial p_x} \cdot \frac{\partial p_x}{\partial \ln p_x} = \frac{xp_x}{E} = s_x \quad \text{(viii)}$$

Deaton 和 Muellbauer(1980)广泛利用了这个关系式，研究一类特定支出函数的特征，他们把这一类支出函数称为近乎理想的需求系统。他们的支出函数的形式为

$$\ln E(p_x,p_y,V) = a_0 + a_1 \ln p_x + a_2 \ln p_y + 0.5b_1(\ln p_x)^2 + b_2 \ln p_x \ln p_y + 0.5b_3(\ln p_y)^2 + Vc_0 p_x^{c_1} p_y^{c_2} \quad \text{(ix)}$$

任意支出函数都可以用上面的形式表示。对于价格的一次齐次函数，上述函数形式的参数就必须满足下面的约束条件：$a_1 + a_2 = 1, b_1 + b_2 = 0, b_2 + b_3 = 0$ 以及 $c_1 + c_2 = 0$。根据等式(viii)的结果，对于这个函数

$$\begin{aligned} s_x &= a_1 + b_1 \ln p_x + b_2 \ln p_y + c_1 Vc_0 p_x^{c_1} p_y^{c_2} \\ s_y &= a_2 + b_2 \ln p_x + b_3 \ln p_y + c_2 Vc_0 p_x^{c_1} p_y^{c_2} \end{aligned} \quad \text{(x)}$$

注意，根据上面的参数约束条件，可以得到 $s_x + s_y = 1$。利用间接效用函数和支出函数之间的逆关系和一些代数运算，我们可以把预算份额等式转化为相对简单并且适合计量估计的形式：

$$\begin{aligned} s_x &= a_1 + b_1 \ln p_x + b_2 \ln p_y + c_1(E/p) \\ s_y &= a_2 + b_2 \ln p_x + b_3 \ln p_y + c_2(E/p) \end{aligned} \quad \text{(xi)}$$

其中 p 是价格指数，定义为：

$$\ln p = a_0 + a_1 \ln p_x + a_2 \ln p_y + 0.5b_1(\ln p_x)^2 + b_2 \ln p_x \ln p_y + 0.5b_3(\ln p_y)^2 \quad \text{(xii)}$$

换句话说，近乎理想需求系统的份额等式说明了预算份额是价格的对数和总实际支出的线性组合。在实际应用中，通常会使用相对简单的价格指数替代等式(xii)给出的复杂指数，尽管这种做法还存在一些争议(参看第 5 章的扩展部分)。

英国的支出构成

Deaton 和 Muellbauer 运用这个需求体系研究了 1954 年到 1974 年英国居民的支出构成。他们发现食品和住房与实际支出呈负相关，这就意味着，随着人们变得越来越富有，食品和住房在支出中所占的比例越来越低(至少在英国是这样)。作者同样发现了在很多份额等式中都存在显著的相对价格效应，并且价格在解释交通和通信的支出份额时也有很好的效果。作者在把现实世界数据应用到近乎理想需求体系的过程中，同样遇到了很多计量的难题，最重要的问题就是很多等式并不满足齐次的必要条件。而如何处理好这些问题，就是未来对这个需求系统进行研究的主要课题。

参考文献

Behrman, Jere R. "Is Variety the Spice of Life? Implications for Caloric Intake." *Review of Economics and Statistics* (November 1989): 666—672.

Deaton, Angus, and John Muellbauer. "An Almost Ideal Demand System." *American Eco-*

① 本书第 12 章的扩展部分更详细地讨论了关于《北美自由贸易协定》的研究。

nomic Review(June 1980) :312—326.

Hyashi, Fumio. "Is the Japanese Extended Family Altruistically Linked? A Test Based on Engel Curves." *Journal of Political Economy* (June 1995): 661—674.

Kehoe, Patrick J., and Timothy J. Kehoe. *Modeling North American Economic Integration.* London: Klower Academic Publishers, 1995.

Oczkowski, E., and N. E. Philip. "Household Expenditure Patterns and Access to Consumer Goods in a Transitional Economy." *Journal of Economic Development* (June 1994): 165—183.

Stone, R. "Linear Expenditure Systems and Demand Analysis." *Economic Journal* (September 1954): 511—527.

第 5 章扩展　需求概念和价格指数的衡量

在第 4 章与第 5 章中，我们引入了一些与需求相关的概念，这些概念都来自效用最大化的模型。这些不同的概念之间的关系总结在图 E5.1 中。我们已经规范地考察了表中大部分的联系，但还没有讨论间接效用函数和马歇尔需求函数之间的数学关系（罗伊恒等式），这一点我们将在下面介绍。图中很清楚地表明可以有很多方式来了解消费者福利和他们面临的价格之间的关系。在这个扩展中，我们将讨论其中的一些方法。特别地，我们将考察这些概念对消费者物价指数（CPI）测量准确度的启发，消费者物价指数在美国主要用来衡量通货膨胀率。我们也将考察一些其他价格指数的概念。

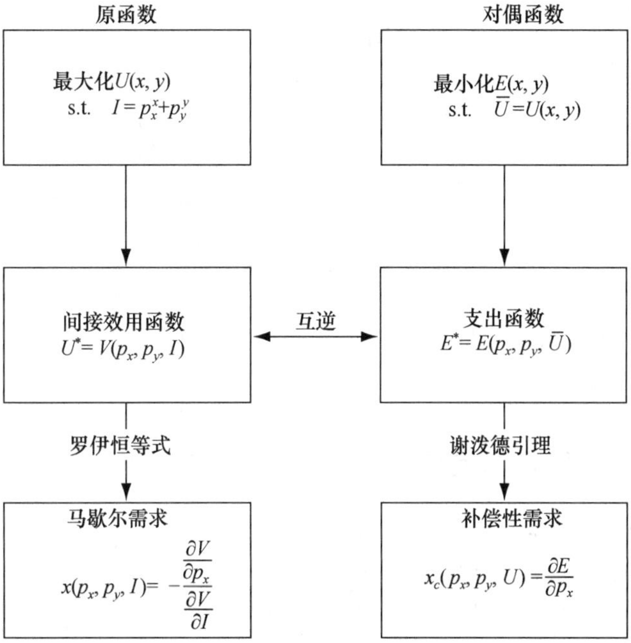

图 E5.1　需求概念之间的关系

CPI 是衡量生活费用的"市场篮子"指标。研究者测量在基期消费的一组商品（在两种商品的情况下，基期消费市场篮子由 x_0，y_0 表示）的现价来计算市场篮子的价格变化。在这一过程中，市场篮子的初始费用为 $I_0 = p_x^0 x_0 + p_y^0 y_0$，而在第 1 期，费用为 $I_1 = p_x^1 x_0 + p_y^1 y_0$。于是生活费用的改变就用 I_1/I_0 来衡量。虽然这一测量通货膨胀的方式在直觉上是可行的，而且还被广泛应用，但这些指数仍有很多缺点。

E5.1　支出方程和替代偏差

市场篮子价格指数因替代偏差而不准确。因为市场篮子价格不允许消费者由于价格的相对变化而在市场篮子中进行替代调整，从而会高估人们由于价格升高而造成的福利损失。这一点在图 E5.2 中得到说明。开始为了达到效用水平 U_0，购买的商品组合为（x_0，y_0），需要

支出 E_0。如果 p_x/p_y 下降,为达到开始的效用水平,调整消费组合为 (x_1,y_1),并需要支出 E_1。如果计算继续消费 (x_0,y_0) 的支出水平,就会夸大消费者保持福利不变所需要的购买力。经济学广泛地研究了这种替代偏差。例如,Aizcorbe 和 Jackman(1993)的结果表示市场篮子的这个缺陷使 CPI 对通货膨胀率的估计每年高了 0.2 个百分点。

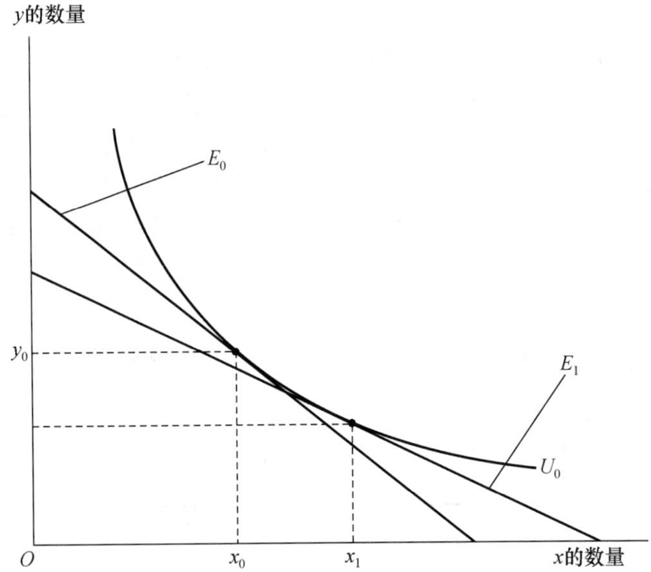

图 E5.2　CPI 中的替代偏差

初始时的支出为 E_0,这个人购买的商品组合为 x_0,y_0。如果 p_x/p_y 下降,效用水平 U_0 可以更便宜地通过消费 x_1,y_1,支出 E_1 达到。在新价格下,购买 x_0,y_0 的花费大于 E_1。所以,保持消费组合不变会引入有关 CPI 计算的向上的偏差。

E5.2　罗伊恒等式和新商品偏差

当新产品被引入时,需要一段时间才能将其包含进 CPI。例如,Hausman(1999,2003)指出,至少过了 15 年手机才能被纳入指数中。这种滞后性使指数不能反映人们在使用新产品时得到的福利收益。为了衡量这种问题,豪斯曼找到了一种虚拟价格(p^*),以手机为例,虚拟价格指当人们对手机的需求量为零时的价格。他以此说明产品市场价格的引入代表着消费者剩余的改变是可以被衡量的。所以,作者面临着如何从手机的马歇尔需求函数(用计量的方法进行估计)得到支出函数的问题。他使用了罗伊恒等式(Roy,1942)。请记住消费者效用最大化的问题可以用拉格朗日方法表示如下

$$\frac{\partial U^*}{\partial p_x}=\frac{\partial \mathscr{L}}{\partial p_x}=-\lambda x(p_x,p_y,I) \qquad \text{(i)}$$

$$\frac{\partial U^*}{\partial I}=\frac{\partial \mathscr{L}}{\partial I}=\lambda$$

所以马歇尔需求函数由下式给出

$$x(p_x,p_y,I)=\frac{-\partial U^*/\partial p_x}{\partial U^*/\partial I} \qquad \text{(ii)}$$

利用对马歇尔需求函数的估计,Hausman 对等式(ii)进行积分,得到了间接效用函数,并计算了其反函数(参见图 E5.1)。虽然这只是个归约级别的问题,但结果得到的对手机带来福利的估计是很大的,折合到 1999 年的现值,竟超过了每年一千亿美元。在引入新产品上的延误使得 CPI 得到的福利衡量是有误导性的。

E5.3　其他有关 CPI 的问题

研究者已经发现了 CPI 的几个其他缺陷，大多数都集中在指数计算中使用的不正确的价格上。例如，当一种商品的质量改善时，人们的生活变好了，但这一点可能并没有在价格中反映出来。20 世纪 70 年代到 80 年代彩色电视机的可靠性显著提高，但其价格并没有改变太多。包含一台彩色电视机的市场篮子会漏掉这种福利改进。相似地，90 年代开张的"仓储式"零售商，比如 Costco、Home Depot 无疑降低了多种商品的价格。但 CPI 需要几年才能将这些新的零售渠道包含进它的采样计划，所以指数所表示的人们实际的花费是不准确的。可以用图 E5.1 中的需求概念来估计 CPI 中这些由于使用不正确价格而导致的错误。关于这方面研究的总结参见 Moulton (1996)。

E5.4　精确价格指数

原则上说，通过更深入地研究需求理论，有可能改善 CPI 这样的价格指数的缺点。比如说，如果能够知道代表性消费者的支出函数，那么就可以构建一个"精确"的价格指数，这个价格指数可以在考察购买力变化时考虑替代品。为了具体阐明这一点，假设只有两种商品，并且我们想要了解第 1 期和第 2 期购买力的变化。如果消费者的支出函数为 $E(p_x, p_y, U)$，那么比率

$$I_{1,2} = \frac{E(p_x^2, p_y^2, \bar{U})}{E(p_x^1, p_y^1, \bar{U})} \quad \text{(iii)}$$

就可以表示在两个时期之间达到目标效用水平 $\bar{U}$ 的成本变化情况。比如，当 $I_{1,2} = 1.04$ 时，我们就会说达到目标效用水平的成本增加了 4 个百分点。当然，这只是一个概念上的答案。如果代表性消费者的效用函数未知，我们也就无法得到支出函数的特定形式。但在其些时候等式(iii)可以告诉我们如何构建指数。假定典型消费者的偏好可以用柯布—道格拉斯效用函数 $U(x, y) = x^{\alpha} y^{1-\alpha}$ 表示。我们可以很容易地知道这个例子中的支出函数是例 4.4 中支出函数的一般化形式：$E(p_x, p_y, U) = p_x^{\alpha} p_y^{1-\alpha} U / \alpha^{\alpha}(1-\alpha)^{1-\alpha} = k p_x^{\alpha} p_y^{1-\alpha} U$。把这个函数插入等式(iii)，可以得到

$$I_{1,2} = \frac{k (p_x^2)^{\alpha} (p_y^2)^{1-\alpha} \bar{U}}{k (p_x^1)^{\alpha} (p_y^1)^{1-\alpha} \bar{U}} = \frac{(p_x^2)^{\alpha} (p_y^2)^{1-\alpha}}{(p_x^1)^{\alpha} (p_y^1)^{1-\alpha}} \quad \text{(iv)}$$

所以，在这个例子中，精确价格指数是可观察价格的一个简单函数。而这个例子最有用的特征则是，这个生活费用指数的表达式消去了目标效用（在任何时间点，支出函数在效用上都是齐次的）。同时我们还注意到支出份额（α 和 $1-\alpha$）在指数中起到了很重要的作用——一种商品的份额越大，这种商品的价格变化对最终指数的影响也越大。

E5.5　精确价格指数的发展

当然，柯布—道格拉斯效用函数是比较简单的情形。近期与价格指数相关的研究都开始关注更一般的效用函数形式以及相应的精确价格指数。例如，Feenstra 和 Reinsdorf (2000) 阐述了第 4 章扩展中介绍的近乎理想需求体系可以得出一个"Divisia"形式的精确价格指数(I)：

$$\ln(I) = \sum_{i=1}^{n} w_i \Delta \ln p_i \quad \text{(v)}$$

其中 w_i 是各个商品价格对数的变化量的权重。通常会用各个商品的预算份额表示等式(v)中的权重。有趣的是，当效用函数为柯布—道格拉斯函数时，这个价格指数正好就是等式(iv)的价格指数，因为

$$\begin{aligned} \ln(I_{1,2}) &= \alpha \ln p_x^2 + (1-\alpha) \ln p_y^2 - \\ &\quad \alpha \ln p_x^1 - (1-\alpha) \ln p_y^1 \quad \text{(vi)} \\ &= \alpha \Delta \ln p_x + (1-\alpha) \Delta \ln p_y \end{aligned}$$

在实际应用中，由于预算份额的变化，不同时期的权重会有一定的不同。同样，多期变化也可以通过很多单期价格指数的连乘表示。

中国食品需求的变化

中国是世界上经济增长最快的国家之一:它的人均 GDP 以每年 8% 左右的速率增长。中国消费者的食品支出在总收入中所占的比例也比较大——近几年的调查数据显示,食品在总支出中所占的比例接近 38%。然而,收入的快速增长也导致了中国人食品消费结构的迅速变化。主要商品,例如大米或者小麦的购买量比重逐渐降低,与此同时禽肉、鱼和加工食品的购买量则迅速增加。Gould 和 Villarreal (2006)的论文运用近乎理想需求体系模型详细地研究了这些特征。他们识别出了一些食品种类在相对价格变化后的替代效应。由于食品消费结构变化十分迅速,固定的市场篮子价格指数(例如美国的 CPI)就不适合用来衡量中国居民消费成本的变化,而是需要去探索其他方法。

参考文献

Aizcorbe, Ana M., and Patrick C. Jackman. "The Commodity Substitution Effect in CPI Data, 1982—1991." *Monthly Labor Review* (December 1993):25—33.

Feenstra, Robert C., and Marshall B. Reinsdorf. "An Exact Price Index for the Almost Ideal Demand System." *Economics Letters* (February 2000): 159—162.

Gould, Brain W., and Hector J. Villarreal. "An Assessment of the Current Structure of Food Demand in Urban China." *Agriculture Economics* (January 2006): 1—16.

Hausman, Jerry. "Cellular Telephone, New Products, and the CPI." *Journal of Business and Economic Statistics*(April 1999):188—194.

Hausman, Jerry. "Sources of Bias and Solutions to Bias in the Consumer Price Index." *Journal of Economic Perspectives* (Winter 2003):23—44.

Moulton, Brent R. "Bias in the Consumer Price Index: What Is the Evidence." *Journal of Economic Perspectives* (Fall 1996):159—177.

Roy, R. *De L'utilité, contribution á la théorie des choix*. Paris: Hermann, 1942.

第6章扩展 对需求关系的化简和二步预算模型

在第6章,我们发现效用最大化的条件在一般情况下几乎无法对各种可能发生的情况做任何限制。除了净替代效应必须具有对称性外,商品之间的任何关系都可以和我们的理论相容。这样就引发了一些问题。现实中可能购买的商品成千上万,经济学家想要研究现实世界中人们的行为时,这样的理论提供不了多少有意义的结论。

一般来说化简需求关系有两种方法:一种是前面说的组合商品理论。当一类商品的价格按比例同步变动时,我们可以将其当成一个商品来处理。但是有时经济学家需要研究同一类商品相对价格的变动造成的影响(比如各种能源的相对价格变动),这种方法就行不通了。另一种方法是,假设消费者消费的决策分两步进行:第一步先决定收入分配给各大类商品(食品、服装等)多少比例;然后在给定的预算约束下,在每一子类里购买使消费者效用最大化的商品。在第二步的分析中,我们只需要知道各个商品的相对价格比例就可以了。这样,每次只需讨论一类商品的消费决策。此即所谓"二步"预算模型。在此扩展章节中,我们先简单介绍其理论,再用经验数据对其进行验证。

E6.1 二步预算模型理论

简单地说,二步预算模型由这样一个问题引出:是否存在一个分类,使得全部商品被划分为 m 个互不相交的子类(记为 $r=1,m$),每一类有一个独立的预算(l_r),使得每种商品的需求函数只和同一类商品的价格以及这类商品的预算有关?也就是说,只要我们把商品进行某种划分,使得每种商品的需求函数可以写成

$$x_i(p_1,\cdots,p_n,I) = x_{i\in r}(p_{i\in r},I_r) \qquad \text{(i)}$$

那么我们就可以考虑下面两步最大化问题,即

$$V^*(p_1,\cdots,p_n,I_1,\cdots,I_m) = \max_{x_1,\cdots,x_n}\left[U(x_1,\cdots,x_n)\ \text{s. t.}\ \sum_{i\in r}p_ix_i \leqslant I_r, r=1,m\right] \qquad \text{(ii)}$$

和

$$\max_{I_1,\cdots,I_m} V^*\ \text{s. t.}\ \sum_{r=1}^{M} I_r = I$$

而之前考虑的效用最大化模型是这样的:

$$\max_{x_i} U(x_1,\cdots,x_n)\ \text{s. t.}\ \sum_{i=1}^{n} p_ix_i \leqslant I. \qquad \text{(iii)}$$

这两式将得到完全相同的结果而不需要任何额外的条件,因为(ii)式不过是(iii)式的一种复杂一些的表达形式。但是为了保证效用函数具有(i)式的形式,必须附加条件。直观上来看,这样的条件应该是任何一种商品价格的改变不影响其他类别中所有商品的购买。在练习题6.9中,我们看到可拆分的效用函数就具有这样的性质,但是可拆分的性质过于特殊了。我们应该从数学的角度,找到一个能保证效用函数可以按类别划分的一般化的、"弱"一些的限制条件(参见 Blackorby, Primont, and Russell,1978),当然这样的条件很不直观。但是,对于希望解析消费者消费决策(或者更为重要的,企业运作的各种决策)的经济学家而言,这样的简化工作必不可少。下面我们再来看几个被实际应用过的化简方法。

E6.2 商品组合定理相关

很可惜,上述的两种方法都不能让人完全

满意。商品组合理论要求一组商品的相对价格不随时间变化,而这个假定在相当多的历史时期中不成立。而二步预算模型中的(i)式要求一种商品的价格变动不影响其余类别的商品消费,这又是一个很强的条件,而且观察到的数据似乎也并不支持这个假设(参见 Diewert and Wales,1995)。

经济学家尝试过设计一种更精细的、集成性的加总各种商品的模型。比如 Lewbel (1996)曾对商品组合模型做了扩展,使之在一组商品内的相对价格有明显变化的情况下仍适用。他用这个扩展的模型分析美国消费者的消费时,将商品划分为六个类别(服装,食品,住房,交通,医疗,娱乐)。他的计算表明这个模型比二步预算模型更加准确。

E6.3 齐次方程和能源需求

一种简化多种商品需求关系的思路是,假设某一子类商品的效用函数关于这一类商品是齐次的,并且独立于其他种类商品的数量。这就是 Jorgenson,Slesnick 和 Stoker(1997)在研究美国能源消费问题时使用的办法。他们假设某种能源的消费数量与花费在能源上的总钱数成比例,这样他们就可以集中研究最感兴趣的问题——评估各种能源的需求价格弹性。他们的结论是,大部分能源(如电力、天然气、汽油等)的需求函数的弹性都相当大,而对价格最敏感的是电力的需求函数。

参考文献

Blackorby, Charles, Daniel Primont, and R. Robert Russell. *Duality, Separability and Functional Structure: Theory and Economic Applications*. New York: North Holland, 1978.

Diewert, W. Erwin, and Terrence J. Wales. "Flexible Functional Forms and Tests of Homogeneous Separability." *Journal of Econometrics* (June 1995): 259—302.

Jorgenson, Dale W., Daniel T. Slesnick, and Thomas M. Stocker. "Two-Stage Budgeting and Consumer Demand for Energy." In Dale W. Jorgenson, Ed., *Welfare*, Vol. I: *Aggergate Consumer Behavior*, pp. 470—510. Cambridge (MA): MIT Press, 1997.

Lewbel, Arthur. "Aggregation Without Separability: A Standardized Composite Commodity Theorem." *American Economic Review* (June 1996): 524—543.

第 7 章扩展　资产组合问题

不确定条件下行为理论的一个经典问题是:一个风险厌恶的投资者愿意将他的多少财富投资于一项风险资产?直觉上讲,对于更加风险厌恶的人,这个比例应当更小,本章扩展的目的之一就是要规范地证明这个猜想。我们将看到,如何将模型一般化以考虑多种资产的投资组合问题。最后我们将介绍金融经济学的一个主要课题——资本资产定价模型。

E7.1　含一种风险资产的基本模型

首先,假设一个投资者拥有一定数额的财富 W_0,可投资于两项资产。第一项资产有固定回报率 r_f,第二项资产的回报率为随机变量 r。如果我们将投资于风险资产的数额记为 k,那么在第 1 期期末,这个人的财富为

$$\begin{aligned} W &= (W_0 - k)(1 + r_f) + k(1 + r) \\ &= W_0(1 + r_f) + k(r - r_f) \end{aligned} \tag{i}$$

注意三点:首先,W 是一个随机变量,因为它的取值取决于 r;其次,k 可正可负,取决于投资者购买还是卖空这项资产,然而,正如我们将看到的,通常情形下 $E(r - r_f) > 0$,这意味着 $k \geqslant 0$;最后,注意(i)式允许 $k > W_0$。在这种情况下,投资者利用杠杆,借款无风险利率 r_f 来投资风险资产。

如果我们用 $U(W)$ 表示投资者的效用函数,则冯・纽曼—摩根斯坦定理表明他会选择使 $E[U(W)]$ 最大化的 k。最大化的一阶条件是

$$\begin{aligned} \frac{\partial E[U(W)]}{\partial k} &= \frac{\partial E[U(W_0(1 + r_f) + k(r - r_f))]}{\partial k} \\ &= E[U' \cdot (r - r_f)] = 0 \end{aligned} \tag{ii}$$

在计算的时候,我们可以对期望值 E 求导。请参见第 2 章对积分的求导(其中期望效用是一个例子)。(ii)式包含商品的边际效用的期望值以及 $r - r_f$ 项。这两项都是随机的。$r - r_f$ 的正负取决于风险资产在未来阶段的表现。只是风险资产的回报会影响投资者的期末财富,由此也会影响他的边际效用。如果投资运营得好,则 W 将会很大,边际效用会相对较小(因为边际效用递减)。如果投资运营得很差,则财富会相对较少,边际效用会相对较大。因此在(ii)式期望效用的计算中,为考虑投资结果对边际效用的影响,$r - r_f$ 结果为负的分量比其结果为正的分量要重。如果(ii)式中的期望值为正,则投资者可以投资更多风险资产来增加期望效用。如果期望值为负,则投资者可以通过减少风险资产的持有来增加效用。只有一阶条件得到满足时,这个人的投资组合才是最优的。

(ii)式还可以得到另外两个结论。第一,只要 $E(r - r_f) > 0$,投资者就会选择正的风险资产。为弄清楚这是为什么,注意满足(ii)式需要一个相当大的 U' 值,而此时 $r - r_f$ 为负。这只有在投资者的风险资产为正的情况下才会发生,在这种情况下,投资者的期末财富会较少。

第二个结论是,更加厌恶风险的投资者会持有较少量的风险资产。再一次回到 U' 函数的图形上来。对于风险厌恶者,边际效用随着财富的减少迅速增加。因此他们只需要相对少量的风险资产的潜在负产出就可以满足(ii)式。

E7.2　CARA 效用

投资组合问题的进一步研究需要我们对投资者的效用函数做一些具体的假设。假设

效用函数为 CARA 形式:$U(W)=-\exp(-AW)$。则边际效用函数由 $U'(W)=A\exp(-AW)$给出;带入期末财富的表达式,有

$$U'(W)=A\exp\{-A[W_0(1+r_f)+k(r-r_f)]\}$$
$$=A\exp[-AW_0(1+r_f)]\exp[-Ak(r-r_f)] \quad \text{(iii)}$$

即边际效用函数可以分成随机和非随机的两部分(初始财富和无风险利率是非随机的)。因此,(ii)式的最优化条件可以写成

$$E[U'\cdot(r-r_f)]=A\exp[-AW_0(1+r_f)]$$
$$E[\exp(-Ak(r-r_f))\cdot(r-r_f)]=0 \quad \text{(iv)}$$

现在,我们可以除以初始财富的指数函数,只剩包含 k、A 和 $r-r_f$ 的最优化条件。运用这个条件求解最优水平的 k 一般来说是很困难的(但情况并不总是如此,参见练习题7.14)。且不论解的具体形式,(iv)式表明了最优投资数量将会是一个与初始财富无关的常数。因此,CARA 函数意味着风险资产占总财富的持有比例将会随着财富的增加而下降——该结论看似正好和实证数据的结果相反,后者的结论往往是风险资产的持有比例随财富的增加而上升。

相反,如果我们假设效用函数的形式采用 CRRA 而非 CARA,我们就会看到(要有一些耐心),风险容忍度相同的人会持有相同比例的风险资产,而不论财富的绝对水平是多少。尽管这个结论和 CARA 得出的结论相比更符合现实,但它仍不能解释为何风险资产的持有比例往往会随着财富的增加而上升。

E7.3 多项风险资产的投资组合问题

如果我们将模型扩展到可以包含多项资产的一般情形,就可以得到额外的一些结论。令 n 种风险资产中的每一种的收益为随机变量 $r_i(i=1,\cdots,n)$。每种资产的期望收益值和方差分别记为 $E(r_i)=\mu_i$, $\mathrm{Var}(r_i)=\sigma_i^2$。一个将自己财富的一部分投资于这些风险资产的组合的投资者会获得一个随机收益(r_p),由下式给出

$$r_p=\sum_{i=1}^{n}\alpha_i r_i \quad \text{(v)}$$

其中 $\alpha_i(\geqslant 0)$是风险投资组合中资产 i 所占的比例,并且 $\sum_{i=1}^{n}\alpha_i=1$。在这种情形下,投资组合的期望收益将是

$$E(r_p)=\mu_p=\sum_{i=1}^{n}\alpha_i\mu_i \quad \text{(vi)}$$

如果资产收益相互独立,那么组合收益的方差将是

$$\mathrm{Var}(r_p)=\sigma_p^2=\sum_{i=1}^{n}\alpha_i^2\sigma_i^2 \quad \text{(vii)}$$

如果收益不相互独立,(vii)式就要调整以考虑协方差的问题。有了这个一般性的定义,我们现在就可以在某些方面继续考察投资组合配置的一些问题。

E7.4 最优投资组合

多项资产的投资组合问题可以分为两个步骤。第一步考虑只有风险资产的组合问题,第二步加入无风险资产。

解决只有风险资产的最优投资组合问题可以按以下步骤进行,这里我们只考察两种风险资产的最优投资问题。我们要选择每一种资产的权重(α_i),从而对应于每一种潜在的期望收益,使资产收益的标准差最小。对这个最优化问题的一种解答,是诸如在图 E7.1 中由 *EE* 线所代表的效率边界。在这个边界之下的资产组合劣于边界上的各个组合。这是由于:在任何风险度上,它们提供了较低的期望收益。而在边界以上的资产收益则是无法得到的。Sharpe(1970 年)讨论了与建构边界相关的数学问题。

现在加入期望收益为 μ_f 且 $\sigma_f=0$ 的无风险资产,如图 E7.1 中点 *R* 所示。由于位于图 E7.1 中 *RP* 线上的点都表示对于每一个 σ 值,不同资产组合配置可以得到的最大收益,所以,所有最优的资产组合都将在这条线上。这些配置将包括一组特定的风险资产,该组合由

M 点来表示。在均衡时,这就是"市场资产组合",包含与其市场价值成比例的所有资本资产。这个市场资产组合有期望收益 μ_M,收益的标准差 σ_M。代表 RP 线上的所有资产组合的线性方程为

$$\mu_p = \mu_f + \frac{\mu_M - \mu_f}{\sigma_M} \cdot \sigma_p \qquad \text{(viii)}$$

这表示市场线 RP 允许个人投资者通过按比例接受更高的风险(σ_P/σ_M)"购买"超过无风险收益($\mu_M - \mu_f$)的收益。对于 RP 线上市场点 M 左边的选择,有 $\sigma_P/\sigma_M < 1$ 与 $\mu_f < \mu_P < \mu_M$。对于 M 点右边的高风险点,可以通过借贷去创造一个杠杆资产组合来得到。会有 $\sigma_P/\sigma_M > 1$,并将保证得到超过由市场资产组合($\mu_P > \mu_M$)所提供的期望收益。Tobin(1958)是首批承认无风险资产在区分市场资产组合和设定投资者获得高于无风险收益的条件中起重要作用的经济学家之一。

E7.5　个人选择

图 E7.2 说明了不同投资者面对 RP 线时的资产组合选择。对风险容忍度低的个人(Ⅰ)会选择无风险资产权重比较高的资产组合。愿意接受适度风险的投资者(Ⅱ)会选择与市场资产组合相近的资产组合。高风险投资者(Ⅲ)会选择杠杆资产组合。请注意,所有的投资者面对着相同的风险"价格"($\mu_M - \mu_f$),而其期望收益则由其愿意引致多大的相对风险(σ_P/σ_M)决定。还需注意,由于 $\sigma_P^2 = \alpha^2\sigma_M^2 + (1-\alpha)^2 \cdot 0$,与投资者资产组合相关的风险只取决于其在市场资产组合中投资的比例(α)。因此有 $\sigma_P/\sigma_M = \alpha$,所以,投资者的资产组合选择就是其对风险的选择。

共同基金

资产组合效率的概念被广泛应用在共同基金的研究中。一般来说,共同基金是中小投资者分散投资组合的好方法。因为这样的基金组合集中了很多投资者的资金,他们可以在交易管理费用上实现规模经济。这使得基金的持有者可以分享在更大范围的投资中得到的财富,而这在他们单独投资时是不可能实现的。但是,共同基金的管理者有他们自己的利益激励,所以共同基金持有的资产组合不一定完全是其客户对风险态度的代表。例如,Scharfstein 和 Stein(1990)提出了一种模型,说明了为什么共同基金的管理者在做出投资选择时有一种"随大流"(follow the herd)的激励。Jensen(1968)的经典研究发现,共同基金的管理者很少能获得足够的额外收益来抵消他们对投资者的收费。这使得近些年来很多共同基金购买者倾向于购买指数基金,指数基金只是简单的市场平均的复制(例如标准普尔 500 指数)。这些基金的费用较低,从而能使投资者以最小的成本达到分散投资。

E7.6　资本资产定价模型

虽然 E7.5 中的分析说明了无风险资产与市场资产组合相混合的资产组合应怎样定价,但是,它并未描述对于单一资产的风险与收益的转换。由于假定无交易费用,投资者总是可以通过使市场资产组合多元化从而把与整个市场无关的风险规避掉。所以,这种"非系统"风险就不会保证带来任何的额外收益。不过,在某种意义上,由于其中一种资产承担了整个市场风险,这种资产可以赚得额外收益。而没有得到这种额外收益的资产将不会包括在市场资产组合中,这样,它就完全不会被持有。这就是资本资产定价模型(CAPM)的基本观点。

为了规范地研究这些结果,请考虑一个随机收益为 x 的小额资产(α)与一个随机收益为 M 的市场资产组合所构成的资产组合。这个资产组合的收益(z)将由下式决定

$$z = \alpha x + (1-\alpha)M \qquad \text{(ix)}$$

这样,期望收益为

$$\mu_z = \alpha\mu_x + (1-\alpha)\mu_M \qquad \text{(x)}$$

方差为

$$\sigma_z^2 = \alpha^2\sigma_x^2 + (1-\alpha)^2\sigma_M^2 + 2\alpha(1-\alpha)\sigma_{x,M} \qquad \text{(xi)}$$

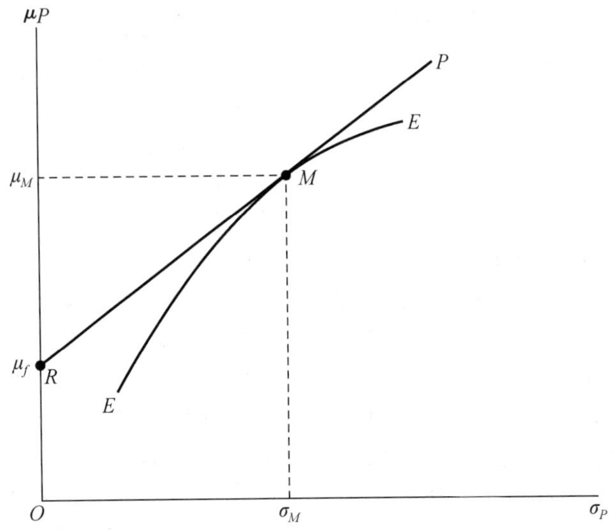

图 E7.1　有效资产组合

EE 边界代表了相对于每一个期望收益 μ,使资产组合的标准差 σ 最小的风险资产的最佳组合。具有收益 μ_f 的无风险资产给投资者提供了沿 *RP* 线保持混合资产组合的机会,该线是无风险资产与市场资产组合 *M* 的混合。

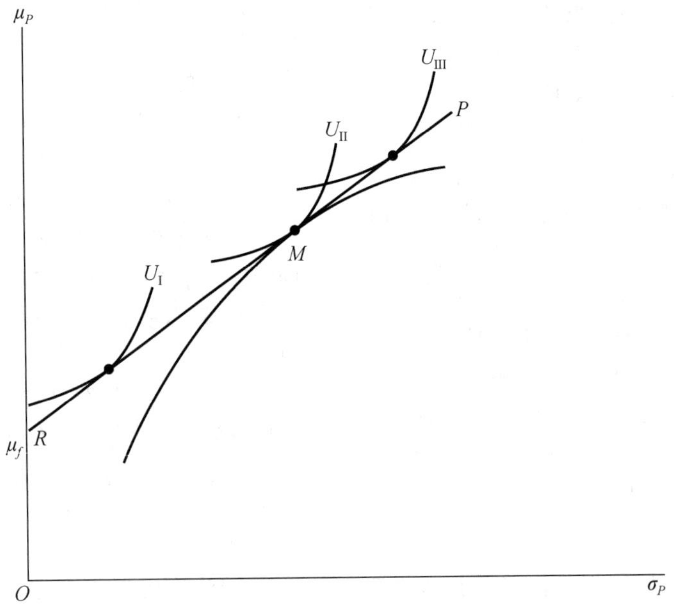

图 E7.2　投资者行为与风险厌恶

给定市场选择线 *RP*,投资者能够选择他们愿意接受的风险程度。风险厌恶程度高的投资者(U_I)愿意主要持有无风险资产,而更愿意承受风险的投资者(U_{III})则会选择有杠杆作用的资产组合。

但是,我们先前的分析表明

$$\mu_z = \mu_f + (\mu_M - \mu_f) \cdot \frac{\sigma_z}{\sigma_M} \quad \text{(xii)}$$

对(x)式与(xii)式关于 α 求微分,有

$$\frac{\partial \mu_z}{\partial \alpha} = \mu_x - \mu_M = \frac{\mu_M - \mu_f}{\sigma_M} \frac{\partial \sigma_z}{\partial \alpha} \quad \text{(xiii)}$$

通过(xi)式计算 $\partial \sigma_z / \partial \alpha$,并取 α 接近零时的极限,可以得到

$$\mu_x - \mu_M = \frac{\mu_M - \mu_f}{\sigma_M} \left(\frac{\sigma_{x,M} - \sigma_M^2}{\sigma_M} \right) \quad \text{(xiv)}$$

进行整理,有

$$\mu_x = \mu_f + (\mu_M - \mu_f) \cdot \frac{\sigma_{x,M}}{\sigma_M^2} \quad \text{(xv)}$$

再次指出,风险的"价格"为 $\mu_M - \mu_f$,但是,现在风险量由 $\sigma_{x,M}/\sigma_M^2$ 来度量——这个资产 x 和市场之间的协方差与市场收益的方差之间的比率,就是这一资产的 β 系数。许多出版物都报告了对金融资产 β 系数的估计。

有关 CAPM 的研究

以上介绍的 CAPM 模型清楚地说明了各种资产期望收益率的决定因素。因为它的简单性,这个模型被多次检验。概括地说,从这些实验中人们发现该模型中对系统风险的度量(即 β)和期望收益率是相关的,而用更简单的方法度量的风险(例如,利用过去收益的标准差)却和期望收益率不相关,最早得到这个结论的经验研究大概是 Fama 和 MacBeth (1973)。CAPM 本身只能解释不同资产收益率差异中的一小部分。相对于 CAPM 模型,一些学者发现有很多其他的经济学因素显著地影响了期望收益。事实上,CAPM 的主要挑战来源于它最初的建立者——参见 Fama 和 French(1992)。

参考文献

Fama, E. F., and K. R. French. "The Cross Section of Expected Stock Returns." *Journal of Finance* 47(1992):427—466.

Fama, E. F., and J. MacBeth. "Risk, Return, and Equilibrium." *Journal of Political Economy* 8 (1973):607—636.

Jensen, M. "The Performance of Mutual Funds in the Period 1945—1964." *Journal of Finance* (May 1968):386—416.

Scharfstein, D. S., and J. Stein. "Herd Behavior and Investment." *American Economics Review* (June 1990):465—489.

Sharpe, W. F. *Portfolio Theory and Capital Markets*. New York: McGraw Hill, 1970.

Tobin, J. "Liquidity Preference vs. Behavior towards Risk." *Review of Economic Studies* (February 1958): 65—86.

第 8 章扩展　纳什均衡的存在性

在这一部分,我们将简要介绍纳什对有限博弈至少存在一个纳什均衡的原始证明(如果不存在纯策略纳什均衡就一定存在混合策略纳什均衡)。我们将提供一些证明的细节,包括纳什在 1950 年提出的原始证明以及 Fudenberg 和 Tirole 在 1991 年提出的纳什均衡存在性的标准证明。最后,还会介绍连续行动博弈均衡的存在性定理。

纳什的证明方法与第 13 章中一般竞争性均衡存在性的证明方法类似。这两个证明都要用到不动点定理。不过纳什均衡存在性的证明需要用到更强的定理。纳什在证明中用的是角谷静夫(Kakutani)的不动点定理,而不是布劳威尔(Brouwer)的不动点定理。这两个不动点定理的区别在于,布劳威尔的不动点定理适用于函数,而角谷静夫的不动点定理则适用于对应——比函数更一般性的映射。

E8.1　对应和函数的比较

函数只能将第一个集合中的一个点映射到第二个集合中的一个单一的点上,而对应则可以将第一个集合中的一个点映射到第二个集合中的多个点上。图 E8.1 说明了这二者的区别。

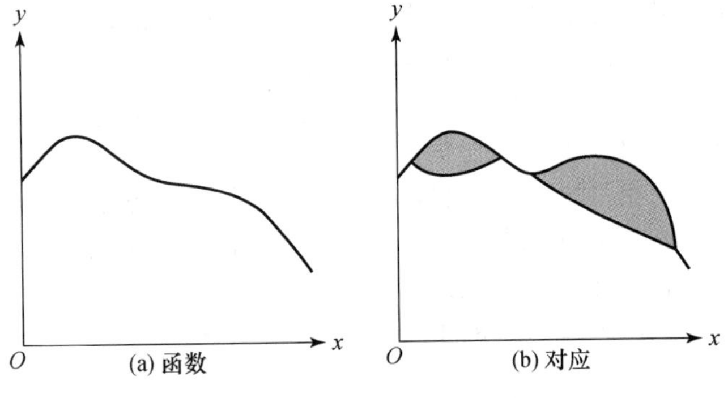

图 E8.1　函数和对应的比较

(a)中的函数图形是一条常见的曲线。每一个自变量 x 都会被映射到单一的因变量 y 上。而对于(b)中对应的图形,每个自变量 x 则可以被映射到多个 y 上。因此,(b)中阴影部分表示的就是对应。

我们已经见过的对应的例子是最优反应 $BR_i(s_{-i})$。最优反应的定义并不要求把其他参与人的策略 s_i 映射到参与人 i 的一个最优反应上。可能会存在多个等价的最优反应。如图 8.4 所示,在性别战争中,丈夫对妻子以 2/3 的概率选择欣赏芭蕾舞而以 1/3 的概率选择观看拳击比赛(可以简写为 $w=2/3$)这一混合策略的最优反应并不是一个单一的点,而是整个可能的混合策略区间。在图 8.4 中,丈夫和妻子的最优反应都是对应,而不是函数。

由于在纳什均衡存在性的证明中需要利用参与人的最优反应,纳什选用了适用于对应的不动点定理,而不是适用于函数的不动点定理。

E8.2　角谷静夫的不动点定理

下面是角谷静夫不动点定理的陈述：任意凸且上半连续的对应 $f(x)$ 在映射一个紧致凸集时至少存在一个不动点 x^*，使得 $x^* \in f(x^*)$。

对比角谷静夫的不动点定理和第 13 章中布劳威尔的不动点定理就可以发现，只需要将布劳威尔不动点定理中函数的概念和条件替换为对应的概念和条件，就可以得到角谷静夫不动点定理。布劳威尔不动点定理要求函数连续；而角谷静夫不动点定理则要求对应为凸且上半连续。

这些性质都和连续性有关，如果读者想进一步了解上述性质，就需要查阅更多的资料。在图 E8.2 中我们给出了两个没有满足凸性(a)和上半连续性(b)的对应的例子。这些图形可以说明为什么必须满足这两个性质才能保证对应有不动点的存在。如果不满足这两个条件，对应的图形就可以越过 45°线，这样就不一定存在不动点，即不一定存在满足等式 $x = f(x)$ 的点。

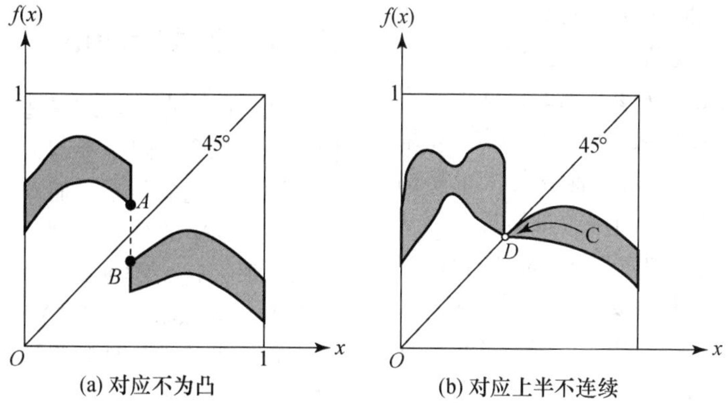

图 E8.2　对应的角谷静夫条件

对于(a)来说，由于点 A 和点 B 之间的虚线没有包含在对应中，这个对应不是凸的。而对于(b)，由于这个对应中路径 C 连接的点 D 是一个空心点，也就是说点 D 并不在对应中，这个对应不是上半连续的。这两个对应都没有不动点。

E8.3　纳什的证明

我们用 $R(s)$ 表示纳什在存在性定理证明中的对应。这个对应能够把参与人的任意策略组合 $s = (s_1, s_2, \cdots, s_n)$（可能是混合策略）映射到最优混合策略组合上：

$$R(s) = (\mathrm{BR}_1(s_{-1}), \mathrm{BR}_2(s_{-2}), \cdots, \mathrm{BR}_n(s_{-n})) \qquad \textbf{(i)}$$

这个对应的不动点就是指满足 $s^* \in R(s^*)$ 的策略。各个参与人的策略正好是其他参与人策略的最优反应，因此对应的不动点就是一个纳什均衡。

在证明中还需要检验最优反应的对应 $R(s)$ 是否满足角谷静夫不动点定理的所有条件。首先，我们需要说明混合策略组合的集合是一个紧致凸集。由于策略组合是一系列参与人的策略，如果各个参与人的策略集合是紧致凸集，那么策略组合集合就是一个紧致凸集。如图 E8.3 所示，对于双行动和三行动的案例，行动的混合策略集合都是简单图形。① 这些集合都是闭集（包括集合的边界），有界的（在任意方向都不会无限延伸），并且是凸的

① 数学家经常研究这一类集合，所以他们把这类集合命名为单纯形（simplex）。

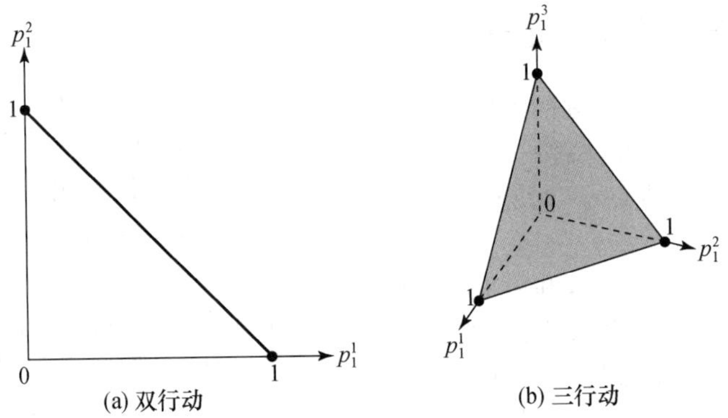

图 E8.3

(集合内任意两点之间的部分也在集合里)。

接下来我们需要说明最优反应的对应 $R(s)$ 是凸的,也就是说明参与人的最优反应不会出现图E8.2(a)的情况。而我们知道,如果任意两个混合策略 A、B 是其他参与人策略的最优反应,那么 A、B 之间的混合策略也一定是最优反应。例如,在性别之战中,如果(1/3,2/3)和(2/3,1/3)是丈夫对妻子选择策略(2/3,1/3)的最优反应(在每一组数字中,前面的数字代表选择欣赏芭蕾舞的概率,而后面的数字代表选择观看拳击比赛的概率),那么这两个混合策略之间的策略,比如(1/2,1/2),一定是丈夫的最优反应。事实上,图 8.4 已经说明了当妻子选择混合策略(2/3,1/3)时,丈夫任意可行的混合策略都是最优反应。

最后,我们还需要证明 $R(s)$ 是上半连续的,也就是证明 $R(s)$ 不会出现图 E8.2(b)的情况。因为收益函数 $u_i(s_i, s_{-i})$ 是连续的,所以在 $R(s)$ 中不会出现像 D 一样的空心点。回忆收益在写成混合策略的函数时,实际上就是策略 s_i 和 s_{-i} 概率的期望值。如(2.176)式所示,期望值就是各个概率的线性函数。而线性函数当然是连续的。

E8.4 连续行动博弈

纳什的存在性定理只适用于有限博弈,即博弈中只包含有限个参与人,而每个参与人只有有限个可选的行动。而对于连续行动博弈,比如例 8.5 中的公地悲剧,纳什的定理就不再适用。那么这一类博弈是否也一定存在纳什均衡呢? Glicksberg(1952)证明了只要连续行动博弈的收益函数是连续的,这一类博弈也一定存在纳什均衡。

参考文献

Fudenberg, D., and J. Tirole. *Game Theory*. Cambridge, MA: MIT Press, 1991, sec. 1.3.

Glicksberg, I. L. "A Further Generalization of the Kakutani Fixed Point Theorem with Application to Nash Equilibrium Points." *Proceedings of the National Academy of Sciences* 38 (1952): 170—174.

Nash, John, "Equilibrium Points in *n*-Person Games." *Proceedings of the National Academy of Sciences* 36 (1950): 48—49.

第 9 章扩展　有多种投入品的生产函数

第 9 章阐述的大部分生产函数都能很容易地扩展到有多种投入品的情形。这里，我们将说明在柯布—道格拉斯生产函数与 CES 生产函数下的情况，并且考察这类生产函数可以采取的两种相当灵活的形式。在所有这些例子中，α 是非负参数，n 种投入被表示为 $x_1, \cdots, x_n$。

E9.1　柯布—道格拉斯生产函数

多种投入的柯布—道格拉斯生产函数是

$$q = \prod_{i=1}^{n} x_i^{\alpha_i} \qquad \text{(i)}$$

a. 如果

$$\sum_{i=1}^{n} \alpha_i = 1 \qquad \text{(ii)}$$

则该函数是规模报酬不变的。

b. 在规模报酬不变的柯布—道格拉斯生产函数中，α_i 是 q 对于投入 x_i 的弹性。因为 $0 \leq \alpha_i < 1$，所以每种投入的边际生产率都是递减的。

c. 规模报酬递增的程度也可以综合进这个函数，取决于：

$$\varepsilon = \sum_{i=1}^{n} \alpha_i \qquad \text{(iii)}$$

d. 在这个生产函数中，任意两种投入的替代弹性为 1。这个结论可以根据本章脚注 7 中给出的定义得到证明：

$$\sigma_{ij} = \frac{\partial \ln(x_i/x_j)}{\partial \ln(f_j/f_i)}$$

其中

$$\frac{f_j}{f_i} = \frac{\alpha_j x_j^{\alpha_j-1} \prod_{i \neq j} x_i^{\alpha_i}}{\alpha_i x_i^{\alpha_i-1} \prod_{j \neq i} x_j^{\alpha_j}} = \frac{\alpha_j}{\alpha_i} \cdot \frac{x_i}{x_j}$$

所以，

$$\ln\left(\frac{f_j}{f_i}\right) = \ln\left(\frac{\alpha_j}{\alpha_i}\right) + \ln\left(\frac{x_i}{x_j}\right)$$

并且 $\sigma_{ij} = 1$。由于在柯布—道格拉斯函数中参数约束较强，通常不会使用这个模型对企业的微观经济数据进行计量分析。不过，这个函数在宏观经济学研究中有着较多的应用，下面的例子就能说明这一点。

索洛增长模型

多种投入的柯布—道格拉斯生产函数是许多经济增长模型的雏形。例如，索洛较早的关于均衡增长的模型（Solow, 1956）可以很容易地用规模报酬不变的两种投入的柯布—道格拉斯生产函数推导出来

$$q = Ak^{\alpha} l^{1-\alpha} \qquad \text{(iv)}$$

其中 A 是可以用指数增长形式表示的技术进步因素：

$$A = e^{at} \qquad \text{(v)}$$

（iv）式两边同时除以 l 得到：

$$\hat{q} = e^{at} \hat{k}^{\alpha} \qquad \text{(vi)}$$

其中 $\hat{q} = q/l, \hat{k} = k/l$。索洛证明经济将向着 $\hat{k}$（资本—劳动比）的均衡值演进。因此，不同国家之间差别巨大的经济增长率只能由技术进步因素 a 来说明。

（vi）式的两个特点对于包含更多投入的索洛模型也很适用。首先，等式的形式并不能解释为什么全球范围内的单位资本产出（$\hat{q}$）存在巨大差异。例如，假设 $\alpha = 0.3$（其与众多实证数据相符合），必须使用各个国家 k/l 大到 4 000 000∶1的差异来解释观察到的 100∶1 的资本产出差别——这明显是不合理的。但是通过引入其他（例如人力资本等）投入，这些差异开始变得易于解释了。

索洛模型中简单的柯布—道格拉斯公式

的另一个缺点就是其没有解释技术变化参数 a——其值是外生的。将其他投入要素加入其中就很容易理解参数 a 如何对经济激励做出反应。这是最近经济内生性增长理论的核心观点(概论请参见 Romer,1996)。

E9.2 CES 生产函数

有多种投入的替代弹性不变的生产函数是:

$$q = \left[\sum \alpha_i x_i^{\rho}\right]^{\varepsilon/\rho}, \rho \leq 1 \qquad \text{(vii)}$$

a. 用 tx_i 替代每种投入,很容易证明对于 $\varepsilon = 1$,该函数是规模报酬不变的。对于 $\varepsilon > 1$,函数规模报酬递增。

b. 因为 $\rho \leq 1$,所以该生产函数每种投入的边际生产率是递减的。

c. 和两种投入时的情形一样,此处的替代弹性是:

$$\sigma = \frac{1}{1-\rho} \qquad \text{(viii)}$$

且该弹性适用于任意两种投入的替代。

在前苏联验证柯布—道格拉斯生产函数

运用有多种投入的 CES 生产函数的方法就是看看估计的替代参数(ρ)是否与柯布—道格拉斯生产函数计算的数值($\rho = 0, \sigma = 1$)相一致。例如,在对前苏联的五种主要产业进行研究时,E. Bairam(1991)发现柯布—道格拉斯生产函数对于大部分主要制造业的产出变化给出了相当好的解释。只有食品加工工业得出了较低的 σ 值,但看起来似乎也是准确的。

下面两个例子将介绍一些形式更加灵活的生产函数,它们可能更接近于 n 种要素投入的一般性的生产函数。在第 10 章的扩展中,我们将考察类似于这其中某些函数的成本函数,因为这种运用比生产函数本身更加广泛。

E9.3 嵌套的生产函数

在一些应用中我们会把柯布—道格拉斯和 CES 生产函数结合成一个"嵌套"的单一函数。为了实现这种嵌套,需要把原本的 n 个基本投入划分到 m 个综合的生产投入类型中去。然后再把每一种类型中的投入整合为一个单一的混合投入,而最后的生产函数就是这 m 个混合投入的函数。例如,假设有三个基本投入,x_1, x_2, x_3。假定在企业的生产过程中,x_1 和 x_2 的投入的相关性较强(就像资本和能源),而第三个投入(劳动力)则有较明显的差别。然后,可以使用一个 CES 整合函数来构建资本服务的混合投入

$$x_4 = \left[\gamma x_1^{\rho} + (1-\gamma) x_2^{\rho}\right]^{1/\rho} \qquad \text{(ix)}$$

最后的生产函数会采用柯布—道格拉斯的函数形式:

$$q = x_3^{\alpha} x_4^{\beta} \qquad \text{(x)}$$

这种结构就允许 x_1 和 x_2 之间的替代弹性取任意值[$\sigma = 1/(1-\rho)$],而由于约束的存在,x_3 和 x_4 之间的替代弹性则只能取某一个固定值。根据嵌套函数精确程度的不同,还可以使用各种各样的选项。

资本/能源替代性的动力学

嵌套的生产函数被广泛运用于衡量资本与能源之间替代关系的确切性质。例如,Atkeson 和 Kehoe(1999)运用了类似(ix)式和(x)式的模型来试图解释能源价格对经济的影响方式:(1)随着时间的推移,生产中使用的能源似乎对价格反应迟钝(至少在短期是这样);(2)在不同的国家,能源价格似乎对其使用量有一个很大的影响。

E9.4 一般化的里昂惕夫生产函数

$$q = \sum_{i=1}^{n}\sum_{j=1}^{n} \alpha_{ij}\sqrt{x_i x_j}$$

其中 $\alpha_{ij} = \alpha_{ji}$。

a. 练习题 7.7 中提到的函数就是此函数在 $n = 2$ 情形下的一个简单例子。对于 $n = 3$,该函数的线性部分表示三种投入,根式部分表示投入所有可能的交叉产品。

b. 使用 tx_i 可以说明该函数规模报酬不变。通过使用变换

$$q' = q^{\varepsilon}, \quad \varepsilon > 1$$

可以令函数的规模报酬递增。

c. 因为每种投入要素都出现在线性部分和根式部分，所以每种投入的边际生产率递减。

d. 使用 $\alpha_{ij}=\alpha_{ji}$ 的约束条件来保证函数二阶偏导数的对称性。

E9.5　对数变换

$$\ln q = \alpha_0 + \sum_{i=1}^{n} \alpha_i \ln x_i + 0.5 \sum_{i=1}^{n} \sum_{j=1}^{n} \alpha_{ij} \ln x_i \ln x_j$$

$$\alpha_{ij} = \alpha_{ji}$$

a. 注意，柯布—道格拉斯生产函数只是该函数对于所有 i, j，在 $\alpha_0 = \alpha_{ij} = 0$ 时的特例。

b. 和柯布—道格拉斯生产函数一样，该函数可以设定任何规模报酬程度。如果

$$\sum_{i=1}^{n} \alpha_i = 1 \text{ 且 } \sum_{j=1}^{n} \alpha_{ij} = 0$$

则对于所有 i，该函数规模报酬不变。其证明需要注意二次求和符号的处理。

c. 同样，条件 $\alpha_{ij}=\alpha_{ji}$ 可以保证交叉偏导数是相等的。

移民

由于生产函数的对数变换综合了不同投入间存在的大量的替代可能性，所以它常被广泛地用来研究新工人对原有工人的替代方式。我们尤其感兴趣的是，技术移民通过何种方式对本国经济中技术工人和非技术工人的需求产生不同的影响。美国和其他许多国家(加拿大、法国、德国等)的研究表明，这种影响的总效应是温和的，移民流入相对较小时尤其是这样。但是也有证据表明非技术工人移民对本国的非技术工人具有替代性，但是对于本国技术工人则是互补的。因此，扩大的移民流将加剧工资差距扩大的趋势。更多内容请参见Borjas(1994)。

参考文献

Atkeson, Andrew, and Patrick J. Kehoe. "Models of Energy Use: Putty-Putty versus Putty-Clay." *American Economic Review* (September 1999): 1028—1043.

Bairam, Erkin. "Elasticity of Substitution, Technical Progress and Returns to Scale in Branches of Soviet Industry: A New CES Production Function Approach." *Journal of Applied Economics* (January-March 1991):91—96.

Borjas, G. J. "The Economics of Immigration." *Journal of Economic Literature* (December 1994): 1667—1717.

Romer, David. *Advanced Macroeconomics*. New York: McGrew-Hill, 1996.

Solow, M. A. "Contribution to the Theory of Economic Growth." *Quarterly Journal of Economics* (1956):65—94.

第 10 章扩展　成本函数的对数变换

第 10 章研究的两个成本函数(柯布—道格拉斯函数和 CES 函数)在替代可能性方面的要求十分严格。柯布—道格拉斯函数隐含地假设任意两种投入间的 $\sigma=1$。CES 函数允许 σ 取任何值,但是要求任意两种投入间的替代弹性相等。因为经验经济学家更希望用数据表现其投入间的实际的替代可能性,所以他们试图找到更加灵活的函数形式。一种尤其普遍的形式是对数成本函数,这种函数形式首先由 Fuss 和 McFadden(1978)提出,并被广泛应用。在此扩展中,我们将考察这个函数。

E10.1　两种投入成本函数的对数变换

例 10.2 中我们计算了两种投入下的柯布—道格拉斯成本函数为

$$C(v,w,q) = Bq^{1/(\alpha+\beta)}v^{\alpha/(\alpha+\beta)}w^{\beta/(\alpha+\beta)}$$

如果我们对其取自然对数,可以得到

$$\ln C(v,w,q) = \ln B + [1/(\alpha+\beta)]\ln q + [\alpha/(\alpha+\beta)]\ln v + [\beta/(\alpha+\beta)]\ln w \tag{i}$$

也就是说,总成本的对数对于产出的对数是线性的。对投入价格进行二次展开使得函数的对数变换一般化:

$$\ln C(v,w,q) = \ln q + a_0 + a_1\ln v + a_2\ln w + a_3(\ln v)^2 + a_4(\ln w)^2 + a_5\ln v\ln w \tag{ii}$$

其中,此函数的隐含假设是规模报酬不变的(因为 $\ln q$ 的系数是 1.0),但实际情况未必如此。

此函数的一些性质如下:

- 如果函数是投入价格的一阶齐次函数,一定存在 $a_1+a_2=1$ 和 $a_3+a_4+a_5=0$。
- 在 $a_3+a_4+a_5=0$ 这种特殊情况下,此函数退化为柯布—道格拉斯函数。因此,可以用此函数从统计上来检验柯布—道格拉斯函数是否合适。
- 利用结论 $s_i=(\partial\ln C)/(\partial\ln w_i)$,可以很容易地计算出对数函数的投入份额。对于两种投入的情形,有

$$\begin{aligned} s_k &= \frac{\partial\ln C}{\partial\ln v} = a_1 + 2a_3\ln v + a_5\ln w \\ s_l &= \frac{\partial\ln C}{\partial\ln w} = a_2 + 2a_4\ln w + a_5\ln v \end{aligned} \tag{iii}$$

在柯布—道格拉斯情形下($a_3=a_4=a_5=0$),这些份额为常数,在一般的对数函数中则不是。

- 计算对数函数的替代弹性要用到练习题10.11 中的结论:$s_{kl}=e_{k^c,w}-e_{l^c,w}$。计算过程十分简单(你需要回忆一下对对数的求导):

$$\begin{aligned} e_{k^c,w} &= \frac{\partial\ln C_v}{\partial\ln w} = \frac{\partial\ln\left(\frac{C}{v}\cdot\frac{\partial\ln C}{\partial\ln v}\right)}{\partial\ln w} \\ &= \frac{\partial\left[\ln C-\ln v+\ln\left(\frac{\partial\ln C}{\partial\ln v}\right)\right]}{\partial\ln w} \\ &= s_l - 0 + \frac{\partial\ln s_k}{\partial s_k}\cdot\frac{\partial^2\ln C}{\partial v\,\partial w} = s_l + \frac{a_5}{s_k} \end{aligned} \tag{iv}$$

观察到,在柯布—道格拉斯情形下($a_5=0$),k 的引致需求对工资的价格弹性有一个简单的形式:$e_{k^c,w}=s_l$。复制相同的操作得到 $e_{l^c,w}=-s_k+2a_4/s_l$,以及在柯布—道格拉斯情形下有 $e_{l^c,w}=-s_k$。将这两个弹性放在一起得到

$$s_{kl} = e_{k^c,w} - e_{l^c,w}$$
$$= s_l + s_k + \frac{a_5}{s_k} - \frac{2a_4}{s_l} \quad \text{(v)}$$
$$= 1 + \frac{s_l a_5 - 2s_k a_4}{s_k s_l}$$

再一次和预期一样,我们在柯布—道格拉斯情形下得到了 $s_{kl}=1$。

- 对数函数的 Allen 替代弹性(见练习题 10.12)是 $A_{kl}=1+a_5/s_k s_l$。这个函数也可以用于计算(引致)需求的交叉价格弹性 $e_{k^c,w}=s_l A_{kl}=s_l+a_5/s_k$。此处,在柯布—道格拉斯情形下再一次有 $A_{kl}=1$。然而,一般来说,即便只有两种投入,Allen 和森岛的定义也会不同。

E10.2　多种要素投入成本函数的对数变换

多数的实际研究都包括多于两种投入的情形。对于成本函数的对数变换可以很容易地推广到这种情形。如果我们假设有 n 种投入,每种投入的价格是 $w_i(i=1,\cdots,n)$,则函数是:

$$C(w_1,\cdots,w_n,q) = \ln q + a_0 + \sum_{i=1}^{n} a_i \ln w_i + 0.5\sum_{i=1}^{n}\sum_{j=1}^{n} a_{ij}\ln w_i \ln w_j \quad \text{(vi)}$$

这里,我们再一次假设规模报酬是不变的。这个函数要求 $a_{ij}=a_{ji}$,因此对于 $i\neq j$ 的每一项在最后的二次求和中出现了两次(这就解释了表达式中出现的 0.5)。作为投入价格的一阶齐次函数,此函数肯定是 $\sum_{i=1}^{n} a_i = 1$ 和 $\sum_{i=1}^{n} a_{ij} = 0$ 的情况。此函数的两个有用的性质是:

- 投入的份额是线性形式

$$s_i = a_i + \sum_{j=1}^{n} a_{ij}\ln w_j \quad \text{(vii)}$$

这再一次证明了为什么份额总是用对数形式来估计。有时也会将含有 $\ln q$ 的项加入表达式以考虑规模效应对份额的影响。参见 Sydsaeter, Strom 和 Bercke(2000)。

- 对数函数中任意两种投入的局部替代弹性是

$$s_{ij} = 1 + \frac{s_j a_{ij} - s_i a_{jj}}{s_i s_j} \quad \text{(viii)}$$

因此可以直接通过对数函数的估计参数对替代性进行判断。

E10.3　一些应用

对数变换的成本函数已经成为对生产进行规范研究的首选。有两个原因可以解释为何这种方法如此盛行。首先,此函数对于投入间的替代类性有相当完整的描述,而不要求数据适合所有的预设情况。其次,此函数的形式以一种很灵活的方式将投入价格吸收进去,以至于有理由充分地保证他能够在分析中控制价格。如果这种控制能够得以保证,对成本函数其他方面的测度(例如其规模报酬)就会更加可靠。

Westbrook 和 Buckley(1990)是使用对数函数对投入替代进行研究的一个例子。他们研究了托运者对运输货物的相对价格的变化的反应,这种价格变化是由于美国铁路业和货车运输业的解除管制造成的。研究者们特别对那些从西部地区运输水果、蔬菜到芝加哥和纽约的运输商们进行了详细的研究。他们发现运输方式有相当高的替代弹性并因此推断出解除管制有很大的福利收益。Doucouliagos 和 Hone(2000)对澳大利亚牛奶制品的价格放开做了类似的分析。他们证明了牛奶原材料价格的变化使牛奶加工厂商承担了投入使用方面的巨大变化。他们还证明为了应对价格变化,行业会采用新的技术工艺。

使用对数函数来判断规模报酬的一个有趣研究是 Latzko(1999)对于美国共同基金行业的分析。他发现除了最大的基金(拥有多于 40 亿美元的资产)以外,总成本对于基金所管理的总资产的弹性都小于 1。因此,研究者得出结论,资本管理的规模报酬是递增的。其他一些使用对数函数估计经济规模的研究都集中于地方性服务上。例如,Garcia 和 Thomas (2001)研究了一个法国社区的供水系统。他们的结论是,在那样的系统中明显存在规模经济。Yatchew(2000)对加拿大安大略湖地区的一些小型社区的配电系统进行研究时得到了类似的结论。他发现电力配送系统对于大约20 000 个消费者存在规模效应。并且,进入小于此规模的系统会很有效率。

参考文献

Doucouliagos, H. and P. Hone. "Deregulation and Subequilibrium in the Australian Dairy Processing Industry." *Economic Record* (June 2000): 152—162.

Fuss, M. and D. McFadden, Eds. *Production Economics: A Dual Approach to Theory and Applications.* Amsterdam: North Holland, 1978.

Garcia, S., and A. Thomas. "The Structure of Municipal Water Supply Costs: Application to a Panel of French Local Communities." *Journal of Productivity Analysis* (July 2001): 5—29.

Larzko, D. "Economics of Scale in Mutual Fund Administration." *Journal of Financial Research* (Fall 1999): 331—339.

Sydsaeter, K., A. Strom, and P. Berck. *Economist's Mathematical Manual*, 3th ed. Berlin: Springer-Verlag, 2000.

Westbrook, M. D., and P. A. Buckley. "Flexible Functional Forms and Regularity: Assessing the Competitive Relationship Between Truck and Rail Transportation." *Review of Economics and Statistics* (November 1990): 623—630.

Yatchew, A. "Scale Economics in Electricity Distribution: A Semiparametric Analysis." *Journal of Applied Econometrics* (March/April 2000): 187—210.

第 11 章扩展 企业边界

在第 11 章中，我们相对直观地回答了是什么决定了企业的边界和它的目标。我们把企业看成一个生产函数 $f(k,l)$，企业利用这个函数得到产出，并且选择投入和产出的数量来最大化它的利润。而罗纳德·科斯（1991 年诺贝尔经济学奖得主）在 1930 年提出，企业的本质其实要更微妙一些。科斯认为，在产出品的生产和销售过程中一定会存在经济交易，而企业就是组织这些经济交易的一种方式。具体来说，这些交易包括投入品的购买、融资、广告投入、管理组织等。不过这些交易也可以通过其他方式得以实施：当事双方完全可以签订长期合同，他们甚至可以在现货市场中完成交易。参看科斯（1937）。

从直观上就能感觉到，企业和现货市场并不仅仅是两种不同的交易组织方式，应该说它们是两种极端对立的组织方式。将交易转移到企业内部就等于通过把交易放在一个更持久的机构中，使其与短期的市场力量隔离开，并消除了价格信号。企业的这种性质让人们很困惑。经济学家通常都更喜欢市场——为什么他们还会希望有企业的存在？换句话说，如果企业真的那么好，为什么现实中没有一个巨型企业，这个企业控制了整个经济，并且把市场都移到了企业的内部呢？因此，就需要找到一个可以解释下面问题的理论：为什么现实中的企业都有一个适度的规模？为什么不同行业中，甚至同一行业的不同企业，规模都不一样？

为了具体阐释本节扩展的观点，我们将用费希博德公司和通用汽车（GM）公司的经典案例进行讨论，在第 11 章的开头已经介绍过这个案例。现在回顾整个案例，费希博德公司是 GM 公司的主要供应商，它向 GM 公司供应车体，GM 公司把车体组装成汽车并销售给消费者。最初，两家公司独立运营，不过在 1926 年多次发生供应链断裂问题之后，GM 公司把费希博德公司给收购了。我们将把企业边界这个相对宽泛的问题归结为 GM 公司和费希博德公司的合并是否具有经济学意义。

E11.1 替代理论的共同点

已经有很多理论和实证研究试图去解决企业本质这个基本的问题，不过可以很肯定地说，现在还没有得出一个“最终的答案”。在本节扩展中，我们将向读者介绍两个与第 11 章中的新古典模型不同的替代理论。第一个是由桑福特·格罗斯曼（Sanford Grossman）、奥利弗·哈特（Oliver Hart）和约翰·摩尔（John Moore）提出的产权理论。第二个则是由 2009 年诺贝尔经济学奖获得者威廉姆森（Oliver Williamson）提出的交易成本理论。①

这些理论有一些共同的特征。它们都承认，如果所有的市场都与经济学原理中的供给—需求模型类似，即存在很多同质性的卖家和买家在市场中交易一种商品，那么市场就是最有效的组织交易的方式，企业就没有存在的必要。然而，现实中的市场并不都是这样。通常，市场上会存在三种因素：不确定性、复杂性和专业性。这些因素都导致市场看起来更像若干个市场参与者之间的谈判场。

现在我们在 GM—费希博德的案例中具体说明这三个因素是怎样发挥作用的。由于不确定性和复杂性的存在，GM 公司很难提前几年与费希博德公司签订车体合同。在车体合

① 产权理论的学术文献有 Grossman 和 Hart（1986）、Hart 和 Moore（1990）。可以参看 Williamson（1979），更深入地了解交易成本理论。Gibbons（2005）对新古典模型的替代理论做了完整的综述。

同中需要具体规定车体的设计规格，而一个成功的设计要能够迎合消费者变幻莫测的品位，而消费者的品位一向是很难预测的（毕竟，大尾翼汽车的设计也在流行了一段时间后就成了历史），并很难写成具体的合同。对 GM 公司来说，处理不确定性和复杂性的办法，就是在需要组装时再与供应商议价购买车体，而不是提前数年签订长期合同。至于第三个因素——专业性，它能够带来明显的有利条件。按照 GM 公司的风格和技术定制的车体要比普通车体的价值更高。不过，专业性的存在把 GM 公司的供货来源由完全竞争的现货市场局限为几个特定的供应商。

如果市场存在这三个因素——不确定性、复杂性和专业性——那么在竞争性市场中，大量供给者和消费者之间完美的长期合同就不再有效。相反，这样的市场中通常只有几个参与的当事人，可能只有两个。通常只会在需要投入品时，当事人才进行谈判议价。这就使得企业的替代理论很有趣。如果替代理论只是把企业和完全竞争市场进行比较，那么结果一定是市场"完胜"。不过，如果是将企业和议价销售进行比较，替代理论就可以得出一些微妙的结论。接下来，我们会分别使用两种理论对企业和议价销售的比较进行探讨。

E11.2 产权理论

为了让我们对产权理论的分析尽可能简单一些，假定市场中只有两个所有者经理人，他们分别运营费希博德公司和 GM 公司。设 $S(x_F, x_G)$ 为费希博德公司与 GM 公司之间交易后可以产生的总剩余，也就是两个公司的利润之和（费希博德公司将汽车车体销售给 GM 公司所获得的利润以及 GM 公司将汽车整车销售给消费者所获得的利润）。在之前的理论中，我们是用一个包含资本、劳动力、投入和产出价格的函数表示总剩余。而在产权理论中，我们把这些变量抛开，用两个全新的变量构成总剩余函数：费希博德公司和 GM 公司的投资（x_F 和 x_G）。这个剩余函数已经减去了所有的生产成本（与第 11 章中生产者剩余的概念相同），不过并没有减去投资 x_F 和 x_G 的成本。在两家公司车体交易的协商完成前，这些投资的成本都只是沉没成本。比如说，为了提高金属切割磨具的精确性，满足 GM 公司的特殊设计要求，费希博德公司的经理人就需要增加改善制造工艺的投资；而 GM 公司为了更有效地使用费希博德公司提供的车体，就需要增加汽车设计、市场营销和装备车体流程方面的投资。这些投资都是为了让公司能够设计出更好的汽车，卖出更高的价格，获得更多的利润（不包括投资努力）。为了简化运算，假设经理人每一单位投资的成本为 1 美元。这意味着，投资水平 x_F 就要费希博德公司经理支出 x_F 美元的成本，两家公司投资的边际成本也是 1 美元。

在计算不同所有权结构的均衡投资水平之前，我们还需要计算最有效率的投资水平作为基准。最优投资水平需要能够最大化总剩余与投资成本的差值：

$$S(x_F, x_G) - x_F - x_G \tag{i}$$

这个最大化目标函数的一阶条件为

$$\frac{\partial S}{\partial x_F} = \frac{\partial S}{\partial x_G} = 1 \tag{ii}$$

在最优投资水平时，总边际收益等于边际成本。

接下来，我们就要计算不同所有权结构下的均衡投资水平。假设投资在实施之前很难写成具体的合同条款。同样，汽车车体的具体规格和技术参数也很难在合同中得到体现。相反，如果费希博德和 GM 是两家独立的公司，那么当它们需要车体时，两家公司就可以通过讨价还价确定具体的参数（价格、数量和产品特征）。已经有很多文献建立了谈判的模型（在第 13 章中我们会更详细地讨论这个问题，并向读者介绍埃奇沃思矩形以及合同曲线的概念）。为了让分析尽可能简单，我们将不会求解出所有的合同条款，而是假设当事双方五五分账。② 因为没有车体就没法生产出汽

② 这是所谓"纳什谈判"的一个特殊例子，建立这个谈判理论的人，就是提出"纳什均衡"的约翰·纳什。

车，如果当事双方没有达成一致，他们就都无法得到任何剩余。因此在谈判后，双方就能够产生总剩余 $S(x_F, x_G)$。由于投资在谈判达成一致前还是沉没成本，投资支出并不是谈判的一部分。谈判之后，费希博德公司和 GM 公司分别能够获得 $S(x_F, x_G)/2$ 的均衡剩余。

为了求解出均衡投资量，我们要用费希博德公司从谈判中获得的剩余减去投资的成本，这样就得到了费希博德公司的目标函数

$$\frac{1}{2}S(x_F, x_G) - x_F \qquad \text{(iii)}$$

把上面的目标函数对 x_F 取一阶条件，整理后可以得到

$$\frac{1}{2}\left(\frac{\partial S}{\partial x_F}\right) = 1 \qquad \text{(iv)}$$

(iv)式的左边是费希博德公司能够从额外投资中获得的边际收益，即费希博德公司能够获得一半的剩余。(iv)式的右边是投资的边际成本，也就是 1 美元。和往常一样，最优选择（这里就是指投资额）要使得边际收益等于边际成本。GM 公司的投资决策也要满足相似的条件：

$$\frac{1}{2}\left(\frac{\partial S}{\partial x_G}\right) = 1 \qquad \text{(v)}$$

总而言之，如果费希博德和 GM 是两家独立的公司，它们的投资额就需要满足(iv)式和(v)式。

相反，如果 GM 公司收购了费希博德，那么它们就变成了一家公司。现在车体子公司的经理人就处在一个相对劣势的谈判地位。他不再能获得一半的谈判剩余，因为他不能以自己不使用公司资产生产汽车车体来威胁 GM 公司；收购后，所有的资产都在 GM 公司的控制下。为了尽可能清晰地说明这个观点，我们假设费希博德公司的经理人不能得到任何谈判剩余；GM 公司会获得所有的剩余。由于看不到获得回报的希望，费希博德公司的经理人将不会做任何投资，即 $x_F = 0$。换句话说，因为 GM 公司的经理人现在能够获得所有剩余 $S(x_F, x_G)$，所以他的投资目标函数变为

$$\frac{1}{2}S(x_F, x_G) - x_G \qquad \text{(vi)}$$

求解一阶条件可得

$$\frac{\partial S}{\partial x_G} = 1 \qquad \text{(vii)}$$

当谈判双方是两家独立的公司时，由于每家公司都只能获得一半的议价剩余，它们都没有激励采取最有效率的投资规模（可以对(ii)式和(iv)式、(v)式的结果进行比较，其中(ii)式是最有效率的一阶条件结果）。在 GM 公司收购费希博德公司之后，费希博德公司的投资激励降低了，在本案例中直接降到了 $x_F = 0$，不过这也相应提升了 GM 公司的投资意愿，所以 GM 公司的一阶条件回到了最有效率的水平。从直观上来说，资产所有权能够提升当事人的议价能力，而这些议价能力反过来又可以保证它从其他当事人身上获得相应的投资回报。③当然，总的议价能力是一定的。资产由一方当事人转移到另一方当事人后，相应的议价能力也随之转移。所以，两个个体合并会造成一定的利益得失；只有在特定的环境下，合并才有经济意义。如果 GM 公司的投资对剩余的贡献比较大，那么把所有资产配置到 GM 公司名下就更有效率。如果双方的投资是同等重要的，那么恰当的分配资产比例，保证双方的议价能力相同就显得更好一些。而如果费希博德公司的投资更重要，那么就应该让费希博德公司收购 GM 公司以得到最有效率的所有权结构。不过，特定的建议还要看当事双方的函数形式，在下面的数值例子中，我们将向读者具体说明这一点。

E11.3　数值例子

首先来看一个简单的产权理论的例子，设 $S(x_F, x_G) = x_F^{1/2} + x_G^{1/2}$，那么费希博德公司最优投资水平的一阶条件就是

$$\frac{1}{2}x_F^{-1/2} = 1$$

③　在议价中，当事一方的投资占有其他当事人的回报称为套牢问题，这个问题的由来是一个鲜活的画面，大家可以想象强盗持枪抢劫一个市民的画面。不过这里并不是指有违法的事件发生，只是说议价和抢劫在某一方面比较相似。

求解可得 $x_F^* = 1/4$。同理可得 $x_G^* = 1/4$。扣除投资成本后的总剩余等于 1/2。

如果费希博德公司和 GM 公司是两家独立的公司，那么各个当事人一半的投资剩余都被对方“套牢”了。费希博德公司的一阶条件是

$$\frac{1}{4}x_F^{-1/2} = 1$$

此时，可以解得 $x_F = 1/16$，同理 $x_G = 1/16$。可以看出当事双方的投资水平都要低于最有效率的结果。扣除投资成本的总剩余只有 3/8。

如果 GM 收购了费希博德公司，那么由于车体子公司的经理人不能获得投资剩余，他最终会选择不做任何投资（$x_F = 0$）。而总公司的经理人能够获得所有的议价剩余，所以他会以最优投资水平投资 $x_G^* = 1/4$。总体上，扣除投资成本后的总剩余为 1/4。两家公司合并后，费希博德的投资水平降低，GM 公司的投资水平上升。不过从总体上看，并购减少了总剩余，所以，这两家公司应该保持独立运营。

如果 GM 公司的投资比费希博德公司的投资重要，那么并购就更有效率。设 $S(x_F, x_G) = x_F^{1/2} + a x_G^{1/2}$，其中 a 表示 GM 公司的投资对总剩余的影响程度。本章末尾的一个问题就是请读者回答，a 需要满足怎样的条件，才能让 GM 公司收购费希博德公司比两家公司独立更有效率，这里可以给出答案，需要满足 $a > \sqrt{3}$ 的条件。

E11.4 交易成本理论

接下来，我们要向读者介绍第二个替代理论——交易成本理论。之前已经讨论过，交易成本理论和产权理论有很多共通之处，但是这两个理论也有很多微妙的不同。在产权理论中，重组企业的主要好处是，在议价前得到恰当的投资激励。而在交易成本理论中，企业重组的主要好处则是降低议价时的讨价还价成本。

设 h_F 为费希博德公司在议价时采取的有成本行动，这个行动能够提升它的议价能力。我们粗略地把这个行动解释为“讨价还价”。可以做一个形象的类比，这个行动和第 8 章中斯宾塞教育信号博弈中的行动有一定的共通之处，它可以代表议价延迟和投入品供应商罢工。GM 公司也可以采取类似的讨价还价行动 h_G。在产权理论中，我们假定双方各自得到 1/2的议价份额，而现在我们假设费希博德公司获得 $\alpha(h_F, h_G)$ 的份额，GM 公司获得 $1 - \alpha(h_F, h_G)$ 的份额，其中 α 在 0 到 1 之间，并且随 h_F 的增加而增加，随 h_G 的增加而减小。为了简单起见，假设一个单位讨价还价行动的边际成本是 1 美元，这也就意味着，h_F 的讨价还价水平就要花费费希博德公司 h_F 美元的成本，而 h_G 的讨价还价水平要花费 GM 公司 h_G 美元的成本。为了能够从之前的理论中抽象出讨价还价问题，假设投资是在议价时，而不是议价之前进行的，所以从原则上说，双方都可以采取满足(ii)式的最优投资水平 x_F^* 和 x_G^*。

最有效率的结果就是，双方以 x_F^* 和 x_G^* 的水平进行投资，并且不采取任何讨价还价行动，即 $h_F = h_G = 0$。讨价还价并不能产生任何的总剩余，讨价还价行动可以做的只是把剩余从当事一方转移到另一方手中。如果费希博德和 GM 是两家独立的公司，它们就会采取一定的讨价还价行动，这就和第 8 章囚徒困境的情形相同，两个嫌疑犯在均衡中都会选择告发对方，而不是选择保持沉默，即便保持沉默能够让他们获得更高的收益。费希博德公司确定均衡讨价还价水平的目标函数是

$$\alpha(h_F, h_G)[S(x_F^*, x_G^*) - x_F^* - x_G^*] - h_F \tag{viii}$$

其中，我们默认各个当事人在投资时会自觉地最大化他们的总剩余。费希博德公司的一阶条件整理后可得

$$\frac{\partial \alpha}{\partial x_F}[S(x_F^*, x_G^*) - x_F^* - x_G^*] = 1 \tag{ix}$$

同理，GM 公司的一阶条件是

$$\frac{\partial \alpha}{\partial x_G}[S(x_F^*, x_G^*) - x_F^* - x_G^*] = 1 \tag{x}$$

从这些复杂的条件中，我们可以得出一个主要的结论：如果两家公司独立运营，它们就会采取一些不经济的讨价还价行动。

相反,如果GM收购了费希博德,那么它们就变成了一家公司。假设GM公司能够在不进行议价的前提下,独自决定投资水平,这就排除了讨价还价的可能;所以$h_F = h_G = 0$,这也就是这个组织结构可以带来的好处。在很多对交易成本理论的讨论中,分析进行到这里也就结束了。把两个独立的单位合并到一个企业中可以降低讨价还价成本,所以当讨价还价成本很高时,企业就要比市场更有效率。不过这个模型也存在一定的问题,企业并购的过程中不存在权衡:根据交易成本理论,一个足够大的企业应该可以控制整个经济,这显然和现实是完全相悖的。

一种产生权衡的方式就是假设,并购后会存在一个缺点,仅仅是由一方(GM)做出的决策通常是片面的。一个必然的缺陷就是GM公司可能不会选择最有效率的投资水平,这既可能是由于它缺少车体部门经理方面的有价值的私人信息,也有可能是由于并购后总公司的决策目标不再是最大化整个公司的总剩余,而是最大化他自己的利益。设$\tilde{x}_F$和$\tilde{x}_G$为并购后总公司经理做出的投资决策,那么并购后的总剩余为

$$S(\tilde{x}_F, \tilde{x}_G) - \tilde{x}_F - \tilde{x}_G \qquad \text{(xi)}$$

而两家公司保持独立运营时,它们的总剩余是

$$S(x_F^*, x_G^*) - x_F^* - x_G^* - h_F - h_G \qquad \text{(xii)}$$

通过对这两个等式的比较,不同企业结构之间的权衡就显现出来了:GM公司可以独立做出片面的投资决策,的确能够避免讨价还价的成本,不过片面的决策会导致无效率的投资。因此,两家企业是否应该合并就取决于投资扭曲相对于讨价还价成本的重要程度,也就是说取决于函数的形式。

E11.5 经典的经验研究

早期对这些替代企业理论的经验研究并不是用来区分和辨别这些理论(或者其他替代理论)的。早期研究的关注点是想要搞明白将投入品市场由完全竞争市场推向议价销售的因素——导致市场中只有若干议价当事人的不确定性、复杂性和专业性——是否能够有助于确定企业的边界,也就是确定企业最终会将哪些交易移入企业内部,而让其他交易发生在几个独立的当事群体之间。Monteverde和Teece(1982)采访了美国汽车制造厂的工程师,这些工程师可以把100个部件组装成完整的汽车。在访谈中,他们问这些工程师,在设计这些部件时需要付出多大的努力,以及这些部件是否必须由一家特定的制造厂制造。他们发现这些变量对于制造厂最终决定亲自生产部件,而不是从一个独立的供应商那里购买部件有着显著的正向关系。Masten(1984)在航天航空制造业中发现了类似的结果。Anderson和Schmittlein(1984)发现,复杂性和专业性的代理变量可以解释为什么有的电子元件是由制造厂自己的销售代表销售,而有的是由独立的经营者销售的。

参考文献

Anderson, E., and D. C. Schmittlein. "Integration of the Sales Force: An Empirical Examination." *Rand Journal of Economics* (Autumn 1984): 385—395.

Coase, R. H. "The Nature of the Firm." *Economica* (November 1937): 386—405.

Gibbons, R. "Four Formal(izable) Theories of the Firm?" *Journal of Economic Behavior and Organization* (October 2005): 200—245.

Hart, O. *Firms, Contracts, and Financial Structure.* Oxford, UK: Oxford University Press, 1995.

Mastern, S. E. "The Organization of Production: Evidence from the Aerospace Industry." *Journal of Law and Economics* (October 1984): 403—417.

Monteverde, K., and D. J. Teece. "Supplier Switching Costs and Vertical Integration in the Automobile Industry." *Bell Journal of Economics* (Spring 1982): 206—213.

Williamson, O. "Transaction Cost Economics: The Governance of Contractual Relations." *Journal of Law and Economics* (October 1979): 233—261.

第 12 章扩展　总需求及其估计方法

从第 4 章到第 6 章我们研究的以效用最大化为基础的模型中蕴含了如下几个个人需求函数的性质：

- 需求函数必须是连续的；
- 需求函数对于所有价格和收入是零次齐次的；
- 收入补偿性的替代效应是负的；
- 交叉价格替代效应是对称的。

在本扩展章中，我们希望把需求函数推广到市场总需求中，并且希望这样的需求函数仍然保持以上性质，以及确定其成立所必需的限制条件（如果有的话）。此外，我们要提及由估计市场需求函数引出的其他一些问题，以及一些估计出的结果。

E12.1　连续性

个人需求函数的连续性显然蕴含了市场总需求函数的连续性，但当市场需求函数连续时，个人需求函数可能不连续。比如像汽车这样的商品，只能以离散的单位进行交易，而且每单位价值很高。这样，个人需求函数必然是间断的，然而市场需求函数仍然可以（几乎）是连续的。

E12.2　齐次性和总收入

因为每个人的需求函数是关于所有价格和收入的零次齐次函数，所以市场总需求也一定是关于所有价格和每个人收入的零次齐次。但是，市场需求函数不一定是关于所有价格和所有人总收入的零次齐次函数。

下面分析"总需求只和总收入有关"必须满足的条件。设个人 i 对商品 x 的需求为

$$x_i = a_i(\boldsymbol{P}) + b(\boldsymbol{P})y_i, \quad i = 1, n, \qquad \text{(i)}$$

其中，$\boldsymbol{P}$ 是价格向量，$a_i(\boldsymbol{P})$ 表示个人对每种商品价格的反应（是个向量函数），$b(\boldsymbol{P})$ 是边际消费倾向，要求对所有人均相同（尽管可以随价格发生变化）。对于这样的情况，市场需求函数就只和价格及总收入有关。

$$y = \sum_{i=1}^{n} y_i \qquad \text{(ii)}$$

这样，整个市场的需求函数就像一个"典型的"消费者。Gorman（1959）证明了这一需求函数是能够代表典型消费者的最一般形式。

E12.3　交叉等式约束条件

假设一个典型的消费者购买 k 种商品，对每种商品的支出函数是

$$p_j x_j = \sum_{i=1}^{k} a_{ij}p_i + b_j y, \quad j = 1, k \qquad \text{(iii)}$$

如果消费者在此 k 种商品上花光了所有收入，则

$$\sum_{j=1}^{k} p_j x_j = y \qquad \text{(iv)}$$

对每个人的全部需求函数加总，得到对所有 i，

$$\sum_{j=1}^{k} a_{ij} = 0 \qquad \text{(v)}$$

且

$$\sum_{j=1}^{k} b_j = 1 \qquad \text{(vi)}$$

由此可以看出，由于条件的限制，一般来说研究者很难分别得到 k 种商品各自的支出函数。但是，有些问题的研究只能从各个支出函数的关系入手。

E12.4　计量经济学实例

在实际的计量经济学研究工作中，不同的研究对这些应用的理论模型复杂性相差甚远。最简单的情形，类似（iii）式那样的线性方程可以直接用最小二乘法估计，不必考虑结果是否满足种种假设。这样虽然当 p_i 或 y 改变时，线性函数的弹性不是常数，但任何一点的弹性值都可以通过表达式直接计算得到。下面给出

(iii)式的一个弹性恒定不变的形式

$$\ln(p_j x_j) = \sum_{i=1}^{k} a_{ij}\ln(p_i) + b_j \ln y, \quad j = 1,k \tag{vii}$$

由此,价格和收入弹性分别为

$$e_{x_j,p_j} = a_{j,j} - 1$$
$$e_{x_j,p_i} = a_{i,j}(i \neq j) \tag{viii}$$
$$e_{x_j,y} = b_j$$

注意,这里完全没有考虑使用总收入分析需满足的条件,也没有考虑交叉等式约束条件如(v)式和(vi)式。每个需求函数的齐次性也暗含了更多的约束条件($\sum_{i=1}^{k} a_{ij} + b_j = -1$),尽管在一些简单的计量估计中这个条件经常被忽略。

更精细的分析希望通过引入收入分配的影响来重新设计整个需求函数系统,以弥补这些漏洞。Theil(1971,1975)提供了这方面内容的介绍。

计量经济学的结果

表 12.3 中记录了从各种渠道估算出的一些有代表性的商品的收入和价格弹性。从这些数据的来源也可以看出,研究者在多大程度上考虑了之前说的那些经济关系给出的约束。总之,这些估算与直观还是很吻合的。比如说,相对于医疗的价格而言,人们确实更在乎跨大西洋的航班的票价。但是,私人住房的收入弹性与价格弹性都很大,这一点可能比较让人奇怪,因为找地方住一般被认为是生活必需的。汽车的两个弹性也很大,这应该是因为研究者把数量和质量因素合并考虑了,但是这却可以解释汽车产业为何对经济周期如此敏感。

表 12.3　有代表性的需求价格与收入弹性

	价格弹性	收入弹性		价格弹性	收入弹性
食品	-0.21	+0.28	啤酒	-0.26	+0.38
医疗服务	-0.18	+0.22	葡萄酒	-0.88	+0.97
住宅			大麻	-1.50	0.00
租金	-0.18	+1.00	香烟	-0.35	+0.50
所有者占有	-1.20	+1.20	堕胎	-0.81	+0.79
电器	-1.14	+0.61	横渡大西洋旅行	-1.30	+1.40
汽车	-1.20	+3.00	进口	-0.58	+2.73
汽油	-0.55	+1.60	货币	-0.40	+1.00

资料来源:食品:H. Wold and L. Juren, *Demand Analysis*(New York: John wiley & Sons,Inc., 1953):203。医疗服务:income elasticity from R. Andersen and L. Bewham, "Factors Affecting the Relationship between Family Income and Medical Care Consumption";价格弹性:G. Rosenthal, "Price Elasticity of Demand for Short-term General HospitalServices"; both in *Empipirical Studies in Hearth Economics*, Herbert kiaman, ed. (Baltimore: Johns Hopkins Press, 1970)。住房收入弹性: F. de Leeuw, "The Demand for Housing," *Review for Economics and Statistics* (February 1971);价格弹性:H. S. Howthabben and L. D. Taylor, "Consumer Demand in the united States (Cambridge, Mass.: Harvard University Press, 1970):166—167。电器:R. F. Halvorson, "Residential Demand for Electricity," unpublished Ph. D. dissertation, Harvard University December 1972。汽车:Gregory C. Chow, *Demand for Automobiles in the United states*(Amsterdan: North Holland Publishing Company, 1957)。啤酒与葡萄酒:J. A. Honson, Z. H. Oksanen, M. R. Veall, D. Fritz, "Short-Run and Elasticities for Canadian Consumption of Alcoholic beverages", *Review of Economics and Statistics*(February 1992):64—74。大麻:T. C. Misket and F. Vakil, "Some Estimates of Price Expenditure Elasticities among UCLA Students," *Review of Economics and Statitics* (november 1972):474—475。烟草:F. Chalemaker, "Rational Addictive and Cigarette Smoking," *journal of Political Economy* (August 1991):722—742。堕胎:M. H. Medoff, "An Economic Analysis of the Demand for Aboryions," *Economic Inquiry* (April 1988):253—259。横越大西洋的空中旅行:J. M Cigliano, "Price and Income Elasticities for Airline travel," *business Economics*(september 1980):17—21。进口:M. D. Chinn, "Beware of Econometricians Bearing Estimates," *Journal of Policy Analysis and Management*(Fall 1991):546—567。货币:"Long-Run Income and Interest elasicities of Money Demand in the United States," *Review of Economics and Statistics*(November 1991):665—674. Price elasicity refers to interest rate elasicity.

参考文献

Gorman, W. M. "Separable Utility and Aggregation." *Econometrica* (November 1959):469—481.

Theil, H. *Principles of Econometrics*. New York: John Wiley & Sons, 1971, pp. 326—346.

Theil, H. *Theory and Measurement of Consumer Demand*, vol. 1. Amsterdam: North-Holland, 1975, chaps. 5 and 6.

第 13 章扩展　可计算的一般均衡模型

正如我们在第 13 章中提到的,计算机技术的发展,使得可计算的一般均衡(CGE)模型变得可行,并且做得越来越精细,以包含更多的细节。现在的模型已经可以包含数百个厂商和个人,每个厂商都有各自的生产函数,每个人也有自己独特的效用函数。研究一般均衡问题时,需要先设定这些参数,然后把过去的经验数据代进去计算,把求出的数值解拿来和现实数据对比。这样几次“校准”模型后,它就能比较精确地反映现实经济,然后我们就能用它来分析某种经济政策的变动会对整体经济产生什么样的影响。这里,我们简单介绍一下 CGE 模型的几类应用。

E13.1　贸易模型

一般均衡模型最重要的一个应用就是分析贸易壁垒问题。因为关于贸易壁垒(或者削弱贸易壁垒)的影响是个很有争议的问题,而争论主要集中在它对实际工资的影响上,所以使用一般均衡模型分析这样的问题最合适不过。

这样的模型有两个不寻常的特点。第一,模型一般是针对一种特定商品的国产货与进口货之间的矛盾,我们要在消费者的效用函数中反映出两类商品较大的差异性。也就是说,“美国纺织品”和“墨西哥纺织品”是两类不太相同的产品,尽管一般的贸易理论都认为它们是同质的。这是因为研究人员发现,只有当假设这两类商品的可替代性很有限时,模型才能比较准确地反映实际。

第二,它的生产部分用的是规模报酬递增的生产函数,因为规模效益正是小型经济体从贸易中获得的最主要的好处。但遗憾的是,使用规模报酬递增的假设,就意味着违背了完全竞争和价格接受者的假设。这样就要引入厂商定价的模型,以及古诺不完全竞争模型(详见第 15 章),等等。

北美自由贸易

一些研究范围最广的 CGE 模型被拿来分析《北美自由贸易协定》的影响。每个模型都得到了这样的结论:加入协定确实使每个国家的福利都得到了改善。墨西哥得利的主要原因是该公约降低了它和美国在钢铁及纺织品上的贸易壁垒,而加拿大得利主要是因为它的几个关键产业的规模效益。Brown(1992)用一系列 CGE 模型对北美自由贸易做了研究,得出的结论是所有国家因自由贸易得到的好处,大约相当于该国 GDP 的 2%—3%。虽然具体到美国,这种收益相对小了很多,但加入该协定使得本国的市场竞争加剧,这对整体经济福利起到了明显的改善作用。

E13.2　税收和转移支付

CGE 模型的第二类主要应用是预测税收政策和转移支付政策的潜在影响。用于此目的的模型在供给一方要做得很细致。比如说,收入税的税率变化(包括增税和减税)在边际上对劳动供给有重要影响,而这种影响非常复杂,也只有一般均衡模型能够比较准确地模拟。再比如说,税收/转移支付政策还会影响到人们储蓄和投资的决策,这些都需要在模型中引入合适的细节才能实现(比如,为了研究退休金的政策,要把人群按年龄分类)。

荷兰的 MIMIC 模型

这类模型中最精致的一个应该是荷兰中央计划委员会开发的,用来分析制度环境的 MIMIC 模型(the Micro Macro Model to Analyze the Institutional Context)。该模型比较强调社会福利,以及他们希望改善的一些社会问题(最明显的一条是失业,这一点在其他 CGE 模型中一般没有)。Gelauff 和 Graaflund(1994)总结了这个模型的特点,并用它分析了荷兰 20 世纪 90 年代的税法改革对大批失业者和残疾人的福利的潜在影响。

E13.3 环境问题模型

CGE 模型用来分析环境政策对经济的影响也非常好用。在这个模型里,我们主要考虑一种经济活动排放的污染物对其他经济活动的负作用。在给定了我们要达到的改善环境的目标后(比如说减少排放某种污染物多少吨),我们可以靠 CGE 模型来计算能达到目的的各种不同方案造成的经济成本各是多少。用 CGE 模型的一个优越之处在于,通过其计算结果我们能看出环境政策造成的收入再分配是怎样的——这方面的问题在基于单个行业模型的研究中是看不出来的。

评估减少 CO_2 排放的方案

很多种能源使用过程中都会排放 CO_2 气体,造成全球变暖的严重后果,所以针对减少这种温室气体排放而提出的政策有很多。由于这类政策造成的后果各不相同,且往往涉及很多方面,所以 CGE 模型是一种理想的分析工具。这类模型做得最好的是由 OCED 开发的 General Equilibrium Environmental Model (GREEN),它的基本结构框架是由 Burniaux, Nicoletti 和 Oliviera-Martins 于 1992 年完成的。GREEN 模拟了欧洲国家关于减少 CO_2 排放可能采取的不同政策,比如 CO_2 税制,或者加强对汽车和发电厂排放的管制。结果显示,按照这些政策的预期力度,经济需要付出的成本相对不高,但是大部分政策都会造成不利的收入再分配。这样,就需要政府配合进一步的转移支付政策。

E13.4 地区和城市的模型

我们要介绍的 CGE 模型的最后一类应用是那些与空间维度关系密切的经济议题。对于这类问题,建模时要详细考虑各种商品的运输成本,以及劳动力的流动性,因为这类问题分析的核心就是那些涉及交通运输的经济活动。在 CGE 模型中引入运输成本类似于增加额外的商品差异性,因为它使得本来应该是同质的商品的相对价格发生了变化。一个区域内的市场均衡结果对运输成本的具体分布是很敏感的。

政府采购的变动

地区 CGE 模型已经被广泛用于研究政府采购政策的变动对当地经济的作用。比如,Holtman, Robinson 和 Subramanian(1996)利用这一模型研究政府削减国防预算对加利福尼亚州本地经济的影响。他们发现,这种影响的大小取决于技术工人流动的成本。Bernat 和 Hanson(1995)在研究美国政府削减对农业价格支持政策的预算时,也得出了类似的结论。尽管这些削减政策会使整个经济更有效率,但也确实给农村的经济带来了很强的负面冲击。

参考文献

Bernat, G. A., and K. Hanson. "Regional Impacts of Farm Programs: A Top-Down CGE Analysis." *Review of Regional Studies* (Winter 1995):331—350.

Brown, D. K. "The Impact of North American Free Trade Area: Applied General Equilibrium Models." In N. Lustig, B. P. Bosworth, and R. Z. Lawrence, eds., *North American Free Trade: Assessing the Impact.* Washington, DC: The Brookings Institution, 1992:26—68.

Burniaux, J. M., G. Nicoletti, and J. Oliviera-Martins. "Green: A Global Model for Quantifying the Costs of Policies to Curb CO_2 Emissions." *OECD Economic Studies* (Winter 1992):49—92.

Gelauff, G. M. M., and J. J. Graaflund. *Modeling Welfare State Reform.* Amsterdam: North Holland, 1994.

Hoffman, S., S. Robinson, and S. Subramanian. "The Role of Defense Cuts in the California Recession: Computable General Equilibrium Models and Interstate Fair Mobility." *Journal of Regional Science* (November 1996):571—595.

第 14 章扩展 最优线性两部定价

在第 14 章,我们考察了垄断者通过二级价格歧视,即通过建立价格(或“支出”)计划使买主自动分为不同部分、进入不同市场以增加利润的几个简单的方法。由于最优价格计划在微观经济学理论的许多领域有广泛的应用,在这里我们要进一步考察这个问题。非线性价格计划在第 18 章将予以讨论。

E14.1 问题的结构

为了在简单的情况下考察与价格计划相关的问题,我们假设垄断者生产的商品只有两个消费者。对每一个消费者我们定义“估值函数”为

$$v_i(q) = p_i(q) \cdot q + s_i \qquad \text{(i)}$$

其中 $p_i(q)$ 是个人 i 的反需求函数,s_i 为消费者剩余。因此,v_i 表示个人 i 交易量为 q 时的总值,其中包括商品的总支出与消费者剩余的值。我们假设个人 1 比个人 2 对这种商品有更强的偏好①,意即

$$v_1(q) > v_2(q) \qquad \text{(ii)}$$

对所有的 q 都成立。假设垄断者的边际成本不变(记为 c),并且选择了价格计划 $T(q)$,则最大化利润为

$$\pi = T(q_1) + T(q_2) - c(q_1 + q_2) \qquad \text{(iii)}$$

其中 q_i 为个人 i 的需求量。

在一个能够成功区分消费者的价格计划的选择中,垄断者面临两个约束。为了保证低需求者(个人 2)能够真正购买商品,需要

$$v_2(q_2) - T(q_2) \geqslant 0 \qquad \text{(iv)}$$

即个人 2 必须由其最优选择 q_2 获得净收益。需求者 1 为高需求个人,也必须由其选择的消费商品(q_1)获得净收益,并且他的选择优于个人 2 的选择

$$v_1(q_1) - T(q_1) \geqslant v_1(q_2) - T(q_2) \qquad \text{(v)}$$

如果垄断者没有认识到这个“激励相容性”约束条件,他可能会发现个人 1 选择了价格计划中面向个人 2 的部分,因此损害了达到自我选择市场分隔的目标。给出一般结构,我们就可以继续说明垄断者问题的几个有趣的特征。

E14.2 帕累托优势

允许垄断者放弃简单的一价计划就有了采用“帕累托更优”的价格计划的可能性,在此策略下,所有交易团体都能获得最大好处。例如,假定垄断者的利润最大化价格是 p_M,在此价位下,个人 2 的消费量为 q_2^M,由这一消费获得的净价值为

$$v_2(q_2^M) - p_M q_2^M \qquad \text{(vi)}$$

价格计划为

$$\begin{cases} T(q) = p_M q, \text{当 } q \leqslant q_2^M \text{ 时} \\ T(q) = a + \bar{p}q, \text{当 } q > q_2^M \text{ 时} \end{cases} \qquad \text{(vii)}$$

对于 $q > q_2^M$,其中 $a > 0$ 与 $c < \bar{p} < p_M$ 可能同时为垄断者创造更多的利润并为个人 1 增加更多的福利。具体说来,考虑 a 与 $\bar{p}$ 的值,使得

$$a + \bar{p}q_1^M = p_M q_1^M$$

或者

$$a = (p_M - \bar{p})q_1^M \qquad \text{(viii)}$$

其中 q_1^M 表示个人 1 在一价政策下的消费量。因此 a 与 $\bar{p}$ 的值使得个人 1 在新的价格计划下购买量仍为 q_1^M。但如果 $\bar{p} < p_M$,他将选择 $q_1^* > q_1^M$。因为个人 1 本来应该购买 q_1^M 但是选择了购买 q_1^*,他在新的计划下能获得更多的好处。

---

① 推广到多个需求者是很重要的。具体的讨论见 Wilson(1993),第 2—5 章。

现在垄断者的利润为

$$\pi = a + \bar{p}q_1 + p_M q_2^M - c(q_1 + q_2^M) \quad \textbf{(ix)}$$

与

$$\pi - \pi_M = a + \bar{p}q_1 + p_M q_1^M - c(q_1 - q_1^M) \quad \textbf{(x)}$$

其中 π_M 是垄断者单一价格策略下的利润 [$=(p_M - c) \times (q_1^M + q_2^M)$]。将(viii)式中的 a 值代入则有

$$\pi - \pi_M = (\bar{p} - c)(q_1 - q_1^M) > 0 \quad \textbf{(xi)}$$

因此,新价格计划也给垄断者带来了更多的利润,其中可能有一部分与个人2分享。这个价格计划对于一价计划来说是帕累托更优的。多部分计划是帕累托更优的概念不仅已用于价格歧视的研究,而且已用于最优税收计划与拍卖机制的设计(Willig, 1978)。

对保留土地定价

R. B. W. Smith(1995)使用复杂的帕累托最优定价计划帮助美国政府以最小成本制订保留土地计划。他所研究的这个特殊计划使得每年有3400万英亩土地不进行生产。他计算得出,为这个计划而精确建立的(非线性)关税表一年只花去10亿美元。

E14.3 配售

有时垄断者同时销售两种商品,这种情况为歧视性定价计划提供了许多可能性。例如,考虑激光打印机与上色软片一起销售或者一次成像相机与专利胶卷一起销售。这里的定价情形与第14章讨论的相似,通常消费者只购买一个单位的基本商品(如打印机或照相机),从而支付了"进入"费用。然后购买不定数量的搭配商品(上色剂或胶卷)。因为我们在第14章的分析表明垄断者为其配售商品所定的价格超过了边际成本,所以相对于竞争条件下,这种情形会有福利损失。也许就因为这个原因,配售有时是禁止的。但如果垄断者在不允许配售时拒绝为低需求者服务,那么此项措施并不一定能导致福利提高(Oi, 1971)。

汽车和酒

成功实行配售的一种方式是创造多种对不同阶层的消费者有吸引力的质量差别。汽车公司在它们的基本型号基础上设计出不同的型号(例如,本田有DX,LX,EX和SX多种型号),这可以被理解为消费者进入不同细分市场的配售商品。J. E. Kwoka在1992年对一个美国制造商(克莱斯勒)进行了研究,展示了质量差别是怎样带来市场的细分的。他还计算得出这个市场的分割使得消费者剩余大规模转向了制造商。

一般来说,如果一种物品在完全竞争条件下生产,这种配售的价格歧视便不可能实行。在这种情况下,配售的物品只能按照边际成本定价,并且对于垄断者来说唯一可能的歧视方式就只有在对基本品的定价上(就是对不同的消费者收取不同的"入场费")。但是,在一些特殊的情况下,尽管在完全竞争条件下有所减弱,但支付入场费将会在配售物品方面给予垄断者垄断权力。例如,Locay和Rodriguez(1992)考察了餐馆里对酒的定价。其中,当群体决策倾向于选择一个餐馆时,餐馆经营者将会在对偏好葡萄酒的顾客进行价格歧视方面有垄断权力。餐馆经营者将会受制于吸引顾客的要求,因此,完全竞争情况下进行价格歧视的能力要比垄断情况下弱。

参考文献

Kwoka, J. E. "Market Segmentation by Price-Quality Schedules: Some Evidence from Automobiles." *Journal of Business* (October 1992):615—628.

Locay, L., and A. Rodriguez, "Price Discrimination in Competitive Markets." *Journal of Political Economy* (October 1992): 954—968.

Oi, W. Y. "A Disneyland Dilemma: Two-part Tariffs on a Mickey Mouse Monopoly." *Quarterly Journal of Economics* (February 1971):

77—90.

Smith, R. B. W. "The Conservation Reserve Program as a Least Cost Land Retirement Mechanism." *American Journal of Agricultural Economics* (February 1995):93—105.

Willig, R. "Pareto Superior Non-Linear Outlay Schedules." *Bell Journal of Economics* (January 1978): 56—69.

Wilson, W. *Nonlinear Pricing*. Oxford: Oxford University Press, 1993.

第15章扩展　策略替代与互补

在本章中,我们发现可以简单地从最优反应函数的斜率中理解市场上策略互动的本质。例如,我们论证了,一个偏好容纳进入的先动者会诱导对手使之竞争不那么激烈。而策略的类型取决于厂商最优反应函数的斜率。如果在古诺模型中,最优反应向下倾斜,先动者就应该采取"猛犬"策略,生产一个很大的产量,以使对手降低产量。如果最优反应向上倾斜,就如伯特兰德模型中厂商为同质产品进行价格竞争那样,先动者就应当选择"小狗"策略,定一个高价,诱使对手也提升价格。

更一般地,我们已经不止一次看到,最优反应函数图形在帮助理解纳什均衡的本质时很有用,纳什均衡是怎样随着模型参数的变化而变化的,以及不完全信息会如何影响博弈,等等。简单地知道最优反应函数的斜率往往就能画出一条可用的最优反应函数图形。

这类似于消费者理论与生产者理论的有关定义,如果一厂商的活动(如产出、价格或产品差别方面的支出)水平上升,其对手在此活动中有一相同水平的下降,博弈论学者就定义厂商的这一活动为策略替代(strategic substitutes)活动。反之,如果一个厂商活动水平上升,而同时其对手的此活动也有相同程度的上升,就定义这一活动为策略互补(strategic complements)活动。

E15.1　纳什均衡

为了确切地说明这些思想,假设厂商A的利润 $\pi^1(a_1,a_2)$ 是他自身的行动(a_1)以及他对手的行动 a_2 的函数。这里,利润中我们用上标表示企业,是为了区别于下面的偏微分记号。企业2的利润表达式与之类似。一个纳什均衡就是各个企业采取的一组行动组合(a_1^*, a_2^*),使得各个企业采取的均衡行动分别是对方均衡行动的最优反应。令 $BR_1(a_2)$ 表示企业1的最优反应函数,而 $BR_2(a_1)$ 是企业2的最优反应函数,那么一个纳什均衡就由 $a_1^*=BR_1(a_2^*)$ 和 $a_2^*=BR_2(a_1^*)$ 给出。

E15.2　更详细的最优反应函数

厂商1选择自己策略活动的一阶条件为

$$\pi_1^1(a_1,a_2)=0 \qquad \text{(i)}$$

其中 π 的下标表示对于其各自变量的偏导数。为达到最大值,我们还要求

$$\pi_{11}^1(a_1,a_2)<0 \qquad \text{(ii)}$$

给定对手的行动 a_2,显然由(i)式确定企业1的最优选择

$$a_1=BR_1(a_2) \qquad \text{(iii)}$$

由于最优反应是唯一的,$BR_1(a_2)$ 确实是一个函数,而不是对应(参看第8章扩展的相关内容)。

行动间的策略关系是由最优反应函数的斜率决定的。如果最优反应函数向下倾斜,即 $BR_1'(a_2)<0$ 同时 $BR_2'(a_1)<0$,那么 a_1 与 a_2 为策略替代。如果最优反应函数向上倾斜,即 $BR_1'(a_2)>0$ 同时 $BR_2'(a_1)>0$,那么 a_1 与 a_2 就是策略互补。

E15.3　由利润函数的推断

我们刚才只是介绍了一种直接确定策略互补和策略替代的方法,即直接解出最优反应函数,然后对它们求微分。不过,在一些应用中,这可能会很难,甚至不可能得到(i)式的显性解。不过,我们还是可以直接从企业的利润函数中推断出行动是策略互补的还是策略替代的。

将(iii)式代入一阶条件(i)式中,有

$$\pi_1^1(BR_1(a_2),a_2) = 0 \quad \textbf{(iv)}$$

(iv)式两边对 a_2 求全微分再化简得

$$\pi_{11}^1 BR_1' + \pi_{12}^1 = 0 \quad \textbf{(v)}$$

整理后得到最优反应函数

$$BR_1' = -\frac{\pi_{12}^1}{\pi_{11}^1} \quad \textbf{(vi)}$$

所以,由二阶条件(ii)式可得,(vi)式的分母为负,因此 BR_1'的符号就和分子 π_{12}^1的符号一致,也就是说,$\pi_{12}^1>0$ 意味着 $BR_1'>0$,$\pi_{12}^1<0$ 意味着 $BR_1'<0$。因此,策略关系可以直接由利润函数的交叉偏导数推出。

E15.4　古诺模型

在古诺模型中利润由两个厂商产量的函数给出

$$\pi^1(q_1,q_2) = q_1P(q_1,q_2) - C(q_1) \quad \textbf{(vii)}$$

一阶条件是

$$\pi_1^1 = q_1P'(q_1+q_2) + P(q_1+q_2) - C'(q_1) \quad \textbf{(viii)}$$

正如我们在(15.2)式中看到的。(viii)式对 q_2 求偏导得

$$\pi_{12}^1 = q_1P'' + P' \quad \textbf{(ix)}$$

此处为简便起见,省略了函数的参数。由于 $P'<0$,π_{12}^1的符号取决于需求曲线的凹性(P'')。对于线性需求曲线,$P''=0$,因此,π_{12}^1显然为负。产量在线性需求函数的古诺模型中是策略替代的。图 15.2 说明了这个一般性原则,该图是为了一个例子而画的,其中包含了线性需求,可以看出最优反应的确是向下倾斜的。

E15.5　差异化产品的伯特兰德模型

在差异化产品的伯特兰德模型中,需求被记为

$$q_1 = D^1(p_1,p_2) \quad \textbf{(x)}$$

(15.24)式是一个类似的表达。运用上述表示法,利润可以写为

$$\pi^1 = p_1q_1 - C(q_1)$$

$$= p_1D^1(p_1,p_2) - C(D^1(p_1,p_2)) \quad \textbf{(xi)}$$

对 p_1求导的一阶条件是

$$\pi_1^1 = p_1D_1^1(p_1,p_2) + D^1(p_1,p_2) - C'(D^1(p_1,p_2))D_1^1(p_1,p_2) \quad \textbf{(Xii)}$$

省略参数后的交叉偏导数是

$$\pi_{12}^1 = p_1D_{12}^1 + D_2^1 - C'D_{12}^1 - C''D_2^1D_1^1 \quad \textbf{(xiii)}$$

要解释这么多符号绝非易事。在不变边际成本($C''=0$)和线性需求($D_{12}^1=0$)的特殊情形下,π_{12}^1的符号由 D_2^1 给出(即一个厂商的需求如何受到其竞争者价格变化的影响)。在两种商品互为替代品的一般情形下,此处的术语看起来是矛盾的,所以结果需要重新阐述一遍:如果厂商出售的产品是替代品,那么厂商决策的变量——价格——就是策略互补的。在这样的双寡头垄断中的厂商或者一起提高价格,或者一起降低价格(参见 Tirole,1988)。我们在图 15.4 中看到了一个这样的例子。图形反映的是线性需求和边际成本不变的情形,并且我们看到最优反应是向上倾斜的。

E15.6　序贯博弈中的进入容纳

考虑这样一个序贯博弈,厂商 1 先选择 a_1,然后厂商 2 选择 a_2。假设厂商 1 发现允许厂商 2 进入比阻止其进入更有利可图。由于厂商 2 晚于厂商 1 行动,我们可以将厂商 2 的最优反应带入厂商 1 的利润函数中

$$\pi^1(a_1,BR_2(a_1)) \quad \textbf{(xiv)}$$

厂商 1 的一阶条件是

$$\pi_1^1 + \underbrace{\pi_2^1 BR_2'}_{S} = 0 \quad \textbf{(xv)}$$

这里做一下对比,同时行动博弈中的一阶条件只是简单的 $\pi_1^1=0$,两者的差异就在于 S 项。这一项捕获了先动者的策略影响——也就是说,与同时行动博弈相比,先动者会选择较激烈的行动,还是较温和的行动。

S 的符号由 S 中的两个因子决定,我们将在下一段证明这两个因子的符号通常是相同的(同为正或同为负),这意味着 S 大于零,因

此与同时行动博弈相比，先动者往往会向上扭曲自己的行动。这个结果论证了文中的好几个例子。在图 15.6 中，我们看到斯塔克伯格产量高于古诺产量。

E15.3 部分的内容说明，BR_2'的符号和 π_{12}^2 的符号相同。如果市场中存在某种对称性，那么 π_{12}^2的符号就和 π_{12}^1的符号相同。通常情况下，π_2^1 和 π_{12}^1的符号是相同的。例如，考虑古诺竞争的情形。根据方程(15.1)，厂商 1 的利润是

$$\pi_1 = P(q_1 + q_2)q_1 - C(q_1) \qquad \textbf{(xvi)}$$

因此

$$\pi_2^1 = P'(q_1 + q_2)q_1 \qquad \textbf{(xvii)}$$

由于需求向下倾斜，$\pi_2^1 < 0$。(xvii)式对 q_1 求导得到

$$\pi_{12}^1 = P' + q_1 P'' \qquad \textbf{(xviii)}$$

如果需求是线性的(即 $P''=0$)，或者不那么凸(因此(xviii)式最后一项不足以抵消 P')，这个表达式就还是负的。

E15.7 扩展到一般性投资

前一部分的模型可以扩展到一般性投资——也就是说，不仅仅是对产量或价格的承诺。令 K_1表示这个一般性投资，比如广告，投资于低成本生产，或者产品定位(发生在博弈的开始)。接下来两个厂商在第二阶段同时选择它们的产品—市场行动 a_1 和 a_2(表示价格或产量)。在这个扩展模型中，厂商的利润分别是

$$\pi^1(a_1, a_2, K_1) \text{ 和 } \pi^2(a_1, a_2) \qquad \textbf{(xix)}$$

通过假设厂商 2 的利润不是 K_1的直接函数，可以使分析简单化，尽管均衡中厂商 2 的利润会间接取决于 K_1，因为均衡利润会取决于 K_1。令 $a_1^*(K_1)$ 和$a_2^*(K_1)$表示子博弈完美均衡中厂商的行动：

$$\begin{aligned} a_1^*(K_1) &= \mathrm{BR}_1(a_2^*(K_1), K_1) \\ a_2^*(K_1) &= \mathrm{BR}_2(a_1^*(K_1)) \end{aligned} \qquad \textbf{(xx)}$$

因为在(xix)式中，厂商 2 的利润函数并不直接取决于 K_1，所以在(xx)式中，最优反应也不直接取决于 K_1。

这里的分析借鉴了 Fudenberg，Tirole(1984)和 Tirole(1988)。将(xx)式中的表达式带入(xix)式中，厂商 1 选择 K_1的纳什均衡利润是

$$\begin{aligned} \pi^{1*}(K_1) &= \pi^1(a_1^*(K_1), a_2^*(K_1), K_1) \\ \pi^{2*}(K_1) &= \pi^2(a_1^*(K_1), a_2^*(K_1)) \end{aligned} \qquad \textbf{(xxi)}$$

将博弈回到第一阶段厂商 1 对 K_1的选择。由于厂商 1 希望容纳进入，它会选择最大化 $\pi^{1*}(K_1)$的 K_1。对 $\pi^{1*}(K_1)$求全微分，得到一阶条件

$$\begin{aligned} \frac{d\pi^{1*}}{dK_1} &= \pi_1^1 \frac{da_1^*}{dK_1} + \pi_2^1 \frac{da_2^*}{dK_1} + \frac{\partial \pi^1}{\partial K_1} \\ &= \underbrace{\pi_2^1 \frac{da_2^*}{dK_1}}_{S} + \frac{\partial \pi^1}{\partial K_1} \end{aligned} \qquad \textbf{(xxii)}$$

(xxii)式中第二个等式的成立源于包络定理。(包络定理仅仅是说 $\pi_1^1 \cdot da_1^*/dK_1$ 项消失了，因为 a_1 是在第二阶段选择的最优水平，所以对 a_1 求导的一阶条件 $\pi_1^1=0$。)剩下两项中的第一项 S，是 K_1的增加通过厂商 2 的行动对厂商 1 的利润产生的战略影响。如果厂商 1 不能对 K_1做出一个可观测的承诺，S 项就会从(xxii)式中消失，从而只剩下最后一项，即 K_1对厂商 1 的利润的直接影响。

S 的符号决定了当厂商 1 可以做出策略承诺时，它是过度投资了 K_1还是对 K_1投资不足。我们有以下步骤：

$$\begin{aligned} \operatorname{sign}(s) &= \operatorname{sign}\left(\pi_1^2 \frac{da_2^*}{dK_1}\right) \\ &= \operatorname{sign}\left(\pi_1^2 BR_2' \frac{da_1^*}{dK_1}\right) \\ &= \operatorname{sign}\left(\frac{d\pi^{2*}}{dK_1} BR_2'\right) \end{aligned} \qquad \textbf{(xxiii)}$$

如果市场中存在某种对称性，(xxiii)式中的第一行就能成立，因为这样 π_2^1 的符号就和 π_1^2 的符号相同。第二行来自(xx)式中对 $a_2^*(K_1)$求

导。第三行来自(xxi)式中对 π^{2*} 求全微分：

$$\begin{aligned}\frac{d\pi^{2*}}{dK_1} &= \pi_1^2\frac{da_1^*}{dK_1} + \pi_2^2\frac{da_2^*}{dK_1}\\ &= \pi_1^2\frac{da_1^*}{dK_1}\end{aligned} \quad \textbf{(xxiv)}$$

第一行中第二项的消失同样来自包络定理。

注意(xxiii)式，策略影响 S 的符号由两个因子的符号决定。第一个因子 $d\pi^{2*}/dK_1$，表示子博弈中 K_1 对厂商 2 的均衡利润的影响。如果 $d\pi^{2*}/dK_1<0$，则 K_1 的增加会损害厂商 2 的利润，这时我们看到投资使得厂商 1 很“强势”。如果 $d\pi^{2*}/dK_1>0$，则 K_1 的增加对厂商 2 有益，这时我们说投资使得厂商 1 变得“弱势”。第二个因子 BR_2' 是厂商 2 的最优反应函数的斜率，取决于行动 a_1 和 a_2 是策略替代还是策略互补的。S 中的两个因子的符号都有两种可能，因此总共有四种组合，如表 15.1 所示。如果投资使得厂商 1“强势”，则如果行动是策略互补的，策略影响 S 就会引导厂商 1 减少 K_1，相反（策略替代）就会增加 K_1。如果投资使得厂商 1“弱势”，则情况正好相反。

例如，在伯特兰德模型中，厂商为同质产品做出价格决策，因此它们是策略互补的。投入 K_1 会抢走厂商 2 的市场份额。表 E15.1 表明，当 K_1 可观测时，厂商 1 就应当减少投资，以使来自厂商 2 的价格竞争不那么激烈。

表 E15.1　容纳进入时的策略影响

		厂商 1 的投资	
		强势($d\pi^{2*}/dK_1<0$)	弱势($d\pi^{2*}/dK_1>0$)
行动	策略互补($BR'>0$)	投资不足(－)	投资过度(＋)
	策略替代($BR'<0$)	投资过度(＋)	投资不足(－)

E15.8　最优消费者计划

即便 K_1 不是连续投资而是“0—1”选择，前述分析仍然适用。例如，考虑厂商 1 面临一个是否开始一项最优消费者计划的决策(Cooper,1986)。最优消费者计划是指：如果厂商在未来会降价，则其会将价格差返还给消费者。这样一个计划通过减少厂商 1 的削价动力使之变得“弱势”。如果厂商的竞争是策略互补的（比如说，差异化产品的伯特兰德模型），则表15.1 说明厂商 1 应当采取过度投资的最优消费者计划，意即，如果行动是对手可观测的，厂商 1 就应当更加愿意实施这项计划。策略影响使得价格竞争不那么激烈，从而获得更高的价格和利润。

人们一开始都会想，这样的最优消费者计划实质上是对消费者有利的，这会导致较低的价格，因为条款保证多出的价格会返还给他们。然而，正如我们在这个例子中看到的，策略思考有时可以证明人们最初的直觉是错的，因此在研究策略时，谨慎是十分必要的。

E15.9　贸易政策

即便 K_1 不是厂商 1 自己的决策，E15.7 部分的分析仍然适用。例如，研究国际贸易的学者有时将 K_1 作为政府对国内企业的政策选择。Brander 和 Spencer(1985)曾经研究过一个国际贸易模型，模型中包括来自国家 1 的出口企业和来自国家 2 的国内企业，它们处于古诺竞争中。企业行动（产量选择）是策略替代的。作者提问，国家 1 的政府是否希望采取一项出口补贴政策，政府的这项决策在模型中扮演 K_1 的角色。补贴政策使出口企业变得“强势”，因为它有效地降低了企业的边际成本，增加了对国家 2 的出口量，还降低了那里（国家 2）的市场价格。根据表 15.1，如果政策对国内企业可见，国家 1 的政府就应当对出口补贴过度投资，即采取这项政策。模型解释了当自由贸易全球有效时,为什么有的国家单方面采取了出口补贴和其他贸易介入政策(至少在这个简单的模型中)。

我们的分析可以用于说明 Brander 和 Spencer 关于出口补贴合理性的论证在其他对于竞争的假设情形下可能不成立。如果出口企业和国内企业的竞争是策略互补的(比如说,差异化产品的伯特兰德竞争),那么根据表 15.1,出口补贴就是一个坏点子。国家 1 应当在出口补贴上投资不足才对(即不采取这项政策),以避免价格竞争过于激烈。

E15.10 进入阻止

继续研究 E15.7 部分的模型,不过现在假设厂商 1 偏好于阻止进入。厂商 1 的目的是选择 K_1 使厂商 2 的利润 π^{2*} 降为零。厂商 1 会向上还是向下扭曲 K_1 仅仅取决于 $d\pi^{2*}/dK_1$ 的符号,也就是说,取决于投资使厂商 1"强势"还是"弱势",而与两者的竞争是策略替代还是策略互补无关。若投资使得厂商 1"强势",则与不能醒目地(即厂商 2 可见)做出投资承诺相比,厂商 1 应当过度投资以阻止进入。另一方面,如果投资使得厂商 1"弱势",它就应当投资不足。

例如,如果 K_1 是用于减少边际成本的一项投资,这项投资很可能使厂商 1 变得"强势",因此它就应当过度投资以阻止进入。如果 K_1 是一项广告投资,用于增加整个产品类别的需求,而不仅仅是对自己产品品牌的需求(例如对一只势不可挡的电动兔子里的一种电池做广告,很可能增加所有电池品牌的销售,如果消费者不太能记住兔子里面的电池是哪一种),就很可能使得厂商 1 变得"弱势",这时它就应当减少投资以阻止进入。

参考文献

Brander, J. A., and B. J. Spencer. "Export Subsidies and International Market Share Rivalry." *Journal of International Economics* 18 (February 1985): 83—100.

Bulow, J., G. Geanakoplous, and P. Klemperer. "Multimarket Oligopoly: Strategic Substitutes and Complements." *Journal of Political Economy* (June 1985): 488—511.

Cooper, T. "Most-Favored-Customer Pricing and Tacit Collusion." *Rand Journal of Economics* 17 (Autumn 1986): 377—388.

Fudenberg, D., and Tirole. "The Fat Cat Effect, the Poppy Dog Poly, and the Iean and Hungry Look." *American Economic Review, Papers and Proceedings* 74 (may 1984): 361—368.

Tirole, J. *The Theory of Industrial Origanization*. Cambridge, MA: MIT Press, 1988, chap. 8.

第 18 章扩展 对连续类型的非线性定价

在本节中,我们将把对非线性定价的分析由两种消费者类型扩展为连续消费者类型。如果读者对第 2 章中介绍过的最优控制在动态选择问题中的应用感兴趣,那么阅读本节的扩展就会很有价值,因为在本节中读者将会看到最优控制技术的全新应用。同时还要提醒读者,在下面的分析中将会运用到本书中最复杂的数学工具。如果读者对运用最优控制模型处理问题不感兴趣,那么可以把本节的扩展当成对之前内容的回顾:我们可以保证,从前面两种消费者类型的简单模型中得到的结论在连续类型模型中同样成立。这一部分的扩展不仅需要用到第 2 章的知识,还需要引用 Bolton 和 Dewatripont(2005)的论文。

E18.1 隐藏类型模型中的遗留问题

在第 18 章中,我们已经分析了最简单的隐藏类型模型。代理人的类型只有两个可能的取值。例如,在非线性价格模型中,我们设定代理人是一个高需求或低需求的消费者。在保险的逆向选择模型中,代理人同样只有两种类型,即遭受意外损失概率较高的类型和遭受意外损失概率较低的类型。我们从对这一类模型的分析中得到了很多结论,例如,与最优情形相比,低类型代理人的合同会出现向下的扭曲,而高类型代理人的合同则不会出现扭曲。这个结论也被总结为"顶层不扭曲"。

不过上面的分析还遗留了很多未解决的问题。比如说,一阶条件在描述次优合同特征时有多少一般性?"顶层不扭曲"是否意味着只有最高类型的而合同是有效率的?垄断者是否愿意为所有类型的代理人提供服务,或者说,垄断者是否会选择停止提供面向最低类型代理人的合同菜单?以上的问题在两类消费者模型中不能得到很好的解答,因此,我们需要把分析扩展到更为一般的连续类型模型中去。前面已经提到过,我们做出这种扩展还有一个目的,就是向读者说明,第 2 章中介绍的最优控制方法不仅可以用来解决动态优化问题,还可以帮助我们解决很多其他经济学问题。

E18.2 非线性定价模型

举一个具体的例子,我们将分析垄断者的非线性定价问题。垄断者会提供一个商品组合方式的菜单,每一种组合方式对应一种消费者类型 θ,其中一种组合方式对应一个特定的商品数量 $q(\theta)$ 和总费用 $T(\theta)$。消费者有与自己类型相关的私人信息,而垄断者只了解消费者类型 θ 的分布。令 $\varphi(\theta)$ 为对应的概率密度函数,而 $\Phi(\theta)$ 为累积分布函数。假设所有消费者的类型都落在 θ_L 和 θ_H 之间的区间里。(读者可以回忆第 2 章中概率论与数理统计部分的内容以及其他会在本节扩展中使用到的概念。)

和之前的设定一样,消费者的效用函数为 $U(\theta)=\theta v(q(\theta))-T(\theta)$。垄断者为类型 θ 的消费者提供服务可以获得的利润为 $\Pi(\theta)=T(\theta)-cq(\theta)$,其中 c 是垄断者的固定边际成本和生产的平均成本。

E18.3 最优

这个问题的最优解很容易求得。垄断者

会向各个类型的消费者提供社会最优的数量,即商品数量要满足条件 $\theta v'(q)=c$。垄断者向各个类型消费者的要价会榨取消费者的所有剩余 $T(\theta)=\theta v(q(\theta))$。而垄断者能够赚取所有的社会剩余 $\theta v(q(\theta))-cq(\theta)$。

E18.4 次优

垄断者制定的次优价格策略是一个能够最大化其期望利润的商品组合选项单(商品组合包括 $q(\theta)$ 和 $T(\theta)$)

$$\int_{\theta_L}^{\theta_H}\Pi(\theta)\varphi(\theta)\mathrm{d}\theta=\int_{\theta_L}^{\theta_H}[T(\theta)-cq(\theta)]\varphi(\theta)\mathrm{d}\theta \tag{i}$$

同时要满足消费者的参与约束以及激励相容约束。我们已经知道,只有最低类型消费者的参与约束会对垄断者的决策产生影响,即只要类型为 θ_L 的消费者接受了合同,其他类型的消费者也会选择接受合同。所以,参与约束可以简化为

$$\theta_L v(q(\theta_L))-T(\theta_L)\geqslant 0 \tag{ii}$$

不过,消费者接受合同并不意味者垄断者向他们提供的商品数量都是正的。垄断者可以选择向一些消费者提供零合同(零数量和零费用)。通过把某些类型消费者的合同降为零合同,垄断者甚至可以从高类型消费者手中获得更多的剩余。

而激励相容约束则需要进一步讨论。激励相容约束要求每种类型的消费者都偏好于垄断者针对他设计的商品组合 $q(\tilde{\theta})$ 和 $T(\tilde{\theta})$。换句话说就是 $\theta v(q(\tilde{\theta}))-T(\tilde{\theta})$ 在 $\tilde{\theta}=\theta$ 处取得最大值。对函数取一阶条件可得

$$\theta v'(q(\tilde{\theta}))q'(\tilde{\theta})-T'(\tilde{\theta})=0 \text{ 而 } \tilde{\theta}=\theta \tag{iii}$$

也即

$$\theta v'(q(\theta))q'(\theta)-T'(\theta)=0 \tag{iv}$$

(iv)式是大部分情形下激励相容的充要条件,在这里就不再详细讨论了。

E18.5 重写问题

(iv)式中微分的数量太多,以至于我们不能使用第2章的最优控制方法。第2章中类似的等式((2.148)式)只有一个微分。而为了得到一个适用的激励相容约束,我们观察到

$$\begin{aligned}U'(\theta)&=v(q(\theta))+\theta v'(q(\theta))q'(\theta)-T'(\theta)\\&=v(q(\theta))\end{aligned} \tag{v}$$

其中,第二行是根据(iv)式推导得出的。现在,我们就得到了一个符合要求的激励相容约束的表达式,在这个表达式中只有一个微分。因为微分方程 $U'(\theta)=v(q(\theta))$ 中包含的是 $U(\theta)$ 的导数,而不是 $T(\theta)$ 的,所以在求解最大化问题时需要做一个代换 $T(\theta)=\theta v(q(\theta))-U(\theta)$。

问题重写之后,垄断者的目标是最大化

$$\int_{\theta_L}^{\theta_H}[\theta v(q(\theta))-U(\theta)-cq(\theta)]\varphi(\theta)\mathrm{d}\theta \tag{vi}$$

同时需要满足参与约束(不等式(ii))和激励相容约束 $U'(\theta)=v(q(\theta))$。根据(2.150)式,这个最优控制问题的哈密尔顿算符为

$$\begin{aligned}H=&[\theta v(q(\theta))-U(\theta)-cq(\theta)]\varphi(\theta)+\\&\lambda(\theta)v(q(\theta))+U(\theta)\lambda'(\theta)\end{aligned} \tag{vii}$$

下面来看这个哈密尔顿算符是怎样构建的。这里的 θ 相当于第2章中的 t,$q(\theta)$ 相当于控制变量 $c(t)$,$U(\theta)$ 相当于状态变量 $x(t)$

$$[\theta v(q(\theta))-U(\theta)-cq(\theta)]\varphi(\theta) \tag{viii}$$

相当于函数 f,而 $U'(\theta)=v(q(\theta))$ 则相当于微分方程

$$\frac{\mathrm{d}x(t)}{\mathrm{d}t}=g(x(t),c(t),t) \tag{ix}$$

E18.6 最优控制的解

与(2.151)式中的条件 $\partial H/\partial c=0$,$\partial H/\partial x$

=0 类似,这个最优控制问题的解的条件是

$$\frac{\partial H}{\partial q} = [\theta v'(q(\theta)) - c]\varphi(\theta) + \lambda(\theta)v'(\theta) = 0 \quad \text{(x)}$$

$$\frac{\partial H}{\partial U} = -\varphi(\theta) + \lambda'(\theta) = 0 \quad \text{(xi)}$$

为了把这些条件构造成一个更有用的方程形式,我们需要消去条件中的拉格朗日乘子。把第二个条件整理后可以得到 $\lambda'(\theta) = \varphi(\theta)$。根据微积分基本定理(我们在第 2 章中做过讨论)

$$\begin{aligned}\lambda(\theta_H) - \lambda(\theta) &= \int_\theta^{\theta_H} \lambda'(s)\mathrm{d}s \\ &= \int_\theta^{\theta_H} \varphi(s)\mathrm{d}s \\ &= \Phi(\theta_H) - \Phi(\theta) \\ &= 1 - \Phi(\theta)\end{aligned} \quad \text{(xii)}$$

其中,Φ 是消费者类型的累积分布函数,当随机变量取得最大值时,Φ 等于 1,所以 $\Phi(\theta_H) = 1$。故

$$\begin{aligned}\lambda(\theta) &= \lambda(\theta_H) + \Phi(\theta) - 1 \\ &= \Phi(\theta) - 1\end{aligned} \quad \text{(xiii)}$$

上面的推导过程用到了条件 $\lambda(\theta_H) = 0$。这是由于 θ_H 是垄断者能够榨取剩余的最高消费者类型,而 $\lambda(\theta_H)$ 衡量的是类型 θ_H 的消费者合同的扭曲程度,所以 $\lambda(\theta_H)$ 等于 0。把这个等式代入(x)式中,整理后可以得到

$$\theta v'(q(\theta)) = c + \frac{1 - \Phi(\theta)}{\varphi(\theta)} v'(q(\theta)) \quad \text{(xiv)}$$

这个等式告诉我们很多次优情形的信息。因为 $\Phi(\theta_H) = 1$,所以最高类型消费者的等式可以简化为 $\theta_H v'(q(\theta_H)) = c$,这个等式与最优条件相同。我们再一次得到了"顶层不扭曲",而其他类型则都会面临一定程度的 $q(\theta)$ 的向下扭曲。为了证明这个结论,我们注意到,对于其他类型 $\theta v'(q(\theta)) > c$,这就说明对于所有 $\theta < \theta_H$,次优情形的 $q(\theta)$ 都要比最优的小。

E18.7　均匀分布的例子

假设 θ 服从 0 到 1 之间的均匀分布,同时 $v(q) = 2\sqrt{q}$。那么就有 $\varphi(\theta) = 1$,同时 $\Phi(\theta) = \theta$。根据(xiv)式可以得到

$$q(\theta) = \left(\frac{2\theta - 1}{c}\right)^2 \quad \text{(xv)}$$

根据(xv)式,我们可以很明显地看到垄断者只会向类型大于 1/2 的消费者提供服务。通过不向类型小于 1/2 的消费者提供服务,垄断者可以从较高价值的消费者那里获取更多的剩余。为计算消费者需要支付的费用,我们观察到

$$\begin{aligned}T(\theta) &= \int_{1/2}^{\theta} T'(s)\mathrm{d}s \\ &= \int_{1/2}^{\theta} sv'(q(s))q'(s)\mathrm{d}s \\ &= \frac{4\theta^2 - 1}{2c}\end{aligned} \quad \text{(xvi)}$$

其中第一个等号是依据微积分基本定理,第二个等号是依据(iv)式,而第三个是依据(xv)式。

在图 E18.1 中,我们画出了最终的非线性定价策略。曲线上的每一个点都表示针对特定类型消费者的商品组合方式。各个组合方式的单位价格可以根据该点到原点连线的斜率得出。很显然,连线的斜率会随着 q 的增加而减小,说明商品的单位价格是递减的,这也意味着价格策略中存在数量折扣。

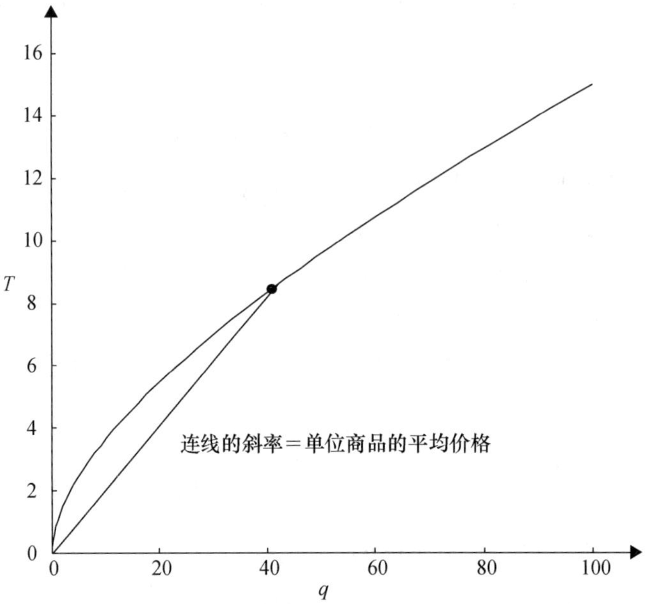

图 E18.1　对连续类型消费者的非线性定价

图形是基于对均匀分布的计算得出的更大的商品组合中的每单位商品可以获得的价格折扣。

参考文献

Bolton, P., and M. Dewatripont. *Contract Theory*. Cambridge, MA: MIT Press, 2005.

第19章扩展　减少污染

虽然我们对外部性的讨论集中在庇古税可以使商品市场更加有效上，但类似的结果也可以应用在减少污染的技术的研究中。在这个扩展中，我们简要地考察这个思路。我们假设有两个厂商 A 和 B，他们的产出水平（q_A，q_B）是固定的。一个不能违反的科学原则是物质商品的生产（相对于服务）必须遵守物质守恒定律。q_A，q_B 的生产会产生一些副产品 e_A 和 e_B。这些副产品（或其中的有害成分）的物理量可以用投入 z_A，z_B 的方法（各 p 单位）来减少。最后排放量满足

$$f^A(q_A, z_A) = e_A \text{ 和 } f^B(q_B, z_B) = e_B \quad \text{(i)}$$

其中，对每个厂商的污染减少方程，有 $f_1 > 0$，$f_2 < 0$。

E19.1　最优污染减少

如果一个管理者决定 e^* 是最大可允许的排放量，为使其以最小的成本达到，须解拉格朗日方程

$$\mathscr{L} = pz_A + pz_B + \lambda(f^A + f^B - e^*) \quad \text{(ii)}$$

最大化的一阶条件为

$$p + \lambda f_2^A = 0 \text{ 和 } p + \lambda f_2^B = 0 \quad \text{(iii)}$$

这样我们有

$$\lambda = -p/f_2^A = -p/f_2^B \quad \text{(iv)}$$

这个等式明显地说明当污染减少的边际成本（通常在环境学论著中记为 MAC）对每个厂商相等时，污染减少达到成本最小化。因此一个要求每个厂商排放量相等的标准不大可能达到有效率——污染减少的边际成本相等的规定相对于排放量相等的规定会节约很多成本。

E19.2　排放税

（iv）式中最优的解可以通过实行大小为 λ 的排放税（t）来实现（假设这个税被设置为等于一单位排放物的边际损害）。在这个税下，每个厂商试图最小化 $pz_i + tf^i(q_i, z_i)$，这可以产生最优解

$$t = -p/f_2^A = -p/f_2^B \quad \text{(v)}$$

请注意，如在第 19 章中的分析，税收的解决方法的好处在于管理当局不需要知道厂商减少污染成本的准确函数。而厂商自己会利用私人信息来决定污染减少的战略。如果这些函数在企业间差别很大，他们选择的排放减少量也会有很大的不同。

英国的排放税

Hanley，Shogren 和 White（1997）讨论了已在英国实行的几种排放税。他们说明污染减少的边际成本在企业间有很大的不同（大约有 30 倍之差）。相对于要求相等的排放量，采取排放税的方法成本节约很大。例如，作者对 Tees 河口的研究发现，这可以节约将近 1 000 万英镑（1976 年英镑）。作者还讨论了当排放物没有统一的污染成分或污染物可以随时间积累到不同的危险级别时，制定有效率的排放税而引发的复杂问题。

E19.3　可交易许可证

如我们在第 19 章中讨论的，许多庇古税可以达到的结果也可以通过可交易许可证系统来达到。在这种情况下，管理当局将制定许可证的水平（s^*）等于 e^*，并将这些许可证以某种方式分配给厂商（$s_A + s_B = s^*$）。每个厂商将购买或出售一定量的许可证，但必须保证它的排放等于拥有的许可证所对应的污染量。如果许可证的市场价格等于 p_s，每个厂商的问题就是最小化

$$pz_i + p_s(e_i - s_i) \qquad \textbf{(vi)}$$

当 $p_s = t = \lambda$ 时,这与(iv)式、(v)式得到的结果相同。所以可交易许可证系统将和税收方法得到相同的成本节约。

SO_2 许可证交易

美国1990年的《清洁空气法案》建立了第一个大规模的可交易排放许可证计划。该计划集中在 SO_2 排放的控制上,目标是减少烧煤的电厂引发的酸雨。Schmalensee et al. (1998) 研究了该计划的早期经验成果。他们总结出:建立大型有效的许可证市场是可行的。在研究期间超过500万(吨)的许可证易手,价格大约为每个150美元。Schmalense 还说明了厂商们利用许可证实现了多种不同的战略。这显示了蕴藏在许可证机制中的灵活性和大量的成本节约。一个有趣的现象是许可证的价格只有预期的一半。他们将其主要原因解释为,由于厂商最初错误地预期许可证价格会为300—400美元,于是他们对排放清洁技术进行了过度的投资,在这样大量的固定成本投资下,清除一吨 SO_2 的成本仅为65美元,所以存在较大的许可证价格下行的压力。

E19.4 创新

虽然在我们描述的模型中,税收和可交易许可证似乎是数学等价的,但当动态的污染减少技术的创新被考虑进来时,这种等价就不存在了。当然,两种方案都提供了采用新技术的激励——如果一个工艺可以得到减少排放的较低的MAC,在两种系统下,它都会被采用。但是,在动态情况下 Milliman 和 Prince(1989) 对两种系统的分析说明采取税收方式更好。他们的理由是税收系统会鼓励新技术的更快推广,因为此时采用新技术的利润增加比许可证情况下更多。这样可以鼓励监管部门采取更严格的控制标准,因为这些标准将更容易满足成本收益约束。

参考文献

Hanley, N., J. F. Shogren, and B. White, *Environmental Economics in Theory and Practice*. New York, Oxford University Press, 1997.

Millman, S. R., and R. Prince. "Firm Incentive to Promote Technological Change in Pollution Control." *Journal of Environmental Economics and Management* (November 1989): 247—265.

Schmalense, R., P. L. Joskow, A. D. Ellerman, J. P. Montero, and E. M. Bailey. "An Interim Evaluation of the Sulfur Dioxide Trading Program." The *Journal of Economics Perspectives* (Summer 1998): 53—68.

“请回答”部分简明答案

以下是每章例题中“请回答”部分的简明答案，希望能对学生理解本书有一些帮助。

第1章

1.1

如果价格与产量有关，$p(q)\cdot q$ 的微分会更复杂。这将引出边际收益的概念，本书中会多次讲到。

1.2

化简(1.16)式得到$\partial p^*/\partial a=1/225$，所以如果 a 增加450，直接套用该式得到 p^* 应该增加2。

1.3

如果所有劳动力都用于 x 的生产，则不存在失业时 $x=\sqrt{200}=14.1$，存在失业时 $x=\sqrt{180}=13.4$。因此失业带来的效率损失的成本是0.7个单位的 x。用同样的方法可计算出用 y 衡量的这一结果是1.5个单位。在两种商品的数量都减少时，读者需要知道 x 相对于 y 的价格以便于加总损失。

第2章

2.1

最大化的一阶条件是$\partial \pi/\partial l=50/\sqrt{l}-10=0$，$l^*=25$，$\pi^*=250$。

2.2

不是，只有指数函数(或在一定区间内接近指数函数的函数)弹性为常数。

2.3

通分后得到 $y=\frac{165}{3p}=\frac{55}{p}$，所以$\frac{\partial y}{\partial p}=-\frac{55}{p^2}$。

2.4

直观来看，对于不同的常数，生产可能性边界是一组离心率相同的同心椭圆。

2.5

是一组以 $x_1=1$，$x_2=2$ 为圆心的同心圆。当$y=10$ 时，圆退化为一点。

2.6

$\partial y^*/\partial b=0$ 是因为在极值点总有 $x_1=b$，这样x_1-b 这一项就没有了。

2.7

当 $x_1+x_2=2$，$x_1=0.5$，$x_2=1.5$ 时，$y^*=9.5$。当 $x_1+x_2\geqslant 3$ 时，约束条件就没有了，可以达到无约束条件的极值。

2.8

圆形的篱笆可以以最小的周长圈占最大的面积。证明此结论要用到极限的知识。

2.9

此处局部极值点也是全局极值点。二阶

导数不变意味着函数斜率变化速率恒定。

2.10

这个函数图形像一个尖点朝上的锥体,因而只有一个最大值点。

2.11

三维空间中线性约束条件可以被视为一束平面,它与图 2.4(a)和 2.4(c)的图形都能有唯一的切点。而无约束条件的极值相当于一束水平的平面,只有图 2.4(a)有最大值。

2.12

对于不同的 k,齐次性显然无法保证,但两个自变量之间的替代关系是可以保持的,即无论 k 取何值,均有 $-f_1/f_2=x_2/x_1$。

2.13

扩张的可变总成本是

$$\int_{100}^{110}0.2q\mathrm{d}q=0.1q^2\Big|_{100}^{110}=1\,210-1\,000=210$$

也可以通过从 $q=110$(1 710)时的总成本中减去 $q=100$(1 500)时的总成本得出,固定成本便在相减的过程中消掉了。

2.14

正如第 17 章所言,一个较高的 δ 值使得消费者更早地消费酒。一个较低的 δ 值使消费者更加不愿意经历消费波动。

2.15

如果 $g(x)$ 是凹的,则函数值增加的速度不如 x 自己增加的速度。因此,$E[g(x)]<g[E(x)]$,在第 7 章我们用这个结果解释为何财富边际效用递减的个人是风险厌恶的。

2.16

利用例 2.15 中均匀分布的结果,有 $\mu_x=(b-a)/2=6$,$\sigma_x^2=(b-a)^2/12=12$,$\sigma_x=12^{0.5}=3.464$。在这个例子中,57.7%($=2\times3.464\div12$)的分布位于均值的一个标准差之间,小于正态分布下的这一数值,因为均匀分布并不聚集在均值附近。然而,和正态分布不同的是,整个均匀分布都在均值的两个标准差以内,因为均匀分布并没有向两端延伸。

第 3 章

3.1

求偏导数时我们固定效用不变,这就隐含了 y 与 x 的关系。(3.11)式的约束决定了 x 改变时 y 也要跟着变。

3.2

第 1 个和第 3 个例子中,x、y 同时加倍而 MRS 不变,但第 2 个例子中的 MRS 是要变的,因为 $(1+x)/(1+y)\neq(1+2x)/(1+2y)$。

3.3

对于位似函数,无差异曲线束与经过原点的直线的交点的斜率均相等。

3.4

无差异曲线束是在水平方向上平行的,就是说,给定任意水平的 y,对于所有的 x,MRS 均相等。满足它的一种情况是这样的(我们会在第 4 章中看到):当收入增加时,不再多买 y 商品,全部增加的收入都去买 x,而且 x 的边际效用不变。

第 4 章

4.1

每种商品的支出比例固定就意味着 $\partial x/\partial p_y=0$,$\partial y/\partial p_x=0$。注意,(4.23)式中没有 p_y,(4.24)式里也没有 p_x。

4.2

消费份额不受收入影响,但要受相对价格变动的影响,这正是位似函数的性质。

4.3

如果名义收入与所有商品的价格都加倍,预算约束不受影响,效用自然也不变。这是间接效用函数关于所有价格和名义收入零次齐次的含义。

4.4

在柯布—道格拉斯函数下,当 $p_y=3$ 时,

$E(1,3,2)=2\times1\times3^{0.5}\times2=6.93$，所以为了保持效用不变，消费者的收入应该一次总付性地减少1.07。在固定支出比例的情况下，购买原来的商品组合现在需要花费7，即需要收入补偿 -1.0。注意，在这种情况下选择的商品组合没有变化，但在柯布—道格拉斯函数中，新的商品组合是 $x=3.46$，$y=1.15$，因为消费者更充分地利用了 y 的降价。

第5章

5.1

是这样的。从(5.5)式或(5.7)式可以推算出这个人总会花光他的所有收入，即无论 p_x，p_y，I 怎么变动，各种商品的支出比例之和都是1。

5.2

如果 $x=0.5I/p_x$，则 $I=100$，$p_x=1$，求得 $x=50$。由(5.11)式计算得 $x=0.5(100/1)=50$。假设 x 涨价到 $p_x=2.0$，柯布—道格拉斯函数推出 $x=25$；而 CES 函数推出 $x=100/6=16.67$。所以 CES 需求函数对价格的变化更敏感。

5.3

是零次齐次的。因为按同比例变化的 p_x，p_y 不产生替代效应，所以在保持 U 不变的条件下 x，y 也不会变。所有补偿性需求函数都应具有这种性质。

5.4

在柯布—道格拉斯函数下，比如说 x 的指数较大，则消费者会花费更大比例的收入在 x 上。这样在斯拉茨基方程式中收入效应会变得更大。我们很容易在弹性形式的斯拉茨基方程中看到这一点(例5.5)。

5.5

柯布—道格拉斯函数提供了一个简单的情形：不论预算约束为何，总有 $e_{x,p_x}=-1$。斯拉茨基方程式的弹性形式说明，由于收入效应是 $-s_xe_{x,I}=-s_x(1)=-s_x$，补偿性价格弹性就是 $e^c_{x,p_x}=e_{x,p_x}+s_x=-(1-s_x)$。可见，当用于 x 的支出比例较少时，改变的比例就会比较大，因为起始基础较小。

5.6

在计算消费者剩余时，通常我们都假设需求函数在某一个价格之上，需求量减为零。这个特殊的假设并不会影响消费者剩余变化的计算。

第6章

6.1

$\partial x/\partial p_y$ 把收入效应和替代效应都包括了，所以如果两者互相抵消就应有 $\partial x/\partial p_y=0$，并不是没有替代效应。当且仅当价格变化的收入效应确为零时，固定比例的说法才成立。

6.2

位似偏好中也会出现总替代的非对称现象，这是因为虽然替代效应一定是相等的，但是收入效应可以大小不等。

6.3

因为 p_y、p_z、p_h 的相对关系未发生变化，所以求解最大化问题不受任何影响。

第7章

7.1

在第一种情形下，第7次才出现正面的概率小于0.01，因此赌博的期望值是6美元。在第二种情形中，第12次首次出现正面的奖金超过100万美元，因此赌博的期望值是 $19+1\,000\,000/2^{19}=20.91$ 美元。

7.2

在线性效用的情况下，个人只关心美元(财富)的期望值，而无所谓购买公平保险。当效用函数是财富的凸函数时($U'>0$，$U''>0$)，个人倾向于冒险，并且仅在保费小于公平保险费时才会购买保险。

7.3

如果 $A=10^{-4}$：

$$CE(\#1) = 107\,000 - 0.5 \times 10^{-4} \times (10^4)^2 = 102\,000$$

$$CE(\#2) = 102\,000 - 0.5 \times 10^{-4} \times 4 \times 10^6 = 101\,800$$

则选择风险较大的方案1。另一方面,如果 $A = 3 \times 10^{-4}$,则选择风险较小的方案2。

7.4

个人愿意支出的数量是财富的减函数((7.43)式)。在 $R=0$ 时,如果 $W_0 = 10\,000$ 美元,则个人愿意出50美元来避免1 000美元的赌博;如果 $W_0 = 100\,000$ 美元,则个人只愿意出5美元。在 $R=2$ 时,他愿意出149美元来避免1 000美元的赌博;而如果 $W_0 = 100\,000$ 美元,则他只愿意出15美元。

7.5

对于风险厌恶的人来说,如果其中一个选择是相对安全的,则期权价值会较低。在 $A_1(x) = 1/2$ 时重新计算该例,得出对于风险中性者而言,期权价值是0.125个单位,而对于风险厌恶者只有0.11个单位。

7.6

首先计算出这个政策的公平价格是 $0.25 \times 19\,000 = 4\,750$(美元)。个人愿意支付的最大值可由下式计算得出

$$11.457\,14 = 0.75\ln(100\,000 - x) + 0.25\ln(99\,000 - x)$$

可知 $x = 5\,120$ 美元。因此,个人在这种损失承担的政策下最多愿意支付370美元。

第8章

8.1

在该博弈中,最优反应并不是唯一的,因此并不存在占优策略。这个博弈的扩展式与图8.1类似,只是参与人的收益不同。

8.2

不存在占优策略。当参与人2选择出剪刀时,参与人1会背离原来的选择,而选择出石头,因此(布,剪刀)不是一个纳什均衡。

8.3

如果妻子选择了混合策略(1/9,8/9),丈夫选择了混合策略(4/5,1/5),那么此时丈夫的期望收益为4/9。如果妻子选择(1,0),丈夫选择(4/5,1/5),那么丈夫的期望收益为4/5。在丈夫已经选择混合策略(4/5,1/5)的情况下,妻子的最优反应是选择欣赏芭蕾舞。

8.4

在混合策略纳什均衡中,参与人的期望收益为2/3。这个期望收益甚至比两个纯策略纳什均衡的最小收益还要小。不过混合策略纳什均衡更具有对称性。

8.5

如果他们的单位收益同时增加,那么纳什均衡数量将会随之增加。如果牧羊人2的单位收益降低,那么他自己的放牧量将会下降,而另一个牧羊人的放牧量会增加。

8.6

有可能。设参与人1的类型为 $t=6$ 的概率为 p,参与人2选择 L 的期望收益就是 $2p$。那么当 $p>2/3$ 时,参与人2选择 L 的期望收益就要大于选择 R 的期望收益 $4(1-p)$。

8.7

当博弈由不完全信息变为完全信息后,如果牧羊人1是高类型,那么他的产出会增加,而竞争对手的产出下降。如果1是低类型,那么情况就会相反。高类型的牧羊人更喜欢完全信息结构,并且有意愿释放自己的类型信号;而低类型的牧羊人则更喜欢不完全信息,并想要隐藏自身的类型。

8.8

工人接受教育是为了向企业传递自身能力的信息,这样就能增加高能力工人的工资。如果低能力工人能够以比高能力工人低的成本接受教育,博弈就不会存在分离均衡。

8.9

如果企业不能通过“没有接受教育”的信

号获得信息,并且其后验信念等于先验信念,那么之前提出的混合结果就不是一个均衡。此时,无论工人是否接受过教育,企业的信念都不会发生改变,企业的最优反应也就不会改变,在工人意识到这个问题后,他就会选择背离 E 点。而如果企业会把“没有接受教育”当作一个坏的信号,这个结果就是一个均衡。因为企业对 NE 的最优反应是 NJ,这样就会引导各个类型的工人在 E 点混同。

8.10

在均衡时,高类型参与人可以获得的期望收益为 $j^* w - c_H = c_L - c_H$。这个期望收益要大于选择 NE 的期望收益 0。低类型参与人在 E 点与高类型混同的概率为 e^*。不过 $de^*/dPr(H) = (\pi - w)/\pi$。由于这个表达式大于 0,因此低类型参与人必须通过提高选择 E 点的概率来抵消 $Pr(H)$ 的增加,并且保证参与人 2 选择 J 和 NJ 无差异。

第 9 章

9.1

当 $k = 11$ 时

$$q = 72\,600l^2 - 1\,331l^3$$

$$MP_l = 145\,200l - 3\,993l^2$$

$$AP_l = 72\,600l - 1\,331l^2$$

此时使得 AP_l 最大化的就不是 $l = 30$ 而是 $l = 27.3$。

9.2

由于 f 中 k 和 l 的地位是对称的,即如果 $k = l$,则 $f_k = f_e$ 且 $f_{kk} = f_{ll}$。因此,如果 $f_{kl} > f_{ll}$,则(9.21)式的分子就是负的。当 $k = l < 20$ 时,联立(9.24)式和(9.25)式(记住 $k = l$)就能算出来。

9.3

$q = 4$ 的等产量线包含 $k = 4, l = 0$;$k = 1, l = 1$;$k = 0, l = 4$。显然等产量线是很凸的。如果各种要素必须按固定的比例投入,等产量线该是 L 形的。

9.4

组合科技进步因子 $\theta = \alpha\varphi + (1 - \alpha)\varepsilon$,所以 $\alpha = 0.3$ 意味着生产力进步中劳动的进步相对更为重要。

第 10 章

10.1

如果 $\sigma = 2$,则 $\rho = 0.5$,$k/l = 16$,$l = 8/5$,$k = 128/5$,$C = 96$。

如果 $\sigma = 0.5$,则 $\rho = -1$,$k/l = 2$,$l = 60$,$k = 120$,$C = 1\,080$。

注意,当 σ 变化时,整个生产函数都变了,规模报酬也变了,因而直接比较总成本没什么意义。

10.2

表达式中单位产量的成本是 $(v^{1-\sigma} + w^{1-\sigma})^{1/(1-\sigma)}$。如果 $\sigma = 0$,则函数关于 $w + v$ 是线性的;如果 $\sigma > 0$,则函数越来越凸,表明 w 的很大增加可以通过 v 的少量减少来抵消。

10.3

弹性是由成本函数中某种要素的指数决定的,在这个模型中和技术进步没有关系。

10.4

此时 $\sigma = \infty$,当 $w = 4v$ 时,最小化的成本可以是资本与劳动的任意组合(对于 q 是常数)。若 w 上涨,则将不再投入劳动而全部投入资本,而最小成本不变。可见:一种要素价格的上涨对于整个成本的影响程度,主要取决于要素之间在多大程度上能够互相替代。

10.5

因为资本的成本在短期是固定的,不会影响短期边际成本(用数学的语言说,就是常数的导数为零)。但是它会影响短期平均成本。在图 10.9 中,v 的增加将移动 MC、AC 和一系列的 SATC,但不会移动 SMC。

第11章

11.1

如果 MC = 5,利润最大化时 $q=25$,$P=7.50$,$R=187.50$,$C=125$, $\pi=62.50$。

11.2

将其他影响价格的因子写入常数项 a 中即可,若其他条件变动,D 和 MR 会随之变化,但不影响弹性的计算。

11.3

如果 w 上升到 15,供给曲线向内移动到 $q=8P/5$。如果资本投入增加到 $k_1=100$,供给曲线向外移动到 $q=25P/6$。v 的变动不影响短期边际成本,也就不改变短期停产与否的决策。

11.4

都能改变生产者剩余。v 的变化只改变固定成本而不改变 SMC。w 的变化会改变 SMC 和短期供给。

11.5

如果所有厂商的工资都上涨,市场供给曲线将向上移动,产品价格提升。这样,各个企业的产量比价格不变时的产量要大,于是劳动需求的产量效应就会比例题讨论中的要小一些。但替代效应和产出效应仍然都是负的。

第12章

12.1

只有每个人的需求函数对收入的系数相同才能将收入加总处理。因为大家面对的 p_y 是一样的,所以只要把所有人的系数相加就行了。

12.2

如果 $\beta\neq0.5$,P 的指数就不再是 1 了。β 变大时,短期供给会更有弹性。

12.3

用推导(12.30)式的方法我们可以推出

$$e_{P,\beta}=\frac{-e_{Q,\beta}}{e_{S,P}-e_{Q,P}}$$

其中 $e_{Q,\beta}=e_{Q,w}=-0.5$,所以 $e_{P,\beta}=-(-0.5)/2.2=0.227$。乘以 0.2(因为工资上涨 20%),算出价格大约上升 4.5%,和例题中的数相当接近。

12.4

短期供给曲线是 $Q_s=0.5P+750$,短期均衡价格是 643 美元,每个企业的短期利润大约是 2 960 美元。

12.5

(12.55)式和(12.42)式相比,当 $q>15.9$ 时,前者的平均成本和总成本大于后者;边际成本永远是前者大于后者;最优产量前者低于后者,原因是前者边际成本的增加快于平均成本。

12.6

对于限定数量的管制,供给或需求的弹性越大,损失越小。供给和需求哪一方弹性越大,相对承担的损失越小。

12.7

明确的 t 的增加会增加无谓损失。然而,t 的增加会减少产量,所以总的税收收入会受到相反方向的影响。确切地说,如果 $t/(P+t)\geqslant-1/e_{Q,P}$,则 $\mathrm{d}tQ/\mathrm{d}t<0$。

第13章

13.1

劳动投入的增加会使第一种情形下的边界均匀地向外移动。在第二种情形下,劳动投入增加只会使 y 的截距向外移动,因为商品 y 是劳动密集型的。

13.2

三种情形下总产出的价值都是 $200w$,一半是工资,一半是利润。当供给移动时,消费者会在两种商品上各投入 $100w$。x 的购买量会是 y 的两倍,因为后者的价格是前者的两倍。当需求移动时,消费者会在 x 上花费 $20w$,在 y

上花费 $180w$。但是此时 y 的价格是 x 的 3 倍，所以消费者购买的 y 的数量只是购买的 x 的数量的 3 倍。

13.3

所有有效率的配置都要求 x 和 y 的比例对 A 相对较高，对 B 相对较低。因此，当 x 平均分配时，A 得到的 y 一定小于一半，B 一定多余一半。因为有效率要求 $2y_A/x_A = 0.5y_B/x_B$，效用函数的对称性要求 $y_B/x_B = x_A/y_A$，所以我们可以得出 $x_A = 2y_A$，$x_B = 0.5y_B$。

所以 $x_A = 666.7$，$y_A = 333.3$，$x_B = 333.3$，$y_B = 666.7$。两方的效用都是 496。

13.4

消费者仍然会将收入的一部分用于闲暇。对于第一个人，均衡价格下的总收入是 $40 \times 0.136 + 24 \times 0.248 = 11.4$。柯布—道格拉斯函数意味着这个人会将收入的一半用于商品 x。因此，用于 x 的总花费是 5.7，等于 x 的购买数量(15.7)乘以它的均衡价格(0.363)。

13.5

不可能——由于税收超额负担，这样的分配不可能使得两者同时变好。

第 14 章

14.1

固定成本不改变产量，因为它不改变边际成本。但它会提高 AC，并降低利润至 12 500。在新的成本函数下，边际成本提升到 $0.15Q$，这样的均衡条件下，$Q^* = 400$，$P^* = 80$，$C = 22\,000$，$\pi = 10\,000$。

14.2

对于线性情形，a 的增加使价格增加 $a/2$，价格截距的移动对增加边际成本有相同的影响。在不变弹性情形下，a 未进入价格的计算。对于一个给定弹性的需求，无论 a 为多少，价格和边际成本的差距都不变。

14.3

$e = -1.5$ 时，垄断下消费者剩余是完全竞争时的 58%((14.19)式)，垄断利润是完全竞争时消费者剩余的 19%((14.21)式)。

14.4

如果 $Q = 0$，$P = 100$。总利润是需求曲线与供给曲线围成的三角形的面积减去固定成本。这块面积是 $0.5 \times 100 \times 666 = 33\,333$，所以 $\pi = 33\,333 - 10\,000 = 23\,333$。

14.5

在加总需求函数时一定要特别小心。对于 $P > 12$，市场 2 中需求为零，因此此时的垄断利润为 81。对于 $P < 12$，市场需求是 $Q = 48 - 3P$ 或者 $P = 16 - Q/3$。这时的垄断价格为 11。利润是 $(11 - 6) \times 15 = 75$，所以供应市场 2 也是不值得的。利润最大化时 $P = 15$。

第 15 章

15.1

完美卡特尔中的厂商会生产比最优反应少的产量，所以卡特尔可能是不稳定的。

15.2

厂商 1 最优反应函数上的这一点必须包含其等利润线和高度为 q_2 的水平线的切点。所以等利润线会在这一点达到峰值。厂商 2 的等利润线看上去有点像右括号，它的峰值在厂商 2 的最优反应曲线上。需求截距的增加会使两者的最优反应都向外移动，因此新均衡中产出会更大。

15.3

一阶条件是最优选择的数学表示。在一阶条件之前运用对称性就像是允许厂商 i 可以像选择自己的产量一样选择其他厂商的产量。犯这个错误会得出垄断情形下的结果，而非本例中的古诺结果。

15.4

需求截距的增加会使两个厂商的最优反应曲线都向外移动，从而使均衡价格提高。

15.5

位于同一点会导致边际成本定价，就像同

质商品的伯特兰德模型一样。位于海滩两端会使价格竞争最不激烈,同时价格也最高。

15.6

假设竞争性加油站相互之间监测价格并能在一天之内对价格变化做出反应是合理的,则一天是一个合理的阶段长度。对于为学校午餐提供盒装牛奶的厂商,一年可能是一个合理的阶段,因为合同通常以一学年为单位。

15.7

因为在古诺模型中(厂商还能获得正利润),回到阶段博弈纳什均衡的惩罚比伯特兰德模型中(厂商利润为零)的惩罚要轻。

15.8

厂商会竞争第一个进入市场,在需求被充分开发之前就会投资研发。如此一来,为成为第一个市场进入者,厂商可能竞争掉所有利润,这是解释网络泡沫经济的一个可能的原因。投资者甚至可能过高地估计了成为行业第一个进入者所带来的好处。

15.9

在大多数行业中,价格都可以快速变动——或许瞬间就能变动——而产量的调整则困难得多,产量增加需要配备更多的产能。因此,价格更难以承诺。在诸多方法中,厂商可以通过在他们的年度广告战中提及价格,提供价格保证,以及建立长时间内从不打折的信誉来做出承诺。

15.10

因为存在两个厂商时竞争更加激烈,所以第二个厂商的进入降低了价格和厂商 1 的市场份额,因此一个厂商可以赚得足够弥补沉没成本的利润,两个厂商则不行。

15.11

社会规划者会选择一个厂商,并且他的价格等于边际成本。这样既没有定价带来的无谓损失,又节约了固定成本。

第 16 章

16.1

非劳动收入可以允许个人选择“购买”闲暇,但购买多少要取决于消费/闲暇的替代性。

16.2

这个结论和线性没有关系。只要需求曲线是向下倾斜的,供给曲线是向上倾斜的,考虑这种效应时只需按照参数 t 和 k 垂直移动两条曲线就可以了。

16.3

在这个比例下,(16.37)式变为 $\pi=(1-\alpha)\nu^s(s)-p_g g-p_s s$,利润最大化要求 $\partial\nu^s/\partial s=p_s/(1-\alpha)$。因此厂商会更少投入特殊人力资本。未来讨价还价时,工人也许愿意接受一个较低的 α 来换取厂商支付一般人力资本的一部分成本。

16.4

现在 MRP = 30 美元/小时。这样劳动力买方垄断者雇用 750 个工人,工资是 15 美元一小时。和以前一样,工资只有 MRP 的一半。

16.5

资方希望雇佣量在它的需求曲线上,而工会一方希望的雇佣量在劳动力供给曲线上。只有在均衡点($l=583, w=11.67$),两边的条件才都满足。至于这是不是纳什均衡,要看工会的供给曲线是否能够准确地反映工会的效用。

16.6

如果假设公司是风险中性的,而工人是风险厌恶的,那么最优的工资合约应该是工资较低但保证收入稳定的那种。

第 17 章

17.1

运用(17.17)式,得到 $c_1/c_0=1.02=(1+r)^{1/(1-R)}$。因此 $(1+r)=(1.02)^{1-R}$。如果 $R=0$,则 $r=0.02$;如果 $R=-3$,则 $r=0.082$。

17.2

如果 g 是不确定的,则消费的未来边际效用是一个随机变量。如果 $U'(x)$ 是凸的,则不确定增长的期望价值大于以期望值增长的价值。对于一个较低的增长率,结果也类似。(17.29)式说明无风险利率必须下降以适应这样一个低水平的 g。

17.3

当通货膨胀率为 10% 时,树的名义价值每年会额外增加 10%。但因为实际利润也会按相同的比例折现,所以最优伐木年龄没有改变。

17.4

对于一个垄断者,将价格换为边际收益,会得到一个类似(17.62)式的方程。面对不变弹性需求曲线,垄断情形下的价格增长率和完全竞争下的增长率相同。

第 18 章

18.1

经理人有激励去夸大企业的总利润,除非有审计机构对他进行约束。如果审计是有成本的,那么比较有效的办法就是抽查报告的结果,如果发现报告有误,就对经理人施加严厉的惩罚。如果严厉惩罚也不可用,那么可能就不得不降低对经理人的激励。

18.2

保险公司愿意支付最优和次优理论的差值去监督司机,298 - 96 = 202(美元)。

18.3

通常认为保险市场是一个相对完全竞争的市场,除非有法规限制了公司的进入。很难说哪个细分市场的竞争更强。有几个因素可能会影响市场的竞争强度,比如,汽车保险一般是个人购买,而健康保险则一般是由企业为员工代买。

18.4

线性定价的特征是,消费者能够以固定的单位价格(10 美分/盎司)购买任意数量的商品(咖啡)。而这里,消费者只能购买两种规格的咖啡:4 盎司或者 16 盎司。

18.5

保险公司最终将决定只向红色汽车提供保险,而放弃灰色汽车。

18.6

在存在不对称信息的竞争性市场均衡中,灰色汽车车主将获得 11.480 33 单位的效用。灰色汽车车主能够通过购买溢价为 3 207 美元的全额保险获得相同的效用。这个溢价和均衡溢价(453 美元)相差了 2 754 美元。任何在 3 000 美元和 3 207 美元之间的保险溢价都可以让保险公司在只向灰色汽车提供保险的情况下收支相抵。不过问题在于红色汽车的车主会选择背离,而购买这个保险单,这就会导致保险公司只能获得负利润。

18.7

如果报告基本可信,那么灰色汽车还有一定的可能获得与不进行报告时相同的全额保险,只是可信度没有达到 100% 那么高而已。审计机构有短期的激励接受"贿赂",并提供"作假"的报告。不过从长期来说,不诚信的行为会降低审计费用。审计机构更倾向于建立诚信来维持高的审计费用(一旦审计机构被发现有不诚信的行为,之前建立的信用就会遭受损害)。

18.8

如果卖家数量少于买家数量,那么所有的汽车都能够卖出。质量为 q 的汽车将以 $q+b$ 的价格售出。如果买家数量少于卖家数量,那么所有的买家都能买到汽车,不过还会有一些汽车卖不出去(买家会进行随机选择)。均衡的售价应该等于汽车的质量 q。

18.9

可以,保留价格通常是有效的。提高保留价格时需要考虑的是,一方面,这样能够鼓励买家提高出价,另一方面,物品流拍的概率也增加了。在第二价格拍卖中,买家在出价时不会考虑保留价格,因此保留价格不能改变买家的出价。

第19章

19.1

此时生产 x 对 y 有正面影响,所以在竞争性市场下用于生产 x 的劳动力配置偏少了。

19.2

税率相对低是因为外部性造成的产量减少的相对比例也很低。如果合并企业,它们也会选择总体最优化的产量水平 $x=38\,000$。

19.3

在只有两个室友的情况下,均衡时公共品的购买量是最优水平的2/3。当室友人数增加到三人后,均衡时每个人会购买7.5单位的公共品,加起来为22.5,这个数量只是最优水平(总共应该是45单位)的一半。

19.4

在这个问题中,室友的偏好相同,所以他们的边际替代率也相同。如果每个人只需要支付一半的价格就能购买到公共品,那么他们MRS的和就恰好是公共品与私人品价格之比,这就满足了(19.40)式的要求。如果MRS不同,那么确保有效率的份额可能就不是一半对一半了。

19.5

劳动税税率的降低就导致税后收入的增加,从而对商品 y 的需求也就增加了。对一个固定的庇古税,最终污染量是增加的。更一般地,双重红利的可能性要取决于人们效用函数中洁净空气和其他需要交税物品之间准确的需求关系。

19.6

累进税会增加 t^*,因为它能让中间选民从高收入者手中获得更多收益而不必承担更高的税收负担。

奇数题号的习题答案

这里只有大部分奇数题号题目的简略答案。

第 2 章

2.1

a. $8x$,$6y$

b. 8,12

c. $8x\mathrm{d}x + 6y\mathrm{d}y$

d. $\mathrm{d}y/\mathrm{d}x = -4x/3y$

e. $x = 1$, $U = 4 \times 1 + 3 \times 4 = 16$

f. $\mathrm{d}y/\mathrm{d}x = -2/3$

g. $U = 16$ 等高线是椭圆

2.3

两种方法一样可得 $x = y = 0.5$

2.5

a. 最大化的一阶条件为:$-gt + 40 = 0$,所以,$t^* = 40/g$

b. 替代产出 $f(t^*) = -0.5g(40/g)^2 + 40(40/g) = 800/g$。所以 $\partial f(t^*)/\partial g = -800/g^2$

c. 这是由于 $\partial f/\partial g = -0.5(t^*)^2$

d. $\partial f/\partial g = -0.5(40/g)^2 = -0.8$,所以 g 每增加 0.1,最大高度降低 0.08。

2.7

a. 一阶条件要求 $f_1 = f_2 = 1$,所以,$k = 10$,$x_1 = 5$ 时,$x_2 = 5$

b. $k = 4$, $x_1 = -1$

c. $x_1 = 0$, $x_2 = 4$

d. $k = 20$, $x_1 = 15$, $x_2 = 5$。因为 x_1 的导数值不变,所以当 k 超过 5 时增加的 k 全加在 x_1 上。

2.9

由于 $f_{ii} < 0$,又由凹性的条件可知,二阶偏微分矩阵一定是负定的。所以,正如拟凹性要求的那样,包含 $[f_1, f_2]$ 的二次型也是负的。不过反命题就不是真的,$\alpha + \beta > 1$ 的柯布—道格拉斯函数就是一个反例。

2.11

a. $f'' = \delta(\delta - 1)x^{\delta - 2} < 0$

b. 由于 $f_{11}, f_{22} < 0$,$f_{12}, f_{21} = 0$,(2.98)式显然成立。

c. 函数具有拟凹性,而不具有凹性。

2.13

a. 由(2.85)式可得,对于一元函数,如果 $f''(x) < 0$,那么这个函数就是凹的。在点 a 处对 $f(x)$ 使用二次泰勒展开:

$$f(x) \approx f(a) + f'(a)(x - a) + 0.5f''(a)(x - a)^2$$
$$\leqslant f(a) + f'(a)(x - a)$$

(因为 $f''(a) < 0$,$(x - a)^2 > 0$)

b. 根据(2.98)式,对于一个二元函数,如果 $f_{11}f_{22} - f_{12}^2 > 0$,那么这个二元函数就是凹的。

我们同样知道，根据函数的凹性，可以得到0.5$(f_{11}dx_1^2+2f_{12}dx_1dx_2+f_{22}dx_2^2)\leq 0$。这就是二次泰勒展开的第三项，其中 $dx=x-a, dy=y-b$。所以，就有$f(x,y)\leq f(a,b)+f_1(a,b)(x-a)+f_2(a,b)(y-b)$。这也就证明了任意凹函数一定在切线的下方。

2.15

a. $Var(x)=E[(x-E(x))^2]=E(x^2-2xE(x)+(E(x))^2)$

b. 令 $y=(x-\mu_x)^2$，然后对 y 使用马尔科夫不等式。

c. 第一部分不太重要，令 $E(X)=\sum x_i/n$，$E(X)=n\mu/n=\mu$，$\mathrm{Var}(X)=n\sigma^2/n^2=\sigma^2/n$。

d. $\mathrm{Var}(X)=(2k^2-2k+1)\sigma^2$，当 $k=0.5$ 时，$\mathrm{Var}(X)$ 取得最小值。此时 $\mathrm{Var}(x)=0.5\sigma^2$。如果 $k=0.7$，$\mathrm{Var}(X)=0.58\sigma^2$。也就是说，改变 k 的取值对方差的影响并不太大。

e. 如果 $\sigma_1^2=r\sigma_2^2$，加权平均在 $k=r/(1+r)$ 时取得最小值。

第3章

3.1

a. 不是

b. 是

c. 是

d. 不是

e. 是

3.3

边际效用函数的增减性和效用函数的凸性无关。

3.5

a. $U(h,b,m,r)=\min(h,2b,m,0.5r)$

b. 一个加好佐料的热狗

c. 1.6美元

d. 2.1美元，提高了31%。

e. 价格仅上升到1.725美元，提高了7.8%。

f. 提高价格使得一个"加好佐料的热狗"价格上升到2.60美元。等效于按比例削减购买力。

3.7

a. 无差异曲线是线性的——MRS = 1/3

b. $\alpha=2, \beta=1$

c. 仅知道一个已知点的 *MRS* 就可以鉴别出柯布—道格拉斯参数的比例。

3.9

a. $-c$

3.11

因为 $\mathrm{MRS}=\mathrm{MU}_x/\mathrm{MU}_y \cdot \mathrm{MU}_x$ 与 y 无关，反之亦然。3.1(b)是一个反例。

3.13

a. $\mathrm{MRS}=f_x/f_y=y$

b. $f_{xx}=f_{xy}=0$，所以拟凹性的条件简化为 $-1/y^2<0$

c. 一条无差异曲线由 $y=\exp(k-x)$ 给出。

d. x 的边际效用是常数，y 的边际效用递减。随着收入增加，消费者最终会只增加 x。

e. y 可以是一种特殊的商品，而 x 可以是"任意商品"。

3.15

a. $U^*=\alpha^{\beta}\alpha^{(1-\beta)}=\alpha$，因此，$b(U^*)=U^*$

b. 由于条件中有 $y=0$，重复消费束的方法不可能达到任何指定的效用水平。

c. α 由初始禀赋向目标无差异曲线的参照消费束的方向向量的长度决定。

d. 这直接源于无差异曲线的凸性。

第4章

4.1

a. $t=5, s=2$

b. $t=5/2, s=4$。成本是2美元，所以需要多给1美元。

4.3

a. $c=10, b=3, U=127$

b. $c=4, b=1, U=79$

4.5

b. $g=I/(p_g+p_v/2)$；$v=I/(2p_g+p_v)$

c. 效用 $=m=v=I/(2p_g+p_v)$

d. $E=m(2p_g+p_v)$

4.7

a. 略。

b. 需要增加4单位购买力。

c. 每单位补贴5/9，所以补贴总额等于5。

d. 达到 $U=2$ 的支出是9.71，达到 $U=3$ 还需要4.86。商品 x 的补贴是每单位0.74，总共是8.29。

e. 在固定比例情形下，一次总付和单一商品补贴的成本相同。

4.9

如果 $p_x/p_y<a/b$，则 $E=p_xU/a$。如果 $p_x/p_y>a/b$，则 $E=p_yU/b$。如果 $p_x/p_y=a/b$，则 $E=p_xU/a=p_yU/b$。

4.11

a. 令 $\text{MRS}=p_x/p_y$

b. 令 $\delta=0$

c. $p_xx/p_yy=(p_x/p_y)^{\delta/(\delta-1)}$

4.13

a. 略。

b. 价格和收入都乘以2不改变 V。

c. 显然 $\partial V/\partial I>0$。

d. $\partial V/\partial p_x, \partial V/\partial p_y<0$

e. 只需交换 I 和 V。

f. 价格乘以2可使支出 E 翻倍。

g. 求偏导即可。

h. 证明 $\partial E/\partial p_x>0$，$\partial^2 E/\partial p_x^2<0$。

第5章

5.1

a. $U=x+\frac{3}{8}y$

b. 如果 $p_x\leqslant\frac{3}{8}p_y$，$x=I/p_x$

如果 $p_x>\frac{3}{8}p_y$，$x=0$

d. 只要不使上述不等式变号，需求就不变。

e. 两个点（或两条水平线）。

5.3

a. 显然 p_x/p_y 不会改变，所以 x,y 同比例变化。

b. 设没有劣等品。

5.5

a. $x=\frac{I-p_x}{2p_x}$，$y=\frac{I+p_x}{2p_y}$，即 p_y 的变动不影响 x，但 p_x 的变化影响 y。

b. $V=\frac{(I+p_x)^2}{4p_xp_y}$，$E=\sqrt{4p_xp_yV}-p_x$

c. x 的补偿性需求函数取决于 p_y，非补偿性函数则不取决于 p_y。

5.7

a. 利用斯拉茨基方程的弹性形式 $e_{h,p_h}=0-s_he_{h,I}=0-0.5=-0.5$。

b. 因为两种商品按一定比例购买，所以补偿性价格弹性为零。

c. 此时 $s_h=2/3$，因此 $e_{h,p_h}=-2/3$。

d. 对于奶酪三明治（sw），$e_{sw,p_{sw}}=-1$，$e_{sw,p_h}=e_{sw,p_{sw}}\cdot e_{p_{sw}p_h}=(-1)\cdot 0.5=-0.5$。

5.9

a. $\frac{\partial s_x}{\partial I}=\frac{p_xI\,\partial x/\partial I-p_xx}{I^2}$，乘以等式 $\frac{I}{s_x}=\frac{I^2}{p_xx}$ 即可得出结果。

b. $-d$，步骤同a。

c. 运用斯拉茨基方程式。

5.11

a. 只需要依照正文里两商品情形下的使用方法。

5.13

a. $\ln E(p_x,p_y,U)=a_0+\alpha_1\ln p_x+\alpha_2\log p_y+\frac{1}{2}\gamma_{11}(\ln p_x)^2+\frac{1}{2}\gamma_{22}(\ln p_y)^2+\gamma_{12}\ln p_x\ln p_y$

$+U\beta_0 p_x^{\beta_1} p_y^{\beta_2}$

b. 价格翻倍使对数支出函数增加 ln2，也就是支出增加了一倍。

c. $s_x = \alpha_1 + \gamma_{11} \ln p_x + \gamma_{12} \ln p_y + U\beta_0 \beta_1 p_x^{\beta_1 - 1} p_y^{\beta_2}$

第 6 章

6.1

a. 把效用函数单调映射成 $\alpha = \beta = 0.5$，再按前面例题中的方法计算。

b. 也是先换成柯布—道格拉斯函数形式。

c. 先设 $\partial m/\partial p_s = \partial s/\partial p_m$ 逆推，消去对称的净替代项即可。

d. 用柯布—道格拉斯函数形式表示。

6.3

a. $p_{bt} = 2p_b + p_t$

b. 因为 p_c 和 I 都是常数，所以 $c = I/2p_c$ 也是常数。

c. 是的——因为 p_b 和 p_t 的改变只影响 p_{bt}。

6.5

a. $p_2 x_2 + p_3 x_3 = p_3(kx_2 + x_3)$

b. 相对价格 $= (p_2 + t)/(p_3 + t)$

当 $t \to 0$ 时，$(p_2 + t)/(p_3 + t) \to p_2/p_3$

当 $t \to \infty$ 时，$(p_2 + t)/(p_3 + t) \to 1$

c. t 变化影响相对价格，因此不严格适用。

d. 会减少 x_2 上的支出，对 x_3 的支出影响不确定。

6.7

证明 $x_i \cdot \partial x_j/\partial I = x_j \cdot \partial x_i/\partial I$，再用净替代的对称性。

6.9

a. $\mathrm{CV} = E(p_1', p_2', \bar{p}_3, \cdots, \bar{p}_n, \bar{U}) - E(p_1, p_2, \bar{p}_3, \cdots, \bar{p}_n, \bar{U})$

b. 一种商品价格的变化会移动另一种商品的补偿性需求曲线。

c. 交叉价格弹性的对称性意味着与价格变化的先后顺序无关。

d. 净互补品的 CV 更小。

6.11

参见萨缪尔森参考书中的图形。

第 7 章

7.1

$P = 0.525$

7.3

a. 走一次：期望值 $= 0.5 \times 0 + 0.5 \times 12 = 6$

走两次：期望值 $= 0.25 \times 0 + 0.5 \times 6 + 0.25 \times 12 = 6$

b. 走两次的策略更好，因为方差更小。

c. 增加走的次数会减少方差，只不过减少的程度递减。所以最优的次数取决于行走的成本。

7.5

a. $E(U) = 0.75 \ln(10\,000) + 0.25 \ln(9\,000) = 9.1840$

b. $E(U) = \ln(9\,750) = 9.1850$，有保险更好。

c. 260 美元。

7.7

a. 种玉米。

b. 是的，应当两种都种。多元化增加了方差，但得到了小麦的高收入的好处。

c. 44% 小麦，56% 玉米。

d. 农民只会种小麦。

7.9

a. $E[A_2] = 1$，$E[\max(A_1, A_2)] = 7/6$，所以期权价值是 1/6。

b. $E[U(A_2)] = 2\sqrt{2}/3 \approx 0.94$。当 $E[\max(U(A_1 - F), U(A_2 - F))]$ 的图形达到相同值时，期权价值 $F \approx 0.24$。

c. 使一项选择更有吸引力会降低期权价值。

7.11

a. A-D 对风险中性的 Stan 而言无差异。

b. 风险厌恶的 Stan 会选择每个情景中相

对安全的那个(情景 1 中选择 B,情景 2 中选择 D)。

c. 大多数被试者在情景 2 中选择了 C,但是一个风险厌恶的人应当选择 D。

d. (1) 看情况。但应该和大多数被试者的选择相同。

(2) 因为锚点,曲线不应当重合。Peter 的曲线在锚点以上为凸,锚点以下为凹,而 Stan 的效用曲线在任何位置都是凹的。

7. 13

a. 略。

b. 投资组合位于风险资产和无风险资产之间。

c. 风险厌恶由弯曲更为明显的无差异曲线表示。无差异曲线为 L 形的个人不会持有风险资产。

d. 一个 CRRA 投资者的无差异曲线是位似的。

第 8 章

8. 1

a. (C,F)

b. 各个参与人以相同的概率在两个行动中进行随机选择。

c. 在纯策略纳什均衡中,各个参与人的收益为 4;而在混合策略纳什均衡中,参与人分别获得 6 和 7 的期望收益。

d. 这个博弈的扩展式与图 18. 1 和图 18. 2 类似,不过在每个节点处有三个分支。

8. 3

a. 博弈的扩展式与图 8. 9 类似。

b. (不转向,转向)和(转向,不转向)。

c. 参与人以相同的概率在两个行动中进行随机选择。

d. 年轻人 2 有四个权变策略:总是选择转向,从不转向,选择和年轻人 1 相同的策略,选择和年轻人 1 相反的策略。

e. 第一个是(不转向,总是选择转向),第二个是(不转向,选择相反的策略),第三个是(转向,从不转向)。

f. (不转向,选择相反的策略)是一个子博弈完美均衡。

8. 5

a. 如果所有人都选择金发女生,那么某个男生可以通过背离到选择深褐色头发女生获得正的收益。如果所有的男生都选择深褐色头发女生,那么某个男生就可以通过背离到选择金发女生使自己的收益由 b 增加到 a。

b. 选择深褐色头发女生一定可以获得 b 的收益,而选择金发女生能够以 $(1-p)^{n-1}$ 的概率(其他男生都不选择金发女生的概率)获得 a 的收益。令这两个式子相等就可以得出 $p^* = 1-(b/a)^{1/(n-1)}$。

c. 至少有一个男生会接近金发女生的概率等于 1 减去没有男生会接近她的概率:$1-(1-p^*)^n = 1-(b/a)^{n/(n-1)}$。由于 $n/(n-1)$ 随 n 递减,而 b/a 是一个真分数,所以上面的表达式随 n 递减。

8. 7

a. 低成本类型参与人 1 的最优反应函数是 $l_{LC} = 3.5 + l_2/4$,高成本类型的是 $l_{HC} = 2.5 + l_2/4$,参与人 2 的最优反应函数是 $l_2 = 3 + \bar{l}_1/4$,其中 $\bar{l}_1$ 是参与人 1 的平均值。求解这些方程可以得到 $l_{LC}^* = 4.5, l_{HC}^* = 3.5, l_2^* = 4$。

b. 在贝叶斯—纳什均衡中,低成本类型参与人 1 可以获得 20. 25 的收益;而在完全信息博弈中,他的收益为 20. 55。所以他愿意释放自身类型的信号。同理,可以得出高类型参与人更想要隐藏自身类型。

8. 9

a. 回应人会接受任何 $r \geq 0$ 的结果;提案人会提供的方案是 $r^* = 0$。

b. 和 a 的结果一致。

c. (1) 回应人会接受任何 $r \geq a/(1+2a)$ 的结果。

(2) 提案人会提供的方案是 $r^* = a/(1+2a)$。

(3) 在独裁者博弈中,提案人始终只会提供$r^* = 0$,比最后通牒博弈的分配额少。

8.11

a. 当$\delta \geqslant 1$时,一期惩罚能够使双方一直保持合作,所以一期惩罚是不够的。当惩罚期数变为两期后,只有当$\delta^2 + \delta - 1 \geqslant 0$时,惩罚才有效力,此时$\delta \geqslant 0.62$。

b. 要满足合作条件,就要求合作收益的折现值$2/(1-\delta)$大于背离合作的收益$3 + \delta(1-\delta^{10})/(1-\delta) + 2\delta^{11}/(1-\delta)$。简化后可以得到$2\delta - \delta^{11} - 1 \geqslant 0$。运用数值方法可以解出$\delta \geqslant 0.50025$。这个条件没有为了保持合作而做出无穷期惩罚的条件严格。

第9章

9.1

a. $k = 8, l = 8$

b. $k = 10, l = 5$

c. $k = 9, l = 6.5$, $k = 9.5, l = 5.75$

d. 等产量线是a、b两个解的连线。

9.3

a. $q = 10, k = 100, l = 100, C = 10\,000$

b. $q = 10, k = 3.3, l = 132, C = 8\,250$

c. $q = 12.13, k = 40, l = 160, C = 10\,000$

d. 卡拉能否说服老板的关键在于,她对需要做的额外工作的不满能在多大程度上增加酒吧运营的成本。如果对于顾客而言她的工作很重要,她就很可能成功。

9.5

为了简化,令$A = 1$

a. $f_k = \alpha k^{\alpha-1} l^{\beta} > 0, f_l = \beta k^{\alpha} l^{\beta-1} > 0$

$f_{kk} = \alpha(\alpha-1) k^{\alpha-2} l^{\beta} < 0$

$f_{ll} = \beta(\beta-1) k^{\alpha} l^{\beta-2} < 0$

$f_{kl} = f_{lk} = \alpha\beta k^{\alpha-1} l^{\beta-1} > 0$

b. $e_{q,k} = f_k \cdot k/q = \alpha, e_{q,l} = f_l \cdot l/q = \beta$

c. $f(tk, tl) = t^{\alpha+\beta} f(k, l)$

$\partial f(tk, tl)/\partial t \cdot t/f(k, l) = (\alpha+\beta) t^{\alpha+\beta}$

在$t = 1$时,就等于$\alpha + \beta$

d.,e. 直接利用定义将a中的导数值代入即可。

9.7

a. $\beta_0 = 0$

b. $MP_k = \beta_2 + \frac{1}{2}\beta_1 \sqrt{l/k}$

$MP_L = \beta_3 + \frac{1}{2}\beta_1 \sqrt{k/l}$

c. 一般情况下,σ是变动的,如果$\beta_2 = \beta_3 = 0$, $\sigma = 1$。如果$\beta_1 = 0$, $\sigma = \infty$。

9.9

a. 如果$f(tk, tl) = tf(k, l)$,则$e_{q,t} = \partial f(tk, tl)/\partial t \cdot t/f(tk, tl)$。如果$t \to 1$,则$f(k, l)/f(k, l) = 1$。

b. 运用欧拉定理和a的结论:$f(k, l) = f_k k + f_l l$。

c. $e_{q,t} = 2(1-q)$。因此$q < 0.5$意味着$e_{q,t} > 1$,$q > 0.5$意味着$e_{q,t} < 1$。

d. 生产函数有一个$q = 1$的上限。

9.11

a. 对每个f_i运用欧拉定理。

b. 对于$n = 2$,$k^2 f_{kk} + 2kl f_{kl} + l^2 f_{ll} = k(k-1) f(k, l)$。如果$k = 1$,则意味着$f_{kl} > 0$。如果$k > 1$,则显然$f_{kl}$是正的。对于$k < 1$,结果就不是那么明显了。

c. 对于$k = 1$,意味着$f_{ij} > 0$更加普遍。

d. $\left(\sum \alpha_i\right)^2 - \sum \alpha_i = k(k-1)$

第10章

10.1

a. 根据定义。$C(q_1, 0)$是只生产商品1的成本。

b. 根据假设,$\frac{C(q_1, q_2)}{q} < \frac{C(q_1, 0)}{q_1}$和$\frac{C(q_1, q_2)}{q} < \frac{C(0, q_2)}{q_2}$。分别乘以$q_1$、$q_2$再求和就得到了规模经济的条件。

10.3

a. $C = q(v/5 + w/10)$, $AC = MC = v/5 +$

$w/10$

b. 对于 $q \leqslant 50$, $SC = 10v + wq/10$, $SAC = 10v/q + w/10$, $SMC = w/10$

c. $AC = MC = 0.5$，对于 $q \leqslant 50$, $SAC = 10/q + 0.3$, $SMC = 0.3$

10.5

a. 首先，证明 $SC = 125 + q_1^2/25 + q_2^2/100$。建立成本最小化的拉格朗日表达式 $\mathscr{L} = SC + \lambda(q - q_1 - q_2)$，得到 $q_1 = 0.25q_2$。

b. $SC = 125 + q^2/125$, $SMC = 2q/125$, $SAC = 125/q + q/125$

$SMC(100) = 1.60$ 美元，$SMC(125) = 2.00$ 美元，$SMC(200) = 3.20$ 美元

c. 如何分配在长期没有关系。

$C = 2q$; $AC = MC = 2$

d. 在两个工厂平均分配产出。

10.7

a. 令 $B = v^{1/2} + w^{1/2}$。则 $k = \partial C/\partial v = Bv^{-1/2}q$, $l = \partial C/\partial w = Bw^{-1/2}q$

b. $q = \dfrac{1}{k^{-1} + l^{-1}}$

10.9

a. $C = q^{1/\gamma}[(v/\alpha)^{1-\sigma} + (w/\beta)^{1-\sigma}]^{1/(1-\sigma)}$

b. $C = q\alpha^{-\alpha}\beta^{-\beta}v^{\alpha}w^{\beta}$

c. $wl/vk = \beta/\alpha$

d. $l/k = [(v/\alpha)/(w/\beta)]^{\sigma}$，所以 $wl/vk = (v/w)^{\sigma-1}(\beta/\alpha)^{\sigma}$，劳动所占的比例是 β/α 的增函数。当 $\sigma > 1$ 时，劳动的比例随 v/w 增大而增大；当 $\sigma < 1$ 时，劳动的比例随 v/w 增大而减小。

10.11

a. $s_{ij} = \partial \ln C_i/\partial \ln w_j - \partial \ln C_j/\partial \ln w_j = e_{x_i^c, w_j} - e_{x_j^c, w_j}$

b. $s_{ij} = \partial \ln C_j/\partial \ln w_i - \partial \ln C_i/\partial \ln w_i = e_{x_j^c, w_i} - e_{x_i^c, w_i}$

c. 略。

第 11 章

11.1

a. $q = 50$

b. $\pi = 200$

c. $q = 5P - 50$

11.3

a. $C = wq^2/4$

b. $\pi(P, w) = P^2/w$

c. $q = 2P/w$

d. $l(P, w) = P^2/w^2$

11.5

a. 只有规模报酬是递减的，利润最大化的产量才存在。

b. $C(v, w, q) = (w + v)q^2/100$, $\Pi(P, v, w) = 25P^2/(w + v)$

c. $q = \partial\Pi/\partial P = 50P/(w + v) = 20$, $\Pi = 6\,000$

d. $q = 30$, $\Pi = 13\,500$

11.7

a.，b. $q = a + bp$, $p = q/b - a/b$, $R = P_q = (q^2 - aq)/b$, $mr = 2q/b - a/b$，mr 曲线的斜率是需求曲线的两倍，因此 $d - mr = -q/b$

c. $mr = P(1 + 1/e) = P(1 + 1/b)$

d. $e = \partial q/\partial P \cdot P/q$

11.9

b. 只有规模报酬是递减的，边际成本才是递增的。

c. σ 反映了企业对于要素相对价格变动的适应能力。

d. $q = \dfrac{\partial \Pi}{\partial P} = 1/(1-\gamma)KP^{\gamma/(\gamma-1)}(v^{1-\sigma} + w^{1-\sigma})^{\gamma/(1-\sigma)(\gamma-1)}$

e. 略。

11.11

a. 按照提示步骤证明。和练习题 11.10 c 问的证明类似，$\partial q^*/\partial v = -\partial k/\partial P$。

b. 正如文中所讨论的，$\partial l/\partial w\leqslant 0$。同样的讨论可得出$\partial k/\partial v\leqslant 0$，意味着 a 中等式的最后一项为正。

c. 首先，等式两端对 w 求偏导；其次，对 v 求偏导，用所得的表达式替换$\partial l^s/\partial k^*$；最后，用$\partial k^*/\partial w$ 替换$\partial l^s/\partial w$。

d. 结合以下三个事实，可以比较工资增加 $w'<w''$对长期、短期成本的影响。

- $C(v,w',q)=SC(v,w',q,k')$，对于 $k'=k^c(v,w',q)$
- $C(v,w'',q)=SC(v,w'',q,k'')$，对于 $k''=k^c(v,w'',q)$
- $SC(v,w'',q,k'')\leqslant SC(v,w'',q,k')$

11.13

a. 略。

b. 投入需求的交叉价格弹性公式由包含另一项投入份额的两项组成。另一项投入的价格变化的影响主要取决于这项投入的重要性。

c. 运用谢泼德引理和欧拉定理的含义 $(C_{ww}=-vC_{wv}/w)$ 证明 $A_{LL}=-\dfrac{vKC_{wv}C}{wLC_wC_v}=-\dfrac{s_k}{s_L}A_{KL}$。

11.15

如果资产可分，则均衡投资为 $x_F^s=1/16$，$x_G^s=a^2/16$，联合剩余为$(3/16)(1+a^2)$。如果 GM 获得两项资产，则均衡投资为 $x_F^b=0$，$x_G^b=a^2/4$，联合剩余为 $a^2/4$。如果 $a>\sqrt{3}$，则后者的剩余更大。

第 12 章

12.1

a. $q=10\sqrt{P}-20$

b. $Q=1\,000\sqrt{P}-2\,000$

c. $P=25$；$Q=3\,000$

12.3

a. $P=6$

b. $q=60\,000-10\,000P$

c. $P=6.01$，$P=5.99$

d. $e_{q,p}=-600$

a′$P=6$

b′$Q=359\,800-59\,950P$

c′$P=6.002$；$P=5.998$

d′$e_{q,p}=-0.6$；$e_{q,p}=-3\,597$

12.5

a. $n=50, Q=1\,000, q=20, P=10, w=200$

b. $n=72, Q=1\,728, q=24, P=14, w=288$

c. 租金增加 5 368 美元，用线性的供给曲线得出的结果和这个基本相同。

12.7

a. $P=11, Q=500, r=1$

b. $P=12, Q=1\,000, r=2$

c. $\Delta PS=750$

d. Δ 租金 $=750$

12.9

a. 长期均衡要求 $P=\mathrm{AC}=\mathrm{MC}$。$\mathrm{AC}=k/q+a+bq=\mathrm{MC}=a+2bq$，因此 $q=\sqrt{k/b}$，$P=a+2\sqrt{kb}$。

b. 希望供给 = 需求。$nq=n\sqrt{k/b}=A-BP=A-B(a+2\sqrt{kb})$。

$$n=\frac{A-B(a+\sqrt{kb})}{\sqrt{k/b}}$$

c. A 对 n 有正向影响。这个结果是有意义的，因为 A 反映了市场的“大小”。如果 $a>0$，则 B 对 n 的影响显然是负的。

d. 固定成本对 n 的影响是负向的，更高的边际成本会提升价格，因此会减少厂商数量。

12.11

a. 运用练习题 12.10 中的无谓损失公式

$$\mathscr{L}=\sum_{i=1}^{n}DW(t_i)+\lambda\left(T-\sum_{i=1}^{n}t_ip_ix_i\right)$$

$\partial\mathscr{L}/\partial\lambda_i=0.5[e_De_S/(e_S-e_D)]2t_ip_ix_i-\lambda p_ix_i=0$

$$\partial\mathscr{L}/\partial T=T-\sum_{i=1}^{n}t_ip_ix_i=0$$

所以 $t_i = -\lambda(e_S - e_D)/e_S e_D = \lambda(1/e_S - 1/e_D)$

b. 上述公式表明较高额的税收应当施加于供求更缺乏弹性的商品上。

c. 拉姆齐的结果只有在一系列非常严格的假设下才能得到。

第 13 章

13.1

b. 如果 $y = 2x, x^2 + 2(2x)^2 = 900; 9x^2 = 900; x = 10, y = 20$

c. 如果在生产可能性边界上 $x = 9$，则 $y = \sqrt{819/2} = 20.24$；如果 $x = 11, y = \sqrt{779/2} = 19.74$。因此，RPT 的近似值为 $-\Delta y/\Delta x = -(-0.50)/2 = 0.25$。

13.3

令 F = 食品，C = 布匹

a. 劳动约束条件：$F + C = 100$。

b. 土地约束条件：$2F + C = 150$。

c. 边界同时满足两个约束。

d. 生产可能性边界是凹的，是因为它必须同时满足两个约束。由于对于劳动的约束 RPT = 1，对于土地的约束 RPT = 2，c 的生产可能性边界的 RPT 是递增的，所以它是凹的。

e. 约束条件的交点在 $F = 50, C = 50$ 处。$F < 50, dC/dF = -1$，此时 $P_F/P_C = 1$。

$F > 50, dC/dF = -2$，此时 $P_F/P_C = 2$。

f. 对于消费者 $dC/dF = -\frac{5}{4}$，所以 $P_F/P_C = \frac{5}{4}$

g. 无论 $P_F/P_C = 1.9$ 还是 $P_F/P_C = 1.1$，生产者的选择都是 $F = 50, C = 50$。因为两条预算约束线都与生产可能性边界"相切"在尖点上。

h. $0.8F + 0.9C = 100$。资本约束条件是 $(C = 0, F = 125)$ 和 $(C = 111.1, F = 0)$ 两点之间的连线。PPF 保持不变，因为这条约束线没有任何限制性。

13.5

a. 契约曲线是一条直线。唯一的均衡价格比率是 $P_H/P_C = 4/3$。

b. 是契约曲线上的初始均衡点。

c. 不在契约曲线上。均衡在点 $(40H, 80C)$ 和点 $(48H, 96C)$ 之间。

d. 史密斯拥有所有的食物；琼斯被饿死。

13.7

a. $p_x = 0.374, p_y = 0.238, p_k = 0.124, p_l = 0.264, x = 26.2, y = 22.3$

b. $p_x = 0.284, p_y = 0.338, p_k = 0.162, p_l = 0.217, x = 30.2, y = 18.5$

c. 提高劳动的价格和 x 的相对价格。

13.9

计算机模拟表明，只要输入的两种商品有适当的不同，规模报酬递增也可以使得生产可能性边界为凹。

13.11

a. 所有价格翻番并不影响超额需求。

b. 根据瓦尔拉斯定律，$p_1 ED_1 = 0, ED_1 = 0$，市场 1 中的超额需求为：$ED_1 = (3p_2^2 - 6p_2p_3 + 2p_3^2 + p_1p_2 + 2p_1p_3)/p_1^2$，$ED_1$ 也是所有价格的零次齐次函数。

c. $p_2/p_1 = 3; p_3/p_1 = 5$

第 14 章

14.1

a. $Q = 24, P = 29, \pi = 576$

b. $MC = P = 5, Q = 48$

c. 消费者剩余 1.152。垄断下的消费者剩余为 288，利润 576，无谓损失 288。

14.3

a. $Q = 25, P = 35, \pi = 625$

b. $Q = 20, P = 50, \pi = 800$

c. $Q = 40, P = 30, \pi = 800$

14.5

a. $P = 15, Q = 5, C = 65, \pi = 10$

b. $A=3$，$P=15$，$Q=6.05$，$\pi=12.25$

14.7

a. 竞争：$P=10$，$Q=500$，$CS=2500$

垄断：$P=16$，$Q=200$，$CS=400$

b. 略。

c. 损失 2 100，其中 800 转移为垄断利润，400 损失来自成本的增加（通常分析中这一项是无关的），900 为无谓损失。

14.9

最大化一阶条件意味着 $X=C(X)/C'(X)$，即 X 的选择与 Q 无关。

14.11

a. $\partial U/\partial Q-\partial C/\partial Q=0$，$\partial U/\partial X-\partial C/\partial X=0$

b. $P+Q(\partial P/\partial Q)-\partial C/\partial Q=0$

$\partial P/\partial X\cdot Q-\partial C/\partial X=0$

c. 利用提示，a 和 b 意味着 $\partial SW/\partial Q=-Q(\partial P/\partial Q)>0$

d. 方程 $\partial SW/\partial X=\partial U/\partial X-\partial P/\partial X\cdot Q$ 用于计算垄断厂商利润最大化的选择。通常情况下判断这个表达式的符号是不可能的。

第 15 章

15.1

a. $P^m=Q^m=75$，$\Pi^m=5\,625$

b. $P^c=q_i^c=50$，$\pi_i^c=2\,500$

c. $P^b=0$，$Q^b=150$，$\pi_i^b=0$

15.3

a. 均衡产量时 $q_i^c=(1-2c_i+c_j)/3$，$Q^c=(2-c_1-c_2)/3$，$P^c=(1+c_1+c_2)/3$，$\pi_i^c=(1-2c_1+c_2)^2/9$，$\Pi^c=\pi_1^c+\pi_2^c$，$CS^c=(2-c_1-c_2)^2/18$，$W^c=\Pi^c+CS^c$

b. 图形看起来像图 15.2。厂商 1 的成本的减少会使其最优反应曲线向外移动，导致均衡时厂商 1 的产出增加，厂商 2 的产出减少。

15.5

a. $p_i^*=1/(2-b)$

b. $q_i^*=(1-2b)/(2-b)$；$\pi_i^*=1/(2-b)^2$

c. 图形和图 15.4 一样，b 的增加使得两条最优反应曲线都向外移动，导致均衡价格更高。

15.7

a. $q_1^*=75$，$q_2^*=75/2$

b. 如果厂商 1 容纳厂商 2 进入，则赚得 2 812.5。为阻止厂商 2 进入，厂商 1 需要生产 $\bar{q}_1=150-2\sqrt{K_2}$，此时厂商 1 的利润为 $(150-2\sqrt{K_2})(2\sqrt{K_2})$，比 $K_2\geqslant120.6$ 时多了 2 812.5。

15.9

a. $q_i^*=(a-c)/(n+1)b$。另外，$Q^*=n(a-c)/(n+1)b$，$P^*=(a+nc)/(n+1)$，$\Pi^*=n\pi_i^*=(n/b)[(a-c)/(n+1)]^2$，$CS^*=(n^2/b)[(a-c)/(n+1)]^2$，$W^*=[n/(n+1)]\cdot[(a-c)^2/b]$。因为公司是对称的，$s_i=1/n$，所以 $H=n(1/n)^2=1/n$。

b. 通过观察 a 中的变量如何随着 n 的下降而变化，我们大致可以看出合并的影响。平均每个厂商的产出、价格，以及行业利润、赫芬达尔指数都增加了。总产出、消费者剩余、福利有所下降。

c. 将 $c_1=c_2=1/4$ 带入练习题 15.3 的答案中，得到 $q_1^*=1/4$，$Q^*=1/2$，$P^*=1/2$，$\Pi^*=1/8$，$CS^*=1/8$，$W^*=1/4$，还有，$H=1/2$。

d. 将 $c_1=0$，$c_2=1/4$ 带入练习题 15.3 的答案中，得到 $q_1^*=5/12$，$q_2^*=2/12$，$Q^*=7/12$，$P^*=5/12$，$\Pi^*=29/144$，$CS^*=49/288$，$W^*=107/288$，还有，$H=29/49$。

e. 比较 a 和 b 可以看出，赫芬达尔指数的增加伴随着福利的降低。比较 c 和 d 可以得出相反的证明。

15.11

a. 距离 x 体现了对位于这一点的消费者而言，两边的厂商是无差异的。

b. 利润最大化的价格是 $p=(p^*+c+t/n)/2$。

c. 设 $p=p^*$，再对 p^* 求解就能得出结果。

d. 将 $p=p^*=c+t/n$ 带入利润函数即可得出结果。

e. 设 $t/n^2-K=0$ 再求解 n，就能得到 $n^*=\sqrt{t/K}$。

f. 总出行成本等于厂商之间半段的数量 $2n$，乘以消费者在这半段的出行成本 $\int_0^{1/2n} tx\mathrm{d}x=t/8n^2$。总的固定成本等于 nF。最小化两者之和的厂商的数量是 $n^{**}=(1/2)\sqrt{t/K}$。

第 16 章

16.1

a. 总收入 = 40 000，$l=2\,000$ 小时

b. $l=1\,400$ 小时

c. $l=1\,700$ 小时

d. 当 w 上升时，劳动供给趋近于 2 000 小时。

16.3

a. 补助金 $(G)=6\,000-0.75(I)$

如果	$I=0$	$G=6\,000$
	$I=2\,000$	$G=4\,500$
	$I=4\,000$	$G=3\,000$

b. 当 $6\,000-0.75I=0$，$I=6\,000/0.75=8\,000$ 时，$G=0$。

c. 假设一年有 8 000 小时。全部收入 $=4\times8\,000=32\,000=c+4h$。

d. 总收入

$=32\,000+G$

$=32\,000+6\,000-0.75\times4(8\,000-h)$

$=38\,000-24\,000+3h=c+4h$

或者对于 $I<8\,000$ 来说，$14\,000=c+h$，即预算约束线为一折线，在闲暇 6 000 小时处是个尖点。

16.5

a. $\mathrm{ME}_l=\mathrm{MRP}_l$，$l/40=10-l/40$ 所以，$2l/40=10$，$l=200$。从供给曲线中得到 w：$w=l/80=200/80=2.50$(美元)。

b. 对 Carl 来说，劳动的边际支出等于最小化工资 $w_m=4.00$ 美元。让它等于 MRP，得到 $l=240$。

c. 在完全竞争的劳动力市场上，最低工资法意味着更高的工资和更少的就业量；然而在买方垄断的劳动力市场中，最低工资法可能在提高实际工资的同时增加就业量。

16.7

a. $q=240x-2x^2$，总收入是 $5q=1\,200x-10x^2$，$\mathrm{MRP}=\partial TR/\partial X=1\,200-20x$

$x=\sqrt{l}$，总成本 $=wl=10x^2$，边际成本 $=\partial C/\partial x=20x$，在竞争条件下，毛皮的价格 = MC = $20x$，$\mathrm{MRP}=p_x=\mathrm{MC}=20x$；$x=30$，$p_x=600$。

b. 从 D 公司的角度来看，对于毛皮的需求是 $\mathrm{MRP}=1\,200-20x$，$R=p_x\cdot x=1\,200x-20x^2$。

令边际收益 $\partial R/\partial x=1\,200-40x$，等于边际成本 $=20x$，得到 $x=20$，$p_x=800$。

c. 从宇宙毛皮公司的角度来说，毛皮的供给：$\mathrm{MC}=20x=p_x$，总成本 $=p_xx=20x^2$ 并且，$\mathrm{ME}_x=\partial C/\partial x=40x$。所以，$\mathrm{ME}_x=40x=\mathrm{MRP}_x=1\,200-20x$。解得：$x=20$，$p_x=400$。

16.9

a. $E[U(y_{\mathrm{job}_1})]=100\times40-0.5\times1\,600=3\,200$

b. $E[U(y_{\mathrm{job}_2})]=E[U(wh)]=E[100wh-0.5(wh)^2]=800w-0.5\times(36w^2+64w^2)=800w-50w^2$

16.11

a. $\partial V/\partial w=\lambda(1-h)=\lambda l(w,n)$，$\partial V/\partial n=\lambda$，$l(w,n)=(\partial V/\partial w)/(\partial V/\partial n)$

b. $\partial x_i/\partial w=\partial x_i/\partial w|_{U=\mathrm{constant}}+l[\partial x_i/\partial n]$

c. $\mathrm{ME}_l=\partial wl/\partial l=w+l\,\partial w/\partial l=w[1+1/(e_{l,w})]$

第 17 章

17.1

b. 因为收入效应与替代效应作用方向相反。如果 $\partial c_1/\partial r<0$，则 c_2 是有弹性的。

c. 这个预算约束是跨越两个时期的,斜率受利率 r 的影响。所以收入效应的作用要视 $y_1 > c_1$ 还是 $y_1 < c_1$ 而定。

17.3

25 年。

17.5

a. 一点也不影响。

b. 税收是资本的机会成本。

c. 税收推迟支付,因此资本成本下降了。

d. 如果税率下降,加速折旧的税率就会减少。

17.7

利用(17.66)式,得到

$$p(15) = e^{0.75}(p_0 - c_0) + c_0 e^{-0.3}$$
$$p(15) = e^{0.75}p_0 - e^{0.75}c_0 + c_0 e^{-0.3}$$
$$125 = e^{0.75}p_0 - 7(e^{0.75} + e^{-0.3})$$
$$p_0 = 63.6$$

17.9

a. 最大化期望效用。

b. 如果边际效用是凸的,运用 Jensen 不等式有 $E[U'(c_1)] > U'[E(c_1)] = U'(c_0)$,所以必须增加下一期消费来达到平衡。

c. b 证明,当下一期消费是随机变量时,这个人会储蓄更多。

d. 增长率不确定增加了预防性储蓄,对 r 的要求更高,因此是加剧了悖论。

17.11

a. 对于 $x<1$,利用 $x/(1-x) = x + x^2 + \cdots$

b. 略。

c. 过高的 t 所增加的产出一定会被以下两个因素抵消:(1) 获得第一个产量的推迟;(2) 退出在未来循环种植中所带来的机会成本。

d. 当 $t\to\infty$ 时,$f(t)$ 趋于 50

e. $t^* = 100$

f. $t^* = 104.1$

第 18 章

18.1

a. $l^* = 1/3$,律师的剩余为 1/18,原告的剩余是 $(2/3)l^* = 2/9$。

b. $l^* = c$,律师的剩余是 $c^2/2$,原告的剩余是 $c(1-c)$。

c. 原告的最优胜诉费为 $c^* = 1/2$,他的剩余是 1/4,律师的剩余是 1/8。

d. 如果出了 100% 的胜诉费,律师就会选择 $l^* = 1$,并且得到 1/2 的剩余,原告可以通过“出售”诉讼获得更高的剩余。

18.3

低类型的次优数量需要在新参数下满足(18.51)式:$q_L^{**} = 1$,需要支付的费用是 $T_L^{**} = \theta_L v(1) = 30$。高类型的数量与最优情形相同:$q_H^{**} = 16$。费用需要满足激励相容约束:$T_H^{**} = 150$。

18.5

a. 如果没有保险,左撇子的期望效用是 9.1261,惯用右手人群的期望效用是 9.1893。垄断者全额保险的溢价会将各个类型消费者的效用降低到没有保险的效用水平:$p_L = 808$,$p_H = 208$。

b. 左撇子的合同与 a 中一致。

c. 左撇子可以得到全额保险,其他次优的合同条款(p_L,p_R 和 x_R)需要最大化保险公司的期望利润 $[p_L - (0.8)(1\,000)]/2 + [p_R - 0.2x_R]/2$,同时还要满足惯用右手人群的参与约束和左撇子的激励相容约束。使用电子制表软件可以得出,$p_L^{**} = 808$,$p_R^{**} = 0$,$x_R^{**} = 0$。

18.7

a. $(1/2)(10\,000) + (1/2)(2\,000) = 6\,000$(美元)

b. 如果卖家对汽车的估值为 8 000 美元,那么市场中只有坏车能够以 2 000 美元的价格售出。如果卖家的估值为 6 000 美元,那么所有的车都能以 6 000美元的价格售出。

18.9

完全信息病人的最优应该满足$(\partial U_p/\partial m)/(\partial U_p/\partial x)=p_m$,或者是 $MRS=p_m$。医生的最优应该满足 $p_m U'_d+\partial U_p/\partial m-p_m\,\partial U_p/\partial x=0$。整理后可以得出 $MRS<p_m$,也就是指医生选择的医疗服务水平 m 会高于完全信息的病人自己愿意选择的医疗服务水平。

18.11

a. 买家 1 最大化 $\Pr(b_1>\max(b_2,\cdots,b_n))(v_1-b_1)$,这个表达式等于$(v_1-b_1)\prod_{i=2}^{n}\Pr(v_i<b_1/k)$,假设竞争对手采用线性出价策略,上述等式又等于$(v_1-b_1)(b_1/k)^{n-1}$。期望收益就是 $E(v_{(n)})(n-1)/n$。根据最大序数统计量 $v_{(n)}$ 的期望公式,可以得出期望收益为$(n-1)/(n+1)$。

b. 买家以 $b_i=v_i$ 出价,卖家的期望收益为 $E(v_{(n-1)})=(n-1)/(n+1)$。

c. 是。

d. 随着买家数量的增加,首价密封拍卖的收益会逐渐趋近于1。而第二价格密封拍卖不会发生变化。

第 19 章

19.1

a. $P=20,q=50$

b. $P=20,q=40$,MC $=16$,税收 $=4$

19.3

a. $n=400$。由于一个油井的开采会影响所有油井的产出,外部性增加。

b. $n=200$

c. 每口井收费 2 000

19.5

只有在外部性要求的产出限制大于垄断者造成的产出限制时,税收才能改善福利。

19.7

a. 粗略地说,在完全竞争情形下,个体都会想要搭便车,产量 $y\approx0$,获得的效用≈0。说得更具体一些,在纳什均衡中,个体会选择 $RPT=MRS_i$,最后的结果为 $x_i^*=7.04$,$x^*=70.4$,$y^*=0.704$,效用 $=0.704$。

b. $y=5,x=50,x/100=0.5$,效用 $=\sqrt{2.5}$

19.9

a. 需要所有企业的 g_i' 相同。

b. 征收统一的庇古税不能得到 a 中的结果。

c. 一般而言,最优的污染税 $t=(p-w/f')\cdot 1/g'$,不同企业的污染税各不相同。不过,如果企业有简单的线性生产函数 $q_i=al_i$,那么统一征税就是有效的,即使每个企业的 g_i 不同。在这种情况下,最优征税为 $t=\lambda(a-w)/a$,其中 λ 是 a 中描述的社会最优的拉格朗日乘子的取值。

d. 对污染征税要比对产出征税更有效率。

19.11

a. 选择一定的 b 和 t,使得 y 在各个状态(解雇,不解雇)下相等。这就要求 $t=U$。

b. b 总是等于$(1-t)w$,$t=U$。

c. 不会,因为消费者总是风险厌恶的,所以他总会选择使两种情况收入相同的 t 和 b。

常用术语表

A

逆向选择(Adverse Selection) 当买者和卖者拥有的关于市场交易的信息不对称时,交易结果通常会偏向于使拥有更多信息的那方受益。

不对称信息(Asymmetric Information) 不对称信息是一种情形,在这种情形下,交易一方代理者拥有另一方没有的信息。

平均成本(Average Cost) 每一单位产出的总成本:$AC(q) = C(q)/q$。

B

贝叶斯—纳什均衡(Bayesian-Nash Equilibrium) 一个两参与者同时博弈的策略组合,在这个组合中,参与人1有私人信息。贝叶斯纳什均衡是考虑了参与人2有关参与人1类型的信念的纳什均衡概念的推广。

伯特兰德悖论(Bertrand Paradox) 即便在只有两个厂商的情形下,同时行动定价博弈的纳什均衡结果依然是得到竞争性价格。

最优反应(Best Response) s_i 是参与者 i 对于对手策略 s_{-i} 的最优反应,记作 $s_i \in BR_i(s_{-i})$,如果对于所有的 $s_i' \in S_i$, $U_i(s_i, s_{-i}) \geq U_i(s_i', s_{-i})$。

C

其他条件不变假设(Ceteris Paribus Assumption) 当考察经济模型中一个因素的影响时,认为其他相关因素不变的假设。体现在数学中是偏微分的使用。

科斯定理(Coase Theorem) 科斯得到的结论:若交易成本为零,即使存在外部性,通过相关者的交易也可以达到资源的有效分配。

补偿性需求曲线(Compensated Demand Function) 描述保持实际收入(或效用)不变,消费量和商品价格关系的方程。记为 $x^c(p_x, p_y, U)$。

补偿性价格弹性(Compensated Price Elasticity) 补偿性需求函数 $x^c(p_x, p_y, U)$ 的价格弹性,即 $e_{x^c, p_x} = \partial x^c/\partial p_x \cdot p_x/x^c$。

补偿性差异(Compensating Variation, CV) 当价格改变时,一个人为保持效用不变而需要的补偿。

补偿性工资差异(Compensating Wage Differentials) 由于职业的特点引起工人在劳动供给决策中偏向某一种工作,从而导致的实际工资的差异。

互补品(总)(Complements(Gross)) 两种商品中,如果一种商品价格上升导致另一种商品消费量下降,则称为互补品(完全)。即商品 x, y 称为互补品(完全),当 $\partial x/\partial p_y < 0$。同样的,参见替代品(总)的定义。

互补品(净)(Complements(Net)) 保持实际收入(效用)不变,两种商品中,如果一种商品价格上升导致另一种商品消费量下降,则称为净互补品。即商品 x, y 称为净互补品,当 $\partial x/\partial p_y|_{U=\bar{U}} = \partial y/\partial p_x|_{U=\bar{U}}$。这样的补偿性交叉价格效应是对称的,即 $\partial x/\partial p_y|_{U=\bar{U}} = \partial y/\partial p_x|_{U=\bar{U}}$。参见替代品(净)。净替

代品和净互补品也称为希克斯替代品和互补品。

混合商品(Composite Commodity) 价格同时运动以保持相对价格不变的一组商品。这样的一组商品在应用中可以被看成一种商品。

凹函数(Concave Function) 处处位于切平面下方的函数。

不变成本行业(Constant Cost Industry) 厂商的成本曲线不受产量扩大及新厂商进入影响的行业。

规模报酬不变(Constant Returns to Scale) 参见规模报酬。

消费者剩余(Consumer Surplus) 在马歇尔需求曲线下方,市场价格上方的面积。表示一个人获得在此价格做市场交易的权利的最大愿意支付。消费者剩余的改变可以用来度量价格变化引起的福利影响。

或有投入需求(Contingent Input Demand) 参见投入需求函数。

康托线(Contour Line) 函数值保持不变的点集。用于将三维函数画在两维中。例如:消费者无差异曲线图和厂商等产量图。

合同线(Contract Curve) 在一个交换经济中,所有有效资源配置的集合。这样的资源配置满足:若使一个人状况变好,则必然有人状况变坏。

成本函数(Cost Function) 参见总成本函数。

古诺均衡(Cournot Equilibrium) 双头经济中,产量博弈的均衡。在多人博弈中有类似的概念。

需求的交叉价格弹性(Cross-Price Elasticity of Demand) 对于需求函数 $x(p_x,p_y,I)$, $e_{x,p_y}=\partial x/\partial p_y\cdot p_y/x$。

D

无谓损失(Deadweight Loss) 由于互利交易没有发生而引起的损失。没有转移给别的经济参与者的消费者剩余和生产者剩余的减少。

成本下降行业(Decreasing Cost Industry) 随产量扩大产生费用减少的外部性,从而导致厂商的成本曲线下移的行业。

规模报酬递减(Decreasing Returns to Scale) 参见规模报酬。

需求曲线(Demand Curve) 在其他条件不变时,描述购买量和价格之间关系的图形。需求函数 $x=x(p_x,p_y,I)$ 的二维表示,也被称为"马歇尔需求曲线",以与"补偿性(希克斯)需求曲线"区分。

边际产量递减(Diminishing Marginal Productivity) 参见边际产量。

边际替代率递减(Diminishing Marginal Rate of Substitution) 参见边际替代率。

折现因子(Discount Factor) 将下一期支付折现到这一期做决策的程度,文中记作 δ。如果 r 是单期利率,则通常情况下有 $\delta=1/(1+r)$.

价格歧视(Price Discrimination) 买者或卖者利用自己的市场势力,将市场分为几部分,每部分分别定价。

占优策略(Dominant Strategy) 对参与者 i 而言,占优策略 s_i 是其对其他参与者所有策略组合的最优反应。

对偶(Duality) 约束下最大化和约束下最小化问题间的关系。

E

经济成本(Economic Cost) 使用一种特定商品或资源的机会成本。

经济效率(Economic Efficiency) 当资源分配使得一个参与者利益增加必然会导致另一个参与者利益损失的情形。参见帕累托有效资源分配。

埃奇沃思盒状图(Edgeworth Box Diagram) 表示经济效率的图形工具。经常应用于描述交换经济中的合同线,也用在厂商理论中。

弹性(Elasticity) 一个变量变化单位比例时,另一个变量变化比例的无单位度量。例如,$y=f(x)$,那么 $e_{y,x}=\partial y/\partial x\cdot x/y$。

进入条件(Entry Conditions) 决定一个新厂商开始生产的行业特点。在完全竞争下,认为没有进入成本,而在垄断行业中,会有很大的进入壁垒。

包络定理(Envelope Theorem) 一个数学上的结论:当一个函数的一个参数变化时,该函数最大值的变化可以直接通过对该参数求偏导数得到(其他参数都等于最优值)。

均衡(Equilibrium) 所有经济参与者都没有激励改变自己行为的情况。在均衡价格下,消费者总需求量等于厂商总供给量。

等价变换(Equivalent Variation) 当价格变化时,为达到新的效用水平所增加的成本。

欧拉定理(Euler's Theorem) 一个数学上的定理:如果函数 $f(x_1, \cdots, x_n)$ 是 k 次齐次的,那么 $f_1x_1 + f_2x_2 + \cdots + f_nx_n = kf(x_1, \cdots x_n)$。

交换经济(Exchange Economy) 商品供给固定的经济(即没有生产的禀赋经济)。禀赋商品在该经济中进行分配。

扩张路线(Expansion Path) 在不同的产量水平下厂商选择的各种投入组合的连线,表示当厂商决定扩大生产时,各类要素投入增长的速度(假设投入要素的价格不变)。

期望效用(Expected Utility) 效用在各种风险情形下的平均。如果有 n 种结果,$x_1, \cdots, x_n$,每种可能性为 $p_1, \cdots, p_n \left(\sum p_i = 1\right)$,那么期望效用等于 $E(U) = p_1U(x_1) + p_2U(x_2) + \cdots + p_nU(x_n)$。

支出函数(Expenditure Function) 从消费者的对偶费用最小化的问题中得到的函数。表示为达到一给定效用的最少花费。

记为:支出 $= E(p_x, p_y, U)$

外部性(Externality) 在正常市场行为中没有被考虑的一个经济参与者的行为对另一个经济参与者的影响。

F

金融期权合同(Financial Option Contract) 一个提供在未来某段时间以特定价格买卖一项资产的权利(而非义务)的合同。

先动优势(First-Mover Advantage) 博弈中参与者先行动可能获得的优势。

一阶条件(First-Order Conditions) 一个函数取最大值或最小值时的必要数学条件。通常体现在,一种行为的量会增加到边际收益等于边际成本为止。

福利经济学第一定理(First Theorem of Welfare Economics) 任何瓦尔拉斯均衡都是帕累托最优。

固定成本(Fixed Costs) 在短期中,不随产量改变而改变的成本。短期价格决定理论在很多方面与固定成本无关。参见可变成本。

G

一般均衡模型(General Equilibrium Model) 描述了很多市场同时运动的经济模型。

吉芬悖论(Giffen's Paradox) 一种商品的价格上升反而导致对该产品的消费量增加的情况。发生的原因是该商品是劣等品,且价格上升引起的收入效应强于替代效应。

H

隐藏行动(Hidden Action) 合同一方采取的不能被另一方直接观察到的行动。

隐藏类型(Hidden Type) 在合同达成之前,合同一方的特征不能被另一方观察到。

齐次函数(Homogeneous Function) 函数 $f(x_1, x_2, \cdots, x_n)$ 称为 k 次齐次的,当 $f(mx_1, mx_2, \cdots, mx_n) = m^k f(x_1, x_2, \cdots, x_n)$。

同位函数(Homothetic Function) 可以由齐次函数经单调变换后表达出的函数。这种函数的康托线的斜率只取决于变量间的比例,而不取决于它们的绝对数值。

I

收入效应和替代效应(Income and Substitution Effect) 当某种商品价格改变时,消费者面临两种不同的效应。收入效应的产生是因为一种商品的价格改变会影响消费者的购买力。即使购买力不变,替代效应仍会使消费者重新分配资源。替代效应反映在沿着无差异曲线的移动,收入效应则包含无差异曲线本身的移动。参见斯拉茨基方程。

需求的收入弹性(Income Elasticity of Demand) 对于需求函数 $x = x(p_x, p_y, I)$,$e_{x,I} = \partial x / \partial I \cdot I/x$。

成本递增行业(Increasing Cost Industry) 随产量扩大产生费用增加的外部性,从而导致厂商的成本曲线上移的行业。

规模报酬递增(Increasing Returns to Scale) 参见规模报酬。

无差异曲线图(Indifference Curve Map) 效用函数的康托图,显示不同福利水平上的可选消费商品集。

间接效用函数(Indirect Utility Function) 以所有价格及收入为自变量的效用函数。

个人需求曲线(Individual Demand Curve) 其他条件不变时,商品需求量与商品价格间的关系。一个人对一种商品消费量 $x = x(p_x, p_y, I)$ 的二维表示。

劣等品(Inferior Good) 当一个人收入上升时,需求量减少的商品。

劣等投入(Inferior Input) 当厂商产出增加时,使用量减少的投入品。

投入需求函数(Input Demand Function) 表示对于一个利润最大化的企业,投入需求关于投入要素价格和产出需求的关系。例如,劳动力的投入需求函数可以写为 $l=l(P,v,w)$,其中 P 为厂商产出品的市场价格。或有投入需求函数[$l^c(v,w,q)$]由成本最小化推出,而并不必然反映利润最大化的产出选择。

等产量图(Isoquant Map) 厂商生产函数的康托图。显示了生产一给定产出需要的可选投入要素集。

K

库恩—塔克条件(Kuhn-Tucker Conditions) 在不等式约束下,最优化问题的一阶条件,是等式约束时最优化一阶条件的推广。

L

限制定价(Limit Pricing) 为阻止竞争者进入而采取的低价策略。

林达尔均衡(Lindahl Equilibrium) 公共品问题的假想解。每人付出的税负相当于竞争市场中的均衡价格。

长期(Long Run) 参见短期与长期的区别。

一次总付原则(Lump-Sum Principle) 普遍购买力税或转移支付比对个别商品征税或补贴更有效率。

M

边际成本(Marginal Cost, MC) 多生产一单位产出需要的额外成本:$\mathrm{MC}=\partial C/\partial q$。

边际投入费用(Marginal Input Expense) 雇用额外一单位投入所增加的总成本。

边际实物产出(Marginal Physical Product, MP) 当增加一单位一种投入要素,但保持其他投入要素量不变时增加的产出量。通常假定其他投入要素量不变时,一种要素的边际产量随投入量增加而减少。若 $q=f(k,l)$,则 $\mathrm{MP}_l=\partial q/\partial l$。

边际替代率(Marginal Rate of Substitution, MRS) 保持效用不变,消费者愿意以一种商品替代另一种商品的比例。是无差异曲线斜率的绝对值。边际替代率 $=-\mathrm{d}y/\mathrm{d}x\,|_{U=\bar{U}}$。

边际收益(Marginal Revenue, MR) 厂商多卖出一单位产品时得到的额外的收益。边际收益 $=\partial p\cdot q/\partial q=p(1+1/e_{q,p})$。

边际收益产品(Marginal Revenue Product, MRP) 增加一单位某种投入而增加的产出的收益。以劳动力为例,$\mathrm{MRP}_l=\mathrm{MR}\cdot\mathrm{MP}_l$。

边际效用(Marginal Utility, MU) 消费者多消费一单位某种商品而增加的效用。

市场需求(Market Demand) 市场中所有消费者需求的加总。取决于该商品价格、其他商品价格、每个消费者的偏好以及每个消费者的收入。

市场时期(Market Period) 供给量未对市场价格做出反应的一小段时间。

垄断(Monopoly) 只有一个卖者的行业。

买方垄断(Monopsony) 只有一个买者的行业。

道德风险(Moral Hazard) 保险对人们行为决策的影响,可能会改变发生损失的概率。

N

纳什均衡(Nash Equilibrium) 对于各个参与人 i,策略集$(s_1^*,s_2^*,\cdots,s_n^*)$中的策略 s_i^*,都是其他参与人均衡策略 s_{-i}^* 的最优反应。

正常品(Normal Good) 需求量随消费者收入水平提高而增加(或保持不变)的商品。

规范分析(Normative Analysis) 阐明经济参与者和市场应该如何运行的经济分析。

O

寡头垄断(Oligopoly) 消费者只从少数几个卖家处选购商品的行业。

机会成本原则(Opportunity Cost Doctrine) 任意行动的真实成本可以用行动期间必须放弃的其他最优行动的价值来衡量。

产出和替代效应(Output and Substitution Effects) 投入品价格变化时,企业对投入品需求数量的调整行为。替代效应会在产出水平不变时发生,表现为企业的产出量沿着等产量线移动。然而,产出效应会在产出水平变化时发生,表现为企业移动到新的等产量线上。

P

投票悖论(Paradox of Voting) 利用多数投票原则可能无法得出一个确定的结果,相反,可能会在各种选择之间循环。

帕累托有效分配(Pareto Efficient Allocation) 没有人可以在不让其他人变差的前提下变得更好的分配方式。

局部均衡模型(Partial Equilibrium Model) 不考虑其他市场反应的单一市场模型。

完全竞争(Perfect Competition) 最广泛应用的经济模型:假设市场中每种物品都存在大量的买家和卖家,同时所有参与者都是价格接受者。参看价格接受者(Price Taker)。

实证分析(Positive Analysis) 需求解释和预测实际经济活动的经济分析。

贴现现值(Present Discount Value,PDV) 在未来某个时间点支付的一笔货币的现期价值。考虑利息支付效应。

价格歧视(Price Discrimination) 以不同价格出售同一种商品。要求卖家能够防止买家倒卖。有三种类型:一级——每单位商品都以各消费者的最高支付意愿进行出售("完全价格歧视");二级——利用价格表给予买家不同的激励,将买家分为不同的价格类型;三级——在不同的细分市场中提出不同要价。

需求的价格弹性(Price Elasticity of Demand) 对于需求函数 $x(p_x, p_y, I)$, $e_{x,p_x} = \partial x/\partial p_x \cdot p_x/x$

价格接受者(Price Taker) 假设经济参与者在进行经济决策时不会影响市场价格。

委托代理关系(Principle-Agent Relationship) 一个个体(委托人)雇用另一个个体(代理人)进行经济决策。

囚徒困境(Prisoners' Dilemma) 最初研究博弈论的模型之一,不过却有着很广泛的应用。囚徒困境的关键是博弈的各方都不能确定其他人会采取何种行动,最终所有参与者都会做出对彼此不利的决策。一个稳固的联盟有可能让所有参与者得到更好的结果。

生产者剩余(Producer Surplus) 与什么都不生产相比,生产者以市场价格进行交易可以获得的超额收益。在图上表示为市场价格下方、供给曲线上方区域的面积。

生产函数(Production Function) 一个表示企业产出与投入关系的数学函数。如果产出只与资本和劳动力有关,生产函数可以记作 $q = f(k, l)$。

生产可能性边界(Production Possibility Frontier) 在投入品数量固定的情况下,厂商可以产出的所有可能的产出品数量的集合。

利润函数(Profit Function) 厂商的最大利润与投入产出品价格的关系:$\Pi^* = \Pi^*(P, v, w)$

利润(Profit) 厂商获得的总收益与总生产经济成本之间的差额。长期来看,在完全竞争市场的经济利润为 0。

产权(Property Rights) 法律规定的所有者对物品的所有权。

公共品(Public Good) 所有人都可以使用的非排他物品。很多公共品同样是非竞争的——其他个人可以以零边际成本从公共品处受益。

Q

拟凹函数(Quasi-concave Function) 所有点都满足 $f(X) > k$ 的函数是凸的。

R

产品转换率(Rate of Product Transformation, RPT) 在保证投入品一定的情况下,生产过程中一种产出品与另一种产出品之间的替代率。RPT 是生产可能性边界上某一点斜率的绝对值。

收益率(Rate of Return) 先期商品在未来的转化率。例如,10% 的收益率是指放弃现期的 1 单位产出可以在未来得到 1.10 单位的产出。

技术替代率(Rate of Technological Substitution, RTS) 保证产出不变的情况下,生产过程中一种投入品与另一种投入品之间的替代率。RTS 是等产量线的斜率的绝对值。

$$\mathrm{RTS} = -\frac{\mathrm{d}k}{\mathrm{d}l}\Big|_{q=q_0}$$

实物期权(Real Option) 在金融市场外产生衍生的期权。

租金(Rent) 为一种生产要素支付的金额比保留在当前使用者手中所需金额超出的部分。

租金价格(Rental Rate) 租用一台机器一小

时的成本。在文中记作 v。

寻租行为(Rent-Seeking Activity) 经济参与者利用政治活动产生经济租的行为就是寻租,一般在正常市场交易中不会发生这样的行为。

规模报酬(Return to Scale) 区分不同生产函数中产出如何随投入的成比例增加而变化的方式。如果产出增加的比例小于投入增加的比例,那么这个生产函数就被称为规模报酬递减。如果产出增加的比例大于投入增加的比例,那么这个生产函数就被称为规模报酬递增。当投入与产出以相同比例增加时,相应的生产函数就被称为规模报酬不变。用数学表示就是 $f(mk,ml)=m^k f(k,l)$,$k>1$ 意味着规模报酬递增,$k=1$ 意味着规模报酬不变,$k<1$ 意味着规模报酬递减。

风险厌恶(Risk Aversion) 不愿意接受公平的赌博。表示为个人的财富效用函数为凹[即 $U'(W)>0, U''(W)<0$]。绝对风险厌恶用 $r(W)=-U''(W)/U'(W)$ 衡量。相对风险厌恶用 $rr(W)=\dfrac{-WU''(W)}{U'(W)}$ 衡量。

S

二阶条件(Second-Order Conditions) 保证满足最大(小)值的一阶条件的点是真正最大(小)值的数学条件。满足凸性假设的函数可以满足这些条件。

福利经济学第二定理(Second Theorem of Welfare Economics) 任何帕累托最优配置都可以通过初试禀赋恰当转移为一般均衡实现。

谢泼德引理(Shephard's Lemma) 包络定理的应用,说明了消费者的需求函数和一个企业的投入品需求函数(固定产出)可以由支出函数或者总成本函数的偏微分推导得出。

税收转移(Shifting of a Tax) 市场对征税的反应会使得税收的影响由税收的实际支付者转移到其他经济参与者。

短期与长期的区别(Short Run, Long Run Distinction) 厂商理论中的区分概念,通常认为短期内投入品是固定的,而长期来看,厂商可以对投入品进行调整。

信号传递(Signaling) 存在隐藏类型的市场参与者向外传递其真实类型的行为。

斯拉茨基方程(Slutsky Equation) 消费者效用最大化过程中价格变化引起替代效用和收入效应的数学表达:$\partial x/\partial p_x=\partial x/\partial p_x\mid_{U=\bar{U}}-X(\partial x/\partial I)$。

社会福利函数(Social Welfare Function) 一个假想的能够记录社会中个体对权益观点的函数。

子博弈完美均衡(Subgame-Perfect Equilibrium) 对每一个子博弈都是纳什均衡的策略集$(s_1^*, s_2^*, \cdots, s_n^*)$。

替代品(总)(Substitutes (Gross)) 对于两种商品,如果一种商品的价格上升,那么另一种商品的需求会随之增加。即如果 $\partial x/\partial p_y>0$,那么 x 和 y 就是总替代品。参看互补品(Complements);斯拉茨基方程(Slutsky Equation)。

替代品(净)(Substitutes (Net)) 对于两种商品,如果一种商品的价格上升,那么为了保证效用不变,另一种商品的需求会增加。即如果 $\partial x/\partial p_y\mid_{U=\bar{U}}>0$, 那么 x 和 y 就是净替代品。净替代关系是对称的,$\partial x/\partial p_y\mid_{U=\bar{U}}=\partial y/\partial p_x\mid_{U=\bar{U}}$。参看互补品(Complements);斯拉茨基方程(Slutsky Equation)。

替代效应(Substitution Effects) 参看收入效应和替代效应(Income and Substitution Effects);产出和替代效应(Output and Substitution Effects);斯拉茨基方程(Slutsky Equation)。

沉没成本(Sunk Cost) 无法逆转以及没有倒卖价值的投资者支付。

供给函数(Supply Function) 反映利润最大化的企业供给数量(q)与产出品价格(P)和投入品价格(v,w)之间关系的函数:$=q(P^q,v,w)$。

供给反应(Supply Response) 由需求条件和市场价格变化引起的生产数量上升。通常短期和长期的供给反应有一定的区别。

T

暗中合谋(Tacit Collusion) 没有明确共谋的合作(垄断)策略选择。

总成本函数(Total Cost Function) (最小化)总成本,产出和投入品价格之间的关系 $C=C(v,w,q)$。

U

效用函数(Utility Function) 个人对不同商品组合排序的数学化表达方式。如果只有两种商品,x

和 y,效用函数就可以记为:效用 = $U(x,y)$。

V

可变成本(Variable Costs) 随着企业生产数量变化而改变的成本。与固定成本相对应,固定成本是不会随之改变的。

冯·纽曼—摩根斯坦效用(von Neumann-Morgenstern Utility) 在不确定性情景下,个人基于期望效用数值对备选结果进行排序的方式。

W

工资(Wage) 雇用工人工作一小时的成本,在文中记作 w。

瓦尔拉斯均衡(Walrasian Equilibrium) 在所有市场中使需求数量与供给数量相等的资源配置方式和价格向量(假设所有参与者都是价格接受者)。

瓦尔拉斯价格调整(Walrasian Price Adjustment) 市场可以通过价格调整应对需求或供给并使得市场出清的假设。

Z

零和博弈(Zero-Sum Game) 一方赢就意味着另一方输的博弈。

教 学 支 持 服 务

圣智学习出版集团（Cengage Learning）作为为终身教育提供全方位信息服务的全球知名教育出版集团，为秉承其在全球对教材产品的一贯教学支持服务，将为采用其教材图书的每位老师提供教学辅助资料。任何一位通过Cengage Learning北京代表处注册的老师都可直接下载所有在线提供的、全球最为丰富的教学辅助资料，包括教师用书、PPT、习题库等。

鉴于部分资源仅适用于老师教学使用，烦请索取的老师配合填写如下情况说明表。

教学辅助资料索取证明

兹证明____________大学_________系/院_________学年（学期）开设的____名学生□主修 □选修的____________课程，采用如下教材作为□主要教材 或 □参考教材：

书名：________________________

作者：________________ □英文影印版 □中文翻译版

出版社：________________

学生类型：□本科1/2年级 □本科3/4年级 □研究生 □MBA □EMBA □在职培训

任课教师姓名：________________

职称／职务：________________

电话：________________

E-mail:________________

通信地址：________________

邮编：________________

对本教材的建议：________________

系/院主任：__________（签字）

（系/院办公室章）

______年_____月_____日

---

*相关教辅资源事宜敬请联络圣智学习出版集团北京代表处。

北京大学出版社
PEKING UNIVERSITY PRESS

经济与管理图书事业部

北京市海淀区成府路205号 100871

联 系 人：徐 冰 张 燕

电　　话：**010-62767312 / 62767348**

传　　真：**010-62556201**

电子邮件：em@pup. cn　em_pup@126.com

Q　　Q：552063295

新浪微博：@北京大学出版社经管图书

网　　址：http://www.pup.cn

CENGAGE Learning

Cengage Learning Beijing Office

圣智学习出版集团北京代表处

北京市海淀区科学院南路2号融科资讯中心C座南楼1201室

Tel: (8610) 8286 2095 / 96 / 97　Fax: (8610) 8286 2089

E-mail: asia.infochina@cengage.com

www. cengageasia.com